황금가지

을유사상고전

황금가지 제1권

제임스 조지 프레이저 지음 | 박규태 옮김

❖ 을유문화사

을유사상고전

황금가지 제1권

발행일 2005년 5월 30일 초판 1쇄
2021년 3월 25일 전면개정판 1쇄

지은이 제임스 조지 프레이저
옮긴이 박규태
펴낸이 정무영
펴낸곳 (주)을유문화사

창립일 1945년 12월 1일
주소 서울시 마포구 서교동 469-48
전화 02-733-8153
팩스 02-732-9154
홈페이지 www.eulyoo.co.kr

ISBN 978-89-324-4006-4 04380
ISBN 978-89-324-4000-2 (세트)

전면개정판 옮긴이 서문

을유문화사로부터 개정판을 위한 전반적인 수정 작업과 더불어 『황금가지_The Golden Bough_』에 대한 「해제」를 청탁받으면서, 한편으로는 한국 학계와 출판계를 위해 꼭 필요한 과정이라는 생각에 반가우면서도 다른 한편으로는 여러 개인 사정과 겹쳐 다소 부담스러웠던 것이 사실이다. 하지만 덕분에 다시 들여다본 『황금가지』는 15년 전의 그것과 상당히 다른 얼굴로 내게 다가왔다. 좋은 책은 나이에 따라 시간의 무게에 따라 다르게 읽힌다던데, 『황금가지』 같은 학술서에서도 그런 경험을 할 수 있었다는 것이 다소 놀랍기도 했다. 그 경험의 밑그림에는 '기묘함'과 '오류'에 대한 필자의 새로운 발견이 각인되어 있다.

1921년 옥스퍼드대학, 케임브리지대학, 글래스고대학, 리버풀대학에 〈사회인류학 프레이저 강좌_Frazer Lectureship in Social Anthropology_〉가 개설되었다. 이 강좌는 지금도 계속 이어지고 있는데, 1948년 이래 반드시 프레이저의 아이디어를 취해 그것을 갈기갈기 찢고 혹평하는 것이 관례가 되었다. 인류학자들이란 참 기묘한 족속이다. 이에 비하면 『황금가지』에 묘사된 네미 숲의 사제직을 둘러싼 황금가지 전설은 덜 기묘해 보인다. 하물며 『황금가지』의 저자 제임스 조지 프레이저는 서가에 가득 찬 3만여 권의 장서 무게로 인해 방바닥이 안쪽으로 휘어져 집을 이사해야만 했다는 일화도 그리 기묘한 일만은 아닌 듯싶다. 필자도 가까운 한 후배에게서 책 무게 때문에 이사해야만 했던 경험담을 들은 적이 있으니까.

『황금가지』의 참된 기묘함은 다른 데에 있는 것이 아닐까? 프레이저 연구자인 로버트 프레이저(우연히도 저자와 성이 같다)는 『황금가지』에 대해 "우리는 이 위대한 책을 읽고 싶어 하지 않는다. 하지만 이 책이 우리 생애의 모든 날마다 우리를 읽는다"고 했다. 우리가 책을 읽는 것이 아니라 책이 우리를 읽는다는 것, 『황금가지』의 이와 같은 기묘함에서 필자는 기묘하게도 자기 자신을 읽어 내게 된다. 왜냐하면 『황금가지』는 나 자신을 읽어 주는 책이기 때문이다. 동어 반복적인 이 기묘한 명제를 이해하기 위해서는 직접 이 책 속으로 들어가는 수밖에 없어 보인다.

또 하나는 '오류'에 관한 새로운 발견인데, 이 점에 대해서는 「해제」에 필자의 생각을 담아 보았으므로, 여기서는 수정 작업을 통해 발견된 오류가 예기치 않게 너무 많아서 놀랍고 부끄러웠다는 고백을 하는 데에 그치고자 한다. 15년 전에 당시 번역과 역주 작업을 하면서 나름대로 여러 차례 열심히 교정을 보았다고 자부했는데, 이렇게 많은 오류가 나온 것을 확인하고 새삼 느낀 바가 있다. 오류는 인간의 본질일 뿐만 아니라 책의 본질이기도 하다는 것, 따라서 오류로부터의 자유를 원한다면 책이 나를 읽어 낼 수 있도록 나 자신을 책에게 열어 놓아야 한다는 것을 말이다. 이런 깨달음에는 물론 '공감주술'적인 비약이 존재한다.

어쨌거나 '기묘함'과 '오류'를 말한다는 것은 감염병의 일상화를 비롯한 각종 위기의 징후들로 넘쳐나는 현대사회의 기막힌 현실에 비추어 보건대 조금도 낯설지 않아 보인다. 특히 균형이 깨져 버린 듯한 한국 사회에서는 더욱 그러하다. 『황금가지』 제3판에는 24꼭지, '축약본'인 본서에는 5꼭지에 걸쳐 한국 관련 글이 등장하는데, 그 사례들이 보여 주는 기묘함과 오류에서 소박한 정감마저 풍길 정도로, 오늘날 우리 앞에 펼쳐지고 있는 기묘함과 오류들은 말할 수 없는 것들의 고통 없이는 한 순간도 대면하기 어렵다. 그래서인가, "우리는 오류에서 시작하여 그것을 진리로 바꾸어야 한다"는 비트겐슈타인의 잠언이 더욱 뼈아프게 다가온다. 프레이저가 말한 '황금가지'는 아마도 환상이거나 아니면 '환상의 진리'를 주술적으로 함축하고 있는 '기묘한 오류'의 메타포일 것임에 틀림없다.

이런 『황금가지』 전면개정판 출간의 기쁨을 독자 여러분과 나누고 싶다.

2021년 1월 28일 과천 회화나무 앞에서
박규태

초판 옮긴이 서문

북이탈리아의 네미 호수 옆에 '디아나의 숲'이라 부르는 신성한 숲과 성소가 있었다. 그 숲속에는 황금색 가지를 지닌 나무 한 그루가 있었는데, 칼을 든 어떤 남자가 밤낮없이 그 나무를 지키고 있었다. 그는 사제이자 동시에 살인자였다. 그는 나무를 지키던 전임자를 살해하고 황금가지를 꺾은 후 비로소 사제가 될 수있었는데, 그 또한 언젠가는 다른 자의 손에 의해 살해당할 운명이었다. 이 사제는 왕으로 불리기도 했다.

이와 같은 기묘한 장면의 서술로 시작되는 본서는 제임스 조지 프레이저의 대작 『황금가지』 제3판 전12권(1906~1915)을 1922년에 저자 자신이 한 권으로 요약하여 맥밀런 출판사에서 간행한 축약본 『황금가지』의 한국어판 역주본이다. 본서는 69장으로 이루어져 있으며, 그 중심 내용을 제3판의 구성에 따라 일곱 단락으로 나누어 간략히 정리해 보면 다음과 같다.

(1) 제1장에서 제17장까지는 주술의 기법과 왕권의 진화를 논하고 있다. 프레이저를 가장 유명하게 만든 주술론에서 그는 '인간의 복지를 위해 자연의 힘을 지배하려는 시도'로서 주술을 규정하는 한편, 주술의 두 가지 상이한 사고 원리인 유사의 법칙(동종주술 혹은 모방주술)과 접촉의 법칙(감염주술 혹은 접촉주술)을 제시하고 있다. 나아가 이탈리아 네미 숲을 무대로 하여 전개되는 황금가지의 전설에 주목하면서 거기에 등장하는 숲의 사제를 숲의 왕이자 나무정령의 화신과 동일시하면서 주술로써 풍요를 관장하는 주술사로 해석한다. 이는 곧 왕권의 기

원을 주술사에서 찾는 관점이라 할 수 있다.

(2) 제18장에서 제23장까지는 주로 터부론 및 영혼론을 다루고 있다. 먼저 터부의 대상이 되는 행위, 인물, 사물, 언어 등을 다룬 후 사제왕에게는 특히 엄격한 터부가 부과되었는데, 이는 그의 생명 원리인 영혼을 지키기 위한 것임을 지적하고 있다.

(3) 제24장에서 제28장까지는 '살해당하는 신'의 모티프가 중심이다. 여기서 프레이저는 "네미 숲의 왕이 왜 규칙적으로 살해되어야 했는가" 하는 물음을 던지면서, 이는 왕의 쇠약은 곧 해당 공동체의 쇠약을 초래한다는 관념 때문이었다고 해석하면서 왕의 죽음을 살해당하는 신의 이미지와 연결시켜 고찰하고 있다.

(4) 제29장에서 제44장까지는 주로 아도니스, 아티스, 오시리스 등에 관한 동양종교의 신화를 다루면서 농경주술에서 죽음과 재생의 의례에 대해 고찰하고 있다. 즉, 이 신화에서 신성하기 때문에 살해당했다가 다시 소생하는 신들은 매년 반복되는 식물 세계의 죽음과 재생을 상징한다는 것이다.

(5) 제45장에서 제54장까지는 식물 세계에서 죽음과 재생의 문제를 구체적으로 각 문화권의 사례를 통해 확인하고 있다.

(6) 제55장에서 제60장까지는 이른바 '속죄양'의 주제를 중심으로, 병들거나 쇠약해진 왕을 추방하거나 살해하는 관습은 사회 전체의 죄악을 그 왕에게 전이함으로써 공동체의 존속을 가능케 하기 위한 것임을 역설하고 있다.

(7) 제61장에서 제69장까지는 발데르 신화 및 유럽 불축제와 외재혼의 문제를 다루면서, 궁극적으로 황금가지의 의미를 규명하고 있다. 여기서 프레이저는 겨우살이에 의해 죽은 북유럽의 신 발데르와 네미 숲 사제를 대비하면서 황금가지(겨우살이) 안에 신적 생명, 즉 사제왕의 생명이 함축되어 있기 때문에 그것이 신성시된 것이라고 설명한다.

인류학자 메리 더글러스Mary Douglas는 도설판 『황금가지』의 「서문」에서, 황금가지 전설은 로마의 시인 오비디우스의 시(『로마의 축제들Fasti』 제6권) 가운데 한 행에 붙어 있는, 그다지 중요하지도 않은 각주에서 다루어졌을 뿐인데, 프레이저가 그 전설을 그토록 중요시한 이유는 무엇일까 묻고 있다. 1889년 11월 8일자로 프레이저가 출판업자 조지 맥밀런George Macmillan에게 『황금가지』의 출판을 의뢰하기 위해 보낸 편지에 의하면, 황금가지의 전설은 세르비우스Servius가 베르길리우스Vergilius의 『아이네이스Aeneis』에 대해 언급하면서 나온 이야기이기도 하다.

그 편지에서 프레이저는 본서의 목적이 비교방법론을 적용하여 네미 숲의 사제가 그 숲의 신인 비르비우스의 화신이며, 따라서 그 사제의 살해는 곧 신의 죽음으로 간주될 수 있다는 점을 주장하는 데에 있음을 밝힌 바 있다. 또한 그는 본서가 신성시되는 인간과 동물을 살해하는 보편적 관습의 의미를 묻는 작업이기도 하다는 점을 언급하였다. 그러니까 프레이저가 황금가지의 전설에 주목한 진짜 이유는, 그 전설 자체에 있다기보다는 그것이 주술과 종교에 대한 일반적인 해석에서 중요한 실마리를 던져 준다고 여겼기 때문이다.

요컨대 프레이저는 본서에서 고대 이탈리아의 황금가지 전설에 대한 기존의 해석을 확대 발전시켜, 세계 각지의 다양한 사례들을 구사하면서 주술의 원리, 왕권의 기원과 발전, 터부의 문제, 왕 살해의 의미, 농경의례, 속죄양의 문제 등 실로 방대한 영역에 걸친 주제들을 독특한 심리적 연상기법에 의해 상호 연관시켜 설명하고 있다. 다시 말해, 그가 『황금가지』를 집필한 동기는 신성한 네미 숲의 사제직이 전임자를 살해함으로써 계승된다는 기묘한 설화적 규정을 해명하는 데에 있었고, 이를 위해 세계 각지의 유사한 사례들을 방대하게 수집하여 전술하면서 일곱 장면으로 나누어 분석한 것이다. 그 과정에서 프레이저는 사제가 왕으로 불렸다는 사실에 주목하여 이른바 사제왕의 문제를 고찰하고, 또한 사제왕이 주술사의 역할을 수행했다고 보면서 주술론을 전개하였다.

『황금가지』에서 프레이저가 전제로 깔고 있는 방법론과 관점은 크게 두 가지로 요약할 수 있다. 첫째, 프레이저에 의하면, 인간정신은 본질적으로 유사하며 따라서 여러 문화권의 유사한 사례들을 비교할 수 있다는 것이다. 둘째, 프레이저는 당대의 생물진화론(다윈) 및 사회진화론(스펜서)에 입각하여, 모든 사회는 동일한 발전 단계를 거치며 그 발전 방향은 필연적으로 진보와 개선의 방향성을 가진다고 보았다. 그의 주술 → 종교 → 과학이라는 진화론적 도식은 바로 이런 전제를 극명하게 보여 준다.

이런 전제는 곧바로 프레이저에 대한 비판으로 이어진다. 즉, 프레이저의 비교방법론은 구체적이지도 과학적이지도 않으며 유사성에 지나치게 의존한 나머지 일반화의 오류에 빠질 위험이 많다는 점, 그리고 입증하기 어려운 진화론적 도식과 심리학적 유추에 입각함으로써 일관성이 없고 피상적이며 낭만적인 서술로 흐르기 십상이라는 비판이 그것이다. 그밖에 다른 비판들도 많다. 가령 본서에 등장하는 수많은 민족지학적 사례들은 프레이저 자신이 직접 현장 조사한 것이 아니라 주로 선교사나 식민지 관리자 혹은 여행가들에게서 수집한 자료들이므로 객관성이 떨어진다는 비판이 당연히 제기될 수 있다. 말하자면 프레이저는 전형적인 탁상공론의 인류학자였다는 말이다. 또한 '미개인'이나 '미신'이라는 용어를 남발한다든지 혹은 주술을 오류라고 단정짓는 프레이저의 태도는 중립성을 강조하고 섣부른 가치판단을 경계하는 현대 학문의 관점에서 볼 때는 분명 문제가 될 수 있는 것이다.

이 같은 비판들은 반론의 여지가 없는 것이 아니지만 나름대로 타당하다고 보인다. 그럼에도 『황금가지』가 갖는 의의에 대해 전면적으로 부정하는 이는 거의 없다. 그만큼 본서는 인간정신이 산출한 고전적인 대작의 하나로 꼽혀 왔던 것이다. 본서는 직접적으로 인류학이나 종교학에서 신화론과 의례론을 촉발시켰으며, 서구 교양인들로 하여금 기독교의 독단성에 대한 자성을 불러일으키는 데에 결정적인 역할을 했는가 하면, 특히 문학에 지대한 영향을 끼친 것이 사실이다. 하지만 본서가 갖는 매력은 그뿐만이 아니다. 본서의 장단점에 대해서는 독자 스스로 발견해 내야 할 몫이 더 많을 것 같아서 더 이상 세부적인 언급은 유보하기로 하자.

다만 옮긴이의 좁은 시야로 느낀 점 한 가지만 부연하면, 본서의 매력은 무엇보다 인간과 세계의 복마전 같은 수수께끼 앞에서 결코 물음을 포기하려 하지 않았던 프레이저의 인간미 그 자체에 있는 것일지도 모르겠다. 그는 60년 동안 하루에 평균 12시간 이상 연구에 몰두한 책벌레였고, 대단한 음악 애호가였으며, 정치적으로는 자유주의자였고, 개인적으로는 지독하게 내성적인 성격의 소유자였다. 그는 논쟁에 끼어들기를 좋아하지 않았으며, 자신에 대한 비판의 소리를 들어도 흥분하거나 언성을 높이는 일이 없었다. 그런 그는 세상사에는 지극히 어설프고 서투른 상아탑의 학자였지만, 인간에 대한 신뢰와 희망을 묻는 일에서는 누구보다도 강한 호기심으로 무장한 전사였다. 본서는 그런 신뢰와 희망과 호기심의 물음들로 가득 차 있다.

끝으로 국내에서 출간된 기존의 『황금가지』 번역본이 여러 종 있음에도 불구하고 오역이나 졸역의 문제는 차치하더라도, 또다시 본서와 같은 작업이 필요하다고 생각한 이유에 대해 언급하지 않을 수 없다. 국내에 소개된 『황금가지』 축약본은 세 종류이다. 프레이저 자신이 축약한 맥밀런판 『황금가지』(1922), 프레이저 연구자인 로버트 프레이저가 축약한 옥스퍼드판 『황금가지』(1994), 메리 더

글러스가 「서문」을 쓰고 서빈 매코맥이 축약한 도설판 『황금가지』(1978)가 그것이다. 그중 옥스퍼드판은 맥밀런판에 누락되어 있는 「그리스도의 십자가형」 등의 논쟁적인 부분이 복원되어 있으며, 편자의 각주가 첨부되어 있다는 장점을 가진다. 한편 도설판은 맥밀런판과 옥스퍼드판의 절반 분량인데다 관련 그림이 많이 실려 있어 보다 대중적이라는 장점을 가지고 있다.

이에 비해 맥밀런판의 강점은 무엇보다 프레이저 자신이 편집한 것이므로 『황금가지』의 원래 의도에 가장 근접해 있다는 점을 들 수 있다. 맥밀런판을 대본으로 삼은 본서의 재번역 작업은 이 세 가지 장점을 한데 아울러 제시함으로써 부족하나마 독자들의 『황금가지』 이해에 기여하고자 하는 생각에서 비롯되었다. 이를 위해 가능한 한 풍부하게 역주와 도판을 삽입하는 한편, 프레이저의 다른 저작물에 관심 있는 독자들을 위해 프레이저 연보를 첨부하여 참고가 되도록 했다.

이웃 일본에서는 일찍이 1951년에서 1952년에 걸쳐 맥밀런판 축약본의 일본어판이 나온 이래 최근 초판본 『황금가지』(1890)의 완역판(2003)이 출간되었고, 제3판 『황금가지』 총 12권(1906~1915)에 대한 번역 작업도 시작되어 그 일부가 선을 보이고 있지만,[1] 아직 역주 작업은 시도된 적이 없다. 그러나 서양의 고전과 종교사에 익숙하지 못한 동양의 독자들이 역주 없이 『황금가지』를 읽는다는 것은 결코 쉬운 일이 아니라는 점을 염두에 두건대, 역주 작업의 필요성은 매우 긴급한 문제라 아니할 수 없다. 본서의 역주 작업은 바로 이 대목에 역점을 두고 이루어진 것이다.

본서가 프레이저의 지극히 문학적이고 유려한 문체를 크게 손상시키지는 않았는지, 역자의 능력과 이해 부족으로 인한 오역은 없는지 우려를 금할 수 없다. 그런 오류가 발견되는 대로 프레이저를 아끼는 독자 여러분의 애정 어린 질정에 의지하여 고쳐 나갈 것을 다짐한다. 어쨌거나 꼬박 3년여에 걸친 번역과 역주 및 도판 작업 끝에 완성된 본서의 출간에 즈음하여 나름대로 최선을 다했노라고 스스로를 위안하며, 독자 여러분과 권오상 편집부장님을 비롯한 을유문화사 여러분과 기쁨을 함께 나누고 싶다. 그리고 적지 않은 분량의 초교지 교정을 봐 준 대학원의 박수진 양과 이승윤 양에게 이 자리를 빌려 깊은 감사의 뜻을 전하고

---

1 2021년 현재 일본에서 『황금가지』 제3판도 완역판이 출간되었다.

자 한다. 하루가 멀다 하고 새벽녘에 들어가기 일쑤인 무심한 남편에게 날마다 도시락을 챙겨 주며 음으로 양으로 후원해 준 아내와 드라마를 좋아하는 걸 잘 알면서도 함께 시간을 보내 주지 못한 하얀이에게는 그저 고맙고 또 미안할 따름이다.

언젠가 딸아이가 이 책을 읽고 프레이저와 만날 날을 기다리며
2005년 봄의 끝에서
박규태

지은이 서문

이 책의 일차적 목적은 아리키아Aricia의 디아나Diana[1] 여신을 모시는 사제직의 계승과 관련하여 주목할 만한 규칙을 설명하려는 데에 있다. 25년 전 이 문제에 처음 도전했을 때만 해도 그 결론이 간단히 얻어질 것이라고 생각했다. 하지만 얼마 지나지 않아 정확한 결론 혹은 최소한 납득할 만한 결론을 얻기 위해서는 이 문제와 관련하여 지금까지 거의 연구된 적이 없는 광범위한 주제들을 검토할 필요가 있다는 것을 깨달았다. 그래서 이 문제와 관련된 제반 주제들을 조사하다 보니 방대한 분량의 책이 되었고, 갈수록 연구가 다방면으로 분화하였다. 그리하여 처음 2권으로 냈던 초판이 마침내 12권으로 늘어나고 말았다.[2]

그러자 그것을 좀 더 축약하여 출판해 달라는 요청을 자주 듣게 되었다. 이 축

---

1 로마 종교에 등장하는 들짐승과 사냥의 여신. 그리스의 아르테미스 여신과 동일시되는 신으로서, 디아나라는 이름은 '빛나다'라는 뜻의 di di에 어원을 두고 있으며, '빛나는 존재'를 뜻한다. 아르테미스 여신과 마찬가지로 가축의 여신이자 다산多産의 신이기도 하며 여자들의 임신과 출산을 돕는 신으로 간주되기도 한다. 이탈리아에서 이 여신을 섬기는 장소 가운데 가장 많이 알려진 곳은 아리키아 부근 네미 호숫가의 '디아나 네모렌시스(숲의 디아나)'였다. 그곳에는 라틴 동맹의 여러 도시에 공통적인 신전이 있었고, 정치적으로도 매우 중요했다. 주변 하천의 정령으로서 디아나(디아나 루키나)와 함께 아기 낳는 산모를 지켜 주는 에게리아와 디아나 신전의 첫 번째 사제로 전해지는 영웅 비르비우스(그리스 신화의 히폴리투스에 해당)도 디아나와 관련이 있다.

2 1890년에 초판(전2권), 1900년에 2판(전3권), 1911년부터 1915년에 걸쳐 최종판(3판, 전12권)이 나오고, 1922년에 최종판을 요약한 축약본(본서)이 출간되었으며, 그 후 1936년에 최종판을 보완하는 제13권이 덧붙여졌다.

약본은 그런 요청에 부응하는 한편 보다 광범위한 일반 독자들을 위해 기획된 것이다. 따라서 본서의 분량은 대폭 줄어들었지만, 중심적인 문제와 관련된 사례들은 가급적 살리는 방향으로 했다.[3] 해설 부분도 여기저기서 조금씩 단축했지만 대개는 그대로 두었다. 하지만 가능한 한 원문을 많이 살리기 위해 모든 각주들을 삭제하는 한편 정확한 출처도 생략할 수밖에 없었다. 그러므로 특정 진술에 대한 출처를 확인하고 싶은 독자들이 있다면, 온전한 참고문헌이 붙어 있는 12권짜리 원저를 참고해 주기 바란다.

이 축약본에는 특별히 새로운 자료를 추가하지는 않았으며, 원저의 최종판에서 제시했던 견해와 관점들을 그대로 견지하고 있다. 원저의 최종판 출간 후에 추가로 입수한 자료들은 전체적으로 보아 종래의 결론을 재확인해 주거나, 혹은 기존 원리에 새 옷을 입히는 정도의 것들이기 때문이다. 하지만 결정적인 문제, 즉 일정한 임기 후라든가 혹은 건강이나 힘이 쇠퇴했을 때 왕을 살해하는 관습이 일반적으로 다른 곳에서도 널리 성행했음을 보여 주는 풍부한 예증들을 이 책의 중간중간에 많이 삽입하였다. 이러한 제한된 왕권에 관한 인상적인 사례로서 중세기 남부 러시아의 강력했던 하자르[4] 왕국을 들 수 있다. 거기서 왕은 일정한 임기를 마치거나 혹은 그의 생명력의 쇠퇴를 드러내는 징후로서 한발, 기근, 패전따위의 공적 재난이 나타날 때에는 언제라도 살해당하곤 했다. 하자르 왕들의 조직적 살해에 대한 예증은 옛날 아랍인 여행가들의 이야기에도 등장하는데, 이에 관해서는 나의 다른 논문에서도 다룬 바 있다.[5]

---

3 프레이저가 아내의 도움을 받아 3주 만에 작업을 마친 이 축약본(본서 맥밀런판)에 대해 프레이저 자신은 "매끄럽게 읽힌다. 너무 많은 사례와 탈선에서 벗어나니까 논증에 명료함과 힘이 더해진 것 같다"고 적고 있다. 그러나 1994년에 새로운 축약본(옥스퍼드판)을 편집 출간한 로버트 프레이저Robert Frazer는 이 말에 어느 정도 수긍하면서도, 1922년의 맥밀런판 축약본이 다른 사람들(기독교인들)의 기분을 상하게 할까 봐 지나치게 조심한 나머지 그리스도의 십자가형에 관한 위험한 장절을 비롯하여 여가장제에 관한 고찰, 신성한 매춘(聖娼)에 관한 감미롭고 불경스러운 장절이 모두 빠졌음을 비판적으로 지적하고 있다. 하지만 이 장절들이 축약본에서 삭제된 이유가 단지 기독교인의 기분을 상하게 하지 않으려는 데에만 있었다고 단언하기는 어렵다. 아마도 프레이저는 『황금가지』의 주된 집필 목적이 기독교의 허구성을 밝히는 데에 있었던 것이 아닌 만큼, 보다 광범위한 일반대중들에게 가능한 한 혼란을 주지 않고 쉽게 읽힐 수 있도록 배려한 측면도 있었던 것이 아닌가 추측된다. 다시 말해 제임스 프레이저는 로버트 프레이저가 지적한 누락 부분들이 없더라도 『황금가지』의 본래적 취지를 전달하는 데에는 큰 문제가 없다고 판단했을 것이다. 로버트 프레이저 편, 이용대 옮김, 『황금가지』, 한겨레출판, 2003, 49~50쪽 참조(이하 '로버트 프레이저 편'으로 약기)

4 6세기말 근대 유럽 러시아의 남동부에 걸쳐 중요한 상업 제국을 이룩한 터키어를 사용하는 부족들의 연맹체

5 J. G. Frazer, "The Killing of the Khazar Kings", *Folk-lore*, vol. 28, 1917, pp. 382~407 참조

아프리카에도 왕을 살해하는 관습에 관한 몇 가지 새로운 사례가 있다. 그중 가장 주목할 만한 것은 예전에 부뇨로Bunyoro[6]에서 행해졌던 관습인데, 거기서는 매년 특정한 민족 가운데 모의模擬왕을 선택했다. 모의왕은 선왕의 화신이라고 믿었으며, 선왕의 묘지 사원에서 선왕의 부인들과 함께 거하면서 7일간 왕 노릇을 한 다음 교살되었다.[7] 이런 관습은 고대 바빌로니아의 사카이아Sacaea 축제와 유사성을 보여 준다. 사카이아 축제에서는 모의왕에게 진짜 왕의 의상을 입히고 실제로 왕의 첩들과 향락을 누릴 수 있게 했으며, 5일간 왕 노릇을 하게 한 다음 왕의 의상을 벗기고 몽둥이로 때려죽였다. 이 의식은 근래 아시리아의 한 비문에 기록되어 있는 것이 발견됨으로써 새롭게 조명받고 있다.[8] 이 비문은 일찍이 사카이아 축제가 신년 축제였으며, 유대 부림Purim절[9]의 모태였을 것이라는 나의 해석을 뒷받침해 주고 있다.[10] 또한 최근에 아리키아의 사제왕과 유사한 다른 사례들이 발견되었다. 이는 아프리카의 사제와 왕들에 관한 것인데, 그들은 7년 혹은 2년의 기간이 지난 뒤에 살해당했다. 그들은 이 기간에 보다 강한 자의 공격을 받아 죽었으며, 흔히 살해자가 사제직 혹은 왕권의 계승자가 되었다.[11]

이와 같은 유사한 사례들을 고려하건대, 아리키아의 디아나 사제직과 관련된 계승 규칙을 아리키아에만 한정된 것으로 보기는 어렵다. 아프리카만 해도 그것과 매우 비슷한 관습들이 광범위하게 행해져 왔다. 다시 말해, 사제왕의 살해 규칙은 일반적인 관습이라 할 수 있다. 그렇다고 일찍이 아프리카가 이탈리아에 영향을 끼쳤다든가, 또는 남부 유럽에 아프리카인들이 거주했다고 쉽게 단정 지을

---

6 동아프리카에 있었던 왕국(16~19세기)으로서 지금의 우간다에 있는 빅토리아호 서부에서 번창했다.

7 Rev. J. Roscoe, *The Soul of Central Africa*, London, 1922, p. 200; J. G. Frazer, "The Mackie Ethnological Expedition to Central Africa", *Man*, vol. 20, 1920, p. 181 참조

8 H. Zimmern, *Zum babylonischen Neujahrsfest*, Leipzig, 1918; A. H. Sayce, in *Journal of the Royal Asiatic Society*, July 1921, pp. 440~442 참조. 사카이아 축제에 관해서는 본서 제24장 3절 본문 참조

9 히브리어로 '제비 뽑기'를 뜻하는 유대인의 절기. 기원전 5세기에 페르시아의 고관 하만Haman에 의해 죽을 위기에 처해 있던 유대인의 목숨을 구한 사건을 기념하는 축제로서 구약성서 『에스델』에 관련 이야기가 나온다. 하만이 제비를 뽑은 일을 빗대어 칭해진 부림절 의식은 아달월 13일, 즉 축일 전날인 '타아니트 에스델(에스델의 금식)'이라는 금식일로 시작된다. 부림절 회당 예배에서 가장 독특한 점은 『에스델』을 낭독하는 것이다. 또한 이날 유대인들은 선물을 교환하고 가난한 사람들에게 자선을 베풀었다.

10 J. G. Frazer, "Part Ⅵ. The Scapegoat", *The Golden Bough*, pp. 354 sqq., 412 sqq.

11 P. Amaury Talbot in *Journal of the African Society*, July 1916, pp. 309 sq.; id., in *Folk-lore*, vol. 26, 1916, pp. 79 sq.; H. R. Palmer, in *Journal of the African Society*, July 1912, pp. 403, 407 sq.

수는 없다. 선사시대에 두 대륙 간에 어떤 관계가 있었는지는 아직도 규명되지 않은 채 연구과제로 남아 있기 때문이다.

어쨌든 사제왕의 살해 관습에 대한 나의 설명이 얼마만큼 타당성을 가지는지는 향후 판가름이 날 것이다. 만일 앞으로 더욱 타당성 있는 설명이 나타난다면 나는 언제든지 나의 주장을 철회할 준비가 되어 있다. 하지만 축약본이라는 새로운 체제로 일반 독자들에게 선을 보임에 있어, 나는 내 이론에 대한 세간의 잘못된 이해들[12]에 대해 나 자신을 변호하고자 한다. 그런 잘못된 이해들이 항간에 많이 돌아다니는 모양인데, 나는 진작부터 그런 오해를 바로 잡으려고 애써 왔다.

이 책에서는 나무 숭배에 관해 상세히 다루고 있다. 하지만 이는 종교사에서 나무 숭배가 차지하는 중요성을 과대평가한 것이 아니며, 더욱이 나무 숭배에서 총체적인 신화체계 모두를 논하려 하는 것도 아니다. 이는 다만 '숲의 왕'이라 부르는 사제의 중요성과 그에게 주어진 의무 중 하나가 성스러운 숲에 있는 어떤 나무에서 한 가지(황금가지)를 꺾는 데에 있었다는 사실을 설명하기 위해 나무 숭배라는 주제를 간과할 수 없었던 것이다. 나는 종교사에서 나무 숭배가 가장 중요하다고는 생각하지 않는다. 오히려 나무 숭배는 종교사에서 그 밖의 여러 요인들 가운데 부수적인 요인에 속한다고 생각한다. 특히 원시종교의 생성에 가장 큰 요인이었다고 여겨지는 사자死者에 대한 공포와 비교해 볼 때 더욱 그렇다.

이처럼 분명한 입장을 드러내고 있는 이상 내가 특별한 오류를 범했다고는 생각하지 않으며, 또한 내가 불합리한 신화체계를 믿고 있다는 비난을 받을 만한 이유도 없다고 본다. 하지만 나는 오류라는 것이 마치 수많은 머리를 가진 괴물 히드라hydra[13]와 같다는 점을 너무 잘 알고 있다. 따라서 나는 그 괴물의 머리를

---

12 『황금가지』 출간 이후 프레이저는 한편으로 폭발적인 대중적 인기와 영예를 얻은 반면, 다른 한편으로 학계 및 교회 측으로부터 무수한 비난과 비판을 받기도 했다. 프레이저에게는 반反기독교적 우상파괴자, 피상적인 진화론자, 사회적 맥락을 도외시한 개인주의적 본질론자 혹은 주지론자, 일관성이 결여된 탐정소설류의 추론가, 안락의자형 인류학자, 상투적인 비교론자, 지루한 사례들의 수전노적 수집가, 흥행사 따위의 극단적인 비난까지 끊임없이 따라다녔으며, 급기야 그의 사후 29년 뒤인 1970년에는 제프리 커크Jeoffrey Kirk에 의해 "쓰러진 거인"이라고 불리기까지 했다. 본문에서 프레이저가 구체적으로 언급하고 있는 '변명' 과 관련해서, 확실히 많은 평자들은 프레이저가 지금은 폐기된 이론인 아리안족의 동질성에 대한 확신하에 서 아리안족의 원종교가 나무 숭배였고, 『황금가지』의 목적이 그런 나무 숭배의 규명에 있다고 보았다. 프레이저 비판에 관해서는 특히 R. Angus Downie, *Frazer and The Golden Bough*, Victor Gollancz Limited, 1970, pp. 37~50 참조. 나무 숭배의 문제에 관해서는 Robert Frazer, *The Making of The Golden Bough*, palgrave, 2002, pp. 193~202 참조

13 그리스 신화에서 티폰과 에키드나의 자손이며, 아홉 개(이 숫자는 일정하지 않음)의 머리를 가진 거대한 괴

하나 잘라 내면 이윽고 다른 머리가 나타나는 그런 작업을 하고 싶지는 않다. 다만 독자들이 나의 분명한 입장 표명을 염두에 두면서 보다 공정한 지성으로써 내 견해에 대한 심각한 오해들을 바로잡아 주길 바랄 뿐이다.

1922년 6월, 런던의 템플 브릭코트에서
J. G. 프레이저

물로 가운데에 있는 머리는 죽지 않는다고 나온다. 아르고스 근처의 네르나 습지에 살았던 이 괴물은 헤라클레스에 의해 죽임을 당했다. 이때 머리 하나가 잘리더라도 그곳에서 두 개의 머리가 나왔기 때문에, 헤라클레스는 잘린 머리 부분을 횃불로 지졌으며, 마침내 불멸의 머리를 몸에서 떼어 냈다. 프레이저가 히드라를 비유로 든 것은 오류란 것이 떼어 내고 잘라 내도 끝없이 계속 자라난다는 점을 지적한 것이다. 그래서 프레이저는 본문 중에서도 자기 이론에 대한 비판들을 직접적으로 언급하거나 반박하는 대신 독자들에게 스스로 판단해 줄 것을 기대하고 있다.

「제임스 조지 프레이저 초상」 뤼시앵 모노, 1907

일러두기

1. 이 책은 James George Frazer, *The Golden Bough*(Macmillan
   Publishing Company, 1922)를 완역한 것이다.
2. 본문에서 각주는 옮긴이의 설명이다. 각주에는 동서양의 신화나 설화, 부족명,
   지명, 인명에 대한 설명은 물론이고 종교와 주술에 대한 프레이저의 생각을
   정리하거나 다른 인류학자들의 견해와 사고를 덧붙여 이해의 폭을 한층 넓혔다.
   단, 인용 및 참고 문헌의 출처만 표기된 경우에는 원서에 나와 있는 것이다.
3. 원서의 인명, 지명, 부족명은 모두 국립국어원의 외래어표기법에 따라
   표기했으며, 일반적으로 굳어져 널리 사용되는 통칭은 그에 따랐다. 한편, 지명의
   경우에 원서의 명칭을 그대로 표기하면서 오늘날 지명 변화나 위치 등에 대한
   설명은 각주에 담았다.
4. 원문에서 장문의 경우에는 한 문장이 너무 길고 장황해서 원문 그대로 번역할
   경우 독자들이 읽기에 불편한 점이 있으므로, 옮긴이가 내용의 흐름에 따라
   적당히 읽기 좋도록 단문으로 나누어 번역했음을 밝힌다.
5. 원서에서 성서를 인용한 부분은 '공동번역 성서'의 해당 부분을 그대로 인용했다.
6. 책이나 잡지, 신문 등에는 『 』 그림이나 연극, 노래, 한 편의 시나 논문 등에는
   「 」을 사용하였다.
7. 원서에는 없지만 독자들의 이해를 돕기 위해 각종 그림과 사진, 제임스 조지
   프레이저의 연보, 해제 등을 이 책에 추가하였다.
8. 일부 저작권자가 불분명한 도판의 경우, 저작권자가 확인되는 대로
   별도의 허락을 받도록 하겠다.

1권 차례

2권 차례

제1장
숲의 왕

1. 디아나와 비르비우스

터너J. M. W. Turner(1775~1851)[1]의 「황금가지」라는 그림을 모르는 이는 없을 것이다. 이 그림에는 네미Nemi의 숲에 있는 작은 호수[2]의 풍경이 꿈길처럼 그려져 있다. 예부터 그 호수는 '디아나Diana의 거울'이라고 불렸는데, 터너는 바로 이 호수를 상상하면서 황금빛으로 빛나는 환상적인 그림을 그린 것이다.[3] 거기에는 말로 형언할 수 없는 아름다운 자연 풍경과 화가의 성스러운 마음이 배어 나오는 듯하다. 누구라도 알바Alba산[4] 구릉의 푸른 분지에 둘러싸인 고요한 호수를 한 번

---

1 영국의 풍경화가. 19세기의 가장 위대한 풍경화가로 평가된다. 그의 작품은 빛과 색채, 표현주의적인 분위기로 인해 매우 폭넓고 웅장하며, 특히 바다를 표현한 작품이 뛰어나다.

2 이탈리아 중부 라티움 지방에 있는 화구호火口湖. 알바노 호수 동쪽에 위치한 네미 호수를 가리킨다. 로마에서 동남쪽으로 24킬로미터쯤 떨어진 알바 구릉(콜리 알바니)의 고대 알바 분화구 주변에 있다. 둘레는 약 6.5킬로미터, 깊이는 34미터이며, 3.2킬로미터 길이의 터널을 통해 물을 흘려보낸다. 굴착 공사로 발견된 신전은 과거에 라티움에서 가장 사치스러운 신전 가운데 하나였지만 건물 크기는 비교적 작다(폭 29.9미터, 길이 15.8미터).

3 32쪽 그림 왼쪽 하단에 긴 옷을 입은 한 여인이 왼손에는 빛나는 겨우살이 가지 하나를 높이 치켜들고 오른손에는 낫을 쥔 채 멱을 감고 있다. 그녀 뒤쪽으로는 벼랑과 안개 낀 호수가 보이고, 그림 중앙에는 일군의 무리들이 뛰놀고 있으며, 오른쪽에는 키 큰 나무 한 그루가 서 있다. 그리고 두 여자가 그 나무 주변의 풀밭에 음식물을 늘어놓고 있다. 그런데 여기서 프레이저는 본의 아니게 한 가지 실수를 저질렀다. 터너가 1834년에 그린 「황금가지」에서 묘사한 것은 네미 호수가 아니라 전설에 나오는 아베르누스 호수였다. 터너가 이 그림의 원재료로 삼은 것은 베르길리우스의 『아이네이스 Aeneis』에서 쿠마이의 시빌이 아이네이아스에게 명계의 부친 안키세스를 만나려면 어떤 깊은 숲속에 있는 식물의 가지를 꺾어야 한다고 말하는 장면이었다. 하지만 『아이네이스』에는 그것을 네미 숲의 황금가지와 연관시키는 구절은 나오지 않는다. 물론 프레이저는 세르비우스Servius와 야코프 그림Jacob Grimm의 전거에 의존하여 아이네이아스가 꺾은 가지를 네미 숲의 황금가지와 동일시하고 있지만, 터너가 네미 숲을 염두에 두고 이 그림을 그렸다는 증거는 어디에서도 찾을 수 없다. 이 그림은 현재 런던 테이트 미술관의 클로어 갤러리에 걸려 있다. Robert Frazer, 앞의 책, pp.190~191; 버질, 김명복 옮김, 『아이네이스』, 문학과 의식, 1998, 제6장 특히 244~247쪽 참조

4 이탈리아 중부 라티움 지방, 로마 남동쪽에 있는 사화산. 그 분화구들에 물이 고여 호수가 되었는데, 그중 알바노 호수와 네미 호수가 대표적이다. 로마가 강력한 제국이 되기 전부터 라티움 사람들은 이곳을 신성시했으며, 수 세기 동안 로마인들이 즐겨 찾는 여름 휴양지였다.

「황금가지」 J. M. 윌리엄 터너, 1834

본다면 평생 잊지 못할 것이다. 호수 부근에는 마치 잠들어 있는 듯한 전형적인 이탈리아 마을이 두 군데 있고, 또한 테라스식 정원이 있는 이탈리아 궁전이 호수로 이어지는 경사면에 세워져 있지만, 그것조차 호수의 풍아한 정적과 고독을 방해하지는 못한다. 디아나는 어쩌면 지금도 이 적막한 호반을 그리워하면서 근처의 숲 속을 배회하고 있는지도 모른다.

그 옛날 이 아름다운 숲은 불가사의한 비극이 되풀이되던 무대였다. 호수의 북쪽에는 오늘날까지도 네미의 마을이 남아 있는데, 깎아지른 듯한 절벽 아래 오른쪽에 '디아나 네모렌시스Diana Nemorensis', 즉 '숲의 디아나'라 부르는 거룩한 숲과 성소가 있다.[5] 이 숲과 호수는 아리키아의 숲과 호수라고도 알려져 있다. 하지만 원래 아리키아 마을(오늘날의 라리치아)은 그곳에서 4.8킬로미터쯤 떨어진 알바 산기슭에 위치해 있으며, 산 중턱의 작은 분화구 모양을 한 호수는 가파른 절벽에 의해 마을과 차단되어 있었다. 그 성스러운 숲에 한 그루의 나무가 있는데, 그 주위를 어떤 무시무시한 인물이 밤낮으로 서성거리고 있었다. 그는 손에 칼을 든 채 언제 있을지 모를 적의 습격에 대비해 부단히 사방을 경계했다. 그는 바로 사제인 동시에 살인자였다. 그리고 머지않아 누군가가 그를 죽이고 대신 사제직을 탈취할 것이다. 그것이 이 성소의 규칙이기 때문이다. 즉 사제가 되고자 하는 후보자는 누구든 기존 사제를 살해해야만 했다. 그리하여 사제가 된 다음에는 자기보다 더 강하고 교활한 자에 의해 살해당하기 전까지 사제직을 수행하게 될 것이다.

이처럼 위험하고 불확실한 임기를 통해 그는 왕으로 칭해진다. 그러나 세상에 그처럼 늘 불안에 떨어야 하고 혹은 무서운 악몽으로 고통받는 왕은 다시없을 것이다. 한 해가 시작되고 또 한 해가 질 때까지 사시사철, 비가 오나 눈이 오나 그는 홀로 사방을 경계해야 한다. 잠깐 선잠을 들 때조차 언제 어느 때 목숨을 잃게 될지 알 수 없다. 그러니 조금이라도 경계에 방심한다든지 혹은 그의 근력이나 칼솜씨가 조금이라도 녹슨다면 그는 곧바로 위험에 빠지게 될 것이다. 하물며 나이가 들어 머리라도 허옇게 센다면 그것은 사형집행장을 받는 것과 다를 바

---

5 이 성소 유적지는 1885년 당시 로마 주재 영국대사였던 존 새빌 럼리John Savile Lumley 경에 의해 발굴되었다. 프레이저는 고고학 잡지 『아테나이움The Athenaeum』(1885년 10월 10일자)에 실린 네미 성소에 관한 발굴 기사를 읽고 디아나 숭배에 관심을 가지기 시작했다. J. G. フレイザ-, 吉川信 옮김, 『初版金枝篇上』, 筑摩書房, 2003, 25쪽 각주 (1) 참조(『황금가지』 초판의 일역판. 이하 『初版金枝篇』으로 표기)

없다. 이 성소를 참배하는 온유하고 경건한 순례자들의 눈에 저 사나이의 모습은 마치 맑은 날에 돌연 검은 구름이 태양을 가릴 때처럼 그 아름다운 풍경이 어둡게만 비쳤을 것이다. 꿈에 젖은 듯한 이탈리아의 푸르른 하늘과 무성한 나뭇잎이 햇빛에 반사되어 파도처럼 반짝이는 여름날 풍경은 저 불길한 사나이의 그림자와는 도무지 어울리지 않아 보인다. 차라리 그것은 여로에 지친 나그네의 눈에 비친 낙엽이 뒹구는 늦가을의 바람소리가 지난 여름의 만가처럼 들려오는 그런 음습한 가을밤의 풍경이라고 해야 좋을 것이다.

그것은 구슬픈 음악이 흐르는 듯한 한 폭의 을씨년스러운 그림이다. 그림 속의 숲에는 검은 구름이 낮게 드리워져 금방이라도 폭풍우가 몰아칠 듯한 하늘과 고목에 걸려 있는 달과 낙엽이 구르는 스산한 소리와 차갑게 물결치는 소리가 고스란히 담겨져 있다. 그리고 그림의 전경에는 구름 사이로 삐져나온 창백한 달빛을 받아 밝음과 어둠이 교차하는 숲속의 엉킨 나뭇가지 사이로 검은 그림자 하나가 번쩍이는 칼을 빼어 든 채 어슬렁거리고 있다.

사제직의 계승을 둘러싼 이 같은 기이한 규칙은 고대 그리스나 로마에서는 그 예를 찾아볼 수 없으므로 고전시대에 비추어 설명할 수가 없다. 따라서 우리는 더 먼 과거로 거슬러 올라가지 않으면 안 된다. 그런 규칙은 사실 원시시대의 향취를 풍긴다. 그것이 로마제국 시대를 거쳐 당대의 세련된 이탈리아 사회 바깥에 마치 곱게 손질된 잔디밭에 우뚝 서 있는 바위처럼 찬란하게 서 있다는 점을 부정할 사람은 아무도 없을 것이다. 그 관습이 매우 소박하고 원시적인 만큼 우리는 그것을 설명할 수 있으리라는 희망을 품게 된다. 근래 인간의 여명기에 대한 연구가 많이 이루어졌는데, 그 결과 외관상 많은 차이가 있기는 해도 인간정신은 오늘날이든 원시시대든 본질적으로 유사하며 최초의 소박한 삶의 철학이 점차 다듬어져 오늘날과 같은 인간정신으로 발전했음이 밝혀졌기 때문이다.

따라서 네미의 사제직과 같은 원시적 관습이 다른 지역에서도 있었음을 제시할 수만 있다면, 또한 그런 관습을 만들어 낸 동기를 알아낼 수만 있다면, 나아가 그 동기가 모든 인간사회의 다양하고 상이한 환경에서도 유사한 관습을 만들어 냈음을 설명할 수만 있다면, 마지막으로 그런 동기와 거기서 비롯된 몇몇 관습들이 고대 그리스나 로마에서도 실질적으로 작동하고 있었음을 보여 줄 수만 있다면, 우리는 거꾸로 바로 그와 동일한 동기들이 더 오래전에 네미의 사제직과 같은 관습을 만들어 냈을 거라고 추론해 볼 수 있을 것이다. 물론 이런 추론은 결코 입증할 수 없다. 왜냐하면 네미의 사제직이 실제로 어떻게 시작되었는지에 관한 직접적인 증거가 부재하기 때문이다. 하지만 본서가 여러 조건을 충족시켜 줄 만한 높은 완성도를 보여 줄 수만 있다면 일정 부분 설득력 있는 추론도 가능할 것이다. 본서의 목적은 이처럼 제 조건을 충족시켜 줄 수 있는 사례들을 찾아냄으로써 네미의 사제직에 관해 납득할 만한 설명을 제시하는 데에 있다.

그럼 먼저 이 문제와 관련하여 우리에게 전해 내려온 몇몇 전승과 전설부터 살펴보기로 하자. 한 설화에 의하면, 네미의 디아나 숭배의식은 오레스테스Orestes[6]에 의해 비롯된 것이라고 한다. 오레스테스는 타우리카[7] 반도 크리미아의 왕 토아스Thoas를 살해한 뒤에 누이를 데리고 이탈리아로 도망쳤는데[8], 그때 타우리카의 디아나 신상을 장작 속에 숨겨 가지고 갔다. 사후에 오레스테스의 뼈는 아리키아에서 로마로 옮겨진 다음, 콩코드Concord 신전 옆의 카피톨리누스 언덕[9] 위에

---

6 그리스 신화에 나오는 인물로서 미케네(또는 아르고스)의 왕이었던 아가멤논과 그의 아내 클리템네스트라 사이에서 태어난 아들. 호메로스Homeros에 의하면, 아가멤논이 트로이 원정에서 돌아와 아내의 정부 아이기스토스에게 살해당하자, 오레스테스는 성인이 된 후 아이기스토스와 어머니 클리템네스트라를 죽여 아버지의 원수를 갚았다. 아이스킬로스Aeschylos의 3부작 비극인 『오레스테이아Oresteia』에서는 오레스테스가 아폴론의 명령에 따라 행동하는 것으로 나온다. 그는 어머니를 죽인 후 복수의 여신들로부터 피신하기 위해 델포이로 간다. 다시금 아폴론에게서 힘을 얻은 그는 아테네로 돌아가 아레오파고스 법정에 서서 자신의 처지를 호소한다. 배심원들의 판결이 팽팽히 맞서자 아테나 여신이 결정권을 갖게 되어 그를 무죄로 석방했고, 대신 복수의 여신들에게는 에우메니데스('자비의 여신'이라는 뜻)라는 칭호를 주어 그들의 불만을 해소시켜 주었다(김영종 옮김, 『희랍 비극』, 「오레스테이아」, 글벗사, 1995 참조). 한편 에우리피데스Euripides의 『타우리스의 이피게네이아Iphigeneia in Tauris』에서는 복수의 여신들이 여전히 흥분을 가라앉히지 못하고 있고, 오레스테스는 타우리카로 가서 아르테미스(디아나) 여신상을 아테네로 되찾아오라는 아폴론의 명령을 받는다. 친구 필라데스와 동행한 그는 자신의 목표를 달성하였으나, 모든 이방인들을 신의 제물로 바치게 규정되어 있는 지방 관습에 따라 그들은 체포되었다. 그러나 제물을 바치는 의식을 집행하는 여제사장은 오레스테스의 누이 이피게네이아였고, 그들은 서로를 알아본 후 아르테미스 여신상을 가지고 함께 도망간다. 결국 오레스테스는 죽은 아버지 아가멤논의 왕국을 계승했으며, 아르고스와 라케다이몬(스파르타)을 합병했다. 그는 헬레네와 메넬라오스의 딸 헤르미오네와 결혼했으나 뱀에 물려 죽었다. 이런 오레스테스 이야기는 아이스킬로스, 소포클레스Sophocles, 에우리피데스 등의 고전 문예 소재로 자주 등장했으며, 훗날 볼테르의 『오레스트Oreste』, 괴테의 『타우리스의 이피게네이아Iphigenie auf Tauris』, 유진 오닐의 『상복이 어울리는 엘렉트라Mourning Becomes Electra』, 장 폴 사르트르의 『파리떼Les Mouches』 같은 문예 및 크리스토프 글루크의 『타우리스의 이피게네이아Iphigenie en Tauride』, 리하르트 스트라우스의 『엘렉트라Elektra』 같은 오페라에도 등장하는 등 서구인들의 상상력에 풍부한 자극을 주었다.

7 현재의 크림 반도에 해당하는 고대 지명

8 오레스테스와 이피게네이아의 전설에 관한 고전 전거로는 아이스킬로스의 3부작 비극 중 『아가멤논Agamemnon』과 『코에포로이Choephoroe』, 소포클레스와 에우리피데스의 『엘렉트라』, 에우리피데스의 『타우리스의 이피게네이아』 등이 있는데, 이 전거들 중 어느 것도 남매의 이탈리아 피난에 대해서는 언급이 없다. 프레이저가 본문과 같은 추정을 한 근거는 오직 베르길리우스 『아이네이스』 제6장 136절에 관해 세르비우스가 4세기에 언급한 짧은 주석 하나뿐이다. 로버트 프레이저 편, 앞의 책, 69쪽 편주 참조

있는 사투르누스Saturnus[10] 신전 앞에 묻혔다. 고전문학의 독자라면 이 설화가 전해 주는 타우리카의 디아나에 대한 피비린내 나는 의례에 대해 잘 알고 있을 것이다. 그러니까 그 해안에 상륙한 이방인들은 모두 디아나 여신의 제단에 제물로 바쳐졌다고 한다. 그런데 이 의례가 이탈리아로 건너오자 다소 완화된 형식을 취하게 된다.

예컨대 네미의 성소에는 한 그루의 나무가 있었는데, 그 나뭇가지는 아무도 꺾어서는 안 되었다. 다만 도망쳐 온 노예만은 그 나뭇가지 하나를 꺾는 것이 허용되었다. 만일 그 노예가 가지를 꺾는 데에 성공한다면 전술한 사제와 결투할 수 있는 자격이 주어졌고, 그 결투에서 상대를 죽이게 되면 '숲의 왕Rex Nemorensis' 이 되어 통치권을 얻게 된다. 고대인들은 일반적으로 이 운명의 가지야말로 아이네이아스Aeneas[11]가 위험에 찬 사자死者의 세계를 여행할 때 무당 시빌Sibyl[12]의 명

---

9 고대 로마에 있던 일곱 개의 언덕 중 하나. 그 언덕 위나 주변에 도시가 건설되었다. 카피톨리노 언덕이라고도 한다. 원래의 로물루스 도시는 팔라티노 언덕(라틴어로는 팔라티누스) 위에 세워졌다. 그 밖의 다른 언덕들은 퀴리날레(퀴리날리스), 비미날레(비미날리스), 에스퀼리노(에스퀼리누), 카일리오(카일리우스), 아벤티노(아벤티누스) 등이다. 이 로마의 카피톨리누스 언덕에는 고대에 유피테르와 유노의 신전이 서 있었다. 유노 신전이던 자리에는 오늘날 '성 마리아 다라코엘리' 성당이 서 있다.

10 로마 종교에서 씨앗 또는 파종의 신. 로마인들은 사투르누스를 그리스의 농경신 크로노스와 동일시했다. 로마의 카피톨리누스 언덕 아래 있는 광장 서쪽 끝에 사투르누스 신전 유적(8개의 현관 기둥)이 남아 있다. 그를 기리는 가장 큰 축제인 사투르날리아는 로마의 가장 큰 축제였다. 영어 Saturday는 사투르누스에서 유래한 것이다.

11 트로이와 로마의 신화적인 영웅. 아프로디테 여신과 안키세스 사이에서 태어난 아들이며, 트로이 왕족으로서 헥토르와 사촌 간이었다. 헥토르에 버금가는 제2인자로 그리스군에 대항해서 트로이를 방어하는 데 뛰어난 활약을 했다. 호메로스는 아이네이아스가 트로이를 배신하고 그리스군을 도왔다고 보았지만, 일반적으로 아이네이아스는 트로이 전쟁 생존자들의 우두머리였다고 여겨진다. 아이네이아스와 관련된 전설들은 특히 라티움 지역과 관련되어 있다. 로마가 이탈리아와 지중해를 석권하게 되자 애국적인 작가들은 자신의 조국에 역사적 후광을 부여하고, 그리스의 우월성에 대한 숨은 반감을 만족시키기 위해 신화적인 전설을 만들어 냈다. 가령 베르길리우스는 걸작 『아이네이스』에서는 아이네이아스를 위대한 로마의 건설자로 부각하였다. 베르길리우스는 트로이에서 서쪽으로 시칠리아와 카르타고를 거쳐 이탈리아의 티베르강 어귀에 이르는 아이네이아스의 여정을 통해 그의 인내력과 자제력, 신에 대한 복종심을 묘사하면서 그의 성품이 로마 건설의 바탕이 되었다고 기록하고 있다. 본문에서 후술하듯이, 프레이저는 『아이네이스』에 나오는 황금가지 이야기에 비상한 관심을 보이고 있다.

12 그리스 신화 및 문예에 나오는 여자 예언자. 전통적으로 시빌은 광적인 황홀경 속에서 예언을 하는 늙은 노파로 묘사되었으며, 후대로 내려오면서 단수가 아니라 복수로서 여러 지역의 시빌에 대한 전승이 만들어졌다. 특히 아폴론과 관련된 곳에는 반드시 시빌이 따라다녔다. 쿠마이의 시빌이 로마의 일곱 왕 가운데 마지막 왕인 타르퀴니우스 수페르부스에게 팔려지고 『시빌의 예언서』를 내놓았다고 한다. 그런데 왕이 그녀에게 책값을 지불하려 하지 않았기 때문에 쿠마이의 시빌은 9권의 책 중 6권을 불태워 버렸다. 이에 왕은 어쩔 수 없이 그녀가 원래 9권의 값으로 요구한 돈을 주고 나머지 3권을 샀다. 그 후 이 예언서는 로마의 카피톨리누스 언덕 위에 있는 유피테르 신전에 보관되었으며, 위급한 경우에만 꺼내어 읽혀졌다. 유대교와 기독교의 시

오레스테스의 뼈가 묻혔다는 로마의 사투르누스 신전

「델피 신전의 시빌」 부오나로티 미켈란젤로, 1509

령으로 꺾었던 '황금가지'에 다름없다고 생각했다. 말하자면 노예의 도망은 오레스테스의 도망을 상징한다고 여겼던 것이다. 그리고 노예와 사제의 결투는 타우리카의 디아나에게 바쳤던 인신공희人身供犧의 흔적을 보여 준다. 검투에 의한 사제직의 계승이라는 규칙은 로마제국 시대에까지 이어졌다. 가령 칼리굴라Caligula 황제는 네미의 사제가 너무 오랫동안 직책을 고수한다 하여 그보다 강한 건달을 고용하여 사제를 살해하게 했다. 또한 안토니네Antonine[13]의 치세에 이탈리아를 방문했던 한 그리스인 여행가도 당대의 사제직이 여전히 결투의 결과, 승리자에게 주어지는 포상이었음을 진술한 바 있다.

네미의 디아나 숭배가 가지는 중요한 특징은 이밖에도 더 있다. 네미의 성소에서 발견된 봉헌 제물로 볼 때 디아나 여신은 특히 여자 사냥꾼이 아니었나 싶다. 나아가 디아나는 아이를 많이 낳도록 남자와 여자에게 축복을 내리거나 임신한 여인들의 안산安産을 돕는 여신으로 간주되기도 했다. 이 같은 디아나 숭배의례에서는 불이 가장 중요한 역할을 한 것으로 보인다. 그리하여 한 해 중 가장 무더운 시기인 8월 13일에 거행되는 디아나 축제 때에 성스러운 네미의 숲은 무수한 횃불들로 뒤덮였고, 그 불꽃들이 호수 수면에 아름답게 반사되었을 것이다. 또한 이날 이탈리아 전국에 걸쳐 각 가정의 화로에서 신성한 의식이 거행되었을 것이다. 실제로 네미의 성소에서는 오른손에 횃불을 높이 치켜든 디아나 여신의 청동상이 발견되기도 했다. 이 여신에게 소원을 빌어 기원을 이룬 여자들은 저마다 화관을 쓰고 작열하는 횃불을 든 채 성소로 몰려들었을 것이다.

어떤 이는 클라우디우스Claudius[14] 황제와 황실 가족의 평안을 기원하기 위해 영원히 타오르는 등롱을 네미의 작은 사당에 헌상했다. 한편 네미의 숲에서 발견된 테라코타 등롱은 아마도 신분이 낮은 사람들의 안전을 기원하려는 목적에서 봉납된 것으로 보인다. 이런 관습은 교회에 신성한 촛불을 헌상하는 가톨릭 관

빌 신탁서는 유대 및 바빌로니아의 시빌이 쓴 것으로 전해지며, 일부 기독교인들은 그것을 구약성서에 비견할 만한 권위 있는 예언서로 생각하기도 했다.

13 로마 황제 안토니누스 피우스(재위 138~161)와 그의 양자인 마르쿠스 아우렐리우스(재위 161~180)를 가리키는 칭호. 또한 안토니누스 피우스의 또 다른 양자이자 마르쿠스 아우렐리우스와 공동 황제였던 루키우스 베루스(재위 161~169) 및 마르쿠스 아우렐리우스의 아들이며 공동 황제였다가 나중에 단독 황제가 된 콤모두스(재위 176~192)에게도 보통 이 칭호가 쓰인다. 안토니네의 치세(138~180)는 로마제국 내에서 일체감과 민족 간의 조화가 잘 이루어진 최고 평화 번영기 중 하나로 평가된다.

14 로마의 황제, 재위 41~54년. 로마 통치를 북아프리카로 확대하고 브리타니아(브리튼)를 속주로 만든 로마의 황제

습과 너무도 흡사하다. 게다가 네미의 디아나에게 주어진 '베스타Vesta'[15]라는 칭호는 여신의 성소에 항상 꺼지지 않는 신성한 불이 타오르고 있음을 시사한다. 디아나 신전의 북동쪽 모퉁이에 있는 넓직한 원형 지하실은 3단으로 이루어져 있으며, 모자이크로 포장된 흔적이 있다. 이는 아마도 로마 공회당의 베스타 원형 신전과 마찬가지로 디아나 여신에게 내포된 베스타적 성격과 무관하지 않은 것으로 보인다. 여기서도 '베스타의 여사제Vestal Virgin'에 의해 신성한 불이 지켜졌을 것이다. 왜냐하면 그곳에서 테라코타 여신상의 머리 부분이 발견되었으며, 이 여사제들에 의해 수호되는 영원한 불에 대한 숭배는 라티움 지방에서 예부터 최근에 이르기까지 흔히 있는 일이기 때문이다. 나아가 디아나 여신을 기념하는 연례 축제 때에는 사냥개들에게 화관을 씌워 주는가 하면 야생동물들을 해치지 못하게 했다. 젊은이들이 디아나 여신을 기리는 정화의례를 거행했으며, 포도주와 새끼 염소와 나뭇잎에 싼 따끈따끈한 떡과 가지에 주렁주렁 달려 있는 능금 따위로 잔치가 베풀어졌다.[16]

그러나 디아나만이 네미의 성스러운 숲에 모셔졌던 것은 아니다. 그 외에도 두 명의 하위 신이 네미 숲의 성소를 공유하고 있었다. 하나는 에게리아Egeria[17]라는 여신이다. 이 여신은 현무암 사이에서 솟아나와 아름다운 폭포수가 되어 레몰레의 호수로 흘러 들어가는 맑은 물의 정령이다. 레몰레에는 오늘날 네미 마을의 물방앗간이 세워져 있다. 오비디우스Ovidius(기원전 43~기원후 7)[18]는 조약돌 위

---

15 로마 종교에 나오는 화로(부엌)의 여신. 그리스의 헤스티아 여신과 동일시되며, 각 가정과 국가에서 각별한 숭배를 받았다. 전통적으로 베스타 신전은 초기 이탈리아의 둥근 오두막을 모방하는 동시에 공공의 화로를 표상하는 원형 건물이었다고 한다. 로마의 포룸에 있는 베스타 신전에는 '베스타의 여사제'들이 지키는 공공 화로가 끊임없이 타오르고 있었으며, 매년 3월 1일(원래 로마의 설날)에 새로 불을 지폈다.

16 제3판에는 원래 이 구절 다음에 "기독교 교회는 이 처녀 여신의 대축제를 곧바로 8월 15일의 성모 몽소승천축일로 전환하여 거행한 것으로 보인다"는 내용의 구절이 들어가 있었는데, 맥밀런 축약본에서 제임스 프레이저는 이 구절을 삭제했다. 옥스퍼드판 편자인 로버트 프레이저에 의하면, 이 삭제된 구절은 원래 프레이저가 무척 세심하게 신경을 써서 삽입한 구절로,『황금가지』에서 기독교 교회의 축일을 이교도 축제와 연관짓는 파격적인 내용이 담긴 첫 번째 구절이었다고 한다. 로버트 프레이저 편, 앞의 책, 70쪽 본문 및 편주 참조

17 로마 종교에 나오는 물의 정령精靈. 아리키아의 디아나 여신 및 로마의 카메나이 신 등과 함께 숭배되었다. 디아나처럼 그녀도 임산부의 수호신이며, 카메나이처럼 예언자로 간주되었다.

18 로마의 시인.『사랑의 기술 Ars amatoria』과『변신 이야기 Metamorphoses』로 특히 유명하다. 그의 고향 술모(지금의 술모나)는 로마에서 동쪽으로 약 140킬로미터쯤 떨어진 작은 마을인데, 그는 시에서 고향의 아름다운 들판을 애정이 넘치는 어조로 여러 번 언급하고 있다. 동시대의 베르길리우스, 호라티우스, 프로페르티우스 등이 모두 아우구스투스 체제를 대변하는 가이우스 마이케나스를 중심으로 한 그룹에 속해 있었

로 흐르는 이 맑은 물을 종종 마셨다고 기록하고 있다. 임신한 여자들은 에게리아에게 제물을 바쳤다고 하는데, 이는 디아나와 마찬가지로 에게리아 또한 안산의 여신이라고 믿었기 때문이다. 어떤 설화에 의하면, 이 물의 정령은 현명한 누마Numa[19] 왕의 아내 혹은 애인이었으며, 둘은 성스러운 숲 속에서 은밀하게 사랑을 나누었다고 한다. 또한 누마 왕이 로마에 수여한 율법도 바로 에게리아 여신의 신성과 교접함으로써 얻어진 것이라고 한다.

플루타르코스Plutarchos(46년경~119년경)[20]는 이 설화를 인간에 대한 여신의 사랑을 말하는 다른 설화들, 가령 키벨레Cybele[21] 여신과 미남 아티스Attis[22]의 사랑

던 반면, 오비디우스의 초기 시들은 아우구스투스 황제가 장려한 '공식적인' 도덕적 태도와 어긋나는 인생관 및 사랑과 시에 대한 견해를 보여 준다. 나중에 그의 몰락을 가져오는 데 한몫을 하게 된 『사랑의 기술』은 기원전 1년경에 발표되었다. 이 시는 여자를 유혹하여 밀통하는 기술을 메시지로 담고 있는 만큼, 당시 아우구스투스 황제가 공개적으로 추진하고 있던 도시개혁안과는 근본적으로 상치되는 것이었으며, 따라서 아우구스투스주의의 목표와 야심에 진지하게 헌신하고 있던 사람들은 이 시를 좋게 받아들일 수 없었을 것이다. 본서에서 프레이저도 많이 인용하고 있는 『변신 이야기』는 국내에 번역되어 있다.

19 재위 기원전 715~기원전 673. 로마 전설에 따르면, 로마 공화정 건립(기원전 509) 이전의 전설적인 로마 일곱 왕 가운데 두 번째 왕이다. 통상 누마 왕은 종교의례에 따른 달력을 고안하고, 베스타 신전의 여사제직 및 마르스, 유피테르, 신격화된 로물루스(전설적인 로마의 건국자)에게 바치는 의례 등 초기 종교 관습을 확립시켰다고 알려져 있으나, 실은 이런 발전은 수 세기에 걸친 종교적 발전의 결과였다. 어쨌든 전설에 따르면, 누마 왕은 호전적이던 로물루스와는 달리 평화를 사랑했다고 한다.

20 그리스의 작가이자 전기작가. 약 227편에 달하는 그의 방대한 작품 중에서 가장 중요한 것으로는 그리스와 로마의 군인·입법자·웅변가·정치가들의 고상한 행동과 성격들을 저술한 『영웅전Bioi Paralleloi』과 윤리적·종교적·물리적·정치적·문학적 주제들에 대한 60편 이상의 수필을 모아 엮은 『모랄리아Moralia』 혹은 『윤리론집Ethica』을 들 수 있다.

21 신들의 위대한 어머니Great Mother of the Gods, 즉 대모신大母神으로 칭해지는 고대 동양과 그리스·로마의 여신으로서, 키베베Cybebe 혹은 아그디스티스 Agdistis 등 지역에 따라 여러 이름으로 알려져 있다. 키벨레 또는 키베베라는 이름은 기원전 5세기부터 그리스·로마 문학에서 널리 쓰였다. 로마에서 이 여신의 정식 이름은 마테르 데움 마그나 이다이아Mater Deum Magna Idaea(신들의 위대한 이다이아 어머니)였다. 이 여신에 대한 숭배가 처음으로 시작된 지역을 대체로 소아시아의 프리기아 지방으로 보는 관점에서는 모든 신화, 전설이 일치한다. 키벨레 숭배는 소아시아에서 우선 그리스로 퍼졌는데, 그리스인은 이 여신을 레아Rhea와 동일시했다. 신화에서 여신의 시중을 드는 코리반트Corybant들은 반쯤 악마적인 난폭한 존재였다. 또한 키벨레 여신의 사제인 갈리galli들은 처음 사제가 될 때 자신을 거세했는데, 이런 자해 행위는 이 여신의 애인 풍요의 신 아티스가 소나무 밑에서 자신을 거세하고 피를 너무 많이 흘려 죽었다는 신화에 근거한 것이다. 그래서 키벨레의 연례 축제(3월 15~27일) 때에는 소나무를 잘라 키벨레 신전으로 가져가 그것을 신으로 경배했고, 아티스의 피에서 자라난 것으로 여겨지는 제비꽃으로 소나무를 장식했다. '피의 날'인 3월 24일에는 수석 사제인 아르키갈루스가 심벌즈와 북, 피리가 연주되는 가운데 자신의 팔에서 피를 뽑아 여신에게 바쳤고, 하급 사제들은 미친 듯이 빙글빙글 돌면서 스스로 상처를 내어 제단과 신성한 소나무에 피가 튀도록 했다. 3월 27일에는 은으로 만든 여신상의 머리에 신성한 돌을 얹어 여러 사람이 받쳐 들고 행진했으며, 행진이 끝나면 티베르강의 지류인 알모강에서 여신상을 목욕시켰다. 키벨레 숭배는 그 자체만으로 존재하는 경우도 있었지만, 대모신 숭배가 충분히 발달한 상태에서는 항상 아티스 숭배와 함께 이

혹은 달의 여신[23]과 엔디미온Endymion[24]의 사랑에 비교하고 있다. 이 연인들의 밀회 장소는 네미의 숲이 아니라 에게리아의 거룩한 샘물이 어두운 동굴에서 흘러나오는 로마 포르타카페나 교외의 또 다른 숲이라는 설도 있다. 로마 베스타 신전의 성처녀 여사제들이 날마다 물항아리에 이 샘물을 길어 머리로 이어 날라 신전을 씻어 냈다고 한다. 유베날리스Juvenalis(55/60년경~127년경)[25]가 살던 시대에는 저 어두운 자연동굴이 대리석으로 둘러싸였고, 신성한 숲은 그곳에 집시처럼 옹송그리고 거처하던 가난한 유대인 무리들에 의해 더럽혀지곤 했다. 하지만 아마도 네미의 호수로 떨어지는 샘물이야말로 본래의 에게리아 여신과 관계가 있을 것이다. 그리고 최초의 이주민들이 알바산에서 티베르 강변으로 내려왔을 때 그들은 물의 정령도 함께 데리고 와 성문 밖에 있는 숲속에 새로운 거처를 마련해 주었으리라고 추정된다. 이 성스러운 숲에서 출토된 욕실과 인체의 각 부분을 표현한 수많은 테라코타 모형들은 에게리아의 샘물이 병자 치료에 사용되었음을 시사한다. 다시 말해, 오늘날 유럽 각지의 관습과 마찬가지로 당시의 병자

루어졌다. 거의 모든 고대 종교에서 다산多産과 풍요의 지모신을 발견할 수 있지만, 그런 지모신을 신들과 인간, 짐승에게 똑같이 생명을 주는 존재로 간주되는 대모신으로서의 키벨레와 혼동해서는 안 된다.

22 대신 키벨레의 남편 혹은 연인. 소아시아와 프리기아에서 숭배되다가 2세기경부터는 태양신으로 로마제국 전역에서 숭배되었다. 아티스와 키벨레 숭배는 봄 축제와 관련이 깊다. 프리기아의 전설에 따르면, 아티스는 상가리우스 하신河神의 딸인 나나와 양성구유신兩性具有神 아그디스티스 사이에서 태어난 아름다운 젊은이였다고 한다. 그러나 아티스를 사랑하게 된 아그디스티스는 아티스가 결혼하려 하자 그를 미치게 만들었으며, 이에 아티스는 스스로 거세하여 목숨을 끊었다. 아그디스티스는 자신이 한 일을 후회하며 제우스에게 아티스의 몸이 썩어 없어지지 않도록 해달라고 했다. 이 전설은 여러 가지 다른 형태로 남아 있으나 '자기 거세self-castration'라는 근본적인 특징은 항상 변함이 없다. 프레이저는 본서(특히 제34~36장)에서 식물의 신으로서의 아티스에 주목하고 있다. 즉 아티스의 죽음과 부활은 겨울 동안 죽었다가 봄이 되면 소생하는 식물을 표상한다.

23 그리스 신화에 나오는 달의 여신 셀레네Selene를 가리킨다. 여기서 셀레네라는 이름은 그리스어로 '달'을 뜻하며, 초승달과 보름달이 뜰 때 경배하였다. 부모는 티탄족의 히페리온과 테이아였고, 오빠는 태양신 헬리오스(아버지라고도 함), 여동생은 에오스(새벽), 남편은 주신主神 제우스, 딸은 판디아, 애인은 엔디미온으로 나온다. 보통 머리에 달(대개는 초승달 모양)을 이고 있으며, 두 마리의 말이 끄는 마차를 몰고 있는 모습으로 묘사된다. 라틴어로는 루나Luna라고 하며, 로마의 아벤티누스 언덕과 팔라티누스 언덕에 그 신전이 있다.

24 그리스 신화에서 대부분의 삶을 영면永眠으로 보냈던 미소년. 한 설화에 따르면 제우스가 엔디미온에게 원하는 것을 들어주겠다고 했는데, 이때 엔디미온은 영원한 젊음을 간직하려고 영면을 택했다고 한다. 또 다른 설화에 의하면, 엔디미온의 영면은 그가 감히 제우스의 아내인 헤라와 사랑에 빠졌기 때문에 제우스에게서 받은 벌이라고도 한다. 어쨌든 그는 달의 여신인 셀레네에게 사랑을 받았으며, 이 여신은 매일 밤 카리아의 라트모스 언덕의 동굴에서 자고 있는 그를 찾았고, 그의 딸을 50명이나 낳았다고 한다. 그래서 흔히 셀레네가 누구의 방해도 받지 않고 엔디미온의 아름다움을 즐기려고 그를 잠들게 했다고 한다. 시인 존 키츠(1795~1821)는 장시 「엔디미온Endymion」(1818)에서 엔디미온을 디아나 여신의 연인인 목동으로 그리

들도 환부의 모형을 에게리아 여신에게 헌상하면서 소원을 빌거나 혹은 감사의 뜻을 표명했을 거라는 말이다. 지금도 사람들은 이 샘물이 치병에 효능이 있다고 믿는 모양이다.

네미 숲에서 모셔지는 또 다른 하위신은 비르비우스Virbius이다. 설화에 의하면 비르비우스는 그리스의 영웅 청년 히폴리투스Hippolytus에 해당한다. 순결한 미남 히폴리투스는 반인반마半人半馬의 키론Chiron[26]에게서 사냥술을 배웠으며, 유일한 친구인 처녀 사냥꾼 아르테미스Artemis(디아나에 해당하는 그리스)의 여신과 함께 들짐승들을 쫓아다니느라 평생을 숲에서 살았다. 그는 아르테미스와의 신성한 교제를 자랑하면서 다른 여자들의 사랑을 거절했는데[27], 이것이 그에게는 파멸의 원인이 되었다. 즉, 그의 조소에 분노한 아프로디테Aphrodite 여신은 그의 계모 파이드라Phaedra[28]로 하여금 히폴리투스에 대한 사랑에 빠지게 만들었다. 하지만 사랑이 거절당하자 파이드라는 남편 테세우스Theseus에게 없는 말을 늘어놓으면서 히폴리투스를 중상모략했다. 파이드라의 말을 곧이곧대로 믿은 테세우스는 히폴리투스의 잘못을 징벌해 달라고 부친 포세이돈Poseidon에게 빌었다. 그래서 바다의 신 포세이돈은 히폴리투스가 사로니카만灣의 해변에서 마차를 몰고 있을 때 파도 속에서 사나운 소가 나타나게 했다. 이에 놀란 말이 길길이 날뛰면서 질주하는 바람에 히폴리투스는 마차에서 떨어져 죽고 만다.

그런데 히폴리투스를 사랑한 디아나는 의사 아스클레피오스Asklepios[29]를 설득

고 있다. "아름다운 것은 영원한 기쁨A thing of beauty is a joy for ever"이라는 이 시의 첫 구절은 매우 유명하다.

25 그의 많은 시구와 경구들이 흔히 관용구로 쓰일 정도로 가장 큰 영향을 끼쳤던 로마의 풍자 시인

26 그리스 신화에 나오는 켄타우로스 가운데 하나. 크로노스 신과 바다의 요정인 필라 사이에 태어난 아들인 키론은 지혜와 의학 지식으로 유명했다. 헤라클레스, 아킬레우스, 이아손, 아스클레피오스 등을 비롯한 그리스의 많은 영웅들이 그의 가르침을 받았다. 헤라클레스가 쏜 독화살에 우연히 찔린 그는 프로메테우스를 위해 영원한 생명을 포기하고 하늘에 올라가 '궁수자리'라는 별자리가 되었다.

27 이 이야기를 뒷받침해 주는 가장 유명한 전거는 에우리피데스의 『히폴리투스』이다. 프레이저는 그리스 신 히폴리투스가 로마로 건너와 고대 네미 숲의 신 비르비우스와 습합한 것으로 이해하고 있다.

28 아테네의 왕 테세우스의 젊은 왕비. 전실 자식인 히폴리투스에게 이룰 수 없는 연정을 품게 되면서 스스로 목숨을 끊는다. 고대 그리스의 비극작가 에우리피데스와 세네카의 『히폴리투스』, 근대 프랑스의 고전주의 극작가 장 라신(1639~1699)의 『페드르Phédre』(1677)에서 파이드라의 숙명적인 정열이 극적으로 묘사되고 있다.

29 그리스 신화에서 아폴론(치료, 진리, 예언의 신)과 님프 코로니스의 아들로 나오는 의술의 신. 켄타우로스인 키론이 그에게 의술을 가르쳐주었는데, 제우스는 그가 모든 인간을 불멸의 존재로 만들어 버릴까 두려워한 나머지 그를 벼락으로 죽였다. 『일리아드 Iliad』에서 호메로스는 그를 단순히 유능한 의사로 언급했지만, 후

하여 약초를 가지고 그녀의 젊은 미남 사냥꾼의 목숨을 살려냈다. 하지만 여기서 유피테르Jupiter 신은 죽을 수밖에 없는 인간이 죽음의 문턱에서 되돌아온 것에 격분한 나머지 의사 아스클레피오스를 하데스에 가둔다. 한편 디아나는 노한 유피테르 신의 눈을 피하여 먹구름 속에 애인 히폴리투스를 숨기고 노인처럼 분장시켜 멀리 네미의 골짜기까지 데리고 갔다. 거기서 디아나는 히폴리투스가 이탈리아의 숲속 깊은 곳에서 비르비우스라는 이름으로 아무도 모르게 혼자서 살 수 있도록 그를 물의 정령인 에게리아에게 맡겼다. 그리하여 숲의 왕이 된 히폴리투스는 디아나를 위한 성소에 봉헌되었다.[30] 그에게는 동일한 이름의 비르비우스라는 잘생긴 아들이 있었다. 부친의 비극적인 운명 앞에서 분발하는 마음을 키운 아들 비르비우스는 사나운 준마의 무리를 이끌고 아이네이아스 및 트로이인과 맞서 싸우는 라틴군에 가담했다. 비르비우스는 네미뿐만 아니라 다른 곳에서도 신으로 숭배받았다. 캄파냐[31]에도 비르비우스를 섬기는 사제가 있다.

아리키아의 숲과 성소에서는 말[馬]들을 쫓아낸다. 왜냐하면 히폴리투스를 죽음에 몰아넣은 장본인이 바로 말이기 때문이다. 또한 히폴리투스 신상을 만지는 것도 허용되지 않는다. 그런데 그를 태양이라고 믿는 사람들도 있었다. 세르비우

대에 아스클레피오스는 영웅으로 존경을 받고 결국에는 신으로 숭배받았다. 그는 보통 긴 외투를 입고 가슴을 드러낸 채 서 있는 모습으로 묘사된다. 뱀이 감겨진 지팡이가 그의 상징인데, 이는 진정한 의술을 상징한다. 날개가 달려 있고 뱀이 주위를 감고 있는 형상인 이 지팡이는 보통 신들의 사자使者이자 무역의 수호신인 헤르메스 또는 메르쿠리우스의 지팡이로 간주되기도 한다.

30 프레이저가 『황금가지』(1889)의 집필을 시작할 무렵에 그는 이미 고전학자로서 명성을 얻고 있었다. 당시 그는 파우사니아스(Pausanias, 150?~?)의 『그리스 여행기』를 번역, 편집하여 총 6권이나 발행하였다. 소아시아 출신의 파우사니아스 박사가 아스클레피오스를 모시는 에피다우로스Epidauros 신전을 방문했을 때 그 지방의 전설이 새겨진 비문을 발견했다고 한다. 프레이저는 마차몰이 말들에 의해 밟혀 죽은 히폴리투스가 아스클레피오스에 의해 다시 살아난 뒤 이탈리아로 갔다는 그 전설에 대해 다음과 같이 기록하고 있다(프레이저에 의한 번역). "무엇보다 비문이 새겨진 고대 석판을 보면, 히폴리투스가 말 스무 마리를 신에게 바쳤다고 나온다. 아리키아인들은 이 석판에 새겨진 이야기와 일치되는 말을 한다. 그들의 말에 의하면, 테세우스의 저주로 인해 죽은 히폴리투스가 아스클레피오스에 의해 소생했다는 것이다. 다시 살아난 히폴리투스는 자신의 아버지를 용서하지 않았다. 그는 아버지의 간청을 무시한 채 이탈리아의 아리키아로 가 버렸다. 그곳을 통치하면서 히폴리투스는 아르테미스 여신에게 한 구역을 봉헌했다. 그 성소에서는 지금도 일대일 전투에서 승리한 자에게 선물로서 여신의 사제가 되는 특권이 주어진다. 이 싸움은 자유인에게는 허락되지 않으며, 오직 주인에게서 도망친 노예들에게만 주어진다."(Pausanias, *Description of Greece*, tr. with a commentary by J. G. Frazer, London: Macmillan, 1898, Ⅰ, pp.112~113) 훗날 파우사니아스의 편집자 피터 레비Peter Levi에 의하면, 이런 관습이야말로 프레이저의 『황금가지』의 출발점이었다고 한다. Robert Frazer, *The makingThe Golden Bough*, 앞의 책, p.9 참조

31 이탈리아 남부에 있는 지방

아스클레피오스(가운데 뱀지팡이를 들고 있는 인물)와 자녀들을 묘사한 부조

스Servius[32]에 의하면, 아티스와 대모신 키벨레, 에리크토니우스Erichthonius[33]와 미네르바Minerva[34], 아도니스Adonis[35]와 비너스의 결합처럼 히폴리투스도 실은 디아나와 결합된 신이었다고 한다. 이때의 결합이 무엇을 뜻하는지에 관해서는 다시 후술할 것이다. 여기서는 다만 파란만장한 생애를 통해 히폴리투스의 신비스러운 인격이 끈질기게 살아남아 후세에 전해졌다고 하는 사실을 기억하고 넘어가는 데에 머무르고자 한다. 예컨대 디아나의 축일인 8월 13일에 말발굽에 밟혀 죽은 로마의 성자 히폴리투스St. Hippolitus of Rome(170년경~235년경)[36]는 이교의 죄인으로서 두 번이나 죽은 뒤에 기독교의 성자로 부활한 동일한 이름의 저 그리스

---

32 4세기에 로마에서 활동한 라틴 문법학자이자 주석자로서, 베르길리우스의 작품에 대한 귀중한 해설서를 썼다. 청년 시절에는 암브로시우스 테오도시우스 마크로비우스의 『사투르날리아Saturnalia』의 변사 역할을 맡은 적도 있다. 세르비우스가 쓴 베르길리우스의 주석서에는 두 가지 판본이 현존하는데, 하나는 길고 하나는 짧다. 이 주석서는 로마의 고대 관습에 대한 지식을 제공하는 귀중한 자료로서 프레이저도 본서의 기술에서 많이 인용하고 있다.

33 아테나 여신은 장인의 수호신으로서 대장장이 신 헤파이스토스의 협력자로 간주되어 헤파이스티아Hephaistia라 부르기도 한다. 그러나 아테나와 헤파이스토스의 사이가 언제나 좋았던 것은 아니다. 언젠가 아테나는 침실에서 헤파이스토스를 거부했다. 이때 헤파이스토스가 흘린 정액이 대지에 떨어져 뱀이 태어났는데, 그 신이 바로 에리크토니우스이다.

34 로마 신화에 나오는 공예와 직업과 예술의 여신. 일반적으로 그리스의 아테나 여신과 동일시되며, 일부 학자들은 아테나 숭배가 에트루리아에서 로마로 들어오면서 미네르바 숭배가 형성되었다고 주장한다. 이런 주장은 미네르바가 유피테르, 유노와 함께 로마 카피톨리누스 신전의 삼신三神으로 모셔졌다는 사실에 의해 뒷받침된다. 로마의 아벤티누스 언덕에 있는 미네르바 신전은 장인 동업조합이 집회를 여는 장소였다. 후대에 미네르바는 마르스를 대신하여 전쟁의 여신으로 숭배받았다.

35 그리스 신화에 나오는 미소년으로 아프로디테(비너스) 여신의 애인. 전설에 따르면 시리아의 왕 테이아스와 그의 딸 스미르나(미르하) 사이에서 태어난 아들이다. 그의 아름다움에 반한 아프로디테는 젖먹이 아도니스를 상자 속에 넣어 지하세계의 여왕 페르세포네에게 보살펴 주도록 부탁했다. 그런데 페르세포네도 이 미소년에게 반한 나머지 그를 돌려주지 않으려 하자, 결국 제우스는 아도니스에게 페르세포네와 3년간, 그리고 아프로디테와 3년간을 보내고 나머지 3년은 아도니스 스스로가 결정하도록 했다. 여기서 아도니스라는 이름은 '군주'를 뜻하는 페니키아어 '아돈'에서 유래한 듯하며, 바빌로니아 신 탐무즈와 동일한 신으로 추정된다. 프레이저는 본서(제32장 참조)에서 아도니스를 해마다 죽었다가 부활하는 나무의 정령이라고 보고 있다. 아도니스의 죽음과 부활을 기리는 '아도니아' 축제가 비블로스를 비롯한 여러 곳에서 해마다 열렸는데, 이때 그의 초상화나 다른 물건들을 물에 던지면 비가 내린다고 믿었다. 아테네에서 행해진 아도니스 축제 중 특이한 것으로 '아도니스의 정원'(본서 제33장 참조)이라는 것이 있는데, 이는 조그만 화분에서 빨리 자라고 빨리 시드는 식물 재배를 가리킨다. 이 관습은 아직까지도 키프로스의 기독교도 사이에서 행해진다.

36 기독교 순교자이자 성자로서 최초의 대립교황(재위 217/218~235: 대립교황이란 합법적으로 선출된 로마 교황에 대항하여 어느 정도 실권을 장악한 성직자). 서방교회의 축일은 8월 13일이고, 동방교회의 축일은 1월 30일이다. 논쟁을 좋아하던 신학자 히폴리투스는 기독교 교리에 대해 처음으로 신학적·철학적 작업을 시도하여 삼위일체의 삼위를 구별하는 로고스 교리를 옹호했던 로마의 사제였다. 그의 가장 뛰어난 저술인 『모든 이단에 대한 논박Philosophumena』에서 그는 기독교의 여러 이단들이 그릇된 이교철학에서 비롯되었음을 밝히려고 했다.

영웅 히폴리투스에 다름 아니었다.

앞에서 네미의 디아나 숭배를 설명하기 위해 제시했던 설화들은 분명 역사적 사실이 아니다. 그것들은 하나의 종교의례가 어떻게 생겨났는지를 설명하기 위해 창작된 신화군에 속하며, 기껏해야 다른 지역의 몇몇 의례와 실제적이거나 혹은 상상적인 유사성을 가지는 정도이다. 네미 신화의 이 같은 불일치는 매우 뚜렷하게 나타난다. 왜냐하면 현재 디아나 숭배의 기원이 그 의례의 이런저런 특성이 밝혀짐에 따라 오레스테스와 나아가 히폴리투스까지 거슬러 올라가기 때문이다. 하지만 그런 설화들이 가지는 참된 가치는 그것과 비교되는 기준을 제공해 줌으로써 디아나 숭배의 성격을 드러내 보여 준다는 점, 더 나아가 참된 기원이란 늘 머나먼 시원의 안개 속에 묻혀 있기 마련이라는 사실을 보여 줌으로써 디아나 숭배의 유서 깊음을 간접적으로나마 입증해 준다는 점에 있다.

카토Cato(기원전 234~기원전 149)[37]에 의하면 이 성스러운 숲이 투스쿨룸[38], 아리키아, 라누비움, 라우렌툼, 코라, 티부르, 포메티아, 아르데아의 사람들을 대표하여 라틴의 독재자인 투스쿨룸의 에게리우스 바이비우스Egerius Baebius 혹은 라이비우스Laevius 등에 의해 디아나에게 헌상되었다고 한다. 방금 언급한 후자의 맥락에서 보건대, 네미의 설화들은 카토가 주장한 이런 역사적 전승에 못지않게 신빙성이 있다고 보인다. 물론 카토가 말하는 역사적 전통은 디아나의 성소가 얼마나 유서 깊은 것인지를 말해 준다. 왜냐하면 이때 디아나 성소의 기원은 포메티아가 로마인들에 의해 침략을 받아 역사에서 사라져버린 기원전 496년 이전까지 거슬러 올라가기 때문이다. 그런데 우리는 아리키아의 사제직 계승 규칙과 같은 야만적인 규칙이 고도의 문화를 지닌 라틴의 여러 도시와 같은 그런 공동사회에서 만들어졌으리라고는 생각할 수 없다. 따라서 그 규칙은 이탈리아가 역사시대 이

---

37 로마의 정치가이자 최초의 라틴어 산문 작가. 그리스의 영향이 로마의 옛 도덕규범을 훼손한다고 믿었던 카토는 켄소르(감찰관)를 지내면서 대대로 내려오는 관습을 보존하고 그리스의 모든 영향에 맞서 싸울 것을 목표로 삼았다. 다른 한편 카토가 라틴 문학의 발전에 끼친 영향은 막대했다. 현재 전해지는 그의 유일한 작품으로 기원전 160년경에 쓴 것으로 보이는 『농업론 De agri cultura』은 라틴어로 쓰인 최초의 완벽한 산문이다. 이 책에서 카토는 옛 관습과 미신을 기술하고 있으며, 이 책은 자신이 농부로서 넓은 땅을 경작하며 얻은 경험을 토대로 쓴 실용적인 지침서이다. 이밖에 라틴어로 쓴 최초의 로마 역사서 『기원론 Origines』(전7권)도 일부가 전해지고 있다.

38 라티움에 있었던 이탈리아 고대 도시. 지금의 프라스카티에 해당하는 이곳은 로마에서 남동쪽으로 24킬로미터 떨어져 있으며, 후기 공화정과 제국시대(기원전 1~4세기)에 부유한 로마 시민들이 즐겨 찾던 휴양지였다.

후 우리가 알고 있는 어떤 국가보다도 더 원시적인 국가 단계에 머물러 있었을 때부터, 아니 인간의 기억이 미치지 않은 태곳적부터 전승되어 내려온 규칙임에 틀림없다.

한편 네미의 성소가 마니우스 에게리우스Manius Egerius라는 사람에 의해 창설되었다고 하는 설도 있는데, 이런 설은 카토가 주장하는 역사적 전승의 신빙성을 확증하기보다는 오히려 약화시키는 듯이 보인다. 마니우스 에게리우스에게서 "아리키아에는 수많은 마니우스Manii들이 있다"는 속담이 생겨났다. 이 속담과 관련하여 혹자는 마니우스 에게리우스가 유서 깊은 가문의 조상이었다고 주장한다. 또 다른 혹자에 의하면 아리키아에는 추악한 불구자들이 많이 있었는데, 그들이 어린애들을 놀라게 하는 도깨비라든가 요괴를 뜻하는 마니아Mania라는 말에서 마니우스라는 이름을 만들어 냈다고도 한다. 로마의 어떤 풍자가는 아리키아의 산 중턱에서 순례자들을 기다리며 무위도식하는 전형적인 거지들에 대해 마니우스라는 이름을 사용하고 있다.[39]

이러한 견해 차이는 아리키아의 '마니우스 에게리우스'라는 이름과 투스쿨룸의 '에게리우스 라이비우스'라는 이름이 일치하지 않는다는 점, 두 이름에 모두 신화적인 '에게리아'라는 이름이 공통적으로 들어가 있는 유사성에서 우리의 의문을 자극한다. 하지만 카토가 말하는 역사적 전승 관계는 매우 정밀하고 신뢰할 만하기 때문에 그것을 단순히 하나의 어리석은 허구로만 치부하여 무시해서는 안 된다. 오히려 우리는 그것이 네미 성소의 고대적 재흥 또는 재건을 말해 주는 것으로서, 그런 재흥과 재건이 일단의 국가들에 의해 실제로 이루어졌으리라고 보아야 할 것이다. 어쨌든 카토의 주장은 오래전부터 저 성스러운 숲이, 비록 라틴 국가들 전체는 아니더라도 최소한 그 나라의 가장 오래된 다수의 도시들을 위한 공동 예배소로 기능해 왔으리라는 사실을 입증해 주고 있다.

2. 아르테미스와 히폴리투스

앞에서 오레스테스와 히폴리투스에 관한 아리키아의 설화가 비록 역사로서는

---

39 출처는 Festus, *De verborum significatione*, ed., C.O. Muller, Leipzig, 1839, p.145.

무가치할지 몰라도 다른 여러 성소의 의식이나 신화와 비교함으로써 네미 숭배를 보다 정확하게 이해하는 데에는 어느 정도 가치가 있다는 점을 살펴보았다. 여기서 우리는 설화의 작자가 비르비우스와 숲의 왕을 설명하기 위해, 왜 오레스테스와 히폴리투스를 끌어냈는지를 자문해 보지 않을 수 없다. 이때 오레스테스에 관해서는 분명하게 답변할 수 있다. 즉, 인간의 피를 보아야만 위무받는다고 하는 타우리카의 디아나 이미지와 오레스테스 이야기는 아리키아 사제직 계승에서의 살해 규칙을 알기 쉽게 하기 위해 끌어 댄 것이다. 반면 히폴리투스에 관해 답변하기는 그렇게 간단치 않다. 히폴리투스가 말발굽에 밟혀 죽었다는 사실은 네미의 성스러운 숲에서 모든 말들을 배제하는 이유를 충분히 설명해 준다. 그렇다고 그 자체가 곧 검증되었음을 뜻하는 것은 아니다. 여기서 우리는 히폴리투스 숭배, 나아가 그에 관한 설화와 신화들을 더욱 깊이 있게 검토해 보아야 한다.

히폴리투스는 육지로 둘러싸인 아름다운 만[40]에 위치한 조상들의 고향 트로이젠[41]에 유명한 성소를 가지고 있었다. 오늘날 그곳에는 헤스페리데스Hesperides[42]의 정원 너머로 검은 탑처럼 우뚝 솟은 측백나무들뿐만 아니라 오렌지나무라든가 레몬나무의 숲들이 삐죽삐죽한 산기슭의 비옥한 해변을 따라 길게 줄지어 뒤덮고 있다. 망망대해로부터 해변을 보호하는 고요한 만의 푸른 물 너머로는 포세이돈의 성스러운 섬이 떠 있는데, 그 섬의 정상은 소나무들의 짙은 초록색에 가려져 보이지 않는다. 히폴리투스는 바로 이 아름다운 해안에서 예배를 받았던 것이다. 성소 안에는 고풍스러운 신전이 있었는데, 그곳에서 평생을 봉직해 온 한 사제에 의해 히폴리투스에 대한 예배가 행해졌다. 매년 히폴리투스를 기념하는 희생제의가 열렸고, 성처녀들이 구슬픈 곡哭과 노래로써 불의의 죽음을 당한 히폴리투스를 애도했다. 그뿐만 아니라 젊은 청년들과 아가씨들은 결혼 전

---

40 그리스 남동부에 위치하는 사로닉만을 가리킨다.

41 그리스 신화에서 특히 테세우스Theseus의 탄생지로 유명하다.

42 그리스 신화에 나오는 맑은 음성을 가진 처녀들. 그리스어로 '저녁의 딸들'을 뜻한다. 헤라가 제우스와 결혼할 때 가이아에게서 받은 황금사과들이 열리는 나무를 지켰다. 헤시오도스에 따르면 에레보스와 '밤'의 딸들이고, 다른 설에 따르면 아틀라스와 헤스페리스 또는 포르키스와 케토의 딸들로 나온다. 대개 아이글레, 에리테이아, 헤스페레(또는 헤스페레토사)의 3명을 가리키지만, 어떤 설에서는 7명이나 된다. 헤스페리데스의 정원은 원래 아르카디아에 있었던 것으로 보인다. 후에 헤라클레스가 훔쳤다는 황금사과들도, 아프로디테가 히포메네스에게 아탈란타와 경주하기 전에 주었던 황금사과들도 헤스페리데스의 정원에서 가져온 것이었다고 한다.

에 머리카락을 신전에 바쳤다. 트로이젠에는 히폴리투스의 무덤이 있었는데, 마을 사람들은 그것을 다른 사람에게 보여 주려 하지 않았다. 아르테미스의 사랑을 받았으며 그로 인해 젊은 나이로 요절할 수밖에 없었고, 그래서 매년 처녀들의 애도를 받는 꽃미남 히폴리투스에게서 우리는 여신들이 사랑했던 인간 애인의 한 사례를 본다.

여신의 사랑을 받은 필멸의 남자 이야기는 고대종교에도 종종 나타나는데, 아도니스야말로 그 전형이라 할 수 있다. 히폴리투스의 사랑을 구하는 아르테미스와 파이드라와의 경쟁은, 달리 말하면 아도니스의 사랑을 구하는 아프로디테와 페르세포네Persephone[43]의 경쟁을 재현한 것이라고 할 수 있다. 그렇다면 파이드라는 단순히 아프로디테의 복사본에 지나지 않는다고 말할 수 있다. 이 같은 이해는 아마도 히폴리투스와 아르테미스 모두에게 공정한 평가가 될 것이다. 왜냐하면 아르테미스는 원래 위대한 풍요의 여신이었으며, 고대종교의 원리에 입각해 보면 자연에 풍요를 가져다주는 그녀는 스스로 다산적이지 않으면 안 되었고, 그래서 필연적으로 남성 배우자를 취해야만 했기 때문이다. 이런 의미에서 히폴리투스가 트로이젠에서는 아르테미스의 배우자로 간주되었던 것이다. 트로이젠의 젊은 남녀가 결혼에 앞서 머리카락을 바치는 관습은 히폴리투스와 아르테미스 여신의 결합을 공고히 하고, 나아가 토지, 가축, 인간의 풍요와 다산을 촉진하기 위해 고안된 것이었다고 볼 수 있다.

트로이젠의 히폴리투스 성소에서 다미아Damia와 아욱세시아Auxesia라 부르는 두 여신이 숭배되었다는 사실은 얼마간 위의 견해에 대한 타당성의 근거를 제공해 준다. 다미아와 아욱세시아는 의심할 나위 없이 대지의 풍요와 관련된 여신들

---

43 그리스 신화에서 제우스와 농업의 여신 데메테르의 딸이자 지하세계의 왕 하데스의 아내. 호메로스의 『데메테르에게 바치는 찬가Hymn to Demeter』에는 페르세포네가 어떻게 니사의 계곡에서 꽃을 꺾다가 하데스에게 붙잡혀 지하세계로 가게 되었는지에 대한 이야기가 나와 있다. 어머니 데메테르는 딸이 유괴된 사실을 알고서 슬퍼한 나머지 땅의 추수와 풍작에 관심을 갖지 않게 되었고, 그 결과 기근이 널리 퍼졌다. 그래서 제우스가 개입하여 하데스에게 페르세포네를 풀어주어 어머니에게 돌아가도록 명령했다. 그런데 페르세포네는 지하세계에서 석류 씨 한 알을 먹었기 때문에 완전히 풀려나지는 못하고, 1년의 3분의 2는 어머니와 보내지만 3분의 1은 하데스와 지내야 했다. 페르세포네는 후에 젊은 곡식의 여신이자 데메테르의 딸인 코레(Core: 그리스어로 '처녀'라는 뜻)와 동일시되었다. 페르세포네나 코레가 해마다 4개월을 지하세계에서 보낸다는 이야기는 추수 후 한겨울의 황폐한 그리스 들판을 묘사하고 있다. 페르세포네는 제우스와의 사이에서 낳은 아들 자그레우스의 오르페우스 신화에도 나타난다. 식물신으로서의 데메테르와 페르세포네에 대해 논하는 본서 제44장 참조

「파이드라와 히폴리투스」피에르 나르시스 게랭, 1802년경

이기 때문이다. 예컨대 에피다우로스Epidauros[44]인들이 기근을 당했을 때 그들은 신탁에 따라 신성한 올리브나무로 다미아와 아욱세시아 여신상을 만들어 세우자마자 토지가 다시 비옥해졌다는 것이다. 게다가 트로이젠의 히폴리투스 성소에서는 여신들을 기념하기 위해 돌멩이를 던지는 기묘한 축제를 개최했다고 한다. 그 밖의 다른 많은 지역에서도 농작물의 풍요를 보장받고자 하는 원망에서 이와 유사한 관습이 널리 행해졌다.

청년 히폴리투스의 비극적 죽음을 말하는 이야기에서 우리는 불멸의 여신과 짧은 사랑의 환희를 나눈 결과, 자기 목숨을 잃어야만 했던 필멸의 미남 청년들에 관한 다른 비슷한 이야기들과의 유사관계를 발견하게 된다. 그런데 이와 같은 비극적인 연인들의 이야기가 항상 신화에만 등장하는 것은 아니다. 어떤 설화들에 의하면 제비꽃의 보라색이나 아네모네의 주홍색, 장미의 진홍색을 피가 흘러내린 자국이라고 묘사하고 있는데, 이는 단순히 청춘의 바보 같은 시적 상징도 아니고 그렇다고 여름철에 한 번 피었다가 이내 시들고 마는 아름다움의 시적 상징도 아니다. 그런 설화들에는 인간의 생명과 자연의 생명이 맺고 있는 관계를 나타내는 심오하면서도 슬픈, 즉 비극적인 관습을 낳은 철학이 내포되어 있다. 그 철학과 관습이 구체적으로 무엇인지는 뒤에서 차차 밝혀질 것이다.

3. 요약

이제 우리는 고대 저술가들이 무엇 때문에 아르테미스의 배우자인 히폴리투스를 비르비우스와 동일시했는지에 대해 이해할 수 있다. 여기서 세르비우스는 비르비우스와 디아나의 관계를 아도니스와 비너스의 관계 혹은 아티스와 대모신 케벨레의 관계에 비견했다. 아르테미스와 마찬가지로 디아나도 일반적으로 풍요의 여신이었으며, 특히 다산의 여신이었다. 그리하여 디아나는 그녀에 비견되

---

44 고대 그리스 펠로폰네소스 북동부 아르골리드해의 동쪽 해안에 있던 주요 상업 중심지. 기원전 4세기에 세워진 의술의 신 아스클레피오스 신전으로 유명하다. 이곳 성역에서 발굴된 유적을 통해 아스클레피오스 신전과 아르테미스 신전, 극장, 도보경기장, 단련장, 목욕탕, 톨로스(tholos: 원형의 건축물 혹은 돌무덤), 병원, 환자들이 잠자던 아바톤 등이 있었음이 밝혀졌다. 비문에는 이 신의 의술 시혜에 관한 내용이 담겨져 있다.

는 그리스의 다른 여신들과 마찬가지로 남성 배우자를 필요로 했다. 만일 세르비우스의 말이 타당하다면, 비르비우스야말로 바로 디아나 여신의 배우자였던 셈이다.

그런데 비르비우스는 성스러운 네미 숲의 창설자이자 네미를 지배한 최초의 왕이었다. 비르비우스의 이런 특성으로 비추어 보아, 그는 '숲의 왕'이라는 호칭 하에 디아나 여신을 섬기다가 차례차례 폭력적인 최후를 맞이한 사제들의 계보에서 최초의 신화적 선조 혹은 원형이었음에 분명하다. 따라서 사제들이 비르비우스와 디아나 여신의 관계를 성스러운 숲의 여신과 지녔던 관계와 동일한 것으로 상정하는 것도 지극히 당연하다. 말하자면 디아나 여신은 필멸의 '숲의 왕'의 배우자에 다름없었다. 그리고 '숲의 왕'이 목숨을 걸고 지키려 했던 저 성스러운 나무는 바로 디아나 여신의 현현顯現이라고 말할 수 있다.

만일 그렇다면 디아나의 사제는 그 나무를 자신의 여신으로서 숭배할 뿐만 아니라 동시에 자기 아내로서 포옹했을지도 모른다. 이는 충분히 있을 수 있는 일이다. 플리니우스Plinius(23~79)[45]의 시대에도 로마의 어떤 귀족이 알바산에 있는 다른 디아나의 신성한 숲에서 한 그루의 아름다운 너도밤나무를 그런 식으로 대했다는 기록이 전해지기 때문이다. 그는 그 나무를 껴안고 입을 맞추는가 하면 나무 그늘에 눕기도 하고 혹은 가지에다 포도주를 따라주기도 했다는 것이다. 즉, 이 귀족은 명백히 그 나무를 여신으로 대했던 것이다. 남자나 여자가 나무와 결혼하는 관습은 아직도 인도라든가 동양의 다른 지역에서 실제로 행해지고 있다. 그러니 고대 라티움에서 그런 관습이 행해졌다고 한들 전혀 이상할 것이 없다.

이상의 여러 가지를 전체적으로 고려해 볼 때 우리는 다음과 같은 결론을 내릴 수 있다. 즉 네미의 신성한 숲에서 행한 디아나 숭배는 매우 중요할 뿐만 아니라 대단히 오래된 관습이고, 디아나는 숲의 여신이자 야생동물의 수호여신으로서 나아가 가축과 대지의 결실을 관장하는 여신으로서 숭배받았다. 사람들은 그녀가 남녀의 생식과 다산을 보장해 주고 임산부의 안산을 도와준다고 믿었다. 성소의 원형 신전 안에는 성처녀 여사제들에 의해 지켜지는 디아나 여신의 성화

---

45 로마의 학자이자 작가. 백과사전적 저서 『박물지 Natural History』로 유명하다. 이 책의 내용이 모두 정확한 것은 아니지만 중세에 이르기까지 과학적인 문제에 권위를 지녔다. 그의 조카의 기록에 따르면, 그는 베수비오 화산 활동을 조사하다가 그 연기 때문에 쓰러져 죽었다고 한다.

가 꺼질 줄 모른 채 타올랐다. 이런 디아나 여신과 연관되어 물의 정령 에게리아가 숭배되기도 했다. 사람들은 에게리아가 디아나와 마찬가지로 임산부의 안산을 도와주며 신성한 숲에서 고대 로마 왕과 부부 사이로 지냈다고 여겼다. 더욱이 신성한 숲의 디아나에게는 남성 배우자가 있었고, 그의 이름은 비르비우스였다. 비르비우스와 디아나의 관계는 아도니스와 비너스 혹은 아티스와 키벨레의 관계에 비견될 수 있다. 끝으로 신화적인 비르비우스는 역사시대에 이르러 '숲의 왕'으로 알려진 한 사제의 계보를 대표한다고 간주되었는데, 그 사제의 목숨은 숲속의 특정한 나무 한 그루와 결부되어 있었다. 즉, 그 나무가 무사한 동안에는 사제도 습격을 받지 않는다고 여겼다.

물론 이 같은 결론만으로 네미 숲의 사제직 계승을 둘러싼 저 유별난 살해 규칙을 다 설명할 수는 없다. 하지만 앞으로 전개될 보다 폭넓은 검토를 통해 우리는 이런 결론이 문제 해명의 실마리가 되어 준다는 점을 알게 될 것이다. 이제 그런 폭넓은 검토를 시작하고자 한다. 그 작업은 결코 쉽게 끝나지는 않겠지만, 거기에는 발견을 위한 여행이 가져다주는 흥미진진한 매력이 담겨 있을 것이다. 그런 탐구의 여로에서 우리는 불가사의한 여러 나라와 이방인들과 낯설고 기이한 관습들을 만나게 될 것이다. 이제 우리는 당분간 이탈리아 해안을 뒤로 한 채 순풍에 돛을 달고 항해를 시작하기로 하자.

제2장
사제왕

우리가 해결해야 할 문제는 다음 두 가지이다. 첫째, 네미의 디아나 사제, 즉 '숲의 왕'이 자신의 전임자를 살해해야 하는 이유는 무엇인가? 둘째, 그가 전임자를 살해하기에 앞서 고대 저술가들이 베르길리우스Vergilius(기원전 70~기원전 19)[1]의 황금가지[2]와 동일시하던 어떤 나뭇가지를 꺾어야만 했던 이유는 무엇인가?

이와 관련하여 먼저 사제의 호칭에 대해 생각해 볼 필요가 있다. 사제를 왜 '숲의 왕'이라고 불렀던 것일까? 그리고 직무와 관련하여 그를 왕이라고 칭한 까닭은 무엇일까?

왕의 호칭과 사제의 직무가 결합되는 것은 고대 이탈리아나 그리스에서는 흔히 있는 일이었다. 로마나 라티움의 여러 도시에서는 공희왕供犠王 혹은 성례왕聖禮王이라고 부르던 사제가 있었으며, 그의 아내는 성례비聖禮妃라는 호칭을 지니고 있었다. 또한 아테네 공화국에서는 국가의 제2집정관을 왕이라 불렀고, 그 아내는 왕비라고 칭하였다. 이 두 가지 경우 모두 종교적으로 기능했다. 다른 그리스 민주국가들도 이름만의 왕을 가지고 있었는데, 대개 그들의 임무는 사제적이고 국가의 공공화로公共火爐에서 일하는 것이다. 어떤 그리스 국가는 이 같은 명목상의 왕들을 여러 명 가지고 있었는데, 그들은 함께 모여 직무를 수행했다.

---

1 로마의 가장 위대한 시인. 국민서사시 『아이네이스 Aeneis』(기원전 30년경에 집필을 시작했으나 미완성작임)로 가장 잘 알려져 있다. 이는 로마의 전설적 창시자 아이네이아스의 이야기를 통해 신의 인도하에 세계를 문명화한다는 로마의 사명을 천명한 작품이다. 베르길리우스는 로마 공화정이 끝나갈 무렵에 청년기를 살았는데, 당시 이탈리아의 정치적·군사적 상황은 혼미했고 비참한 내전에 자주 시달렸다. 이와 같은 내전에 대한 증오와 공포는 베르길리우스와 그의 동시대인 호라티우스에 의해 강력히 표현되었다. 따라서 베르길리우스와 같은 아우구스투스 시대의 시인들을 제대로 이해하기 위한 열쇠는 이전 시대의 혼란상을 이해하는 데 있다고 해도 과언이 아니다. 건강이 좋지 못했고 결혼도 하지 않았으며, 군사적·정치적 활동에 전혀 참여하지 않았던 베르길리우스는 전적으로 시작詩作 및 관련 연구에 생애 전부를 바쳤다.
2 베르길리우스의 『아이네이스』 제6권에 나오는 겨우살이를 가리킨다. 프레이저 시대에 겨우살이를 '황금가지'라고 번역한 고전학자는 오직 크리스토퍼 피트Christopher Pitt뿐이었고, 프레이저는 그 유일한 번역을 따랐다.

베르길리우스의 초상

한편 로마 전통에서는 군주제가 폐지된 후 종래 왕들이 바쳤던 희생제물을 공양하기 위해 공희왕이 임명된 적이 있었다. 사제왕의 기원과 관련된 이와 유사한 견해가 그리스에서는 일반적으로 널리 받아들여졌다고 보인다. 이런 견해는 기본적으로 타당하다. 우리는 그 타당성을 역사시대까지 군주제 형태를 고수한 단 하나의 순수한 그리스 국가 스파르타에서 사례를 확인할 수 있다. 스파르타는 모든 국가적 희생공희가 신의 후예로 간주되는 왕에 의해 수행되었다. 스파르타에는 두 명의 왕이 있었는데, 그중 한 명은 '제우스 라세다에몬Zeus Lacedaemon'의 사제직을, 다른 한 명은 '하늘의 제우스Heavenly Zeus'의 사제직을 담당했다.

사제의 기능과 왕권의 결합은 비단 고대 이탈리아나 그리스에만 한정된 것은 아니었다. 수천 명의 신성한 노예들이 거주하고 있으며, 중세의 로마 법왕처럼 세속적 권위와 종교적 권위를 함께 가진 법왕의 지배하에 있던 장엄한 종교적 수도가 소아시아에는 여기저기 있었다. 사제가 다스리는 그런 도시로 젤라[3]라든가 페시누스[4] 등을 들 수 있다. 또한 이교異教 시대의 튜턴Teutonic족[5] 왕들도 대사제의 직위와 권능을 행사했다고 보인다. 그뿐만 아니라 중국의 황제들도 의전儀典에 상세하게 규정된 규칙에 따라 희생공희를 올렸다.

한편 마다가스카르[6]의 왕은 그 나라의 대사제였다. 마다가스카르의 신년의례는 왕국의 안녕을 위해 수소 한 마리를 제물로 바쳤는데, 그때 시종들은 수소를 도살하고 왕은 희생제물 앞에 서서 기도와 감사를 드렸다. 지금까지도 독립을 유지하고 있는 동부아프리카의 갈라Galla족[7] 군주국가에서는 왕이 산꼭대기에서 사람을 제물로 바치는 인신공희를 거행한다. 저 흥미로운 중앙아메리카의 경우도 왕들이 세속적 권위와 종교적 권위를 동시에 지니고 있었으며, 왕권과 사제직을 겸하고 있었다는 이야기가 전승 속에 어렴풋이 남아 있다. 그 고대 도읍지는 오늘날 울창한 열대 정글로 뒤덮여 있으며, 다만 장엄하고도 신비스러운

---

3 오늘날 터키 중동부에 위치한 도시 질레의 옛 이름으로, 사제왕이 통치하던 신정국가였다. 이곳은 폰투스의 신전이 있었던 고대에 율리우스 카이사르가 폰투스의 미트라다테스 6세의 아들 파르나케스 2세를 물리친 후 "베니, 비디, 비키(Veni, vidi, vici: 라틴어로 '왔노라, 보았노라, 이겼노라'라는 뜻)"라고 승리를 외친 곳으로도 유명하다.

4 프리기아 지방의 모신母神인 키벨레 숭배의 중심지로 오늘날의 터키 남부에 있었다.

5 고대 유틀란트 반도에 살았던 테우토니족을 일컫는다. 그러나 이들이 사멸한 뒤에도 라틴 작가들은 게르만족을 가리켜 튜턴족이라 불렀으며, 이는 현대까지 답습되고 있다.

6 아프리카 대륙 남동 해안 앞바다에 있는 인도양 남서부의 섬나라

7 에티오피아 인구의 약 40퍼센트를 차지하는 가장 큰 단일 언어 인종 집단

팔렝케[8] 유적을 통해 그 면모를 짐작할 수 있을 따름이다.

그러나 일반적으로 고대의 왕이 동시에 사제이기도 했다는 사실만으로 왕이 행했던 직무의 종교적 측면을 완전히 설명할 수는 없다. 당시에는 왕을 둘러싼 신성이 단순히 명목상에 그친 것이 아니라 진지한 신앙의 표현이었다. 많은 경우 왕은 단순히 인간과 신을 중개하는 사제라기보다는 오히려 신 그 자체로서 숭배받았기 때문이다. 그리하여 왕은 그저 초인간적, 불가시적 존재에게 희생제물을 바치고 기도를 올리는 것만으로 백성들과 숭배자들에 대해 필멸의 인간에게는 불가능한 그런 은총을 내려 줄 수 있다고 여겼다. 따라서 사람들은 종종 왕이 제때 비와 햇빛을 내려줌으로써 곡물의 성장을 촉진시켜 주리라고 기대했다.

이런 식의 기대가 우리에게는 이상하게 보이지만, 이를 고대 원시인은 진실로 받아들였다. 문명화된 사람들이 자연과 초자연 사이에 설정하는 한계가 원시인에게는 없다. 원시인은 세계가 전적으로 초자연적인 존재에 의해 돌아간다고 믿었기 때문이다. 그런데 초자연적 존재는 인간과 동일한 충동과 동기에 따라 행위하고, 또한 인간과 마찬가지로 연민과 희망과 공포를 가지고 있어서 거기에 호소하면 응대해 주는 그런 인격적 존재로 간주하였다. 이런 세계에서 원시인은 자신의 이익을 위해 스스로가 자연의 운행에 대해 얼마든지 영향을 미칠 수 있다고 믿었다. 예컨대 신들에게 기도하고 신들과 약속하거나 혹은 신들을 위협하는 행위를 통해 맑은 날씨와 풍작을 얻어 낼 수 있다고 여겼다. 그런데 만약 어떤 신이 인간의 몸을 입고 왕으로 화신했다고 한다면, 그 왕은 더 이상 초자연적인 존재에게 기도할 필요를 느끼지 않게 될 것이다. 이때 왕은 자신을 비롯해 동료들의 번영을 촉진할 모든 힘을 스스로 소유하고 있다고 믿는다.

이는 인신人神 관념이 탄생하는 하나의 과정이다. 그러나 또 다른 과정을 통해 인신 관념이 출현하기도 했다.[9] 원시인은 세계가 영적인 힘들로 충만하다는 세계관과 더불어 그것과는 다른 보다 오래된 관념을 가지고 있었다. 그런 관념에서 우리는 일련의 현상들이 인격신의 개입 없이 불변하는 질서하에 일어난다고 보는 근대적 자연법의 관념 혹은 자연관의 맹아를 엿보게 된다. 이 맹아는 이를테면 공감주술共感呪術[10]이라고 부를 만한 관념 안에 함축되어 있다. 대부분의 원시

---

8 멕시코 치아파스주에 있는 고전시대(300년경~900) 마야인의 도시 유적
9 이하에서 프레이저는 인신 관념과 주술의 연관성에 주목하고 있다. 인신 관념에 대해서는 본서 제7장 참조

사제왕이 다스렸던 멕시코 마야 문명의 고대 도시인 팔렝케 유적

적 미신체계[11]에서는 이런 공감주술 관념이 큰 부분을 차지하고 있었다. 즉 원시사회에서는 왕이 사제임과 동시에 종종 주술사이기도 했다. 실제로 원시사회에서 왕들은 흔히 흑주술黑呪術이나 백주술白呪術[12]을 구사하는 능력에 의해 권력을 장악했다고 보인다. 따라서 왕권의 발전 과정을 이해하고, 미개인들이 왕의 역할을 신성시했던 점을 이해하기 위해서는 무엇보다 주술[13]의 원리에 대해 알아야 하며, 나아가 모든 시대와 모든 나라에 걸쳐 비상하리만치 인간의 마음을 사로잡아 온 고대의 미신체계에 대해서도 개념적인 정리가 필요하다. 다음에는 이 주제에 관해 좀 더 상세하게 살펴보도록 하자.

---

10 프레이저는 본서에서 공감주술이라는 용어를 주술 일반을 가리키는 말로 쓰고 있다. 초판(1890)의 부제 '비교종교연구A Study in Comparative Religion'가 2판(1900)에서 '주술과 종교에 대한 연구A Study in Magic and Religion'로 바뀔 만큼 『황금가지』에서 주술론이 차지하는 비중은 상당하다. 사실 프레이저의 주술론은 오늘날까지도 학술적인 주술 연구에서 하나의 출발점으로 언급될 뿐만 아니라, 일반인 사이에서도 프레이저를 가장 유명하게 만든 이론이라고 할 수 있다. 이와 관련하여 출판업자 맥밀런에게 보낸 편지에서 프레이저는 다음과 같이 적고 있다. "나는 부제를 '비교종교연구'에서 '주술과 종교에 대한 연구'로 바꾸고자 합니다. 사실 내 책은 종교보다는 주술에 관한 책이기 때문입니다. 또한 새 판에서는 주술과 종교를 엄밀하게 구별하고 있습니다. 따라서 부제에 종교뿐만 아니라 주술이라는 말이 들어가야 마땅하다고 봅니다. 그렇게 부제를 바꾼다 해도 나의 주된 논점을 제시하는 데에는 아무런 문제가 없을 것입니다." Robert Frazer, 앞의 책, pp.119~120 참조
11 미신superstition이란 서구에서 오랫동안 기독교만을 참된 종교로 보는 관점에서 타문화권의 상이한 신앙과 관습을 고대적이고 주술적인 것, 덜 세련되고 덜 진화된 저급한 것으로 지칭할 때 사용하는 가치판단적 용어이다. 따라서 가치중립성을 표방하는 오늘날의 인류학이나 종교학 등에서는 상이한 종교적 태도나 행위에 대해 이 용어를 사용하지 않는다. 프레이저는 본서에서 원시인의 신앙체계를 흔히 미신이라는 용어로 아무런 거리낌없이 표현하고 있는데, 이는 단적으로 프레이저가 당대를 벗어날 수 없었음을 잘 보여 준다.
12 흑주술이란 다른 사람을 저주하거나 위해를 가하기 위한 목적의 주술을 가리키며, 백주술은 강우주술처럼 사회를 위한 목적으로 행하는 주술을 말한다.
13 주술, 즉 magic이라는 용어는 사제 혹은 주술사를 나타내는 고대 페르시아어 magus에서 유래한 말이다. 일반적으로 주술이란 특정한 목적을 위해 초자연적 존재(신 혹은 정령 따위)나 힘의 도움을 빌려 여러 가지 현상을 일으키려는 행위 또는 신앙체계를 가리킨다. 그러나 기본적으로 주술을 미신과 동일시하는 프레이저는 초자연적 존재나 힘의 요소를 종교와 관련시키고 있다. 본서 제4장 주술과 종교 참조

제3장
공감주술

1. 주술의 원리

주술의 기초가 되는 사유 원리를 분석해 보면 다음 두 가지로 요약할 수 있다. 첫 번째, 유사類似는 유사를 낳으며 혹은 결과는 그 원인과 유사성을 가진다는 사유 원리이다. 두 번째, 이전에 한 번 접촉했던 사물은 물리적 접촉이 끝나 서로 떨어져 있어도 계속 상호작용을 한다는 사유 원리이다. 첫 번째 원리를 '유사의 법칙'이라 한다면, 두 번째 원리는 '접촉의 법칙'이라 칭할 수 있다.[1] 첫 번째 유사의 법칙에서 주술사는 단지 어떤 현상을 모방함으로써 무엇이든 원하는 결과를 얻을 수 있다고 여긴다. 두 번째 접촉의 법칙에서 주술사는 어떤 사물에 행위를 가하면, 그것이 신체의 일부분이건 아니건 간에 그 사물과 접촉한 적이 있는 사람에 대해서도 동일한 효과를 얻게 된다고 여긴다.

유사의 법칙에 입각한 주술은 '동종주술同種呪術' 혹은 '모방주술模倣呪術'로, 접촉의 법칙에 입각한 주술은 '감염주술感染呪術'로 분류할 수 있다.[2] 여기서 유사

---

1 구조주의 언어학 운동의 창시자 로만 야콥슨Roman Jakobson은 유사의 법칙과 접촉의 법칙을 각각 '은유 metaphor'와 '환유metonymy'로 치환시켜 언어학과 문학 연구에 응용했으며, 레비스트로스Lévy-Strauss 또한 『야생의 사고 La pense sauvage』(안정남 옮김, 한길사, 1996)에서 신화 연구의 영역에 은유와 환유의 개념을 사용했다.

2 친구인 제임스 워드James Ward의 권유로 타일러E. B. Tylor의 『원시문화Primitive Culture』(1871)를 읽은 것은 프레이저의 생애에서 하나의 전환점이 되었다고 한다. 타일러의 광범위한 관심, 넓은 시야, 합리적인 접근 방법, 명료한 사례 제시 등이 프레이저에게 새롭고 넓은 지평을 열어 주었기 때문이다. R. Angus Downie, Frazer and The Golden Bough, 앞의 책, p.16. 『원시문화』에서 타일러는 주술을 '잘못된 관념연합에 입각한 것'으로 규정하는 한편, 애니미즘을 종교의 최초 형태, 즉 종교의 기원으로 보면서 주술과 종교를 구별했다. 이와 같은 타일러의 관념연합론을 두 가지 기본 형태(유사의 원리와 접촉의 원리)로 재분류한 것은 분명 주술 연구에서 프레이저의 공헌이라 할 수 있다. 하지만 프레이저의 분류는 결코 독창적인 것이 아니었다. 그것은 18세기의 경험론을 대표하는 데이비드 흄David Hume의 지식이론에서 따온 것이기 때문이다. 흄은 관념연합의 원리를 세 가지, 즉 유사resemblance와 근접contiguity과 인과성cause and effect의 원리로 분류했는데, 이중 프레이저는 인과성의 원리는 과학의 원리라고 보아 제외하고 나머지 두 원리에 새 옷을 입혀 '유사의 원리'와 '접촉의 원리'를 내세웠다. Robert Frazer, The making of the

의 법칙에 입각한 주술을 가리킬 때 '모방'이라는 표현보다는 '동종'이라는 표현이 더 적합할지도 모른다. 왜냐하면 '모방imitative/mimetic'이라는 용어는 비록 명시적이지는 않더라도 어떤 것을 모방하는 의식적인 행위자를 암시함으로써 결과적으로 주술의 범위를 너무 협소하게 제한할 우려가 있기 때문이다. 사실 주술사는 주술을 행할 때 적용하는 두 가지 원리가 비인격적인 자연의 운행을 제어할 수 있다고 굳게 믿었다. 다시 말해, 그는 암암리에 유사의 법칙과 접촉의 법칙이 보편적으로 적용될 수 있으며, 인간의 행위에 의해 제약을 받지 않는다고 여겼다.

요컨대 주술이란 불합리하고 그릇된 행동지침이며 자연법칙에 관한 의사擬似체계라 할 수 있다. 달리 말하면 주술은 미성숙한 기술이며, 거짓된 의사과학에 불과하다.[3] 주술을 하나의 자연법칙의 체계 혹은 세상에 일어나는 여러 현상의 인과적 연쇄를 결정짓는 법칙의 서술이라고 여긴다면, 그것은 '이론주술'이라고 불러야 할 것이다. 한편 주술을 인간이 자신의 목적을 달성하기 위해 지켜야 하는 일련의 규범이라고 여긴다면, 그것은 '실천주술'이라고 불러야 마땅하다. 그

Golden Bough, 앞의 책, p.21 참조

3 프레이저의 『황금가지』를 읽고 인류학에 입문했다는 영국의 사회인류학자 말리노프스키B. Malinowski는 『원시신화론 *Myth in Primitive Psychology*』(1926)에서 "주술과 과학은 많은 공통점을 보이고 있으며, 그런 까닭에 우리도 제임스 프레이저 경처럼 주술을 적절하게 의사과학이라고 부를 수 있는 것"(서영대 옮김, 민속원, 1996, 79쪽)이라고 인정한다. 그러나 말리노프스키의 기능주의적 관점에 의하면, 주술은 결코 프레이저가 말하듯이 거짓된 의사과학이 아니다. 주술은 인간의 기술과 지식에 명백한 한계가 있다는 인식의 표출일 뿐이며, 주술이 상상적인 만족감을 제공해 주리라고 기대되는 때는 바로 인간의 능력이 닿지 않아 더 이상 어떻게 할 수 없는 그런 위기 상황하에서다. 바로 그런 때에 주술은 신앙을 강화시켜 주고 도덕에 실체성을 부여해 주며 전통을 지켜 줄 뿐만 아니라, 생물학적 욕구의 측면에서도 개개인에게 심리적 버팀목으로 기능함으로써 결과적으로 해체를 막아 준다는 것이다. Downie, 앞의 책, p.87 참조. 한편 20세기의 탁월한 분석철학자이자 논리실증주의자인 비트겐슈타인Wittgenstein은 1931년경에 『황금가지』 축약본을 읽고, 진위眞僞의 기준을 주술 개념에 적용시킨 프레이저의 시도에 대해 강력한 회의를 표명했다. 비트겐슈타인에 의하면, 만일 주술이 오류라면 아우구스티누스가 『고백록』에서 말끝마다 신의 이름을 부르는 것도 오류와 다름없다. 다시 말해 어떤 의견이나 주장에 대해서는 오류를 말할 수 있지만, 그 밖의 경우에는 오류를 말할 수 없다. 원시인의 주술적 행위는 의견이나 주장에 입각한 것이 아니므로 그것을 오류라고 말할 수 없다. 프레이저가 말하는 사제왕의 주술적 행위는 죄의 고백과 같은 종교적 행위와 조금도 다를 바 없다. 주술은 '상징 작용'에 기초하고 있으며, 진위와 관련된 의견이나 주장에 기초한 것이 아니라는 것이다. 그리하여 비트겐슈타인은 주술을 오류라고 본 프레이저의 정신세계가 협소하기 짝이 없으며, 나아가 프레이저는 그가 연구 대상으로 삼은 야만인들보다 훨씬 더 야만적이라고 강한 어조로 비판하면서 "인간은 오류에 입각하여 오류로부터 시작하지 않으면 안 된다. (…) 사람들에게 진리를 납득시키고자 할 때 진리를 증명하는 것만으로는 부족하며 오류로부터 진리에 이르는 길을 발견하지 않으면 안 된다"고 말한다. "フレイザ―『金枝篇』について", 『ウィトゲンシュタイン全集6』, 大修館書店, 1976 재판, 393~408쪽 참조

런데 여기서 우리는 원시 주술사가 이 가운데 실천주술만 알고 있었다는 사실에 유의해야 한다. 그는 결코 주술의 기초가 되는 심리적 과정을 분석한다거나 주술적 행동에 내포된 추상적 원리들을 성찰하지는 않았다. 대다수의 원시인과 마찬가지로 그에게 논리란 명시적인 것이 아니라 어디까지나 암시적인 것에 불과했다. 그는 어떤 조작에 필수적인 이론적, 생리적 과정들을 전혀 모른 채 다만 음식물을 소화하듯이 사물을 기계적으로 추론할 뿐이었다.

한마디로 미개인에게 주술이란 언제나 하나의 기술이었을 따름이며 결코 과학이 아니었다. 그의 미개한 사고에는 과학이라는 개념이 결여되어 있었다. 이에 비해 현대의 철학도들은 주술사가 행하는 주술적 실천의 밑바닥에 어떤 사고의 흐름이 깔려 있는지를 밝혀내고, 뒤엉켜 있는 실타래를 풀어 분명한 실마리를 찾아내며, 주술사에 의한 구체적 적용에서 어떤 추상적인 원리를 추출해 내야 한다. 간단히 말해, 현대의 철학도들이 할 일은 주술이라는 속임수 기술의 배후에 깔린 거짓된 의사과학을 읽어 내는 데에 있는 것이다.

주술사의 사고방식에 관한 이 같은 분석이 타당하다면, 유사의 법칙과 접촉의 법칙이라는 두 가지 주술 원리는 단순히 두 개의 상이한 법칙으로 잘못 적용된 관념연합觀念聯合[4]에 불과한 것임이 드러난다. 다시 말해 동종주술의 바탕에는 유사에 의한 관념연합이 있고, 감염주술의 바탕에는 연속에 의한 관념연상이 있다. 동종주술은 서로 유사한 것을 동일한 것으로 착각하고, 감염주술은 이전에 서로 접촉한 것은 항상 접촉한다고 착각하고 있다. 그러나 실제 주술이 행해질 때

---

4 경험으로 얻은 심리적 활동 사이에 나타나는 기능적 연관성을 가리키는 관념연합이라는 말은 존 로크John Locke가 『인간오성론*Essay Concerning Human Understanding*』(1900)에서 처음 사용했다. 데이비드 흄은 『인성론*Treatise of Human Nature*』(1739~1740)에서 종교적 신앙을 비롯하여 믿음의 문제를 다루는 인식론에 이 용어를 체계적으로 적용하였다. 흄에 의하면, 사건들 사이에는 어떤 '필연적인' 연관성이 존재하지 않는다. 인과성에 대한 믿음은 유사성이나 근접성(시간적 혹은 공간적 근접성)을 통해 사람의 정신 속에서 차후에 연관을 맺게 된 사건들이 빈번하게 동시에 발생함으로써 생겨난다. 따라서 두 가지 관념을 동시에 경험하건, 따로따로 경험하건 양자를 연관시키는 관념연합이 형성될 수 있다는 것이다. 65쪽의 옮긴이 주 2번에서 언급했듯이, 프레이저는 이런 흄의 지식이론을 응용하여 주술의 인식론적 원리를 설정했다. 하지만 주술을 '잘못된 관념연합'으로 보는 프레이저의 입장은 더 가깝게는 '관념적인 연관관계를 현실의 연관관계로 잘못 적용'한 것이 바로 주술이라는 타일러의 유명한 정식을 그대로 따른 것이다. 타일러에 의하면, 주술의 기반에는 인간의 일반적인 지적 경향으로서 '관념연합'이라는 원리가 있다. 그중 특히 유사관계의 원리를 잘못 적용한 것이 주술적 기법이라는 것이다. 가령 아침에 닭이 운 것을 기억하는 미개인들은 닭이 울면 태양이 뜰 것이라고 믿었는데, 이처럼 가끔 발생하는 연합관계를 인과관계로 받아들여 그것을 역으로 사용한 것이 바로 주술적 기법이라는 말이다.

는 이 두 가지가 종종 결합되어 나타난다. 좀 더 엄밀하게 말해, 동종주술 내지 모방주술은 단독으로 행해지는 반면, 감염주술의 경우는 일반적으로 동종주술의 원리가 적용된다고 할 수 있다. 그러므로 두 가지 유형의 주술을 일반화해 말하면 이해하기가 쉽지 않으며, 오히려 특정한 사례를 통해 설명할 때 더 이해하기가 쉬울 것이다. 주술의 원리는 실제로 지극히 단순하고 초보적이다. 아마도 그럴 수밖에 없을 것이다. 왜냐하면 미개인이나 무지하고 이해력이 떨어지는 사람들의 소박한 지성은 추상적 개념보다는 구체적 현상에 더 친숙했을 것이다.

편의상 동종주술과 감염주술을 묶어 '공감주술共感呪術'이라고 총칭하는 것이 좋을 듯싶다. 두 가지 유형의 주술 모두 공간적으로 떨어져 있는 사물이 비밀스러운 공감을 통해 상호작용을 한다는 사고방식에 기초하고 있기 때문이다. 비밀스러운 공감이란 눈에 보이지 않는 일종의 기氣 같은 것에 의해 한쪽에서 다른 쪽으로 전해지는 파동을 말한다. 이런 발상은 주술의 경우와 매우 흡사한 목적, 즉 비어 있는 듯한 공간을 통해 사물들이 어떻게 상호 물리적인 작용을 하는가를 설명하기 위해 현대과학이 내세운 가설과 크게 다르지 않다.

두 가지 주술은 그 아래 깔려 있는 사유의 법칙에 따라 다음과 같은 도식으로 정리해 볼 수 있다.[5]

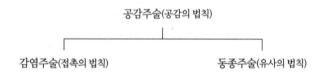

공감주술(공감의 법칙)

감염주술(접촉의 법칙)   동종주술(유사의 법칙)

아래서는 공감주술의 두 유형에 대해 구체적인 사례를 들어 살펴보기로 하자. 먼저 동종주술부터 시작하자.

---

5 『황금가지』초판(1890)에서는 공감주술의 두 측면을 구분하지 않았다. 이런 분류 방식은 제2판(1900) 이후부터 채택된 것이다.

2. 동종주술 혹은 모방주술

어느 시대를 막론하고 많은 민족들이 적을 상해하거나 죽이고 싶을 때 적과 닮은 모형을 만들어 그것을 상해하거나 파괴하는 행위를 시도하는데, 이는 '유사가 유사를 낳는다'는 원리에 가장 가까운 사례라 할 수 있다. 그것은 닮은 모형을 괴롭히면 상대방도 마찬가지로 고통을 받고, 또한 그 모형을 파괴하면 상대방도 반드시 죽는다고 하는 믿음에 입각한 것이다. 수많은 사례들 가운데 몇몇 사례만 들더라도 쉽사리 알 수 있지만, 이런 관습은 전 세계에 걸쳐 널리 분포되어 있으며, 어느 시대나 뿌리 깊게 지속되어 내려왔다. 수천 년 전부터 그리스와 로마뿐만 아니라 고대 인도, 바빌로니아, 이집트 등의 마법사들도 이미 이 방법을 알고 있었으며, 오늘날에도 오스트레일리아, 아프리카, 스코틀랜드 등의 교활하고 흉악한 미개인에 의해 이런 주술이 행해지고 있다. 또한 북아메리카 인디언은 모래나 재, 진흙에 특정인의 형상을 그리거나 또는 어떤 물체를 특정인의 신체로 상정한 다음 날카로운 꼬챙이로 그것을 찌르거나 그 밖의 방법으로 상해를 입힘으로써 실제의 대상 인물에게 같은 위해를 입힐 수 있다고 믿었다.

오지브와Ojibwa족[6] 인디언은 누군가를 해코지하고자 할 때 적과 닮은 조그만 나무인형을 만든 다음, 인형의 머리나 심장부에 바늘이나 화살을 꽂는다. 그렇게 하면 그가 노리는 상대의 신체 가운데 바늘이나 화살이 꽂힌 인형 부위와 동일한 부위에 즉각 통증을 일으킬 수 있다고 믿었다. 만일 적을 당장에 죽이고 싶을 때는 주문을 외우면서 그 인형을 불사르거나 땅에 묻었다. 페루 인디언은 알곡을 섞은 비곗덩어리로 자기가 싫어하거나 두려워하는 적의 모의 인형을 만든 다음, 적이 지나다니는 길에서 그 인형을 불태웠다. 그들은 이로써 적의 영혼을 불태워 죽일 수 있다고 믿었다.[7]

말레이인의 주술도 이와 동일한 종류에 속한다. 즉 말레이인은 적의 손톱, 모발, 눈썹, 침 등을 훔쳐와, 거기에 빈 벌집에서 채취한 밀랍을 섞어 인형을 만든다. 그런 다음 7일간에 걸쳐 밤마다 그 인형을 등잔불에 그슬어 천천히 태우면서

---

6 알공킨어를 쓰는 캐나다 인디언. 현재의 미국 미네소타주에서 노스다코타주의 터틀산맥에 이르는 휴런호 동쪽 기슭과 슈피리어호 양쪽 기슭에서 살았다. 토템totem이라는 용어는 원래 오지브와족 인디언에서 나온 말이다.

이렇게 외운다.

　내가 태우고 있는 것은 밀랍이 아니다.
　내가 태우고 있는 것은 적의 간과 심장과 비장이다.

　이렇게 인형을 일곱 차례에 걸쳐 태우면 저주를 받은 적이 죽게 될 거라고 믿었다. 이 주술에는 명백히 동종주술과 감염주술이 결합되어 있다. 왜냐하면 인형은 적과 닮은 형상을 하고 있으며, 그 안에는 적의 신체 일부분이던 손톱이나 모발, 침 따위가 들어 있기 때문이다. 말레이인의 또 다른 주술은 오지브와족 인디언의 주술적 관습과 더더욱 흡사하다. 여기서도 빈 벌집에서 채취한 밀랍으로 발길이 정도의 인형을 만든다. 인형의 눈을 찌르면 상대는 맹인이 되고, 위장 부위를 찌르면 구역질을 할 것이다. 또한 머리를 찌르면 상대는 두통을 일으킬 것이고, 가슴 부위를 찌르면 가슴을 쥐어짜는 고통을 겪게 될 것이다. 만일 상대를 그 자리에서 죽이고 싶다면 인형의 머리끝에서 아래쪽으로 꼬챙이를 꽂아 꿰뚫고는 진짜 시체처럼 수의를 입힌 다음 죽은 자에게 장송하듯이 주문을 외운다. 그리고 적이 지나다니는 길 한복판에 그 인형을 묻는데, 이때 앙갚음을 피하기 위해 다음과 같이 외친다.

　그를 매장하는 것은 내가 아니다.
　그를 매장하는 것은 가브리엘이시다.

　그리하여 살인의 책임이 그것을 능히 감당할 수 있다고 믿는 대천사 가브리엘Gabriel[8]에게 전가되는 것이다. 이러한 인형을 사용한 동종주술 혹은 모방주술은

7　이처럼 인형을 이용한 흑주술의 사례는 『황금가지』보다 12년쯤 먼저 나온 토머스 하디Thomas Hardy의 소설 『귀향The Return of the Native』(1878)에도 나온다. 이 소설의 등장인물인 유스타샤 바이는 자신을 본뜬 꼭두각시 인형이 불에 타 녹자 곧이어 물에 빠져 죽고 만다. 1890년의 『황금가지』 초판에서 프레이저는 "만일 어떤 사람을 죽이고 싶다면, 그 사람의 인형을 가져다가 파괴한다. 그러면 그 사람과 인형 사이에 존재하는 어떤 물질적 공감작용을 통해 그 사람은 인형에 가해진 타격을 자기 몸에 가해진 것처럼 느낄 것이다. 사람들은 형상이 파괴되면 그 사람이 당장 죽을 것이라고 믿는다"라고 적고 있다. 이 구절을 읽은 하디는 기쁜 마음에 일기장에 자기 소설 속의 등장인물과 오지의 원주민들 사이의 미신과 관습이 놀라우리만치 일치한다고 적어 놓았다. 로버트 프레이저 편, 앞의 책, 86쪽 편주 참조

보통 미운 자를 처치하려는 악의적인 목적으로 행해졌으나, 반대로 아주 드물지만 남을 도우려는 목적에서 행해지는 경우도 있었다.[9] 예컨대 동종주술은 임산부의 안산을 돕거나 불임 여성의 임신을 위한 목적으로 사용되기도 했다. 수마트라의 바탁Batak족[10]은 아이 모양의 나무인형을 만들어 아이가 없는 여자의 무릎 사이에 꽂아놓으면 소원이 반드시 이루어질 거라고 믿는다.

또한 바바르 제도[11]에서도 여자가 아이를 갖고 싶으면 자식이 많은 남자를 초대하여 그가 태양의 정령 우풀레로Upulero에게 자기 대신 기도해 줄 것을 부탁한다. 그때 여자는 붉은 솜으로 만든 인형을 마치 젖을 물리듯이 두 팔로 껴안는다. 그런 다음 자식이 많은 남자가 닭을 잡아서 닭발을 여자의 머리에 올려놓고 이렇게 말한다. "오, 우풀레로여, 이 닭을 드소서. 원컨대 아이를 하나 내려 주소서. 비나이다. 아이를 내 손에, 내 무릎 위에 떨어뜨려 주소서." 그리고 여자에게 "애가 왔느냐?"고 묻는다. 그러면 여자는 "네, 아기가 벌써 제 젖을 빨고 있어요"라고 대답한다. 이어 남자는 닭을 남편의 머리 위에 대고 주문을 외운다. 마지막으로 닭을 죽인 다음 후춧잎을 곁들여 집 안의 제단 위에 올려놓는다. 의식이 끝나면 온 마을에 여자가 해산하려 한다는 소문이 퍼지고, 그녀의 친구들이 찾아와 축하 인사를 건넨다. 이처럼 아이가 태어난 것처럼 가장하는 것은 순전히 주술적 의례로서, 그 목적은 모방을 통해 정말로 아이가 태어나도록 하기 위한 데에 있었다. 하지만 의식의 효과를 높이기 위해 기도를 올리고 희생제물을 바친다는 점에 유의할 필요가 있다. 여기서 주술은 종교와 섞이고, 나아가 종교에 의해 강화되고 있기 때문이다.[12]

보르네오섬의 다약Dayak족[13]은 임산부가 난산일 때 마법사를 부르는데, 마법사는 임산부의 신체를 교묘하게 처리함으로써 합리적인 방식으로 분만을 돕는

8　성서에 나오는 7대 천사 중의 하나로 인간에게 위안과 길보吉報를 주는 대천사. 오지브와족 사이에 기독교가 들어가면서 받아들여진 신으로 보인다.

9　전자를 흑주술, 후자를 백주술이라고 부르기도 한다.

10　인도네시아 수마트라섬 중부에 사는 몇몇 민족 집단을 총칭하는 말이다. 오스트로네시아어족에 속하는 다양한 방언을 쓰며 고유한 문자체계를 가지고 있다. 1825년까지 수마트라토바호 주위 고지대에서 비교적 고립된 생활을 하던 강력한 원시 말레이족의 후손으로서, 오늘날에는 여섯 개의 작은 문화집단으로 나누어져 있으며, '마르가'라는 부계외혼 씨족사회를 이루고 있다. 결혼할 때 신랑이 신붓값을 지불하고 나면 신부는 신랑이 속한 집단의 일원이 된다. 현재 바탁족 인구는 310만 명 정도이며 그 가운데 3분의 1이 그리스도교, 3분의 1이 이슬람교를 믿고 나머지는 전통적인 종교를 믿는다.

11　인도네시아 말루쿠주 반다해에 있는 제도

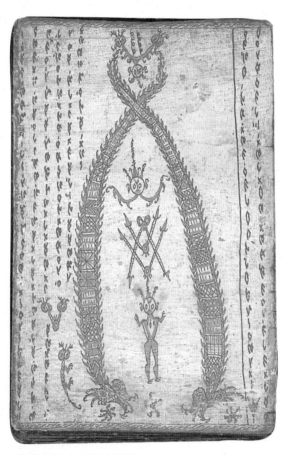

바탁족의 주술서, 19세기 수마트라

다. 이와 동시에 밖에서는 다른 마법사가 전혀 불합리한 방식으로 분만을 촉진하고자 노력한다. 그는 스스로 산모를 가장해 큰 돌 하나를 배 위에 얹고, 그것을 천으로 칭칭 휘감는다. 말하자면 이 돌은 태아를 표상한다. 그리고 산실에 있는 동료 마법사의 명령에 따라 그 돌을 밑으로 밀어내면서 아이가 태어나는 과정 그대로 흉내 낸다.

흔히 어린아이들이 좋아하는 이런 모방의 원리에 따라[14] 다른 많은 민족들은 양자養子를 받아들이거나 상징적인 죽음과 재생[15]을 나타내고자 할 때 모의 분만 의식을 행한다. 만일 당신이 피 한 방울도 섞이지 않은 어떤 아이나, 심지어 수염이 덥수룩한 어른을 출산하는 시늉을 한다고 하자. 그렇더라도 이런 행위의 사실성 여부보다 오히려 의도나 목적을 더 중시하는 원시인의 눈에는 그 아이나 어른을 진짜 당신의 아들로 여길 것이다. 그리하여 역사가 디오도로스Diodōros[16]는 제우스가 질투심 많은 아내 헤라에게 헤라클레스Heracles를 양자로 받아들이도록 설득했을 때, 헤라는 산실로 들어가 기골 찬 영웅을 옷 안쪽에 품고는 자신의 몸

---

12 여기서 프레이저는 기도와 희생제의를 종교의 주된 요소로 간주하고 있다. 그러나 오늘날 많은 종교학자들은 종교의 요건으로서 기도나 희생제의와 같은 의례적 요소뿐만 아니라 신화나 교의, 신앙공동체를 비롯한 여러 요소들을 포괄적으로 고려해야 한다고 주장한다. 대표적으로 니니안 스마트 Ninian Smart는 종교의 여섯 가지 차원, 즉 교리적/철학적 차원, 신화적/서사적 차원, 윤리적/율법적 차원, 제의적/실천적 차원, 경험적/감정적 차원, 사회적/조직적 차원 등을 논하고 있다. 니니안 스마트, 김윤성 옮김, 『종교와 세계관』, 이학사, 2000 참조

13 보르네오 남부와 서부 지역(지금의 칼리만탄)에 사는 원주민. 여기서 '다약'은 종족 또는 부족적인 뜻이 뚜렷하지 않은 일반 명칭으로서, 해안지역에 사는 대부분의 말레이족과는 달리 보르네오 내륙에 사는 모든 비이슬람계 원주민을 가리킨다. 다약족은 여러 하위 집단으로 구분할 수 있다. 가장 중요한 부족은 보르네오 중부와 동부에 사는 바하우족(카얀족과 케니아족을 포함), 보르네오 남부의 응가주족, 보르네오 서남부와 사라왁의 랜드다약족, 그리고 사라왁의 이반족, 즉 시다약족 등이다. 20세기 후반 무렵 보르네오에 사는 다약족 인구는 200만~220만 명으로 추산되었다.

14 프레이저는 주술을 유치하고 단순한 것으로 보고 있으나, 오늘날 인류학이나 종교학에서는 좀 더 신중한 입장을 취한다.

15 여기서 프레이저는 주술의 측면에서 상징적 죽음과 재생의 모티프를 언급하고 있다. 이에 비해 종교학자 엘리아데M. Eliade는 종교의 자리에서 상징적 죽음과 재생의 모티프를 언급하고 있다. 엘리아데는 다약족의 우주창생 신화와 입문의례(통과의례)를 다루면서 궁극적인 종교적 의미가 원초적 총체성의 회복을 추구하는 상징적 죽음과 재생의 모티프에 있음을 밝히고 있다. 엘리아데, 박규태 옮김, 『종교의 의미』, 서광사, 1990, 120~126쪽 참조

16 기원전 1세기 율리우스 카이사르 및 아우구스투스 시대에 시칠리아 아기리움에서 활동한 그리스의 역사가로서 사료적 가치가 큰 『세계사Bibliotheca historica』를 저술했다. 40권으로 되어 있는 그의 역사책은 기원전 21년까지의 사건을 다루고 있으며 세 부분으로 나뉘어 있다. 제1부는 그리스 종족과 비그리스 종족의 신화시대에서 트로이 멸망까지, 제2부는 알렉산드로스 대왕의 죽음까지, 제3부는 율리우스 카이사르의 갈리아 전쟁 초기까지를 다루고 있다.

아래로 밀어 떨어뜨림으로써 마치 진짜 해산을 한 것처럼 시늉했다고 서술하고 있다. 그러면서 이 역사가는 당대의 미개인들이 이와 동일한 방식으로 양자를 받아들였음을 부언하고 있다.

불가리아나 보스니아의 터키인 사이에서는 지금도 이런 일이 행해지고 있다고 한다. 거기서 여자가 양자로 받아들이고자 하는 소년을 옷 안쪽에 품고는 아래로 밀어내는 시늉을 한다. 그 후 소년은 여자의 친자식으로 여겨지며 양부모의 전 재산을 상속받는다. 사라왁Sarawak[17]의 베라완Berawan족은 성인 남자나 여자를 양자로 삼을 때 많은 사람들을 불러 잔치를 베푼다. 예비 양모는 잔치 마당에 설치된 높은 자리에 앉아 예비 양자에게 자기 다리 사이를 지나 뒤쪽으로 기어나오도록 한다. 그런 후 예비 양자는 향기로운 종려나무의 꽃가지로 매를 맞으면서 예비 양모의 몸에 묶인다. 이렇게 하나로 묶인 예비 양모와 예비 양자는 함께 집 모퉁이를 한 바퀴 돌아와 다시 손님들 앞에 선다. 해산을 암시하는 상징적 모방에 의해 둘 사이에 만들어진 새로운 관계는 매우 엄격하게 지켜진다. 그리고 양자에게 지은 죄는 친자에게 지은 죄보다도 훨씬 중하다고 간주되었다.

고대 그리스에서는 사람들에게 죽은 것으로 오인받아 장례의식까지 치른 자는 재생의례를 다시 치르기 전까지 그 사회에서 고인으로 취급받았다. 그런 자는 한 여자의 무릎 사이를 지난 다음 목욕 후 기저귀를 차고 양자로 입적되어야만 했다. 이런 의식이 정확하고 엄격하게 수행된 후에야 비로소 그는 마을 구성원들과 자유롭게 어울릴 수 있었다. 마찬가지로 고대 인도에서도 죽은 자로 오인받은 자는 마을에 귀환한 후 비곗덩어리와 물로 가득 찬 통 속에서 첫날 밤을 지새워야 했다. 그는 통 속에서 마치 자궁 안의 태아처럼 주먹을 움켜쥔 채 아무 말도 없이 앉아 있고, 이때 통 위에서는 임산부를 축하하는 의식이 베풀어졌다. 다음 날 아침, 통에서 나온 그는 자신이 어릴 때부터 참가했던 모든 의식을 다시금 하나하나 치르게 된다. 그는 새 아내를 맞이하기도 하고, 지금까지의 아내와 다시 한 번 엄숙한 결혼식을 올리기도 한다는 점에서 특히 주목할 만하다.

동종주술을 유익한 데에 적용한 또 다른 사례로서 질병 치료와 예방을 들 수 있다. 고대 힌두인들은 동종주술에 입각하여 황달 치료를 위한 정교한 의식을 거

---

17 말레이시아의 보르네오섬 북서부에 위치. 일본의 점령기(1942~1945)를 거쳐 1946년에 영국에 양도되었다가 1963년 자치권을 얻으면서 말레이시아에 합병되었다.

행했다. 이 의식의 주된 취지는 누런 황달기를 누런 동물이나 태양 같은 누런 물체에 옮기는 한편, 붉은 황소처럼 활력에 가득 찬 대상물에서 환자를 위해 건강한 붉은색을 획득하는 데에 있었다. 이런 의도로 사제는 다음과 같은 주문을 외운다. "그대의 가슴앓이와 황달은 하늘 위의 태양으로 올라가리라. 우리는 그대를 붉은 소의 생명의 빛깔 속에 가두리라. 우리는 장수의 빛깔인 저 붉은색 안에 그대를 집어넣으리라. 그대의 고통이 다 사라지고 누런 황달기에서 해방되기를 바라노라. 우리는 로히니Rohini의 신성을 지닌 붉은 소들의 모든 형태와 힘 속에 그대를 가두리라. 또한 우리는 누런 앵무새와 지빠귀와 할미새 속에 그대의 황달기를 옮겨 놓을 것이다."

사제는 이런 주문을 외우면서 누렇게 뜬 병자에게 건강한 장밋빛 혈색이 돌도록 병자에게 붉은 황소의 털이 들어가 있는 물을 마시게 한다. 혹은 붉은 황소의 등에 물을 부은 다음 그 물을 받아 병자에게 마시게 한다. 또한 사제는 병자를 붉은 황소 가죽 위에 앉히고 황소 가죽끈으로 묶은 다음 병자의 누런 황달기를 씻어 내기 위해 다음과 같이 행한다. 먼저 투메릭이나 쿠르쿠마 같은 인도산 황색 심황으로 누런 반죽을 빚어 병자의 머리끝에서 발끝까지 발라 침대에 눕힌다. 그런 다음 앵무새와 지빠귀, 할미새 등 세 마리의 누런 새를 황색 실로 침대 발에 묶는다. 그런 후 병자에게 깨끗한 물을 부어 누런 반죽을 씻어 낸다. 그러면 황달이 새들에게 옮겨간다고 믿었던 것이다. 사제는 마지막으로 붉은 황소의 털 약간을 황금색 잎으로 싸서 병자의 피부에 바름으로써 병자의 안색에 혈기가 돌게 만든다.

고대인은 황달에 걸린 병자가 도요새를 응시할 때 그 새가 그를 돌아보면 황달이 낫는다고 믿었다. 그래서 플루타르코스는 이렇게 기록하고 있다. "눈을 마주침으로써 황달 병자의 눈에서 흘러나오는 병원病源을 끄집어내어 흡수하는 것이 바로 그 새의 본성이다." 때문에 새 애호가들은 도요새를 매우 소중하게 여긴다. 도요새를 한 마리라도 가지고 있는 사람은 황달 병자가 무료로 치료받는 일이 없도록 신경 써서 새장을 덮어 두곤 했다. 도요새의 영험은 몸체의 빛깔과 상관없이 황달 병균을 자연스럽게 빼내는 황금색 눈빛에 있다고 믿었다. 플리니우스는 또한 이와 동일하거나 유사한 다른 새에 관해서도 적고 있다. 그리스인은 플리니우스가 묘사한 그 새에게 황달을 의미하는 이름을 붙여 주었다. 황달 병자가 그 새를 보게 되면 병이 낫는 동시에 새는 죽는다고 여겼다. 덧붙여 플리니우스는 황달 병자의 안색처럼 누런 빛깔 때문에 그 병을 치료하는 힘이 있다고 여긴 어떤 돌에 대해서 언급한 적이 있다.

동종주술의 매우 큰 장점 중 하나는 그것이 병사가 아니라 주의呪醫[18]에게 행해짐으로써 치병을 가능하게 한다는 데에 있다. 즉, 고통받는 주의의 모습을 지켜보면서 병사의 고통이 흔적도 없이 사라질 수 있다는 것이다. 프랑스 페르슈[19] 지방의 농부들은 계속 구역질이 나는 것은 복부의 단추가 풀려서 위가 아래로 처졌기 때문이라고 말한다. 그럴 때는 위장을 제자리로 돌려놓기 위해 주의를 부른다. 주의는 환자의 상태를 파악한 다음 자기 위장의 단추를 풀기 위해 몸뚱이를 격렬하게 뒤튼다. 그런 다음 이번에는 위장의 단추를 잠그기 위해 다시 한 번 몸을 비틀면서 고통스러운 표정을 짓는다. 그러면 이를 보고 있는 환자의 상태가 차츰 나아진다고 믿었다. 어쨌든 이렇게 주의를 불러 치료하는 비용은 5프랑이었다고 한다. 다약족의 주의도 마찬가지이다. 그는 환자 집에 들어서자마자 누워서 죽은 시늉을 한다. 그러면 그는 시체로 취급받아 멍석에 둘둘 말린 채로 집 밖에 버려진다. 그렇게 약 1시간 정도 지난 뒤, 다른 주의가 멍석에 말려 시체로 취급받고 있는 주의를 끄집어내어 거기에 생명을 불어넣는 시늉을 한다. 첫 번째 주의가 의식을 회복하게 되면 그와 동시에 환자의 병도 낫는다고 믿었던 것이다.

테오도시우스Theodosius 1세[20]의 궁정의였던 보르도[21] 지방의 마르켈루스Marcellus는 그의 기이한 의술서에서 동종주술에 의한 종기 치료법을 다음과 같이 처방했다. 마편초馬鞭草[22] 뿌리를 길게 찢어서 한쪽은 환자의 목에 감고 다른 쪽은 불속에 집어넣는다. 마편초가 불 기운에 마르게 되면 종기도 함께 말라 없어진다고 믿었다. 그런데 나중에라도 환자가 주의의 은혜를 잊어버리면, 주의는 자신이 보관하고 있는 마편초를 물속에 던짐으로써 앙갚음했다고 한다. 즉, 마편초 뿌리가 물기를 빨아들이면 환자의 종기가 다시 원상태로 돌아온다고 여겼던 것이다.

---

18 주술적 방법으로 질병 치료를 행하는 주술사의 일종. 흔히 미개사회의 주술사magician, 주의medicine man, 샤먼shaman은 구별이 잘 안 된다.

19 노르망디 경계선에 있는 프랑스 북부지역

20 로마의 황제. 재위 379~395년

21 프랑스 남서부 아키텐 지방 지롱드주의 도시

22 연한 보라색 식물로 7, 8월에 꽃이 핀다. 꽃부리와 꽃받침이 5조각으로 갈라져 있으며, 각 열매마다 4개의 씨가 달라붙어 있다. 여름과 가을에 식물 전체를 캐서 그늘에 말린 마편초는 한방에서는 월경불순이나 피부병 혹은 생선에 체했을 때 쓰고 있다. 감기에 걸리거나 몸에 부스럼과 같은 피부병이 생겼을 때 잎과 줄기를 달여 마시면 좋다고 한다.

이 영리한 저술가는 종기 때문에 고통받는 자는 유성을 쳐다보면서 그 빛이 다 사라지기 전에 급히 옷이나 그 밖의 물건을 집어 닥치는 대로 환부에 문지르라고 가르쳤다. 그러면 하늘에서 별이 떨어지듯 종기도 환자의 몸에서 떨어져 나갈 거라고 믿었다. 이때 맨손으로 문질러서는 안 된다. 그렇게 하면 종기가 손에 옮겨붙기 때문이다.

나아가 동종주술 내지 공감주술 일반은 넉넉한 식량 공급을 확보하기 위해 원시사회의 사냥꾼이나 어부들이 취한 주술적 방법에서 매우 중요한 역할을 하기도 했다. 그들은 '유사는 유사를 낳는다'는 원칙에 입각하여 자신이 얻고자 하는 결과를 조심스럽게 모방했다. 아울러 그들은 현실 속의 해로운 것들과 조금이라도 닮으면 주의 깊게 회피하곤 했다.

식량 공급의 유지를 위한 관습과 관련하여 공감주술이 중앙오스트레일리아의 황야지대보다 더 조직적으로 실행된 곳은 아마 다시없을 것이다.[23] 이 지방은 대부분의 부족들이 '토템'[24] 씨족으로 나뉘어져 있는데, 각 씨족은 공동체의 선을 위해 주술의식을 행함으로써 제각기 토템을 증식할 의무가 주어져 있었다. 이때 토템들은 대개 식용 동식물이다. 이런 주술의식에 의해 기대되는 일반적 효과는 부족에게 식량과 그 밖의 생필품을 공급하는 데에 있었다. 이들의 주술의식은 결과를 모방하는 행위로 이루어져 있다는 점에서 동종주술적 혹은 모방주술적

---

23 이 대목에서 인용된 사례의 출처는 스펜서B. Spencer와 질렌J. Gillen의 공저 『중앙오스트레일리아의 토착 부족들The Native Trives of Central Australia』(1899)이다. 이 책의 영향으로 프레이저는 토템 숭배에 대한 생각을 급격히 수정했다. 즉, 프레이저는 개인적 토템을 그 당사자의 '외재적 영혼'이라고 이해하던 종전의 입장을 수정하여, 음식물의 확보를 위해 거행된 연례의식의 중심이라는 집단적 차원에서 토템을 보았다. 또한 이 책의 영향으로 프레이저는 감염주술과 구별되는 동종주술의 특정한 위력을 보다 명료하게 이해할 수 있다. 로버트 프레이저 편, 앞의 책, 89쪽 편주 참조

24 토템totem이라는 말은 "그는 나의 친족이다"를 뜻하는 북아메리카 오지브와족 인디언의 어휘 '오토테만ototeman'에서 유래되었다. 래드클리프-브라운Radcliffe-Brown의 널리 알려진 정의에 의하면, 사회가 여러 집단으로 나누어져 있고, 각 집단과 특정한 종species(통상 동물이나 식물의 종 혹은 인공적인 사물이거나 동물의 특정 부위일 경우도 있다) 사이에 어떤 특수한 관계가 있을 때, 그것을 토테미즘totemism이라고 부른다. 여기서의 종種이 곧 토템을 가리킨다. 초기 인류학자들은 오직 집단적 관계에서만 토템을 인정했다. 가령 한 동물이 단지 한 사람하고만 관계를 가질 때는 토템이 되지 않았다. 그러나 20세기 후반에 이르러 개인적인 관계도 토테미즘에 포함되게 되었다. 토템의 범위는 매우 다양하다. 겁에 질려 있거나 다투거나 사냥꾼에게 잡혀 위험에 빠진 동물도 토템이 될 수 있고, 먹을 수 있는 식물이나 어떤 중요한 식품도 토템이 될 수도 있다. 일반적으로 토템은 보통 기원신화나 사회도덕과 관련되어 있고 신성시되거나 혹은 금기시되어 엄격한 제의를 통해서만 접촉할 수 있다. 한 집단 구성원의 토템 신앙은 유전되고 평생 지속되는데, 그것은 토템 신앙이 그의 자녀와 혈족과의 관계를 규제하고, 심지어는 출산을 위한 배우자의 선정까지도 좌우하기 때문이다. 이와 같은 토템 개념은 터부라든가 족외혼 개념 등과 서로 복잡하게 얽혀 있다.

이라고 말할 수 있다.

　예컨대 와라뭉가Warramunga족은 백색 앵무새 토템의 수장이 그 새 그림을 높이 쳐든 채 큰 소리로 새 울음소리를 흉내 냄으로써 백색 앵무새의 증식을 도모한다. 또한 아룬타Arunta족[25] 가운데 어떤 곤충의 유충을 토템으로 믿는 부족은 이 식용 유충의 증식을 위한 주술의식을 거행한다. 그런 의식 과정에는 번데기에서 다 자란 곤충이 빠져나오는 모양을 나타내는 무언극이 포함되어 있었다. 무언극에서 그들은 먼저 나뭇가지로 유충의 번데기 모양을 한 길쭉한 방을 만든다. 그리고 유충 토템을 표상하는 사람들이 방 안에 들어앉아 곤충이 성숙하는 과정을 노래한다. 그런 다음 몸을 굽혀 바깥으로 나오면서, 번데기에서 벌레가 나온다고 외친다. 그럼으로써 식용 유충을 더 많이 증식할 수 있다고 믿었다. 이밖에 에뮤emu[26] 토템을 믿는 사람들은 중요한 식량원인 에뮤의 증식을 위해 땅 위에 에뮤의 형태, 특히 가장 맛있는 부위인 지방과 알의 형태를 그린 다음 그림 주위에 둘러 모여 노래를 부른다. 이때 에뮤의 기다란 목과 작은 머리를 본뜬 장식물을 걸쳐 쓴 광대들이 무심한 표정으로 사방을 둘러보는 새들의 모습을 재현한다.

　브리티시컬럼비아[27]의 인디언은 바다나강에 모여드는 물고기를 주식으로 삼아 살고 있다. 그런데 제철이 되어도 물고기가 모여들지 않아 굶어죽게 되면, 누트카Nootka족[28]의 주술사는 헤엄치는 물고기 모형을 만들어 물고기들이 모여들던 곳에 집어넣는다. 물고기들이 많이 모여들도록 기원하는 기도와 함께 거행되는 이 의식을 통해 물고기들을 끌어들일 수 있다고 기대한 것이다. 토러스 해협[29]의 섬사람들도 듀공dugong[30]이나 바다거북을 잡기 위해 모형을 사용한다.

25　오스트레일리아의 원주민으로 아란다Aranda족이라고도 한다. 본래는 오스트레일리아 중부 핑크강 상류와 그 지류들이 흐르는 광범한 지역을 차지했다. 서로 다른 방언을 사용하는 5개의 하위 부족으로 나누어져 있으며, 각 하위 부족은 다시 8개의 분파(한 부족의 경우만 4개의 분파)로 나누어져 있다.

26　오스트레일리아산産으로 타조 모양의 큰 새인데 날지는 못한다.

27　캐나다 서쪽 끝에 있는 주. 18세기 말엽 유명한 쿡Cook 선장을 비롯한 유럽 개척민들이 이곳을 처음 찾았을 당시 인디언의 수는 약 8만 명 정도였으며, 코스트샐리시족, 누트카족, 크와키우틀족, 벨라쿨라족, 침시안족, 하이다족 등이 해안선을 따라 거주하고 있었다.

28　캐나다 밴쿠버섬의 서안에 거주하는 인디언

29　태평양 서부의 산호해와 아라푸라해 사이에 있는 해협. 오스트레일리아의 꼭대기인 퀸즐랜드주 케이프 요크 반도 끄트머리 너머에 위치한다. 이곳은 유명한 '인종조사 원정대'의 목적지로서 1898년에 프레이저도 동행할 것을 초청받았다. 프레이저는 그 제안을 신중하게 고려했으나 결국 거절하고 영국 내에서 '비교인류학자'로서의 역할을 고수했다. 로버트 프레이저 편, 앞의 책, 273쪽 편주 참조

30　태평양·인도양에서 사는 바다소sea cow로서 항간에서는 소위 인어人魚라고 부르기도 한다.

「토템」데이비드 버클리

셀레베스섬[31] 중부에 사는 토라자Toradja족[32]은 같은 종류의 사물은 그 안의 정령 혹은 활력이 있는 에테르의 작용에 의해 서로를 끌어당긴다고 믿었다. 그래서 그들은 사슴이나 멧돼지의 해골을 자기 집에 걸어 둠으로써 해골 속의 정령이 같은 종류의 살아 있는 짐승을 사냥꾼이 있는 곳으로 불러내 줄 거라고 믿었다. 니아스섬[33]에서는 미리 파둔 함정에 멧돼지가 빠지면 그것을 끌어내어 아홉 장의 낙엽으로 문지른다. 이런 행동은 아홉 장의 낙엽이 나무에서 떨어진 것처럼 앞으로 아홉 마리의 멧돼지가 함정에 빠질 거라는 신앙을 반영한 것이다. 나아가 사파로에아, 하로에코에, 노에사라우트 등지의 인도 동부 여러 섬에서는 어부가 바다 속에 어망을 설치하고자 할 때 새들이 열매를 많이 쪼아 먹은 나무의 가지를 이용한다. 즉, 튼튼한 그런 나뭇가지를 꺾어 어망의 지주를 만드는 데 쓰는 것이다. 이는 열매로 많은 새들을 유혹한 나무처럼, 그런 나뭇가지로 만든 어망 또한 물고기들을 많이 끌어들일 것이라고 믿었다.

영국령 뉴기니[34] 서부의 여러 부족들은 듀공이나 바다거북을 잡는 어부들을 돕기 위해 일종의 주술을 행한다. 그들은 코코야자를 좀먹는 작은 갑충을 창 자루의 구멍에다 집어넣는다. 갑충이 사람의 피부에 달라붙으면 좀처럼 떨어지지 않듯이, 창 또한 듀공이나 바다거북의 살 속 깊이 파고들어 빠지지 않을 거라고 믿는다. 캄보디아의 사냥꾼은 덫을 깔아놓아도 짐승이 걸려들지 않으면, 벌거벗은 채로 일단 그곳을 떠난 다음에 마치 덫이 있다는 사실을 모르는 것처럼 다시 돌아온다. 그리고 짐짓 덫에 걸린 척하면서 "이게 뭐야? 큰일났네, 덫에 걸렸어" 하고 고래고래 고함을 지른다. 이런 행동을 하는 것도 덫에 짐승들이 잘 걸려들 거라고 기대했기 때문이다. 스코틀랜드의 북부 고지대에서도 이와 유사한 성격의 무언극이 기억도 생생하게 행해져 왔다. 현재 케이스네스[35] 레이 지역의 목

---

31 인도네시아어로는 술라웨시Sulawesi. 인도네시아 대大순다 열도의 4개 섬 가운데 하나. 4개의 뚜렷한 반도와 그 사이에 형성된 3개의 주요 만으로 이루어진 기묘한 형태의 섬이다. 셀레베스섬의 주민은 토알라족, 토라자족, 부긴족, 마카사르족, 미나하사족, 모리족, 고론탈족 등 7종족으로 구성되어 있다.

32 셀레베스섬 중부에 사는 종족. 오늘날에는 많은 사람들이 기독교나 이슬람교로 개종했으며, 인구는 1960년대에 60만 명 정도로 추산되었다.

33 인도네시아 수마테라우타라주에 속하는 섬으로, 수마트라섬 서해안 앞바다에 나란히 늘어서 있는 섬들 가운데 가장 크다.

34 말레이 제도의 동부, 오스트레일리아의 북쪽 서태평양에 있는 섬. 1884년경에는 뉴기니의 남동쪽 4분의 1이 영국에 합병되었고, 이후 1904년에 지배권이 오스트레일리아로 넘어가면서 지명도 파푸아주로 바뀌었다. 현재의 파푸아뉴기니는 1975년에 영국 연방의 일원으로 독립했다.

사인 제임스 맥도널드James Macdonald에 의하면, 그는 소년 시절에 알라인 호수 근처에서 종종 친구들과 낚시질을 하곤 했는데, 물고기가 잘 잡히지 않을 때는 한 친구를 배에서 밀어 물에 빠뜨리고는 마치 물고기를 낚아 끌어올리듯이 그렇게 끌어올렸다고 한다. 그래야 강에서 낚시할 때는 송어를, 바다낚시에서는 실로크 silloch가 잘 걸려들 거라고 믿었던 것이다.

캐리어Carrier족[36] 인디언은 덫으로 담비를 잡으러 가기 전에, 작은 막대기를 목에 댄 채 열흘 동안 불 옆에서 혼자 잠을 잔다. 그럼으로써 덫에 장치한 가로막대가 틀림없이 담비의 목에 걸릴 거라고 믿었다. 뉴기니 서부의 큰 섬 할마헤라[37] 북부에 사는 갈렐라레Galelare족은 사냥에 앞서 총에 실탄을 장전할 때 먼저 그 실탄을 반드시 입 속에 넣었다 꺼내는 것을 규칙으로 한다. 이는 그 실탄으로 사냥한 노획물을 먹는 행위에 해당하며, 따라서 실탄이 빗나가는 일은 절대 없을 거라고 믿었다. 말레이인은 악어 덫에 미끼를 끼워 놓고 기다리는 동안, 밥을 먹되 반드시 세 덩이를 잇달아 삼킨다. 그러면 악어의 목구멍에 미끼가 쑥쑥 잘 들어가게 될 거라고 믿었다. 이때 밥에 가시가 있더라도 그것을 뱉어 내어서는 안 된다. 만일 그랬다가는 미끼를 꽂아 놓은 예리한 막대기가 빠져 버려, 악어가 설령 미끼를 물었더라도 도망치는 수가 있다고 여겼기 때문이다. 그래서 조심스러운 사냥꾼은 식사 전에 다른 사람에게 부탁하여 미리 가시 같은 것을 없애도록 했다. 그렇게 하지 않으면 가시가 악어 목에 걸려 미끼를 삼키지 못하게 될지도 모르기 때문이다.

이상의 규칙은 사냥의 행운을 망치지 않도록 '유사는 유사를 낳는다'는 원리에 입각해 사냥꾼이 지켜야 할 행동규범의 일부일 뿐이다. 왜냐하면 공감주술 체계는 단지 적극적인 명령이나 법칙으로만 구성되어 있는 것이 아니기 때문이다. 공감주술 체계는 수많은 소극적인 명령이나 부정적인 법칙들, 다시 말해 금기를 내포하고 있다. 즉, 해야 할 일뿐만 아니라 해서는 안 될 일도 많이 있는 것이다. 여기서 말하는 적극적인 명령이 주술이라고 한다면, 소극적·부정적인 명령은 '터부

---

35 영국 스코틀랜드 북부 고지대의 한 행정구
36 캐나다 브리티시컬럼비아주 중부에 있는 코스트산맥과 로키산맥 사이의 프레이저강 상류 유역에 살던 인디언
37 인도네시아 말루쿠주 말루쿠우타라(북몰루카) 섭정 관할구에 있는 섬. 고대부터 이 섬에 살던 토착민은 파푸아인으로 추측된다.

미국의 팝아티스트 아서 라이먼의 2집 앨범 「터부」 표지

taboo'라 할 수 있다. 실상 터부의 모든 교의는 대부분 유사의 법칙과 접촉의 법칙이라는 두 가지 법칙으로써 공감주술을 적용시킨 특수한 경우에 불과하다.[38]

원시인은 이런 법칙들을 장황한 언어로 설명하지도 않았고 추상적으로 사색하지도 않았다. 그런데도 암묵적으로 원시인은 그런 법칙들이 인간의 의지와는 전혀 상관없이 자연의 운행 과정을 지배한다고 믿었다. 원시인은 어떤 일정한 방식으로 행동하면, 이런 법칙들에 따라 특정한 결과가 필연적으로 뒤따를 것이라고 생각했다. 그런데 특정한 행위의 결과가 바람직하지 않거나 위험한 것으로 판명될 경우, 원시인은 마땅히 그런 결과를 초래하는 행위를 하지 않도록 조심했다. 달리 말해 원시인은 자신들에게 해가 될 만한 일은 행하지 않았다. 물론 이는 잘못된 인과 관념에 토대한 착오이기는 하지만 말이다. 요컨대 원시인은 터부에 종속되어 있었다.

이 점에서 터부는 실천적·실제적 주술의 소극적인 적용이라 할 수 있다. 적극적 주술이나 사술邪術[39]은 "이런저런 일들이 일어나도록 이런 것은 이렇게 하라"고 말한다. 이에 비해 소극적 주술이나 터부는 "이런저런 일들이 일어나지 않도

---

38 여기서 프레이저가 터부를 주술의 일종으로 파악한다는 점에 주목할 것. 터부taboo는 흔히 금기禁忌라고 번역된다. 본서의 번역에서는 이론적인 논의와 관련된 경우 외에는 주로 금기라는 용어를 썼다. 터부라는 말은 1777년에 탐험가 쿡 선장이 폴리네시아의 통가Tonga섬에서 발견한 토속어이다. ta와 bu(혹은 pu)의 합성어로 이루어진 이 용어는 두 가지 의미를 내포하고 있다고 한다. 하나는 '고둥pu을 두드리다ta' 혹은 '북을 치다'라는 의미로, 수장이 포고나 금령을 내릴 때 하는 행위에서 유래된 말을 가리키며, 다른 하나는 '분명하게pu 표시하다ta'를 뜻하는 말이라고도 한다. 어쨌든 원시사회뿐만 아니라 문명사회에서도 널리 발견되는 터부 현상과 관련하여 종교학이나 인류학 등에서는 터부라는 용어를 이상과 정상, 성과 속, 정결과 부정을 구별하여 양자의 접촉이나 접근을 금지하는 사회적 관습 및 그것을 위반하면 초자연적인 제재가 가해진다고 여겨진 관념 따위의 총칭으로 사용하고 있다. 프레이저는 스미스W. Robertson Smith의 요청으로 『브리태니커 백과사전Encyclopaedia Britanica』 제9판(1888)에 '터부' 및 '토테미즘' 항목을 집필했으며, 이를 토대로 『황금가지』에서는 방대한 자료와 사례들을 구사하면서 인간이 자신을 지키기 위한 소극적 수단 내지 기술이 바로 터부라는 이른바 소극적 주술론negative magic theory을 전개했다. 이밖에도 터부에 관한 대표적인 학설로는 터부를 마나mana(신성한 힘)와 결부시킨 매럿R. R. Marett의 소극적 마나론, 터부를 주로 의례와 연관시켜 이해한 뒤르켐E. Durkheim, 반게넵A. van Gennep, 래드클리프-브라운A. R. Radcliffe-Brown 등의 소극적 의례론, 양가감정兩價感情이나 강박적 신경증과 같은 정신분석학적 관점에서 접근한 프로이트S. Freud의 터부론psychoanalysis theory, 터부를 사회 상황 전체의 틀에서 '위험한 것'으로 파악한 슈타이너F. Steiner의 위험론danger theory, 이성이 아니라 터부에 인간 현상의 본질이 있다고 말하면서도 터부 자체보다 오히려 터부의 위반에 더 초점을 맞추는 바타유G. Bataille의 위반론transgression theory 등을 들 수 있다. 이 가운데 프레이저는 그의 모든 저술에 걸쳐 프로이트에 대한 관심을 놓지 않았음에도, 프로이트가 그에게 『토템과 터부Totem and Taboo』(김종엽 옮김, 문예마당, 1995)를 보냈을 때 프레이저는 그 책을 인정하지 않았으며 프로이트의 견해에 비판적인 태도를 보였다. 터부에 대한 보다 대중적인 연구서로는 야마우치 히사시, 정성호 옮김, 『터부의 수수께끼』, 사람과사람, 1997 참조

록 이런 것은 하지 말라"고 말한다. 적극적 주술이나 사술의 목적은 원하는 결과를 얻는 데에 있는 반면, 소극적 주술이나 터부의 목적은 원치 않는 결과를 피하는 데에 있었다. 하지만 원하는 결과든, 원치 않는 결과든 모두가 유사의 법칙과 접촉의 법칙에 따라 생겨난다고 여겼다. 그러나 실제로는 주술의식을 행한다고 해서 항상 원하는 결과가 얻어지는 것도 아니며, 또한 터부를 어긴다고 해서 항상 두려운 결과가 생겨나는 것도 아니다. 터부를 위반함으로써 예상된 재난이 필연적으로 초래하더라도, 사실 그 터부는 이른바 터부가 아니라 도덕적 명령이거나 상식에 지나지 않는 경우가 많다. 가령 '불 속에 손을 집어넣지 말라'고 명하는 것은 터부가 아니라 그저 하나의 상식적 규칙일 뿐이다. 왜냐하면 어떤 금지된 행동은 상상적인 재난이 아닌 현실적인 재난을 실제로 초래하기 때문이다.

우리가 터부라고 부르는 소극적 명령은 우리가 사술이라고 부르는 적극적 명령과 마찬가지로 효력이 없고 무익한 것이다. 사술과 터부는 하나의 치명적이고도 결정적인 오류, 즉 잘못된 관념연합의 두 측면이거나 양극에 지나지 않는다. 요컨대 사술은 그런 오류의 적극적 측면이며, 터부는 소극적 측면인 것이다. 이론적 체계와 실천적 체계 모두를 포함한 이 같은 오류체계 전체에 대해 우리가 주술이라는 일반적인 명칭을 부여할 수 있다면, 터부는 실천적 주술의 소극적 측면으로 규정될 수 있을 것이다. 이를 도식화하면 다음과 같다.

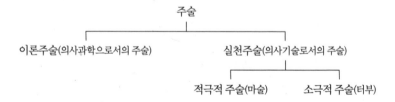

39 사술은 대체로 흑주술과 비슷한 의미를 지닌 주술의 일종이다. 하지만 주술magic, 마술witchcraft(마법 혹은 요술), 사술sorcery 등의 용어는 구별이 쉽지 않다. 이와 관련하여 에반스-프리차드Evans-Pritchard는 『아잔데족의 마술, 신탁, 주술Witchcraft, Oracles and Magic among the Azande』(1937)에서 마술과 사술을 구별하는 아프리카 아잔데족의 관념을 소개하고 있다. 이를테면 마술은 인간이 지닌 영적 힘이 의도하지 않는 경우에도 타인에게 재앙을 초래할 수 있는 주술이고, 사술은 의도적으로 상대방에게 위해를 입히려는 주술이라는 것이다. 아래에서 확인할 수 있듯이, 프레이저는 주술 일반을 크게 이론주술과 실천주술로 나누고, 그 중 실천주술에 속한 사술과 마술을 적극적 주술로 그리고 터부를 소극적 주술로 분류하고 있지만, 이론주술과 실천주술이 현실 속에서 명확히 분리될 수 있는 개념이 아니기 때문에 본서에서 주술, 마술, 사술이라는 용어가 애매하게 혼용되는 경향을 보이고 있다.

이상에서 터부에 대해, 그리고 터부와 주술의 관계에 대해 언급했다. 이를 토대로 아래에서는 사냥꾼과 어부, 그 밖의 사람들이 지켜온 터부의 실제 사례를 들어, 그것들이 모두 공감주술에 속한다는 점, 또한 그것들은 다만 공감주술의 일반이론을 특수한 상황에 적용시킨 사례에 지나지 않는다는 점을 분명히 밝히고자 한다. 에스키모인은 아이들이 실뜨기 놀이를 하지 못하게 금하고 있다. 실뜨기 놀이를 하면 어른이 되어 작살줄이 손에 휘감기게 될 거라고 믿기 때문이다. 이 터부에는 분명 공감주술의 기초를 이루는 유사의 법칙이 적용되고 있다. 즉, 실뜨기 놀이를 할 때 손가락 사이에 실이 휘감기듯이, 고래를 잡을 때도 작살줄이 어부의 손가락에 휘감기게 된다는 것이다.

카르파티아 산맥에 사는 후줄Huzul족 사이에서는 사냥꾼의 아내가 남편의 식사 기간에 실을 뽑아서는 안 된다. 이 터부를 위반하면 사냥감이 공중제비를 하여 물렛가락처럼 빙빙 도는 통에 사냥꾼이 그것을 쏘아 맞출 수 없게 된다고 믿었다. 이런 터부도 유사의 법칙이 적용된 사례이다. 마찬가지로 대부분의 고대 이탈리아 지방에서도 여자들이 걸으면서 실을 뽑거나, 공공연히 물렛가락을 갖고 다니지 못하게 금했다. 왜냐하면 그런 행동이 수확을 감소시킨다고 여겼기 때문이다. 사람들은 물렛가락의 회전이 농작물의 줄기를 휘감아 제대로 성장하지 못하도록 방해할 거라고 생각했던 것이다.

사할린 아이누Ainu족[40]의 임산부는 해산 두 달 전부터는 실을 뽑거나 새끼를 꼬아서는 안 된다. 그런 일을 하면 태어날 아이의 창자가 새끼처럼 꼬인다고 믿었다. 똑같은 이유로 인도의 빌라스포레 지방에서는 마을 유지들이 회의하기 위해 모였을 때 거기 출석한 사람들은 실을 뽑지 못하도록 금했다. 그런 일을 하면 토론이 물렛가락처럼 빙빙 돌아 절대로 결론이 나지 않는다고 여겼다. 동부 인도의 어떤 섬에서는 사냥꾼의 집을 방문할 때 곧장 똑바로 들어가야지 현관에서 어물쩍거리면 안 된다. 그렇게 하면 사냥감이 덫에 걸리지 않고 사냥꾼 앞에서 도망가 버린다고 믿었다. 마찬가지로 셀레베스섬 중부의 토라자족은 임신한 여자의 대문 앞에서 어물쩍거려서는 안 된다. 그런 행위는 아이의 탄생을 방해한다고 여겼다. 수마트라 각지에서는 임신한 여자가 현관 앞에서 서성대거나 사다리 위로 올라가는 것이 금지되어 있다. 만일 이를 어길 시에는 중대한 경고를 무시

---

40 일본의 홋카이도와 사할린, 쿠릴 열도에 살고 있는 소수 민족

하고 근신하지 않았다는 이유로 난산의 벌을 받게 될 거라고 여겼다. 장뇌樟腦를 채집하는 동안 말레이인은 음식물을 말려 먹되 소금을 잘게 부수는 일은 해서는 안 된다. 장뇌는 조그만 알갱이로 되어 있고 녹나무 줄기 사이에 붙어 있다. 이런 장뇌를 채집하는 동안 부서진 소금을 먹게 되면 장뇌를 발견하더라도 소금 알갱이처럼 작은 것밖에 발견할 수 없고, 반대로 소금을 덩어리째 먹었을 경우는 큰 장뇌를 발견할 수 있다고 믿었다.

보르네오의 장뇌 채집꾼들은 가죽처럼 질긴 페낭[41] 나뭇잎의 줄기 껍질을 음식 담는 접시로 사용하는데, 채집 원정 기간 내내 이 접시를 씻어서는 안 된다. 왜냐하면 접시를 씻으면 나무에 붙은 장뇌가 녹아내려 사라져 버린다고 믿었기 때문이다. 라오스의 시암[42] 지방에 제일 많이 나는 특산물은 랙lac[43]인데, 랙이란 붉은 곤충이 나무의 어린 가지에다 분비하는 일종의 고무이다. 그런데 고무 채집자들은 절대로 몸을 씻지 않으며, 특히 머리를 감아서는 안 된다. 만일 그랬다가는 머리카락에 붙는 곤충들을 죽이게 되는데, 이는 나뭇가지에 붙은 곤충들을 몰아내는 것과 마찬가지라고 여겼기 때문이다. 블랙풋Blackfoot족[44] 인디언들은 독수리를 포획하는 덫을 만들어 놓고 기다리는 동안 어떤 일이 있어도 장미꽃을 먹어서는 안 된다. 만일 이를 어기면 독수리가 덫 가까이에 왔을 때 사람 배 속에 있는 장미꽃이 독수리를 간지럽혀 자기 몸뚱이만 긁적일 뿐 덫의 미끼를 물지 않을 것이기 때문이다. 이런 사고방식 때문에 독수리 사냥꾼들은 덫을 설치할 때 송곳을 사용하지 않는다. 송곳이 사냥꾼의 몸에 상처를 입힐 수 있듯이, 독수리에게도 상처를 입을 수 있다고 여겼다. 사냥꾼이 독수리 사냥을 하는 동안 그의 아내가 송곳을 사용해도 마찬가지로 불행한 결과가 초래될 수 있다. 따라서 사냥 중인 사냥꾼을 위험에 빠뜨리지 않기 위해 가족들이 일체 송곳 따위의 연장에 손대지 않도록 금한다.

원시인이 지켜야 하는 갖가지 터부 중 가장 많고 또 중요한 것은 다름 아닌 음식물 금기이다. 그런 음식물 금기의 대부분은 유사의 법칙에 기초한 소극적 주술의 사례를 보여 준다. 가령 원시인은 자신이 원하는 어떤 특질을 획득하기 위해,

---

41 말레이시아에 있는 섬
42 타이의 옛 이름
43 깍지벌레의 분비물로서 니스나 붉은 도료 따위를 만드는 데 사용한다.
44 북아메리카 앨버타주와 몬태나주에 거주하는 인디언으로 알공킨어를 공통으로 사용하는 세 부족의 통칭

그런 특질을 가지고 있다고 믿는 동물이나 식물을 먹는다. 마찬가지로 원시인은 자신이 원치 않는 어떤 특질을 지닌 동물이나 식물에 대해서는 먹기를 꺼린다. 요컨대 원시인은 적극적 주술과 소극적 주술 모두를 행하는 셈이다. 이중 적극적 주술의 사례에 대해서는 뒤에서 상세히 언급하기로 하고, 여기서는 소극적 주술, 즉 터부에 관한 몇 가지 사례부터 살펴보기로 하자.

마다가스카르의 전사들은 특정 음식물 속에 내장되어 있다고 믿는 위험하고 바람직스럽지 못한 특질이 동종주술의 법칙에 따라 자신들을 오염시키지 못하도록 수많은 음식물 금기를 준수한다. 이를테면 그들은 고슴도치를 먹지 않는다. 고슴도치는 놀라면 공처럼 움츠리는데, 그것을 먹는 자는 겁쟁이 성격을 이어받을까 봐 걱정되기 때문이다. 또한 그들은 황소의 무릎 살도 먹어서는 안 된다. 그것을 먹으면 황소처럼 무릎이 약해져서 오래 걸을 수 없게 된다고 여겼다. 그뿐만 아니라 싸우다 죽은 닭고기나 찔려 죽은 짐승도 먹지 않으며, 전사들이 전장에 나갔을 때는 무슨 일이 있어도 집에서 어떤 종류의 수컷 짐승도 도살해서는 안 된다. 싸우다 죽은 닭고기를 먹으면 전쟁터에서 살해당할 것이며, 찔려 죽은 짐승을 먹게 되면 자신도 창에 찔려 죽을 것이고, 또한 출정 중에 가족들이 수컷 짐승을 도살하면 전사하거나 죽게 될 거라고 믿었다. 한편 말라가시[45]의 전사들은 동물의 콩팥을 먹지 않도록 금한다. 이는 동물의 콩팥을 가리키는 '말라가시'라는 단어가 곧 '활이나 창에 맞아 죽는 것'을 뜻하기 때문이다. 그래서 동물의 콩팥을 먹으면 반드시 활이나 창에 맞아 죽을 거라고 믿었다.

방금 언급한 터부의 사례에서 독자들은 주술의 영향력이 상당히 먼 곳까지 미칠 수 있다는 점을 눈치챘을 것이다. 블랙풋족의 독수리 사냥꾼 아내는 남편이 사냥하러 나간 사이에 집에서 송곳 같은 것을 쓰지 않는다. 이는 멀리 있는 남편이나 부친이 독수리의 발톱이나 부리에 찍히지 않도록 하기 위한 금기이다. 앞서 살펴본 말라가시 전사들의 집에서는 전사가 출정 중일 때는 절대로 수컷 짐승을 도살하지 않는데, 이를 위반하면 곧바로 전사가 죽게 될 거라고 믿었기 때문이다. 요컨대 멀리 떨어진 사람이나 사물 사이에서도 공감주술의 영향력이 작용한다고 여긴 것으로, 이 같은 신앙이야말로 주술의 본질이라 할 수 있다. 물론 과학은 이런 주술적 영향력의 가능성을 의심할 것이다. 하지만 주술을 믿는 원시인은

---

45 마다가스카르의 옛 이름

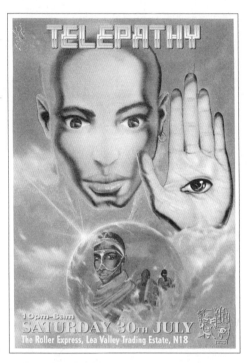

텔레파시 모임을 소개하는 포스터

그 가능성을 전혀 의심하지 않는다. 이른바 텔레파시telepathy에 대한 신앙은 주술의 제일원리 중의 하나이다. 그래서 멀리 떨어져 있는 사람들 사이에 오고 가는 이심전심의 가능성을 신봉하는 현대인[46]이 이런 원시인들에게 텔레파시에 대해 설명하고, 그것을 납득시키는 데에는 아무런 어려움도 없을 것이다. 원시인은 아득한 옛날부터 이미 그런 것을 믿어 왔기 때문이다. 게다가 내가 알기로 원시인은 텔레파시를 믿는 현대 문명인의 행동에서도 아직 찾아볼 수 없는 그런 논리적 일관성을 가지고 자신의 신앙을 실행에 옮겼다.

원시인은 단지 주술의식이 원거리의 사람이나 사물에 작용한다고 확신하는 데에 그치지 않고, 나아가 그것이 일상생활의 가장 사소한 행위에 이르기까지 영향을 미칠 수 있다고 믿었다. 따라서 중요한 상황에서는 멀리 떨어진 친구나 친척들의 행위까지도 종종 정교한 규칙이나 규범에 의해 통제할 수 있다고 여겼다. 그런 규칙이나 규범을 무시하는 자는 불행한 일을 당한다든지, 심지어 죽음을 면치 못한다고 믿었다. 특히 남자들이 사냥이나 전쟁에 나가 있는 동안 집에 있는 가족들은 멀리 나가 있는 사냥꾼이나 전사들의 안전과 성공을 보장하기 위해 행해야만 하는 일이 있는가 하면, 반대로 해서는 안 되는 일도 있었다. 아래에서는 주술적 텔레파시의 사례에 대해 적극적인 양상과 소극적인 양상의 두 측면에 대해 살펴보기로 하자.

라오스에서는 사냥꾼이 코끼리 사냥을 떠나기 전에 아내에게 자신이 없는 동안 머리를 자르거나 몸에 기름을 바르는 일이 없도록 주의를 준다. 만일 이를 어기고 아내가 머리를 자르면 코끼리가 덫을 잘라 버릴 것이며, 기름을 바르면 코끼리가 덫에서 빠져나갈 거라고 믿었다. 또한 다약족 마을에서는 수렵꾼이 숲에서 멧돼지를 추격할 때 집에 있는 사람들은 수렵꾼이 돌아올 때까지 기름이나 물에 손을 대서는 안 된다. 이를 어기면 수렵꾼의 손이 모두 '미끈미끈한 기름투성이'가 되어 멧돼지가 그 손에서 빠져나가 도망칠 거라고 여겼다.

아프리카 동부지역에서는 코끼리 사냥꾼이 사냥 중일 때 그의 아내가 부정을 저지르면 사냥꾼은 코끼리의 역습을 받아 죽거나 중상을 입게 된다고 믿었다. 그래서 아내가 부정을 저질렀다는 말을 사냥꾼이 듣게 되면 코끼리 사냥을 포기하

---

46 이때의 현대인이란 1890년대에 텔레파시(정신감응술)를 과학적 기초 위에 세우고자 시도한 심리연구학회 Society of Psychical Research를 겨냥한 말이다. 이들과 반대로 프레이저는 텔레파시가 인류 발달의 과학적 단계보다는 주술적 단계에 속한다고 보았다. 로버트 프레이저 편, 앞의 책, 93쪽 편주 참조

고 돌아섰다. 와고고Wagogo족[47]의 사냥꾼들은 사냥이 영 시원치 않거나 사자에게 습격을 받으면, 그것이 집에 있는 아내의 부정 때문이라고 생각하여 격분하면서 돌아온다. 그래서 남편이 사냥 중일 때에 아내는 자기 몸 뒤로 사람이 지나가게 해서도 안 되고, 앉아 있을 때 그 앞에 다른 사람이 서 있게 해서도 안 되며, 잠잘 때는 반드시 엎드려 자야만 한다. 볼리비아의 모호Moxo족 인디언은 사냥꾼의 아내가 남편이 부재중일 때 부정한 짓을 저지르면 그 사냥꾼이 독사나 표범에게 잡아먹힌다고 믿는다. 따라서 그런 일을 당한 사냥꾼은 설령 그의 아내가 부정을 저지르지 않았더라도 그녀에게 엄벌을 내리거나 때로는 죽이기까지 했다. 마찬가지로 알류샨 열도의 바다수달피 사냥꾼들도 자신들이 부재중일 때 아내가 간통하거나 누이가 정절을 지키지 않으면 사냥을 망친다고 여겼다.

멕시코의 후이촐Huichol족[48] 인디언은 먹으면 황홀경에 빠지는 어떤 종류의 선인장을 반#신적인 존재로 믿는다. 그런데 이 선인장은 그 지방에서 자라지 않기 때문에 그들은 매년 선인장을 채취하기 위해 43일간 여행을 해야만 했다. 이때 집에 남은 아내는 남편이 없는 동안 절대로 빠른 걸음으로 걸어서는 안 되며, 뛰는 것은 더더욱 금지되었다. 이는 여행 중인 남편의 안전을 도모하기 위한 것이었다. 또한 아내들은 이러한 신성한 사명에 따름으로써 기대하는 강우나 풍작 등의 은총을 얻기 위해 최선을 다해야 했다. 이를 위해 아내들은 남편들과 마찬가지로 엄격한 금기 사항을 지켜야 하는 것이다. 예컨대 선인장 축제가 완전히 끝나기 전까지, 특수한 경우를 제외하고는 몸을 씻어서는 안 된다. 축제 기간에는 선인장의 서식지에서 운반해 온 물로만 씻을 수가 있다. 또한 단식을 엄격하게 지켜야 하며, 소금을 먹어서도 안 되고, 성교를 해서도 안 된다. 이 같은 금기들을 어기는 자는 벌로 질병에 걸리게 될 것이며, 다른 사람들까지도 위험에 처하게 만든다고 여겼다.

이에 비해 그들은 '불의 신이 차고 다니는 호리병박'이라고 간주되는 선인장을 채취함으로써 건강과 행운과 생명을 부여받을 수 있을 거라고 믿었다. 그러나 불은 순수한 정화 그 자체이므로 불순하고 부정한 자에게는 은총을 베풀어 주지 않는다. 따라서 남자든 여자든 선인장 축제 기간에는 순결을 지키지 않으면 안

---

47 동아프리카의 탄자니아 중부 도도마 행정구에 사는 반투어족의 일파. 고고Gogo족이라고도 한다.
48 멕시코 서부의 할리스코 및 나야리트주에 사는 아메리카 인디언 부족

멕시코 후이촐족 샤먼의 환상세계를 엿볼 수 있는 직물 그림, 호세 B. 산체스

되며, 이전에 범한 죄악까지도 다 씻어 내야만 한다. 그리하여 남자들이 선인장을 채취하러 떠난 뒤 나흘째 되는 날이면 여자들이 다 함께 모여 어릴 때부터 지금까지 자기가 몇 명의 남자들을 상대했는지를 '조상이신 불의 신'에게 고백한다. 그런데 이때 성교를 나누었던 남자들 중에 한 사람이라도 깜빡하여 빠뜨리면 큰일난다. 만일 그랬다가는 여행을 떠난 남자들이 선인장을 단 하나도 찾아내지 못할 것이기 때문이다. 그래서 여자들은 기억을 새롭게 하기 위해, 지금까지 자기가 상대한 애인들의 숫자만큼 매듭을 묶은 실을 준비한다. 그리고 이 실을 신전에 가져가 제단의 불 앞에 서서 그 실에 묶인 매듭 숫자만큼 애인들의 이름을 하나하나 소리 높여 고백한다. 이런 고백이 끝나면 그 실을 불 속에 던진다. 이제 불의 신이 성스러운 불로 그 실을 다 태워 버리면 여자들은 자신의 부정한 죄가 전부 용서받을 거라고 믿었다. 이 의식을 마치고 난 여자들은 자기 옆으로 남자가 지나가는 것조차 꺼린다. 한편 선인장을 채취하는 남자들도 여자들과 마찬가지로 자신의 모든 부정한 죄를 고백한다. 즉, 남자들도 자신이 지은 죄의 숫자만큼 실매듭을 만들어 '5대 바람신'에게 고백한 다음, 지도자 앞에 나아가 회개를 위한 묵념을 올린다. 그러면 지도자가 그 실을 불 속에 던져 태워 버린다.

보르네오섬 사라왁의 원주민은 산에서 장뇌를 채집하는 자의 아내가 남편이 없는 동안 간통을 하게 되면 남편이 채취한 장뇌가 증발해 버린다고 믿는다. 이때 남편은 녹나무의 혹을 보고 아내의 부정을 알아차린다. 옛날에는 이 혹만을 증거로 하여 많은 여자들이 남편의 질투 때문에 무고하게 죽임을 당했다고 한다. 또한 남편이 장뇌를 채취하러 나갈 때 아내는 절대로 머리에 빗질을 해서는 안 된다. 그랬다가는 녹나무 섬유질 사이의 틈새가 귀중한 결정체로 가득 차는 대신, 마치 빗살처럼 틈이 벌어져 장뇌를 만들어 내지 못한다고 믿었기 때문이다.

뉴기니 남서부의 케이섬에서는 멀리 떨어진 항구를 향해 배가 출범하자마자, 그 배가 정박해 있던 해변을 신속하게 야자수 잎으로 덮어 버리고 그곳을 신성한 공간으로 만든다. 그리고 배가 돌아올 때까지 아무도 그곳에 들어가지 못하게 한다. 한 사람이라도 그곳을 침범하는 자가 있으면 항해 중인 배가 난파될 것이라고 여겼기 때문이다. 또한 이 배가 항해하는 동안, 특별히 선택된 서너 명의 처녀들은 배에 탄 사람들과 공감적인 관계를 맺음으로써 항해의 안전과 성공을 위해 헌신하도록 되어 있었다. 이 처녀들은 특별한 경우가 아니고서는 정해진 방에서 한 발짝도 밖으로 나올 수 없으며, 그뿐만 아니라 배가 항해 중에는 양손을 무릎 사이에 포갠 채 엎드린 상태로 절대 움직여서는 안 된다. 또 머리를 좌우로 돌려서도 안 되고, 그 밖의 어떤 행동도 일절 해서는 안 된다. 만일 이를 어기면 배가 심하게 요동칠 거라고 믿었다. 게다가 이 처녀들은 코코넛 즙으로 만든 밥처럼 끈적끈적한 음식을 먹어서도 안 된다. 그런 음식의 점액성이 바다를 항해하는 배의 속도를 늦춘다고 여겼기 때문이다. 그러다 배가 목적지에 도착할 즈음, 이런 금지 사항들은 조금씩 완화된다. 하지만 항해 기간이 완전히 끝날 때까지 처녀들은 날카로운 뼈나 가시가 있는 물고기 따위를 먹어서는 안 된다. 그랬다가는 항해 중에 있는 사람들이 가시에 찔리는 듯한 고통을 겪게 된다고 믿었다.

멀리 떨어진 사람들 사이의 이런 공감적 관계와 관련된 신앙이 성행하는 곳에서는 무엇보다도 전쟁이 가장 민감한 공감적 유대감을 불러일으키게 마련이다. 전쟁은 인간의 가장 깊고, 가장 친숙한 감정을 격렬하게 뒤흔들기 때문이다. 전쟁이 일어나면 집에 남아 고통을 겪는 친족들은 멀리 떨어진 전장에서 싸우다가 죽어가는 친지들을 수호해 주고 싶다는 염원을 마음속에 품게 된다. 그럼으로써 매우 자연스럽게 전쟁에 나간 사람들과의 공감적 유대감이 깊어지게 되는 것이다. 이처럼 지극히 자연스럽고 애틋한 염원을 이루기 위해 집에 있는 친족들은 온갖 노력을 기울이게 마련인데, 이때 그들이 채택하는 도구나 방법들을 보면 하나같이 터무니없어서 실소를 자아내게 하고, 우리를 슬프게 만들기까지 한다.

보르네오섬의 어떤 다약족이 사냥을 나갈 경우, 그 사냥꾼이 잠시라도 무기를 소홀히 하는 일이 없도록 집에 있는 아내나 누이들은 밤낮으로 무기를 몸에 지니고 있지 않으면 안 된다. 또한 그녀들은 낮잠을 자서도 안 되며, 새벽 2시 전에 잠자리에 들어서도 안 된다. 그랬다가는 남편이나 오빠가 잠든 사이에 습격을 받을지도 모른다고 믿었던 것이다. 한편 사라왁의 반팅 지방 시다약Sea Dayak족[49] 여자들은 남자들이 먼 곳에서 싸우고 있는 동안 복잡한 규칙들을 준수해야 한다. 그런 금기 가운데 어떤 것은 소극적 주술에 속하고, 어떤 것은 적극적 주술에 속한다. 하지만 모두 동종주술 혹은 텔레파시의 원리에 기초하고 있다. 예컨대 여자들은 아침 일찍 일어나서 해가 뜨자마자 창문을 열어야 한다. 그렇게 하지 않으면 출정 중인 남편이 늦잠을 자게 될 거라고 생각했기 때문이다. 또한 여자들

---

49 보르네오의 사라왁에 사는 원주민으로 다약족에 속해 있다. 이반족이라고도 한다.

은 머리에 기름을 발라서도 안 된다. 그랬다가는 남편이 미끄러져서 실족하게 된다고 여겼다. 여자들은 낮잠을 자거나 졸아서도 안 된다. 그랬다가는 진군하는 남편도 졸게 될 것이기 때문이다. 그뿐만 아니라 여자들은 옥수수를 볶아서 그것을 아침마다 툇마루에 뿌리지 않으면 안 된다. 그래야만 남편이 민첩하게 행동할 수 있다는 것이다. 방 안은 늘 정돈되어 있어야 하고, 상자 같은 것은 벽 아래 놓아 두어야 한다. 혹 누군가가 방에서 걸려 넘어지기라도 하면, 출정 중인 남편이 전투 중에 넘어져서 적의 수중으로 넘어가게 될 것이기 때문이다.

또한 여자들은 식사할 때마다 별도의 그릇에 조금씩 밥을 덜어 따로 보관해야 한다. 그래야만 남편이 굶지 않게 된다고 믿었다. 여자들은 절대로 다리가 저릴 때까지 베틀 앞에 앉아 있어서는 안 된다. 이를 어길 경우, 남편도 다리가 부자유스럽게 되어 민첩하게 적을 공격하거나 신속하게 도망치지 못하게 될 것이기 때문이다. 그래서 남편의 다리가 아프지 않도록 하기 위해, 베틀 앞에 앉아 일하는 아내는 자주 뜰에 나가 가볍게 거닐면서 다리 근육을 풀어 주어야 한다. 또한 여자들은 얼굴을 가리고 있으면 안 된다. 그랬다가는 남편이 숲이나 밀림에서 길을 잃게 될 거라고 믿었다. 게다가 여자들은 바늘로 옷을 꿰매서도 안 된다. 그랬다가는 적이 길목에 장치한 날카로운 못에 남편이 찔리게 될 것이라고 믿었다. 남편이 출정 중일 때에 아내가 간통을 하면 남편은 적지에서 목숨을 잃게 될 것이라고 믿었다. 몇 해 전, 반팅 지방의 남자들이 영국군과 함께 모반자들을 토벌하러 나갔을 때에 아내들은 이 같은 규칙과 금기들을 엄수하지 않으면 안 되었다. 하지만 안타깝고 슬프게도 그 모든 노력은 아무런 효과가 없었다. 집에 있는 정숙한 아내들이 성의를 다하여 복잡한 규칙들을 다 지켰는데도 수많은 남편들이 전사하고 말았다.

티모르섬[50]의 대사제는 전시 중에 결코 신전 바깥으로 나오지 않는다. 사제의 식사는 전부 신전 밖에서 만들어 나르거나 신전 안에서 만들며, 사제는 밤낮을 가리지 않고 제단의 불이 꺼지지 않게 해야 한다. 만일 신전의 불이 꺼지면 전사들에게 재난이 닥친다고 믿었기 때문이다. 제단의 화로가 차갑게 식어 있는 동안

---

50 말레이 열도에 있는 섬. 서西티모르는 행정상 인도네시아에 속해 있고, 섬의 동반부는 1975년까지 포르투갈의 해외 영토로 있다가 그해 11월 28일 동東티모르 민주공화국으로 독립을 선포했다. 이 신생독립국은 곧이어 12월 7일에 시작된 인도네시아의 침략을 받아 1976년 인도네시아의 영토로 선포된 이래 1999년에 동티모르 사태를 낳기도 했다.

에는 내내 전사들에게 불행한 일이 일어난다. 한편 전사들은 출정 중에 더운물만 마셔야 한다. 찬물을 마시면 전사들의 활력이 떨어져서 적을 제압할 수 없게 된다고 여겼기 때문이다. 케이섬에서는 여자들이 전사를 환송하고 집으로 돌아오자마자 과일과 돌이 들어 있는 광주리를 들고 다시 나온다. 그들은 과일과 돌에 기름을 발라 널빤지 위에 늘어놓으며 이렇게 외친다. "오, 주님이신 해와 달이여. 기름을 바른 과일과 돌들이 빗물에 젖지 않고 물방울을 튕겨 내듯이, 우리네 남편과 형제와 약혼자와 친척들의 몸에 날아오는 적의 화살들이 튕겨 나가게 해주소서." 그런 다음 그녀들은 부채를 들고 집 밖으로 나와 적의 방향을 향해 부채질을 하면서 이렇게 외친다. "오, 황금 부채여. 우리 전사들의 화살이 명중하게 하고, 적의 화살은 빗나가게 해 다오." 그러면서 마을 곳곳을 뛰어다닌다. 이처럼 기름 바른 과일과 돌에 빗방울이 튕겨 나가듯이 전사의 몸을 향해 날아오는 적의 화살도 튕겨 나가게 해 달라는 소원의 표시로서 과일과 돌에 기름을 바르는 의식은 분명 동종주술 혹은 모방주술의 사례라 할 수 있다. 그러나 이 주술이 보다 효과를 거두도록 하기 위해 태양을 향해 올리는 기도는 종교적인 행위에 해당되며, 다분히 후대에 첨가된 의식일 가능성이 많다. 또한 부채질을 하는 행위는 아군이 쏘는 화살은 명중하고, 적이 쏜 화살은 빗나가게 하려는 주술이다.

한편 마다가스카르섬의 어떤 역사가는 다음과 같이 보고하고 있다. "전사들이 출정했을 때 여자들은 그들이 무사히 돌아올 때까지 밤낮으로 춤을 춘다. 그녀들은 자기 집에 들어가 잠을 자거나 식사를 해서는 안 된다. 원래 이 부족 사람들은 성적으로 자유분방한 편인데도, 이때만은 아내들이 반드시 정절을 지켜야 한다. 만일 그렇게 하지 않으면 전장에 나간 남편이 죽거나 부상을 입는다고 믿었다. 또한 아내들은 춤을 춤으로써 남편에게 힘과 용기와 행운을 줄 수 있다고 믿었다. 그래서 잠시도 쉬지 않고 춤을 추는 이런 관습이 종교적으로 지켜지고 있는 것이다."

황금해안Gold Coast[51]에 사는 치Tshi어족[52]의 경우, 출정 중인 전사의 아내들은 자기 몸에 흰색 칠을 하고 목걸이나 부적 같은 것으로 치장한다. 그녀들은 전투

---

51 아프리카 기니만 연안의 일부

52 흔히 아칸Akan족이라고 알려진 언어·인종 집단의 대부분을 차지하는 어족. 아칸족은 오늘날의 가나 서쪽 끝에서 아콰핌 산맥을 가로질러 수도 아크라의 북쪽 지방에까지 거주하고 있다. 프레이저의 시대에 아칸족 중 가장 강력한 부족은 쿠마시 주변 밀림지대에 살던 아샨티족이었다.

가 있다고 생각되는 날에는 총이나 총 모양의 몽둥이를 들고 뛰어다니면서 파란 포포paw-paw(멜론처럼 생긴 과일)를 따서 마치 적의 모가지를 자르듯이 칼로 자른다. 이런 무언극은 하나의 모방주술임에 틀림없다. 여자들이 포포를 칼로 자르는 의식은 남편 또한 그렇게 적을 죽이도록 바라는 주술적 목적에서 행해진 것이다. 서아프리카의 프라민 마을에서 몇 해 전 아샨티Ashantee 전쟁이 일어났을 때, 피츠제럴드 매리엇Fitzgerald Marriott은 남편들이 짐꾼으로 싸움터에 나간 뒤 그 아내들이 춤추는 것을 목격한 적이 있었다. 그때 아내들은 짧은 웃옷 외엔 아무것도 걸치지 않은 채 알몸에 흰색 칠을 하고 있었다. 이 집단춤을 이끈 자는 주름살투성이의 여자 사술사였는데, 그녀는 아주 짧은 치마를 입고 있었다. 그리고 검은 머리채는 마치 뿔과 같았으며, 검게 탄 얼굴과 가슴, 팔다리에는 흰 동그라미라든가 반달 모양의 문신이 그려져 있었다. 여자들은 저마다 들소나 말꼬리로 만든 긴 솔을 손에 든 채 "우리의 남편들이 아샨티에 갔습니다. 그들이 이 땅에서 원수들을 몰아내게 하소서!"라고 노래하면서 춤을 추었다.

브리티시컬럼비아의 톰프슨강[53] 유역에 사는 인디언 여자들은 남자들이 전장에 나가 있는 동안 내내 춤만 춘다. 물론 이 춤은 전쟁에서의 승리를 확실히 하기 위한 것이다. 이때 여자들은 칼춤 비슷한 것을 추면서 때때로 끝을 날카롭게 깎은 목창이나 갈고리가 달린 무기를 앞으로 내밀었다가 다시 뒤로 빼는 시늉을 되풀이한다. 여기서 창을 앞으로 내미는 행위는 적을 무찌르거나 추방하는 것을 의미하며, 내밀었던 창을 다시 뒤로 빼는 동작은 남편을 위기에서 구해 내는 것을 표현하고 있다. 이때 창끝에 걸려 있는 갈고리는, 특히 남편의 목숨을 구해 내기 위한 장치로서 고안된 것이다. 여자들은 항상 적의 방향을 향해 창끝을 겨눈다. 그리고 얼굴에 빨간 칠을 한 채 노래하고 춤춘다. 혹은 자기 남편이 적들을 많이 무찌르게 해 달라고, 혹은 자기 남편을 지켜 달라고 창을 향해 기원하는 경우도 있다. 어떤 여자는 창끝에 독수리의 깃을 달기도 한다. 이런 집단춤이 끝나면 그 창을 소중하게 싸서 보관한다. 그리고 다시 창을 꺼내 보았을 때 창끝에 머리카락이 묻어 있으면 남편이 적을 한 놈 처치했다고 믿는다. 만일 창끝에 핏자국 같은 것이 묻어 있으면 남편이 죽었거나 부상을 입었다고 생각한다.

마찬가지로 캘리포니아의 유키Yuki족[54]은 남자들이 전쟁에 나가 있는 동안 집

---

53 캐나다 브리티시컬럼비아주 남부의 강. 프레이저강의 주요 지류

에 남은 여자들은 잠을 자지 않는다. 여자들은 잎이 붙어 있는 막대기로 장단을 맞추면서 노래 부르고 빙빙 돌며 춤을 춘다. 그녀들은 자기들이 쉬지 않고 춤을 추면 남편들도 피로를 모르고 싸울 거라고 믿는다. 한편 퀸샬럿 제도[55]의 하이다Haida족[56] 인디언은 남자들이 싸움터에 나가 있는 동안 아내들은 이른 새벽에 일어나 마치 적에게 하듯이 아이들을 덮쳐서 포로로 잡아끌고 가는 시늉을 한다. 이런 행위 역시 남편이 싸움터에서 그렇게 적을 제압하도록 도와주기 위한 것이다. 만일 남편이 출정 중일 때에 아내가 간통을 저지르면 남편은 적에게 죽임을 당할 거라고 믿었다. 또한 집에 있는 모든 여자들은 열흘 밤 동안 전사가 출정한 방향에 머리를 두고 잠잔다. 그리고 전사들이 돌아올 무렵이면 이번에는 반대쪽으로 머리를 돌리고 자야 한다.

마세트의 하이다족 인디언 여자들도 남편이 출정한 동안 내내 노래하며 춤을 춘다. 그리고 그녀들은 집 안의 가재도구들과 신상에 관련된 모든 것을 깔끔하게 정리해야 한다. 이런 관습을 지키지 않으면 남편이 죽게 된다고 믿었던 것이다. 오리노코강[57] 지역의 카리브Carib족 인디언 남자들이 전쟁에 나갔을 때, 마을에 남아 있는 친지들은 전사들의 공격 시간을 정확하게 계산한다. 그리고 그때에 맞추어 두 청년을 선발하여 옷을 벗긴 채 걸상 위에 눕히고는 그들의 등을 무자비하게 채찍질한다. 이때 청년들은 신음소리 하나 내지 않고 이 참혹한 고통을 끝까지 견뎌내지 않으면 안 된다. 이들은 그렇게 하도록 어릴 때부터 훈련받는다. 그럼으로써 전쟁에 임하는 전사들도 용기와 인내심으로 지독한 고통을 견뎌내며 싸움에서 승리할 수 있다고 생각했다.

이런 것들은 명백히 오류지만 이익을 기대하는 동종주술 혹은 모방주술의 원리에 기초하고 있다. 그런데 이처럼 동종주술이나 모방주술의 원리에 토대를 둔 정교한 의식 중에는 철 따라 과일이나 식물의 풍요를 기원하는 의식도 다수 포

---

54 캘리포니아 북서 연안과 퍼시픽코스트 산맥에 살던 북아메리카의 인디언 부족

55 캐나다 브리티시컬럼비아주 서부에 있는 제도

56 퀸샬럿 제도, 브리티시컬럼비아, 프린스오브웨일스섬 남부, 알래스카 등지에 살고 있는 인디언 부족. 이들은 개인에게 새로운 사회적 지위를 부여하고 이를 정당화하거나 강화하기 위해 행하는 의례적인 선물 교환 행위인 '포틀래치potlatch'로 유명하다. 포틀래치는 집을 짓거나 토템 기둥을 세울 때 또는 장례식 때도 행해졌으며, 때로는 복수를 하거나 체면을 세우려는 목적으로도 행해졌다. 하이다족은 자신이 아닌 부모가 행한 포틀래치에 따라 사회적 지위가 정해졌다.

57 콜롬비아와 베네수엘라의 국경 지대를 흐르는 강

하이다족의 사슴 가죽 사제복에 묘사된 주술적 동물 문양

함되어 있다. 튀링겐에서는 아마亞麻씨를 뿌리는 자는 어깨에서 무릎까지 늘어뜨린 자루 속에 종자를 넣고 그 자루를 이리저리 흔든다. 그래야만 아마가 바람에 물결치듯이 잘 성장할 수 있다고 믿었다. 수마트라 내륙지방에서는 여자들만이 볍씨를 뿌리도록 되어 있다. 이때 씨 뿌리는 여자는 벼가 무성히 자라도록 자기 머리채를 길게 늘어뜨린다. 고대 멕시코에서도 옥수수의 여신인 '긴 머리의 어머니'에게 제사를 올리는데, 의례는 옥수수 수염이 나와 여물었을 때에 시작된다. 이때 제사를 올리는 여자들은 머리채를 옥수수 수염처럼 길게 풀어 헤친 채 춤을 춘다. 이는 옥수수 알갱이가 크게 맺히고 수확의 풍요를 기원하기 위한 주술적 몸짓이다. 유럽 각지에도 식물의 성장과 풍요를 위해 춤을 추거나 땅을 밟으며 뛰어오르는 관습이 있다. 예컨대 프랑슈콩테[58]에서는 삼나무의 성장을 위해 사육제謝肉祭[59] 때 사람들이 높이 뛰어오르며 춤을 춘다.

어떤 행동이나 상태를 통해 인간이 식물에게 동종주술적인 영향을 끼칠 수 있다는 관념은 말레이의 한 여자가 전해 준 다음 이야기에서도 확인할 수 있다. 그녀는 벼를 수확할 때 왜 웃옷을 벗느냐는 질문에 대해, 그것은 벼 껍데기를 얇게 하기 위해서라고 대답했다. 벼 껍데기가 두꺼우면 방아를 찧을 때 힘들기 때문이다. 그녀는 옷을 적게 입을수록 벼 껍데기도 얇아질 거라고 믿었던 것이다. 바바리아[60] 지방 및 오스트리아의 농민들에 의하면, 임신한 여자에게는 풍요를 가져오는 주술적 능력이 있다고 한다. 그래서 열매의 첫 수확을 임산부에게 먹이면 이듬해도 많은 수확을 얻을 수 있다고 믿었다. 반면 바간다Baganda족[61]에 의하면,

---

58 프랑스 동부의 쥐라, 두, 오트손 주들과 벨포르 지구를 포함하는 지방. '자유 백작령'이라는 뜻

59 많은 로마 가톨릭 국가에서 사순절 직전 수일간에 걸쳐 펼쳐지는 축제. 이 단어의 유래에 대해서는 확실하지 않지만 고기를 치우거나 없앴다는 의미의 라틴어 '카르넴 레바레carnem levare' 또는 '카르넬레바리움 carnelevarium'에서 유래된 것으로 여겨진다. 카니발이 시작되는 콜로뉴와 라인 지방에서는 11월 11일 11시 11분에 시작한다. 프랑스에서는 카니발이 '재의 수요일' 전의 화요일(오순절의 화요일)과 사순절의 셋째 주 목요일인 미카렘에 열린다. 그러나 대부분 오순절 주일에 시작하여 오순절의 화요일에 끝난다. 미국에서는 뉴올리언스에서 열리는 축제가 가장 뛰어난 카니발로 인정받는데, 공현축일인 1월 6일(12번째 밤) 저녁에 시작하여 오순절 화요일의 10일 전에 시작되는 '참회의 화요일'에 절정을 이룬다. 참회의 화요일을 의미하는 프랑스어 '마르디 그라Mardi gras'는 고기를 먹는 화요일이라는 뜻으로 사순절 전에 집 안에 있는 고기를 모두 먹어 버리는 풍습에서 유래되었다. 이 카니발 축제에서는 가면무도회와 퍼레이드를 비롯한 여러 가지의 다채로운 행사가 벌어진다.

60 독일 남부의 바이에른주

61 고대로부터 왕국을 이루었던 우간다의 빅토리아호 서쪽과 북쪽 지역에 사는 종족. 간다Ganda족이라고도 한다.

석녀石女의 불임은 남편의 밭에 나쁜 영향을 미쳐 흉년이 들게 한다고 믿었다. 그래서 아이를 못 낳는 아내는 흔히 이혼당하기 일쑤였다. 그리스인과 로마인들은 새끼를 밴 동물을 옥수수의 여신과 대지의 여신에게 제물로 바쳤는데, 이 또한 토지를 비옥하게 하고 옥수수를 많이 수확하기 위한 것이다.

찌는 듯이 무더운 어느 날, 한 가톨릭 사제가 오리노코의 인디언에게 임산부한테 씨앗을 뿌리게 해서는 안 된다고 충고하자, 그들은 이렇게 대답했다. "신부님은 아무것도 몰라서 그런 걱정을 하시는 겁니다. 아시다시피 여자는 애를 낳도록 되어 있지만 남자는 애를 낳을 수 없잖소. 그러니까 여자가 씨를 뿌리면 옥수수 알갱이도 더 많이 달리게 되고, 유카yucca[62] 뿌리도 서너 광주리는 족히 수확할 수 있으며, 그밖에 다른 것들도 더 많이 수확할 수 있단 말이오. 그래서 여자에게 씨를 뿌리게 하는 겁니다. 우리 사내들은 여자들처럼 무얼 만들어 내고 낳는 일엔 도무지 쓸모가 없단 말씀이야."

동종주술의 이론에 따르면, 인간의 어떤 행위나 상태가 바람직한지 아닌지에 따라 그것이 식물의 생장에 좋은 영향을 끼칠 수도 있고, 나쁜 결과를 초래할 수도 있다는 말이다. 가령 아이를 많이 낳은 여자는 식물의 수확도 풍요롭게 하지만, 석녀는 흉작을 초래한다는 관념을 들 수 있다. 그리하여 어떤 인간적 속성이나 사건들 가운데 해롭고 전염성을 지닌 측면에 대한 신앙이 수많은 금기와 기피의 규칙들을 만들어 낸 것이다. 즉, 사람들이 어떤 것을 기피한다고 할 때, 이는 그 어떤 것이 대지의 소출에 대해 동종주술적으로 작용하여 좋지 않은 상태나 결과를 초래하지 못하게 하기 위해서이다. 그와 같은 모든 금기 혹은 기피의 규칙들은 소극적 주술 또는 터부의 사례이다.

예를 들면 갈렐라레족은 사람의 행위나 상태가 작물의 성장에 영향을 미칠 수 있다고 생각하여, 열매가 달린 나무 아래서 활을 쏘아서는 안 된다고 말한다. 만일 그런 짓을 하면, 화살이 땅에 떨어지듯이 열매도 땅에 떨어지고 말 것이기 때문이다. 또한 수박을 먹을 때 입에서 뱉어 낸 씨와, 파종하기 위해 따로 마련한 수박 종자를 함께 섞어서도 안 된다. 입에서 뱉어 낸 수박씨도 물론 싹을 틔우고 꽃을 피우지만, 그렇게 핀 꽃은 입에서 씨가 떨어지듯 곧 땅에 떨어져 버려 결코 열매를 맺지 못할 것이기 때문이다. 바바리아 지방의 농부들도 이와 동일한 사고방

---

62 백합과百合科 유카속屬의 각종 식물

식을 갖고 있다. 그들은 열매를 수확하다 실수로 땅에 떨어뜨린 열매는 다음 해에 종자로 사용하지 않는다. 코친차이나[63]의 참Cham족[64]은 비가 오지 않아야 잘 자라는 육도陸稻[65]를 파종할 때는 비가 내리지 않게 하기 위해 마른 쌀을 먹는다. 그러면 비가 내려 수확을 망치는 일이 없게 될 거라고 믿었다.

이상의 사례에서 우리는 인간이 동종주술적으로 식물의 생장에 영향을 미칠 수 있다는 관념을 확인할 수 있다. 즉, 인간은 좋은 것이건 나쁜 것이건 자기와 비슷하거나 혹은 자신에게서 비롯된 그런 속성이나 현상을 수목이나 식물에 전파할 수 있다는 것이다. 하지만 이런 영향과 작용은 동종주술의 원리에 입각해서 상호적이다. 즉, 사람이 식물에게 영향을 미칠 수 있는 만큼 식물도 사람에게 영향을 미칠 수 있다. 물리학에서도 마찬가지지만, 주술의 경우 작용과 반작용은 대등하면서 동시에 상반적인 관계에 있다. 예컨대 체로키Cherokee족[66] 인디언들은 식물에 관한 동종주술적인 지식에 정통하다. 그들은 캣거트catgut[67] 식물의 철사처럼 생긴 뿌리가 쟁기와 다른 도구를 묶을 수 있을 만큼 튼튼하다는 사실을 잘 알고 있다. 그래서 체로키족 여자들은 머리카락을 튼튼하게 하기 위해 캣거트 식물의 뿌리를 삶은 물로 머리를 감으며, 남자들도 근육을 튼튼하게 하기 위해 그 물로 몸을 씻는다.

갈렐라레족들은 땅에 떨어진 과일을 먹으면 곧잘 땅에 넘어지는 버릇이 생기게 될 것이며, 깜박 잊어버리고 있던 것(이를테면 냄비 속에 남은 감자라든가 재 속에 타다 남은 바나나 따위)을 먹으면 건망증에 걸린다고 믿었다. 또한 그들은 여자가 쌍둥이 바나나를 먹으면 쌍둥이 아이를 낳는다고 여겼다. 남아메리카의 과라니Guarani족[68] 인디언은 여자가 쌍둥이 알곡을 먹으면 쌍둥이를 낳게 될 거라고 믿었다. 베다 시대에는 이런 원리를 기묘하게 적용함으로써 추방된 왕자를 다시 왕국으로 모시기 위한 주술이 행해졌다. 이때 추방된 왕자는 벌채된 수목의 그루터기에서 나온 새 나무로 불 때어 지은 밥을 먹어야 한다. 여기서 새 나무란 재생의 힘을 표상한다. 즉, 나무의 재생력이 불을 통해 음식물에 전파되고 마침내 그

---

63 프랑스 식민지 시대의 베트남 남부지역을 유럽인이 부르던 이름
64 베트남 중부지역에 사는 종족
65 밭에서 재배되는 쌀로 농업용수가 부족한 산간지역에서 재배된다.
66 테네시 동부지역과 캐롤라이나 서부지역에 살았던 이로쿼이족 계열의 북아메리카 인디언
67 현악기나 라켓 등의 줄에 쓰이는 장선腸線
68 원래 파라과이 동부와 브라질·아르헨티나 부근에 살던 남아메리카 인디언

것을 먹은 왕자에게까지 전파된다는 것이다. 수단 사람들은 가시가 많은 나무로 지은 집에 사는 자는 평생 가시에 찔리는 듯한 고통이 뒤따를 거라고 믿었다.

이밖에도 사자死者를 매개로 하여 동종주술이 작동하는 수많은 사례들이 있다. 즉, 사자는 더 이상 무엇을 보거나 듣거나 말하지 못한다. 이런 속성을 동종주술적으로 적용함으로써 사자의 뼈라든가 혹은 죽음에 의해 오염된 사물을 사용하여 산 사람을 눈멀게 하기도 하고, 청각이나 언어 장애인으로 만들기도 한다. 가령 갈렐라레족 젊은이들은 밤중에 애인을 만나러 갈 때 묘지에서 판 흙을 한 줌 가지고 가서, 애인의 양친이 자고 있는 방 지붕 위에 그 흙을 뿌린다. 그러면 죽음에 의해 오염된 묘지의 흙이 애인의 양친을 깊이 잠들게 할 수 있기 때문에 젊은이는 아무런 방해 없이 애인과 밀회를 즐길 수 있다고 믿었던 것이다.

모든 시대의 많은 나라에서 밤도둑들도 이런 동종주술을 애용했다. 남부 슬라보니아의 밤도둑은 종종 자신이 털고자 하는 집 지붕 위에 사자의 뼈를 던지면서 비꼬듯이 "혹 이 뼈가 살아나면 집주인도 잠에서 깨어나겠지"라고 말한다. 그렇게 하면 물건을 훔치는 동안 집주인이 잠에서 깨어나지 못한다고 믿었던 것이다. 마찬가지로 자바섬의 밤도둑도 자신이 털고자 하는 집에 묘지에서 파온 흙을 뿌린다. 그러면 집주인은 죽은 사람처럼 잠을 잔다고 여겼다. 이와 동일한 목적으로 인도의 밤도둑은 화장터의 재를 집 대문에 뿌리며, 페루의 인디언 밤도둑은 사자의 유골을 뿌린다. 또한 루테니아의 밤도둑은 인골 구멍에 짐승의 기름을 주입하여 불을 붙인 다음 집 주위를 세 번 돈다. 혹은 인골로 퉁소를 만들어 불기도 하는데, 그 소리를 들은 자는 깊은 잠에 빠져든다고 믿었다. 멕시코 인디언들은 초산 때에 죽은 산모의 왼팔 뼈를 이와 유사한 범죄의 목적을 위해 사용했다. 단, 그 왼팔 뼈는 훔쳐 온 것이 아니면 효력이 없다. 강도는 자기가 노리는 집에 들어가기 전에 훔친 뼈로 땅바닥을 두드린다. 그러면 집에 있는 사람들은 모두 움직이지도 못하고 말할 기력조차 잃어버린다. 그들은 마치 죽은 사람처럼 되어서 들을 수도, 볼 수도 있지만 완전히 무기력해진다. 그중에는 진짜 잠들어 버리거나 혹은 코를 고는 자도 나온다.

유럽에서는 이런 주술적 힘이 '영광의 손Hand of Glory'에 있다고 전해진다. 그 손은 교수형으로 죽은 남자의 손을 말려 소금물에 절여놓은 것이다. 이 '영광의 손'에 교수대에서 죽은 죄수의 지방으로 만든 양초를 꽂아 불을 켜면, 그 촛불을 보는 자는 누구든 꼼짝 못하게 된다. 마치 죽은 듯이 손가락 끝 하나도 움직이지 못하게 되는 것이다. 경우에 따라서는 죽은 자의 손 자체를 직접 양초로 써서 거기에 불을 붙이기도 한다. 그때 손가락마다 불을 붙이면 여러 개의 양초 다발이 된다. 만일 집 식구들 가운데 아직 잠들지 않은 자가 한 사람이라도 있으면 그 손에 불이 붙지 않는다. 어쨌든 이런 악마적인 촛불을 끌 수 있는 것은 오직 젖밖에 없다고 한다. 이 엽기적인 양초는 때로 갓 태어난 신생아의 손가락, 심지어 태아의 손가락으로 만든 것일수록 효과가 좋다고 여겼다. 나아가 침입하려는 집의 가족 수만큼 촛불을 준비할 필요가 있다고 생각했다. 촛불을 하나만 켜면 다른 가족들이 잠에서 깰 수도 있기 때문이다. 일단 이 양초에 불을 붙이면 젖말고는 그것을 끌 수 있는 것은 아무것도 없다고 믿었다. 그리하여 17세기의 도둑들은 자궁 속에서 양초감을 꺼내기 위해 종종 임산부를 살해하곤 했다. 고대 그리스의 강도나 좀도둑들은 화장터에서 주운 타다 남은 나뭇조각을 들고 다녔는데, 그러면 사나운 개들도 찍소리 못하고 꼬리를 내린 채 도망가게 만들 수 있다고 믿었다. 한편 가정생활의 속박에 견디지 못한 세르비아나 불가리아의 여자들은 시체 눈 부위에 얹혀 있는 동전을 훔쳐서 그것을 씻은 포도주나 물을 남편에게 마시게 했다. 그러면 남편이 마치 시체처럼 되어서 아내의 잘못에 대해서도 눈뜬장님처럼 되어 버린다고 여겼다.

흔히 동물은 인간에게 유익한 속성을 지니고 있다고 여겼다. 그래서 사람들은 다양한 방식으로 이런 동물의 속성을 인간에게 전이하고자 동종주술 혹은 모방주술을 사용했다. 예컨대 베추아나Bechuana족[69]은 흰 족제비를 부적으로 사용한다. 이는 흰 족제비가 자기 목숨에 대해 이상하리만치 집착한다는 점에 착안한 것이다. 때문에 흰 족제비 부적을 차고 다니는 사람은 죽이기 어렵다고 여겼다. 어떤 이들은 이와 동일한 목적에서 특정 곤충을 산 채로 병신을 만들어 부적처럼 차고 다니기도 한다. 또 어떤 전사들은 뿔 없는 수소의 털을 머리에 끼고 다니거나, 개구리 가죽을 겉옷 주머니에 넣고 다닌다. 뿔 없는 소는 붙잡기가 힘들고 개구리는 미끄럽기 때문에 그런 부적을 지닌 자는 적에게 잘 붙잡히지 않는다고 믿었다. 남아프리카의 전사들은 곱슬머리 사이에 쥐털을 끼우는데, 이는 적의 창이 날아와도 민첩한 생쥐처럼 재빨리 도망칠 수 있다는 믿음에서였다. 그래서 그 지

---

69 소토Sotho족의 서부 분파로 남아프리카공화국과 보츠와나에 사는 종족이다. 츠와나Tswana족이라고도 한다.

방에서는 전쟁의 조짐이 있으면 쥐털의 수요가 급증했다고 한다.

인도의 한 고전에 의하면, 전쟁에서의 승리를 위해 제물을 바칠 때 제단에 사용되는 흙은 멧돼지가 뒹굴던 흙이어야 한다. 그 흙에는 멧돼지의 힘이 깃들어 있다고 여겨지기 때문이다. 갈렐라레족은 줄이 하나인 루트를 켤 때 손가락이 잘 움직이지 않으면 발이 긴 야생거미를 몇 마리 태워 그 재를 손가락에 문지른다. 그러면 손가락이 거미발처럼 민첩하고 유연하게 움직이게 된다고 믿었다. 아랍인들은 도망간 노예를 되돌아오게 하기 위해서 땅바닥에 원을 그리고 그 중심점에 못을 박는다. 그리고 그 못에 도망간 노예와 동일한 성별의 딱정벌레를 실로 묶어 놓는다. 그러면 딱정벌레가 빙빙 돌면서 실이 못에 감기게 되고 못과 딱정벌레 사이의 거리가 점점 좁혀진다. 이 또한 동종주술의 힘에 의해 도망간 노예가 주인에게 되돌아오게 될 거라고 여겼던 것이다.

영국령 뉴기니 서부의 여러 부족들은 밀림 속으로 들어가기 전에 뱀을 죽여 불에 태우고 그 재를 두 다리에 바른다. 그러면 며칠 동안 뱀에 물릴 염려가 없다고 믿었다. 남부 슬라보니아 사람들은 시장에서 물건을 훔치고자 할 때, 눈먼 고양이를 태워 그 재를 한 줌 집어 물건 주인에게 뿌린다. 그러면 원하는 물건을 무엇이든 가게에서 훔칠 수 있다고 여겼다. 죽은 고양이의 재를 뒤집어쓴 가게 주인은 죽은 고양이처럼 아무것도 보지 못하게 된다는 것이다. 심지어 도둑이 대담하게도 "제가 대금은 지불했나요?"라고 물으면, 가게 주인은 넋이 나간 사람처럼 "물론 받았죠"라고 대답한다는 것이다. 중앙오스트레일리아 토착민들은 수염을 기르고자 할 때에 간단하고도 효험이 확실한 방법을 쓴다. 즉, 그들은 끝이 뾰족한 뼈를 가지고 자기 턱을 쿡쿡 쑤신 다음, 아주 기다란 수염을 가진 쥐를 표상하는 막대기나 돌멩이로 조심스럽게 그 자리를 두드린다. 그러면 쥐의 긴 수염이 그것을 표상하는 막대기나 돌멩이로 옮겨지고 거기서 다시 턱으로 전파되어 이윽고 턱수염이 수풀처럼 무성하게 돋아날 거라고 믿었다.

고대 그리스인들은 밤새 잠도 자지 않고 우는 나이팅게일의 고기를 먹은 사람은 잠이 오지 않을 것이며, 시력이 나쁜 자는 독수리의 간을 먹으면 독수리처럼 시력이 좋아질 거라고 여겼다. 그뿐만 아니라 까마귀 고기를 먹으면 백발을 모르는 까마귀처럼 언제까지나 검은 머리를 유지할 수 있다고 믿었다. 단, 이 같은 회춘법을 행하는 자는 세심하게 주의하지 않으면 안 될 사항이 있다. 가령 달걀을 머리카락에 문지르거나 바르는 회춘법은 언제나 기름을 입 안에 머금고 있어야 한다. 그렇지 않으면 머리뿐만 아니라 이빨까지도 검게 될 염려가 있고, 그렇게 한번 검게 된 이빨은 아무리 닦아도 다시 하얗게 될 수 없기 때문이다. 그만큼 머리를 검게 하는 이 회춘법은 기대 이상의 강력한 효능을 가지고 있다고 믿었던 것이다.

후이촐족 인디언들은 특히 뱀 잔등의 아름다운 무늬를 극찬한다. 그래서 여자가 천을 짜거나 수를 놓을 때 남편은 큰 뱀을 잡아다가 꼼짝 못하도록 몽둥이 같은 걸로 꽉 누른다. 그때 여자는 한 손으로 뱀의 잔등을 어루만진 다음 그 손으로 자기 이마와 두 눈을 만진다. 그러면 뱀의 아름다운 무늬가 직물 위에 수놓아진다고 믿었다.

이상에서 동종주술과 관련된 식물이나 동물의 경우를 살펴보았는데, 식물이나 동물뿐만 아니라 무생물 또한 동종주술의 원리에 입각하여 주변에 축복이나 저주를 내릴 수 있다고 여겼다. 즉, 무생물도 그 자신의 고유한 속성에 따라 행복이나 불행의 물줄기를 열기도 하고 막기도 하는 주술사의 기법에 따라 축복이나 저주의 영향을 미칠 수 있다는 것이다. 사마라칸드에서는 아이가 성장하여 말도 달콤하게 잘하고 그 손에 갖가지 귀중품이 쩍쩍 달라붙도록 하기 위해, 어머니는 아이에게 자주 달콤한 사탕을 쥐어 주는가 하면, 아이 손바닥에 끈적끈적한 풀을 발라 준다. 그리스인들은 늑대에게 물려 죽은 양의 털로 짠 옷은 그것을 입은 자의 피부에 옴이나 상처가 생기는 등 재난을 가져다줄 거라고 생각했다. 또한 그들은 개가 핥은 적이 있는 돌멩이를 포도주 속에 넣어 그것을 마신 자는 모두 싸움질을 하게 된다고 믿었다. 모아브Moab[70]의 아랍인 사이에서는 애가 없는 여자가 애를 많이 낳은 여자의 옷을 빌려 입으면 그녀의 다산성이 옷을 통해 전이된다는 관념이 있다.

동부아프리카 소팔라[71]의 카프레Caffre족은 속이 빈 갈대나 짚 같은 것으로 맞는 것을 아주 두려워한다. 차라리 이보다 훨씬 아프고 큰 상처가 나더라도, 육중한 몽둥이나 쇠몽둥이로 맞는 편을 더 낫다고 생각한다. 왜냐하면 속이 빈 것으로 맞은 자는 머지않아 몸 안의 기관들이 없어지면서 결국 죽고 말 거라고 여겼다. 셀레베스의 부기Buginese족이 '늙은이'라고 부르는 큰 조개가 있는데, 그들은

---

70 사해 동쪽에 있었던 시리아의 옛 왕국
71 포르투갈령 동아프리카(지금의 모잠비크) 해안의 소팔라강 하구에 있던 옛 해항. 현재의 노바소팔라

후이촐족의 뱀 문양 자수

매주 금요일마다 이 조개를 뒤집어서 자기 집 문지방에 놓는다. 그 문지방을 밟고 집 안으로 들어오는 자는 누구든 장수할 것이라고 믿었다.

인도의 바라문 소년들은 성년식 때 오른쪽 발로 어떤 돌을 밟으면서 "이 돌을 단단히 밟아라. 그러면 이 돌처럼 단단해지리라"라는 주문을 되풀이하여 외운다. 결혼식을 거행할 때도 신부는 이와 똑같은 주문을 외운다. 마다가스카르에서는 집안의 재산이 빠져나가는 것을 막는 수단으로 무거운 기둥 아래 돌을 하나 묻는다. 돌에 대고 기원하는 일반적 관습은 돌의 강인함과 견고함이 소원 성취를 확고하게 보장한다는 신앙에 기초로 하고 있다. 덴마크의 역사가 삭소 그라마티쿠스Saxo Grammaticus[72]는 "고대인들은 왕을 뽑을 때 땅속에 깊이 뿌리를 박은 큰 돌 위에 서서 선거를 선포했다. 이는 돌의 확고부동한 속성에 빗대어 자기들의 행위도 불변한 것임을 보여 주기 위한 것이다"라고 적고 있다.

일반적으로 무게와 견고성이라는 돌의 속성으로 인해 모든 돌 안에는 주술적 효과가 내장되어 있다는 관념이 굳어졌다. 이와 더불어 형태나 색깔이 유별난 어떤 돌들에 특별한 주술적 힘이 깃들어 있다고 믿어지기도 했다. 가령 페루 인디언은 옥수수나 감자의 수확을 늘리거나 혹은 가축의 증식을 위해 각각 다른 종류의 돌을 주술적 의식에 사용했다. 옥수수의 성장을 위해서는 옥수수 모양의 돌을, 염소의 증식을 위해서는 염소 모양의 돌을 사용했다.

멜라네시아의 어떤 지방에도 이와 유사한 신앙이 널리 퍼져 있다. 즉, 어떤 신성한 돌에는 신비한 힘이 있다고 믿었는데, 이런 힘은 그 돌의 모양에 따라 성격이 결정되었다. 예컨대 해변에 밀려온 산호 부스러기는 놀라울 만큼 빵나무 열매와 비슷한 모양을 하고 있다. 그래서 뱅크스 제도[73]에서는 이런 산호 부스러기를 발견한 자는 그것을 빵나무 열매가 많이 열리도록 자기 빵나무 밑에 갖다 놓는다. 만일 그 결과가 기대한 만큼 좋으면, 그는 다른 사람들이 갖고 있는 평범한 돌들을 가져와 산호 부스러기 근처에 놓아둔다. 그러면 산호의 주술적 힘이 그 돌들에 전이될 거라고 믿었다. 한편 표면에 작은 동그라미 모양이 있는 돌은 돈벌

---

72 12세기 중엽에서 13세기 초에 활동한 덴마크의 역사가. 덴마크 역사를 다룬 최초의 중요한 저작인 『덴마크인의 업적Gesta Danorum』을 썼다. 라틴어로 쓰인 이 애국적인 저작은 전설적인 단 왕에 대한 서술로 시작되어 1185년 크누드 6세가 포메라니아를 정복한 이야기로 끝난다. 그가 기록한 암레트 Amleth의 전설은 셰익스피어 『햄릿Hamlet』의 원전으로 여겨지며, 궁사 토크Toke는 '빌헬름 텔'의 원형으로 간주된다.

73 태평양 남서부 바누아투Vanuatu 공화국에 속한 제도로서 바누아라바섬, 가우아(산타 마리아)섬, 모타섬, 모타라바섬 등으로 구성되어 있다. 오스트레일리아와 피지 중간쯤에 있는 뉴헤브리디스 제도에 속해 있다.

이에 효험이 있다고 여겼다. 마찬가지로 줄줄이 돌멩이가 붙어 있어서 마치 새끼에게 젖을 먹이는 어미 돼지처럼 생긴 돌을 발견한 자가 그 돌 위에 돈을 바치면 반드시 많은 새끼 돼지들을 얻을 수 있다고 여겼다. 이런 사례를 통해 보건대, 멜라네시아인은 어떤 돌이 가지고 있는 놀라운 힘이 돌 자체라기보다는 돌 속에 깃들어 있는 정령에게서 비롯된다고 생각한 듯싶다. 그리고 방금 언급했듯이, 이들은 종종 돌 위에 제물을 바침으로써 그 정령을 위무하곤 했다.

이처럼 정령을 위무하는 관념은 사실 주술의 범위를 넘어서서 종교의 영역에 속한다. 하지만 앞의 사례에서 엿볼 수 있듯이, 그런 관념이 순수한 주술적 사고나 행위와 결합되어 나타나는 경우라 할지라도 이는 대체로 후대에 종교적 관념이 접목된 경우이며, 그 원줄기는 어디까지나 주술에 있다고 말할 수 있다. 왜냐하면 사고의 진화 과정에서 종교보다 주술이 선행했다는 확고한 증거가 있기 때문이다. 이것에 관해서는 다시 후술하겠다.

고대인들은 보석의 주술적 효험을 매우 중시했다. 연구자들의 주장에 의하면, 보석은 단순히 장신구로 쓰이기 훨씬 이전부터 부적으로 사용되었다고 하는데, 사실 이 점을 입증해 줄 만한 명확한 사례들이 적지 않다. 그리스인은 나무 모양의 무늬가 있는 돌을 목마노木馬瑙라고 불렀는데, 이런 보석 2개를 소의 뿔이나 목에 달아놓으면 작물의 증산을 가져온다고 믿었다. 또한 그들은 유석乳石을 꿀물에 녹여 마시면 산모의 젖이 잘 나온다고 생각했다. 오늘날에도 크레타나 멜로스섬[74]의 그리스 여성들은 이런 목적으로 유석을 사용하고 있다. 발칸 반도의 알바니아에서도 아기를 키우는 엄마들은 젖이 잘 나오도록 유석을 몸에 지니고 다닌다. 그뿐만 아니라 그리스인은 사석蛇石이 뱀에게 물린 상처를 치료하는 데 효능이 있다고 여겼다. 정말 그런지를 알고 싶다면 이 사석을 가루로 빻아 상처에 뿌리기만 하면 된다. 포도주 빛깔의 자수정은 원래 '취하지 않는 놈'이란 뜻을 가지고 있는데, 이것을 몸에 지니고 있으면 술에 취해 정신을 잃는 일은 없다고 한다. 또 형제가 사이좋게 지내고 싶다면, 둘 사이를 끌어당겨 떨어지지 않게 해주는 자석을 항상 몸에 지니고 있으면 된다.

인도의 한 고전에 의하면, 신랑과 신부는 결혼식 날의 일몰 후부터 별이 뜰 때까지 말없이 가만히 앉아 있어야 한다. 이윽고 북극성이 나타나면 신랑은 신부에

---

74 에게해에 있는 그리스 키클라데스 제도의 주요 섬들 가운데 가장 남서쪽에 있는 섬

게 그 별을 가리키면서 이렇게 말한다. "그대 북극성은 견고하도다. 나는 견고한 그대를 바라보노라. 그대는 나와 더불어 내내 견고할지어다. 오, 영광스런 북극성이여!" 그런 다음 신부를 향해 다시 이렇게 말한다. "브리하스파티Brihaspati[75] 신께서 그대를 내게 주셨도다. 그대의 남편인 나로 말미암아 아이를 낳고 천추만대까지 나와 함께 살아 주시오." 이 의식의 의미는 북극성의 확고부동한 속성에 의해 재산의 낭비를 방지하고, 지상의 행복을 확고히 하는 데에 있었다. 동시에 그것은 시인 존 키츠John Keats(1795~1821)[76]의 마지막 소네트에 표현된 소원이기도 하다.

반짝이는 별이여, 그대처럼 나 또한 견고할 수 있다면!
밤하늘 높이 홀로 빛을 발하며 쓸쓸할지라도.

바닷가에 사는 사람이라면 끊임없이 해수가 찼다가 빠지고 하는 조수간만을 보면서 깊은 인상을 받을 것이다. 그래서 그들은 우리가 앞서 살펴본 공감과 유사의 소박한 철학적 원리에 입각하여 인간과 동식물의 삶, 조수 사이의 미묘한 관계라든가 그 비밀스러운 조화에 대해 남다른 관심을 기울이게 마련이다. 다시 말해 그들은 만조에서 풍요와 번영, 생명의 상징과 그 원인을 보는가 하면, 간조에서는 실패와 쇠퇴, 죽음의 슬픈 상징과 그 참된 원인을 찾으려 든다. 프랑스 브르타뉴[77] 지방의 농민들은 밀물 때 파종한 클로버는 잘 성장하지만, 썰물 때 파종한 것은 잘 자라지 못할뿐더러 그것을 먹은 소는 죽고 말 거라고 여겼다. 또한 그들의 아내들은 최상품의 버터는 이제 막 밀물이 시작될 때 만들어지고, 버터제조기 속의 우유도 만조 동안에만 거품을 내며, 밀물 때 우물에서 길어온 물이나 혹은 소에서 짜낸 젖만이 통이나 냄비에서 넘쳐흐를 정도로 펄펄 끓는다고 믿었다.

어떤 고대인의 신앙에 따르면, 물개 가죽은 벗겨진 후에도 여전히 바다와 비밀스러운 공감을 형성하기 때문에 썰물 때가 되면 펄떡펄떡 움직인다고 한다. 아리스토텔레스Aristoteles에 의하면, 어떤 생물이든 오직 썰물 때만 죽는다고 한

---

75 '기도의 주' 혹은 '찬송의 주'를 뜻하는 고대 인도의 신. 『리그베다Rigveda』에 나오는 신들의 제관이다.
76 영국의 낭만주의 서정시인
77 프랑스 북서부의 일레빌렌, 모르비앙, 코트뒤, 노르, 피니스테르 등의 주를 포함하는 지역

다. 만일 플리니우스의 말이 옳다면, 적어도 프랑스 브르타뉴 지방의 해안가에 사는 사람들은 실제 경험을 통해 이런 믿음을 확인했을 것이다. 필로스트라토스Philostratus[78] 또한 카디스[79] 지방에서는 죽음이 임박한 자라 하더라도 만조기 동안에는 숨을 거두지 않는다고 보았다.

유럽의 어떤 지방에는 이런 신앙이 오늘날까지도 남아 있다. 칸타브리아[80]의 해변에 사는 사람들 중에 만성병이나 급성병으로 죽은 자들은 썰물 때가 되어서야 비로소 숨을 거두었다고 한다. 이처럼 인간이 밀물 때 태어나 썰물 때 죽는다고 하는 신앙은 포르투갈의 웨일즈 해안에서 프랑스의 브르타뉴 해안에 이르기까지 널리 분포되어 있다. 디킨스Dickens(1812~1870)[81]는 이와 같은 미신적 신앙이 영국에도 있음을 입증했다. 또한 페고티Pegotty는 "해안 지방에서는 완전한 썰물 때가 아니고는 결코 사람이 죽거나 하지 않는다. 또 완전한 밀물 때가 아니고는 새로운 생명이 태어나는 법도 없다. 조수가 차야지만 안산을 할 수 있는 것이다"라고 말한다. 죽음이 통상 썰물 때에 일어난다고 하는 신앙은 노섬벌랜드[82]에서 켄트[83]에 이르는 영국의 동해안 지역에도 퍼져 있다. 셰익스피어 또한 이런 신앙에 대해 잘 알고 있었던 것 같다. 그래서 그는 작중 인물인 폴스타프Falstaff[84]가

---

78 고대 그리스의 문인 가문의 이름. 이 가문에서는 적어도 3명 이상의 작가를 배출하였다. 이 세 사람은 서로 혼동되는 경우가 많고, 누가 어떤 작품을 썼는지 아직도 논란의 대상이 되고 있다. (1) '아테네인'이라는 별명을 가진 플라비우스 필로스트라토스(170년경~245년경)는 운동 경기를 다룬 전문 서적인 『김나스티쿠스 Gymnasticus』, 피타고라스파 철학자인 티아나의 아폴로니오스 전기, 기원전 5세기의 정통 소피스트 철학자와 그 후의 철학자와 웅변가를 다룬 『소피스트들의 생애 Bioi sophiston』, 자연과 법률에 관한 논문 및 서간집을 썼다. (2) '렘노스인'이라는 별명을 가진 필로스트라토스는 플라비우스 필로스트라토스의 사위로 라벤나의 아스파시우스에게 보낸 편지와 2권으로 이루어진 『상상 Imagines』의 제1권을 썼다. 이 저술은 나폴리의 한 건물 현관에서 신화를 주제로 다룬 진짜 그림과 가공의 그림 65점을 논한 책인데, 그리스 예술에 대한 지식을 제공해 주는 중요한 자료로서 괴테의 열광을 불러일으켰다. (3) '소小필로스트라토스'라는 별명을 가진 필로스트라토스는 3세기에 『상상』의 제2권을 썼다고 알려져 있다.

79 필리핀 네그로스섬 북부 네그로스옥시덴탈군에 있는 항구도시

80 비스케이만에 면해 있는 스페인 북부 칸타브리아 지방의 주

81 일반적으로 영국이 낳은 가장 위대한 소설가

82 영국 잉글랜드의 가장 북쪽에 있는 주

83 영국 잉글랜드 남동단의 영국 해협을 따라 위치하는 주

84 영국문학사에서 윌리엄 셰익스피어가 창조해 낸 가장 중요하고 유명한 희극적 인물. 셰익스피어의 『헨리 4세 Henry IV』 2부작에서 폴스타프는 "존경할 만한 악당, 원로 불한당, 헛되이 나이만 먹은 늙은이"로 묘사되고 있다. 그러나 폴스타프 자신은 스스로를 "친절한 사나이, 진실한 사나이 폴스타프, 용감한 사나이 폴스타프"라고 생각한다. 한편 『헨리 5세 Henry V』에서는 폴스타프의 죽음이 감동적으로 그려지고 있으며, 그 장면은 나중에 『윈저의 명랑한 아낙네들 The Merry Wives of Windsor』에 다시 등장한다. 전하는 바에 따르면, 셰익스피어의 작품은 사랑에 빠진 폴스타프의 모습을 보고 싶어 하는 여왕 엘리자베스 1세

'정확히 12시와 1시 사이의 썰물 때' 죽도록 하고 있다.

북아메리카 태평양 연안의 하이다족 인디언 사이에도 이와 동일한 신앙이 있다. 선량한 하이다족 인디언이라면 누구든 임종하려는 순간, 고인이 된 친구들이 그를 영혼의 땅으로 맞이하기 위해서 썰물 때 카누를 타고 오는 것을 볼 수 있다고 한다. 이때 죽은 친구들이 이렇게 말한다고 한다. "자, 우리와 함께 가세나. 썰물 때가 되었으니 이승과는 작별해야 하네." 뉴사우스웨일스[85]의 스티픈스 항구에 사는 원주민들은 반드시 밀물 때에만 사자를 매장한다. 그것을 썰물 때에 하는 법은 절대 없다. 이는 썰물이 사자의 영혼을 먼 나라까지 데리고 가지 못하도록 하기 때문이다.

중국인은 장수를 보장하기 위해 복잡한 주술을 행한다. 그들은 동종주술의 원리에 입각하여, 때나 계절 혹은 사람이나 사물에서 방출하는 어떤 '주술적인 정수'를 자기 안에 집중시킨다. 이 상서로운 힘을 전파하는 데에 사용되는 사물은 다름 아닌 수의壽衣이다. 중국인은 보통 생전에 수의를 마련하는데, 대체로 미혼 여성이나 소녀를 시켜 만들게 한다. 왜냐하면 미혼 여성이나 소녀는 앞으로 오래 살 가능성이 있으므로, 그런 가능성이 수의에 옮겨짐으로써 결과적으로 그 수의를 입게 될 사람이 더 오래 살 수 있다고 믿는다. 수의는 윤달이 낀 해에 만들어진다. 평년보다도 한 달이 더 긴 해에 만들어진 수의는 생명을 연장할 수 있는 가능성이 있다고 여겼기 때문이다. 중국인은 이런 가능성을 자명한 것으로 생각했다. 어떤 수의는 거기에 무한히 상서로운 효험을 담기 위해 매우 고심해서 만들어진다. 이 특별한 수의는 짙은 자색의 비단에 금실로 '수壽' 자를 수놓는다. 이렇게 값비싸고 화려한 수의를 늙은 부모에게 선사하는 것은 자식된 자로서 마땅히 해야 할 효도로 간주되었다.

중국인은 이런 행위가 노인에 대한 공경의 마음을 표현하는 것이라고 생각했다. 수의는 그것을 소유하고 있는 자에게 장수를 약속한다는 의미가 있기 때문에, 소유자는 특히 제삿날 같은 때를 비롯하여 종종 수의를 입어 보곤 한다. 이는 수의에 수놓인 찬란한 금색 문자가 수명에 많은 영향을 미침으로써 장수하고자 하기 위함이었다. 다른 어떤 날보다 생일날에는 잊지 않고 수의를 입어 본다. 중

의 특명에 따라 쓰인 것이라고 한다.

85 오스트레일리아 남동부의 주

국인의 상식에 의하면, 남은 생애 동안 건강과 활력을 유지하기 위해 필요한 생명력을 생일날에 보충하지 않으면 안 되기 때문이다. 화려한 수의를 입고 그 옷에서 장수의 축복을 듬뿍 빨아들이면서 이 행복한 소유자는 만족스러운 듯 친구와 친지들의 축하를 받는다. 이때 주위 사람들은 그 멋진 수의에 대해, 그리고 아름답고 유용한 선물을 부모에게 바친 자식들의 효도에 대해 칭찬을 아끼지 않는다.

'유사는 유사를 낳는다'는 원리의 또 다른 적용은 마을의 운수가 그곳의 지리적 형상에 의해 많은 영향을 받으며, 또한 그 마을 형태와 가장 닮은 사물의 속성에 따라 변화한다고 믿는 중국인들의 신앙에서도 찾아볼 수 있다. 한 예로, 잉어 모습을 닮은 천주부泉州府 마을은 어망 비슷하게 생긴 이웃의 영춘永春 마을에게 항상 약탈을 당하곤 했다. 그래서 천주부 사람들이 마을 중앙에 두 개의 높은 탑을 세우자, 비로소 그런 재난이 사라졌다고 한다. 이 탑은 지금도 천주부 마을에 남아 있는데, 사람들은 어망이 잉어를 덮쳐 잡아가지 못하도록 그 탑이 방해하기 때문에 마을의 운수가 좋아졌다고 믿는다. 약 40여 년 전에 상하이上海의 유지들은 그 지방에서 일어난 폭동의 원인을 조사하는 데에 무지 애를 먹었다. 세심한 조사 끝에 폭동의 발발이 새로 건립된 대사찰의 형태와 밀접한 관계가 있다는 사실을 밝혀냈다. 그 사찰은 불행히도 가장 불길한 동물로 간주되는 거북 모양을 하고 있었다. 위험은 점점 더 절박해져 가는데 문제 해결이 쉽지 않았다. 왜냐하면 사찰을 파괴하는 것은 곧 부처에 대한 모독이었기 때문이다. 하지만 그대로 방치해 두면 더 큰 재난이 이어질 것이 뻔했다. 그리하여 마침내 그 지방의 역학자들이 나섬으로써 성공적으로 문제를 해결하고 재난을 미연에 방지할 수 있었다. 즉, 그들은 거북 눈에 해당하는 두 개의 우물을 메움으로써 이 말썽 많은 짐승을 맹인으로 만들어 더 이상 흉사를 저지르지 못하게 했던 것이다.

동종주술 또는 모방주술은 모의적 실행을 통해 흉조를 사전에 제거해 버리는 데에 종종 이용되었다. 다시 말해 모의적 재난을 연출함으로써 그것과 실제 일어날 수 있는 재난을 대체시켜 사전에 불길한 운명을 제압했던 것이다. 마다가스카르에서는 흔히 이와 같은 방법을 써서 불길한 운명을 제압했다. 이 지방에서는 모든 인간의 운명은 그가 태어난 날짜나 시간에 의해 결정된다고 여겼다. 그래서 운 나쁘게도 불길한 날에 태어나서 불행한 운명에 처한 경우에는 모의 재난과 실제 재난을 대체시킴으로써 액운을 제거하지 않으면 안 된다. 이때 액운을 제거하는 방법에는 여러 가지가 있다. 가령 2월 1일에 태어난 아이는 어른이 되면 그의 집에 불이 날 액운을 가지고 태어났다고 믿었는데, 이런 재난을 피하기 위해 아이의 친지들은 밭이나 목장에 오두막을 세운 다음 그것을 불질러 태웠다. 그리고 모의 의례의 효과를 보다 증대하기 위해 아이와 어머니를 오두막 안에 있게 해놓고 불길이 거세지기 전에 두 사람을 끌어낸다. 또한 비가 많이 오는 11월은 눈물의 달이라고 불렀는데, 이 달에 출생한 아이는 슬픔을 짊어질 운명으로 태어났다고 여겼다. 하지만 아이의 미래를 막고 있는 불길한 먹구름을 없애기 위해서는 펄펄 끓는 냄비 뚜껑을 들어 그것을 이리저리 흔드는 것만으로 충분하다. 왜냐하면 이때 뚜껑에서 떨어지는 물방울은 곧 아이가 흘릴 눈물이라고 간주하여, 그것이 아이의 운명을 바꾸어 놓을 거라고 믿었다.

한편 미혼 여성이 앞으로 임신하게 될 아이가 죽을 운명에 있을 경우에는 다음과 같은 방법으로 액운을 제거할 수가 있었다. 그녀는 열한 마리의 메뚜기를 죽여 그것들을 버려진 수의 조각으로 싼 다음 그 보통이를 앞에 놓고 슬피 운다. 이때 아무도 그녀를 위로해서는 안 된다. 그런 다음 다시 열두 마리 혹은 그 이상의 메뚜기를 잡아다가 다리와 날개를 떼어 내고 그것을 죽은 메뚜기 옆에 놓아둔다. 이때 다리와 날개가 잘린 메뚜기들의 울음소리와 고통스러운 듯한 몸짓은 곧 장례식에서 통곡하는 사람들의 울음소리와 슬픔에 겨운 몸짓을 표상한다. 그러다 메뚜기들이 죽으면 그 시체를 땅에 묻어 준다. 하지만 아직 살아 있는 메뚜기들은 계속 통곡을 하도록 그냥 내버려 둔 채 그녀는 산발한 머리채를 매만지면서 지독하게 슬픈 표정과 시늉으로 메뚜기들의 묘지를 떠난다. 이제 그녀는 앞으로 임신하게 될 아이의 운명에 대해 낙관해도 좋을 것이다. 왜냐하면 그녀는 이미 아이의 액운을 제거했기 때문에 다시 아이의 시신을 장사 지내거나 곡할 일은 없을 것이기 때문이다. 이와 마찬가지로 아이가 나쁜 운명을 타고 태어났다면, 그 액운을 없애기 위한 방법으로 값싼 진주를 두 알 사서 그것을 땅에 묻기도 한다. 세상에 부자가 아니고서야 어느 누가 진주를 함부로 버리겠는가?

3. 감염주술

이상에서 우리는 주로 공감주술 중의 한 계통인 동종주술 또는 모방주술에 대해 살펴보았다. 앞에서 언급했듯이, 동종주술의 주요한 원리는 '유사는 유사를 낳는다'는 원리, 다시 말해 '결과는 원인을 닮는다'는 원리이다. 한편 공감주술의 다른 계통인 감염주술은 다음과 같은 관념에 입각하여 이루어진다. 즉, 이전에 한 번 접촉한 적이 있는 것은 공간적으로 멀리 떨어져 있어도 계속해서 영향을 미친다. 이는 한쪽에 대해 어떤 작용을 가했을 때 그것은 다른 쪽에 대해서도 비슷한 영향을 미친다는 공감 관계 안에서 이루어진다. 따라서 감염주술의 논리적 기초는 동종주술의 그것과 마찬가지로 잘못된 관념연합에 의존하고 있다.

감염주술의 물리적 기초에 대해서는 이렇게 말할 수 있다. 그것은 동종주술의 물리적 기초와 마찬가지로 일종의 물질적 매개체라 할 수 있다. 그것은 근대 물리학에서 말하는 에테르Äther처럼 멀리 떨어져 있는 것들을 연결시켜 주고, 한쪽에서 다른 쪽으로 어떤 흔적이나 영향력을 전달해 준다. 감염주술의 가장 친숙한 사례로는, 어떤 사람의 신체 일부분인 머리카락이나 손톱이 그 사람 사이에 존재한다고 여겨지는 주술적 공감 관계를 들 수 있다. 그래서 타인의 머리카락이나 손톱 따위를 입수한 자는 아무리 멀리 떨어져 있더라도 머리카락 혹은 손톱의 원주인을 마음대로 조종할 수 있다는 것이다. 이런 미신은 세계 전역에서 발견된다. 머리카락이나 손톱과 관련된 사례들은 다시 후술하겠다.

오스트레일리아 부족의 모든 남자는 성인으로서의 권리와 특권을 누리기 전에 먼저 성년식을 거쳐야 하는데, 이때 성년식에 참가한 소년의 앞니를 한두 개 부러뜨리는 관습이 있다. 이런 관습의 이유는 명확지 않지만, 우리의 관심은 이빨이 부러져 나간 이후에도 소년과 그 이빨 사이에 어떤 공감적 관계가 계속 존재한다고 믿는 신앙에 있다. 뉴사우스웨일스 지방의 다링 강변에 사는 한 부족은 부러뜨린 이빨을 강가나 샘 근처의 나무 껍데기 속에 넣어 두어야 한다고 생각한다. 왜냐하면 그 나무 껍데기가 자라서 이빨이 안 보이거나 물속에 떨어져야만 만사가 형통한다고 믿었던 것이다. 그런데 만일 이빨이 겉으로 노출되어 거기에 개미 떼 같은 것이 바글거리기라도 하면 소년의 입 안에도 무슨 병이 생긴다고 여겼다. 무링Murring족을 비롯한 몇몇 부족의 경우는 부러뜨린 이빨을 처음엔 한 노인이 보관한 다음에 이어서 다른 노인에게 넘겨지고, 그런 식으로 모든 부족원에 의해 두루 한 차례씩 보관된 후 소년의 아버지에게 넘겨지며, 최종적으로 소년에게 다시 이빨이 돌아온다. 그런데 이처럼 이빨이 여러 사람들 사이에 돌아다닐 때 어떤 일이 있어도 그것을 주술적 물체가 들어 있는 자루 속에 넣어서는 안 된다. 그랬다가는 이빨 주인이 큰 위험에 빠지게 될 거라고 믿었다.

고故 호윗A. W. Howitt(1830~1908)[86] 박사는 언젠가 성년식 현장에서 소년들의 이빨을 보관하는 관리자 역할을 맡은 적이 있었다. 그때 박사의 자루 속에 수정 몇 개가 들어 있다는 사실을 알게 된 마을 노인들은 그 자루 속에 이빨을 넣지 말아 달라고 부탁했다. 만일 그 자루 속에 이빨을 넣으면 수정의 주술력이 이빨에 작용하여 소년들이 해를 입게 된다는 것이었다. 박사가 그 부족을 떠난 뒤 1년이 지났을 무렵, 무링족의 한 장로가 이빨을 찾으러 멀리 400킬로미터나 걸어서 그를 찾아왔다. 장로는 마을의 한 소년이 병에 걸렸는데, 아무래도 그 원인이 박사가 보관 중인 이빨에 어떤 문제가 있기 때문인 듯싶어서, 이빨을 되돌려 받기 위해 여기까지 왔다고 말했다. 하지만 그 장로는 이빨이 상자 속에 소중히 보관되어 있으며, 수정과 같이 해로운 영향을 끼칠 만한 물건들과 완전히 격리되어 있는 것을 확인하고는 무척 만족스러워했다. 그리고 조심스럽게 이빨을 품에 간직하고 마을로 되돌아갔다.

바수토Basuto족[87] 또한 부러뜨린 이빨을 조심스럽게 간수한다. 만일 그것이 묘지 같은 데에 출몰하는 귀신의 수중에 들어가게 되면, 이빨에 주술이 작용하여 이빨 주인이 다칠 수가 있다고 믿었다. 약 50여 년 전의 일인데, 서식스[88] 지방의 한 하녀가 어린아이 입에서 빠진 젖니가 아무렇게나 내버려진 데 대해 마구 화를 내면서 야단법석을 떨었다. 그녀는 만일 버려진 이빨이 짐승의 눈에라도 띄어 그것을 깨물기라도 한다면 어린아이의 새로 날 이빨도 그 짐승의 것과 같은 이빨이 된다고 주장했다. 이걸 증명하기 위해 그녀는 옛 주인이던 시몬즈를 사례로 들었다. 그에게는 돼지 이빨처럼 생긴 커다란 윗니가 하나 있는데, 이런 결함은 그가 어렸을 때 어머니가 자신의 이빨을 실수로 돼지 먹이통에 던져 버렸기 때문이라고 했다.

이런 식의 신앙은 동종주술의 원리에 입각하여 낡은 이빨을 더 튼튼한 새 이빨로 바꾸기 위한 관습을 낳았다. 즉, 빠진 이를 쥐구멍 앞에 놓아두는 관습이

---

86 1830~1908년. 호윗 박사는 일찍이 오스트레일리아 원주민의 관습과 의례에 대해 프레이저에게 많은 정보를 제보해 준 정보원 중 하나였다. 본문에 언급된 사례의 출처는 『인류학 연구소 논총Journal of the Anthropological Institute』 13호(1884)에 실린 호윗의 논문 「오스트레일리아인들의 몇 가지 신앙에 관하여」이다. 로버트 프레이저 편, 앞의 책, 96쪽 편주 참조

87 남아프리카공화국 오렌지 자유주自由州와 나탈 사이의 케이프주 북부 산악지대에 살던 종족

88 영국 잉글랜드에 있던 지역

그것이다. 그렇게 하면 빠진 이와 그 이빨 주인과의 사이에 존재하는 공감 관계에 따라 새로 나게 될 이빨이 쥐 이빨처럼 튼튼하게 될 거라고 믿었던 것이다. 이런 관습은 여러 나라에서 찾아볼 수 있다. 독일인은 대부분 이가 빠지면 그것을 생쥐 구멍 속에 집어넣는다고 한다. 특히 젖니를 그렇게 하면 아이의 치통을 예방할 수 있다고 여겼다. 혹은 난로 뒤에 서서 빠진 이빨을 어깨 너머로 던지면서 "생쥐야, 내 헌 이빨을 줄 테니 너의 무쇠 이빨을 내게 다오"라고 말하기도 한다. 그러면 아주 튼튼한 새 이빨이 날 거라고 생각했던 것이다. 유럽에서 멀리 떨어진 태평양의 라로통가Rarotonga에서도 아이의 이빨이 하나 빠지면 다음과 같은 주문을 외었다.

큰 쥐야, 작은 쥐야.
내 헌 이빨을 줄 테니,
제발 좋은 걸로 바꿔 다오!

그러면서 이빨을 초가집 위에 던졌다. 그 낡은 지붕 위에 쥐들이 서식하고 있었기 때문이다. 이곳의 토착민들은 쥐의 이빨만큼 튼튼한 이빨은 다시없다고 생각했기 때문에 이처럼 쥐에게 기도를 올렸던 것이다. 신체적 접촉이 끊어진 후에도 그 신체와의 공감적 결합이 유지된다고 하는 이런 통념적 신앙은 탯줄이나 태반과 관련된 주술적 관습에서도 찾아볼 수 있다. 이런 공감적 결합은 너무도 강력해서, 생애에 걸쳐 인간의 행불행은 종종 신체의 일부분에 의해 좌우되는 경우가 많다. 그래서 아이의 탯줄이나 태반을 잘 보존하고 적절하게 취급하면 그 아이는 자라서 영달을 누리게 될 것이며, 반대로 그것들을 손상하거나 잃어버리면 그 아이는 나중에 재난을 면치 못하리라고 여겼던 것이다.

서부오스트레일리아의 어떤 부족들은 출생시에 산모가 탯줄을 물속에 버렸느냐, 아니냐에 따라 그 아이가 커서 수영을 잘하느냐, 못하느냐가 결정된다고 믿는다. 퀸즐랜드[89] 펜파더 강변의 토착민들은 태반에 아이 영혼의 일부분이 깃들어 있다고 생각한다. 때문에 아이의 할머니는 태반을 모래 속에 파묻는다. 그리고 그 주위에 작은 나뭇가지를 세워 풋말을 만들고 가지 끝을 묶어 원추형 모

---

89 오스트레일리아 북동부에 있는 주

양이 되게 한다. 그러면 흙으로 빚은 사람을 여자 뱃속에 밀어넣어 임신하게 만
든다는 조상신 '안제아Anjea'가 그곳에 나타나, 태반에 깃들어 있는 아이의 영혼
을 자신이 사는 나무나 바위 동굴 혹은 개펄로 데려가서 편안히 살게 해 준다는
것이다. 그러나 때때로 안제아 신은 이 영혼을 다른 아이에게 집어넣어 세상에
다시 태어나게 하기도 한다고 믿었다.

캐롤라인 제도[90]의 포나페섬[91]에서는 아기가 태어나면 부모는 탯줄을 조개 속
에 넣은 후, 그 아이가 나중에 자라서 어떤 직업을 가지면 좋을까를 잘 생각하여
다음 행동을 결정한다. 가령 나무에 잘 오르는 선수로 키우고 싶으면 탯줄이 담
겨 있는 조개를 나뭇가지 위에 걸어 놓는다. 케이섬[92]의 주민들은 어린애의 성별
에 따라 탯줄을 그 아이의 형제나 자매로 여기기도 한다. 그들은 탯줄을 재와 함
께 단지 속에 넣어 나뭇가지에다 걸어 놓음으로써 탯줄이 형제나 자매인 그 아이
의 운명을 잘 보살필 수 있도록 한 것이다. 인도 제도의 많은 부족과 마찬가지로
수마트라의 바탁족도 태반을 그 아이의 누나나 아우로 간주하여 그것을 집 마루
밑에 묻는다. 이들은 태반이 아이의 안녕과 긴밀한 관계가 있으며, 나아가 변전
하는 영혼의 안식처일 거라고 생각했다. 이 점에 대해서는 뒤에서 다시 언급하겠
다. 카로바탁Karo Batak족[93]은 인간이 지니고 있는 두 개의 영혼 가운데 마루 밑의
태반과 함께 있는 영혼이야말로 참된 영혼이라고 믿었다. 그들에 의하면 아이를
낳게 하는 것이 바로 이 참된 영혼이라는 것이다.

바간다족은 인간은 누구나 두 개의 몸뚱이를 가지고 태어나며, 태반은 그 두
번째 몸뚱이라고 믿는다. 산모는 태반을 플랜틴나무[94] 뿌리 밑에 묻는다. 그 후
이 나무는 열매가 익을 때까지 신성시되며 성숙한 열매는 그 집의 신성한 잔치
때에 사용된다. 체로키족 인디언은 여자아이의 탯줄을 절구통 아래 묻는다. 이는
아이가 자라서 빵을 잘 굽는 아낙네가 되길 바라는 것이다. 한편 남자아이의 탯
줄은 그 애가 커서 훌륭한 사냥꾼이 되도록 하기 위해 산에 있는 나뭇가지에 걸
어 둔다. 페루의 잉카족은 탯줄을 매우 조심스럽게 보존했다가 아이가 병에 걸리

---

90 미크로네시아 연방(코스라에·폰페이·트루크·야프 섬)과 팔라우공화국을 이루는 태평양 서부의 도서군. 파
  푸아뉴기니의 정북쪽에 있다.
91 서西태평양의 캐롤라인 제도 동부에 있는 화산성 산호섬. 폰페이섬이라고도 한다.
92 파푸아뉴기니의 서남쪽에 있는 섬
93 인도네시아 수마트라섬 중부에 사는 바탁족의 하나
94 파초과芭蕉科에 속하는 식물. 바나나의 일종으로 요리할 때 사용된다.

면 그것을 먹는다. 고대 멕시코인은 언제나 탯줄을 전사에게 맡긴다. 아이가 용감한 성품을 가질 수 있도록 그것을 싸움터에 묻어 달라고 부탁하는 것이다. 반면 여자아이의 탯줄은 집 안의 화롯가에 묻는다. 그러면 그 아이가 커서 가정을 사랑하는 주부가 되어 요리도 잘하고 빵도 잘 굽게 될 거라고 믿는다.

심지어 유럽에서는 오늘날까지도 인간의 운명이 탯줄이나 태반과 결부되어 있다고 믿는 이들이 많다. 라인강 유역의 바바리아 지방에서는 일정 기간 탯줄을 낡은 아마포에 싸서 보존하는데, 이때 남자아이의 경우는 훌륭한 기술자가 되도록 탯줄을 칼로 깎아 내고, 여자아이의 경우는 바느질을 잘하도록 탯줄을 바늘로 쪼아 댄다. 베를린의 산파들은 말린 탯줄을 아이의 아버지에게 주어 잘 보관하라고 경고한다. 탯줄만 잘 보관하면 아이가 건강하게 잘 자랄 것이며, 결코 병에 걸리지 않을 것이기 때문이다. 보스[95]와 페르슈[96]에서는 사람들이 탯줄을 물이나 불 속에 빠뜨리지 않도록 조심한다. 그랬다가는 아이가 익사하거나 불에 타 죽는다고 믿었다.

이처럼 세계 각지에서 탯줄이나 태반은 아이의 형제나 자매로 간주되었으며, 아이의 수호신 혹은 아이의 영혼 일부가 깃들어 있는 물질적 존재로 여겨지고 있다. 나아가 탯줄이나 태반과 아이 사이에 존재하는 공감 관계가 그 아이의 생애에 걸쳐 성격이나 직업에 영향을 미친다고 여겨지고 있다.[97] 가령 남자아이의 경우는 나무를 잘 타는 선수나 훌륭한 수영선수 혹은 뛰어난 사냥꾼이나 용감한 전사로 키우기 위해, 그리고 여자아이의 경우는 바느질도 잘하고 빵도 잘 굽는 주부로 키우기 위해 탯줄이나 태반을 중시하는 관습이 널리 퍼지게 된 것이다. 태반에 대한 혹은 보다 협소한 범위에서 탯줄에 대한 이와 같은 신앙과 관습은

---

95 프랑스 북서부에 있는 지방

96 노르망디 경계선에 있는 프랑스 북부지역

97 한국의 민속에서는 산후 사흘째 되는 날에 태반을 처리했는데, 그 전통적인 방식은 다음 세 가지이다. 첫째, 태반을 잘 봉인하여 바다에 던진다. 만일 잘못되어 개미가 태반을 물거나 하면 그 아이한테 부스럼이 난다고 믿었다. 둘째, 삼살방三煞方이 아닌 방위로 나가 세 갈래 길의 중간에서 장작으로 태반을 불사른다. 이때 태반을 태우는 것이 다음 아이를 잉태하는 것과 관계가 있다고 여겼다. 가령 아이를 바로 잉태하고 싶으면 가까운 뜰 밑에서 태우고, 오래 있다가 잉태하기를 원하면 집 바깥에서 태웠다. 셋째, 태반을 잘 봉인하여 삼살방이 아닌 방위로 나가 땅에 묻는다. 이렇게 묻어 둔 태반을 3년 후에 꺼내 간질병이나 폐병에 복용하면 약효가 있다고 여겼다. 여기서 세 번째는 아이가 병이 났을 때 탯줄을 먹이는 잉카족의 관습과 비슷한 면이 있으며, 첫 번째는 태반을 잘 처리하지 못하면 아이에게 안 좋은 일이 일어난다는 관념에 속한다. 또한 둘째, 셋째에서 삼살방이 아닌 방위로 나가 태반을 처리하는 측면은 특히 부정不淨 관념과 밀접한 관계가 있지만, 어느 경우든 대체로 프레이저가 말하는 감염주술의 관념에 해당된다고 말할 수 있다.

전이적 혹은 외재적 영혼에 대한 보편적 신앙과 관습에 놀랄 만한 일치를 보여 준다. 이것은 단순히 우연한 일치가 아니다. 즉, 태반이 외재적 영혼의 이론과 관습에 대한 하나의 물리적 근거를 제공해 준다(물론 태반만이 유일한 근거는 아니지만)고 가정한다고 해도 전혀 과장은 아닐 것이다. 이 문제에 대해서는 본서의 후반부에서 다시 검토하겠다.

감염주술 원리의 독특한 적용은 상해를 입은 자와 상해를 가한 자 사이에 통상적으로 존재한다고 여겨지는 어떤 필연적 관계에서도 찾아볼 수 있다. 이때 가해자에 의해 또는 가해자에 대해 행해진 일은 무엇이건 필연적으로 피해자에게 좋은 결과나 나쁜 결과를 초래한다고 믿었다. 플리니우스의 말에 의하면, 당신이 어떤 사람에게 상처를 입혔을 때 그것을 잘못했다고 생각한다면 상처 입은 사람 손에 침을 발라 주는 것으로 충분하다. 그러면 상처 입은 자의 고통이 즉각 없어진다는 것이다. 멜라네시아에서는 친구에게 부상을 입힌 화살을 찾아내어 그것을 습기 찬 장소나 차가운 나뭇잎 사이에 두는데, 그렇게 하면 점차 염증이 없어진다고 믿었다. 그런데 이와 반대로 화살을 쏜 사람의 입장에서는 모든 수단을 다하여 가급적 상처를 악화시키려 할 것이다. 그럴 때는 자기 친구들과 협력하여 펄펄 끓는 즙을 마시면서 자극성이 있는 나뭇잎을 씹는다. 이런 행위는 화살을 맞은 적의 상처에 자극을 주어 염증을 일으키기 위한 것이다. 또한 적에게 쏘았던 화살을 불 옆에 두기도 하는데, 그러면 상대방에게 염증을 일으킬 수 있다고 믿었다. 화살촉을 되찾아온 경우에는 이와 똑같은 목적으로 그것을 불 속에 던져 달군다. 게다가 때때로 조심스럽게 활줄을 당겨 화살촉을 튕긴다. 그러면 부상을 입은 적의 신경과 창자에 경련을 일으켜 고통을 줄 수 있다고 여겼다.

이와 관련하여 철학자 베이컨R. Bacon(1220년경~1292)[98]은 다음과 같이 말하고 있다. "사람들은 흔히 부상을 입힌 무기에 어떤 기름이나 고약을 바르면 그 부상자의 상처가 낫는다고 주장해 왔다. 신뢰할 만한 사람들이 전해 준 바에 의하면(나 자신은 아직 믿지 않지만), 이 실험에서는 다음 몇 가지 점이 중요하다고 한다. 우선 이때 사용되는 고약은 여러 가지 성분이 복합되어 있다. 그중에는 매우 기괴해서 입수하기 어려운 재료도 있다. 가령 아직 매장하기 전의 시체 두개골 위에 앉은 나비라든가, 새끼를 낳으려 할 때 죽인 멧돼지나 곰의 지방 따위가 그것

---

98 영국 프란치스코 수도회 철학자, 교육개혁론자. 경험론적 실험과학을 지지한 중세의 대표적 인물

이다." 베이컨의 설명에 의하면, 이런 희귀한 재료에 의해 조제된 고약을 상처 부위가 아닌 무기에 바르는데, 그러면 부상자가 멀리 떨어져 있어도 효과가 있다는 것이다. 이 실험은 부상자에게 일체 알리지 않고 시도되었는데, 고약을 바르지 않았을 때는 격심한 고통을 호소했지만 무기에 고약을 발랐을 때는 전혀 고통을 느끼지 않았다는 것이다. 더욱이 무기가 없을 때는 그 무기와 같은 종류의 철제품 혹은 목제 기구에 고약을 발라도 같은 효과가 있었다는 사실이 확인되었다.

베이컨이 효험이 있다고 말한 이 주술적 고약은 지금도 영국의 동부지방에서 사용되고 있다. 서퍽[99]에서는 낫으로 베인 사람은 그 낫을 깨끗하게 닦은 다음 거기에 기름을 바르면, 상처 부위의 화농을 방지할 수 있다고 여겼다. 혹은 가시에 찔렸을 때는 그 가시에 기름을 바르기도 한다. 어느 날 울타리를 만들다가 가시에 찔린 한 사나이가 곪은 손을 의사에게 보였다. 의사가 곪았다고 말하자, 사나이는 "천만에요. 그럴 리가요. 저는 가시에 찔린 다음에 그 가시에 기름을 발랐거든요"라고 대답했다. 이 지방의 마부들은 말이 못을 밟거나 해서 말발굽에 상처를 입었을 때는 조심스럽게 그 못을 빼낸 다음 곪는 것을 방지하기 위해 매일 못을 씻거나 거기에 기름을 바른다. 마찬가지로 케임브리지셔[100] 지방의 노동자들은 말이 못을 밟았을 때 그 못에 돼지기름을 발라서 안전한 곳에 둔다. 그렇게 하지 않으면 말발굽의 상처가 낫지 않는다고 믿었다. 몇 해 전 이 지방에서 한 수의사가 문설주의 경첩에 찔려 옆구리가 찢어진 말을 치료하기 위해 왕진한 적이 있었다. 그런데 그가 농장에 도착해서 보니, 중상을 입은 말은 그냥 놔둔 채 한 남자가 경첩에 기름을 바르기 위해 그것을 떼어 내느라 끙끙대고 있었다. 그 지방 장로들의 의견에 따르면, 경첩에 기름을 발라야만 다친 말이 치료가 된다는 것이다.

에식스[101]의 시골뜨기들도 칼에 베여 상처를 입은 사람을 치료하기 위해서는 그 칼에 기름을 발라 침대 위에 모셔 놓아야만 하는 줄 알고 있었다. 또한 바바리아 지방 사람들은 도끼에 의해 부상당한 자는 아마포에 기름을 발라 그것으로 도끼날을 묶어 도끼날이 위로 오도록 세워 두면 효과가 있다고 여겼다. 그러면 도끼날에 묻은 기름이 마르면서 상처도 낫는다고 믿었다. 하르츠 산지[102]에 사는

---

99 영국 잉글랜드 동부의 주
100 영국 잉글랜드 동부의 주
101 영국 잉글랜드 동부의 주

사람들도 칼이나 가위에 찔린 자는 그 칼이나 가위에 기름을 발라서 그것을 성부와 성자와 성신의 이름으로 건조한 곳에 모셔 두어야만 한다고 믿었다. 한편 다른 독일 지방에서는 칼을 습한 땅속에 묻어 둔다. 그러면 칼이 녹슬면서 상처도 아문다고 믿었다. 또한 바바리아 지방의 어떤 사람들은 도끼건 무엇이건 간에 거기에 피를 발라 처마 밑에 놓아 두라고 권고한다.

멜라네시아나 아메리카 원주민들과 마찬가지로 영국이나 독일의 시골 사람들이 가지고 있는 이런 사고방식은 중앙오스트레일리아 원주민에게서는 더욱 두드러지게 나타난다. 즉, 부상을 입은 자의 가족들은 부상자의 회복을 촉진하기 위해 자신의 몸에 기름을 바르고 음식물이나 행동도 제한하지 않으면 안 된다고 믿는다. 가령 한 청년이 할례를 받고 그 상처가 아직 아물지 않았다면, 청년의 어머니는 주머니쥐나 특정한 도마뱀 또는 얼룩뱀이나 기타 비계 같은 것도 먹어서는 안 된다. 그랬다가는 자식의 상처가 낫지 않는다고 여겼던 것이다. 그뿐만 아니라 어머니는 날마다 말뚝에 기름을 발라 놓고 그것을 항상 바라보고 있어야 한다. 심지어 밤에 잘 때도 그 말뚝을 베갯머리에 두어야 하며, 누구라도 그것을 만져서는 안 된다. 또한 어머니는 매일같이 온몸에 기름을 바르기도 한다. 이 모든 것이 자식의 회복을 위해서였다.

독일 농민들의 지혜는 이런 원리를 보다 흥미로운 것으로 만들었다. 라인강 유역의 바바리아 지방이나 헤세[103]의 농민들은 돼지나 양의 다리가 부러지기라도 하면 의자다리에 받침대를 대고 붕대로 감는다. 이후 며칠 동안은 누구라도 그 의자에 앉거나, 의자를 옮기거나 두들겨서는 안 된다. 그런 일을 했다가는 부상당한 돼지나 양에게 고통을 줌으로써 상처 회복에 방해가 되기 때문이다. 이 사례는 사실 감염주술의 범위에서 벗어나며, 오히려 동종주술 또는 모방주술의 사례에 속한다. 짐승 다리를 대신하여 치료를 받는 의자는 결코 짐승 자신이 아니며, 붕대는 다만 외과의사가 환자에게 하는 치료를 흉내 낸 데에 지나지 않기 때문이다.

사람에게 상처를 입힌 무기와 그 사람 사이에 존재한다고 여겨지는 공감적 결합은 아마도 무기에 달라붙은 피가 그 사람의 체내 혈액과 서로 감응한다고 하

---

102 독일에서 가장 북쪽에 있는 산지
103 독일 중서부에 있는 주. 헤센Hessen이라고도 한다.

는 생각에서 비롯된 것이리라. 때문에 뉴기니 툼레오섬의 파푸아Papua인은 붕대로 사용한 피 묻은 천을 바다에 버린다. 만일 적이 그 피 묻은 천을 줍게 되면, 그 것을 주술적으로 이용하여 부상자를 해칠 염려가 있기 때문이다. 어느 날 입에 상처가 나서 피를 흘리는 사람이 선교사의 치료를 받기 위해 찾아온 적이 있는데, 충실한 그의 아내는 그가 흘린 피를 전부 모아 그것을 남김없이 바다에 버렸다. 이런 행위는 우리의 눈에 매우 우스꽝스럽고 부자연스럽게 보일 것이다. 하지만 어떤 사람이 입었던 옷과 그 사람 사이에 주술적 공감 관계가 존재한다는 신앙, 때문에 누군가가 입었던 옷에 대해 어떤 작용을 가하면 비록 그 옷의 소유 자가 멀리 떨어져 있더라도 그 사람에게 직접적인 영향을 끼칠 수 있다고 하는 신앙을 전혀 무시할 수는 없다.

빅토리아섬[104]의 워트조발룩Wotjobaluk족 마술사는 종종 다른 사람이 사용한 방석을 입수하여 그것을 불에 넣고 조금씩 태우는데, 그러는 동안 방석의 소유자는 병을 앓게 된다. 만일 마술사가 이 주술에서 해방시켜 달라는 부탁을 받게 되면, 그는 '불을 씻기 위해' 방석을 물속에 담갔다가 병자의 친구에게 돌려보낸다. 그러면 병자의 열이 내리고 병이 낫게 된다는 것이다. 뉴헤브리디스[105]의 탄나섬에서는 누군가에 대한 원한을 품고 그가 죽기를 바라는 자는 적의 땀이 밴 옷을 입수하려고 애쓴다. 다행히 그것을 손에 넣으면 특정한 종류의 나뭇잎이나 가지로 그 옷을 조심스럽게 둘둘 말아서 불태운다. 그러면 옷 보통이가 타들어 가는 만큼 적이 고통스러워하다가 마침내 옷이 전부 타 버리면 적도 죽게 될 거라고 믿는다. 하지만 이 경우의 주술적 공감은 사람과 그가 입었던 옷 사이에서보다 사람과 그 몸에 밴 땀 사이에 더 많이 존재한다고 보아야 할 것이다.

이와 비슷한 다른 사례를 보면, 주술사가 희생자를 죽이는 데는 그가 입었던 옷만으로도 충분한 것이 사실이다. 가령 테오크리토스Theocritos(기원전 310년경~기원전 250)[106]의 작품에 등장하는 한 여자 마법사는 자기를 배반한 애인을 뜨거

---

104 캐나다 노스웨스트 준주에 속한 북극 제도에 있는 섬
105 태평양 남서부에 있는 13개의 주요 섬과 여러 작은 섬들로 열도를 형성하고 있는 바누아투Vanuatu 공화 국의 옛 이름
106 그리스의 시인, 전원시의 창시자. 그의 목가는 베르길리우스의 『전원시Eclogues』뿐만 아니라 르네상 스 시대의 많은 시와 희곡의 근원이 되었고, 영국의 유명한 전원 비가인 밀턴의 『리시더스Lycidas』, 셸리 의 『아도네이스Adonais』, 매슈 아놀드의 『티르시스Thyrsis』의 원조가 되었다. 그의 전원시 가운데 가 장 유명한 것으로는 짝사랑으로 괴로워하다 죽은 최초의 양치기 시인 다프니스를 애도하는 『티르시스

운 사랑으로 녹여 버리도록 하기 위해 밀랍으로 만든 애인의 조상을 불에 녹인다. 이때 그녀는 자기 집에 놔두고 간 애인의 옷 조각을 함께 불 속에 던진다. 프로이센[107]에서는 도둑을 쫓다가 놓친 경우, 차선책으로서 도둑이 도망치다 떨어뜨린 옷을 주워 그것을 두들겨 패면 도둑이 병에 걸린다고 믿는다. 이런 신앙이 일반인들 사이에 깊이 뿌리내려 있다. 약 80~90년 전에 베렌드 근방에서 한 남자가 벌꿀을 훔치다 발각되었는데, 웃옷을 벗어 놓은 채 도망친 사건이 있었다. 이때 벌꿀 주인이 격분한 나머지 그 옷을 망치로 두들겼다고 하는데, 이 소문을 들은 도둑이 그만 놀라 병들어 마침내 죽고 말았다고 한다.

이처럼 의류라든가 신체의 일부를 통해서만이 아니라 모래나 흙 위에 남은 신체의 흔적을 통해서도 공감주술이 작용하기도 한다. 특히 사람이 남긴 발자국에 위해를 가함으로써 그 발자국을 남긴 사람의 발에 상처를 줄 수 있다고 하는 신앙이 전 세계에 걸쳐 널리 퍼져 있다. 오스트레일리아 동남부의 원주민들은 날카로운 석영이나 유리 조각, 뼈나 숯 따위로 발자국을 쪼거나 찌름으로써 그 발자국의 소유자를 절름발이로 만들기도 하고, 또는 신경통을 일으킬 수 있다고 믿는다. 호윗 박사는 다리를 저는 어떤 타퉁올룽Tatungolung인을 보고 그 이유를 물었다. 그러자 그는 "어떤 놈이 내 발자국을 깨진 병으로 쑤셔서 이렇게 됐지 뭡니까"라고 대답했다. 사실인즉슨 신경통을 앓고 있는데도 그는 적이 자기 발자국에 가한 주술적 힘 때문에 그렇게 된 거라고 믿고 있었던 것이다.

이와 유사한 관행이 유럽 각지에도 널리 퍼져 있다. 메클렌부르크[108]에서는 사람 발자국에 못을 박으면 그 발자국의 소유자는 보행 장애인이 된다고 믿는다. 이때의 못은 관에서 빼온 것이라야만 효과가 있다고 한다. 프랑스의 어떤 지방에서도 적에게 위해를 가하는 데에 같은 방법이 사용되었다. 옛날에 서퍽의 스토우 지역에 이따금 한 노파가 나타났는데, 그녀는 여자 마법사였다. 그런데 여자 마법사가 길을 걷고 있는 동안 누군가가 그 뒤를 밟으면서 그녀의 발자국에 못이나 칼을 박으니까, 그녀가 한 발짝도 걸을 수 없었다는 것이다. 남부 슬라브족의 한 처녀는 자기가 좋아하는 청년의 발자국이 찍힌 흙을 화분 속에 넣고 거기에 결코 시들지 않는다는 금잔화를 심었다. 그러면 금잔화 꽃이 피어나 내내 시드는

Thyrsis」, 코스섬의 축제를 묘사한 「탈리시아*Thalysia*」 등이 있다.

107   유럽 동북부와 중부에 걸쳐 있던 역사적 지역

108   독일의 옛 주이자 역사적 지역. 현재는 로스토크, 슈베린, 노이브란덴부르크 구 등으로 나누어졌다.

법이 없듯이 그녀에 대한 청년의 사랑도 꽃을 피울 것이며, 영원히 시들지 않을 거라고 믿었다. 이는 청년이 밟았던 흙을 통해 사랑의 주술이 청년에게 작용한다고 보았던 것이다. 고대 덴마크에서 행해졌던 동맹 체결 방식도 사람의 발자국과 그 사람 사이에 존재한다고 여겨진 것과 동일한 공감 관계의 관념에 기초하고 있었다. 즉, 고대 덴마크에서는 동맹을 맺을 때 각자가 상대편의 발자국에 자기 피를 뿌리면서 동맹 체결의 맹세를 했다. 고대 그리스에서도 이런 미신이 널리 행해졌던 모양이다. 예컨대 그들은 말이 늑대의 발자국을 밟거나 하면 마비를 일으킨다고 생각했다. 피타고라스가 남겼다고 전해지는 어떤 격언에도 사람의 발자국에 못이나 칼을 찌르는 행위를 금하고 있다.

이런 식의 미신이 세계 각지에 걸쳐 사냥꾼들에 의해 짐승을 잡을 목적으로 이용되기도 했다. 독일의 사냥꾼들은 관에서 뽑아낸 못을 사냥할 짐승의 발자국에다 박았다. 그래야 짐승이 도망치지 못할 거라고 믿었다. 빅토리아섬의 원주민들은 추적 중인 짐승의 발자국에 불타는 숯덩이를 올려놓는다. 또한 호텐토트Hottentot족[109] 사냥꾼은 사냥하려는 짐승의 발자국이 찍힌 한 줌의 모래를 공중에 뿌린다. 그러면 그 짐승에게 상처를 입힐 수 있다고 믿었다. 톰프슨강 유역의 인디언은 상처가 난 사슴의 발자국에 주술을 건다. 그러면 사슴이 멀리 도망가지 못하고 곧 죽게 될 것이므로 더 이상 추격할 필요가 없다는 것이다. 마찬가지로 오지브와족 인디언은 최초에 발견된 사슴이나 곰의 발자국에 '주술적 약'을 올려놓는다. 그러면 설사 그 발자국이 며칠 된 것이라 할지라도 그 짐승은 멀리 가지 못할 거라고 믿었다. 이 주술적 약은 며칠 동안의 일정을 단 몇 시간으로 줄일 수 있는 효력을 가지는 셈이다. 서아프리카의 에웨Ewe족[110] 사냥꾼들도 짐승에게 상처를 입혀 멀리 도망가지 못하도록 하기 위해 끝이 날카로운 가시를 그 짐승의 발자국에 꽂아 놓는다.

이처럼 발자국은 사람이나 동물의 흔적 가운데 가장 보편적인 주술의 대상이다. 하지만 비단 발자국만 그런 것은 아니다. 오스트레일리아 동남부의 원주민들

---

109 아프리카 남부에 사는 종족. 유럽의 탐험가들이 처음 발견했을 때는 내륙지방에서 살았으나, 오늘날에는 남아프리카 공화국 또는 나미비아(남서아프리카)의 공식 보호구역 또는 유럽인 거주 지역에서 산다. '남자 중에 남자'라는 뜻의 코이코이Khoikhoi는 이들 스스로가 사용하는 이름이고, 호텐토트는 경멸적인 의미가 담긴 호칭이다.

110 가나 남동부, 베냉 남부, 토고 남부지역에 사는 종족. 나이저콩고어족의 크와어군에 속하는 에웨어의 여러 가지 방언을 쓴다.

은 석영이나 유리 따위의 날카로운 파편을 사람이 누워 있던 흔적에 묻어 둔다. 그럼으로써 그 사람에게 해를 입힐 수 있다고 여겼다. 유럽인은 신경통을 그저 의학적인 관점에서만 이해하는데, 원주민은 그런 유럽인을 무지하기 짝이 없는 사람들로 보았을 것이다. 왜냐하면 원주민은 신경통이란 석영이나 유리 조각 같은 날카로운 물건의 주술력이 신체에 침입하여 일으킨 거라고 믿었다.

우리는 여기서 피타고라스학파[111]가 왜 아침에 일어나자마자 침구에 남겨진 몸뚱이의 흔적을 없애라고 규정했는지 그 이유를 이해할 수 있을 것이다. 이 규칙은 단순히 주술을 걸지 못하도록 미리 예방하기 위한 것이다. 즉, 그것은 고대인이 피타고라스의 이름을 빌려 만들어 낸 미신적 계율의 일부였던 것이다. 그런 규칙은 저 철학자들의 시대를 훨씬 거슬러 올라가 이미 그리스인들의 원시적인 조상들에 의해 오래전부터 행해져 왔다.

4. 주술사 계급의 발달

이상으로 공감주술의 일반적 원리에 대한 검토가 끝난 셈이다. 앞에서 그 원리를 설명하기 위해 인용한 수많은 사례들은 주로 사적 주술, 즉 개개인을 유익하게 하거나 혹은 해를 가하기 위한 주술의식이나 주문과 관련된 것들이었다. 그런데 원시사회에서는 이밖에도 공적 주술이라 부를 만한 것이 있었다. 즉, 공동사회 전체의 안녕과 복리를 위해 행해진 주술도 널리 퍼져 있었던 것이다. 다시 말해 공적 주술의 의식들은 공공의 복지를 위해 집행되었으며, 이때 주술사는 단순한 개인적 주의呪醫를 넘어서서 공적인 역할을 담당하는 일종의 공무원 같은 인물이었다.

이런 주술사 계급의 발달은 해당 사회의 종교적 발전과 정치적 발전에 매우 중요한 역할을 담당했다. 왜냐하면 부족의 안녕이 주술적 의례에 의존하는 그런 사회에서 주술사는 자연히 막강한 권위와 신임을 얻을 수밖에 없었고, 따라서 부족의 수장직이나 나아가 왕권까지도 획득할 수 있었다. 그리하여 주술사 계급은

---

111 피타고라스(기원전 580년경~기원전 500년경, 이오니아 출신의 그리스 철학자이자 수학자)가 창설했다고 여겨지는 철학 학파이자 종교 결사체

다른 어떤 직업에서도 얻을 수 없는 명예와 부와 권력을 손에 넣을 수 있었기 때문에, 당연히 부족 내에서 가장 우수하고 야심만만한 자들이 그 계급에 모여들게 마련이었다. 이렇게 모여든 우수한 두뇌의 소유자들은 종종 우매한 동료 부족원을 기만하고, 그들의 소박한 미신적 신앙을 이용하여 자기 이익을 도모하는 방법도 잘 알고 있었을 것이다. 그렇다고 모든 주술사들이 다 부정직한 사기꾼이라고 말하는 것은 아니다.

고지식한 부족원이 믿고 있는 그대로 자신이 실제로 경이로운 능력을 소유하고 있다고 한치의 의심 없이 확신하는 주술사도 있었을 것이다. 하지만 영리한 주술사일수록 우매한 부족원의 신앙이 허위라는 사실을 잘 간파했을 것이다. 그래서 가장 유능한 주술사 계급은 다소 의식적인 기만자가 될 수밖에 없었다. 그 결과 주술사 계급은 유능한 수완을 십분 발휘하여 최고의 지위를 확보함으로써 절대적인 위엄과 가장 강력한 명령권을 획득하게 되었다. 물론 이런 주술사의 앞날에는 수많은 함정들이 기다리고 있으며, 오직 가장 냉정한 두뇌와 가장 예민한 기지의 소유자만이 안전하게 그 위기를 모면할 수 있었다.

왜냐하면 절대적인 권위를 지닌 주술사라 하더라도 그의 말이나 주장이 거짓으로 드러날 가능성이 항상 존재했기 때문이다. 즉, 의식적이건 무의식적이건 간에 주술사의 모든 말이나 주장에는 기만이 없을 수가 없는 것이다. 따라서 자신의 주술력이 뛰어나다고 진짜로 믿는 주술사일수록 훨씬 큰 위험 앞에 노출되게 마련이며, 그런 만큼 그의 재직 기간도 교활하고 사기꾼 같은 주술사보다 빨리 끝나기 십상이다. 정직한 주술사는 언제나 자기가 행하는 주술이 정확한 결과를 가져오리라고 기대한다. 그런데 자신의 주술이 참담하게 실패했을 때는 그런 뜻밖의 사고 앞에 망연자실하게 된다. 다른 교활한 주술사들과 달리 그는 자신의 실패를 얼버무려 구렁이 담 넘어가듯이 두루뭉술하게 넘어가는 교묘한 화술이 없기 때문에, 종종 결과에 실망하여 격분한 부족원에 의해 머리를 두들겨 맞을지도 모른다.

이런 사회 발전 단계에서는 절대권력이 보통 가장 예리한 기지와 가장 파렴치한 성격의 소유자에게 넘어가게 마련이다. 하지만 그들의 악랄한 수단에 의해 초래된 해악과 그들의 뛰어난 재치에 의해 마련된 복지를 굳이 비교한다면, 아마도 후자의 편이 훨씬 많았을 것이다. 세상일이란 영리하고 파렴치한 악당들보다는 높은 자리를 차지하고 있는 정직한 바보들에 의해 더 큰 재난이 생겨나는 법이다. 사실 발 빠른 못된 놈들이 마침내 자신의 야심을 성취하고 이제 더 바랄 것이 없는 위치에 이르게 되면, 자신의 재능이나 경험과 그 밖의 모든 것을 공공의 이익을 위해 바치는 경우가 종종 있다. 권력을 획득하기 위해 어떤 일도 사양치 않고 해치우는 인간들이지만, 자신이 획득한 권력이 경제적인 것이건 정치적인 것이건 간에 그것을 행사하는 데에는 대단히 자비로워지곤 하기 때문이다.

예컨대 정치세계에서 교활하기 짝이 없는 권모술수가나 냉혈한이 마침내 총명하고 관대한 통치자가 되어, 살아 있는 동안 축복을 받고 죽어서는 많은 애도를 받으며 후세 사람에게서 칭찬과 갈채를 받는 경우가 적지 않다. 그런 대표적인 인물로서 율리우스 카이사르Julius Caesar(기원전 100~기원전 44)[112]와 아우구스투스Augustus(기원전 63~기원후 14) 황제[113]를 들 수 있다. 이에 반해 한번 바보는 영원한 바보라서, 그런 바보의 손에 들어간 권력이 크면 클수록 그것을 행사하는 데에서 생겨날 수 있는 위험도 그만큼 커진다. 영국 역사상 최대의 재난이었던 미국과의 전쟁은, 만일 조지George 3세[114]가 그처럼 정직하고 우직한 자가 아니었더라면 결코 일어나지 않았을 것이다.

원시사회의 구조는 주술의 공적 행사에 의해 결정적인 영향을 받았다. 이때 사회 제반 통제는 가장 유능하고 영리한 주술사 계급에게 맡겨졌다. 그 결과 권력의 균형점이 다수에서 한 사람에게로 넘어갔으며, 민주정치 혹은 장로들에 의한 과두정치寡頭政治 대신에 군주정치君主政治가 등장하였다. 원시사회는 일반적으로 전체 성년 남자들이 참여한 것은 아니지만 다수의 장로들이 운영한 의결기구를 통해 통제되고 있었다. 이 같은 사회 구조가 주술사 계급의 등장과 더불어 변혁의 바람을 타게 된 것이다. 그 원인이야 어쨌든 또한 초기 통치자들의 성격 여하를 막론하고, 이런 개혁은 전체적으로 보아 지극히 유익한 것이었다. 왜냐하면 군주정치의 발생은 인류가 원시 상태에서 벗어나기 위한 필수 조건이라고 여겨지기 때문이다. 이른바 민주적인 원시인만큼 미신적 관습과 전통에 구속받았던 경우는 다시없을 것이다. 때문에 원시사회의 진보는 매우 더뎠고 어려웠다.

---

112 로마의 유명한 장군, 정치가. 오늘날 서양에서 쓰는 그레고리력은 카이사르가 로마력을 개정해 만든 태양력인 율리우스력을 교황 그레고리우스 13세가 약간 개량해서 만든 태양력이다.

113 고대 로마의 정치가, 로마제국 초대 황제(재위 기원전 27~기원후 14)로 옥타비아누스Octavianus라고도 한다.

114 영국 왕. 재위 1760~1814년. 그의 통치기에 영국은 7년전쟁(1756~1763)으로 말미암아 유럽의 주요 열강으로 부상했으나 아메리카 식민지를 상실하는 패배를 맛보았다.

종래는 원시인이야말로 인류 역사상 가장 자유로운 인간이었다고 설명되어 왔지만, 사실은 이와 전혀 반대이다. 원시인은 노예나 다름없었다. 그들은 주인에 의해 소유된 노예였을 뿐만 아니라 과거에 묶인 노예였고, 조상신들의 노예였다. 원시인은 태어나면서 죽을 때까지 죽은 조상들의 정령이 언제나 따라다니면서 쇠사슬로 그들을 지배했던 것이다. 그리하여 조상들이 행했던 일만이 정의의 표준이 되었으며, 그것만이 맹목적인 복종을 강요하는 불문율이었다. 그런 사회에서는 낡은 관습을 더 좋은 것으로 개혁할 수 있는 뛰어난 재능에 대해서 별로 인정하지 않았다. 거기서는 가장 힘없고 우둔한 자들이 뛰어난 자를 끌어내려 모든 것을 평준화해 버렸다. 자기 자신은 올라가지 못하더라도 남은 깎아내릴 수 있기 때문이다. 이로써 자연적 불평등 곧 타고난 재능과 기질상의 현실적이고 절대적이며 본질적인 차이가 겉만 그럴듯하고 피상적인 가짜 평등에 의해 무시되고 만다. 그런 사회는 아무런 변화도 있을 수 없는 죽음의 평면 같은 사회이다. 그것은 저급하고 침체된 사회에 불과하다. 그런데도 후세의 선동가와 몽상가들은 이런 사회를 인류의 이상적인 상태라는 둥 황금시대라는 둥 제멋대로 말하곤 했다.

그런 원시사회에서 이제 각자의 재능에 따라 자신의 사회적 지위를 개척하고, 각자의 타고난 능력에 따라 권력의 정도가 배치되는 사회로 진보하게 된 것이다. 이 같은 진보를 가능케 하는 모든 요소들은 인류의 참된 행복을 바라는 모든 이들에 의해 환영받을 만하다. 그렇게 고양된 영향력이 작용하기 시작하면(이것들은 언제까지나 억압당하고 있지만은 않다), 문명의 진보에 상당한 가속도가 붙게 되기 때문이다. 이때 한 사람이 최고권력을 장악하게 되면, 지금까지 몇 세대에 걸쳐서도 이루어 내지 못했던 개혁이 그의 생애 동안 훌륭하게 완성된다. 게다가 그가 탁월한 지식과 열정의 소유자라면 종종 풍운을 일으키기도 한다. 물론 그는 폭군이 될 수도 있다. 하지만 그는 틀림없이 원시민족을 옥죄고 있던 관습의 쇠사슬을 타파했을 것이다. 그리하여 부족원이 소심하고 분열된 장로회의의 영향권에서 벗어나 강력하고 결단력 있는 지도자의 명령에 복종하기만 하면, 그들은 이웃 부족들에게 위협적인 강대한 부족으로 발돋움했을 것이다.

인류사의 초기 단계에서는 이 같은 부족의 확장이 종종 사회의 진보나 산업상의 진보뿐만 아니라 지적인 측면에서의 발달을 촉진하는 데에 결정적인 영향을 미쳤다. 한편 무력에 의해, 다른 한편으론 약소 부족들의 자발적인 복종을 통해 세력을 확장시키면서 이 강대한 집단은 마침내 엄청난 부와 노예를 획득하게 된다. 그럼으로써 생존을 위한 투쟁에서 자유롭게 된 계층이 새롭게 생겨났고, 그들은 인류의 운명을 개혁하기 위한 가장 고귀하고 가장 강력한 수단, 즉 지식에 대한 고상한 추구에 헌신하게 된다.

그렇게 이루어지는 지식의 발달은 예술과 과학의 성장을 가져올 것이며, 보다 자유로운 견해의 확장을 초래할 것이다. 그런데 이런 지식의 발달은 산업·경제 발달과 떼려야 뗄 수 없는 관계에 있다. 또한 정복과 제국주의적 팽창은 다시금 지식의 발달에 엄청난 영향을 미친다. 흔히 인간정신 활동의 가장 격렬한 폭발이 전쟁에서의 승리 직후에 일어나며, 또한 세계에서 가장 위대한 정복 민족들이 문명의 진보와 확장에 크게 기여함으로써 전쟁 때에 입은 상처를 평화 시대에 치료한 것도 결코 우연이 아닐 것이다. 가령 바빌로니아인, 그리스인, 로마인, 아랍인 등이 그 사례라 할 수 있다. 우리가 살아 있는 동안에 일본에서도 그와 같은 폭발이 일어나는 것을 볼 수 있을지도 모른다.[115] 또한 역사의 흐름을 그 기원에까지 거슬러 올라가 보면, 문명을 향한 최초의 큰 비약이 이집트나 바빌로니아, 페루와 같은 전제정치 혹은 신권정치하에서 이루어졌다는 사실을 알 수 있다. 거기서는 최고 통치자가 왕인 동시에 신이었다. 그는 그런 이중적 성격을 가지고 백성들에게 노예적 복종을 요구했을 것이다.

이런 초기 고대 사회에서는 전제주의가 휴머니즘의 가장 좋은 친구였으며, 또 역설적으로 들릴지 모르지만 자유의 가장 좋은 친구였다고 말해도 결코 과언이 아닐 것이다. 왜냐하면 최선의 의미에서의 자유, 즉 우리 자신의 사상을 형성하고 우리 자신의 운명을 개척해 나가는 자유란 결국, 태어나서 죽을 때까지 개인의 운명이 전통적 관습의 족쇄에 묶여 있었던 원시사회에서의 피상적 자유보다는 오히려 가장 철저한 전제주의 혹은 가장 잔혹한 독재자의 압정 속에 더 많이

---

115 프레이저가 이 구절을 썼으리라고 추정되는 1910년대 초반의 일본은 이미 대만과 한국을 식민지화한 후 바야흐로 아시아에서의 제국주의적인 팽창일로에 있었다. 이 구절은 당대의 제국주의적 영국 지식인들이 가졌던 일본 인식의 한 단면을 보여 준다. 프레이저는 일본인을 바빌로니아인, 그리스인, 로마인, 아랍인 등과 동일한 선상에서 '가장 위대한 정복 민족'의 반열에 올려놓으면서, 일본인이 전쟁에서의 승리 이후에 문명의 진보와 확장에 크게 기여할지도 모른다는 예상을 은연중에 내비치고 있는 것이다. 그러나 오늘날 우리는 이런 예상이 얼마나 무모하고 무익한 것인지를 잘 안다. 1941년 5월 7일에 스코틀랜드의 자택에서 독일 공군의 폭격에 맞아 부인과 함께 세상을 떠난 프레이저는 결국 자신의 예상이 빗나간 것을 직접 확인하지는 못했다.

존재한다고 여겨지기 때문이다.[116]

요컨대 주술의 공적 행사는 가장 유능한 사람들에게 절대권력을 장악하게 해준 수단 중의 하나였다. 그럼으로써 인류를 전통의 속박에서 해방시켜, 세계에 대한 보다 폭넓은 시야를 마련해 주었을 뿐만 아니라 보다 크고 자유로운 삶으로 끌어올리는 데에 기여했던 것이다. 나아가 인간성의 형성에 공헌한 바도 결코 적지 않았다. 한편 주술은 과학의 모태가 되기도 했다. 이런 점들을 고려해 볼 때, 설령 사악한 흑주술 같은 것이 많은 악을 저질렀더라도, 동시에 주술이 선의 원천이 되기도 했다는 사실을 인정하지 않을 수 없다. 게다가 설령 주술이 오류의 산물일지라도, 동시에 자유와 진리의 산모가 된 것도 엄연한 사실이다.

---

116 이 대목에서도 또 한 번 씁쓸한 느낌을 감출 수 없었다. 물론 여기서 프레이저가 전제주의나 독재자를 옹호하고 있는 것이 아님은 두말할 나위도 없다. 아마도 이는 원시사회의 인간 조건이 전제주의나 독재자의 압정보다도 더 비참한 것이었음을 강조하는 구절이리라. 그럼에도 프레이저같이 탁월하고 겸손한 인문학자의 입에서 이런 말이 나올 수 있으리라고는 전혀 예상치 못했다. 지금이라면 자유에 대해 이런 식으로 말하는 지식인은 아마 없을 것이다. 원시인의 사유방식을 시종일관 오류라든가, 미신이라는 말로 일축하면서 진화론적 도식을 신봉한다는 점에서도 그렇지만, 이 구절만 보더라도 프레이저는 분명 제국주의 시대의 지식인이라는 시대적 한계를 안고 있었다고 보인다.

제4장
주술과 종교

앞장에서 열거한 여러 가지 사례들을 통해 공감주술의 두 계통, 즉 동종주술과 감염주술의 일반 원리가 충분히 설명되었으리라고 생각한다. 거기서 살펴본 주술적 사례들 가운데에는 정령의 직접적인 작용에 의한 것도 있었고, 기도나 희생 제물을 통해 정령의 호의를 얻고자 하는 사례도 있었다. 그러나 그것들은 전체적으로 볼 때 오히려 예외적인 사례라 할 수 있다. 왜냐하면 그것들은 대체로 종교에 의해 윤색되었거나 혹은 종교와 뒤섞인 주술을 보여 주는 사례들이기 때문이다. 이에 반해 하나의 현상이 본질적으로 어떤 영적 혹은 인격적 능력자의 간섭을 받지 않은 채 필연적으로, 그리고 불가피하게 다른 현상의 결과로서 나타날 때에 한하여 그것을 공감주술의 순수한 형태라고 말할 수 있다. 따라서 순수한 공감주술의 기초 개념은 근대과학의 그것과 일치한다. 자연의 질서와 통일성 안에는 암시적이긴 하지만 실재적이고 확고한 하나의 신념이 전체 체계 밑에 깔려 있다.

마찬가지로 주술사는 동일한 원인이 언제나 동일한 결과를 낳는다는 원리를 믿어 의심치 않는다. 그는 다른 주술사의 보다 강력한 주술에 의해 방해받지만 않는다면, 적절한 주문을 수반하는 일정한 의식을 거행함으로써 언제나 바라는 결과를 얻을 수 있다고 여겼다. 이때 그는 어떤 권능에게 기원한다든지 제멋대로이고 변덕스러운 신적 존재에 대해 호의를 구한다든지 하는 일은 결코 하지 않으며, 그렇다고 어떤 두려운 신 앞에 무릎을 꿇지도 않는다. 오히려 그가 위대하다고 인정하는 주술적 능력은 결코 피상적인 것도 아니고, 무제한적인 그런 것도 아니다. 주술사는 오직 주술 규칙을 철저하게 준수하고, 자연법칙에 엄격하게 순종하는 한에서만 그 주술적 능력을 구사한다. 그런 규칙을 무시하거나 조금이라도 어기는 것은 곧 실패를 의미하며, 나아가 최악의 위험에 빠질 수도 있기 때문이다. 만일 그가 자연에 대한 통치권을 주장한다면, 그것은 엄격하게 범위가 제한된 통치권, 즉 전통적인 용법과 정확히 일치하는 통치권으로서 어디까지나 타고난 것이지 않으면 안 된다.

따라서 주술적 세계관과 과학적 세계관은 서로 매우 비슷할 수밖에 없다. 주술도 과학도 모두 현상의 인과관계는 불변의 법칙에 의해 결정되며, 그 법칙의 효과를 정확하게 예측하고 계산할 수 있기 때문에 완벽하게 규칙적이고 확실하다고 여긴다. 거기서 변덕이나 우연 혹은 요행 따위의 요소는 자연 운행 속에 존재하지 않는다. 주술과 과학은 모두 가능성의 무한한 전망을 열어 준다. 그런 전망은 특히 사물의 인과관계를 잘 아는 자, 혹은 세계의 방대하고 복잡다단한 메커니즘을 작동시키는 비밀의 원천과 접촉할 수 있는 자에게 열려 있다. 주술과 과학이 모두 인간의 심정에 강한 호소력을 가지는 까닭이 바로 여기에 있다.

그리하여 주술과 과학은 지식의 추구에서도 강렬한 자극을 준다. 곧 양자는 모두 현실 속에서 실의에 빠져 황야를 헤매다 지치고 만신창이가 된 탐구자들을 향해 미래에 대한 무한의 약속을 가지고 유혹한다. 주술과 과학은 그들을 높은 산꼭대기로 데려가서 발 아래 피어오르는 검은 구름과 짙은 안개 너머 저 멀리 지상의 것이 아닌 광휘와 몽환적인 빛으로 채색된 천상의 도시를 보여 주기 때문이다.

그러나 주술의 치명적 결함은 법칙에 의해 결정되는 현상의 인과적 연쇄에 대한 전체적인 가정 속에 있는 것이 아니라, 오히려 그런 인과적 연쇄를 지배하는 특수한 법칙의 성질을 전면적으로 잘못 인식한다는 데에 있다. 이 점은 지금까지 우리가 적절한 연구 자료로서 살펴본 공감주술의 사례들을 돌이켜보면 금방 알 수 있다. 즉, 그것들은 모두 앞에서 누누이 지적한 바와 같이 두 가지 근본적인 사유의 법칙, 다시 말해 유사를 기초로 한 관념연합 및 공간적·시간적 인접성에 의한 관념연합 중 어느 하나 또는 둘 다를 잘못 적용한 사례에 불과하다. 그리하여 유사 관념의 잘못된 연합은 동종주술 또는 모방주술을 낳았고, 접촉 관념의 잘못된 연합은 감염주술을 낳았다. 관념연합의 원리 자체는 매우 탁월한 것이며, 인간의 정신활동에서 절대 없어서는 안 될 필수적인 원리이다. 때문에 그것을 적절하게 적용하면 과학을 낳는 모체가 될 수 있다.

주술은 그것이 잘못 적용된 경우에 해당된다. 말하자면 주술은 과학의 서출, 이복자매인 셈이다. 따라서 주술은 하나에서 열까지 모두 틀렸고 쓸데없다는 식의 말은 상투적인 동어반복에 지나지 않는다. 만일 참되고 효과가 있는 어떤 주술이 있다면, 그것은 이미 주술이 아니라 과학이기 때문이다. 인류는 원시시대부터 자연현상의 여러 양상들을 자신에게 유익한 것으로 전화하기 위한 일반 법칙을 찾아내고자 노력해 왔다. 오랜 세월에 걸친 그런 노력 끝에 인류는 무수한 법칙성을 발견하여 축적해 왔는데, 거기에는 황금도 섞여 있고 잡동사니도 섞여 있게 마련이다. 그 가운데 진정한 법칙, 황금률은 우리가 기술이라고 부르는 응용과학을 형성했으며, 잘못된 법칙은 주술로 남게 된 것이다.[1]

이처럼 주술이 과학의 친척이라면, 우리는 종교와 주술의 관계[2]를 재고해 보지 않으면 안 된다. 그런데 이때 그런 관계에 대한 우리의 견해는 불가피하게 종교 자체의 본질에 대해 우리가 가지고 있는 관념에 의해 채색될 수밖에 없을 것이다. 그러므로 마땅히 우리는 종교와 주술의 관계를 검토하기에 앞서 먼저 종교 개념을 규정하지 않으면 안 된다. 그런데 종교의 본성에 관한 문제만큼 이론異論이 분분한 것도 없을 것이다. 따라서 누구나 다 만족할 수 있는 종교 정의를 제시하기란 불가능하다. 여기서는 먼저 종교라는 말이 무엇을 의미하는지 그 내용을 명확히 서술한 다음, 이 책의 의미 맥락과 일치하는 범위 내에서 한정된 종교 정

---

1 주술과 과학의 관계에 대한 프레이저의 시선은 이중적이다. 한편 프레이저는 주술사와 과학자가 '자연법칙의 확일성' 및 '비인격적인 인과론'에 관해 동일한 전제를 가지고 있다는 점에서 과학의 기원이 주술에 있음을 시사한다(콜린 A. 로넌, 김동광 외 옮김, 『세계과학문명사 1』, 한길사, 1997, 특히 제1장을 참조). 다른 한편으로 프레이저는 '오류'의 관점에서 주술과 과학의 차이를 분명하게 구분하고 있다. 그러나 비트겐슈타인은 오류의 가능성이 주술과 과학 모두에 내재되어 있으며, 다만 과학에는 진보의 방향성이 내재되어 있는데 반해 주술에는 그것이 결여되어 있다는 점에서 양자의 차이를 말할 수 있을 따름이라고 보았다. "フレイザ-『金枝篇』について", 앞의 글, 412쪽 참조

2 프레이저는 종교보다 주술이 역사적으로 먼저라는 주술선행설의 입장에 서 있다. 이에 반해 프랑스 사회학의 창시자 에밀 뒤르켐은 종교가 주술보다 먼저라는 종교선행설을 주장했다. 뒤르켐에 의하면 토테미즘이야말로 종교의 원초적 형태인데, 그것이 주술보다 더 먼저 나타났으며 거기서 주술이 생겨났다는 것이다. 그는 때로 주술적 신앙을 종교적 신앙의 특수한 형태로 간주하기도 한다(에밀 뒤르켐, 노치준 외 옮김, 『종교생활의 원초적 형태』, 민영사, 1992 참조). 하지만 프레이저 이후 세대의 인류학자들은 주술이 먼저냐, 종교가 먼저냐를 역사적으로 검증하기란 대단히 곤란한 문제이며, 주술과 종교를 타일러나 프레이저처럼 이념적으로는 구분할 수 있을지 몰라도 현실적으로는 대단히 어렵다고 주장했다. 가령 클루크혼C. Kluckhohn은 주술과 종교가 현상적으로 매우 밀접하게 섞여 있다고 보았으며, 퍼스R. Firth 또한 티코피아섬의 원주민 사회에서는 주술사가 곧 종교적 사제라는 점을 지적하고 있다. 사실 주술과 종교의 경계는 문화권에 따라 지극히 상이한 양상을 보이며, 양자가 함께 혼재되어 있는 경우가 많다. 때문에 R. R. 매럿 이래 오늘날까지 많은 학자들은 '주술=종교적magico-religious'라는 표현을 사용하는 경향이 강하다. 그런데도 여전히 연구자들은 이념적으로 주술과 종교를 구별했던 타일러나 프레이저처럼 종종 양자를 구분할 필요성을 인정하고 있다. 이때 초자연적 힘 내지 영적 존재를 어떤 목적을 위해 통어하고 이용하려는 기법 내지 태도를 주술이라고 한다면, 종교는 그런 영적 존재에 대한 신앙이나 의존감정에 입각하여 기도와 탄원 및 의례를 거행하는 태도와 관련이 깊다고 할 수 있다. 한편 구조주의 인류학자 레비스트로스는 종교를 자연법칙의 인간화와 연관시키는 한편, 주술은 인간 행위의 자연화(인간의 행위를 물질적 결정론의 구성 요소로 파악하는 것)와 관련된 것으로 보면서, 양자는 어느 한쪽만이 존재할 수도 없으며, 진화 단계에 따라 구분될 수도 없다고 이해했다.

의를 시도하고자 한다. 나는 종교를 다음과 같이 이해하고 있다. 종교란 자연과 인간 삶의 운행에 대해 명령을 내리고 지배하는 어떤 초인간적인 힘을 위무慰撫하거나 조정調停함으로써 그 힘과 화해하는 것을 뜻한다.[3]

이렇게 규정한 종교는 다시 두 가지의 구성 요인으로 나누어 생각해 볼 수 있다. 하나는 이론적 요인 즉 초인간적인 힘에 대한 신앙이고, 다른 하나는 실천적 요인, 즉 초인간적인 존재를 위무하거나 기쁘게 해 주려는 시도이다. 이 두 가지 요인 중에서 이론적 요인으로서의 신앙이 먼저임은 말할 것도 없다. 왜냐하면 어떤 신성한 존재에 대한 신앙 없이 그런 존재를 기쁘게 해 주려는 시도가 이루어질 수는 없기 때문이다. 그러나 신앙만 있고 거기에 상응하는 실천이 수반되지 않는다면, 그것은 종교religion가 아니라 그저 신학theology일 따름이다. 성 야고보St. James(?~62년경)[4]의 "믿음에 행동이 따르지 않으면, 그런 믿음은 죽은 것입니다"[5]라는 구절도 이를 가리키는 말이다. 요컨대 조금이라도 신에 대한 두려움이나 사랑에 입각하여 행하지 않는다면, 그런 사람은 종교적이라고 말하기 어렵다는 말이다.

---

3 프레이저의 지적대로 종교 정의는 너무나 다양해서 공통된 합의에 도달하기가 대단히 어려운 문제이다. 류바J. H. Leuba는 일찍이 48가지의 대표적인 종교 정의들을 크게 세 가지 유형, 즉 (1) 주지적主知的 종교 정의 (2) 주정적主情的 종교 정의 (3) 주의적主意的 혹은 실천적實踐的 종교 정의 등으로 분류한 바 있다(J. H. Leuba, *A Psychological Study of Religion*, Macmillan, 1912, pp.339~361 참조). 이 분류에 따르면, 가령 지적이고 사변적인 사상적 측면을 강조하는 주지적 종교 정의의 전형적인 사례로는, 종교를 "무한한 어떤 것을 인지하는 마음의 능력"이라고 본 종교학의 아버지 막스 뮐러M. Müller의 정의라든가, 혹은 "종교란 어떤 강력하고 침투적이며 지속적인 분위기와 동기를 만들어 내도록 기능하는 하나의 상징체계로서, 이때의 분위기와 동기는 존재의 일반적 질서 개념을 형성하며 거기에다 사실성의 독특한 후광을 부여한다"는 클리퍼드 기츠C. Geertz의 잘 알려진 종교 정의를 들 수 있다. 이에 비해 종교를 "절대의존감정"이라고 규정한 슐라이어마허F. E. D. Schleiermacher의 정의는 감정과 직관을 중시하는 주정적 종교 정의의 대표적인 사례라 할 수 있다. 한편 "인간의 원초적이고 무의식적이며 생득적인 무한감각"을 종교의 본질로 이해한 종교현상학자 틸레C. P. Tiele의 정의는 믿고자 하는 의지적 측면을 강조하는 주의적 종교 정의에 속한다. 하지만 종교는 지극히 복합적인 현상이라서 어떤 분류방식이라 하더라도 다양한 종교 정의의 사례들을 충분히 담기 어렵다. 예컨대 '사회적 관계의 확장'으로서 종교를 파악한 에밀 뒤르켐, '원망 충족의 환상 혹은 유아기적 신경증'으로 종교를 규정한 프로이트, '봉건사회와 자본주의사회에서 생기는 경제 관계의 부산물 내지 환상으로서의 투사물'로 종교를 이해한 마르크스K. Marx 등의 관점은 위의 세 가지 중 어떤 유형에도 꼭 들어맞지는 않는다. 이와 달리 '신성'의 종교경험적 요소를 강조한 오토R. Otto, '성과 속의 변증법'으로 종교 현상에 접근한 엘리아데M. Eliade 등은 종교를 사회적 현상 혹은 심리적 현상에 부속시키는 이른바 환원주의적 관점 reductionism에서 벗어나 가능한 한 종교의 자율성을 존중하려는 입장을 취하고 있다. 한편 종교를 "초인간적 존재에 대한 신앙 혹은 초인간적 힘에 대한 위무"라고 본 프레이저의 종교 정의는 종교를 신자와 사제, 신사이에 이루어지는 일종의 교환체계로서 이해한 막스 베버M. Weber의 관점 및 "영적 존재에 대한 신앙"이라는 최소한의 종교 정의를 제시한 타일러E. B. Tylor의 관점과 일부 상통하는 측면이 있다고 보인다.

반면 모든 종교적 신앙과 유리된 단순한 실천도 종교라 할 수 없다. 그리하여 두 사람이 같은 행위를 했더라도 한 사람은 종교적이고, 다른 사람은 비종교적인 경우도 있을 수 있다. 만일 신에 대한 사랑이나 두려움 때문에 어떤 행위를 했다면 그는 종교적이다. 반면 인간에 대한 사랑이나 두려움 때문에 하는 행위는 종교적이라 할 수 없으며, 그저 공공의 복지에 합치되느냐 아니냐에 따라 도덕적이거나 비도덕적인 행위가 될 수 있을 따름이다. 신학에서 주장하는 바와 같이, 신앙과 실천적 행위는 둘 다 종교에 없어서는 안 될 요소이다. 다시 말해 이 두 가지 요소가 없다면 종교는 성립되지 않는다.

그러나 종교적 실천이 반드시 의례의 형태를 취할 필요는 없다. 즉, 희생제물을 바친다든가 기도문을 외우는 등의 외적인 의식이 반드시 있어야 할 필요는 없는 것이다. 종교적 실천 목적은 어디까지나 신을 기쁘게 하려는 데에 있기 때문이다. 만일 피의 희생제물을 바친다거나 송가를 외우거나 혹은 분향하는 것보다도 이웃에 대한 사랑과 자선을 더 기뻐하는 신이 있다고 하자. 그런 신을 믿는 자라면, 신 앞에 엎드려 찬송가나 기도문을 영창하거나 혹은 값비싼 제물을 듬뿍 바치기보다는, 오히려 이웃 사람들에게 죄를 짓지 말고 자비와 자선을 베푸는 편이 신을 가장 기쁘게 해 주는 행위가 될 것이다. 그래야만 불완전한 인간이 신의 완전성을 본받아 따를 수 있기 때문이다. 신의 선함과 거룩함을 따른다고 하는 이런 고귀한 이상에 의해 영감을 받았던 히브리 예언자들이 지칠 줄 모르고 강조했던 것이 바로 종교의 윤리적 측면이었다.

예언자 미가Micah[6]는 "이 사람아, 야훼께서 무엇을 좋아하시는지, 무엇을 원하시는지 들어서 알지 않느냐? 정의를 실천하는 일, 기꺼이 은덕에 보답하는 일, 조

4　예루살렘 기독교의 지도자. 사도 바울로에 따르면, 성 야고보는 기독교 사도 중 한 사람이지만 원래의 12사도에는 들어가지 않는다. 베드로와 복음서의 저자인 요한과 함께 '교회의 기둥'이었다. 복음서들은 성 야고보가 예수의 네 동생 중 한 명이라고 언급하지만(『마르코』 6장 3절, 『마태복음』 13장 55절), 예수와 야고보의 관계에 대해 지금까지 제시된 가설들로는 (1) 형제였다는 설(테르툴리아누스와 알렉산드리아의 클레멘스의 견해), (2) 이복형제였다는 설(오리게네스의 견해), (3) 사촌 간이었다는 설(히에로니무스의 견해) 등이 있다. 어쨌든 야고보가 예수의 공생애 기간 중에 예수를 따르지 않았던 것은 분명하다. 그 후 바울로가 회심하고 3년이 지났을 때 야고보는 예루살렘 교회의 중요한 지도자로 활동하고 있었다(『갈라디아』 1장 18, 19절). 그는 바울로의 이방인 선교를 다룬 예루살렘 공의회(『사도행전』 15장 13절)와 바울로의 마지막 예루살렘 방문(『사도행전』 21장 18절) 때 예루살렘 교회의 주요 대변자였다. 유대인 역사가 플라비우스 요세푸스에 따르면, 그는 돌에 맞아 죽었다고 한다. 통상 그는 신약성서 『야고보의 편지』의 저자로 말해져 왔지만, 현대 학계는 그런 전승을 지지하지 않는다.

5　공동번역성서, 『야고보의 편지』 2장 17절

심스레 하느님과 함께 살아가는 일, 그 일밖에 무엇이 더 있겠느냐?"[7]고 적고 있다. 훗날 기독교가 세계를 제패할 수 있었던 원동력의 많은 부분은 바로 기독교 신의 윤리적 성격과 관련된 숭고한 관념과 그것을 실천하고자 했던 기독교인들의 의무감에서 비롯된 것이다. 그리하여 성 야고보는 "하느님 아버지 앞에 떳떳하고 순수한 신앙생활을 하는 사람은 어려움을 당하고 있는 고아들과 과부들을 돌보아주며 자기 자신을 지켜 세속에 물들지 않게 하는 사람입니다"[8]라고 적고 있다.

어쨌든 종교는 세계를 지배하는 초인간적 존재에 대한 신앙과 그런 존재에게 잘 보이려는 행위를 내포하고 있다. 그렇다면 이 같은 종교 정의에는 분명 자연 운행을 어느 정도 융통성이 있거나 혹은 가변적인 것으로 보면서, 그런 자연 운행을 지배하는 위대한 존재를 설득하거나 유도함으로써 인간의 이익을 위해 여러 현상과 사건들의 흐름을 바꾸어 자연 운행을 조절할 수 있다고 믿는 관념이 함축되어 있다. 그런데 이처럼 자연 운행이 가변적이고 융통성이 있다는 관념은 과학뿐만 아니라 주술의 원리와도 정면으로 배치된다. 주술과 과학은 둘 다 자연의 운행 과정이 엄격하게 규칙적이며 불가변적인 것으로서, 어떤 협박이나 위협 혹은 설득이나 간청에도 전혀 바꿀 수 없다는 입장에 서 있기 때문이다.

요컨대 종교의 우주관과 과학 및 주술의 우주관은 서로 대립적인 셈이다. 양자의 차이는 "우주를 지배하는 힘은 의식적이며 인격적인 것인가, 아니면 무의식적이며 비인격적인 것인가?"라는 근본적인 문제에 대한 답변과 관계가 있다. '초인간적 힘과의 화해'로서의 종교는 이중 전자, 즉 의식적이며 인격적인 힘을 긍정한다. 모든 화해란, 그 화해의 대상이 하나의 의식적이고 인격적인 존재라는 점, 그의 행동이 상당 부분 불확실하다는 점, 또한 그의 관심과 욕망 혹은 감정에 적절히 호소함으로써 우리가 바라는 바대로 방향 전환을 하도록 그를 설득할 수 있다는 점 등을 전제로 하기 때문이다. 화해라는 것은 무생물에 대해서는 결코

---

6 기원전 8세기 후반에 남왕국 유다에서 활동한 예언자. 그가 기록한 구약성서 『미가』는 우상숭배자, 약자를 억압하는 자, 성직을 이용해 돈을 벌려고 하는 제사장과 예언자, 평등을 짓밟고 정의를 미워하는 지도자들에게 경고하는 내용으로 가득 차 있다. 이와 더불어 미가는 시온 Zion(예루살렘의 동쪽 언덕)에서 야훼나 야훼에게서 왕권을 받은 대리자가 평화의 왕국을 다스릴 것이며, 유다뿐만 아니라 이스라엘도 포로생활에서 풀려나 다시 돌아올 것임을 강조한다.

7 공동번역성서, 『미가』 6장 8절

8 공동번역성서, 『야고보의 편지』 1장 27절

적용되지 않으며, 또한 A라는 특정한 상황하에서는 반드시 B라는 행동을 하는, 다시 말해 절대적으로 고정된 반응을 보이는 사람에 대해서도 적용될 수 없다.

그러므로 종교가 어떤 인격적 존재에 의해 지배되는 세계를 상정하는 한, 또한 그 인격적 존재를 설득하여 생각을 바꾸게 할 수도 있다고 가정하는 한, 종교는 과학뿐만 아니라 주술하고도 근본적인 대립 관계에 있다고 말할 수 있다. 주술과 과학은 둘 다 자연 운행이 어떤 인격적인 존재의 기분이나 감정에 의해서가 아니라 기계적으로 작용하는 불변의 법칙에 따라 결정된다고 가정하기 때문이다. 물론 주술의 경우는 이런 가정이 암암리에 승인되고 있는 데에 불과하다. 하지만 과학의 경우 이런 가정이 지극히 명백하다.

한편 주술은 종교가 가정하는 인격적 존재와 유사한 것, 다시 말해 어떤 영적 존재와 일정한 관계를 가지고 있는 것이 사실이다. 하지만 이때의 관계 양식은 종교의 그것과는 본질적으로 다르다. 주술은 영적 존재를 비인격적 존재를 다루듯이 취급하는 것이다. 즉, 종교처럼 영적 존재와 화해하거나 위무하는 대신, 주술은 영적 존재를 협박하거나 강제한다. 그리하여 주술은 인간이건 신이건 모든 인격적 존재는 궁극적으로 비인격적인 힘 앞에 굴복할 수밖에 없다고 보는 것이다. 이때의 비인격적인 힘은 모든 것을 지배하지만, 그럼에도 적절한 의식이나 주문으로써 그것을 조작할 줄 아는 자에 의해 이용될 수 있다고 믿는다.

고대 이집트에서 주술사는 최고의 신들에게조차 자기 명령에 복종할 것을 요구했으며, 그 명령에 따르지 않으면 신상을 파괴해 버리겠다고 협박하기까지 했다. 그 정도는 아니더라도 때로 주술사는 오시리스Osiris[9] 신에 대해 자신의 명령에 복종하지 않으면 그 뼈를 사방에 뿌릴 것이며, 그 신에 대한 비밀스러운 전설을 폭로하겠노라고 공언한 적도 있다. 마찬가지로 인도에서는 오늘날까지도 주술사들이 힌두의 위대한 삼신, 즉 브라마Brahā[10]와 비슈누Vishnu[11]와 시바Siva[12]를

---

9 고대 이집트의 매우 중요한 신들 중의 하나. 오시리스의 기원은 잘 알려져 있지 않다. 하下이집트에 있는 부시리스의 지방신이었다고도 전해지며, 지하세계의 다산의 화신이라고도 하고, 단순히 신성시된 영웅이라고도 한다. 그러나 기원전 2400년경에는 분명히 다산의 신과 죽은 왕들의 화신이라는 두 가지 역할을 수행했다고 볼 수 있다. 두 가지 역할은 왕권을 신성시하던 이집트 교리와 관련되어 있었다. 죽은 왕의 아들, 즉 살아 있는 왕은 하늘의 신인 호루스와 동일시되었으며, 따라서 오시리스와 호루스는 부자 간이었다. 여신 이시스는 그 왕의 어머니였으며, 따라서 호루스의 어머니이자 오시리스의 아내였다.

10 인도 후기 베다 시대의 힌두교 주요 신의 하나. 한자어로는 '범천梵天'으로 표기. 우주의 궁극적 실재로서 중성中性인 브라만Brahman[梵]이 남성으로 신격화된 것이 브라마이다. 이 브라마는 베다의 창조신 프라자파티와 연관되어 있고, 후에는 프라자파티와 동일시되었다. 브라마는 황금알에서 태어나 땅과 그 위의 모든

통어한다. 즉, 이들은 주문을 외움으로써 저 위대한 신들을 지배한다. 그리하여 신들은 주인격인 주술사의 명령에 공손히 복종하여 지상에 내려오거나 혹은 하늘 높이 올라간다고 한다. 인도에 널리 퍼져 있는 격언 중에 이런 것이 있다. "우주는 신들에게 복종하고 신들은 만트라mantras[眞言]에 복종하며 브라만Brahman[13] 승려들은 주문을 외운다. 그러므로 브라만들이야말로 우리의 신이다."

것을 차례로 창조했다고 한다. 후대의 종파적 신화들에서는 그가 비슈누의 배꼽에서 피어난 연꽃에서 태어났다고 말한다. 고전시대에 다양한 종파의 전통을 통합하려 했던 시도는 브라마, 비슈누, 시바를 눈에 보이지 않는 최고신의 세 형태로 생각한 삼신일체 사상에 명백히 나타나 있다. 그러나 오늘날 브라마만을 숭배하는 교단이나 종파는 없고, 그에게 봉헌된 사원도 거의 없다. 유일한 사원이 아즈메르(라자스탄주) 근처 푸슈카르에 있다. 하지만 시바와 비슈누를 모시는 사원에서는 반드시 브라마 신상을 모시고 있다. 브라마 신상은 네 손에 제의 도구와 염주, 책을 든 채 연화좌든가 그의 탈것인 백조 위에 앉아 있거나 서 있는 모습으로 묘사된다. 그의 부인들인 사비트리와 사라스바티가 같이 등장하기도 한다. 회화에서는 누런 피부색에 흰 옷과 화환을 걸친 모습으로 묘사된다.

11 세계를 지키고 유지하는 힌두교의 주요 신. 주로 다양한 화신(아바타라), 특히 라마와 크리슈나로서 가장 널리 알려져 있는 비슈누는 베다 시대에는 주요 신이 아니었다. 『리그베다』(기원전 1400년경~기원전 1000)의 몇몇 찬가에서 그는 태양과 관련되어 있으며 세 걸음으로 우주를 건넜다는 유명한 신화와 연계되어 있다. 이론적으로 비슈누는 악과 싸울 필요가 있을 때마다 나타나기 때문에 화신이 수없이 많지만, 실제로는 10가지가 가장 널리 알려져 있다. 사원의 비슈누 신앙은 배우자인 락슈미('슈리'라고도 함)와 부미데비(대지의 여신)를 거느리고 앉아 있거나, 여러 가지 무기를 들고 서 있거나, 혹은 주기적으로 세계가 소멸하고 다시 생겨나는 동안 우주의 바다에서 똬리를 튼 뱀 셰샤에 기대어 잠들어 있는 모습으로 묘사된다. 서 있는 비슈누는 왕족의 옷을 입고 네 손(때로는 두 손)에는 소라, 바퀴, 곤봉, 연꽃을 들고 있다. 가슴에는 그의 불멸성의 상징인 곱슬곱슬한 털(슈리바트사)이 있고, 목에는 행운석 카우스투바를 걸고 있다. 회화에서 비슈누는 일반적으로 검은 피부색으로 표현되는데 이는 그의 화신들의 특징이기도 하다. 새 '가루다'가 그의 탈것이다.

12 인도의 시바파에서 최고신으로 숭배된다. 시바(산스크리트어로 '상서로운 존재'라는 뜻)는 모순적인 여러 특징들을 통합하고 있는 점에서 매우 복잡한 인도 신 가운데 하나이다. 예컨대 시바는 파괴자인 동시에 재건자이며, 위대한 고행자이자 관능의 상징이다. 또한 영혼의 자비로운 목자이자 분노에 찬 복수의 신이기도 하다. 시바의 배우자는 우마, 사티, 파르바티, 두르가, 칼리 등 다양한 이름으로 알려져 있다. 시바는 또한 때때로 여성의 성적 에너지를 표상하는 최고의 여신 샤크티와 짝을 이루기도 한다. 시바의 탈 것과 시바의 동물 형상은 황소 난디이다. 난디의 조각상은 시바를 모신 모든 사원에서 본당 맞은편에 위치하고 있다. 사원과 개인의 사당에서 시바는 그의 근원적 상징인 링가, 즉 남근상으로서 숭배된다. 시바는 보통 회화나 조각품에서 흰색이나 잿빛으로 그려지고, 또한 인류의 파멸을 위해 우주의 바다에 던져진 독약을 목구멍에 삼켰기 때문에 그의 목은 푸른색으로 묘사된다. 머리카락은 타래를 땋았으며, 초승달과 갠지스강(전설에 의하면, 시바는 자신의 머리카락을 통해 물을 한 방울씩 떨어뜨려 갠지스강이 땅위에 흐르게 함)으로 장식되어 있다. 시바는 세 개의 눈을 가졌는데, 거기서 세 번째 눈은 내면을 바라보기 위한 것이지만 외부의 사물에 다 초점을 맞추어 바라볼 때는 그 사물을 태우는 파괴하는 힘을 간직하고 있다. 해골목걸이를 걸치고 있으며, 목에는 뱀을, 양손(때로는 네 손)에는 사슴가죽과 삼지창, 작은 북과 끝부분이 해골로 장식된 방망이를 들고 있다. 시바는 다양한 이미지를 가지고 있다. 가령 그는 배우자인 파르바티와 아들 스칸다와 함께 평안한 분위기로 나타나기도 하고, 또는 우주의 무용가 나타라자, 나체 고행자, 탁발하는 거지, 요가 수도자, 배우자와 한 몸으로 얽힌 반남반녀(아르다나리슈바라) 등의 모습으로 나타나기도 한다. 그에게는 일반적으로 '샴부(자애로운)', '샹카라(은혜로운)', '파슈파티(야수의 주)', '마헤샤(위대한 지배자)', '마하데바(위대한 신)' 등의 수식어가 붙는다.

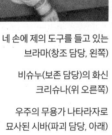

네 손에 제의 도구를 들고 있는
브라마(창조 담당, 왼쪽)

비슈누(보존 담당)의 화신
크리슈나(위 오른쪽)

우주의 무용가 나타라자로
묘사된 시바(파괴 담당, 아래)

주술과 종교의 원리에 내재된 이 같은 근본적인 대립은 역사상 종종 사제들이 잔인하게 주술사들을 박해한 이유를 잘 설명해 준다. 주술사들의 오만한 자존심과 상층부의 권위에 대한 불손한 태도, 그리고 제멋대로 권세를 누리려는 뻔뻔스러운 요구 따위가 사제들을 격분시켰기 때문이다. 신성한 주권에 대해 경외심을 가지고 그 앞에 경건한 마음으로 꿇어 엎드리는 사제들에게, 주술사들의 이런 태도와 요구는 신에게만 속한 주권을 불경스럽게 침탈하는 행위로 비쳐졌을 것이다. 때때로 주술사들의 보다 저질적 동기가 사제들의 반감을 사기도 했으리라고 짐작된다. 즉, 사제들은 스스로 신과 인간 사이의 정통적인 중개자이자 참된 집행인이라고 선언했다. 그런데 이들의 경쟁 상대인 주술사들은 사제들에 의해 제시된 신의 은총에 이르는 길은 너무나 어려우며, 그것보다 훨씬 더 확실하고 손쉽게 행운을 얻는 방법을 알고 있다고 설했다. 이런 주술사들이 사제들의 이익을 깎아 먹고 또 감정을 상하게 했음은 두말할 나위도 없다.

그런데 우리는 이런 대립이 인류의 종교사에서 비교적 후대에 나타났다는 사실을 잘 알고 있다. 초기에는 통상 사제와 주술사의 직능이 결합된 형태로 나타났다. 좀 더 정확히 말하면 양자는 거의 구분되어 있지 않았다. 그때 인간은 자신이 원하는 것을 얻기 위해 기도와 희생제물을 바침으로써 신들이나 조상의 영혼들에게 은혜를 베풀어 달라고 간청했다. 그뿐만 아니라 이와 동시에 신이나 악마의 도움 없이 자신이 원하는 결과를 얻기 위해 어떤 주술적 의식이나 주문 같은 것에 의존하기도 했다. 말하자면 종교적 의식과 주술적 의식이 동시에 행해졌던 것이다. 이처럼 원시인은 마치 낚시질하듯이 자신이 원하는 것을 낚아 올리려고 궁리하면서, 자기 행위의 이론적 모순에 대해서는 조금도 개의치 않은 채 똑같은 어조로 기도와 주문을 욀 따름이었다. 앞에서 멜라네시아인이나 그 밖의 여러 민족이 행한 의식들을 살펴보았는데, 그 사례들에서도 우리는 주술과 종교의 이 같은 결합이나 혼동을 확인할 수 있다.

주술과 종교의 혼동은 보다 고차원적 문화 단계에 도달한 민족들에게서도 엿볼 수 있다. 이는 특히 고대 인도나 고대 이집트의 경우에 현저하게 나타난다. 그뿐만 아니라 오늘날 유럽의 농민들 사이에서도 그런 형태가 남아 있다. 고대 인

---

13 인도의 힌두교에서 사회계급을 나타내는 네 바르나varṇa(계급) 가운데 가장 높은 계급. 여기서 '브라만'은 '신성한 지식의 소유자'를 뜻하는 산스크리트어. 이들의 브라만교적 세계관을 나타낸 최고 개념도 '브라만 Brahman[梵]'이라고 한다.

도의 경우에 관해서는 한 고명한 산스크리트 학자가 "자세한 기록이 남아 있는 가장 오래된 시대에도, 제물을 바치는 의식이 가장 원시적인 주술적 의식과 함께 널리 퍼져 있었다"고 적고 있다. 한편 마스페로Gaston Maspero(1846~1916)[14] 교수는 동양 특히 이집트에서 주술이 가지는 중요성에 대해 다음과 같이 서술하고 있다. "우리는 주술이라는 말을 흔히 근대인들이 상상하는 그런 저급한 관념과 결부시켜서는 안 된다. 원시인의 주술이야말로 종교의 기초와 다름없기 때문이다. 신앙심이 독실한 자가 신에게 무언가 은혜를 받으려 한다면, 신에게 자신의 운명을 맡겨야 한다. 그리고 이때 그렇게 해야만 한다고 신이 계시해 준 특정한 의례나 희생제물 혹은 기도나 찬송을 통하지 않고서는 원하는 결과를 얻을 수 없었을 것이다."

오늘날에도 유럽의 무지한 사람들 사이에서는 주술과 종교의 혼동이 여러 형태로 남아 있다. 프랑스에서는 다음과 같은 관념이 널리 퍼져 있다. "대부분의 농민들은 지금도 사제들이 자연력을 통어하는 비밀스럽고 거역할 수 없는 힘을 가지고 있다고 믿는다. 사제만이 알고 있고 말할 수 있는 특권이 주어져 있는(또한 그런 발언에 대해 면제권을 가지는) 어떤 기도문을 암송함으로써, 사제는 공동체가 위기에 처했을 때 영원한 법칙에 입각한 자연세계의 운행을 일시적으로 정지하거나 혹은 제거할 수가 있다고 믿었다. 그리하여 바람과 폭풍우와 우박과 비 따위가 사제의 명령에 복종하고 그의 의지에 따른다. 불 또한 그에게 순종하기 때문에 그의 말 한마디에 사나운 불길이 꺼져 버린다." 지금도 그렇지만, 옛날에 프랑스의 농민들은 사제들이 '성령의 미사'라고 부르는 어떤 특수한 의식을 집행하면 틀림없이 기적적인 효과를 얻을 수 있다고 믿었다. 그렇게 특별한 의식을 통해 신에게 요구하면 그것이 아무리 경솔하고 귀찮은 소원이더라도 다 들어주지 않을 수 없다고 믿었다.

그래서 이들은 생활이 궁핍해진 경우에도 이런 기괴한 방법에 의해 천국을 강탈하려고 시도했다. 그런 사람들에게는 아무리 이상하고 불경스러운 의식이라 하더라도 그것을 비판하려는 마음은 추호도 들지 않았을 것이다. 하지만 일반적으로 교구를 갖고 있는 사제들은 그런 '성령의 미사' 집행을 거절했다. 이에 비해 수도승들, 특히 카푸친 수도회[15]의 수도승들은 어떠한 주저함도 없이 가난한 자

---

14 프랑스의 이집트 학자

들의 간청에 응하여 '성령의 미사'를 집행했다. 가톨릭 농민들의 경우에 이처럼 사제들로 하여금 신에게 압력을 가하도록 했던 것과 매우 유사한 사례를 우리는 주술사들이 특별한 능력을 가졌다고 믿었던 고대 이집트인에게서도 찾아볼 수 있다.

그밖에 다른 사례도 있다. 프로방스[16] 지역에서는 지금도 사제들에게 폭풍우를 피하게 할 수 있는 능력이 있다고 믿는다. 하지만 모든 사제가 다 그렇다고 생각하지는 않는다. 어떤 마을에서는 사제가 교체될 때 새로 부임한 사제가 특별한 능력을 가지고 있는지 없는지를 반드시 조사한다. 그래서 폭풍우의 징조가 나타나면, 신임 사제를 초대하여 검은 비구름을 추방할 수 있는지 그 능력을 시험해본다. 그 결과가 사람들의 기대에 어긋나지 않아야만 비로소 사제는 신자들의 신망과 존경을 받을 수 있다. 어떤 교구에서는 이 점에서 사제보司祭補의 능력이 교구장을 능가하는 바람에 둘 사이가 험악해졌고, 마침내 주교는 교구장을 다른 곳으로 보내지 않을 수 없었다. 또한 가스콩의 농민들이 믿는바에 의하면, 악인들은 자기 적에게 복수하기 위해 종종 사제에게 '성 세케르St. Sécaire의 미사'를 집전해 달라고 부탁한다. 이 미사를 집전할 줄 아는 사제는 극히 드물었는데, 그나마 그런 부탁을 받은 네 명의 사제 중 세 명 정도는 인정이나 돈에 넘어가지 않고 미사 집전을 거절했다. 오직 못된 사제들만이 이런 섬뜩한 미사를 집전했다. 사람들은 그런 사제들이 세상의 마지막 날에 그로 인해 심판을 받을 것이라고 믿었다. 다른 사제나 주교, 대주교라 해도 그런 못된 사제들을 사면해 줄 수는 없다. 다만 단 한 사람, 즉 로마 교황만이 그런 못된 사제들을 용서할 수 있는 자격이 있다.

성 세케르의 미사는 올빼미가 울어 대고 박쥐들이 푸드득거리며 부서진 제단 아래에 두꺼비들이 득실대는, 그래서 기껏해야 강도들의 은신처나 될 법한 그런 폐허 같은 교회당에서 집전되었다. 먼저 사악한 사제가 요염한 애인을 데리고 교회에 나타나, 11시 종소리를 신호로 미사를 시작했다가 한밤중을 알리는 종소

---

15 프란치스코 수도회에 속하는 독립적인 수도회. 1525년 마테오 다 바시오가 일으킨 개혁운동으로 시작되었다. 이들은 성 프란치스코가 세운 규율을 철저히 지키고, 은둔 수도자들의 엄격하고 가난하고 고적한 삶을 따르고자 뾰족한 두건을 쓴 채 턱수염을 기르고, 맨발로 다녔다. 이들은 반종교개혁 후반기에 특히 서민들과 시골 사람들에게 인기를 모아 예수회만큼이나 중요한 역할을 했으며, 16~18세기에 무서운 전염병이 유럽 등지를 휩쓸 때 용감하게 사역한 것으로 유명하다.

16 프랑스 남동부의 부슈뒤론, 보클리즈, 알프드오트프로방스, 바르 주들을 포함하고 있는 역사적·문화적 지방

리와 함께 끝낸다. 이때 애인이 그를 보좌하며, 사제는 사각형 모양의 검은 빵으로 축복 기도를 올린다. 이 의식에서 포도주는 사용하지 않으며, 그 대신 세례받지 않은 갓난애가 익사한 우물물을 쓴다. 이밖에도 사제는 왼발 끝으로 땅 위에 십자를 긋는 등 갖가지 비밀스러운 의식을 행하는데, 만일 선량한 기독교인이 이 장면을 보면 눈이 멀게 될 뿐만 아니라 벙어리가 된다고 여겼다. 이 미사에서 저주를 받은 자는 점점 쇠약해지다가 결국 죽고 마는데, 그 원인은 아무도 모르며, 어떤 의사도 그 자를 치료하지 못한다. 당사자 역시 자신이 성 세케르 미사 때문에 죽어 가고 있다는 사실조차 알지 못한다.

모든 시대에 걸쳐 많은 민족들이 주술과 종교를 혼동했지만, 그런 혼동은 결코 원시적인 것이라 할 수 없다. 한편 인간의 즉물적이고 동물적인 욕망을 초월한 어떤 요구를 충족시키기 위해 오직 주술에만 의존했던 그런 시대도 있었다고 보인다. 이렇게 말할 만한 몇 가지 근거가 있다. 예컨대 주술과 종교에 관한 기초적 관념들을 조사해 보면, 인류사에서 주술이 종교보다 더 오래되었다는 사실을 알 수 있다. 앞에서 우리는 주술이 가장 단순하고 가장 초보적인 사유 과정의 잘못된 적용에 불과하다는 사실을, 다시 말해 그것은 유사 혹은 접촉의 관념연합에 불과하다는 사실을 확인한 바 있다. 또한 종교가 눈에 보이는 자연의 배후에서 활동하는 의식적 또는 인격적 초인간적인 존재를 상정하고 있다는 사실도 살펴보았다. 확실히 인격신의 관념은 단순한 유사의 관념이나 접촉의 관념보다 훨씬 복잡하다. 자연 운행이 이런 인격신에 의해 결정된다는 이론은 실상 깊이 이해하기 힘들다. 이를 이해하기 위해서는 모든 현상이 유사나 접촉에 의해 생겨난다는 관념보다도 훨씬 세련된 고도의 지식과 자기성찰을 요하기 때문이다. 동물들도 경험상 서로 유사한 것들을 관념적으로 연합한다. 그렇지 않고서는 하루도 살지 못할 것이다.

그렇다면 자연현상이 그 배후에 있는 어떤 불가시적인 동물에 의해, 혹은 어떤 거대하고 무지막지하게 강한 동물에 의해 움직여진다는 신앙을 과연 동물들이 가지고 있었을까? 보다 고차원적인 이 같은 이론의 발견은 오직 인간에게만 가능한 것이었다. 주술이 가장 원시적인 사유 과정에서 출발하여 인류가 자연스럽게 빠질 수밖에 없었던 하나의 오류라고 한다면, 종교는 단순한 동물들이 아무리 애써도 도달할 수 없는 관념 위에 설정된 것이라 할 수 있다. 그렇다면 주술이 인류의 진화 과정에서 종교보다 먼저 발생했다고 볼 수 있다. 즉, 기도와 희생제물의 교묘한 술책으로써 엉큼하고 변덕스럽고 성질 급한 신들과 화해하거나 혹은 그런 신들을 위무하려고 시도하기 전에, 원시인은 자신이 바라는 것을 얻기 위해 주문이나 마술 따위의 힘을 가지고 자연을 굴복시키려 했다고 말할 수 있다.

이상의 결론은 주술과 종교의 기본 관념에 대한 검토를 통해 연역적으로 도출한 것이다.[17] 비교적 우리가 정확한 정보를 얻을 수 있는 가장 무지한 미개인인 오스트레일리아 원주민의 경우 주술이 보편적으로 행해지고 있는 반면, 초인간적 힘과 화해하거나 혹은 위무하려는 종교가 거의 발견되지 않는다는 사실은 우리의 결론이 타당하다는 것을 귀납적으로 입증해 보여 준다. 대체로 오스트레일리아 원주민은 모두가 주술사였으며, 사제는 단 한 사람도 없었다고 말할 수 있다. 모든 원주민이 공감주술에 의해 다른 사람의 행동이나 자연의 운행을 좌우할 수 있다고 믿었으며, 반면 기도와 희생제물을 바침으로써 신들과 화해하고자 했던 자는 아무도 없었기 때문이다.[18]

이처럼 가장 원시적인 오스트레일리아 원주민 사회에 주술이 현저하게 나타난 반면 종교는 거의 존재하지 않았다고 한다면, 오늘날 세계의 여러 문화 민족들도 역사의 어떤 시기에서는 원시인과 동일한 과정을 거쳤으리라고 추측해 볼 수 있지 않을까? 즉, 인간은 기도와 희생제물을 바침으로써 초인간적 존재의 호

---

17 본서의 곳곳에서 프레이저는 '연역적 추론deductive conjecture'에 의지하여 논지를 이끌어 가고 있다. 많은 평자들이 프레이저를 비판하는 초점 중의 하나가 바로 그의 연역적 방법론이다. 『황금가지』에서 전개된 프레이저의 방법론적 논리는 19세기를 풍미했던 경험론과 진화론의 접목과 적용에 있었는데, 이로 인해 그의 추론이 피상적이 되고 말았던 것이다. 이와 관련하여 비트겐슈타인은 『논리철학논고』에서 모든 연역적 추론을 '미신Aberglaube'이라고 규정한다. 비트겐슈타인에 의하면, "미래의 정황을 현재의 정황으로부터 추론할 수 없다. 인과적 관계casual nexus에 대한 신앙은 미신일 뿐이다." 그러나 프레이저도 자신의 연역적 방법이 절대적이라고 생각한 것은 아닌 듯싶다. 그는 『황금가지』 초판(1890)에서 이미 "어떤 진실의 최종적인 확인은 여러 가설들에 대한 끊임없는 검증과 시험을 거쳐 하나둘씩 오류를 제거해 나감으로써 비로소 가능한 것이다. 결국 우리가 진실 혹은 진리라고 부르는 것은 가장 적절하다고 확인된 하나의 가설에 지나지 않는다"고 밝힌 바 있다. 본서 제23장 말미 참조

18 주술이 인류의 진화 과정에서 가장 초기의 단계이며, 그런 주술에서 종교로 이행했다고 보는 프레이저의 진화론적 도식에서 그가 제시하는 중요한 근거는 다음 세 가지로 정리될 수 있다. (1) 주술의 논리가 종교보다 더 단순하다. (2) 산업사회에서도 그 심층적 토대에 주술이 지속적으로 현존하고 있다. (3) 현존하는 가장 오래된 원시문화에서 종교의 흔적을 찾아볼 수 없다. 예컨대 프레이저 시대의 미개민족들 가운데 가장 단순하고 가장 덜 진화했다고 간주되는 오스트레일리아 원주민의 경우 토템은 가지고 있으나 신神은 없으며, 주술은 가지고 있으나 종교는 없다. 따라서 주술이 종교보다 더 오래되었다는 것이다. 하지만 이중 (1)과 (3)의 근거는 현대 인류학이나 종교학에서는 더 이상 받아들여지지 않는다.

의를 구하려는 시도에 앞서 자신이 원하는 것을 얻기 위해 자연의 여러 힘들을 통어했으리라고 추론해 볼 수 있지 않을까? 요컨대 인류문화사의 물질적 측면에서 세계 각지에 석기시대가 존재했던 것처럼 정신적·지적 측면에서 도처에 '주술의 시대'가 존재했다는 사실을 정당하게 가정해 볼 수도 있지 않을까?

이런 물음에 대해 긍정적으로 대답할 만한 근거가 많이 있다. 그린란드[19]에서 티에라델푸에고[20]에 이르기까지, 혹은 스코틀랜드에서 싱가포르에 이르기까지 현존하는 여러 민족들을 검토해 보면, 그들이 지극히 다양한 종교에 의해 서로 구별되고 있으며, 그 구별이 단순히 민족의 범위에만 그치지 않고 국가나 주州 혹은 도시나 촌락, 가족의 범위에까지 보다 세분화되어 있다는 사실을 알게 된다. 실로 세계의 사회들은 제각기 종교적 차이에서 오는 알력과 분쟁으로 말미암아 생겨난 온갖 균열과 분열에 의해 갈가리 터지고 갈라지고 금이 그어지고 틈이 벌어져 활력이 떨어지고 고갈되고 파괴되어 있다. 그런데 주로 해당 공동체의 인식적 측면에 영향을 미치는 이런 종교적 차이를 면밀히 분석해 보면, 그 저변에 우매하고 빈곤하며 무지하고 미신적인 사람들 사이에 존재하는 하나의 견고한 공동 인식의 층이 깔려 있다는 사실을 발견하게 된다. 19세기에 이룬 큰 업적 중 하나는 세계 각지의 이 같은 저급한 인식 지층을 파헤쳐 거기에 공통적으로 존재하는 본질적인 동질성을 찾아냈다는 점이다. 물론 그런 원시적 동질성은 오늘날 유럽에서도 우리 발 밑에 어느 정도 존재한다. 하지만 오스트레일리아 원주민의 경우에는 그것이 표면에 그대로 노출되어 있으며, 고급 문명에 의해 원시적 동질성이 땅속에 묻히지 않은 곳에서는 어디서나 그렇다.

세계 각지에서 발견되는 원시적 동질성과 관련된 이와 같은 보편적 신앙은 다름 아닌 주술적 효과에 대한 확신을 가리킨다. 종교는 나라마다 다르고 또한 같은 나라라 할지라도 시대에 따라 다르지만, 공감주술은 원리와 실천에서 시대와 장소를 막론하고 항상 본질적으로 동일하다. 오늘날 유럽의 무지하고 미신적인 사람들 사이에서 성행하는 주술은 수천 년 전에 이집트나 인도에서 행해진 주술 혹은 현대 지구촌의 가장 먼 외지에 잔존하는 원시 부족들이 행하는 주술과 별로 다를 것이 없다. 만일 진리의 시금석이 머릿수에 있고 그런 머릿수만 가지고

---

19 북대서양의 북극권 안에 전국토의 3분의 2 이상이 있는 세계에서 가장 큰 섬나라
20 남아메리카 대륙 남쪽 끝에 있는 제도

따진다면, 주술체계는 가톨릭교회보다도 훨씬 더 보편적이다. 가톨릭교회가 자신의 무오류성을 증명하는 확고한 신용장으로서 자랑스럽게 내세우는 표어가 있다. "그것은 존재하지 않은 적이 없으며, 이르지 않은 곳이 없다Quod semper, quod ubique, quod ab omnibus"가 그것인데, 주술체계야말로 이렇게 말할 수 있을 정도로 널리 분포되어 있다.

인류 사회의 표층 밑에 깔려 있으면서 종교라든가 문화의 외적 변화에 의해 영향받지 않은 채 항구적으로 지속되어 내려온 이 견고한 원시적 층위가 인류의 장래에 과연 어떠한 영향을 미칠 것인가 하는 문제는 우리의 고찰 범위에서 벗어난다. 냉철하고 객관적으로 그런 원시적 층위를 깊이 있게 연구한 관찰자라면, 그것이 문명 발전에 심각한 위협이 될 수 있다는 사실을 인정하지 않을 수 없을 것이다. 다시 말해, 우리는 우리 밑에 잠들어 있는 원시적 층위의 힘에 의해 언제라도 지진이 날 수 있는 그런 불안정한 지반 위에 살고 있는 것이다. 때때로 일어나는 지각변동과 돌연 하늘로 치솟는 불기둥은 우리가 서 있는 대지 밑에서 무언가 일어나려 한다는 것을 예고해 준다. 이 문명 세계는 종종 신문지상을 통해 끔찍한 사건들을 접하면서 놀라곤 한다. 스코틀랜드에서는 흉악한 지주나 성직자를 죽일 목적으로 만신창이가 되도록 못질을 한 주술적 인형이 발견되었는가 하면, 아일랜드에서는 마녀사냥에 의해 한 여자가 불에 그슬려 죽었는가 하면[21], 러시아에서는 성공적인 강도질을 위해 사람의 지방으로 만든 초를 만들려고 소녀를 죽여 그 시체를 토막냈다는 사건들 말이다.

그러나 결국 진보적인 힘이 승리할 것이냐, 아니면 파괴적인 힘이 승리할 것이냐 하는 문제는 우리가 다룰 문제가 아니다. 나아가 소수자의 추진력 있는 에너지와 인류 다수의 무기력한 중압 가운데 과연 어느 쪽이 우리를 더 차원 높게 승화시키는 힘이고, 어느 쪽이 우리를 심연 속에 몰아넣는 힘인지 하는 문제도 현재 또는 과거의 변변찮은 학자들이 다룰 문제가 아니다. 그런 것들은 날카롭게 미래를 통찰할 줄 아는 성인이나 도덕가 또는 정치가들이 다루어야 할 문제이다. 그러므로 여기서는 다만 무궁무진하게 다양하고 가변적인 종교적 신조와 비교해 볼 때, 획일적이고 보편적이며 항구적인 주술적 신앙이야말로 인간정신의 가

---

21 프레이저가 이 문장을 썼을 무렵, 실제로 몇 해 전에 아일랜드 서부 클론멜에서 한 젊은 여자가 남편에 의해 산 채로 불태워 죽임을 당한 일이 있었다. 남편은 아내가 마법에 들렸다고 믿었었다. 로버트 프레이저 편, 앞의 책, 114쪽 편주 참조

장 소박하고 원초적인 형태를 보여 준다는 사실, 그리고 모든 민족이 이런 주술적 신앙을 경유하여 종교와 과학에 이르렀으며, 지금도 그런 전이 과정이 계속되고 있다는 사실을 문제 삼는 데에 그치기로 하자.[22]

나의 대담한 추론에 따라 만일 세계 전역에 걸쳐 주술의 시대가 종교의 시대보다 앞서 존재했다고 한다면, 과연 무엇이 인류에게 신앙과 실천 원리로서의 주술을 버리고 대신 종교를 믿게 한 것인지가 필연적으로 문제시될 것이다. 하지만 설명해야 할 사실들이 너무나 많고 복잡한데 비해 자료와 정보는 터무니없이 부족하기 때문에, 이렇게 어려운 문제에 대해 만족스럽고 결정적인 해답을 찾는다는 것은 거의 불가능하다고 보인다. 그러므로 우리가 현재 알고 있는 지식의 범위 내에서 할 수 있는 최선은 다만 타당성 있는 추론을 시도하는 데에 있다. 이에 나는 아주 조심스럽게 다음과 같이 제안하고자 한다. 즉, 인류 가운데 보다 신중하고 사려 깊은 지성인들이 뒤늦게나마 주술이란 원천적으로 오류이며 아무런 효과도 없다는 사실을 인식하게 되었고, 그 결과 자연에 대한 보다 사실적인 이론을 추구하게 되었으며, 자연을 이용하는 보다 효과적인 방법을 고안하게 되었다고 말이다.

언제부턴가 일부 영리한 지성인들은 주술의식이나 주문이 실제로 아무런 효과가 없으며, 다만 대다수의 무지한 동료들이 잘못 믿은 것에 불과하다는 사실을 지각하기 시작했던 것이다. 주술이 아무런 효과가 없다고 하는 위대한 발견은 그것을 알아차린 총명한 사람들의 마음속에 아마도 점진적이긴 하지만 근본적인 어떤 혁명을 불러일으켰을 법하다.[23] 그때까지 인류는 자연이 완전히 자기 지배하에 있다고 믿어 왔지만, 이제 이런 발견으로 말미암아 인류는 비로소 자신이 자연의 힘을 마음대로 조종할 수 없다는 사실을 깨닫게 되었을 것이다.

이는 인류의 무지와 무력함에 대한 고백과 다름없다. 그리하여 인간은 스스로

---

22 이 같은 프레이저의 역사적 설명에 대해 비트겐슈타인은 그것이 '진보라는 가설'에 입각한 설명이라고 보면서, 그런 설명은 자료를 정리하는 하나의 방식 혹은 자료의 개관에 불과한 것이라고 일축한다. 즉, 시간적 추이에 따라 '주술에서 종교로, 종교에서 과학으로'라는 프레이저의 진화론적 설명은 하나의 가설에 지나지 않는다는 말이다. 이에 대해 비트겐슈타인은 수많은 자료들을 그 상호관계에 입각하여 보아야 한다고 주장한다. "フレイザ—『金枝篇』について", 앞의 책, 404쪽 참조

23 여기서 프레이저는 주술에서 종교로의 전이를 하나의 혁명으로 본다. 이에 반해 라이얼Lyall은 사제가 아니라 주술사야말로 혁명적이었다고 본다. 역사적으로 주술이 먼저냐 종교가 먼저냐 하는 문제는 그리 중요한 것이 아니라고 말하는 라이얼은, 역사가 아니라 논리상 종교가 주술보다 먼저 나타났다고 주장한다. 즉, 종교적 논리가 먼저고, 그 후에 주술적 논리가 나타났다는 것이다. Robert Frazer, 앞의 책, p.125 참조

비非원인을 원인으로 착각했다는 사실과 그런 상상적인 원인에 의존하여 행해 온 모든 주술적 노력들이 허사였다는 사실을 깨닫게 되었다. 그의 피땀 흘린 고생은 쓸모없는 것이었고, 그의 기묘한 재간들은 아무런 효과도 없는 낭비에 지나지 않았다. 그의 모든 시도는 이제껏 밑 빠진 항아리에 물붓기식이었던 것이다. 자신은 목적지를 향해 똑바로 달리고 있다고 생각했을지 모르지만, 실은 조그만 원 안에서 맴맴 돌고 있을 뿐이었다. 물론 그가 애써 추구한 결과가 전혀 나타나지 않았다는 말은 아니다. 간혹 자신이 원하는 결과가 나타나기는 했지만 그것은 인간이 만든 것이 아니었다. 예나 지금이나 다름없이 비는 마른 땅을 적시고, 해와 달도 여전히 하늘을 가로질러 낮과 밤의 여행을 계속하고 있다. 계절의 순환 또한 말없이 대지를 가로질러 빛과 어둠 사이로, 구름과 햇빛 사이로 자신의 길을 걸어갈 뿐이다. 그 속에서 인간은 태어나고 땀 흘려 일하고 슬퍼하며 잠시 지상에 머물다가 언젠가는 조상들이 사는 머나먼 고향으로 되돌아가야 한다. 모든 것이 예전과 다름없이 움직이고 있는 것이다.

그런데 어느 날 눈에서 낡은 비늘이 떨어지고 보니, 그 모든 것들이 다르게 보이기 시작했다. 그리하여 이제 그는 더 이상 멋진 환상을 품고 살 수 없게 되었다. 하늘과 땅의 운행을 바로 자신의 손으로 조종했으며, 그래서 그 작은 손을 떼면 그 위대한 운행도 멈추고 말 거라는 환상 말이다. 또한 인간은 친구나 적의 죽음 앞에서 더 이상 자기 자신이나 혹은 적의 주술적 마법이 어떤 저항할 수 없는 효과를 발휘하리라고 여기지 않게 되었다. 친구든 적이든 모두 자신보다 더 강력한 힘에 복종할 따름이며, 자신이 조종할 수 없는 운명에 순종할 뿐이라는 사실을 알게 되었기 때문이다.

그리하여 인간은 원시시대부터 정박하고 있던 항구를 떠나 표류하면서 의혹과 불안의 거센 바다로 내몰려졌다. 그러면서 이전에 그가 자기 자신과 스스로의 힘에 대해 품고 있던 행복한 확신이 여지없이 흔들리기 시작했다. 이에 우리의 원시 철학자들은 슬프게도 대단히 당황하고 초조해했을 것임에 틀림없다. 이런 혼돈 상태는 마치 폭풍우에 시달린 배가 고요한 항구에 들어가듯이, 원시 철학자들은 자신의 의문을 풀어 줄 만한 새로운 신앙과 실천체계를 발견하고, 또한 내키지는 않지만 종전에 행해 왔던 자연의 조작 방법을 버리고 그것을 대신할 만한 새로운 대체물을 찾아내면서 비로소 가라앉기 시작했을 것이다. 만일 위대한 우주가 인간의 도움 없이도 얼마든지 운행할 수 있다고 한다면, 그것은 틀림없이 인간과 비슷하지만 인간보다 훨씬 더 강한 어떤 다른 존재가 있기 때문일 것이다. 그 존재가 눈에 보이지는 않지만 우주 운행을 지배하고 인간이 종전에 자신의 주술을 통해 일어나게 할 수 있다고 믿었던 그런 모든 현상들을 지배한다고 여기게 되었다.

이로써 인간은 폭풍과 번개와 천둥을 일으키는 자가 인간 자신이 아니라 실은 다른 존재라고 믿기 시작했다. 대지가 흔들리지 않도록 기초를 마련하고 조수간만을 조종하는 이도, 일월성신을 찬란하게 빛나게 하는 이도, 하늘을 나는 새와 광야의 짐승들을 먹여 살리는 이도, 비옥한 토지에 풍성한 알곡이 맺게 하고 높은 산마다 무성한 숲으로 옷을 입히며 골짜기에 샘물이 솟아나게 하고 고요한 호숫가에 초원을 펼친 이도 모두가 인간 자신이 아니라 다른 존재였다는 사실을 믿기 시작한 것이다. 인간은 변화무쌍한 모든 자연의 장관 속에서 이 위대한 존재의 손길을 보았다. 그리하여 이제 인간은 눈에 보이지 않는 이 존재의 힘에 의지하고 순종하면서 살겠노라고 겸허하게 고백하게 되었다. 아울러 인간은 이 위대한 존재에 대해 언제나 자신에게 좋은 선물을 베풀어 주기를, 필멸의 인생이 겪을 수밖에 없는 온갖 재난이나 위험에서 자신을 지켜 주기를, 자비를 베풀어 주기를 호소하게 되었다. 나아가 자신이 죽으면 육신의 짐을 벗어 버린 불멸의 영혼이 고통과 슬픔이 없는 천국에 들어가 거기서 저 위대한 존재와 선한 영혼들과 함께 영원히 즐거움과 행복을 누릴 수 있게 해 달라고 탄원했다.

아마 이런 과정에서 보다 사려 깊은 사람들은 주술에서 종교로의 위대한 전향을 시도했을 것이다. 하지만 이런 변화가 갑자기 일어나지는 않았을 것이다. 그런 전향은 서서히 진행되었고, 그것이 완료되기까지는 상당히 오랜 세월이 필요했을 것이다. 인간이 위대한 자연 운행에 대해 아무런 영향도 끼칠 수 없다는 사실을 인식하기까지 많은 시간이 걸렸을 테고, 또한 인간이 품고 있던 잘못된 착각도 결코 단번에 사라질 수는 없었을 것이다. 인간은 자신의 자랑스러운 자리에서부터 한 걸음 한 걸음 물러나왔을 것이고, 한숨을 내쉬면서 지금까지 자신의 영역이라고 믿었던 지반들을 조금씩 포기했을 것이다. 처음엔 바람을, 다음엔 비와 햇빛과 천둥 따위를 자신의 힘으로는 어떻게 할 수 없는 것이라고 고백했을 것이다. 그래서 자연의 영역이 하나씩 하나씩 인간의 손에서 떨어져 나갔다. 그리하여 마침내 한때는 자신의 왕국이라고 여겼던 것도 감옥이 되어 인간을 위협하기에 이르렀으며, 인간은 점점 더 스스로 무력감을 뼈저리게 느끼게 되었고,

그런 만큼 더욱더 눈에 보이지 않는 존재의 힘 앞에 압도당하지 않을 수 없었다.

종교란 바로 인간이 자신보다 더 우월한 힘을 조금씩 그리고 부분적으로 승인하는 데에서부터 시작되었으며, 인간의 지식이 점차 성장하면서 신적 존재에 대한 절대적이고 전적인 의존을 고백하는 데까지 도달하게 되었다. 거기서 종전의 자유분방했던 인간의 행동은 눈에 보이지 않는 신비한 힘에 대한 가장 경건한 태도로 바뀌었다. 또한 신적 존재에게 모든 것을 맡기는 것이야말로 최고의 덕이 되었다. "신의 뜻 안에 우리의 평화가 있다In la sua volontade è nostra pace"[24]는 것이다.

그러나 이처럼 심화되어가는 종교적 관념과 모든 것을 완전히 신의 뜻에 따르는 태도는 오직 우주의 광대무변함과 인간의 왜소함을 이해할 수 있는 지식 계급에만 영향을 미칠 뿐이었다. 우매한 자들은 위대한 관념을 이해하지 못했다. 어리석은 자들의 편협한 이해력과 반쯤 눈먼 시력으로는 그저 자기 자신만이 참으로 위대하고 중요한 존재로 보일 뿐이기 때문이다. 그런 사람들은 결코 종교에 도달할 수 없다. 그들은 신앙적 선배들의 인도에 의해 입으로는 종교의 가르침이나 교의를 암송하도록 훈련받을 수 있지만, 그것은 그저 외적인 순종에 지나지 않는다. 그들의 마음속은 여전히 종래의 주술적 미신에 사로잡혀 있기 때문이다. 종교는 그런 주술을 부정하고 금하지만, 대다수 인류의 정신적 토대에 주술이 구조적으로 뿌리내리고 있는 한 그것을 원천적으로 박멸할 수는 없다.[25]

여기서 독자들은 이런 의문들을 던질 만하다. 지성을 가진 인간들이 왜 좀 더 일찍 주술의 오류성을 깨닫지 못했을까? 뻔히 실망을 줄 수밖에 없는 기대를 어떻게 계속 지닐 수 있었던 걸까? 도대체 무슨 생각으로 아무런 효과도 없는 푸닥거리를 하고, 쓸모없는 장중한 넋두리를 지껄였던 것일까? 명백히 경험과 모순되는 신앙에 매달린 까닭은 무엇일까? 번번이 실패했음에도 무엇 때문에 똑같은 실험을 되풀이했던 것일까? 이런 물음에 대해 다음과 같은 답변이 가능할 것

---

24 단테의 『신곡』 천국편에 나오는 구절

25 주술에서 종교로의 전이가 어떻게 일어났는지를 설명하는 이 대목은 대단히 수사적이고 웅변적이다. 그런데 이와 같은 프레이저의 발상은 라이얼의 주장을 거꾸로 적용한 것이다. 즉, 라이얼은 주술의 발단이 아무리 기도를 해도 효과가 없음을 알게 된 데에서 비롯되었다고 주장했는데, 프레이저는 이 순서를 거꾸로 적용했다. 요컨대 미개인들이 주술의 효용성에 회의를 품게 된 데에서 종교가 생겨났다는 말이다. 프레이저는 이런 주술적 오류의 확인과 그에 따른 종교의 발견이야말로 인류의 영적·정신적 발전에 일대 전환점이었다고 보고 있다. 가히 '신들의 탄생'이라고 부를 만한 이 전환을 R. R. 매럿은 (신에 대한 인간의) '겸손의 탄생 Birth of Humility'이라고 불렀고, 프레이저 진영은 이를 (신에 대한) '기도의 탄생Birth of Supplication'이라고 불렀다. Robert Frazer, 앞의 책, pp.125~126 참조

이다. 즉, 원시인이 주술 이론의 오류를 알아차린다는 것은 결코 쉬운 일이 아니었을 것이며, 따라서 명백하게 실패라고 인식된 경우는 거의 없었을 것이다. 왜냐하면 원하는 결과를 얻을 때까지 계속해서 주술의식을 반복했을 것이고, 그에 따라 좀 늦거나 빠르거나 하는 차이는 있을지언정 많은 경우 기대된 현상이 실제로 나타났기 때문이다.

병석한 두뇌의 소유자라면 그런 경우라 할지라도 주술의식이 곧 결과에 대한 원인이 아니라는 것쯤은 알아차릴 수 있었을 것이다. 하지만 바람을 불게 하거나 비를 내리게 하거나 적을 죽이기 위해 어떤 주술의식을 거행한 다음에 조만간 기대한 현상이 실제로 일어났다고 하자. 그런 경우 원시인이 그것을 의식이 빚어낸 직접적인 결과이며, 주술의식이 효력 있었다는 결정적인 증거라고 믿는 것도 무리가 아닐 것이다. 마찬가지로 태양을 떠오르게 하기 위해 아침에 행한 의식이나, 꿈꾸는 대지를 동면에서 깨어나게 하기 위해 봄에 행하는 의식 따위가 적어도 온대지방에서는 당연히 언제나 성공적이었다. 그럴 수밖에 없는 것이 온대지방 같은 데서는 항상 아침마다 태양이 동쪽에서 떠오르며, 매년 봄이 되면 잠자던 대지는 새롭게 아름다운 초록빛 옷을 단장하고 나타나기 때문이다.

따라서 경험에 입각한 실천적 원시인이 보수적인 본능으로써 이론적 회의파인 급진적 철학자의 의견에 귀를 기울이지 않는다 해도 전혀 이상할 것이 없다. 그리하여 이론적 회의론자들이 일출과 봄은 매일, 매년 행하는 주술적 의식의 결과가 아니며, 가끔 의식을 생략하거나 굳이 의식을 집행하지 않더라도 태양은 반드시 아침에 떠오르고, 봄이 되면 으레 꽃이 피는 법이라고 아무리 강변해 봤자 소용이 없었을 것이다. 오히려 그런 회의는 주술적 신앙을 좀먹고 경험적 사실과 명백히 모순되는 공허한 몽상에 지나지 않는 것이라 하여 다른 동료 원시인들의 분개와 비난을 사기 일쑤였을 것이다.

격분한 실천적 원시인은 이렇게 말했을지도 모른다. "이보다 더 분명한 일이 어디 있겠는가? 보잘것없지만 내가 지상에서 촛불을 켰기 때문에 하늘에서 해가 떠올라 위대한 불꽃을 피운 거다. 봄을 맞이하여 내가 초록색 옷을 입으니까 그에 따라 나무들도 초록색이 된 거 아니냐고. 이건 누구나 다 알만한 사실이잖아. 난 그런 사실만을 믿고 의지할 뿐이야. 난 너희들처럼 주둥이만 나불대거나 논리만 앞세우는 그런 이론가가 아니라 솔직하고 단순한 실천가란 말이야. 이론도 사색도 그 나름대로는 다 좋아. 물론 그런 이론을 실행에 옮기지만 않는다면 너희들이 얼마든지 그런 데에 빠져도 나로선 굳이 막을 이유가 없지. 하지만 무엇보다도 사실을 존중해야 해. 그래야만 내가 지금 어디에 서 있는지를 알 수가 있기 때문이지."

물론 이런 추론은 명백히 오류이다. 왜냐하면 여기서 말하는 사실이란 기실 우리가 이미 내다 버린 그런 사실이기 때문이다. 그러나 만일 누군가 이와 똑같은 주장을 오늘날 여전히 논쟁 중인 문제들에 적용한다면, 영국의 청중들은 그것을 건전한 주장이라고 보아 거의 모두가 박수갈채를 보내며 동의할 것이다. 그리고 그런 주장을 하는 강연자를 뛰어나거나 화려하지는 않지만 대단히 예민하고 냉철한 사람, 안심할 수 있는 사람이라고 평가할 것임에 틀림없다. 그리하여 그런 주장이 우리 사회에서 검열을 통과할 수도 있는 것이다. 지금도 그러한데 하물며 원시사회에서 오랫동안 그런 주장의 오류가 간파되지 못한 채 계속된 것은 충분히 있을 법한 일이 아니었을까?

제5장
날씨주술

1. 공적 주술사

독자들은 우리가 처음에 상이한 두 유형의 인신人神에 대한 고찰에서 시작하여 주술의 미로 속에 던져지게 되었음을 기억할 것이다. 그것은 미로와 우회로를 통한 우리의 복잡한 여행을 안내해 주는 실마리가 될 것이다. 마침내 우리는 더 높은 곳에 올라 잠시 숨을 돌리면서 우리가 걸어온 길을 되돌아보고, 또 앞으로 더 올라가야 할 멀고 험한 길을 전망하는 자리에 와 있다.

앞의 고찰을 통해 우리는 결과적으로 두 유형의 인신을 편의상 종교적 인신 religious man-god과 주술적 인신magical man-god으로 각각 구분할 수 있다. 종교적 인신이란 인간과는 질적으로 다르며 인간보다 우월한 차원에 있는 존재가 오랜 기간 혹은 짧은 기간에 인간의 몸으로 화신한 경우를 가리킨다. 종교적 인신은 자신의 거처로서 선택한 육신의 장막을 매개체로 삼아 기적을 일으키고 예언함으로써 자신의 초인간적인 힘과 지식을 드러내 보여 준다. 따라서 이는 영감형 혹은 화신형 인신이라고 부르는 편이 더 적절할지 모른다. 이 경우 그가 화신한 인간의 몸은 천상적이고 신적인 불멸의 영으로 가득 차 있기는 하지만, 어디까지나 깨지기 쉬운 지상적 그릇에 지나지 않는다. 한편 주술적 인신은 누구나 조금씩은 다 가지고 있는 힘을 비상하리만치 많이 소유한 특별한 인간을 가리킨다. 그렇다 해도 주술적 인신 역시 그저 인간일 뿐이다. 원시사회에서는 누구나 다 조금씩은 주술을 행했기 때문에 이 점에서는 주술적 인신과 보통 인간은 본질적으로 큰 차이가 없다.

종교적 인신 혹은 영감형 인신이 지상적 그릇의 평범한 가면 뒤에 천상적 광휘를 숨기면서 자신을 낮춘 신에게서 신성을 부여받은 존재라고 한다면, 주술적 인신은 자신의 비상한 힘을 자연과의 어떤 물리적 공감에서 끌어 낼 줄 아는 존재라 할 수 있다. 이런 두 유형의 인신은 신적인 영혼이 담긴 그릇 이상이다. 그의 전 존재와 몸과 영혼은 우주의 운동과 너무도 절묘한 조화를 이루어서, 그가 손을 대기만 해도 혹은 한 번의 고갯짓만으로도 우주 전체를 진동케 하는 전율을 일으킬 수 있다고 믿었다. 또한 반대로 그의 신성한 몸은 보통 사람들은 전혀 느낄 수 없는 환경의 미묘한 변화에 대해서도 이상하리만치 민감하다. 이와 같은 인신을 두 유형으로 나눈다는 것은 이론상으로는 얼마든지 가능하지만 실제로는 명확히 선을 긋기 어렵다. 그러므로 아래에서는 인신의 두 유형 구분에 대해서는 더 이상 언급하지 않을 것이다.

앞에서 우리는 주술적 기술이 실제 행해질 때 개인의 이익을 위해서냐 아니면 공동체 전체의 이익을 위해서냐에 따라 각각 사적 주술과 공적 주술로 구분할 수 있다는 점을 언급한 바 있다. 또한 앞서 지적했듯이 공적 주술사는 매우 중요한 영향력을 행사하는 지위를 차지했으며, 그가 빈틈없고 유능한 인물이라면 수장이나 왕의 지위에까지 올라갈 수도 있었다.[1] 이런 공적 주술을 연구하면 초기 왕권의 이해에 많은 도움이 될 것이다. 왜냐하면 미개한 원시사회에서 수장이나 왕의 권위는 통상 주술사로서의 평판에 달려 있었기 때문이다.

공적 주술이 추구하는 공동체의 이익 가운데 가장 중요한 것은 식량을 적절히 공급하는 문제이다. 앞서 인용한 사례들에서 알 수 있듯이 사냥꾼이나 어부 혹은 농부와 같은 식량 공급자들은 각자의 직능을 수행함에서 모두 주술적 행위에 의존했다. 그런데도 이들은 공동체 전체의 이익을 위해서라기보다는 오히려 자신과 가족의 이익을 위해 주술을 행한 사적 주술사와 마찬가지 목적으로 각자의 직능을 수행한 것이었다. 물론 식량 공급과 관련된 주술적 의식이 사냥꾼이나 어부 혹은 농부들에 의해서가 아니라 직업적 주술사에 의해 공공의 이익을 위해 행해졌을 경우는 사정이 다르다. 직업의 획일성이 하나의 규칙이었고, 아직 직업의 분화가 이루어지지 않은 원시사회에서는 누구나 어느 정도는 모두 자신을 위한 사적 주술사이지 않을 수 없었다. 그리하여 각자는 자신의 이익을 위해, 또는 적에게 상해를 입히기 위해 주문을 외우고 마법을 걸었던 것이다. 그런데 공적 주술사라는 특수 계급이 형성되면서 커다란 비약과 변화가 일어나게 된다. 즉, 일단의 사람들이 각자의 주술적 기술로써 전체 공동체에 이익을 얻는다는 당면한 목적을 위해 분리되었다. 이들은 각각 질병을 고치거나 미래를 예견한다든지 혹

---

1 본서 제3장 4절 참조

은 날씨를 조절한다든가 그밖에 일반적인 이익을 초래할 주술적 기술의 전문가들이었다.

하지만 이런저런 이익을 얻기 위해 이 전문가들은 채택한 수단인 주술의 중요성에만 주목한 나머지 주술사 계급의 형성이라고 하는 보다 큰 의의를 간과하는 일이 있어서는 안 될 것이다. 적어도 원시사회가 좀 더 발달한 단계에서, 이 주술사 계급은 고달픈 노동에 의해 생계를 해결해야 하는 필요성에서 해방되어 자연의 신비한 운행에 대해 연구하도록 허용되었다. 아니 허용되었다기보다 그렇게 하도록 기대와 격려를 받았다고 말해야 할 것이다. 보통 사람들보다 더 많이 알고, 힘겹게 자연과 투쟁하는 인간에게 도움이 되며, 또한 인간의 고통을 줄이고 수명을 연장할 수 있는 모든 주술적 기술에 정통하는 일은 곧 주술사 계급의 의무이자 동시에 관심사였다. 약물이나 광물의 성질, 강우라든가 가뭄, 천둥과 번개의 원인, 계절의 순환, 달의 차고 기욺, 태양과 별들의 운행, 생명과 죽음의 신비 등 이 모든 것들이 원시적 철학자들의 외경심을 자극했을 것임에 틀림없다.

그뿐만 아니라 그것들은 종종 원시적 철학자들이 의뢰인들의 집요한 요구에 의해 가장 현실적으로 직면한 여러 가지 문제들의 해결책을 찾아내도록 자극하기도 했을 것이다. 의뢰인들은 주술사가 인간의 이익을 위해 위대한 자연의 운행을 이해하고 더 나아가 그것을 통어할 수 있기를 기대했기 때문이다. 물론 주술사들은 때로 엉뚱한 결과를 초래하기도 했다. 하지만 그건 어쩔 수 없는 일이다. 비록 더디긴 하지만 그칠 줄 모르는 진리에의 접근이란 언제나 가설을 세우고 그것을 검증하는 데에 있다. 그러므로 그때그때 사실에 합치된다고 여겨지는 것들은 받아들이고 그렇지 않은 것은 배척하는 것이다. 원시적 주술사들이 지니고 있던 자연의 인과율에 관한 견해는 우리가 보기에 분명 터무니없는 오류에 불과할지 모른다. 하지만 비록 실증적으로 검증되지는 않더라도 그 당시에는 그런 견해들이 합리적인 가설이었을 것이다. 그러니까 비난과 조롱은 그런 조잡한 이론들을 고안해 낸 원시적 철학자들이 아니라, 더 합리적인 이론이 제시된 이후에도 완고하게 이전의 이론에 집착한 자들에게 향해져야 마땅할 것이다.

확실히 미개한 마법사들만큼 진리 추구에 강한 열정을 가진 자는 다시없을 것이다. 그들에게는 최소한 많은 지식을 사람들 앞에 과시하는 일이 절대적으로 요청되었기 때문이다. 거기서 조금이라도 실수가 드러나면 자기 목숨을 내놓아야 했다. 따라서 그들은 자신의 무지를 감추기 위해 사기 행각도 서슴지 않았을 것이다. 그러나 어떤 일을 알고 있는 척하려면 그것을 실제로 아는 것이 최선의 길인만큼, 이는 또한 원시적 주술사들에게 가짜 지식 대신 참된 지식을 얻어야 한다는 매우 강한 동기를 부여해 주기도 했다. 우리는 주술사들의 터무니없는 가장과 과대포장을 배격하고 그들이 인류에게 끼친 사기 행각을 비난해야 마땅하지만, 전체적으로 볼 때 주술사 계급이라는 조직의 본래적 목적은 인류에게 무한한 복지를 가져다주는 데에 있었다는 사실도 간과해서는 안 될 것이다.

그들은 참으로 내과의사 혹은 외과의사의 직접적인 선구자였을 뿐만 아니라, 더 나아가 자연과학의 모든 분야에서 과학자와 발견자들의 직접적인 선배이기도 했다. 후대의 계승자들에 의해 이루어진 찬란하고 유익한 사업들을 처음 시작한 자가 바로 원시적 주술사들이었다는 말이다. 비록 그 출발은 빈약하고 조잡했지만, 이는 인간의 본래적 무능력이나 의도적 기만 때문이 아니다. 그것은 오히려 지식의 노정에서 불가피하게 겪지 않을 수 없는 곤란과 어려움의 탓으로 돌려야 할 것이다.

2. 강우주술

공적 주술사가 부족의 복지를 위해 행한 주술의식 가운데 매우 중요한 것 중 하나는 천후의 조절, 특히 비가 적당히 내리도록 하는 의식이었다. 물은 생명에 필수적인 것이며, 대부분의 지역에서 물의 공급은 주로 비에 의존하고 있었다. 비가 오지 않으면 식물들이 말라 죽고, 동물과 인간도 쇠약해져 마침내 죽고 만다. 따라서 미개사회에서는 강우사降雨師가 아주 중요한 역할을 했다. 그리하여 종종 하늘에서 내리는 비의 공급을 통어하는 특수한 주술사 계급이 등장하기도 했다. 이들이 임무 수행을 위해 취한 방법은 항상 그런 것은 아니었지만 대체로 동종주술 혹은 모방주술의 원리에 기초하고 있었다.

예컨대 비를 내리게 하고 싶을 때는 물을 뿌리거나 구름을 흉내 냄으로써 모의 비를 가장했다. 반대로 비를 그치게 하거나 가뭄을 원할 때는 물을 멀리하고 높은 습도를 줄이기 위해 불 따위를 이용했다. 이런 시도는 문명 세계의 독자들이 상상하듯이 때로 몇 달 동안이나 구름 한 점 없는가 하면, 태양이 사정없이 뜨겁게 내리쬐는 중앙오스트레일리아나 아프리카 동남부의 일부 지역 같은 혹서

현대 활동 중인 캐나다 원주민 돈 체이스의 청동상 「강우사」

지대에 사는 벌거숭이 원주민들에 의해서만 행해진 것은 결코 아니다. 유럽의 습한 지역에 살면서 겉보기에는 고도의 문명을 향유하고 있다고 보이는 사람들 사이에서도 그런 시도가 널리 행해졌다. 아래에서는 공적 주술과 사적 주술에 관련된 사례들에 대해 살펴보기로 하자.

러시아 도르파트[2] 근처의 한 마을에서는 비가 오지 않아 애먹을 때, 세 명의 남자가 어떤 신성한 숲속에 들어가 전나무에 올라간다. 그중 한 사람이 솥이나 통을 몽둥이로 두들겨 천둥소리를 흉내 내면, 다른 한 사람은 두 개의 막대기에 불을 붙여 불꽃을 날리면서 번갯불을 모방한다. 이번에는 '강우사'라고 부르는 세 번째 남자가 한 다발의 나뭇가지를 사용하여 통 속의 물을 사방에다 흩뿌린다. 플로스카에서는 기근을 멈추고 비가 내리도록 하기 위해 마을 여자들이 밤중에 벌거벗고 마을 어귀까지 달려가서 땅에 물을 뿌린다. 뉴기니 서부의 큰 섬인 할마헤라나 길롤로에서는 마법사가 특정한 나뭇가지를 물에 담갔다가 거기서 떨어지는 물방울을 땅에 뿌리면서 비를 청한다. 뉴브리튼섬[3]의 강우사는 빨간색과 초록색 무늬가 있는 덩굴잎 몇 장을 바나나 잎에 싸서 그것을 물에 적신 다음 땅속에 묻은 후 비 내리는 소리를 흉내 낸다.

북아메리카의 오마하Omaha족[4] 인디언은 비가 내리지 않아 옥수수가 말라 죽으면, 신성한 '버팔로 결사'의 단원들이 큰 통에 물을 붓고 그 주위를 네 번 돌면서 춤춘다. 이윽고 한 사람이 입에 물을 한가득 머금고는 하늘을 향해 물을 내뿜는다. 이는 안개 혹은 이슬비를 흉내 낸 것이다. 그리고 물통을 엎어 땅에 물을 흘려보낸다. 그러면 춤추던 사람들이 모두 땅에 엎드려 얼굴이 온통 진흙투성이가 되도록 물을 핥는다. 그렇게 입에 머금은 물을 다시금 공중을 향해 내뿜는다. 이번엔 옅은 안개를 모방한 것이다. 이렇게 하면 비가 내려 옥수수가 잘 될 거라고 믿었다. 북아메리카의 나체스Natchez족[5] 인디언들은 봄이 오면 마법사에게서 작물의 풍작을 위한 좋은 기후를 구입하기 위해 서로 힘을 합친다. 만일 비를 원할 때는 마법사가 단식을 하면서 물을 채운 대롱을 입에 물고 춤을 춘다. 이때 대롱에는 구멍이 나 있는데, 강우사는 이 구멍을 통해 가장 구름이 많이 끼어 있는 하

---

2 에스토니아의 유서 깊은 대학 도시 타르투를 말한다.
3 태평양 남서쪽에 있는 비스마르크 제도 가운데 가장 큰 섬으로 파푸아뉴기니에 속해 있다.
4 수어족語族에 속하는 데기하어를 쓰는 북아메리카 평원의 인디언
5 미시시피강 하류 동쪽에 살던 북아메리카 인디언

늘을 향하여 물을 내뿜는다. 반대로 맑은 날씨를 원할 때는 지붕에 올라가 두 손을 높이 쳐들고 숨을 내쉬면서 구름을 쫓는 시늉을 한다.

중부 앙고닐란드Angoniland인은 비가 제때에 내리지 않으면 '비의 신전'이라 부르는 곳으로 몰려간다. 그들은 이곳의 풀을 깨끗이 뽑아낸 다음 장로가 땅속에 묻은 항아리에 술을 부으면서 이런 기원을 올린다. "차우타Chauta 신이시여, 우리에게 당신의 마음을 닫으셔서 어찌할 셈이신가요? 우린 다 죽게 생겼습니다. 당신의 자녀들에게 비를 내려 주시옵소서. 여기 당신에게 바치는 술이 있사옵나이다." 그런 다음 남은 술을 다 함께 마시는데, 어린애들까지 여기에 참여한다. 그리고 나뭇가지를 들고 춤추며 비를 내려 달라고 노래한다. 마을로 돌아온 사람들은 집 대문가에서 한 노파가 준비한 물동이를 발견한다. 그들은 손에 들고 있는 나뭇가지를 이 물동이에 넣어 적신 다음 그것을 주변에 흔들어 물방울을 뚝뚝 떨어뜨린다. 이렇게 하면 검은 구름이 몰려와 비를 뿌려 댈 거라고 믿었다. 이런 관습에서 우리는 종교와 주술이 결합된 형태를 본다. 나뭇가지를 흔들어 물방울을 떨어뜨리는 행위가 순수하게 주술적인 의식이라면, 비가 내리기를 기원하고 술을 바치는 행위는 순수하게 종교적인 의식이기 때문이다.

북부 오스트레일리아 마라Mara족의 강우사는 연못가로 가서 주술적인 노래를 부른다. 그런 다음 손으로 약간의 물을 담아 마시고는 그것을 사방에 뿜어 뱉는다. 그리고 자기 몸에다 물을 뿌리고 다시 주변에도 물을 흩뿌리고는 조용히 집으로 돌아가 조만간 비가 내리기를 기다린다. 아랍의 역사가 마크리지Makrizi (1364~1442)[6]는 하드라마우트의 유목민인 알카마르Alqamar족이 비를 멈추게 하기 위해 행한 방법을 소개하고 있다. 그들은 사막에서 자라는 나무의 가지를 꺾어 그것을 불에 넣은 다음 타오르는 나뭇가지에 물을 뿌린다. 그러면 타오르는 나뭇가지에 뿌린 물이 다 말라 버리듯이 세차게 내리던 빗줄기도 곧 누그러질 거라고 믿었다. 한편 마니푸르[7] 동부의 안가미스Angamis족은 반대의 목적, 즉 강우를 위해 방금 언급한 사례와 동일한 의식을 거행한다. 마을 추장이 타는 나무토막을 불에 타죽은 사람의 묘지에 쑤셔 넣고 비를 청하는 기도를 하면서 이번에는 물을 뿌려 나무토막의 불을 끈다. 여기서 물로 불을 끄는 행위는 강우 현상을 모

---

6 맘루크조 시대의 아랍 역사가. 주로 이집트에 관련된 200여 편의 저술을 남겼다.

7 인도 북동부 아삼주에 위치. 미얀마 국경과 아주 가깝다.

방한 것이다. 그들은 이런 모방이 사자의 영향에 의해 더욱 강한 효력을 발휘하리라고 여겼다. 왜냐하면 불에 타 죽은 자는 당연히 비가 내려 자신의 그슬린 몸을 식혀 주고 고통을 덜어 주기를 간절히 원할 것이기 때문이다.

이런 아랍인들 외에도 비를 멈추게 하는 방법으로서 불을 사용하는 종족들이 있다. 뉴브리튼섬의 술카Sulka족은 돌멩이를 불로 빨갛게 달구어 비를 맞게 하거나 또는 뜨거운 재를 공중에 뿌린다. 그러면 곧 비가 멈출 거라고 믿었다. 왜냐하면 비란 놈은 저 뜨겁게 달아오른 돌멩이나 재로 인해 타고 싶지 않을 것이기 때문이다. 텔루구Telugu어족[8]은 꼬마 소녀를 발가벗긴 다음 손에 불타는 나무토막을 들려서 비 내리는 바깥에 세워둔다. 소녀는 나무토막을 비에 대고 시위해야만 하는 것이다. 뉴사우스웨일스의 스티븐 항구에 사는 사람들은 주의들이 불붙인 나무토막을 공중에 던지면서 악을 쓰고 소리지르면 비가 멈춘다고 여겼다. 북부오스트레일리아의 아눌라Anula족은 단지 생나무를 불 속에 집어넣었다가 그것을 바람 불어오는 쪽을 향해 휘둘러 대기만 하면 비를 멈추게 할 수 있다고 믿었다.

중앙오스트레일리아의 디에리Dieri족은 가뭄이 극심해지면, 대지가 메말라 다 굶어 죽게 생겼다며 큰 소리로 통곡하면서 '무라무라Mura-muras'라는 조상신에게 큰 비를 내리게 하는 힘을 달라고 호소한다. 디에리족의 신앙에 의하면, 그들의 의식이나 이웃 부족의 의식을 통해 무라무라가 비구름을 모이게 할 수 있다는 것이다. 구름을 모아 비를 내리게 하는 의식은 다음과 같이 행해진다. 먼저 길이 3미터 60센티미터, 폭 2미터 40센티미터에서 3미터 정도의 구덩이를 파고 그 위에 통나무와 가지로 우산 모양의 오두막집을 세운다. 그런 다음 마을 장로가 무라무라에게 특별한 영감을 받았다고 여겨지는 두 주술사의 팔목에 날카로운 돌로 상처를 낸다. 그리고 상처에서 흐르는 피가 오두막집에 옹기종기 모여 앉은 부족원들 위로 뚝뚝 떨어지게 한다. 이와 동시에 피 흘리는 두 명의 주술사들이 머리카락을 한 줌씩 뽑아 사람들의 피 묻은 몸과 공중에 뿌린다.

여기서 피는 비를 상징하며 머리카락은 구름을 모방한 것이다. 이런 의식이 진행되는 동안 오두막 중앙에 큰 돌 두 개를 갖다 놓는데, 이 돌은 구름이 모여들어 비가 내리는 것을 표상한다. 의식이 끝나면 상처 입은 두 주술사는 오두막에 놓

---

8 인도 남동부의 드라비다어족에 속한 텔루구어를 사용하는 부족

여 있던 돌멩이를 16킬로미터에서 24킬로미터 정도 떨어진 곳으로 가져가서 제일 키 큰 나무 위에 올려놓는다. 한편 남아 있는 마을 사람들은 석고를 모아서 곱게 갈아 물구덩이 안에 던진다. 이런 모습을 본 무라무라가 하늘에 구름을 보내 준다는 것이다. 끝으로 마을 사람들은 노소 할 것 없이 오두막을 에워싸고 일제히 땅에 엎드려 마치 소처럼 머리로 오두막을 냅다 들이받는다. 오두막이 넘어갈 때까지 그 행위는 계속된다. 이때 손발을 사용해서는 안 된다. 다만 큰 기둥이 남아 있을 경우에만 손을 사용한다. 여기서 "머리로 오두막을 들이받아 넘어뜨리는 행위는 구름에 구멍을 내는 것을 상징한다. 그리고 오두막이 넘어가는 것은 비가 내리는 것을 의미한다." 키 큰 나무 위에 두 개의 돌멩이를 올려놓은 행위는 명백히 하늘에 구름을 끌어모으기 위한 방법이다.

나아가 디에리족은 할례 때에 잘라 낸 청년들의 포피도 비를 내리게 하는 힘을 간직하고 있다고 믿는다. 그래서 부족평의회에서는 유사시에 사용할 수 있도록 항상 몇 개의 포피를 확보해 두었다. 이 포피들은 늑대나 비단뱀의 지방과 함께 깃털로 싸서 주의 깊게 잘 보관해야 한다. 여자는 어떤 일이 있더라도 이 꾸러미를 열어 보아서는 안 된다. 의식이 모두 끝나면 의식에 사용된 포피는 이미 효력이 상실했기 때문에 땅에 묻어 버린다.

이렇게 하여 비가 내린 다음에는 반드시 외과수술을 거행하는 부족도 있다. 이때 예리한 돌로 팔과 가슴의 피부를 도려낸다. 그리고 더 많은 출혈을 조장하기 위해 편평한 나무토막으로 상처 부위를 두드린 다음 거기에 황토를 바른다. 그럼으로써 상처 자국이 더 부풀려지는 것이다. 그들이 이렇게 하는 이유는 원하는 강우와 상처 사이에 관계가 있다고 믿기 때문이다. 수술 중에도 환자가 낄낄거리고 농지거리를 하는 것을 보면 이런 수술이 그다지 아프지 않은 모양이다. 심지어 어린아이들까지도 수술을 받기 위해 자기 차례를 기다리며 대기자들 사이에 앉아 있는 모습이 눈에 띈다. 수술이 끝난 아이들은 조그만 가슴을 한껏 앞으로 내민 채 노래를 부르면서 빗속으로 달려 나간다. 하지만 다음날이면 아이들의 얼굴 표정이 영 우거지상이다. 상처 부위가 쓰라리고 욱신거리기 때문일 것이다.

자바섬에서는 비를 원할 때 종종 두 명의 남자가 회초리로 피가 나올 때까지 상대방의 등을 후려친다. 이때 흐르는 피는 곧 비를 표상한다. 이렇게 피를 흘리면 틀림없이 땅에도 비가 내릴 거라고 믿었다. 아비시니아[9]의 에기오Egghiou족은 매년 정월에 일주일 동안 비를 청하기 위해 같은 마을 사람들끼리 혹은 다른 마을 사람들과 피비린내 나는 싸움을 벌인다. 몇 해 전에 메넬리크Menelik 황제[10]가 이런 싸움을 금지한 적이 있는데, 다음해에 가뭄이 들었다. 그래서 소동이 일어났고, 황제도 어쩔 수 없이 한 해 중 이틀 동안만 그 참혹한 싸움판을 벌이도록 허가하지 않을 수 없었다. 이런 관습을 소개한 필자에 의하면, 싸울 때 흘린 피는 비를 관장하는 신에게 바친 위무의 희생제물 같은 거라고 했다. 하지만 그것은 오스트레일리아, 자바 원주민의 의식에서와 마찬가지로 비를 모방한 의식이라고 보아야 할 것이다. 비를 내리게 하기 위하여 칼로 자기 몸에 상처를 내어 피를 흘린 바알Baal신[11] 예언자들의 행위도 이것과 동일한 원리에 입각한 것이다.

쌍둥이 아이들은 자연현상 특히 비나 기후를 마음대로 조절하는 주술적 힘이 있다는 신앙이 세계 각지에 널리 퍼져 있다. 브리티시컬럼비아의 몇몇 인디언 부족 사이에 이런 기이한 미신이 만연하고 있는데, 그들은 종종 쌍둥이의 양친에 대해 특정한 금기나 터부를 강제한다. 하지만 이런 금기의 정확한 의미는 분명치 않다. 어쨌든 브리티시컬럼비아의 침시안Tsimshian족[12] 인디언은 쌍둥이가 기후를 조절한다고 믿는다. 그래서 침시안 인디언은 바람과 비에 대해 "진정하거라. 쌍둥이의 숨이여"라고 말한다. 그들은 또한 쌍둥이의 소원은 반드시 이루어진다고 믿는다. 그래서 쌍둥이한테 미움을 받는 사람은 해코지당할 수가 있기 때문에 사람들은 쌍둥이를 두려워한다. 또 쌍둥이는 연어나 빙어 따위를 불러들일 수 있다고 하여 '부자'를 뜻하는 별칭으로 부르기도 한다. 브리티시컬럼비아에 사는 콰키우틀Kwakiutl족[13] 인디언의 견해에 의하면, 쌍둥이는 연어의 화신과 다름없으

---

9 에티오피아의 옛 이름

10 메넬리크 2세. 재위 1889~1913년. 에티오피아의 위대한 황제 가운데 한 사람

11 고대 근동의 여러 부족들이 섬기던 신. 특히 가나안 사람들이 풍요의 신으로 숭배했다. 여기서 바알이라는 단어는 원래 셈족이 쓰던 보통명사(히브리어 ba'al)로 '소유자'나 '주인'을 의미한다. 바알은 일반적으로 풍요의 신을 가리키므로 '땅을 다스리는 자(땅의 주인)'나 '비와 이슬의 주인'으로도 불린다. 우가리트 토판土版과 히브리 구약성서에서는 구름을 타고 다니는 '폭풍우의 신'으로, 페니키아 문서에서는 바알 샤멘Baal Shamen, 즉 '하늘의 주인'으로 나와 있다. 초기 히브리인에게 바알은 이스라엘의 주인을 뜻했다. 그러다가 이스라엘에서 '바알'이라는 이름이 부정적인 의미를 지니게 된 것은 기원전 9세기에 이세벨 여왕이 공식적인 야훼 숭배에 반대하여 페니키아인의 바알 숭배를 이스라엘에 도입하려 했기 때문이다(『열왕기 상』 18장). 예언자 호세아 시대(기원전 8세기 중엽)에는 바알 신앙에 대한 적대감이 아주 커져서 '바알'은 경멸하는 뜻의 '보세트 boshet(수치)'라는 말로 대체될 정도였다.

12 브리티시컬럼비아, 알래스카의 스키나, 내스강, 밀뱅크사운드 주변 지역 및 인근 섬에 사는 북태평양 연안의 인디언

며, 때문에 쌍둥이는 다시 연어로 되돌아갈까 봐 물 근처에 가지 않으려 한다. 어린 쌍둥이는 손짓만으로도 바람을 불러들이고, 맑은 날씨든 궂은 날씨든 마음대로 조절할 수 있으며, 나아가 큰 목제 딸랑이를 흔들어서 병을 낫게 할 수도 있다고 믿는다.

브리티시컬럼비아의 누트카족 인디언도 쌍둥이가 어떤 식으로든 연어와 관계가 있다고 믿는다. 때문에 그들 사회에서 쌍둥이는 연어를 잡아서도 안 되며, 그것을 먹거나 만져서도 안 된다. 또 쌍둥이는 날씨를 마음대로 조절할 수 있다고 믿는다. 가령 쌍둥이가 자기 얼굴을 검게 칠했다가 씻어 내면 비가 내린다고 믿었다. 이런 행위는 먹구름에서 뚝뚝 떨어지는 빗줄기를 표상한다. 한편 톰프슨강 유역의 인디언이나 슈스와프Shuswap족 인디언은 쌍둥이가 회색큰곰과 연관성을 갖고 있다고 믿는다. 그래서 그들은 쌍둥이를 '어린 회색큰곰'이라고 부른다. 이들에 의하면, 쌍둥이는 평생 초자연적인 능력을 부여받은 존재이며, 특히 날씨를 좋게 하거나 안 좋게 할 수 있는 능력을 가지고 있다고 한다. 쌍둥이가 바가지에 담긴 물을 공중에 뿌리면 비를 내리게 할 수 있고, 반대로 쌍둥이가 막대기에 노끈으로 묶은 조그만 판자 조각을 흔들면 날씨를 개게 할 수 있다고 믿는다. 또한 쌍둥이는 전나무 가지 끝에 솜털을 흩뿌림으로써 폭풍우를 불러올 수 있다고 믿는다.

아프리카 동남부 델라고아만[14] 근처에 사는 반투Bantu족[15]에 속한 바롱가Baronga족도 쌍둥이에게 날씨를 조절하는 힘이 있다고 믿는다. 그들은 쌍둥이를 낳은 여자에게 하늘을 뜻하는 '틸로Tilo'라는 이름을 부여하며, 쌍둥이에 대해서는 '하늘의 아이'라고 부른다. 이 지방에서는 통상 9월과 10월 중에 폭풍우가 불어오는데 그것이 오지 않을 때, 혹은 극심한 가뭄으로 인해 흉년이 들게 뻔한 데다 6개월 동안이나 비가 오지 않은 채 하늘에는 구름 한 점 없고 작열하는 태양 아래 산천초목이 타 들어가 모든 자연이 남아프리카 봄날의 자애로운 소낙비를 갈망할 때, 부족 여자들은 바싹 마른 대지 위에서 애타게 기다려온 비를 내리게 해 줄 의

---

13 북아메리카 북서부 태평양 연안에 사는 인디언. 밴쿠버섬과 캐나다 본토 사이의 수로를 따라 브리티시컬럼비아에 살고 있다.

14 동아프리카 모잠비크의 남동쪽 해안에 있는 만

15 인구 6,000만 명에 이르며, 나이저콩고어족의 반투어군에 속하는 200여 종의 언어를 쓰는 종족. 아프리카 대륙 남쪽 돌출부 거의 전 지역에 퍼져 살고 있다.

식을 집행한다. 이때 여자들은 입고 있는 옷을 전부 벗어 던지고, 그 대신 풀로 엮어 만든 허리띠와 머리 장식을 두르고 특별한 종류의 덩굴잎으로 만든 짧은 치마를 걸친다. 이렇게 차려입은 여자들은 기묘한 소리를 지르고 음탕한 노래를 부르며, 이 우물 저 우물을 돌면서 우물 바닥의 진흙이나 오물 같은 것을 깨끗이 건져 낸다. 이때 우물이라 해도 그저 모래밭에 만든 웅덩이에 지나지 않으며, 그 속에는 썩은 흙탕물이 약간 고여 있을 뿐이다.

그런 다음 부족 여자들은 쌍둥이를 낳은 여자 집으로 가서 작은 주전자에 담아 온 물을 그 안주인에게 뿌린다. 그리고 모두 음탕한 노래를 캑캑 질러 대고 상스러운 춤을 추면서 계속 마을을 돈다. 이렇게 이파리 옷만 살짝 걸친 채 마을을 도는 여자들의 모습을 남자들이 절대 보아서는 안 된다. 만일 여자들이 그런 와중에 남자를 만나면 그를 두들겨 패서 쫓아 버린다. 이렇게 마을을 돌면서 모든 우물을 다 청소하고 난 후에 여자들은 신성한 숲속에 있는 조상의 묘지로 가서 그 위에 물을 뿌려야 한다. 이때 종종 마법사의 명령으로 쌍둥이의 묘지에 가서 물을 뿌리는 경우도 있다. 쌍둥이의 묘지는 항상 축축해야만 한다고 생각했기 때문이다. 그런 이유로 쌍둥이의 시신은 보통 호숫가 근처에 묻힌다. 만일 비를 내리게 하기 위한 모든 노력들이 허사로 끝났을 때는 아무개 쌍둥이가 마른 땅에 묻혀 있는 것은 아닌지를 조사한다. 이때 마법사는 "하늘이 불타는 것은 그 때문이다. 이 쌍둥이의 시신을 파내어 물가에 묻어라"라고 지시한다. 사람들은 마법사의 지시야말로 비를 내리게 할 유일한 방법이라고 믿기 때문에 즉시 실행한다.

이 같은 몇몇 사례들은 고대 인도의 어떤 브라만이 준수했던 규정에 대해 올덴베르크Oldenberg 교수가 내린 해석을 강력하게 뒷받침해 준다. 이 브라만은 『사마베다Samaveda』[16]라는 고대 인도의 경전에 실린 특별한 송가를 연구하는 학자였다. 「사크바리Sakvar의 노래」라고 알려진 이 송가는 인드라Indra의 무기, 즉 번개의 위력을 구현한 노래인 만큼 무시무시하고 위험한 잠재적 힘으로 가득 차 있다고 믿어졌다. 때문에 대담하게 이 송가를 이해하고자 시도하는 자는 마을을 떠나 사람들에게서 격리된 숲속으로 들어가지 않으면 안 되었다. 수학 기간은 사람에 따

---

16 '베다'는 '지혜'를 뜻하는 말로, 광의적 의미로는 어떤 특정한 책에 대한 명칭이 아니라 기원전 13세기경부터 약 2000여 년의 긴 기간에 걸쳐 작성되고 기록된 인도의 종교적 문헌들에 대한 총칭이다. 베다 문헌은 크게 네 개의 베다로 구분되는데, 그중 하나가 『사마베다』이다. 나머지는 『리그베다Rgveda』, 『야주르베다Yajurveda』, 『아타르바베다Atharvaveda』 등이다.

라 1년에서 12년 정도까지 각각 다르지만, 이 기간에 그는 몇몇 규칙에 따라 생활해야 한다.

그런 규칙 중에는 다음과 같은 것이 있다. 그는 하루에 세 번 물을 만져야 하며, 검은 옷을 입고 검은 음식을 먹지 않으면 안 된다. 비가 오더라도 지붕 밑으로 들어가서는 안 되며, 비를 맞고 앉아 "물은 사크바리의 노래로다"라고 말해야 한다. 번개가 치면 "사크바리의 노래와 닮았도다"라고 하며, 천둥이 치면 "위대한 인드라 신께서 큰 소리를 지르시는구나"라고 말해야 한다. 또한 그는 몸이 물에 닿지 않은 채 시내나 강을 건너서는 절대 안 된다. 생명에 위협을 느끼지 않는 한 배를 타서는 안 되며, 설령 배를 타더라도 물과 접촉하는 일을 잊어서는 안 된다. 왜냐하면 격언에 나와 있는 듯이 "물 안에 사크바리 노래의 효험이 담겨 있기" 때문이다. 마침내 『사마베다』 경전을 배울 때가 되면, 그는 온갖 종류의 식물들이 들어 있는 물그릇에 손을 담가야 한다. 만일 그가 이 모든 규칙들을 어김없이 준수하면, 그의 청원에 응하여 비의 신 파르쟈냐Parjanya[17]가 비를 내려 줄 거라고 믿는다.

이와 관련하여 올덴베르크 교수의 지적은 매우 타당성이 있다. "이 모든 규칙들의 목적은 브라만을 물과 합일함으로써 그가 물의 힘에 동참하게 하고 또는 물의 적대적인 힘에서 그를 지키고자 하는 데에 있다. 검은 옷과 검은 음식의 의미도 마찬가지다. 즉, 그것들은 먹구름을 상징한다. 이 점은 '비의 성격이 검기 때문에 그것도 검은 것'이라고 말하면서, 비를 내리게 하기 위해서 검은 짐승을 제물로 바쳤다는 사실을 상기해 보면 의심할 여지가 없다. 또 어떤 강우주술에서는 '비의 성격이 검기 때문에, 검은 테두리를 두른 검은 옷을 입는다'는 주문을 외우기도 한다. 따라서 우리는 베다학파의 관념과 의식에서 가장 고대적인 주술적 관행이 오랫동안 지속되었음을 알 수 있다. 그런 주술들은 강우사에게 직무 수행을 준비하게 하고, 거기에 봉헌하도록 하기 위한 것이다."

흥미롭게도 이와 정반대의 결과, 즉 비가 내리지 않기를 바라는 지방의 원시인들의 논리는 이른바 '천후 선생weather-doctor'이라고 부르는 주술사에게 정반대의 행위 규칙을 지키도록 한다. 예컨대 열대 지방인 자바섬에서는 비가 많이 내려서 식물들이 너무 잘 자라므로 강우의식이 행해지는 경우는 거의 없고, 반대로 비가

---

17 『리그베다』에 나오는 비의 신. 인간과 가축의 증식을 관장하며 널리 생물계와 무생물계를 지배하는 신이다.

내리지 않기를 바라는 주술의식이 일반적으로 행해진다. 어떤 사람이 우기에 큰 잔치를 베풀어 많은 사람들을 초청한 경우, 그는 주술사에게 가서 "구름이 낮게 떠 있으니 밀어 올려주시오"라고 부탁한다. 주술사가 이를 수락하여 자신의 전문 능력을 행사하고자 할 때, 그는 의뢰인이 돌아간 즉후부터 특정 규칙에 따라 자신의 행동을 규제하기 시작한다. 즉, 주술사는 금식을 해야 하며, 물을 마셔서도 안 되고, 몸을 씻어서도 안 된다. 약간의 음식물을 먹기는 하지만 그것도 마른 것만 먹어야 하며 물은 절대 만져서는 안 된다.

의뢰인 쪽도 주인이든 하인이든 남녀를 불문하고 모두 잔치가 진행되는 동안 옷을 빨거나 몸을 씻어서는 안 된다. 엄격한 금욕생활을 해야 하는 것이다. 주술사는 잔치가 시작되기 직전, 자기 침실의 새로 마련한 자리에 앉아 조그만 등불을 앞에 두고 다음과 같은 기도문이나 주문을 외운다. "조부님이시자 조모님이신 스로에코엘Sroekoel(이 이름은 적당히 붙인 듯싶다. 종종 다른 이름을 부르기도 하기 때문이다)이시여, 당신의 나라로 돌아가소서. 아케마르트Akkemat야말로 당신의 나라입니다. 당신의 물통을 내려놓으시고 뚜껑을 잘 닫아 물 한 방울이라도 떨어지지 못하게 하소서." 기도문을 외우면서 주술사는 향을 피우고 하늘을 올려다본다.

토라자족의 경우도 비를 추방하는 임무를 지닌 주술사는 임무 수행 전후 기간에 일절 물에 손대지 않도록 주의한다. 목욕도 하지 않으며, 음식도 씻지 않은 손으로 먹는다. 또한 물 대신 야자수로 빚은 술만 마셔야 하며, 냇물을 건널 때는 물에 닿지 않도록 조심해야 한다. 이렇게 조심조심 하면서 마을 외곽의 논에 그를 위해 특별히 마련된 조그만 오두막에 들어가 불을 피운다. 이 불은 어떤 일이 있어도 꺼뜨려서는 안 된다. 그는 비를 추방하는 힘을 지니고 있다고 여겨지는 여러 종류의 나무들을 불 속에 집어넣는다. 그리고 구름을 내쫓는 효능이 있는 나뭇잎과 껍질 한 줌을 손에 들고 비가 올 방향을 향해 훅 불어 댄다. 이때 나뭇잎과 껍질의 효능은 그 화학적 성분에 의한 것이 아니라 건조 혹은 증발 등을 뜻하는 나무 명칭에 의한 것이다. 만일 이런 의식을 진행하는 동안 구름이 드리워지면, 그는 손바닥에 석회를 놓고 밀려오는 구름 쪽을 향해 훅 불어 댄다. 이는 매우 건조한 석회의 성질을 이용하여 습기가 있는 구름을 없애려는 시도이다. 한편 나중에라도 비를 원할 때는 불에 물을 뿌리기만 하면 된다. 그러면 즉시 폭우가 쏟아질 거라고 믿었던 것이다.

이상에서 독자들은 비를 내리지 못하게 하기 위해 자바인과 토라자족이 행하는 의식과 비를 내리게 하기 위한 인도인의 의식이 정반대라는 점을 이해했을 것이다. 요컨대 첫째, 인도의 성자는 앞에서 언급했듯이 여러 가지 특별한 경우에도 그렇고, 또한 날마다 세 차례씩 규칙적으로 물과 접촉해야 하는 반면, 자바인과 토라자족의 주술사는 절대 물에 손대서는 안 된다. 둘째, 인도인의 경우는 밀림 속에 거하면서 비가 오더라도 절대 피해서는 안 되지만, 자바인과 토라자족의 경우는 비를 피해 집이나 오두막 안에 들어가 의식을 행한다. 셋째, 인도인은 온몸으로 비를 맞으면서 비에 관해 정중하게 말함으로써 물에 대한 공감을 표시한 반면, 자바인과 토라자족은 등불이나 모닥불을 피운 채 어떻게서든 비를 추방하려고 애쓴다. 하지만 이 세 가지 형태의 행위들은 모두 동일한 원리에 입각해 있다. 그 하나하나는 일종의 유치한 가장假裝으로서, 이를 통해 원시인은 스스로를 자신이 원하는 현상과 동일시한 것이다. 이는 결과가 그 원인을 닮는다는 오래된 오류이다. 예컨대 비를 원한다면 물을 가까이 하고, 건조한 날씨를 원한다면 물을 멀리하라는 식이다.

유럽 동남부에서는 지금도 비를 청하는 의식이 행해지고 있다. 그런데 이는 모두 앞에서 언급한 사유체계에 의존하고 있을 뿐만 아니라, 같은 목적으로 델라고아만의 바롱가족이 행하는 의식과 너무도 흡사하다. 테살리아[18]와 마케도니아의 그리스인들은 오랫동안 비가 내리지 않으면 아이들에게 행렬을 지어 근처의 모든 샘과 우물을 돌아다니도록 하는 관습이 있다. 이 행렬의 선두에 꽃으로 단장한 소녀가 서는데, 그녀를 뒤따르는 다른 아이들은 중간중간 멈추어 설 때마다 다음과 같은 기도문을 노래하면서 이 소녀에게 물을 뿌린다.

모든 것을 이슬로써 기르시며
근처의 모든 것을 새롭게 하소서.
수풀 속과 길 위로
신이 지나갈 때,
우린 지금 당신에게 기도하오니,
신이시여, 평원 위에

---

18 그리스 북부(마케도니아 남쪽)에 있는 지방

조용한 이슬비를 내려주소서.
들판엔 오곡이 풍성하며
포도나무가 꽃피는 것을 보여주소서.
알곡마다 가득 영글고
이웃 사람들이 모두 부자가 되게 하소서.

세르비아인은 가뭄이 들면 한 소녀를 발가벗긴 다음 머리끝에서 발끝까지 풀잎이나 꽃으로 단장시킨다. 심지어 얼굴까지 풀로 엮은 베일을 씌운다. 일명 '도돌라Dodola'라고 부르는 이 소녀는 다른 소녀들과 함께 마을을 돌면서 모든 집 앞에서 멈추어 선다. 이때 도돌라가 빙글빙글 돌며 춤을 추면, 다른 소녀들은 동그랗게 그녀 주위를 에워싼 채 도돌라의 노래를 부른다. 그러면 그 집의 안주인은 단지에 든 물을 도돌라에게 뿌린다. 이 소녀들이 부르는 노래 중에는 다음과 같은 것이 있다.

우리가 마을을 지나가노라면,
구름도 우릴 따라 하늘 위로 흘러가누나.
우리가 더 빨리 달리면,
구름도 더 빨리 흐르는구나.
마침내 구름이 우릴 따라잡아
밀과 포도나무를 적셔 주었네.

인도의 푸나[19]에서는 비가 내리기를 원할 때, 남자아이들이 한 소년을 나뭇잎만으로 꾸민다. 그들은 이렇게 단장한 소년을 '비의 왕'이라고 부른다. 아이들이 온 마을을 돌아다니면서 집집마다 방문하면 집주인은 '비의 왕'에게 물을 뿌리고 이것저것 잔치용 음식을 준다. 이렇게 모든 집을 다 돌고 나면, 아이들은 '비의 왕'에게서 나뭇잎 옷을 벗긴 다음 얻어 온 음식물로 잔치를 베푼다.

러시아의 남부와 서부 지방에서는 목욕이 강우주술의 하나로 간주된다. 예컨대 교회 예배가 끝난 다음 사제는 종종 사제복을 입은 그대로 바닥에 쓰러진 채

---

19 인도 서부 마하라슈트라주 푸네 행정구의 행정 중심 도시. 푸네Pune라고도 한다.

신자들에게서 물벼락을 맞는다. 또는 성 요한제 때에 여자가 옷을 입은 채로 사람들이 보는 앞에서 목욕을 하기도 한다. 이때 사람들은 나뭇가지나 풀로 성자의 모양을 본뜬 조상彫像을 물에 담근다. 남부 러시아의 쿠르스크[20] 지방에서는 가뭄이 오래 계속되면 여자들이 지나가는 나그네를 붙잡아 냇물 속에 던지거나, 혹은 머리끝에서 발끝까지 물을 끼얹는다. 나중에 밝혀지지만, 나그네는 흔히 신 혹은 어떤 자연의 힘을 인격화한 존재로서 간주되었다. 공문서 기록에 의하면, 1790년의 대가뭄 때에 쉐루츠와 베르부츠의 농민들은 비가 내리기를 바라며 여자들을 모조리 끌어다가 목욕시켰다고 한다. 아르메니아 강우주술의 경우는 사제의 아내를 물속에 던져 흠뻑 젖게 했다. 북아프리카의 아랍인은 가뭄을 끝내기 위한 방책으로 성자를 다짜고짜 우물 속에 처박는다. 북부 셀레베스 지방의 미나하사에서는 강우주술로서 사제를 물속에 집어넣는다. 중부 셀레베스 지방에서는 오랫동안 비가 오지 않아 벼가 타 들어가기 시작하면, 마을 청년들이 냇가로 가서 큰 소리로 떠들면서 서로 물을 튕기거나 대나무통에 물을 담아 서로 끼얹는다. 혹은 손바닥으로 수면을 때리거나 물에 조롱박을 거꾸로 띄우고 그것을 손으로 두들겨 비 내리는 소리를 흉내 내기도 한다.

한편 여자들이 밭을 갈거나 그런 시늉을 함으로써 비가 내리게 할 수도 있다고 여겼다. 코카서스[21]의 프샤우Pshaw족과 츄수르Chewsur족은 가뭄 때 '경우耕雨'라 일컫는 의식을 행한다. 이 의식에서 젊은 여자들이 쟁기를 몸에 매고 허리까지 차는 냇물을 건너면서 쟁기질 시늉을 한다. 아르메니아의 여자들도 마찬가지이다. 즉, 가장 나이 많은 여자나 사제의 아내가 사제복을 입은 채 남장을 한 다른 여자들과 함께 물길을 거슬러 올라가면서 쟁기를 끄는 것이다. 코카서스 지방의 그루지야[22]에서는 오랫동안 비가 내리지 않으면, 묘령의 처녀들이 둘씩 짝을 지어 양어깨에 소의 멍에를 매고 사제는 고삐를 잡는다. 이렇게 단단히 채비를 하고는 함께 기도하고 소리지르고 웃고 울면서 강물과 늪과 웅덩이 등을 지나다니면서 쟁기질을 한다.

---

20 러시아 서남쪽에 있는 공업도시

21 카프카스. 유럽권 러시아 남서부 끝에 있는 산악지역. 서쪽으로는 흑해와 아조프해, 동쪽으로는 카스피해와 접한다.

22 중앙아시아에 위치한 국가로 공식 이름은 그루지야공화국. 과거에 소련을 구성했던 공화국 가운데 하나이다. 흑해 동남 해안을 끼고 있으며, 카프카스 산맥 지대에 자리 잡고 있다.

트란실바니아[23] 지방의 어떤 곳에서는 가뭄으로 땅이 갈라지면, 젊은 여자들과 이들을 지휘하는 늙은 여자 한 사람이 옷을 홀딱 벗고는 먼저 써레를 하나 훔친다. 그런 다음 들판을 지나 냇물까지 그것을 가져가서 물 위에 띄운다. 모두들 써레 위에 앉아 써레의 네 귀퉁이에 조그만 불을 지핀다. 이렇게 약 1시간 정도 지나면 써레를 그냥 물속에 남겨 둔 채 모두 집으로 돌아간다. 인도의 어느 지방에서도 이와 비슷한 강우주술을 행한다. 거기서는 벌거벗은 여자들이 한밤중에 들판으로 나가 쟁기질을 한다. 이때 남자들이 같이 있으면 절대 안 된다. 그러면 주술의 효력이 없어진다고 한다.

강우주술은 때로 죽은 자를 통해 행해지기도 한다. 뉴칼레도니아섬[24]의 강우사는 무덤에서 시체를 파내어 뼈를 다시 맞춘 다음, 그것을 타로taro 잎에 매단다. 그리고 이파리까지 흘러내릴 만큼 물을 붓는다. 그럼으로써 그들은 죽은 자의 혼령이 물을 빨아들여 그것을 비로 바꾸어 땅에 내리게 할 거라고 믿는다. 러시아의 한 민간전승에 의하면, 가뭄 지역의 농민들은 얼마 전에 술에 절어 죽은 자의 시체를 파내어 근처의 늪이나 호수에 묻는다고 한다. 그러면 반드시 비가 내릴 거라고 믿는 것이다. 1868년에 심한 가뭄으로 흉작이 들 지경에 처했을 때, 타라슈찬스크의 어느 마을 주민들은 지난해 12월에 죽은 한 이교도인 복고신앙파 Raskolnik(기원전 450년경~기원전 388년경)[25]의 시체를 파냈다. 그런 다음 어떤 이가 시체의 머리와 다른 부위를 두들기면서 "우리에게 비를 다오"라고 외치는 동안, 또 다른 이는 조리를 사용하여 시체에 물을 뿌렸다. 이는 분명 비를 모방한 행위로서, 아리스토파네스Aristophanes[26]의 작품 가운데 스트레프시아데스Strepsiades가 비는 제우스에 의해 만들어진다고 상상한 장면을 떠올리게 해 준다.

토라자족은 때때로 비를 내리게 하기 위해 죽은 자에게 동정을 베풀어 달라고 호소한다. 가령 칼링구아 마을에는 현 족장의 조부였던 유명한 족장의 무덤이 있

---

23 '숲 너머'라는 뜻. 유럽 동부에 있는 역사적 지역으로 오랫동안 헝가리의 일부였으나 현재는 루마니아에 귀속되어 있다.

24 누벨칼레도니Nouvelle Caledonie. 태평양 남서부에 있는 프랑스의 해외 준주準州

25 복고신앙파는 17세기에 전례 개혁을 거부하여 러시아 정교회에서 분리된 보수적 일파를 말한다.

26 고대 그리스 희극을 대표하는 극작가. 아리스토파네스는 작품이 가장 많이 보존되어 있는 작가이다. 소피스트들이 보급하고 가르친 '근대' 교육과 도덕을 공격하는 『구름Nephelai』을 비롯하여 『바빌로니아 사람들 Babylnioi』, 『아카르나이 사람들 Acharneis』, 『기사들 Hippeis』, 『말벌들 Sphkes』, 『새들 Ornithes』, 『리시스트라타Lysistrata』, 『데메테르 축제를 축하하는 여인들Thesmophoriazousai』, 『개구리들 Batrachoi』, 『플루토스 Ploutos』 등이 있다.

는데, 주민들은 때아닌 가뭄이 들면 그 무덤 위에 물을 부으면서 "오, 위대한 조부님이시여, 우리를 불쌍히 여기소서. 만일 올해도 우리가 먹고 살 수 있도록 하시려거든 제발 비를 좀 내려 주소서"라는 기도를 한다. 그리고 무덤 위에 물이 가득 담긴 대나무통을 세운다. 대나무통 밑부분에는 조그만 구멍을 뚫어서 물방울이 계속 새어나오도록 되어 있다. 그리하여 비가 대지를 적실 때까지 대나무통에 항상 물을 채워 놓는 것이다. 뉴칼레도니아섬의 경우와 마찬가지로 여기서도 우리는 주술과 혼합된 종교의 사례를 볼 수 있다. 즉, 죽은 족장에게 기도하는 행위는 전적으로 종교적인데, 무덤에 물을 뿌려 강우를 모방하는 주술적 행위가 덧붙여지고 있기 때문이다. 우리는 앞에서 델라고아만의 바롱가족이 조상의 무덤이나 쌍둥이의 무덤에 물을 뿌리는 강우주술의 사례를 살펴본 바 있다.

오리노코 지방의 어떤 인디언 부족은 매장 후 1년이 지나면 죽은 자의 친척이 사자의 뼈를 파내어 화장하고 그 재를 바람에 날려 보내는 관습이 있다. 이는 죽은 자가 자신의 장례를 치러 준 데에 대한 보답으로서 재를 비로 바꾸어 내리게 해줄 거라고 믿기 때문이다. 중국인들은 시체가 매장되지 않은 채 방치되면 마치 살아 있는 자가 궂은 날씨에 피할 곳이 없어 불안해하듯이, 그 몸의 주인인 영혼도 비를 맞으면서 불안해한다고 믿는다. 그래서 비를 맞고 있는 영혼은 비가 내리지 못하게 하려고 안간힘을 쓰게 되며, 그런 노력이 때때로 지나친 결과를 초래한다고 믿는다. 흉작이나 기근 등 최악의 재난을 가져오는 가뭄은 바로 이 때문에 일어난다고 여겼다. 이런 연유로 중국에서는 가뭄이 들면 관리들이 비가 내리도록 하기 위해 방치된 시신의 뼈를 거두어 땅에 묻어 주는 것이 상례로 되어 있다.

동물 또한 날씨와 관련된 주술에서 종종 중요한 역할을 한다. 북부오스트레일리아의 아눌라족은 파랑새가 비와 밀접한 관계가 있다고 여기면서 그 새를 우조雨鳥라고 부른다. 이 새를 토템으로 삼는 부족은 특정한 연못에서 비를 만들 수 있다고 믿는다. 그들은 뱀을 산 채로 잡아 연못 속에 잠시 넣었다가 끄집어내서 죽인 다음 연못가에 눕힌다. 그리고 나무줄기를 무지개 모양처럼 만들어 뱀 위에 세운다. 그런 다음 뱀과 모형 무지개를 내려다보면서 노래만 부르면 된다. 그러면 머지않아 비가 내릴 거라고 믿는다. 그들의 설명에 의하면, 옛날에 파랑새와 뱀은 언제나 연못가에서 정답게 놀았다고 한다. 뱀은 연못가에 살면서 무지개나 구름이 나타나 비가 내릴 때까지 하늘을 향해 물을 뿜어 올리곤 했다는 것이다.

자바 지방에서는 고양이 한 마리 또는 암수 두 마리를 목욕시켜 비를 청한다. 이 때 종종 악기를 연주하면서 행렬을 지어 고양이를 운반한다. 바타비아[27]에서도 비를 내리게 하기 위해 어린애들이 고양이 한 마리를 안고 연못에 가서 물에 담 갔다가 놓아 주는 풍경을 목격할 수 있다.

아프리카 동부의 왐부그웨Wambugwe족 마법사는 비를 내리게 하기 위해 맑은 날에 검은 염소와 검은 송아지를 끌어내어 공동주택의 지붕 위에 올려놓는다. 그 리고 이 짐승들의 배를 갈라 내장을 꺼내 사방에 흩뿌린 다음, 그릇에 물과 약초 를 담는다. 만일 이 물이 끓으면 주술이 효험을 발휘하여 비가 내릴 거라고 믿는 것이다. 이와 반대로 비를 멈추게 하려면, 마법사는 오두막 안으로 들어가 호리 병박에 수정을 넣고 열을 가한다. 와고고족은 비가 내리도록 하기 위해 죽은 조 상의 무덤에 검은 닭과 검은 양과 검은 소를 제물로 바친다. 이때 강우주술사는 우기 내내 검은 옷만을 입어야 한다. 한편 나타벨레Natabele족 강우주술사는 검은 황소의 피와 쓸개를 주술에 사용한다. 수마트라의 어떤 지역에서는 비를 청하기 위해 마을 여자들이 반라의 몸으로 냇물 속을 걸으면서 서로 물을 끼얹는다. 그 러면서 검은 고양이 한 마리를 물 속에 던져 잠시 동안 헤엄치게 한 뒤 밖으로 내 쫓는다. 아삼[28]의 가로Garo족[29]은 가뭄이 들면 검은 염소를 높은 산꼭대기로 끌고 가서 제물로 바친다.

이 모든 사례에서 짐승의 빛깔이 주술에서 중요한 의미를 가진다. 즉, 검은색 짐승을 사용하는 이유는 그것이 검은 구름과 관계가 있다고 믿기 때문이다. 베추 아나족은 저녁 무렵에 황소 내장을 태우면서 "검은 연기가 구름을 모아 비가 내 리게 할 것이다"라고 말한다. 티모르인은 비를 원할 때는 대지의 여신에게 검은 돼지를 바치고, 맑은 날을 원할 때는 태양신에게 흰 돼지나 혹은 빨간 돼지를 제 물로 바친다. 앙고니Angoni족[30]도 비를 원할 때는 검은 황소를 바치고, 맑은 날을 원할 때는 흰 황소를 바친다.

일본의 고산지대에 오랫동안 비가 내리지 않으면, 마을 농민들은 행렬을 지어

---

27 인도네시아공화국 수도인 자카르타의 옛 이름

28 인도 북동부의 주

29 인도 북동부 메갈라야주 서쪽의 가로Garo 구릉지대에 사는 종족. 씨족 단위의 복잡한 모계 중심 사회를 이 루고 있다.

30 동아프리카 전역에 흩어져 살면서 반투어에 속하는 응구니어를 쓰는 12개 부족. 응고니Ngoni족이라고도 한다.

산골짜기 계곡의 급류를 찾아간다. 이때 검은 개 한 마리를 끌고 가는 한 사제가 그들을 인도한다. 골짜기 아래에 도착하면 끌고 온 개를 바위에 묶어 놓고 모두 화살을 쏜다. 그리하여 바위가 선지피로 붉게 물들면 농민들은 화살을 내려놓고 "이 골짜기가 더럽혀졌으니, 비를 내려 깨끗이 씻어 주십시오"라고 계곡의 용신에게 소리 높여 기도한다.[31] 그때 희생제물로 바치는 짐승의 색은 원하는 비나 구름을 상징하는 검은색이어야만 한다. 반대로 맑은 날씨를 원할 때는 한 점도 무늬가 없는 흰색이어야 한다.

보통 두꺼비나 개구리는 물과 밀접한 연관성이 있으며, 비의 수호신으로 여기기 때문에 종종 강우주술에 이용된다. 오리노코의 인디언은 두꺼비를 물의 신 또는 물의 왕이라고 생각하여, 그것을 죽이는 일을 꺼린다. 그래서 가뭄이 들면 두꺼비를 항아리에 가두어 놓고 회초리를 친다. 아이마라Aymara족[32] 인디언도 비를 내리게 하기 위해 종종 개구리나 여타 수생동물의 작은 모형을 만들어 산봉우리에 갖다 놓는다. 브리티시컬럼비아의 톰프슨강 유역의 인디언을 비롯해 유럽의 몇몇 지방 사람들도 개구리를 죽이면 장마의 원인이 된다고 믿는다. 중부 인도에 사는 서민들은 비를 청하기 위해 님nim나무의 푸른 잎과 가지로 개구리를 묶어 사방을 돌아다니면서 이렇게 노래한다.

개구리여, 어서 물방울 보석을 내려 다오!
들판의 보리와 밀이 여물게 해 다오.

마드라스주[33]에서는 경작자와 지주 계급을 '카푸Kapus' 혹은 '레디Reddis'라고 부른다. 비가 내릴 때 이 계급의 여자들은 개구리 한 마리를 잡아 그것을 대나무로 만든 새 풀무에 산 채로 묶은 다음, 그 위에 마르고사margosa 이파리 몇 장을 얹고 "개구리 부인이 목욕을 하고 싶대요. 오, 비의 신이시여, 그녀를 위해 비를 좀 내려 주세요"라고 노래하면서 집집마다 돌아다닌다. 카푸 계급의 여자들이 이런

---

31 한국의 민간 기우제에서도 피를 뿌려 더럽히면 그것을 씻어 내기 위해 비를 내린다 하여, 개를 잡아 그 피를 산봉우리에 뿌려 놓는 관습이 있다.

32 페루와 볼리비아에 속한 안데스 산맥 중부 및 바람이 거세고 광대한 티티카카 고원에 사는 남아메리카 인디언

33 인도 반도 남동쪽 끝에 위치한 주

노래를 부르면서 집을 찾아오면 여주인은 개구리에게 물을 보시한다. 그러면 머지않아 비가 억수로 쏟아질 거라고 믿는 것이다.

가뭄이 오래 계속될 때, 때로는 기도 따위에 정력을 낭비할 필요가 없다 하여 통상 사용하는 모방주술의 수단을 전부 폐기하는 경우도 있다. 그 대신 물의 원천을 봉쇄하는 초자연적 존재를 협박하거나 저주한다든지 폭력을 행사하여 하늘의 물을 강제로 빼앗아 오고자 시도한다. 일본의 어느 마을에서는 농민들이 비를 내려 달라고 조상신에게 오랫동안 공들였는데도 기대하는 결과가 전혀 나타나지 않을 때, 마침내 분통을 터뜨리며 조상신의 위패를 끌어내어 욕을 해 대면서 그것을 가뭄으로 갈라진 논두렁에 쑤셔 박는다. 그리고 "여러 말 없이 거기서 좀 견뎌 보슈. 어찌나 땡볕이 쩽쩽 내리쬐는지 아예 땅바닥에 금이 쫙쫙 갔는데, 당신도 그 맛 좀 보시라 이거요"라고 말한다. 세네감비아[34]의 펠로우페Feloupe족도 그런 경우에 저주를 퍼부으면서 위패를 내동댕이치고 비가 내릴 때까지 그것을 갈라진 밭에 그냥 내버려 둔다.

중국인들은 난동을 부려 천국을 강탈하는 데에 명수다. 그들은 비가 필요하면 종이나 나무로 비의 신을 상징하는 거대한 용을 만들어서 행렬을 지어 그것을 끌고 돌아다닌다. 그래도 비가 오지 않으면 모의 용신龍神을 갈기갈기 찢어 버린다. 그래도 안 되면 이번엔 용신을 협박하거나 두들겨 패기도 하고, 때로는 정식으로 용신의 지위를 박탈하기까지 한다. 하지만 바라던 대로 비가 오면 칙령을 내려 용신의 등급을 더 높여 준다. 1888년 4월에 광둥廣東의 공무원들은 용신에게 장마를 그치게 해 달라고 호소했지만, 용신은 아무런 응답을 하지 않았다. 그러자 이들은 용신을 닷새 동안이나 감금해 버렸다. 그랬더니 효과가 있어 비가 내리자, 이들은 용신을 다시 석방했다. 또한 몇 해 전에는 가뭄이 들자 용신을 묶어 며칠 동안이나 사원 마당의 땡볕 아래 세워 두었다. 이는 용신으로 하여금 스스로 비의 필요성을 절감하도록 하기 위한 것이다. 이와 마찬가지로 시암 사람들도 비를 원할 때는 신상들을 땡볕 아래 세워 둔다. 반대로 맑은 날을 원할 때는 사원 지붕을 뜯어내어 고스란히 신상들을 비 맞게 한다. 이처럼 신들을 학대하면 마침내 소원을 들어줄 거라고 믿는 것이다.

독자들은 극동의 이 같은 기상학氣象學에 대해 고소를 금할 길이 없을 것이다.

---

34 아프리카의 세네갈과 감비아 지역

하지만 이와 비슷한 강우주술이 오늘날 우리가 살고 있는 기독교적 유럽에서도 여전히 행해지고 있다.[35] 1893년 4월 말, 가뭄 때문에 시칠리아섬[36]에 큰 흉년이 닥친 적이 있었다. 당시 반 년 동안이나 가뭄이 계속되어 날마다 구름 한 점 없는 하늘에 태양만이 불타고 있었다. 그로 인해 아름다운 녹지대인 콩카도로 공원은 엉망이 되어 버렸고, 식량도 떨어졌고, 주민들은 공포에 떨고 있었다. 그들은 알고 있는 모든 수단을 동원하여 비가 내리도록 해 보았지만 아무 소용이 없었다. 거리든 논밭이든 먹을 것을 찾아다니는 사람들이 줄을 이었고, 남녀노소를 막론하고 로사리오(묵주)를 굴리면서 밤을 지새워 성상 앞에서 기도를 올렸다. 교회 안에는 밤낮을 가리지 않고 신성한 촛불이 켜졌고, 나무마다 종려주일棕櫚主日, Palm Sunday[37]에 거룩하게 축복받은 종려나무 가지들이 걸려 있었다.

솔라파루타에서는 오래된 관습에 따라 종려주일에 교회에서 버린 쓰레기들을 밭에 뿌렸다. 다른 때 같으면 이 신성한 쓰레기들이 농작물을 보호했을 터이다. 그런데 어찌된 일인지 이 해에는 아무런 효험이 없었다. 니코시아[38]의 주민들은 십자가를 끌어내려 맨발인 채 그것을 온 마을로 끌고 다니면서 쇠로 된 회초리로 서로의 몸을 후려쳤다. 하지만 아무 일도 일어나지 않았다. 매년 강우의 기적을 보여 주며 시장터와 정원마다 봄을 무사히 지내게 해 주었던 저 위대한 파올로의 성 프란치스코St. Francis of Paolo(1416~1507)[39]의 영험도 전혀 드러나지 않던 모양이다. 모든 미사와 저녁기도, 찬양과 촛불기도와 불꽃의식도 아무런 소용이 없었다. 그러자 농부들의 분노가 폭발했고, 신앙의 대상이던 수많은 성자들이 배척당했다.

팔레르모[40]에서는 성 요셉St. Joseph[41]의 성상을 마당으로 끌어내어 얼마나 최악의 상황인지를 직접 보도록 하고, 비를 내려 줄 때까지 땡볕에 세워 두겠노라고

---

35 프레이저는 본서 전반에 걸쳐 주술적 관행이 미개인에게만 해당되는 것이 아니며, 문명화된 유럽인뿐만 아니라 현대인 사이에서도 행해지고 있다는 점을 누누이 환기하고 있다.

36 지중해에 있는 섬들 가운데 가장 크고 인구가 많은 이탈리아의 섬

37 기독교 전통에서 성 주간의 첫째 날인 동시에 부활절 직전의 일요일. 예수 그리스도의 예루살렘 입성을 기념하는 날이다. 로마 가톨릭교회와 다른 교회들은 종려주일에 종려나무(대추야자 잎 혹은 해당 지역에서 이용할 수 있는 나뭇가지)를 축복하고 행렬의식을 행한다. 이러한 의식은 4세기 말엽 예루살렘에서 생겨났다고 한다.

38 키프로스 공화국의 수도이자 니코시아 지구의 행정 소재지

39 이탈리아 파올로 출신의 성인. '가장 작은 자의 회' 수도원의 창설자

40 이탈리아 시칠리아 지방의 중심지이며, 고대 때부터 중요한 항구도시

욕을 퍼부어 댔다. 그뿐만 아니라 사람들은 다른 성자들의 성상도 마치 말썽쟁이 아이를 대하듯이 벽 쪽으로 얼굴을 돌려놓았다. 어떤 성상들은 아름다운 의상을 벗겨 낸 채 멀리 추방되었으며, 어떤 성상들은 협박과 모욕을 받으면서 말을 씻기는 연못 속에 내동댕이쳐졌다. 칼타니세타에서는 대천사[42] 성 미카엘St. Michael[43]의 황금색 두 날개를 떼어 내고 대신 종이로 만든 날개를 붙였으며, 보랏빛 의상 대신에 걸레를 걸쳐 놓았다. 리카타[44]에서는 수호성인 성 안젤로St. Angelo가 이보다도 더욱 심한 학대를 받아 아예 옷이 홀딱 벗겨졌다. 사람들은 이렇게 벌거숭이가 된 성상을 꽁꽁 묶어서 시궁창 속에 처넣었고, 협박하거나 조롱을 퍼부었다. 분이 풀리지 않은 어떤 사람들은 그 앞에서 주먹을 휘두르며 "비를 내려주겠소, 아니면 새끼줄에 묶이겠소?"라고 외쳤다.

때로는 신들의 연민에 호소하는 경우도 있었다. 줄루Zulu족[45]은 가뭄으로 옥수수가 타 들어가면, '하늘의 새'를 잡아서 죽인 다음 연못 속에 던진다. 그러면 하늘이 이 새의 죽음을 슬퍼하여 "초상을 치르는 슬픔의 표시로 비를 내려 조문한다"고 믿었다. 줄룰란드[46]의 여자들은 자기 자식을 목 높이까지 땅에 묻고 멀리 물러서서 한참 동안 통곡을 한다. 하늘이 이것을 보고 연민의 정을 품으리라고 여기기 때문이다. 그런 다음 여자들은 비가 곧 내릴 거라고 믿으면서 아이를 다시 파낸다. 이때 여자들은 '하늘의 주'를 불러 비를 내려 달라고 빈다. 만일 비가

41 신약성서에 나오는 예수의 지상에서의 아버지이며, 성모 마리아의 남편. 로마 가톨릭교회에서는 교회의 수호성인. 대축일은 3월 19일이고, 노동자 성 요셉의 축일은 5월 1일

42 성서 시대 이후의 유대교, 특히 하느님의 극적인 역사 개입을 묘사하고 있는 묵시문학에 등장하는 7천사의 통칭. 하늘의 군대를 이끄는 것으로 나타난다. 외경 『에녹 1서』 20장에 열거된 7천사는 우리엘(지하세계인 스올의 수호자이며 하늘 군대의 지휘자), 라파엘(인간 영혼의 수호자), 라구엘(빛의 세계에 대항하는 이들에 대한 하느님의 복수자), 미카엘(이스라엘의 수호자), 사리엘(영적인 죄를 범한 자에 대한 영의 복수자), 가브리엘(낙원, 세라핌, 케루빔의 통치자), 예레미엘 혹은 레미엘(스올에서 영혼을 지키는 자)이다. 기독교 및 이슬람에서도 이런 유대교 전통에 기초하여 천사의 계급을 설명했다.

43 유대교, 기독교, 이슬람 전통에서 공통적으로 대천사(7천사 혹은 4천사)로 간주되는 천사. 이런 미카엘을 성인으로 모시는 신앙이 민중들 사이에서 널리 성행했다.

44 이탈리아 시칠리아 남부 아그리젠토주에 있는 도시

45 남아프리카공화국 나탈주에 사는 종족. 남부 반투족에 속하며 응구니어를 쓴다. 줄루족 사회는 아버지의 권위가 강한 가부장적인 특징을 갖고 있다. 일부다처제 관습이 있으며, 한 남자에 속한 여러 아내들은 상속자의 어머니인 '큰부인'을 중심으로 엄격하게 서열이 정해져 있다. 또한 과부가 죽은 남편의 형제와 의무적으로 결혼하는 레비레이트levirate혼혼 관습과 여성이 죽은 친척과 명목상의 결혼을 하는 영혼결혼 관습도 행한다.

46 남아프리카공화국 나탈주 북동부에 있는 역사적인 지역으로 줄루족의 본거지였다.

「용과 싸우는 성 미카엘」, 알브레히트 뒤러, 1498

내리면 그들은 "우손도Usondo께서 비를 주셨다"고 말한다. 테네리프섬의 구안체Guanche족[47]은 가뭄이 들면 키우는 양들을 신성한 곳으로 끌고 간 다음 새끼 양을 억지로 떼 놓음으로써 어미 양들의 슬픈 울음소리가 하늘에까지 들리게 한다.

쿠마온에서는 비를 멈추도록 하기 위해 개의 왼쪽 귀에 뜨거운 기름을 붓는다. 그러면 개가 고통을 견디다 못해 비명을 지를 것이고, 이를 인드라 신이 듣게 되면 연민의 정을 품어 비를 그치게 해 준다고 믿었다. 때때로 토라자족은 다음과 같은 방식으로 비를 청한다. 그들은 어떤 식물의 줄기를 물속에 담가 놓고 "이봐, 가서 비 좀 불러 와. 만일 비가 내리지 않는다면 난 널 다시 심지 않을 거고, 그러면 넌 죽고 말거야"라고 말한다. 또는 민물조개를 몇 가닥의 실로 꿰어 그것을 나무에 걸어 놓고 "이봐, 가서 비 좀 불러 와. 비가 내릴 때까지는 너희를 물속으로 돌려보내지 않을 테니까"라고 말한다. 그러면 조개들이 슬피 울 것이고, 그것을 본 신들이 비를 내려 줄 거라고 믿는 것이다. 그러나 이런 사례들의 경우는 보다 고차적인 존재의 연민을 구하는 호소가 포함되어 있으므로 주술적이라기보다는 오히려 종교적 의식이라고 보아야 마땅할 것이다.

어떤 이들은 돌을 물에 담그거나, 물을 뿌리거나, 그밖에 적절한 방법에 의해 비를 오게 할 수 있다고 믿는다. 사모아섬[48]의 한 마을에서는 어떤 특별한 돌을 비의 신이 화신한 것으로 여겨, 그것을 신전에 모셔 두었다가 가뭄이 들면, 사제가 무리들과 함께 그 돌을 냇가로 가지고 가서 물 속에 집어넣는다. 뉴사우스웨일스의 타타티Tatathi족은 강우주술사가 석영을 빨아 그 가루를 공중에 날리고, 남은 것은 에뮤의 깃털에 싸서 통째로 물속에 잘 감추어 둔다. 마찬가지로 뉴사우스웨일스의 케라민Keramin족은 주술사가 후미진 강변에 가서 둥글넓적한 돌에 물을 뿌려 그것을 어딘가에 감춘다.

오스트레일리아 서북부의 몇몇 부족은 강우주술사가 비를 오게 할 목적으로 특별히 마련한 신성 지역으로 간다. 거기서 그는 잔돌이나 모래로 조그만 봉우리를 쌓고, 그 위에 자신이 지니고 있는 주술용 돌을 올려놓는다. 그리고 몇 시간 동

---

47 15세기 초 스페인 정복자들이 동부 카나리아 제도에서 처음 접촉했던 원주민 집단. 카나리아 제도의 서쪽에는 카나리아Canario족이 살았다. 두 부족 모두 크로마뇽인 후손으로 보이며, 뜻을 명확히 알 수 없는 알파벳 비슷한 문자와 도안을 남겼고, 유일신을 섬긴 것으로 알려져 있다.

48 뉴질랜드 북동쪽 2,900킬로미터 지점의 태평양 중남부 여러 섬으로 구성된 입헌군주국. 옛 이름은 서西사모아

안이나 그 주위를 돌면서 주문을 외운다. 그러다가 힘들면 조수에게 대신 돌게한다. 이때 돌에 물을 뿌리거나 불로 지지기도 한다. 이 신비한 의식이 진행되는동안 주술사와 조수 외에는 누구도 신성 지역에 들어갈 수 없다. 뉴브리튼섬의술카족은 비가 내리기를 원할 때에 어떤 열매를 태운 재로 돌을 검게 칠한 다음, 그것을 다른 식물이나 꽃봉오리와 함께 햇빛에 말린다. 그리고 주문을 외우면서약간의 나뭇가지를 물속에 넣고 검은 돌로 눌러놓는다. 그러면 반드시 비가 온다고 믿었다. 마니푸르[49] 수도 동쪽의 높은 산 위에는 우산을 펴 놓은 것처럼 생긴 바위 하나가 있는데, 비가 필요할 때면 이 나라 국왕은 산기슭의 샘에서 길어온 물을 그 바위에 뿌린다고 한다. 일본의 사가미[相模][50]에도 그 위에 물만 부으면언제든 비를 오게 할 수 있다고 여겨지는 편리한 바위가 있다.

중앙아프리카의 와콘디오Wakondyo족은 비를 원할 때면 눈 쌓인 산기슭에서 사는 와왐바Wawamba족에게 부탁한다. 그들이 우석雨石을 가지고 있기 때문이다. 와왐바족은 사례금을 받고 우석을 깨끗이 씻은 다음 기름을 발라 그것을 물이 가득 찬 항아리 속에 넣는다. 이렇게 해서 비가 오지 않은 적이 한 번도 없었다고 한다. 애리조나주[51]와 뉴멕시코주의 황량한 사막지대에 사는 아파치Apache족[52]은비를 내리게 하기 위해 어떤 샘에서 물을 길어다가 그것을 바위의 특정 부위에붓는다. 그렇게 하면 바로 구름이 모여들면서 비가 온다는 것이다.

그러나 이런 관습들이 반드시 아프리카나 아시아의 황무지, 오스트레일리아나 신대륙의 사막지대에만 한정된 것은 아니다. 한랭지대나 혹은 유럽의 잿빛 하늘 아래에서도 그런 관습들이 늘 있어 왔다. 만일 전설이 사실이라면, 마법사 멀린Merlin[53]이 지금도 산사나무 그늘에서 마술적인 잠에 빠져 있다는 '브로셀리안

---

49 인도 북동부에 있는 주

50 현재 가나가와현의 대부분에 해당하는 옛 지명

51 미국의 남서부 산악지역에 있는 주. 남쪽으로 멕시코의 소노라주, 동쪽으로 미국의 뉴멕시코주, 북동쪽으로 콜로라도주, 북쪽으로 유타주, 서쪽으로 네바다 및 캘리포니아주와 경계를 이룬다.

52 북아메리카 남서부의 인디언. 이들의 영토는 지금의 미국 애리조나주 중동부와 동남부, 뉴멕시코주 남서부와 동부, 텍사스주 서부, 멕시코의 치와와주 북부와 소노라주에까지 이르렀다. 1861년부터 25년간 미국 연방군과 벌어진 가장 치열했던 아파치 전쟁의 당사자. 20세기 말 현재 아파치족의 인구는 모두 1만 1,000명으로 조사되었다.

53 중세 아서 왕 전설과 로맨스에 나오는 마법사이자 현자. 고대 켈트족의 신화에 나오는 인물들, 특히 웨일스 전승의 미르딘과 밀접한 연관성을 가진다. 몬머스의 제프리가 쓴 『영국왕 열전Historia regum Britanniae』 (1136경)에서 멀린 암브로시우스는 우터 펜드라곤(아서 왕의 아버지)과 아서왕의 조언자로 등장한다. 제프리는 이후의 작품 『멀린의 생애Vita Merlini』에서 예언의 능력을 지닌 숲속의 야인에 관한 북부 전설을 각

드Broceliande의 원시림'에 바렌턴Barenton이라 부르는 지극히 낭만적인 분수가 있다. 비를 필요로 할 때에 브레튼 마을의 농부들은 이곳으로 와서 큰 잔에 물을 받아 분수 근처에 있는 넓적한 돌 위에 붓곤 했다. 스노든산[54] 위에는 둘린Dulyn 혹은 '검은 호수'라 부르는 음산한 호수가 험한 절벽으로 둘러싸인 을씨년스러운 골짜기에 자리 잡고 있다. 이 호수로 이어진 돌계단이 있는데, 누구든 이 계단의 맨 끝에 있는 '붉은 제단'에 물을 부을 수만 있다면, "아무리 더운 날이라도 밤이 되기 전에 반드시 비가 내린다"는 것이다. 사모아의 사례와 마찬가지로 여기서도 돌은 신성한 어떤 것으로 간주되고 있다. 이는 종종 비를 청하기 위해 바렌톤 분수에 십자가를 넣곤 했던 관습에서도 엿볼 수 있다. 왜냐하면 그런 관습은 돌에 물을 붓는 저 고대 이교도적인 관습을 기독교적인 것으로 대체시킨 것에 불과하기 때문이다.

프랑스 각지에서도 비를 청하는 방법으로 성자의 성상을 물 속에 집어넣는 관습을 찾아볼 수 있는데, 이런 관습은 근대까지도 남아 있었다. 콩마뉴의 유서 깊은 수도원 옆에는 성 제르베St. Gervais의 샘이 있는데, 근처 농민들은 농사의 필요성에 따라 비 또는 맑은 날을 원할 때면 행렬을 지어 그 샘을 찾는다. 특히 큰 가뭄이 들었을 때는 샘물이 솟아나는 곳에 세워져 있는 성자의 고대 석상을 샘 속에 밀어넣는다. 콜로브리에레와 카르팡트라[55]에서도 성 퐁스St. Pons와 성 쟝St. Gens의 석상을 그렇게 물 속에 집어넣는다.

나바라[56] 지방의 몇몇 마을에서는 비를 기원하는 기도가 성 베드로St. Peter(1205년경~1252년경)[57]에게 바쳐졌다. 이때 기도의 효과를 보다 강력하게 하기 위해

색함으로써 멀린 이야기를 더욱 발전시켰다. 한편 13세기 초 로베르 드 보롱은 운문소설 『메를랭Merlin』에서 당시 아서 왕의 전설과 결부되기 시작했던 성배 전설과 관련하여 멀린을 성배의 예언자로 등장시킴으로써 멀린 이야기에 기독교적 색채를 가미시켰다.

54 영국 웨일즈 지방의 산 이름

55 프랑스 남부 보클뤼즈주의 상공업 도시

56 스페인 북부의 지방

57 이탈리아의 종교재판관, 열정적인 설교가, 수도원 설립자. 1253년 성인으로 추대되었으며, 축일은 4월 29일. 호전적으로 개혁을 벌여 신新마니교 종파인 카타리파(선과 악의 본질에 대해 비정통적인 견해를 주장한 그리스도교 이단)에게 암살당했다. 부모가 카타리파 교도였으며, 볼로냐대학교에서 공부할 때 가족의 반대를 받았다. 이 대학교에서 도미니쿠스(도밍고 데 구스만)와 친구가 되었으며, 1221년경 그가 이끌던 수도회 '탁발설교자회'에 가입했다. 1232년경 교황 그레고리우스 9세에 의해 일반 종교재판관에 임명된 그는 이 직위를 이용하여 이탈리아 북부와 중부를 두루 다니며 카타리파를 비판하는 설교를 하여 성과를 거둠으로써 카타리파의 적들을 자극했다. 그 결과 동료 탁발수사 도미니쿠스와 함께 카타리파에게 도끼로 공격

마을 사람들은 열을 지어 성상을 강가로 가져가서 자신들의 기도를 들어 달라고 세 번 거듭 청원한다. 그래도 효과가 없으면 성상을 물 속에 밀어넣는다. 이때 성상에 대해 단지 경고하거나 충고하기만 해도 좋은 효과가 있을 것이라고 굳게 믿는 성직자가 마을 사람들에게 제발 그러지 말라고 타이르지만 그들은 막무가내였다. 그런데 성상을 물 속에 집어넣자, 실제로 24시간 이내에 비가 내렸다고 한다. 이처럼 성상을 물 속에 집어넣고 비를 청하는 방법은 반드시 가톨릭교회에만 한정된 것은 아니었다. 예컨대 밍그렐리아에서도 가뭄 때문에 농작물이 말라 버리면 거룩한 성상을 끌어내어 비가 올 때까지 그것을 매일 물 속에 처박는다. 또한 극동 지방의 샨Shan족[58]은 가뭄으로 벼가 말라 죽으면 불상을 물 속에 넘어뜨린다. 이런 모든 행위는 얼핏 보기엔 위협이나 징벌 같은 걸로 위장되어 있지만, 어느 것이나 그 밑바닥에는 본질적으로 동종주술이 작동하고 있다.

그리스인과 로마인도 다른 민족들과 마찬가지로 기도나 행렬이 소용없다는 것을 알아차리고는 주술에 의해 비를 얻으려 했다. 아르카디아[59]에서는 가뭄 때문에 식물이나 농작물이 시들기 시작하면, 제우스의 사제가 리카이우스산에 있는 샘물에 떡갈나무 가지를 넣는다. 그러면 물이 안개가 되어 머지않아 비가 내릴 거라고 믿었다. 이런 식의 강우주술은 뉴기니 근처의 할마헤라섬에서는 지금도 행해지고 있다. 테살리아 지방의 크라논에서는 마을 사람들이 사원에 청동 마차를 보존하고 있다. 그들은 비를 원할 때에 이 마차를 흔들기만 하면 된다고 믿는다. 이때 마차를 흔들어 덜컹거리는 소리를 내는 것은 아마도 천둥소리를 모방한 것이었으리라. 러시아나 일본에서도 천둥소리나 번갯불을 모방하는 관습이 강우주술의 하나였다는 점은 앞서 언급한 바 있다.

엘리스Elis[60]의 전설적인 왕 살모네우스Salmoneus[61]는 번갯불을 모방하여 불을 던진다든지, 혹은 전차 뒤에 매달아 놓은 솥을 흔들거나 구리로 만든 다리 위로 전차를 몰면서 천둥소리를 모방했다. 하늘의 궁창을 가로질러 달리는 제우스의

당해 죽었다. 베드로는 훗날 종교재판관들의 수호성인이라는 명칭을 얻었다.

58 주로 미얀마 동부지역에 사는 타이족의 하나. 미얀마에서 두 번째로 규모가 큰 소수민족으로서 전체 인구의 10분의 1을 차지한다. 20세기 말 현재 인구가 약 314만 명이다.

59 펠로폰네소스 반도 중앙에 위치한 고대 그리스의 산악지역

60 펠로폰네소스 반도의 북서부에 있던 고대 그리스 도시국가. 말 사육 및 기원전 776년에 이곳에서 시작되었다고 전해지는 올림픽 경기로 유명하다.

61 펠로폰네소스 반도의 북서부에 있던 고대 그리스 도시국가 엘리스의 전설적인 왕

전차를 흉내 낸 일은 대단히 불경스럽고 야심만만한 행위였다. 사실 그는 스스로를 제우스라고 선언했으며, 제우스와 마찬가지로 자신에게도 똑같은 제물을 바치라고 요구하기까지 했다. 로마 성벽 바깥에 위치한 마르스Mars[62] 신전 옆에는 그 옛날 '라피스 마날리스lapis manalis'라고 알려진 돌 하나가 보존되어 있다. 이 돌은 가뭄 때마다 로마 성벽 안으로 운반되었는데, 그렇게 해야 비가 내린다고 믿었기 때문이다.

3. 태양주술

이상에서 주술사는 비를 오게 할 수도 있고, 해가 밝게 비추도록 할 수도 있고, 해를 일찍 뜨게 하거나 늦게 지도록 만들 수 있다고 믿었다. 오지브와족은 일식日蝕 현상에 대해 태양불이 꺼진 것이라고 생각했다. 그래서 꺼져 가는 태양에 다시 불을 붙이고자 하늘을 향해 불화살을 쏘았다. 페루의 센키Senci족도 일식 때는 태양을 향해 불화살을 쏘았는데, 이 경우는 태양불을 다시 붙이기 위해서라기보다는 태양을 휘감고 있는 괴물을 쫓아내기 위해서였다. 이와 반대로 오리노코의 인디언은 월식月蝕 때에 불붙은 나무토막을 땅속에 묻었다. 왜냐하면 달이 사라지기라도 하면 큰일이므로 만일을 대비해서 지상의 불을 숨겨 놓아야 한다고 생각했다. 그렇게 하지 않으면 모든 것이 달과 함께 꺼져 버릴 거라고 믿었다. 캄차카

---

62 유피테르 다음으로 중요한 고대 로마의 군신. 로마의 마르스 축제는 농업과 전쟁이 시작되고 끝나는 계절인 봄과 가을에 열렸다. 특히 3월에는 유피테르, 마르스, 퀴리누스와 관련된 살리이의 옛 사제들이 밖으로 나와 고풍스런 갑옷과 투구를 입고, 이 신들을 기리는 군무軍舞를 추며 찬미의 노래를 불렀다. 10월도 마르스에게 중요한 달이었다. 가령 10월 15일에 열린 '10월의 말' 축제에서는 두 마리의 말이 끄는 전차 경주가 캄푸스 마르티누스에서 열렸고, 10월 19일의 '병기정화절Armilustrium'에는 무기를 깨끗이 손질해 겨울 동안 보존했다. 마르스 사원은 아우구스투스 시대까지 로마에 두 군데밖에 없었는데, 하나는 군대의 훈련장인 캄푸스 마르티우스에 있었고, 다른 하나는 카페나 문 밖에 있었다. 로마에는 원래 왕궁이었던 레기아에 마르스의 사당(사크라리움)이 있어서 그 안에 마르스의 거룩한 창槍을 보관했는데, 전쟁이 터지면 집정관은 그 창을 흔들면서 "마르스여, 일어나소서!"라고 말해야 했다. 아우구스투스 치하에서 마르스 숭배의 열기는 한층 더 뜨거워졌다. 그는 로마 정부의 군사 문제를 지켜 주는 전통적 수호신일 뿐 아니라, 복수자 마르스Mars Ultor로서 황제를 위해 복수하는 역할을 맡는 황제 개인의 수호신이 되었다. 마르스를 숭배하는 것과 카피톨리누스 신전의 유피테르를 숭배하는 일은 때때로 경쟁 관계에 있기도 했지만, 250년경 마르스는 로마 군단들이 숭배하는 군신軍神 가운데 가장 탁월한 존재가 되었다. 문학과 예술에서는 그리스의 아레스와 동일시되었다.

로마 외곽에 있는 마르스 신전

반도의 주민들은 일식 때 오두막에서 불을 가지고 나와 종전과 마찬가지로 빛을 내려 달라고 태양에게 빌었다. 이런 기도는 주술적이라기보다 종교적인 관습이라고 보아야 할 것이다.

그러나 칠코틴Chilcotin족 인디언이 일식 때 행하는 의식은 순수하게 주술적이다. 그들은 마치 여행할 때처럼 남녀 할 것 없이 모두 옷소매를 걷어붙인 채 무거운 짐을 이고 가듯이 지팡이를 짚고 일식이 끝날 때까지 원을 그리며 빙빙 돈다. 그러면 천공을 가로지르는 여행길에서 힘들어하는 태양의 피로를 덜어 줄 수 있다고 믿었다. 마찬가지로 고대 이집트에서도 태양의 화신으로 여겨진 파라오가 태양으로 하여금 일식이나 그 밖의 재난으로 인해 방해받지 않고 나날의 하늘 여행을 계속할 수 있도록 신전 주위를 엄숙하게 돌았다. 또한 이집트인들은 추분이 지난 뒤에 '태양의 지팡이 탄생'이라고 부르는 축제를 거행했다. 이는 태양이 하늘 여행으로 지쳐서 빛과 열이 쇠약해졌을 때 무언가 지팡이처럼 의지할 만한 물건이 필요할 거라고 생각했기 때문이다.

뉴칼레도니아섬에서는 주술사가 햇빛을 원할 때, 특정 식물과 산호초를 가지고 무덤으로 간다. 거기서 죽은 자의 자식에게서 뽑아 온 머리카락 두 올과 죽은 자의 해골에서 빼낸 이빨 두 개를 해골과 함께 묶는다. 그리고 아침 해가 뜨는 산봉우리에 올라가 평평한 돌 위에 세 종류의 식물을 올려놓고, 그 옆에 마른 산호초 가지를 세운 다음 그 위에 주술주머니를 걸어 놓는다. 다음날 아침, 다시 그 장소에 올라가 바다에서 해가 떠오를 때 주술 주머니에 불을 붙인다. 이윽고 연기가 피어오르면 마른 산호초 가지를 돌에 부비면서 "태양이시여, 우리가 이렇게 하는 까닭은 그대가 뜨겁게 불타올라 하늘에 있는 구름들을 다 삼켜 버리도록 하고자 함입니다"라고 기도한다. 이와 동일한 의식이 해가 질 때도 되풀이된다. 또한 뉴칼레도니아 사람들은 가뭄이 들도록 하기 위해 구멍 뚫린 원반형 돌을 사용한다. 해가 떠오를 무렵, 주술사는 그 돌을 손에 든 채 불붙은 막대기를 원반형 돌의 구멍에다 여러 차례 쑤셔 넣으면서 "모든 구름을 먹어 치움으로써 이 땅을 말라붙게 해서 아무것도 자라지 못하도록 우리는 지금 태양에 불을 붙인다!"라고 외친다. 뱅크스섬 주민들은 아예 가짜 태양을 만들어 햇빛을 조작한다. 이들은 '바트 로아vat loa'라는 둥근 태양석에 빨간 노끈을 감고 거기다 햇빛을 상징하는 올빼미 털을 매달아 낮은 목소리로 주문을 외운다. 그러면서 그것을 성역 안의 보리수나 카수아리나[63] 같은 키 큰 나무 위에 걸어 놓는다.

인도인은 브라만에 의해 아침마다 바쳐지는 제물이 태양을 떠오르게 한다고 믿었다. 그래서 "만일 브라만이 제물을 바치지 않으면 태양은 결코 떠오르지 않는다"고 여겼다. 고대 멕시코인은 태양을 모든 생명력의 원천이라고 생각했다. 때문에 그들은 태양을 '인간의 삶을 가능케 하는 자'라는 의미에서 '이팔네모화니Ipalnemohuani'라고 불렀다. 그런데 태양이 지상에 생명을 수여할 수 있기 위해서는 태양 또한 지상에서 생명을 수혈받을 필요가 있다고 여겼다. 이때 심장이야말로 생명의 중심부이자 상징이므로 피가 뚝뚝 떨어지는 인간이나 동물의 심장을 태양에게 제물로 바쳤다. 그래야 태양이 그 정기를 계속 유지하면서 하늘을 여행할 수 있다고 믿었다. 여기서 알 수 있듯이, 멕시코인이 태양에 제물을 바친 것은 태양을 기쁘게 하거나 위무하기 위한 것이 아니라 태양의 열과 빛과 운행의 힘을 물리적으로 재생하기 위한 것이었다. 따라서 이는 종교적이라기보다 주술적인 행위라 할 수 있다.[64] 이러한 인신공희의 수요가 끊임없이 이어졌기 때문에, 그들은 이웃 부족들에 대해 전쟁을 일으켜서 수많은 포로들을 끌고 와 제단에 바치지 않으면 안 되었다. 즉, 멕시코인의 호전성과 기록상 가장 무섭고 잔인하다는 그들의 인신공희 풍습은 대부분 태양의 운행에 대한 잘못된 이론에서 생겨난 것이었다. 순수한 사색의 오류가 불러일으킨 비참한 결과가 이처럼 두렷하게 나타난 사례는 다시없을 것이다.

고대 그리스인은 태양이 전차를 타고 천공을 가로질러 달린다고 생각했다. 그래서 태양을 주신으로 숭배한 로도스섬[65] 주민들은 매년 태양에게 바치는 제물로 전차 한 대와 네 필의 말을 바다에 던졌다. 말할 것도 없이 그들은 이렇게 바친 전차와 말이 그해 1년 동안 사용되어 소모될 거라고 믿었던 것이다. 우상을 숭배했던 유다 왕국의 왕들이 태양에게 전차와 말을 바치고, 스파르타인과 페르시아인, 마사게타이인이 태양에게 말을 제물로 바친 것도 아마 이와 비슷한 동기에서였을 것이다. 스파르타인은 매일 저녁 붉은 석양이 아름답게 깔리는 타이게투스Taygetus 산상에서 태양에게 제물을 바쳤다. 스파르타의 골짜기에 사는 주민들이

---

63 열대 동부아프리카, 마스카린 제도, 동남아시아, 말레이시아, 오스트레일리아, 폴리네시아 등에 자생하며, 멀리서 보면 마치 소나무처럼 보인다.

64 아즈텍족의 심장공희에 대한 프레이저의 이 해석은 일견 명료해 보이지만, 태양을 기쁘게 함으로써 활력을 부여한다고 볼 수도 있으므로 그것을 종교적이 아니라고 간단히 단정지을 수는 없다.

65 고대 이탈리아의 섬. 이 섬의 해상 관습법에 바탕을 둔 로도스 해상법이 중세 이탈리아 도시들의 해상법에 영향을 주었다.

산상에서 제물을 바친 행위는 로도스섬의 주민들이 석양에 붉게 물든 바다에 전차와 말을 바친 것만큼이나 매우 자연스러운 것이었다. 산상이든 바다든 새로운 말을 바침으로써 하루 동안의 천공 여행에 지친 태양을 더할 나위 없이 기쁘게 할 것이라고 믿었기 때문이다.

어떤 이들은 태양을 빛나게 하거나 그 운행 속도를 빠르게 할 수 있다고 믿었는가 하면, 또 어떤 이들은 태양의 운행을 느리게 하거나 멈추게 할 수도 있다고 생각했다. 페루 안데스산의 어떤 길에는 맞은편 언덕 위에 폐허가 된 두 기의 탑이 서 있는데, 이 탑의 벽면에는 두 탑 사이에 망을 치기 위한 못이 박혀 있다. 그 망은 바로 태양을 포획하기 위한 것이다. 이 지방에는 덫을 놓아 태양을 잡은 사람의 이야기가 널리 전해지고 있다. 이글룰리크[66] 마을의 에스키모인은 가을이 되어 태양이 남쪽으로 기울면서 북극 하늘 아래로 조금씩 사라져 갈 무렵이면, 태양을 그물망에 붙잡아 두기 위해 실뜨기 놀이를 한다. 반대로 봄이 되어 태양이 북쪽으로 기울기 시작하면 태양이 빨리 돌아오도록 공놀이를 한다. 오스트리아 흑인들은 집에 도착하기 전까지 태양을 멈춰 세우고 싶으면 석양을 정면으로 마주보고 서 있는 나무의 Y자 모양을 한 가지 위에 뗏장을 올려놓는다. 반대로 해가 빨리 넘어가기를 원할 때는 태양을 향해 공중에다 모래를 뿌린다. 이는 아마도 태양이 밤마다 사막 밑으로 잠긴다고 생각하여, 꾸물대는 태양을 서쪽으로 쫓아내어 사막 아래 묻으려는 시늉인 듯싶다.

이처럼 태양을 빨리 지게 할 수 있다고 여긴 것처럼, 이번에는 늑장부리는 달을 빨리 떠오르게 할 수도 있다고 믿었다. 달의 운행을 통해 날짜 가는 것을 셈하는 뉴기니 원주민들은 달의 운행을 빠르게 함으로써 1년 동안이나 연초 재배 때문에 타지에 나가 있는 친구의 귀가를 재촉하기 위해 달을 향하여 돌멩이나 창을 던진다. 한편 말레이인은 석양빛이 환자들의 열을 높게 만든다고 믿는다. 그래서 석양을 향해 물이나 재를 뿌려 태양을 식히려고 애쓴다. 슈스와프족 인디언은 벼락 맞은 나무를 태우면 날이 추워진다고 믿는다. 이런 신앙은 아마도 그 지역에서는 번개를 동반하는 폭풍우에 이어 날이 추워지곤 했던 것을 관찰한 데에서 나온 듯싶다. 그들은 봄이 되어 고산지대의 눈길을 여행할 때 눈사태가 나지 않도록 하기 위해 벼락 맞은 나무토막을 태웠던 것이다.

---

66 캐나다 이글룰리르미우트섬의 마을 이름

그리스의 도자기에 묘사된 태양신 헬리오스, 기원전 435

4. 바람주술

원시인은 마음대로 바람을 일게 하거나 또는 잠잠하게 할 수 있다고 믿었다. 야쿠트Yakut족[67]은 무더운 날 멀리 여행할 때는 짐승이나 물고기의 배 속에서 우연히 발견한 돌을 말총으로 둘둘 말아 막대기 끝에 묶는다. 그리고 주문을 외우면서 막대기를 휘두른다. 그러면 곧 서늘한 바람이 불기 시작할 거라고 여겼던 것이다. 이때 9일간이나 서늘한 바람이 계속 일게 하려면, 우선 그 돌을 새나 짐승의 피로 적신 다음 주술사가 태양이 도는 방향과 반대 방향으로 세 차례 돌면서 그것을 햇볕에 말려야 한다.

호텐토트족은 바람을 잠재우기 위해 가장 무거운 모피를 막대기 끝에 걸어 놓는다. 이는 모피를 날리다가 바람이 지쳐 잠잠해질 거라고 생각했던 것이다. 푸에고섬[68]의 마술사는 바람을 그치게 하기 위해 조개껍데기를 던진다. 뉴기니의 비빌리섬 원주민은 입김을 훅 불어서 바람을 만든다. 그래서 보가딤Bogadjim족은 폭풍우가 닥치면 "비빌리섬 놈들이 또 심술을 부린다"고 말한다. 뉴기니에서는 막대기로 '풍석風石'을 두들겨 바람을 일으키기도 한다. 이때 너무 세게 두들기면 폭풍이 일어난다. 또한 스코틀랜드에서는 여자 마술사가 물에 적신 천을 돌에 세번 치면서 이렇게 소리 지른다.

악마의 이름으로 바람을 일으키고자
우리는 이 천으로 돌을 친다.
내가 그만두라고 요청할 때까지 바람이여, 멈추지 말지어다.

그린란드에서는 해산이 임박한 여자나 해산한 지 얼마 안 된 여자는 폭풍을 잠잠하게 할 수 있는 힘이 있다고 여겼다. 이때 그녀는 다만 문 밖으로 나가 입 안

---

67 튀르크어를 사용하는 시베리아의 주요 종족. 17세기까지는 레나강 중류지역에 집중적으로 살았으나 지금은 완전히 러시아 문화에 동화되었다. 인구는 1979년 현재 약 32만 8,000명에 이르며, 야쿠티야공화국 인구의 중심을 이루고 있다. 고대 야쿠트족은 수많은 신들을 숭배했는데, 흑주술사는 악신惡神을 다루었고, 백주술사는 사람들에게 이익을 주는 선한 귀신을 다루었다. 유명한 쿠미스(암말의 젖을 발효시켜 만드는 술) 축제를 통해서 말을 숭배하기도 했다. 봄 축제는 선한 신을 위한 것이며, 가축을 잡아 제물을 드리는 가을 축제는 악한 신을 위한 것이었다고 한다.

68 티에라델에고. 남아메리카 대륙 남쪽 끝에 있는 제도

으로 공기를 들이마신 후 그것을 집 안에다 내뿜기만 하면 된다. 옛날에 코린트[69]에는 폭풍을 가라앉힐 줄 아는 유명한 가족이 있었다. 이들은 아마 그 지방의 뱃사람들에게서 돈도 번 모양인데, 대체 어떤 술수를 썼는지는 확실치 않다. 심지어 기독교 시대가 된 이후에도 콘스탄티누스 대제 시절에 소파테르Sopater라는 자가 주술로 바람을 저지했다는 죄목으로 콘스탄티노플에서 사형을 당한 적이 있었다. 왜냐하면 이집트와 시리아에서 오는 곡물선이 무풍無風이나 역풍으로 인해 먼 바다 한가운데 묶여 버리는 통에 굶주리던 비잔틴 대중들에게 분노와 실망을 안겨주었기 때문이다.

핀란드의 마법사는 무풍으로 곤란을 겪는 뱃사공들에게 바람을 팔았다고 한다. 이때 바람은 세 자루에 봉해져 있었다. 첫 번째 자루를 열면 적당한 바람이, 두 번째를 열면 강풍이, 그리고 세 번째를 열면 폭풍이 불어닥쳤다는 것이다. 강하나를 사이에 두고 핀란드와 마주보고 있는 에스토니아 지방 사람들은 지금도 핀란드 마법사들이 그런 주술적 힘을 가지고 있다고 믿는다. 그래서 에스토니아의 단순하기 그지없는 농부들은 이른 봄에 북쪽이나 북동쪽에서 차가운 바람이 불어와 오한이나 신경통 따위가 도지면 그것을 순전히 핀란드의 마법사나 마녀들 탓이라고 여긴다. 그들은 특히 '십자가의 날'이라고 부르는 이른 봄의 사흘간을 가장 무서워한다. 그 첫날은 승천축일 전야에 해당한다. 펠린 근방의 주민들은 북부 라플란드[70] 지방에서 불어오는 바람을 맞으면 죽는다 하여 이 사흘 동안에는 일절 외출하지 않는다. 이와 관련하여 에스토니아에서는 다음과 같은 노래를 널리 불렀다.

십자가의 바람이여, 그대는 날래고 강력하다!
그대의 날개바람이 휘몰아치면,

69　그리스 중남부의 펠로폰네소스 반도에 있는 고대 및 현대 도시. 신약성서의 독자들에게는 사도 바울로가 이 도시의 기독교도에게 보낸 편지(고린도 전서 및 고린도 후서)로 잘 알려져 있다. 고대 코린트시의 유적은 아크로코린토스 언덕의 정북쪽에 있으며, 그 도시와 언덕은 둘레 약 10킬로미터의 원형 성벽으로 결합되어 있다. 아고라(코린트시의 중앙 시장)에 있는 중요 유적은 대부분 로마 시대의 것들이다. 이 아고라의 북서쪽으로 약간 높은 곳에 서 있는 도리아 양식의 일곱 기둥은 기원전 550년경에 건립된 아폴론 신전의 유적이다. 그밖에 신전, 별장, 극장, 상점, 공중 목욕탕, 도기 제조소, 단련장, 거대한 개선문, 기타 건물의 유적이 점점이 들어서 있는 아고라 일대가 1896년부터 대대적으로 발굴되었다.

70　유럽 최북단 지역

불행과 눈물만이 얼룩지나니, 무정한 바람이여!
핀란드 마법사들이 돌풍을 타고 날아오누나.

그뿐만 아니라 에스토니아의 뱃사람들은 핀란드만에서 바람을 거슬러 나가다가 때로 수상한 범선이 뒤쪽에서 모습을 드러내는가 싶더니, 순식간에 따라붙는 것을 목격한 적이 있다고 한다. 그 범선은 폭풍이 몰아치는 가운데 돛대를 구름처럼 펼친 채 출렁이는 파도를 헤치고 뱃머리에서 흰 포말을 일으키며 쏜살같이 지나간다는 것이다. 뱃사람들은 그것을 보고 곧 핀란드의 범선이란 것을 알아차린다.

세 자루에 바람을 봉해 놓고 그것을 하나하나 풀면서 강풍을 일으키는 술법은 비단 라플란드의 마법사들뿐만 아니라 셰틀랜드[71], 루이스, 맨섬의 여자 마법사들도 알고 있다. 지금도 셰틀랜드의 뱃사람들은 폭풍을 지배한다는 노파에게서 손수건이나 옷 따위로 봉해 놓은 바람을 사들인다고 한다. 러윅에는 바람을 팔아 생계를 유지하는 노파들도 있다고 한다. 율리시스Ulysses[72]도 바람의 왕 아이올로스Aiolos[73]에게서 가죽부대에 들어 있는 바람을 얻은 바 있다. 뉴기니의 모투모

---

71 스코틀랜드 북동부에 있는 제도
72 그리스어 이름은 오디세우스Odysseus. 호메로스의 서사시 『오디세이아Odysseia』에 나오는 그리스 신화의 영웅. 호메로스에 의하면 오디세우스는 라이르테스와 안티클레이아(파르나소스의 교활한 아우톨리코스의 딸)의 아들로 이타카의 왕이었으며, 아내인 페넬로페와의 사이에 텔레마코스를 낳았다(뒤에 나온 전설에서는 시시포스의 아들로 키르케, 칼립소를 비롯한 여자들과의 사이에서 아들들을 두었다고도 함). 호메로스는 오디세우스를 뛰어난 지혜·언변·기략·용기·인내를 지닌 인물로 그리고 있다. 오디세우스가 오랜 고난과 방황 끝에 마침내 가정과 왕국을 되찾는다는 것이 『오디세이아』의 중심 주제이며, 전24권으로 된 이 서사시에는 그가 목마를 이용해 트로이를 점령하는 장면도 자세히 묘사되어 나온다. 포세이돈의 아들인 키클롭스족의 폴리페모스와 대결해 그의 외눈마저 멀게 하고 양의 배에 매달려 동굴에서 빠져나오는 이야기, 마녀 키르케의 땅에 도착해 그녀가 돼지로 만들어 버린 부하들을 구해 내는 이야기, 죽은 영혼의 방을 찾아가 테베의 뱃사람 티레시아스에게서 포세이돈의 분노를 가라앉힐 수 있는 방법을 알아내는 이야기 등은 매우 극적이다. 폭풍 속에서 오디세우스만 살아남아 칼립소라는 목가적인 요정의 섬에 이르러 거의 9년 동안 머물렀던 그는 마침내 그곳을 떠나 이타카에 도착했는데, 그가 방황하는 오랜 세월 동안 아내 페넬로페와 아들 텔레마코스는 권력을 유지하기 위해 애쓰고 있었다. 처음에는 그의 충실한 개와 유모 외에는 아무도 그를 알아보지 못했으나, 그가 옛날에 쓰던 활을 쏘아 보라는 아내의 시험에 아테나 여신의 도움으로 성공하여 자신의 신분을 증명해 보였다. 그리고 텔레마코스의 도움을 받아 페넬로페의 구혼자들을 죽이고 페넬로페의 남편과 이타카 왕으로서의 지위를 되찾는다. 베르길리우스나 스타티우스 같은 로마의 작가들은 오디세우스를 로마의 모시母市인 트로이의 파괴자로 취급해 경멸했지만, 호라티우스나 오비디우스 같은 작가들은 오디세우스를 찬미했다. 초기 기독교 작가들은 그를 지혜로운 순례자로 높이 평가했고, 극작가들은 정치가로서 그가 지닌 잠재력을 탐구했으며, 낭만주의자들은 그를 바이런과 같은 모험가로 보았다.
73 호메로스의 작품에 나오는 인물. 바람의 지배자이자 떠도는 섬 아이올리아의 군주였다. 『오디세이아』에서

투Motumotu족은 폭풍을 오이아부의 마법사가 보낸 것이라고 믿는다. 그 마법사는 대나무통의 뚜껑을 열어 여러 가지 바람을 마음대로 일으킬 수 있다고 한다. 서아프리카 토고[74]의 아구산 꼭대기에는 바람과 비를 지배하는 물신物神 바그바Bagba가 살고 있는데, 물신의 사제는 몇 개의 커다란 항아리에 갖가지 바람을 저장해 둔다고 한다.

폭풍은 때로 위협하거나 추방하거나 죽일 수도 있는 그런 사악한 인격적 존재로 간주된다. 중부 에스키모 지방에서는 폭풍우나 악천후가 계속되어 먹을 것이 떨어지면, 해초로 길쭉한 채찍을 만들어 그것으로 무장을 하고 바닷가에 서서 바람이 불어오는 방향을 후려치면서 '타바(그것으로 충분하다)'라고 외친다. 그러면 폭풍우나 악천후를 쫓아낼 수 있다고 믿었던 것이다. 한번은 북서풍 때문에 해안이 녹지 않아 식량이 떨어졌을 때 에스키모인이 바람을 몰아내는 의식을 거행한 적이 있다. 이들은 먼저 해안에 불을 지른 다음, 모닥불 옆에 둘러앉아 노래를 부른다. 그러면 한 노인이 불 있는 데로 다가와 바람의 악마에게 "잠깐 내려와 불이라도 쬐시지요"라고 유혹한다. 이윽고 바람의 악마가 내려오면, 기다리고 있던 사람들은 각자 준비해 둔 물동이를 모닥불에 내던지면서 마구 활을 쏘아 댄다. 이렇게 심하게 대하면 바람의 악마가 더 이상 거기에 머무르려 하지 않을 거라고 생각했던 것이다. 나아가 보다 효과를 높이기 위해 사방에서 총질을 해 댔고, 이를 위해 유럽 함선의 선장을 모셔오기도 했다. 바람의 악마를 죽이려는 이와 유사한 의식이 1883년 2월 21일에 알래스카 배로 곶岬[75]의 에스키모인에 의해 집행되었다. 그때 여자들은 몽둥이나 칼을 휘두르며 집에서 악마를 쫓아냈으며, 남자들은 모닥불을 향해 총을 쏘아 댔고, 물을 끼얹은 모닥불에서 피어오르는 증기를 향해서도 돌멩이를 내던져 악마를 때려잡았다고 한다.

그란차코[76]의 렝과Lengua족 인디언은 회오리바람의 내습을 어떤 정령이 지나가는 거라고 여겼다. 그래서 그 정령을 위협해 몰아내기 위해 회초리를 마구 휘둘러 댔다. 남아메리카 파야과Payagua족은 쓰고 있던 모자가 바람에 날아가면 불

아이올로스는 오디세우스에게 순풍을 불어 주고 역풍을 주머니에 담아 줌으로써, 오디세우스의 동료들이 이 주머니를 열자 바람이 빠져나와 그들을 다시 섬으로 돌아오게 한다. 호메로스의 작품에서 아이올로스는 인간으로 나오지만 뒤에는 신으로 그려진다.

74 현 대서양의 기니만에 면한 서아프리카의 공화국

75 미국 알래스카주 북쪽 끝에 있는 곶. 북극해에 면하는 전체 길이 6.5킬로미터의 모래톱으로 미국의 가장 북쪽 끝에 있는 곳이다.

붉은 막대기를 들고 바람을 향해 돌격했고, 그러는 동안 다른 자들은 폭풍을 윽박지르기 위해 허공에다 주먹을 휘둘러 댔다. 과이쿠루Guaycuru족의 남자들은 거센 폭풍이 몰아치면 무장을 하고 밖으로 나간다. 그 사이 여자와 아이들은 바람의 악마를 위협하기 위해 목청껏 악을 써 댄다. 수마트라의 바탁족 마을 주민들은 폭풍이 불면 칼과 창으로 무장한 채 집 밖으로 뛰쳐나갔다. 그리고 추장의 뒤를 따라 악을 쓰면서 눈에 보이지도 않는 적을 향해 찌르거나 칼을 휘둘러 목을 베는 시늉을 한다. 집을 지키면서 무용을 발휘한 어떤 노파는 긴 칼로 이리저리 바람을 쳤다고 한다. 보르네오의 카얀Kayan족[77]은 맹렬한 뇌우와 함께 천둥소리가 가까이서 들려오면, 마치 폭풍의 악마를 위협하듯 허리춤에 두른 칼집에서 칼을 반쯤 빼낸다.

오스트레일리아 원주민은 거대한 적색 모래기둥을 일으키면서 사막을 질러 가는 회오리바람을 보고 정령이 지나가는 것으로 생각했다. 한번은 어떤 건장한 젊은이가 이 기둥을 쓰러뜨리기 위해 부메랑을 들고 추격한 적이 있다. 그는 두세 시간 동안 추격하다가 파김치가 되어 돌아와서는 이렇게 말했다. "쿠치(악마)를 죽이긴 했지만, 그놈이 날 노려보았으니 난 머지않아 죽고 말 거야." 아프리카 동부의 베두인Bedouin족[78]은 회오리바람이 불면 반드시 단도를 든 열두 명의 사나이들이 그것을 추격하여 모래기둥 속으로 쳐들어가는데, 이는 바람을 타고 달리는 악마를 몰아내기 위한 것이라고 한다.

이상과 같은 사례를 통해 보건대, 근대의 비평가들에 의해 단순한 우화로 치부되던 헤로도토스Herodotos(기원전 484년경~기원전 430년경)[79]의 이야기가 실은 대단히 신뢰할 만한 것임을 깨닫게 된다. 사실인지 아닌지는 입증하기 어렵지만 헤로도토스에 의하면, 프실리, 즉 오늘날의 트리폴리에서는 언젠가 사하라 사막에서 불어오는 열풍 때문에 모든 수원水源이 말라붙은 적이 있었다고 한다. 이때 사람들은 고심 끝에 일치단결하여 바람과의 전쟁을 선포하고 행군에 나섰다. 그러나 이들이 사막에 이르자마자 불어닥친 열풍으로 인해 한 사람도 남김없이 다

---

76 남아메리카 중남부 내륙에 있는 충적 평원. 이 평원의 그란차코강이 아르헨티나 북부와 파라과이 남부 사이를 흐르고 있다.

77 보르네오섬의 토착 종족. 이들은 카누가 드나들 수 있는 강 연안의 둔덕에 50세대 이상이 함께 생활할 수 있는 공동주택을 짓고 산다. 예전에는 사람 사냥을 하는 관습이 있었다.

78 중동의 사막지대 특히 아라비아, 이라크, 시리아, 요르단 지역에 살면서 아랍어를 사용하는 유목민족

모래에 묻혀 죽었다고 한다. 아마도 이 이야기는 북과 심벌즈를 두드리면서 전투 대형을 유지한 채 회오리치는 붉은 모래구름 속으로 사라져 간 사람들의 모습을 지켜보았던 어떤 목격자에 의해 전해진 것으로 보인다.

---

79 그리스의 역사가. 고대에 창작된 최초의 위대한 이야기체 역사서인 『역사Historiae』를 썼다. 그리스와 페르시아 전쟁에 대해 기술된 이 저서는 『페르시아 전쟁사』라고도 부른다. 그는 페르시아제국의 대부분 지역을 방랑했고, 이집트로 가서 남쪽의 엘레판티네(아스완)까지 내려갔으며, 리비아, 시리아, 바빌로니아, 엘란 왕국의 수사, 리디아, 프리기아 등도 방문했다. 또한 헬레스폰토스 해협(지금의 다르다넬스 해협)을 따라 비잔티움까지 올라갔고, 트라키아와 마케도니아로 가서 북쪽으로는 도나우강 너머까지, 동쪽으로는 흑해의 북해안을 따라 스키티아까지 여행했으며, 돈강 유역을 지나 좀 더 내륙으로 들어가는 등 널리 여행을 다녔다고 한다. 프레이저는 본서에서 헤로도토스를 많이 인용하고 있다. 헤로도토스, 박광순 옮김, 『역사』(상/하), 범우사, 1995/1996; (『역사』 제2장 이집트 편만 따로 번역한) 박성식 옮김, 『헤로도토스의 이집트 기행』, 출판시대, 1998 참조

제6장
주술사 = 왕

이상에서 살펴본 여러 사례들은 수많은 나라와 인종 사이에서 주술이 인간을 이롭게 하기 위해 자연의 위력을 통어할 수 있다고 여겼다는 점을 잘 보여 준다. 그렇다면 이런 터무니없는 관념을 철석같이 믿는 사회에서 주술 집행자들이 주요하고 지배적인 지위를 차지하게 될 것은 뻔하다. 또한 주술사들이 누리는 명성과 위세로 말미암아 그들이 맹신적인 대중 사이에서 절대적인 권위를 확보한다 해도 전혀 놀랄 만한 일이 아니다. 실제로 주술사들이 추장이나 왕이 되는 경우도 적지 않았다.

이런 주술사 = 왕에 대해 우리는 먼저 인류 가운데 가장 원시적인 민족이라 할 수 있는 오스트레일리아 원주민의 사례부터 살펴보자. 이들에 관해서는 비교적 상세하고 정확한 정보가 보고되어 있기 때문이다. 이들에게는 추장이나 왕이 없다. 굳이 이들에게서 어떤 정치적인 조직을 찾아내려 한다면, 그것은 일종의 민주정치일 수도 있고 혹은 젊은이들을 회의에서 배제한 채 일체의 중요 사안들이 장로들에 의해 결정되는 과두정치 정도가 될 것이다. 이들의 합의기관은 후대의 원로원과 흡사한 형태를 띠고 있다. 이처럼 장로들에 의해 이루어지는 정치 형태에 대한 신조어를 만들라고 한다면, 그것을 '노인정치gerontocracy'라고 부를 수 있다.

오스트레일리아 원주민에게 그런 합의 기관을 통해 사안들을 결정하는 장로들은 대개 토템 씨족의 족장들이다. 불모의 사막지대가 많고 외부적 영향과 거의 완전히 차단되어 있음으로 사회 발전이 지지부진하고 주민들도 미개한 상태에 머물러 있는 중앙오스트레일리아에서 각 토템 씨족의 족장들이 맡은 역할은 매우 중차대했다. 가령 이들은 토템의 증식을 위한 주술의식을 집행한다. 이때의 토템은 대체로 주식으로 삼는 식용 동물이나 식물인 경우가 많으므로, 이들에게는 통상 주술의식을 통해 씨족 성원에게 식량을 공급해야 하는 임무가 주어졌던 것이다. 그뿐만 아니라 어떤 족장들은 비를 내리게 하거나 공동체를 위한 여타의 봉사를 하지 않으면 안 되었다. 이를테면 중앙오스트레일리아 여러 부족들의 족장은 공적 주술사에 해당하는 존재였다. 한편 이들에게 주어진 가장 중요한 역할은 신성한 창고의 관리였다. 창고는 일반적으로 바위틈이나 땅속의 굴이었는데, 그 안에는 산 자와 죽은 자를 불문하고 모든 이들의 혼백과 밀접한 관계가 있다고 여겨지는 '신성한 돌이나 혹은 막대기churinga'가 보관되어 있었다. 말하자면 족장들은 씨족의 관습을 어긴 자에게 형벌을 가하는 내정에 관여하기도 했지만, 그들의 주된 기능은 무엇보다 신성한 주술적 기능에 있었던 것이다.

이번에는 뉴기니로 눈을 돌려 보자. 뉴기니 원주민은 오스트레일리아 원주민에 비해 훨씬 높은 문화를 가지고 있지만, 이들의 정치는 여전히 기본적으로 민주정치 또는 과두정치로서 추장제가 아직 맹아 단계를 벗어나지 못한 상태이다. 그래서 윌리엄 맥그리거William MacGregor 경은 영국령 뉴기니에는 아직껏 한 지역만 다스리는 전제군주조차 나온 적이 없다고 말한다. 그만큼 현명하고 대담하며 강한 자가 없다는 것이다. "그런 군주가 되는 지름길은 먼 지방에서 온 이름 높은 주술사가 되는 것이다. 그것도 부족원을 으르고 등치는 강압적인 방법에 의해서만 가능하다."

멜라네시아 원주민의 말에 의하면, 추장이 가지는 권력의 원천은 추장이 위대한 영혼과 교류하며, 또한 그 영혼을 조작할 수 있는 초자연적인 힘을 가지고 있다고 믿는 민중들의 신앙에 있다는 것이다. 그래서 추장이 세금을 내라고 명령하면 민중들은 거기에 따른다. 이는 민중들이 추장의 신성한 능력을 두려워하면서, 이런 추장에게 반항하는 자는 재난이나 질병을 겪게 될 거라고 굳게 믿기 때문이다. 만일 상당수의 민중들이 추장과 위대한 영혼 사이에 존재하는 교류 관계에 대해 의심을 품게 되면, 그의 징세 권력은 무력해지고 만다. 조지 브라운George Brown 박사에 의하면, 뉴브리튼섬에서는 "유력한 추장은 연세나 사제직을 겸할 수 있다고 여겼다. 말하자면 추장은 위대한 영혼tebarans과 통하는 존재라고 믿었으며, 그 영혼의 힘에 의해 비라든가 햇빛, 신선한 바람과 오염된 바람, 병이나 건강, 전쟁에서의 승리나 패배 등을 마음대로 조종할 수 있고, 혹은 축복이나 저주도 뜻대로 할 수 있는 존재라고 여겼기 때문에 민중들은 기꺼이 대가를 지불했던 것"이라고 지적하고 있다.

보다 차원 높은 문화가 발흥한 아프리카 지역에는 추장제도나 왕권이 충분히 발달되어 있었다. 거기에는 주술사나 강우사가 추장으로 발전한 증거가 비교적

오스트레일리아 원주민들이 신성시했던 추링가의 한 종류. 모래 위에 난 캥거루 발자국이
동심원 모양으로 둥근 돌에 새겨져 있다.

분명하게 나타난다. 동부아프리카 반투족에 속한 왐부그웨족은 정치제도의 원형이 공화제였으나 세습적으로 전승되던 주술사의 절대적인 권력이 이윽고 그들을 소군주 또는 추장의 지위로 밀어올렸다. 1894년에 이 지방의 추장 세 사람 가운데 둘은 주술사였다. 사람들은 이들을 두려워했고, 이들이 소유한 많은 가축들은 대개 그들이 주술사로서의 직능을 수행하면서 받은 보수였다. 이들의 주된 직능은 비를 내리게 하는 일이었다. 동부아프리카의 다른 부족인 와타투루 Wataturu족의 추장들은 아예 정치적 기능이 없는 순수한 주술사라고 한다. 또한 동부아프리카의 와고고족 추장의 권력은 주로 비를 내리게 하는 능력에서 비롯된다. 만일 추장이 비를 내리게 하는 데 실패하면 그는 다른 유능한 자에게 그 일을 부탁해야만 한다.

　나일강 상류지방에 사는 여러 부족의 경우도 일반적으로 주의가 추장이 된다. 추장의 권위는 그가 비를 내리게 하는 기술을 가지고 있다는 신앙에서 비롯된다. "비가 와야 할 때에 오지 않으면 공동체가 큰 재해를 입게 되므로 이 지방 사람들에게 비는 매우 중요하다. 그러다 보니 보통 사람들보다 훨씬 교활한 자가 강우기술을 사칭하거나 독점함으로써 그런 특권을 가지고 단순한 사람들의 맹신을 이용하는 일이 종종 있게 된다." 그리하여 "이들 부족의 추장은 대개 필요할 때에 부족원을 위해 비를 내리게 해 주는 강우주술사로서 인기가 대단하다. 추장은 항상 높은 산의 경사진 곳에 마을을 형성한다. 이는 아마도 산에 구름이 많기 때문에 강우에 관련된 예언을 하는 데에 편리하기 때문일 것이다."

　강우주술사들은 각자 수정이나 사금석, 자석영 같은 우석雨石을 몇 개씩 항아리에 담아 가지고 있다. 비를 원할 때마다 이 돌을 물에 던진 다음 껍질을 벗긴 막대기를 손에 들고 주문을 외우면서 구름을 향해 이쪽으로 오라든가 혹은 저쪽으로 가라고 명령한다. 또한 염소나 산양의 내장을 물과 함께 돌 구덩이 속에 집어넣고는 공중에 물을 뿌린다. 이처럼 추장들은 고유한 주술적 힘을 발휘함으로써 많은 재물을 모으지만 거의가 비참한 죽임을 당한다. 왜냐하면 가뭄 때 강우주술사가 비를 내리게 하는 데에 실패하면 성난 민중이 그를 죽여 버리곤 했기 때문이다. 민중은 강우주술사가 비를 내리지 못하게 방해한다고 믿었다. 그런데 추장은 대체로 세습적이어서 아버지에서 자식에게로 계승된다. 라투카Latuka족[1], 바

1　수단 남부 토리트 근처에 사는 종족. 로투코 Lotuko족이라고도 한다.

리Bari족[2], 랄루바Laluba족 등이 이런 신앙과 관습을 가지고 있다.

중앙아프리카의 앨버트호[3] 서편에 살고 있는 렌두Lendu족 또한 어떤 특정인이 비를 만드는 힘을 가지고 있다고 믿는다. 이들의 경우도 강우주술사는 추장인 경우가 많다. 그렇지 않은 경우에는 강우주술사가 필연적으로 추장이 된다. 바뇨로Banyoro족[4]은 강우주술사를 추앙하면서 많은 물건을 그에게 바친다. 비를 지배하는 절대적인 힘을 가진 강우주술사는 곧 왕이기 때문이다. 하지만 그는 자신의 권력을 다른 사람에게 위임할 수 있다. 그럼으로써 혜택이 분배되어 여러 지방에 하늘의 비가 골고루 내리도록 하기 위한 것이다.

동부 및 중앙아프리카와 마찬가지로 서아프리카에서도 추장과 주술사의 직능이 결합되어 나타난다. 판Fan족의 경우는 추장과 주의 사이에 명확한 구분이 없다. 이때 추장은 주의인 동시에 대장장이이기도 하다. 판족 사람들은 대장장이의 일을 신성한 직업이라고 여겼으며, 추장 이외의 사람이 그 직업을 가질 수 없다고 생각했다.

남아프리카에서 추장과 강우주술사의 직능 관계에 대해 한 저명한 기자는 다음과 같이 기술하고 있다. "예전에는 추장이 부족의 강우주술사였다. 추장들은 자기 외에는 아무도 강우주술사가 되지 못하게 했다. 왜냐하면 강우주술사가 일단 신망을 얻게 되면 반드시 부자가 될 수 있었고, 추장은 다른 사람이 부자가 되는 것을 결코 바라지 않았기 때문이다. 강우주술사가 민중들에게 갖는 권위는 실로 막강했기 때문에, 추장으로서는 강우주술사와 정치권력의 결합을 무엇보다도 중시하지 않을 수 없었다. 전설에 의하면, 비를 내리게 하는 힘이야말로 고대 추장이나 영웅의 위대한 영광이었다고 한다. 말하자면 추장이라는 직위는 이런 강우의 능력에서 유래된 것이라고 보인다. 즉, 비를 내리게 할 수 있는 자가 추장이 된 것이다. 마찬가지로 유명한 줄루Zulu족의 전제군주였던 차카Chaka는 항상 자신만이 줄루족의 유일한 점쟁이라고 선언했다. 이는 만일 다른 점쟁이를 허용한다면, 자신의 생명이 위협받을 우려가 있기 때문일 것이다." 모펏Robert Moffat (1795~1883)[5] 박사의 지적대로 남아프리카의 여러 부족은 "강우주술사는 단순한

---

2   나일강 유역의 수단 남부 주바 부근에 사는 종족

3   콩고 민주공화국과 우간다의 국경 지역에 있는 호수

4   호수 부근에서 생활하는 반투족. 우간다 중서부지역 빅토리아나일강 서쪽, 앨버트 호수 동쪽에서 살고 있다. 니오로Nyoro족이라고도 한다.

인간이 아니라 왕보다도 더 강한 권세를 지니고 있으며, 비록 왕일지라도 그의 명령에 따르지 않으면 안 된다"고 여겼다.

이상의 사례에서 아프리카의 경우에는 공적 주술사, 특히 강우주술사에서 왕이 유래되었음을 알 수 있다. 주술사가 뿜어내는 강렬한 공포심과 직무 수행을 통해 축적한 경제력이 주술사를 왕으로 끌어올리는 힘이 되었던 것이다. 그러나 주술사, 특히 능력이 뛰어난 강우주술사의 경우라면 큰 보수가 주어졌지만, 미숙하고 불운한 자들은 늘 신변의 위협을 느끼며 살 수밖에 없었다. 요컨대 공적 주술사가 차지하는 지위는 매우 불안정한 것이었다. 사람들은 주술사가 비를 내리게 하거나 해를 뜨게 하거나 풍요를 가져오게 하는 힘이 있다고 굳게 믿었던 만큼, 한발이나 기근이 들면 그것을 주술사의 무책임한 태만이나 고의적인 책략 때문이라고 여겨 당연히 주술사를 처벌해야 한다고 생각했다.

아프리카에서는 비를 내리게 하는 데에 실패한 추장은 추방되거나 살해당하곤 했다. 서아프리카의 어떤 지방에서는 비를 청하기 위해 왕에게 바친 기도나 제물이 효력을 발휘하지 못한 경우, 사람들은 새끼줄로 왕을 묶은 다음 왕의 조상들이 가졌으리라고 믿는 힘에 의지하여 비를 내리게 하기 위해, 강제로 왕을 조상의 묘지로 끌고 간다. 반자르Banjar족은 왕이 비를 내리게 하거나 날씨를 맑게 하는 힘을 가지고 있다고 믿었다. 그래서 날이 순조로울 때는 왕에게 곡식이나 가축을 바친다. 하지만 가뭄이나 폭우가 계속되어 농작물에 피해가 생기면 천후가 좋아질 때까지 왕을 모욕하거나 두들겨 팬다. 로앙고[6] 지방에서도 흉작이들거나 파도가 높아 고기잡이를 하러 나갈 수 없으면, 왕에게 사심이 있다고 여겨 그 지위를 박탈해 버린다. 또한 곡물해안Grain Coast[7] 지방에서는 '보디오Bodio'라고 부르는 주술사 = 왕은 사람들의 건강, 농작물의 풍요, 바다나 강에서의 어획 등에 대해 책임을 지지 않으면 안 되었다. 만일 기대한 결과가 나오지 않을 때는 보디오의 지위를 박탈해 버리고 만다.

빅토리아호[8] 남쪽에 있는 광대한 우수쿠마 지방의 경우는 "비와 메뚜기에 의

---

5 아프리카에서 일한 스코틀랜드의 선교사·성서 번역가. 아프리카의 생활수준을 높이기 위해 노력한 것으로 유명하며, 선교사이자 탐험가인 데이비드 리빙스턴의 장인이기도 하다.

6 아프리카 쿠일로우강과 니아리강 유역(지금의 콩고 남서부지역 대부분)에 있던 왕국

7 아프리카 기니만 서해안의 일부. 주로 이 해안에서 아프리카와 포르투갈의 교역이 이루어졌다. 곡물해안이라는 명칭은 초기에 여기서 거래된 크실로피아의 마른 열매가 '낙원의 곡물'로 불린 데서 유래되었다.

8 아프리카 최대의 호수이며, 나일강의 대표적 저수지. 호수의 대부분은 탄자니아와 우간다에 치우쳐 있으며,

206 황금가지 제1권

한 피해는 술탄Sultan[9]의 통치와 밀접한 관계가 있다. 술탄은 비를 내리게 하는 방법이나 메뚜기를 쫓아내는 요령을 알아야 한다. 만일 그것을 모르면 술탄이나 술탄이 고용한 주술사의 지위가 불안해진다. 일례로 나사 근처의 우투트와에서는 사람들이 학수고대하는 비가 내리지 않자, 술탄은 하루아침에 추방되고 말았다. 실제로 사람들은 통치자라면 마땅히 비와 메뚜기 등의 자연현상을 지배하는 힘을 가지고 있어야 한다고 믿기 때문이다." 또한 니안자[10] 지방의 토착민들은 "비는 오직 주술의 결과로 내리며, 비를 내리게 하는 중요한 역할이 추장에게 있다고 믿는다. 만일 비가 내려야 할 때에 내리지 않으면 모든 사람들이 불평을 한다. 그래서 가뭄 때문에 추방당한 왕들이 한둘이 아니다." 나일강 상류의 라투카족은 농작물이 시들고 비를 내리게 하려는 추장의 노력이 수포로 돌아가면, 한밤중에 추장을 습격하여 재물을 약탈한 후 추방하거나 때로는 살해하기도 했다.

세계의 다른 많은 지역에서도 민중의 복지를 위해 자연 운행을 조절하는 왕의 역할이 기대되었으며, 만일 그런 역할에 실패할 경우 왕을 처벌하는 일이 많았다. 고대 스키타이Scythian족[11]은 식량이 부족해지면 왕을 감금하는 것이 관례였다. 고대 이집트에서도 흉작이 들면 왕이 처벌을 받았다. 이와 동시에 자연 운행을 조절하지 못했다는 이유로 신성한 짐승들까지도 그 책임을 추궁당하기도 했다. 즉, 가뭄이 오랫동안 계속되어 전염병이나 그 밖의 재난이 닥쳐오면 사제가 밤중에 성스러운 짐승을 포박하여 위협을 가한다. 그런데도 재난이 그치지 않으면 그 짐승을 죽여 버렸던 것이다.

니웨아일랜드 혹은 새비지아일랜드라 부르던 남태평양의 산호도를 통치하던 왕은 동시에 사제였는데, 사람들은 그 왕이 식량을 증식하는 힘을 가지고 있다고 믿었다. 그렇기 때문에 흉년이 들면 사람들은 왕을 살해했다. 그리하여 왕들이 차례대로 살해당했고, 마침내 아무도 왕위에 오르려 하지 않아서 결국 왕조는 몰락하고 말았다. 고대 중국의 어느 학자에 따르면, 조선에서는 비가 너무 많이 오거나 너무 적게 내려서 흉작이 들면 반드시 왕에게 그 책임을 물었다고 한다.

케냐의 국경에 접해 있다.

9 이슬람 세계에서 성속聖俗의 지배자를 일컫는 말이다. 『코란Koran』에 쓰인 원래의 뜻은 도덕적 또는 정신적 권위를 의미하지만, 이 말은 후에 정치권력 또는 지배권력을 나타내게 되었고, 11세기부터는 이슬람 군주의 칭호로 사용되었다.

10 동아프리카 케냐 남서부에 있는 주. 빅토리아호를 포함한다.

11 기원전 8~기원전 7세기에 중앙아시아에서 러시아 남부지방으로 이주했던 유목민족. 원래 이란인에 속했다.

어떤 사람은 왕을 쫓아내야 한다고 주장하기도 하고, 또 다른 사람은 왕을 죽여야 한다고 주장하기까지 했다는 것이다.[12]

아메리카 인디언 사회에서 고도의 문명 발전은 멕시코와 페루의 군주정치 및 신권정치에 의해 이루어졌다. 그런데 이들의 초기 역사에 대해서는 아는 것이 거의 없기 때문에, 그들의 신격화된 조상이 주의였는지의 여부를 확인할 길이 없다. 다만 멕시코의 왕이 왕위에 오를 때 하던 맹세, 즉 태양을 빛나게 하며 비를 내리게 하고 강물이 풍요롭게 흐르게 하며 땅에서 풍성한 작물이 자라게 하겠다는 맹세를 하는데, 이로써 멕시코 왕이 주의에서 유래된 흔적을 추론할 수 있을 뿐이다. 아마도 원시 아메리카에서 주술사나 주의는 신비스러운 후광과 외경의 분위기에 휩싸인 인격, 상당한 권위와 중요성을 지닌 인격이었으리라는 점은 분명하다. 설령 이 점을 입증할 만한 증거가 없다 하더라도, 많은 부족 사이에서 추장이나 왕이 주술사에서 유래되었다고 추정된다.

캐틀린George Catlin(1796~1872)[13]이 전하는 바에 의하면, 북아메리카의 주의들은 부족원들 사이에서 고귀한 인격으로 많은 존경을 받았다. 이는 주의들이 약재藥材를 다루는 기술이 뛰어났기 때문만은 아니다. 그들은 특별히 각 방면에 응용되는 주술과 비의적 의례 솜씨 때문에 존중받았던 것이다. 모든 부족들에게 주의는 마술사이자 점술사였으며, 종교적 의식을 주관하고 지도하는 일종의 사제로 여겨졌다. 그리하여 주의들은 공동체의 위임을 한몸에 받았으며, 모든 이들의 신망을 얻었다. 그들은 평상시든 전시든 언제나 모든 집회에서 추장들과 자리를 함께

---

12 한국에서 기우제에 관한 기록은 신라시대 이래 무수하게 보이며, 역대 왕조들은 관개와 기우제를 중요한 통치적 과제로 삼아 종종 왕이 직접 기우제를 주관했다. 그래도 한발이 계속되면 왕이 나라를 잘못 다스려 하늘의 벌을 받아 비가 내리지 않는다 하여, 왕 스스로 음식을 전폐하고 궁궐에서 초가로 옮겨 거처하였으며, 죄수들을 석방하기도 했다.

13 미국의 미술가이자 저술가. 아메리카 인디언 풍속을 다룬 그의 그림들은 이미 사라진 인디언 문화의 귀중한 기록으로 평가되고 있다. 그는 어린 시절부터 인디언 생활에 관심을 가져오다가 1829년 변경 지방에 대한 미국의 맹공격으로 그들의 전통이 사라지기 전에 그들의 생활방식을 기록하기로 결심하였다. 그리하여 1841년 2권으로 된 그의 가장 유명한 책인 『북아메리카 인디언들의 풍속과 풍습 및 생활 조건에 관한 기록 Letters and Notes on the Manners, Customs, and Condition of the North American Indians』을 출간했다. 그밖에 『캐틀린의 북아메리카 인디언 기록: 로키 산맥과 아메리카 대평원의 사냥 풍속과 오락 Catlin's North American Indian Portfolio: Hunting Scenes and Amusements of the Rocky Mountains and Prairies of America』(1845), 『8년의 여행과 유럽에서의 거주에 관한 캐틀린의 기록 Catlin's Notes of Eight Years' Travels and Residence in Europe』(1848), 『인디언들과 지낸 생활 Life Amongst the Indians』(1867), 『로키 산맥과 안데스 산맥 인디언들의 마지막 이야기 Last Rambles Amongst the Indians of the Rocky Mountains and the Andes』(1867) 등의 저술이 있다.

했으며, 사람들이 무언가를 상담할 때는 이들을 먼저 찾았다. 이들의 의견은 최대의 존경과 신뢰를 받았던 것이다. 마찬가지로 캘리포니아 마이두Maidu족[14]의 경우 샤먼은 예나 지금이나 변함없이 가장 중요한 인물이다. 체계적인 통치 조직이 부재하던 때에 가장 중시되었던 것이 바로 샤먼들의 말이다. 그들은 하나의 계급을 형성하고 외경의 대상이 되었으며, 사람들은 항상 추장보다 이들을 더 많이 따랐다.

남미에서도 주술사나 주의는 추장 또는 왕의 대우를 받았다. 브라질로 이민 간 최초의 세대에 속한 프랑스인 테베F. A. Thevet의 보고에 의하면, 브라질 인디언은 "파게page(주의)를 존경할 뿐만 아니라 더 나아가 그를 숭배하고 우상시하기까지 했다. 사람들은 파게 앞에 엎드려 절하면서 '아무쪼록 병에 걸리지 않고 죽지 않게 해 주십시오. 제 처자식들도 잘 부탁드립니다'라는 식의 청원을 했다. 그러면 파게는 '무병장수하게 해 주마' 따위의 답변을 한다. 하지만 만일 이런 파게의 답변이나 예언이 빗나갈 경우 사람들은 그를 파게로서 존경받을 만한 인물이 아니라고 여겨 가차없이 죽여 버렸다."

그란차코의 렝과족 인디언은 각기 추장을 받들고 있지만 그 추장들은 실질적인 권력을 갖고 있지 못했다. 추장은 지위상 다른 사람들에게 많은 선물을 해야 했기 때문에 재물을 모을 여력이 전혀 없어서 보통 종들보다도 가난했다. 이와 반대로 주술사들은 최대의 권력을 장악하고 있으며, 재물도 많이 가지고 있었다. 주술사들의 임무는 적의 부족에게 재난이나 전염병을 퍼뜨리고 동족을 적의 흑주술에서 지켜 내는 데에 있었다. 주술사는 이런 임무에 대해 큰 보수를 받기 때문에 큰 권세를 누릴 수 있었다.

말레이 지방에서는 '라자rajah'라 부르는 왕이 일반적으로 초자연적인 힘의 소유자로 간주되어 종교적으로 많은 존경을 받는다. 라자 또한 아프리카 추장들과 같이 단순한 주술사에서 유래하여 발전된 것이라고 볼 만한 증거가 있다. 예컨대 말레이인은 지금도 왕이 농작물의 성장이나 열매의 성숙 등과 같은 자연의 소출에 대해 인격적으로 영향을 미칠 수 있다고 굳게 믿는다. 이 같은 다산과 풍요의 주술적 능력은 왕이 지명한 자라든가 또는 그 지방에 거주하게 된 유럽인 사이에도 정도는 좀 낮지만 깃들어 있다고 여겼다. 말레이 반도의 토착민들만 살고 있

---

14 북아메리카 캘리포니아의 인디언

는 슬랑오르[15]에서는 종종 벼농사의 풍작이나 흉작의 책임을 그 지방의 공무원에게 돌린다. 남부 셀레베스의 투라테야Toorateya족은 벼농사의 풍작이 왕자들의 행위에 달려 있다고 믿는다. 또 그들은 고래의 관습과 일치하지 않는 악정惡政이 흉작을 초래한다고 여겼다.

사라왁의 다약족은 그들의 영국인 통치자였던 유명한 브룩James Brooke (1803~1868) 왕이 주술적 힘을 갖고 있어서, 그것을 적절하게 쓰면 벼의 수확을 풍성하게 할 수 있다고 믿었다. 어느 날, 왕이 부족을 순시했을 때 토착민들이 다음 해에 파종할 종자를 그의 앞에 가지고 왔다. 그때 왕은 미리 준비해 둔 여자 목걸이를 종자 위에 흔들어 보이면서 농작물의 풍작을 기원해 주었다. 그가 마을에 들어서자, 여자들이 왕의 발을 먼저 물로 씻긴 다음 코코아 즙으로 다시 씻겨 주었다. 이렇게 왕의 발을 씻은 물을 밭에 뿌리면 풍년이 된다고 믿기 때문에 여자들은 이 물을 버리지 않고 그릇에 담아 두었다. 한편 너무 멀리 떨어져서 방문하기 어려운 부족 사람들은 흰 천조각과 작은 금은 덩어리를 왕에게 보내왔다. 사람들은 거기에 왕의 위대한 힘을 불어넣은 다음 그것을 밭에 묻고 풍요의 기도를 올렸다. 한번은 어떤 유럽인이 삼반Samban 부족의 벼농사가 좋지 않다고 추장에게 말하자, 추장은 브룩 왕이 한번도 순시를 나오지 않아 풍작을 이룰 수 없었다고 대답하면서, 브룩 왕이 자기 부족을 방문하여 토질을 좋게 만들어 주도록 돌아가면 전달해 달라는 것이었다.

왕은 주술적 혹은 초자연적인 힘을 가지고 있으며 그 효험에 의해 토지를 풍요롭게 하고, 그밖에 여러 가지 복지를 사람들에게 베풀어 줄 수 있다고 믿는 신앙이 인도에서 아일랜드에 이르기까지 모든 고대 아리안족 사이에 퍼져 있다. 그 뚜렷한 증거가 오늘날에도 남아 있다. 고대 인도의 율법서 『마누 법전The Laws of Manu』[16]은 훌륭한 왕의 통치 결과에 대해 다음과 같이 기록하고 있다. "백성들의

---

15 서말레이시아(말라야) 서부지방

16 마누슴리티Manu-smriti, 산스크리트어로 '마누의 전승'이라는 뜻이다. 전통적으로 최고의 권위를 인정받고 있는 인도의 힌두 법전(다르마 샤스트라). 전설상 인류의 시조始祖로서 법을 만든 자인 마누가 지었다고 전해지며, 지금의 형태로 법전이 만들어진 것은 기원전 1세기경부터이다. 『마누 법전』은 힌두인이 지켜야 할 다르마[法]를 규정하고 있는데, 그것은 힌두인이 네 가지의 사회계급varṇa 중 한 구성원으로서, 또한 인생의 네 단계ashrama 가운데 하나에 속하는 자로서 이행해야 하는 의무체계를 말한다. 총 2,694조 12장으로 이루어져 있으며 우주의 기원, 다르마의 정의, 성례聖禮, samskara, 장례葬禮, 베다 공부, 음식 제한, 오염, 정화의 방법, 여자와 유부녀의 품행, 역대 왕들의 법까지를 다루고 있다. 역대 왕들의 법 부분에서는 제목을 18개로 나누어 사법적인 이해관계 문제를 다루었고, 그 뒷부분은 다시 종교 관련 주제로 돌아가 헌납,

재산을 빼앗지 않는 왕국에서는 사람들이 적당한 시기에 태어나 오랫동안 생명을 누린다. 또한 농작물이 풍성할 것이며, 태어난 어린아이들이 죽는 일도 없고 불구로 태어나는 일도 없으리라." 호메로스Homeros[17] 시대의 그리스에서도 왕은 신성한 존재, 신적인 존재였다. 왕이 거하는 궁전도 신성하며, 왕의 전차도 신성하다고 여겼다. 중세까지도 훌륭한 왕의 통치는 옥토에 보리나 밀농사의 풍작을 초래할 뿐만 아니라 과일도 풍성하게 열리고, 가축이 번성하며, 바다에는 물고기가 그득하게 널려 얼마든지 잡아 올릴 수 있다고 믿었다.

중세기 무렵 덴마크 왕 발데마르Waldemar 1세가 독일을 여행했을 때, 왕이 어루만져 주기를 기대하는 어머니들이 어린 자식을 데리고 모여드는가 하면 농부들은 종자를 가지고 몰려들었다. 이는 왕이 만져 주기만 해도 어린아이가 건강하게 자랄 것이며, 종자가 풍성하게 성장할 거라고 믿었기 때문이다. 고대 아일랜드에서는 왕이 조상의 관습에 충실하면 계절마다 평온하고 농작물이 풍성하여 가축이 늘어나고, 물에는 물고기들이 가득 차며 과일도 실하게 열려 버팀목을 세워 주어야 할 정도가 될 거라는 믿음이 있었다. 성 파트리치오St. Patricius[18]가 남겨 놓았다는 한 교서는 올바른 왕의 통치를 축복하면서 "좋은 날씨와 잔잔한 바다, 풍성한 농작물과 잘 익은 과일들"을 열거하고 있다. 이와 반대로 "암소들

보상의 의례, 인과응보, 천국, 지옥 같은 부분을 설명하고 있다. 이와 같은 『마누 법전』은 종교법과 관례, 세속법 사이에 어떤 구분도 두지 않고 있다. 이 책의 영향력은 엄청났으며, 힌두교의 카스트 제도에 실질적인 윤리체계를 부여했다.

17 기원전 9~기원전 8세기경에 활동한 고대 그리스의 시인. 서사시의 걸작 『일리아스Ilias』 및 『오디세이아 Odysseia』의 저자로 추정된다. 그리스인이 이 두 편의 서사시에 호메로스라는 이름을 결부시켰다는 사실 외에는 그에 대해서 알려진 것이 거의 없다. 어쨌든 이 두 편의 서사시는 고전시대 전반에 걸쳐 그리스의 교육과 문화의 토대가 되었다. 그리스인은 호메로스의 위대한 서사시들을 문학작품 이상의 것으로 보았다. 그들은 이 서사시들을 거의 다 외울 정도였고, 그것을 그리스 문화의 통일성과 영웅주의의 상징으로뿐만 아니라 도덕적 가르침과 실천적 교훈의 오랜 원천으로 존중했다. 그 후 이 서사시들은 로마제국 시대에 기독교 신앙이 널리 퍼질 때까지 사실상 인문 교육의 뼈대를 이루었다. 나아가 그것들은 간접적으로는 베르길리우스의 『아이네이스』를 통해, 그리고 직접적으로는 8세기 말부터 두 작품을 되살린 비잔틴 문화를 통해, 그 후에는 오스만제국에서 서쪽으로 망명한 그리스 학자들이 이탈리아로 가져온 두 작품을 통해 이탈리아의 르네상스 문화에 깊은 영향을 주었다. 이때부터 수많은 번역이 이루어졌으며, 두 작품은 유럽의 고전문학 전통에서 가장 중요하고 베르길리우스와 단테의 작품들보다도 더 뛰어난 업적으로 평가받고 있다. 호메로스, 천병희 옮김, 『일리아스』, 도서출판 숲, 2015; 호메로스, 천병희 옮김, 『오뒷세이아』, 도서출판 숲, 2015 참조

18 축일은 3월 17일. 5세기에 브리튼과 아일랜드에서 활동한 아일랜드의 수호성인이며 사도. 아일랜드 및 픽트족과 앵글로색슨족에게도 기독교를 전파한 인물. 그에 대한 자료는 영적 자서전인 『고백록Confessio』과 브리튼인의 아일랜드인에 대한 학대를 비판한 『서신들Epistola』이라는 두 권의 짤막한 책뿐이다.

의 젖이 마르고, 과일이 열리지 않거나 흉작이 드는 것은 왕의 잘못" 때문이라고 적고 있다.

영국의 왕들과 관련된 이 같은 미신적 신앙의 마지막 유물은 아마도 왕과 접촉함으로써 연주창連珠瘡을 고칠 수 있다고 하는 신앙이 될 것이다. 그래서 연주창은 흔히 '왕의 병King's Evil'이라고 알려져 있다. 엘리자베스 여왕도 종종 그런 기적적인 치료를 베풀어 주었다고 한다. 1633년 하지절에 찰스Charles 1세[19]도 홀리루드의 왕실 예배당에서 백 명의 환자들을 단 한 번 만져 줌으로써 낫게 했다고 한다. 하지만 이런 행위가 최고조에 달한 것은 그의 아들 찰스 2세[20]의 치세 때였다. 찰스 2세는 통치 기간 중에 수천만 명의 연주창 환자를 치료했다고 한다. 이때 왕에게 접근하기 위해 때론 큰 혼란이 일어났으며, 한번은 몰려든 자들 중 예닐곱 명이나 밟혀 죽는 일까지 벌어졌다고 한다. 그러나 냉정한 윌리엄William 3세[21]는 이런 주술을 아주 경멸하면서 거부했다. 그의 궁전이 그런 불쾌한 무리들에 의해 꽉 찼을 때, 구호품이나 받아가지고 빨리 돌아가라고 군중들에게 명했다. 그는 단 한 번만이라도 어루만져 달라는 환자들의 애원에 대해 "신께서 그대들에게 건강과 양식良識을 베풀어 주시기를 바랄 뿐"이라고 말했다. 윌리엄 3세의 합리적인 처세에도 불구하고, 미신적인 관습은 아둔하고 형편없는 고집쟁이 제임스James 2세[22]와 그의 미련한 딸 앤Anne 여왕[23]에 의해 계속 이어졌다.

프랑스의 왕들도 자신이 접촉에 의한 치병 능력을 가졌노라고 주장했다. 이런 주술적 관습은 영국의 경우 참회왕이라 불리는 에드워드Edward 왕[24] 치세 때부터 죽 계승되어 내려온 것이다. 이에 비해 프랑스는 위의 관습이 일찍이 클로비스Clovis 왕가[25] 혹은 성 루도비코St. Louis[26] 때부터 이어져 내려온 것이라고 주장한다. 통가Tonga족[27]의 추장들 또한 환자의 발을 어루만져 줌으로써 연주창과 간장경화증을 치료할 수 있다고 믿었다. 이 같은 치료는 전적으로 동종주술적인 것이

---

19 영국의 왕. 재위 1625~1649년
20 영국의 왕. 재위 1660~1685년
21 영국의 왕. 재위 1689~1702년
22 영국의 왕. 재위 1685~1688년
23 영국의 여왕. 재위 1702~1714년. 스튜어트 왕가의 마지막 군주
24 잉글랜드의 왕. 재위 1042~1066년. 1161년 성인으로 추대되었다.
25 클로비스 1세(466년경~511), 클로비스 2세(재위 639~657), 클로비스 3세(재위 691~695) 등 프랑크왕국의 메로빙거 왕조
26 툴루즈Toulouse의 주교(1274~1297)

다. 그런 질병이나 치병요법이 왕의 신체 혹은 왕에게 속한 사물과의 접촉에 의한 것이기 때문이다.

따라서 전체적으로 보건대, 세계의 많은 곳에서 왕은 곧 고대의 주술사 또는 주의의 계보를 잇는 계승자라고 보아도 무방할 것이다. 일단 주술사와 같은 특권 계급이 따로 분리되어 공동체 전체의 안녕과 복지를 보장해 준다고 믿는 일련의 의무 수행을 통해 민중의 신뢰를 획득한 이래, 그는 점차 영화를 누리고 권세를 장악하기에 이르렀다. 그리하여 마침내 그런 주술사 집단의 지도자가 신성한 왕이 되었던 것이다. 그러나 민주정치로 시작하여 전제정치에서 막을 내린 그와 같은 사회적 변혁은 왕권의 관념과 기능 모두에 영향을 미치는 지적 혁명을 수반했다. 그리하여 시간이 지나면서 보다 지적인 정신을 지닌 사람들은 점차 주술의 분명한 오류에 대해 눈을 뜨게 되었고, 그 결과 주술 대신 종교가 그 자리를 대신하게 되었다.

달리 말하면, 주술사 대신 사제가 그 자리를 대신하게 된 것이다. 사제들은 인간의 복리를 위해 자연의 운행 과정을 직접적으로 통어하려는 주술적 시도를 거부했다. 즉, 자연의 운행 과정을 직접 통어한다는 것은 더 이상 인간의 힘으로는 어쩔 수 없다는 사실을 자각했을 때, 그런 불가능한 것들을 신들에게 호소함으로써 대신 이행해 줄 것을 기원하게 된 것이다. 따라서 주술사는 사제에게 자리를 내주게 되었다. 이처럼 왕은 주술사에서 비롯되었고, 점차 주술 행위를 기도나 제물을 봉헌하는 등의 사제적 직능으로 전화되어 간 것이다.

인간과 신의 구별이 아직 명확하지 않던 시기에, 인간은 사후뿐만이 아니라 살아 있는 동안에도 신이 될 수 있다고 상상했다. 즉, 위대하고 강력한 정령에 의해 일시적이거나 혹은 항구적인 신들림을 통해 살아 있는 인간이 신이 될 수 있다고 여겼던 것이다. 나아가 공동체 내의 여러 계급 중 왕이야말로 신이 인간의 형태를 빌려 육화한다고 하는 신앙에 의해 가장 많은 이익을 얻은 자였다. 그래서 다음 장에서는 화육化肉의 원리와 왕의 신성성에 관한 이론에 대해 살펴보기로 하겠다.

---

27 잠비아의 남부지방과 인접한 짐바브웨 및 보츠와나의 북부지방에 거주하며 반투어를 사용하는 종족

제7장
화육한 인신

이상에서 세계 전역에 걸친 원시민족들의 신앙이나 관습에 대해 살펴보았는데, 인용된 사례들을 통해 우리는 원시민족들이 지극히 명백한 사실, 곧 자연에 대한 인간 힘의 한계를 인식하지 못했음을 알 수 있다. 원시인은 누구나 많든 적든 이른바 초자연적인 힘을 지니고 있다고 믿었다. 그런 사회에서는 신과 인간의 구별이 다소 애매모호하거나, 아예 그런 차이가 전혀 문제시되지 않았음이 분명하다.[1] 신을 인간과는 질적으로 다르고 비교할 수 없는 힘을 지닌 초인간적 존재라고 보는 관념은 역사적 과정을 통해 서서히 발전된 것이다. 원시인은 초자연적인 존재를 대단치 않게 보았다. 가령 그런 존재가 실제하더라도, 그들에게 신은 결코 인간보다 뛰어난 존재가 아니었다. 즉, 신은 인간이 위협을 가하거나 협박할 수 있는 존재이며, 인간의 의지에 의해 조작될 수 있는 존재로 간주된 것이다. 이 같은 사유 단계에서 세계는 하나의 거대한 민주주의로 여겼음직하다. 다시 말해서 그런 세계에서는 자연적 존재이건, 초자연적 존재이건 모두가 어느 정도 평등하다는 것이다.

그러나 지식이 진보함에 따라 인간은 자연의 광대무변함과 그런 자연 앞에 서 있는 인간의 왜소함과 무력함을 깨닫게 되었다. 그렇지만 그런 무력함을 인식한

---

1 일본의 신도神道적 신 관념 또는 민속적 신 관념에도 이런 측면이 강하게 엿보인다. 일본의 인신人神 관념은 크게 두 가지로 대별된다. 하나는 사람이 사후에 인신으로 화하는 경우이고, 다른 하나는 사람이 생전에 인신으로 간주되는 경우이다. 전자는 사람이 생전에 원한을 남긴 채 죽었을 때, 사후에 그 원령이 탈을 일으키지 못하도록 신으로 모셔 위무하는 형태이다. 이를 어령御靈신앙이라고 하는데, 일본 민속학의 창시자 야나기다 구니오[柳田國男]는 그런 어령신앙이 사람을 신으로 모시는 풍습의 토대를 이루고 있다고 주장했다. 그 같은 원령을 잘 제사 지내면 순화된 화령和靈이 되는데, 근대 일본에서는 이런 화령이 종종 신사의 제신으로 모셔졌다. 한편 후자는 다음 세 가지 유형으로 분류된다. (1) 무녀나 행자의 빙의(신들림)형 인신. 이는 프레이저가 말하는 일시적인 인신에 해당된다. (2) 특이한 가면을 씀으로써 인신으로 간주되는 가면형 인신. (3) 학문과 덕이 뛰어나거나 두렵고 힘 있는 인물을 생전에 신으로 모시는 생신生神형 인신. 특히 에도시대 후기의 신종교(곤코교[金光敎], 덴리교[天理敎] 등) 교조들이 이런 생신으로 간주되었다. 이런 여러 유형의 일본적 인신 관념들은 어떤 경우이건 인간과 신의 경계가 애매하다는 공통점을 보여 준다.

다 하더라도, 곧 우주에 편재되어 있다고 상상한 초자연적인 존재 또한 무기력할 것이라는 신앙을 수반한 것은 아니다. 반대로 인간의 무력함에 대한 인식은 초자연적 존재가 무한한 힘을 가졌을 거라는 관념을 촉진시켰다. 이런 관념은 우주가 고정불변의 법칙에 따라 작용하는 비인격적인 힘들로 가득 차 있다고 보는 세계관이 아직 충분히 명확한 형태로 나타나지 않은 상태에서 나온 것이었다. 물론 이 단계의 인간도 그런 세계관의 맹아는 가지고 있었음에 틀림없다. 또한 주술적 기술이라든가 일상생활의 많은 영역에서 인간은 실제 그와 같은 세계관에 따라 행동했다고 보인다. 그러나 그런 세계관의 맹아는 더 이상 발달하지 못했다.

인간은 자신이 살고 있는 세계를 설명하고자 할 때, 그것을 어떤 의식적인 의지라든가 인격적인 존재의 현현으로 묘사하기 시작했다. 그때 인간은 자신에 대해 깨지기 쉽고 보잘것없는 존재라고 느끼면 느낄수록, 이 광대무변한 자연을 지배하는 존재를 그만큼 더 거대하고 강력한 존재로 상상했을 것이다. 그러면서 신과 인간이 동등하다고 보았던 원시적인 관념은 서서히 사라져 갔다. 동시에 인간은 주술에 의해 자연의 운행을 결정하려는 야심을 버리고, 점차 신들만이 초자연적 힘을 지닌 소유자라고 생각하게 되었다. 그 전까지 인간은 자신도 신들과 그런 초자연적인 힘을 나누어 가지고 있다고 여겼지만 말이다.

그리하여 지식의 진보와 함께 기도 및 희생제물의 봉헌이 종교의식에서 보다 중요한 위치를 차지하게 되었다. 그 결과 종래 가장 중시되었던 주술이 점차 배후로 밀려나 사술邪術의 위치로 전락하고 만다. 이제 주술은 신들의 영역에 대한 무익하고도 불경스러운 침해로 간주되었으며, 늘 사제들의 강력한 반대에 직면하지 않을 수 없게 되었다. 사제들은 그 평판과 영향력에서 자신이 봉헌하는 신들의 성쇠와 운명을 같이 하지 않을 수 없는 존재였기 때문이다.

후대에 이르러, 종교와 미신(=주술)이 구별되면서 공동체 내에서 희생제물의 봉헌과 기도는 경건하고 지적인 사람들의 거점으로, 주술은 맹신적이고 무지한 사람들의 피난처로 자리 잡게 되었다. 더욱 후대가 되면 자연의 힘을 인격적인 존재로 간주하는 관념 대신에 자연법칙에 대한 인식이 등장하게 된다. 이와 더불어 어떤 인격적 존재의 의지와는 상관없이 독립적이며 암암리에 필연적이고 불가피한 인과관계의 연속성에 토대를 둔 주술은, 종래의 암흑과 불명예를 벗어던지고 다시 일어나 자연 속의 인과적 연관성을 탐구하면서 직접 과학으로 나가는 길을 예비한다. 예컨대 연금술鍊金術[2]은 화학의 전신이라 할 수 있다.

연금술사의 실험실 풍경

신적인 힘 또는 초자연적인 힘을 부여받은 인간, 곧 인신의 관념은 본질적으로 신과 인간이 전혀 동일한 질서에 속한 존재라고 간주되었던 초기 종교사에 등장하는 관념이라 할 수 있다. 그것은 후대에 이르러 신과 인간 사이에 가로놓인 건널 수 없는 심연에 의해 양자가 분리되기 이전의 관념이다. 우리에게는 신이 인간의 모습을 빌려 나타난다는 것이 잘 이해되지 않을지 모르지만, 종교사의 초기에 살던 사람들에게 그것은 전혀 놀라운 일이 아니었다. 그들은 자신도 가지고 있다고 믿는 초자연적 힘을 인신人神, man-god 혹은 신인神人, god-man이 좀 더 많이 가지고 있을 뿐이라고 인정한 것에 불과하다. 또한 그들은 유능한 주술사와 신 사이에 별 차이가 없다고 생각했다. 인간 주술사가 눈에 보이는 구체적인 형태를 가지고 주술과 주문 같은 것을 행한다고 한다면, 신은 자연이라는 장막의 배후에 숨어 주술을 행하는 존재 곧 눈에 보이지 않는 주술사라고 여긴 것이다. 마치 신들이 인간의 형상으로 숭배자들 앞에 자신을 드러낸다고 믿었듯이, 주술사가 스스로를 기적의 힘을 지닌 신의 화신이라고 사람들에게 믿게끔 만들기란 식은

---

2 납이나 구리 같은 비금속卑金屬을 은이나 금 등으로 변환시키려고 시도했던 유사과학類似科學. 이러한 시도에서 화학적 방법이 필요하게 되었으며, 시도를 하는 동안 유사과학은 화학 자체의 발전과 밀접한 관계가 있었다. 공기·물·흙·불·공간의 다섯 가지 원소들이 여러 비율로 조합하여 모든 물질을 구성한다는 이론이 고대 중국, 인도, 그리스에서 거의 동일한 형태로 상정되었다. 게다가 물질세계는 더운 것과 찬 것, 젖은 것과 마른 것, 양성과 음성, 남과 여 등 정반대의 개념들에 의해 작용한다고 보았다. 이와 유사한 점성학적 개념들이 전승되면서 이 세 문명의 철학자들은 원소와 행성과 금속 사이의 상관성相關性을 확립했다. 그들은 자연세계의 대우주 속에서 일어나는 일들이 인간의 소우주에 반영되고, 역으로도 반영된다고 믿었다. 다시 말해 적절한 점성학적 영향을 받게 되면, 마치 인간의 영혼이 천상에서 완전해지는 것과 같이 납이 금으로 완성 또는 치료된다고 여기게 되었다. 연금술사들은 실험상의 비법을 보호하기 위해서 그들의 연구대상인 물질들에 대해 은밀하고 상징적인 이름들을 많이 고안해 냈다. 이러한 비의적 경향은 연금술의 개념들에 신비주의적 색채를 부여했으며, 그에 따라 그노시스주의, 신플라톤주의, 기독교의 묵시默示 따위를 강조하게 되었다. 한편 중국의 연금술사들은 금 자체뿐만 아니라 사람에게 불로장생을 부여하는 힘을 가진 연금약액elixir으로 다른 금속을 금으로 전환하는 방법을 추구했으며, 인도의 연금술도 그것과 유사한 방향으로 나아갔다. 또한 헬레니즘 시대에 이집트로 전해진 연금술은 오늘날 파노폴리스의 조시모스라고 알려진 최초의 연금술사에 의해 연구되었다. 아랍에서는 후에 유럽의 연금술에서 '현자의 돌philosopher's stone'이라고 간주된 신비한 물질(변형시키는 약제)을 사용했다. 유럽에서는 12세기에 아랍인 알라지(850~923/924)의 연금술이 번역, 소개되면서 널리 유행하게 되었다. 의학화학이나 제약학은 이때의 부흥으로부터 2세기 후에 스위스의 연금술사인 파라셀수스(1493/94~1541)의 영향을 받아 나타났다. 그러나 르네상스 시대의 물리학자와 화학자들은 그리스의 원자설에 새로운 흥미를 느끼고, 연금술적 변환의 가능성을 무시하기 시작했다. 하지만 연금술사들이 축적해 놓은 화학적 사실들은 오늘날 재해석되었고, 이를 기초로 근대화학이 정립되었다. 그리하여 19세기에 이르면 화학적으로 금을 만들 수 있는 연금술적 가능성에 대해 과학적 증거를 통한 결정적인 반박이 이루어졌다. 그럼에도 연금술적 철학과 기술의 산발적인 부흥은 20세기에도 지속되었다. 연금술에 관해서는 엘리아데M. Eliade, 이재실 옮김, 『대장장이와 연금술사』, 문학동네, 1999; 보다 대중적인 연구서로는 아로마티코A. Aromatico, 성기완 옮김, 『연금술: 현자의 돌』, 시공사, 1998 참조

일본 오카야마의 곤코마치[金光町]에 있는 금광교 본부의 신전. 가난한 농가 출신인
금광교 교조 아카자와 분지는 생전에 이미 인신으로 숭배받았다.
신전 앞의 현수막에 교조를 지칭하는 '살아 있는 신 금광대신'이라고 적혀 있다.

죽 먹기였다. 처음엔 잔재주꾼에 불과했던 주의나 주술사가 이윽고 왕이자 동시에 완전한 신의 지위에까지 올라서게 된 것이다.

단 신으로서의 주술사를 말하는 데에 주의하지 않으면 안 될 것이 있다. 즉, 우리가 신이라는 용어에 대해 가지고 있는 매우 추상적이고 복잡한 관념을 원시인의 신 관념에 그대로 적용해서는 안 된다는 점이다. 신이라는 심원한 주제에 관한 우리의 관념은 오랫동안의 지적 진보와 도덕적 발전의 결과로 형성된 것이며, 따라서 그것은 원시인의 신 관념과는 거의 관계가 없기 때문이다. 설령 우리가 갖고 있는 신 관념을 원시인에게 열심히 설명해 준다 해도 그들은 그것을 전혀 이해하지 못할 것이다. 저급한 원시종교를 둘러싼 논쟁들의 대부분은 상호 간의 오해에서 생겨난 것들에 불과하다. 원시인은 문명인의 사상을 이해하지 못하며, 마찬가지로 원시인의 사상을 제대로 이해할 수 있는 문명인도 별로 없기 때문이다. 가령 원시인이 신이라는 말을 사용할 때, 그의 마음에는 어떤 존재의 이미지가 떠오를 것이다. 문명인이 신이라는 말을 사용할 때에도, 그의 마음에는 어떤 존재의 이미지가 떠오르겠지만 그 이미지는 원시인의 그것과는 전혀 다르다. 이렇게 서로 다른 두 부류의 인간이 상대방의 견해를 이해할 수 없기 때문에 원시종교에 관한 여러 논쟁들은 다만 혼란과 오해를 초래할 수밖에 없다.

이런 오류가 우리 주변에서도 자주 발생한다. 만일 문명인이 유일신 하느님이라는 용어를 오직 우리가 만들어 낸 특수한 관념으로서의 신적 특성만을 나타내기 위해 한정할 필요가 있다고 한다면, 원시인은 전혀 신을 가지고 있지 않다고 말해야 할 것이다. 그러나 보다 지적인 많은 원시인이 우리가 사용하고 있는 하느님이라는 말의 완전한 의미에서가 아니더라도 최소한 신이라고 부를 수 있는 그런 초자연적 존재에 대한 기본 관념을 가지고 있었다면, 우리는 좀 더 역사의 사실에 주의하지 않으면 안 된다. 어쩌면 그와 같은 소박한 기본 관념이야말로 문명인이 가지고 있는 고도의 신 관념을 파생시킨 원천으로서의 단서를 내포하고 있을지도 모른다. 만일 종교가 발전해 온 모든 과정을 샅샅이 검토해 본다면, 우리의 신 관념과 원시인의 그것 사이에 어떤 연결고리가 있음을 찾아낼 수 있을 것이다. 양자는 결코 단절되어 있는 것이 아니다.

이 점에 유의하면서, 아래에서는 신봉자들에 의해 남자든 여자든 살아 있는 인간으로 화육했다고 보이는 신들의 몇몇 사례를 살펴보겠다. 신의 현현은 결코 왕이나 왕의 후예에게만 나타나는 것은 아니다. 이른바 화육신化肉神은 가장 비천한 계급의 사람들에게서도 나타난다. 가령 인도의 어떤 인신은 직조공으로 태어났고, 또 어떤 인신은 목수의 아들로 탄생하기도 했다. 그래서 나는 살아 있는 인간이 어떻게 신격화되느냐 하는, 즉 신이 인간의 형상으로 화육하는 그 일반적인 원리를 설명하는 데에 그치고자 한다. 따라서 왕족의 사례에만 한정할 필요는 없다. 어쨌든 화육한 신들의 사례는 원시사회에서 흔히 찾아볼 수 있다. 거기서 화육신은 일시적인 것일 수도 있고, 항구적인 것일 수도 있다.

원시사회에서의 화육신은 흔히 영감靈感을 받거나 혹은 빙의憑依되는 것을 가리킨다. 일시적 화육신의 경우는 초자연적 힘 안에서라기보다 초자연적 지식 안에서 신이 스스로를 드러낸다. 바꿔 말하면, 기적의 행사가 아니라 점복이나 예언 등을 통해 화육신이 이루어지는 것이다. 한편 일시적 화육신이 아니라 신령이 인간의 몸에 항구적으로 머무를 때, 그 인신은 흔히 기적을 행함으로써 자신을 드러내도록 요청받는다. 여기서 우리는 이 같은 기적을 기대하는 사람들이 기적을 자연법칙의 파괴라고 간주하지는 않았다는 점을 기억할 필요가 있다. 아직 자연법칙의 존재를 알지 못한 원시인은 따라서 자연법칙의 파괴에 대해서도 알지 못하기 때문이다. 그들에게 기적이란 다만 통상적인 힘을 훨씬 능가하는 그런 힘의 놀라운 드러남에 불과했기 때문이다.

일시적 화육신, 즉 영감이나 빙의의 신앙은 세계 도처에서 찾아볼 수 있다. 정령이나 신에 지핀 사람이 있는데, 신들림의 상태가 지속되는 동안 그의 인격적인 활동은 중지된다. 또한 정령에 지핀 사람은 전신에 경련이나 전율을 일으키며 흥분하여 얼굴이 상기되고 거친 행동을 한다. 이는 당사자의 의지가 아니라 그의 몸속에 지핀 정령에 의한 것이라고 간주된다. 또한 이런 비정상적인 상태에서 그가 하는 말은 모두가 그의 몸속에 지핀 신이나 정령이 그의 입을 통해 내뱉는 신의 음성으로 인정된다. 샌드위치 제도[3]의 화육신한 왕은 마법사처럼 행세하면서 신탁을 내리곤 했다.

남태평양의 여러 섬에서 신은 흔히 사제들에게 지폈다. 그리하여 신성으로 충만하여 의기충천한 사제는 평상시와 달리 초자연적인 힘에 이끌린 언동을 한다. 이 점에서 폴리네시아인의 소박한 신탁과 고대 그리스인의 잘 알려진 신탁은 놀

---

3 1775년 영국의 탐험가 제임스 쿡James Cook 선장에 의해 발견된 남대서양에 있는 활화산 제도. 하와이 제도라고도 한다.

랄 만큼 유사하다. 사제에게 신이 지피면 그는 격렬한 몸짓으로 극도의 광란 상태에 이른다. 사지의 근육이 경련을 일으키고, 얼굴은 험상궂게 일그러졌으며, 몸뚱이를 비틀면서 눈을 치켜뜬다. 과연 그는 신들린 사람 같았다. 입에서는 거품을 내뿜기도 하고, 땅바닥에 마구 뒹구는가 하면, 신의 말씀이라면서 악을 써대며 알아듣기 힘든 말을 내뱉었다. 이렇게 한껏 비의적인 몸짓을 한 다음 사제는 신에게 받은 탁선을 사람들에게 전해 준다. 그런 후에야 비로소 사제의 발작이 차츰 가라앉아 평온을 되찾게 된다.

그렇다고 신이 곧바로 사제의 몸을 떠나 돌아가는 것은 아니다. 때로 어떤 사제는 2, 3일 동안이나 신에 지피기도 한다. 사제의 한쪽 팔에 휘감긴 특이한 천조각은 영감의 표식 혹은 신들림의 징표이다. 신이 지폈을 때 그가 하는 행동은 곧신의 행동이라고 믿었다. 때문에 사람들은 그의 발언이나 행동거지 하나하나에 대해 많은 신경을 썼다. '우르히아uruhia', 즉 영감을 받은 사제는 언제나 신처럼 거룩하다고 여겼으며, '아투아atua', 곧 신이라고 불렀다. 하지만 평상시에 그는 '타우라taura', 즉 사제라고만 불렀다.

일시적 화육신의 사례는 세계 각지에 걸쳐 매우 많이 나타난다. 이에 관해서는 근래 민족지학의 여러 저술을 통해 널리 알려져 있으므로 일반적인 원리에 대해 이 이상의 추가적인 설명은 사족에 불과할 것이다. 그러나 일시적 화육신을 초래하는 두 가지 특수한 양상에 관해서는 언급하고 넘어갈 필요가 있다. 왜냐하면 두 가지 양상에 대해서는 아직 잘 알려지지 않았으며, 또 나중에 다시 언급할 문제이기 때문이다. 그중 첫 번째 양상은 희생물로 바친 제물의 생피를 핥는 경우다. 아르고스[4]에 있는 '아폴론 디라디오테스Apollon Diradiotes' 신전에서는 매달 한 차례씩 밤중에 새끼양을 희생제물로 바쳤다. 이때 수절 중인 한 여성이 새끼양의 생피를 핥음으로써 신의 영감을 받아 예언하고 점을 친다. 또한 아카이아[5]의 아이기라에서는 대지의 신을 모시는 여사제가 예언을 하기 위해 어떤 동굴로 들어가지 전에 수소의 생피를 마셨다.

마찬가지로 남인도에서 새 사냥과 구걸을 주로 하는 '쿠루비카란Kuruvikkaran'

---

4 그리스 펠로폰네소스 북동부 아르골리스주에 있는 도시. 헤라 신전과 아폴론 신전 등 수많은 고대 유적들이 발굴되었다.

5 펠로폰네소스 반도 북해안, 코린트만 남쪽에 있는 그리스의 주이자 사적지. 고대 아카이아는 서쪽으로는 엘리스(지금의 일리아), 남쪽으로는 에리만토스산과 아르카디아, 동쪽으로는 시키온에 맞닿아 있었다.

제14대 달라이 라마 텐진 가쵸(왼쪽), 티베트 불교도들은 달라이 라마를 살아 있는 신이라고 믿는다. 현대 신종교 사이바바교의 교주 사티아아 사이바바(오른쪽). 1918년에 죽은 인도의 유명한 성자 사이바바의 아바타라(화육신)라고 말해지는 그는 비천한 계급 출신이다.

계층의 사람들은 칼리Kali[6] 여신이 사제에게 지핀다고 믿었는데, 이때 사제는 염소 모가지에서 흘러내리는 생피를 마시고 신탁을 전달했다. 북부 셀레베스 지방의 미나하사에서는 알푸르Alfoor족 축제 때에 돼지 한 마리를 도살한 다음, 사제가 미친 듯이 돼지 머리에 입을 처박고 생피를 들이마신다. 그러면 사람들이 달려들어 돼지 머리에서 사제를 떼어 내어 의자에 앉히고는 그해 농사의 풍작 여부에 관한 예언을 듣는다. 예언 도중 사제는 다시 돼지피를 마신 다음 의자에 앉아 예언을 계속한다. 이런 예언은 사제에게 지핀 어떤 정령에 의한 것이라고 믿었던 것이다.

일시적 화육신을 초래하는 두 번째 양상은 신성한 나무나 풀을 사용하는 경우이다. 힌두쿠시[7]에서는 신성한 상나무 가지로 불을 지핀다. 그러면 '다이니알Dainyal'이라 부르는 무녀가 머리에 보자기를 뒤집어쓴 채 코를 찌르는 연기를 들이마시다가 의식을 잃고 쓰러진다. 이윽고 다시 일어난 무녀가 쉰소리로 무언가를 읊조리면 사람들이 그것을 따라 반복적으로 음송한다. 또한 아폴론 신을 모시는 무녀들은 신탁을 내리기에 앞서 신성한 월계수 잎을 뜯어먹었으며, 바쿠스Bacchus[8] 신을 숭배하는 무녀들Bacchanals은 담쟁이덩굴 잎을 먹었다. 어떤 사람들의

---

6 탐욕스럽고 파괴적인 힌두교 여신. 모순되는 삶의 여러 모습을 한데 결합하기 좋아하는 인도인의 심성이 반영된 듯, 칼리는 평소에 차분하고 평화로운 모습으로 표현되는 데비(최고의 여신)의 난폭하고 무서운 측면을 가리킨다. 즉 칼리는 피로 물든 무시무시한 검은 얼굴을 가진 추악한 마녀로서, 캘커타에 있는 유명한 칼리가트를 비롯해 칼리 여신을 모시는 신전에서는 날마다 염소를 제물로 바친다. 칼리는 두르가 여신(역시 데비 여신의 사나운 측면)과 밀접한 연관성을 가지며 서로 동일시되는 경우도 많다.

7 중앙아시아의 거대한 산맥. 파키스탄과 중국 사이의 국경 근처의 동쪽 부분에서 파미르 고원지대와 접한 후 남서쪽으로 뻗어 파키스탄을 관통하고 다시 아프가니스탄 서부지방에서 몇 개의 작은 산맥들과 이어진다.

8 그리스의 디오니소스Dionysos와 동일시된 로마의 주신酒神. 리베르Liber라고도 한다. 일반적으로 그리스·로마 종교에서 풍작과 식물의 성장을 담당하는 자연신. 특히 술과 황홀경의 신으로 널리 알려져 있다. 가장 널리 퍼진 신화에 따르면, 카드모스(테베의 왕)의 딸 세멜레와 제우스 사이에 태어난 아들이 디오니소스라고 한다. 제우스의 아내 헤라 여신은 세멜레를 질투한 나머지, 세멜레를 부추겨 제우스가 참모습으로 나타나게 해달라고 소원하게 하여 그가 정말 신인지 확인해 보도록 했다. 제우스는 그 요구에 순순히 응했으나, 결국 세멜레는 제우스에게서 나온 번갯불에 타죽고 말았다. 하지만 제우스는 세멜레의 태내에 있던 아들을 자기 넓적다리 속에 집어넣어 달이 찰 때까지 키웠다. 헤르메스 신은 이렇게 해서 두 번 태어나게 된 디오니소스를 니사로 데려가 바쿠스 숭배자들의 손에서 자라도록 했다. 디오니소스는 수액樹液, 즙, 자연 속의 생명수를 상징하는 존재로 간주되었으므로 그를 기려 흥청망청 잔치를 벌이는 의식이 성행했다. 이러한 디오니소스 축제(바쿠스 축제)는 미케네 문명 이후 여자들 사이에서 세력을 넓혀 갔으나 남자들은 그에 대해 적대적인 태도를 보였다. 전해오는 이야기에 따르면, 테베의 왕 펜테우스가 바쿠스 숭배자들의 행동을 염탐하려 들켜 몸이 갈기갈기 찢겼으며, 아테네인은 디오니소스 숭배를 멸시한 벌로 성불구자가 되었다. 디오니소스 축제에서는 가정을 버린 수많은 여자들이 언덕으로 모여들어 사슴 가죽옷을 입고 담쟁이덩굴 관을 쓴 채 의식을 거행하면서 '에우오이!Euoi'를 질러 댔다. 그녀들은 티아시(성스러운 무리)를 이루어 티르소이(회향나무 가지

악마 라카비자(손에 든 머리)의 피를 전부 빨아마신 후
광란 상태에 빠진 칼리 여신과 이를 진정시키기 위해
그녀의 발 밑에 누운 시바 신

「바쿠스의 무녀」 자크 블랑샤르, 1636

말에 의하면, 이들의 영감에 찬 광란은 그들이 먹은 식물에 환각 성분이 들어 있었기 때문이라고 한다.

한편 우간다의 사제는 신의 영감에 사로잡혀 광란 상태에 빠질 때까지 맹렬히 담배를 피운다. 이때 흥분된 어조로 외쳐 대는 사제의 말은 곧 그의 입을 통해 내린 신의 음성이라고 인식된다. 자바 북부의 마두라섬 사람들은 각각의 정령마다 정해진 영매가 있다고 믿는다. 대개 이 영매들은 남자보다 여자인 경우가 많다. 여성 영매로서의 무녀는 영감을 받기 위한 준비 단계에서 향로 위에 머리를 대고 향기를 맡는다. 그리고 소리를 지르면서 얼굴을 찡그린 채 경련과 함께 일종의 황홀 상태에 빠져든다. 이렇게 신이 지핀 무녀의 말은 곧 신탁으로 받아들여진다.

이처럼 일시적으로 신들린 사람은 신적 지식뿐만 아니라 때로는 신적 위력을 부여받은 자로 믿어지기도 했다. 캄보디아에서는 전염병이 창궐하면 몇몇 마을이 합동하여 악대를 앞세우고, 그 지방의 신이 화육하기 위해 선택한 인물을 찾아다닌다. 그렇게 해서 찾아낸 사람을 신의 제단에 데리고 가서 의식을 집행하는 것이다. 이런 인물은 이윽고 민중의 숭배 대상이 되며, 민중은 전염병에서 마을을 수호해 달라고 그에게 기도한다. 마그네시아 근방 힐라이의 거룩한 동굴에 세워져 있는 아폴론 신상은 초인간적인 위력이 있다고 여겼다. 그래서 이 신상에 의해 영감을 얻은 사람들은 절벽에서 뛰어내려 거목을 뽑아 등에 짊어진 채 험준한 골짜기를 내려올 수 있다고 여겼다. 신들린 이슬람교 탁발승들의 기행奇行도 이와 동일한 맥락에서 설명할 수 있다.

이상에서 우리는 원시인에게는 자연을 지배할 수 있는 인간 능력의 한계에 대한 인식이 결핍되어 있다는 점, 그리고 오늘날 우리가 초자연적이라고 부르는 어

에 포도덩굴의 잎을 엮어 매고 끝을 담쟁이덩굴로 장식한 것)를 흔들면서 피리와 팀파니의 반주에 맞추어 장작불 옆에서 춤을 추었다. 그러다가 디오니소스 신의 영감을 받게 되면 바쿠스 숭배자들에게 신비한 힘이 생겨, 뱀과 동물에게 마법을 걸 수 있을 뿐만 아니라 오모파기아omophagia(날고기 먹기) 축제에 탐닉하기 전에 산 제물을 갈기갈기 찢을 수 있는 초자연적인 힘을 지니게 된다고 믿었다. 디오니소스는 어머니 세멜레를 데려오기 위해 저승으로 내려갔다고도 하지만, 이 신이 저승과 원래부터 관계가 있었는지는 의심스럽다. 디오니소스는 예언의 능력을 지니고 있었으며, 델포이의 사제들에게서 아폴론과 거의 동등한 대접을 받았고, 트라키아에 신탁소를 갖고 있었다. 디오니소스의 추종자들 가운데는 사티로스 같은 풍요의 정령도 있었으며, 의식에서는 자연의 생식력을 상징하는 남근상이 중요한 역할을 했다. 이와 같은 디오니소스 숭배는 소아시아 특히 프리기아와 리디아에서 오랫동안 성행했으며, 아시아의 여러 신에 대한 숭배와 밀접하게 연관되어 있었다. 이와 관련하여 프레이저는 본서(특히 제43장)에서 식물신으로서의 디오니소스에 주목하고 있다.

떤 위력이 모든 사람에게 내재되어 있다고 보는 원시인의 사고방식에 대해 살펴보았다. 또한 그와 같은 초자연적 힘에 대한 관념을 가진 사람이 신이나 정령에 의해 일시적으로 영감을 받거나 신들림으로써 신적 지식과 위력을 지닐 수 있다고 하는 신앙에 대해서도 살펴보았다. 그런 신앙에서 영구적으로 신들린 인물에 대한 신앙, 혹은 무언가 불가사의한 방식을 통해 신의 지위와 견줄 만한 고도의 초자연적인 힘이 부여됨으로써 기도와 제물을 바치기도 하는 그런 인물에 대한 신앙이 생겨났다. 이와 같은 인신은 초자연적·영적 기능을 지니고 있었으며, 나아가 최고의 정치적 권력을 행사했다. 그는 신인 동시에 왕이었다. 이런 인물에 의해 이루어지는 정치를 신정神政이라고 한다.

마르키즈 제도[9] 혹은 워싱턴 제도에는 평생에 걸쳐 신으로 간주되는 계급이 있었다. 그들은 민중에게 초자연적 위력을 발휘할 수 있다고 여겼다. 즉, 그들은 수확의 풍요를 가져오게 할 수도 있고, 역으로 토지를 황무지로 만들 수도 있다고 여겼다. 그뿐만 아니라 전염병과 죽음까지도 마음먹은 대로 초래할 수 있었다. 때문에 이런 계급의 분노를 사지 않기 위해서는 인신공희를 바쳐야 했다. 각 섬마다 이런 인물이 한두 명씩 있었는데, 그들은 은신처에서 조용히 살고 있었다. 항상 그런 것은 아니지만 그들은 종종 세습적이기도 했다.

어떤 선교사가 이런 인신들 중의 한 명을 꼼꼼하게 관찰하여 기록을 남긴 적이 있다. 그에 의하면, 인신으로 간주된 한 노인이 큰 집의 독방에 살고 있었다. 그 집에는 제단 같은 것이 하나 있었고, 서까래와 집 주변의 나무에는 사람 해골이 거꾸로 걸려 있었다. 인신을 섬기는 종 외에는 아무도 그의 방에 들어가지 못했다. 다만 인신공희를 바치는 날만은 보통 사람도 성역에 들어갈 수 있었다. 인신은 다른 어떤 신들보다도 더 많은 제물을 받았다. 그는 종종 집 앞에 설치된 교수대 위에 걸터앉아 한 차례에 두세 사람의 인신공희를 요구했다. 그 명령은 반드시 지키지 않으면 안 되었다. 그만큼 그가 자아내는 공포가 대단했기 때문이다. 그는 섬 전체 주민들의 숭배를 받았으며, 사방에서 그에게 제물을 보내왔다. 남양 제도South Sea Islands의 경우에도 각 섬마다 이와 유사한 인신이 있었다. 그들은 흔히 신이라고 칭했으며, 종종 신의 속성을 지닌 인물로서 혼동되곤 했다. 이

---

9 남태평양 중부 프랑스령 폴리네시아에 있는 두 무리의 화산섬군. 타히티에서 북동쪽으로 1,200킬로미터 떨어져 있으며, 프랑스의 화가 폴 고갱이 묻힌 히바오아섬도 이 제도에 속해 있다.

인신은 보통 사제나 수장이었지만, 때로는 왕인 경우도 있었다.

고대 이집트인은 인간은 말할 것도 없고, 심지어 고양이나 개, 사슴 등도 숭배했다. 아나비스 마을에는 한 인신이 있었고, 그를 위한 제단이 마련되어 있었다. 포르피리오스Porphyrios(234년경~305년경)[10]의 보고에 의하면, 그 인신은 인신공희를 받은 후에도 여느 때와 마찬가지로 저녁식사를 했다고 한다. 고전시대에 시칠리아의 철학자 엠페도클레스Empedocles(기원전 490년경~기원전 430년경)[11]는 자신은 단순한 마법사가 아니라 바로 신이라고 선언했다. 다음 시는 그가 민중에게 연설한 선언문이다.

아그리겐툼 성의 황금색 경사지에 있는

이 거대한 도시의 친구들이여, 선한 자들이여,

이방인들에게도 조용하고 아름다운 잠자리를 베풀어 주는 자들이여,

찬미받을지어다.

명예롭고 존경받을 만한 그대들 속을 나는 걷고 있노라.

그대들이 바친 찬란한 화관을 존귀한 이마 위에 얹은

---

10 그리스의 신플라톤주의 철학자. 플로티노스의 저작을 편집하고 전기를 쓴 중요한 인물이며, 아리스토텔레스의 『범주론Categoriae』에 관한 해설로도 유명하다. 본명은 말코스Malchos('왕'을 뜻함). 새 이름 포르피리오스는 '제국의 자줏빛'이라는 뜻으로 이 또한 왕을 상징한다. 가장 중요한 저작 『엔네아데스Enneads』(301)는 플로티노스의 저작들을 체계적으로 편집한 것으로, 신뢰성과 풍부한 정보가 돋보이는 플로티노스의 전기가 서문으로 실려 있다. 448년에 분서焚書 선고를 받은 『기독교도에 반대하여Against the Christians』 중 남아 있는 단편들은 기독교라는 새로운 종교에 대해 그가 얼마나 격렬히 비판했는지를 잘 보여 준다.

11 그리스의 철학자, 정치가, 시인, 종교교사, 생리학자. 전하는 이야기에 의하면, 엠페도클레스는 신을 자칭하며 자살했다고 한다. 영국의 시인 매튜 아놀드의 시 「에트나 산정의 엠페도클레스Empedocles on Etna」에 따르면 엠페도클레스는 추종자들에게 자기가 신이라는 점을 확신시키기 위해 에트나 화산 꼭대기의 분화구 속에 스스로 몸을 던졌다. 아리스토텔레스는 그를 수사학의 창시자라고 찬양했으며, 갈레노스는 이탈리아 의학의 초석을 놓은 사람으로 여겼고, 루크레티우스는 그의 6운각 시에 대해 감탄해 마지않았다. 엠페도클레스는 모든 물질이 불, 공기, 물, 흙이라는 네 가지 본질적 원소들의 합성물이며, 사물은 이 기본 원소의 비율에 따라 서로 형태를 바꿀 뿐 어떤 사물도 새로 탄생하거나 소멸하지 않는다고 생각했다. 또한 헤라클레이토스처럼 그도 '사랑'과 '싸움'이라는 두 힘이 상호작용하여 이 네 원소들을 결합시키거나 분리시킨다고 생각했다. 즉, 싸움이 작용하면 이 원소들은 서로 떨어져 나가고, 사랑이 작용하면 원소들은 함께 섞인다. 현실 세계는 이와 같은 두 힘이 서로 평형을 이루고 있는 상태이다. 태초에는 사랑이 지배했으므로 네 원소는 모두 함께 혼합되어 있었는데, 우주가 형성되는 동안 싸움이 개입하여 네 원소가 서로 떨어져 나왔다. 엠페도클레스는 영혼의 윤회를 확고하게 믿었는데, 이런 윤회의 형벌에서 벗어나기 위해서는 영혼의 정화가 꼭 필요하며, 특히 동물의 살코기를 먹어서는 안 된다고 생각했다. 이는 동물의 영혼이 한때 인간의 육체 안에 거주했을지도 모르기 때문이라는 것이다.

자신이 신이라고 선언한 철학자 엠페도클레스의 초상

나는 인간처럼 허망하게 죽지 않는 신이노라.

내가 어딜 가든 백성들이 모여들어 나를 참배하며,

수많은 사내들이 선한 일을 배우고자 날 따라다닌다.

예언자의 환상을 구하는 자도,

견디기 어려운 고통으로 울고 있는 자도,

이제 위무의 말씀을 얻었나니,

슬픔과 고통은 이미 사라졌도다.

엠페도클레스는 어떻게 하면 바람을 일으키거나 잠재울 수 있는지, 혹은 비를 내리게 하거나 햇빛이 쨍쨍 나게 할 수 있는지, 또는 질병과 노쇠를 추방하고 죽은 자를 재생할 수 있는지를 제자들에게 가르쳐줄 수 있노라고 단언했다. 기원전 307년에 디미트리오스Dimitrios 1세[12]가 아테네의 민주정을 부활했을 때, 아테네 시민들은 아직 살아 있는 그와 그의 부친 안티고노스Antigonos에게 '구세주 신'이라는 호칭을 선사하고 신처럼 숭배하기로 결정했다. 그리하여 구세주를 위한 제단이 마련되었고, 예배를 관장하는 사제가 임명되었다. 그들은 찬가와 무용, 화환과 향촉으로 구세주를 접대했다. 시민들은 거리에 늘어선 채 다른 신들은 잠자거나 멀리 있거나 존재하지 않지만, 구세주 인신만은 가까이에 엄연히 존재하는 진짜 신이라고 노래했다. 공적 혹은 사적으로 부른 당시의 노래는 다음과 같다.

모든 신들 가운데 가장 위대하고 가장 고귀하신 분이

이 마을에 오셨도다.

데메테르와 디미트리오스가

함께 오셨도다.

데메테르는 아가씨의 외경스러운 의례를 가지고 왔도다.

그리고 당신께선 신답게

넘치는 환희에 수려한 미소를 지으시도다.

영광스러운 모습이여, 모든 친구들 사이에 감싸인 채,

---

12 마케도니아의 왕. 재위 기원전 294~288년. 알렉산드로스 대왕의 장군인 안티고노스 1세 모노프탈모스의 아들로 아버지가 원정을 다닐 때 뛰어난 지휘관으로 활약했고, 아시아에 있던 아버지의 제국을 재건하려고 애썼다. 실패한 로도스 포위 공격(기원전 305)에서 그는 폴리오르케테스(포위자)라는 별명을 얻었다. 플루타르코스의 『영웅전』에도 등장한다.

당신께선 그들 한가운데 서셨도다.

그들은 뭇 별이요, 당신은 태양이도다.

거룩하신 포세이돈의 아들, 아프로디테의 아들을

우리 모두 찬송하세.

다른 신들은 멀리 있고, 혹은 우리 기도를 들어줄 귀도 없고,

혹은 존재하지 않으며, 혹은 우릴 돌보지 않네.

그러나 우리는 눈 앞에서 당신을 보고 있도다.

나무로 깎거나 돌을 쪼아 만든 신이 아닌 참된 신이시여,

그러므로 우리는 당신께 기도를 올리노라.

고대 독일인은 여성 안에 무언가 신성한 것이 존재한다고 믿어서 여성들에게 신탁을 구했다. 그 성녀聖女들은 소용돌이치는 물결을 응시한다든지, 잔잔하게 흐르는 물소리 혹은 급류의 굉음에 귀를 기울인다든지 하면서 그 형태나 소리를 통해 앞으로 일어날 일들에 대해 예언을 했다고 한다. 이런 성녀에 대한 사람들의 숭배는 갈수록 더욱 심화되어 마침내 그녀를 살아 있는 여신으로 간주하여 예배를 올리게 되었다.

베스파시아누스Vespasianus[13] 치세에 브루크테리Bructeri족의 벨레다Veleda라는 여성은 사람들에게 여신으로 숭배를 받았다. 그녀는 신의 이름으로 민중을 다스렸으며, 그녀의 권세가 미치지 않는 곳이 없었다. 그녀는 라인강 지류인 리페[14] 강변에 있는 성에서 살고 있었다. 콜로뉴[15]의 주민들이 그녀와 협약을 맺기 위해 대사를 파견했을 때, 대사는 그녀 앞에 제대로 서 있지도 못했다. 협약은 그녀의 대변자이자 신탁을 전달하는 장관을 통해 진행되었다. 이 사례는 우리 조상들의 사고방식 안에서 신성과 왕권의 관념이 얼마나 용이하게 결합되었는가를 잘 보여준다. 서력기원이 시작되기 직전까지만 해도 게타이Getae족[16] 사이에서는 민중에 의해 신으로 칭해지면서 숭배받는 인물이 언제나 부족 안에 있었다고 한다. 그는 거룩한 산에 살면서 왕의 고문 역할을 했던 것이다.

---

13 로마의 황제. 재위 69~79년

14 독일 노르트라인베스트팔렌주를 흐르는 라인강의 오른쪽 지류

15 독일 노르트라인베스트팔렌주의 최대 도시이며 주요 하항河港은 쾰른Köln

16 도나우강 하류 지역과 오늘날 남부 러시아 일부 지역에서 살던 북부 그리스 트라키아 출신의 종족. 때때로 고트족과 혼동되기도 했다.

초기 포르투갈의 역사가 도스 산토스Dos Santos에 의하면, 동남아프리카의 짐바 Zimba족 혹은 무짐바Muzimba족은 "우상을 숭배하지 않았으며 신도 인정하지 않았다. 그 대신 왕을 존경하고 숭배했다. 그들은 왕이 곧 신이며 세상에서 가장 위대한 지고자라고 믿었다. 그 왕 역시 오직 자신만이 우주의 신이라고 말했다. 그래서 그가 원치 않은 비가 내리거나 날이 무더워지면 자기 뜻에 어긋났다 하여 하늘을 향해 활을 쏘았다"고 한다. 남아프리카의 마쇼나Mashona족은 어떤 신부에게 자신들은 예전에 신을 가지고 있었으나 마타벨레Matabele족[17]이 그 신을 추방해버렸노라고 말했다. 그 신부의 말에 의하면, "이것은 어떤 마을에서 한 남자를 신이라고 부르던 기이한 관습에 관한 이야기이다. 사람들은 무슨 일이든지 그 남자와 상담을 했고 그 대가로 선물을 주었다. 옛날에 마곤디Magondi족 추장이 지배하던 마을에 이런 사람이 있었다. 우리는 그 마을 주변에서 절대로 총을 쏘아서는 안 된다는 부탁을 받았는데, 이는 인신이 놀라 도망가 버리면 마을에 커다란 변고가 생길 거라고 믿었기 때문"이라는 것이다.

마쇼나족의 인신은 예전에 마타벨레족의 왕에게 네 필의 검은 소와 한 차례의 무용 공연을 해마다 조공으로 바치지 않으면 안 되었다. 마쇼나족의 인신이 마타벨레족의 왕이 거하는 오두막 앞에서 주어진 역할을 수행하고 있을 때, 그것을 목격한 한 선교사는 이렇게 기록하고 있다. "이 까무잡잡한 인신은 무려 세 시간 동안이나 잠시도 쉬지 않고 탬버린과 캐스터네츠에 맞추어 단조로운 노래를 불러 댔다. 허리를 굽힌 채 돼지처럼 비지땀을 뻘뻘 흘리면서 마치 신성한 다리의 강인함과 유연성을 증명하기라도 하듯이 펄펄 뛰며 춤추고 있었다."

중앙아프리카의 바간다족은 니안자 호수의 신을 믿고 있었는데, 이 신은 종종 남자나 여자의 몸을 자기 집으로 삼았다. 부족원뿐만 아니라 왕이나 추장들도 이렇게 화육한 인신을 매우 두려워했다. 신이 지핀 인신은 호수에서 약 2.4킬로미터쯤 떨어진 곳으로 옮겨진 다음 거기서 신성한 의무를 수행하기에 앞서 달이 뜰 때까지 기다린다. 이윽고 초승달이 뜨면 왕과 민중은 '루바레Lubare'라 부르는 인신의 명령에 따르지 않으면 안 된다. 인신은 신앙이나 의식에 관해서만이 아니라 전쟁이나 정치적인 문제에 대해서도 지상권을 가지고 있었다. 그는 신탁을 전

---

17 오늘날 짐바브웨 남서쪽 불라와요시市 주변에 살고 있는 반투어語를 쓰는 종족. 은데벨레Ndebele족이라고도 한다. 마쇼나족은 마타벨레족과 인접한 곳에 있는 부족이다.

달했으며, 민중들의 인생 상담을 받아주었다. 그의 말 한마디에 병이 나거나 고칠 수도 있었으며, 또한 비가 내리거나 기근이 들게 할 수도 있었다. 또 인신과 상담을 한 자는 막대한 보상을 해야만 했다.[18]

탕가니카 호수[19] 서쪽에 있는 광대한 우루아 지방의 한 추장은 신의 존엄과 위력에 의지해 며칠을 먹지 않아도 공복을 느끼지 않는다고 장담했다. 이 추장은 자신이 신이기 때문에 음식물을 먹지 않아도 그만이며, 다만 즐기기 위해 먹고 마시고 담배를 피울 뿐이라고 호언했다. 갈라Galla족의 여자는 집안일에 싫증이 나면 엉뚱한 소리를 지껄이거나 이상한 거동을 했다. 이를 두고 사람들은 그녀에게 '칼로Callo'라는 신령이 지폈다고 말하면, 남편은 그 자리에 바짝 엎드려 자기 아내를 찬미하기 시작한다. 이제 그녀는 아내라는 천한 호칭에서 해방되어 '주님'이라고 불린다. 이제 그녀는 부엌일을 할 필요도 없고, 그녀의 말은 곧 신의 율법이 된다.

로앙고의 왕은 백성들에게 신처럼 숭배받으며, 신을 뜻하는 '삼비Sambee' 또는 '판고Pango'라는 호칭으로 불렸다. 사람들은 왕이 마음대로 비를 내리게 할 수 있다고 믿었다. 그래서 매년 한 차례 비가 필요한 시기인 12월이 되면, 사람들이 왕에게 참배하고 비를 청했다. 그때 왕은 일어서서 하늘을 향하여 화살을 쏜다. 그러면 비가 내린다고 믿었던 것이다. 몸바사섬[20]의 왕에 대해서도 같은 말을 할 수 있다.

베냉[21]의 왕은 영적 주권이 영국 해병들에 의해 무너지기 불과 몇 해 전까지만 해도, 자기 영토에서 예배의 대상이었다. "그 왕은 가톨릭 국가들에서 교황이 차지하는 지위보다 더 높은 지위를 점유하고 있었다. 그는 지상에서 신의 대리자일 뿐만 아니라 신 그 자체였다. 이런 신앙은 사랑에서 비롯된 것이라기보다는 실로 공포 때문에 생겨난 것이지만, 백성들이 그를 신으로 숭배하고 복종한 것이 사실이다." 또한 이다[22]의 왕은 나이저강[23] 원정대의 영국 장교들을 향해 "신께서 자

18 프레이저에게 바간다족에 관한 정보를 준 주요 인물은 선교사 존 로스코 신부였다. 1897년에 케임브리지에서 신부를 면담한 이래 프레이저는 그 신부가 죽을 때까지 계속 서신을 주고받았다. 로버트 프레이저 편, 앞의 책, 127쪽 편주 참조
19 동아프리카에서 두 번째로 큰 호수. 길이 660킬로미터로 세계에서 가장 긴 담수호이며, 깊이 1,436미터로 러시아의 바이칼호에 이어 세계에서 두 번째로 깊은 호수
20 동아프리카 케냐의 주요 항구이며, 코스트주의 주요 도시
21 서아프리카의 숲이 우거진 지역에 있던 역사상 주요 왕국 중 하나

기 형상에 따라 나를 만들었다. 나는 신과 다름없다. 신이 나더러 왕위에 오르라고 했다"라고 한다.

피에 굶주린 버마[24]의 왕 바돈사첸Badonsachen은 얼굴만 보아도 그 잔혹한 성격을 알 수 있는 인물로서, 적에 의해 죽은 사람들보다도 더 많은 사람들이 그의 치세 동안에 살해되었다. 그는 자기가 인간을 훨씬 초월하는 존재이며, 그런 고귀한 지위는 자신이 행한 수많은 선행의 대가로서 신이 수여해 준 영광이라고 믿었다. 이윽고 그는 왕의 호칭도 걷어차 버리고 아예 스스로 신이 되려고 작정했다. 그래서 그는 왕궁을 떠나 입산수도한 끝에 신이 되었던 붓다를 흉내 내어 실제로 자기 왕궁을 버리고 건축하는 데에만 몇 년이나 걸린 버마 최대의 웅장한 탑 안으로 들어갔다. 거기서 바돈사첸 왕은 가장 학식 높은 승려들과 집회를 가졌다. 그리고 붓다의 계율을 실천하기 위한 5000년의 시대는 이미 지나갔으며, 따라서 자기야말로 낡은 계율을 불질러 버리고 새로운 계율을 제정해 줄 신이라고 설득했다. 하지만 유감스럽게도 많은 승려들이 이 말에 동의하지 않았다. 이에 실망한 바돈사첸 왕은 그렇지 않아도 권력에 대한 집착을 버리지도 못하고, 또한 금욕생활에 따르는 여러 가지 금기들을 지키기 어려웠던 터에 스스로 신이 되고자 한 망상을 버리고 돌연 아리따운 후궁들이 있는 자신의 왕궁으로 되돌아갔다.

시암의 왕도 신성을 지닌 자로서 숭배되었다. 그리하여 왕의 몸종은 왕의 용안을 보아서는 안 되며, 왕이 지나갈 때는 그 앞에 엎드려야 하며, 어전에 나갈 때는 무릎을 꿇고 앉아야 했다. 궁정에서는 왕에게만 사용되는 특별한 언어가 있어 왕에게 이야기할 때는 정해진 법도에 따라야 했다. 이 특수한 용어들은 여간 어려운 것이 아니어서 거기에 익숙해지기까지는 상당한 어려움이 뒤따랐다. 왕의 머리와 발꿈치, 왕의 호흡 등을 비롯하여 왕의 몸 구석구석에 이르기까지 모두 특별한 명칭이 있으며, 그가 먹거나 마시거나 잠을 자거나 걷는 것에 대해 모두 특별한 언어를 사용해야만 했다. 시암의 언어 중에는 왕보다도 더 높고 존엄한 존재를 의미하는 말이 없다. 그래서 선교사들은 기독교의 신에 대해 이야기할 경우 부득이 왕을 의미하는 토착어를 사용할 수밖에 없었다.

인도만큼 인신이 풍부한 나라도 다시없을 것이다. 위로는 왕에서부터 아래로

---

22 나이지리아 중남부 베누에주의 도시

23 서아프리카의 주요한 강이며, 아프리카에서 세 번째로 긴 강

24 현재의 미얀마 연방

는 노예에 이르기까지 사회의 모든 계급에 신의 은총이 그렇게 마구 하사되는 곳도 다시없을 것이다. 남인도의 닐기리 구릉지대에 사는 유목민 토다Toda족은 목장이 곧 성지이며, 거기서 일하는 목동들 모두가 신이라고 믿는다. 이 신적인 목동 중 한 사람에게 태양을 숭배하느냐고 물었을 때, 그는 자기 가슴을 툭 치며 이렇게 대답했다. "천한 녀석들은 태양을 숭배할지 모르지만, 내가 바로 신이요. 그러니 어찌 태양 따위를 숭배할 턱이 있겠소." 목동 앞에서는 그의 아버지조차 무릎을 꿇어야 했으며, 그가 어떤 요구를 하더라도 그것을 거부할 자는 아무도 없었다. 다른 목동들 외에는 누구도 그에게 함부로 손을 댈 수 없었다. 이 목동들은 누가 상담을 해오면 신의 이름으로 신탁을 베풀었다.

실로 인도에서는 모든 왕이 곧 현재의 신이라고 믿는다. 『마누 법전』은 더 나아가 "어린 왕이라 할지라도 그가 단순한 인간에 불과하다고 생각해서는 안 된다. 그는 인간의 형상을 한 위대한 신이기 때문이다"라고 적고 있다. 몇 해 전 오리사[25]에서는 생전의 빅토리아 여왕을 신으로 모시는 한 종파가 있었다. 인도에서는 지금도 범상치 않은 힘이나 용기를 지닌 자나 기적을 행하는 자들은 모두가 신으로 숭배받고 있다. 펀자브[26] 지방의 한 종파는 '니칼센Nikkal Sen'이라는 신을 숭배했다. 니칼센 신은 다름 아닌 유명한 존 니컬슨John Nicholson(1821~1857)[27] 장군이었는데, 장군이 아무리 자기는 신이 아니라고 말해도 이들의 열광적 신앙을 진정시킬 수가 없었다. 니컬슨 장군이 그들을 벌하면 벌할수록 장군을 숭배하는 그들의 종교적 외경심은 더욱더 깊어만 갈 뿐이었다. 또한 오래전에 베나레스[28]에서 숭배되었던 한 신이 어떤 힌두인 남자로 화육했다고 한다. 그는 자기에게 주어진 스와미 바스카라난다지 사라스와티Swami Bhaskaranandaji Saraswati라는 멋들어

---

25 인도 동부에 있는 주

26 인도 북서부에 있는 수. 북쪽으로 잠무와 카슈미르 지역, 동쪽으로 히마찰프라데시주, 남쪽으로 하리아나에서 라자스탄주, 서쪽으로 파키스탄과 접하고 있는 지방

27 1857년에 세포이 항쟁의 진압군 지휘자로 델리에 파견되어 펀자브 지방을 평정했던 영국의 군인이자 행정관료

28 인도 북부 우타르프라데시주 남동부에 있는 도시. 바라나시Vārānasi라고도 한다. 힌두교도들이 성스럽게 여기는 일곱 도시 가운데 하나로 갠지스강의 왼쪽 둔덕에 자리 잡고 있다. 석가모니가 활동하던 시대(기원전 6세기)에는 카시왕국의 수도였으며, 가까이에 있는 사르나트는 그가 처음으로 설법을 한 곳이다. 신앙심이 깊은 힌두교도라면 누구나 일생에 한 번 베나레스를 방문하고 가능하다면 그곳에서 죽음을 맞이하기를 소망하여, 매년 100만 명이 넘는 순례자들이 방문한다. 베나레스에 있는 여러 사원들 중에 가장 신성하게 여겨지는 곳으로 시바 신을 모신 비슈바나타 사원과 원숭이 신 하누만을 모신 산카트모차나 사원 및 원숭이 떼로 유명한 두르가 사원 등을 들 수 있다.

진 호칭에 크게 만족했다. 그가 좀더 천진난만해 보인다는 점을 빼고는 고故 매닝H. E. Manning(1808~1892)[29] 추기경과 너무 많이 닮았다. 그의 눈에는 부드럽고 인간적인 빛이 깃들어 있고, 신자들이 바치는 거룩한 숭배에 대해 한없는 기쁨을 느끼고 있는 듯했다.

인도 서부의 푸나에서 16킬로미터쯤 떨어진 친치바드라는 조그만 마을에 한 가족이 살았는데, 많은 사람들은 그 가족 중 한 사람이 코끼리의 머리를 가진 군푸티Gunputty 신의 화신이라고 믿었다. 군푸티 신은 이에 앞서 1640년경에 푸나 지방의 브라만이던 무라바 고세인Mooraba Gosseyn이라는 사람의 몸에 화육했다고 한다. 무라바 고세인은 고행과 금욕, 기도를 통해 구제를 완성하고자 했는데, 이런 그의 경건한 노력이 마침내 응답을 받았다. 어느 날 밤, 꿈에 신이 그에게 나타나 그와 그 자손들에게 성령을 내려주겠노라고 약속했다는 것이다. 이윽고 신의 약속이 성취되어, 대대로 7대에 걸친 화신이 나타나 군푸티 신의 신성한 빛을 암흑세계에 드러냈던 것이다. 그런데 1810년에 이 가문의 마지막 직계 후손이 눈병으로 인해 죽고 말았다. 하지만 진리는 너무나 신성했고 교단의 재산도 막대했다. 또한 이 지방의 브라만들은 군푸티의 성령 없이는 모든 일에서 엄청난 손실을 입게 될 거라고 생각했다. 그리하여 그들은 신의 성령이 화육할 만한 새로운 인물을 찾으러 다닌 끝에 마침내 거룩한 인물을 발견했다. 그 후 오늘날까지 이 새로운 인신을 조상으로 하는 새로운 가문이 계승되었다.

그러나 우리는 종교의 역사에서 신비스러운 영적 섭리의 법칙이 작용하는 방식을 바꾸지는 못하며 다만 유감스러워할 수 있을 따름이다. 그리하여 영적 섭리의 법칙에 따라 인신이 행하는 기적에도 길고 짧음이 있을 수밖에 없다. 즉, 말세에 이르러 인신이 행한 기적은 옛 선임자들이 행한 기적에 비해 무척 초라한 것이었다. 다시 말해, 친치바드의 인신이 행한 기적은 기껏해야 매년 친치바드 마을 사람들을 만찬에 초대하여 배가 터지도록 실컷 먹게 해 주는 그런 것에 불과했다.

봄베이와 중부 인도에서 성행했던 한 힌두종파는 자기네의 영적 지도자 또는 마하라자Mahārāja[30]가 크리슈나Krishna[31]의 지상적 대리자이거나 화신이라고 주장

---

29 영국의 웨스트민스터 대주교로서 영국의 로마 가톨릭교회의 수장이었다. 거만해 보이는 매부리코에 잘생긴 용모로도 유명했다고 한다.

했다. 크리슈나는 천상에 거하면서 최대의 호의로써 지상에 있는 자신의 대리자와 성직자들을 수호하며 그들이 원하는 것을 이루어 준다. 이런 의미에서 '자기 봉헌'[32]이라고 부르는 특별한 의례가 크리슈나를 위해 마련되었다. 크리슈나를 열렬히 숭배하는 신자들은 이 의례를 통해 자신의 몸과 영혼, 세속적인 삶에서 그 이상으로 중요한 모든 재물을 바친다. 또한 여자들은 크리슈나의 화신에게 자기 몸을 맡김으로써 자신과 가족들이 더없는 축복을 얻게 된다고 교육받는다. 크리슈나의 화신 안에는 신적인 본성과 인간적인 본성이 신비스러운 방식으로 함께 결부되어 있다고 믿기 때문이다.

기독교도 이 같은 불행한 오욕에서 완전히 자유롭다고는 말할 수 없다. 사실 기독교는 위대한 교조의 신성과 대등하다거나 혹은 그보다 훨씬 더 월등하다고 자칭하는 거짓 예언자들의 장광설에 의해 더럽혀진 적이 한두 번이 아니다. 2세기에 프리기아[33] 사람 몬타누스Montanus[34]는 자신은 아버지 하느님과 독생자와 성령이 함께 화육한 삼위일체의 신이라고 주장했다. 이 밖에도 말도 안 되는 엉뚱한 망상에 빠진 자들이 적지 않았다. 초대 기독교 시대에서 오늘날에 이르기까지 그리스도와 하느님 자신이 잘 훈련받은 개개의 신자들에게 화육신한다고 믿는 종파들이 많았다. 이들 종파의 신자들은 서로가 서로를 숭배하면서 그런 신앙의 논리적인 귀결을 이끌어내려고 했다.

예컨대 테르툴리아누스Tertullianus(155/160년경~220년경)[35]는 2세기 카르타고

---

30 '위대한 왕'을 뜻하는 호칭. 일반적으로 왕raja 위에 위치하는 힌두 제왕을 말하며, 역사적으로는 특히 인도의 중요한 토후국土候國 통치자를 지칭한다.

31 인도의 신들 가운데 가장 널리 숭배되고 사랑받는 신의 하나. 그는 최고신으로 숭배되기도 하며, 힌두교 비슈누 신의 여덟 번째 화신으로 숭배되기도 한다. 박티(신에 대한 헌신적 사랑)를 강조하는 수많은 종파들이 크리슈나를 중심적인 숭배 대상으로 삼았으며, 오랜 세월 동안 시와 음악과 회화 등의 분야에서 풍부한 종교적 작품들을 탄생시켰다.

32 신에게 열렬하고 헌신적인 사랑을 바치는 박티Bhakti를 가리킴. 『바가바드기타Bhagavadgītā』의 시대(기원전 2세기)에 대중적인 종교운동 형태로 나타나 기원후 3세기 이래 힌두교의 중요한 특성이 되었다.

33 아나톨리아 중서부에 있는 고대 소아시아 지역. 지금의 터키 중부 지역에 해당한다.

34 2세기경 소아시아와 북아프리카의 기독교 이단 운동인 '몬타누스주의'의 창시자. 몬타누스에 대해서는 알려진 바가 거의 없으나, 기독교로 개종하기 전에는 다산과 풍요의 대모신 키벨레를 숭배하는 동양 신비주의 종교의 사제였던 것 같다. 4세기 교회사가 유세비우스Eusebius에 따르면, 몬타누스는 172~173년경 무아지경을 체험하고 프리기아에서 예언 활동을 시작했다. '일루미나티(계시를 받은 사람들)'라는 단체를 이끌었으며, 그 단체에는 '프리스킬라'와 '막시밀라'라는 여자 예언자들이 있었다. 계시받은 제자들이 방언을 말하고 황홀경에 사로잡히는 등 열광적인 경향을 나타냈다. 세상의 종말이 가까워졌다고 확신했으며, 기독교인들을 깨끗하게 하고 물질적인 욕구에서 떼어 놓고자 엄격한 도덕률을 부과했다.

의 기독교 신자들에 의해 그런 일들이 실제로 행해졌다고 기록하고 있다. 성 콜룸바St. Columba(521년경~597)[36]의 제자들은 스승을 그리스도의 화신이라고 믿어 숭배했다. 또한 8세기에 톨레도[37]의 엘리판두스Elipandus는 그리스도를 가리켜 '신들 중의 신'이라고 말한 바 있다. 이는 예수 자신이 신이었던 것처럼 신자들도 모두 신이었음을 암시하는 말이다. 신자들끼리 서로를 숭배하는 관습은 알비Albi파[38]에서도 널리 행해졌는데, 14세기 초 툴루즈[39]의 종교재판 기록을 보면 그런 자들을 처벌한 사례가 수백 회에 이른다.

13세기에는 '자유영혼 형제자매단the Brethren and Sisters of the Free Spirit'[40]이라는 종

---

35 초기 기독교의 주요 신학자, 논쟁가, 도덕주의자. 아프리카 교회의 지도자이자 최초의 라틴 교부敎父로서 그 뒤 1000여 년 동안 서방 기독교의 어휘 및 사상 형성에 기반을 놓았다. 부모는 이교도들이었고, 아버지는 아프리카에 주둔한 군단의 백인대장百人隊長(임관되지 않은 장교)이었던 듯하다. 테르툴리아누스가 기독교로 개종한 것은 2세기 말경 카르타고에서였다. 저서로는 『순교자에 대해서Ad martyras』, 『민족에 대해서Ad nationes』, 『변증Apologeticum』 등이 있다.

36 아일랜드 출신의 수도원장, 선교사. 축일은 6월 9일. 스코틀랜드 사람들은 자신들이 기독교로 개종하는 데 콜룸바가 중요한 공헌을 했다고 믿고 있다.

37 스페인 중남부 카스티야라만차 지방 톨레도주의 주요 도시. 마드리드에서 남서쪽으로 67킬로미터 떨어진 지점에 있다. 로마의 역사가 리비우스는 이 도시를 가리켜 '작지만 천연의 요새로 이루어진 도시'라고 기록했다. 이곳에서 기독교 교회의 유명한 공의회가 여러 차례 개최되었는데, 특히 제3차 공의회(589)는 레카레드 왕이 기독교로의 개종을 선언한 중요한 공의회였다.

38 12~13세기 프랑스 남부지방에서 발생한 카타르파의 이단 분파. 이 운동의 중심지가 알비Albi(고대에는 알비가)보다는 툴루즈와 그 주변 지역이었기 때문에 '알비파'라는 이름이 무엇을 뜻하는지는 정확하지 않다. 그러나 이들이 로마 가톨릭교회와 대립하여 반反성직자파를 결성하고, 당시 성직자들의 부패를 끊임없이 비판했다는 점은 확실하다. 프랑스 남부에서 '선량한 사람들bons hommes'로 알려진 알비파 신학자들과 금욕주의자들은 언제나 소수파였다. 하지만 금욕생활과 성직제도를 비판하는 이들의 설교는 많은 사람들에게 감명을 주었고, 이 운동은 인노켄티우스 3세가 교황에 오르기 전까지 100년 동안 계속 열정적인 활동을 벌였다. 인노켄티우스 3세는 처음에는 평화적인 방법으로 이들을 개종시키려 했으나, 마침내 1209년 시토 수도회 수사들에게 알비파에 대한 십자군 원정을 선포하라고 명령했다. 타협의 여지가 없던 이 십자군 원정은 찬란한 프로방스 지방의 문화를 짓밟고, 알비파 교도들을 대량학살한 뒤 파리 조약(1229)으로 끝났으나 이단을 박멸하지는 못했다. 그 후 종교재판소는 툴루즈와 알비, 그 밖의 프랑스 남부 도시들에서 13~14세기에 걸쳐 지속적인 활동을 펼친 끝에 이들을 뿌리뽑는 데 성공했다.

39 8~13세기의 중세에 백작령을 이루었던 남부 프랑스 지방

40 1310년에 파리에서 이단자로 고발당해 화형당한 마르그리트 포레Marguerite Poret가 이끌었던 기독교계 신비주의 분파. 이 단원들은 기성 교회와의 유대를 끊어 버린 채, 신적 존재와의 합일을 추구하는 과격한 신비주의를 실천했다. 고발자들에 의하면, 자유성령 형제자매단은 인간이 이 지상에서 살아 있는 동안에 어떤 죄도 짓지 않을 만큼 완전한 경지에까지 도달할 수 있으며, 신과 인간의 만남에서 교회에 의한 중개가 불필요하다고 믿었다. 또한 그들은 엄격한 생활과 금욕이야말로 신과의 신비적 합일unio mystica을 위해 필요하다고 여겼다. 심지어 어떤 이들은 "나는 그리스도이다. 아니, 그 이상이다"라고 선언하기까지 했다. 포레의 저서 『단순한 영혼의 거울The Mirror of Simple Souls』은 영혼의 지도에 관한 '사랑'과 '이성'의 대화로 이루어져 있는데, 저자는 신과의 합일에 이르기까지의 일곱 가지 '은총의 상태'를 기술하고 있

파가 있었다. 이들은 부단히 명상에 힘쓰면 누구라도 신비스러운 방식으로 신과 융합하여 만물의 근원이신 존재와 하나가 될 수 있다고 믿었다. 이처럼 신에게로 상승하여 그 지복의 신적 본성에 흡수됨으로써 신의 일부가 된 자는 그리스도가 그랬듯이 신의 아들이 되며, 그 결과 모든 세속적인 율법과 신적인 율법의 구속에서 해방되는 영광을 얻게 될 것이라고 믿었다. 외적으로는 얼굴 표정이나 거동에서 처절한 광란의 그림자를 드리우면서도 내적으로는 축복된 신앙에 도취하여 황홀경에 빠져 있던 이 신자들은 자못 우스꽝스러운 모습으로 악을 써 대며 여기저기서 걸식행을 했다. 이들은 노동과 생산은 신성한 명상을 통해 성령에로 상승하는 데에 장애가 된다고 여겨 그것을 단호히 거부했다.

그들은 이러한 걸식행에서 항상 여자들을 데리고 다니면서 그녀들과 지극히 친밀하고 깊은 관계를 유지했다. 이들 가운데 고귀한 영적 생활에서 최고의 경지에 들었노라고 자부한 자들은 아예 옷을 하나도 걸치지 않았다. 그들은 외적 형식이나 예절 따위는 내적 타락을 초래할 뿐이며, 육신의 지배를 받아 그 포로가 됨으로써 성령과의 교통을 경험하지 못한 증거이자 본질에 도달하지 못한 증거일 뿐이라고 주장했다. 종교재판은 흔히 그들이 주장하는 신과의 신비적 합일을 더욱 부채질할 따름이었다. 즉, 그들은 화형장의 불길 속에서 죽어 가면서도 흔들리지 않는 신앙의 평정심과 환희에 찬 승리감을 감추지 않았던 것이다.

1830년경에 켄터키주와 인접한 미국의 한 주에 웬 사기꾼이 나타나 자신은 신의 아들이며 인류의 구세주라고 주장했다. 그는 경건치 못한 자, 믿지 않는 자, 죄 있는 자들을 다스리기 위해 지상에 재림했다고 말했다. 그는 만일 정해진 기간 내에 회개하지 않는 자가 있다면 무서운 징후가 나타날 것이며, 세상이 순간적으로 멸망할 것이라고 경고했다. 그런데 부자들이나 사회적 지위가 높은 사람들도 다수가 이 엉뚱한 사기꾼이 말을 받아들였다. 급기야 한 독일인은 자신의 동포들에게 앞으로 닥칠 무서운 파국에 대해 독일어로 이야기해 줄 것을 이 새로운 메시아에게 공손히 부탁하기까지 했다. 미국에 이민을 온 독일인은 아직 영어를 못했기 때문이다. 그들에게 영어를 모른다는 사실만으로 지옥에 간다는 건 참으로 딱한 일이 아닐 수 없었다. 이때 자칭 구세주는 독일어를 모른다고 정

다. 무엇보다 자유성령 운동이 초래한 혁신은 신비적 합일이 바로 여기 이 지상에서 도달 가능하다는 확신이었다. M. Eliade, *A History of Religious Ideas* vol. 3, The University of Chicago Press, 1985, pp.204~205

직하게 대답했다. 그러자 독일인이 이렇게 말했다. "뭐라고요? 당신이 신의 아들이라면 당연히 모든 나라의 말을 할 줄 알아야 하는 거 아니요? 독일어도 모르다니? 이 봐, 당신은 악당에 위선자에다 미친놈이야. 정신병원에나 가 보라고." 그 일로 신자들은 이렇게 자칭 메시아를 조롱하면서 자신들의 경솔함을 부끄러워했다고 한다.

화육한 인신이 죽게 되면 때로 그에게 지폈던 신령이 다른 사람에게 옮겨가기도 한다. 불교를 믿는 타타르Tatar족[41] 사람들은 살아 있는 붓다가 수없이 많이 있다고 믿는다. 살아 있는 붓다들은 위대한 라마Lama[42]로 간주되어 중요 사원들의 주지를 맡게 된다. 그런데 라마가 죽어도 제자들은 슬퍼하지 않는다. 왜냐하면 죽은 라마는 어린아이로 다시 환생한다고 믿기 때문이다. 문제는 죽은 라마가 어디에서 다시 태어나는지를 알아내는 일이다. 이때 만일 무지개가 나타나면 그들은 죽은 라마가 다시 태어날 장소를 찾아가는 징후라고 생각한다. 때로는 신성한 어린아이가 스스로 자신에 대해 죽은 라마가 환생했다고 말하는 경우도 있다. 가령 그 아이는 "나는 위대한 라마요. 아무개 사원에 거하는 살아 있는 붓다요. 나를 그 사원으로 데려가 주시오. 나는 불사신이요"라고 말한다. 이처럼 하늘에 무지개의 징후가 나타난 경우든, 살아 있는 붓다가 스스로 자신을 밝히는 경우든, 일단 붓다의 환생 장소가 밝혀지면 사람들은 즉각 그 장소에 텐트를 치고 왕이나 최고위 귀족에 의해 인솔되는 환희에 찬 순례자들이 그 어린아이를 데리

---

41 볼가강 중류와 그 지류인 카마강을 따라 동으로 우랄 산맥에 이르는 지역에 사는 종족으로 튀르크어를 쓴다. 유럽권 러시아의 동부 및 남동부와 시베리아 남부에도 살고 있다. 옛날에는 타타르라는 명칭이 몽골족과 튀르크계 민족을 포함하여 아시아의 스텝과 사막에 사는 유목민족을 총칭하는 말로 쓰이기도 했다.

42 티베트어로는 블라마Blāma라고 하며 '뛰어난 사람'을 뜻하는 말이다. 티베트 불교에서 정신적 스승을 지칭하는 말이다. 원래는 산스크리트어의 '구루guru('존경스러운 자'라는 뜻)'에 대한 번역어로서 사원의 지도자나 위대한 스승에게만 붙일 수 있었지만, 오늘날에는 존경받을 만한 승려라면 누구나 이러한 경칭으로 불리게 되었다. 흔히 서양에서 티베트 불교나 티베트 사원을 '라마교'라든가 '라마 사원'이라고 부르는 경우가 많지만 그것은 실제로는 잘못된 표현이다. 몇몇 라마는 선조들의 화신化身으로 여겨지는데, 이들은 스스로 정신적 수련을 쌓아 높은 경지에 올라 존경받는 '수도' 라마와 구별하여 '튈쿠sprulsku(화신)' 라마로 불린다. 이러한 '튈쿠' 라마 가운데 가장 높은 계통은 티베트의 세속적 통치자이기도 하며, 1959년부터는 망명생활을 시작한 달라이 라마Dalai Lama의 계통이다. 달라이 라마는 티베트 불교에서 가장 큰 세력을 가진 종파인 게룩파黃帽派의 최고 지도자에게 붙이는 칭호인데, 그는 자비로운 관세음보살의 화현으로 여겨진다. 두 번째로 높은 계통은 타시룬포 사원의 최고 지도자로서, 아득한 옛날 성불하여 지금은 서방극락세계에서 중생을 교화하는 아미타불의 화현이라고 믿는 판첸 라마Panchen Lama 계통이다. 이밖에 좀 더 하급의 튈쿠 라마들은 달라이 라마에 의해 위대한 화신, 보통의 화신 또는 그 이하의 화신으로 분류되는 위대한 성인이나 스승으로 환생한다고 보았다.

러 온다. 대개의 경우 환생한 어린아이는 성지 티베트에서 태어난다. 그래서 순례자들은 환생한 어린아이를 맞이하기 위해 사막까지도 횡단하지 않으면 안 된다. 어린아이와 대면한 순례자들은 모두 엎드려 절한다.

하지만 참된 라마로서 인정을 받으려면 어린아이는 순례자들을 만족시켜야만 한다. 즉, 어린아이는 이제 자신이 주지가 될 사원의 이름과 거리, 거기에 있는 승려들의 숫자 등에 관한 질문을 받는다. 그뿐만 아니라 고인이 된 위대한 라마의 버릇이라든가 임종 때의 상태 등에 대해서도 정확히 답변하지 않으면 안 된다. 나아가 경전을 비롯한 여러 집기들이 어린아이 앞에 진열되면 그중에서 전생에 사용했던 물건을 정확히 가려내야 한다. 이 모든 시험을 거쳐 전생의 라마임이 입증되면 비로소 순례자들은 그 어린아이를 사원으로 데려간다. 이 모든 라마들의 대표자는 티베트의 수도 라사의 달라이 라마Dalai Lama이다. 달라이 라마는 살아 있는 신이며, 그가 죽으면 그의 신성한 불멸의 영혼이 다시 어린아이로 환생한다고 믿는다.

어떤 기록에 의하면, 이렇게 환생한 달라이 라마를 확인하는 방법은 전술한 위대한 라마의 발견 방법과 동일하다. 또 어떤 기록에 의하면, 황금 항아리에서 제비를 뽑아 달라이 라마를 선발하는 방법도 있었다고 한다. 어쨌든 달라이 라마가 환생한 장소에는 항상 수목이나 풀들이 무성하며, 그의 말 한마디에 꽃들이 피고 샘물이 솟아난다고 믿는다. 그가 가는 곳마다 축복이 함께한다는 것이다.[43]

이밖에도 신을 자칭하는 인물들이 많이 있다. 중국 내 소수민족의 통치를 위한 관청이던 베이징의 이번원理藩院[44]에는 당시 중국에 존재했던 모든 화육신의 호적부가 보관되어 있었다. 그 호적부에 의하면, 관청의 공식 인가를 받은 화육

---

43 환생한 라마를 찾아내는 과정은 복잡하고 까다로운데, 특히 달라이 라마의 화신을 찾아내는 과정은 여러 가지 정치적 문제들과 얽혀 있다. 라마가 죽은 후 다시 태어날 때까지의 시간은 짧게는 며칠에서 길게는 몇 년도 걸린다고 여겨진다. 달라이 라마가 죽으면 네충Nechung의 국가 신탁소에서 그가 새로 태어나는 곳에 대한 조사가 시작된다. 달라이 라마가 임종할 때 한 말이 그가 다시 태어날 만한 장소를 찾아내는 단서가 되기도 하며, 죽어 가는 과정이나 그 뒤 태어나는 과정에서 보이는 특이한 징후가 그의 화신을 결정하는 단서로 받아들여진다. 달라이 라마의 화신으로 추정되는 아기는 엄격한 신체검사와 심리검사를 받는데, 여기에는 죽은 달라이 라마가 지녔던 개인적 소유물을 알아보는지의 여부도 포함된다. 보통 두 명 이상의 아기가 검사 대상이 되는데, 결정을 내리기 힘들 경우에는 제비뽑기를 한다. 선정된 아이는 어릴 때부터 수도자로서의 훈련을 철저하게 받게 된다. 이렇게 환생한 달라이 라마를 찾아서 교육하는 동안에는 섭정이 임명되어 대신 통치한다.

44 청대의 일련의 민족 통치정책을 수립하여 몽蒙, 회回, 장藏 등 소수민족 사무를 관리하는 전문기관이었다.

신의 총 숫자는 160명이나 된다. 그 가운데 티베트의 화육신이 30명이고, 북몽골이 19명, 남몽골이 57명에 이른다. 중국 정부는 백성들에게 온정적인 배려를 베푸는 차원에서 이 화육신이 오직 티베트 땅에서 환생한 것만 등록하도록 법으로 정했다. 이는 만일 화육신이 몽골에서 태어날 경우 몽골인의 잠들어 있는 애국심과 호전성이 눈을 뜨게 되어 중차대한 정치적 영향을 끼칠지도 모른다는 두려움 때문이었다. 다시 말해 몽골인이 왕족으로 환생한 야심적인 화육신을 중심으로 하여 무력으로 영적 왕국과 세속적 왕국을 일거에 수립할 위험성이 있기 때문이다.

그러나 이 같은 공인받은 화육신 외에도, 중국 정부에 의해 공인받지는 못했지만 비밀리에 곳곳에서 기적을 행하고 자기 동포들에게 축복을 공급하는 개별적인 화육신도 적지 않았다. 요즘은 중국 정부도 이런 소소한 화육신들이 티베트 이외의 장소에서 환생하는 것을 묵인하고 있는 형편이다. 하지만 일단 무언가의 개별적 화육신이 출현하면, 중국 정부는 인가받은 화육신의 경우와 마찬가지로 엄중하게 감시했으며, 만일 수상한 거동을 보이는 화육신이 있을 시에는 즉시 비상조치를 내려 멀리 추방하거나 다시 환생하지 못하도록 철저하게 단속했다.

이상에서 우리는 원시사회의 왕이 점유했던 종교적 위상에 대해 살펴보았다. 거기서 우리는 이집트, 멕시코, 페루와 같은 역사적 대제국의 군주들에 의해 이루어진 신적이고 초자연적인 주권의 주장이 과장된 허영에 불과하다거나 또는 무지한 백성들의 맹목적인 추종의 산물에 지나지 않는다고 딱 잘라 말하기 어렵다는 사실을 깨닫게 된다. 그것은 살아 있는 왕을 신처럼 받들려는 원시신앙의 유산이자 그 연장이라고 이해해야 할 것이다.

페루의 잉카족은 태양의 자녀로서 신처럼 존경받았다. 그들은 어떤 잘못도 범할 수 없었다. 하물며 잉카족 가운데 어느 누구도 군주나 왕족 가문의 명예와 재산을 해친다는 것은 꿈에도 생각할 수 없었다. 또한 잉카족은 대개의 민족들이 그랬듯이 질병이 특별히 나쁘다고 생각하지 않았다. 그들은 질병을 아버지이신 태양신이 자신들을 데려가 당신과 함께 생활하기 위해 파견한 사신 정도로 여겼다. 그래서 잉카인들은 임종 때가 되면 흔히 "우리 아버님께서 나를 부르시어 함께 안식을 취하라고 하신다"고 말한다. 그들은 질병 회복을 위해 희생제물을 바친다든가 하여 태양신의 뜻을 거스르려 하지 않는다. 그저 안식을 위해 태양신이 자신을 부르는 것이라 하여 순순하게 죽음을 받아들일 따름이다.

콜롬비아 안데스 산맥 고원의 작열하는 계곡에서 잉카인들과 마주쳤던 스페인 정복자들은, 그들이 찌는 듯한 밀림 속에서 만났던 다른 야만인과 비교할 수 없을 정도로 고도의 문명을 가졌을 뿐만 아니라, 일찍이 훔볼트_{Alexander von} _{Humboldt(1769~1859)}[45]가 티베트나 일본의 신정정치와 비견한 바 있는 그런 정부 밑에서 농업을 경영하던 잉카인들을 발견했을 때 놀라움을 금할 수 없었다. 잉카족은 보고타를 수도로 하는 치브차_{Chibcha}족[46]과 툰자를 수도로 하는 뮈스카_{Muysca}족 혹은 모즈카_{Mozca}족의 두 왕국으로 나뉘어져 있었지만, 종교적으로는 '소가모조_{Sogamozo}' 혹은 '이라카_{Iraca}'라 부르는 대제사장의 영적 지배하에 통합되어 있었다. 이 영적 지배자는 오랫동안 고행을 통해 당대의 덕망가로서 숭배되었다. 그는 홍수나 그 밖의 강우 현상을 비롯하여 날씨를 마음대로 조정할 수 있다고 믿었다. 앞서 살펴보았듯이, 멕시코의 왕들은 즉위식에서 태양을 빛나게 하고, 비를 내리게 하고, 강물을 넘실거리게 하고, 땅을 풍요롭게 하겠다고 맹세했다. 멕시코 최후의 왕 몬테수마_{Montezuma}[47]는 백성들에 의해 신으로 숭배받았다.

사르곤_{Sargon} 1세[48]에서 우르[49]의 제4왕조 및 그 이후에 이르기까지 바빌로니아 왕은 생전에 신을 자칭했다. 특히 우르 제4왕조의 군주들은 자신을 위한 신전을 세우기까지 했다. 그들은 곳곳의 성지에 자기 신상을 세우고 그 앞에 제물을 바치라고 백성들에게 명했다. 그리하여 매년 8월은 특별히 왕을 위한 달로 기

---

45 독일의 과학자, 박물학자, 탐험가. 페루 해류의 다른 이름인 훔볼트 해류는 1802년 페루 해류 위의 공기와 주변 바다와의 관계를 통해 이 해류가 한류임을 입증한 훔볼트의 이름에서 유래했다.

46 스페인 정복 시기에 현재의 콜롬비아 보고타 주변의 높은 계곡들에서 살던 남아메리카 인디언

47 멕시코의 마지막 아즈텍 황제는 스페인의 정복자 에르난 코르테스와의 극적인 대결로 유명한 몬테수마 2세(재위 1502~1520)였다. 당시 아즈텍인은 언젠가는 턱수염을 가진 백인 신 케찰코아틀이 돌아와 제국을 통치할 것이라고 두려워하면서도 이를 기대하고 있었다. 이때 백인 신 대신에 턱수염을 가진 백인 코르테스가 나타났다. 코르테스는 이런 두려움을 알고 있었고, 멕시코 황단 원정에 이것을 이용했다. 몬테수마는 그를 매수하려 했으나 스페인 정복자는 아즈텍의 지배를 싫어하던 종속 부족들과 동맹을 맺었다. 몬테수마는 수도 테노치티틀란으로 코르테스를 유인했으나 함정임을 눈치챈 코르테스에게 오히려 포로로 잡혔다. 코르테스는 황제가 포로로 잡혀 있는 한 아즈텍인이 공격하지 못할 것이라고 생각했다. 그러나 몬테수마가 스페인 정복자에게 굴복하자 백성들은 그에게 등을 돌렸다. 스페인의 기록에 의하면, 황제는 백성들에게 연설을 하려고 하다가 돌과 화살에 맞아 부상을 입었고, 그로부터 사흘 뒤 목숨을 잃었다고 한다. 그러나 아즈텍인은 스페인 사람들이 자신들의 황제를 죽였다고 여겨, 밤을 틈타 테노치티틀란시를 빠져나가려던 코르테스 군대를 거의 전멸시켰다.

48 기원전 1850년경에 활동한 고대 아카드 시대의 아시리아 왕

49 고대 메소포타미아(수메르) 남부에 있었던 주요 도시. 지금의 유프라테스강 하류에서 서쪽으로 약 16킬로미터 떨어진 이라크의 탈알무카이야르Tall al-Muqayyar에 해당

넘했으며, 매달 초승달이 뜰 때와 15일에는 왕에게 제물을 헌상했다. 마찬가지로 파르티아[50]의 아르사크Arsacid 왕조[51] 군주들도 스스로를 태양과 달의 형제라고 주장했으며, 신으로서 숭배받았다. 심지어 아르사크 왕가에 속한 몸종과 싸움을 하는 것조차도 신성모독으로 처벌받아야 했다.

한편 이집트 왕들은 생전에 이미 신격화되어 그들에게 인신공희를 바쳤으며, 그들에 대한 예배가 특별한 사제에 의해 특별한 신전에서 집행되었다. 사실 왕들에 대한 예배는 종종 신들에 대한 예배보다도 더 우선시되곤 했다. 그래서 메렌라Merenra 왕의 재위 중에 한 고관이 불멸하는 메렌라 왕의 영혼이 다른 모든 신들보다도 더 많은 숭배를 받도록 하기 위해 수많은 성지를 세웠노라고 다음과 같이 말하기도 했다.

"이집트의 왕은 사실적인 신성을 가지고 계시다. 왕은 위대한 신이시며 황금의 호루스Horus[52]이자 태양신 라Ra[53]의 아들이시다. 왕의 권력은 이집트에만 한정되지 않으며, 모든 나라와 모든 백성들에게, 온 세계의 동서남북에 걸쳐 태양이 비추는 모든 곳에, 하늘과 거기에 속해 있는 모든 것들, 그리고 땅과 그 위에 있는 모든 것들에, 나아가 두 다리 또는 네 다리로 걷는 모든 생물과 날짐승에게까지 미친다. 그리하여 우주 전체가 그 산물을 왕에게 바친다." "태양신에 대해 알려진 모든 사실은 그대로 이집트의 왕에 대해 적용할 수 있다. 왕의 호칭도 태양

---

50 이란의 호라산 지역과 대략 일치하는 고대 지역. 이 용어는 때때로 파르티아제국을 지칭할 때도 사용된다.

51 파르티아제국을 세우고 다스린 고대 이란 왕조(기원전 247~기원후 224)

52 고대 이집트 종교에 나오는 매 형상의 신. 그의 눈은 태양과 달이다. 그는 원래 하下이집트의 신이었으나, 네켄에서 왕이 호루스의 화신이라는 관념이 생겨났고, 이집트가 네켄 출신 왕들에 의해 통일된 후 이 관념이 교리로 받아지게 되었다. 이집트 왕의 다섯 가지 별칭 중 첫 번째가 호루스였고, 그 별칭으로 인해 왕과 호루스는 동일시되었다. 이집트 신화에 따르면, 호루스와 세트 신神은 각각 하下이집트와 상上이집트를 대표하며 평화롭게 살았다. 그러다가 기원전 2400년경 오시리스 숭배가 이집트 전역에 퍼지면서 호루스는 오시리스의 아들로 묘사되기 시작했다. 이와 동시에 신화 속에서 호루스는 세트의 적대자가 되었다. 세트는 오시리스를 살해했으며, 이집트의 왕좌를 놓고 호루스와 경쟁했다. 신화에 의하면 호루스는 세트를 멸망시켜 아버지 오시리스의 원수를 갚고 통치권을 장악했다. 후대에 호루스는 많은 곳에서 지역 신으로 나타났고, 다양한 이름과 별명을 취했다. 또한 후대에 호루스는 그리스인에 의해 아폴론과 동일시되기도 했다.

53 고대 이집트의 종교에 나오는 태양신이자 창조신. 레Re라고도 한다. 그는 매일 태양 배를 타고 하늘을 가로질러 여행하다가 밤에는 다른 배를 타고 지하세계로 여행하며, 거기서 다시 태어나기 위해서는 악한 뱀 아페피(아포피스)를 물리쳐야 한다고 여겼다. 그는 태고의 언덕에 있는 혼돈의 바다에서 스스로를 창조한 뒤 다른 여덟 신을 창조했다고 한다. 매의 머리 모양을 한 라 신의 모습은 같은 모양을 한 하下이집트의 신 호루스의 모습에서 영향을 받은 것 같다. 이집트 제5왕조(기원전 2494년경~2345년경) 무렵에는 라 신이 파라오의 공식적인 신이 되었으며, 모든 왕은 스스로 라의 아들 또는 인간이 된 라 자신이라고 주장했다.

오시리스의 아들 호루스(위)와 태양신 라(아래).
호루스와 라는 머리 윗부분의 모양으로 구별된다.

신의 의미에서 직접 끌어온 것이다. 이집트 왕은 그의 생애 전체를 통해 이집트인이 상상했던 신에 대한 관념을 하나도 빠짐없이 그의 육신에 구현한 존재였다. 그는 초인간적 신으로 태어나서 왕위에 있을 때뿐만 아니라 죽은 후에도 신격화되었다. 요컨대 신에 대해 알려진 모든 사실이 이집트의 왕 안에 집약되었다."

이것으로 우리의 소묘는 일단 마친 셈이다. 하지만 그것은 페루와 이집트 왕들에게서 전형적으로 볼 수 있는 신성왕권의 전개에 관한 단순한 소묘에 불과하다. 역사적으로 보면, 그런 신성왕권은 공적 주술사나 주의의 사회 조직에서 비롯된 것이라고 말할 수 있다. 한편 논리의 측면에서 보면, 그것은 잘못된 관념연합의 연역적 오류에 의존하고 있다. 다시 말해 고대인은 자기 관념의 체계나 규칙을 자연의 그것과 혼동함으로써, 결과적으로 마치 자기 생각을 마음대로 제어할 수 있듯이 자연의 사물에 대해서도 마음대로 제어할 수 있다고 상상했던 것이다. 하여튼 이런저런 이유로 태어나면서부터 주술적 힘을 지녔다고 여겨진 사람들은 자라면서 서서히 동료들과 구별되어 마침내 인류의 정치적, 종교적, 지적 발전에 가장 큰 영향을 미칠 만한 하나의 계급을 형성하게 되었다. 주지하다시피 사회의 진보는 주로 계속적인 기능의 분화, 즉 노동의 분화에 따른 것이다. 예컨대 원시사회에서 기능적으로 고만고만한 자들에 의해 수행되던 직능이 점차 상이한 계층들에 분할되면서 보다 완전하게 수행되었다. 아울러 특수 노동에 의한 물질적, 비물질적 생산물이 모든 사람에게 분배되면서 공동체 전체가 이익을 얻게 되었다. 이때 주술사나 주의는 사회적 진보 및 발전 과정에서 가장 오래된 직능 혹은 직업적 계급을 구성하게 된다. 오스트레일리아 원주민처럼 가장 저급한 미개인의 경우는 주술사들이 모두 하나의 직업적 계급이었다.

그런데 시간이 경과하고 이런 분화 과정이 계속되면서 주술사 계급 자체가 질병을 치료하는 주술사나 비를 내리게 하는 주술사 등의 여러 계층으로 세분화되었다. 그중에서 가장 강력한 주술사가 추장의 지위를 획득하고 나아가 신성왕神聖王으로 발전했다. 이에 따라 주술사가 원래 가지고 있던 주술적 기능이 점점 퇴화하고, 대신 사제 직능 혹은 신적 직능이 나타나면서 종교가 주술을 배제하기 시작했다. 그 후 왕권의 공적인 사회정치적 측면과 종교적 측면이 분화됨으로써 양 측면의 권력이 각각 다른 자에게 양도되기에 이른다. 한편 종교의 강력한 힘에 의해 억압받기는 했지만 완전히 근절되지 않은 주술사들은 희생제나 기도 등의 새로운 종교의식보다는 여전히 종래의 주술의식을 더 선호했다. 그러던 중 그들 가운데 어떤 총명한 자가 주술의 허황됨을 깨닫고 인류 복지를 위해 자연을 이용하는 보다 효과적인 방법을 발견했을 것이다. 그리하여 그들은 주술을 버리고 과학을 취하게 되었을 것이다.

물론 모든 곳에서 이러한 과정이 진행되었다고 단언하기는 힘들다. 말할 것도 없이 여러 사회마다 각기 다른 발전 과정이 있었을 것이다. 나는 다만 포괄적으로 보아, 주술에서 과학으로의 발전이라고 하는 일반적 경향에 대해 말했을 뿐이다. 경제적 관점에서 보면, 이런 발전 과정은 직능의 획일성에서 다양성으로의 발전이라고 말할 수 있다. 또한 정치적 관점에서 보면, 그것은 민주주의에서 전제주의로의 변화를 함축하고 있다. 여기서는 군주제의 후기 역사 과정에 대해서는 언급하지 않겠다. 또 전제주의의 쇠퇴와 인류의 보다 고차적인 요구에 응하기 위해 채택된 여러 가지 정치 형태에 대해서도 다루지 않겠다. 이 책의 주제는 당시에는 위대하고 유익했던 제도의 성장에 관한 것이며, 결코 그 쇠퇴에 관한 것이 아니기 때문이다.

제8장
부분적 자연왕

앞에서 우리는 네미의 '숲의 왕King of the Wood'과 로마의 '공희왕Sacrificial King' 또는 왕이라 불렀던 아테네의 집정관 등에서 신성한 직능과 왕의 호칭이 결합된 사례들을 살펴보았다. 위의 고찰은 이와 동일한 결합이 종종 고전적 세계의 범위를 넘어서서 발생했으며, 그것이 원시사회에서 문명사회에 이르기까지 모든 사회의 공통된 현상이었음을 입증해 보여 준다. 거기서 우리는 위대한 사제가 사제직을 상징하는 목장牧杖뿐만 아니라 왕권을 표상하는 홀笏까지 쥐고 있는 명실상부한 왕이었음을 알 수 있었다. 또한 그것들은 고대 그리스와 이탈리아 공화국 사제왕들의 기원에 관한 전통적인 견해가 옳았음을 증명한다. 그리스와 이탈리아의 전통이 보존하고 있는 이 같은 기억, 즉 영적 권능과 세속적 권력의 결합이 실제로 여러 지역에 존재했다는 사실을 통해, 최소한 우리는 그런 결합의 가능성에 대한 모든 의심을 불식하게 되었다.

이 시점에서 우리는 다음과 같은 물음을 던질 수 있다. 즉 네미의 '숲의 왕'은 저 로마의 공희왕이나 아테네의 임시왕과 동일한 기원을 갖는 것이 아닐까? 달리 말하면, 숲의 왕의 선임자들은 공화정의 혁명에 의해 정치적 실권을 빼앗긴 채 종교적 직능만을 가지게 된 왕들의 후예가 아니었을까? 이런 물음에 대해 나는 두 가지 이유에서 부정적인 입장이다. 첫 번째 이유는 네미의 사제가 거하는 장소와 관계가 있으며, 두 번째 이유는 숲의 왕이라는 호칭과 관계가 있다. 만일 숲의 왕의 선임자들이 통상적인 의미의 왕이었다고 한다면, 숲의 왕은 분명 로마나 아테네의 영락한 왕들과 마찬가지로 왕권이 이양된 도시에 거했을 것이다. 그리고 그 도시는 아리키아이지 않으면 안 될 것이다. 그런데 아리키아는 네미 호숫가에 있는 숲의 성지에서 5킬로미터나 떨어져 있다. 따라서 만일 숲의 왕이 왕으로서 군림했다고 한다면, 그것은 도시에서가 아니라 숲속에서였을 것이다.

한편 '숲의 왕'이라는 호칭은 통상적인 의미의 왕을 지칭하는 것이라고 보기 힘들다. 오히려 그것은 자연을 지배하는 왕을 가리키는 말이었을 성싶다. 그것도 모든 자연이 아니라 '자연의 특정 부분으로서의 숲'의 왕을 뜻하는 말이었다고 보인다. 이런 의미에서 그것을 '부분적 자연왕'이라 부를 만하다. 만일 우리가 자연의 특정 요소나 양상을 지배한다고 여겨지는 이 같은 부분적 자연왕의 사례를 찾아볼 수 있다면, 그것은 인신으로서의 신성왕들보다는 오히려 숲의 왕에 더 가까울 것 같다. 왜냐하면 신성왕들은 자연의 특정 부분이 아닌 자연 전체를 지배하는 존재로 여겼기 때문이다. 어쨌든 이런 부분적 자연왕의 사례가 엄연히 존재하는 것이 사실이다.

콩고강 어귀에 인접한 봄마의 어떤 산에는 비와 폭풍의 왕인 '남불루부무Namvulu Vumu'가 살고 있다고 한다. 또한 나일강 상류의 어떤 부족에게는 흔히 말하는 의미의 왕이 없다고 한다. 다만 그들은 왕과 비슷한 인물로서 '마타코두Mata Kodou'라는 비의 왕을 가지고 있을 따름이다. 비의 왕은 우기에 때맞춰 비를 내리게 할 수 있는 힘이 있다고 한다.[1] 3월 말경에 비가 내리기 시작하는데, 그러기 전까지 이 지방은 메마른 불모의 사막이므로 주민들의 주된 재산인 가축들이 먹을 풀이 없어 죽어 나가곤 했다. 그래서 3월 말이 되면 사람들은 비의 왕을 찾아가서 암소를 한 마리씩 바치면서 말라 버린 황토의 목초지에 하늘의 복된 빗물을 뿌려 달라고 기원한다. 그래도 비가 오지 않으면 사람들이 떼거리로 비의 왕에게 몰려가 비를 내리게 해 달라고 협박조로 을러댄다. 그런데도 효과가 없으면 이번에는 아예 비의 왕의 배를 갈가리 찢어 버린다. 비의 왕의 배 속에 폭풍우가 저장되어 있다고 믿었기 때문이다. 바리족의 어떤 비의 왕은 방울에 물을 담아 흔들면서 땅에 물을 뿌려 비를 내리게 한 일도 있다고 한다.

아비시니아 왕국의 변방 여러 부족들에게도 이런 인물이 있었는데, 한 목격자

---

1 메리 더글러스Mary Douglas에 의하면, 현대의 인류학자와 프레이저의 본질적인 차이는 현대의 인류학자가 상징체계를 연구 대상으로 삼고 있는 데에 비해, 프레이저는 의식적인 상징화를 별로 중시하지 않고 자연계의 현실에 대해 미개인들이 무의식중에 저지른 오류에 초점을 맞추었다는 점에 있다. 이경덕 옮김, 『그림으로 보는 황금가지』, 「메리더글러스의 서문」, 까치, 1995, 17쪽 참조. 한편 문명인의 안에도 미개인과 동일한 상징화 작용이 일어난다고 생각한 비트겐슈타인은 공시적 관점에서 프레이저의 진화론적, 통시적 설명을 비판하면서 위의 사례와 관련하여 비의 왕이 기우제를 올리는 시기에 주목하고 있다. 즉 기우제는 건기가 아니라 우기에 행해졌다. 미개인들이 어리석고 무지해서 이런 오류를 범한 것은 아니다. 반대로 그들은 3월에 비가 내리기 시작한다는 사실을 경험상 알고 있기 때문에 그 시점에 기우제를 올렸을 것이다. 미개인들의 주술을 오류라고 보고, 그런 전제하에서 후에 그것이 오류임을 알게 되면서 비로소 종교가 생겨났다고 주장하는 프레이저는 위의 사례에서 건기가 아닌 우기에 기우제가 요청되었다는 사실의 의미를 간과해 버리고 말았다. "フレイザー『金枝篇』について", 앞의 글, 408쪽 참조

오늘날 네미 호수와 숲 전경

는 다음과 같이 기록하고 있다. "바레아Barea족과 쿠나마Kunama족이 '알파이Alfai'라고 부르는 사제는 놀라운 인물이다. 사람들은 그가 비를 내리게 할 수 있다고 믿는다. 예전에 알게드Alged족도 이런 사제를 가지고 있었다고 하며, 지금도 누바Nuba족[2] 흑인들 사이에는 이런 사제가 일반적으로 존재한다. 북부 쿠나마족에 의해서도 숭배되고 있는 바레아족의 알파이는 가족만을 거느린 채 템바데레 부근의 산정에서 살고 있다. 사람들은 그에게 옷이나 과일 따위를 공물로 바치며 그를 위해 밭갈이를 해 주기도 한다. 사제직은 형제나 누이, 아들에게 세습된다. 그는 흔히 주술로 비를 내리게 하거나 메뚜기를 쫓아 버릴 수 있다고 한다. 그런데 사람들은 자신들의 기대대로 되지 않고 가뭄이 계속되면 그를 돌로 쳐 죽인다. 이때 그의 가장 가까운 친척이 먼저 최초의 돌을 던져야 한다. 우리가 이 지방을 여행했을 때는 어떤 노인이 알파이 직책을 맡고 있었는데, 그 노인은 비를 내리게 할 자신이 없어서 얼마 후 알파이 직을 그만두었다고 한다."

캄보디아 변경의 삼림지대에는 불의 왕과 물의 왕이라고 알려진 두 명의 신비스러운 군주가 산다. 이들의 명성은 인도차이나 반도의 남부지방 일대에 널리 퍼져 있었다. 하지만 유럽에는 전혀 알려지지 않아서, 몇 해 전까지만 해도 유럽인 중에 두 군주를 본 자는 아무도 없었다. 최근에 캄보디아의 왕과 유럽인 사이에 정기적인 물물교환이 없었다면 두 군주의 존재는 하나의 전설로만 남아 있을 뻔했다. 왕으로서 이들의 직능은 지극히 신비스럽고 영적인 것이다. 이들에게 정치적 권력은 없으며 그저 소박한 농부에 불과하며, 땀 흘려 일하면서 때때로 신자들이 바치는 물건으로 생활할 따름이다. 한편 어떤 보고에 의하면, 이들은 절대고독 속에서 살고 있으며 두 군주가 서로 만나는 일도 없고, 다른 사람들과의 교제도 전혀 없다고 한다. 이들은 일곱 산 위의 정상에 세워진 일곱 기의 탑에서 순차적으로 거주하며 매년 한 차례씩 이사를 한다. 이들의 생필품은 사람들이 몰래 와서 근처에 던져 놓고 간다. 이 왕권은 일곱 기의 탑을 일주하는 7년간 유지된다. 그러나 대개 이 기간을 다 채우지 못한 채 죽고 만다.

또 다른 보고에 의하면, 이들의 왕권은 두 귀족 가문을 통해 세습된다고 하며, 그 가문 사람들은 거액의 보수를 받고 농사짓는 일도 면제받는다고 한다. 그럼에도 불의 왕과 물의 왕이 되고 싶어 하는 자는 거의 없다. 그래서 종종 공석이 생

---

2 수단 코르도판 지방에 사는 종족

기게 되는데, 그때 적임자들은 모두 숨거나 도망쳐 버렸기 때문이다. 또 다른 이야기는 왕위 후보자들의 이와 같은 기피 현상에 대해서는 인정하지만, 두 군주가 일곱 기의 탑 안에서 은둔자처럼 격리생활을 한다는 것에 대해서는 동의하지 않는다. 왜냐하면 실제로는 이 신비스러운 왕들이 종종 사람들 앞에 모습을 드러냈기 때문이다. 그때마다 사람들은 그 앞에 엎드려 경배했다. 그런 경의의 표시를 하지 않으면 전국에 걸쳐 폭풍우가 몰아칠 거라고 믿었다. 후술할 여타의 신성왕들과 마찬가지로 불의 왕과 물의 왕 또한 자연 수명을 다 채우고 죽는 것이 허용되지 않았다. 왜냐하면 자연사는 이들의 명성을 떨어뜨리는 것이라고 여겼기 때문이다. 따라서 왕이 중병에 걸려 회복 가능성이 없다고 판단되면, 장로들은 회의를 통해 그 왕을 살해해 버렸다. 이렇게 살해된 왕의 시신을 화장한 다음, 사람들은 그 유골을 모아 5년간 경건하게 경의를 표한다. 유골의 일부는 미망인에게 돌려주는데, 그녀는 그것을 항아리에 보관했다가 남편의 무덤에 갈 때마다 그 항아리를 이고 가야 한다.

이 가운데 불의 왕이 물의 왕보다 더 중요시된다. 불의 왕의 초자연적인 위력에 대해서는 아무도 의심한 적이 없다. 그는 혼인과 축제, '얀Yan'이라는 정령에게 희생제물을 바치는 일 따위를 관장한다. 그런 의식들은 특수한 장소에서 행해지며, 이때 불의 왕이 지나가는 통로에는 하얀 천을 깔아놓는다. 어쨌든 두 왕의 왕권은 영험한 부적을 가진 가문에게만 세습된다. 만일 그 부적이 다른 사람에게 건네지면 효험이 상실되거나 부적 자체가 어디론가 사라져 버린다고 믿었다. 이같은 부적에는 세 종류가 있다. 첫 번째 부적은 '쿠이Cui'라는 덩굴나무의 열매로서 먼 옛날 최후의 대홍수 때에 채집된 것이라고 하는데 아직도 푸르고 싱싱하다. 두 번째 부적은 결코 시들지 않는 꽃을 피운다는 오래된 등나무 줄기이다. 마지막 세 번째 부적은 정령 얀이 깃들어 있는 칼이다. 정령 얀에 의해 항상 수호받기 때문에 이 칼은 종종 기적을 일으킨다고 믿었다. 여기서 정령 얀은 어떤 노예의 혼백이라고 하는데, 이 칼을 만들 때 우연히 칼날 위에 노예의 피가 떨어졌고 그 과실을 속죄하기 위해 노예 스스로 자살했다고 한다.

사람들은 이중 첫 번째, 두 번째 부적으로써 물의 왕이 온 땅을 홍수로 넘치게 할 수 있다고 믿었다. 또한 불의 왕이 세 번째 부적인 주술적 칼을 칼집에서 조금만 꺼내도 태양이 사라질 것이며, 모든 생물은 깊은 잠에 빠지게 될 거라고 믿었다. 그리고 만일 그 칼을 완전히 뽑아들면 세계는 종말을 맞이할 것이다. 또한 비를 청하기 위해 들소나 돼지, 닭, 오리 등을 주술적 칼 앞에 제물로 바쳤다. 이 칼은 무명과 비단에 싸여 보관된다. 캄보디아 왕이 유럽인에게 해마다 보내는 선사품 가운데에는 이 신검을 쌌던 귀한 물건들이 포함되어 있었다.

캄보디아에서는 죽은 자를 매장하는 것이 상례이지만, 신비스러운 불의 왕과 물의 왕은 화장을 한다. 이때 손톱과 이빨, 유골은 부적으로서 소중히 보관한다. 전술한 바와 같이 왕이 되기를 원치 않는 후보자들이 밀림으로 도망쳐 숨을 수 있는 호기가 바로 전임왕의 화장이 끝나기 전까지의 기간이다. 이렇게 왕위 후보자들이 도망쳐 버리면 사람들은 그들을 찾아 밀림을 뒤지는데, 그때 맨 처음 발견된 후보자를 불의 왕이나 물의 왕으로 세운다.

이상에서 '부분적 자연왕'이라고 명명한 경우의 사례를 살펴보았다. 하지만 캄보디아의 밀림이나 나일강 상류에서 이탈리아까지는 너무 멀리 떨어져 있다. 때문에 비의 왕, 물의 왕, 불의 왕 등의 사례만으로는 부족하며, 숲의 왕이라 부르는 아리키아의 사제에 상응할 만한 다른 사례를 찾아내지 않으면 안 된다. 그런 사례들 또한 조만간 발견될 것이다.

제9장
나무 숭배

1. 나무정령

유럽 아리안Aryan족[1]의 종교사에서 나무 숭배는 매우 중요한 역할을 한다. 사실 나무 숭배는 그들에게 지극히 자연스러운 일이었다. 왜냐하면 유럽은 그 역사의 여명기에 광대한 원시림에 덮여 있었고, 군데군데 산재하는 개척지는 기껏해야 초록색 바다 위의 조그만 섬처럼 보이는 데에 불과했을 것이다. 기원전 1세기 무렵까지는 헤르키니아 삼림이 라인강에서 동유럽에 걸쳐 끝없이 펼쳐져 있었다. 율리우스 카이사르가 만난 어떤 게르만족은 그 삼림을 두 달 동안이나 여행했으나 삼림 저편까지 가지 못했노라고 말했다. 그 후 4세기가 지난 뒤 로마의 율리아누스Julianus 황제[2]가 그곳을 방문했을 때, 어둡고 고요하며 고독에 휩싸인 광대한 삼림 풍경에 그의 예민한 감수성은 깊은 감명을 받았다. 그는 로마제국 안에 저 삼림과 비교할 만한 것은 아무것도 없다고 말할 정도였다.

영국의 켄트 숲[3]이라든가 서리 숲[4], 서식스 숲[5] 등은 그 옛날 잉글랜드섬의 동

1　선사시대에 이란과 인도 북부지역에 살던 민족. 이들의 언어인 아리안어에서 남아시아의 인도유럽어가 비롯되었다. '고귀한'이라는 뜻의 산스크리트어 '아리아ārya'에서 유래한 이 말은 19세기까지 '인도유럽'이라는 말과 동의어로 사용되었으며, 더 좁게는 인도이란어족을 의미하는 말로 사용되었다. 현재는 인도아리안족을 가리키는 말로만 쓰인다. 19세기에는 인도유럽어를 사용하는 민족이 '셈족'이나 '황인종', '흑인종'에 비해 도덕적으로 우월하며 인류의 진보에 결정적으로 기여한 인종인 '아리안 인종'이라는 개념이 나타났다. 이러한 견해는 고비노 백작과 그의 제자인 휴스턴 스튜어트 체임벌린에 의해 주도면밀하게 제시되었다. 이 때문에 게르만 인종이 순수한 '아리안인'으로 간주되었다. 이러한 견해는 20세기 중반에 많은 인류학자에 의해 거부되었으나, 아돌프 히틀러와 나치에 의해 오용되어 유대인과 집시 등 '비아리안 인종'을 제거하려는 독일 정부 정책의 기초가 되기도 했다.
2　로마 황제. 재위 361~363년. 콘스탄티누스 대제의 조카였으며, 유명한 학자이자 군사지휘관으로 자기 부대에 의해 황제로 선포되었다. 콘스탄티누스 대제에 의해 313년에 공인된 기독교를 완강하게 적대시하고 공공연하게 이교도로 개종을 선언해(361) '배교자'라는 별명을 얻었다.
3　영국 잉글랜드의 켄트주 남부에 위치한 삼림지대
4　영국 잉글랜드 남부 서리주의 삼림지대
5　영국 잉글랜드 남동부에 있는 이스트서식스주의 삼림지대

남부를 뒤덮고 있던 앤데리다 대삼림의 흔적인데, 그 대삼림은 서쪽으로 햄프셔에서 디본에 걸쳐 있는 광대한 삼림과 이어져 있었던 듯싶다. 헨리Henry 2세[6] 치세에도 런던 시민들은 햄프스테드 삼림에서 들소나 멧돼지를 사냥했을 것이다. 플랜태저넷Plantagenet 왕조[7] 후기에도 왕실 소유의 삼림은 예순여덟 군데나 되었다. 아든 삼림에서는 근대에 이르기까지 다람쥐들이 뛰놀았다고 한다. 포[8] 강변의 계곡에서 매몰되었던 고대 촌락이 발굴됨으로써, 로마 번창기나 로마 건국기 훨씬 이전부터 북부 이탈리아가 느릅나무와 밤나무, 특히 떡갈나무로 뒤덮여 있었음이 밝혀졌다.

이런 고고학적 발굴은 역사학에 의해 그 타당성을 확증받고 있다. 예컨대 고전시대의 역사가들은 지금은 사라지고 없는 이탈리아의 삼림에 대해 수많은 언급을 남겨 놓았다. 기원전 4세기경에 로마는 웅장한 키미니아 삼림에 의해 중부 에트루리아[9]에서 분리되어 있었는데, 리비우스Livius(기원전 59~기원후 17)[10]는 키미니아 삼림을 독일의 대삼림과 비교한 적이 있다. 로마의 역사가 리비우스에 의하면, 당대까지 어떤 상인도 미로와 같은 키미니아 삼림을 통과한 자가 없었다고 한다. 마침내 로마의 한 장군이 먼저 척후병 두 명을 보내 키미니아 삼림의 신비를 탐색하게 한 다음, 군대를 뒤따르게 했으며 결국 울창한 삼림의 반대편에 도달하여 눈앞에 펼쳐진 비옥한 에트루리아 평원을 목도할 수 있었다고 하는데, 리비우스는 이것이야말로 가장 용감한 공적이었노라고 높이 평가했다.

한편 그리스 아르카디아산 정상의 경사지에는 지금도 소나무와 떡갈나무, 그 밖의 나무들로 무성한 삼림이 남아 있는데, 라돈강이 이 삼림을 통과하여 신성한 알피오스강[11]과 합류하고 있다. 그리고 얼마 전까지만 해도 적막한 페네우스 호수의 검푸른 수면 위로 이 삼림의 그림자가 드리웠다. 하지만 이것은 그저 태고

---

6 영국 잉글랜드의 왕. 재위 1154~1189년

7 1154년에서 1485년까지 잉글랜드를 다스린 영국 왕조

8 이탈리아에서 가장 긴 강

9 이탈리아 서부에 있던 옛 나라명

10 살루스티우스, 타키투스와 함께 로마의 위대한 3대 역사가로 손꼽히는 인물. 그의 역작 『로마사*Ab Urbe Condita Libri*』는 당대에 이미 고전이 되었으며, 18세기에 이르기까지 서구에서 역사 서술의 방식과 원칙에 큰 영향을 미쳤다. 리비우스의 생애나 가족 관계 및 초기 활동에 대한 기록은 거의 없다. 추정하면 그는 생애의 대부분을 로마에서 보낸 것이 틀림없으며, 로마 정착 초기에 아우구스투스 황제의 관심을 끌었던 것으로 보인다. 아우구스투스 황제는 그를 가리켜 '폼페이 사람'이라 했다는데, 이는 그가 솔직하면서도 독립적인 성격을 가진 사람이었음을 암시한다.

의 광막한 지역을 뒤덮고 있던 대원시림의 한 잔영에 불과하다. 태곳적에 대원시림은 아마도 그리스 반도의 한쪽 바다 끝에서 다른 쪽 바다 끝까지 걸쳐 있었을 것이다.

그림Grimm[12]은 '신전temple'을 뜻하는 튜턴어의 연구를 통해 자연의 삼림이야말로 게르만German족[13]의 가장 오래된 성소였음을 밝혀냈다. 아리안계의 모든 민족이 나무를 숭배했다는 사실은 이미 입증된 바 있다. 켈트Celt족[14]의 드루이드Druid[15] 사제들의 떡갈나무 숭배는 널리 알려져 있다.[16] 성지를 뜻하는 그들의 고어는 어원이나 의미에서 삼림 혹은 숲속의 길이나 평지를 가리키는 라틴어 '네무

---

11 펠로폰네소스 반도에서 가장 긴 강. 아르카디아 중부에 있는 다비아 근처에서 시작되어 약 110킬로미터를 흐르는 이 강은 그리스 신화에 나오는 펠로폰네소스 반도의 고대 하신河神인 알페이오스에서 이름을 따온 것이다.

12 독일의 민속학자이자 언어학자인 그림 형제 중 야코프 루트비히 카를 그림Jacob Ludwig Karl Grimm (1785~1863)을 가리킨다. 본문의 출처는 야코프 그림의 『독일 신화학Deutsche Mythologie』(1835)이다. 그림은 이 책에서 고딕 양식의 교회건축이 궁극적으로 발전해 온 연원을 고대의 나무 숭배에서 찾고 있다. 로버트 프레이저 편, 앞의 책, 144쪽 편주 참조

13 인도유럽어족에 속한 게르만어를 사용하는 민족의 통칭. 게르만족의 기원은 분명하지 않으나 청동기시대 말 스웨덴 남부, 덴마크 반도, 엠스강과 오데르강 및 하르츠 산맥 사이의 독일 북부지방에 살았던 것으로 여겨진다. 율리우스 카이사르 시대에 게르만족은 라인강 서쪽에 완전히 자리를 잡았고, 남쪽으로는 도나우강까지 이르렀다.

14 기원전 2000년부터 기원전 1세기까지 유럽 대부분의 지역에 분포하면서 인도유럽어를 사용하던 종족의 일파. 이들에 속하는 여러 부족이 영국 제도와 스페인 북부, 동쪽으로는 트란실바니아, 흑해, 아나톨리아의 갈라티아에까지 진출했으며, 브리튼, 갈리아, 보이, 갈라티아, 켈트이베리아 등 일부 부족은 로마 제국에 흡수되었다.

15 기독교로 개종하기 전의 갈리아Gaul와 브리튼Britain 등 고대 켈트족의 성직자 계급 또는 엘리트 지식층을 지칭하는 말로서 예언자, 재판관, 시인, 마술사 등이 이 계급에 속해 있었다. '드루이드'라는 말은 켈트어로 '떡갈나무를 아는(찾는) 것'을 뜻한다. 주로 떡갈나무 숲에서 자주 모인 듯하다. 율리우스 카이사르는 드루이드에 관한 기록을 많이 남겼는데, 그에 따르면 드루이드가 갈리아에서는 기사 계급과 더불어 존경받는 계급이었다고 한다. 이들은 공적, 사적인 제의를 주관했으며 많은 젊은이들을 가르쳤다. 또한 모든 공사公私의 분쟁을 심판해 벌을 내렸으며, 이들의 판결을 따르지 않는 사람은 제의 참석을 금지당했는데, 이것은 당시에 가장 혹독한 벌로 여겨졌다고 한다. 드루이드들 가운데에는 우두머리가 있었고, 그가 죽으면 다른 드루이드가 그 직책을 맡았다. 카이사르의 기록에 따르면, 드루이드들은 전쟁에 참가하지 않았고 세금도 내지 않았으며, 이런 특권 때문에 많은 사람들이 가족의 뜻에 따라 또는 자진해서 드루이드가 되었다고 한다. 이들은 영혼불멸을 주요 교리로 삼았으며, 사람이 죽으면 다른 사람에게로 영혼이 옮겨간다고 믿었다. 제의에서는 중병에 걸린 환자나 죽음에 직면한 군인들을 위해 산 사람을 제물로 바쳤는데, 이때 작은 나뭇가지로 엮어 만든 커다란 신상 속에 산 사람들을 집어 넣어 불살랐다. 보통 범죄자를 제물로 바쳤지만 필요한 때에는 죄 없는 사람까지도 희생시켰다. 이 같은 드루이드 의식은 초기에 숲속 빈터에서 행해졌으나, 성전에서 의식을 행한 것은 그들 지역이 로마 세력권에 들어간 뒤부터였다. 티베리우스 황제(재위 14~37) 때 갈리아 지방의 드루이드들은 탄압을 받았고, 얼마 뒤 브리튼섬에서도 박해를 당했다.

16 출처는 플리니우스의 『박물지Natural History』

타로 카드에 묘사된 드루이드 사제, 떡갈나무 잎 화관을 쓰고 있다

스nemus'와 일치한 것으로 보인다. 이 단어의 흔적은 네미Nemi라는 지명 속에 아직까지 남아 있다. 고대 게르만족 사이에서는 신성한 숲의 숭배가 일반적으로 행해졌으며, 나무 숭배 또한 오늘날까지도 그들의 후예에 의해 계속 이어지고 있다. 고대 게르만족의 나무 숭배가 얼마나 진지했는가는 나무껍질을 벗긴 자에 대해 고대 게르만법이 제정한 가공할 만한 형벌로 미루어 보아도 잘 알 수 있다. 즉, 고대 게르만법은 범인의 배꼽을 도려내고는 그 배꼽 자리와 껍질이 벗겨진 나무 부위가 서로 맞닿도록 못질을 한 다음, 범인의 창자가 모두 나무에 감겨질 때까지 나무 주위를 빙글빙글 돌리는 것이었다. 이 형벌의 의도는 범인의 살아 있는 신체로써 죽은 나무껍질을 대체하려는 데에 있었음이 분명하다.

이는 생명으로 생명을 대체하자는, 인간의 생명으로 나무의 생명을 대체하자는 것이었다. 스웨덴의 고색창연한 종교적 수도인 웁살라[17]에는 옛날에 신성한 숲이 있었는데, 숲의 나무들은 모두 신으로 간주되었다. 슬라브인 이교도들도 나무와 숲을 숭배했다. 리투아니아인은 14세기 말경에 기독교로 개종했지만 그 전까지는 나무 숭배가 성행했다. 이를테면 리투아니아인 가운데 어떤 자들은 거대한 떡갈나무나 그밖에 울창한 거목을 숭배했으며, 거기서 신탁을 청했다. 또 어떤 자들은 마을이나 집 근처에 있는 숲을 신성시했으며 숲속에서 나뭇가지 하나만 꺾어도 죄가 된다고 믿었다. 그들은 신성한 숲의 나뭇가지를 꺾는 자는 급살 맞아 죽거나 손발이 병신이 될 거라고 생각했던 것이다.

한편 고대 그리스와 이탈리아에서도 나무 숭배가 성행했음을 보여 주는 증거가 얼마든지 있다. 코스[18]의 아스클레피오스 성소에서는 측백나무의 벌채가 금지되었으며, 위반자에게는 주화 1,000드라크마drachma[19]의 벌금이 부과되었다. 그러나 고대에서 나무 숭배와 같은 고대종교 형식이 가장 잘 보존된 곳은 무엇보다도 대도시에서였다. 로마인들의 번화한 생활 중심지였던 포룸[20]에서는 제정

---

17 스웨덴 중동부 웁살라주의 도시. 스톡홀름에서 64킬로미터 떨어진 북쪽에 있다.
18 터키 남서 연안 그리스 도데카니소스 제도에서 세 번째로 큰 섬. 아스클레피오스 신전으로 유명하며 의사 히포크라테스도 이곳 출신이다.
19 고대 그리스 은화이며, 현대 그리스의 화폐 단위. 드라크마라는 이름은 '움켜쥐다'라는 그리스어 동사에서 비롯된 것이며, 원래의 가치는 화살 한 움큼에 해당한다. 처음에 드라크마의 가치는 각 지역마다 달랐으나 아테네가 상권을 주도하기 시작한 기원전 5세기부터 아테네의 드라크마가 주요한 통화 단위가 되었다.
20 로마의 코르소 거리에 있는 포폴로 광장. 이 광장은 로마로 들어가는 의식용 통로로서 300년이 넘게 걸려 건설되었다.

시대에 이르기까지 로물루스Romulus[21] 왕의 신성한 무화과나무가 숭배되었다. 그리하여 이 나무가 시들어 버리면 온 도시가 공포에 빠져들 정도였다. 또한 팔라티누스 언덕[22] 중턱에 한 그루의 꽃층층나무가 서 있었는데, 그것은 로마에서 아주 신성한 것 중의 하나로 숭배되었다. 그래서 이 나무가 행여 시들시들해 보이기라도 하면 지나가던 행인들이 소리를 지르며 울먹였고, 이윽고 여기저기서 손에 물동이를 든 군중들이 우르르 몰려들어, 플루타르코스의 표현에 의하면, 마치 불이라도 끄겠다는 듯이 나무에 물을 부어 댔다고 한다.[23]

핀·우그리아어Finnish-Ugrian계[24] 부족들의 예배는 대체로 신성한 숲에서 집행되었는데, 그 숲에는 항상 울타리가 쳐져 있었다. 그런데 숲이라고는 하지만 그저

---

21 레무스Remus와 함께 로마를 건설했다는 전설적인 인물. 전설에 따르면, 이들은 알바롱가의 왕인 누미토르의 딸 레아 실비아가 낳은 쌍둥이 아들들이다. 누미토르는 동생 아물리우스Amulius에게 왕위를 빼앗겼는데, 아물리우스는 조카딸 레아가 장차 왕위를 요구할 수 있는 아들을 낳지 못하게 하기 위해 레아에게 베스타의 여사제가 되어 순결을 맹세하라고 강요했다. 그러나 레아는 전쟁의 신 마르스와 관계하여 로물루스와 레무스라는 쌍둥이 아들을 낳았다. 아물리우스는 이 갓난아기들을 테베레강에 빠뜨려 죽이라고 명령했지만, 그들을 태운 여물통은 강을 따라 내려와 장차 로마가 세워질 자리인 무화과나무(이 나무를 역사시대에는 '피쿠스 루미날리스'라 하여 신성한 나무로 숭배했음) 옆에 이르렀다. 이곳에서 그들은 파우스툴루스라는 목동에게 발견되기까지 마르스에게 바쳐진 동물인 암늑대와 딱따구리의 젖을 먹었다. 그 후 파우스툴루스와 그의 아내 아카 라렌티아의 보호를 받으며 자란 쌍둥이 형제는 모험을 좋아하는 젊은이들의 지도자가 되어 결국 아물리우스를 죽이고, 할아버지를 다시 왕위에 앉혔다. 이리하여 로물루스와 레무스는 그들이 구조된 자리에 도시를 세웠다. 그런데 로물루스가 성벽을 짓자 레무스는 그 성벽을 뛰어넘었기 때문에 형에게 죽임을 당했다. 로물루스는 권력을 강화했으며 도시에는 그의 이름에서 딴 로마라는 이름이 붙여졌다. 그는 도망자와 추방자들에게 피난처를 제공하는 방법으로 도시 인구를 늘렸으며, 이웃에 사는 사비니인을 축제에 초대하여 사비니 여인들을 납치했다. 이 여인들은 자신을 납치한 로마 남자와 결혼했고, 사비니인이 쳐들어오자 사이에 끼어들어 그들이 로마를 점령하지 못하게 막았다. 두 민족 사이에 맺어진 협정에 따라 로물루스는 사비니 왕인 티투스 타티우스를 공동 통치자로 받아들였다. 티투스 타티우스가 일찍 죽자 로물루스는 다시 유일한 왕으로 남게 되었고, 오랫동안 로마를 다스린 뒤 폭풍우 속에서 신비롭게 사라졌다. 그가 신이 되었다고 믿은 로마인들은 그를 퀴리누스라는 이름의 신으로 숭배했다. 이와 같은 로물루스와 레무스의 전설은 기원전 4세기에 만들어져 기원전 3세기 말에 구체적인 틀을 갖춘 이야기로 기록된 듯하다. 이 전설에는 그리스적 요소와 로마적 요소가 뒤섞여 있다. 그리스인들은 어떤 지명의 기원을 설명하기 위해 그 이름의 기원이 된 신화적 영웅을 창조하는 관습을 갖고 있었다. 사비니 여인들을 약탈했다는 이야기는 납치를 흉내 내는 로마의 결혼 풍습을 설명하기 위해 창조되었을 것이다. 로마인들은 이 전설에 마르스를 포함시켜 그 신과 자신들의 기원을 연결하려 했다.

22 로마의 일곱 언덕의 중심으로서, 로마 황제가 최초로 궁전을 세운 곳

23 출처는 플루타르코스의 「로물루스전Romulus」

24 광범위한 우랄어족의 두 갈래 가운데 보다 더 큰 갈래를 이루는 어군. 핀·우그리아어군은 서쪽의 노르웨이에서 동쪽으로는 시베리아의 오브강 지역까지, 그리고 남쪽으로는 도나우강 하류까지 뻗어 있는 넓은 지역에서 수백만 명의 사람들이 사용하지만, 사용 지역이 연속적으로 분포해 있지는 않다. 핀·우그리아어 사용자들은 이 넓은 지역에서 게르만어와 슬라브어, 루마니아어, 튀르크어 사용자들에게 둘러싸인 고립 집단을 이루고 있다. 핀·우그리아어군은 우고르어군과 핀어군으로 이루어져 있다.

고대 로마의 최대 번화가였던 포룸 유적

몇 그루의 나무가 군데군데 서 있는 정도였다. 예전에는 그 나무에 희생제물로 바친 동물들의 모피가 걸려 있었다고 한다. 반면 볼가강[25] 유역에 살던 여러 부족의 경우에는 그런 숲의 한가운데 신성한 나무가 있었다. 그 밖의 다른 나무들은 이 신성한 나무에 비하면 사실 별 의미가 없었다. 이 신성한 나무 앞에 숭배자들이 모여 의식을 행했다. 그때 나무 아래 희생동물을 바치면서 사제가 기도를 올리고 설교를 했다. 이 신성한 숲에서는 어떤 나무도 베어서는 안 되며, 통상 여자들은 이 숲에 들어갈 수 없었다.

여기서 우리는 이 같은 나무 숭배 및 식물 숭배의 토대를 이루는 관념에 대해 좀 더 자세히 살펴볼 필요가 있다. 원시인에게 온 우주는 그야말로 영혼을 지닌 살아 있는 세계로 관념되었다. 나무나 식물도 예외가 아니다. 그들은 자신과 마찬가지로 모든 만물에는 영혼이 깃들어 있다고 믿었으며, 그런 사고방식에 입각하여 사물을 바라보았다. 고대의 채식주의자 포르피리오스는 다음과 같은 기록을 남기고 있다. "원시인은 불행했다. 왜냐하면 동물뿐만 아니라 식물도 영혼을 가졌다고 믿었기 때문이다. 가령 왜전나무와 떡갈나무에도 영혼이 깃들어 있다 하여, 그런 나무들을 베면 소나 양을 도살하는 것보다 더 무거운 처벌을 받았다." 또한 북아메리카의 히다차Hidatsa족[26] 인디언은 모든 자연물에는 각각의 영혼이 깃들어 있다고 믿었다. 그들의 표현을 빌리면, 만물은 그 자신의 그림자를 가지고 있다는 것이다. 그들은 이런 그림자를 배려하고 또 숭배하기까지 했다.

하지만 모든 그림자를 다 숭배했던 것은 아니다. 예컨대 미주리강[27] 상류 계곡에서 가장 커다란 나무인 사시나무의 그림자는 잘만 하면 인디언들에게 도움이 되는 그런 영혼을 가지고 있다고 믿었다. 반면 키 작은 관목이나 풀들의 그림자는 아무짝에도 쓸모가 없었다. 봄이 되어 눈이 녹아 불어난 미주리강이 강변의 거목들을 급류 속에 빨아들이면, 뿌리만 땅에 박은 채 나무줄기들이 흙탕물 속으로 완전히 쓰러질 때까지 나무정령들이 울부짖는다고 한다. 예부터 인디언들은 거목을 자르는 것을 죄악이라 생각했기 때문에 통나무가 필요할 때는 자연적

---

25 유럽에서 가장 긴 강. 고대에는 '라', 중세에는 '이틸' 또는 '에틸'이라고 불리던 이 강을 중심으로 러시아의 역사가 이어져 왔다. 볼가강 유역은 유럽권 러시아의 3분의 1을 차지한다.

26 수어語를 쓰는 아메리카 평원 인디언. 하트강과 리틀미주리강 사이에 있는 노스다코타주의 미주리강 상류에 거주한다.

27 미국 미시시피강의 지류 중 가장 긴 강

으로 쓰러진 나무만 가져다 썼다. 최근까지도 미신적인 노인네들은 동포들이 겪는 많은 불행이 살아 있는 사시나무의 권리를 무시하는 현대적 사고방식 때문에 일어났다고 주장한다. 이밖에도 이로쿼이Iroquoi족[28] 인디언이 믿는 바에 의하면, 나무와 관목, 풀 따위의 모든 식물은 각각의 정령을 가지고 있으므로 마땅히 그 정령에게 감사의 표시를 해야 한다.

동부아프리카의 와니카Wanika족은 모든 나무, 특히 코코넛나무에는 정령이 깃들어 있다고 생각한다. 그래서 코코넛나무를 베는 것은 어머니를 죽이는 것과 다름없는 죄에 해당한다. 그들에게 코코넛나무는 마치 어머니가 자식에게 그러하듯이 생명과 자양분을 공급해 주기 때문이다. 시암의 승려들은 모든 곳에 정령이 깃들어 있다고 믿는다. 따라서 어떤 것을 파괴하는 것은 그 안에 깃든 정령을 쫓아내는 일과 다름없으므로, 죄 없는 순진무구한 자의 팔을 부러뜨려서는 안 되듯이 나뭇가지 하나라도 꺾거나 부러뜨려서는 안 된다고 생각한다. 물론 이들은 불교의 승려이다. 하지만 불교의 애니미즘animism은 철학적인 이론이 아니다. 그것은 역사종교에 도입된 지극히 일반적인 원시신앙일 따름이다. 테오도어 벤파이Theodor Benfey(1809~1881)[29] 같은 이들은 아시아의 원시민족들이 믿는 애니미즘[30]이나 윤회의 이론이 불교에서 비롯된 것이라고 주장했는데, 이런 주장은 사

---

28 이로쿼이 연맹에 속한 부족. 넓게는 이로쿼이어에 속한 언어를 쓰는 북아메리카 인디언 부족들을 말한다. 이 부족들은 오대호 하류 주변의 광활한 영토에서 살았으나, 남동쪽의 저지대와 애팔래치아 고원지대에 사는 부족들도 있었다. 이로쿼이족의 사회제도와 관습에 관해서는 루이스 헨리 모건, 최달곤 외 옮김,『고대사회』, 2~5장, 문화문고, 2000 참조

29 독일의 산스크리트 학자, 비교언어 학자. 그리스어 어근사전을 출판했고(1839~1842), 셈어와 이집트어의 관계에 대한 연구서도 출판했다(1844). 1848년에는 고대 베다 찬송가인『사마베다』의 어휘사전을 편역, 출판했다. 산스크리트어 문법에 관한 두 권의 저서(1852~1854, 1858)에 이어, 산스크리트어 연구에 크게 공헌한 고대 인도의 동물우화집『판차탄트라Panca-tantra』(1859)를 편역, 출판했다.

30 흔히 정령신앙精靈信仰이라고도 한다. 영적 존재들이 인간의 일에 관여하거나 개입할 수 있다는 믿음. 대부분의 원시 부족 사이에 널리 퍼져 있었다. 애니미즘에 대해서 최초로 조사한 사람은 19세기에 에드워드 버넷 타일러Edward Burnett Tylor 경이다. 1871년 타일러는 종교가 애니미즘에서 시작되었다는 사실을 증명하기 위해 대작『원시문화Primitive Culture』를 저술했는데, 이 책이 보여 준 광범위한 시야와 사례, 합리적인 접근 방법은 프레이저의 학문적 생애에 하나의 전환점이 되었다고 말한다. 타일러의 견해에 따르면, 애니미즘은 살아 있는 사물과 생명이 없는 대상에 혼이나 영을 부여하는 것이다. 애니미즘에서 보면 생명이 없는 대상은 아무것도 없으며, 모든 것은 움직이든 움직이지 않든 간에 영과 더불어 산다고 본다. 타일러에 따르면, 보다 발전된 유추 단계에서는 유령이 동식물 및 사물 속에 들어가 그것들을 소유하며, 그 안에서 활동할 수 있다고 생각했다. 타일러는 종교가 원시시대에 인간이 주변의 물질적 대상과 살아 있는 모든 존재에 자기 것과 같은 혼을 부여하는 데서 기원했다고 생각했던 것 같다. 종교는 모든 자연을 "사로잡고, 그 안에 편만해 있으며, 꽉 차 있다"고 생각되는 영혼과 인간 자신의 관계를 형성하는 것이다. 다시 말해 타일러는 애

실이 전도된 것이다.

때로는 어떤 특정한 나무에만 정령이 깃들어 있다고 믿는 경우도 있다. 달마티아[31]의 그르발리에서는 비치나무와 떡갈나무, 그 밖의 거목 중에 어떤 것은 그림자나 정령이 깃들어 있는 나무가 있는데, 그것을 벌채하면 즉사하거나 평생 병을 달고 살게 될 거라고 믿는다. 그런데 한 나무꾼이 벌채를 하다가 우연히 정령이 깃든 나무라는 걸 알게 되면, 그는 그 나무를 베었던 도끼로 나무 그루터기 위에서 살아 있는 암탉의 모가지를 토막 내지 않으면 안 된다. 그래야만 재난을 피할 수 있다고 여겼던 것이다. 한편 거대한 나무줄기를 하늘 높이 뻗은 채 숲속의 다른 나무들을 당당히 내려다보며 서 있는 판야나무는 서아프리카의 세네갈 강[32]에서 나이저강에 이르는 모든 지역에서 숭배받고 있다. 판야나무는 신 또는 정령의 집이라고 믿는다.

노예해안Slave Coast[33]의 에웨족[34] 사람들은 숲의 거인이라 할 만한 판야나무에 깃든 신을 '훈틴Huntin'이라고 부른다. 훈틴 신이 깃들어 있는 판야나무에는 특별히 야자수 잎으로 만든 띠를 감아놓는다. 이런 영광은 모든 판야나무에 주어지지

니미즘이 종교의 기원이라고 여겼다. 인류학자들은 '고대 원시 철학자'들이 죽음과 꿈을 설명하기 위해 이론을 발전시켰다는 타일러의 착상은 지성을 너무 강조한 주지주의적 태도라고 비판했다. 또한 원시인들이 모든 사물을 살아 있는 것으로 생각했다고 말한 타일러의 견해는 사실을 잘못 해석한 것으로 비판받았다. 후기 학자들은 '거룩함'에 대한 종교 특유의 경외를 동반하는 보다 단순한 증거가 있다고 논하면서 신학적 진화의 '전前애니미즘 단계'의 가능성을 놓고 논쟁을 벌이게 되었다. 영국의 인류학자R. R. 매럿은 특히 『종교입문The Threshold of Religion』(1914)에서 살아 있다는 관념은 외양이나 행동이 특별한 관심을 끄는 대상들에만 한정되어 있었다고 논했다. 또한 그는 그러한 대상들에 부여된 활성이나 잠재성이 반드시 혼과 영에 상응하는 것은 아니라고 논했다. 매럿은 일종의 '교통 가능한 에너지'인 멜라네시아의 '마나mana' 개념을 가지고 그의 이론을 확증했다. 한편 프랑스의 사회학자 에밀 뒤르켐은 『종교생활의 원초적 형태』(1915)에서 종교는 토테미즘에서 시작되었다는 이론을 피력하고, 토테미즘은 사회의 품 안에서 안전을 기대하는 동기에서 비롯되었다고 주장했다. 그러나 뒤르켐은 토테미즘을 애니미즘적 제의들 가운데 하나로 보지 않는 데 대해 비판을 받기도 했다. 현대 인류학에서 애니미즘이라는 용어는 유일한 신조나 교리를 나타내는 것이 아니라 폭넓은 신앙 및 제의와 관련된 세계관을 가리키며, 그 가운데 상당수는 보다 복잡하고 위계적인 종교들에 남아 있다고 간주된다. 애니미즘을 모든 종류의 사건과 사물에 정령이나 영혼이 내재하고 있는 원시 종교의 한 형태로 본 타일러의 이론만으로는 세계 각 민족의 다양한 종교사상을 적절하게 설명하기 어렵다. 그는 영혼과 정령의 관념이 서로 다름에도 불구하고 동일한 것으로 간주했으며, 생령·사령死靈·정령이 어떠한 선후관계가 존재하는지를 엄밀하게 규정하지도 못했다.

31 크로아티아에 있는 지방으로 달마치야Dalmacija라고도 한다.

32 서아프리카 기니의 푸타잘론 고원에서 발원하는 강

33 아프리카 기니만 해안 일부의 18~19세기 때 이름. 대략 볼타강 동쪽과 라고스(지금의 나이지리아에 있음) 서쪽 사이에 있었는데, 나이저강 삼각주 쪽(지금의 토고, 베냉, 나이지리아 해안)을 포함하기도 했다.

34 본서 제3장 옮긴이 주 110번 참조

않는다. 때로는 제물로 바친 닭이나 사람이 이 특별한 나무에 묶여 있거나 그 밑에 놓여 있기도 했다. 이처럼 야자수 잎으로 띠를 둘러 특별히 구별된 판야나무를 자르거나 생채기를 내는 일은 절대 금지되어 있었다. 심지어 훈틴 신이 살지 않는 판야나무라 할지라도 속죄의 의미에서 닭이나 야자기름을 제물로 바치지 않고서는 그것을 자를 수 없다. 만약 제물을 바치지 않고 판야나무를 자르는 자는 죽음의 형벌을 각오해야 한다. 펀자브 지방의 캉그라산에서는 매년 수백 년 묵은 히말라야 삼목에 한 아가씨를 제물로 바쳤다. 이 인신공희는 마을의 각 가정에서 해마다 순번을 정하여 한 사람씩 바치게 되어 있었다. 히말라야 삼목이 베인 것은 최근에 이르러서였다.

요컨대 나무가 영혼을 가진 살아 있는 존재라고 믿었던 것이다. 말하자면 나무도 고통이나 아픔을 느끼는 존재이므로, 나무를 벤다는 것은 외과수술을 하는 것과 크게 다르지 않은 셈이다. 그런데 수술은 최대한 환자를 배려해서 주의 깊게 하지 않으면 안 된다. 그렇게 하지 않으면 수술을 받는 자가 서툰 수술자에게 대들지도 모른다. 어떤 이야기에 의하면, "떡갈나무가 벌채되어 쓰러질 때는 마치 그 정령이 슬픔에 젖어 원망하듯 신음하고 비명을 질러 대는데, 그 소리가 1.6킬로미터나 떨어진 곳까지 들려왔다. 와일드 씨도 그런 소리를 여러 번 들었다고 한다." 오지브와족 인디언은 살아 있는 푸른 나무를 베는 일이 거의 없다. 그런 일은 나무에게 고통을 준다고 믿기 때문이다. 그들 가운데 어떤 주의는 도끼 밑에서 나무가 흐느껴 우는 소리를 들은 적이 있다고 말했다. 이처럼 나무가 영혼을 가지고 있으며, 그래서 잘리거나 불태워지면 비명을 지르고 성을 내기도 한다는 이야기가 중국 고전에도 종종 나오며, 심지어 정사正史에까지 기록되어 있다.

오스트레일리아 어떤 지방의 늙은 농부들은 지금도 숲속의 나무들이 살아 있다고 믿는다. 그래서 특별한 이유가 없는 한 나무에 생채기를 입혀서는 안 된다고 여긴다. 이들은 베인 나무가 부상을 입은 인간과 마찬가지로 아픔을 느낀다는 말을 조상 대대로 들어왔기 때문이다. 그리하여 나무를 자를 때는 먼저 나무에게 용서를 빈다. 상上팔라티네이트[35] 지방의 늙은 나무꾼도 나무를 베기 전에

---

35 팔츠Pfalz라고도 한다. 독일 역사에 있어 팔라틴 백작(신성 로마 제국의 세속 군주가 갖던 직위)이 소유했던 영지. 지리적으로 팔츠는 하下팔츠(라인강 유역의 팔츠)와 상上팔츠라는 두 군데의 조그만 영토로 분할되었다. 라인강 유역의 하팔츠는 라인강 중류 양안에 있는 토지를 포함하는데, 18세기까지 이곳의 수도는 하이델베르크였다. 상팔츠는 도나우강을 향해 남쪽으로 흐르는 나프강 양안의 바이에른 북부에 자리 잡고 있었

나무에게 몰래 용서를 구한다. 마찬가지로 자르키노에서도 나무꾼은 자기가 자를 나무에게 용서를 청한다. 루손섬[36]의 일로카노Ilocano족은 숲이나 산에서 나무를 벨 때마다 "친구여, 널 베어 내라는 분부가 있어 자르고자 하니, 모쪼록 용서해 주게나"라고 말한다. 이는 나무정령이 앙심을 품고 나무를 벤 자에게 중병이 걸리게 한다든가 하는 보복을 사전에 예방하기 위한 조처이다.

중앙아프리카의 바소가Basoga족은 나무를 자르면 그 속에 살던 정령이 추장과 그 가족을 죽일 거라고 믿는다. 이들은 그런 재난을 막기 위해 나무를 자르기 전에 주의呪醫와 상의한다. 이때 주의의 허락이 떨어지면 나무꾼은 닭 한 마리와 염소 한 마리를 나무 앞에 제물로 바친다. 그런 후 첫 도끼질로 나무를 친 자국에 재빨리 입을 대고 수액을 빨아먹는다. 이런 식으로 그는 마치 두 남자가 서로의 피를 나누어 마심으로써 의형제를 맺듯이 그렇게 나무와 형제가 된다고 믿는다. 이제 그는 나무정령에 의한 상해도 걱정하지 않고 형제인 나무를 벨 수 있게 된다.

그러나 식물정령이 언제나 숭배와 존경을 받는 것은 아니다. 나무에 대해 찬사를 늘어놓거나 제물을 바치는 등의 배려를 베풀었는데도 기대한 효과가 나타나지 않으면, 종종 보다 강력하고 고약한 조처를 취하기도 한다. 동인도의 두리안durian나무[37]는 가지 하나 없이 부드러운 줄기를 하늘 높이 24미터에서 27미터까지 뻗치는데, 아주 맛있으면서도 고약한 냄새를 풍기는 열매를 맺는다. 말레이인은 이 열매를 얻기 위해 두리안나무를 재배하는데, 이때 좋은 열매를 수확하기 위한 특별한 의식을 거행한다.

슬랑오르 지방의 주그라 주변에는 조그만 두리안나무 숲이 있는데, 마을 사람들은 길일을 택하여 이 숲에 모여 의식을 집행한다. 이때 한 마술사가 열매를 잘 맺지 못하는 두리안나무를 날카로운 도끼로 수차례 찍으면서 "열매를 많이 맺겠는가? 그렇지 않으면 확 베어 버릴 테니 알아서 하게나"라고 위협한다. 그러면 두리안나무는 주변의 망고스틴나무[38] 위에 올라가 있던(두리안나무는 올라탈 수가 없다) 한 사나이의 입을 통해 "여부가 있겠습니까? 틀림없이 주렁주렁 열매가 열

으며, 동쪽으로 보헤미아 숲까지 펼쳐져 있었다.

36 필리핀 제도에서 가장 크고 중요한 섬. 현재 필리핀의 수도 마닐라와 케손 시가 있다.

37 인도네시아, 필리핀, 말레이시아, 타이 남부 등에 서식하며, 잎은 긴 타원형으로 잎 끝이 뾰족하고 나무의 생김새가 느릅나무와 비슷하다.

38 동남아시아 원산의 열대 교목

리도록 할 것이니, 제발 날 자르지 마십시오"라고 대답한다.

일본에서도 나무가 열매를 잘 맺도록 하기 위해 두 남자가 과수원에 들어간다. 그중 한 남자가 나무에 오르고, 한 남자는 도끼를 든 채 나무 옆에 선다. 도끼를 든 남자가 나무를 향해 내년엔 열매를 가득 열게 하겠느냐고 물으면서, 만일 그렇게 하지 않으면 베어 버리겠다고 협박한다. 이때 나무에 올라가 있던 남자가 틀림없이 많은 열매를 맺겠다고 대답한다. 이 같은 일종의 원예 기술은 우리 눈에 기이하게 보이지만 실은 유럽에도 이와 유사한 사례가 없지 않다. 남부 슬라보니아나 불가리아의 농민들은 성탄절 전야에 열매가 시원찮게 열리는 과수를 향해 위협하듯 도끼를 휘두른다. 그러면 옆에 있는 사람이 그를 말리면서 "제발 베지 마세요. 내년엔 반드시 풍성하게 열매를 맺을 겁니다"라고 말한다. 이런 장면을 세 차례 반복적으로 연출한다. 그러면 이듬해 과일이 많이 열릴 거라고 믿는 것이다.

나무나 식물이 살아 있는 영혼을 지니고 있다는 관념은 더 나아가 그 식물들을 서로 결혼시키는, 즉 남녀로 보는 관념을 낳았다. 이때 남자와 여자로서의 식물은 단순히 비유적이거나 시적인 것이 아니라 문자 그대로 사실적인 것으로 관념되었다. 그것은 상상적 관념에 불과한 것이 결코 아니다. 식물도 동물처럼 성별이 있고, 자웅의 결합에 의해 번식하기 때문이다. 다만 모든 고등동물은 자웅의 생식기관이 각각 다른 개체 속에 분리되어 있는 데에 비해, 식물은 대개 하나의 개체 속에 자웅의 생식기관이 함께 존재한다는 점이 다를 뿐이다. 하지만 이런 차이도 일반적인 것은 아니다. 자웅이 구별되는 식물도 적지 않기 때문이다. 원시인들은 식물에서의 이 같은 성적 구별에 대해 잘 알고 있었다. 마오리Maori 족[39]은 나무나 식물의 성적 차이를 잘 알고 있었으며, 특정 나무에 대해 남성과 여성을 구분하여 명칭을 부여했다. 이처럼 고대인은 대추야자의 암수 차이를 잘 알고 있었고, 수나무의 화분을 암나무의 꽃에 뿌려 인공적으로 나무를 증식하기도 했다. 그런 증식은 주로 봄에 이루어졌다.

하란[40]의 이교도들은 이런 나무 증식의 달을 '대추야자의 달'이라고 불렀는데,

---

39 뉴질랜드에 사는 폴리네시아인 원주민

40 오늘날 터키 우르파주 발리크 강가에 있는 마을. 고대에는 전략적으로 중요한 도시였다. 아시리아 시대에는 '달의 신'에게 바치는 제의가 이곳에서 많이 행해졌다. 아브라함의 가족이 갈대아 우르(『창세기』 11장 31~32절)를 떠나 이곳에 머물렀기 때문에 성서에서도 자주 언급된다.

그때는 모든 남신과 여신의 결혼을 축하한다. 이런 야자나무의 결혼은 참되고 생산적인 것이라 할 수 있는데, 이와 달리 힌두 신앙에서 찾아볼 수 있듯이 식물들의 거짓되고 비생산적인 결혼도 있다. 이를테면 어떤 힌두인이 망고나무 과수원을 경작하고자 할 때, 그중 한 그루를 신랑으로 정하고 주변의 타마린드나무[41]와 형식상 결혼식을 거행한다. 그때까지는 그와 그의 아내는 망고 열매를 먹어서는 안 된다. 이때 신부 역할의 타마린드나무가 주변에 없을 때는 재스민나무로 대치할 수 있다. 나무의 결혼식에는 때로 막대한 비용이 들어가기도 한다. 많은 브라만들을 초대하여 성대한 잔치를 베풀수록 과수원 주인의 영광도 그만큼 커지기 때문이다. 과수원 주인 내외는 이렇게 망고와 재스민의 화려한 결혼식을 위해 지니고 있던 금은 장식품 등을 모두 팔아 비용을 마련하며, 그래도 부족하면 있는 대로 돈을 차용하기도 한다. 한편 독일 농민들은 흔히 성탄절 전야에 많은 열매를 맺게 하기 위해 새끼줄로 과일나무를 서로 묶어 나무 결혼식을 올린다.

몰루카 제도[42]에서는 정향나무에 꽃이 피면 그것을 임신한 여자와 동일하게 대한다. 그래서 꽃이 핀 정향나무 근처에서는 절대 시끄럽게 떠들면 안 된다. 밤중에 등불 같은 것을 들고 그 근처를 지나가서도 안 되며, 모자를 쓴 채 접근하는 것도 금지되어 있다. 누구든 그 나무 앞에서는 모자를 벗어야만 한다. 이는 임신한 여자가 놀라 낙태할 수 있듯이, 나무가 놀란 나머지 열매를 맺지 못하게 되거나 혹은 설익은 열매가 땅에 떨어지지 않도록 하기 위해서라고 한다. 마찬가지로 동양에서는 성장 중의 벼를 임신한 여자를 대하듯이 조심스럽게 다룬다. 가령 암보이나[43] 사람들은 벼꽃이 피기 시작하면 벼가 임신을 했다고 말하면서 그 근처에서 총을 쏘거나 떠들지 못하게 한다. 이는 벼가 놀란 나머지 조산해서 벼 이삭이 튼실하지 못하게 될 것을 우려했기 때문이다.

때로는 죽은 자의 영혼이 나무한테 생명을 불어넣어 준다고 믿기도 한다. 중앙오스트레일리아의 디에리족은 특정한 나무를 조상의 화신이라 하여 신성시한다. 그들은 외경심을 가지고 그 나무에 대해 이야기하며, 그것을 자르거나 불

---

41 콩과에 속하는 상록수. 열대 아프리카가 원산지이다. 관상용으로 또는 먹을 수 있는 열매 때문에 다른 지역에서도 재배되고 있다.

42 말레이 제도에 속하는 인도네시아의 제도. 서쪽으로 셀레베스섬, 동쪽으로 뉴기니섬, 남쪽으로 아라푸라해와 티모르섬, 북쪽으로는 필리핀과 필리핀해, 태평양을 마주보고 있다.

43 인도네시아 말루쿠주 말루쿠텡가(중앙 몰루카) 섭정 관할구에 속하는 섬과 도시. 현재 지명은 암본 Ambon이다.

태우지 못하도록 경계한다. 유럽의 식민 통치자들이 디에리족 사람들에게 그 나무를 베라고 요구했을 때, 그들은 완강히 저항했다. 그들은 그런 짓을 했다가는 재수가 없을 뿐만 아니라 조상을 보호하지 않은 데에 대한 벌을 받게 될 것이라고 주장했다. 어떤 필리핀 원주민도 조상의 혼백이 특정한 나무에 깃들었다 하여 그 나무를 자르지 않는다. 나무를 잘라야 할 특별한 사정이 있을 때는 사제가 시켜서 할 수 없이 자르는 거라고 나무에게 변명을 한다. 나무정령들은 가지가 하늘 높이 치솟은 무성한 거목에 살기를 더 좋아한다. 원주민들은 나뭇잎에 바람이 스치는 소리를 나무정령이 내는 소리라고 생각한다. 그들은 나무 옆을 지나갈 때 공손히 인사하거나 조용히 쉬는 걸 방해해서 죄송하다고 사과한다. 이고로테 Igorrote족은 마을에 서 있는 신성한 나무에 죽은 조상의 혼백이 서려 있다고 믿으며, 거기에 제물을 바친다. 그들은 만일 조금이라도 이 나무를 해치면 마을에 재난이 닥칠 것이며, 더욱이 그 나무를 베었다가는 마을 전체가 멸망할 거라고 믿었다.

조선인들은 전염병으로 죽은 사람이나 객사한 사람 또는 아이를 낳다가 죽은 여자의 혼백은 반드시 나무에 지핀다고 믿는다. 그래서 이런 나무 밑에 돌들을 쌓고 거기에 떡과 술과 돼지고기 따위의 공물을 바쳐 나무정령을 위무한다.[44] 중국은 아득한 태곳적부터 죽은 자의 혼백에 활기를 불어넣음으로써 시신이 썩지 않도록 하기 위해 묘지 위에 나무를 심는 관습이 있다. 이때 측백나무나 소나무 같은 상록수가 다른 나무보다 생명력이 있다 하여 즐겨 심었다. 때로는 묘지 위에 자란 나무가 죽은 자의 혼백과 동일시되는 경우도 있다. 중국 남부와 서부의 소수민족인 묘족苗族[45] 마을 어귀에는 신성한 나무가 서 있는데, 주민들은 이 나무에 조상의 영혼이 살면서 자신들의 운명을 조종한다고 믿는다. 혹은 마을 근처에 신성한 숲이 있는데, 숲속의 나무들이 그 자리에서 썩어 죽도록 그냥 내버려 두어야만 한다. 그렇게 죽은 나뭇가지들이 땅 위에 수북이 쌓이면 그것을 치워야 할 때가 있는데, 그때는 반드시 먼저 나무정령에게 공물을 바치면서 나무

---

44 한국 전통사회에서는 대체로 마을마다 큰 고목을 당목堂木 또는 도당목都堂木이라 하여 신성시했다. 당목 아래에서 명절 때 제사를 지내거나 산신제·기우제 따위를 올렸는데, 그때는 금줄을 치고 주변에 황토를 뿌려 정결하게 했다. 그러나 프레이저가 말하는 조선의 나무 숭배가 이런 당목과 관계가 있는지는 분명치 않다.

45 중국의 구이저우성貴州省을 중심으로 장시성江西省, 후난성湖南省, 윈난성雲南省 등에 분포하는 소수민족으로 인구는 오늘날 약 500만 명을 넘어선다.

에서 나올 것을 부탁해야 한다. 남아프리카의 마라베Marave족은 묘지를 신성한 장소로 여겨 그곳에서 나무를 자르거나 짐승을 잡는 일을 엄하게 금한다. 왜냐하면 그곳에 존재하는 모든 것에는 죽은 자의 영혼이 깃들어 있다고 믿기 때문이다.

이상에서 살펴본 여러 사례들은 대체로 정령이 나무에 지핀다는 관념을 보여준다. 정령은 나무와 함께 살며 함께 고통을 받다가 함께 죽어 간다. 또 다른 견해에 의하면, 이때의 나무는 정령의 몸 자체는 아니며 다만 그 집에 불과하며, 그래서 정령은 내키는 대로 나무를 떠날 수도, 다시 돌아올 수도 있다고 한다. 인도 동부의 시아우섬 주민도 숲과 거목에 사는 정령을 믿는다. 보름달이 뜨면 정령이 자기 주거지에서 나와 이리저리 배회한다는 것이다. 이 정령은 큰 머리와 긴 팔다리를 가지고 있으며, 몸무게도 엄청나게 나간다. 주민들은 이 정령을 위무하기 위해 닭, 염소 따위의 공물을 그가 지나가는 길에 놓아둔다. 니아스섬의 원주민은 나무가 죽으면 거기 살고 있던 정령이 귀신이 된다고 믿는다. 이렇게 귀신이 된 정령은 마을을 떠돌아다니면서 야자나무를 죽이거나 집 기둥에 달라붙어 살면서 어린아이를 전부 죽인다는 것이다. 이처럼 나무귀신이 제멋대로 돌아다니면서 온갖 재난을 초래한다고 믿기 때문에 원주민들은 나무를 두려워하고, 그것을 함부로 잘라내지 않도록 조심한다.

정령이 깃든 나무를 벨 때 행하는 다양한 의식들은 필요할 때면 언제든지 마음대로 나무를 떠날 수 있는 힘이 정령에게 있다고 하는 관념에 기초하고 있다. 팔라우 제도[46]의 원주민들은 나무를 자를 때 정령에게 나무에서 나와 다른 나무로 이사해 달라고 간청한다. 노예해안에 사는 약삭빠른 원주민들은 아쇼린나무를 자르고 싶은데 그 안의 정령이 무서워서 어떻게 하지 못할 경우, 야자기름을 미끼 삼아 땅에 뿌리고 정령이 그것을 먹으려고 나무에서 빠져나왔을 때 재빨리 나무를 베어 쓰러뜨린다. 셀레베스의 토붕쿠Toboongkoo족은 벼농사를 위해 삼림의 일부를 개간하고자 할 때 조그만 오두막을 세우고, 그 안에 옷이나 음식물, 돈 따위의 공물들을 놓아둔다. 그러면서 나무정령들을 오두막으로 불러들여 미리 준비해 놓은 공물을 바치면서, 제발 다른 곳으로 이사해 달라고 간청한다. 그래

---

46 태평양 서부에 있는 자치공화국. 약 340개의 섬들로 이루어진 이 제도의 공식 이름은 팔라우Palau 공화국이며, 캐롤라인 제도의 서부 선단에 위치한다.

야만 뒤탈 없이 안심하고 나무를 자를 수 있다고 믿었다. 셀레베스의 또 다른 부족인 토모리Tomori족은 거목을 베기 전에 그 나무 아래 구장蒟醬잎 한 줌을 공물로 바치면서 정령에게 이사해 줄 것을 부탁한다. 더불어 나무줄기에 작은 사다리를 세워 둠으로써 정령이 사다리를 타고 안전하게 내려오도록 배려한다.

수마트라의 만델링Mandeling족은 모든 잘못을 네덜란드의 관리에게 돌린다. 숲을 개간하여 도로를 만들면서 앞을 가로막는 거목을 벌채해야만 할 때, 그들은 "정령이시여, 당신 집을 무너뜨리게 되었지만 오해는 하지 마오. 낸들 하고 싶어서 그렇겠소. 네덜란드 관리들이 그렇게 하라고 시키니, 낸들 어쩌겠소" 운운하면서 도끼질을 시작한다. 또한 경작지를 확보하기 위해 숲의 일부를 개간하고자 할 때도 정령들이 사는 숲에 손을 대기에 앞서 미리 정령들에게 충분한 양해를 구한다. 그런데 양해를 구하는 방법이 흥미롭기 짝이 없다. 이들은 숲속을 걷다가 네덜란드 총독이 발신한 것으로 되어 있는 한 통의 편지를 주워든 다음, 그것을 악을 써 대며 읽는다. 편지에는 숲을 개간하라는 총독의 명령을 담겨 있다. 물론 이 편지는 가짜다. 이걸 다 읽고 난 다음, 그들은 "정령들이여, 다들 잘 들으셨죠? 우린 즉각 개간을 해야만 하오. 그렇지 않으면 교수형을 당한단 말이오"라고 외친다.

베인 나무가 널빤지로 가공되어 건축에 사용되었는데도 나무정령이 그 재목에 붙어 있는 경우도 있다고 한다. 그래서 어떤 이들은 새 집으로 이사하기 전에 혹은 이사한 후에 나무정령을 달래야 한다고 믿는다. 셀레베스의 토라자족은 새 집이 준공되면 염소, 돼지, 물소 따위를 죽여 그 피를 모든 재목에 골고루 바른다. 특히 '로보lobo' 즉 정령의 집이라 부르는 신전 건물인 경우는, 지붕의 용마루 위에서 닭이나 개를 도살한 다음, 그 피가 용마루 양편을 통해 밑으로 줄줄 흘러내리게 한다. 보다 극단적인 토나푸Tonapoo족은 이런 경우 지붕 위에서 닭이나 개 대신 사람을 죽여 제물로 바친다. 로보, 즉 신전 건물의 지붕 위에서 행하는 희생 제의는 일반 가옥의 재목에 피를 바르는 의식과 동일한 목적을 가진다. 다시 말해, 재목에 달라붙어 있다고 믿는 정령을 달래고자 하는 것이다. 그래야만 정령들과 화해함으로써 그 집에 사는 사람들에게 뒤탈이 없다고 한다.

같은 이유로 셀레베스섬과 몰루카섬의 주민들은 집을 지을 때 기둥을 세우면서 재목을 거꾸로 세우지 않을까 노심초사한다. 그랬다가는 재목에 지펴 있을지도 모를 정령이 화를 내어 그 집에 사는 사람들에게 질병을 가져다줄 거라고 믿기 때문이다. 보르네오의 카얀족은 나무의 정령들이란 본래 자존심이 무척 강해서 조금이라도 위해를 입거나 모욕을 당하면 즉각 무례를 행한 사람을 찾아가 분풀이를 한다고 믿는다. 그래서 카얀족은 집을 지은 후 1년 동안을 속죄의 기간으로 삼아 숲에 사는 곰과 살쾡이, 뱀 따위를 죽이지 않는 등 여러 면에서 삼가고 근신한다. 이는 집을 지으면서 수많은 나무에게 범할 수밖에 없었던 과실을 속죄한다는 의미를 담고 있다.

2. 나무정령의 은총

나무를 정령의 몸체가 아니라 마음대로 출입할 수 있는 거처에 불과하다고 보게 된 것은 종교사상의 중요한 진일보였다. 애니미즘에서 다신교polytheism[47]로의 이행이 그것이다. 그리하여 이제 각각의 나무를 의식이 있는 생명체라고 보는 대신 생명도 없고 활동도 하지 않는 덩어리에 지나지 않는다고 여기게 되었다. 다시 말해, 어떤 초자연적인 존재가 오래 혹은 잠시 동안 나무를 빌려 쓸 뿐이라는 것이다. 초자연적 존재는 나무에서 나무로 자유롭게 옮겨다닐 수 있기 때문에 나무에 대해 일정한 소유권 내지 영유권을 가진다. 그 결과 초자연적 존재는 더 이상 나무정령이기를 그만두고 숲의 신으로 관념되기에 이른다.

이처럼 각각의 특정한 나무에서 어느 정도 분리되자마자, 나무정령은 곧바로 모습을 바꾸어 사람의 형상을 취하게 된다. 이는 추상적인 영적 존재에 대해 구체적인 인간의 형상을 부여했던 고대인의 일반적인 사고 경향에 따른 것이다. 때문에 고전 미술에서 숲의 신을 흔히 사람 모습으로 묘사하면서, 그게 숲의 신이라는 걸 암시하기 위해 나뭇가지와 같은 상징물을 함께 표현했다. 그렇다고 이런

---

47 여러 신들을 믿는 신앙. 유대교, 기독교, 이슬람교 등의 유일신 신앙과 대비된다. 일본의 신도처럼 많은 신들이 동시에 예배의 대상이 되기도 하고, 힌두교의 특정 단계들처럼 많은 신들이 예배의 대상이 되기도 한다. 또 어떤 최고신에게 종속되는 경우도 있는가 하면, 불교처럼 더 높은 자기 깨달음의 경지나 궁극 목적 또는 구원자에 종속되는 경우도 있으며, 그리스 종교처럼 최고신은 아니지만 지배적인 한 신에게 종속되기도 한다. 다신교의 신들과 영적 존재들은 다양한 형태로 나타나며, 흔히 자연력이나 자연물과 동일시된다. 또한 신을 인간의 모습으로 표현한 신인동형론神人同形論은 널리 퍼져 있는 다신교적 현상이다. 이는 특히 그리스 종교에서 두드러지는데, 신들의 생각과 감정이 인간과 다르지 않은 것으로 묘사된다. 어떤 경우에는 비범한 능력을 가진 인간이나 문화영웅 혹은 왕이 신으로 숭배되기도 한다. 고대 중동, 로마, 일본, 중국 등지의 종교에서 그런 현상이 두드러진다.

형태 변화가 나무정령의 본질적 특성에 어떤 영향을 미친 것은 아니다. 나무와 결합하여 나무정령일 때 지녔던 힘은 나무의 신이 되어서도 그대로 유지된다.

이제부터 이 점에 대해 좀 더 상세하게 입증해 보자. 이를 위해 첫째, 정령이 깃든 살아 있는 존재로 간주되는 나무가 비를 내리게 하고, 해를 뜨게 하며, 가축을 증식하고, 해산을 도와준다고 믿는 그런 신앙에 대해 살펴보아야 한다. 둘째, 나무정령의 힘이 신인동형론神人同形論[48]적 존재 혹은 살아 있는 인간 속에 화신한 존재라고 여기는 나무의 신에게도 그대로 남아 있다는 점을 밝혀야 한다.

먼저 나무 혹은 나무정령이 비와 햇빛을 줄 수 있다는 관념에 대해 생각해 보자. 한번은 선교사 제롬Jerome of Prague(1365~1416)[49]이 리투아니아인에게 그들의 신성한 숲을 개간하라고 권한 적이 있었다. 그러자 여자들이 리투아니아 왕에게 우르르 몰려가서, 선교사가 비와 햇빛을 보내 주는 신의 집과 숲을 파괴하려고 하니 그를 막아 달라고 호소했다. 마찬가지로 아삼의 문다리Mundari족[50] 사람들은 만일 거룩한 숲이 벌채되면 숲의 신들이 분노하여 비를 내려 주지 않을 거라고 믿었다.

북부 버마의 사가잉 지방에 있는 몬요 마을 주민들은 비를 내리도록 하기 위해 마을에서 가장 큰 타마린드나무를 선정하여 '비를 관장하는 정령'인 '나트nat'의 집이라고 이름지었다. 그리고 마을의 수호정령과 비를 관장하는 정령에게 빵과 코코넛, 바나나, 닭 등을 공물로 바치면서 이렇게 기도한다. "오, 주님이신 나트여. 이 불쌍한 인간들을 긍휼히 여기시어 비를 내려 주소서. 우리가 아낌없이 공물을 바친 것처럼 주님께서도 밤낮을 가리지 마시고 비를 뿌려 주소서." 그런 후 타마린드나무의 정령을 위해 헌주를 바친다. 근자에는 이와 아울러 아름다운

---

48 신이나 신들에 대해 인간과 유사한 존재인 것처럼 말하는 신에 대한 하나의 관점 일반. 그리스어로 '사람'이라는 뜻의 안트로포스anthrōpos와 '형태'라는 뜻의 모르페morphē에서 유래하여 문자 그대로는 '사람의 형태로'를 뜻하는 말이다. 가령 하느님의 팔, 하느님의 눈, 하느님의 입 등의 표현에서 보듯 신이 사람, 하느님의 사랑 등의 표현처럼 인간과 유사한 정신적 양상들에 대한 묘사도 신인동형론의 사례라 할 수 있다.

49 체코의 철학자이자 신학자. 체코의 종교개혁자 얀 후스와 영국의 종교개혁자 존 위클리프의 영향을 받아 로마 가톨릭교회를 비판하는 데에 앞장선 중앙 유럽의 초대 종교개혁 지도자 가운데 한 사람이 되었다. 1412년에는 프라하에서 얀 후스와 함께 유명한 공개 논쟁에 참여했는데, 이 논쟁에서 제롬은 신자들이 그리스도의 법에 위배되는 교황의 명령에 순종할 의무가 없다고 주장했다. 그 뒤에 시가 행렬을 이끌었으며, 이 행렬은 면죄부 판매를 공인한 대립교황 요한네스 23세의 칙서를 불태우는 것으로 절정에 달했다. 1416년에 이단자로 단죄받아 화형을 언도받았다. 이로 인해 보헤미아의 후스파 교회는 후스와 함께 제롬을 프로테스탄트 종교개혁을 위해 순교한 최초의 인물로 꼽는다.

50 인도 중부의 문다Munda족을 가리키는 듯하다.

의상을 입고 목걸이와 귀걸이로 치장한 세 명의 중년 여성들이 비의 노래를 불렀다고 한다.

또한 나무정령은 농작물을 성장하게 하는 힘을 가지고 있다. 가령 문다리족 사회는 각 촌락마다 성스러운 숲을 가지고 있는데, 이 숲의 신들은 농작물의 성장에 책임을 지며, 모든 농경축제에서 특별히 숭배받는다. 아프리카 황금해안의 토인들은 어떤 거목 아래에서 인신공희를 바치는 관습이 있으며, 만일 이 나무가 베어지면 지상의 모든 열매가 떨어진다고 믿는다. 갈라족은 풍년을 기원하면서 두 사람씩 짝을 지어 거룩한 나무의 주위를 돌며 춤춘다. 남자와 여자가 한 쌍을 이루며, 지팡이 하나의 양쪽 끝을 각각 잡고 있어 서로 연결된다. 이들은 겨드랑이 사이에 덜 여문 옥수수나 녹초綠草를 끼고 있다. 한편 스웨덴 농부들은 옥수수밭이나 밀밭 고랑마다 잎이 달린 나뭇가지를 꽂고는 그것이 풍작을 보증해 줄 거라고 믿는다. 이와 동일한 관념을 독일과 프랑스의 '수확의 오월Harvest-May'과 관련된 관습에서도 찾아볼 수 있다. 여기서 '수확의 오월'이란 옥수수 이삭으로 장식된 커다란 나뭇가지를 가리키는데, 사람들은 수확을 마치고 돌아오는 마지막 마차에 이걸 싣고 와서 곳간 등지의 지붕에 1년 내내 묶어 둔다.

빌헬름 만하르트Wilhelm Mannhardt(1831~1880)[51]는 '수확의 오월'에 대해, 그것

---

51 독일의 민속학자 겸 신화학자. 야코프 그림의 『독일 신화학Deutsche Mythologie』(1835)을 읽고 많은 영향을 받아 독일의 신화와 민속에 관심을 가지게 되었으며, 그 결과 『게르만 신화Germanische Mythen』(1858)를 펴냈다. 이 책은 유럽의 신화뿐만 아니라 인도 신화까지 포괄하고 있으며, 그는 게르만적 토르 Thor 신과 베다의 인드라Indra 신이 공통적으로 뇌신이라는 점에 착안하여 양자를 비교한 최초의 학자가 되었다. 이후 만하르트는 주로 유럽 농민들의 정령신앙이나 나무 숭배와 관련된 광범위한 연구를 수행하면서 『호밀 늑대와 호밀 개Roggenwolf und Roggenhund』(1865)와 『곡물정령Die Korndämonen』(1867) 및 두 권의 주저 『게르만 민족 및 인근 종족의 나무 숭배Der Baumkultus der Germanen und iher Nachbarstamme』(1875), 『고대 삼림의례와 들판의례Antike Wald-und Feldkulte』(1876)를 발표했다. 이 저서들에서 만하르트는 유럽 농민들의 신앙이 고대 그리스의 엘레우시스 신비의식이 근거로 삼는 '데메테르와 페르세포네' 신화와 너무도 흡사하다는 사실을 발견했다. 『신화학 연구Mythologische Forschungen』(1884)는 그의 사후에 출판되었다. 최근 만하르트에 대한 재평가 작업이 진행되는 가운데, 연구자들의 관심은 종래 '곡물정령'에 대한 신앙에서 농경사회에서 수확의례의 기능이라는 측면으로 이동하는 추세에 있다. 어쨌든 만하르트의 저술들은 프레이저의 『황금가지』의 기술에서, 특히 유럽 농민들의 관습과 관련하여 결정적인 자료를 제공해 주었다. 이에 대해 프레이저는 초판 『황금가지』의 서문에서 다음과 같이 적고 있다. "원시 아리안족의 정신적 성향과 구조가 절멸한 것은 아니다. 그들은 지금도 우리 안에 살아 있다. 교양 있는 세계를 혁신한 지적, 도덕적 세력들이라 해도 농민들을 변하게 할 수는 없었다. (…) 이런 의미에서 아리안족의 원시종교에 관한 모든 연구는 유럽 농민들의 신앙과 관습에서부터 출발하고, 그것들을 참고할 필요가 있다. (…) 그렇기 때문에 고대 이탈리아 사제직의 의의와 기원을 논할 때도 근대 유럽 농민들의 신앙과 관습에 주목해야만 하는 것이다. 이 점에서 나는 절대적으로 만하르트에게 빚

이 일반적으로 농작물의 성장을 촉진하는 나무정령을 표현한 것이라고 설명한다. 다시 말해 '수확의 오월'은 식물을 자라게 하고 열매를 맺게 하는 힘이 옥수수에게 미치도록 하기 위한 거라고 한다.[52] 때문에 스와비아[53]에서는 이런 '수확의 오월'을 밭에 남아 있는 옥수수 그루터기에 묶어 놓는다. 어떤 지방에서는 그것을 옥수수밭에 그냥 세워 놓기도 하고 혹은 그 가지에 옥수수 그루터기를 묶기도 한다.

또한 나무정령은 가축을 증식하거나 여자들의 다산을 촉진하기도 한다. 북인도에서는 '엠블리카 오피키날리스Emblica Officinalis'라는 나무를 신성시하여 매년 팔군Phalgun의 달, 즉 제2월의 11일째에 이 나무 아래서 제사를 지낸다. 그때 나무둘레에 붉은 천과 노란 천을 감고 여자와 가축, 농작물의 다산과 풍요를 기원한다. 나아가 이 지방에서는 '스리팔라' 혹은 '스리'라 부르는 코코넛을 가장 신성한 열매 중의 하나로 간주하는데, 스리는 풍요와 다산의 여신을 가리킨다. 이리하여 코코넛은 풍요와 번영의 상징으로서 북인도 전역에 걸쳐 사원에 봉납하는데, 사제들은 어머니가 되고 싶어 하는 여자들에게 코코넛을 선사한다. 예전에 칼라바르[54] 근처의 콰 마을에는 한 그루의 야자수가 있었는데, 그 과일을 먹으면 석녀라도 임신한다고 여겼다.

유럽에서는 '오월제 나무May-tree' 또는 '오월제 기둥May-pole'[55]이라고 부르는 나무가 여자와 가축에 대해 이와 동일한 효험을 베풀어 준다고 여겼다. 예컨대 독일의 어떤 지방에서는 농민들이 5월 1일에 소나 말의 다산을 위해 마구간 입구에다 '오월제 나무'나 '오월제 관목May-bushes'을 하나씩 세운다. 그러면 암소들이 많은 젖을 생산할 거라고 믿었다. 그뿐만 아니라 아일랜드인도 5월 1일에 초록색 가지를 집에 걸어놓으면 그해 여름에 많은 젖이 생산될 거라고 믿었다.

벤드Wend족[56]은 7월 2일에 떡갈나무 꼭대기에 쇠로 만든 닭을 매달고는 그것

지고 있다. 그의 연구가 없었다면 이 책은 결코 씌어질 수 없었을 것이다." 『初版金枝篇上』, 앞의 책, 2003, 12~13쪽 참조

52 출처는 만하르트의 『게르만 민족 및 인근 종족의 나무 숭배』(1875)

53 독일 남부 바이에른주의 남서쪽 끝에 있는 슈바벤을 말한다.

54 나이지리아 남동부 크로스리버주의 주도이자 항구 도시

55 본서 제10장 참조

56 원래는 인도 북동부에 살았으나, 현재는 작센 동부에 사는 슬라브족. 벤드족에게는 부모와 다른 친척이 나이를 먹으면 그들을 죽여 삶아서 먹는 관습이 있었다. 벤드족은 연약하고 노쇠한 몸으로 지루하게 연명하기보다는 이런 식으로 죽는 것이 더 좋다고 생각했다. 로버트 프레이저 편, 앞의 책, 300쪽 참조

을 마을 중앙에 세운다. 그리고 그 주위를 돌며 춤추는데, 이는 가축의 증산을 위한 것이었다. 체르케스Cherkes[57]인들은 배나무를 가축의 수호신이라고 믿는다. 그리하여 숲속의 배나무 가지를 꺾어다 집에 모셔 두고 신으로 숭앙한다. 때문에 집집마다 이런 배나무 가지를 가지고 있다. 가을 축제 때 배나무 가지를 집 안에 가지고 들어오는데, 가족 전원이 흥에 겨워 노래를 부르면서 대대적으로 이날을 축하하고 환영하며, 배나무 주위에 촛불을 켜고 나무 꼭대기에 치즈를 꽂기도 한다. 이렇게 배나무 주위를 빙글빙글 돌면서 먹고 마시고 춤추다가 이윽고 의식이 끝나면, 모두들 나무를 향해 작별 인사를 한다. 그런 다음 배나무를 마당으로 가지고 나와 그해의 나머지 기간에 특별히 숭배하는 일없이 그냥 벽에 비스듬히 세워 놓는다.

마오리족에 속한 투호Tuhoe족도 특정한 나무가 여자들에게 애를 낳게 해 주는 힘을 가지고 있다고 믿는다. 이 나무는 어떤 신비스러운 조상의 탯줄과 관계가 있다고 여겨, 최근까지도 모든 갓난애의 탯줄을 그 나무에 걸어 놓았다고 한다. 그래서 아이를 낳고 싶어 하는 석녀들은 이 나무를 끌어안는다. 이때 나무의 동쪽에서 안느냐, 서쪽에서 안느냐에 따라 아들딸이 정해진다고 믿었다. 한편 5월 1일에 좋아하는 처녀의 집 앞에 또는 집 위에 초록색 관목을 놓아두는 유럽의 일반적인 관습도 나무정령이 풍요와 다산의 힘을 가지고 있다는 신앙에서 비롯된 것으로 보인다. 바바리아의 일부 지방에서는 신혼부부의 집에도 이런 관목을 세운다. 아내의 해산날이 임박한 경우에는 그런 관행을 생략하는데, 그때는 남편 혼자서 '오월제 나무'를 세운다고 한다. 남부 슬라보니아에서도 아이를 낳고 싶어 하는 여자가 성 제오르지오St. George(?~303)[58] 축일 전야에 열매 잘 맺는 나무에 새 속치마를 걸어 놓는 풍습이 있는데, 다음날 아침 해뜨기 전에 여자가 옷을 검사하는데, 이때 옷에 어떤 날짐승이 기어들어간 흔적이 확인되면 그해가 다 가기 전에 아이를 가질 수 있다고 믿는다. 여자는 밤새 속치마를 걸어 놓았던 나무처럼 자신도 풍성한 열매를 맺을 거라고 믿으며 그 속치마를 입는다. 이 밖

---

57 북서부 카프카스어를 쓰는 카프카스인의 일파. 대부분 러시아 지역의 아디게이 자치공화국, 카라차이체르케시야 자치공화국, 카바르디노발카리야 공화국에 거주하고 있으며, 그밖에도 아나톨리아 지방과 시리아에도 살고 있다. 현재 체르케스인의 공식적인 종교는 수니파 이슬람으로 되어 있으나, 천둥숭배 및 풍요신과 신성한 숲의 숭배에 관련된 고대의 의식이 이들 사이에 지금까지도 남아 있다.

58 잉글랜드의 수호성인. 가톨릭 순교자. 사악한 용을 살해하고 공주를 구했다는 전설이 널리 알려져 있다. 축일은 4월 23일

「용과 싸우는 성 제오르지오」 산치오 라파엘로, 1505

어머니 레토 여신(왼쪽), 쌍둥이 신 아폴론(가운데)과 아르테미스(오른쪽)가
묘사된 고대 그리스의 도자기

에 카라키르기스Kara-Kirghiz족의 석녀는 아이를 갖기 위해 외떨어진 곳에 홀로 서 있는 사과나무 아래에서 뒹군다.

끝으로 스웨덴과 아프리카에서는 안산의 능력이 나무 안에 있다고 믿는다. 스웨덴의 어느 지방에는 예전에 각 농장 주변에 '발드트뢰드bardträd'라는 수호 나무(라임나무, 물푸레나무, 느릅나무 등)가 서 있었다. 이 신성한 나무의 이파리를 뜯어내는 자는 아무도 없었다. 그랬다가는 재앙이나 질병에 걸리는 벌을 받을 거라고 믿었기 때문이다. 하지만 임산부들은 안산을 위해 이 나무를 껴안곤 했다. 콩고 지방의 토인들은 임산부가 신성한 나무의 껍질로 옷을 만들어 입었다. 그러면 임신과 출산에 따르는 여러 가지 위험에서 벗어날 수 있다고 여겼다. 그리스 신화에 보면, 레토Leto[59]가 거룩한 쌍둥이 신 아폴론Apollon[60]과 아르테미스Artemis[61]를 막 해산하려 할 때 야자수와 올리브나무 혹은 두 그루의 월계수를 포옹했다는 이야기가 나오는데, 이는 나무가 안산의 효험을 가지고 있다는 신앙의 그리스적 사례라고 할 수 있다.

---

59 그리스 신화에 나오는 여신. 제우스의 애인으로서 아폴론과 아르테미스의 어머니

60 그리스 종교에서 다양한 기능과 의미를 지니는 신으로, 그리스의 모든 신들 중 가장 널리 숭상되고 영향력 있는 신. 그의 본래 성질은 분명하지 않지만, 호메로스 시대 이래로 그는 신적인 거리를 지닌 신으로서, 멀리서 메시지를 보내거나 위험을 경고해 주고 인간에게 그들 자신의 죄를 깨닫게 하는 동시에 정화시켜 주며, 종교적 법과 도시의 법령들을 주재하고 예언과 신탁을 통해 인간에게 미래의 일과 그의 아버지인 제우스의 뜻을 전달해 주었다. 신들조차 그를 두려워했으며, 그의 아버지와 어머니 레토만이 그의 존재를 견디어 낼 수 있었다. 이러한 거리감, 죽음, 공포, 두려움의 속성은 그를 상징하는 활에 집약되어 있다. 반면 보다 부드러운 성격은 그의 또 다른 상징물인 리라에서 보이는데, 이는 음악과 시와 춤을 통해 올림포스와 교류하는 기쁨을 나타낸다. 또한 민간에서 그의 별칭인 '알렉시카코스(악을 막아 주는 자)'가 시사하듯이, 아폴론은 야생동물과 잔병에 대한 신성한 수호자이자 농작물과 가축의 신이기도 했다. 그의 별칭인 '포이보스 Poibos'는 '밝다' 또는 '순수하다'는 의미로 태양과의 관련성을 보여 준다. 아폴론의 또 다른 별칭은 '노미오스(목동)'였는데, 그는 제우스의 무기를 만들던 키클롭스들을 죽인 데 대한 벌로 페라이 왕 아드메토스의 마부와 목동이라는 천한 신분으로 일했다고 한다. 그는 또한 '리케이오스'라고도 불렸는데, 이 별칭은 아마 그가 늑대들(리코이)로부터 양떼를 보호한 데서 비롯된 것으로 보인다.

61 그리스 신화에 나오는 야생동물, 사냥, 식물, 순결, 출산 등의 여신으로서 로마 신화의 디아나와 동일시된다. 통상 시골사람들이 가장 좋아하는 여신이다. 사냥꾼의 이상을 구현하는 그녀는 사냥감을 죽이기도 했지만 보호하기도 했다. 특히 어린 새끼들을 보호하기 때문에 호메로스는 그녀를 '동물의 여주인'이라고 지칭했다. 항상 활과 화살을 가지고 다니면서 '부드러운 화살'로 여인들을 갑자기 죽게 하기도 했다. 이것은 오빠인 궁술의 신 아폴론이 전쟁터가 아닌 곳에서 남자들을 갑자기 죽게 하는 것과 비슷하다. 올림포스의 다른 신들의 역할이 주로 시인들의 작품 속에서 전개되는 반면, 아르테미스는 주로 제의를 통해 전승되었다. 아르테미스를 나무의 여신으로 숭배하는 제의에서는 일반적으로 드리아스(나무의 요정)를 상징하는 처녀들이 춤을 추는데, 이런 관습은 크레타의 종교에서 비롯된 것으로 보이며, 특히 펠로폰네소스 반도 전역에서 유행했다.

제10장
근대 유럽과 나무 숭배

지금까지 나무정령이 베푸는 이로운 속성에 관해 살펴보았다. '오월제 나무'나 '오월제 기둥' 같은 관습이 유럽 농민들의 민속축제 속에서 왜 그토록 널리 유행하고, 특히 중시되었는지를 쉽게 이해할 수 있게 되었다. 봄이나 초여름 또는 하지절에 숲에 들어가 나무를 잘라 마을로 가지고 내려온 뒤, 축제 분위기 속에서 그것을 세우는 관습이 지금까지도 유럽의 여러 지방에서는 계속되고 있다. 이때 사람들은 숲에서 꺾어 온 나뭇가지를 집집마다 걸어 놓는다. 이 같은 관습의 목적은 나무정령이 가진 힘에 의지하여 집집마다 복을 받고자 하는 데에 있었다. 그래서 온 마을이 복을 받고자 사람들은 자기 집 앞에 '오월제 나무'를 심거나 '오월제 기둥'을 들고 집집마다 방문하는 풍습이 생겨나게 되었다. 이와 관련된 수많은 사례 중 몇 가지만 들어 보기로 하자.

헨리 피어스Henry Piers 경은 1682년에 펴낸 『웨스트미스 소묘Description of West-meath』[1]에서 이렇게 적고 있다. "오월제 전야 때는 집집마다 대문 앞에 초록색 관목을 세우고, 초원에 만발한 노란 꽃들을 꺾어 길가에 가득 뿌린다. 나무가 많은 시골에서는 늘씬하게 뻗은 나무를 베어다가 1년 내내 대문 앞에 세워 둔다. 외지인들은 그것을 보고 술집 간판인 줄 알고 마을이 온통 술집뿐이라고 오해하기도 했다."

노샘프턴셔[2]에서는 오월제 때 3미터에서 3.6미터 정도 되는 어린 나무를 집 앞에다 심는다. 마치 처음부터 거기서 자란 것처럼 보이는 이 나무와 대문에 꽃을 뿌린다. 콘월[3] 지방 사람들은 5월 1일이 되면 대문이나 현관을 무화과나무와 산사나무의 푸른 가지로 장식하고, 나무나 그루터기를 집 앞에 심는다. 이는 지금까지 이 지방에서 전해지는 고대적 풍습 가운데 하나라 할 수 있다. 예전에 잉글

---

1 웨스트미스는 아일랜드 중부의 주
2 영국 잉글랜드 중동부의 주
3 영국 잉글랜드 남서부에 있는 주

랜드 북부에서는 5월 1일 이른 새벽에 마을 젊은이들이 음악을 연주하거나 피리를 불면서 숲속에 들어가 나뭇가지를 꺾어 꽃다발과 화환을 만드는 풍습이 있었다. 그런 다음 해가 뜰 무렵이면 꽃으로 장식한 나뭇가지를 들고 집으로 돌아와 대문이나 창가에 달아 놓았다. 옛날에 버크셔[4]의 아빙돈에서는 오월제 아침이면 젊은이들이 행렬을 지어 축가를 부르며 마을 곳곳을 돌아다녔다는데, 그때 부른 축가의 두 소절만 옮기면 다음과 같다.

우린 밤새 거닐었네,
지금 이 시간까지.
우린 다시 돌아오네,
멋진 화환을 들고.

당신에게 바칠 화환을 들고,
우린 지금 당신 집 앞에 서 있네.
새싹이 잘 돋아난 어린 나무는,
주님의 손이 빚어낸 작품이라네.

에식스의 사프란월든과 딥든 마을에서는 5월 1일에 화환을 손에 든 소녀들이 짝을 지어 위에서 소개한 것과 같은 내용의 노래를 부르면서 마을 집집마다 돌아다닌다. 화환 속에는 흰 옷을 입은 인형이 들어 있다. 오늘날도 영국의 각 지방에는 이런 풍습이 널리 행해지고 있는데, 이때 일반적으로 화환은 직각으로 엇갈린 굴렁쇠 모양을 하고 있다. 아일랜드의 몇몇 지방에서는 지금도 오월제에 사람들이 마가목 나뭇가지와 금잔화로 화환을 만들고, 그 안에 두 개의 공을 매달아 손에 들고 마을을 행진한다. 이때 금종이, 은종이로 감싼 공은 원래 해와 달을 상징한다.

보주[5] 산지의 한 마을에서는 5월 첫째 일요일에 젊은 처녀들이 짝을 지어 집집마다 돌아다니면서 5월을 찬양하는 노래를 부른다. 그 축가에는 "5월에 생기는 빵과 음식"이라는 구절이 들어가 있다. 이렇게 집집마다 방문하는 처녀들은 돈

---

4 영국 잉글랜드 남부의 주
5 프랑스 동부의 오랭, 바랭, 보주에서 라인강 계곡 서쪽에 펼쳐져 있는 산지

을 받고 그 집 대문에 파란 나뭇가지를 꽂아 준다. 만일 돈을 받지 못하면, 그 집에 아이는 많이 태어나되 먹을 빵은 생기지 말라고 빈다. 마옌[6]의 프랑스 행정구에서는 5월 1일에 '메이오탱Maillotins'이라 부르는 소년들이 축가를 부르며 농장을 돌아다닌다. 이때 답례로 얼마의 노랫값을 받거나 대접을 받으면, 그들은 조그만 나무나 나뭇가지를 세운다. 알자스[7]의 사베른 근방에서는 일군의 사람들이 '오월제 기둥'을 짊어지고 돌아다닌다. 이들 중에는 하얀 셔츠를 입고 얼굴에 검댕 칠을 한 사나이가 끼어 있다. 그가 커다란 '오월제 기둥'을 메고, 다른 사람들은 작은 '오월제 기둥'을 멘다. 한편 큰 소쿠리를 든 사나이가 달걀이나 치즈 등을 얻어 그 속에 넣고 따라다닌다.

성령강림절Whitsunday[8] 전주 목요일에 러시아인은 숲속에 들어가 노래를 부르며 화환을 만들고 자작나무에 여자 옷을 입히거나 알록달록한 천조각과 리본 등으로 장식을 한 다음 잔치를 베푼다. 잔치가 끝나면 흥겹게 춤추고 노래하면서 성장을 입힌 자작나무를 마을로 가지고 와서 어떤 집 안뜰에 세운다. 그 집에서는 그것을 성령강림절 때까지 소중한 '손님'으로 모신다. 그 사이, 즉 금요일과 토요일에는 사람들이 이곳을 방문하여 그 소중한 '손님'을 알현한다. 그런데 성령강림절에는 마을 사람들이 그 '손님'을 냇가로 데려가서 화환과 함께 물속에 던져 버린다. 이런 러시아 풍습에서 자작나무에 여자 옷을 입힌다는 것은 명백히 그 나무를 하나의 인격체로서 여긴다는 뜻이며, 그것을 냇물에 던진다는 것은 아마도 일종의 강우주술로 보인다.

스웨덴의 어떤 지방에서는 오월제 저녁에 사람들이 이제 막 새싹이 돋은 자작나무의 어린 가지들을 들고 돌아다닌다. 이들은 마을 악사들을 앞세우고, 오월제 축가를 부르며 집집마다 방문한다. 이때의 축가는 맑은 날씨와 수확의 풍요, 이승과 저승에서의 축복을 기원하는 내용으로 되어 있다. 이들 중 한 사람은 소

---

6 프랑스 북서부 페이드라루아르 지방에 있는 주

7 프랑스 북동부의 오랭주와 바랭주를 포함하는 지방

8 오순절五旬節, entecost이라고도 부르는 기독교의 주요 축일. 부활절에서 50일째 되는 일요일에 거행한다. 예수 그리스도가 죽은 뒤 부활하여 승천한 다음 유대교의 오순절에 성령이 제자들에게 강림한 사건(『사도행전』 2장)을 기념하며, 기독교가 세계를 향해 선교를 시작한 날로 간주된다. 유대교 절기로 오순절은 원래 첫 수확한 밀을 바치는 감사절이었는데, 그런 유대교 절기가 기독교 축일로 변형된 것이다. 훗날 북유럽에서는 부활절보다 오순절에 세례를 주는 것이 보편화되었으며, 영국에서는 갓 세례를 받은 사람들이 특별히 흰옷을 입었기 때문에 보통 '백색 일요일Whitsunday'이라고 부르게 되었다.

쿠리를 들고 다니며 달걀을 선물로 받는다. 이렇게 반가이 맞아준 집에는 현관에 이파리가 무성한 나뭇가지를 꽂아 준다. 그런데 이런 의식이 스웨덴에서는 특히 하지절에 많이 행해진다. 성 요한제[9] 전야(6월 23일)에는 각 가정마다 깨끗이 청소하고 파란 나뭇가지나 꽃을 장식하는 한편, 대문이나 집 안팎에 어린 왜전나무를 세운다. 이때 종종 뜰 안에 작은 정자를 세우기도 한다. 스톡홀름에서는 이날 나뭇잎 장터가 서는데, 나뭇잎과 꽃, 색종이라든가 금박 입힌 갈대 줄기에 꽂은 달걀 껍데기 따위로 장식한 높이 15센티미터에서 30센티미터 정도의 수많은 오월제 기둥이 사고 팔린다. 동산 위에 모닥불이 피워지며 사람들은 그 둘레에서 춤을 추거나 모닥불을 뛰어넘기도 한다.

이날의 하이라이트는 역시 오월제 기둥을 세우는 행사다. 스톡홀름의 오월제 기둥은 주로 가지가 모두 제거된 곧고 길쭉한 전나무로 만들어진다. 거기에 둥근 테를 두르기도 하고, 십자가 모양의 나뭇조각을 일정한 간격으로 못질하기도 한다. 어떤 때는 거기다 여러 개의 활을 묶는 수도 있다. 이처럼 둥근 테나 활 이외에 위에서 아래까지 나뭇잎과 꽃, 알록달록한 천조각과 노란 달걀 등으로 장식하기도 하며, 꼭대기에 깃발을 꽂기도 한다. 이런 치장은 마을의 아가씨들이 맡는다. 이렇게 단장한 오월제 기둥을 세우는 행사는 매우 성대하고 엄숙하다. 이때 사방에서 모여든 마을 사람들이 오월제 기둥을 중심으로 커다란 원을 그리며 춤을 춘다.

독일의 어떤 지방에서는 하지절에 이와 비슷한 의식을 거행한다. 상上하르츠 산지에서는 줄기 밑동을 벗긴 높직한 왜전나무를 마을 광장에 세우고, 그것을 꽃이나 알록달록하게 물들인 달걀 등으로 장식한다. 그런 다음 낮에는 젊은이가 밤에는 노인네가 그 둘레를 돌며 춤을 춘다. 보헤미아[10]의 몇몇 지방에서도 성 요한제 전야에 오월제 기둥이나 하지의 나무를 세운다. 이때 청년들이 숲속에서 커다란 왜전나무나 소나무를 잘라 높은 언덕에 세우면, 아가씨들이 꽃다발과 빨간 리본 등으로 장식한다. 의식이 끝나면 이것들을 모두 불태운다.

이처럼 오월제에 오월제 나무나 오월제 기둥을 세우는 관습은 영국과 독일, 프랑스를 비롯하여 유럽 각지에서 널리 행해졌다. 그런 사례들을 더 이상 장황

---

9 성 요한제는 6월 24일이며, 성 요한의 정식 호칭은 세례자 성 요한St.John the Baptist이다. 신약성서 복음서에 의하면, 예수에게 세례를 베풀었고 헤로데 분봉왕에 의해 처형당한 선지자다.
10 체코의 서부지방으로 중심지는 프라하

참수당한 세례자 성 요한의 머리를 표현한 성화, 19세기

하게 들 필요는 없을 것이다. 다만 몇 가지 보완적 사례만으로도 충분하리라 여겨진다. 청교도적 저술가인 필립 스터브스Phillip Stubbes(1555년경~1610년경)[11]는 런던에서 1583년에 펴낸 『악습의 해부Anatomie of Abuses』에서 베스Bess 여왕 치세에 오월제 기둥이 어떤 식으로 세워졌는지를 심술궂은 목소리로 서술하고 있다. 예컨대 다음과 같은 서술은 즐거운 고대 잉글랜드의 모습을 생생하게 보여 주고 있다.

"5월과 성령강림절, 그 밖의 시기에 들뜬 청년과 처녀들을 비롯하여 남녀노소 할 것 없이 모두 밤새껏 숲이나 언덕, 산 속을 돌아다닌다. 아침이 되면 사람들은 자작나무와 그 밖의 나뭇가지를 꺾어 들고 집회 장소로 모여들어 그곳을 한껏 장식한다. 이들 중에는 이 놀이의 지도자이며 왕이라 할 수 있는, 이를테면 지옥의 왕 사탄의 역할을 맡은 자가 있다. 그러나 무엇보다도 이들에게 가장 중요한 것은 오월제 기둥이다. 그들은 굉장한 경외심을 가지고, 20~40마리의 수소에게 오월제 기둥을 끌게 한다. 이때 모든 소의 뿔에는 향기로운 꽃다발이 장식되어 있다(이는 오히려 혐오스러운 우상처럼 보이기도 한다). 오월제 기둥에도 온갖 꽃과 이파리들로 뒤덮여 있으며, 위에서 아래까지 넝쿨들이 휘감겨 있고, 때로는 그것을 형형색색의 물감으로 채색하기도 한다. 이런 오월제 기둥을 200~300명의 남녀노소가 자못 경건한 태도로 뒤따른다. 마침내 오월제 기둥이 땅에 세워지고 그 꼭대기에 손수건이나 깃발이 꽂혀 펄럭이면, 사람들은 그 주변에 밀짚을 뿌린 후 푸른 나뭇가지들을 기둥에다 주렁주렁 매달고, 근처에 원두막이나 정자를 세우기도 한다. 그런 뒤 사람들은 그 기둥을 둘러싸고 어지럽게 춤을 춘다. 이 풍경은 마치 우상을 모시는 이교도들과 조금도 다를 바 없다. 그것은 이교도적 의식의 완벽한 모범이자 영락없는 이교의식 그 자체이다. 이 광경을 본 어떤 정직한 목격자들에 의하면, 숲속에서 밤을 보낸 수십 명 혹은 백여 명의 처녀들 가운데 순결을 지키고 돌아오는 비율은 불과 3분의 1 정도밖에 안 된다고 한다."

스와비아에서는 5월 1일에 커다란 왜전나무를 마을로 운반한 다음 그것을 리본으로 장식하여 세운다. 그런 뒤 음악에 맞춰 그 주위를 돌면서 춤춘다. 이 나무는 이듬해 오월제에 새로운 기둥이 세워지기 전까지 마을 광장에 서 있게 된다. 작센[12]에서는 여름이라는 절기를 상징적으로(왕이나 여왕으로서) 맞이하는 것에

---

11 영국의 저술가

1920년대 유럽의 오월제 기둥을 세우는 관습

만족하지 않고, 숲에서 신록 그 자체를 가져다 집 안에까지 들여놓는다. 이것이 바로 13세기 이래 문헌에 자주 등장하는 오월제 나무 또는 '성령강림절 나무'이다. 오월제 나무를 영접하는 것은 곧 하나의 축제였다. 사람들은 오월제 나무를 찾으러 숲속에 들어가서, 특히 어리고 싱싱한 왜전나무나 자작나무를 잘라 마을로 가지고 온다. 그것을 대문 앞이나 마구간 입구 또는 방 안에 세운다. 젊은이들은 이 나무를 애인의 방 앞에 세우기도 한다. 이렇게 집에 세우는 것 외에, 엄숙한 행렬을 지으며 마을까지 운반해 온 대형 오월제 나무나 오월제 기둥을 마을 중앙이나 광장에 세운다.

대형 오월제 나무는 모든 구성원이 심사숙고한 끝에 선발한다. 그것은 보통 가지나 이파리를 떼어 낸 후 꼭대기에 알록달록한 리본이나 헝겊을 달고 거기에 소시지와 과자, 달걀 등의 음식물을 함께 묶어서 장식한 오월제 나무이다. 젊은이들은 이 음식물을 노리고 경주를 한다. 오늘날 장터나 박람회 같은 데서 가끔 볼 수 있는 기름투성이의 기둥은 실은 오월제 기둥의 유산인 것이다. 오월제 기둥까지 누가 먼저 가느냐는 달리기 시합이나 말타기 경주가 흔했는데, 세월이 흐르면서 그 진의를 잃어버린 채 오늘날에는 독일의 여러 지방에서 성령강림절에 하는 놀이가 되어 버렸다. 보르도에서는 5월 1일에 소년들이 저마다 거리에 오월제 기둥을 세우고 큼직한 화환이나 화관으로 그것을 장식한다. 그리고 5월 내내 젊은 남녀들이 이 기둥을 둘러싸고 노래 부르며 밤새 춤을 춘다. 아름다운 프로방스의 마을이나 산촌에서는 지금도 오월제에 꽃이나 리본으로 장식한 오월제 나무를 세운다. 나무 아래서 젊은이들이 즐겁게 노는 동안 노인네들은 편안한 휴식을 취한다.

이 모든 사례에서 공통점은 매년 오월제 나무를 새롭게 다시 세운다는 점이다. 그런데 영국은 후대에 이르러 오월제 기둥을 매년 바꾸지는 않는다. 바바리아 북부지방에서는 3년이나 4년 또는 5년에 한 번씩 오월제 기둥을 새로 세운다. 그들은 숲에서 왜전나무를 베어다가 화환이나 깃발 따위로 장식하는데, 거기서 가장 중시되는 부분은 바로 꼭대기에 남아 있는 푸른 이파리들이다. 사람들은 그 푸른 이파리를 보고 오월제 기둥이 죽은 나무가 아니라 숲에서 직접 옮겨 심은 싱싱한 나무라고 생각하기 때문이다. 이 점에서 미루어 보건대, 매년 새로운 오월제 나

---

12 독일 동부에 있는 주

무를 세우는 것이 모든 지역에서 본래 하나의 원칙이었음을 알 수 있다. 그런 관습의 목적은 봄이 되어 새로 움튼 식물의 정령을 맞이하는 데에 있었다.

그렇다면 싱싱하게 살아 있는 푸른 나무 대신에 오래되어 죽은 나무를 매년 세우거나 혹은 몇 해 동안 그대로 세워 두는 것은 본래의 목적에 어긋나는 것이 된다. 그런데 관습의 본래적 뜻이 잊힘으로써 오월제 나무가 단순히 휴일을 즐기기 위한 놀이처럼 되어 버렸을 때 사람들은 더 이상 매년 새로운 오월제 나무를 세울 필요성을 느끼지 못하게 된 것이고, 이전에 세워 놓은 오월제 나무에 매년 꽃 장식만 새롭게 해서 몇 해 동안이나 그대로 방치하더라도 크게 문제될 것이 없었다. 하지만 이렇게 오월제 기둥을 몇 해 동안 바꾸지 않는 경우에도 그것을 고목으로 방치하는 것이 아니라 푸른 나무처럼 보이게 할 필요가 있었다.

체셔[13]의 위버햄에는 두 그루의 오월제 기둥이 있었는데, 오월제 날에는 온갖 정성을 들여 고대의 장엄한 분위기가 풍겨 나도록 장식했다. 그래서 기둥 옆에는 꽃다발을 걸기도 하고 꼭대기에는 푸른 이파리가 돋아난 자작나무 가지나 혹은 종류가 다른 길고 가는 나무줄기를 꽂기도 했다. 나무껍질은 벗겨 내고 줄기는 기둥에 이어 붙여서 밑에서 보면 진짜 살아 있는 나무처럼 보이도록 했다. 오월제 나무의 갱신은 '수확의 오월'의 갱신과 유사하다. 양자 모두 초목을 번성케 하는 정령의 새로운 기운을 흡수하여 1년 내내 유지하려는 데에 목적이 있었다. 그러나 '수확의 오월'의 효험이 농작물 성장의 촉진에만 국한되어 있는 데 반해, '오월제 나무'나 '오월제 기둥'의 효험은 전술한 바와 같이 여자나 가축에게까지 미친다.

끝으로 한 해를 마감하는 연말에 종종 묵은 오월제 나무를 불사르는 풍습이 있다는 사실에도 주목할 필요가 있다. 프라하 지방에서는 젊은이들이 오월제에 나무를 꺾어 방 안에 걸린 성화聖畵 뒤에 놓아 두었다가 다음 해 오월제에 난롯불에 태운다. 뷔르템베르크[14]에서는 종려주일에 각자의 집에 세워진 나무를 한 해 동안 그냥 놔두었다가 불태운다.

지금까지 우리는 나무와 결합되어 있거나 혹은 나무 속에 존재한다고 믿는 나무정령에 관해 살펴보았다. 앞으로는 나무정령이 때로 나무를 떠나 인간의 모습이 되어 살아 있는 남자나 여자로 나타나는 사례에 대해 살펴보자. 나무의 정령

---

13 영국 잉글랜드 북서부에 있는 주
14 지금의 바덴뷔르템베르크주의 중부와 동부에 해당하는 독일의 옛 나라명

이 인간의 모습으로 현현하는 사례는 주로 유럽 농민들의 일상적 관습에서 널리 찾아볼 수 있다.

나무정령이 식물과 인간의 형태로 동시에 나타나 마치 서로가 서로를 설명하기 위해 공존하듯이 보이는 좋은 실례들이 있다. 나무정령의 인간적 현현은 때로 인형이나 꼭두각시일 경우가 있는가 하면, 때로는 살아 있는 인간일 경우도 있다. 하지만 어떤 경우든 항상 옆에는 나무나 나뭇가지가 있다. 이때의 인형(혹은 인간)과 나무(혹은 나뭇가지)는 두 나라 언어로 병기된 비문처럼, 서로가 서로를 번역해 주면서 공존한다. 여기서 사람들은 나무정령이 인간의 형태로 나타난다는 것에 대해 아무런 의심도 하지 않는다.

보헤미아에서는 사순절四旬節, Lent[15]의 네 번째 일요일에 젊은이들이 '죽음의 신'이라 부르는 인형을 물에 던진다. 그러면 처녀들은 숲속에 들어가 어린 나무를 잘라 거기에 흰옷을 입힌 여자 인형을 묶는다. 이 나무와 인형을 들고 집집마다 돌아다니면서 답례품을 모으는데, 그때 다음과 같은 노래를 부른다.

우린 마을에서 죽음의 신을 몰아내고,
대신 여름을 모셔 온다네.

나중에 밝혀지지만, 여기서 '여름'은 봄이 되면 돌아오거나 혹은 재생하는 식물정령을 가리킨다. 영국의 어떤 지방에서도 오월제에 아이들이 오월제 기둥의 작은 모형들을 손에 든 채 품에는 곱게 장식한 '오월의 숙녀'라는 인형을 안고 답례금을 받으면서 돌아다닌다. 이 경우에도 분명 나무와 인형은 같은 의미를 지니고 있다.

알자스 지방의 탄Thann[16]에서는 '귀여운 오월의 상미'라 부르는 소녀가 하얀 드레스를 입고 꽃다발과 리본으로 아름답게 단장한 작은 오월제 나무를 들고 돌아

---

15 기독교 교회에서 부활절을 준비하는 참회 기간. 서방교회에서는 '재의 수요일'부터 시작해서 부활절 전야까지 6주간 반 동안 계속되며, 예수 그리스도가 광야에서 금식한 것을 본떠 일요일을 제외한 40일을 금식 기간으로 정하고 있다. 동방교회에서는 부활절 8주 전부터 시작하며 토요일과 일요일을 모두 금식일에서 제외한다. 사도시대에 시작된 이 금식 규율은 초기의 수 세기 동안 엄격히 지켜졌으며, 동방교회에서는 지금도 그렇다. 그러나 서방교회에서는 엄격한 금식 규율이 점차 완화되어 제2차 세계 대전 때 면제되고, 이후 재의 수요일과 성 금요일만이 사순절 금식일로 지켜져 왔다.

16 프랑스 동부에 있는 오랑 지방의 마을

미국 캘리포니아주 실버라도의 성 미카엘 대성당에서 2003년 종려주일에 행해진 행렬

다닌다. 그러면 소녀의 친구들이 다음과 같은 노래를 부르면서 집집마다 방문하여 선물을 받는다.

귀여운 오월의 장미는 세 번을 빙글 돈다네.
빙글빙글 도는 그대를 보여 다오.
오월의 장미여, 푸른 숲으로 오려무나.
우리 모두 즐거우리.
우리는 오월을 지나 장미한테 간다네.

이런 노래를 부르는데도 아무것도 주지 않는 집이 있으면, 이들은 족제비가 닭을 잡아먹고, 포도가 열리지 않으며, 밤나무에 열매가 맺지 않고, 밭에서 밀이 나지 않게 해달라고 빈다. 그래서 사람들은 그해 수확의 풍작 여부는 이 오월의 노래패에게 베푸는 선물에 의해 결정된다고 믿는다. 이처럼 오월제에 아이들이 푸른 나뭇가지와 화환을 들고 노래하며 돈을 걷는 풍습은, 아이들이 집집마다 식물의 정령과 함께 풍성한 행운을 가져다주므로 그에 대한 답례를 받는다는 의미이다. 러시아의 리투아니아에서는 5월 1일이 오면, 마을 중앙에 한 그루의 싱싱한 나무를 세우는 풍습이 있었다. 그때 마을의 멋진 청년들이 가장 아름다운 아가씨를 선택하여 그녀에게 관을 씌우고 어린 자작나무 가지로 감싸서 오월제 나무 곁에 세운 다음, 춤추고 노래하면서 "오월이여, 오월이여!"라고 외친다.

프랑스의 브리[17] 지방에서도 마을 중앙에 오월제 나무를 세우는데, 그 꼭대기에는 꽃을 꽂고 가운데에는 이파리와 가지를, 그리고 밑동에는 더 큰 가지를 묶는다. 아가씨들이 그 주위를 돌며 춤추는 동안 '아버지이신 오월Father May'이라고 부르는 한 청년이 나뭇잎에 휩싸인 채 사람들에게 이끌려 나온다. 북부 바바리아의 프랑켄발트[18] 산지에 있는 작은 마을들에서는 5월 2일이 되면, 선술집 앞에 '발버Walber' 나무를 세우고 한 남자가 그 주위를 돌며 춤춘다. 그는 머리에서 발끝까지 밀짚으로 감싸고 머리 위에는 왕관 모양으로 묶은 밀이삭 다발을 쓰고 있다. '발버'라 일컫는 이 남자는 행진 대열에 끼어 어린 자작나무 가지로 장식한

---

17 프랑스 북부 센강 유역과 마른강 유역 사이에 있는 미개간 지역
18 독일 남동부 바이에른주 북동쪽 끝에 있는 숲이 우거진 고지대

거리를 함께 돌아다닌다.

카린티아[19]의 슬라브인들은 성 제오르지오St. George 축일(4월 23일)에 젊은이들이 전날 밤에 잘라온 나무를 화환으로 장식한다. 그리고 행렬을 지어 음악을 연주하고 환성을 지르면서 그 나무를 들고 돌아다닌다. 행렬의 지휘자는 머리에서 발끝까지 자작나무 가지에 감싸인 젊은이로 '푸른 조지Green George'라 일컫는다. 축제가 끝날 무렵에 사람들은 '푸른 조지'를 본떠 만든 인형을 물속에 던진다. '푸른 조지'의 역할을 하던 젊은이가 재빨리 벗어던진 나뭇잎으로 만든 옷을 인형에다 입힌 것이다. 하지만 많은 지방에서는 '푸른 조지'의 역할을 맡은 젊은이를 물속에 그냥 던진다. 이런 의식은 밭이나 목장을 푸르게 하기 위해 비를 내려달라고 하는 기원을 내포하고 있다. 어떤 지방에서는 소들에게 관을 씌워 주고, 다음과 같은 노래에 맞추어 외양간에서 소들을 몰아낸다.

우리는 푸른 조지를 데리고 오네.
푸른 조지는 우리의 친구,
우리 가축들이 잘 자라게 해 다오.
그렇지 않으면 모두 물속에 던져 버릴 테다.

여기서 우리는 나무와 결합된 정령의 힘, 즉 비를 내리게 하거나 가축을 번성케 해주는 힘이 살아 있는 인간에 의해 표상되는 나무정령에게도 있다고 믿었음을 알 수 있다. 트란실바니아와 루마니아의 집시들은 '푸른 조지' 축일을 가장 대표적인 봄 축제로 거행한다. 그것은 부활절 월요일 혹은 성 제오르지오 축일에 행해진다. 그날 저녁이 되면 어린 버드나무를 잘라 화환이나 이파리로 장식하여 세운다. 이때 임신 중인 여자는 그 나무 밑에 자기 옷가지 하나를 밤새 놓아 둔다. 아침이 되어 옷가지 위에 이파리가 떨어져 있으면 안산이 보장된다고 믿기 때문이다. 한편 병자나 노인네들은 저녁때 나무에 다가가 세 번 침을 뱉으면서 "넌 곧 죽겠지만 우리는 오래 살 거다"라고 말한다. 다음날 아침에 집시들이 버드나무 밑에 모여든다. 이 축제에서는 '푸른 조지'로 머리에서 발끝까지 나뭇잎과 꽃들로 장식한 젊은이가 주인공 역할을 한다. 그는 가축들이 먹을 꼴이 떨어지는 일이 없도

---

19 오스트리아 남부에 있는 케른텐주를 말한다.

록 하기 위해 마을의 가축들한테 몇 줌의 풀을 던진다. 그리고 사흘간 물에 담가 두었던 세 개의 쇠못을 버드나무에 못질한다. 마지막으로 '푸른 조지'가 물속에 던져진다. 물론 실제로 물에 던져지는 것은 가지와 잎으로 만든 인형 조지이다.

이 같은 풍습을 통해 여자들은 안산의 도움을 받고, 병자나 노인네들은 활력을 되찾을 수 있다고 믿었다. 한편 인간의 모습을 본떠 나무로 만든 '푸른 조지'는 가축들에게 먹을 것을 베풀어 주며, 나아가 물의 정령과 나무의 정령을 간접적인 방식으로 결합시킴으로써 물의 정령의 은혜를 입게 해 준다고 여겼다. 이런 식의 사례를 들다 보면 한이 없을 것이므로, 만하르트의 지적을 통해 이상에서 서술한 내용들을 정리해 보기로 하자.

"지금까지의 사례들을 통해, 이 모든 봄 축제에서 식물의 정령이 종종 오월제 나무나 혹은 푸른 잎과 꽃으로 단장한 남자나 여자로 표상된다는 사실을 확인할 수 있었다. 이때 나무나 식물 일반에 살고 있다고 여겨지는 정령은 오월제 나무와 '수확의 오월'에서 엿볼 수 있는 정령과 동일하다. 또한 그 정령은 봄에 피는 꽃에도 있고, '오월의 장미'를 표상하는 소녀라든가, 풍성한 수확의 수여자受興者인 '발버'라는 인격 안에서도 찾아볼 수 있다. 이런 정령의 또 다른 표현이라 할 수 있는 오월제 행렬은 가축과 과일, 농작물에 대해 동일한 은총을 베풀어 준다고 믿었다. 그 행렬의 주인공이나 지휘자는 단순한 표상이 아니라 식물의 정령을 실제적으로 대표하는 존재라고 여겼던 것이다. 그래서 '오월의 장미'나 오월제 나무의 행렬에게 달걀이나 베이컨 등을 답례로 내놓지 않는 자들에게는 정령이 그들을 떠날 것이며, 정령이 베푸는 복을 받지 못할 거라고 저주했던 것이다. 요컨대 오월제 나무나 오월제 기둥을 들고 집집마다 찾아다니며 '오월' 또는 '여름'을 선사하고 답례품을 거두는 행렬에는 본래 신성한 의미가 담겨 있다고 결론지을 수 있다. 참으로 사람들은 눈에 보이지는 않지만 오월제 나무나 오월제 기둥에는 성장의 신이 깃들어 있다고 믿었고, 이 신은 집집마다 복을 나누어 주기 위해 행렬을 따라다닌다는 것이다. '오월', '아버지이신 오월', '오월의 숙녀', '오월의 여왕'과 같은 호칭들은 식물의 생육이 의인화한 정령을 의미하는데, 이는 식물정령에 관한 관념이 계절의 의인화와 결합한 것이다. 5월은 식물정령의 힘이 가장 활발한 계절이라고 여겼기 때문이다."[20]

---

20 출처는 만하르트의 『게르만 민족 및 인근 종족의 나무 숭배』

지금까지 우리는 나무정령이나 식물정령이 일반적으로 나무나 나뭇가지, 꽃 등과 같은 식물의 모습을 취하거나, 아니면 인형이나 살아 있는 사람과 결합함으로써 식물과 인간의 형상을 동시에 취한다는 점에 대해 살펴보았다. 이제 남은 문제는 식물의 모습으로 표현한 정령은 완전히 사라지고 오직 살아 있는 사람으로만 표현하는 경우이다. 이때 그 사람에게는 보통 나뭇잎이나 꽃으로 만든 옷을 입히거나 또는 특정한 호칭을 사용하여 그(그녀)가 나무와 식물의 정령임을 나타낸다.

러시아의 어떤 지방에서는 성 제오르지오 축일에 한 젊은이가 '푸른 잎사귀 옷의 잭Jack-in-the-Green'처럼 나뭇잎과 꽃으로 단장한다. 슬로베니아[21]인들은 그를 '푸른 조지'라고 부른다. 그는 한손에 횃불을, 다른 손에 파이를 든 채 노래하는 아가씨들을 따라 옥수수밭으로 가서 덤불에 불을 붙이고 거기에 파이를 얹는다. 그리고 이 의식에 참가한 전원이 덤불의 모닥불 주위에 둘러앉아 파이를 나누어 먹는다. 이때 나뭇잎과 꽃으로 단장한 '푸른 조지'는 같은 날에 카린티아와 트란실바니아, 루마니아 등지에서 행하는 풍습에 등장하는 나무와 관련된 '푸른 조지'와 명백히 동일하다. 우리는 앞에서 러시아의 성령강림절에 여자 옷을 입힌 자작나무를 집 안에 세워 두는 풍습에 대해서도 살펴본 바 있다. 러시아의 핀스크[22]에서도 성령강림절에 그런 의식을 행한다. 그들은 가장 아름다운 처녀를 선택하여 자작나무나 단풍나무 잎으로 그녀를 단장한 다음 온 마을을 데리고 돌아다닌다.

루라Ruhla[23]에서는 봄이 되어 나무들이 초록색을 띠게 되면, 어린아이들이 떼를 지어 숲속으로 가서 한 아이를 나뭇잎으로 단장하여 '귀여운 이파리 소년Little Leaf Man'을 만든다. 이때 아이들은 나뭇가지를 꺾어 신발 끝만 보일 정도로 온통이 소년의 몸을 감싼다. 물론 밖을 볼 수 있도록 눈이 있는 데는 구멍을 남겨 놓는다. 그리고 두 명의 아이가 '귀여운 이파리 소년'이 넘어지지 않도록 거들어 준다. 이들은 소년을 데리고 노래를 부르며 집집마다 돌아다니면서 달걀과 크림, 소시지, 과자 등의 선물을 챙긴다. 이렇게 해서 얻어 온 음식으로 잔치를 벌이고, 소년에게 물을 뒤집어씌운다.

---

21 발칸 반도 북서부에 멀리 떨어져 있는 국가
22 벨로루시 브레스트주에 있는 도시
23 독일의 유서 깊은 튀링겐을 말한다.

스위스의 프릭탈[24] 지방에서도 성령강림절에 어린아이들이 숲속으로 들어가 그중 한 소년을 나뭇잎으로 단장하는데, 그들은 이 소년을 '성령강림절 촌놈 Whitsuntide-lout'이라고 부른다. 손에 푸른 나뭇가지를 든 이 소년은 말에 태워져 마을로 돌아온다. 이 행렬이 마을 우물가에 도착하면 소년을 말에서 끌어내려 그대로 물통 속에 처박는다. 그러면 '성령강림절 촌놈'은 누구에게나 물을 끼얹을 권리를 가지게 되고, 특히 처녀나 개구쟁이들에게 그 권리를 행사한다. 이때 마을의 개구쟁이들은 누구나 성령강림절 촌놈의 물세례를 받게 해달라고 청하면서 이 소년을 줄지어 따라다닌다.

나뭇잎 옷차림의 어릿광대 가운데 영국에서 가장 유명한 사례는 전술한 '푸른 잎사귀 옷의 잭'이다. 그는 굴뚝청소부로서 오월제에 화환과 리본으로 장식한 관을 머리에 쓰고, 호랑가시나무 가지와 담쟁이덩굴 잎으로 뒤덮인 삼각형 모양의 틀을 뒤집어쓴 채 굴뚝청소부들의 선두에 서서 춤추며 돌아다닌다. 그때 사람들은 굴뚝청소부들에게 돈을 건네준다. 프릭탈 지방에서는 이런 삼각형 모양의 틀을 '성령강림절 소쿠리'라고 부른다. 나무에 새순이 돋기 시작하면 마을 청년들이 숲속의 한 장소에 모여 이 소쿠리를 만든다. 이 작업은 다른 사람들에게 알려지면 안 되므로 은밀하게 이루어진다. 이들은 잎이 달린 가지를 둥글게 휘어서 하나는 착용자의 어깨에, 다른 하나는 종아리에 매단다. 그리고 착용자의 눈과 입 부위에 구멍을 만들고 머리 위에 커다란 화관을 씌운다. '성령강림절 소쿠리'가 완성되면 일행은 버들피리를 부는 세 명의 소년을 앞세우고, 저녁 기도시간에 돌연 마을로 돌아온다. 그들은 '성령강림절 소쿠리'를 마을 우물 곁에 세워 놓는데, 이것을 탈취하여 자기네 우물가로 가져가려고 덤비는 이웃 마을 청년들과 결사적으로 싸워 소쿠리와 그 안에 있는 사람을 지키는 일이 그들의 주된 임무이다.

여기서 나뭇잎으로 단장한 사람은 집집마다 방문하면서 선물을 구하는 어린아이들에 의해 수행하는 오월제 나무나 오월제 기둥, 오월제 인형과 같은 존재라는 것은 두말할 나위도 없다. 이것들은 모두 축복을 베푸는 자애로운 식물정령을 표상하며, 이들이 방문한 집에서는 돈이나 음식을 제공함으로써 그 축복에 보답한다.

---

24 스위스 북부의 아르가우주

이처럼 식물정령을 표상하는 나뭇잎 인간은 때로 왕이나 여왕이라 불리기도 한다. 예컨대 '오월의 왕', '성령강림절의 왕', '오월의 여왕' 등이 그것이다. 만하 르트의 지적대로, 이런 호칭들은 식물과 결합된 정령이 곧 왕이며, 그의 생성력 이 방방곡곡 미치지 않은 곳이 없다고 하는 관념을 시사한다.

잘츠베델 근처의 한 마을에서는 성령강림절에 오월제 나무가 세워지고, 그것 을 목표물로 하여 소년들이 달리기 시합을 한다. 이때 가장 먼저 도착하는 소년 이 왕이 된다. 그 소년은 목에 화환을 걸고 손에 오월제 기둥을 든 채 행렬에 끼어 물을 뿌리면서 돌아다닌다. 그들은 집집마다 찾아다니면서 "외양간의 검은 소가 흰 젖을 내고, 둥지 속의 검은 닭이 흰 알을 낳기를" 하고 행운을 빌어 주는 대가 로 달걀이나 베이컨 따위를 선물로 받는다. 슐레지엔[25]의 엘고트 마을에서는 성 령강림절에 '왕의 경주'라 부르는 의식을 거행한다. 이때는 천조각을 매단 나무 기둥이 목장에 세워지는데, 말을 탄 젊은이들이 천조각을 낚아채기 위해 시합을 한다. 거기서 가장 먼저 천조각을 낚아채어 근방의 오데르강에 던지는 자가 왕이 된다. 여기에 등장하는 나무기둥도 명백히 오월제 나무에 대응한다.

룬스뷔[26] 지방에서는 성령강림절에 '오월의 왕'을 머리끝에서 발끝까지 '오월 의 관목'으로 뒤집어씌운다. 독일 튀링겐의 몇몇 지역에서도 성령강림절에 '오월 의 왕'이 있지만 그는 좀 색다른 분장을 한다. 먼저 사람이 들어갈 수 있을 만한 나 무 얼개를 만든 다음, 그것을 자작나무 가지로 뒤덮고 화관을 씌운 다음 방울을 매단다. 이런 나무 얼개를 숲의 특정 장소에 가져다놓고, 그 안으로 '오월의 왕'이 들어간다. 그러면 사람들이 숲으로 가서 보물찾기 하듯이 그를 찾아다닌다. 그가 발견되면 마을의 공무원이나 성직자에게 데려가서 나무 얼개 안에 누가 있는지 를 알아맞히게 한다. 이때 알아맞히지 못하면 '오월의 왕'이 머리를 흔들어서 방 울을 울린다. 이렇게 알아맞히지 못한 자는 벌금으로 맥주 따위를 내야 한다.

바르슈테트에서는 성령강림절에 소년들이 추첨을 통해 왕과 시종장을 선발 한다. 시종장은 '오월의 관목'으로 완전히 감싸고 머리에 화관을 쓰고 목검을 차 지만, 이에 비해 왕은 모자에 꽃다발을 꽂고 빨간 리본을 매단 갈대를 손에 들고 있기 때문에 누군지 금방 알아볼 수 있다. 이 행렬은 집집마다 달걀을 얻으러 다

---

25 폴란드 남서부에 있는 역사적인 지방. 실레지아silesia라고도 한다.

26 브라운슈바이크. 독일 북동부 니더작센주 남동부의 행정구

니는데, 혹 달걀을 주지 않는 집에는 그해에 닭들이 알을 낳지 못하게 될 거라고 위협한다. 이 관습에서는 시종장의 행색이 오히려 '오월의 왕'의 표지에 더 가깝다. 헬데스하임[27]에서는 성령강림절 월요일 오후에 대여섯 명의 젊은이들이 박자에 맞춰 회초리를 휘두르면서 집집마다 달걀을 얻으러 돌아다닌다. 이 행렬의 주인공은 '나뭇잎의 왕Leaf King'이라고 부르는 청년으로 온몸이 자작나무의 잔가지로 뒤덮여 있다. 또한 자작나무 가지로 만든 커다란 모자를 쓰고, 기다란 갈고리로 들개나 아이들을 잡으려는 시늉을 한다. 보헤미아의 어떤 지방에서는 성령강림절 월요일에 젊은이들이 자작나무 껍질로 만든 높다란 모자를 꽃으로 장식하여 쓴다. 이들 가운데 한 명을 왕으로 분장한 다음 썰매에 타고 마을의 잔디밭 광장으로 간다. 가는 도중에 연못을 지나면 반드시 썰매를 그 속에 던져 버린다. 이렇게 해서 광장에 도착하면 사람들이 왕 주위에 모여든다. 이때 포고자가 바위나 나무 위에 올라가 각 가정이나 그 가족들에 대한 풍문들을 풍자적으로 공개한다. 그런 다음 '오월의 왕'은 나무껍질로 만든 옷을 벗고 축제용 의상으로 갈아입은 채 '오월제 나무'를 짊어지고 마을 곳곳을 돌아다니면서 과자와 달걀, 옥수수 등의 선물을 요청한다.

18세기 무렵에 랑겐살자 근방의 그로스바르굴라에서는 성령강림절에 사람들이 행렬을 지어 '풀의 왕Grass King'을 끌고 돌아다니는 풍습이 있었다. 사람들은 이 왕을 포플러 나뭇가지로 만든 피라미드 모양의 소쿠리 안에 가두고는 그 꼭대기에 꽃으로 장식한 왕관을 씌웠다. 그들은 이처럼 소쿠리 안에 갇힌 왕을 얼굴 부위에만 구멍을 뚫어 놓고는 말 잔등에 태워 옷자락이 땅에 질질 끌리게 하면서 마을을 돌아다닌다. 말을 탄 많은 젊은이들에 의해 에워싸인 왕의 행렬은 공회당이나 마을 유지들의 집을 방문하여 맥주 대접을 받는다. 그런 다음 '풀의 왕'은 이웃 좀머베르크 마을의 일곱 그루 보리수 아래서 나뭇잎 옷을 벗는다. 이때 왕관은 지방장관에게 바치고, 옷을 만드는 데 쓰인 나뭇가지들은 아마가 잘 자라도록 아마밭 가운데 꽂아 둔다. 여기서도 나무정령의 풍요와 생장의 힘에 대한 관념을 엿볼 수 있다.

보헤미아의 플젠[28] 인근에는 성령강림절 무렵이 되면 푸른 가지로 만든 문 없

---

27 독일 북동부 니더작센주에 있는 도시
28 체코 서부의 자파도체스키주에 있는 도시. 플제니Plzeň라고도 한다.

는 오두막이 마을 중앙에 세워진다. 그리고 한 무리의 젊은이들이 오월제 왕을 앞세운 채 말을 타고 그곳으로 간다. 이때 왕은 허리에 칼을 차고 골풀로 만든 원뿔 모양의 모자를 쓰고 있다. 그는 수하에 재판관과 행정관 그리고 '개구리 백정' 혹은 '망나니'라고 부르는 인물을 부하로 거느리고 있다. 개구리 백정 혹은 망나니라 일컫는 인물은 천한 광대로서 녹슨 칼을 차고 빈약하기 짝이 없는 늙은 말에 가랑이를 벌린 채 걸터앉아 있다. 이 일행이 오두막에 도착하면 먼저 행정관이 말에서 내려 입구를 찾는다. 하지만 원래 문이 없는 오두막이다 보니, "이거 참, 마법의 성이구만. 마술사는 이파리 사이로 끼어 다니니까 문이 필요 없겠지"라고 말한다. 결국 그는 허리에 찬 칼을 빼어 오두막을 헤쳐 길을 낸 다음, 오두막 안으로 들어가서 의자에 앉아 이웃 처녀나 농부, 하인들에 대해 풍자시를 빌려 욕설을 퍼붓는다. 그런 다음엔 우리에 가득 개구리들을 잡아온 개구리 백정이 앞으로 나와 그것들을 교수대에 즐비하게 매달아 놓는다.

플라 인근에서는 이 의식이 약간 다르다. 왕과 군사들은 모두 나무껍질로 만든 옷에 꽃이나 리본으로 장식하고, 빠짐없이 칼을 차고 있다. 심지어 이들이 타고 있는 말들도 꽃이나 푸른 나뭇가지로 치장하고 있다. 오두막에서 마을 부인들과 소녀들에 대해 욕설이 퍼부어지는 동안, 행정관은 몰래 개구리 한 마리를 바늘로 쿡쿡 찔러 댄다. 그러면 개구리가 꽥꽥거리면 왕은 개구리에게 사형을 선고한다. 망나니가 개구리의 목을 쳐서 관중 가운데로 내던진다. 끝으로 왕이 오두막에서 추방되고 군사들이 그를 추격한다. 만하르트의 지적대로, 이처럼 개구리를 바늘로 찌르거나 목을 베어 죽이는 일은 강우주술임에 틀림없다. 요컨대 우리는 오리노코의 인디언이 비를 내리게 하기 위해 개구리를 학대한다는 사실, 그리고 개구리를 죽이는 의식이 유럽에서 강우주술로서 널리 행해졌다는 사실에 대해 이미 앞에서 살펴본 바 있다.

봄에 식물정령은 종종 왕이 아니라 여왕으로 표상되기도 한다. 보헤미아의 리브로빅 인근에서는 사순절의 네 번째 일요일에 제비꽃이나 데이지꽃 따위의 이른 봄꽃들을 머리에 장식하고 흰 옷을 입은 아가씨들이 여왕이라 일컫는 처녀를 따라 마을을 순회한다. 여왕은 꽃으로 장식한 왕관을 쓰고 있고, 엄숙한 행렬이 계속되는 동안 그들은 잠시 노래를 그치거나 걸음을 멈추는 일은 없다. 여왕은 집집마다 봄소식을 전달하며 그 집의 행운과 축복을 빌어 주고 답례로 선물을 받는다. 독일령 헝가리에서는 아가씨들이 자기들 중에서 제일 예쁜 아가씨를

'성령강림절의 여왕'으로 뽑아, 그녀 머리에 탑 모양의 화관을 씌우고 함께 노래를 부르며 마을을 돌아다닌다. 이들은 집집마다 방문하여 옛 민요를 불러 주고 선물을 받는다. 아일랜드의 동남부 지방에서는 오월제에 가장 아리따운 소녀를 뽑아 1년 동안 그 지방의 여왕으로 삼는다. 이때 여왕은 야생화로 만든 왕관을 쓰고 대관식에 참석하고, 이어 잔치와 무용, 운동경기 등이 벌어지며, 저녁이 되면 대행진으로 마무리된다. 임기 중에 여왕은 젊은이들의 춤판이나 오락행사 등을 주재한다. 만일 여왕이 다음 해 오월제가 되기 전에 결혼하면 이런 권한을 행사하지 못한다. 그리고 여왕이 결혼하더라도 남은 임기 동안 후임자를 뽑지 않는다. 오월의 여왕은 프랑스와 영국에서 매우 널리 행해졌으며, 그만큼 친숙한 존재가 되어 있다.

또한 식물정령은 때로 왕과 여왕, 신사와 숙녀, 신랑과 신부 등 한 쌍으로 표상되기도 한다. 여기서도 신인동형론적 속성과 나무정령의 식물적 속성 사이의 유사한 대비를 확인할 수 있다. 우리는 앞에서 나무들끼리 서로 결혼하는 사례에 대해 살펴본 바 있다. 워릭셔[29] 남부 헬포드에서는 오월제가 되면, 둘씩 짝을 지은 어린아이들의 행렬이 왕과 여왕을 앞세우고 집집마다 순회한다. 이때 두 소년이 꽃과 나뭇잎으로 장식한 2미터쯤 되는 기다란 '오월제 기둥'을 들고 다닌다. 그 꼭대기에는 나무막대 두 개를 서로 직각이 되게 붙인 십자가와 굴렁쇠가 달려 있는데, 그것도 꽃으로 장식되어 있다. 이 행렬은 집집마다 돌아다니면서 오월의 축가를 불러 주고 돈을 받으며, 그 돈으로 차를 마련하여 오후에는 학교 교실에서 다과회를 연다. 보헤미아 쾨니히그레츠[30] 부근의 마을에서는 성령강림절 월요일에 어린아이들이 왕놀이를 한다. 그때 양산을 든 왕과 여왕이 행진하는데, 가장 나이 어린 소녀가 꽃다발 두 개를 얹은 쟁반을 들고 화관을 쓴 여왕 뒤를 따른다. 이 행렬은 신랑신부의 들러리라고 불리는 소년소녀들의 안내를 받으며 집집마다 찾아가 선물을 걷는다.

실레시아 지방의 성령강림절 민간축제에서도 이런 왕놀이가 두드러진 특징으로 나타난다. 여러 가지 형태의 놀이가 있지만 공통적인 목표나 결승점은 '오월제 나무' 또는 '오월제 기둥'이다. 어떤 경우는 미끄러운 기둥을 타고 올라가

---

29 영국 잉글랜드 미들랜즈 지방에 있는 주
30 체코 비호도체스키주의 주도. 흐크라데츠크랄로베Hradec Králové라고도 한다.

「오월의 여왕제」 리하르트 브라켄부르크, 1700

가장 먼저 상품을 손에 넣은 자가 '성령강림절의 왕'이 되며, 그의 애인은 '성령강림절의 여왕'이 된다. 이런 놀이가 끝나면 왕은 오월제 기둥을 손에 든 채 일행을 데리고 선술집에 가서 마시고 춤추며 흥겨운 시간을 보낸다.

때로는 젊은 농부나 노동자들이 꽃과 리본, 화관으로 장식된 오월제 기둥을 목표로 말타기 시합을 한다. 거기서 일등을 한 자가 '성령강림절의 왕'이 되며, 나머지 사람들은 하루 종일 그의 명령에 복종해야 한다. 또한 꼴찌한 자는 하루 종일 어릿광대짓을 하지 않으면 안 된다. 그 일행이 오월제 나무 아래에 도달하면 말에서 내려 왕을 가마에 싣는다. 이때 어릿광대 역할을 맡은 자는 선술집으로 달려가 서른 개의 빵을 씹지도 않고 그냥 삼켜야 하며, 브랜디 네 병을 연거푸 마셔야 한다. 왜냐하면 그 뒤에 오월제 관목을 손에 든 왕과 일행이 쫓아오기 때문이다. 만일 그 일행이 도착하기 전까지 빵과 술을 다 먹어치운 다음 왕 앞에 나아가 인사를 하면서 맥주 한 병을 바칠 만한 여유를 보여 주면 왕이 계산을 치르게 되고, 그렇지 않으면 자기가 전부 셈을 치르기 때문이다.

이 공식 행렬은 교회 행사를 다 마친 뒤에는 열을 지어 마을을 순회한다. 선두에는 오월제 관목을 손에 들고 꽃으로 치장한 왕이 있고 그 뒤를 광대가 따르는데, 옷을 뒤집어 입고 턱에는 아마로 만든 수염을 달고 머리에는 벙거지를 쓰고 있다. 또 두 명의 기마병이 왕의 호위를 맡는다. 이 같은 왕의 행렬은 각 농가의 안뜰까지 들어간다. 이때 기마병들은 말에서 내려 광대를 집 안으로 밀어넣으면서, 이 광대의 수염을 세탁해야겠으니 비눗값을 기부하라고 안주인에게 요구한다. 집 문이 자물쇠로 잠겨 있지 않다면 어떤 방에라도 들어가 음식물을 가지고 나와도 상관없다.

마지막으로 일행은 왕의 애인 집으로 간다. 그녀는 '성령강림절의 여왕'으로 대접받으며, 알록달록한 허리띠와 옷, 앞치마 등을 선물로 빈다. 그 답례로 왕은 조끼라든가 목도리 등의 선물을 받으며, 이와 동시에 애인 집 마당에 오월제 관목 또는 성령강림절 나무를 세울 권리를 인정받는다. 이렇게 세워진 오월제 나무는 이듬해 오월제까지 명예의 표시로서 그대로 간직한다. 모든 행사가 종결되면 일행은 술집에 가서 왕과 왕비의 춤을 구경한다. 경우에 따라서는 성령강림절의 왕과 여왕이 또 다른 방식으로 계승되기도 한다. 예컨대 군중들의 행렬 속에서 빨간 모자를 씌운 인형이 두 명의 무장 호위병에 의해 법정으로 연행된다. 이어서 사람들은 형식적인 재판을 통해 인형에게 사형선고를 내리고 형틀에 묶는다. 이때 눈을 가린 여러 명의 젊은이들이 창을 들고 인형을 찌르려고 서로 경생한다. 거기서 성공한 자가 왕이 되고 그의 애인이 왕비가 되는 것이다. 이때의 인형은 밀짚으로 만들어지며 '골리앗Goliath'[31]이라고 부른다.

덴마크의 어떤 교구에서는 성령강림절에 한 소녀를 곱게 단장하여 '성령강림절의 신부'라 칭하고, 한 소년을 신부의 신랑으로 정하는 풍습이 있었다. 사람들은 진짜 신부와 똑같이 공들여 이 소녀를 몸단장하며 갓 피어난 봄꽃으로 만든화관을 머리에 씌운다. 신랑 또한 꽃과 리본, 나비넥타이로 잔뜩 멋을 내며, 다른아이들도 노란 금매화와 동이나물꽃으로 최대한 멋을 부린다. 그런 다음 위풍당당하게 농가를 돌아다니는데, 이때 두 소녀가 신부의 들러리로서 행렬의 선두에서며, 다시 그 앞에 예닐곱 명의 기마 시종들이 목마를 타고 앞서 나가면서 사람들에게 성령강림절 신부와 신랑의 내방을 알린다. 그들은 농가에서 달걀, 버터, 빵, 크림, 커피, 설탕, 수지양초 등을 선물로 받는다. 농가 순회가 다 끝나면 몇몇농부 아내들이 모여 혼인잔치를 준비하고, 아이들은 해가 뜨고 새들이 지저귈 때까지 밤새도록 나막신을 신고 잘 다져진 흙바닥에서 흥겹게 춤추며 논다. 하지만 이 모든 것은 이제 과거의 일이 되고 말았다. 요즘은 노인네들만이 성령강림절의 꼬마 신부와 그녀의 깜찍한 흉내 화장을 기억할 뿐이다.

스웨덴에서는 다른 지방의 오월제나 성령강림절에 거행하는 의식을 보통 하지절에 행한다. 스웨덴 남부 블레킹에 주의 일부 지역은 아직도 '하지절 신부Midsummer's Bride'를 뽑아 그녀에게 '교회 화관'을 대여해 주는 풍습이 남아 있다. 이 신부는 자기 손으로 직접 신랑을 고르며, 사람들은 헌금을 모아 주는 등 두 사람을 한동안 진짜 신혼부부같이 대한다. 이때 다른 청년들도 각자 자기 신부를 고른다. 노르웨이에서는 지금도 이와 비슷한 의식이 행해지고 있다.

프랑스 도피네[32] 지방의 브리앙송[33] 인근에서는 오월제가 되면 마을 패거리들이 애인에게 버림받거나 다른 남자에게 애인을 빼앗긴 한 청년을 온통 푸른 잎사귀로 단장한다. 이 청년이 땅바닥에 누워 잠자는 시늉을 하면, 그를 좋아하고 또결혼까지 생각하고 있는 한 처녀가 다가와 그를 깨워 깃발 하나를 준다. 그런 다

---

31 구약성서(『사무엘 상』 17장)에 나오는 필리스티아(블레셋)의 거인. 소년 다윗의 돌팔매에 맞아 죽었다고 나온다.

32 프랑스 남동부의 이제르, 오트잘프, 드롬 주들을 포함하는 역사적·문화적 지역

33 프랑스 남동부 오트잘프주의 도시

음 둘은 함께 맥줏집으로 가서 춤을 춘다. 그런데 그들은 그해에 결혼해야만 한다. 만일 연내에 결혼하지 않으면 둘 다 노총각, 노처녀 취급을 받아 다른 젊은이들에게서 소외당하기 때문이다. 바로 이 청년을 '오월의 신랑'이라고 부른다. 여자는 맥줏집에서 청년이 벗어던진 나뭇잎으로 화환을 만들고, 이튿날 그와 다시 맥줏집에서 만날 때 자기 앞가슴에 화환을 달고 나가야 한다.

러시아의 네레크타 지방에서도 성령강림절 전의 목요일에 이와 유사한 의식이 행한다. 즉, 처녀들이 자작나무 숲에 들어가 큰 나무줄기에 띠를 감아 둥글게 화환을 만든 다음 제각기 짝을 지어 그 화환을 통해 키스한다. 이렇게 화환을 통해 키스를 나눈 처녀들은 서로를 수다쟁이 친구라고 부른다. 그리고 이들 중 한 명이 앞으로 나와 술에 취한 총각 흉내를 내면서 땅바닥에 널브러져 풀밭 위를 이리저리 뒹굴다가 곧 잠든 척한다. 그러면 다른 처녀가 술에 취해 잠든 총각 시늉을 하는 처녀를 깨워서 입을 맞춘다. 그 뒤 처녀들은 모두 함께 노래하며 숲속을 뛰어다닌다. 그녀들은 다시 화환을 여러 개 만들어서 물속에 던지는데, 화환이 물결에 흘러가는 모양을 보고 자신들의 운명을 점치는 것이다.

프랑스의 경우는 총각이 잠든 시늉을 했지만 러시아에서는 처녀가 그 역할을 맡고 있다. 어쨌든 프랑스와 러시아의 이 같은 풍습은 공통적으로 버림받은 신랑을 모티프로 하고 있는데, 다음 사례에서는 버림받은 신부를 모티프로 하고 있다. 즉, 오베르크라인의 슬로베니아인은 '참회의 화요일Shrove Tuesday'[34]에 기쁨의 환호성을 지르면서 짚으로 만든 인형을 마을 이리저리 끌고 다닌다. 그러다가 인형을 물속에 던지거나 불태우는데, 이때 불길의 높이로써 이듬해 수확의 정도를 가늠한다고 한다. 주목할 것은 시끌시끌한 군중 뒤로 가면을 쓴 한 여자가 따라가는데, 그녀는 새끼로 묶은 큰 널빤지를 끌면서 자기는 버림받은 신부라고 공표한다.

이미 검토한 관점에서 보면, 잠든 척하는 버림받은 자를 깨우는 행위는 어쩌면 봄날에 식물들의 재생을 표상하는 것인지도 모른다. 하지만 버림받은 신랑이

---

34 '재의 수요일(기독교 교회에서 사순절이 시작되는 날)' 바로 전날. 2월 2일에서 3월 9일 사이에 오며 부활절 날짜에 따라 달라진다. '고해하다'를 뜻하는 'Shrive'에서 유래한 'Shrove'는 중세에 사순절을 준비하기 위해 흔히 행해진 고해를 가리킨다. 이날 팬케이크를 먹는 관습(그래서 이날을 팬케이크데이라고도 함)은 오늘날까지도 남아 있는데, 원래는 사순절 금식 기간에 먹을 수 없는 달걀과 지방질을 미리 먹어 두는 실제적인 목적을 갖고 있었다.

의미하는 것이 무엇이며, 잠든 척하는 신랑을 깨우는 처녀가 상징하는 것이 정확히 무엇인지를 규정하기란 용이한 일이 아니다. 예컨대 잠든 자는 앙상한 겨울나무 혹은 황량한 겨울 들판을 상징하는 것일까? 그를 깨우는 처녀는 봄의 신록과 따스한 봄볕을 상징하는 것일까? 이런 물음에 대해 지금 우리가 알고 있는 증거만 가지고 단정적으로 대답하기는 어렵다.

스코틀랜드 북부 고지대에서는 봄날 식물정령의 재생이 2월 1일의 성 브리데St. Bride's[35] 축일에서 여실히 표상되고 있다. 헤브리디스[36] 지방에서는 각 가정의 주부나 하녀들이 각기 한 아름의 귀리를 가지고 와서 그것으로 여자 인형을 만들어 큰 광주리에 넣고 그 곁에 나무 방망이를 세워놓는다. 이들은 여자 인형을 브리드Briid라고 부르면서 "브리드가 오셨군요. 어서 오세요"라고 세 번 외친다. 이런 의식은 잠들기 직전에 행한다. 다음날 아침, 이들은 브리드의 방망이에 흔적이 남아 있는가 싶어 아궁이의 재를 살펴본다. 만일 자국이 있으면 그해는 풍작이라는 징조이고, 자국이 없으면 반대로 흉년의 조짐이라고 생각한다. 어떤 목격자는 이와 동일한 관습에 대해 다음과 같은 기록을 남기고 있다. "성촉절聖燭節, Candlemas[37] 전야에는 대문 근처 안쪽에다 곡식과 마른 풀로 침상을 만들고, 그 위에 모포를 몇 장 덮어 두는 것이 관례이다. 준비가 끝나면 누군가가 밖으로 나가 '브리드제트여, 브리드제트여, 어서 오세요. 당신의 잠자리를 마련해 놓았어요'라고 반복하여 세 번 외친다. 그리고 밤새도록 침상 옆에 촛불을 켜 둔다."

맨Man섬에서도 옛날에는 이와 비슷하게 2월 1일 전야에 토속어로 '랄브리세이Laa'l Breeshey'라 부르는 의식이 행해졌다. 이 의식은 성 모그홀드St. Maughold에게 면사포를 얻기 위해 맨섬으로 건너온 한 아일랜드 귀부인을 기념하기 위한 것이었다. 이날 사람들은 골풀로 다발을 엮어 손에 들고 대문 앞에 서서 성 브리드제트St. Bridget(?~524/528년경)[38]를 맞아들여 그날 밤 자기들과 함께 묶어 줄 것을

---

35 성 브리드제트St. Bridget라고도 한다. 아래의 옮긴이 주 38번 참조

36 영국 스코틀랜드 대서양(서쪽) 연안에 있는 제도

37 2월 2일에 기념하는 가톨릭의 축일. 성모 마리아가 유대교 율법을 지켜 예수가 태어난 지 40일 만에 정결 예식을 치르고 하나님께로 봉헌하기 위해 예루살렘 성전에 간 것(『루가』 2장 22~38절)을 기념하는 축일. 542년에 유스티니아누스 1세는 이 축제일을 2월 2일(성탄절로부터 40일째 되는 날)로 옮긴다는 칙령을 공포했다. 이에 앞서 5세기 중엽에는 촛불을 켜고 축제를 거행하는 관습이 도입되었는데, 성촉절이라는 명칭은 이러한 관습 때문에 생겨난 것이다. 동방교회에서 이 축일이 일차적으로 그리스도의 축일이라고 한다면, 서방교회에서는 1969년 교회력 개혁 때까지만 해도 성모 마리아의 축일로 지켜져 왔다.

38 Saint Brigit(Birgitta/Bridget/Bride) of Ireland라고도 표기한다. 아일랜드의 킬데어 대수녀원장, 아일

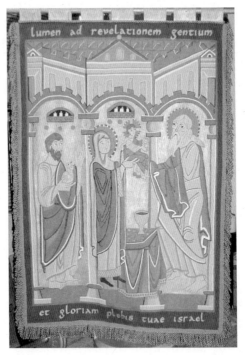

성촉절 때 사용한 깃발

아일랜드의 수호성인 성 브리드제트 성화

청한다. 이때 사람들은 "브리드제트여, 브리드제트여, 우리 집으로 오세요. 당신을 위해 문을 활짝 열어 놓았으니 어서 오세요"라는 내용의 기도문을 되풀이하여 외운다. 그런 다음 마루에다 골풀을 깔아 성 브리드제트의 잠자리를 마련한다. 이와 아주 흡사한 관습이 고대 만 왕국에서도 행해졌다고 한다. 스코틀랜드나 맨섬의 의식에 등장하는 성 브리데나 성 브리드제트는 겉으로는 기독교의 옷을 걸치고 있지만, 실은 고대의 이교도적 풍요의 여신, 즉 켈트족이 숭배했던 수확과 불의 여신 브리지트Brigit[39]와 다름없다.

봄에 식물정령을 결혼시키는 풍습은 직접 결혼에 관한 언급이 없더라도, 종종 그 정령을 상징하는 인물을 '신부'라 부르고 결혼 의상으로 치장하는 것에서 쉽게 알 수 있다. 알트마르크의 어떤 마을에서는 성령강림절에 사내아이들이 오월제 나무를 들거나 나뭇잎과 꽃으로 감싼 소년을 데리고 돌아다닐 때, 여자아이들은 머리에 커다란 화환을 쓰고 신부처럼 단장한 '오월의 신부May Bride'를 데리고 돌아다닌다. 이때 오월의 신부는 일행과 함께 집집마다 방문하면서 노래를 부르고 선물을 청한다. 만일 선물을 받으면 그 집에 1년 내내 풍작이 있을 거라고 축복하며, 선물을 받지 못하면 신의 가호가 없을 거라고 말한다. 웨스트팔리아[40]의 어떤 지방에서는 두 소녀가 '성령강림절의 신부'라 부르는 화관 쓴 아가씨를 데리고 집집마다 찾아가 노래를 부르며 달걀을 달라고 청한다.

랜드의 수호성인 중 한 사람. 생애에 대해서는 알려진 바가 거의 없고, 전설과 신화에 따르면 그녀는 귀족 아버지와 노예 어머니 사이에서 태어나 어머니와 함께 드루이드라는 사람에게 팔려 갔는데, 후에 그를 기독교로 개종시켰다고 한다. 렌스터의 왕은 그녀에게 킬데어의 평원을 주었고, 그녀는 이곳에 아일랜드 최초의 수녀원을 세웠다고 한다. 그 후 사랑과 인정이 가득 담긴 브리드제트 전설이 광범위한 지역으로 퍼져 나갔고, 그녀의 축일은 오스트레일리아와 뉴질랜드 같은 먼 지역에서도 지켜졌다. 런던 플리트가街에는 그녀에게 봉헌된 세인트브리드제트 교회가 있다.

39 켈트어로 '높은 자'라는 뜻. 고대 켈트 종교에서 시작詩作, 기술, 예언, 점을 관장하던 여신. 로마의 여신 '미네르바(그리스 신화의 아테나)'에 해당한다. 기독교가 전래된 뒤에는 성 브리드제트로 대체되었지만, 원래 지니고 있던 강한 목가적 성격을 잃지는 않았다. 성 브리드제트의 대성소는 아일랜드의 킬데어에 있는데, 아마도 이교 신전 위에 세워진 듯하다. 이곳에서는 그녀를 기리는 신성한 불이 끊임없이 타올랐으며, 19명의 수녀가 교대로 그 불을 관리했고 매달 20일에는 성 브리드제트 자신이 그 불을 돌보았다고 한다. 브리드제트는 오늘날까지도 스코틀랜드 민간전승에서 성모 마리아의 산파로 등장하는 등 여전히 중요한 역할을 하며, 수많은 신성한 우물들이 그녀에게 봉헌되었다. 영국 북부 브리간트인의 수호여신 '브리간티아Brigantia'도 본래 브리지트와 동일한 여신이다.

40 베스트팔렌. 독일 북서부에 있는 유서 깊은 지역

제11장
식물과 섹스

앞에서 봄과 여름의 축제에 대해 살펴보았는데, 거기서 우리는 다음과 같은 사실을 추정해 볼 수 있다. 즉, 원시적 조상들은 식물이 지닌 힘을 남성과 여성으로 인격화하고 동종주술 혹은 모방주술의 원리에 따라 오월의 왕과 여왕 또는 성령강림절의 신랑과 신부 등으로 의인화하여 표현함으로써 나무와 식물의 성장을 촉진할 수 있다고 여겼다. 그런 연출은 단지 소박한 민중들을 즐겁게 하거나 교육하기 위해 조작된 상징적이고 비유적인 드라마나 목가적인 연극이 아니었다. 그것은 나무들이 푸르게 자라고, 부드러운 풀이 움트게 하며, 밀이 싹트게 하고, 꽃이 피어나게 하기 위한 주술이었다. 그러므로 나뭇잎으로 감싸거나 꽃으로 장식한 배우들의 모의 결혼이 숲의 정령들이 실제로 결혼하는 듯한 인상을 많이 심어주면 줄수록 그 주술의 효험도 그만큼 더 커진다고 믿었다.

따라서 우리는 그런 의식에 수반하는 난잡한 행동이 결코 우발적인 것이 아니라 그때는 꼭 필요한 의식의 일부였을 거라고 이해한다. 또한 그 의식을 거행한 자들은 나무와 식물의 결혼이 인간 남녀의 실제적 결합 없이는 생산적일 수 없다고 생각했음이 틀림없다. 물론 오늘날 문명화된 유럽에서 식물의 성장을 촉진한다는 목적으로 그런 의식을 행하는 일은 거의 찾아볼 수 없다. 하지만 세계의 여러 곳에 사는 원시종족들은 아직까지도 토지의 풍요와 다산을 위해 의도적으로 성교를 행하는 경우가 왕왕 있다. 최근까지 유럽에 남아 있는 몇몇 풍요의례에 대해서도, 그것을 이와 유사한 풍습이 더 발전하지 못한 흔적으로서 이해한다면 합리적인 설명이 가능할 것이다. 다음 사례들은 이 점을 명백하게 입증해 줄 것이다.

중앙아메리카의 피필Pipile족[1]은 파종하기 나흘 전부터 아내와 잠자리를 같이하지 않는다. 이는 정액을 모아두었다가 파종하기 전날 밤에 격정적으로 한꺼번

1 과테말라의 나와틀족에 속한 인디언 부족

에 쏟아붓기 위한 것이라고 한다. 혹은 첫 번째 씨앗을 땅에 뿌리는 순간 성행위를 할 수 있도록 미리 특정한 인물을 정해 놓기도 했다. 이처럼 파종 때 밭에서 아내와 성교하는 의식은 사제들에 의해 하나의 종교적인 의무로 강요한 것이었으며, 그런 의무를 소홀히 한 채 파종하는 것은 율법에 어긋나는 일이었다. 이들은 인간의 번식 과정과 식물의 번식 과정을 혼동했으며, 그래서 전자의 과정에 의지하여 후자의 과정을 촉진할 수 있다고 상상했다. 이렇게 이해하는 것만이 그런 풍습에 대한 유일한 해명이 될 수 있다. 자바의 어떤 지방에서는 벼의 성장기에 농부와 그의 아내가 밤에 밭에 가서 벼의 성장을 촉진하기 위해 성교를 한다.

뉴기니의 서쪽 끝과 오스트레일리아 북부 사이에 있는 레티와 사르마타, 그 밖의 여러 섬에 사는 원주민들이 태양을 남성 원리로 간주하고 그 남성 원리에 의해 여성 원리인 대지의 생산성이 높아진다고 믿는다. 이들은 남성 원리를 '우푸레라(Upu-lera)', 즉 '해님'이라고 부르며, 집 구석구석이나 신성한 무화과나무에 야자수 잎으로 만든 모형 램프를 걸어 둔다. 무화과나무 밑에는 제단으로 쓰이는 널찍한 바위가 있는데, 바위 위에 살해된 적의 모가지를 제물로 바치기도 했다. 어떤 섬에서는 이런 의식이 지금까지 행해진다고 한다. 매년 한 차례씩 우기가 시작될 무렵이면 '해님'이 신성한 무화과나무로 내려와 대지를 비옥하게 한다고 믿었으며, 사람들은 그의 강림을 돕기 위해 일곱 단짜리 사다리를 준비하여 배려한다. 사다리는 신성한 나무 밑에 놓아 두며, 거기에는 시끄러운 울음소리로 동녘에서 해가 뜨는 것을 알려준다는 작은 목각 새가 장식되어 있다. 이때 개와 돼지 등을 아낌없이 제물로 바치며, 남녀가 함께 어울려 질탕하게 잔치를 벌인다. 요란한 춤과 노래 속에서 남녀가 나무 밑에서 실제로 성교를 하는데, 이는 태양과 대지의 신비스러운 결합을 극적으로 보여 준다.

이런 축제의 목적은 강우, 풍부한 음식, 가축과 어린아이의 다산, 제물 따위를 할아버지이신 태양에게 기원하는 데에 있었다. 예컨대 염소가 두세 마리씩 새끼를 낳고, 부족 인구가 늘어나고, 죽은 돼지가 살아나고, 빈 쌀자루에 쌀이 가득 채워지게 해 달라고 태양에게 빌었다. 이를 위해 돼지, 쌀, 술 등을 차려 놓고 태양을 초대하는 것이다. 바바르 제도에서는 축제 때에 태양의 창조적 정력을 상징하는 특별한 깃발을 세운다. 흰 무명으로 만든 깃발은 높이가 2.7미터 정도이며, 남자가 그려져 있다. 아무튼 이런 축제에 수반되는 난장판orgies을 단순히 방탕한 격정의 폭발에 불과한 것으로 보아서는 안 된다. 그것은 언제나 대지의 결실과 인간의 평안을 위해 매우 치밀하고 엄숙하게 진행되었기 때문이다.

작물의 결실을 촉진하는 데에 이용하는 방법은 당연히 나무의 생장을 보증하는 데에도 사용한다. 가령 암보이나의 몇몇 지방에서는 정향나무의 생장 상태가 좋지 않을 경우, 남자들이 한밤중에 벌거벗은 채로 밭에 가서 여자에게 임신시키듯이 나무에 대해 성행위를 모방하면서 "더 많은 정향나무를!"이라고 외친다.

중앙아프리카의 바간다족은 남녀 간의 성교와 토지의 풍요 사이에 밀접한 관계가 있다고 굳게 믿는다. 그래서 아이를 낳지 못하는 석녀들은 대개 추방당하기 일쑤다. 석녀는 남편 밭의 결실을 방해한다고 믿었기 때문이다. 이에 반해 쌍둥이를 낳는 등 다산의 징후를 보여 주는 부부에게는 주식인 바나나를 대량생산할 수 있는 힘이 있다고 믿는다. 그리하여 쌍둥이가 태어나면 사람들은 어떤 의식을 집행하는데, 의식의 목적은 양친의 생식력을 바나나에게 전이하는 데에 있었다. 이때 아내가 먼저 집 근처의 무성한 풀밭에 똑바로 누워 가랑이 사이에 바나나꽃 한 송이를 꽂는다. 그러면 남편이 덤벼들어 그 꽃을 차낸다. 그런 다음 부부는 친지들의 밭을 돌아다니며 춤춘다. 이 또한 바나나의 결실을 풍요롭게 하기 위한 행위였다.

유럽 각지에서도 이 같은 원시적 관념(남녀 간의 성적 관계가 식물의 생장을 촉진하는 데에 이용될 수 있다는 관념)에 입각한 관습들이 봄철 파종기와 수확기에 널리 행해진다. 우크라이나에서는 성 제오르지오 축일(4월 23일)에 법복을 입은 사제가 시종들을 거느리고 농작물이 움트기 시작하는 밭으로 축복을 하러 나간다. 그 뒤를 신혼부부들이 따라가서 쌍쌍이 밭에서 몇 번 구른다. 그래야만 농작물이 잘 될 거라고 여겼던 것이다. 러시아의 어느 지방에서는 여자들이 사제가 구덩이에 빠지거나 말거나 전혀 개의치 않고 그를 새싹이 돋기 시작한 밭에 밀쳐넣는다. 이때 목자인 사제가 저항하거나 따지면 양떼들(신자)은 이렇게 중얼거린다. "신부님, 당신께선 우리가 키운 작물들은 좋아하시면서, 우리의 행복은 바라지 않은 채 흉년이 들게 하실 참인가요?" 한편 독일의 어느 지방에서는 수확 때에 보리를 벤 다음 남녀가 함께 밭에서 뒹군다. 이 또한 중앙아프리카의 피필족이나 자바족이 벼농사 때 사용하는 것과 동일한 방식으로 밭에 풍요의 힘을 전이하기 위한 소박한 관습이라 할 수 있다.

진리를 찾는 인간의 마음이라 할지라도 때로 오류를 범할 수 있다. 그런 오류의 과정을 추적하고자 하는 연구자에게, 인간 남녀의 성적 관계가 식물의 생장에 공감적 영향을 미칠 수 있다는 이론적 신앙에 대한 관찰은 상당한 관심거리가 될 것이다. 어떤 민족은 그런 신앙을 대지의 풍요를 위한 수단으로 삼아 성적인 격정에 사로잡히는가 하면, 그것과 정반대의 방식으로 동일한 목적을 이루고자 하는 민족들도 있다. 니카라과의 인디언들은 옥수수 씨앗을 파종하고 추수할 때까지 아내와 동침하지 않는 금욕생활을 한다. 심지어 소금도 먹지 않고 코코아나 치차술도 마시지 않는다. 어느 스페인 역사가의 표현을 빌리면, 그것은 금욕의 계절과 다름없었다. 지금도 중앙아메리카의 인디언 가운데에는 곡물의 생장을 촉진하기 위한 목적으로 절제생활을 하는 사람들이 있다. 가령 케크치Kekchi[2]족 인디언은 옥수수 파종기가 되면 아내와 별거생활을 하면서 닷새 동안 물고기 따위를 일체 입에도 대지 않는다. 또한 란키네로Lanquinero족 인디언과 카자보네로Cajabonero족 인디언도 13일 동안이나 육체적인 금욕생활을 한다.

마찬가지로 트란실바니아 지방의 독일인도 파종기에는 아내와 동침을 금기시하고 있다. 헝가리의 칼로타스체크 지방에도 같은 규칙이 지켜지고 있다. 그들은 이런 규칙을 어기면 곡식에 곰팡이가 핀다고 믿는다. 나아가 중앙오스트레일리아 카이티시Kaitish족의 추장은 식물의 풍요 주술을 집행하는 동안에는 아내와의 잠자리를 엄격하게 제한한다. 이를 어기면 식물이 싹을 틔우지 못한다고 믿었다. 멜라네시아 제도의 어떤 섬에서는 얌yam[3]덩굴을 재배하는 동안 남자들은 밭에서 잠을 자고 아내에게 접근하지 않는다. 만일 이런 금기를 깨트리면 얌이 열리지 않는다고 믿었던 것이다.

이처럼 동일한 신앙에 대해 어떤 민족은 엄격한 금욕적 금기로 대응하고, 어떤 민족은 지나치게 방종한 행동방식으로 대응하는 이유를 논리적으로 설명하기란 그리 어렵지 않다. 요컨대 원시인은 자신과 자연을 동일시하면서, 자신의 충동과 그 과정을 동식물을 증식하는 자연이 방법과 별개의 깃으로 구별하지 않는다. 따라서 그들은 두 가지 상반된 결론 중에 어느 하나를 선택하게 된다. 다시 말해 성적 방종에 탐닉함으로써 동식물의 다산성을 촉진할 수 있다고 믿거나, 아니면 금욕을 통해 축적된 성적 에너지가 동식물의 증식을 도울 거라는, 그리하여 스스로가 에너지 저장고의 역할을 한다고 생각할지도 모른다. 따라서 원시인은

2 과테말라 중북부에 사는 마야 인종의 일부족
3 고구마 혹은 감자와 비슷한 작물

자연과 생명에 대한 소박하고 원시적인 동일 관념에서 각기 다른 경로를 통해 방종의 규칙 내지 금욕의 규칙을 만들어 낸 것이다.

동양적인 금욕적 이상주의에 입각한 종교 속에서 자란 독자라면, 무지몽매하고 미개한 원시인이 특정한 상황하에 준수했던 금욕적 금기에 대한 나의 설명이 억지투성이고, 사실에서 멀리 벗어난 것이라고 비판할지도 모른다. 그런 독자는 아마도 원시인의 금기 규정과 밀접하게 연관되어 있는 도덕적 정결貞潔에서 문제의 해답을 찾고자 할 것이다. 그들은 존 밀턴John Milton(1608~1674)[4]과 마찬가지로 정결이란 그 자체로 고귀한 덕성이라고 여길 것이다. 또한 그들은 인간이 가진 가장 강하고 충동적인 동물적 속성 가운데 하나인 성욕에 대해 가해진 금기와 관련하여, 그것을 따를 수 있는 사람이야말로 범속한 사람들과는 달리 뛰어나고 신적인 존재로서 숭경받을 만하다고 여길 것이다. 도덕적 정결을 이상시하는 이 같은 사고방식이 현대인들에게 매우 자연스럽게 받아들여지는 것은 사실이다. 그러나 원시인은 전연 그렇게 생각하지 않았다.

원시인은 그런 도덕적 사고방식을 이해하지 못한다. 그들이 때로 성적 본능과 맞서 싸운 적이 있을지도 모른다. 하지만 그것은 결코 그들이 고귀한 이상주의자였거나 혹은 도덕적 정결에 대한 관심 때문이 아니다. 오히려 그것은 매우 명백하고 구체적인 어떤 속셈 혹은 목적이 있었기 때문이다. 그 목적을 이루기 위해서라면 즉물적인 관능의 쾌락을 희생해도 좋다고 생각했던 것이다. 이 점은 앞에서 살펴본 여러 사례들을 통해 충분히 이해할 수 있다. 그 사례들은 주로 먹을 것을 찾기 위한 자기보존 본능이 씨족의 번식을 돕는 성적 본능과 충돌할 경우, 보다 원초적이며 근본적인 전자의 본능이 후자의 본능을 압도한다는 사실을 잘 보여 준다. 요컨대 원시인은 먹을 것을 위해 스스로 성적 욕망을 억제한 것이다.

원시인이 성적 욕망을 억제하고자 하는 또 하나의 목적은 전쟁에서 승리하는

---

4 장엄한 문체와 사탄의 묘사로 유명한 대서사시 『실락원Paradise Lost』(1667)의 저자로서 셰익스피어에 버금가는 영국의 대시인. 그의 산문들은 청교도혁명에 대한 귀중한 해석으로 근대 정치와 종교의 사상사에서 중요한 위치를 차지한다. 프레이저가 언급한 밀턴 정조예찬론의 전거는 『밀턴 전집Historical, Political, and Miscellaneous Works of John Milton』(1738)에 실린 「스멕팀누스를 위한 변명」이거나 혹은 『코머스Comus』(1634)의 다음 구절일 것으로 보인다. "그건 정조라네, 내 형제여, 정조라네./ 그녀는 그것을 가지고 있네, 온통 철갑을 두르고/ 화살통을 멘 요정처럼 날카로운 화살을 가지고/ 거대한 삼림이든, 인적 없는 황무지든/ 알려지지 않은 언덕이든, 모래 덮인 죽음의 사막이든 찾아간다네./ 거룩한 정조의 빛을 통해/ 거친 야만인도 도적떼도 산사람들도/ 감히 동정녀의 순결을 더럽히지 못할 곳으로……"

일이다. 싸움터의 전사들뿐만 아니라 집에 남아 있는 자들도 종종 성적 욕망을 억제했다. 그럼으로써 적을 쉽게 격파할 수 있다고 믿었다. 이런 신앙이 파종기에 성적인 금욕생활을 하면 작물의 생장을 도울 수 있다고 믿는 신앙과 마찬가지로 얼마나 허황된 것인지를 우리는 잘 알고 있다. 하지만 그런 신앙이 아무리 무익하고 헛된 것일지라도, 그로 인해 인간이 행하는 자기억제가 생장을 촉진하고 강화하는 데에 어떤 효과를 미쳤을 성싶기도 하다.

개인의 경우도 그렇듯이 한 종족의 도덕적·기질적 능력은 주로 미래를 위해 현재를 희생하는 힘 속에, 혹은 내세에서 보다 영원한 만족의 원천을 위해 일시적 쾌락의 즉물적인 유혹을 물리치는 힘 속에 내재되어 있기 때문이다. 그런 자기희생적이고 자기억제적인 힘이 커지면 커질수록 그 종족의 기질적 능력도 더 강해지기 마련이다. 그리하여 마침내 이타적인 목적으로 먼 장래의 자유와 진리를 추구하기 위해 자기 삶의 쾌락 심지어 자기 목숨까지도 희생하는 숭고하고 영웅적인 기질이 창조되기도 하는 것이다.[5]

---

5 로버트 프레이저는 이 대목에서 제임스 프레이저의 논증이 대단히 미묘한 매력을 감추고 있다고 말한다. 즉, 프레이저는 빅토리아 시대 사람들이 높이 평가했던 성적 인내심을 암암리에 그것과 반대되는 방종과 동격으로 놓고 있다는 것이다. 로버트 프레이저 편, 앞의 책, 168쪽 편주 참조

제12장
신성한 결혼

1. 풍요의 여신 디아나

앞에서 우리는 식물이 남성적 요소와 여성적 요소의 성적 결합을 통해 종을 번식하며, 그 번식이 동종주술 혹은 모방주술의 원리에 따라 잠시 동안 식물정령을 가장하는 남녀의 실제 결혼이나 모의 결혼에 의해 자극받거나 촉진된다고 믿는 신앙에 대해 살펴보았다. 널리 분포된 그런 신앙은 어느 정도 근거가 있으며, 그 주술적 드라마는 유럽의 민속축제에서 매우 큰 역할을 했다. 그것은 자연법칙에 대한 매우 조잡한 관념에 입각하고 있지만 아득한 고대에서부터 전승되어 내려온 것임에 틀림없다. 다시 말해 그런 주술적 드라마가 지중해에서 북극해에 걸친 대부분의 지역이 삼림으로 뒤덮여 있었을 무렵, 유럽 문명의 여러 민족 조상들이 미개한 상태에서 아직 벗어나지 못한 채 삼림 곳곳에 있던 공지에서 가축을 사육하거나 농사를 짓고 있던 태곳적부터 행해졌다고 해도 좋을 것이다.

이처럼 잎과 꽃, 풀과 화초, 과일 등을 자라게 하는 당시의 주술과 마술이 목가적 연극이나 대중적 연희 형태로 오늘날까지 전해져 온 것이라면, 약 2000년 전 고대의 문명인들 사이에서는 그것이 현대에 보다 유사한 형태로 존속했으리라고 상정해 볼 만하다. 바꿔 말하면 고대인의 축제에서 오늘날의 오월제나 성령강림절, 하지절 축제의 의례들과 동일한 것을 찾아낼 수 있을 성싶다. 물론 당시의 의례가 오늘날처럼 단순한 구경거리가 아니라 배우들이 의례적으로 거룩한 신과 여신의 역할을 했던 종교적 또는 주술적 의식이었을 것이라는 점에서 오늘날의 그것과는 사뭇 다르다.

그런데 본서의 제1장에서 우리는 숲의 왕이라고 부르는 네미의 사제가 숲의 여신 디아나를 배우자로 삼았음에 틀림없으리라는 점을 입증한 바 있다. 그렇다면 숲의 왕과 여왕인 그들이 근대 유럽에서 오월의 왕과 여왕, 성령강림절의 신랑과 신부 역할을 하는 광대들의 원형이라고 말할 수도 있지 않을까? 바로 그렇기 때문에 그들의 결합을 매년 신들의 결혼으로서 기념하는 것이다. 이 장에서 살펴보겠지만, 신과 여신의 극적인 결혼은 고대세계에서 엄숙한 종교의식으로 행해졌다. 그러므로 네미의 거룩한 숲이 그런 연례적 종교의식을 거행한 무대였다고 추정하더라도 큰 문제는 없을 것이다. 물론 그렇게 말할 만한 직접적인 증거는 없지만, 그럼에도 추정할 수 있는 근거는 적지 않다.

예컨대 케레스Ceres[1]가 곡물의 여신이고 바쿠스가 포도나무의 신이라면, 디아나는 본래 숲의 여신이었다. 그래서 디아나의 성소는 통상 숲속에 있었다. 사실 모든 숲이 디아나의 영지였으며, 그녀는 종종 봉헌의 측면에서 숲의 신 실바누스Silvanus[2]와 연관지어지곤 했다. 하지만 디아나가 항상 나무와 숲의 여신에만 머물렀던 것은 아니다. 그녀의 그리스판 자매 여신인 아르테미스와 마찬가지로 동식물 등 자연의 풍요로운 생명력을 상징하는 여신으로 발전해 갔다. 그리하여 이제 디아나는 숲을 배회하며 어둡고 으슥한 곳에서 먹이를 기다리거나, 나뭇가지 사이에서 싱싱한 잎과 어린 싹을 따 먹거나, 개활지와 골짜기에서 풀을 뜯는 야생동물 및 모든 가축을 소유하는 숲의 주인으로 여겨졌다. 그 결과 실바누스가 숲의 신이자 가축의 신인 것처럼 디아나는 사냥꾼과 목동의 수호 여신이 될 것이다.

이와 마찬가지로 핀란드에서도 숲의 신 타피오Tapio와 그의 아름답고 멋진 아내가 숲에 사는 모든 야생동물의 소유자라고 여겼다. 이 거룩한 주인의 자비로운 허락 없이는 그 누구도 숲속의 야생동물들을 죽일 수 없었다. 그래서 사냥꾼들은 숲의 신에게 기도를 올리고 신들이 사냥감을 허락해 주면 많은 제물을 바치겠노라고 서약했다. 또한 가축들은 우리에 있거나 숲을 돌아다닐 때에 숲의 정령들에게서 보호를 받았다. 수마트라의 가요Gayo족은 사냥개들을 데리고 사슴,

---

1 로마 종교에서 식용 식물의 성장을 관장하는 여신. 케레스 여신만 따로 숭배하는 경우도 있지만, 대지의 여신인 텔루스와 함께 숭배하기도 했다. 초기에 케레스 숭배는 시칠리아 섬과 마그나그라이키아에 널리 퍼져 있던 데메테르 여신 숭배에 압도당했다. 그러나 '시빌의 책'이라는 예언집의 충고에 따라, 로마는 기근을 막기 위해 케레스와 리베르, 리베라 숭배를 도입했다. 기원전 493년에 아벤티누스 언덕 위에 세워진 케레스의 신전은 평민의 종교 활동 및 정치 활동의 중심지가 되었으며, 그 예술성으로 인해 유명해졌다. 로마에서 1년에 세 차례씩 열렸던 케레스 숭배의 주요 축제는 모두 그리스 방식을 따랐다.

2 로마 종교에 나오는 전원의 신. 성격상 동물들의 신인 파우누스와 비슷하며, 종종 그와 동일시된다. 보통 시골 사람 차림으로 묘사된다. 처음에는 마을을 둘러싸고 있는 개간되지 않은 삼림지대의 정령이었던 그는 미지의 세계가 갖는 위협적인 성격을 다소 지니고 있었으나, 숲이 개간되자 목초지·울타리·별장·공원·정원의 신으로 발전했다. 국가적인 숭배의 대상이 되거나 신전을 가진 적은 없지만, 성스러운 숲이나 나무로 그에게 드리는 개인적인 숭배의 단순한 의식들이 널리 행해졌다. 라틴 문학에서는 그리스의 작은 삼림의 신 실레노스나, 숲·목초지·목동의 신 판과 혼동되곤 했다.

「바쿠스, 케레스, 큐피드」 한스 폰 아헨, 1600년경

실바누스 상(위), 왼쪽 제단 위의 솔방울,
오른손에 든 포도 수확용 낫,
사냥개 등으로 그가 숲의 신임을
나타내고 있다.

「다아나와 수사슴」 장 구종,
1550~1554년경(아래)

염소, 멧돼지 따위를 사냥하러 나가기 전에 눈에 보이지 않는 숲의 왕에게 허락을 받아야만 한다고 믿는다. 이때 숲에 대해 충분한 지식을 갖고 있는 자가 특정한 형식에 따라 의식을 집행한다. 그는 숲의 왕을 표상하는 특별한 모양의 말뚝 앞에서 숲의 정령에게 사냥을 해도 좋은지 아닌지를 알려 달라고 기도한다. 사냥에 관련된 한 연구에서, 아리아노스Arrian of Nicomedia(89~160)[3]는 켈트족이 매년 아르테미스의 탄생일을 기념하여 제물을 바치는 관습에 대해 언급하고 있다. 켈트족은 한 해 동안 사냥해서 죽인 모든 여우와 산토끼, 사슴들에 대한 벌금을 아르테미스의 기금으로 모아두었다가 그것으로 희생제물을 구입한다. 이런 관습은 분명 숲의 짐승들이 아르테미스 여신에게 귀속된 것이며, 짐승들을 사냥할 때마다 그녀에게 보상해야 한다는 관념을 말해 주고 있다.

그러나 디아나는 야생동물의 수호 여신, 숲이나 산의 지배자, 쓸쓸한 들판과 흐르는 시냇물의 주인으로만 여겨지지 않았다. 그녀는 어떤 때는 달[月], 특히 8월의 보름달로 표상되어 달고 맛있는 과일들을 농사꾼의 곳간마다 가득 채워 주는 여신, 혹은 임신한 여자들의 소원을 들어 주는 여신으로 여겨진다. 앞에서 살펴보았듯이, 그녀는 네미의 성스러운 숲에서 특히 남녀에게 아이를 점지해 주는 여신으로 숭배받았다. 요컨대 디아나는 항상 그녀와 동일시되는 그리스의 아르테미스 여신과 같이 일반적으로 자연의 여신, 특히 풍요와 다산의 여신이라고 말할 수 있다. 때문에 아벤티누스 언덕의 디아나 성소에 있는 여신상이 풍부한 생식력의 상징으로서 수많은 유방을 가진 에페소 아르테미스Ephesian Artemis의 형상을 하고 있는 것도 전혀 이상할 것이 없다. 그리하여 우리는 툴루스 호스틸리우스Tullus Hostilius 왕[4]이 제정했다는 고대 로마법에서, 근친상간의 죄를 범한 경우 그 속죄를 위해 제사장이 디아나의 숲에서 의식을 거행해야 한다는 규정을 이해할 수 있

---

3 그리스의 역사가. 『알렉산드로스 원정기』의 저자

4 재위 기원전 673~기원전 642년. 로마의 세 번째 왕. 그와 관련된 전설은 아마도 로물루스의 전설에서 영향을 받은 것으로 보인다. 그와 로물루스는 이웃 도시 피데나이와 베이의 군대를 맞아 함께 싸웠으며, 로마 주민 수를 두 배로 늘리고 군대를 조직한 뒤 폭풍과 함께 땅에서 사라졌다고 한다. 역사가인 리비우스(기원전 59~기원후 17)와 할리카르나소스의 디오니시오스(기원전 1세기경 활동)는 이 전설을 역사적 사실로 받아들이고 있으며, 로마에서 남동쪽으로 19킬로미터 떨어진 알바롱가가 툴루스가 통치했던 것으로 추정되는 시대에 파괴당했다고 주장하기도 한다. 전하는 말에 의하면, 툴루스가 알바를 로마 영토에 병합하고 그곳의 통치자들을 로마 원로원의 의원으로 임명하는 정책을 실시했다고 하는데, 이는 로마의 영토 확장 정책이 초기에는 정복보다는 합병으로 이루어졌던 역사적 사실과 일치하고 있다. 툴루스가 로마 원로원의 초기 회합 장소였던 쿠리아호스틸리아를 건설했다는 것 또한 사실로 여겨지고 있다.

대모 여신 아르테미스

다. 흔히 근친상간의 죄는 기근의 원인으로 간주되었다. 그래서 풍요와 다산의 여신에게 그 속죄를 빌지 않으면 안 된다고 여겼던 것이다.

그런데 풍요와 다산의 여신은 먼저 그녀 스스로가 풍요적이고 다산적이어야 한다. 그러니까 당연히 디아나에게는 배우자가 있어야 한다. 세르비우스의 견해를 믿어도 좋다면, 디아나의 배우자는 네미 숲의 왕으로 표상 및 구현되는 비르비우스와 다름없었다. 이들의 결합은 대지와 동물과 인간의 다산성을 촉진하는 데에 그 목적이 있었다. 그리하여 사람들은 매년 반복적으로 디아나와 비르비우스의 인형 또는 그들로 분장한 신랑신부를 연출하여 둘의 신성한 결혼을 축복했다. 그럼으로써 풍요와 다산의 목적을 성취할 수 있다고 믿었다. 물론 그런 신성한 결혼의식이 네미의 숲에서 행해졌다고 말하는 고대 연구자는 아무도 없다. 게다가 아리키아의 제의에 대한 우리의 지식은 너무도 빈약하고, 그것에 대한 보고서가 거의 전무하기 때문에 어떤 이론을 제시하기가 지극히 어렵다. 직접적인 증거를 찾기 어려운 우리의 이론적 관점을 보완하기 위해서 결국 다른 지방에서 행해진 동일한 관습을 조사하여 그것에 의존하지 않을 수 없다. 어느 정도 퇴화한 형태이지만 이와 유사한 관습이 행해진 근대의 사례에 대해서는 이미 앞 장에서 살펴보았다. 따라서 아래서는 고대의 형태에 대해 좀 더 생각해 보자.

2. 신들의 결혼

바빌로니아에는 8층으로 겹겹이 쌓아올린 웅장한 벨Bel[5]의 신전이 피라미드처럼

---

5 메소포타미아의 삼신 중 하나인 대기의 신을 가리키는 아카드어. 수메르어로는 엔릴Enlil이라 한다. 천공신 아누Anu(수메르어로는 An), 물의 신 에아Ea(수메르어로는 Enki)와 함께 삼신을 이룬다. 엔릴은 바람의 신, 공기의 신, 농업의 신으로도 불렸다. 괭이의 신화에서 엔릴은 괭이를 발명하여 땅의 단단한 표면을 부쉈으며, 사람들이 구멍에서 솟아나오게 했다. 또 다른 신화는 엔릴이 그의 배우자인 곡식의 여신 닌릴Ninlil(아카드어로는 Belit)을 강간하여 지하세계로 추방되었다고 전한다. 이 신화는 토지의 비옥화, 곡식의 익음, 겨울 동안의 활동 중지라는 농경의 주기를 반영하고 있다. 이런 엔릴의 제의 중심지는 니푸르에 있었다. 한편 에너지와 힘을 체현한 신 안은 수메르 신전에서 으뜸가는 신이었지만 엔릴이 더 중요한 역할을 했다. 엔릴에 해당하는 아카드 신의 이름 벨은 셈어 바알Baal('주인'이라는 뜻)에서 유래했다. 벨은 엔릴의 모든 속성을 가졌으며, 그의 지위와 제의는 엔릴의 그것과 거의 같다. 그러나 벨은 점차 통치자의 성격을 갖게 되었으며, 질서와 운명의 신으로 생각되기에 이르렀다. 그러나 아이로니컬하게도 벨은 인간을 징벌할 수 있었기 때문에 아카드의 신화에서 벨은 인류에게 홍수를 내린 신으로 묘사되고 있다. 바빌로니아의 신 마르두크는 이 벨과 같은 속성을 가지고 있었다. 그리스의 작품에서 언급되는 벨은 같은 이름을 가진 팔미라의 시리아 신이 아니라 바빌로

도시 전체를 내려다보고 서 있다. 맨 아래 계단 둘레를 돌아 고갯길처럼 휘어 올라가서 꼭대기 층에 이르면 멋진 신전이 나타나는데, 그 안에는 화려한 침구들로 장식된 거대한 침대가 있고, 그 옆에 황금 탁자가 놓여 있다. 이 신전에는 신상이 전혀 없다. 밤에는 벨 신이 바빌로니아 전체 여자들 중에서 선발한 단 한 사람의 여자 외에는 아무도 벨 신전에 접근할 수 없었다. 전승에 의하면, 벨 신은 밤마다 신전에 들어가 큰 침대에서 잠을 잤다고 하며, 벨 신의 배우자로 선택된 여자는 죽을 수밖에 없는 유한한 인간과는 사귈 수 없었다.

이집트 테베[6]에서도 한 여자가 암몬Ammon[7] 신의 배우자로 뽑혀 암몬 신전에서 잠을 잤다고 한다. 그녀 또한 벨 신의 배우자와 같이 인간 남자와는 잠자리를 같이 하지 않았다. 이집트 고서들은 그녀를 '신의 배우자'라 하여 여러 차례 언급하고 있다. 흔히 그녀에게는 이집트 왕비에 못지않은 고귀한 신분이 부여되었다. 이집트인은 자신들의 왕이 암몬 신에게서 태어났으며, 암몬 신이 잠시 동안 통치자 왕의 모습을 하고 나타나 왕비와 성교를 한다고 여겼다. 이집트에서 가장 오래된 신전인 데이르 엘 바하리Deir el Bahari[8] 신전과 룩소르Luxor[9] 신전 벽에는 신의

니아 신 마르두크를 가리킨다.

6 북위 26도 근처의 나일강 양안에 위치했던 고대 이집트 제국의 수도. 테베의 옛 이름은 고대 이집트어로 와세Wase, 워세Wo'se, 노웨Nowe, 누웨Nuwe였다. 제11왕조(기원전 2133~기원전 1991) 때부터 테베가 왕국의 수도가 되었고, 도시의 최고 신인 아몬을 경배하는 뜻에서 노웨 또는 누웨('아몬'의 도시)라고 부르게 되었다. 그리스식 이름인 테베(테바이)는 룩소르의 고대 이집트식 이름인 타오페에서 유래했다. 오이디푸스 신화의 주무대인 고대 그리스의 테베와 이름이 같다.

7 아몬Amon, 아문Amun, 아멘Amen이라고도 한다. 이집트에서 신들의 왕으로 숭배된 신. 원래는 이집트 중부 크문의 지방신이었다. 아몬 숭배는 테베까지 퍼졌으며, 멘투호테프 2세(재위 기원전 2007~기원전 1956)가 다스릴 때에는 파라오의 수호신이 되었다. 그 무렵에는 헬리오폴리스의 태양신 레(라)와 동일시되었으며, 아몬 레가 되어 민족신으로 받아들여졌다. 아몬 레는 사람의 모습을 띠었으며, 때로는 숫양의 머리 또는 숫양의 모습으로 나타났다. 아몬이라는 이름은 '숨겨진 자'라는 뜻이며, 그의 형상은 불가시성을 나타내기 위해서 파란색으로 칠해졌다. 아몬의 영향력은 이집트의 정치적 안녕과 밀접하게 연결되기도 했다.

8 이집트 테베에 있는 고고학 유적지. 절벽으로 둘러싸인 이 유적지는 '왕의 계곡' 동쪽, 나일강 서쪽 강둑 위에 있다. 데이르 엘 바하리('북부의 사원'이라는 아랍어)는 7세기에 세워진 한 신전을 가리킨다. 이 유적지에서 고대 이집트 건축물이 세 채 발굴되었다. 그중 하나는 멘투호테프 2세의 장례용 신전(기원전 1970년경 세움)인데 건축물 윗부분이 대부분 유실되었다. 두 번째 건축물인 하트셰프수트 여왕의 계단식 신전은 사원의 폐허 아래에서 발굴되어(1894~1896) 그 일부가 복원되었다. 폴란드 고고학 발굴단에 의해 드러난 세 번째 신전은 앞서 건립된 두 신전 사이의 위쪽 부분에서 투트모세 3세가 기원전 1435년경에 세운 것이었다.

9 상上이집트 지방 키나주에 있는 상업도시로서, 고대 이집트 도시인 테베 유적지의 남부지역에 붙인 이름이다. 테베 남부는 '아몬 대신전'을 중심으로 성장했다. 제18왕조 말기에 아멘호테프 3세(재위 기원전 1390~기원전 1353)는 나일강 가까이 있는 이곳에 강둑을 따라 아름다운 신전을 지어 이집트의 주신 아몬과 여신 무트 사이에서 태어난 아들 콘스에게 바쳤다. 이 아몬 대신전은 투탕카멘과 호렘헤브 치세에 완성되었고, 람

이집트 테베 남부의 룩소르 신전 벽에 새겨진 풍요의 신

신비의식이 행해졌던 그리스의 엘레우시스 유적

생식 행위가 그림과 조각으로 정밀하게 묘사되어 있다. 벽화에 첨부된 비문들을 보면 그 장면들이 의미하는 바가 분명하게 나타난다.

한편 아테네에서는 주신酒神 디오니소스Dionysos가 매년 왕비와 결혼을 한다. 이런 신성한 결혼은 신성한 약혼과 마찬가지로 의식을 통해 이루어졌다고 보인다. 하지만 이때 디오니소스 신의 역할을 인간이 대신했는지, 아니면 신상으로 대체했는지는 알 수 없다. 아리스토텔레스에 따르면, 이 의식은 아크로폴리스의 동북 경사면에 있던 프리타네움(시청) 근처의 오래된 왕궁('외양간'이라고 불렀다)에서 집행하였음을 알 수 있다. 이 같은 신성한 결혼의 목적은 포도를 비롯한 여러 과일들의 수확을 풍성하게 하는 데에 있었다. 디오니소스가 바로 그런 과일 나무들의 신이었기 때문이다. 그러므로 이 의식은 형식과 의미에서 '오월의 왕과 왕비'의 결혼과 부합한다.

매년 9월경, 엘레우시스[10]에서 장엄하게 거행한 비밀스러운 신비의식은 천공신 제우스와 곡물의 여신 데메테르Demeter의 결혼을 재현하는 것이었다고 보인다. 그 신성한 결혼은 남신의 배역을 맡은 남성 사제[11]와 여신의 배역을 맡은 데메테르의 여성 사제에 의해 연출된 듯싶다. 하지만 그들의 성교는 다만 연극적 또는 상징적인 것에 불과했다. 남성 사제는 스스로 독초를 복용하여 일시적으로 자신의 생식력을 제거하고 의식에 임했다. 비밀의식이 시작되면 불이 꺼지고 두 사제가 어두운 곳으로 내려간다. 그동안 숭배자들은 신비의식의 결과를 눈이 빠지게 기다린다. 왜냐하면 신비의식이 그들을 구원해 줄 거라고 믿었기 때문이다.

마침내 사제가 나타나, 말 한마디 없이 휘황찬란한 빛 속에서 숭배자들에게 신성한 결혼의 열매라며 보리 이삭 하나를 보여 준다. 그리고 큰 소리로 "브리모Brimo 왕비께서 신성한 브리모 왕자를 나셨도다"라고 선언한다. 이는 '위대한 신께서 위대한 것을 베푸셨다'는 의미이다. 다시 말해 곡물의 대모신이 그녀의 아들인 곡식을 낳았다는 말이다. 이 거룩한 드라마에서 대모신의 기나긴 산통이 연출되기도 했다. 어쨌든 보리 이삭의 계시는 비밀의식의 가장 중요한 장면이라 할

세스 2세 및 프톨레마이오스 왕조시대에 좀 더 증축되었다.

10 엘레우시스 신비의식의 장소로 유명한 고대 그리스 도시. 오늘날 아테네 교외의 산업도시 레프시나에 해당된다. 아테네 서쪽 약 50킬로미터 지점의 샤론 만 어구에 있던 그리스 마을로서, 원래 독립 도시였으나 기원전 7세기에 아테네에 병합되었고, 그 뒤부터 엘레우시스 신비의식이 아테네의 주요 종교 축제가 되었다. 1882년부터 그리스 고고학회에 의해 대大 프로필라이아를 포함한 성역 전체가 발굴되었다.

11 히에로판트hierophant, 즉 엘레우시스 신비의식을 집전하던 고대 그리스의 사제

수 있다. 요컨대 엘레우시스 신비의식은 메마른 대지에 자비로운 비를 내리게 하는 천공신과 곡물의 여신을 결혼시킴으로써 광대한 엘레우시스 평야에 풍요를 가져오게 하기 위한 의식이었다. 그리하여 후대의 시인과 철학자들은 이 단순하고 조야한 의식에서 마치 안개 속의 풍경을 보듯, 고대의 성스러운 결혼을 재현했던 것이다.

보이오티아Boeotia[12]인은 몇 해에 한 번씩 '소小다이달라Little Daedala'라는 축제를 거행하는데, 이때 그들은 떡갈나무 숲에서 나무 한 그루를 베어 쓰러뜨린다. 그리고 떡갈나무로 신상을 만들어 신부 옷을 입혀 수레에 태우고 한 아가씨를 시녀로 뽑는다. 피리를 불거나 춤추는 군중들이 이 수레를 호위하면서 아소푸스 강가까지 갔다가 마을로 되돌아온다. 60년에 한 번씩 열리는 '대大다이달라Great Daedala' 축제에는 모든 보이오티아인이 참여했다. 이 축제 때가 되면 '소小다이달라' 때에 사용했던 14개 신상을 수레에 싣고 아소푸스강을 거쳐 다시 키타이론산[13] 꼭대기까지 가지고 올라가 그곳에서 불태워 버린다. 이 축제에 대한 설명에 의하면, 그들은 이로써 제우스와 헤라의 결혼을 축하한다는 것이다. 즉, 신부 옷을 입은 떡갈나무 신상은 바로 헤라 여신을 표상한다.[14] 스웨덴에서는 동식물의 풍요와 다산을 상징하는 프레이르Freyr[15] 신의 아내로 지목된 아름다운 처녀가 프레이르 신상을 수레에 모시고 매년 전국을 순회했다. 그녀는 또한 웁살라의 대신전에서 프레이르 신의 여사제 역할을 했다. 사람들은 이런 프레이르 신상과 신부의 수레를 열광적으로 맞이하여 풍요와 다산을 기원하며 제물을 바쳤다.

이처럼 신들을 신상이나 혹은 인간과 결혼시키는 관습이 고대 여러 민족들 사

---

12 오늘날의 보이오티아주와 거의 일치하는 고대 그리스의 지방

13 그리스 남동부의 산. 아티카와 보이오티아의 경계 지역에 있다.

14 다이달라Daedala는 고대 그리스에서 세우스의 아내인 헤라를 기리기 위해 베푼 축제를 가리킨다. 프레이저의 설명대로 그리스의 키타이론산 위에서 열렸는데, 나무로 만든 여인상에 신부 옷을 입혀 행진한 다음 제물로 바친 짐승들을 산 채로 나무 제단과 함께 불태웠다. 그리스 신화에 따르면, 제우스는 이 여인상으로 아내 헤라의 질투심을 불러일으켜 헤라의 애정을 되찾았다고 한다. 그 때문에 '다이달라'는 부부가 화해한 뒤 새로 '결혼'한다는 의미를 지니게 되었다. 유럽 전역의 많은 이교도들이 해마다 봄과 한여름에 나무를 불태우는 의식을 가졌던 사실은 이 축제가 본질적으로 풍작을 기원하는 의식이었다는 것을 암시한다.

15 북유럽 신화에서 평화·다산·비·햇빛을 다스리는 신. 바다의 신 니외르드의 아들로 원래는 바니르 신족에 속했지만, 에시르 신족에 속하게 되었다. 거인 기미르의 딸인 게르드의 남편이었다. 특히 스웨덴에서 숭배되었고, 노르웨이와 아이슬란드에서도 잘 알려졌다. 프레이르의 누이이며 여성 짝이자 프레이야는 사랑·다산·전쟁·죽음의 여신이었다. 이 두 신에게는 모두 수퇘지를 바쳤다. 프레이르와 프레이야는 중세 아이슬란드의 이야기와 노래에 많이 나온다.

「프레이르 청동상」 11세기

이에서 널리 행해졌다. 그런 관습의 토대에 깔린 관념은 매우 소박한 것이었다. 고대 문명을 세운 바빌로니아인, 이집트인, 그리스인 등이 그들의 야만스럽고 미개한 선조에게서 이런 관습을 이어받았으리라는 점은 의심할 나위가 없다. 이와 유사한 종류의 의식들이 다른 여러 미개사회에서도 널리 행해졌다는 점을 염두에 둘 때, 이런 추론은 나름대로 설득력이 있다. 예컨대 고대 러시아 말미즈 지방의 보티악Wotyak족의 사례를 들 수 있다. 그들은 몇 해 동안이나 흉작으로 인해 곤궁해지면서 절망에 빠졌는데, 이윽고 자신들이 강력하고 심술궂은 신 케레메트Keremet를 결혼시켜 주지 않았기 때문에 신이 화를 내고 있는 거라고 결론지었다. 그리하여 장로들로 구성된 대표들이 쿠라의 보티악족을 방문해서 이 문제를 상의했다. 장로들이 마을로 돌아온 후, 엄청난 양의 술을 빚고 수레와 말을 화려하게 꾸며 마치 신부를 맞이하듯이 종을 치면서 쿠라의 숲으로 행렬을 지어 들어갔다. 거기서 밤새 실컷 먹고 마신 다음, 이튿날 아침이 되자 숲속의 잔디를 네모나게 떠내어 마을로 되돌아왔다. 그 후 말미즈 마을 사람들은 행운이 찾아와 잘 먹고 잘살게 된 반면, 쿠라 마을 사람들은 불운하게도 식량 부족으로 죽을 지경이 되었다. 그래서 이 결혼의식에 동의한 쿠라 마을 사람은 분개한 마을 사람들에게서 호되게 당했다고 한다.

이 일을 전하는 어떤 연구자는 이렇게 말한다. "이 결혼의식을 통해 그들이 무엇을 의도했는지를 알아내기란 용이하지 않다. 아마도 베크트루Bechterew의 견해처럼, 그들은 케레메트 신을 상냥하고 다산적인 대지의 여신 무킬친Mukylcin과 결혼시킴으로써 그녀의 감화로 케레메트 신을 위무하려 했던 듯싶다." 벵골[16]에서도 우물을 팔 경우, 나무로 어떤 신상을 만들어 그것을 물의 여신과 결혼시키는 풍습이 있다.

신에게 시집간 신부가 나무나 그 밖의 것으로 조각한 신상이 아니라 피와 살을 지닌 살아 있는 여자인 경우도 종종 있었다. 페루의 어떤 인디언 마을에서는 열네 살쯤 된 예쁜 소녀를, 그들이 '화카huaca' 신이라고 부르는 사람 모양의 바위에게 시집보낸다. 결혼식에는 마을의 전체 성원들이 참석하여 사흘간에 걸쳐 뻑적지근한 잔치를 베푼다. 결혼 잔치가 끝나면 소녀는 마을을 위해 평생 동안 처녀인 채로 그 바위를 모신다. 마을 사람들은 소녀에게 최고의 존경을 바치면서

---

16 인도 대륙 북동부에 있는 지역

그녀를 신으로 대접한다. 한편 알공킨Algonquin족[17]과 휴런Huron족[18] 인디언들은 매년 3월 중순경 어망으로 물고기를 잡을 때가 되면, 예닐곱 살 정도 된 두 소녀와 그 어망을 결혼시킨다. 결혼식장에서 사람들은 그 어망을 두 소녀 사이에 놓고 힘을 내어 많은 물고기를 잡으라고 소녀들을 격려한다. 이처럼 어린 소녀들을 선발하는 이유는 확실한 처녀를 필요로 했기 때문이다.

이런 관습의 유래는 다음과 같다. 즉, 언젠가 어로기가 되었을 때 알공킨족 인디언들은 늘 하던 대로 그물을 쳐놓았는데 물고기가 전혀 잡히지 않았다. 어쩔 줄 몰라 실망에 빠져 있던 그들 앞에 '오키oki'라는 그물의 정령이 키 크고 건장한 청년의 모습으로 나타나 흥분된 어조로 이렇게 말했다는 것이다. "나는 아내를 잃었다. 그래서 진짜 처녀를 찾고 있는 중인데 그게 잘 안 된다. 너희들이 매번 허탕치는 것도 그 때문이다. 그러니까 너희들이 내 소원을 들어주지 않는 한 계속해서 흉어가 들 것이다." 그래서 회의를 연 알공킨족 인디언들은 의논 끝에 처녀의 시비가 없도록 아주 나이 어린 소녀 둘을 선정하여 그물의 정령과 결혼시킴으로써 화해했다. 이후 과연 소원대로 물고기가 잘 잡혔다고 한다. 이 사실을 전해 들은 이웃의 휴런족 인디언도 같은 관습을 채택했다. 이렇게 그해의 신부로 지목된 소녀의 가족들에게는 반드시 물고기를 보수로 지불했다.

벵골의 오라온Oraon족은 대지를 여신으로서 숭배하며, 매년 살sāl나무의 꽃이 필 무렵이 되면 태양신 다르메Dharmē와 대지의 여신을 결혼시킨다. 이 결혼의식은 다음과 같다. 먼저 모두가 목욕재계한 다음 사내들은 '사르나sarna'라 부르는 신성한 숲속에 들어가며, 여자들은 마을의 사제 집에 모인다. 이때 사내들은 태양신과 숲의 정령에게 닭 몇 마리를 제물로 바친 후 먹고 마시며 잔치판을 벌인다. 그런 다음 사제가 건장한 사내들의 어깨에 태워진 채 마을로 돌아오고, 마을 어귀에서 여자들이 기다리고 있다가 사내들의 발을 씻겨 준다. 그리고 모두가 북을 두드리며 노래 부르고 춤을 추면서, 나뭇잎과 꽃으로 미리 단장해 놓은 사제의 집으로 몰려간다. 그곳에서 사제와 그 아내의 통상적인 모의 결혼식을 집행하는데, 이는 태양과 대지의 결혼을 상징한다. 결혼식이 끝나면 참석자들은 음탕한

---

17 알공킨어語를 쓰는 여러 소집단과 부족들. 캐나다 오타와강 상류 양쪽 기슭 밀림에 흩어져 살았다.
18 이로쿼이어를 사용하는 북아메리카 인디언. 1534년경 프랑스의 탐험가 자크 카르티에가 발견했을 당시에는 세인트로렌스강 유역에서 살았다.

노래와 춤을 추면서 광란의 잔치를 벌인다. 이런 의식의 목적은 대지모신으로 하여금 풍요와 다산을 초래하도록 하는 데에 있었다. 다시 말해, 사제와 그 아내의 모의 결혼식으로 표상되는 태양과 대지의 신성한 결합이 토지를 풍요롭게 만드는 주술로서 행해지며, 이와 동일한 목적을 위해 사람들은 동종주술의 원리에 입각하여 음탕한 광란의 잔치를 벌이는 것이다.

여기서 우리는 인간 여자를 배우자로 받아들이는 초자연적 존재가 종종 물의 신 혹은 정령이라는 사실에 주목할 필요가 있다. 가령 바간다족은 오랜 항해를 떠나기 전에 반드시 무카사Mukasa 신에게 처녀를 제물로 바치고 화해를 해야만 했는데, 이 신은 니안자 호수의 신으로서 아내로 바쳐진 몇 명의 처녀들을 거느리고 있었다. 그녀들은 베스타 여신의 여사제들과 마찬가지로 순결해야 했지만 때로는 부정을 저지르곤 했다. 하여간 이런 관습은 음왕가Mwanga(1866~1901) 왕[19]이 기독교로 개종할 때까지 계속되었다. 또한 영국령 동아프리카의 아키쿠유Akikuyu족은 어떤 강의 물뱀을 숭배했는데, 몇 년에 한 번씩 뱀 신에게 젊은 여자를 제물로 바쳤다. 이를 위해 주의의 명령으로 지은 오두막 안에서 맹신적인 그녀와 주의의 신성한 결혼의식이 행해진다. 만일 여자가 이를 거부하면 사람들은 그녀를 억지로 오두막으로 끌고 간다. 이런 신성한 결혼에 의해 태어난 아이는 '응가이ngai' 신의 자녀로 간주한다. 아키쿠유족에는 그런 아이들이 적지 않다. 한편 동인도 제도의 부루섬[20]에 사는 카엘리Cayeli인들은 언젠가 악어떼의 습격을 받았을 때 악어의 왕이 한 처녀를 사랑하기 때문이라고 믿었다. 그래서 처녀의 부모를 설득하여 그녀에게 신부 화장을 한 후 악어에게 내주었다고 한다.

몰디브 제도[21]의 주민들도 이슬람으로 개종하기 전까지는 이와 유사한 관습을 지키고 있었다. 유명한 아랍인 여행가 이븐 바투타Ibn Batutah(1304~1368/1369)[22]는 이런 관습과 그 종언에 대해 기록하고 있다. 그가 이름까지 열거하고 있는 토착민들의 확신에 의하면, 섬 주민들이 아직 우상을 숭배하고 있을

---

19 아프리카 바간다족 왕국의 마지막 왕. 처음에는 반기독교적인 태도를 가지고 있었으나, 1888년 이슬람교 파벌에 의해 폐위되었다가 기독교 파벌의 도움을 받아 수도를 탈환하면서 기독교로 개종했다. 1897년 영국에 대항해 반란을 일으켰으나, 국민들의 지지를 받지 못해 도망치다가 망명길에서 죽었다.

20 인도네시아의 셀레베스섬 동쪽 480킬로미터 지점에 있다.

21 인도양에 있는 제도. 정식 이름은 몰디브 공화국

22 중세 아랍의 가장 위대한 여행가. 유명한 여행 책자 가운데 하나인 『여행기Rihlah』에서 거의 모든 이슬람권 국가들과 중국, 수마트라까지의 약 12만 킬로미터가 넘는 긴 여정을 기록으로 남겨 놓았다.

여덟 개의 머리를 가진 괴물뱀 야마타노오로치를 살해하고 인신제물로 바쳐진 여인을
아내로 삼았다는 일본 신화의 영웅 스사노오

무렵에 매달 정령jinn들과 함께한 악령이 그들 앞에 나타났다고 한다. 그 악령은 불이 켜진 등불들로 꽉 찬 배의 형상으로 바다 저편에서 다가왔다고 한다. 그러면 주민들은 한 처녀를 곱게 단장하여 바다 쪽으로 문이 열리는 사원에 그녀를 데리고 간다. 다음날 아침에 가 보면, 그녀는 이미 처녀도 아니고 이승 사람도 아닌 상태가 되어 있었다. 이런 식으로 주민들은 매달 추첨을 통해 바다의 악령에게 딸들을 바쳤다. 그런데 악령에게 바쳐진 마지막 처녀가 경건한 어느 베르베르Berber인에 의해 구제되었다고 한다. 그는 『코란Koran』을 외우면서 악령을 바다 저편으로 물리친 것으로 전해진다.

이처럼 인간 여자를 밝히는 악령과 악령의 신부에 관한 이야기는 동양의 일본과 안남Annam[23]에서부터 서양의 세네감비아와 스칸디나비아 반도, 스코틀랜드에 이르기까지 널리 발견되는 민담과 매우 흡사하다. 그런 민담들의 내용은 민족에 따라 조금씩 상이하지만 대체로 다음과 같다. 즉, 여러 개의 머리를 가진 구렁이나 용, 그 밖의 괴물이 나타나 사람들을 괴롭히면 보통 특정일을 잡아 처녀를 인신공희로 바쳐야 한다. 그렇지 않으면 주민들이 살해당하기 때문이다. 이렇게 해서 많은 처녀들을 제물로 바쳤다. 이때 어쩔 수 없이 마지막 제물이 된 처녀는 왕의 딸이고, 천한 신분의 젊은이가 나타나 괴물을 퇴치하고 그 대가로 공주를 얻는다는 식이다. 이런 민담에 자주 등장하는 괴물들은 보통 바다나 호수, 샘물 등지에 사는 뱀으로 묘사되고 있다. 한편 이와 다른 이야기는 샘물에 사는 뱀이나 용이 인신공희를 받는 조건으로 사람들에게 물을 제공하거나 거절하는 내용을 담고 있다.

이런 이야기들을 단순한 창작이라고 규정한다면 이는 큰 잘못일 것이다. 많은 경우 이야기들은 실제로 행해졌던 어떤 관습들, 즉 거대한 뱀이나 용으로 상정되는 물의 정령들에게 종종 그의 아내로서 여자들을 바친 인신공희를 반영하고 있기 때문이다.

---

23 安南, 프랑스 지배하의 베트남, 더 정확히는 식민지가 되기 이전 츠엉키(중부 행정구)로 알려졌던 지금의 베트남 중부지방을 가리키는 말이다. 그러나 베트남인들은 프랑스 식민지시대를 포함해서 '안남安南'이라는 명칭을 공식적으로 사용한 적이 없다. 프랑스인에게 안남으로 알려져 있는 베트남 중부지방은 마강과 바키엠곳(예전에는 사이공이라 불렀던 호치민 시티의 동남쪽 76킬로미터 지점) 사이에 펼쳐져 있는 고지대로서, 옛 제국의 수도였던 위에가 주요 문화 중심지로 남아 있다. 역사적으로 이 지방의 대부분은 한때 참 제국의 통치를 받았으나 베트남인들의 국가가 팽창하던 1471년 베트남인들이 이들을 물리치고, 메콩강 삼각주로 느리지만 꾸준하게 이동하기 시작했다. 위에 시는 구엔[阮]과 친[鄭] 두 영주 가문이 베트남을 사실상 분할 통치하던 16세기에 구엔가家의 중심지였으며 가룡제帝로 알려진 구엔 안[阮暎]이 1802년 베트남을 통일한 후에 제국의 수도가 되었다.

제13장
로마와 알바의 왕들

1. 누마와 에게리아

관습과 전설들에 관한 지금까지의 개괄적 고찰을 통해, 우리는 많은 민족이 궁극적으로 동물과 인간들이 생명을 의존하는 토지의 풍요와 다산을 촉진하기 위해 식물정령이나 물정령의 신성한 결혼의식을 거행했으며, 그런 의식에서 신적인 신랑이나 신부는 종종 살아 있는 남자와 여자가 분장했음을 알 수 있다. 이런 추론은 식물정령과 물정령들이 울창한 삼림이나 폭포 또는 거울처럼 맑은 호수의 형태로 자신을 드러냈음직한 네미의 신성한 숲속에서도, 전술한 오월의 왕과 왕비 사이의 결혼의식과 마찬가지로 해마다 필멸의 '숲의 왕'과 불멸의 '숲의 여왕'인 디아나 사이에 신성한 결혼이 행해졌으리라는 우리의 가설을 뒷받침해 준다. 이렇게 연관지어 보면, 숲속의 물정령 에게리아Egeria가 중요한 인물로 부상한다. 에게리아는 디아나와 마찬가지로 안산을 가져다준다는 이유로 임신한 여자들에게 숭배받았기 때문이다.

이 점에서 에게리아의 물이 여타의 샘물과 마찬가지로 안산의 여신으로서뿐만 아니라 수태의 여신으로도 숭배받았음을 알 수 있다. 그러므로 에게리아의 샘물에서 발견한 수태를 위한 제물은 아마 디아나가 아닌 에게리아에게 바친 것이었다고 볼 수 있다. 혹은 물의 정령 에게리아야말로 저 위대한 자연의 여신, 즉 울창한 숲과 샘물의 지배자로서 호반에 거하면서 고요한 수면을 거울 삼았던 여신이자 동시에 호수나 샘물에 출몰하기를 좋아했던 아르테미스의 그리스판 여신인 디아나였다고 말할 수 있다.

에게리아와 디아나를 동일시하는 것은 로마인들이 에게리아를 떡갈나무 숲에 사는 떡갈나무 정령 중의 하나라고 믿었다는 플루타르코스의 서술에서도 확인된다. 디아나가 삼림 일반의 여신이라고 한다면 에게리아는 떡갈나무의 여신, 특히 성스러운 네미 숲의 여신이라 할 수 있다. 그러므로 에게리아는 신성한 떡갈나무의 뿌리 밑에서 솟아나온 샘물의 정령이었는지도 모른다. 도도나Dodona[1] 신전에 있는 큰 떡갈나무의 뿌리 밑에서도 샘물이 솟아나오며, 여사제들이 그 샘에서 신탁을 받았다고 한다. 또한 그리스인들은 성스런 샘물이나 우물물을 한 모금 마시면 예언의 힘이 주어진다고 믿었다. 이는 에게리아의 전승에서 그녀가 남편 혹은 연인이었던 누마Numa에게 불어넣어 주었다는 신적인 지혜에 대해 설명해 준다. 이와 관련하여 고대사회에서 왕이 종종 강우와 대지의 풍요에 대해 책임을 지고 있었다는 사실을 상기해 보자. 그렇다면 누마와 에게리아의 결혼담에서 유추해 보면, 고대 로마의 왕들이 신적 혹은 주술적 기능을 촉진할 목적으로 되풀이하여 곡물의 여신이나 물의 여신과 신성한 결혼을 거행했을 거라고 보아도 전혀 과장은 아닐 것이다. 신성한 결혼의식에서 여신의 역할은 신상이나 또는 왕비와 같은 특정한 여자가 담당했을 법하다.

이런 가정이 어느 정도 타당하다면, 이집트의 왕과 왕비가 그랬듯이 로마의 왕과 왕비도 모의 결혼을 통해 신과 여신으로 가장했을 가능성이 있다. 즉, 누마와 에게리아의 전설에 나오는 신성한 결혼의식의 무대는 아마도 가옥이 아니라 신성한 숲이었을 것이다. 이들의 연례적 모의 결혼은 '오월의 왕과 왕비'의 결혼 또는 포도의 신과 아테네 왕비의 결혼과 마찬가지로 토지의 풍요와 다산은 물론, 나아가 인간과 동물의 풍요와 다산을 촉진하기 위해 거행된 축제였기 때문이다.

어쨌든 몇몇 설화에 의하건대, 누마와 에게리아가 결혼식을 올린 무대는 네미의 성스러운 숲이었음에 틀림없다. 나아가 네미의 숲에서 '숲의 왕'과 디아나가 결혼했다고 상상해 볼 수도 있다. 요컨대 상이한 두 가지 연구 결과가 일치하는 셈이다. 이런 일치는 로마의 왕과 에게리아의 전설적인 결혼이 '숲의 왕'과 에게리아 혹은 그녀와 동일시된 디아나와의 결혼을 반영하고 있음을 시사한다. 하지

---

1 그리스의 에페이로스에 있는 제우스의 고대 신전. 이 신전에 관한 기록은 호메로스의 『일리아스』 제16편에 처음으로 나타나는데, 신전의 제사장은 셀로이(또는 헬로이)라 하며 "발을 씻지 않으며 땅바닥에서 잠을 잔다"고 묘사되어 있다. 이러한 묘사는 그들이 대지의 여신이나 지하의 신들과 밤낮으로 접촉하는 숭배자들임을 시사해 준다. 도도나 신전의 신탁에 관해 처음으로 언급한 사람은 호메로스였는데(『오디세이아』 제16편), 도도나 신전에서는 나무가 나뭇잎을 바스락거리거나 그 밖의 다른 소리를 내어 신탁을 전하는 것으로 알려졌다. 한편 이 신전의 여사제에 대해 가장 먼저 기록한 것은 헤로도토스였는데, 그는 여제사장이 신에게서 어떤 영감을 받아 신탁을 내리는 것이 틀림없다고 적고 있다. 도도나 신전의 가장 특이한 유물은 커다란 청동 징으로, 징 위에는 회초리를 든 입상이 있는데 이 회초리가 바람결에 살짝 움직이기만 해도 징이 울렸다고 한다. 이렇게 계속 울리기 때문에, 별로 할 말이 없으면서도 계속 떠드는 사람을 가리켜 '도도나의 놋쇠악기 Khalkos Dodones'라고 일컫는 그리스 속담이 생겼다.

만 이는 로마의 왕들이 그 옛날 아리키아의 성스러운 숲에서 '숲의 왕'의 역할을 담당했음을 의미하는 것은 아니다. 그보다 왕들이란 본래부터 '숲의 왕'처럼 신성한 존재이며, 왕권 또한 신성하다는 것을 의미할 따름이다.

보다 정확히 말하면, 왕들은 태어나면서부터 신성한 존재가 아니라 다만 신의 대표자 혹은 구현자로서의 신성성에 의해 통치권을 부여받은 데에 불과하다. 때문에 왕들은 여신을 배우자로 정했으며, 또한 종종 목숨을 담보로 하여 왕권을 지켜야 하는 고통을 감수해야만 했다. 만일 자신이 신성성을 부여받은 신적 직능자임을 증명하지 못하고 싸움에 패하면, 승리를 거둔 적에게 왕권을 넘겨줄 수밖에 없었던 것이다. 물론 고대 로마의 왕들에 대한 우리의 지식은 매우 빈약하기 짝이 없으므로 확신을 가지고 이런 가설들을 규정할 수는 없다. 그러나 적어도 네미의 사제와 로마 왕들, 설화의 여명기를 훨씬 거슬러 올라가는 신화시대의 조상들 사이에는 파편적이나마 어떤 유사성이 존재한다고 말할 수 있다.

2. 유피테르로서의 왕

로마 왕은 무엇보다 먼저 유피테르Jupiter[2]의 역할을 했던 것으로 보인다. 제국시

---

2 주피터라고도 부르는 고대 로마와 이탈리아의 주요 신. 그리스 신 제우스와 같은 어원('빛나는'이라는 뜻의 diu)을 갖고 있는 유피테르는 제우스와 마찬가지로 하늘을 다스리는 신이다. 유피테르의 형용어구 가운데 가장 오래된 것은 루케티우스(빛을 가져오는 신)이다. 사람들은 가뭄이 들면 '유피테르 엘리키우스'라는 이름으로 유피테르에게 기우제를 올려 비위를 맞추고, 비를 내려 달라고 그를 달랬다. 유피테르는 '풀구르'라는 이름으로 마르티우스 광장에 제단을 갖고 있었으며, 벼락을 맞은 곳은 모두 그의 소유지가 되어 아무도 신을 모독하지 못하도록 둥근 담장을 둘러 보호했다. 이탈리아 전역에서는 언덕 꼭대기에서 유피테르 신을 경배했다. 예컨대 로마 남쪽에 있는 알반 언덕 위에는 고대에 '유피테르 라티아리스'라는 이름으로 그를 경배한 장소가 있었다. 이곳은 라틴족이 세운 30개 도시로 이루어진 라틴 동맹의 중심지였고, 로마는 원래 이 동맹의 일원이었다. 로마의 카피톨리누스 언덕에는 가장 오래된 유피테르 신전이 있었다. 이곳에는 제우스와 유피테르 숭배에 공통된 신성한 나무인 떡갈나무의 전설이 있었으며, 고대인들이 번개라고 믿은 '라피데스 실리케'(아마도 도끼였을 것임)도 이곳에 보존되어 있었다. '페티알레'라는 로마의 사제들은 전쟁을 선포할 때나 로마 국가를 대신하여 조약을 맺을 때는 '라피데스 실리케'를 상징물로 이용했다. 베르길리우스의 『아이네이스』를 보면 유피테르는 여러 가지 점에서 로마적인 동시에 그리스적이지만, 여기서 유피테르는 여전히 신과 국가, 가족에 대한 의무(피에타스)를 지키는 영웅들에 대해 위대한 수호신 구실을 하고 있다. 유피테르의 그런 측면은 군주 정치 말기에 카피톨리누스 언덕에 신전이 세워지면서 새로운 힘과 의미를 얻게 되었다. 지금도 토대가 남아 있는 이 신전은 '유피테르 옵티무스 막시무스'(모든 유피테르 가운데 가장 훌륭하고 가장 위대한 유피테르)에게 바쳤고, 유노와 미네르바 여신도 이 신전에 함께 모셔졌다. 이 신전의 봉헌 축제는 9월 13일에 열렸다. 로마 집정관들은 원래 이날 원로원 의원과 그 밖의 행정관 및 사제들을 거느리고 유피테르 신전에서 취

대에 이르기까지 개선행진하는 장군들이 승리를 기념하거나 집정관들이 경기장에서 시합을 지휘할 때 늘 유피테르의 의상을 입었기 때문이다. 이 의상은 카피톨리누스 언덕에 있는 유피테르 신전에서 빌린 것이었다. 고대인과 근대인의 개연성 있는 주장에 의하면, 장군들과 집정관들은 로마 왕의 전통적 복장과 기장紀章을 모사하여 유피테르 의상을 입은 것이라고 한다. 개선 장군들은 황금 자수나 황금 무늬가 새겨진 보라색 외투를 입었으며, 오른손에 월계수 가지를 왼손에는 손잡이에 독수리가 조각된 상아홀을 들고, 월계관을 씌운 네 필의 말이 끄는 전차를 탄 채 모든 시민이 다니는 시내를 질주했다. 그들의 이마에는 월계관이 얹혀 있었고, 얼굴은 빨갛게 화장했으며, 머리에는 노예가 떡갈나무 잎으로 만든 묵직한 왕관을 쓰고 있었다. 이때 독수리가 조각된 홀, 떡갈나무 잎 모양의 왕관, 빨갛게 분장한 얼굴 등에서 신과 인간의 동일화를 엿볼 수 있다. 왜냐하면 독수리는 유피테르의 새이고, 떡갈나무는 유피테르의 성스러운 수목이며, 나아가 카피톨리누스 언덕에는 네 필의 말이 끄는 전차에 서 있는 유피테르 신상이 있었는데, 제사를 올릴 때에 이 신상의 얼굴을 주홍색으로 분장하는 것이 정해진 관례였기 때문이다.

사실 신의 얼굴을 붉게 채색하는 일은 감찰관의 첫째 임무가 그것을 확인하는 데에 있을 만큼 매우 중요시되었다. 개선을 축하하는 행렬은 항상 카피톨리누스 언덕의 유피테르 신전에서 그 대단원의 막을 내렸다. 그러므로 개선 장군의 머리 위에 떡갈나무 잎으로 만든 화관을 씌우는 관습은 지극히 자연스러운 일이었다. 왜냐하면 떡갈나무는 유피테르 신에게 바친 나무였으며, 목자들이 숭배한 카피톨리누스 언덕의 유피테르 신전에는 로물루스 왕이 전쟁 당시 적장에게서 탈취한 전리품을 걸어 놓은 떡갈나무 한 그루가 있었다고 전해지기 때문이다. 카피톨리누스 언덕의 유피테르 신에게 떡갈나무 잎의 화관을 바치는 관습은 우리에게

임식을 가졌다. 집정관은 전임자들이 맹세를 이행했다는 표시로 유피테르가 좋아하는 제물인 흰 수소를 신에게 바쳤고, 지난 한 해 동안 나라를 보존해 준 데 대해 감사를 드린 다음 전임자들과 똑같은 서약을 했다. 그 일이 끝나면 유피테르 축제인 '에풀룸 요비스'가 벌어졌다. 나중에는 이날이 로마 대회(루디 로마니)의 핵심이 되었다. 승리한 군대가 고국으로 돌아오면 이 신전까지 개선행진을 벌였다. 로마 공화국 시대에도 이 신전은 로마의 가장 중요한 예배 중심지로 남아 있었다. 아우구스투스 황제가 지은 새로운 신전('아폴론 팔라티누스'와 '마르스 울토르')들도 어떤 의미에서는 유피테르 신전의 경쟁자였지만, 황제는 '유피테르 옵티무스 막시무스'를 최고 지위에서 쫓아내려고 애쓸 만큼 어리석지는 않았다. 이리하여 유피테르는 국가의 수호신이었던 것처럼 국가를 대표하는 황제의 수호신이 되었다. 이후 유피테르 경배가 로마 제국 전역으로 퍼졌다.

「번개를 내려치는 유피테르」 뤼크 파이데르베, 1645~1655

잘 알려져 있다. 예컨대 오비디우스의 시구절은 떡갈나무 잎의 화관이 유피테르 신의 특별한 상징으로 여겼음을 입증하고 있다.

신빙성 있는 어떤 전승에 의하면, 로마는 알바롱가[3]에서 이주해 온 주민들에 의해 그 기초가 마련되었다고 한다. 알바롱가는 호수와 캄파냐[4] 평원이 내려다 보이는 알바 언덕의 경사지에 위치하고 있었다. 따라서 로마 왕이 스스로를 천공 신이자 우레신이고, 동시에 떡갈나무의 신이기도 한 유피테르의 대리자 혹은 그 화신임을 주장했다고 한다면, 그런 로마의 기초를 마련한 저 알바의 왕들 또한 로마 왕보다 앞서 그와 동일한 주장을 했으리라고 생각해 볼 만하다. 가령 알바 왕조는 '실비Silvii'(숲)라는 이름을 가지고 있었다. 게다가 시인이자 고고학자이던 베르길리우스가 묘사한 환상, 즉 저승에서 아이네이아스Aeneias에게 계시된 영광 스러운 로마 역사의 환상에서 실비(알바) 왕조의 모든 왕들이 떡갈나무 잎 화관 을 쓴 채 등장한다는 사실도 적지 않은 의미를 가진다. 다시 말해 떡갈나무 잎 화 관은 옛날에 알바롱가 왕들의 휘장이었으며, 그들의 계승자인 로마 왕들의 휘장 가운데 하나였다고 보인다. 두 경우 모두 떡갈나무 잎 화관은 떡갈나무의 신인 유피테르를 나타내는 구체적 표현으로서 왕들에게 특별한 성격을 부여했던 것 이다.

로마 연대기의 기록에 의하면, 별칭 아물리우스 실비우스Amulius Silvius라 불렸 던 알바 왕 로물루스Romulus=Remulus는 스스로를 유피테르와 동격 혹은 그보다 월 등한 신이라고 주장했다. 그래서 그는 자신을 신처럼 보이게 하고 백성들을 위 압하기 위해 어떤 기계를 고안하여 그것으로 천둥소리와 번갯불을 만들어 냈다 고 한다. 역사가 디오도로스에 따르면, 로물루스 왕은 수확기에 하늘에서 시끄 러운 천둥소리가 빈번히 들려오자, 군인들에게 일제히 칼로 방패를 두들겨서 천 둥소리를 제압하라고 명령했다. 그는 이런 불경죄로 인해 그 대가를 지불해야만 했다. 즉, 무시무시한 폭풍이 몰아치는 가운데 그와 그의 저택이 벼락을 맞았으 며, 알바의 호수가 홍수로 인해 범람하여 그의 궁전을 삼켜 버렸다. 고대의 어떤

---

3 이탈리아 라티움 지방의 고대 도시. 로마에서 동남쪽 약 19킬로미터 지점, 지금의 카스텔간돌포 근처 알바 언 덕에 있었다. 전설에 따르면, 기원전 1152년경 아이네이아스의 아들인 아스카니우스가 건설했다고 하는 가 장 오래된 라틴 도시로서, 이곳 사람들이 그 뒤에 로마를 비롯한 여러 도시를 세웠다고 한다. 기원전 600년경 로마에 의해 멸망할 때까지 라틴 지방의 동맹을 주도했다.

4 이탈리아 중부 라치오(라티움) 지방에서 로마시를 둘러싸고 있는 저지대 평원

역사가는 알바의 호수물이 빠지고 파도가 잠잠할 때면 지금도 맑은 수면 아래로 궁전의 폐허를 볼 수 있다고 말한다. 이는 엘리스의 왕 살모네우스Salmoneus의 전설과 더불어 그리스와 이탈리아 초기 왕들이 준수했던 실제 관습을 보여 주는 사례라 할 수 있다. 고대 그리스와 이탈리아의 왕들은 근대에 이르기까지의 아프리카 왕들과 마찬가지로 풍작을 위해 강우와 천둥을 불러올 수 있는 능력의 소유자로 여겼던 것이다. 사제왕 누마는 하늘에서 번개를 치도록 할 수 있다고 여겼다. 오늘날에도 강우주술로서 천둥소리를 모방하는 민족들이 많이 있다. 그러니 고대의 왕들이 그런 강우주술을 행했다고 한들 전혀 이상한 일이 아니다.

요컨대 알바와 로마의 왕들은 떡갈나무 잎 왕관을 씀으로써 떡갈나무의 신 유피테르를 모방했다. 또한 그들은 천둥과 번개를 모방함으로써 천후의 신 유피테르를 모방했다. 그렇다면 그들 역시 하늘의 유피테르나 지상의 다른 왕들과 마찬가지로 메마른 대지에 비를 내리게 하는 일종의 공적 강우주술사 역할을 했으리라고 추정할 만하다. 로마인들은 하늘의 대문이 어떤 성스러운 바위에 의해 열리거나 닫힌다고 생각했다. 그때 행해진 의식은 번쩍거리는 번갯불과 큰 비를 내리는 신 유피테르 엘리키우스Jupiter Elicius에게 바친 제의의 일부분을 구성했을 것이다. 그리고 천공신의 살아 있는 대리자, 왕이야말로 이 의식을 집행할 최고의 적임자였음은 두말할 나위 없다.

로마 왕들이 카피톨리누스 동산의 유피테르를 모방했다고 한다면, 그들의 선임자였던 알바 왕들은 알바산 꼭대기의 도시에 위치한 라티움의 유피테르를 모방했을 것이다. 알바 왕조의 전설적 시조인 라티누스Latinus[5]는 고대 라틴 왕들에게 전형적으로 나타나는 신비스러운 방식으로 세상에서 모습을 감춤으로써 라티움의 유피테르가 되었다고 전해진다. 알바산 꼭대기의 성소는 라틴 동맹Latin League[6]의 종교적 중심지였으며, 로마가 장년에 걸친 이 경쟁 상대를 제압하기까

---

5 로마 전설에서 라티움 원주민들의 왕이며, 라틴족이라는 민족 이름의 기원이 된 영웅. 라티누스는 그리스의 영웅인 오디세우스와 마녀 키르케 사이에서 태어난 아들이거나 또는 로마의 신 파우누스와 요정 마리카 사이에서 태어난 아들로 여겼다. 아마도 로마의 기원 및 로마와 라티움의 관계를 설명하기 위해 창조된 가공인물이었을 것이다. 베르길리우스의 서사시 『아이네이스』에 따르면, 주인공 아이네이아스는 테베레강 어귀에 상륙해 평화를 사랑하는 통치자 라티누스의 환영을 받았으며, 결국 라티누스의 딸 라비니아와 결혼했다고 한다.

6 고대 로마 부근에 있던 30여 개의 마을과 부족들이 적대적인 이웃 지역에 대항해 서로 보호하고 방어하기 위해 만든 연합체. 알바롱가가 이 연맹의 중심이었기 때문에 유피테르 신의 숭배의식을 포함한 여러 종교제의가 알바롱가에 있는 알바산에서 열렸다. 또한 동맹국 회원들은 이 도시에 모여 법을 집행하기도 했다. 로마는 기원전 348년경에 라틴 동맹의 맹방이 되었으나 이들에게 정치적으로 동등한 권리를 부여하지는 않았다. 이

지 알바는 라틴 동맹의 정치적 수도와 다름없었다. 하지만 이 신성한 산에 유피테르 신전은 세워지지 않았다. 천공과 뇌우의 신 유피테르는 당연히 야외에서 예배를 받아야 한다고 여겼기 때문이다.

로마 최후의 왕 타르퀴니우스Tarquinius[7]가 라틴 동맹의 엄숙한 연차 대회를 위해 성소를 지었다고 하는데, 그 일부였던 수난파Passionist 수도원의 옛 정원을 둘러싸고 있던 육중한 담벼락이 아직도 남아 있다. 그런데 가장 오래된 유피테르의 성소는 원래 숲이었고, 아마도 그것은 떡갈나무 숲이었을 것이다. 이 점은 유피테르에 의해 떡갈나무가 신성시되었다는 점, 전통적으로 알바 왕들이 썼던 떡갈나무 잎 왕관, 로마의 카피톨리누스 언덕에서 유피테르 신에게 바친 떡갈나무 잎 화관 등을 고려하건대 틀림없으리라고 생각한다. 알바산에서 상당히 떨어져 있는 알기두스산[8]이 예전에는 울창한 떡갈나무 숲으로 덮여 있었다는 사실은 잘 알려져 있다. 또한 가장 초기의 라틴 동맹에 속해 있으면서 알바 산정에서 제물로 바친 흰 수소의 고기를 나눠 먹을 수 있었던 부족들 중에는 스스로를 '떡갈나무의 사내들'이라고 자칭했던 그런 구성원들도 있었다. 말할 것도 없이 이런 호칭은 그들이 살았던 숲에서 비롯된 것이었으리라.

이 나라가 역사시대 이후에도 고스란히 잘 보존된 울창한 떡갈나무의 원시림이라고 생각한다면 그건 오산이다. 테오프라스토스Theophrastos(기원전 372년경~기원전 287년경)[9]는 기원전 4세기 라티움 숲의 풍경을 다음과 같이 생생하게 기록하고 있다. "라틴 땅은 어디나 촉촉하며 들판에는 월계수와 도금양桃金孃나무

때문에 전쟁이 일어났고 기원전 338년에 로마가 승리한 뒤 라틴 동맹은 해체되었다.

7 로마 공화정 설립 이전인 기원전 6세기 후반에 활동한 로마의 전설적인 제7대 왕이자 마지막 왕. 그러나 일부 학자들은 그를 실제 인물로 인정하고 있으며, 그가 기원전 534년에서 기원전 510년까지 로마를 다스렸다고 말한다. 전설에 따르면, 타르퀴니우스는 장인 세르비우스 툴리우스를 죽이고 전제정치를 확립했다고 한다. 그래서 '거만한 사람'이라는 뜻의 수페르부스라는 이름이 붙었다. 그때부터 시작된 공포정치로 많은 원로원 의원들이 죽음을 당했다. 결국 지도적인 원로원 의원들이 반란을 일으켰는데, 반란의 직접적인 원인은 수페르부스의 아들인 섹스투스가 귀족 여인 루크레티아를 강간한 사건이었다. 셰익스피어는 이 사건을 주제로 대화체 시를 남기기도 했다. 그리하여 타르퀴니우스 일족은 추방되었고, 로마의 군주제도가 폐지되었다고 한다.

8 알바 산맥의 한 줄기

9 그리스의 소요학파 철학자. 아테네에서 아리스토텔레스에게 배웠으며, 기원전 323년에 아리스토텔레스가 강제로 물러나자 리케이온 학원의 원장이 되었다. 이 학원은 아리스토텔레스가 아테네에 세운 것으로 테오프라스토스 시절에 등록 학생과 청강생의 수가 가장 많았다. 테오프라스토스는 형이상학·물리학·생리학·동물학·식물학·윤리학·정치학·문화사 등 전 분야에 걸쳐 아리스토텔레스 철학을 전폭 수용한 소요학파의 한 사람이었다.

와 너도밤나무 등이 울창하다. 하지만 통나무 하나로 티레니아 배[10]의 용골을 만들 수 있는 그런 큰 나무들은 모두 베어져 버렸다. 그래서 산에는 소나무나 왜전나무 등이 많이 있다. 키르케Circe[11]의 땅이라고 불리는 곳이 있는데, 거기에는 떡갈나무와 도금양나무, 무성한 월계수 따위로 울창하게 뒤덮여 있다. 토착민들은 마녀 키르케가 그곳에 거한다고 말한다. 다른 도금양나무들은 키가 큰 편인데, 엘페노르Elpenor의 무덤에 자라는 도금양나무는 키 작은 종류로서 그것으로 화환을 만든다고 한다."

이처럼 로마시대 초기의 알바산 위에서 내려다본 풍경은 오늘과는 사뭇 달랐다. 물론 한편으로 영원의 부동성을 보여 주는 보랏빛 아펜니노 산맥[12]과 다른 한편으로 영원의 유동성으로 파도치는 지중해는 햇빛에 반짝이건 구름이 드리우건 간에 예나 지금이나 다름없다. 오늘날 캄파냐의 갈색 광야는 미르자Mirza의 환상에 등장하는 깨진 아치형 다리처럼 그렇게 폐허가 되어 버린 도수관導水管의 기나긴 동선으로 뻗은 채 열병에 걸린 듯 황량하기만 하다. 그러나 예전에는 사방으로 끝없이 숲이 펼쳐져 가을이 되면 초록색과 주홍색, 노란색이 뒤섞여 서서히 먼 산과 바다의 푸른빛으로 녹아들어 갔음에 틀림없다.

그런데 성스러운 알바산의 정상을 지배했던 것은 유피테르만이 아니었다. 유피테르의 배우자인 유노Juno 여신이 로마의 카피톨리누스 언덕에서와 마찬가지로 알바산에서는 '모네타Moneta'라는 이름으로 숭배되고 있었다. 카피톨리누스 언덕의 유피테르와 유노에게 떡갈나무 잎 화관이 신성시되었듯이, 카피톨리누스 종교의 근원지였던 알바산에서도 떡갈나무 잎 화관이 신성시되었으리라고 유추해 볼 수 있다. 즉, 알바산의 신성한 떡갈나무 신은 배우자인 떡갈나무의 여신과 함께 있으리라는 것이다. 마찬가지로 도도나에서는 떡갈나무의 신 제우스

---

10 이탈리아 서해안과 코르시카, 사르데냐, 시칠리아 섬들 사이에 있는 지중해의 일부인 티레니아해를 항해하는 배를 가리키는 듯하다.

11 그리스 신화에 나오는 마녀. 태양신인 헬리오스와 바다의 요정 페르세의 딸이다. 키르케는 약물과 주문을 사용하여 인간을 늑대·사자·멧돼지 등으로 바꿀 수 있었다. 그리스의 영웅 오디세우스가 동료들과 함께 키르케가 사는 아이아이아섬에 들렀을 때 키르케는 그 동료들을 멧돼지로 변신시켜 버렸다. 그러나 헤르메스에게서 선사받은 마법의 약초 몰루의 도움으로 무사했던 오디세우스는 키르케로 하여금 자기 동료들을 본래의 모습으로 돌려놓는다. 오디세우스는 다시 그의 여행을 시작하기까지 1년을 키르케와 함께 보낸다. 그리스·로마 신화에서는 키르케가 이탈리아 근처에 있는 섬에 살고 있거나 키르케오산 위에 살고 있는 것으로 본다.

12 이탈리아 반도의 등뼈를 이루는 활 모양의 산맥

가 배우자인 디오네Dione[13]와 함께 숭배받고 있었다. 디오네는 유노를 일컫는 방언의 일종이다. 또 앞서 언급했듯이, 떡갈나무의 신 제우스는 키타이론 산정에서 떡갈나무로 만든 헤라 신상과 주기적으로 신성한 결혼의식을 치렀다. 확실한 증거를 내세우기는 어렵지만, 모든 라틴계 민족이 매년 유노의 이름과 관계가 있는 하지의 달(6월)에 유피테르와 유노의 신성한 결혼을 기념했다고 보인다.

요컨대 그리스인이 제우스와 헤라의 결혼을 의례적으로 재현하여 축하한 것처럼, 로마인도 특정 절기마다 유피테르와 유노의 신성한 결혼을 기념했던 것이다. 그 의식은 부부 신상을 대상으로 행해졌거나 혹은 플라멘디알리스Flamen Dialis[14]와 그 아내 플라미니카Flaminica에 의해 집행되었으리라고 추정된다. 플라멘디알리스는 바로 유피테르 신의 사제였기 때문이다. 실제로 고대와 근대의 저술가들은 그를 유피테르의 살아 있는 신상이자 천공신의 화신으로 묘사했다. 예부터 로마 왕들은 유피테르의 대리자로 간주되어 신성한 결혼에서 보통 하늘의 신랑 역할을 담당했다. 마찬가지로 그 왕비들은 하늘의 신부로 분장했다. 이는 이집트의 왕과 왕비가 신들의 성격에 따라 분장을 달리했고, 혹은 아테네의 왕비가 매년 포도의 신 디오니소스와 결혼한 사례와 크게 다르지 않다. 유피테르와 유노가 각각 왕과 왕비로 호칭되었음을 감안하면, 로마의 왕과 왕비가 유피테르와 유노의 역할을 했다는 사실은 지극히 자연스럽게 보인다.

그런데 이런 문제와는 별도로 누마와 에게리아의 전설은 사제왕 자신이 신적인 신랑 역할을 담당했던 시대의 기억을 보여 주고 있다. 로마 왕들이 떡갈나무 신의 화신으로 간주되었음을 입증할 만한 사례들은 앞에서 언급한 바 있다. 또

---

13 그리스 신화에 나오는 제우스의 애인. 일부 지역에서는 제우스와 함께 숭배받았다. 통상 제우스의 동반자이자 아내가 헤라라는 사실로 보아 디오네가 헤라보다 먼저 있었던 인물임을 추측할 수 있다. 여러 가지 모습으로 묘사되는데, 호메로스의 『일리아스』에서는 제우스와의 사이에서 아프로디테를 낳았다고 나온다. 헤시오도스의 『신통기Theogony』에서는 단지 오케아노스의 딸이라고만 나오며, 이밖에 디오니소스의 어머니라고 기록한 작가들도 있다.

14 고대 로마에서 유피테르 신만을 섬기던 사제. 일반적으로 한 신을 섬기는 데에만 전념하는 사제를 '플라멘'이라고 하는데, 이 말의 어근은 '제물을 태우는 사람'이라는 뜻이다. 플라멘은 모두 15명으로, 이 가운데 유피테르를 섬기는 디알리스 외에 마르스를 섬기는 마르티알리스와 퀴리누스를 섬기는 퀴리날리스가 특히 중요했다. 플라멘은 귀족 계급에서 선출되었으며, 폰티펙스 막시무스(대사제)의 지휘를 받는 플라멘들은 독특한 옷을 입었는데, 아펙스(원뿔형 모자)가 뚜렷한 특징이었다. 이들은 매일 제사를 드렸고, 엄격한 규율과 금기를 지키며 살았다. 이들의 아내들인 플라미니카는 신을 섬기는 보조 역할을 하면서 마찬가지로 의식 규례를 지켜야 했다. 제정시대에는 '플라미네스 디보룸(신들의 사제들)'을 로마와 속주에 두어 신격화된 황제들을 경배하게 했는데, 각 지역에서 이들은 중앙정부의 중요한 대표자 역할을 하는 경우가 많았다.

「이오와 함께 있는 유피테르를 찾아낸
유노」 피터르 라스트만, 1618(위)

「디오네」 기원전 438~기원전 432,
아테네에서 발굴된 대리석상(아래)

한 에게리아는 분명 떡갈나무의 정령이었다. 이로써 성스러운 숲속에서 거행된 그들의 혼인 설화에서 우리는 아리스토텔레스 시대까지 아테네에서 해마다 거행되었던 것과 동일한 의식이 로마에서도 주기적으로 행해졌으리라는 점을 추측해 볼 수 있다. 다시 말해 로마 왕과 떡갈나무 여신의 결혼은 포도의 신과 아테네 왕비의 결혼과 마찬가지로 동종주술을 통해 식물의 생장을 촉진하는 데에 목적이 있었던 것이다.

이 두 가지 형태의 의식 가운데 로마의 그것이 훨씬 오래된 것임에 틀림없다. 또한 북방의 침입자들이 지중해 연안에서 포도를 발견하기 훨씬 오래전부터 중부, 북부 유럽에 살았던 그들의 조상들에 의해 수목의 신과 여신을 결혼시키는 의식이 행해졌으리라는 점도 의심할 여지가 없다. 오늘날 영국에는 숲이 거의 사라져 버렸다. 그러나 마을 광장이나 시골에서 흔히 행해지는 '오월제' 축제 속에는 퇴색했지만 아직도 성스러운 결혼의 흔적이 남아 있다.

제14장
고대 라티움의 왕국 계승

신성한 의식을 통해 사제적 기능이 후계자 왕에게 계승되었던 고대 로마 왕에 대한 이상의 논의를 통해 다음과 같은 결론을 내릴 수 있다. 즉, 로마 왕은 천공과 뇌우, 떡갈나무의 신인 유피테르의 화신으로서 천후를 관장하는 세계의 많은 왕들과 마찬가지로 백성들을 위해 비와 천둥과 번개를 만들어 내는 그런 존재였다. 또한 로마 왕은 떡갈나무 잎 화관을 비롯한 유피테르 신의 휘장을 갖춤으로써 떡갈나무의 신으로 분장했을 뿐만 아니라, 숲과 샘물 혹은 출산의 여신 디아나의 지방적 변형이라 할 만한 떡갈나무의 정령 에게리아와 신성한 결혼으로써 결합하였다. 이는 주로 고대 로마에 한정된 연구를 중심으로 내린 결론이지만 다른 라틴 사회에도 적용 가능하다. 다시 말해 그들에게도 신적인 사제왕이 있었으며, 그 왕들은 통치 권능이 없고 다만 종교적 직능만이 부여된 '신성한 제의왕Kings of the Sacred Rites'으로서 대대로 후계자에게 계승되었다.

여기서 우리는 한 가지 반문을 하지 않을 수 없다. 즉, 고대 라틴계 여러 부족들이 왕국을 계승한 규칙은 어떤 것이었을까? 전승에 의하면 고대 로마에는 모두 여덟 명의 왕[1]이 있었는데, 그중 제4대 왕 이후의 다섯 왕은 실제 왕이었고 그들이 통치한 역사는 대체로 존재했음이 분명하다. 그런데 로마 최초의 왕 로물루스는 알바 왕가 출신으로서, 이 왕가의 왕위 계승이 남계男系 세습이었는데도 로마 왕들 가운데 어떤 왕도 그 아들에게 직접 왕위를 계승하지 않았다는 것은 실로 기이한 일이 아닐 수 없다. 아들과 손자들이 많이 있었는데도 말이다. 한편 그들 중의 한 왕은 선왕이나 부친이 아닌 모친을 통해 계승받았고, 타티우스Tatius와

---

1 로마 건국 초기(전설에 따르면 기원전 753∼기원전 510)에 군림했다고 하는 왕들로서 통상 일곱 왕이 전해진다. 즉, 건국자 로물루스에서 시작해 차례로 왕위를 이은 누마 폼필리우스, 톨루스 호스틸리우스, 앙쿠스 마르키우스, 타르퀴니우스 프리스쿠스, 세르비우스 툴리우스, 타르퀴니우스 수페르부스를 가리킨다. 이들 가운데 어떤 왕은 실존했던 인물이며, 후반 세 왕의 이름은 에트루리아 계통이다. 로물루스는 한때 사비니 왕인 티투스 타티우스를 공동 통치자로 받아들였는데, 이 티투스 타티우스까지 포함시키면 여덟 왕이 된다.

타르퀴니우스 및 세르비우스 툴리우스Servius Tullius 등의 세 왕은 외국인이거나 혹은 외국계 양자에게 왕위를 넘겨주었다. 이는 왕위가 여계女系에 의해 계승되었으며, 그것도 공주와 결혼한 외국인에 의해 이루어졌음을 의미한다.

보다 전문적인 용어로 말하면, 로마와 라티움에서의 왕위 계승은 세계의 여러 초기 고대사회에서 행해졌던 규칙, 즉 족외혼族外婚, exogamy[2]이나 비나혼beena marriage[3] 관습, 여계친족female kinship 또는 모계혈족mother-kin의 규칙에 의해 결정되었다. 여기서 족외혼이란 씨족의 성년 남자들이 다른 씨족의 여자하고만 결혼하도록 만든 규칙을 말한다. 비나혼이란 남자가 자기 생가를 떠나 아내의 가족과 함께 살도록 정한 규칙을 가리킨다. 한편 여계친족 또는 모계혈족의 규칙은 남자가 아니라 여자를 통해 친족관계를 맺고, 가족의 성씨를 이어가도록 정하고 있다. 이런 규칙들이 고대 라틴사회의 왕위 계승을 지배했다고 할 때 그 실태는 대체로 다음과 같다. 즉, 왕의 화로는 왕족 출신의 베스타 여사제들이 수호하고 있었는데, 그 화로에서 타오르는 불멸의 불이야말로 각 공동체의 정치적, 종교적 중심이었다. 이때 왕은 다른 씨족 출신의 남자이거나 다른 도시, 다른 종족 출신이기도 했는데, 그 선왕의 딸과 결혼하여 그녀와 함께 왕국을 계승했을 것이다. 그의 자식들은 모친의 성씨를 계승했다. 딸들은 왕실에 남아 있던 반면, 아들들은 성장한 후에 다른 지방으로 가서 그곳의 여자와 결혼하여 왕으로 혹은 서민의 신분으로 아내의 나라에 정주했을 것이다. 한편 왕실에 남아 있던 딸들은 일부 혹은 전부가 화로의 불을 지키는 베스타 여사제가 되어 일정 기간 봉헌하다

---

2 배우자를 다른 종족 또는 외부 집단에서 선택하는 혼인제도. 이와 반대로 외부 집단 출신의 사람들과 결혼하는 것을 금지하는 혼인제도를 족내혼 族內婚, endogamy이라고 한다. 한 집단 내에서만 결혼하는 경향도 족내혼에 포함된다. 원시사회에서는 드문 편에 속하는 족내혼 관습은 귀족계급이나 산업사회의 종교적·민족적 소수집단 사이에서 행해지며, 인도의 카스트 집단이나, 문자가 없고 문화 발전 단계는 낮지만 계급제도가 존재하는 동아프리카의 마사이족 사회에서 두드러지게 나타난다. 비非산업사회에서 더 흔히 볼 수 있는 족외혼 관습은 정치적·지역적 차이보다는 친족관계, 씨족관계 등에 기초를 두는 것이 보통이다. 부계나 모계 한쪽을 통해 혈통이 계승되는 단선적인 혈통 집단에서는 족외혼이 일반적이기 때문에 그에 따르는 금지 규칙은 가족 집단의 한쪽 성원에게만 적용된다. 따라서 일정한 혈연관계 내의 결혼이 불가피하다.

3 일처다부제―妻多夫制를 뜻하는 '비나혼'은 프레이저의 동료였던 스콧 믈레넌Scot J. F. M'Lennan의 연구 주제였다. 『원시 혼인제Primitive Marriage』(1865)에서 그는 서론에서 행해지던 일처다부제의 두 가지 상이한 유형을 구분하고 있다. 하나는 부인이 남편(들) 집에서 동숙하는 '디가deega' 일처다부제이고, 다른 하나는 남편(들)이 부인 집에서 동숙하는 '비나beena' 일처다부제이다. 그러니까 '비나혼'은 족외혼의 성격을 띤 처가살이의 일종이라고 말할 수 있다. 일처다부제였으므로 누가 자식의 아버지인지 확실히 판단할 수 없었고, 따라서 '비나혼'에서는 혈통이 모계를 중심으로 계승되었다. 믈레넌은 '비나혼'이 고대 세계에서 일반적으로 일처다부제가 행해졌음을 증명하는 주요한 증거라고 여겼다. 로버트 프레이저 편, 앞의 책, 186쪽 편주 참조

「베스타 희생제의」 프란시스코 데 고야, 1771

가 때가 되면 그중 한 명이 부왕의 왕위를 계승했을 것으로 보인다.

이 같은 가설은 라틴 왕권의 전설적 역사에 내포된 애매한 부분을 단순명료하게 설명해 준다. 라틴 전설에 의하면 왕들의 모친이 처녀였고 부친은 신적인 존재였다고 하는데, 위의 가설은 이런 전설들을 이해하기 쉽게 해 준다. 왜냐하면 허구적 측면을 제거해 버린다면, 그런 종류의 전설은 어떤 여자가 정체불명의 사나이에 의해 임신한 이야기가 되며, 부친이 신적 존재였다는 식의 애매한 표현은 해당 사회가 부친을 절대시하는 친족체계보다 그것을 무시하는 친족체계에 입각해 있음을 말해 주기 때문이다. 만일 여러 라틴 왕들의 출생담에서 그 부친이 누구인지 전혀 알 수 없다고 한다면, 그것은 일반적으로 왕가의 사생활이 문란했거나 혹은 특수한 경우, 즉 한순간 원시시대의 성적 방종에 남녀가 빠져들 때 나타난 도덕규범의 해이로 해석할 수 있다. 그런 성적 방종은 사회 진화 단계에 흔히 엿보인다. 성탄절의 경우는 그렇지 않지만, 영국에서도 오월제나 성령강림절 관습에 그런 흔적이 오랫동안 남아 있었다. 그런 축제에서의 성적 방종으로 말미암아 태어난 아이는 자연히 그 축제에 의해 제사받는 신을 부친으로 정했을 것이다.

이와 관련하여 하지절에 로마의 평민이나 노예들이 기념했던 음주가무의 축제를 상기해 볼 만하다. 그 축제는 특히 불에서 태어났다는 왕 세르비우스 툴리우스와 결부되면서, 에게리아가 누마를 사랑한 것처럼 세르비우스를 사랑한 포르투나Fortuna[4] 여신을 기리기 위해 바쳐졌다. 이때 서민들이 즐겼던 놀이에는 도보경주(육상경주)와 배타기 시합(보트 경주)이 들어가 있었다. 그리하여 티베르 강은 꽃으로 장식한 조그만 배들로 북적거렸고, 젊은이들은 배 안에 들어앉아 진탕 포도주를 마셔 대곤 했다. 이 축제는 동지 축제에 대응되는 하지 축제였다. 다시 후술하겠지만, 근대 유럽의 큰 하지 축제로는 무엇보다 연인들을 위한 불의 축제를 들 수 있다. 이 축제의 주된 특징 중 하나는 연인들이 짝을 지어 모닥불을

---

4 로마 종교에서 운명의 여신. 그리스의 티케와 동일시되었다. 원래 이탈리아의 포르투나는 번영과 번식을 가져다주는 존재로 여겼던 듯싶다. 이 점에서는 풍요의 신을 닮았고, 그래서 땅의 풍작이나 여자들의 다산과도 관련되었다. 포르투나는 종종 신탁의 여신으로서 여러 가지 방식으로 미래에 관한 사람들의 질문에 답해 주는 존재로 간주되었다. 이탈리아에서 널리 숭배된 포르투나의 신전 가운데, 특히 프라이네스테와 안티움에 있는 신탁소들이 널리 알려져 있다. 포르투나는 흔히 풍족함을 주는 존재로서 풍요의 뿔을 가진 모습으로, 운명의 지배자로서 배의 키를 가진 모습으로, 또는 운명의 불확실함을 나타내기 위해 공 위에 서 있는 모습으로 묘사된다.

로마인들이 하지절 축제를 바쳤던 운명의 여신 포르투나

뛰어넘거나 그 불을 사이에 두고 서로 꽃을 던지는 관습이 있었다. 또한 신비스러운 계절에 피는 꽃들로 사랑과 결혼을 점치기도 했다. 실로 이 축제의 계절은 장미와 사랑의 계절이었다. 이런 순진하고도 아름다운 축제가 오늘날까지도 행해지고 있는 것이다.

하지만 저 옛날에 행해지던 축제는 매우 생경하고 야비한 요소들이 중심을 이루고 있었다는 점을 간과해서는 안 된다. 예컨대 거칠고 우직스러운 에스토니아 농민들의 축제에는 얼마 전까지만 해도 그런 조잡한 특성이 남아 있었다. 로마의 하지 축제 가운데 특히 주목할 만한 특징이 하나 더 있다. 축제 때 꽃으로 장식한 배를 물 위에 띄우는데, 이런 관습은 그것이 일정 부분 물의 축제임을 설명해 준다. 사실상 근대에 이르기까지 하지 축제의식에서 물은 중요한 역할을 했다. 이는 기독교인이 오래된 이교적 축제에 기독교적 옷을 입혀 세례요한 축일로 삼은 유래를 설명해 준다.

전설에 의하면 누마는 파릴리아Parilia 축제[5] 때 태어났다. 그 축제에서 연인들이 하지의 모닥불을 뛰어넘었듯이 목동들은 봄의 모닥불을 뛰어넘었다. 이 전설은 어느 정도 개연성이 있지만, 라틴의 많은 왕들이 매년 거행한 사랑의 축제 때마다 여자들을 임신시켰다는 가설은 아무래도 단순한 억측에 지나지 않는다. 하지만 왕들의 부친이 누군지 알 수 없다는 불확실성은 그들이 죽은 후 오랜 세월이 지난 다음, 그들에 관한 기억이 땅에서 하늘로 올라가면서 환상적인 것이 되고 거기에 현란한 색채가 덧붙여짐으로써 애매한 옛날이야기로 바뀐 후에 비로소 나타났다고 여겨진다. 그 나라를 지배한 왕들이 바깥에서 들어온 외국 이민자나 이방인 혹은 순례자들이었다고 한다면, 민중들이 그런 왕들의 계보를 잊는다 해도, 또한 일단 한번 망각해 버린 이상 사실과는 다른 계보를 그럴듯하게 만들어 낸다 해도 전혀 이상할 것이 없다. 왕들에 대한 최종적 신격화는 단순히 그들

<hr />

5 고대 로마의 축제. 해마다 4월 21일에 가축 떼를 지켜주는 남신과 여신인 팔레스를 기념해 열렸다. 근본적으로 목동과 짐승, 가축우리를 깨끗이 하는 정화의식인 이 축제는 처음에 고대 로마의 왕들이 주재했고, 나중에는 대사제인 '폰티펙스 막시무스'가 주재했다. 축제는 베스타 제단을 지키는 여사제가 짚과 재, 그리고 제물인 동물의 피를 뿌리는 의식으로 막을 올렸다. 뒤이어 가축과 가축우리를 깨끗이 청소하고 기름을 부어 신성하게 한 다음 아름답게 장식하는 의식이 거행되었고, 이때 간단한 음식을 제물로 바쳤다. 의식 집행자들이 모닥불 위로 세 차례 뛰어넘으면 정화의식이 끝났다. 축제의 마지막을 장식한 것은 야외 잔치였다. 후세의 전설에 따르면, 4월 21일은 로물루스가 로마 시를 세우기 시작한 날이었고, 따라서 이 도시의 '생일'로 축하되기도 했다.

이 신의 후손이라는 것을 나타내는 데에 그치지 않고, 나아가 그들 스스로가 신의 화신임을 표상했다. 앞서 살펴보았듯이, 이런 신격화는 그들이 생전에 스스로를 신이라고 자처할 경우에 훨씬 더 용이했을 것이다.

라틴사회에서는 왕의 피를 이어받은 여자들이 항상 집 안에 머물렀으며, 배우자로서 다른 계통 혹은 외국 계통의 남자와 결혼했으며, 그 남자가 왕이 되었다. 요컨대 로마에서 외국인이 왕관을 차지하고, 알바 왕들 가운데 외국인이 보인다 해도 전혀 이상한 일이 아니다. 왜냐하면 라틴 귀족사회에서는 여자를 통해 가계가 계승되었기 때문이다. 즉, 모친을 통한 가계만이 절대적이며, 부친의 족보는 무가치하게 여겼던 것이다. 그런 사회에서는 만일 남자가 배우자로서 상당한 자질을 갖추고 있다면, 설령 외국인이거나 노예라 할지라도 고귀한 신분의 여성이 낮은 신분의 남자와 결혼하는 일이 아무렇지도 않게 행해졌다. 현실적으로 중요한 것은 백성들의 생존과 번영을 책임진 왕실이 강력하고 효과적인 형태로 영속하는 데에 있었다. 이런 목적을 위해 왕실의 여자들은 신체적, 정신적으로 뛰어난 남자의 아이를 낳아야 할 필요가 있었다. 말하자면 그녀들은 초기 고대사회의 기준에 따른 중요한 생식의 의무를 다해야 했던 것이다. 이런 라틴사회와 같은 진화 단계에서는 왕의 개인적 자질이 가장 중요시되었다. 물론 그들이 배우자와 마찬가지로 왕가 출신이거나 신적 계보에 속해 있다면 더욱 바람직한 일이겠지만 반드시 그럴 필요는 없었다.

우리는 로마뿐만 아니라 아테네에서도 공주와의 결혼을 통해 왕위를 계승한 흔적을 찾아볼 수 있다. 아테네 최고의 두 왕 케크롭스Cecrops[6]와 암픽티온Amphictyon은 선왕의 딸들과 결혼했다고 한다. 이 전설은 아테네에서 남계친족이 여계친족보다 경시되었다는 증거가 있으므로 어느 정도 신빙성이 있다고 보인다.

고대 라티움의 왕족들이 딸들은 가정에 남겨둔 채 아들만을 외국의 다른 공주와 결혼시켜 그 나라의 왕이 되게 했다는 사실을 이미 지적한 바 있다. 이런 견해

---

6 고대 그리스 아티카의 최초의 왕이라고 전해지는 인물. 결혼과 재산에 관한 법과 새로운 형태의 제의를 제도화한 것으로 전해진다. 그 외에도 의식에서 피를 흘리지 않는 제물을 사용하도록 했고, 사체의 매장과 서법書法의 발명 등에 이바지하기도 했다. 아티카의 소유권을 둘러싸고 벌어진 아테나 여신과 포세이돈 신의 싸움에서 중재자 노릇을 했다고도 전해진다. 아티카 주민의 한 사람이었던 그는 상반신은 인간의 모습으로 하반신은 뱀 모습으로 묘사되었다.

가 틀림이 없다면 남계친족이 대대로 다른 나라의 왕국을 통치했다는 것이 된다. 그런데 이런 관습이 고대 그리스와 스웨덴에서도 행해졌다. 이 점에서 이것과 동일한 관습이 유럽 아리안계 민족 가운데 일부에서도 행해졌으리라고 추정할 수 있다. 예컨대 왕자가 자기 나라를 떠나 먼 나라에 가서 그 나라의 공주와 결혼하여 왕위에 올랐다는 이야기가 그리스의 많은 전설 속에 등장하기 때문이다. 이와 관련하여 고대 그리스 저술가들은 왜 왕자들이 해외로 이주했는가 하는 갖가지 이유들을 기록에 남기고 있다. 그중 매우 많이 지적되는 이유 중 하나가 살인죄를 범하고 도주했다는 기록이다. 하지만 이는 그가 자국을 떠난 이유는 될지 몰라도 왜 타국의 왕이 되었는지를 설명해 주지는 못한다. 그래서 살인죄를 범하고 도주했다는 식의 이유들은 후대의 저술가들에 의해 왜곡된 것이 아닌가 하는 의심이 든다. 저술가들은 아들이 아버지의 재산과 왕국을 계승해야 한다는 규칙에만 집착한 나머지 다른 나라의 왕국을 통치하기 위해 자기 나라를 떠나는 왕자에 관한 많은 전설들을 설명해 내지 못했던 것이다.

스칸디나비아 전설에서도 유사한 관습의 흔적을 찾아볼 수 있다. 예컨대 왕에게 아들이 있는데도 왕국을 계승한 사위의 이야기가 그것이다. 『노르웨이 왕들의 노래*Sagas of the Norwegian Kings*』에 의하면, 특히 '아름다운 두발의 하롤드Harold'라 불리는 왕 이전의 5대에 걸쳐 스웨덴 출신의 이른바 잉글링Yngling 가계의 남자들이 지방의 공주와 결혼함으로써 적어도 노르웨이의 여섯 지방을 차지했다고 한다.

이처럼 아리안계 여러 민족은 사회 진화의 일정 단계에서 남자가 아닌 여자들에게 왕의 혈통을 계승하게 했거나, 자국의 공주와 결혼한 타국의 남자를 왕으로 삼았던 관습이 있었던 것으로 보인다. 모험을 좋아하는 한 남자가 엉뚱하게도 타국에 와서 그 나라의 공주와 결혼하여 왕국의 절반 내지 전부를 통치했다는 내용의 통속적인 민담들은 실제로 있었던 관습의 기억을 반영하고 있는 것임에 틀림없다.[7]

---

7 민담이 일정한 구성을 가지는 장르로서 발생학적으로 원시사회의 의례 및 사유 개념들과 연관되어 있음을 밝힌 『민담의 역사적 기원*Istoričeskie korni volšebnoj skazki*』(1946)에서 프로프V. Y. Propp는 프레이저의 이 구절에 동의하고 있다. 하지만 프로프에 의하면, 『황금가지』의 근본 관념을 이루는 왕위 계승에 관한 프레이저의 이론은 한 가지 치명적인 문제를 안고 있다. 즉, 프레이저의 관심은 폐위되거나 살해되는 늙은 왕에게 향해 있을 뿐 그 왕을 몰아낸 주인공에 대해서는 간과하고 있으며, 계승의 주기성에 초점을 맞춘 나머지 계승의 규정에 대해 명확한 언급이 없다는 것이다. 프로프, 최애리 옮김, 『민담의 역사적 기원』, 문학과지성사,

이 같은 관습과 통념이 지배적인 곳에서는 왕실의 여자와 결혼함으로써만 왕위 계승이 가능했던 것이다. 덴마크의 역사가 삭소 그라마티쿠스는 스코틀랜드의 전설적 왕비 헤르무트루드Hermutrude의 입을 빌려 이런 왕위 계승의 방식을 매우 분명하게 전하고 있다. "물론 그녀는 왕비였다. 그리고 그녀가 자기 침대로 불러들이기에 합당하다고 여긴 자는 누구든지 곧바로 왕이 되어 그녀의 몸뿐만 아니라 왕국까지도 지배할 수 있었다. 이리하여 그녀의 손에 쥔 홀笏도 그에게 함께 넘어갔던 것이다." 이런 지적은 여러 픽트Pict족[8] 왕들의 실제 관습을 반영하고 있다는 점에서 매우 중요하다. 비드Saint Bede the Venerable(672/673~735)[9]의 증언을 통해서도 픽트족이 왕위 계승을 할 때 조금이라도 문제가 생기면 언제나 남계가 아닌 여계에서 왕을 선발했다는 사실을 알 수 있다.

그렇다면 여왕과 결혼하여 왕위를 계승받기에 적합한 남자의 개인적 자질은 무엇이었나 하는 문제는 당대의 통념과 왕이나 그 상속자의 성격에 따라 상이하기는 했지만, 고대 초기에는 대체로 신체적 힘과 아름다움이 중시되었으리라고 보인다.

때로는 왕비와 왕위를 차지할 권리를 시합으로 정해지기도 했다. 알리템니아 리비아Alitemnian Libyan인은 가장 발이 빠른 자에게 왕국을 주었다. 고대 프로이센인은 귀족이 되고자 하는 후보자들이 왕 있는 곳까지 기마 경주를 하여 일등한 자가 영광을 차지했다. 전설에 의하면, 올림피아에서 최초로 열린 경주는 엔디미온Endymion에 의해 거행되었다. 그는 자식들에게 달리기 시합을 시켜 승자에게 왕국을 넘겨주었다. 경주자들이 출발했던 경기 장소에 그의 묘지가 있었다고 한다. 또한 펠롭스Pelops[10]와 히포다미아Hippodamia의 유명한 이야기는 아마도 왕국

1990, 426쪽

8 스코트Scot족에게 정복당한 영국 북부의 고대 민족으로, 켈트족이 들어오기 이전 스코틀랜드 원주민의 자손. 케이스네스에서 파이프에 이르는 지금의 스코틀랜드 동부 및 북동부에 거주했다. '색깔을 칠한'이라는 뜻의 라틴어 picti에서 유래한 이 종족의 이름은 몸에 칠을 하거나 문신을 하던 고유 관습에서 붙인 듯하다.

9 1899년 성인으로 추증되었으며, 축일은 5월 25일. 앵글로색슨인 신학자, 역사가, 연대기 학자. 앵글로색슨족의 기독교 개종사를 다룬 중요한 사료인 『영국인 교회사Historia ecclesiastica gentis Anglorum』(731~732)를 쓴 저자로 가장 잘 알려져 있다. 이 책은 5권으로 되어 있으며, 율리우스 카이사르의 침략(기원전 55~기원전 54)에서부터 성 아우구스티누스의 켄트 도착(기원후 597)까지 영국에서 일어났던 사건들을 기록했다. 이 책은 기적 행위에 관한 기록들로 가득 차 있지만, 정확한 것으로 평가되는 전승 자료들에 토대를 두고 있어 앵글로색슨 초기의 역사 사건과 정황을 아는 데 필수불가결한 자료라고 말할 수 있다.

10 제우스의 손자로서 펠롭스 왕조를 세웠다는 전설적인 인물. 그리스에 있는 반도 펠로폰네소스는 그의 이름을 딴 것으로 보인다. 여러 가지 전설에 따르면, 그의 아버지 탄탈로스는 신들을 연회에 초대해 아들 펠롭스

히포다미아를 얻기 위해 전차 경주에 참가한 펠롭스를 담은 그리스 도자기, 기원전 4세기경

자체를 상금으로 걸었다는 올림피아 최초의 경주 설화를 모델로 하여 만들어진 또 다른 이야기로 보인다.

이런 설화들은 신부를 차지하기 위한 실제 시합 관습을 반영한 것일 수 있다. 그 관습들은 형식적이거나 혹은 단순한 흉내 내기로 전락하기도 했지만, 많은 민족에게 퍼져 있었다. "키르기스Kirghiz족[11]에게는 '사랑놀이'라는 경기 관습이 있었다. 이는 결혼 형식의 일부였다고 생각된다. 먼저 무서운 회초리로 무장한 신부가 말을 타고 달려가면, 자신만만한 젊은이들이 그녀를 차지하려고 뒤를 쫓는다. 그녀를 붙잡은 자는 상으로 신부를 얻기 때문이다. 그런데 그녀에게는 말을 달리면서 맘에 들지 않는 사나이를 물리칠 수 있는 회초리를 사용할 권리가 있었다. 때문에 그녀는 평소 마음에 두고 있던 사나이에게 호의를 베풀어 그의 차지가 되곤 했다."[12]

신부를 얻기 위한 시합은 동북아시아의 코랴크Koryak족[13]에서도 찾아볼 수 있다. 이들의 시합은 커다란 천막 안에서 행해지는데, 천막 주변에는 '폴록polog'이

를 죽여서 요리하여 내놓고 그 사실을 신들이 알아내는지 시험해 보았는데, 딸을 잃은 슬픔에 잠겨 있던 여신 데메테르만이 그것을 모르고 어깨살을 먹었다. 나중에 신들이 펠롭스의 몸을 되살려 냈으나 데메테르가 먹은 부분은 없어졌으므로 여신은 대신 상아로 어깨를 만들어 주었다. 이와 관련하여 핀다로스는 바다의 신 포세이돈이 펠롭스를 사랑해 그를 하늘로 데려갔으며 끔찍한 연회 이야기는 그의 실종을 설명하기 위한 악의 섞인 이야기일 뿐이라고 했다. 그러나 펠롭스는 그의 아버지가 신들의 총애를 악용해 신들만이 먹는 넥타르와 암브로시아를 인간들에게 먹였기 때문에 그 벌로 다시 인간세상으로 돌아와야만 했다. 핀다로스에 따르면, 그 뒤 펠롭스는 엘리스에 있던 피사 왕 오이노마오스의 딸 히포다미아에게 구혼했다고 한다. 그런데 자기 딸에 대해 근친상간의 사랑을 품고 있던 오이노마오스는 이미 그 전에 13명의 구혼자를 죽였다. 그는 펠롭스에게 전차 경주 시합을 제안해, 펠롭스가 이기면 히포다미아와 결혼시켜 주고 지면 그 대가로 목숨을 빼앗겠다고 했다. 오이노마오스의 말과 전차는 그의 아버지 아레스 신의 선물이었고, 펠롭스의 것은 포세이돈이 준 것이었다. 전차 경주에서 펠롭스는 신부를 얻고 오이노마오스를 죽였다. 좀 더 악의 섞인 전설에 따르면, 펠롭스는 오이노마오스 왕의 마부 미르틸로스를 매수해 왕의 전차에서 쐐기를 빼냈다고 한다. 올림피아에 있는 제우스 신전 동쪽의 삼각형 박공벽에 이 전차 경주 준비 과정이 그려져 있다.

11 튀르크어 계통의 언어를 사용하는 중앙아시아 목축 민족. 대다수가 키르기스스탄(투르키스탄)에 살고 있다.

12 인용문의 출처는 스콧 믈레넌의 『고대사 연구Studies in Ancient History』(1886)이다. 믈레넌은 여자 영아 살해 때문에 처녀가 드물었던 고대의 초기 이슬람 사회에서는 종종 이웃 부족을 급습하여 신부를 강탈해왔다고 주장했는데, 여기서는 신부 경주의 관념과 풍습을 제기하면서 그 근거로 키르기스족, 코랴크족, 말레이족 등의 사례를 들고 있다. 로버트 프레이저 편, 192쪽 편주 참조

13 주로 캄차카 반도 북부지역의 코랴크 자치구에 사는 종족. 이들의 언어는 고古시베리아어군의 루오라웨틀란어에 속하며, 원래 오호츠크해의 북동부 해안지대에서 살다가 동쪽으로 확산된 것으로 추정된다. 러시아에 합병된 후 일부는 내륙지역에서 순록을 치며 살았고, 나머지는 바다 포유동물을 사냥하거나 고기잡이를 하며 해변지역에서 정착생활을 했다. 코랴크족은 권력을 지닌 지위나 씨족 조직 같은 것을 전혀 갖고 있지 않았다. 일부일처제가 이루어졌으며, 아내는 남편의 가족과 함께 생활했다. 샤머니즘 신앙이 있었고, 늑대를 친척으로 생각했으며, 갈가마귀에 대한 신화를 중요시했다.

라 부르는 많은 독방들이 즐비하게 늘어서 있다. 만일 처녀가 모든 독방 앞을 뛰어 지나가면서 그 안의 남자에게 붙잡히지 않으면 그녀의 결혼은 보류될 수 있다. 이때 다른 여자들은 남자들이 들어가 있는 독방 앞에 갖가지 장애물을 갖다 놓는다. 때문에 처녀가 일부러 잡혀 주지 않는 한 남자들이 그녀를 붙잡기란 거의 불가능하다. 튜턴계의 모든 민족에서도 이와 유사한 관습을 찾아볼 수 있으며, 지금까지도 그 흔적이 남아 있다. 사실 독일어와 앵글로색슨어, 스칸디나비아어에서 결혼이라는 단어는 바로 신부 사냥을 의미한다.

이처럼 처녀, 특히 공주와 결혼할 수 있는 권리는 종종 운동경기의 상으로 주어졌다. 그러므로 로마 왕들이 딸들을 결혼시키기에 앞서 장래 사위이자 후계자가 될 남자의 자질을 시험하기 위해 운동경기의 방법을 썼다 하더라도 전혀 놀랄 만한 일이 아니다. 만일 나의 이론이 틀리지 않다면, 로마의 왕과 왕비는 유피테르와 그 신성한 배우자를 구현하는 존재로서, 농작물을 자라게 하고 인간과 가축을 증식할 목적으로 매년 성스러운 결혼의식을 거행했음에 틀림없다. 말하자면 그들은 북방지역에서 행해지던 '오월의 왕과 왕비'와 같은 의식을 집행했다. 앞에서 우리는 '오월의 왕'의 역할을 연출하여 '오월의 여왕'과 결혼할 권리가 때때로 운동경기, 특히 달리기 시합에 의해 결정되었음을 살펴보았다. 이는 방금 검토한 고대의 결혼 관습, 즉 신랑 후보자로서 적합한지 어떤지를 시험한 관습의 흔적일 수 있다. 그 시험은 특히 왕이 될 자에 대해 해당 사회의 안녕과 번영이 정치적, 군사적 의무보다도 더 중요시되는 신성한 의식을 집행할 자격이 있는지 없는지 그 결함을 확인하기 위해 매우 엄격하게 실시되었을 것이다. 그러므로 그가 고귀한 소명을 감당할 만한 자격이 있음을 널리 천명하고 높은 평판을 얻기 위해서는 때때로 동일한 시험을 몇 번이고 되풀이하여 받지 않으면 안 되었다.

이런 시험 관습은 제 시대에 이르기까지 매년 로마에서 행해진 '레기푸기움 regifugium'[14]라는 의식 속에도 남아 있었다. 매년 2월 24일 코미티움Comitium[15]에서 희생제물을 바친 다음, '신성한 제의왕'이 포룸(광장)에서 도망쳐 버렸던 관습이

---

14 '왕의 도주'를 말한다.
15 고대 로마의 민회民會. 혹은 민회가 열렸던 장소. 로마 공화정의 정치 1번지였으며, 현재 팔라티누스 언덕에 그 터가 남아 있다.

그것이다.[16] 이 관습은 본래 가장 빠른 주자에게 왕위를 상으로 부여했던 연례 경주였을 것으로 짐작된다. 한 해가 끝나갈 무렵, 왕은 왕권의 재임을 위해 다시금 달리기 시합에 나가 뛰지 않으면 안 되었던 것이다. 이는 그가 시합에서 패하여 왕위를 내주거나 혹은 살해당할 때까지 계속되었다. 그러므로 원래 달리기 시합이었던 것이 언제부턴가 도주와 추적의 형태로 바뀌었던 것이다. 이를테면 왕이 달리기 시작하면 경쟁 상대가 그 뒤를 추적한다. 이때 왕이 추월당하면 그는 가장 빠른 주자에게 왕관뿐만 아니라 생명까지도 내주지 않으면 안 되었다. 그러다가 어떤 카리스마적인 사나이가 계속 왕권을 걸머쥠으로써 연례 경주가 역사시대에 들어와 형식적 행사로 변형되었을 성싶다. 그런 의식은 때때로 로마에서 왕들이 추방된 것을 기념하는 행사로 해석되기도 한다. 이런 해석은 본래적 의미가 망각되어 버린 의식을 설명하기 위해 억지로 고안해 낸 의견에 불과하다. 오히려 '신성한 제의왕'의 도주는 다만 왕정시대의 선왕들이 연례적으로 지켜 왔던 고대 관습에 따른 것이다. 따라서 이 의식의 본래 목적이 어디에 있는지는 추정할 수밖에 없다. 여기서 제시한 설명은 이런 주제의 난점과 애매성에 대해 충분히 인식할 필요가 있다는 사실을 보여 줄 뿐이다.

그러므로 만일 나의 견해가 옳다면, 로마 왕들의 연례적 도주의식은 우승자에게 1년을 임기로 하여 공주와 왕위를 함께 부여했던 시대의 유물이라 할 수 있다. 그 시대에는 우승자가 왕으로 즉위한 뒤 신부와 함께 신과 여신으로 분장하여, 동종주술의 원리에 따라 토지의 풍요와 다산을 촉진하기 위해 성스러운 결혼식을 거행했을 것이다. 고대 라틴 왕들은 신의 화신으로 간주되었으며 정기적으로 살해당했으리라는 나의 가설이 정당하다면, 그들 중의 많은 이들이 맞이했다는 저 신비롭고 참혹한 최후에 대해 더 잘 이해할 수 있을 것이다.

전설에 의하면, 알바의 어떤 왕은 유피테르의 벼락을 흉내 냈다는 불경죄로 말미암아 벼락을 맞아 죽었다. 또한 로물루스는 아이네이아스와 마찬가지로 신비스럽게 사라져 버렸다고 하며, 혹은 성난 귀족들에 의해 갈기갈기 찢겨 살해당했다고도 한다. 그가 죽은 7월 7일에는 사투르날리아Saturnalia 축제[17]와 유사한

---

16 '왕의 도주' 관습에 대한 프레이저의 전거는 오비디우스의 『로마의 축제들Fasti』과 플루타르코스의 『로마인의 물음Quaestiones Romanae』이다.

17 로마의 농경신 사투르누스Saturnus를 기리는 농신제農神祭. 이 축제는 로마에서 가장 큰 축제였으며, 그 영향은 오늘날까지도 서양의 성탄절, 신년 축제에서 찾아볼 수 있다. 사투르날리아는 본래 12월 17일 하루

로마 팔라티누스 언덕에 남아 있는 코미티움(고대 민회) 유적

제의가 거행되었다. 그래서 그날은 여자 노예들에게 평소에는 상상할 수 없을 정도의 자유로운 행동이 허락되었다. 이를테면 그녀들은 가정부나 자유 시민의 옷차림을 하고 시내로 나가 닥치는 대로 지나가는 사람들에게 조롱을 퍼붓거나 혹은 서로 치고 박고 돌팔매질을 하기도 했다. 한편 로물루스의 동료인 사비니 Sabine족[18] 타티우스Tatius[19]도 폭력에 의해 시해당한 로마 왕이다. 그가 라비니움 Lavinium[20]에서 조상신들에게 희생공희를 바치고 있을 때, 평소 그에게 원한을 품고 있던 사람들이 와서 그를 칼로 찔러 죽이고 제단에 침까지 뱉었다고 한다. 그런데 타티우스 왕이 죽은 시기와 정황으로 미루어 볼 때, 이 시해는 정치적 암살이라기보다 일종의 제물을 바치는 행위였다고 추정된다.

이밖에 누마 왕의 후계자였던 톨루스 호스틸리우스는 벼락에 맞아 죽었다고 한다. 하지만 앙쿠스 마르키우스Ancus Marcius[21]가 작당하여 누마 왕을 암살한 다음, 그 뒤를 이어 왕위에 올랐다고 주장하는 이들도 많다. 어쨌든 전형적인 사제 왕이자 상당 부분 신비적 요소를 내포하는 누마 왕에 대해 플루타르코스는 이렇게 기록하고 있다. "누마의 명성은 그 뒤를 이은 왕들의 숙명적인 죽음에 의해 더

에 치러졌지만 뒤에는 7일간 계속되었다. 이 축제는 한 해의 가장 즐거운 축제로서, 모든 일과 사업이 중지되고 노예에게도 자기들이 하고 싶은 대로 말하고 행동하는 일시적인 자유가 주어졌으며, 도덕적인 규율도 완화되었다. 또한 이날 사람들은 선물을 자유롭게 교환했다. 본서 제58장 3절 참조

18 테베레강 동부 산악지역에 살던 고대 이탈리아 부족

19 티투스 타티우스. 사비니족의 전설적인 왕. 로마 창건자 로물루스와 공동으로 나라를 다스렸다고 한다. 티투스 타티우스나 로물루스가 실제로 역사적 인물이었는지는 확실하지 않다. 전설에 따르면, 로마인과 사비니인 사이의 투쟁은 로물루스가 사비니인을 축제에 초대했다가 그들의 부인들을 납치한 사건에서 시작되었다. 그러자 티투스 타티우스가 로마수비대 사령관의 딸 타르페이아를 매수한 뒤 로마의 카피톨리누스 언덕을 점령했다. 곧이어 카피톨리누스 언덕과 팔라티누스 언덕 사이에 있는 계곡에서 전투가 벌어졌는데, 그 전장터에 사비니 여성들이 뛰어나와 싸움을 말렸다. 그 결과 공식적 조약이 맺어져서 로마인과 사비니인은 티투스 타티우스와 로물루스의 이중 왕권(공동 통치제) 아래 연합했다. 공동체 명칭은 계속해서 로마라고 불렀으나, 사비니인에게 양보한다는 뜻에서 로마의 시민은 퀴리테스(사비니의 주요 도시 쿠레스에서 유래함)로 불렸다. 그러나 이중 왕권제는 한 폭도에 의해 티투스 타티우스가 살해될 때까지 단지 몇 년 동안만 유지되었다. 로마인은 후대의 많은 것들이 티투스 타티우스에게서 나왔다고 생각했다. 그래서 로마인들은 티투스 타티우스와 로물루스의 통치를 로마의 2인 콘술(집정관)체제의 기원으로 여긴다.

20 이탈리아 라티움의 고대 도시. 로마에서 남쪽으로 30킬로미터 떨어져 있는 이곳은 오늘날 라티카디마레로 불리며, 초기 라틴족의 종교 중심지로 알려져 있다. 로마 전설에 의하면, 트로이아에서 온 아이네이아스와 그 추종자들이 세웠고, 아이네이아스의 아내 이름 라비니아에서 따서 지었다고 한다. 아이네이아스는 이곳에 가정의 수호신인 페나테스를 섬기는 신전을 세웠을 것으로 추측된다. 특정한 계층의 로마 관리들이 정기적으로 라비니움에서 페나테스와 베스타 여신(화로의 여신)에게 제물을 바쳤다.

21 기원전 7세기에 활동한 전설적인 로마 왕. 재위 기원전 642~기원전 617년. 역사가 리비우스는 그의 통치에 대해 자세한 기록을 남겼으나 이는 상당 부분 전설에 입각한 것으로 보인다.

욱 높아졌다. 누마 다음에 왕이 된 다섯 명 가운데 한 명은 유배를 당했고, 다른 네 명도 천명대로 산 자가 아무도 없었기 때문이다. 그러니까 네 명 중 세 명은 시해당했고, 나머지 한 명은 벼락에 맞아 죽은 것이다."

로마 왕들의 비극적인 최후를 전해 주는 이러한 전설은 왕위를 획득하기 위한 그들의 경기가 단순한 시합이 아니라 목숨을 건 투쟁이었음을 시사한다. 그렇다면 로마와 네미 사이의 유사성을 상정했던 우리의 가설이 보다 설득력을 가지게 된다. 다시 말해 로마와 네미에서는 공통적으로 왕이 살아 있는 신적 구현자로 간주되었으며, 따라서 보다 강한 완력과 날카로운 검으로써 왕위 찬탈의 신성한 권리를 입증할 수 있는 카리스마적인 남성은 언제라도 기존의 왕을 몰아내거나 시해하는 일이 허락되었던 것이다. 고대 라틴 국가에서 왕위 획득의 야망이 종종 단 한 번의 시합에 의해 결정되었더라도 전혀 놀라운 일이 못 된다. 역사시대에 이르기까지 움브리아Umbrian족[22] 사람들은 흔히 가혹한 시합을 통해 사적인 논쟁거리를 결정지었으며, 경쟁자의 목을 벰으로써 자신의 주장이 옳다는 것을 만천하에 인정받았기 때문이다.

---

22 고대 에트루리아 종족. 에트루리아족과 갈리아인의 압력에 못 이겨 움브리아 지역에 살게 되었고, 기원전 400년경 이후에는 인도유럽에 속하는 움브리아어를 사용했다.

제15장
떡갈나무 숭배

떡갈나무 혹은 떡갈나무 신에 대한 숭배는 유럽의 모든 아리안계 민족들에 의해 행해졌다고 보인다. 앞에서 살펴보았듯이 그리스인과 이탈리아인은 떡갈나무를 하늘과 비, 우레를 관장하는 지고신 제우스 또는 유피테르와 연관시켰다. 도도나 성소는 아마도 그리스에서 매우 유명하고 오래된 성소 중 하나였을 것인데, 그곳에서 사람들은 제우스의 신탁이 내린다는 떡갈나무를 숭배했다. 도도나는 유럽에서 가장 자주 천둥, 번개를 수반한 폭풍우가 몰아치던 지역인 만큼 사람들은 그곳이야말로 제우스 신이 거할 만한 가장 적합한 장소라고 여겼으며, 떡갈나무 잎들이 스치는 소리와 천둥소리에서 제우스 신의 음성을 들었음 직하다. 성소 주위에서 울려 퍼지는 청동 종소리는 어쩌면 을씨년스러운 계곡 위로 솟아 있는 험준한 산에서 들려오는 천둥소리를 흉내 낸 것이었을지도 모른다.

앞서 언급했듯이, 보이오티아에서는 떡갈나무의 신으로 간주된 제우스와 떡갈나무의 여신으로 여긴 헤라의 신성한 결혼의식이 그 지방의 종교동맹에 의해 매우 성대하게 거행하였다. 또한 아르카디아의 리카이우스산 정상에서는 제우스의 사제에 의해 신성한 샘물에 떡갈나무 가지를 적시는 강우주술이 행해졌는데, 이는 곧 제우스가 갖는 비와 떡갈나무의 신으로서의 성격을 잘 보여 준다. 그리스인은 정기적으로 강우신으로서의 제우스에게 비를 내려 달라고 기도했는데, 이런 행위는 지극히 자연스러워 보인다. 반드시 그런 것은 아니지만 대체로 많은 제우스의 성소들은 떡갈나무들이 무성하고 비구름이 수시로 피어나는 산 꼭대기에 있었기 때문이다. 또한 아테네의 아크로폴리스 위에는 제우스에게 비를 청하는 지신상地神像이 서 있었으며, 아테네인들은 가뭄이 들면 "제우스 신이시여, 아테네 사람들의 밭과 들에 비를 내려 주소서"라고 기도했다.

제우스는 비뿐만 아니라 천둥과 번개를 관장하는 신이기도 했다. 그래서 올림 피아를 비롯한 여러 지방에서 제우스는 '천둥번개'라는 별칭으로 숭배되기도 했으며, 아테네의 성벽 위에는 '번개이신 제우스'라 일컫는 제단이 있었고, 거기서

떡갈나무 잎과 열매

사제 몇 명이 계절에 따라 파르네스Parnes산 위의 번갯불을 지켜보았다. 그리스인들은 벼락이 떨어진 곳에 담을 쌓고, 그곳을 '강림하신 제우스'를 제사지내는 제단으로 삼아 제물을 바쳤다. 비문에 의하면 그런 장소가 아테네에 몇 군데 있었다고 한다.

그리스 왕들은 자신이 제우스의 아들이라고 주장하거나 제우스의 이름을 차용하기도 했다. 그런 만큼 그리스 왕들이 민중의 복지를 위해서, 혹은 적들을 공포와 혼란에 빠뜨리기 위해 뇌우를 내리게 하는 신적 기능을 담지하려 했으리라고 쉬이 상상할 수 있을 것이다. 이렇게 미루어 보면, 살모네우스 왕의 전설은 먼 옛날 떡갈나무가 무성한 그리스의 작은 영토를 통치하던 군주 계급을 어느 정도 반영하고 있는 듯이 보인다. 아일랜드 왕들 또한 토지의 풍요나 가축의 다산을 초래하는 존재로 간주되었다. 떡갈나무와 뇌우와 비의 신인 제우스를 모방하는 것이야말로 그들이 이런 기대를 충족하기 위한 가장 좋은 방법이었으리라. 다시 말해 이탈리아의 왕들이 유피테르를 구현했듯이, 아일랜드의 왕들은 제우스를 구현했던 것이다.

고대 이탈리아에서는 모든 떡갈나무가 유피테르(제우스의 이탈리아식 이름)의 나무로서 신성시되었다. 그리하여 유피테르는 로마의 카피톨리누스 언덕에서 떡갈나무의 신이자, 비와 천둥의 신으로 예배받았다. 로마의 한 저술가는 하늘을 우습게 알고 유피테르에게 제물 하나 바치지 않는 당대의 회의주의를 경사스러웠던 고대의 경건성과 비교하면서, 그 옛날 귀부인들이 맨발로 머리를 늘어뜨린 채 유피테르에게 비를 청하며 카피톨리누스 언덕에 오르던 관습을 우리에게 일깨워 주고 있다. 계속해서 그 저술가는 이렇게 하면 비가 억수같이 쏟아졌고, 참배자들은 비에 흠뻑 젖어 돌아왔다고 말하면서 "그런데 오늘날 우리는 그런 신앙을 잃어버렸기 때문에 논밭이 말라 터지고 있는 것"이라고 개탄한다.

남부와 중부 유럽의 대원시림에 살고 있던 고대 아리안족 사이에서도 떡갈나무와 천둥의 신에 대한 신앙이 있었다. 갈리아[1]의 켈트족 가운데 드루이드 승단은 떡갈나무와 그 위에 기생하는 겨우살이를 가장 신성시했다. 그리하여 그들은 엄숙한 예배의 장소로서 떡갈나무 숲을 선택하였으며, 모든 의식을 집행할 때

---

1 고대 갈리아인이 살던 곳. 지금의 프랑스와 벨기에, 서부 독일, 북부 이탈리아 일부가 여기에 해당한다. 이 갈리아는 로마 문화의 중요한 보고寶庫였다. 갈리아 출신 작가들은 로마의 고전적인 문학 전통을 오래도록 유지했으며, 이곳에는 많은 원형극장과 수로교水路橋, 그 밖의 로마 유적들이 아직도 많이 남아 있다.

에 반드시 떡갈나무 잎을 사용했다. 이와 관련하여 그리스의 한 저술가는 "켈트족은 제우스를 숭배했으며, 제우스를 표상하는 그들의 우상은 떡갈나무였다"고 기록하고 있다. 기원전 3세기경 아시아에 정주한 켈트족 침입자들은 그 새로운 거주지에 떡갈나무 숭배를 이식했다고 보인다. 갈라티아Galatia[2] 원로원이 소아시아의 중심지였던 드리네메툼Drynemetum, 즉 '신성한 떡갈나무 숲' 또는 '떡갈나무 신전'이라 부르는 곳에서 개최되었다는 사실은 이 점을 확인시켜 준다. 신뢰할 만한 많은 식자들은 드루이드라는 이름이 '떡갈나무의 사람들'을 의미한다고 믿고 있다.

고대 게르만족의 종교에서도 신성한 떡갈나무 숲의 숭배가 최고의 위치를 차지했다고 보인다. 그림Grimm에 의하면 떡갈나무야말로 그들의 성스러운 나무였다고 한다. 이때 떡갈나무는 특히 천둥의 신 도나르Donar 또는 투나르Thunar에게 봉헌했다고 보인다. 이 신은 스칸디나비아인의 뇌신 토르Thor[3]에 해당한다. 8세기에 보니파키우스Bonifacius(675년경~754)[4]는 헤세 지방의 가이스마르Geismar 인

---

2 지금의 터키에 해당하는 아나톨리아 중부에 있던 고대 지역. 기원전 3세기 초에 주변의 그리스 국가들을 황폐하게 한 켈트족 약탈자들에게 점령당해 이런 이름이 붙여졌으며(당시 작가들은 켈트족을 갈라타이라 불렀다), 그 후 로마의 보호국이 되었고(기원전 85), 기원후 2세기 말 아나톨리아의 헬레니즘 문명에 흡수되었다.

3 초기의 모든 게르만 민족에게 공통된 뇌신. 붉은 턱수염을 가진 위대한 무사이며, 엄청난 힘을 소유한 신. 일반적으로 오딘 다음으로 중요한 신이며, 어떤 설에서는 그가 오딘의 아들이라고도 한다. 하지만 왕족을 제외한 거의 모든 북방 민족들과 아이슬란드에서는 토르를 최고의 신으로 받들었던 것이 분명하다. 토르Thor는 천둥이라는 뜻의 게르만어인데, 토르 신을 연상시키는 가장 큰 특징이 바로 그의 쇠망치로 상징되는 벼락이다. 미올니르라는 이름의 이 망치는 여러 가지 놀라운 능력을 가지고 있는데, 그중 하나가 부메랑처럼 망치를 던진 사람에게 되돌아온다는 것이다. 묘비나 룬 문자로 기록된 기념비에는 흔히 이 망치가 새겨져 있다. 토르가 대적하는 무리들 중에는 악을 상징하는 뱀인 외르문간드가 있다. 전설에 따르면, 토르가 외르문간드의 두 개골을 깨부수지 못했기 때문에 '라그나뢰크(신과 인간 세계의 종말)'에서 서로 죽여야 할 운명에 처하게 되었다고 한다. 토르는 종종 로마 신 유피테르와 동등시되었기 때문에 '디에스 요비스(유피테르의 날)'가 곧 토르의 날Thor's day(즉 Thursday)이 되었다.

4 영국이 선교사 개혁자. 독일을 복음화하는 데 이바지했기 때문에 독일의 사도라고 부른다. 그는 경건함과 올바른 행위라는 확고한 방향으로 독일 교회를 세웠다. 722년 헤센으로 가서 기독교 사역을 강화하기 위해 베네딕투스 수도회 최초의 수도원을 세웠다. 보니파키우스가 큰 성공을 거두자 그레고리우스 교황은 그를 로마로 불러 선교 주교로 임명했다. 또한 교황은 그에게 교회법 전집과 프랑크 왕국의 재상 카를 마르텔 같은 주요 인물들에게 보내는 추천서를 주었는데, 그는 그들의 보호로 선교에 성공할 수 있었다. 보니파키우스는 가이스마르에서 게르만인의 뇌신 토르의 신성한 떡갈나무를 베어 버렸는데, 이는 이교도들이 두려워한 마르텔의 보호하에 가능한 일이었다. 그 후 보니파키우스는 오순절 주일에 기독교로 개종한 사람들에게 성서를 읽어주다가 한 무리의 프리기아 이교도들에게 순교당함으로써 생애를 마쳤다. 조직가·교육자·개혁자였던 보니파키우스는 중세 내내 독일과 프랑스의 지성사·정치사·교회사에 깊은 영향을 끼쳤다. 그는 선교운동을 로마의 통제하에 둠으로써 일원화했고, 그가 세운 수도원들은 여러 세대에 걸쳐 많은 주교와 교사를 배출함으로써 프랑크 왕국 생활의 질을 크게 향상시켰다.

스칸디나비아의 뇌신 토르(왼쪽)와 슬라브의 뇌신 페룬(오른쪽)

근에서 신성한 떡갈나무 한 그루를 벌채했는데, 그 지방 사람들은 이 나무를 '로부르조비스robur Jovis', 즉 '유피테르의 떡갈나무'라고 불렀다. 그런데 이것을 고대 게르만어로는 '도나레스에이Donares eih', 즉 '도나르의 떡갈나무'라고 한다. 튜턴족의 뇌신 도나르(투나르, 토르)가 이탈리아의 뇌신 유피테르와 동일시되었다는 사실은 오늘날의 목요일Thursday, 즉 '도나르의 날'이 라틴어 '디에스조비스dies Jovis'의 차용어라는 데에서도 잘 나타난다. 요컨대 그리스인이나 이탈리아인과 마찬가지로 튜턴족 사이에서도 떡갈나무의 신은 동시에 천둥의 신이기도 했다. 나아가 떡갈나무의 신은 비를 내려 땅을 결실 맺게 하는 풍요와 다산의 신이었다. 그리하여 브레멘의 아담Adam of Bremen은 "토르는 하늘에 살면서 천둥과 번개, 바람과 비, 좋은 날씨와 농작물 등을 관장한다"고 말했다. 이 점에서도 튜턴족의 뇌신은 남방형인 제우스 또는 유피테르와 유사성을 보여 준다.

슬라브인의 경우에도 떡갈나무는 제우스 또는 유피테르의 슬라브형 뇌신인 페룬Perun[5]의 신성한 나무였다. 노브고로트[6]에는 사람의 모습을 하고 손에 뇌석을 든 페룬의 조각상이 서 있었다고 한다. 그리고 거기서는 이 신을 위해 밤낮을 가리지 않고 떡갈나무가 번제燔祭로 바쳐졌다고 한다. 만일 이 번제를 위한 불이 꺼지면 불을 지피는 사람은 목숨을 잃었다. 페룬은 제우스나 유피테르와 마찬가지로 슬라브인의 주신이었다. 프로코피우스Procopius(490~?)[7]는 그 증거로서 "슬라브인은 천둥과 번개를 창조한 신이 만물의 조물주라고 믿었으며, 그 신에게

---

5 고대 슬라브족의 천둥 신. 결실과 정화, 정의와 질서를 관장한다. 폴랍어에서 목요일Thor's day(북유럽 우레의 신 '토르'의 날)에 해당하는 단어는 '페루단perudan'이었다. 폴란드어의 '피오룬'과 슬로바키아어 '파롬'은 천둥이나 번개를 가리킨다. 6세기 비잔틴의 사가 프로코피우스는 슬라브인들에게 '번개신'과 그에 대한 숭배가 있었음을 입증했다. 서부 슬라브인은 그를 '프로네'라고 부르면서 떡갈나무 숲에서 숭배했는데, 이 이름은 헬몰드의 『슬라브 연대기Chronica Slavorum』(1172)에 나온다. 13세기 초 덴마크의 역사가 삭소 그라마티쿠스는 페룬의 아들 포레누트를 언급했다. 기독교 시대에 접어들면서 페룬 숭배는 점차 성 엘리야(러시아어로는 일리야) 숭배로 바뀌었으나, 민간신앙에서는 결실을 촉진하고 생명력을 돋우며 정결하게 하는 그의 역할들이 오늘날까지도 도끼·황소·숫염소·비둘기·뻐꾸기 등의 매개체에 의해 행해지고 있다. 러시아에서는 현대에 접어들기 전까지 매년 7월 20일에 페룬 또는 일리야를 기념하는 제의와 공동 축제가 지속되었다.

6 러시아 북서부의 주. 삼림지대가 약 60퍼센트를 차지한다.

7 비잔틴 제국의 역사가. 프로코피우스의 저술은 비잔틴을 연구하는 데 없어서는 안 될 자료이며, 많은 지리적 정보가 포함되어 있다. 527~531년에 첫 번째 페르시아 원정을 떠난 군대 사령관 벨리사리우스의 참모로 일했다. 533~534년에는 반달족에 대한 원정에 참여했고, 536년까지 아프리카에 머물다가 536년에 시칠리아에서 벨리사리우스와 합류했다. 이후 540년까지 이탈리아에서 고트족 원정에 참여한 뒤 콘스탄티노플로 돌아간 것이 분명하다. 542년에 비잔틴 제국의 수도를 휩쓴 전염병에 대해 묘사하고 있기 때문이다. 그 후 그의 삶에 대해서는 확실히 알려진 것이 전혀 없다. 562년에는 콘스탄티노플의 장관으로 일한 듯하다.

황소와 그 밖의 제물을 바쳤다"고 기록하고 있다.

한편 리투아니아인의 주신 페르콘스Pērkons[8]도 천둥과 번개의 신으로서 제우스 또는 유피테르와 유사한 성격을 지녔다. 리투아니아인은 떡갈나무를 신성시했는데, 기독교 선교사들에 의해 떡갈나무가 벌목되었을 때 사람들은 숲의 신이 파괴되었다고 여겨 대단히 분노했다. 그들은 떡갈나무를 번제로 바쳐 페르콘스를 수호했다. 불이 꺼지는 경우는 신성한 나무를 마찰해서 다시 불을 피워야만 했다. 남자들은 풍작을 기원하며 떡갈나무에 희생제물을 바쳤고, 여자들은 참피나무로 풍년을 빌었다. 이로써 그들은 떡갈나무를 남성으로 보고, 참피나무를 여성으로 간주했던 것으로 추정된다. 가뭄이 들면 그들은 숲속에 들어가 검은 수소와 검은 숫염소, 검은 수탉을 한 마리씩 제물로 바치면서 기우제를 올렸다. 그때 곳곳에서 사람들이 모여들어 함께 먹고 마시는 등 잔치가 벌어졌다. 그들은 술단지를 들고 불 주위를 세 차례 돈 다음, 술을 불에 부으면서 비를 청했다. 이처럼 리투아니아인의 주신主神이 떡갈나무와 천둥과 비의 신이었다는 점에서 제우스 또는 유피테르와의 현저한 유사성을 확인할 수 있다.

이상의 고찰에서 떡갈나무와 천둥과 비의 신이 고대 유럽의 아리안계 여러 민족에게 숭배받았으며, 이 신이야말로 그들의 주신이었음을 알 수 있다.

8　발트 종교에 나오는 신들 가운데 가장 대중적이었던 천공신, 법과 질서의 수호자이자 다산의 신. 벼락에 맞아 자주 쓰러지는 떡갈나무가 이 신에게 헌정된 나무이다. 페르콘스는 기능과 형상에서 슬라브의 '페룬', 독일의 '토르', 그리스의 '제우스'와 관련이 깊다. 페르콘스는 도끼를 든 혈기 왕성하고 턱수염을 기른 남자로 자주 묘사되며, 두 개의 바퀴가 달린 수레를 타고 하늘을 날아다니면서 벼락을 내리고 농부들에게 비를 뿌려 준다고 여겼다. 봄에 그가 내리는 벼락은 땅을 깨끗하게 하고 식물의 성장을 촉진한다. 또한 악령들과 불의한 사람들에게도 벼락을 내리며, 심지어 신들을 징벌하기도 한다. 리투아니아의 전설은 달의 신이자 태양 여신의 남편인 '메누오'가 간통을 저지르자, '페르콘스가 그를 난도질함으로써 그의 부정을 징벌했다고 전한다. 고대 전승에 따르면, 뇌석雷石(부싯돌이나 예리한 청동 조각으로 땅에 묻혀 있는 '페르콘스의 총알들')이나 벼락에 맞은 물체나 사람은 마귀들을 막아 주거나 치통·열병·공포증 등을 치료해 주는 수단으로 사용했다고 한다.

제16장
디아누스와 디아나

이 장에서는 앞의 논의를 통해 도달한 결론을 부연하면서 분산된 관점들을 정리함으로써 네미 사제직의 수수께끼를 풀어 보고자 한다. 앞에서 확인했듯이, 인류 사회의 초기에 인간은 자연의 신비스러운 과정을 알지 못했으며, 인간의 힘이 자연을 지배할 수 있는 한정적인 영역에 대해서도 무지한 채, 그것들을 오늘날 우리가 초자연적 또는 신적인 작용이라고 알고 있는 그런 기능의 탓으로만 돌렸다. 그런데 그런 착각이 생겨나고 유지된 원인은 어디에 있었을까? 그것은 자연을 움직이는 원인과 전적으로 동일한 것이었다. 다시 말해 자연이라는 위대한 기계의 톱니바퀴가 원활하고 정확하게 움직이는 놀라운 질서와 불변성이 원시인들의 착각을 불러일으켰던 것이다. 그들은 인내심 있게 자연의 질서를 관찰하면서 그들의 희망을 이루고 공포를 해결할 수 있는 때와 계절을 어느 정도 예측할 수 있었을 것이다. 자연의 위대한 주기성과 연속적인 순환성은 원시인의 무지한 두뇌에 깊은 인상을 주었을 법하다.

그리하여 그들은 자연현상을 예견하면서, 자신이 원하는 어떤 현상이 자기 자신의 의지의 결과이며, 혹은 자기가 두려워하는 어떤 현상은 그들 적의 의지의 결과라고 오해했다. 자연이라는 광대무변한 기계를 움직이게 하는 동력이 인간 시야를 훨씬 넘어서는 신비의 베일에 덮여 있음에도, 무지한 원시인은 그 동력이 마치 눈앞에 가시적으로 존재하며, 따라서 그것을 손으로 만질 수 있다고 착각한 것이다. 그 결과 그들은 자신에게 이익이 되는 모든 일과 적에게 해를 끼칠 수 있는 모든 일들을 주술로써 실현하고자 했다.

그러나 마침내 그들은 그런 주술적 신앙이 무익하고 허황하다는 사실을 깨닫게 되었다. 즉, 인간이 할 수 없는 일이 존재하며, 모든 행복을 다 구할 수도 없고, 가장 유능한 주술사라 할지라도 피할 수 없는 재난이 존재한다는 사실을 알게 된 것이다. 그렇게 구해도 얻을 수 없는 행복과 피하려 해도 피할 수 없는 불행은 이제 불가시적인 어떤 신적 존재의 작용 때문이라고 여기게 되었다. 그런 신이 인간에게 호의를 베풀면 환희와 생명이 주어지지만, 반대로 신이 분노하면 비참함과 죽음이 주어질 뿐이다. 그리하여 주술이 종교로 대체되었고, 주술사가 사제로 바뀌게 되었다. 그렇게 바뀐 사유 단계에서는 사물의 궁극적인 원인이 인격적인 존재에 있다고 여겼다. 인격적 존재는 수효도 많고 모순된 성격을 가지고 있다고 간주되었다.

그런 인격신의 힘은 인간보다 위대하며, 또한 유한한 인간과는 달리 초월적 생명을 가지고 있으면서 동시에 인간적 성격을 내포하며 나아가 인간적 약점까지 지닌다고 생각한 것이다. 하지만 철학이라는 강력한 용제溶劑라 하더라도 아직은 이런 인격신들의 강렬한 개성과 선명한 윤곽을 저 유일무이하고도 알 수 없는 현상의 심층 속으로 녹아들어 가지는 못했다. 즉, 철학적 사유는 자신의 무지를 감추기 위해 인간의 상상력이 거기에 부여한 특성에 의거하여 고안해 낸 거창한 이름들 중 몇몇 이름으로 알려진 인격신이라는 현상의 밑바닥까지 다 파헤치지는 못했다는 말이다. 사람들은 다만 그 인격신을 여전히 자신과 가까운 존재라고 생각할 뿐이었다. 그리하여 다른 사람들보다 훨씬 뛰어난 신앙심을 가진 어떤 이들은 사후나 혹은 생전에 신적 지위를 획득할 수 있다고 믿었다.

말하자면 그런 인물은 신의 화신으로서의 인신이라 할 수 있다. 인신은 주술시대에서 종교시대로 넘어가는 과정에서 나타났다. 인신은 신의 이름을 빌려 신적 장엄성을 발휘하기도 했다. 하지만 그들의 위력은 대체로 선임자인 주술사의 그것과 별반 다를 것이 없었다. 인신은 주술사와 마찬가지로 적의 마술로부터 민중을 보호하고, 병을 다스리고, 자손을 번성하게 하여 민중을 축복하고, 혹은 날씨를 조절하고, 토지의 풍요와 가축의 다산을 위해 필요한 의식을 집행함으로써 민중에게 충분한 식량을 보증하는 등의 역할을 할 뿐이었다. 이처럼 강력한 힘을 인정받은 인신은 당연히 해당 지역에서 최고의 지위를 차지했다. 나아가 신적 영역과 일상적 영역 사이의 한계가 분명치 않던 시대에 인신들은 종교뿐만 아니라 정치 영역에서도 절대권을 행사할 수 있었다. 요컨대 인신은 왕인 동시에 신이기도 했다. 이렇게 볼 때 인류 역사에서 왕이 지녔던 신적 휘광의 원천은 매우 뿌리 깊은 것임을 알 수 있다. 그로부터 많은 세월이 지난 다음 자연과 인간에 대한 보다 근본적인 관점들이 나타나면서 이런 인신이 점차 사라지게 된다.

고대 그리스와 라틴의 고전시대에는 이미 왕권이 거의 자취를 감추게 되었다. 그러나 왕권의 계통과 호칭, 권리에 관한 이야기들은 왕이 신적 권위로써 통치했으며, 초인간적 위력을 발휘했다고 주장한다. 따라서 우리는 이렇게 말할 수 있다. 즉, 네미의 '숲의 왕'이 가졌던 영광이 후기에 이르러 지극히 쇠잔했더라도, '숲의 왕'은 민중의 존경과 숭배를 받고, 그 보답으로 민중에게 축복을 베풀었던 신성왕의 오래된 계보를 대표하고 있음에 틀림없다고 말이다. 아리키아 숲의 디아나가 어떤 기능을 했는지에 대해 우리가 알고 있는 것은 거의 없지만, 적어도 그녀는 풍요의 여신, 특히 다산의 여신으로서 숭배받았을 성싶다. 이로써 미루어보아, 그녀는 이런 중요한 임무를 수행함에 사제의 도움을 받았을 것이며, 둘이 숲의 왕과 숲의 여왕으로서 신성한 결혼식을 올림으로써 봄의 꽃과 가을의 추수로써 대지를 풍요롭게 하고, 인간 남녀로 하여금 다산을 촉진시켰으리라는 점을 어렵지 않게 상상할 수 있다.

그런데 네미의 사제가 왕뿐만 아니라 동시에 숲의 신의 입장을 취했다고 한다면 과연 그가 어떤 신을 구현했는가 하는 물음을 던지지 않을 수 없다. 이에 대해 고대의 식자들은 그가 디아나의 배우자 혹은 애인이었던 비르비우스를 나타낸다고 보았다. 하지만 이런 대답은 우리에게 그다지 도움이 되지 못한다. 왜냐하면 우리는 비르비우스에 대해 다만 그 이름 정도만 알고 있기 때문이다. 그래서 우리는 숲에서 피운 베스타의 불에서 문제의 단초를 찾고자 한다. 유럽 아리안족의 영원한 불은 일반적으로 떡갈나무에 점화되었으며, 네미에서 멀리 떨어지지 않은 로마에서도 베스타의 불을 붙이는 연료는 바로 떡갈나무였다.

이 점은 19세기 말 코멘다토레 보니Commendatore G. Boni에 의해 로마의 옛 광장에서 발굴된 베스타 불의 탄화 흔적을 연구한 현미경적 분석이 입증하고 있다. 나아가 라틴 여러 도시들의 종교의식이 현저하게 일치하고 있으므로, 베스타의 불을 수호한 모든 라틴 지역에서는 로마와 마찬가지로 신성한 떡갈나무가 불태워졌으리라고 결론지을 수 있다. 만일 네미에서도 그랬다면 그 장소는 바로 떡갈나무 숲이었을 것이며, 따라서 '숲의 왕'이 목숨을 바쳐 수호하지 않으면 안 되었던 것은 바로 한 그루의 떡갈나무였을 것이다. 베르길리우스에 의하면, 아이네이아스가 '황금가지'를 꺾은 것도 다름 아닌 한 그루의 푸른 떡갈나무에서였다고 한다.

실로 떡갈나무는 라틴 사람들의 지고신 유피테르의 신성한 나무였던 것이다. 그러므로 한 그루의 떡갈나무에 목숨을 걸었던 '숲의 왕'은 바로 유피테르 그 자체를 구현하는 존재였다고 말할 수 있다. 분명치는 않지만 이런 결론을 지지할 만한 증거가 있다. 예컨대 고대 알바의 '실비' 왕조, 즉 '숲'의 왕조는 떡갈나무 왕관을 쓴 채 알바산 위에 살고 있던 라틴의 유피테르 형태를 모방함으로써 그 위력에 의지하려 했다. 그러니까 동일한 알바 산기슭의 신성한 떡갈나무를 지키는 '숲의 왕'이 실비(숲) 왕조를 잇는 전통적이고 합법적인 계승자이자 그 대표자가 아니었을까 하는 추정도 가능할 것이다. 어쨌든 '숲의 왕'이 바로 인간 유피테르였으리라는 나의 가정이 옳다고 한다면, 전설에서 '숲의 왕'과 동일시되는 비르비우스는 바로 유피테르의 지방적 형태로서 본래 푸른 숲의 신이었으리라고 생각할 만하다.

이런 '숲의 왕'이 후대에 떡갈나무의 신 유피테르의 역할을 하게 되었다는 가설은 배우자인 디아나를 검토함으로써 확인할 수 있다. 일반적으로 디아나는 숲의 여왕으로 여겼으며, 그런 디아나와 '숲의 왕'에 관한 별개의 두 논의를 수렴해볼 때 우리는 디아나가 특별히 떡갈나무의 여신이었음을 알게 된다. 첫째, 디아나는 베스타라고 불렸다. 또한 그 성격상 디아나는 앞서 언급한 대로 떡갈나무에 지핀 저 영원한 불을 관장했다. 이때 불의 여신은 땔감인 나무의 여신과 결코 동떨어진 존재가 아니다. 원시인의 사유에서 불과 타는 나무는 구별되지 않았기 때문이다. 둘째, 네미의 물의 정령 에게리아는 단순히 디아나의 다른 형태에 불과하며, 나아가 떡갈나무의 정령 드리아드Dryad와 다름없었다. 실제로 이탈리아의 다른 지역에서는 여신 에게리아가 떡갈나무 숲에 살고 있다고 관념되었다. 가령 알바 산맥의 한 줄기인 알기두스산은 옛날에 상록수 떡갈나무와 낙엽수 떡갈나무로 무성한 삼림이었다. 그 산은 겨울이 되면 줄곧 눈으로 덮여 있었고, 어두운 떡갈나무 숲이야말로 디아나가 좋아하는 서식처라고 믿었다. 오늘날 같으면 산적들이나 살 만한 곳이었을 텐데 말이다.

카푸아[1] 후방의 캄파냐 평야를 내려다보는 아펜니노 산맥의 한 줄기인 험준한 티파타산에도 예전에는 상록의 떡갈나무로 덮여 있는 디아나 신전이 있었다. 루키우스 코르넬리우스 술라Lucius Cornelius Sulla(기원전 138~기원전 78)[2]가 가이우스

---

1 이탈리아의 캄파냐 지역에 있는 고대의 주요 도시. 나폴리에서 북쪽으로 26킬로미터 떨어진 지금의 산타마리아카푸아베테레Santa Maria Capua Vetere시에 있었다.

2 로마의 장군·정치가. 기원전 107년 가이우스 마리우스의 지휘를 받으며 아프리카에서 누미디아 왕 유구르타와 맞서 싸웠을 때 콰이스토르(재무관)를 맡아 정치에 첫발을 디뎠다. 그는 계략을 써서 유구르타를 생포하는 놀라운 전과를 올렸으나 이 공적은 마리우스와 분쟁을 일으키는 출발점도 되었다. 마리우스는 킴브리족의 침공을 물리치는 전쟁에 술라를 계속 기용했으나 기원전 103년 무렵에는 시기심을 노골적으로 드러냈

마리우스Gaius Marius(기원전 157년경~기원전 86년경)[3] 일족과의 싸움에서 이긴 후 바로 이 신전에서 디아나 여신에게 승리를 감사하면서 기념비를 세웠다. 그 비석은 오랫동안 신전에 남아 있었다. 여러 측면을 고려해 보건대, 네미의 '숲의 왕'은 떡갈나무의 신 유피테르를 구현하고 있었으며, 나아가 떡갈나무의 여신 디아나의 배우자였다고 결론지을 수 있다. '숲의 왕'과 디아나 여신의 신비스러운 결혼이 이 신성한 숲을 밀회의 장소로 이용한 누마와 에게리아의 전설적 연애담에 반영되었던 것이다.

물론 이와 반대되는 설명도 가능하다. 예컨대 유피테르의 배우자는 디아나가 아니라 유노이며, 만일 디아나에게 배우자가 있었다면 그것은 유피테르가 아니라 디아누스Dianus 또는 야누스Janus(타락한 디아누스)였으리라는 반론이 그것이다. 이는 부정할 수 없는 사실이다. 하지만 유피테르와 유노, 그리고 디아누스와 디아나, 야누스와 야나Jana 등의 짝신들은 단지 그 본질과 기원에서 이름과 기능이 동일한 짝을 이루고 있을 뿐이다. 이 점을 감안할 때 위의 반론은 무마될 수 있다. 즉, 유피테르, 유노, 디아누스(야누스), 디아나(야나)라는 이름은 모두 '빛'을 의미하는 아리안어의 어근 'DI'에서 비롯된 것이며, 이는 네 신들에 대응하는 그리스 신 제우스와 그 애인 디오네Dione의 이름에도 해당한다. 또한 기능적으로 유노와 디아나는 모두 생식과 출산의 여신이며, 후대에는 달과 동일시되었다.

한편 야누스의 성격과 기능에 대해서는 예부터 불분명하므로 무어라고 단정 짓기 어렵다. 그러나 야누스가 하늘의 신이었다는 마르쿠스 테렌티우스 바로 Marcus Terentius Varro(기원전 116~기원전 27)[4]의 견해는 야누스의 이름과 하늘의 신

다. 그런데도 술라는 마리우스와 공동 지휘관직을 맡게 되었으며, 기원전 88년에는 공화정 최고의 직책인 2인 콘술(집정관)의 한 사람이 되었다. 이에 대해 마리우스가 평민파의 호민관 푸블리우스 술피키우스 루푸스와 결탁하자, 술라는 로마로 진군하여 술피키우스를 살해했으며 마리우스는 도망치고 말았다. 술라는 로마 역사상 최초의 전면적인 이 내전(기원전 88~기원전 82)에서 승리한 뒤 딕타토르(독재관)를 지내면서(기원전 82~기원전 79) 로마 공화정의 마지막 세기에 공화정을 강화하기 위한 헌정 개혁을 실시했다. 기원전 82년 말 자신이 행운아라고 믿은 술라는 '펠릭스Felix'라는 이름을 썼다. 그러나 기원전 79년 초 술라는 직책을 사임하고 캄파냐의 푸테올리 근처로 은퇴함으로써 로마에 일대 화제를 일으켰는데, 그 후 술라는 일개 시민으로 지내면서 죽을 때까지 줄곧 회고록 집필에만 매달렸다.

3 콘술을 일곱 차례나 지낸 로마의 야심적인 장군·정치가. 그의 부인은 율리우스 카이사르의 고모 율리아였다.

4 로마의 가장 위대한 학자, 풍자작가. 『메니페아의 풍자Saturae Menippeae』로 유명하다. 박학가로 로마의 위대함을 고취하려는 강한 애국심에서 도덕적이며 교훈적인 작품들을 많이 썼으며, 로마 제국 건립(기원전 27)을 전후해 큰 영향력을 발휘했다. 기원전 59년 폼페이우스, 율리우스 카이사르, 크라수스의 결탁에 대해 『머리가 셋 달린 자Trikaranos』라는 제목의 정치적 격문을 썼다. 풍자문학·시·논문·식사式辭·서한은 물론 법

유피테르란 이름의 어원적 동일성에 의해 지지받을 수 있다. 그뿐만 아니라 야누스가 유피테르의 배우자인 유노 및 유투르나Juturna에 대해 가지는 관계에 의해서도 지지받는다. 왜냐하면 유노 숭배자들이 야누스에게 부여한 별명은 두 신의 혼인 결합을 지시하는 것이었기 때문이다. 어떤 전설에 의하면 야누스는 물의 정령 유투르나의 남편이며, 또 다른 전설에 의하면 유피테르가 이 물의 정령을 사랑했다고 한다. 게다가 사람들은 야누스를 '아버지'라는 호칭으로 부르면서 유피테르와 마찬가지로 자주 찾고 예배했다. 사실 박식한 성 아우구스티누스는 야누스를 유피테르와 동일시하는 논리를 폈고, 그뿐만 아니라 유피테르 디아누스에게 공물을 바치던 경건한 이교도 숭배자들도 야누스를 유피테르와 동일시했다. 야누스가 떡갈나무와 모종의 관계가 있었다는 흔적을 티베르 강둑 오른편에 있는 야니쿨룸Janiculum 구릉의 떡갈나무 숲에서 찾아볼 수 있다. 거기서 야누스는 이탈리아 역사상 가장 오래된 시대의 왕으로서 백성들을 다스렸다고 전해진다.

이상에서 제시한 나의 설명이 옳다면, 그리스와 이탈리아에 동일한 신의 쌍이 제우스와 디오네, 유피테르와 유노, 디아누스(야누스)와 디아나(야나) 등으로 이름이 바뀌기는 했지만, 그런 이름들은 그 신들을 예배한 각 부족의 방언에 따라 변화한 것일 뿐 본질적으로는 동일한 존재라고 말할 수 있다. 처음에 여러 부족들이 서로 인접하여 살고 있을 때는 이름이 서로 다르다고 해서 신들이 구별된 것은 아니었다. 말하자면 이름의 차이는 다만 수사적인 것에 지나지 않았다. 그런데 여러 부족들이 점차 분산되고 흩어짐에 따라, 결과적으로 서로 고립된 여러 부족들이 저마다 고향에서 가지고 온 신들을 각자의 방식으로 예배하면서 신들이 성격까지 달라지게 된 것이다.

그러다가 나중에는 신화와 의례의 불일치가 생겨났고, 그 결과 신들의 표면상 차이가 본질적인 차이로 굳어지게 되었다. 그리하여 원시시대를 지나면서 점진

룰학·천문학·지리학·교육학·문학사 등 다양한 주제에 관해 74편 정도의 작품(낱권으로는 600권 이상)을 썼다. 내용 전체가 보존된 유일한 작품 『농사론De re rustica』은 농업과 축산의 실용적인 지식에 대해 쓴 3부작으로서, 시골생활에 대한 애착을 높이기 위해 쓴 것이다. 『메니페아의 풍자』는 150권 중에 약 90권의 제목과 600개 정도의 단편들만이 남아 있다. 이 책은 기원전 3세기의 견유학파犬儒學派 철학자 '가다라의 메니포스'를 본떠 산문과 운문을 섞어 쓴 해학적 잡문집으로서, 의식주에서 문학과 철학에 이르기까지 다양한 소재를 다루었다. 이 풍자문들에서 바로는 자신을 신세대의 부조리와 어리석음을 조롱하는 구세대 인물로 묘사했다. 로마의 구식 미덕과 경건함을 간직한 소박한 생활을 하라고 훈계하면서 사치스런 생활과 철학적 교조주의에 반대했다.

적인 문화의 진보와 더불어 강력하고도 단일한 신흥 정치세력이 인접한 약소 부족들을 정복하거나 혹은 여러 부족들이 이합집산하면서 각자의 신들을 각 지역의 방언을 가지고 예배드리게 되었다. 그럼으로써 분산되기 이전의 선조들이 공동으로 예배했던 동일한 신이 이제는 방언의 차이라든가 종교적 다양성 등과 같은 여러 축적된 요소들로 말미암아 변형되지 않을 수 없게 된 것이다. 그 결과 마침내 본래의 동일성이 애매해지면서 신들이 하나둘씩 각 민족의 신전에서 독립적인 신격으로 인식되고, 자리매김하게 되었다.

이 같은 신들의 다양성은 오랫동안 격리되어 있던 혈연적 여러 부족이 하나로 통합되면서 나타났다. 이는 로마 종교에서 유피테르 외에 야누스가 출현한 이유라든가, 유노 외에 디아나 또는 야나가 출현한 이유를 설명해 준다. 이런 설명은 야누스가 원래 문짝의 신이었다고 주장하는 몇몇 근대 학자들의 입장[5]보다 훨씬 더 설득력이 있어 보인다. 로마인들에 의해 신들의 신이며 사람들의 어버이로서 숭배받은 존엄하고 중요한 신의 출신이 하찮은 문짝의 신이었을 것 같지는 않다. 물론 문짝의 신도 숭배를 받기는 받았다. 하지만 야누스Janus에서 문짝을 의미하는 야누아janua라는 명칭이 비롯되었다고 보는 편이 그 반대의 경우보다 훨씬 더 자연스럽게 보인다. 이 점은 '야누아'라는 말 자체를 검토해 보면 분명히 알 수 있다. 문짝을 가리키는 낱말은 인도에서 아일랜드에 이르는 모든 아리안족의 언어에서 유사성을 보여 준다. 산스크리트어 두르dur, 그리스어 투라thura, 독일어 튀르tur, 영어 도어door, 고대 아일랜드어 도루스dorus, 라틴어 포

---

5 사실상 오늘날 야누스에 대한 일반인들의 상식은 이런 입장에 근거를 두고 있다. 흔히 야누스는 로마 종교에 나오는 문짝janua과 아치 길janus의 수호신으로 여겨지고 있다. 이런 이해에는 나름대로 근거가 있다. 로마에는 많은 야누스(의례용 출입구)가 있었다. 이것들은 흔히 독립적인 구조물로 행운을 주는 상징적인 출입구로 이용되었다. 로마 군대의 출정에는 특별한 미신이 결부되어, 야누스를 통해 행진하는 방식에는 행운을 가져오는 것과 불운을 가져오는 것이 있었다. 한편 로마에서 가장 유명한 아치 길은 야누스 게미누스Janus Geminus로 로마 광장 북편에 있는 야누스의 성소였다. 그것은 양쪽 끝에 양쪽으로 열리는 문이 달린 단순한 직사각형 모양의 청동 구조물이었다. 전통적으로 이 성소의 문들은 전쟁 때는 열려 있고, 평화시에는 닫혀 있었다. 어떤 학자들은 야누스를 모든 시작의 신으로 생각하고 출입문을 그와 연결하여 생각하는 것은 거기서 파생된 것이라고 본다. 그래서 정규 예배 때 여러 신 중 그에 대한 기원을 제일 먼저 했다는 것이다. 책력에서나 농경에서나 새로운 일·월·연의 시작은 그에게 봉헌되었다. 1월January은 그의 이름을 따서 붙여졌고, 그의 축제가 1월 9일 아고니움에서 거행되었다. 야누스에게 바친 몇 개의 중요한 신전들이 있었으며, 또한 초기에는 고대인들이 '야누스의 도시'라는 의미를 붙인 야니쿨룸에서도 제의가 행해졌을 것이라고 추측된다. 야누스는 흔히 양면 얼굴의 머리를 가지고 있거나, 때때로 네 갈래 길의 아치의 정령으로서 네 개의 얼굴을 가진 모습으로 그려지기도 했다. 프레이저는 이와 같은 야누스 이해를 부정하면서 야누스를 지고신 유피테르와 동일시하는 논리를 전개하고 있다.

「야누아리우스」슐로모 카츠. 이탈리아의 성자 야누아리우스가
야누스의 문으로 들어가려 한다. 야누스는 원래 문의 신이었다.

리스foris 등이 그것이다.

그런데 라틴 사람들만은 아리안족에 속하는 이들이 공통적으로 지니고 있는 이 같은 보통명사 외에도 문짝을 나타내는 별개의 명사인 야누아라는 어휘를 가지고 있었다. 야누아라는 말은 다른 어떤 인도유럽어에서도 그에 대응하는 용어를 찾아볼 수 없다. 야누아는 야누스라는 명사에서 파생한 형용사적 명사의 형태를 띠고 있다. 이와 관련하여 나는 위대한 야누스 신의 수호를 받기 위해 집집마다 주요 문짝에 야누스 신상이나 상징물을 부착하는 풍습이 있었으리라고 생각한다. 그렇게 수호를 받은 문짝은 '야누아 포리스janua foris', 즉 야누아의 문짝이라고 불렸을 것이다. 그것이 간혹 '포리스'가 생략되어 간단히 '야누아'라고 부르게 된 것이리라. 어쨌든 그 후부터 야누스 신상에 의해 수호를 받든 아니든 간에 '야누아'라는 말이 모든 문짝 일반을 의미하게 되었다. 이런 전이는 매우 자연스러운 과정이었다고 보인다.

이런 추론이 어느 정도 사실이라면, 오랫동안 신화학자들의 골머리를 썩였던 문제, 즉 야누스의 쌍두雙頭가 어디에서 비롯된 것인가 하는 기원의 문제에 대해 간단히 설명할 수 있게 된다. 이를테면 야누스 신상으로써 집과 도시의 입구를 수호하는 관습이 생겨난 이래, 누구든 그 신의 예리한 눈을 피할 수 없도록 하기 위해 이 수호신에게 앞뒤를 동시에 감시하게끔 할 필요가 있었을 것이다. 수호신이 항상 한쪽만을 보고 있으면 그 뒤편에서 어떤 음모가 꾸며질지 모르기 때문이다. 로마의 야누스 신이 왜 쌍두였는지를 설명하는 이 같은 추론은 수리남[6] 내륙의 부시Bush족 흑인들이 마을 어귀에 쌍두의 우상을 수호신으로 세운 사례를 통해서도 확인 가능하다.

그 우상은 나무로 만들어졌으며, 양편에 조잡한 솜씨로 사람 얼굴이 새겨져 있다. 그것은 두 개의 기둥과 하나의 서까래로 된 문짝 아래에 놓여 있었다. 그리고 우상 옆에는 통상 악마를 추방하기 위한 흰 천이 걸려 있었다. 경우에 따라서는 거기에 몽둥이나 기타 무기를 걸어 두기도 했다. 서까래에는 아래쪽을 향해 통나무 하나를 걸어 두었는데, 이는 문으로 들어올지도 모르는 악마의 머리를 내려치기 위해서라고 한다. 수리남의 흑인 마을에 있는 쌍두 우상은 로마에서 문이나 현관의 수호신, 즉 한 손에 몽둥이와 다른 손에 열쇠를 쥐고 있는 쌍두의 야

---

6 남아메리카 중북부 해안에 위치한 공화국

누스 신상과 거의 비슷하다. 양자 모두 얼굴이 앞뒤를 향하고 있어서 악마의 침입을 사방에서 감시하면서 언제라도 침입자를 내쫓으려는 경계 태세를 보여 주고 있다. 따라서 오비디우스의 말마따나 요령 좋기로 이름난 야누스에게 기만당한 로마의 열렬한 야누스 연구자들이 제시했던 지루하고도 불만족스러운 설명들을 이제 더 이상 필요로 하지 않는다.

이런 결론을 네미의 사제에 적용해 보자. 네미의 사제는 디아나의 배우자로서 원래 유피테르보다는 오히려 디아누스(야누스)를 표상한다고 생각할 수 있다. 그러나 신들의 이와 같은 차이는 고대인들에게는 다만 표면적인 것에 불과했다. 즉, 명칭만 달랐을 뿐 이 신들이 하늘과 뇌우와 떡갈나무의 신으로서 지녔던 본질적인 기능은 변함이 없었던 것이다. 그러므로 네미의 사제가 떡갈나무 숲에 살지 않으면 안 되었던 이유는 전술한 바와 같이 지극히 당연한 일이다. '숲의 왕'이라는 그의 칭호는 그가 봉헌한 신이 숲과 밀접한 상관성이 있었다는 점을 잘 보여 준다. 그뿐만 아니라 그가 이 숲에 있는 어떤 나무의 가지를 꺾은 자에게 습격을 받았다는 것은, 그의 생명이 저 신성한 나무의 생명과 결부되어 있었음을 보여 준다.

어쨌든 숲의 왕은 아리안족의 떡갈나무 신을 섬긴 사제임과 동시에 그 신 자체를 표상하는 존재였다. 또한 그는 에게리아 또는 디아나라고 부르는 한 여신과 결혼했다. 이 결혼이 어떤 방식으로 이루어졌는지는 차치하더라도, 그것은 토지의 풍요, 인간과 가축의 다산에 필수적이라고 여겼다. 나아가 떡갈나무의 신이 동시에 하늘과 천둥과 비의 신이었던 것처럼, 그 신을 표상하는 '숲의 왕' 또한 밭이나 과수원에 풍성한 결실을 맺게 하고, 목장에 신선한 목초를 무성하도록 하기 위해 여타의 신적 왕들과 마찬가지로 필요할 때마다 구름을 모으고, 천둥을 울리게 하며, 비를 내릴 수 있도록 기대하였다. 그런 고귀한 힘을 소유한 자는 필시 중요한 인물이었음에 틀림없다.

사실 고전시대 저술가들의 증언에서 알 수 있듯이, 네미 숲의 성지에서 발굴된 건물의 폐허와 제물로 바쳤던 유물들은 그것이 이탈리아에서 가장 유명한 신전 중 하나였음을 말해 주고 있다. 라틴 동맹을 결성한 군소 부족들에 의해 네미 숲 주변의 평야지대가 분할되었던 시대에도 이 신성한 숲은 여전히 그들에게 공통된 숭배의 중심지였다. 또한 캄보디아의 왕이 열대 밀림지대의 어둡고 신비스러운 '불과 물의 왕'에게 제물을 바치는 관습이 있었던 것처럼, 광대한 라틴 평야지대 전역에서 이탈리아 순례자들의 시선과 발길이 네미 숲으로 향했을 것이다.

옅은 푸른색으로 빛나는 아펜니노 산맥과 짙은 푸른빛으로 다가서는 먼 바다에 둘러싸인 채 선명하게 돋보이는 알바 산기슭의 성지야말로 신비로운 '숲의 왕' 네미의 사제가 살던 고향이었다. 초록빛 산림과 을씨년스러운 골짜기의 고요한 호반이 있는 그곳에서 떡갈나무와 천둥과 비를 내리는 하늘의 신에 대한 아리안족의 숭배가 오랫동안 드루이드적 의식에 의해 계승되었던 것이다. 그 의식은 강력한 정치적·지적 혁명에 따라 라틴 종교의 중심지가 숲에서 도시로, 네미에서 로마로 옮겨지게 된 이후에도 계속 이어졌다.

제17장
왕의 책무

1. 사제왕의 터부

인류 사회의 초기 단계에서 왕이나 사제는 때로 초자연적인 힘을 지닌 자 혹은 신의 화신으로 간주되었다. 이런 신앙에 따라 자연의 운행이 대체로 왕이나 사제의 지배를 받는다고 여겼으며, 그 결과 궂은 날씨나 흉년, 그 밖의 재난에 대해 그들이 책임을 져야 한다고 믿었다. 자연에 대한 왕의 지배력은 민중이나 노예에 대한 지배력과 마찬가지로 일정한 의지 작용을 통해 발휘된다고 여겼다. 그래서 가뭄이나 기근, 질병이나 폭풍우 따위가 닥칠 경우 사람들은 그런 재난을 왕의 태만이나 죄 때문이라고 생각하여 왕에게 태형이나 주리를 트는 형벌 등이 가해졌으며, 그래도 사태가 나아지지 않으면 왕위를 박탈하거나 아예 왕을 시해하기도 했다.

이처럼 자연의 운행이 왕의 지배를 받는다고 믿었지만, 한편 자연 운행의 일부는 왕의 의지와 상관없이 독립적이라고 여겨지기도 했다. 어쨌든 왕의 인격은 우주의 중심이라고 간주하였으며, 우주의 각 방면에 그 지배력을 뻗친다고 믿었다. 따라서 왕의 일거수일투족이 잘못하면 자연의 운행을 방해할 수도 있다고 생각했다. 왕은 우주의 균형을 유지하는 균형점이며, 그에게 일어나는 조그마한 불규칙성이 균형을 깨뜨리는 미묘한 결과를 낳기도 한다는 것이다. 때문에 왕은 사소한 행동거지라도 매우 조심하지 않으면 안 되었고, 자의적이든 타의적이든 자신의 행동에 의해 자연질서가 깨지지 않도록 세심하게 주의하고, 스스로를 통어해야 했다.

그런 왕들 중 전형적인 사례로서 일본의 신성한 황제인 미카도[御門][1] 혹은 다

---

1 일왕이 사는 황거의 문 혹은 황거 내지 조정과 왕실을 가리키는 말로, 때로 일왕을 나타내는 데(이때는 帝라고 표기하기도 한다) 쓰이기도 했다. 로버트 프레이저는 옥스퍼드판 『황금가지』 축약본의 편주에서 '미카

이리[內裏][2]를 들 수 있다. 그는 신과 인간을 포함한 모든 우주를 지배하는 신으로서 태양의 여신이 화육신한 존재로 믿었다. 그래서 매년 한 차례씩 모든 신들[3]이 그를 예방하여 황궁에서 한 달 동안 묵었다고 한다. '신들이 부재하는 달'[4]이라는 의미를 지닌 그 한 달 동안에는 아무도 신사神社에 참배를 하지 않았다. 왜냐하면 그 기간에는 신사에 신이 부재한다고 믿었기 때문이다.[5] 일본인들은 미카도를 '현인신現人神' 혹은 '인신'이라고 불렀으며, 왕의 포고문이나 명령에도 그런 호칭을 사용했다. 미카도는 실로 일본의 모든 신들을 지배했던 것이다. 예컨대 646년의 포고문에는 "우주를 지배하는 인신"이라는 서명이 나온다. 미카도의 생활에 관한 아래의 서술은 약 200년 전에 기록된 것이다.[6]

"지금까지도 황실의 피를 이어받은 황자들은 살아 있는 동안에도 가장 신성한 인물로 간주되며, 또한 태어날 때부터 법황法皇으로서 숭배받는다. 특히 옥좌에 앉게 될 황자의 경우는 더더욱 그러하다. 신민臣民의 마음속에 자리 잡은 이런 특별한 관념을 유지하기 위해, 이 신성한 인간들에게 세심한 주의를 기울이지 않으면 안 된다. 이들은 다른 나라의 관습에 의거해 볼 때 우스꽝스럽고 부적절하게 보일 수도 있는 그런 행동을 하지 않으면 안 된다. 두세 가지 예를 들어 보자. 황족은 발이 땅에 닿아서는 안 된다. 그것은 위엄과 신성을 유지하는 데 지극히

도라는 칭호가 일본인들이 유럽인들 앞에서 자기네 황제를 가리킬 때 쓴 말이며, 튀르크 제국의 '숭고한 문 Sublime Porte'을 빗댄 표현임에 틀림없다고 적고 있다. 로버트 프레이저 편, 앞의 책, 199쪽 편주 참조

2 원래는 일왕이 주거하는 황거를 가리키는 말이지만, 때로 일왕에 대한 존칭어로 쓰이기도 했다.

3 일본에서는 신도의 모든 신들을 나타낼 때 통상 '야오요로즈노카미[八百万神]'라는 표현을 쓴다.

4 일본 민속에서는 고래로 음력 10월을 모든 신이 출타 중인 달이라 하여 '간나즈키[神無月]'라고 부른다. 이 한 달 동안 전국의 800만 신들이 시마네현 이즈모에 집합하여 신들의 회의를 연다고 여겼다. 그래서 일본을 대표하는 신사 중 하나인 이즈모타이샤[出雲大社]에서는 이 시기에 반대로 '간아리사이[神在祭]'라는 마츠리(축제)를 거행한다. 마츠리 기간에 이즈모 주민들은 결혼, 건축, 토목공사, 재봉, 이발은 물론이고, 심지어 노래를 부르거나 손톱을 깎는 것까지 삼가며 근신한다. 이스모타이샤의 간아리사이 축제는 음력 10월 11일부터 17일까지 7일간 행해진다. 그 기간에 신들은 이즈모타이샤에 숙박한다고 간주된다. 따라서 이 간나즈키 기간에 신들이 한 달 동안 황궁에 머문다는 본문의 인용은 와전된 정보이거나 혹은 민간 관념과는 무관한 황실 중심의 전승인 듯싶다. 게다가 실은 이 기간에 모든 신이 다 출타하는 것은 아니다. '루스가미[留守神]'라 하여 다른 신들이 여행간 사이에 집을 지키는 역할을 하는 신도 있다. 도쿄 근교의 이즈 지방에서는 마을 수호신의 일종인 도소신[道祖神]이 그런 역할을 한다고 여겼다. 박규태, 「신들의 고향 이즈모」, 『종교문화비평』 3호, 청년사, 2003 참조

5 출처는 *Manners and Customs of the Japanese in the Nineteenth Century: From recent Dutch Visitors to Japan, and the German of Dr. Ph. Fr. von Siebold*, London, 1841

6 출처는 Engelbert Kaempfer, "History of Japan", in *John Pinkerton's Voyages and Travels*, London, 1811

일본 미카도 가문의 조상신으로 전해지는 태양의 여신 아마테라스 오미카미(위),

일본의 대표적 신사 이즈모타이샤 본전(아래)

방해가 되기 때문이다. 그래서 그가 출타할 때는 가마를 타고 가야 한다. 하물며 그 거룩한 몸을 거친 바람에 노출시키는 일이 있어서도 안 된다. 태양조차도 그의 머리 위를 비출 자격이 없다. 그의 몸에는 구석구석 신성이 깃들어 있으므로 머리나 수염이나 혹은 손톱을 깎는 일이 있어서는 안 된다. 하지만 너무 더러워지면 안 되므로 그럴 때는 그가 잠자는 동안에 몸종들이 그의 몸을 씻어 준다. 이처럼 한밤중에 황족의 몸을 씻는 것은 그의 몸에서 땟국을 훔쳐 내는 일이지만, 그런 도둑질은 황족의 신성이나 위엄을 해치지는 않는다. 예부터 그는 매일 아침마다 몇 시간씩 왕관을 쓰고 옥좌에 앉아 있어야 했는데, 그때 손발과 머리, 눈동자를 비롯해서 온몸을 움직이지 않고 마치 돌부처처럼 정좌하고 있어야 했다. 그래야 제국의 평화와 안녕을 지킬 수 있다고 믿었기 때문이다. 만일 불행히도 그가 한쪽으로 몸을 움직이거나 눈동자를 굴린 경우, 그 방향으로 전쟁과 흉년, 천재지변이 내습하여 황폐해질 것이라고 여겼다. 하지만 후대에 이르러 왕관 자체가 바로 수호신임을 깨닫게 되었다. 즉, 왕관의 부동성이 제국의 평화를 지켜 준다는 새로운 해석이 등장한 것이다. 그러면서 황제의 거룩한 육신은 번거로운 제반 의무에서 벗어나 안일과 환락을 탐닉하게 되었다. 오늘날에는 매일 아침마다 왕좌에 왕관만 몇 시간씩 안치하도록 되어 있다. 황족의 식사는 매번 새로운 그릇을 사용해야 했다. 식기란 아무리 청결하고 아름답더라도 단지 진흙을 버무려 만든 것에 불과하므로, 한 번 사용하고 버린다 한들 크게 손해될 것은 없었다. 그가 한 번 사용한 집기는 대개 깨뜨려 버렸다. 왜냐하면 만일 그 신성한 집기를 송구스럽게도 평민이 사용하게 되면, 그 사람의 입이나 목구멍에 종기가 생기게 될 거라고 여겼다. 황족의 의복도 마찬가지다. 만일 평민 중 누군가가 황제의 허가나 명령 없이 어의를 착용하게 되면 그의 온몸에 종기가 돋아 고통을 받게 될 거라고 여겼다."

또 이 시대보다 더 앞선 시대의 미카도에 대한 언급 중에는 이런 말도 나온다. "심지어 발로 땅을 밟는 것조차 황족에게는 수치스러운 불명예로 간주되었다. 그의 머리 위로 해와 달이 비추는 것도 허용되지 않았다. 머리카락이나 수염 혹은 손톱을 잘라서도 안 되며, 그밖에 몸의 어떤 부분도 떼어 내서는 안 된다. 그가 먹는 음식은 항상 새로운 그릇에 담아야만 한다."

이와 유사한 유형의 사제왕 혹은 신적인 왕을 아프리카 서해안의 원시민족에게서도 찾아볼 수 있다. 하F기니Guinea 파드론곶7 부근의 샤크포인트에는 쿠쿨루Kukulu라는 사제왕이 숲속에서 혼자 살고 있었다. 그는 여자와 접촉해서도 안되고, 그 자리에서 떠나서도 안 되었다. 다만 꼼짝 않고 의자에 앉아 있어야 했으며, 잠도 의자에서 자야 했다. 만일 그가 누워서 자게 되면 바람이 불지 않아 항해를 못하게 될 거라고 믿었기 때문이다. 그에게는 폭풍우를 제압하고 좋은 날씨를 유지할 책임이 있었다.

토고[8]의 아구산 위에는 '바그바Bagba'라는 정령이 살고 있었는데, 이 정령은 인근 지역의 전체에서 가장 중요하게 여겼다. 왜냐하면 바그바는 비를 조절하는 힘을 가지고 있을 뿐만 아니라, 내륙에서 불어오는 열풍 하르마탄Harmattan[9]을 비롯한 모든 바람의 지배자였기 때문이다. 이 정령을 모시는 사제는 산꼭대기에 살면서 커다란 항아리에 바람을 저장하고 있다고 믿었다. 그는 비를 청하기도 하며, 표범의 이빨과 발톱으로 만든 부적을 사용하여 선행을 한다고 여겼다. 이 사제의 권력은 대단하며 사실상 마을의 추장이라 할 수 있지만, 그가 산을 떠나는 것은 부적의 규칙에 의해 금기시되어 있었다. 따라서 그는 평생 산꼭대기에서 살아야 하며, 오직 1년에 한 차례씩 시장에 내려가는 것만 허용되었다. 물론 이때도 일반인의 집에는 절대 들어갈 수 없으며, 그날 산으로 돌아와야 했다. 마을을 다스리는 일은 그가 임명한 부추장이 대행했다.

서아프리카의 콩고 왕국에는 치토메Chitome 혹은 치톰베Chitombe라는 지고의 대사제가 살고 있었다. 흑인들은 그를 가리켜 지상의 신 혹은 천상의 전능자라고 불렀다. 새로 수확한 곡물을 먹기 전에 사람들은 먼저 그에게 햇곡식을 바쳐야만 했다. 만일 이런 규칙을 어기면 재난을 입게 된다고 믿었다. 그가 자신의 거처를 나와 마을의 다른 곳을 방문하는 기간에는 모든 기혼자들이 엄격한 금욕생활을 해야 했다. 그렇지 않으면 그에게 치명적인 일이 일어날 거라고 여겼다. 만일 그가 자연사하게 되면 우주도 멸망할 것이며, 그의 힘에 의해 지탱되어 온 대지도 즉시 붕괴할 거라고 믿었다.

스페인이 신대륙을 정복하던 시기에 살던 원시적인 민족들 사이에서도 일본과 유사한 신정 질서 혹은 신권정치의 흔적을 찾아볼 수 있다. 특히 사포텍Zapotec

---

7 오늘날의 앙골라에 있는 곳

8 1918년까지 서아프리카의 독일령으로 오늘날 가나의 서쪽에 있었다.

9 사하라 남부에서 주로 겨울철에 북동쪽이나 동쪽에서 불어오는 덥고 건조한 바람. 기니만의 북쪽 연안에 걸친 저기압 중심에 의해 강화된 무역풍

족[10]의 대제사장은 일본의 미카도와 유사한 성격을 지니고 있었다. 세속왕의 강력한 경쟁자였던 이 영적 군주는 절대적 주권을 가지고 왕국에서 주요 마을 중 하나인 요파Yopaa를 다스렸다. 그에 대한 숭배는 상상할 수 없을 정도로 엄청났다고 한다. 그는 신이었으며, 대지도 그에 비하면 아무것도 아니었고, 태양조차 그를 비추는 데에 조심해야 할 정도였다고 한다. 따라서 그는 결코 땅을 밟지 않았다. 그러면 그의 신성성이 더럽혀진다고 믿었기 때문이다. 그의 가마꾼들은 마을에서 가장 신분이 높은 사람들이었고, 그는 주위를 거들떠보지도 않았다. 마을 사람들은 그의 그림자를 정면으로 보기만 해도 죽는다고 생각하여 그의 가마가 지나갈 때면 모두 땅바닥에 바짝 엎드렸다. 사포텍족의 사제들은 절제의 규칙을 지켜야 했는데, 대제사장에게는 특히 더욱 엄격한 절제가 요청되었다. 그럼에도 매년 정해진 기간만은 술잔치 자리에서 무희들의 춤을 보며 위로를 받을 수 있었고, 그때만은 대제사장도 취하는 것이 허용되었다. 마침내 그가 천상의 신도 아니고, 지상의 인간도 아닌 듯한 만취 상태가 되면 사람들은 신에게 바친 적이 있는 처녀들 가운데에서 가장 예쁜 여자를 그에게 바친다. 만일 이 여자가 낳은 아이가 사내아이라면, 그는 고귀한 피를 이어받은 신분으로서 부친에 이어 대제사장이 된다. 이런 대제사장이 지녔던 초자연적인 힘에 대해서는 조사한 바가 없지만, 아마도 미카도나 치토메의 그것과 흡사했을 것으로 짐작된다.

일본이나 서아프리카와 같이, 자연질서와 세계의 존재 자체가 왕이나 사제의 생명과 결부되어 있다고 간주하는 지역에서는 사제왕을 무한한 축복의 원천인 동시에 무한한 위험의 근원으로서 여겼음에 틀림없다. 때문에 사람들은 토지의 열매를 맺게 하는 비와 햇빛은 물론 배를 운항하게 하는 바람에 대해서도 그에게 감사하지 않으면 안 되었다. 하지만 사제왕은 자신이 베풀 수혜를 거부할 수도 있었다. 자연은 결정적으로 사제왕의 인격에 의존했으며, 그기 중심을 이루는 힘의 체계는 매우 미묘하게 균형 잡혀 있었다. 때문에 사제왕이 조금이라도 불규칙한 거동을 하면 곧바로 큰 문제가 발생하여 대지를 요동치게 했다. 이처럼 사제왕의 사소한 행동에 의해 자연이 큰 피해를 입게 될 정도이니, 그의 죽음이 초래하는 변동은 이루 말할 수 없을 만큼 막대한 것이었다.

앞서 살펴보았듯이[11], 치토메의 죽음은 만물을 붕괴시킨다고 믿었다. 그리하

---

10 멕시코 남부 오악사카주 동부와 남부에 사는 남아메리카 인디언

멕시코 사포텍족을 묘사한 그림엽서

여 사람들은 사제왕의 모든 행동거지와 특히 그의 죽음에 의해 발생할 위험에서 자신의 안전을 확보할 필요가 있었다. 바로 이런 이유에서 사람들은 자신과 세계의 안전을 위해 필요한 여러 규정에 따라 사제왕이 엄격히 행동할 것을 강력하게 요구했다. 일반적으로 인류 초기의 왕국은 다만 군주를 위해 모든 인민이 존재한다는 폭압적인 전제군주정이라고 보는 견해가 있는데, 이는 우리가 살펴본 지역들에서는 전혀 들어맞지 않는다. 앞서 검토한 사례에서 사제왕은 오직 인민을 위해 존재할 뿐이다. 그의 생명은 다만 인민의 복지를 위해 자연 운행을 지배함으로써 공공의 의무를 수행하는 동안에만 가치가 있었던 것이다. 만일 이런 공공의 의무를 수행하는 데에 실패하게 되면 사람들이 그에게 바쳤던 최고의 대우와 귀의, 종교적 숭배는 끝이 나고, 반대로 그는 사람들의 증오와 멸시를 받지 않을 수 없게 된다. 결국 그는 왕위에서 추방당할 운명에 처하게 되며, 행여 목숨이라도 건져 도망칠 수 있다면 그나마 최대의 행운이었다. 어제까지만 해도 신으로서 숭배받았던 그가 오늘은 죄인이 되어 살해당할 지경에 처하는 것이다.

인민들의 이 같은 급격한 태도 변화는 변덕스러운 기분에 의한 것도 아니고, 모순된 행동도 아니다. 오히려 그들의 소행은 지극히 평화적인 것이라고 말할 수 있다. 왕을 신으로 여긴다는 것은 왕을 인민의 수호자로 여긴다는 뜻이다. 그런데 만일 그가 인민을 수호하지 못한다면 다른 자에게 그 역할을 넘기지 않을 수 없다. 하지만 왕이 인민의 기대에 어긋나지 않는 한 그에 대한 인민의 숭배는 내내 변함이 없을 것이다. 따라서 이런 사제왕은 준수해야 하는 일련의 금기와 규율로 이루어진 의례규범의 멍에를 짊어진 채 살아야 한다. 그런 멍에의 목적은 왕의 위엄을 나타내는 데에 있는 것이 아니며, 왕의 위락을 위한 것은 더더욱 아니다. 그것은 자연의 조화를 깨뜨림으로써 결과적으로 왕을 비롯하여 그의 인민들과 우주 전체를 하나의 공통된 파국으로 몰고 가지 않도록 왕의 행위를 제한하려는 데에 있었다. 그러므로 왕은 결코 편안할 수 없었으며, 모든 행동은 규제를 받았으며, 조금도 자유롭지 못했다. 때로 그의 목숨 자체도 무거운 짐이 되었을 테고, 아예 살아 있다는 사실 자체가 고통스러운 일이었을지도 모른다.

로앙고의 왕에 관한 전승에 의하면, 왕의 권력이 강하면 강할수록 그는 더 많은 금기를 지켜야 한다. 예컨대 걷고 서는 일, 먹거나 마시는 일, 잠자거나 깨어나

---

11 본서 제17장 1절 참조

는 일 등 그의 모든 행위는 금기에 의해 규제받는다. 왕자 또한 어릴 때부터 그런 속박 속에서 생활한다. 왕자가 장성함에 따라 지켜야 할 절차나 의례규범도 점점 더 많아지며, 마침내 왕으로 즉위할 무렵이면, 의례규범과 금기의 바다 속에서 허우적거리지 않을 수 없게 될 정도가 된다.

페르난도포섬[12]의 왕이 거주하는 리압바에는 오두막과 토란밭들이 숲으로 우거진 사화산의 분화구 지역에 산재해 있다. 전하는 말에 의하면, 이곳의 신비스러운 왕은 40명의 여자들에 둘러싸여 오래된 은화로 뒤덮인 가장 깊은 분화구 밑바닥에 살고 있었다고 한다. 이 벌거벗은 원주민 왕의 권세는 산타이사벨섬[13]에 주재하던 스페인 총독보다도 섬에 대해 더 많은 영향력을 행사했다. 말하자면 왕은 부비Booby족 원주민의 보수적인 정신을 구현한 존재였다. 예컨대 그는 일찍이 한 번도 백인을 본 적이 없는데, 부비족의 굳은 신념에 의하면 왕이 백인의 흰 얼굴을 보게 되면 곧 죽고 말 거라고 믿었다. 또한 왕은 바다를 보아서도 안 된다. 이런 금기로 인해 왕은 평생 발목에 쇠사슬이 묶인 채 컴컴한 오두막 속에서 살아야 했다. 총과 칼은 예외이지만, 그는 백인들이 전해 준 그 어떤 것도 일체 쓸 수 없었다. 그는 유럽의 의복에 손대지 않았으며, 담배나 럼주, 소금까지도 경멸했다.

노예해안의 에웨족들에게 "왕은 곧 사제이기도 했다. 성격상 왕의 근처에는 인민들이 얼씬할 수도 없었으며, 다만 왕이 집을 나설 수 있을 때는 한밤중에 목욕을 한다거나 배설물을 처리하는 경우였다. 왕과 대화할 수 있는 자는 오직 '볼 수 있는 자'라고 부르는 왕의 대변인과 선택된 세 명의 장로뿐이었는데, 이들은 등을 돌린 채 쇠가죽에 앉아 왕과 이야기를 나누었다. 왕은 유럽인이나 말[馬] 혹은 바다 따위를 일절 볼 수 없기 때문에 항상 수도에만 머물러야 했다. 하지만 근래에 와서 이런 금기들이 무시되고 있는 실정이다." 다호메이Dahomey[14]의 왕도 바다를 보아서는 안 된다는 금기에 얽매여 있었으며, 로앙고의 왕들과 기니의 왕인 '위대한 아르드라Great Ardra'도 마찬가지였다. 다호메이 왕국 서북부에 살던 에이에오Eyeo족에게도 바다는 금기시되었는데, 만일 바다를 바라보면 그들과 그들의 왕은 모두 사제들에게 살해당할 위험에 처하게 된다.

---

12 '비오코'라고도 한다. 비아프라만(기니만)에 있는 섬

13 태평양 남서부에 있는 솔로몬 제도 중앙의 섬

14 현재 아프리카 서부 나이지리아의 베냉 남부에서 18~19세기에 번영했던 왕국

세네갈의 카요르Cayor족은 왕이 강을 건너면, 그는 반드시 그해에 죽는다고 믿었다. 최근까지도 마쇼날란드[15]에서는 특히 루리크위Rurikwi족과 니야디리Nyadiri족의 경우, 추장이 강을 건너서는 안 된다는 금기가 지켜져 왔다. 얼마 전까지만해도 이런 관습을 엄격하게 준수하는 추장이 있었다고 한다. "어떤 이유에서건 추장이 강을 건너서는 안 된다. 불가피할 경우는 추장의 눈을 가린 채 노래를 부르거나 고성을 지르면서 건너게 했다. 만일 그렇게 하지 않고 추장 제멋대로 혼자 강을 건너면 그는 즉시 맹인이 되거나 목숨을 잃게 될 것이며, 혹은 무조건 추장직을 박탈당하게 될 것이다." 마찬가지로 마다가스카르섬 남부의 마하팔리Mahafaly족과 사칼라바Sakalava족[16]의 경우도 어떤 왕들은 배를 타고 바다나 강을 건너지 못하도록 금기시되어 있었다. 사칼라바족의 추장은 신성한 존재로 간주되었으며, "마치 중국의 황제와 같이 그의 행동을 제한하는 수많은 금기들에 의해 꽁꽁 사슬처럼 묶여 있었다. 그는 마술사의 예언이 없는 한, 어떤 일도 마음대로 하지 못했다. 가령 그는 따뜻한 음식을 먹어서는 안 되고, 또한 특정한 날에는 그의 주거지 밖으로 나가서도 안 된다."

아삼 산중의 어떤 부족은 추장과 그의 아내가 수많은 식사 금기를 지켜야만 한다. 그들은 들소와 돼지, 개, 닭, 토마토 등을 먹어서는 안 된다. 추장은 한 명의 아내로 만족해야 하며, 이 여자 저 여자에 한눈을 팔아서는 안 된다. 일반 금기는 물론 공적인 금기를 준수해야 하는 전날 밤에는 아내와 잠자리를 같이 해서도 안 된다. 다른 몇몇 마을의 경우는 추장이 다른 마을에 가서 식사를 하는 일이 금지되어 있으며, 아무리 화가 나도 막말을 해서는 안 된다. 만일 추장이 이런 금기를 어기면 마을의 모든 주민에게 재난이 닥친다고 믿었다.

고대 아일랜드의 왕들은 렌스터[17], 먼스터[18], 코노트[19], 얼스터[20] 등의 네 곳의 지방 왕들과 마찬가지로 다소 특이한 금기를 지켜야 했다. 이 금기는 국민의 안

---

15 짐바브웨 북동부에 있는 전통적 지역. 북쪽은 잠비아, 북동쪽과 동쪽은 모잠비크와 접해 있다. 예부터 반투 어족에 속하는 쇼나족이 본거지로 삼고 마을을 이루어 자급 농업과 가축을 기르며 살고 있다.

16 마다가스카르의 서부 3분의 1에 해당하는 지역에 사는 종족

17 아일랜드 남동부에 있는 주

18 아일랜드 남서부에 있는 주

19 아일랜드에 있던 다섯 개의 고대 왕국 중 하나. 아일랜드의 서부와 북서부 지역에 있었으며 현재는 메이오·슬라이고·리트림·골웨이·로스코먼 군을 이루고 주州이다.

20 아일랜드 북부지역의 옛 왕국이었던 지방

녕과 자신의 평안을 위해 준수되지 않으면 안 되었다. 예컨대 에린Erin의 옛 수도인 타라[21]에서는 태양이 아일랜드 왕의 침대에 내리쬐지 못하도록 했다. 또한 왕은 마그브리그에서 수요일에 불을 켜거나, 일몰 후 마그퀼린을 지나가거나, 판코마이르에서 말을 질주하거나, 오월제 후의 다음 월요일에 배를 타거나, 만성절萬聖節, All Saints' Day[22] 후의 다음 화요일에 연병장을 지나가서는 안 된다. 렌스터의 왕은 수요일에 투아트레이긴 왼편으로 돌거나, 도테르와 뒤블린 사이에서 머리를 한쪽으로 기울이고 자거나, 혹은 쿠알란 평야에서 아흐레 동안 야영을 하거나, 월요일에 뒤블린 길을 여행하거나, 발굽이 더러운 말로 마그마이스티언을 가로질러 달리는 것이 금지되었다. 한편 먼스터의 왕은 로크레인 축제가 열리는 월요일에서 다음 월요일까지 그 잔치를 즐겨서는 안 되며, 레이트리카의 수확에 앞서 열리는 게임Geim절 전야제에 참석해서도 안 된다. 또 그는 시위르산 위에서 행해지는 9일간의 야영에도 참가할 수 없으며, 가브란에서 국경 집회를 열어서도 안 된다.

코노트의 왕은 만성절에 강화회의를 끝낸 다음 크루아칸의 고궁에 관한 계약을 체결한다든지, 무늬 있는 의복을 입은 채 무늬 있는 회색 말을 타고 달카이스의 평야를 달린다든지, 시가이스의 부인들 집회에 참석한다든지, 메인에 있는 아내의 무덤에 앉는다든지, 아트갈타에서 외눈박이 회색 말의 기수와 경주하는 따위의 모든 일들이 금지되었다. 끝으로 얼스터의 왕은 달아라이데의 젊은이들과 섞여 래트라인에 있는 말 시장에 간다든지, 일몰 후 린세일리크의 새소리에 귀를 기울인다든지, 데르믹데르의 수소 축제에 참가한다든지, 3월 중에 마코바에 간다든지, 이틀 밤 사이에 보네임히드의 물을 마신다든지 해서는 안 되었다. 예부터 아일랜드 왕들이 준수해 온 이 같은 금기들은 그것을 잘 지키기만 하면 재난이나 불행을 피할 수 있으며, 아흔 살까지 장수할 수 있다고 믿었다. 또 계절도 순조롭게 순환할 것이며, 언제나 풍년이 들 거라고 사람들은 믿었다. 하지만 그런

---

21 아일랜드 미스 군에 있는 낮은 구릉. 아일랜드 전설과 역사에서 중요한 장소

22 기독교 교회에서 알려져 있거나 또는 알려져 있지 않은 모든 성인들을 기념하는 날. 서방교회는 11월 1일, 동방교회는 오순절이 지난 뒤 첫째 주일에 기념한다. 이 축일의 기원을 정확하게 알 수는 없으며, 지역에 따라 각기 다른 날짜에 기념해 왔다. 800년에 알퀸은 '모든 성인의 축일'을 11월 1일로 정하여 지키게 했으며, 9세기 영국 교회력에도 11월 1일로 나타나 있다. 837년 교황 그레고리우스 4세는 모든 교회가 이 축일을 지킬 것을 명했다. 중세 영국에서 이 축일은 '모든 성인의 날 All Hallows'로, 그 전날 밤은 지금도 '모든 성인의 날 전야' 즉 '핼러윈'으로 알려져 있다.

금기를 어긴다면 그 나라에는 역병과 기근, 악천후 등이 닥칠 거라고 믿었다.

이집트의 왕들도 신으로 숭배받았다. 하지만 그들의 일상은 딱딱하고 융통성 없는 온갖 규칙들에 의해 세세한 것까지 규제받고 있었다. 이에 대해 역사가 디오도로스는 다음과 같이 기록하고 있다. "이집트 왕들의 생활은 책임을 추궁받는 일 없이 마음대로 행동할 수 있는 다른 나라의 군주들과는 매우 달랐다. 그들은 정치상의 임무에서 일상생활의 세세한 것에 이르기까지 모두 엄격한 규칙에 따라야 했다. 그가 해야만 할 일들이 낮과 밤을 가려 정해져 있었다. 국정을 다스리거나 재판관으로서 심판을 내리는 시간만 정해진 것이 아니었다. 산책하는 시간, 목욕하는 시간, 취침하는 시간 등 일상적인 모든 행위의 시간들이 정해져 있었다. 게다가 이집트 왕들은 관례에 따라 간소한 식사만 해야 했다. 그는 송아지 고기와 거위 고기만 먹을 수 있었고 주량도 정해져 있었다."[23] 하지만 이런 규정들을 지켜야 했던 것은 고대 파라오들이 아니라 제20왕조 말기 테베와 에티오피아를 통치했던 사제왕들이었던 것으로 보인다.

사제들에게 부과된 금기와 관련하여, 유피테르의 살아 있는 현현 혹은 천신의 화신으로 해석되어 온 로마의 신관 플라멘디알리스가 준수했다고 하는 생활규범에서 놀랄 만한 사례를 확인할 수 있다. 예컨대 그는 말[馬]을 타서도 안 되고, 만져서도 안 된다. 그는 무장한 군대를 보아서도 안 되고, 반지를 끼워서도 안 되며, 수선한 의복을 입어서도 안 된다. 성화聖火 이외에는 그의 왕궁에서 어떤 불도 바깥으로 가지고 나갈 수 없다. 그는 밀가루나 누룩으로 만든 빵을 만져서도 안 된다. 또한 염소와 개, 날고기 및 콩이나 담쟁이덩굴 따위를 만져서는 안 되며, 심지어 그 이름조차 입에 담아서는 안 된다. 그는 포도나무 아래로 가서는 안 되며, 그의 침대 다리에는 진흙을 발라 두어야 한다. 노예가 아닌 평민만이 그의 머리를 깎을 수 있으며, 깎아 낸 모발과 손톱 등은 상서로운 나무 밑에 묻어야 한다. 그의 시체는 누구라도 만질 수 없으며, 화장터에 가서도 안 된다. 그는 사람들이 명절날에 일하는 모습을 보아서도 안 되며, 왕궁 바깥으로 나가서도 안 된다. 또 포승에 묶인 죄인이 끌려오면 묶었던 밧줄을 풀어 주고, 그 끈이 지붕 위의 구멍을 통해 거리에서 보이도록 해야 한다.

왕비인 플라미니카 또한 왕과 마찬가지로 여러 가지 규칙들을 지켜야 했다.

---

23 출처는 디오도로스의 『세계사 Bibliotheca historica』

그녀는 그리크라 부르는 사다리를 세 계단 이상 올라서는 안 된다. 그녀는 특정한 축제에서 머리를 빗어서는 안 되며, 그녀의 가죽 신발은 자연사한 짐승의 가죽으로 만들지 않으면 안 된다. 즉, 도살하거나 제물로 바친 짐승의 가죽으로 만든 신발은 신을 수 없었다. 또 그녀가 천둥소리를 들으면, 속죄의 제물을 바치기 전까지 사람들과 격리되어 있어야 했다.

시에라리온[24]의 그레보Grebo족 사이에는 유대인의 대제사장과 비견될 만한 '보디아Bodia'라는 이름의 사제왕이 있었다. 그는 신탁에 따라 임명되었다. 엄숙한 서임식에서 사람들은 그에게 기름을 붓고 사제왕의 휘장으로서 발목에 가락지를 끼워 주었으며, 그의 집 입구 기둥에 제물로 바친 염소의 피를 뿌렸다. 그는 공공의 부적과 우상을 수호하면서 달이 바뀔 때마다 우상에게 쌀과 기름을 바쳤다. 나아가 마을의 안녕과 복지를 위해 죽은 자들과 귀신들에게도 희생제물을 바쳤다. 그의 권력은 명목상으로는 강하게 보이지만, 실은 많은 제한을 받았다. 예컨대 그는 여론을 무시해서는 안 되며, 닥쳐올 재난에 대해 목숨을 걸고 책임을 져야만 했다. 그는 토지를 풍요롭게 하고, 인민에게 건강을 베풀어 주며, 전쟁을 추방하고, 사악한 요술을 근절시켜야 할 책임이 따랐다. 그의 생활은 여러 가지 금기에 의해 제한받았다.

그는 서임식 때 기름을 붓는 의식에서 비롯된 '기름 부은 집'이라 일컫는 자신의 집 이외에 다른 집에서 잠을 자서는 안 되었다. 또한 그는 거리에서 물을 마셔서도 안 되며, 마을에 죽은 자의 시체가 있는 동안에는 그 어떤 것도 먹어서는 안 되며, 죽은 자를 애도해서도 안 된다. 만일 그가 '보디아'로서 재직 중일 때 죽는 경우는 한밤중에 매장하도록 정해져 있었다. 그 매장 사실을 알고 있는 자는 극히 소수이며, 그의 죽음이 알려져도 슬퍼하는 자는 아무도 없었다. 신탁에 의해 그가 독살당한 경우에는 시체를 강물에 수장했다.

인도 남부의 토다Toda족[25]은 우유를 짜는 자가 신성한 목장의 사제직을 맡는다. 그는 장기간의 재임 기간을 통해 여러 가지 힘들고 고달픈 금기를 지켜야 한다. 그는 신성한 목장 안에서만 지내야 하며, 집에 돌아가거나 마을에 나가서도 안 된다. 그는 독신생활을 해야 하며, 만일 기혼자라면 이혼을 해야 한다. 어떤 경

---

24 서아프리카의 공화국
25 남인도의 닐기리 구릉지대에 사는 유목민

우에도 일반인은 허락 없이 이 신성한 목장에 들락거릴 수 없으며, 목장의 신성한 사제를 만날 수도 없다. 만일 이 금기가 깨지면 그의 신성성이 더럽혀졌다 하여 사제직에서 추방당하고 만다. 일반인이 그와 접촉할 수 있는 기회는 일주일에 이틀간, 즉 월요일과 목요일뿐이다. 그 밖의 날은 아무리 사정이 있다 해도 그를 만날 수 없다. 그럴 때는 밖에서 일정한 거리를 두고(혹자는 400미터 정도의 거리라고 말한다) 큰 소리로 용건만 전한다. 신성한 사제는 재임 중에 머리나 손톱을 깎아서는 안 된다. 그는 다리를 이용해서 강을 건너서도 안 되며, 멀리 육로로 돌아가야 한다. 게다가 그 사제가 속한 씨족의 누군가가 상을 당했을 때는 먼저 사제직을 사임한 다음, 보통 사람의 자격으로 초상집에 갈 수 있었다. 이 같은 엄격한 금기는 오직 최상류 계급의 사람들에게만 부과되었다.

2. 종교적 권력과 세속적 권력의 분리

왕의 직위나 사제직에 부과된 이 같은 금기들은 당연히 예상할 만한 결과를 초래했다. 즉, 사람들이 이 직종에 종사하는 것을 거부하게 되었고, 따라서 그런 직종이 절멸할 위기에 처한 것이다. 설령 그 자리를 수락한다 해도 금기의 중압에 기가 죽어 거의 은둔생활을 할 수밖에 없었고, 정치적 실권은 그의 손을 벗어나 보다 강력한 자에게 넘어가곤 했다. 그렇게 실권을 장악한 자는 자기 이름을 내세우지 않은 채 실제적인 통치권을 행사했다. 몇몇 나라에서는 이런 통치권의 균열이 영적 권력과 일상적 권력의 양분화를 초래하여 총체적이고 영구적인 분리에 이르렀다. 그리하여 일상적 권력은 보다 젊고 활동적인 자에게 넘어간 반면, 종래의 왕족들은 단지 종교적 직능만을 유지하게 되었다.

예를 들어 보자. 앞에서 우리는 불과 물의 왕위를 싫어한 후계자에게 억지로 왕권을 맡긴 캄보디아의 사례를 살펴본 바 있다. 또한 그 위험한 영광을 받아들이려는 자가 없어서 왕국이 사실상 붕괴된 고대 아일랜드의 사례도 언급한 바 있다. 서아프리카의 어떤 지방에서는 왕이 사망하자 그 후계자를 정하기 위해 극비리에 왕실회의가 열렸는데, 그때 흰 깃이 달린 화살에 맞은 자를 앞뒤 덮어 놓고 붙잡아 포박한 다음, 그가 왕관을 쓰겠다고 수락할 때까지 감금시켰다고 한다. 물론 이처럼 강요된 후계자로서의 영광을 거절하는 방법이 전혀 없는 것은 아니었다. 가령 기가 센 추장이라면 언제나 무장을 하고 있으면서 자신을 왕좌에 끌어올리려는 강제적인 기도에 대해 물리적으로 대항할 태세를 갖추고 있었다.

시에라리온의 티메Timme족은 자신들이 뽑은 왕을 즉위식 전야에 합법적으로 두들겨 팰 권리를 가지고 있는데, 그들은 이런 특권을 특별한 경우에만 조심스럽게 행사한다. 즉, 그들은 불행한 군주가 왕위에 오래 있지 못하도록 하고자 할 때에 선의로써 그 특권을 활용했던 것이다.[26] 경우에 따라서는 유력한 추장들이 평소 괘씸하게 여겨 제거하고 싶은 사람이 있을 때 그를 왕으로 선발하기도 한다. 이들에게는 예부터 왕위에 오르기 직전에 그를 사슬에 묶어 두들겨 패는 관습이 있었다. 그렇게 두들겨 맞은 왕의 후보자가 기진맥진하면 그에게 형틀을 씌워 놓고 왕의 예복을 억지로 입힌 다음, 왕의 권위를 나타내는 휘장을 그의 손에 쥐어 주는 것이다. 이런 관습은 사실상 사형선고나 다름없었다. 이런 관습이 일반적으로 행해진 시에라리온에서는 만딩고Mandingo족[27]과 수지Suzee족을 제외하고는, 그 고장 출신의 왕은 거의 없었다. 그들의 사고방식은 우리 유럽인과는 너무나 다르다. 왕위를 맡겠다는 자가 거의 없으며, 왕위 계승을 둘러싼 싸움도 전혀 없었다.

일본의 미카도는 일찍부터 통치권의 영예와 부담을 어린 왕자에게 넘기는 편법을 강구했던 것 같다. 오랫동안 일본의 실권자였던 쇼군[將軍]의 기원은 어떤 미카도가 세 살짜리 아들에게 왕위를 물려주고 퇴위하면서부터 비롯되었다. 그때 한 반역자가 어린 왕의 주권을 탈취했는데, 용감한 실력자 미나모토 요리토모源賴朝(1147~1199)[28]가 그 반역자를 몰아내고 실권을 장악함과 동시에 미카도에게는 상징적인 권위만 회복시켜 주었다. 요리토모는 자신이 쟁취한 권력을 자기 자손에게 넘겨 줌으로써 쇼군 가계의 창시자가 되었다. 16세기 말까지 일본의 쇼

---

26 프레이저의 이 기록은 애매한 구석이 있지만, 대체로 원치 않는 왕위를 강요받은 군주를 때려죽이는 것이 오히려 군주에게 좋은 일을 하는 것임을 뜻하는 듯하다.

27 만데Mande족이라고도 한다. 서아프리카에 살며 나이저콩고어족에 속하는 다양한 만데어를 쓰는 종족. 일부는 고유의 문화적 속성을 잃은 채 시에라리온·라이베리아·코트디부아르(아이버리코스트) 같은 열대 우림지대에 흩어져 살지만 대부분이 수단 서부 사바나(대초원) 고원지대에 살고 있다.

28 일본 최초의 무가武家 정권인 가마쿠라 바쿠후[鎌倉幕府]의 창시자. 이후 700여 년 동안 바쿠후 체제에 의해 봉건 영주들이 일본을 다스리게 되었다. 요리토모는 일왕의 권위에 대항해 일본의 전 지방에 슈고[守護]와 지토[地頭]를 두어 중앙정부의 지방 통제력을 약화시켰고, 1192년 슈고와 지토를 감독하는 쇼군[將軍] 칭호를 획득했다. 명문 귀족 가문 출신인 그는 세이와[淸和] 일왕(재위 858~876)의 후예로서 왕실 혈통을 이어받은 것으로 여겨지기도 한다. 요리토모는 권력욕이 강하고 의심과 시기심이 많았을 뿐 아니라 동료들에게조차도 냉정하게 대했다. 실제로 가까운 친척까지 여러 명 죽였을 정도로 비정했는데, 일단 집권을 하게 되자 유능한 행정가가 되었다.

일본 최초의 무사정권을 개창한 미나모토 요리토모 동상

군들은 매우 적극적이고 유력한 통치권을 행사했다. 그런데 미카도가 겪었던 운명이 이번에는 쇼군에게 찾아왔다. 헤어날 길 없는 관습과 규율의 그물망에 걸린 쇼군은 꼼짝없이 자기 성 안에 갇혀 끝없이 반복되는 공허한 의식들에 파묻혀 지내면서 거의 꼭두각시처럼 되어 버렸고, 정부의 실제적인 일들은 막부幕府 관료들에 의해 처리되었다.[29]

통킨Tonquin[30]의 왕도 이와 유사한 과정을 밟았다. 그는 선왕들과 마찬가지로 유약하고 태만한 생활을 하다가 막Mack이라는 야심적인 모험가에게 왕좌를 빼앗겼다. 이 사나이는 원래 어부였으나 왕이 되었다. 그런데 추방당한 왕의 형제인 트링Tring이 막을 몰아내고 다시 왕위를 회복했는데, 이때 군대의 통수권만은 자신과 자기 자손에게 남겨 두게 만들었다. 그 후로 왕은 군주의 호칭과 위엄만 가지고 있을 뿐, 실제적인 통치권을 행사하지 못하게 되었다. 그리하여 왕은 궁전에서 은둔자 같은 생활을 한 반면, 장군은 세습적인 통치권을 장악했던 것이다.

폴리네시아의 망가이아섬[31]에서는 종교적 권위와 세속적 권위를 각각 다른 자가 장악했다. 즉, 영적 직능은 세습적인 왕에 의해, 일상적인 정치는 종종 전쟁에서 승리한 장군에게 위임되었다. 물론 그 장군은 왕이 임명했다. 이에 비해 통가의 경우는 왕이 세속적 권력을 쥐고 왕권이 세습되었으며, 신의 후예로 간주되는 신적인 대추장이 따로 있어서 그는 왕이나 군소 추장들보다 더 높은 지위에 있었다. 매년 한 차례씩 대추장에게 토지의 첫 수확을 바치는 엄숙한 의식이 거행되었는데, 이 의식을 소홀히 하는 자에게는 신벌이 내릴 거라고 믿었다. 대추장과 관련된 모든 호칭은 다른 누구에게도 쓰지 않는 특별한 어법이 사용되었으며, 그가 만진 물건은 무엇이든 신성한 금기가 되었다. 대추장이 왕과 회견할 때는 왕이 그에 대한 존경의 표시로 땅바닥에 부복해야 했다. 이처럼 대추장은 신의 후예로 여겨 최고의 숭배를 받았다. 그러나 그에게는 정치적 권위가 전혀 없었으며, 만일 그가 국정에 간섭하려 들면 여지없이 왕에게서 반격을 당하기 십상이었다. 그런 경우, 현실적 힘을 지닌 왕은 마침내 그의 경쟁자인 대추장을 제거

---

29 출처는 *Manners and Customs of the Japanese in the Nineteenth Century: From recent Dutch Visitors to Japan, and the German of Dr. Ph. Fr. von Siebold*(London, 1841)

30 베트남 북부에 대한 유럽인의 호칭. 베트남에서는 보통 박보[北部] 또는 박기[北圻]라 한다. 이 이름은 1430년 레黎왕조의 태조가 전前 왕조 호胡씨의 동도東都(지금의 하노이)를 고쳐서 통킹tongking이라고 한 데서 유래한다.

31 남태평양에 있는 뉴질랜드의 자치령 쿡 제도에 속한 섬

하는 데 성공하곤 했다.

서아프리카의 몇몇 지방은 종교적 왕과 세속적 왕에 의해 동시에 다스려지고 있었다. 이때 종교적 왕의 권력이 더 절대적이었다. 그는 천후와 그 밖의 많은 것들을 관장하면서 모든 사태를 통어할 수 있었기 때문이다. 가령 그가 어떤 길 위에 붉은 표식을 해 두면 아무도 그곳을 지나갈 수 없었다. 이 신성한 통치자와 일상적 통치자 사이에 이루어졌던 힘의 분리는 순수한 흑인 문화가 남아 있는 곳이라면 어디서나 찾아볼 수 있다. 반면 다호메이나 아샨티[32] 지방처럼 흑인들의 사회 형태가 붕괴된 곳에서는 두 권력이 단일한 왕권에 의해 통합되는 경향을 보여준다.

인도 동부의 티모르섬에서도 서아프리카에서처럼 세속적 왕과 종교적 왕에 의해 대표되는 권력의 분리를 찾아볼 수 있다. 티모르섬의 많은 부족들은 라자rajah라 부르는 두 왕을 모두 인정한다. 거기서 세속적 왕은 인민을 통치하며, 종교적 왕은 금기의 왕으로서 토지와 작물에 관한 모든 지배를 위임받았다. 종교적 왕에게는 모든 것을 금기로 만들 수 있는 권한이 주어졌다. 그래서 새로운 토지를 경작할 경우에는 미리 그의 허가를 받아야 하며, 경작을 시작할 때는 그가 관장하는 의식을 행해야 했다. 가뭄이나 해충으로 인해 흉작이 예상될 때마다 사람들은 그에게 도움을 요청했다. 이런 종교적 왕의 지위는 세속적 왕보다 아래였지만, 여러 문제의 해결에서는 더 중요한 영향력을 행사했다. 예컨대 왕국 내에서 일어나는 모든 중요한 사건에 대해 세속적 왕은 항상 종교적 왕에게 먼저 상의하지 않으면 안 되었다.

로티섬이나 동쪽의 플로레스섬[33] 등 티모르섬과 인접한 몇몇 섬에서는 앞의 종교적 왕과 유사한 영적 통치자를 가리키는 토속어들이 많이 있는데, 그것들은 모두 '땅의 왕'을 의미하는 호칭들이다. 마찬가지로 영국령 뉴기니의 메케오 지방에서도 이원적 추장제를 찾아볼 수 있다. 그곳의 모든 인민은 가문의 계보에 따라 두 계층으로 나뉘어져 있으며 각기 추장을 가지고 있다. 즉, 이들은 두 명의 추장을 가진 셈인데, 한 명은 비세습적인 '전쟁의 추장'이고, 다른 한 명은 세습적인 '금기의 추장'이다. 금기의 추장은 필요하다고 판단되면, 야자열매 따위의 작

---

32 서아프리카 가나의 주. 1902년 영국에 의해 합병된 옛 아샨티 왕국의 중심지였다.

33 북대서양의 포르투갈령 아조레스 제도에서 가장 서쪽에 있는 섬

물을 금기로 지정함으로써 사람들이 그것을 쓰지 못하도록 하는 역할을 맡았다. 이 같은 직능은 보다 높은 존재와 화해하기 위해서라기보다 오히려 수확을 관장한다는 점에서 종교적이 아니라 주술적이라고 말해야 옳을 것이다. 그런데 거기서도 우리는 다분히 사제왕의 단서를 엿볼 수 있다.

제18장
영혼의 위험

1. 마네킹으로서의 영혼

이상에서 살펴본 다양한 사례는 신성한 왕 혹은 사제의 지위에 종종 일련의 부담스러운 제한이나 터부가 수반된다는 사실을 보여 준다. 그런 터부의 주된 목적은 인민의 복리를 위해 신성한 인물의 목숨을 보존하려는 데에 있었던 것 같다. 그런데 이처럼 터부의 목적이 사제왕의 생명을 지키는 데에 있었다고 한다면 거기서 한 가지 문제가 생긴다. 즉, 터부를 준수함으로써 어떻게 그런 목적을 이룰 수 있다고 여기게 된 것일까 하는 의문이다. 이 문제를 이해하기 위해서는 왕의 생명을 위협함과 동시에 그런 위협에서 왕을 보호해 주는 것이 저 기이한 금기들의 목적이기도 한, 그런 위험성의 본질을 알지 않으면 안 된다. 그러므로 우리는 이렇게 묻지 않을 수 없다. 원시인은 죽음이란 것을 어떻게 이해하고 있었을까? 혹은 죽음의 원인을 무엇이라고 생각했을까? 또한 원시인은 죽음에 대항하여 자신을 지키는 방법이 무엇이라고 여겼을까?

원시인은 일반적으로 자연의 여러 작용을 그 현상 속이나 배후에서 작용하는 어떤 살아 있는 존재에서 비롯된 것이라고 상상했다. 그들은 생명 현상 자체도 이와 동일한 사고방식으로 설명한다. 가령 어떤 동물이 살아 움직인다면, 그 동물 속에 무언가 그것을 움직이게 하는 다른 작은 동물이 있기 때문이라는 것이다. 마찬가지로 인간이 살아 움직이는 것은 그를 움직이게 하는 다른 작은 인간이나 동물이 그 안에 들어가 있기 때문이다. 원시인은 이처럼 동물 속에 있는 다른 동물 혹은 인간 안에 있는 다른 인간이 바로 영혼이라고 생각했다. 즉, 동물이나 인간의 활동이 영혼의 내재에 의해 설명되는 것이다.

이에 비해 수면이나 죽음에 의한 활동 중지는 영혼의 실종으로 설명한다. 이때 수면이나 황홀경의 상태를 영혼의 일시적 실종이라고 한다면, 죽음은 영혼의 영구적 실종과 다름없다. 이렇게 죽음이 영혼의 영구적 실종이라면 그것을 막는 방법이 무엇일까? 영혼이 육체에서 이탈하는 것을 방지하거나 혹은 이미 이탈했다면 그것을 다시 육체로 복귀시킬 수밖에 없을 것이다. 이런 목적을 이루기 위해 원시인이 채택한 처방은 바로 금지 규정이라든가 터부의 형식을 취하는 것이었다. 그것들은 다만 영혼의 지속적인 현존을 의도하거나, 영혼의 귀환을 위한 규칙일 뿐이다. 요컨대 터부들은 생명을 보존하거나 지키기 위한 수단이었다. 아래에서 사례들을 통해 그 개략적인 내용을 살펴보기로 하자.

어떤 오스트레일리아 흑인들에게 유럽의 한 선교사가 이렇게 말했다. "당신들이 생각하고 있는 것처럼 나는 한 사람이 아니라 두 사람입니다." 이 말을 들은 그들이 피식 웃자, 선교사는 계속해서 말했다. "우습거든 실컷 웃으시오. 나는 두 사람이 한 사람으로 되어 있단 말이오. 당신들이 보고 있는 이 몸뚱이가 한 사람이고, 내 안에 또 한 사람이 있는데 그 사람은 눈에 보이지 않는 작은 사람입니다. 눈에 보이는 큰 사람은 죽으면 땅속에 묻히지만, 내 안의 작은 사람은 죽으면 하늘로 날아갑니다." 그러자 한 흑인이 이렇게 말했다. "맞아요. 우리도 두 사람입니다. 나도 내 안에 조그만 사람을 가지고 있어요."[1] 이어서 선교사가 흑인들에게 죽은 뒤에는 어디로 가느냐고 묻자, 그들은 숲속으로 가거나 혹은 바다 속으로 간다고 대답했다. 개중에는 모르겠다고 답한 이도 있었다.

한편 휴런족 인디언들은 영혼에 머리와 몸통과 팔다리가 달려 있다고 생각했다. 그들이 생각하는 영혼은 전적으로 인간을 본뜬 작은 모형과 다름없었다. 이에 비해 에스키모 인디언들의 신앙에 의하면, 영혼은 그것이 속한 몸뚱이와 같은 모양을 하고 있지만 몸뚱이보다 훨씬 더 영묘하고 가벼워서 마치 공기와 같다고 한다. 누트카족 인디언들은 작은 사람 모양의 영혼이 머릿속에 살고 있다고 믿는다. 그 영혼이 직립하여 서 있는 동안은 원기왕성하고 건강하지만, 어찌해서 그런 자세를 잃게 되면 곧바로 기절한다고 믿는다. 프레이저강[2] 하류에 사는 인디언 부족들은 인간이 네 개의 영혼을 갖고 있다고 믿는데, 그중 가장 중요한 영혼은 마네킹 모양을 하고 있고, 다른 세 개의 영혼은 그 마네킹의 그림자라고 생각한다.

말레이인들 또한 인간의 영혼은 조그마한 인간의 모습을 하고 있으며, 그 크

---

1 이 대화에 관해 프레이저는 다음과 같이 주석을 달고 있다. "이 교훈적인 교리문답에서 백인의 미개성과 흑인의 미개성은 막상막하다." 로버트 프레이저 편, 앞의 책, 219쪽 편주 참조
2 캐나다 브리티시컬럼비아주에 있는 북아메리카 대륙 서부의 주요 강

기는 엄지손가락만 해서 거의 눈에 보이지 않고, 그 밖의 용모도 인간과 비슷하다고 여겼다. 어쨌든 마네킹은 투명하고 비실체적 속성을 지니는데, 그렇다고 전혀 감지할 수 없는 그런 것이 아니고, 어떤 물체 안으로 들어갈 때 자유롭게 이동할 수 있으며, 여기저기 재빠르게 날아다닐 수 있다. 그리고 마네킹은 수면 중이거나 황홀경 혹은 질병을 앓고 있을 때는 일시적으로 육체를 이탈하며, 죽은 뒤에는 영구히 육체에서 벗어난다고 여겼다.

마네킹과 인간의 이 같은 유비類比, 즉 영혼과 육체의 유사성에 대한 원시인의 통찰은 매우 정확한 것이었다. 살찐 육체와 마른 육체가 있듯이 영혼에도 비대한 것과 여윈 것이 있으며, 무거운 육체와 가벼운 육체가 있는가 하면, 기다란 체구와 짧은 체구가 있듯이 영혼에도 무거운 영혼과 가벼운 영혼 또는 기다란 영혼과 짧은 영혼이 있다는 식이다. 니아스섬의 원주민들에 의하면, 사람은 누구나 태어나기 전에 얼마만큼의 길이와 무게를 지닌 영혼을 원하느냐는 질문을 받으며, 누구나 자신이 원하는 길이와 무게의 영혼을 부여받는다고 한다. 그들은 가장 무거운 영혼의 중량은 약 10그램 정도이며, 인간 생명의 길이와 영혼의 길이가 같다고 믿었다. 그러니까 어릴 때 죽은 자는 짧은 영혼인 셈이다.

피지인들도 영혼이 작은 인간의 모습을 하고 있다고 믿는데, 이런 영혼관은 나켈로Nakelo족의 추장이 죽었을 때 취한 그들의 행동을 보아도 잘 알 수 있다. 그들은 추장이 죽으면 세습적인 장의사가 훌륭하게 치장하고, 기름을 바른 자리 위에 주검을 놓고 "추장이여, 일어나십시오. 이제 가십시다. 그날이 되었소"라고 말한다. 그런 다음 추장의 시신을 강변에 메고 가 그곳에 놓아두는데, 그러면 유령의 배가 와서 추장의 영혼을 강 건너편으로 데려 간다고 한다. 그들이 한 선교사에게 말한 바에 의하면, "추장의 영혼은 조그마한 어린애 같다"고 한다. 몸에 문신을 한 펀자브 지방 사람들은 사람이 죽으면 사람 속에 들어 있는 '조그마한 사내나 계집', 즉 영혼이 생전에 몸뚱이에 그려진 동일한 문신을 하고 하늘로 올라간다고 믿었다. 반면 인간의 영혼이 사람 모습이 아닌 동물 모습을 하고 있다는 관념도 있는데, 이에 관해서는 나중에 다시 언급할 기회가 있을 것이다.

2. 영혼의 이탈과 초혼

일반적으로 영혼은 몸에 나 있는 여러 구멍, 특히 입이나 콧구멍을 통해 이탈한다고 여긴다. 그래서 셀레베스에서는 종종 낚싯바늘을 환자의 코나 배꼽 혹은 발 따위에 달아 두어 영혼이 빠져나가려 할 때 낚싯바늘에 걸려 억류하도록 해 놓았다. 보르네오의 바람Baram 강변에 사는 투리크Turik족의 어떤 사람은 낚싯바늘 모양의 돌멩이 몇 개를 몸에 지니고 있었다. 이는 영혼이 몸에 걸리게 해서 빠져나가지 못하게 하기 위한 것이다. 시다약족의 어떤 주술사는 자기 손가락을 마치 낚싯바늘처럼 만드는 입문의례를 거친다. 이는 막 날아가려는 영혼을 붙잡아 다시 환자에게 되돌려 주기 위한 것이다. 그 낚싯바늘은 아군의 영혼뿐만 아니라 적군의 영혼을 붙잡는 데에도 사용할 수 있다고 한다. 보르네오의 식인종은 자신이 죽인 적의 해골 옆에 목제 작살을 세워 두는데, 이는 다음번 약탈 때 새로운 모가지를 얻는 데 도움이 된다고 믿는 원리에 입각한 것이다. 한편 하이다족 인디언의 한 주술사는 속이 빈 뼈를 도구로 사용하여 도망치는 영혼을 붙잡아 본래의 주인에게 다시 돌려준다고 한다.

힌두교를 믿는 인도인들은 다른 사람 앞에서 하품을 할 때에는 반드시 엄지 손가락으로 소리를 낸다. 그럼으로써 열린 입에서 나오려고 하는 영혼을 막을 수 있다고 믿는다. 마르케산Marquesan족은 이제 막 임종하려는 사람의 입과 콧구멍을 막는데, 이는 그의 영혼이 빠져나가는 것을 막음으로써 그의 생명을 더 지속시킬 수 있다고 믿었다. 뉴칼레도니아인도 이와 유사한 관습을 가지고 있다는 보고가 있다. 필리핀 제도의 바고보Bagobo족[3]도 이와 동일한 목적으로 환자의 손목이나 발목에 구리 반지를 끼운다. 남아메리카의 이토나마Itonama족은 영혼이 빠져나가 다른 사람의 영혼까지 빼앗아 가는 것을 막기 위해 죽어 가는 사람의 눈과 콧구멍, 입 따위를 틀어막는다. 근래에 죽은 사람의 영혼을 두려워하는 니아스섬 원주민들이 시체의 콧구멍을 막거나 턱을 묶음으로써 떠돌아다니는 영혼을 오두막에 가두려고 하는 것도 이와 동일한 이유에서이다.

오스트레일리아의 와켈부라Wakelbura족은 시체를 버리고 도망칠 경우, 그 시체의 영혼이 뒤쫓아 오지 못하도록 하기 위해 두 귓구멍에다 뜨거운 숯을 쑤셔 박

---

3 민다나오섬의 고지대에 사는 원주민

는다. 셀레베스 남부지방에서는 출산 중에 있는 산부의 영혼이 빠져나가는 것을 막기 위해 조산원이 산부의 몸을 밧줄로 꽁꽁 묶는다. 수마트라의 미낭카바우 Minangkabau족도 이와 유사한 관습이 있다. 그들은 산부의 손목이나 허리를 튼튼한 실이나 노끈으로 묶는데, 이는 산부가 해산하는 동안 그녀의 영혼이 도망가려 할 때 출구가 봉쇄되어 도망가지 못하도록 하기 위한 것이다. 셀레베스의 알푸르족도 산모의 출산시 태어나는 아기의 영혼이 이탈하여 길을 잃어버리지 않도록 집의 모든 문과 구멍들을 철저히 봉쇄한다. 심지어 벽 사이에 난 틈까지도 모두 막아 버리며, 가축의 입도 봉함으로써 새로 태어나는 아기의 영혼이 들어가지 못하도록 할 정도이다. 게다가 해산하는 동안 그 집에 사는 자들은 산모를 포함하여 모두 입을 꼭 다물고 있어야만 한다. 그들에게 왜 콧구멍은 막지 않느냐고 묻자, 그들은 숨이 노상 드나들기 때문에 영혼이 콧구멍에 붙어 있을 겨를이 없다고 대답했다. 문명화된 여러 민족들이 흔히 쓰는 말로 표현하면, 마음은 입속에 있으며 영혼은 입술이나 콧구멍 속에 있다는 식이다. 그러니까 생명이나 영혼이 입이나 콧구멍을 통해 일탈한다는 원시인의 관념이 얼마나 자연스러운 것인지를 알 수 있다.

영혼은 종종 지금 막 날아오르려는 새와 같은 존재라고 믿어 왔다. 많은 언어들이 이런 관념의 흔적을 보여 주고 있으며, 시詩 속에는 그것이 흔히 비유로 남아 있다. 말레이인은 여러 가지 기묘한 방식으로 '영혼의 새'에 대한 관념을 표현했다. 그들은 영혼을 날개 달린 새라고 여겨 쌀을 주면 영혼이 다시 되돌아온다고 믿었다. 즉, 도망간 영혼을 이런 방법으로 다시 불러올 수 있다고 여겼다. 그래서 자바섬에서는 막 태어난 아기를 땅바닥에 내려놓을 때(원시인은 이때가 영혼이 일탈할 가장 위험한 순간이라고 생각했다), 먼저 아기를 닭장 속에 넣고 산모가 마치 닭을 부르듯이 "꼬꼬꼬" 하는 소리를 낸다. 보르네오섬의 신탕 지방에서는 남자나 여자 또는 아이가 집 지붕이나 나무에서 떨어졌을 경우, 그 어머니나 아내, 친척 여자가 사고 장소로 달려가 누렇게 물들인 쌀을 주변에 뿌리면서 "꼬꼬꼬, 영혼아!"라고 부른다. 그리고 다시 집 안에 들어가 "꼬꼬꼬, 영혼아!"라고 말한다. 그런 다음 땅에 뿌린 쌀을 그릇에 쓸어 모아 사고를 당한 부상자한테 가지고 가서 그의 머리 위에 떨어뜨리며, 또다시 "꼬꼬꼬, 영혼아!"라고 부른다. 이런 행위의 의도는 사고 현장의 주변을 서성거리고 있는 '영혼의 새'를 불러들여, 그것을 사고당한 부상자의 머릿속으로 다시 되돌리려는 데에 있음이 분명하다.

잠자고 있는 사람의 영혼은 그 신체에서 빠져나가 지금 꿈꾸고 있는 장소에 실제로 가서 꿈에 보이는 사람을 만나고 행동한다고 여긴다. 브라질이나 기아나의 어떤 인디언들은 자신의 몸은 잠자리에 누워 깊이 잠들어 있지만, 영혼은 밖에 나가 물고기를 잡는다든지 땔감을 마련한다고 믿는다. 보로로Bororo족[4]의 어떤 사람이 적이 몰래 자기 마을에 쳐들어오는 꿈을 꾸었는데, 이를 사람들에게 알리자 마을 주민 전체가 엄청난 공포 상태에 빠져 버리고 말았다고 한다.

몸이 허약한 어느 마쿠시Macusi족 인디언은 꿈속에서 주인이 자기한테 카누를 타고 거센 격류를 거슬러 올라갈 것을 명령했는데, 다음날 그는 주인을 향해 자기처럼 형편없이 허약한 사람에게 그것도 한밤중에 어떻게 그런 명령을 할 수 있느냐며 항의했다고 한다. 그란차코의 인디언들은 곧잘 전혀 믿기 어려운 이야기를 사람들에게 하는데, 그들은 그것을 실제로 자신이 보고 들은 사실이라고 주장했다. 때문에 그들을 잘 모르는 객지 사람들은 이 부족을 모두 거짓말쟁이라고 속단하기 일쑤였다. 하지만 정작 본인들은 자신들이 한 이야기가 참된 사실이라고 굳게 믿고 있었다. 말하자면 그들은 단순한 꿈에 불과한 황당무계하고 기이한 모험담들을 실제의 현실과 구별하지 못했던 것이다.

그런데 수면 중에 영혼이 빠져나가는 것은 매우 위험한 일이라고 여겼다. 왜냐하면 행여 이런저런 원인으로 해서 영혼이 영영 몸뚱이로 다시 돌아오지 못하게 되면, 생명의 원리로서의 영혼을 상실함으로써 결국 죽게 될 거라고 믿었기 때문이다. 독일인의 경우도 영혼이 흰 쥐나 새의 모습으로 잠자는 사람의 입에서 빠져나온다고 상상했는데, 그때 그 영혼이 몸뚱이로 돌아오지 못하도록 방해하는 일은 치명적인 결과를 초래할 수 있다고 믿었다. 트란실바니아인도 어린애가 입을 벌리고 잠들게 해서는 안 된다고 생각했다. 그랬다가는 영혼이 생쥐처럼 도망쳐 버려 아이가 영영 눈뜨지 못하게 될 거라고 여겼다.

잠자고 있는 자의 영혼이 다시 돌아오지 못하는 원인은 여러 가지로 말한다. 이를테면 한 영혼이 잠자고 있는 다른 사람의 영혼과 만나 싸움질을 한다는 것이다. 기니의 흑인은 아침에 일어날 때 온몸이 쑤시면 잠자는 동안 자기 영혼이 누군가의 영혼에게 흠씬 두들겨 맞았기 때문이라고 믿는다. 또한 죽은 사람의 영

---

4 파라과이강 상류와 이 강의 지류인 브라질의 마투그로수강 유역에 사는 남아메리카 인디언. 보로로족은 레비스트로스의 명저 『슬픈 열대』(박옥줄 옮김, 한길사, 1998)에서 다루어진 브라질 내륙지방의 네 원주민 부족 가운데 하나이다(다른 세 부족은 카두베오족, 남비콰라족, 투피카와이브족).

혼을 만나 끌려가는 경우도 있다. 그래서 아루 제도[5]에서는 가족 중 누군가가 죽으면 그날 밤에 유족들은 잠을 자려 하지 않는다. 죽은 자의 영혼이 아직 집안에 머물러 있으므로, 만일 잠들었다가는 꿈속에서 그 사자의 영혼에게 끌려갈까 두려웠던 것이다.

이밖에 잠자는 사람의 영혼이 돌발적인 사고나 폭력으로 인해 자신의 몸뚱이로 되돌아오지 못하는 경우도 있다. 다약족 인디언들은 물에 빠진 꿈을 꾸면 그것이 자기 영혼에게 실제로 일어난 사건이라고 생각하여 마술사를 부른다. 그러면 마술사는 물 사발을 새끼줄로 휘저으면서 물에 빠진 영혼을 낚시질하는 시늉을 한다. 그러다가 이내 영혼을 물에서 건져 내어 주인에게 돌려준다는 것이다. 산탈Santal족[6]의 말에 의하면, 어떤 자가 잠을 자면서 갈증이 나자 그의 영혼이 도마뱀이 되어 몸에서 빠져나가 물을 마시러 항아리 속에 들어갔다고 한다. 마침 그때 항아리 주인이 우연히 뚜껑을 닫아 버렸는데, 이 때문에 영혼이 몸뚱이로 돌아오지 못한 채 잠자고 있던 자는 결국 죽어 버렸다고 한다. 그런데 친구들이 그의 유해를 화장하려 할 때, 누군가가 물이 필요해서 항아리 뚜껑을 열었다. 그러자 도마뱀이 기어나와 자신의 몸뚱이로 돌아가는 바람에 죽은 자가 다시 소생하였다. 그렇게 소생한 자가 일어나서 친구들에게 왜 모두들 울고 있느냐고 물었다. 네가 죽은 줄 알고 울고 있었으며 하마터면 널 화장시킬 뻔했다고 말하자, 그는 물 마시러 갔다가 물에 빠져 지금 돌아온 길이라고 해명했다. 그러자 모두가 납득했다는 것이다.

한편 잠자고 있는 사람은 깨우지 않는다는 것이 원시인들의 공통된 규칙이었다. 잠을 자고 있는 동안 영혼이 몸을 빠져나가 부재중이므로 만일 함부로 깨웠다가는 그 영혼이 몸으로 되돌아올 시간이 없을지도 모른다고 생각했다. 혹은 영혼이 부재하는 사이에 잠을 깨게 되면 병에 걸린다고 여겼다. 그래서 꼭 깨워야 할 때는 영혼이 돌아올 만한 시간적 여유를 주기 위해 아주 천천히 깨워야만 한다. 마투쿠에 사는 한 피지인이 낮잠을 자고 있을 때 누군가가 그의 발을 밟았다. 그러자 그가 갑자기 잠에서 깨어나더니, 고래고래 악을 쓰며 자기 영혼을 찾아 달라고 했다. 그때 그는 먼 통가 지방에 가 있는 꿈을 꾸고 있었는데, 잠이 깬

---

5 인도네시아 동부 몰루카 제도 동쪽 끝에 있는 제도
6 비하르, 서벵골, 오리사 주 등 동부 인도에 거주하는 부족민

다음 자기가 이곳에 있는 걸 알고는 크게 당황했던 모양이다. 그의 영혼이 저 먼 바다 건너에서 돌아와 자기 몸뚱이로 들어가지 못하면 '죽음이 그의 낯을 노려볼 것'이라고 믿었기 때문이다. 만일 그 자리에서 한 선교사가 그의 공포심을 달래주지 않았더라면, 아마도 그는 두려움으로 인해 정말로 죽었을지도 모른다.

원시인들 사이에서 이보다 더 위험하다고 여기는 것은 잠자고 있는 자의 위치를 옮기거나 또는 그의 외양을 변장하는 일이었다. 그렇게 되면 영혼이 돌아오고자 할 때 자기 몸뚱이를 찾지 못해 결국 잠자던 이는 죽고 말 거라고 생각했다. 미낭카바우족은 자고 있는 사람의 얼굴에 분장을 하면 외출했던 영혼이 달라진 얼굴에 놀랄 거라고 염려하여 그런 일을 하지 못하도록 노심초사했다. 또한 파타니말레이Patani Malay족[7]은 자는 사람의 얼굴에 그림을 그리거나 칠을 해 놓으면 외출했던 그의 영혼이 자기 몸뚱이를 찾지 못하게 되며, 그러는 동안 그는 깨어나지 못한 채 계속 잠들어 있을 수밖에 없다고 생각했다. 이밖에 봄베이에서는 살인뿐만 아니라, 얼굴에 울긋불긋 색칠을 한다든지 혹은 여자 얼굴에 수염을 그리는 일도 큰 죄악으로 간주하였다. 이 또한 그 사람의 영혼이 돌아왔을 때 자기 몸뚱이를 알아보지 못함으로 인해 죽게 될 거라고 믿었기 때문이다.

그러나 인간의 영혼이 반드시 잠자고 있는 동안에만 몸에서 빠져나가는 것은 아니다. 다시 말해 인간의 영혼은 사람이 깨어 있을 때에도 빠져나가는 수가 있으며, 질병이나 광기 혹은 죽음 때문에 그러는 경우도 있다. 오스트레일리아 우룬제리Wurunjeri족의 한 사나이는 영혼이 이탈하는 바람에 이제나저제나 숨을 거둘 찰나에 있었다. 그때 주술사가 달려와 막 저녁노을 속으로 뛰어들려는 그의 영혼을 반쯤 붙들어 두었다. 그 부족에게 저녁노을은 태양이 휴식을 취하기 위해 저승으로 영혼과 함께 가는 빛과 다름없었다. 주술사는 술렁거리는 영혼을 붙잡아 쥐 가죽으로 만든 자루 속에 넣어 가지고 돌아왔다. 그리고 죽어 가는 사나이 위에 올라타 그의 몸뚱이 속에 다시 영혼을 넣어 주었다. 그러자 잠시 후 사나이가 되살아났다.

버마의 카렌Karen족[8]은 영혼이 몸에서 이탈하여 돌아오지 않는 바람에 죽을지도 모른다고 노상 걱정한다. 그래서 누구든 영혼이 빠져나갈 염려가 있어 보이는

7 말레이 반도 동해안의 타이 남부지구에 있는 파다니 지역의 원주민
8 시노티베트어족의 언어를 사용하는 미얀마(버마) 남부의 여러 종족. 인종적인 측면에서 단일한 집단이 아니며 언어·종교·경제에서도 서로 다르다.

경우에는, 그렇게 되지 못하도록 영혼을 억류하거나 혹은 다시 불러들이기 위해 온 가족이 총동원되어 의식을 집행한다. 이를 위해 그들은 수탉과 암탉, 쌀과 바나나 등을 준비한 다음, 집안의 어른이 밥주걱으로 사닥다리 윗부분을 세 번 두드리며 이렇게 말한다. "푸르륵. 영혼이여 돌아오라. 밖에서 꾸물대고 있으면 안 돼요. 비가 오면 젖게 되고 햇볕은 좀 뜨거운가요. 또 모기 등쌀에 시달릴 거고, 거머리에게 물리거나 호랑이에게 잡아먹힐 수도 있고요. 아니면 벼락에 맞을지도 몰라요. 푸르륵. 영혼이여 돌아오라. 제발 사람 좀 살려 다오. 널 아무런 부족함 없도록 편하게 해 줄게. 어서 오려무나. 비에 젖지 않을 집으로 들어와 배불리 먹으렴." 집안 식구들이 함께 식사를 마친 다음, 주술사가 모두의 오른쪽 손목에다 부적을 묶어 줌으로써 의식이 끝난다.

중국 서남부의 롤로Lolo족[9]에게도 이와 유사한 관념이 있다. 그들은 만성병 환자의 경우 몸에서 영혼이 빠져나간다고 믿는다. 그럴 때 사람들은 정성껏 주문을 외우면서 영혼이 떠돌아다닐 만한 동산이나 골짜기, 냇가나 숲속에서 다시 환자의 몸으로 돌아와 달라고 간청한다. 이와 더불어 걷다가 지친 영혼의 원기를 회복시켜 주기 위해 문 앞에 물이나 술, 쌀 따위를 차려놓는다. 이런 의식이 끝나면 사람들은 영혼을 붙잡아 두기 위해 환자의 팔에 붉은색 노끈을 감는데, 이 노끈은 그것이 닳고 닳아서 없어질 때까지 그대로 내버려 두어야 한다.

콩고의 몇몇 부족들은 누군가 병이 들면 영혼이 빠져나갔기 때문이라고 믿는다. 그래서 그들은 떠돌아다니는 영혼을 붙잡아 다시 환자의 몸속에 집어넣기 위해 주술사의 조력을 구한다. 이때 주술사는 보통 자신이 그 영혼을 어떤 나뭇가지 속에 넣어 두었노라고 말한다. 그러면 온 마을 사람들이 주술사와 함께 그 나무가 있는 곳으로 달려가서, 제일 힘센 남자가 영혼이 갇혀 있을 만한 가지를 찾아내어 그것을 꺾는다. 그리고 마치 무거운 걸 운반하는 시늉을 하면서 그 나뭇가지를 마을로 가지고 돌아온다. 이렇게 해서 나뭇가지가 환자의 집에 도착하면 그 가지 옆에 환자를 세워 놓고 영혼을 그의 몸 안에 다시 집어넣기 위한 의식을 행한다.

수마트라의 바탁족에 의하면, 고민이나 질병 혹은 기이한 공포나 죽음 따위는

---

9 이족彛族, 뤄뤄족羅羅族, 오만족烏蠻族이라고도 한다. 중국 서남부 산악지대에 사는 오스트로아시아계 종족으로, 티베트미얀마어족에 속하는 언어를 쓴다.

영혼이 몸에서 빠져나갔기 때문에 생기는 현상이라고 믿는다. 이럴 경우 그들은 우선 쌀을 뿌려 닭을 꼬이듯이 떠도는 영혼에게 호소하고 유혹한다. 그러면서 이렇게 되풀이하여 말한다. "숲과 산과 골짜기에서 헤매는 영혼이여, 돌아오세요. 보세요. 그대에게 '토엠바브라스Toemba bras'와 '라자모에리자Rajah moelija' 새의 알과 치유력을 가진 열한 장의 이파리를 드리겠소. 우물쭈물하지 말고 지금 바로 오세요. 숲이나 산이나 골짜기에서 헤매지 말고 지금 즉시 집으로 돌아오시오." 한번은 유명한 한 여행가가 카얀족의 마을에서 떠나게 되었을 때, 어린아이들의 영혼이 그를 따라 여행길에 나서지 않을까 걱정한 어머니들이 아이들을 각각 널빤지 위에 올려놓고는 아이들의 영혼이 그를 따라 멀리 낯선 곳으로 가지 말고 이 익숙한 널빤지에 돌아오도록 그에게 기도해 달라고 부탁했다. 널빤지에는 영혼을 묶는 데 쓰는 노끈이 달려 있었는데, 이 노끈으로 어린아이들의 손가락을 묶어 놓았던 것이다. 이는 어린아이들의 영혼이 미아가 되지 않도록 하기 위해서라고 한다.

인도의 어떤 이야기에 의하면, 왕이 자신의 영혼을 죽은 브라만의 시신에 옮겨 놓자 이번에는 비어 있는 왕의 몸에 꼽추가 자기 영혼을 옮겨 놓는다고 한다. 그리하여 꼽추가 왕이 되고, 왕은 브라만이 되었다는 것이다. 그런데 꼽추가 우쭐한 나머지 재주를 피운답시고 자신의 영혼을 앵무새의 시체에 옮겨 버렸다. 그러자 기다리고 있었다는 듯이 왕은 자기 몸을 되찾았다. 말레이에도 이와 동일한 형태의 이야기가 있다. 왕이 멍청하게 자기 영혼을 원숭이에게 옮기자, 그 틈을 타서 재상이 왕의 몸에 자기 영혼을 옮기고 왕비와 나라를 몽땅 차지해 버렸다. 원숭이가 된 진짜 왕은 왕궁 한구석에서 혼자 속만 태우고 있던 어느 날, 가짜 왕이 돈을 걸고 염소 싸움을 하고 있는데 그만 그의 염소가 죽고 말았다. 염소를 살리려고 아무리 애써도 소용이 없자, 천성적으로 내기를 좋아하던 가짜 왕은 자기 영혼을 죽은 염소에게 옮기고 싸움을 계속했다. 이때 원숭이 속에 들어가 있던 진짜 왕은 이 기회를 놓칠세라, 가짜 왕이 자리를 비운 사이에 자기 몸 속으로 재빨리 뛰어 들어갔다. 이리하여 그는 본래의 모습으로 돌아갔고, 염소가 된 가짜 왕은 비싼 대가를 치러야 하는 운명에 빠지고 말았다고 한다.

그리스인들도 이와 비슷한 이야기가 있다. 클라조메나이[10]의 헤르모티무스

---

10 이오니아에 있던 고대 그리스 도시. 오늘날 터키의 이즈미르(스미르나) 서쪽 32킬로미터 지점에 있었다.

Hermotimus라는 사람은 종종 자기 몸에서 빠져나와 멀리 여행하고 돌아와 여행 중에 보고 들은 것들을 친구들에게 말해 주곤 했다. 그런데 어느 날 헤르모티우스의 영혼이 여행 중일 때, 그의 적들이 음모를 꾸며 그의 몸을 빼앗아 불 속에 던져 버렸다고 한다.

하지만 영혼의 이탈이 반드시 자발적인 것만은 아니다. 자신의 의지와 무관하게 망령이라든가 귀신 혹은 마술사의 강요에 의해 자기 몸에서 영혼을 빼앗기는 수도 있다. 카렌족은 상여가 집 앞을 지날 때 어린아이의 영혼이 자기 몸에서 빠져나와 시신 속으로 들어가는 것을 막기 위해, 어떤 특별한 노끈으로 어린아이들을 집에 묶어 놓는다. 상여가 보이지 않을 때까지 그렇게 계속 묶어 놓는다. 한편 시신을 무덤 속에 묻고 아직 흙을 덮지 않은 상태에서 유족과 친구들은 각각 한 손에는 길쭉하게 쪼갠 대나무를, 다른 손에는 조그만 막대기를 든 채 무덤 주위를 맴돈다. 그런 다음 각자 대나무를 무덤 속에 찔러 넣고 그 대나무의 홈을 따라 막대기를 꽂아 놓는다. 이는 죽은 자의 영혼이 무덤에서 쉽게 기어나올 수 있도록 하기 위한 것이다. 이렇게 해서 흙을 덮는 동안 대나무들을 모두 빼내어 무덤에서 떨어진 곳에 둔다. 이는 대나무에 영혼이 붙지 못하게 하고, 무덤에 흙을 덮을 때 부주의로 흙과 함께 묻히는 일이 없도록 하기 위한 것이다. 그곳을 떠날 때 사람들은 자신들의 영혼이 함께 따라와 달라고 기원하면서 대나무를 다시 가지고 돌아간다. 무덤에서 돌아오면서 카렌족은 각자 나뭇가지로 만든 조그만 갈퀴를 세 개씩 마련한다. 그리고 자기의 영혼보고 따라오라고 계속 불러 대면서 그 영혼을 낚아채는 시늉을 하고는 갈퀴를 땅에 꽂는다. 이는 산 자의 영혼이 죽은 자의 영혼과 함께 무덤에 남아 있지 못하도록 하기 위한 것이다.

카로바탁Karo-Batak족의 경우는 시신을 매장하면서 흙을 덮을 때 여자 마술사가 막대기로 허공을 치면서 달린다. 이는 산 자의 영혼들을 묘지에서 내쫓기 위한 것이라고 한다. 행여 실수로 산 자의 영혼이 무덤 속으로 미끄러져 들어갔을 때 흙을 덮으면 그 영혼의 소유자가 죽게 될 거라고 믿었기 때문이다.

로열티 제도[11]의 우에아섬[12]에서는 죽은 자의 영혼이 산 자의 영혼을 도둑질하는 힘을 가지고 있다고 믿는다. 그래서 누군가 병에 걸리면 주술사가 많은 남녀

---

11 루아요테 제도라고도 한다. 남서태평양의 프랑스 해외 주州인 누벨칼레도니에 있다.

12 루아요테 제도의 북단에 있는 섬. 우베아Ouvea섬이라고도 한다.

를 거느리고 무덤에 간다. 거기서 남자들은 피리를 불고 여자들은 휘파람을 불어 댄다. 이는 무덤에 끌려간 산 자의 영혼을 불러내어 데려가기 위한 것이다. 잠시 동안 그러다가 일행은 행렬을 지어 집으로 돌아간다. 그때도 무덤가에서 했던 것 과 같은 행동을 하면서 손바닥을 벌려 영혼들을 몰고 오는 시늉을 한다. 환자의 집에 이르면 모두들 큰 소리를 지르면서 영혼에게 환자의 몸속으로 들어가도록 명령한다.

간혹 귀신이 인간의 영혼을 훔쳐 간다고 믿는 경우도 있다. 일반적으로 중국인 들은 발작이나 경련이 일어나는 것은 귀신의 소행 때문이며, 그것은 인간의 영혼 을 몸에서 끌어내기 위한 것이라고 믿는다. 그런데 아모이Amoy[13]에서는 그런 식 으로 어린아이들을 괴롭히는 귀신에 대해 '질주하는 말을 탄 하늘의 인간' 또는 '공중에 사는 선비' 등 매우 그럴듯한 호칭으로 부른다. 어린아이가 발작을 일으 킬 때 어머니는 황급히 지붕 위로 올라가 아이의 옷가지가 묶인 대나무를 흔들면 서 "우리 아가야, 이리 온! 집으로 돌아오려무나"라고 여러 번 외친다. 그러는 동 안 한 친척이 길 잃은 영혼의 주의를 끌려는 바람으로 열심히 징을 울려 댄다. 말 하자면 허공을 헤매는 영혼이 평소 자기가 입던 옷을 알아보고 그 옷 안으로 들 어올 거라고 믿는 것이다. 이렇게 아이의 영혼이 깃든 옷가지를 아이 위쪽이나 옆에 놓아두면, 그 애가 죽지 않는 한 반드시 회복한다고 믿는다. 마찬가지로 어 떤 인디언들은 영혼을 잃어버린 사람이 평소에 신었던 장화를 사용하여 그 영혼 을 붙잡아 주인에게 신겨 줌으로써 잃어버린 영혼을 되찾을 수 있다고 믿는다.

몰루카 제도 사람들은 어떤 사람이 병이 드는 이유는 악귀가 그의 영혼을 자 신의 거처인 나무나 산, 언덕 등에 숨겨 놓았기 때문이라고 믿는다. 그래서 마술 사가 악귀의 거처를 알아맞히면, 병자의 친구들이 그곳에 가서 밥, 과일, 생선, 달 걀, 암탉 한 마리와 병아리 한 마리, 비단옷 한 벌, 금팔찌 따위를 바치면서 이렇 게 기도한다. "귀신님, 저희가 음식과 옷가지와 황금을 당신에게 바칩니다. 많이 드시고 병자의 영혼을 돌려주십시오. 그래야 친구의 병이 나을 수 있습니다." 그 런 다음 차려놓은 음식을 약간씩 나눠 먹고, 병자의 영혼을 돌려받는 몸값으로 서 암탉을 풀어 준다. 하지만 제물 중에서 비단옷과 금팔찌는 다시 가지고 돌아 와 병자의 머리맡에 놓아두고 "자, 자네 영혼은 석방되었네. 그러니 빨리 툭툭 털

---

13 제밍廈門. 중국 동부 푸젠성 남해안에 있는 식민지 부락 항구도시

고 일어나 백발이 성성하도록 이 땅에서 오래오래 살게나"라고 말한다.

악귀는 특히 새집으로 이사한 사람들에게는 공포의 대상이었다. 북부 셀레베스 지방의 미나하사에 사는 알푸르족은 새집으로 이사하게 되면, 사제가 그 입주자들의 영혼을 악귀에게서 되찾아오기 위한 의식을 집행한다. 이때 사제는 제단에 자루 하나를 걸어 놓고 신들의 이름을 부른다. 신들의 이름은 하룻밤을 꼬박새워야 다 부를 수 있을 만큼 많다. 이윽고 아침이 되면 사제는 신들에게 달걀 하나와 약간의 쌀을 제단에 바친다. 그럴 즈음, 입주자들의 영혼이 자루 속에 다 모였다고 여긴다. 그러면 사제는 자루를 집주인의 머리 위에 얹고 "당신의 영혼이 돌아왔소"라고 말한다. 계속해서 부인과 다른 가족들에게도 차례차례 똑같은 의식을 행한다. 알푸르족은 이밖에 병자의 영혼을 되찾아오는 또 하나의 방법으로서, 그릇에 끈을 달아 창문 아래로 드리워 두레박으로 물을 긷듯이 영혼을 퍼올리기도 한다. 또한 사제가 병자의 영혼을 붙잡아 그것을 옷에 감싼 다음 집으로 돌아오는 경우도 있다. 이때 만일 비가 내리면 소녀를 시켜 야자수 잎으로 비를 가리게 하고, 사나이 한 명이 사제 뒤를 따르면서 행여 영혼을 빼앗길까 봐 칼을 휘둘러 댄다.

때로 잃어버린 영혼이 눈에 보이는 형태로 끌려오는 경우도 있다. 오리곤[14]의 살리시Salish족[15]과 플랫헤드Flathead족[16] 인디언들은 죽음을 초래하는 일없이, 그리고 전혀 알아채지 못한 채 인간의 영혼이 잠시 동안 몸에서 분리될 수 있다고 믿는다. 그렇더라도 잃어버린 영혼은 빨리 수소문을 해서 찾아내어 주인한테 돌려놓아야 할 필요가 있다. 그렇지 않으면 그 영혼의 소유자가 죽을 수도 있기 때문이다. 주의는 꿈을 통해 영혼을 잃어버린 자의 이름을 계시받는다고 하면서 즉시 그 사실을 당사자에게 알려준다. 그런데 영혼을 잃어버리는 일은 일반적으로 많은 이들이 동시에 당할 수가 있다. 그렇더라도 그들의 이름 모두가 주의의 꿈에 계시되어 나오므로, 그들은 자신들의 영혼을 되찾아 달라고 다 함께 주의를 고용한다. 어쨌든 이렇게 영혼을 잃어버린 자들은 밤새껏 춤추고 노래하며 온 마을을 돌아다닌다. 날이 샐 무렵에 그 일행은 인가에서 멀리 떨어진 오두막으로

---

14 미국 북서 태평양 연안의 주

15 살리시어족語族에 속하는 서로 연관된 언어를 사용하던 아메리카 인디언들. 컬럼비아, 프레이저강과 그 지류들이 흐르는 지금의 브리티시컬럼비아, 워싱턴 및 아이다호 북부지역, 몬태나 서부지역에 살았다.

16 현재 미국 몬태나주 서부에 사는 살리시어를 사용하는 북아메리카 인디언 부족

들어가는데, 그곳은 빛이 들어오지 못하도록 완전히 차단되어 칠흑처럼 어둡다. 그 오두막 지붕에 조그만 구멍을 뚫는데, 이 구멍을 통해 주의가 깃털뭉치로 영혼들을 쓸어 모아 한 줌의 뼈다귀 모양으로 만들어 멍석 조각 위에 담는다. 그런 다음 화톳불을 피우고 그 불빛 아래서 주의가 영혼들을 분류한다. 그는 먼저 죽은 자들의 영혼을 떼어내 버린다. 이 영혼들은 통상 숫자가 많게 마련인데, 그것을 산 자한테 넣게 되면 그 자리에서 즉사하게 되므로 제외시켜야만 한다. 이제 주의는 의뢰인 전원의 영혼들을 가려낸 다음, 그 사람들을 모두 자기 앞에 앉힌다. 이때 제각기 뼛조각, 나뭇조각, 조개껍데기 따위로 변한 영혼들을 주의가 모인 사람들의 머리 위에 하나씩 얹고 끊임없이 주문을 외운다. 그러면서 영혼을 가볍게 두드리거나 혹은 비틀거나 하면서 그것이 의뢰인의 가슴속까지 잘 들어가서 자리를 잡도록 조절한다.

한편 사령死靈이나 악귀들만이 사람의 몸에서 영혼을 빼내거나 혹은 영혼이 정처 없이 떠돌아다니도록 만드는 것은 아니다. 때로는 인간 특히 주술사들도 그런 일을 할 수 있다. 피지 제도에서는 범인이 죄를 자백하지 않을 경우, 추장이 두건을 가져오게 하여 그것으로 악인의 영혼을 끌어낸다고 한다. 그래서 범인은 이 두건을 보거나, 그 말만 들어도 대부분 자백하게 된다. 만일 자백하지 않으면 두건 속에 범인의 영혼이 들어올 때까지 두건을 씌워 놓았다가, 이윽고 영혼이 두건 속으로 들어왔다고 판단되면, 그것을 추장의 카누 끝부분에다 못질해 버린다. 이렇게 영혼을 빼앗긴 범인은 머지않아 수척해지고 마침내 죽게 된다고 한다.

데인저섬[17]의 주술사들은 영혼을 잡기 위해 덫을 사용한다. 그 덫은 4.5미터에서 6미터 정도의 길이로 매우 튼튼하게 만들었으며, 영혼의 크기에 맞출 수 있도록 양쪽에 고리가 달려 있다. 즉, 비대한 영혼에 대해서는 큰 고리를 쓰고, 야윈 영혼에 대해서는 작은 고리를 쓴다는 식이다. 주술사는 원한을 가진 사람이 병들면, 병자의 집 근처에 이 덫을 장치하고 병자의 영혼이 도망쳐 올 때까지 기다린다. 그 영혼이 새나 곤충처럼 덫에 걸리면 영혼의 소유자는 즉사한다고 믿는다. 마찬가지로 서아프리카의 어떤 지방에서도 잠자고 있는 자의 영혼을 붙잡기 위해 마법사가 덫을 쳐놓고 마냥 기다린다. 그러다가 영혼이 잡히면, 그것을 포박하여 불 위에 매달아 놓는다. 그러면 뜨거운 열 때문에 영혼이 못 견디게 되고, 따

---

17 남태평양에 있는 쿡 제도의 한 섬. 통가와 타히티 중간쯤에 위치한다.

라서 영혼의 소유자는 병들게 된다는 것이다. 하지만 이는 피해자가 미워서 그런 것이 아니라 어디까지나 장삿속일 따름이다. 그 마술사는 자기가 포획한 영혼이 누구든 간에 상관없으며, 다만 보상만 해 준다면 언제든지 영혼을 주인에게 돌려주겠다는 것이다. 어떤 주술사는 길 잃은 영혼을 수용하는 보호소를 가지고 있는데, 영혼을 잃은 사람이라면 누구든 일정한 대금만 지불하면 그 보호소에서 다른 영혼을 사올 수 있다고 한다.

이처럼 영혼을 수용하는 사설 보호소를 가진 주술사들이나 혹은 영혼을 잡기 위해 덫을 놓는 주술사들을 덮어놓고 비난할 수만도 없는 노릇이다. 그건 그들의 직업이기 때문이다. 물론 그런 사업을 하면서 욕심에 눈이 멀어 특정 인간의 영혼을 포획할 목적으로 덫을 장치하는 사악한 주술사도 있었을 것이다. 그런 자들은 사발 속에 칼이나 송곳 같은 것을 숨겨 영혼의 음식으로 내놓음으로써 영혼에게 상처를 주거나 죽임으로써 소유자의 건강을 해치기도 한다.

킹즐리Kingsley 여사가 알고 지내던 한 크루만Kruman족 사람은 며칠 밤을 계속하여 꿈속에서 고춧가루로 맛을 낸 약간 그슬린 게 요리의 냄새를 맡고는 자기 영혼을 걱정했다. 그는 누군가 못된 놈이 자기 몸이나 영혼에 위해를 가해 영혼을 잡아가려고 게 요리를 덫의 먹이로 만들었다고 생각했다. 그래서 그는 잠을 자는 동안 자기 영혼이 빠져나가는 것을 막기 위해 며칠 동안 죽도록 고생했다고 한다. 그는 열대 지방의 무더운 밤에 소중한 자기 영혼의 이탈을 막기 위해 수건으로 콧구멍을 막고 거기에 담요까지 뒤집어쓴 채 숨을 헐떡이며 땀투성이가 되어 잠을 청해야만 했다. 그밖에 하와이에서는 살아 있는 사람의 영혼을 잡아 표주박 속에 가두어 두었다가 사람들에게 먹이로 내 준 요술사들도 있었다고 한다. 그들은 자기네 손에 붙잡은 영혼에게 고백을 강요하여 은밀하게 매장된 사자의 무덤을 찾아냈다고도 한다.

사람의 영혼을 유괴하는 방법이 말레이 반도처럼 열심히 연구되어 고도로 발달된 곳도 다시없을 것이다. 그곳에는 요술사가 자신의 뜻을 관철하기 위한 여러 기술들을 많이 가지고 있으며, 그 동기도 매우 다양했다. 예컨대 적을 파멸시킬 목적으로, 혹은 쌀쌀맞고 조심성 많은 미인을 손아귀에 넣기 위한 방법도 있었다. 후자의 사례를 들어보자. 짝사랑하는 사람의 영혼을 자기 소유로 삼기 위한 처방으로서, 방금 떠오른 달이 동쪽 하늘에 보일 때 밖에 나가선 채로 왼쪽 엄지 발가락 위에 오른쪽 엄지발가락을 올려놓고 오른손으로 나팔을 만들어 다음과 같이 영창하는 방법이 있다고 한다.

나는 화살을 쏜다. 내가 화살을 쏘면 달빛이 희미해지리라.
화살을 쏜다. 그러면 햇빛도 흐려지리라.
화살을 쏜다. 그러면 별빛도 어두워지리라.
그렇지만 내가 겨눈 것은 해도 달도 별도 아니요,
마을의 그 아가씨, 그녀의 마음 한복판이란다.
내 님이시여!

꼭! 꼭! 님의 영혼이여, 이리 와 나와 함께 걷자구나.
이리 와 내 옆에 앉으세요.
이리 와 나의 베개를 함께 베고 같이 잡시다.
꼭! 꼭! 님의 영혼이여!

이 노래를 세 번 되풀이하고 휘파람을 분다. 또는 다음과 같은 방법으로 영혼을 두건 속에 잡아넣을 수도 있다고 한다. 즉, 보름달이 떠 있는 밤과 그 이튿날 밤에 계속해서 밖에 나가, 달을 바라보고 개미집 위에 앉아서 향을 피우면서 이런 주문을 외우면 된다.

그대가 씹을 빈랑나무 잎을 가져왔소.
거기에 석회를 바르세요, 맹폭왕猛暴王이시여.
누군가 저 동란왕動亂王의 공주님이 씹도록,
아침 해가 떠오를 무렵, 누군가가 나를 미치도록 사랑하리.
해질 무렵 석양에 기대어, 누군가가 나를 미치도록 사랑하리.
그대의 부모님을 생각하듯이, 나를 기억해 주오.
그대의 집과 계단을 생각하듯이, 나를 기억해 주오.
천둥이 무섭도록 울릴 때면, 나를 기억해 주오.
모진 바람이 불어닥칠 때면, 나를 기억해 주오.
하늘에서 비가 내릴 때면, 나를 기억해 주오.
수탉이 울어 댈 때마다, 나를 기억해 주오.
새가 노래할 때마다, 나를 기억해 주오.

그대 해를 우러러 볼 때마다, 나를 기억해 주오.

그대 달을 바라볼 때마다, 나를 기억해 주오.

그대를 꼭 빼닮은 달 안에 내가 있기 때문이라오.

꼭! 꼭! 님의 영혼이시여, 내게 돌아와요.

그대에게 나의 영혼을 보낸다는 말이 아니오.

부디 그대의 영혼을 내 영혼 곁에 보내 달라는 말이지요.

이런 노래를 부르면서 매일 밤마다 달을 향해 손에 든 두건을 일곱 번씩 흔든다. 그런 다음 집에 돌아가 그 두건을 베개 밑에 깔고 잠잔다. 만일 낮에 그 두건을 쓰고 싶으면 향을 피우면서 이렇게 말한다. "내 허리띠에 두른 것은 터번이 아니라 그대의 영혼이라오."

브리티시컬럼비아의 나스 강변에 사는 인디언들은 주의가 실수로 환자의 영혼을 삼키는 경우도 있다고 생각한다. 그런 경우 실수를 범한 주의의 동료들은 환자의 몸 위에 주의를 세운 다음 한 사람이 그의 목구멍에 손가락을 집어넣고, 다른 사람이 주먹으로 그의 배를 쓸어 올리고, 또 다른 사람이 손바닥으로 그의 등을 친다. 그래도 효험이 없을 때는 환자의 영혼이 주의의 머릿속에 들어갔다고 판단하여, 이번에는 동료들이 상자 속에 그의 머리를 집어넣고 거꾸로 매단다. 그렇게 매달은 채로 그의 머리를 씻은 다음 "그 씻은 물을 환자의 머리에 끼얹는다." 말하자면 잃어버린 환자의 영혼이 그 물속에 들어 있다고 믿는 것이다.

3. 그림자 혹은 영상으로서의 영혼

원시인을 괴롭히는 영적인 위험은 이상에서 언급한 유형 외에도 또 있다. 예컨대 원시인은 때로 그림자나 어떤 영상을 자기의 영혼 혹은 자기 생명의 일부라고 여기며, 따라서 그것이 필연적으로 자신에게 위험의 원천이 될 수 있다고 믿는다. 즉, 자기 그림자를 누가 밟거나 때리거나 찌르면 실제로 자기 신체가 그런 일을 당한 것처럼 통증을 느낀다는 것이다. 또한 그림자가 자기 몸에서 완전히 분리되면 그는 결국 죽게 될 거라고 믿는다. 그래서 웨타르섬[18]에는 사람 그림자를 창으로 찌르거나 칼로 베는 시늉을 함으로써 그림자의 주인이 병에 걸리도록 하는 주술사들이 있었다. 또한 인도의 상카라Sankara(700년경~750년경)[19]는 불교도들을 멸절시킨 후 네팔을 여행하면서 그곳의 달라이 라마를 다시 보게 되었다고 한다. 그는 자신의 초자연적 능력을 입증하기 위해 공중으로 높이 뛰어올랐다. 그런데 그가 달라이 라마 위로 뛰어올랐을 때, 달라이 라마는 땅바닥에서 이리저리 흔들리는 상카라의 그림자를 보고는 그것을 칼로 찔러댔다. 그러자 상카라는 땅에 추락하여 목을 삐고 말았다.

뱅크스섬에는 '게걸스러운 귀신'이라 부르는 매우 길쭉한 모양의 돌들이 있는데, 거기에는 강력하고 위험하기 짝이 없는 사령이 지펴 있다고 한다. 만일 누군가의 그림자가 이 돌에 비치게 되면 사령이 그의 영혼을 빼냄으로써 결국 그는 죽게 된다는 것이다. 때문에 사람들은 그 돌을 집 안에 비치하여 경비용으로 쓴다. 집주인이 부재중일 때에 악의를 품은 누군가가 집에 침입하면, 돌 속에 들어 있는 사령이 주인의 이름을 외친다는 것이다. 중국에서는 장례식 때에 관 뚜껑을 닫기 직전에 가까운 가족 외에는 모두 몇 발짝씩 뒤로 물러서 있거나 혹은 다른 방으로 건너간다. 행여 자기 그림자가 관 속에 갇힘으로써 신병에 변고가 생길까 봐 두렵기 때문이다. 게다가 하관할 때에도 사람들은 자기 그림자가 무덤구덩이 속에 비치면 재난을 당할지도 모른다고 믿어 몇 발짝씩 뒤로 물러선다. 흙점을 치는 점술사와 그 조수들도 햇빛이 비추지 않는 쪽으로 물러선다. 그 밖의 상여

---

18 티모르 동북부 해안 근해에 있는 인도네시아의 섬. 웨타섬이라고도 한다.

19 인도에서 가장 탁월하다고 일컫는 철학자. 브라만이야말로 유일하고 영원불변한 실재이며, 다양성과 차별성은 환상일 뿐이라고 주장하는 불이일원론적不二一元論的 베단타 철학파의 가장 유명한 대표자. 상카라가 활동한 시기는 정치적 혼란기였다. 그는 도시에 사는 사람들에게는 자기 학설을 가르치려고 하지 않았다. 도시에서는 향락주의자가 있는가 하면 여전히 불교 세력이 강했고, 상인과 제조업자들 사이에는 금욕적이고 무신론적인 자이나교가 널리 퍼져 있었으며, 서민들은 대중적 힌두교 운동인 바티(신에 대한 헌신)에 열심이었다. 이런 상황에서 상카라는 정통 바라문교의 전통을 회복하려고 열심히 노력했다. 상카라는 슈링게리(남쪽)·푸리(동쪽)·드바라카(서쪽)·바다리나타(북쪽)에 네 개의 수도원을 세웠다고 하는데, 이 수도원들은 그의 가르침이 인도의 주도 철학으로 발전하는 데 매우 중요한 역할을 했다. 그는 산스크리트어로 주석과 해설과 시 등 300편이 넘는 저서를 썼다고 한다. 대표작은 베단타 학파의 기본 경전인 『브라마 수트라Brahma-sūtra』를 주석한 『브라마 수트라 바시아Brahma-sūtra-bhāsya』이며, 주요 『우파니샤드Upaniṣad』에 대한 주석서들도 유명하다. 명쾌하고 심오한 상카라의 글은 논리적이라기보다 심리적이고 종교적이다. 그는 정통 브라만교에 통달했을 뿐만 아니라 대승불교에도 정통했으며, 불교에 대한 해박한 지식으로 오히려 불교를 가혹하게 공격하거나 혹은 불교 사상을 베단타 철학의 불이일원론으로 변형시키는 데 최대한 이용했다. 그가 칭시한 불이일원론적 베단타 학파는 그 뒤로 오늘에 이르기까지 인도의 지식인 사회에서 가장 우세한 철학파가 되어 왔다. 본문에서 프레이저가 인용한 사례는 민간에 유포된 상카라에 관한 수많은 설화 중의 하나이다.

꾼들은 옷자락을 단단히 여며 자기 그림자가 함부로 움직이지 않도록 조심한다. 그런데 그림자 때문에 위해를 입는 것은 비단 인간만이 아니다. 동물도 어느 정도 피해를 입을 수 있다.

페라크[20]의 석회산 주변에 많이 서식하는 작은 달팽이들은 가축의 그림자를 통해 가축의 피를 빨아먹는다고 여겼다. 그로 인해 비쩍 여위거나 빈혈로 죽는 가축들이 적지 않다는 것이다. 한편 아라비아에서는 하이에나가 사람의 그림자를 밟으면, 그 사람은 언어 능력과 거동하는 힘이 없어진다고 여겼다. 또한 달밤에 지붕 위에 올라간 개의 그림자가 땅에 비칠 때 그것을 하이에나가 밟으면 개가 지붕에서 떨어진다고 한다. 물론 이런 경우는 그림자가 영혼과 완전히 동일시되지는 않지만 적어도 그림자가 인간이나 동물의 일부분으로 간주되기 때문에, 해당 인간이나 동물은 그림자에 가해진 위해가 실제로 자기 몸에 일어난 것처럼 느낀다는 것이다.

이와는 대조적인 관념도 있다. 즉, 그림자가 인간 또는 동물 생명의 일부라고 한다면, 그림자와 접촉하는 것은 실제로 인간이나 동물과 접촉하는 것이므로 특정 상황하에서는 위험을 초래할 수도 있다는 관념이 그것이다. 때문에 원시인들은 보통 위험을 초래할 수 있다고 여겨지는 특정 인물들의 그림자를 피한다. 일반적으로 상중에 있는 자와 여자들, 특히 장모가 그런 특정 인물에 속한다. 브리티시컬럼비아의 슈스와프족 인디언들은 상중에 있는 자의 그림자가 비친 사람은 병에 걸린다고 믿는다.

오스트레일리아 빅토리아 지방의 쿠르나이Kurnai족에 의하면, 입사식을 받는 신참자는 여자의 그림자를 조심해야 한다. 여자의 그림자가 비친 신참자는 야위고 게으르고 미련해진다고 믿었다. 한 오스트레일리아 원주민은 나무 아래서 누워 자고 있을 때 장모의 그림자가 자기 두 발에 비치자 너무 놀란 나머지 거의 죽을 뻔했다고 말한다. 원시인들이 장모를 대할 때 품는 외경과 공포의 감정은 인류학에서 가장 흥미로운 문제 중 하나라고 말할 수 있다. 뉴사우스웨일스의 유인Yuin족은 남자가 장모와 대면하거나 왕래하는 것을 엄격하게 금기시한다. 그는 장모를 보아서도 안 되며, 심지어 장모가 사는 집 쪽으로 시선을 돌려서도 안 된다. 그의 그림자가 우연히 장모에게 비치기만 해도 그것은 이혼 사유가 된다.

---

20 서말레이시아 북서부에 있는 주

그런 경우 그는 아내와 헤어져야 하고, 아내는 친정으로 돌아가야 한다.

뉴브리튼섬의 원주민들은 실수로 장모와 한마디 말이라도 나누면, 그로 말미암아 야기될 재난이 상상조차 할 수 없을 정도로 엄청나다고 여긴다. 그런 경우 당사자들이 취할 수 있는 유일한 해결책은 사위 혹은 사위와 장모 둘 다 자살하는 수밖에 없다. 이들은 가장 엄숙한 맹세를 할 때 흔히 "내 말이 거짓말이라면 장모와 악수를 하겠습니다"라고 말할 정도이다.

이처럼 그림자가 인간의 영혼과 밀접하게 결부되어 있고, 그림자의 상실이 질병이나 죽음을 초래한다고 믿는 곳에서는 그림자를 손상시키는 일은 당연히 그 소유자의 생명력을 손상시키는 일과 다름없다고 여긴다. 예컨대 적도 근방에 위치한 암보이나섬과 울리아제섬[21]에서는 정오가 되면 그림자가 거의 없거나 혹은 아예 생기지 않는다. 따라서 사람들은 이때 외출을 하면 자기 영혼의 그림자를 잃어버린다고 생각하여 대낮에는 절대 외출하지 않는 것을 규칙으로 삼고 있다. 또한 망가이Mangai인들은 투카이타와Tukaitawa라는 전설적인 한 전사에 대해, 그의 힘이 그림자의 길이에 따라 증가하거나 감소했다고 말한다. 즉, 그의 그림자가 가장 길어지는 아침에 그의 힘도 가장 커지며, 한낮이 되어 그림자가 짧아지면 그의 힘도 쇠약해졌다가, 다시 오후가 되어 그림자가 길어지면 그의 힘도 회복된다는 것이다. 한 영웅이 이런 투카이타와가 가진 힘의 비밀을 알아채고는 정오가 되기를 기다렸다가 그를 살해했다고 한다. 마찬가지로 말레이 반도의 베시시Besisi족은 한낮에 죽은 자의 시체를 묻는 일을 두려워한다. 왜냐하면 한낮에는 그림자의 길이가 짧고, 그래서 공감주술적으로 자기네 생명도 단축될 거라고 믿기 때문이다.

오늘날 그림자와 생명 혹은 영혼과의 이 같은 동일시가 다른 어떤 곳에서보다 뚜렷하게 나타나는 곳은 바로 유럽의 동남부일 것이다. 근대 그리스에서는 새로 건축하는 집의 기초를 세울 때, 수탉과 새끼 염소를 한 마리씩 도살하여 그 피를 초석 위에 붓고 돌 밑에 희생제물이 된 짐승을 묻는다. 희생제물의 목적은 건물에 힘과 안정성을 주기 위해서였다. 그런데 때로는 동물을 희생제물로 바치는 대신에 사람을 초석이 있는 곳으로 유인한 다음 남몰래 그의 신체나 그림자 치수를 재고는 그때 사용한 줄자를 초석 아래 묻는다. 또는 그의 그림자 위에 초석

---

21 셀레베스 북쪽 몰루카해의 적도선상에 있는 두 섬

을 세우기도 한다. 그러면 그는 그해 안에 죽는다고 한다. 트란실바니아의 루마니아인들은 이런 식으로 그림자를 감금당한 사람은 40일 내에 죽는다고 믿는다. 그래서 신축 중인 건물 근처를 지나갈 때 사람들은 흔히 "당신의 그림자를 빼앗기지 않도록 조심하세요!"라는 경고의 소리를 듣곤 한다. 얼마 전까지만 해도 벽을 튼튼하게 하는 데에 필요한 그림자를 건축가에게 파는 그림자 장사꾼이 있었다고 한다. 이 경우 그림자의 치수 자체가 그림자로 간주되었으므로 치수를 땅에 묻는 일은 곧 영혼이나 생명을 묻는 거나 진배없고, 따라서 치수를 도둑맞은 자는 죽을 수밖에 없다고 여겼다. 이는 건물에 힘과 지구력을 주기 위해, 좀 더 정확히 말하면 죽은 자의 원령이 근처에 얼씬도 못하게 하고, 적들이 침입하지 못하도록 새집의 벽 속이나 초석 아래 인간을 산 채로 묻었던 고대적 관습을 대체한 민간신앙이라고 말할 수 있다.

이처럼 인간의 영혼이 그림자 안에 깃들어 있다고 믿었듯이, 물이나 거울에 비친 영상에도 영혼이 깃들어 있다고 믿기도 했다. 안다만 제도[22]의 사람들은 그림자보다는 거울 속에 비친 영상을 자신의 영혼이라고 생각했다. 마찬가지로 뉴기니의 모투모투족도 거울을 통해 처음으로 자기 모습을 모았을 때 그 영상을 자신의 영혼이라고 믿었다. 뉴칼레도니아섬의 노인네들도 물이나 거울에 비친 영상이 바로 그 사람의 영혼이라고 말한다.

이에 반해 가톨릭 신부들에게 교육을 받은 섬의 젊은이들은 그건 한갓 영상에 지나지 않으며, 물에 비친 야자수 그림자와 다를 것이 없다고 생각했다. 하지만 이런 영상 영혼도 인간을 떠나 있다는 점에서 그림자 영혼과 마찬가지로 위험시된다. 가령 줄루족은 깊은 늪에 요물이 살고 있어 사람의 영상을 도둑질함으로써 그의 목숨을 빼앗는다고 생각했다. 그래서 절대로 늪을 내려다보지 않는다. 바수토족은 악어가 사람의 영상을 물속에 끌어들여 그를 죽일 수 있다고 말한다. 그래서 누군가 갑자기 사망했는데 아무도 그 원인을 알 수 없을 때는, 그가 언젠가 강물을 건넜을 때 악어가 그의 그림자 영상을 훔쳐 갔기 때문이라는 식으로 단정짓곤 한다. 그밖에 멜라네시아의 새들 섬에는 연못이 하나 있는데, 누구든 그 연못을 내려다보면 죽게 된다고 믿는다. 거기에는 악령이 살고 있어서 물에 비친 그림자 영상을 끌고 들어가기 때문이라는 것이다.

---

22 인도 안다만니코바르 연방 직할주에 속한 제도. 벵골만 남동부에 있으며, 남부 미얀마 해안을 마주보고 있다.

이로써 고대 인도인과 고대 그리스인이 왜 물에 비친 영상을 보지 않으려 했는지, 그리고 왜 그리스인이 꿈속에서 자기 영상을 보았을 때 그것을 죽음의 불길한 징조라고 여겼는지를 이해할 수 있다. 그들은 물의 정령이 인간의 영상이나 영혼을 물속에 끌어들여 죽인다고 두려워했던 것이다. 물에 비친 자기 모습을 보고 괴로워한 나머지 마침내 죽고 말았다는 저 아름다운 나르키소스Narcissos[23]의 고전적인 이야기도 바로 이런 관념에서 생겨난 것으로 보인다.

나아가 가족이 죽었을 때 거울을 천 같은 것으로 가리거나 반대로 돌려놓는 관습이 널리 퍼진 이유도 설명할 수가 있다. 즉, 거울에 비친 영상은 곧 사람에게서 이탈한 영혼과 다름없으며, 무덤에 매장하기 전까지 집 안에 머물러 있다고 여기는 죽은 자의 영혼이 거울에 비친 영상 영혼을 끌고 갈지도 모른다고 두려워했기 때문이다. 이는 아루 제도의 관습과 완전히 일치한다. 아루 제도의 관습에 의하면, 꿈속에서 자기 신체를 떠난 영혼이 죽은 자의 영혼에 의해 끌려갈까 봐 두려운 나머지 초상집에서는 절대 잠을 자지 않는다는 것이다. 이렇게 볼 때에 환자가 거울을 보아서는 안 되는 이유라든가, 병실의 거울을 모두 가리는 이유 또한 자명하다. 즉, 병에 걸리면 환자의 영혼이 보다 쉽게 빠져나갈 수가 있고, 따라서 거울을 봄으로써 영혼을 빼앗길 위험이 있다고 믿었기 때문이다. 몇몇 부족들의 경우 환자가 잠을 자지 못하도록 금하는 것도 동일한 이유에서였다. 즉, 영혼이 수면 중에 이탈하여 다시 돌아오지 않을 수 있다고 믿었던 것이다.

그림자나 영상에 대해 언급한 이상의 사례들은 초상에 대해서도 해당된다. 일반적으로 초상화에는 그 사람의 영혼이 깃들어 있다고 여긴다. 이런 생각을 가진 사람들은 누가 자기 초상을 그리는 것을 당연히 싫어한다. 그들은 초상에 영혼 혹은 생명의 일부가 깃들어 있다고 생각하기에 초상을 입수한 자는 누구든 그 초상의 인물에 대해 치명상을 입힐 수 있다고 믿었다. 베링 해협의 에스키모인들은

---

23 그리스 신화에 나오는 강의 신 케피소스와 요정 레이리오페의 아들인 미소년. 그의 어머니는 나르키소스가 자기 자신의 모습만 보지 않는다면 오래 살 것이라는 예언을 듣는다. 그러나 나르키소스는 요정 에코 또는 애인 아메이니아스의 사랑을 거절하여 신들의 노여움을 사고 만다. 결국 샘물에 비친 자신의 그림자를 보고 사랑에 빠져 이룰 수 없는 사랑을 갈망하다가 죽는다. 그가 죽은 자리에 꽃이 피었는데, 그의 이름을 따서 나르키소스(수선화)라고 불렀다고 한다. 다른 설로는 나르키소스가 자신과 똑같이 닮은 사랑하는 쌍둥이 여동생의 죽음을 슬퍼하여, 그녀의 모습을 떠올리며 위로를 얻으려고 그 샘물을 응시하며 앉아 있었다고도 한다. 이 이야기는 자신의 그림자를 보는 것은 불길한 일이며, 심지어 목숨을 잃을 수도 있다는 고대 그리스 미신에서 유래한 듯하다. 정신의학, 특히 정신분석학에서 나르시시즘이라는 용어는 환자가 지나치게 자신의 신체에 관심을 가지는 상태를 의미한다.

「에코와 나르키소스」 존 윌리엄 워터하우스, 1903

요술사가 다른 사람의 그림자를 훔칠 수 있는 힘이 있고, 그렇게 해서 그림자를 빼앗긴 사람은 점점 쇠약해져서 마침내 죽게 된다고 생각했다. 한 탐험 대원이 유콘강[24] 하류의 어느 마을에서 원주민들의 사진을 찍으니까, 마을 추장이 다가와 좀 보자고 했다. 그러라고 하자, 그는 잠시 동안 마을 사람들이 찍힌 사진 원판을 들여다보더니, 갑자기 머리를 치켜세우고 악을 쓰며 마을 사람들에게 "이 놈이 이 상자 안에 여러분 모두의 그림자를 빼앗았어!"라고 외쳐댔다. 그러자 순식간에 마을 사람들이 엄청난 공포에 빠져 모두 피난소로 달아나 버렸다고 한다.

멕시코의 테페우안Tepehuan족[25]도 사진기를 너무도 두려워해서, 그들의 사진을 찍는 데에 무려 닷새 동안이나 설득하지 않으면 안 되었다. 결국 사진을 찍어도 좋다고 승낙을 받았지만, 그들의 표정은 마치 사형선고를 받은 사람들 같았다. 사진사가 자신들의 영혼을 훔쳐 가지고 돌아가 여가 시간에 그것을 다 먹어 치울 것이라고 믿었기 때문이다. 그래서 사진사가 자기 나라로 돌아간 다음, 그들은 자신들이 차례차례 죽을 것이며 혹은 재난이 닥칠 것이라고 서로 쑥덕거렸다고 한다. 카타트Catat 박사가 마다가스카르섬의 서해안을 탐험하고 있을 때, 돌연 원주민들이 적의를 드러냈다. 전날 탐험 대원들이 왕의 가족사진을 찍었는데, 원주민들은 그들이 그것을 파리에 가지고 가서 팔아먹을 거라고 생각했다. 아무리 해명을 해도 막무가내였다. 그래서 원주민들의 관습에 따라 각각의 영혼을 광주리 속에 넣어 카타트 박사가 각자의 임자에게 돌아가도록 명령하니까 그제야 조용해졌다고 한다.

시킴 마을 사람들은 그들이 '마술 상자의 눈'이라고 부르는 사진기의 렌즈가 자신들을 향해지자, 모두 혼비백산하여 도망쳐 버렸다. 사진사가 자신들의 영혼을 빼앗아 위해를 가하거나 또는 자연 풍경을 황폐화시킬 거라고 믿었기 때문이다. 고인이 된 시암 왕의 치세 이전에는 절대 동전에다 왕의 초상을 그려 넣지 못했다. 그때만 해도 초상을 그려 넣는 것에 대해 강한 공포심과 반감을 가지고 있었기 때문이다. 밀림을 여행하는 유럽인들이 원주민에게 사진기를 들이대면 지금까지도 그들은 모두 도망쳐 버린다. 얼굴이 찍히면 자신의 생명 일부를 빼앗기는 것과 다름없다고 믿기 때문이다. 다행히 메투살레Methusaleh 왕의 통치가 시작

---

24 캐나디 브리티시컬럼비아수와 유콘 준주의 접경지대에 있는 태기시호에서 발원하는 북아메리카 대륙의 주요 강
25 멕시코 북서부의 치와와주 남부, 두랑고주 남부, 할리스코주 북서부에 사는 중앙아메리카 인디언

되지 않았다면, 동전에 왕의 초상을 새겨 넣음으로써 그 왕의 생명을 맡기는 일은 결코 허용할 수 없었을 것이다.

어쨌든 이런 종류의 사고방식은 오늘날 유럽의 여러 지방에서도 찾아볼 수 있다. 그리 오래되지 않은 이야기인데, 그리스의 카르파투스섬에 살던 노인들은 자신들의 초상화가 그려진 것을 알고 그로 인해 죽게 될 거라고 생각하여 몹시 화를 냈다고 한다. 스코틀랜드 서부의 어떤 지방 사람들도 액운이 닥친다 하여 초상화를 그리는 것을 거부했다. 그들은 몇몇 사람들이 예를 들어가며, 사진을 찍은 다음에는 하루도 건강이 좋지 않았다는 식의 말들을 했다.

제19장
행위의 터부

1. 이방인과의 성교에 관한 터부

영혼에 관한 원시적 관념과 영혼이 조우하는 위험에 대해서는 이 정도에서 그치기로 하자. 앞에서 언급한 것과 같은 사고방식은 한 민족이나 한 나라에 국한된 것이 아니다. 세세한 면에서는 차이가 있을지 몰라도, 그런 사고방식은 앞서 살펴본 바와 같이 세계의 어디에서나 발견되며, 근대 유럽에도 그 흔적을 찾아볼 수 있다. 이처럼 뿌리 깊고 광범위한 신앙이 초기 왕권의 기를 형성에 적지 않은 공헌을 했음은 두말할 필요도 없다. 전술한 대로 모든 이가 온갖 위험에서 자신의 영혼을 지키고자 안간힘을 써 왔다. 하물며 왕의 생명이야말로 전체 인민의 안녕과 존재의 관건이 되었을 것이며, 그것은 모든 인민의 공통된 관심사였음에 틀림없다. 그런 만큼 사람들은 왕의 생명을 수호하고자 노심초사하지 않을 수 없었을 것이다.

따라서 원시인들이 자기 영혼의 안전을 지키고자 했던 노력 이상으로, 수많은 정밀한 예방책과 경호 수단을 통해 왕의 생명을 지키기 위해 노력했을 것임을 쉬이 상상해 볼 수 있다. 이미 살펴보았고 앞으로도 자세히 검토할 것이지만, 초기 왕들의 생명은 엄격한 터부 조항들에 의해 통제되고 있었다. 사실 그런 터부들이야말로 왕의 생명 보호를 위해 채택된 경호 수단 그 자체였다고 보인다. 이 같은 가설의 타당성은 그 터부들을 연구해 보면 당장 확인할 수 있다. 왕들이 지켜야만 했던 어떤 터부들은 자기 영혼의 안전을 도모할 목적에서 각 개인들이 지켜야 했던 터부와 동일하다는 사실이 연구 결과 명백하게 드러났기 때문이다. 그리고 왕에게만 특유한 것으로 보이는 터부조차, 설령 전부는 아니더라도 대부분은 왕의 경호원이나 근위병 역할을 했음에 틀림없다. 아래에서는 왕들이 지켜야 했던 터부들을 상세히 해석하고 설명하면서 터부 규정의 본래적 목적을 조명해 보고자 한다.

왕에게 부과된 터부의 목적은 위험한 모든 요인에서 왕을 지키고자 하는 데 있으므로, 결과적으로 왕은 지켜야 하는 터부 조항의 숫자와 그 준엄성에 의해 많든 적든 완전한 고립 상태의 생활을 강요받지 않을 수 없었다. 위험의 모든 원천 가운데, 특히 주술이나 사술만큼 원시인들에게 공포의 대상이 되는 것은 없었다. 원시인들은 다름 아닌 낯선 이방인들이 그런 흑주술이나 흑마술을 부린다고 생각했다. 이방인들이 의지적, 비의지적으로 행사하는 그런 유해한 힘으로부터 자기 몸을 지키는 것이야말로 원시인들의 분별력이 명하는 가장 기본적인 사항이었던 것이다. 따라서 이방인들은 원시인의 마을에 들어가려면 허락을 받거나 혹은 자유롭게 지역 주민들과 교제해도 좋다는 승낙을 받아야 한다. 그렇지 않은 경우 주민들은 이방인과의 접촉에 앞서 특정한 의례를 거행한다. 그것은 이방인이 지녔으리라고 여겨지는 어떤 주술적 힘을 제거하거나, 그의 몸에서 발산하는 해로운 영향력을 없애거나, 또는 그를 둘러싼 더러운 분위기를 소독하기 위한 의식이라 할 수 있다.

비잔틴 제국[1]의 황제 유스티누스Justinus 2세[2]가 튀르크Türk족[3]과 수호 조약을 체결하기 위해 파견한 대사 일행이 목적지에 도착하자, 그들을 기다리고 있던 주술사들이 모든 유해한 영향력을 제거할 목적으로 일행 전원을 대상으로 정화의례를 거행했다. 대사 일행이 소지한 짐을 모두 바깥에 내놓은 다음, 주술사들은 향을 피우면서 일행 주위를 돌았으며, 종이나 탬버린을 치며 사악한 기운을 추방하기 위해 열을 올리다 광란 상태에 빠지기도 했다. 그런 다음 주술사들은 대사 일행에게 불 속을 지나가게 함으로써 그들을 정화했다. 남태평양의 나누메아 섬[4]에서는 배를 타고 들어온 외국인이나 다른 섬에서 온 사람에 대해, 그들 전원

---

1 서로마 제국이 멸망한 뒤에 약 1000년 동안 존속했던 동로마 제국. 비잔틴 제국이라는 이름은 유스티니아누스 왕조가 지중해 탈환을 위해 벌였던 게르만족 세력과의 선생에서 패배한 610년 이후부터 오스만튀르크에 의해 팔라이올로구스 왕조의 마지막 황제가 퇴위한 1453년까지를 일컫는 중세 그리스의 동로마 문화권을 의미한다.

2 비잔틴 제국의 황제. 재위 565~578년. 아바르족·페르시아인·롬바르드족 등 이민족의 침입에 맞서 비잔틴 제국의 결속을 유지하려 했으나 실패하고 만다.

3 역사적·언어학적으로 돌궐突厥과 밀접한 관계를 갖고 있는 민족. 돌궐은 6세기에 몽골과 중국 북쪽 국경에서 흑해까지 뻗어 있는 제국을 건설한 북방 유목민족으로, 중국인들이 붙인 이름이다. 튀르크족은 크게 서부와 동부 집단의 두 부류로 나눌 수 있다. 서부 집단은 유럽의 튀르크족과 터키의 아시아 지역 및 이란 북서부에 거주하는 서아시아의 튀르크족으로 이루어져 있다. 동부 집단은 옛 소련 땅에 살고 있는 튀르크족과 중국 신장웨이우얼[新疆維吾爾] 자치구에 거주하는 튀르크족으로 이루어져 있다.

4 태평양 중서부에 있는 입헌군주국 투발루Tuvalu의 아홉 개의 섬 가운데 하나

을 혹은 몇몇 대표자들을 섬 안에 있는 네 군데의 신전으로 안내한다. 거기서 이 방인들이 몸에 지니고 들어왔을지도 모를 질병이나 모반심 따위를 없애 달라고 신에게 기도를 올린 다음에야 주민들과의 교제를 허락했다. 그 의식에는 제단에 제물을 바치고, 신을 찬미하는 가무 따위가 뒤따랐다. 의식이 집행하는 동안에는 사제와 조수들 외에는 신전 바깥에 나가 있어야 했다.

보르네오의 오트다놈Ot Danom족 마을에 들어오려는 이방인들은 누구든 주민들에게 일정액을 지불해야만 한다. 주민들은 그 돈으로 물소나 돼지를 사서 토지와 나무의 정령에게 제물을 바친다. 이는 이방인이 들어온 것에 대해 신에게 용서를 빌고, 나아가 주민들에게 베풀어 왔던 은총들을 거두지 말고 계속 쌀농사 등이 잘되게 해 달라고 비는 것이다. 마찬가지로 보르네오의 어떤 지방 사람들은 유럽 여행자들이 자신들에게 나쁜 영향을 미칠까 봐 두려워했으며, 따라서 외국인들과 접촉하지 않도록 여자나 어린아이들에게 경고를 잊지 않았다. 또한 호기심 많은 자들은 악령을 달래기 위해 닭을 제물로 바치고 자기 몸에 그 피를 바르기도 했다. 이와 관련하여 보르네오섬 중부를 다녀온 한 여행자는 다음과 같이 보고하고 있다. "원주민들은 가까운 곳의 악마보다 여행자를 따라온 악마를 더 두려워했다. 1897년에 내가 블루우카얀Blu-u Kayan족의 마을에 거하고 있을 때 마하캄강 중류지역에 사는 원주민들이 나를 찾아온 적이 있었다. 그때 여자들이 집 바깥으로 외출을 하려면 누구든 반드시 불붙은 플레히딩 나무껍질 다발을 들고 나와야 했다. 거기서 피어나오는 악취로써 악령을 추방하고자 한 것이다."

크레보Crevaux가 남미를 여행할 때 아팔라이Apalai족 인디언의 마을을 방문한 적이 있었다. 그가 마을에 도착하자마자, 몇몇 인디언들이 사람을 무는 큰 개미를 종려나무 잎에 잔뜩 붙여 가지고 왔다. 이윽고 남녀노소 할 것 없이 온 마을 사람들이 그의 앞에 나타났는데, 그는 개미들이 이들의 얼굴이나 허벅지 혹은 그밖의 부분을 깨물도록 하지 않으면 안 되었다. 간혹 그가 개미로 하여금 살짝 물게 할 것 같으면, 그들은 "좀 더, 좀 더!"라고 소리 지르면서 마치 쐐기풀 회초리로 맞는 것처럼 조그만 물집들이 온몸에 부풀어 오르기 전까지는 결코 만족하지 않았다. 이런 의식의 목적을 이해하기 위해서는 암보이나섬과 울리아스섬에서 널리 행해져 온 관습을 참조할 필요가 있다. 거기서는 자기 몸에 붙어 있을지도 모를 병마를 추방하기 위해 생강이나 겨자 등의 자극적인 것을 온몸에 뿌린다.

자바에서는 통풍이나 신경통을 고치는 민간요법으로서 환자의 손가락이나 발톱에 고춧가루를 비벼 넣는다. 이는 고춧가루의 매운 자극이 통풍이나 신경통을 일으키는 악령에게 고통을 줌으로써 황급히 환자에게서 도망치도록 하기 위한 것이다. 노예해안에서도 아이가 병이 나면 그 어머니는 악령이 아이에게 지핀 거라고 생각한다. 그래서 악령을 추방하기 위해 아이의 몸에 작은 상처를 내고 거기에 고춧가루 따위를 바른다. 이때 아이가 통증에 못 이겨 울고불고 하더라도 어머니는 악령도 아이처럼 고통을 당할 거라고 여기며 더욱 신이 나서 고춧가루를 발라 댄다.

이방인을 맞이할 때 종종 행해지는 의례의 동기는 이방인에 대한 경의를 표하기보다는 그들에 대한 두려움 때문인 듯싶다. 하지만 의례에서 의례의 목적이 직접적으로 언급되거나 하는 일은 없다. 폴리네시아인들이 거주하는 웅통자바섬에서는 사제나 마술사가 큰 영향력을 행사한다. 그들의 주된 역할은 질병을 막거나 추방하며, 순풍을 불러오고, 풍어를 이루기 위해 정령을 부르거나 아니면 정령을 추방하는 데에 있었다. 이 섬에 이방인이 내방하면 먼저 마술사들이 맞이하여 그들에게 물을 뿌리거나 기름을 바르고 마른 난초 잎을 감아 준다. 이와 동시에 모래와 물을 사방에 뿌리고 그들이 타고 온 배를 상록수 이파리로 닦아 낸다. 이런 의식이 끝나면 마술사들이 이방인을 추장에게 안내한다.

아프가니스탄과 페르시아의 몇몇 지방에서는 여행자가 마을로 들어오기 전에 보통 동물공희 혹은 식물공희를 바치며, 또는 번제를 올리거나 향을 피운다. '아프간 지역 선교회Afghan Boundary Mission' 단원들이 아프가니스탄 마을을 통과할 때 마을 주민들이 불이나 향을 피워 맞이하는 일들이 흔히 있었다. 때로는 '환영합니다'라는 인사말과 함께 여행자의 말발굽을 향해 불덩이를 뿌리는 경우도 있었다. 에민 파샤Emin Pasha(1840~1892)[5]가 중앙아프리카의 어떤 마을에 들어섰을 때, 주민들은 두 마리의 염소를 제물로 바치면서 그를 맞이했다. 그때 염소의 피가 길에 뿌려졌고, 추장이 그 위에 서서 인사를 했다.

경우에 따라서는 이방인과 그가 지녔다고 여겨지는 주술적 힘에 대한 공포가 너무도 큰 나머지, 이방인이라면 무조건 못 들어오게 막는 경우도 있다. 존 스피크John H. Speke(1827~1864)[6]가 어떤 마을에 도착했을 때 주민들이 모두 문을 꼭꼭

---

5 독일의 의사·탐험가. 이집트령 수단의 에콰토리아(지금의 수단 남동부) 총독을 지냈으며, 아프리카의 지리자
   연사·인류학·언어학 등의 분야에 많은 업적을 남겼다.

잠근 채 그를 거부한 것도 이런 이유에서였다. 그들은 지금까지 백인을 본 적이 한 번도 없었으며, 일행이 차고 다녔던 깡통 상자도 처음 구경하는 물건이었다. 그들은 "고약한 상자고만. 강도질하는 와투타Watuta 신이 저 이상한 상자로 둔갑해서 우릴 죽이려고 왔을지도 몰라. 그러니 당신들은 이곳에 들어올 수 없어!"라고 말하면서 시치미를 뗐다. 아무리 설득해도 소용이 없자, 일행은 뒤로 물러서 나올 수밖에 없었다고 한다.

외국에서 온 내방자들에 대한 공포심은 종종 상호적인 것이었다. 원시인들은 미지의 땅에 들어갈 때 스스로 마법의 땅에 들어섰다고 생각하여, 그곳에 출몰할 거라고 여겨지는 악령들과 주민들의 주술에 대비하여 자신을 방어할 만한 조처를 취한다. 가령 마오리족은 미지의 땅에 들어갈 때 지금까지 그곳이 '신성한' 곳이었으리라고 여겨 두려워하면서 그곳을 보통의 평범한 장소로 '속화'시키기 위한 의식을 집행한다. 미클루코 매클레이Miklucho-Maclay 남작이 뉴기니의 매클레이 해안가 마을에 가까이 갔을 때, 그가 고용한 원주민 중에 한 사람이 나뭇가지를 꺾더니 거기에 대고 잠시 동안 무어라 속삭였다. 그리고 대원들 앞으로 다가서서 차례차례 등 뒤에다 무언가를 뱉는가 하면, 이번에는 나뭇가지로 가볍게 치는 것이었다. 마지막으로 그는 밀림 속에 들어가 무성한 나무 아래의 낙엽 밑에 그 가지를 묻었다. 이 의식의 목적은 이제부터 들어가려는 마을에 도사리고 있을지도 모를 모든 위험들에서 대원들을 지키려는 데에 있었다. 어쩌면 사악한 힘이 사람에게서 그 가지로 옮겨졌고, 그래서 그것을 땅속에 묻은 것일지도 모른다.

오스트레일리아에서는 한 부족이 다른 부족의 초대를 받아 길을 떠날 때, 초대한 부족의 마을이 가까워지면 공기를 깨끗이 정화하기 위해 각자 불붙은 나무 껍질이나 몽둥이를 들고 들어간다. 토라자족의 규칙에 의하면, 사람 사냥을 하러 적의 마을에 들어갈 때는 적의 집을 방화하거나 적을 죽이는 등 최초의 적대 행위를 저지르기 전까지는 절대로 적이 심은 과일이나 기른 가축을 먹어서는 안 된다. 만일 이런 규칙을 어기면 적의 영혼이나 영적 본질이 그들 자신에게 작용할 거라고 여겼다. 그렇게 되면 부적의 신비한 효험이 사라짐으로써 아군이 피해를 입게 될 것이라고 믿는다.

---

6 영국의 탐험가. 유럽인으로서는 최초로 동부아프리카의 빅토리아호에 도달했으며, 빅토리아호가 나일강의 근원이라는 사실을 정확하게 밝혀냈다.

한편 타지를 여행하고 돌아온 자는 그가 만난 낯선 외지인들에서 비롯된 어떤 주술적인 사악성에 물들어 있다고 믿는다. 그래서 그가 돌아오면 친구들과 어울리기 전에 어떤 의식을 행해야 한다. 베추아나족의 경우 여행에서 돌아온 자는 요술이나 마술에 의해 외지에서 악령이 같이 묻어 왔을지도 모르므로 삭발을 하거나 그 밖의 여러 방법으로 신체를 청결히 해야 한다. 서아프리카의 어떤 지방에서는 오랫동안 외지에 나가 있다가 돌아온 자는 아내와 재회하기 전에 어떤 의식을 치러야 한다. 즉, 여행 중에 미지의 여인이 그에게 수작을 걸었을지도 모르는 일이기 때문에, 그로 인해 고향 마을의 여자들에게 나쁜 영향을 끼칠 수도 있을 어떤 주문의 효험을 없애기 위해 특수한 액체로 몸을 씻고, 또한 그의 이마에 마술사가 특정한 표식을 그려 넣지 않으면 안 된다. 영국에 외교적인 일로 파견되었다가 인도로 돌아온 특사 두 명이 있었는데, 그들도 외지인과의 접촉에 의해 오염되었다 하여 다시금 깨끗한 상태로 복귀하기 위해 재생의례를 치러야 했다. 재생의 목적을 달성하기 위해서는 순금의 틀을 만들어야 한다. 그 틀은, 여자 혹은 암소의 모습을 한 자연의 여성적 능력을 표현한 것이다. 바로 이 틀 속에 다시 태어나야만 하는 당사자를 집어넣었다가 끌어내면 된다. 그런데 몸뚱이만한 순금을 마련하기 어려웠으므로 대신 신성한 요니Yoni[7] 신상을 만들어 그것을 통과하도록 했다. 이리하여 두 특사는 다시 태어나게 되었다고 한다.

일반적으로 이방인들에게서 비롯된다고 믿는 나쁜 영향에서 사람들을 보호하기 위해 이런 처방들이 취해진 것과 마찬가지로, 위험에서 왕을 지키기 위해서는 보다 특별한 방법이 고안되었을 법하다. 예컨대 중세에 어떤 타타르족 칸Khan[8]을 방문한 사절단은 그 왕을 알현하기에 앞서 먼저 두 불구덩이 사이를 통과해야 했으며, 가지고 간 선물에 대해서도 동일한 의식을 치러야 했다. 이런 관습의 목적은 분명하다. 이는 사절단이 왕에게 끼칠지도 모를 모든 사악한 주술적 힘을 불로써 소멸시키기 위한 데에 있었다.

한 차례 반란이 평정된 다음 콩고 분지의 가장 강력한 바실랑게Bashilange족[9]의

---

7 산스크리트어로 '보유자'를 뜻하며, 힌두교에서 여성의 성기를 형상화한 것. 요니는 시바 신의 배우자 샥티 여신의 상징이기도 하다. 요니는 흔히 시바파의 도상학적인 그림에서 시바 신의 상징인 남근상 링가liga와 결합된 형태로 나타난다.

8 역사적으로 몽골계 종족의 통치자나 군주를 가리키는 용어

9 콩고강 유역에 사는 원주민

추장이 된 칼람바Kalamba를 알현하기 위해 부하 추장들이 수행원을 거느리고 처음 방문했을 때, 그들은 남녀 할 것 없이 모두 두 군데의 강물에서 이틀 동안이나 목욕재계하고 들판에서 밤을 지새워야 했다. 두 번째 목욕재계가 끝난 후, 그 일행은 벌거숭이가 되어 칼람바의 궁전으로 갔다. 거기서 칼람바는 손수 일행의 가슴과 이마에 흰 표시를 해 주었다. 의식이 끝난 후, 그들은 마을로 들어가 옷을 입고 이번에는 고춧가루 세례를 받아야 했다. 이때 두 눈에 고춧가루를 비벼 넣는데, 만일 아픔을 느끼는 자가 있다면 그는 자신의 죄를 고백해야만 하며, 심문에 답변하고 선서를 하지 않으면 안 된다. 그런 다음에야 외지에서 온 추장들은 이 마을에서 머무는 동안 자유롭게 행동할 수 있었다고 한다.

2. 식사에 관한 터부

원시인들은 음식을 먹는 행위에는 특별한 위험이 따른다고 믿었다. 그 기회를 노려 영혼이 입에서 도망치거나 혹은 주변에 있는 적의 주술에 의해 끌려나갈 수가 있기 때문이다. 노예해안의 에웨족에게는 정령이 입을 통해 드나든다는 공통된 신앙이 있었던 모양이다. 만일 영혼이 빠져나가면 다른 떠돌이 영혼이 그 틈을 타서 침입할 우려가 있기 때문이다. 특히 그런 일은 식사 중에 많이 발생한다. 이런 위험을 방지하기 위해서 원시인은 갖가지 수단을 고안해 냈다. 가령 바탁족에 의하면 "영혼이 몸뚱이에서 빠져나갈 수 있으므로, 정말 중요할 때에 영혼이 빠져나가지 않도록 언제나 조심해야 한다. 이때 사람이 집 안에 있어야만 영혼의 이탈을 막을 수 있다. 또 제사를 지낼 때는 영혼이 머물러 제물로 바친 음식을 잔뜩 먹을 수 있도록 방문을 모두 걸어 잠그지 않으면 안 된다."

마다가스카르의 자피마넬로Zafimanelo족은 식사 때마다 방문을 자물쇠로 채우므로 아무도 식사 중에는 그들을 만날 수 없다. 마찬가지로 와루아Warua족은 그들이 먹거나 마시는 장면을 누구에게도 보여 주지 않으며, 특히 이성에게 식사 장면을 보여 주지 않도록 조심한다. 그래서 한 남자가 무얼 마시는 장면을 보기 위해 그에게 돈을 지불했다는 사람도 있다. 그는 그 남자에게 여성이 먹고 마시는 장면을 보게 해 달라고 부탁했지만 거절당했다. 한번은 그들에게 술 한잔 권했더니, 보자기를 뒤집어쓰고 마셨다고 한다.

일반인들이 취하는 통상적인 조처가 이와 같았으니, 왕은 훨씬 더 엄격한 조처를 취했을 터이다. 로앙고Loango족[10]은 왕이 무얼 먹거나 마시는 장면을 절대 보아서는 안 되며, 만일 그것을 본 자는 인간이든 짐승이든 무조건 사형당한다. 한번은 왕이 식사하고 있는 방에 애견이 들어온 적이 있는데, 왕은 즉석에서 그 개를 죽이도록 명했다고 한다. 또 언젠가는 겨우 열두 살 난 왕자가 어쩌다 왕이 물 마시는 장면을 보게 되었다. 그러자 왕은 즉시 왕자에게 멋진 치장을 하고 마음껏 잔치를 즐기라고 명했다. 그런 다음 왕은 아들의 엉덩이를 칼로 베도록 하고, 왕자가 자신의 식사 장면을 보았다는 포고문과 함께 온 고을을 끌고 다니도록 명했다.

왕이 술을 마실 때는 술잔을 가져오게 하는데, 술잔을 운반하는 사람은 손에 방울을 들고 있다. 그는 술잔을 왕에게 전달한 즉시 뒤돌아서서 방울을 흔든다. 그러면 신호를 알아들은 이들은 모두 땅바닥에 바짝 엎드린다. 왕이 술잔을 다 비울 때까지 그렇게 엎드려 있어야 한다. 왕의 식사도 거의 이런 식으로 진행된다. 때문에 왕의 식사 장소는 별도의 격리된 곳에 마련되었다. 먼저 음식을 식탁 위에 차려 놓으면, 왕이 들어가 문을 닫는다. 식사가 끝나면 왕이 문을 두드린다. 따라서 왕이 식사하는 장면을 아무도 본 사람이 없다. 만일 이를 위반하면 왕이 즉석에서 죽는다고 믿기 때문이다. 왕이 먹다 남긴 음식물은 땅에 묻는데, 이는 사술사가 그것을 손에 넣지 못하도록 하기 위한 것이다. 사술사가 남긴 음식물을 이용하여 치명적인 주술을 행할 수 있다고 믿었다.

이웃한 카콩고Cacongo족 왕의 식사 규칙도 대체로 로앙고족의 경우와 비슷했다. 왕이 식사하는 장면을 누군가 보게 되면 왕은 그 자리에서 죽는다고 믿었다. 마찬가지로 다호메 왕국의 왕에 대한 최대 불경은 그가 식사하는 장면을 엿보는 것이다. 특별한 날에는 예외적으로 왕이 사람들 앞에서 식사를 하지만, 그럴 때는 커튼 뒤에서 식사를 하거나 혹은 보자기를 뒤집어쓴 채 식사를 하며, 그때 옆에 있는 자들은 모두 땅에 엎드려야 한다. 중앙아프리카 부뇨로 왕국의 왕이 목장으로 우유를 마시러 가면, 그가 돌아갈 때까지 목장의 모든 남자들은 물러나 있어야 하고, 모든 여자들은 수건을 뒤집어쓰고 있어야 한다. 후궁 하나가 목장까지 따라와서 시중을 들지만, 그녀도 왕이 우유 마시는 장면을 보아서는 안 된다.

---

10 오늘날 자이레에 사는 종족

3. 얼굴 노출에 관한 터부

음식물을 완전히 격리된 곳에서 먹거나 마시는 목적은 영혼의 이탈보다는 오히려 악령이 몸속에 침입하는 것을 방지하기 위한 데에 있었다. 이는 콩고 지방 원주민들의 식사에 관한 관습에서도 찾아볼 수 있다. 그들은 누구든 식사하기 전에 먼저 정령에게 기도한다. 어떤 이는 밥을 먹는 동안 연신 방울을 흔든다. 또 어떤 이는 땅에 엎드리거나 머리에 보자기를 뒤집어쓰고 있다. 혹은 머리에 풀잎 따위를 꽂거나 이마에 진흙으로 줄을 그리는 자도 있다. 이런 주술적 관습 형태는 실로 다양하다. 원주민들의 설명에 의하면, 그런 관습들은 정령에게 호소하기 위한 효과적인 형식이라고 한다.

어쨌든 콩고 지방에서는 흔히 추장이 한 잔 마실 때마다 방울을 흔들고, 동시에 앞에 있는 젊은이는 '술과 함께 늙은 추장의 신체 속에 침입할지도 모를 악령을 추방하기 위해' 창을 휘두르며 서 있다. 아프리카의 한 회교도 왕이 얼굴을 보자기로 가리는 관습의 목적도 이와 유사하다고 설명할 수 있다. 다르푸르Darfur[11]의 술탄은 흰 무슬린 천으로 얼굴을 가리는데, 먼저 입과 코를 가리고 다음에 이마를 가리며 눈만 남긴 채 머리 전체를 둘둘 감는다. 왕권의 표식으로서 얼굴을 가리는 이런 관습은 중앙아프리카의 다른 지방에서도 찾아볼 수 있다. 와다이Wadai[12]의 술탄은 언제나 휘장 뒤에서 말하는데, 그의 얼굴을 볼 수 있는 자는 중신들 몇 명뿐이라고 한다.

4. 외출에 관한 터부

이와 동일한 예방 수단으로서 왕은 때로 자기 궁전에서 한 발짝도 떠나지 못하도록 금지되는 수가 있다. 혹 왕의 외출이 허락된다 하더라도 신하들은 왕이 외출하는 것을 보아서는 안 된다. 민중들에게 신으로 숭배받는 서아프리카 베냉

---

11 아랍어로 '푸르족의 집'이라는 뜻. 빌라드앗수단에 있는 역사적 지역으로, 대체로 지금의 수단 공화국 서쪽 끝부분에 해당한다.

12 차드 호수의 동쪽과 다르푸르의 서쪽에 있었던 역사상의 아프리카 왕국

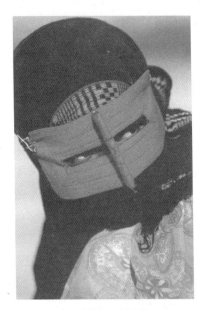

베일로 얼굴을 감싼 현대의 아랍 여성

Benin 왕국의 왕은 궁전을 떠날 수 없었다. 로앙고족의 왕은 즉위식이 끝남과 동시에 궁전에 유폐된다. 오니차[13]의 왕은 외출을 하려면 반드시 신과 화해하기 위한 인신공희를 바쳤고, 평소에는 궁전 바깥으로 외출하지 못했다. 그가 궁전에서 외출하는 일은 자신의 목숨을 거는 일이었기 때문이다. 불가피하게 외출을 할 경우에는 인신공희로서 노예 몇 명을 면전에서 처형하지 않으면 안 되었다. 그런데 노예의 수효야말로 나라의 부를 가늠하는 근거였으므로 왕은 되도록 외출 터부를 지키려고 조심할 수밖에 없었다. 하지만 1년에 한 차례, 즉 참마[yam] 축제 때만은 궁전의 높은 담벼락을 넘어 바깥으로 나가 민중들 앞에서 춤을 추는 것이 허용되었다. 그것은 종종 관습에 의해 요청되기까지 했다. 그때 왕은 흙으로 채운 무거운 자루를 메고 춤을 추었다. 이는 왕이 나라를 다스릴 수 있다는 증거를 과시하는 행위였다. 만일 왕이 이런 행위의 의무를 이행하지 못할 때는 곧바로 왕위가 박탈되고, 민중들에 의해 돌로 쳐 죽임을 당했다.

에티오피아의 왕들도 신으로 예배받았지만 거의 궁전에 유폐되어 지내야 했다. 폰투스Pontus[14] 왕국의 산지 해안에는 그 옛날 모시니Mosyni 혹은 모시노이키Mosynoeci[15]라 부르는 사납고 호전적인 민족이 살고 있었는데, 그들이 아시아에서 유럽으로 후퇴했던 저 유명한 전투에서 1만 명 정도의 대군이 이 험준한 땅을 통과한 적이 있었다. 그때 이 야만족들은 그들의 왕을 높은 탑 위에 감금하고 있었다. 왕은 즉위 후 단 한 번도 거기서 나온 적이 없었다. 그래서 왕은 백성들을 심판할 때에도 탑 위에서 그 임무를 수행했다. 만일 왕이 민중을 성나게 하면 그들은 왕에게 음식물을 주지 않았고, 때로는 굶겨 죽이는 경우도 있었다. 아라비아의 향료 나라 사바이아Sabaea 혹은 시바Sheba[16]의 왕들도 궁전에서 나올 수 없었다. 만일 왕이 이 규칙을 어기고 궁전 바깥으로 나오면 폭도들이 들고 있어나 왕을 돌로 쳐 죽였다. 그런데 왕의 궁전 꼭대기에는 쇠사슬이 달린 창문이 하나 있었다. 누구든 시시비비를 가릴 일이 생겼을 때 그 쇠사슬을 잡아당긴다. 그러면 왕이 그를 궁전 안으로 불러들여 시비 여부를 가렸다고 한다.

---

13 나이지리아 남부 아남브라주에 있는 항구이며 상업 도시. 17세기 초 서쪽의 베냉 왕국에서 온 탐험가들이 세운 오니차시는 점차 성장해 이보족이 세운 오니차 소왕국의 정치 중심지이자 교역 중심지가 되었다.

14 흑해 연안 아나톨리아 지방 북동부의 옛 왕국 이름

15 동부 흑해 연안지역에 살았던 고대 인종

16 이슬람교가 생기기 전 아라비아 남서부에 있던 왕국. 성서 가운데 특히 솔로몬 왕과 시바 여왕의 이야기로 유명하다.

5. 음식물을 남기는 것에 관한 터부

원시인은 어떤 사람이 먹다 남긴 음식 찌꺼기를 통해 혹은 그 식기를 통해 그에게 주술적 위해를 가할 수 있다고 믿었다. 이는 공감주술의 원리에 의거하여 배속에 막 들어간 음식물과 먹다 남긴 찌꺼기 사이에 어떤 관련성이 있다고 여겼기 때문이다. 즉, 음식 찌꺼기에 해를 가함으로써 그 음식물을 먹다 남긴 사람을 해칠 수 있다고 생각했다.

오스트레일리아 남부의 나린예리Narrinyeri족 마술사들은 눈에 불을 켜고 먹다 남은 짐승이나 생선의 뼈를 찾아 돌아다닌다. 왜냐하면 이 뼈를 이용해 무서운 주술을 행하기 때문이다. 그래서 사람들은 마술사의 이런 흑주술에 걸려들지 않기 위해 자기가 먹다 남긴 뼈를 소각해 버린다. 그런데도 마술사들은 용케도 그런 음식물 찌꺼기를 종종 찾아낸다. 그렇게 되면 음식물 찌꺼기를 버린 자를 마술사 마음대로 죽이거나 살릴 수 있는 것이다. 이때 마술사는 황토와 생선기름을 섞은 다음 그 속에 대구 눈깔과 송장의 일부를 혼합하여 그것을 환약처럼 만들어 미리 확보해 둔 뼈 끝에 달아 둔다. 그리고 이 주술적 환약을 얼마 동안 송장품에 넣어 둔다. 이는 주술적 환약을 부패한 송장과 접촉함으로써 거기에 위험하고 치명적인 힘을 주입시키기 위한 것이다. 그런 후 환약을 꺼내어 이번에는 그것을 화톳불 근처의 땅에 놓아둔다. 그렇게 열을 받은 환약이 녹게 되면 그 주술이 걸린 자는 점점 쇠약해지다가 결국 죽게 된다는 것이다. 그런데 주술의 대상자가 운 좋게도 그 사실을 알게 되면 마술사에게 그 뼈를 사려고 무진 애를 태운다. 천신만고 끝에 겨우 뼈를 입수한 자는 그 효험을 없애기 위해 뼈를 강이나 호수에 던져 버린다.

마찬가지로 뉴헤브리디스 제도의 티나심[17]에서도 음식 찌꺼기가 '질병의 마술사desease-maker' 손에 들어가지 않도록 그것을 땅속에 파묻거나 바다에 내다버린다. '질병의 마술사'는 바나나 껍질 따위의 음식물 찌꺼기를 발견하면, 그것을 주워 불에 천천히 그슬린다. 그게 타 들어가기 시작하면 바나나를 먹은 자는 병에 걸리게 된다. 그러면 병자는 '질병의 마술사'에게 사람을 보내어 바나나 껍질 태우는 걸 중지하면 선물을 바치겠노라고 제안한다. 뉴기니의 원주민들도 음식

---

17 태평양 남서부에 있는 바누아투의 섬. 탄나Tanna섬이라고도 한다.

찌꺼기나 껍질 따위를 소각하거나 숨김으로써 그것이 적의 눈에 띄어 이용되지 않도록 최대한 주의를 기울인다. 그래야 음식 찌꺼기를 남긴 자가 위해를 입거나 혹은 죽음에 이르는 일을 피할 수 있다고 믿었다. 그래서 사람들은 음식 찌꺼기를 불에 태우거나 바다에 버리거나 혹은 안전한 곳에 숨겨 두는 것이다.

로앙고의 왕이 접시에 남겨 놓은 음식물에는 아무도 손을 대려 하지 않는다. 음식 찌꺼기에 내포된 주술적 힘에 대한 공포 때문에 그런 것이다. 그래서 사람들은 그것을 땅에다 묻어 버린다. 그뿐만 아니라 왕 이외에 왕의 식기로 음식을 먹어서도 안 된다. 고대 로마인들도 자기가 먹고 남긴 달걀이나 달팽이 껍데기가 적의 주술에 이용되지 않도록 그것들을 즉시 없애 버렸다. 오늘날의 유럽인들도 달걀을 먹은 다음에는 그 자리에서 껍데기를 바스러뜨리곤 하는데, 이런 습관도 어쩌면 원시인들과 유사한 신앙에서 비롯된 것일지도 모른다.

이처럼 원시인은 음식물 찌꺼기를 통해 그것을 먹다 남긴 사람에게 주술적인 영향을 미칠 수 있다고 믿었다. 그런 주술에 대한 미신적인 공포는 한편으로 유익한 결과를 초래한 측면도 있다. 즉, 원시인들이 음식물 찌꺼기를 그대로 방치했다면 부패하여 실제로 질병과 죽음의 원인이 될 수도 있었을 텐데, 이를 효과적으로 처리한 결과를 낳았다. 그러므로 이익을 본 것은 단지 각 부족의 위생적인 측면만이 아니라, 기묘하게도 음식물 찌꺼기와 관련된 근거 없는 원시인의 공포와 인간관계에 대한 원시인의 잘못된 견해가 음식물을 먹는 사람들 사이에 친절과 존경, 호의 따위의 도덕적 규정을 간접적으로나마 강화하는 결과를 낳았다.

이를테면 음식 찌꺼기를 통해 당사자에게 주술적 힘을 가하고자 하는 자는 절대로 그 음식물을 자기가 먹지는 않을 것이다. 만일 그랬다가는 공감주술의 원리에 따라 위해를 입히려는 상대와 마찬가지로 음식 찌꺼기에서 기인되는 모든 위험한 주술적 결과를 자신도 입게 될 것이기 때문이다. 원시사회에서 공동 식사에 의해 형성된 사회적 연대성에 어떤 신성성을 부여한 것이 바로 이런 관념이다. 두 사람이 함께 음식을 먹는다는 것은 둘 다 상대방에게 선의를 갖고 있다는 증거로서, 이를테면 담보물을 교환하는 셈이다. 말하자면 둘은 서로에게 어떤 해악도 가하지 않겠다는 보증을 하는 것이다.[18] 왜냐하면 그들의 위장 속에 들어 있는

---

18 프레이저는 그의 다른 저서 『프시케의 과제 *Psyche's Task*』(1909)에서도 문명화한 인습의 바탕을 이루는 미신의 장점을 강조하면서 이와 동일한 주장을 하고 있다. 로버트 프레이저 편, 앞의 책, 240쪽 편주 참조

동일한 음식물을 통해 물리적으로 결합되어 있으므로, 만일 상대방에게 어떤 해를 끼치면 자신도 정확히 그것과 똑같은 해를 입게 된다고 믿었기 때문이다.

엄밀하게 말하면, 이런 공감주술적 연대성은 오직 그 음식이 각자의 배 속에 남아 있는 동안에만 지속될 것이다. 그러므로 함께 식사를 함으로써 이루어지는 이런 계약관계는 혈관에 서로의 피를 주입하는 피의 계약관계에 비하면 덜 엄격하고 덜 지속적인 것이라고 말할 수 있다. 왜냐하면 피를 나누는 계약관계는 평생 동안 둘을 함께 묶어 주는 것으로 여겼기 때문이다.

제20장
인물 터부

1. 추장과 왕의 터부

우리는 앞에서 일본 미카도(일왕)의 음식이 날마다 새로운 식기에 요리되어 식사 때마다 새로운 그릇에 담긴다는 사실을 언급한 적이 있다.[1] 그때 사용한 식기와 그릇은 통상 진흙으로 만들어졌기 때문에 한 번 사용하면 버리게 되었고, 대체로 완전히 파괴해 버렸다. 왜냐하면 누군가 그 신성한 식기로 음식을 먹기라도 한다면, 그의 입이나 목구멍에 염증이 생긴다고 믿었기 때문이다. 미카도의 옷을 허락 없이 입는 자도 비슷한 피해를 입는다. 즉, 그런 자는 온몸에 종기가 생겨 고통을 받게 된다.

피지 제도에서는 누군가 추장의 식기로 음식을 먹거나 추장의 옷을 입었을 때 생기는 병에 대해 '카나라마kana lama'라는 특별한 용어를 사용한다. "이런 병에 걸린 사람은 목구멍과 몸뚱이에 염증이 생기고 불경한 자는 죽을 수도 있다. 나는 어떤 사람한테 훌륭한 돗자리를 선물받았는데, 그 사람은 그것이 타콤보 Thakombau의 장남이 사용했기 때문에 두려워서 쓸 수가 없었다고 말했다. 그런데 그곳에는 이런 주술적 위험을 면제받은 서민의 가족이나 씨족이 있었다. 어느 날나는 타콤보에게 그런 이야기를 했더니, 그는 '그렇고 말고요. 여봐라. 여기 와서 내 등을 좀 긁어라'라고 말했다. 그러자 명령을 받은 사나이가 즉시 달려와 그의 등을 긁어 주었다. 그 남자는 아무 벌도 받지 않고 그런 일을 할 수 있는 사람들 중 하나였다." 이렇게 큰 특권을 가진 자를 그곳에서 '나느두카니Na nduka ni', 즉 '추장의 오물'이라는 칭호로 부른다.

이상에서 일본의 미카도나 피지섬 추장의 경우처럼 식기라든가 의복을 사용함으로써 발생하는 해로운 위험에서, 우리는 전술한 인신이 지닌 성격의 다른 일

---

1 본서 제17장 1절 참조

면을 확인할 수 있다. 즉, 신적인 인물은 위험의 원천인 동시에 축복의 원천이기도 한 것이다. 따라서 그는 스스로를 지켜야 할 뿐만 아니라 다른 사람들도 스스로를 방위하지 않으면 안 되었다. 그의 신성한 신체는 조금만 스쳐도 무질서를 초래할 만큼 미묘하다. 이를테면 그것은 강력한 주술적 위력, 영적 위력에 의해 충전된 전기 장치 같은 것이어서, 거기에 접촉하게 되는 것은 무엇이든 치명적인 피해를 입힐 수도 있다. 따라서 인신의 유폐는 그 자신은 물론이고, 다른 사람들의 안전을 위해 불가피한 일이었다. 그런 인신의 주술적 힘은 엄밀한 의미에서 감염적이라고 말할 수 있다. 그의 신성성은 불과 같아서 적절히 제어하면 무한한 축복을 가져다주지만, 함부로 만지거나 제멋대로 방치하면 그 불길에 닿는 모든 것을 불태우거나 파괴해 버리고 만다. 그러므로 터부의 위반은 필연적으로 재난을 수반하게 되어 있다. 달리 말하면, 터부를 위반하는 자는 즉각적인 죽음을 초래하는 신성한 불 속에 뛰어드는 자와 다름없다.

동부아프리카 즈벨누바의 비옥한 삼림지대에 사는 누바족은 본인 이외에 사제왕의 집에 들어가는 침입자는 모두 죽는다고 믿었다. 하지만 왼쪽 어깨를 드러내고 거기에 사제왕의 손을 얹게 되면 침입죄로 인한 죽음의 징벌을 피할 수 있다고 한다. 또 사제왕 자신이 사용하기 위해 성화聖化한 돌 위에 함부로 앉는 자도 그해에 죽는다고 믿었다. 마찬가지로 앙골라의 카젬베Cazembe족[2]은 그들의 왕이 너무도 신성하기 때문에 누구든 그를 만지면 반드시 그의 충만한 주술적 힘에 의해 죽임을 당한다고 믿는다. 그런데 때로는 그런 왕과의 접촉을 피할 수 없는 경우도 있다. 따라서 사람들은 그런 때를 대비하여 그의 몸과 접촉하더라도 목숨을 보전할 수 있는 수단을 고안해 냈다. 즉, 왕과 접촉하지 않을 수 없는 자는 왕 앞에 무릎을 꿇고 손등으로 왕의 손등을 만지고는 딱 소리가 나도록 손가락을 튕긴다. 그런 다음에는 자신의 손바닥을 왕의 손바닥에 얹고 다시 한 번 딱 소리가 나도록 손가락을 튕긴다. 이런 의식을 네다섯 번 반복하면 임박한 죽음의 위험에서 피할 수 있다고 믿었다.

통가에서는 신성한 추장의 몸이나 그의 소유물을 만진 다음 그 손으로 음식물을 집어먹으면 온몸에 종기가 생겨 죽는다고 믿는다. 추장의 신성이 마치 맹독처럼 그의 손에 옮겨지고 다시 손에서 음식물로 전이하여 그의 온몸에 치명상을 입

---

2 자이르 남동부, 앙골라 동부, 잠비아 북부 및 북서부 넓은 지역에 흩어져 사는 룬다Lunda족에 속한 종족

히기 때문이다. 이 같은 위험에 노출된 자는 특정한 의식 집행을 통해 자기 소독을 해야 한다. 그 의식은 두 손바닥과 손등으로 추장의 발뒤꿈치를 만진 다음 그 손을 물로 씻는 절차를 따른다. 이때 근처에 물이 없다면 바나나 등의 축축한 나무줄기에 양손을 문지르면 된다. 그러면 이제 손으로 음식을 먹어도 아무런 해를 입지 않는다. 이런 의식을 행하지 않은 채 추장과 접촉함으로써 신성한 터부가 된 손으로 음식을 먹으면 해를 입을 수밖에 없다고 한다. 때문에 정화의례, 소독 의례가 끝나기 전에 너무나 배가 고파 무언가를 먹어야 한다면 다른 사람이 먹여 주거나, 짐승처럼 엎드려 입으로 핥아 먹어야 한다. 자기 손으로 이쑤시개를 사용해서도 안 되며, 다른 사람의 도움을 받아야만 한다.

통가족 원주민들 중에는 간장경화나 연주창 따위에 걸린 사람들이 많은데, 이는 추장의 물건을 만진 다음 정화의례를 집행하지 않았기 때문이라고 한다. 그래서 이들은 이유야 어쨌든 간에 가끔 예방 수단으로서 그런 의식을 거행했다. 또 통가의 왕은 개인적으로 형편이 좋지 않을 때도 자기 발을 만지도록 언제든 내주어야 한다. 한번은 몸이 비대한 왕이 마침 산책을 나가려 하는데 저만치에서 자기 발을 만지려는 목적으로 오는 것 같은 사람을 보자, 재빨리 다른 골목으로 슬쩍 돌아가는 것이었다. 왕은 자신에 대한 끈질기고도 약간 사욕이 섞인 존경의 표시, 즉 자기 발을 만지는 관습에서 도망치고 싶었던 모양이다. 부주의로 인해 터부가 된 손으로 그만 무언가를 집어먹었다는 것을 뒤늦게 깨달은 자는 추장 앞에 앉아 그의 발을 잡아 자기 배에 문지른다. 그럼으로써 자기 배 속에 들어 있는 음식물이 해를 끼치지 못하도록, 그리하여 자기 몸이 퉁퉁 부어올라 죽지 않도록 조처해야 한다. 이들은 연주창이 터부된 손으로 음식물을 집어먹었기 때문에 생긴 거라고 믿었다. 때문에 그 병에 걸린 자는 통상 왕의 발을 만지거나, 왕의 발을 배에 문지르는 처방 요법을 원했다.

이런 통가족의 관습은 왕과 접촉함으로써 치료를 받고자 연주창 환자를 왕 앞에 데려갔던 고대 영국의 관습과 거의 일치한다. 앞에서 이미 언급한 것처럼, 우리의 조상들은 연주창을 '왕의 병'이라고 불렀는데, 이 명칭은 연주창이 왕의 신적인 신체에 접촉함으로써 발생하기도 하고 또 치유되기도 한다는 관념에서 비롯되었다. 요컨대 이는 통가족의 신앙과 전적으로 동일한 성격을 보여 준다.

통가의 경우처럼 뉴질랜드에서도 추장의 신성성에 대한 공포가 대단했다. 그 추장이 조상령에게서 받은 영적 힘은 그와 접촉하는 모든 대상에게 전염되어 퍼져나갔다. 나아가 그 영적 힘은 무작정 혹은 실수로 그와 접촉한 모든 자들을 죽게 할 수 있었다. 예전에 이런 일이 있었다. 위대하고 신성한 존재로 간주된 뉴질랜드의 한 추장이 음식을 먹고 남은 찌꺼기를 길가에 버렸다. 그런데 추장이 가고 난 다음, 어떤 고지식한 노예가 와서 배고픈 나머지 허겁지겁 그 음식 찌꺼기를 주워 먹었다. 노예가 그것을 다 먹어 치우자 이 장면을 목격한 사람들은 공포에 떨면서 그 음식 찌꺼기는 추장이 먹다 남긴 것이라는 사실을 노예에게 말해 주었다. "나는 저 불행한 노예가 어떤 자인지를 잘 알고 있었다. 그는 정말이지 용맹한 사나이였으며, 부족들 간의 싸움에서 언제나 승리했다. 그러나 이 치명적인 보고를 듣자마자 용맹한 사나이는 위에 심한 경련을 일으켜 결국 그날 해가 질 무렵에 죽고 말았다. 그는 젊고 건장한 사내였다. 만일 파케하pakeha[3]의 어떤 자유분방한 사상가가 접촉에 의해 음식물에 옮겨진 추장의 '타푸tapu'[4] 때문에 노예가 죽은 것이 아니라고 주장한다면, 그는 이토록 명백하고 직접적인 증거에 대해 전혀 무지하거나, 그것을 제대로 이해하지 못했다는 비난을 받을 것이다."[5]

또 다른 사례를 들어 보자. 마오리족의 한 여자가 과일을 먹었는데, 나중에 그 과일이 터부시된 장소에서 가져온 것임을 알고는 신성을 모독당한 추장의 정령이 자기를 죽일 거라고 통곡했다. 오후에 이런 일이 있었는데, 그녀는 다음날 정오에 죽고 말았다. 마오리족 추장의 부싯깃 상자가 여러 사람의 목숨을 앗아간 적도 있다. 언젠가 추장이 그 상자를 잃어버렸는데, 그것을 주운 사람들이 모르고 부싯깃으로 파이프 담배에 불을 붙였다. 그런데 그것이 바로 추장의 것임을 알고는 기절초풍하여 죽고 말았다고 한다. 뉴질랜드 대추장의 의복도 그것을 입은 사람을 죽게 만들었다고 한다. 한 선교사가 상당히 무겁게 보이는 담요를 어떤 추장이 낭떠러지까지 메고 가서 던지는 광경을 목격했다. 선교사는 추장에게 왜 그것을 여행자를 위해 나무에라도 걸어 두지 않았느냐고 묻자, 추장은 이렇게 대답했다. "그것을 행여 딴 사람이 주울까 걱정하여 그런 장소에 버린 거요. 만일 딴 사람이 그것을 사용하면 대추장의 터부가 그를 죽이게 된단 말이오." 그러니까 담요를 통해 전이된 대추장의 영적 힘이 그것을 사용하는 사람에게 작용하여 그를 죽게 만든다는 것이다.

---

3 원래 파케하pakeha는 마오리족을 조상으로 하지 않는 백인을 지칭하는 마오리어

4 터부taboo에 해당하는 마오리어

5 출처는 *Old New Zealand*, by a Pakeha Maori, London, 1884

이와 유사한 이유로 마오리족의 추장은 불을 향해 입을 불지 않는다. 그랬다가는 그 입김을 통해 그의 신성성이 불로 옮겨지고 그 불이 식기로, 그리고 식기에서 그 속에 있는 고기로, 다시 고기에서 그것을 먹는 사람들에게로 차례차례 옮겨진다는 것이다. 그리하여 고기를 먹은 자는 이런 매개체를 거쳐 전이된 추장의 신성한 입김에 의해 죽을 수밖에 없다고 여겼다. 그러므로 마오리족이 속한 폴리네시아 종족 사회에서는 미신적 신앙이 추장의 신성성을 중심으로 그 주위에 순수하게 상상적이면서도 동시에 실제적인 어떤 장벽을 쌓고 있었던 셈이다. 그런 장벽을 위반했다는 사실을 알게 된 자는 실제로 죽음을 면치 못했다. 말하자면 이는 상상력이 가지는 치명적인 힘이라 할 수 있고, 그런 상상력은 바로 미신적 공포심을 통해 작동하는 거라고 말할 수 있다.

어쨌든 그런 치명적 상상력의 힘은 결코 한두 종족에게서만 찾아볼 수 있는 특수한 현상이 아니다. 그것은 모든 원시민족에게 공통적으로 나타나는 현상이라 할 수 있다. 오스트레일리아 원주민들은 별것 아닌 상처를 입었는데도 그런 상처를 입힌 무기에 주술적인 힘이 깃들어 있음을 아는 순간, 그 사소한 상처만으로도 죽음에 이르고 만다. 그럴 경우 대경실색하여 아무것도 먹지 못한 채 시름시름 앓다가 죽어 가는 것이다. 브라질 인디언의 어떤 부족에서는 주술사가 한 남자에게 죽음을 선고하면, 그 불행한 사나이는 곧 병석에 눕게 되고, 아무것도 먹지 않고 마시지도 않은 채 오직 자신은 죽고 말 거라는 생각만 한다. 말하자면 주술사의 선고는 그 선고를 받은 자의 신앙이 스스로에게 처형을 내리는 그런 판결 같은 것이다.

2. 복상자의 터부

신성한 추장이나 왕은 신비로운 영적 힘으로 충만해 있고, 그것은 어떤 접촉에 의해 폭발적으로 터져 나오곤 했다. 이런 신앙을 가지고 있던 원시인들이 추장이나 왕을 그 사회의 위험스러운 계급에 배치하는 한편, 그들에게 사람을 죽인 자나 월경 중인 여자 등에게 부과한 것과 유사한 종류의 터부를 할당한 것은 지극히 자연스러운 일이었다. 폴리네시아의 신성한 왕 또는 사제는 음식에 직접 손댈 수 없으며, 반드시 다른 사람이 먹여 주어야만 했다. 또한 앞에서 살펴본 대로 그들의 식기와 의류, 그 밖의 소지품 등은 일체 다른 사람들이 사용할 수 없으며, 이 터부를 위반한 자는 죽게 된다고 믿었다. 어떤 경우에는 처음으로 월경하는 처녀, 분만 직후의 산모, 살인자, 상중喪中에 있는 자, 시체와 접촉한 자들에게도 이와 동일한 터부가 부과되었다.

마지막 경우에 속하는 사례부터 생각해 보기로 하자. 예컨대 마오리족은 누구든 시체에 접촉한 자와 그것을 묘지에 운반한 자, 유골을 만진 자에 대해 모든 교제와 왕래를 차단하였다. 그런 자는 어떤 집에든 절대 들어갈 수 없으며, 어떤 인물이나 물건과도 접촉할 수 없었다. 만일 이런 규정을 어기면 그 앞에는 죽음만이 기다리고 있을 뿐이다. 또 그런 자는 음식물에 손을 대서도 안 된다. 왜냐하면 그의 손은 전혀 사용할 수 없을 만큼 너무도 터부시되고 오염되었다고 간주하기 때문이다. 그래서 그런 자에게는 음식물을 땅 위에 놓아두는데, 그는 양손을 뒤로 한 채 엎드려 먹느라고 고생이 이만저만 아니다. 때로는 다른 사람이 먹여 주기도 하지만 행여 터부시된 자의 몸에 손이라도 닿을까 팔을 길게 내밀어 충분한 거리를 두고 먹여 준다. 이렇게 먹여 주는 자에게도 많은 엄격한 제한들이 가해지는데, 그것들도 다른 경우에 못지않게 매우 부담되는 제한들이었다.

사람이 많이 사는 마을에는 대개 장의사나 시체 처리자와 같이 오염된 자들을 뒤치다꺼리하며 먹고사는 천한 신분의 사람들이 있었다. 누더기 차림의 한 노인이 있는데, 그는 온몸이 누런 흙투성이에 구역질이 날 만큼 상어기름 냄새가 코를 찔렀고, 언제나 혼자서 외롭게 쭈그리고 앉아 있었다. 반쯤 미친 사람처럼 보이는 노인네는 하루 종일 거리 한 귀퉁이에서 분주히 오가는 사람들을 지켜보고 있었다. 사람들이 하루에 두 차례씩 그의 앞에 음식물을 던져 주면 그는 손을 사용하지 않은 채 그것을 먹어치웠다. 밤이 되면 구정물 흐르는 누더기를 걸친 채 나뭇잎과 쓰레기로 만들어진 더럽고 추운 움집으로, 여느 때와 다를 것 없는 비참한 내일이 오기 전에 밤을 지새우러 기어 들어가는 것이었다. 바로 이런 자들이야말로 죽은 자들에 대해 존경과 우정을 표시하는 마지막 임무, 즉 시체 처리를 맡은 오염된 자들과 팔 하나의 거리를 두고 접촉하는 데에 적합한 유일한 인간이었다.

어쨌거나 상을 당한 자들을 격리하는 음습한 기간이 끝나면서 그들이 다시금 친구들과 어울리고자 할 경우, 격리 기간에 그들이 사용한 식기를 남김없이 깨뜨려야 하며, 그들이 입었던 상복을 모조리 불태워야 했다. 이는 시체의 불결한 오염이 타인에게 감염되기 못하게 하기 위한 조처였다. 그런 조처는 신성한 왕이나 추장이 쓰던 기물이나 의복 따위를 폐기 처분해야 하는 것과 같은 이유에서 비롯된 것이다. 이렇게 보건대, 신성한 왕에게서 방사되는 영적 힘과 죽은 자의 시체에서 나오는 영적 영향력 사이, 혹은 신성의 향기와 오염의 악취 사이에는 완벽한 유비관계가 성립한다고 말할 수 있다.

폴리네시아에서도 시체와 접촉한 사람은 그 손으로 음식물을 만져서는 안 된다는 규칙이 널리 행해졌다. 사모아섬의 경우, 죽은 자를 뒤치다꺼리한 자는 음식물에 손이 가지 않도록 아주 조심해야 했다. 그는 며칠 동안 마치 어린애처럼 남이 먹여 주는 것만 받아먹어야 하며, 만일 이런 규칙을 어긴 자는 집 수호신의 벌을 받아 대머리가 되거나 이빨이 빠진다고 믿었다. 또한 통가에서도 누구든지 죽은 추장과 접촉하면 그의 위력에 의해 열 달 동안이나 터부시되었다. 다만 추장인 경우에는 서너 달 혹은 다섯 달 동안 터부시되었다. 하지만 위대한 신적 추장은 예외였다. 어쨌든 터부시된 자는 정해진 기간에 자기 손으로 음식물을 먹어서는 안 되며, 다른 사람이 먹여 주어야 했다. 심지어 잇새에 낀 음식물을 빼내는 것도 남이 대신 해 주어야 했다. 배는 고픈데 먹여 줄 사람이 없을 때는 엎드려서 입으로 직접 먹어야 하며, 만일 이런 규칙을 어기면 몸에 염증이 생겨 죽게 된다고 믿었다.

브리티시컬럼비아의 슈스와프족 인디언들은 상을 당한 과부와 홀아비는 따로 격리하여 그 머리와 신체가 타인과 접촉하지 못하도록 했다. 그들이 사용한 그릇이나 접시 등을 다른 사람이 사용해서도 안 된다. 그들은 냇가에 움막을 짓고 밤새 고행을 하면서, 규칙적으로 목욕재계한 다음 가문비나무 따위의 가지로 몸뚱이를 닦아 내야 했다. 이때 한 번 사용한 나뭇가지는 다시 쓸 수 없고, 일단 사용한 나뭇가지는 모두 움막 주위에 나란히 세워 둔다. 이렇게 상을 당한 사람이 고행을 하는 곳은 재수가 없다 하여 사냥꾼들조차 일절 접근하지 않는다. 누군가 얼핏 그들의 그림자를 보아도 그 자리에서 병에 걸린다. 또한 상을 당한 자들은 죽은 자의 영혼이 가까이 오지 못하도록 침대와 베개를 가시 돋친 나무로 만들며, 침상 주변에도 가시 돋친 나뭇가지를 뿌려 놓는데, 이런 관습은 상을 당한 사람으로 하여금 일반인에서 격리하도록 만드는 영적 위험이 어떤 것인가를 단적으로 잘 보여 준다. 이는 상중에 있는 자들의 주변을 배회하는 죽은 자의 혼백에 대한 공포와 다름없었다.

영국령 뉴기니의 메케오 지방에서는 홀아비의 모든 사회적 권리를 박탈하고 배척하기 때문에, 그는 공포와 전율의 대상으로 전락하여 사회적 아웃사이더가 되고 만다. 그래서 그는 밭일을 해서도 안 되고, 사람들 앞에 떳떳이 나설 수도 없으며, 마을을 가로질러 지나가도 안 되고, 아예 길을 걷는 것조차 금지되었다. 그저 짐승처럼 숲속에 숨어 있어야만 했다. 사람 기척이 나거나 특히 여자가 눈에 띄면 즉시 나무 그늘에 숨어야 했다. 사냥을 하고 싶으면 혼자서 밤에만 해야 하고, 누군가와 이야기할 용건이 있으면 설령 선교사라 할지라도 은밀히 밤에만 접촉할 수 있었다. 큰 소리를 내서도 안 되고, 굳이 말할 게 있으면 속삭이듯 조그맣게 말해야 했다.

만일 그가 어부나 사냥꾼의 무리에 끼이게 되면 그들에게 피해를 주게 된다고 믿었다. 즉, 죽은 아내의 영혼이 물고기나 사냥감들을 놀래게 만드는 수가 있기 때문이다. 그는 어디에 가든 항상 손에 호신용의 큰 도끼를 지니고 간다. 이는 멧돼지 따위에게서 자신을 방어하기 위해서뿐만 아니라, 위해를 가하려고 호시탐탐 기회만 엿보고 있을 죽은 아내의 악령으로부터 스스로를 지키기 위한 것이었다. 요컨대 죽은 자의 영혼은 모두 사악하며 살아 있는 자에게 위해를 가하는 것만을 유일한 낙으로 삼는다고 믿었던 것이다.

3. 월경 중인 여자 및 산모의 터부

일반적으로 다른 사람이 썼던 식기나 의복, 그 밖의 기물들을 사용하지 못하도록 규정한 터부와 그런 터부를 위반했을 때에 뒤따르는 여러 결과들은, 그런 사물들의 원래 소유자가 신성한 인물이든 오염된 인물이든 진적으로 동일하다. 신성한 추장이 입었던 옷이 그것과 접촉한 사람을 죽게 만들듯이, 월경하는 여자의 몸에 닿았던 사물들도 동일한 결과를 초래할 수 있다.

오스트레일리아의 어떤 흑인은 월경 중인 아내가 자기 담요 위에 누워 있는 것을 보고 그녀를 죽여 버렸는데, 2주일쯤 후에 그 또한 공포로 인해 죽고 말았다. 오스트레일리아에서는 월경 중인 여자는 남자가 사용하는 물건을 만질 수 없으며, 남자가 왕래하는 길을 다녀서도 안 된다. 이를 어기면 즉시 사형에 처해진다. 또 해산을 전후한 산모는 격리되며, 그녀가 사용한 물건은 불태워진다. 마찬

2004년 9월 4일에 건국대학교에서 열린
제6회 월경 페스티벌 '혈기충천' 포스터

가지로 우간다에서는 해산 혹은 월경 중인 여자가 만진 식기를 모두 없애 버린다. 그러나 그녀와 접촉함으로써 더럽혀진 창과 방패는 부수지 않아도 되며, 그냥 깨끗하게 씻어 내기만 하면 된다.

데네Dene족과 북아메리카의 몇몇 부족들에게 월경 중인 여자만큼 지독한 공포의 대상은 없다. 어떤 아가씨에게 월경의 징조가 비치자, 그녀는 같은 여자 이외의 모든 남자들에게서 엄격히 차단되어 마을 사람들이나 떠돌아다니는 나그네의 눈에 띄지 않도록 오두막 안에 갇혀 혼자 지내지 않으면 안 된다. 이런 끔찍한 생활을 하는 동안, 그녀는 남자에게 속하는 모든 것, 이를테면 사슴이나 그 밖의 노획물에 손을 대서는 안 된다. 그녀가 함부로 만지게 되면 오염된 노획물이 성을 내어 앞으로 사냥꾼들에게 재난이 초래할지도 모르기 때문이다. 그녀는 오직 말린 생선과 대롱을 통해 주어지는 냉수만 먹을 수 있었다. 나중에 그녀가 정상적인 생활로 돌아간 이후에라도 아직은 공동체에 위험을 초래할 수 있기 때문에, 당분간 그녀는 사람들 앞에 모습을 드러내서는 안 된다. 그래서 그녀는 항상 얼굴과 앞가슴까지 드리운 특이한 가죽 모자를 뒤집어쓰고 지내야 했다.

한편 코스타리카의 브리브리Bribri족[6] 인디언들도 월경 중인 여자를 부정하다고 믿는다. 그녀는 식사할 때 일반 식기를 사용할 수 없으며, 바나나 잎을 식기 대용으로 사용한다. 하지만 그것도 한 번 쓴 다음에는 반드시 정해진 장소에 버려야 한다. 만일 그것을 아무데나 버렸다가 소가 먹기라도 한다면 그 소는 말라 죽게 될 거라고 믿었다. 이와 동일한 이유로 그녀가 물을 마실 때는 반드시 정해진 그릇으로만 마셔야 한다. 만일 그녀가 마신 그릇으로 물을 마시게 되면 그 자는 죽고 만다는 것이다.

마찬가지 이유로 많은 사회에서 이 같은 터부가 해산한 여자에게도 적용되고 있다. 즉, 해산 기간 중의 여자는 위험한 상태에 있다고 여겼으며, 따라서 산모와 접촉한 사람이나 사물은 모두 해를 입게 된다. 때문에 평상시의 건강과 체력을 회복함으로써 그런 위험성이 없어질 때까지 산모는 격리된 오두막에 들어가 지내야 한다. 타이티섬에서는 산모를 2~3주일가량 신성지역에 세워진 오두막에 수용한다. 이 기간 중에 산모는 절대 음식물을 만져서는 안 되며, 다른 사람이 먹여 주는 것만 받아먹어야 한다. 또한 이 기간 중에 누군가 새로 태어난 아기를 만

---

6 코스타리카 동부 열대 우림지역에 사는 인디언

지게 되면, 그 사람도 산모에 대한 정화의식이 끝날 때까지 여러 가지 터부에 의해 제한을 받는다. 알래스카의 카디아크섬에서는 해산이 가까워진 여자는 갈대로 만든 오두막에 격리되는데, 해산 후에도 20여 일쯤 그곳에서 지내야만 한다. 사람들은 산모를 지독하게 오염된 존재로 여기며, 오두막에 들어가지도 않은 채 밖에서 음식물을 막대기 끝에 매달아 전달한다.

앞에서 언급한 브리브리족 인디언들은 해산 때의 오염을 월경 때의 오염보다 훨씬 더 위험시한다. 가령 해산이 임박해지면 남편이 서둘러 오두막을 짓는다. 산모는 그 오두막에 기거하면서 일정 기간은 어머니나 친구들과 이야기해서도 안 되고, 혼자서 아이를 낳아야만 한다. 해산 후에는 주술사가 산모에게 입김을 불어넣거나 그녀의 배 위에 짐승 한 마리를 올려놓고 정화의식을 행한다. 하지만 이 의식은 다만 월경 때 여자의 부정에 해당되는 오염만을 완화할 수 있을 뿐이다. 그러니까 산모는 출산 후에도 약 한 달 동안 꼬박 오두막에 격리된 채 월경 때에 지켜야 했던 것과 동일한 음식물 터부를 준수해야 한다. 게다가 사람들은 유산이나 사산을 이보다 더 무서워한다. 그런 경우는 산모의 부정과 오염이 훨씬 더 치명적이라고 믿기 때문이다. 이때 산모는 절대 다른 사람 근처에 갈 수 없으며, 음식물도 긴 막대기 끝에 매달아 산모에게 전달한다. 산모는 보통 3주일 정도 이런 격리생활을 지낸 후에야 집에 돌아가는 것이 허용된다.

반투족은 유산한 사실을 숨긴 여자가 전파시킨 해악에 대해 매우 과장된 관념을 가지고 있다. 이 부족을 관찰해 온 어떤 경험 많은 연구자가 다음과 같은 보고서를 보내온 적이 있다. "해산 때의 출혈이 남아프리카인의 눈에는 월경보다 훨씬 위험한 것으로 비친다. 남편은 그 오염된 출혈이 두려워 해산을 전후한 일주일 동안 산실 바깥으로 도망치듯 나가 버린다. 심지어 해산 후 세 달 정도는 아예 아기를 안으려 하지도 않는다. 사람들은 유산이나 특히 낙태의 경우를 더욱 무서워한다. 그런 경우는 단지 사람의 목숨뿐만 아니라 나라 전체와 하늘까지도 위협을 받을 수 있다고 여긴다. 생리적 사실이 우주적 재난을 야기할 수 있다고 믿는 이런 신앙은 실로 기묘한 관념연합의 산물이라 아니할 수 없다."

여기서 유산이 온 나라에 끼치는 무서운 영향에 대해 바페디Ba-Pedi족[7] 주술사와 강우사의 말을 인용해 보자. "여자가 유산했을 때, 그 유산으로 인해 출혈한

_____

7 남아프리카 공화국 북동부 트란스발에 거주하는 종족. 반투어를 사용하며 페디Pedi족이라고도 한다.

피가 그대로 흘러나오도록 방치했을 때, 그리고 그렇게 유산된 핏덩이를 숨겼을 때, 그것은 불같이 타오르는 열풍을 초래하여 온 나라를 초토로 만들기에 충분하다. 그때는 비가 더 이상 내리지 않을 것이다. 온 나라가 혼돈 속에 빠져 버리기 때문이다. 오염된 산혈이 있는 곳에는 비도 가까이 가려 하지 않는다. 무서워서 멀리 떨어져 있을 따름이다. 그 여자는 천부당만부당한 죄를 짓고, 추장의 나라를 더럽혔다. 유산한 핏덩이를 숨겼기 때문이다. 터부시되는 그 피를 함부로 길에다 흘리면 안 된다! 한번은 추장이 부하들을 소집하여 이렇게 물었다. '너희들 마을엔 이상이 없느냐?' 그러자 한 사람이 '한 여자가 임신을 했다는데 우린 아직 그 애를 본 적이 없습니다'라고 말했다. 그러자 일동은 그 여자를 체포하여 아이를 어디다 숨겼는지 자백하라고 추궁했다. 그리하여 유산된 핏덩이를 묻은 장소에 가서 구덩이를 판 다음, 미리 항아리에 준비해 온 나무뿌리 달인 약물을 거기에 뿌렸다. 그리고 구덩이의 흙을 한 줌 집어다가 강물에 뿌렸는가 하면 다시 그 강물을 길어 구덩이에 뿌렸다. 이때 여자도 날마다 주술적 약물로 자신의 부정을 씻어 내야 했다. 그래야만 비로소 온 나라에 비가 내릴 것이기 때문이다. 나아가 우리 주술사들은 온 나라의 모든 여자들을 소집하여 피가 섞인 흙덩이를 만들라고 명했다. 그러자 여자들이 아침에 그것을 우리에게 가지고 왔다. 그것으로 온 나라에 뿌릴 약을 만들기 위해, 우리는 피가 섞인 흙덩이를 잘게 부쉈다. 닷새 중 마지막 날, 우리는 어린 소년과 소녀들을 불렀는데, 이때 소녀들은 아직 월경을 모르고 또한 남자를 모르는 아이들이지 않으면 안 된다. 우리는 수소의 뿔속에 약을 쑤셔 넣고, 소년소녀들을 온 나라의 여울물과 마을 어귀에 파견했다. 거기서 한 소녀가 가래를 파내면 다른 소녀는 나뭇가지를 가지고 소뿔 속에 든 약을 뿌리면서 '비님이시여! 비님이시여!'라고 외친다. 우리 주술사들은 유산한 여자가 길 위에 뿌린 재난을 이런 식으로 제거하는 것이다. 이제 곧 비가 내릴 것이다. 온 나라의 부정을 다 씻어 냈기 때문이다."

4. 전사의 터부

원시인은 전사들도 살과 피를 가진 적에 대해 마땅히 취해야 할 합리적인 예방책과는 본질적으로 전혀 다른 어떤 주술적 신앙에 입각하여 움직여야 한다고 믿었다. 그 주술적 신앙은 무언가 위험한 영적 분위기와 여러 가지 미신적 터부들로 이루어져 있다. 그런 터부들은 통상 전투하기 전이나 승리를 거둔 이후에 전사들을 감금하는 결과를 초래했다. 이런 감금 상태는 인신이나 다른 위험한 인물들을 유폐하거나 혹은 영적으로 격리하는 관습과 크게 다르지 않았다.

마오리족은 전쟁터에 나갈 때쯤 되면, 그들에 대한 신성성과 터부성이 최고조로 상승한다. 이에 따라 그들과 마을에 남은 친구들은 일상적인 수많은 터부들 외에도 여러 기이한 규칙들을 엄격히 준수해야 한다. 과거 마오리족과 전쟁을 하던 시기에 그들을 알게 된 유럽인의 부적절한 표현을 빌리면, 그들은 '1인치 두께의 터부' 자체로 화했다는 것이다. 때문에 유럽 원정대의 대장은 도무지 그들에게 접근할 수가 없었다고 한다. 이스라엘인들도 전쟁에 나갈 때 마오리족이나 오스트레일리아 원주민들이 전쟁에 임할 때 어떤 터부 규정들을 지켰듯이, 그와 동일한 의례적인 정결 율법들을 준수하지 않으면 안 되었다. 그들은 성화된 그릇을 사용했으며, 금욕생활을 하거나 각자 전통적인 정결 율법들을 지켜야 했다. 이와 비슷한 관습을 행하는 원시인들의 말을 동기로 비추어 판단해 보건대, 유대적 율법 준수의 본래 동기는 그들이 버린 물건을 적이 입수하여 주술로써 그들을 멸망시키는 데에 쓸지도 모른다는 공포감에서 비롯된 것이라고 보인다.

몇몇 북아메리카 인디언 부족의 젊은 전사는 첫 번째 출정에서 여러 가지 터부들을 지켜야 하는데, 그중 두 가지는 처음으로 월경을 하는 소녀들에게 부과된 터부와 전적으로 동일한 것이었다. 하나는 그가 먹고 마시는 데에 사용한 그릇을 다른 사람이 만지지 못하게 하는 터부이고, 다른 하나는 그의 머리나 신체의 다른 부분을 자기 손으로 긁어서는 안 된다는 터부이다. 만일 어쩔 수 없이 긁어야 할 때는 막대기를 사용해야 한다. 터부시된 사람이 음식물을 손으로 만져서는 안 된다는 규칙이 그렇듯이, 두 번째 터부 또한 터부시된 손의 신성성 혹은 오염성(그것을 무엇이라 부르든 간에)을 내포하고 있다. 이 인디언 전사들은 전쟁터에 나가서는 잠잘 때 항상 고향을 향해 얼굴을 돌린 채 자야 한다. 아무리 불편해도 그 자세를 바꾸면 안 된다. 그밖에 맨땅에 앉아도 안 되고, 발을 물에 적셔도 안 되며, 남이 걸어간 길은 되도록 피해야 한다. 어쩔 수 없을 때는 미리 준비해 둔 약이나 부적 따위를 발에 바르거나 붙인 다음에 걸어야 한다. 부대원들은 누구든 무심코 맨땅에 앉거나, 누운 동료의 손·발·몸뚱이 위로 건너가서는 안 된다. 또한 그런 동료의 담요나 총, 창 따위의 소지품 위로 건너가서도 안 된다. 부주의로 이런 규칙을 어긴 자가 생기면 원인을 제공한 장본인이 그를 흠씬 두들겨 패고, 위반자는 아무런 저항 없이 두들겨 맞아야 하는 의무가 정해져 있었다. 전사의 식기는 대개 관목이나 자작나무 껍질로 만든 조그만 사발인데, 이 사발에는 양쪽 옆면을 구별할 수 있도록 표시가 있다. 즉, 출정할 때는 사발의 이쪽 편으로 먹고, 고향을 향해 행진할 때는 그 반대편으로 먹어야 했다. 싸움터에서 귀향하다 이윽고 마을까지 얼마 남지 않게 되면, 그 사발을 나무에 걸어 놓거나 혹은 풀밭에 던져 버린다.

앞서 살펴본 대로 일본의 미카도나 해산, 월경 때의 여자 및 시체와 접촉함으로써 오염된 사람들의 식기와 의복을 파기하거나 버려야 했던 이유와 마찬가지로, 전사들도 그들의 신성성 혹은 오염성이 고향 친구들에게 전이되어 무서운 결과를 초래하지 않도록 자기가 쓰던 식기를 폐기 처분했다. 아파치족 인디언은 네 번째 출정까지는 손가락으로 머리를 긁어서는 안 되며, 입술에 물을 대서도 안 된다. 때문에 머리는 막대기로 긁고 물은 갈대나 대롱으로 빨아먹어야 한다. 그래서 아파치족 전사들은 항상 허리에 막대기와 갈대를 차고 다니는 것이다. 손으로 머리를 긁어서도 안 되며, 긁고 싶을 때는 막대기로 긁어야 한다는 이런 규칙은 오지브와족 인디언의 싸움터에서도 엄수되었다.

크리크Creek족[8] 인디언과 그 친척뻘 되는 여러 부족에 대해 보고된 바에 의하면, 그들은 "싸움터에서는 여자를 가까이 하지 않는다. 출정하기 전의 사흘 동안과 돌아온 후 사흘 동안은 자기 아내라 하더라도 종교적인 이유로 교접을 삼간다. 이는 전사들이 스스로를 성화하기 위한 터부였다." 남아프리카의 바페디족과 바통가Ba-Thonga족은 출정하는 전사들만 여자를 멀리하는 것이 아니라, 마을에 남은 사람들도 모두 금욕하지 않으면 안 되었다. 만일 이를 어기면 전사들이 돌진하는 곳에 가시덤불이 무성하게 돋을 것이며, 마침내 싸움에서 패할 거라고 믿었기 때문이다.

많은 원시인들이 전쟁 때 여자를 멀리하는 정확한 이유를 이거다 하고 단언하기는 어렵다. 하지만 적어도 공감주술의 원리에 따라 여자와의 친밀한 육체적 접촉이 전사들에게 여성적 나약함과 겁을 전파시킬지도 모른다는 미신적 공포심이 그런 터부 행위의 배후에 깔려 있다고 추정해 볼 수는 있다. 마찬가지로 어떤

---

8 무스코기어를 쓰며 원래 조지아와 앨라배마 지역의 광대한 평지를 차지하고 있던 북아메리카 인디언

원시인들은 해산 중인 여자와의 접촉이 전사를 무력하게 만들며 무기를 무디게 한다고 믿는다.

보르네오섬 중부의 카얀족은 사내가 베틀이나 여자 옷을 만지면 아주 나약해져서 수렵이나 어로, 전쟁 따위에서 성공할 수 없다고 생각한다. 그러니까 원시 부족의 전사들이 기피하는 것은 단지 여자와의 성적 교접만은 아니라는 말이다. 그들은 여성과 관련된 모든 것들을 조심스럽게 삼간 것이다. 아삼 산악지대에 사는 몇몇 부족들은 전쟁을 전후하여 아내와의 동침을 피할 뿐만 아니라, 여자가 요리한 음식도 일절 먹어서는 안 된다. 심지어 자기 아내한테 말을 걸어서도 안 된다. 한번은 한 여자가 무심코 이런 터부를 깨고 전쟁 터부에 묶여 있는 남편한테 말을 건넨 적이 있었는데, 후에 자신이 범한 무서운 죄를 깨달은 그녀는 병이 들어 결국 죽고 말았다.

5. 살인자의 터부

혹자는 지금 우리가 검토하고 있는 행위 터부들이 과연 미신적 공포에서 비롯된 것인지, 아니면 지성적 분별에 의한 명령인지에 대해 반신반의할지도 모른다. 하지만 승리를 획득함으로써 현실적으로 존재하는 적에 대한 모든 공포가 사라진 다음에도 여전히 전사들에게 더욱 엄격한 행위 터부들이 요구된다는 사실을 알게 되면 그런 의심은 자연히 수그러들게 될 것이다. 이 경우 승리자에게 부과되는 엄격한 터부들은 아마도 전쟁에서 살해당한 자들의 성난 영혼을 두려워한 데에서 비롯된 것인 듯싶다. 사실 복수심에 불타 있을 사자의 영혼에 대한 공포가 살해자들에게 영향을 끼칠 개연성에 대해서는 종종 많은 이들이 수긍하고 있다.

이미 살펴보았듯이, 신성한 추장이나 상중인 자 혹은 해산 중의 여자나 출정한 남자 등에게 부과된 터부들의 일반적 양상은 그렇게 터부시된 자를 일상생활에서 고립하거나 혹은 분리하는 방식으로 나타났다. 예컨대 터부시된 남자 또는 여자를 외진 곳의 오두막이나 들판에서 살게 한다든지, 이성과의 교제를 금한다든지, 다른 사람이 사용한 그릇을 만지지 않게 한다든지 하는 방식 말이다.

이런 방식은 승리한 전사, 특히 실제로 적의 목을 많이 벤 전사들의 경우에도 해당한다. 티모르섬에서는 원정군이 승리하여 살해한 적의 모가지를 들고 돌아온 경우, 종교적 관습에 의해 그 지휘자는 자기 집에 그대로 들어갈 수 없도록 규정되어 있었다. 즉, 그는 특별히 설치된 오두막에 들어가 그 안에서 몸과 마음을 깨끗이 정화하면서 두 달가량을 지내야 한다. 이 기간 중에는 아내에게 가서도 안 되고, 손으로 음식물을 만져서도 안 된다. 당연히 음식물은 다른 사람이 먹여 준다. 이 관습은 전쟁터에서 살해당한 자들의 영혼에 대한 공포 때문에 비롯된 것이라고 볼 수 있다. 이렇게 말할 수 있는 뚜렷한 근거가 있다.

티모르섬에서는 적의 모가지를 들고 개선한 무리들을 맞이할 때 행하는 또 다른 의식에서, 살해당한 자의 영혼과 화해하기 위해 제물을 바쳤다. 만일 제물을 바치지 않으면 승리한 전사들에게 재난이 닥칠 거라고 믿었다. 의식의 일부는 춤과 노래로 되어 있는데, 살해당한 적의 죽음을 애도하고 그에게 용서를 비는 내용도 있다. "노하지 말게. 그대의 모가지가 우리와 함께 있지 않은가. 만일 운이 따르지 않았다면, 우리 모가지가 그대 마을의 것이 되었을 수도 있다네. 우린 그대를 위무하고자 여기 제물을 바쳤다네. 그대의 혼백이여, 고이 잠드시고 우릴 건드리지 마시게. 그대는 어쩌다가 우리의 적이 되었는가. 그대와 우리가 친구였더라면 오죽 좋았겠나. 그랬다면 그대의 피를 보지도 않았을 것이고, 그대의 모가지도 떨어지지 않았을 것." 중부 셀레베스에 있는 팔루[9]의 원주민들도 싸움터에서 적의 모가지를 베었을 때는 나중에 신전에서 적의 혼백을 위무하는 관습이 있었다.

뉴기니의 와니겔라 강변에 사는 여러 부족들은 "사람의 생명을 빼앗는 자는 특정한 의식을 마칠 때까지 부정한 자로 간주한다. 그 의식 과정은 이렇다. 즉, 사람을 살해한 뒤에는 가능한 한 빨리 자기 무기와 신체를 깨끗이 씻어야 한다. 그런 다음 마을에 들어가 제단의 나무토막 위에 앉는다. 사람들은 누구든 그에게 가까이 가서도 안 되고 그의 소유물을 보아서도 안 된다. 이윽고 그를 위한 오두막이 세워지고 두세 명의 소년들이 그의 뒤를 따른다. 그가 먹어도 좋은 것은 오직 바나나의 중간 부분이며, 윗부분과 끝부분은 버려야 한다. 오두막에 유폐된 후 사흘이 지나면 그의 친구들이 찾아와 조촐한 잔치를 베풀어 주면서, 그를 위해 음부를 가릴 새 허리띠를 만들어 준다. 이 허리띠는 '이비포로ivi poro'라고 한다. 이튿날 그는 적의 모가지를 잘라 왔다는 것을 기리는 최고훈장과 휘장을 주

---

9 인도네시아 셀레베스섬 술라웨시텡가주의 주요 도시

렁주렁 붙이고 무장을 한 채 거리를 활보한다. 다음날에는 사냥대회가 열리는데, 이때 잡은 짐승 가운데 캥거루를 골라 쓸개와 간을 끄집어내어 그의 등에 문지른다. 그러면 그는 엄숙한 표정으로 가장 가까운 강가로 가서 물속에 버티고 선 채 목욕재계를 한다. 그때 어린 전사들이 그의 두 다리 사이를 헤엄쳐 지나간다. 그럼으로써 그의 용맹과 위력이 어린 전사들에게 전파된다고 믿는다. 다음날 새벽에 그는 다시 완전무장을 하고 집을 뛰쳐나와 자기한테 살해당한 희생자의 이름을 소리 높여 외친다. 이때 죽은 자의 영혼을 완전히 압도했다고 생각들 때까지 악을 쓴 다음에야 만족스럽게 오두막으로 돌아온다. 한편 바닥의 널빤지를 치거나 불을 피우는 행위도 죽은 자의 영혼을 위협하는 방법이라고 여긴다. 어쨌든 다음날로 그의 정화의식은 모두 끝이 난다. 그런 다음에야 비로소 그는 아내가 있는 집으로 돌아갈 수 있다."

네덜란드령 뉴기니의 윈데시에서는 머리 사냥을 나간 일행이 성공적으로 일을 마치고 마을 가까이에 도달하면 나팔을 불어 그 성공을 알린다. 그들이 타고 온 카누도 나뭇가지로 단장한다. 적의 모가지를 든 사나이는 얼굴에 숯으로 검댕 칠을 했다. 여럿이 한 사람을 죽였을 때는 모가지가 그 숫자만큼 분배된다. 그들은 반드시 이른 새벽에 도착하도록 시간을 맞춘다. 이들이 큰 소리를 지르며 강변의 마을 어귀에 들어서면 여자들은 춤출 준비를 하고 집 베란다에 서서 기다린다. 이들이 탄 카누는 '룸스람room sram', 곧 젊은이들이 사는 집 앞을 통과하는데, 이때 그들은 그 집의 벽과 지붕에 자신들이 죽인 적의 숫자만큼 날카로운 몽둥이나 대창을 던진다. 그리고 이날은 때로 북을 치거나 소라고둥을 부는 것 외에는 아주 조용히 보낸다. 하지만 다른 날에는 살해된 자들의 영혼을 내쫓기 위해 악을 쓰며 집 벽을 두들겨 댄다.

마찬가지로 뉴기니의 야빔Yabim족도 살해당한 자들의 영혼이 자기네 뒤를 쫓으며 위해를 가한다고 믿었다. 그래서 소리를 지른다든가 북을 치거나 해서 그 영혼을 추방한다. 피지섬에는 사람을 산 채로 매장하는 관습이 있는데, 그렇게 죽은 자의 영혼이 생전에 살던 자기 집에 되돌아오는 것을 막기 위해 밤중에 대나무나 조개껍데기 따위로 만든 나팔을 불면서 난리를 친다. 또 사람들은 그 영혼이 자기 집을 싫어하도록 만들려고 애써 집 장식 따위를 모두 떼어 내고 그 영혼이 싫어할 만한 것들로 잔뜩 늘어놓는다.

아메리카 인디언은 고문을 받던 죄수가 죽으면, 그날 밤 무서운 소리를 지르

머리 사냥꾼을 표현한 현대의 민예품 인형

면서 온 마을을 뛰어다닌다. 그러면서 막대기로 가구라든가 벽, 지붕 등을 마구 두들겨 댄다. 이는 죽은 자의 원혼이 그곳에 지피지 못하도록 하고, 그에게 가해진 고문에 대해 복수하지 못하도록 하기 위한 조처였다. 한번은 어떤 여행자가 이렇게 말한 적이 있다. "어느 날 밤, 오타와Ottawa족[10]의 마을에 들어서니까 주민들이 난리가 아니었다. 그들은 모두 가장 날카롭고 가장 시끄러운 소리를 내느라고 정신이 없었다. 왜 그러냐고 물어보니, 얼마 전에 오타와족과 키카푸Kickapoo족[11] 사이에 싸움이 있었는데 그때 죽은 전사들의 영혼이 마을로 들어오지 못하게 하려고 그런다고 했다."

바수토족은 "특히 전쟁터에서 돌아왔을 때 목욕재계를 행한다. 전사들이 흘린 피는 가능한 한 빨리 제거하지 않으면 안 된다. 그렇지 않으면 그들이 살해한 적들의 망령이 그들을 평생 쫓아다니며 잠을 못 자게 한다고 믿기 때문이다. 그들은 완전무장을 한 채 행렬을 지어 강가로 간다. 그들이 물속에 들어가는 순간, 강둑 위쪽에 자리 잡은 한 점쟁이가 정화의 힘을 지닌 어떤 주물呪物을 물속에 던진다. 하지만 점쟁이의 이런 행위가 반드시 필요한 것은 아니다. 어쨌든 창과 도끼 따위도 이와 같은 정화 과정을 거친다." 아프리카 동부에 사는 바게슈Bageshu족은 사람을 죽인 자는 그날 자기 집에 들어가서는 안 된다고 믿는다. 하지만 그가 마을로 돌아와 그날 밤 친구네 집에서 자는 것은 상관없다. 그는 염소를 도살하여 그 위장 속에 들어 있는 내용물로 자신의 가슴과 오른팔과 머리 등에 발라야 하며, 자기 자식들도 데려와 발라 주어야 한다. 그뿐만 아니라 자기 집의 출입문 양쪽 기둥에도 그것을 바른 다음 나머지는 지붕 위에 던진다. 그는 하루 동안 손으로 음식물을 만져서는 안 되며, 반드시 젓가락만으로 먹어야 한다. 그러나 그의 아내는 아무런 제한도 받지 않는다. 물론 기분이 내킨다면 남편이 죽인 사람을 위해 통곡을 해도 무방하다.

잠베지강[12] 북쪽에 사는 앙고니족 전사는 싸움터에 출정하여 적을 살해하고 돌아오면, 몸과 얼굴에 재를 바르고 죽은 자의 옷가지를 걸친 채 나무껍질을 목에 두른다. 그는 이런 복장으로 사흘간 지내야만 한다. 게다가 그는 이른 새벽에

---

10 알공킨어를 사용하는 인디언. 오늘날의 오타와·프렌치강, 조지아만, 미시간 북부지역과 인근 지역에 살았다.
11 알공킨어를 쓰는 인디언. 지금의 미국 위스콘신주 컬럼비아군에 있는 폭스강과 위스콘신강 사이의 육로에 살았다.
12 아프리카 중남부에서 남동부에 걸쳐 흐르는 강이다.

일어나 온 마을을 뛰어다니며 큰 소리를 질러 살해당한 자들의 망령을 쫓아내야 한다. 그렇게 하지 않으면, 그 망령들이 마을에 병이나 재난을 불러일으킨다고 믿었다.

위에서 살핀 사례에서는 강제적인 격리, 특히 목욕재계한 다음의 격리에 관해서는 어떠한 언급도 없다. 그러나 남아프리카의 몇몇 부족들은 싸움터에서 사나운 적을 죽인 전사에 대해, 강물에서 목욕재계한 다음 열흘간 아내나 가족들과 별거할 것을 요구한다. 또한 그는 주의에게서 약을 하나 받아 그것을 식사 때 함께 씹어야 한다. 아프리카 동부 난디Nandi족[13]의 경우, 다른 부족의 성원을 살해한 자는 자기 신체와 창과 칼의 절반은 붉은색, 절반은 흰색으로 칠하도록 정해져 있다. 또한 살인한 뒤 나흘간은 부정하다고 간주되어 집에 돌아가지 못한다. 그는 물가에 움막을 짓고 그곳에 묵어야 하며, 아내나 애인과 접촉해서는 안 된다. 그뿐만 아니라 죽과 쇠고기 혹은 양고기 외에 다른 것은 먹을 수 없다. 나흘이 지나면 세게텟segetet 나무껍질로 만든 강력한 하제下劑를 복용하는 한편, 피가 섞인 염소젖을 마셔 스스로를 정화해야만 한다.

카비론도[14] 지역에 사는 반투족의 여러 부족들의 관습에 의하면, 싸움터에서 적을 죽인 자는 돌아올 때 삭발을 해야 한다. 또한 친구들은 그의 몸 구석구석에 염소 똥으로 만든 주술적 약을 발라 준다. 이는 살해당한 자들의 망령이 그를 괴롭히지 못하도록 막기 위한 것이다. 아프리카 동부의 와게이아Wageia족도 이와 동일한 이유로 똑같은 관습을 지킨다. 하지만 카비론도 지방 자루오Ja-Luo족[15]의 관습은 약간 다르다. 거기서는 전사가 싸움터에서 돌아오면 사흘 뒤에 삭발을 한다. 그러나 마을에 들어가기 전에 그는 자기 목에다 살아 있는 닭을 머리 쪽이 위로 오도록 해서 매달아야 한다. 그런 다음 닭 모가지를 잘라 이번에는 모가지가 왼쪽으로 향하도록 해서 자기 목에 묶는다. 이렇게 자기 집에 돌아온 전사는 곧바로 적의 망령이 자신한테 지피지 못하도록 그 망령을 위무하는 잔치를 베풀어야 한다.

팔라우 제도에서는 적을 죽인 전사들이 싸움터에서 돌아오면, 처음 출정한 풋

---

13 남부 나일어군 가운데 칼렌진어를 쓰는 민족. 케냐 고지 서부에 살고 있다.
14 빅토리아호가 있는 케냐 서부지역
15 케냐 서부 카비론도 지역에 있는 빅토리아호 부근 평야와 우간다 북부에 사는 루오Luo족을 가리키는 듯하다.

내기 전사들을 비롯하여 살육에 참가한 모든 이들은 마을 회의장으로 쓰는 큰 방에 갇힌 채 터부시된다. 그들은 그 안에서 한 발짝도 나올 수 없으며, 목욕을 하거나 여자를 만나서도 안 되고, 생선을 먹어서도 안 된다. 음식물은 야자수 열매와 사탕수수 당밀만 먹어야 한다. 그러면서 그들은 주술을 가한 이파리로 눈을 씻고 참마를 씹어야 한다. 이렇게 사흘을 지내고 나서 그들은 적을 살육한 장소에서 가능한 한 가장 가까운 곳까지 가서 목욕재계를 해야 한다.

북아메리카 나체스족 인디언의 풋내기 전사들은 처음으로 적의 목을 베었을 때 여섯 달 동안 금욕생활을 해야 한다. 그 기간에는 아내와 동침해서는 안 되며, 육류를 먹어서도 안 된다. 하지만 생선과 과자 따위는 먹어도 좋다. 이런 터부를 위반하면 죽은 적의 망령이 그를 저주할 것이며, 앞으로의 싸움에서도 승리할 수 없고, 사소한 상처로도 목숨을 잃게 될 거라고 믿었던 것이다. 촉토Choctaw족[16]도 적의 모가지를 베어 온 자는 한 달 동안 그 적을 위해 애도해야 하며, 그 기간에는 손으로 머리를 매만지거나 할 수 없다. 딱히 머리가 가려우면 조그만 막대기를 손목에 묶어서 그것으로 긁어야 한다. 어쨌든 자기가 죽인 적을 애도하는 이런 관습은 북아메리카의 인디언 사회에서는 흔히 있는 관습이었다.

이처럼 싸움터에서 적의 생명을 취한 전사는 동포들은 물론이고, 특히 자기 아내와의 자유로운 접촉이 일시적으로 금지되었으며, 사회에 복귀하기 전에 정해진 목욕재계의 정화의식을 거쳐야 했다. 다시 말하거니와, 이 같은 격리와 정화의식이 지닌 목적은 살해당한 자의 성난 망령을 추방하거나 위협하고 혹은 화해하는 데에 있었다. 그렇다면 적이 아닌 자기 동포를 죽인 자에 대한 정화 또한 처음에는 이와 동일한 목적을 지녔을 법하다. 목욕재계나 단식 등으로 상징되는 도덕적 재생 혹은 영적 재생과 같은 일반적 관념은 단지 후대의 해석에 불과한 것일 수도 있다. 즉, 그런 관습을 낳은 원시적 사유방식에서 이미 벗어난 후대인들의 해석일 뿐이라는 말이다. 만일 여기서 살인자에게 희생자의 망령이 지필지도 모른다는 공포 때문에 원시인들이 동포를 죽인 자에게 특정한 터부를 부과했으리라는 점이 밝혀진다면, 같은 추론의 타당성이 확인될 수 있을 것이다.

이를 확인하기 위해 북아메리카의 오마하족 인디언에 관해 생각해 보기로 하자. 이 인디언 사회에서는 살해당한 자의 친족에게 살인자를 죽일 수 있는 권리

---

16 무스코기어에 속하는 언어를 사용하는 북아메리카 인디언. 오늘날 미시시피주 동남부에 거주했다.

를 부여하고 있다. 이때 그 친족들에게 물건으로 보상함으로써 종종 그 권리를 포기하게 할 수도 있다. 이렇게 하여 살인자의 죄가 용서받은 경우라 할지라도, 살인자는 2년 내지 4년 동안 특별한 규칙을 준수해야 한다. 그는 항상 맨발로 걸어야 하며, 따뜻한 음식을 먹어서도 안 되고, 소리를 지르거나 주위를 돌아보아서도 안 된다. 아무리 더운 날이라 해도 두터운 외투를 걸치고 목 부분까지 꼭 여며야 한다. 외투깃이 열리거나 바람에 날리는 일이 있어서는 안 된다. 손도 함부로 움직여서는 안 되며, 언제나 부동자세를 하고 있어야 한다. 머리에 빗질을 해서도 안 되며, 머리카락이 마구 바람에 날리게 해서도 안 된다. 부족 전체가 사냥하러 갈 때도, 그는 일행과 400미터 정도 떨어진 곳에 따로 텐트를 쳐야 한다. 이는 살해당한 자의 망령이 돌풍을 일으켜서 일행에게 해를 입히지 않도록 하기 위한 것이다. 이때 그의 친족 중 단 한 사람만은 그의 천막에 함께 있을 수 있다. 하지만 다른 사람들은 아무도 그와 함께 식사하려 하지 않는다. 이는 "와칸다Wakanda가 싫어하는 사람하고 같이 식사를 하면, 와칸다가 우리도 싫어하게 될 것이기 때문"이라고 한다. 또 그는 종종 한밤중에 일어나 마을을 돌아다니면서 자기 죄를 슬퍼하고 울부짖는다.

그리하여 오랜 격리생활이 끝나갈 무렵, 피해자의 친족들이 그의 울음소리를 듣고 이렇게 말한다. "그만해 둠세. 이제 다른 사람들과 함께 걸어도 좋아. 가죽신을 신고 좋은 옷을 입어도 돼." 어쨌든 살인자는 다른 사람들에게서 멀리 떨어져 있어야 한다. 이런 격리 터부의 이유는 그에게 가해지는 다른 모든 터부들을 이해하는 데에 중요한 단서가 된다. 즉, 살인자는 살해당한 자의 망령이 지펴 있고, 그로 인해 위험하다는 것이 그 이유이다. 고대 그리스인들은 살해당한 지 얼마 되지 않은 망령이 살인자에게 원한을 품어 그를 괴롭힌다고 믿었다. 나아가 과실에 의한 살인일지라도 망령의 원한이 진정될 때까지 살인자는 1년 정도 그 지방을 떠나 있어야 한다. 그래서 그는 희생제물을 바치고 정화의식을 행하기 전까지 집에 돌아올 수 없다. 만일 살해당한 희생자가 외국인일 경우는 죽은 자의 고향 나라는 피해야 한다.

우리는 친모를 살해한 오레스테스Orestes[17]의 설화에서도 이런 터부를 확인할 수 있다. 오레스테스는 자신의 오염된 몸이 정화될 때까지 살해당한 어머니의 원

---

17 본서 제1장의 옮긴이 주 6번 참조

「복수의 여신들에게 쫓기는 오레스테스」 윌리엄 아돌프 부게로, 1862

령에 쫓겨 정처 없이 방랑하지 않으면 안 되었다. 아무도 그와 함께 식사하려 하지 않았으며, 그를 자기 집에 들이려 하지 않았다. 이 설화는 격노한 망령에 지핀 인물에 대해 그리스인이 지녔던 현실적인 공포심을 충실하게 반영해 보여 주고 있다.

6. 사냥꾼과 어부의 터부

원시사회에서 사냥꾼과 어부는 종종 금욕의 규칙을 준수해야 한다. 그들은 전사와 살인자에 대해 강제된 터부와 유사한 종류의 정화의식을 거치지 않으면 안 된다. 물론 그런 규칙과 의식이 지향하는 정확한 목적을 모든 사례를 통해 확인할 수는 없다. 하지만 최소한 우리는 사냥꾼과 어부의 터부 관습도 그들이 죽였거나 혹은 죽이려 하는 동물과 새, 물고기 등의 영혼에 대한 두려움에서 비롯된 것이라고 추정해 볼 수 있다. 이는 앞에서 언급한 전사의 사례, 즉 그가 살해했거나 혹은 앞으로 죽이고자 하는 적의 영혼이 두려운 나머지 격리와 정화의 터부 관습을 지켰던 경우와 마찬가지다.

일반적으로 원시인은 동물에게도 인간과 동일한 영혼과 지능이 있다고 믿었다. 때문에 그들은 동물에 대해 마치 사람을 대하듯 존경심을 표한다. 원시인은 자기가 살해한 인간의 영혼을 위무하듯이 자기가 죽인 동물의 영혼과 화해하려 한다. 이런 화해의 의례에 관해서는 뒤에서 다시 언급하겠다. 여기서는 수렵과 어로의 계절이 되기 전 혹은 그 기간 중에 사냥꾼과 어부가 준수하는 터부에 대해, 그리고 수렵이나 어로에 성공하여 노획물을 가지고 돌아왔을 때 행하는 신체의 정화의례에 관하여 살펴보기로 하자.

원시인은 일반적으로 모든 동물들의 영혼을 존경하며, 특히 인간에게 유익한 동물이나 혹은 덩치가 크거나 힘이 세거나 사나운 동물의 영혼에 대해 비상한 존경심을 가지고 다루었다. 따라서 비교적 인간에게 덜 유익하거나 또는 덜 중요한 동물의 도살에 비해, 인간에게 유익하거나 혹은 위험한 동물을 사냥한다든지 도살할 때에는 한층 더 엄격한 규칙들을 지키고 보다 정성들인 의식을 행한다. 누트카사운드의 인디언들은 고래잡이를 위해 일주일 동안 단식을 하며 하루에 몇 차례씩 목욕을 하는가 하면, 노래를 부르면서 조개껍데기나 나무껍질 따위로 몸과 팔다리, 얼굴 등의 살갗을 찢어질 만큼 열심히 문질러댄다. 그들은 이 기간 중에 여자와의 접촉을 삼가는데, 이는 성공적인 고래잡이를 위한 필수적인 조건으로 간주된다. 그래서 고래를 놓친 추장은 실패의 원인이 정절 터부를 지키지 않은 부하에게 있다고 책망한다. 여기서 포경 준비를 위한 이런 터부가 이 부족의 전사들이 출정시에 준수해야 하는 터부와 전적으로 동일하다는 점을 지적해 둘 필요가 있다. 말라가시의 고래잡이 어부들도 이와 유사한 터부를 지킨다. 그들은 바다에 나가기 여드레 전부터 단식을 하고, 여자와 술을 멀리하며 지금까지 숨겨두었던 죄 따위를 서로 고백한다. 이때 만일 누군가 중대한 죄를 범한 사실이 밝혀지면, 그는 고래잡이에 참가하지 못한다.

마부이아그섬에서는 듀공[18]을 잡으러 가기 전과 바다거북들이 교미하는 동안에는 모두 금욕생활을 하도록 정해져 있었다. 바다거북의 포획기는 10월과 11월인데, 만일 이 기간에 미혼 남녀들이 교접하게 되면, 카누가 바다 위에 떠 있는 거북에게 다가갔을 때 수놈이 암놈에게서 떨어져 서로 다른 방향으로 도망친다고 믿는다. 마찬가지로 뉴기니의 모와트에서도 바다거북의 교미기에는 어부들이 여자와의 성교를 일절 하지 않는다. 평소에는 도덕적 타락이 현저한 곳인데도 말이다.

캐롤라인 제도의 야프섬에서 어부들이 성수기에 6주일에서 8주일 동안 가장 엄격한 터부 조항들을 준수한다. 이들은 해변에 머무는 동안 언제나 남자 집회소에서 공동생활을 해야 하며, 어떤 구실로도 집에 가서는 안 되고, 아내는 물론 다른 여자의 얼굴조차도 바라볼 수 없다. 여자 얼굴을 슬쩍 엿보기만 해도 반드시 그날 밤에 날치가 그의 눈깔을 파낼 거라고 믿었기 때문이다. 혹 아내나 어머니, 딸아이가 무언가 가져오거나 이야기하러 오는 경우에는 등을 돌린 채 말하거나 물건을 받아야 한다. 그런 용건이 끝나면 다시 엄격한 격리생활로 돌아간다. 공동 집회소에서의 생활도 제한이 있다. 가령 집회소에서 열리는 마을 사내들의 놀이에 어부들은 참가할 수 없다. 어부들끼리만 따로 한곳에 모여 앉아 침묵을 지켜야 한다.

미르자푸르[19]에서는 누에 종자를 집 안에 들일 때, 신성한 쇠똥을 발라 놓은 장소에 보관해야 한다. 그래야 콜Kol이나 부이야르Bhuiyar가 행운을 가져다줄 거

---

18 본서 제3장의 옮긴이 주 30번 참조

라고 믿기 때문이다. 그런 다음 가장은 주의 깊게 의례적인 정결을 지켜야 한다. 아내와의 동침을 삼가야 하며, 침대에서 자도 안 된다. 수염이나 손톱을 깎아서도 안 되며, 몸에 기름을 발라서도 안 된다. 버터로 요리한 음식을 먹어서도 안 되며, 거짓말을 한다든지, 그밖에 올바르지 않은 일은 일절 하지 말아야 한다. 그는 또한 누에가 잘 부화하면 제물을 바치겠노라고 싱가르마티데비Singarmati Devi 신에게 맹세한다. 이윽고 누에고치가 부화하여 애벌레가 나오면 집안 여자들을 한자리에 모여 앉힌 다음 갓난애가 태어났을 때처럼 함께 노래를 부르며, 이웃에 사는 모든 결혼한 아낙네들의 가르마 탄 머리 부분에 빨간 물감을 칠해 준다. 그후 누에들이 짝짓기를 시작하면 사람이 결혼할 때처럼 모두 환성을 지르며 기쁨을 표시한다. 요컨대 누에가 사람대접을 받는 셈이다. 어쨌든 누에가 부화할 때 부부 간에 성교를 해서는 안 된다는 이런 터부는 다른 많은 민족들에서도 찾아볼 수 있다. 이는 아내가 임신 중이거나 아이에게 젖을 물리고 있는 동안에 성교를 해서는 안 된다는 규칙의 연장이며, 그 유비적 적용에 불과한 것으로 보인다.

니아스섬의 사냥꾼들은 짐승을 잡을 때 흔히 함정을 파 놓고 그 위에 작은 가지나 풀잎 따위를 살짝 덮어 둔다. 그들은 그런 함정을 파는 동안 여러 가지 터부를 지킨다. 이를테면 함정을 파는 동안 절대 웃어서는 안 된다. 만일 누군가 웃게 되면 함정이 무너진다고 믿기 때문이다. 또한 소금을 먹어서도 안 되며, 돼지 먹이를 준비해서도 안 된다. 함정을 파면서 그 안에서 몸을 긁어서도 안 된다. 그랬다가는 흙덩이가 느슨해져서 함정이 무너지게 된다고 믿었다. 이렇게 함정 파는 작업이 다 끝나면 그날 밤에는 여자와 성교를 해서는 안 된다. 만일 이를 어기면 지금까지의 모든 노력이 다 허사가 된다고 믿기 때문이다.

수렵과 어로의 성공 조건으로서 엄격한 성적 정절을 지켜야 한다는 관습이 원시사회에서는 지극히 일반적으로 행해졌다. 전술한 여러 사례들은 이런 터부가 항상 미신적 신앙에 입각해 있음을 보여 준다. 이는 성적 터부를 위반함으로써 사냥꾼이나 어부의 체력이 일시적으로 약화될까 봐 그런 것이 아니다. 일반적으로 성적 터부의 위반이 끼치는 악영향은 그것 자체가 위반자를 약화시킨다기보다 무슨 이유 때문인지 알 수는 없지만, 하여간 그 악영향이 노획물에도 미쳐 수렵이나 어로에 실패의 결과를 낳게 만든다고 여겼다. 브리티시컬럼비아의 캐리

---

19 네팔 남부와 맞닿은 동북부 인도의 우타르프라데시주에 있다.

어족 인디언은 곰을 잡기 위해 함정을 파는데, 그 전의 한 달 동안은 아내와 별거한다. 이 기간에는 아내와 같은 그릇으로 물을 마셔서도 안 되며, 자작나무 껍질로 만든 특별한 잔을 사용해야 한다. 이를 어기면 함정에 걸려든 곰을 놓치게 된다고 믿었다. 한편 수달피를 잡으려고 하는 경우에는 열흘만 금욕생활을 하면 된다.

이처럼 미신적 동기 때문에 정욕을 제어하는 정절 터부의 수많은 사례들을 여기서 일일이 다 검토할 수는 없는 노릇이다. 몇 가지 사례만 더 살펴본 후, 수렵이나 어로가 끝난 다음 사냥꾼과 어부가 준수하는 정화의식에 대해 생각해 보기로 하자. 라오스 시포움 근처의 한 염전에서 일하는 자는 그곳에서 여자와 성적 관계를 가져서는 안 된다. 또한 작열하는 태양빛을 피하기 위해 머리를 가리거나 양산을 써서도 안 된다. 버마 카친Kachin족[20]의 경우는, 술을 담글 때 두 명의 여자를 선발하여 누룩을 준비하는데, 이때 그녀들은 술이 익을 때까지 절대 신 것을 먹어서는 안 된다. 만일 이를 어기면 술이 시어질 거라고 믿었다. 마사이Masai족[21]은 독신 남자 한 사람과 독신 여자 한 사람이 밀주蜜酒를 담그는데, 그들은 술이 익을 때까지 특별히 마련한 오두막에 격리된다. 그리고 이 기간에 두 남녀는 절대로 성교를 해서는 안 된다. 양조가 시작되기 전의 이틀과 양조가 진행되는 엿새 동안은 절대로 정절을 지켜야 한다. 마사이족이 믿는 바에 의하면, 두 사람이 정절 터부를 위반할 경우 양조가 실패로 끝나는 것은 물론이고 벌꿀까지도 모두 도망친다고 한다. 이밖에 독약을 만드는 자는 반드시 혼자서 자야 하며, 마치 추방자 취급하는 듯한 여러 터부들을 지켜야 한다.

마사이족과 같은 지방에 사는 완도로보Wandorobbo족은 독약을 만드는 사나이 옆에 여자가 있는 것만으로도 독약의 효과가 없어진다고 믿는다. 심지어 남편이 독약을 만드는 동안에 아내가 다른 남자와 간통을 해도 똑같은 결과가 초래한다고 믿는다. 이런 관념에 대해서는 터부와 관련하여 합리적으로 설명하기가 매우 어렵다. 어떻게 독약 만드는 자의 아내가 부정을 범했다고 해서 그것이 독약 효력의 물리적인 상실을 초래한다는 말인가? 요컨대 아내의 부정이 독약에 미치는 영향은 분명 공감주술의 사례에 해당한다. 즉, 그녀의 부정행위가 공간적 거리를

---

20 미얀마 북동부와 인접 지역인 인도의 아루나찰프라데시와 나갈란드 및 중국 윈난성의 여러 곳에 사는 종족
21 동아프리카의 유목부족. 케냐와 탄자니아에 걸쳐 있는 그레이트리프트밸리 지역에 사는 유목 마사이족, 케냐의 삼부루족, 탄자니아에서 반유목생활을 하는 아루샤족 및 바라구유족이 여기에 속한다.

사이에 둔 그녀의 남편과 그의 작업에 공감적으로 영향을 미친다는 말이다. 여기서 우리는 어느 정도 확신을 가지고 이렇게 추정해 볼 수 있다. 즉, 고도의 문명사회에 살고 있는 독자는 실수로라도 아내를 독살하지 않기 위해 궁리한 현명한 조치가 바로 터부 아니냐고 생각하고 싶을지도 모른다. 하지만 사실은 그렇지 않다. 독약을 만드는 자에게 부과된 금욕 규정도 공감주술의 단순한 사례일 따름이다.

남아프리카의 바페디족과 바통가족은 새로운 마을의 위치를 선정하고 집을 세우기 시작하면, 모든 기혼자들은 부부관계를 할 수 없다. 이 터부를 어기는 자가 발각되면 집을 짓는 공사는 일체 중단되고, 마을을 세울 만한 다른 장소가 물색된다. 정절 터부를 깨뜨리면 이제 막 발전하고 있는 마을이 오염되며, 추장은 쇠약해져 마침내 죽게 될 것이고, 죄를 범한 여자도 앞으로 어린애를 낳을 수 없게 된다고 믿는다. 코친차이나의 참Cham족은 관개를 위해 강에 댐을 쌓거나 혹은 공사할 때 추장이 전통적으로 희생제물을 바치면서 신들에게 공사의 안전과 보호를 기원한다. 이때 추장은 공사가 끝날 때까지 누추한 오두막에 살면서 공사장에는 나가지 않는 대신 엄격한 금욕생활을 해야 한다. 이를 어기면 둑이 무너진다고 믿었다. 추장은 손가락 하나 까딱하지 않는 상태에서 공사가 진행되므로, 이때 행하는 추장의 금욕이 단순히 공사를 지도함에 그의 육체적 활력을 증진시키려는 목적으로 행해진 것이 아님은 두말할 필요도 없다.

앞에서 사냥꾼과 어부가 수렵이나 어로를 나가기 전에 준수했던 터부 규정들이 미신적 신앙의 동기로 설명될 수 있음을 언급한 바 있다. 특히 그 동기는 주로 수렵과 어로에 의해 죽은 생물들의 성난 영혼에 대한 두려움에서 비롯되었다. 그렇다면 도살 행위가 끝난 뒤에 과해지는 터부들은 도살 행위 이전의 그것에 못지않게 더욱 엄격했을 것이라는 예상을 할 수 있다. 왜냐하면 도살자는 희생물의 성난 영혼을 바로 목전에서 대면할 수밖에 없으므로 훨씬 더 큰 공포에 빠질 것이기 때문이다. 여기서 혹자는 음식물이나 수면 따위의 제한을 포함하는 여러 터부들이 단순히 일을 하기 위한 건강과 힘을 확보하려는 위생적 조치에 불과하다고 가정할 수도 있다. 이런 가정하에서는 노획물을 도살하거나 물고기를 다 잡은 이후의 터부 준수란 전혀 불필요하며 무의미한 일로서 도대체 합리적으로는 설명이 안 된다. 하지만 실제로는 수렵과 어로의 목적을 다 이룬 다음에도 그런 터부가 여전히 강제되었고, 더욱 엄격하게 요구되었다. 그리하여 합리적인 설명과 이론은 완전히 무너지고 만다. 이제 우리 앞에 열려 있는 유일한 대안은 원시인들이 지녔던 미신적 신앙의 가설뿐임이 명백해진 것이다.

베링 해협의 이누이트Inuit족[22] 혹은 에스키모Eskimo족[23]은 여러 짐승들의 죽은 시체를 사냥꾼이 다룰 때 그 영혼들이 성을 내어 사람에게 악운이나 죽음을 초래하는 일이 없도록 매우 조심해야 한다고 믿는다. 그래서 우날리트Unalit족의 어부들은 흰고래를 잡는 포경사뿐만 아니라 그것을 어망에서 끌어내리는 것을 도운 자들까지도 고래의 그림자나 영혼이 고래 몸에 머물러 있다고 여기는 나흘 동안은 아무 일도 하지 못하도록 제한받는다. 이 기간에 모든 마을 사람들은 날카롭고 예리한 도구를 일절 사용하지 않는다. 이는 그것이 행여 고래의 영혼을 다치게 할까 우려해서이다. 사람 눈에 보이지는 않지만 고래의 영혼이 마을 주변에 떠다닌다고 믿었던 것이다. 또 이 기간에는 큰 소리를 내서도 안 된다. 고래의 영혼을 놀라게 하거나 성나게 해서는 안 되기 때문이다. 게다가 고래를 쇠도끼로 쪼개는 자는 누구든 죽게 될 것이다. 그래서 나흘 동안은 누구도 쇠로 만든 연장을 사용할 수 없도록 금지되어 있다.

에스키모족은 매년 12월이면 성대한 축제를 개최하는데, 그때 한 해 동안 잡은 모든 물개와 고래, 바다코끼리, 흰곰 등의 방광을 집회소에 모아 놓는다. 사냥꾼들은 집회소에서 며칠 동안 묵으면서 여자와의 관계를 피해야 한다. 이 터부를 어기면 죽은 짐승의 영혼이 성을 낸다고 믿었다. 마찬가지로 알래스카의 알류트Aleut족[24]도 주술을 건 창으로 고래를 찌른 어부는 그 창을 더 이상 쓰지 않고 곧바로 귀가해야 한다. 그런데 그는 가족들과 떨어진 채 특별히 마련된 오두막에서 사흘 동안 아무것도 먹지 않고, 여자도 멀리해야 한다. 격리 기간에 그는 상처 입

---

22 에스키모들이 그들 스스로를 부르는 '인간'이라는 의미의 '이누이트'에서 온 명칭
23 북극·캐나다·그린란드 및 시베리아의 아쪽북극지방에서 어로·수렵을 하며 사는 인종. 에스키모라는 이름은 캐나다의 크리족 인디언들에 대해 '날고기를 먹는 사람들'이라는 뜻에서 붙인 것인데, 그들 스스로는 '인간'을 의미하는 이누이트라고 불러졌다. 에스키모는 몽골계 종족으로 중간 키에 단단한 체구, 비교적 큰 머리와 넓고 평평한 얼굴을 가지고 있다. 그러나 이들은 손발 크기나 다른 신체적 특징 면에서 아메리카 인디언들과는 뚜렷한 차이가 있으며, 인디언에게 전혀 없는 B형 혈액형 보유자가 상당히 많다. 이 때문에 현대 학자들은 적어도 에스키모의 일부분이 아메리카 인디언들과는 완전히 다른 기원을 가지고 있다고 생각하고 있다. 일반적으로 이들은 거주 지역에 따라 동東 그린란드 에스키모, 서西 그린란드 에스키모, 북극 에스키모 등으로 나뉜다. 캐나다에서는 크게 래브라도 에스키모, 퀘벡 에스키모, 배핀랜드 에스키모, 매켄지 에스키모 등으로 구분되고, 알래스카에서는 베링해 에스키모 등 몇 집단으로 나뉜다.
24 알류샨 열도와 알래스카 반도 서부지역의 원주민. 언어·인종·문화에서 에스키모와 밀접한 관련이 있다.

은 고래의 입김을 흉내 내며 휘파람을 불어 댄다. 이는 자기가 찌른 고래가 해안에서 도망치지 못하도록 하기 위한 것이다. 이윽고 나흘째가 되면 그는 오두막에서 나와 바닷가로 가서 목욕재계를 한다. 그러면서 목쉰 소리로 신음소리를 내거나 두 손으로 물장구를 친다. 그런 다음 한 친구를 데리고 고래가 쓰러져 있는 해안가로 간다.

만일 고래가 죽어 쓰러져 있으면 치명상을 입은 고래의 부위를 즉시 도려낸다. 하지만 고래가 아직 살아 있다면 다시 집으로 돌아와 고래가 죽을 때까지 계속 자기 몸을 씻는다. 여기서 어부가 상처 입은 고래 흉내를 내는 것은 아마도 동종주술의 원리에 따라 고래가 빨리 죽기를 바라는 몸짓이라고 보인다. 한편 흰곰의 영혼도 사냥꾼이 터부를 지키지 않으면 성을 낼 수가 있다. 흰곰의 영혼은 사흘 동안 시체 주변을 배회한다고 여겼다. 그래서 에스키모인은 이 기간에 특히 엄격하게 터부를 준수한다. 이는 다른 바다짐승의 영혼보다 흰곰의 영혼에게서 받는 벌이 더 즉각적이라고 믿었기 때문이다.

카얀족이 사나운 보르네오표범을 쏘아 죽였을 때, 그들은 자기 영혼의 안전을 매우 걱정한다. 왜냐하면 그들은 표범의 영혼이 그들 자신의 영혼보다 훨씬 더 강력하다고 생각하기 때문이다. 그래서 이들은 죽은 표범 위를 여덟 번 뛰어넘으면서 "네 영혼은 내 영혼에게 패배했다"고 주문을 왼다. 집에 돌아와서는 자기 몸과 사냥개와 무기 따위에 닭의 피를 발라야 한다. 그렇게 자신의 영혼을 위무함으로써 그것이 도망가지 못하게 하려는 것이다. 카얀족은 닭고기를 아주 좋아하는데, 그들의 영혼 또한 닭을 좋아할 거라고 생각하기 때문에 닭의 피로 위무하는 것이다. 그런 다음 여드레 동안 밤낮을 가리지 않고 목욕재계한다. 호텐토트Hottentot족은 사자나 표범, 코끼리 따위를 사냥한 자를 영웅으로 대접한다. 그런 영웅이 사흘간은 집에서 아무것도 해서는 안 되며, 아내와 접촉해서도 안 된다. 그의 아내 역시 간신히 건강을 유지할 정도의 극히 작은 양의 음식만 먹으면서 금욕해야 한다.

라프Lapp족[25]의 경우는 곰을 사냥한 자에게 최고의 영예가 주어진다. 하지만 사냥에 참가한 사람들은 모두 오염되었다고 간주하므로, 그들은 특별히 마련된 천막에서 사흘간 격리생활을 하면서 곰 사체를 토막 내어 요리해야 한다. 죽은

---

25 노르웨이·스웨덴·핀란드 북부와 콜라 반도에 사는 원주민

곰을 싣고 온 썰매는 1년간 여자가 사용할 수 없다고 하며, 또 어떤 보고에 의하면 그 썰매는 1년 동안 아무도 사용할 수 없다고 한다. 하여간 이들은 천막에 들어가기 전에 곰 사냥 때 입었던 옷을 전부 벗어 버려야 한다. 이때 아내는 남편의 얼굴에다 빨간 나무즙을 뿌려 준다. 사냥꾼들은 평상시 드나드는 문 대신 뒷문을 통해 천막으로 들어가야 한다. 곰 요리를 준비하는 동안 여자들은 천막 가까이에 갈 수 없으며, 곰 요리가 다 된 후에는 두 남자가 요리의 일부를 여자들에게 갖다준다. 이때 두 남자는 마치 다른 나라에서 선사품을 가지고 온 이방인인 듯한 몸짓을 하고, 여자들도 같은 시늉을 하면서 발에 붉은 실을 매어 주겠다고 약속한다. 곰고기는 천막의 정문이 아닌 특별히 설치한 창문을 통해 내주어야 한다. 사흘간의 격리생활이 끝나면 곰 사냥꾼들은 아내에게 돌아갈 수 있는데, 그때 그들은 냄비를 매단 사슬을 들고 불 주위를 돈다. 이는 몸을 정화하는 의식이라고 보인다. 이런 의식을 거쳐야만 비로소 그들은 천막 정문을 통과하여 아내에게 갈 수 있었다. 하지만 이후에도 지휘자만은 사흘간 아내와의 접촉을 삼가야 한다.

카프레족은 이무기 같은 큰 뱀을 지독히도 무서워한다. "그들은 어떤 미신적 관념 때문에 큰 뱀을 살해하는 것을 두려워한다. 어쩌다 그런 뱀을 죽인 자는 자기 몸을 보호하기 위해서건 혹은 다른 이유에서건 몇 주일 동안 물속에 누워 있어야 한다. 그가 이런 터부를 완전히 이행할 때까지 마을 전체는 어떤 짐승도 죽여서는 안 된다. 이때 뱀의 사체는 외양간 근처에 파 놓은 웅덩이까지 정중하게 운반하여 매장한다. 뱀의 무덤은 추장의 묘지와 마찬가지로 누구든 얼씬거려서는 안 된다. 죽은 사람에 대해 상복을 입듯이 죽은 뱀에 대해서도 상복을 입는데, 요즘은 상복 입는 기간이 많이 단축되었다." 마드라스에서는 코브라를 죽이는 것이 큰 죄로 간주되었다. 어쩌다 그런 일이 발생하면 사람을 화장하듯이 코브라의 사체를 화장한다. 이때 코브라를 죽인 자는 부정을 탔다 하여 사흘간 근신하지 않으면 안 된다. 코브라가 죽은 이틀 후에는 그 유해에 젖을 뿌린다. 이렇게 사흘이 지나면 코브라를 죽인 자는 비로소 모든 부정에서 자유롭게 된다.

이상의 사례에 나오는 동물들은 모두 신성시되었기 때문에 그런 동물을 죽인 자는 속죄의 고행을 행해야 한다. 말하자면 사람들은 그런 동물들에 대해 흔히 미신적 관념을 가지고 있어서 그 생명을 보호해야 한다고 믿는다. 그래서 그런 동물을 죽인 자는 신성모독죄를 저지른 것으로 간주된다. 그럼에도 그들에 대한 조치는 식용을 위해 동물을 도살한 사냥꾼이나 어부에 대한 처우와 크게 다르지 않다. 요컨대 이 두 경우의 터부들이 토대로 삼고 있는 관념은 본질적으로 동일하다고 말할 수 있다. 나의 판단이 틀리지 않다면, 그런 관념은 바로 원시인들이 동물의 영혼에 대해 느끼는 감정, 특히 인간에게 유용하거나 혹은 두려운 동물의 영혼에 대해 품고 있는 존경심, 나아가 살해당한 동물의 영혼이 인간에게 복수할지도 모른다는 공포심과 밀접한 관계가 있다.

이 같은 견해의 타당성은 안남의 어부들이 고래 사체를 해안에 끌고 왔을 때 행하는 의식에서도 어느 정도 확인 가능하다. 그들은 자신들의 이익을 위해 고래를 숭배한다. 그래서 그들이 사는 해안가에는 발 닿는 곳마다 고래 뼈를 모시는 사당이 있고, 혹 죽은 고래가 파도에 밀려온 경우에도 마을 사람들은 모두 모여 엄숙한 장례식을 치러 준다. 이때 고래를 맨 처음 발견한 자가 상주가 되어, 고래를 인간의 친족으로 여기면서 고래를 위한 의식을 거행한다. 상주는 밀짚모자라든가 긴 소맷자락이 달린 흰 상복에, 그 밖의 장례용 장신구 등 애도에 필요한 모든 복장을 갖추어, 죽은 자와 가장 가까운 혈육의 자격으로 초상을 치른다. 거기서 상주는 분향을 하며 금종이·은종이를 뿌리고 과자 따위를 던진다. 그런 다음 고래 사체에서 살 부분을 다 거둬 내고 기름을 짜낸 뒤 유골을 모래 속에 매장한다. 사람들은 나중에 그곳에 사당을 짓고 제물을 바친다. 보통은 매장이 끝난 뒤, 얼마 되지 않아 죽은 고래의 영혼이 마을의 누군가에게 지펴 그의 입을 통해 수 컷인지 암컷인지가 알려진다고 한다.

제21장
사물 터부

1. 터부의 의미

원시사회의 신적인 왕이나 추장 혹은 사제 등에 의해 준수되었던 정화의례의 규칙들은 살인자, 복상자, 산모, 월경 중인 여자, 사냥꾼과 어부 등이 준수한 규칙들과 많은 점에서 일치하고 있다. 물론 우리의 눈에는 그런 여러 계층의 인물들에게 나타난 성격과 양상이 전혀 다른 것처럼 보일지도 모른다. 그래서 그들 가운데 어떤 이에 대해서는 신성하다고 말하고, 다른 이에 대해서는 부정하거나 오염되었다고 말한다. 하지만 원시인들은 그런 여러 계층의 인물들에 대해 우리처럼 윤리적 차별을 두지 않았다. 다시 말해 원시인들에게 신성과 오염의 관념은 미분화 상태로 존재했던 것이다. 원시인들은 이 인물들을 모두 위험하다고 여겼다.

우리 식대로 말하면, 그 위험성은 다른 사람들에게 전파될 수 있는 어떤 영적인 것, 상상적인 것과 다름없었다. 그러나 상상적인 위험은 실제적인 위험이었다. 실로 상상력은 인력引力과 마찬가지로 사람들에게 현실적인 영향을 끼칠 수가 있으며, 이를테면 청산가리가 사람을 죽일 수 있듯이 상상력 또한 실제로 사람을 해칠 수 있다. 우리가 다루고 있는 터부의 목적은 바로 이런 종류의 인물들을 공동체 사회와 차단함으로써 사람들을 영적인 성격을 지니는 무시무시한 위험에서 지키고, 나아가 그 위험이 다른 대상으로 전파되지 못하도록 하는 데에 있었다. 이러한 터부는 예의 인물들에게 부과된 영적인 힘이 외부세계와의 접촉을 통해 해를 끼치지 못하도록 방지하는 역할, 이를테면 일종의 절연체 같은 역할을 했던 셈이다.

우리는 이 같은 일반적 원리에 대해 다양한 사례를 제시하면서 살펴보았다. 아래에서는 터부시되는 사물, 터부시되는 언어의 사례들을 추가적으로 검토할 것이다. 원시인들의 관념에 의하면, 사물과 언어는 사람과 마찬가지로 일시적 혹은 영구적으로 터부의 신비스러운 위력을 가지고 있다고 한다. 때문에 길든 짧든 일정한 기간을 정해 어떤 특정한 사물이나 언어를 일상생활에서 사용하지 못하도록 금했던 것이다. 이 장에서는 특히 일반인과 격리되어 높은 벽 안에 둘러싸인 채 생활했을 뿐만 아니라 수많은 터부들에 의해 포위되어 지내야 했던 신성한 추장이나 왕 혹은 사제 등과 밀접한 관계가 있는 몇몇 사례들을 살펴보겠다. 먼저 터부시된 사물에 대해 살펴본 후, 터부시된 언어에 대해서는 제22장에서 언급할 것이다.

2. 쇠붙이 터부

원시인들이 왕의 신성성을 두려워한 나머지 왕의 몸과 접촉하는 것을 기피했다는 사실에 주목할 필요가 있다. 스파르타 왕의 신체에 손을 대는 것은 불법이었다. 또한 타이티섬의 왕과 왕비는 아무도 손을 댈 수 없었다. 마찬가지로 시암의 왕에게 손대는 자는 사형에 처해졌다. 캄보디아의 왕 역시 그의 허락이 없는 한 아무도 왕의 몸에 접촉할 수 없었다. 1874년 7월에 이 왕이 마차에서 떨어져 정신을 잃은 적이 있는데, 수행원들 중 감히 누구도 그의 몸에 손을 대려 하지 않았다. 마침 지나가던 한 유럽인이 부상한 왕을 궁전까지 데려다주었다고 한다.

옛날 조선에서도 왕의 옥체에 손을 댈 수 없었다. 황공하옵게도 왕이 백성에게 손을 대면 그 부위는 신성시되었으며, 그런 명예를 얻은 자는 평생 동안 특별한 표지(보통 붉은 비단실)를 몸에 지니고 살아야 했다. 그런데 무엇보다 쇠붙이가 왕의 몸에 접촉하는 것은 엄격히 금지되었다. 조선의 정조正祖대왕[1]은 등에 생긴 종기로 인해 1800년에 죽었다. 그때 메스로 절개만 했더라도 죽지 않았을 터인데, 아무도 그것을 권하지 못했다고 한다. 한번은 어떤 왕이 입술에 난 종기 때문에 몹시 괴로워하자 왕실의 어의가 어릿광대를 불러들였다. 왕이 그 광대짓을 보고 폭소를 터뜨리는 바람에 종기가 터져 치유되었다는 이야기도 있다.[2]

---

1 조선왕조 제22대 왕. 재위 1777~1800년

2 조선의 사례에 대한 출처는 C. C. Dallet, *Histoire de l'Eglise de Coree*, i 및 Griffis, *Corea, the Hermit Nation*. 이중 첫 번째 출처, 즉 클로드 샤를 달레, 안응열 외 옮김, 『한국천주교회사 상』, 한국교회사연구소, 1987의 해당 부분은 다음과 같다. "이 임금(정조)은 등창으로 승하하였다. 때맞게 약간 절개수술만 하였던들 임금을 살릴 수 있었을 것이나, 조선 예법 철칙은 병이 든 경우에도, 또 그를 고치기 위하여도 왕의 몸에 손을 대는 것을 금하였다. 그 종기는 악화하여 큰 상처가 되었고, 왕은 재위 24년 후 1800년 6월 28일에 승하

로마인과 사비니인의 사제는 삭발할 때 쇠붙이를 사용해서는 안 되었다. 하지만 청동제 면도칼이나 가위는 상관없었다. 로마에 있는 '아르발 사제단Arval Brothers'[3]의 신성한 무덤에 비문을 새길 철제 조각 도구가 도착했을 때 사람들은 새끼 염소와 돼지 한 마리씩을 제물로 바쳤으며, 이 제사는 비문이 완성되어 철제 도구를 치울 때까지 계속 이어졌다. 그리스의 성지에도 쇠붙이를 가지고 들어가서는 안 되었다. 크레타섬에서는 메네데모스Menedemus에게 희생제의를 바칠 때 절대 쇠붙이를 쓰지 않았다. 이는 메네데모스가 트로이 전쟁 때 철제 무기에 의해 살해되었다는 전설 때문이다. 플라타이아이[4]의 집정관은 쇠붙이를 만질 수 없었다. 다만 플라타이아이 전쟁[5]에서 전사한 자들을 위해 매년 한 차례씩 올리는 제사 때만은 희생제물로 바칠 수소를 도살하는 데에 칼을 써도 좋다는 허가가 내려졌다. 호텐토트족의 사제는 오늘날까지도 동물을 희생제물로 바치거나 혹은 할례를 행할 때 철제 칼 대신 반드시 예리한 석영 파편을 사용한다.

서남아프리카 오밤보Ovambo족의 관습에서도 젊은이들에게 할례를 거행할 때 예리한 부싯돌을 쓴다. 경우에 따라 쇠붙이를 사용할 때도 있는데, 그때 사용한 쇠붙이는 반드시 땅에 묻어야 한다. 애리조나의 모퀴Moqui족[6]은 오늘날 일상생활에서는 사용하지 않는 돌칼이나 돌도끼 등을 종교의식에서만은 아직도 고집하고 있다. 포니Pawnee족[7]도 일반 용도로는 더 이상 사용하지 않는 돌화살촉을 포로라든가 들소 또는 사슴 따위의 희생제물을 도살할 때에 한하여 사용하고 있다. 이밖에도 유대인들은 예루살렘 신전을 건축하거나 제단을 만들 때 철제 도구

하였다."(428쪽) 정조의 사인이 달레의 보고처럼 정말 등창 때문이었는지는 분명치 않다. 하지만 프레이저의 풍부한 상상력은 이 구절에서 놀랍게도 정조의 사인을 쇠붙이 터부와 연관시켰다.

3 고대 로마의 사제단. 이들의 주요 임무는 경작지가 비옥해지기를 비는 공공 제사를 매해마다 드리는 것이었다. 매우 오래전부터 있었던 것으로 보이는 이 사제단은 공화정 시대에는 거의 잊혔다가 아우구스투스에 의해 부활되었고, 테오도시우스 1세 때까지 존속한 것으로 보인다. 이 사제단은 현직 황제를 포함한 여러 고관들 가운데서 종신직으로 선출된 12명의 회원으로 구성되었다. 이들에 대해 언급한 글은 거의 찾아볼 수 없으나 돌에 새겨진 96개의 의사록acta이 로마 근처 데아디아의 묘지에서 발견되었다.

4 보이오티아 지방에 있었던 고대 그리스의 도시

5 그리스군이 페르시아군에게 승리한 기원전 479년의 전쟁을 일컫는다.

6 푸에블로 인디언의 일파인 호피Hopi족의 옛 이름. 나바호족 인디언 보호구역 중앙부와 페인티드데저트 가장자리, 곧 애리조나주 북동부에 해당하는 지역에 산다.

7 캐도어를 사용하는 북아메리카 인디언. 16세기 이전부터 19세기 후반까지 미국 네브래스카주 플랫강 유역에서 살았다. 포니족의 종교는 매우 정교했다. 몇몇 별들을 신격화하여 그 앞에서 탄원하는 의식을 행했으며, 옥수수 파종 시기를 정하는 실용적인 문제에서도 별의 움직임에 의존했다. 옥수수는 상징적인 어머니로서 그를 통하여 태양신이 은총을 베푼다고 여겼다.

를 일절 사용하지 않았다. '수블리키우스 다리Pons Sublicius'라 부르는 로마의 오래된 목조 다리는 신성시되는데, 그것을 건조했을 때나 이후 수선할 때도 쇠붙이나 청동 따위는 전혀 사용하지 않았다. 푸르포에 있던 '유피테르 리베르Jupiter Liber'[8] 신전을 수리할 때에도 철제 도구를 사용할 수 없도록 법으로 정해져 있었다. 또 키지쿠스[9]의 의사당은 못 하나 사용하지 않은 목조 건물로서 모든 들보가 조립식으로 짜맞추어졌다.

쇠붙이에 대한 이러한 미신적 거부는 아마도 아직 철물이 귀했던 역사의 여명기까지 거슬러 올라갈 수 있을 것 같다. 그때만 해도 많은 원시인들이 의심과 혐오감의 눈초리로 철을 바라보았던 모양이다. 원시인들은 무엇이든 진귀한 것에 대해 두려움과 위협을 느꼈기 때문일 것이다. 이와 관련하여 보르네오의 한 유럽인 개척자는 다음과 같이 기록하고 있다. "두순Dusun족[10]은 참 기묘한 미신을 믿고 있다. 그들은 좋은 일이든 나쁜 일이든, 행복이든 불행이든 그들에게 닥쳐오는 모든 일의 책임을 자기네 마을에 들어온 어떤 새롭고 신기한 물건에다 전가시킨다. 그래서 그들은 킨드람에 있는 내 유럽식 주택 때문에 최근 무더운 날씨가 계속된 거라고 믿고 있다."

1886년부터 이듬해 겨울까지 영국인들에 의해 실시된 니코바르 제도[11]의 탐사 기간에 보기 드문 집중호우가 내렸는데, 이에 대해 원주민들은 그들이 늘 지나다니는 곳에 설치된 경위기와 수평기 등의 신기한 기계들의 영혼이 성을 냈기 때문이라고 믿었다. 그래서 어떤 자는 돼지를 제물로 바쳐 성난 기계의 영혼을 달래야 한다고 제의하기까지 했다. 17세기 무렵 궂은 날씨가 계속되었던 에스토니아의 농민들이 폭동을 일으킨 적이 있었다. 그들은 신기한 물레방아가 물줄기를 부자연스럽게 가로막고 있기 때문에 그런 재난이 일어난 거라고 여겼다. 폴란드에 처음으로 철제 농기구가 수입되었을 때 우연히 흉작이 계속되었다. 이때도 농민들은 그 원인이 처음 보는 철제 농기구 때문이라고 생각하여, 종전과 마찬가지로 그것을 전부 목제 농기구로 바꿔 버렸다. 농경 중심인 자바의 원시 바두위

---

8 리베르는 고대 이탈리아의 결실의 신. 디오니소스 혹은 바쿠스와 동일시되었다.

9 소아시아 북서부에 있던 고대 그리스의 도시

10 말레이시아 사바주 보르네오섬에서 가장 규모가 큰 토착민 집단. 보르네오섬 북부, 쿠다트와 보퍼트 사이의 해안평야와 탐부난 주변의 구릉지대에 산다.

11 인도 벵골만에 있는 안다만니코바르 연방 직할주에 속하는 제도. 말레이시아 서쪽 약 480킬로미터 지점에 있다.

Baduwi족은 오늘날에도 밭갈이를 할 때 철제 농기구를 전혀 사용하지 않는다.

종교 영역에서는 어떤 새로운 혁신에 대한 일반적인 혐오가 항상 강하게 견지되어 온 경향이 있다. 우리는 그런 혐오를 왕과 사제들, 신들에 의해 점철되어 온 쇠붙이에 대한 신앙적 반발을 통해 충분히 확인할 수 있다. 추측컨대 그와 같은 반발은 철제 농기구를 불신한 폴란드의 사례에서 볼 수 있듯이, 악천후가 계속되는 우발적인 현상에 의해 곳곳에서 강화되었던 듯싶다. 하지만 왕들이나 사제들의 쇠붙이 혐오에서 또 다른 측면을 엿볼 수 있다. 즉, 금속에 대한 그들의 반발은 사람들이 금속 자체를 하나의 무기로 여기게 만들기도 했던 것이다. 금속 자체가 경우에 따라서는 두려운 영혼들에게서 인간을 보호해 주는 역할을 했다는 말이다. 사람들은 한편으로 철에 대해 매우 강한 혐오를 품고 있지만, 다른 한편으론 혐오스러운 금속에 의해 보호된 인물이나 사물에는 사악한 영혼들이 접근하지 않을 거라고 여겨, 그런 망령이나 정령들을 막아 주는 주술적 사물로서 철을 사용했던 것이다.

이러한 목적으로 철을 사용한 사례는 얼마든지 있다. 스코틀랜드의 고지대에서는 철이나 강철을 가지고 작은 요정들을 막았다. 이때 칼이든 총이든 금속제이기만 하면 모두 이런 목적을 이룰 수 있다고 믿었다. 그래서 정령이 지핀 집에 들어갈 때는 칼이나 바늘 혹은 낚싯바늘 따위의 쇠붙이를 그 문짝에다 꽂아 놓는다. 그러면 정령들이 출입을 못한다고 믿었다. 마찬가지로 사슴을 사냥하여 밤중에 집으로 운반할 때에는 사슴에 칼을 꽂아 두어야 한다. 이는 정령들이 포획물에 지피지 못하도록 하기 위한 조처였다. 심지어 주머니 속에 칼이나 못 따위를 가지고 다니는 것만으로도 정령들을 막을 수 있다고 믿었다. 마찬가지로 침대 머리맡에 못을 놓아두면 정령이 지피지 못하고, 혹은 다리미를 침대 밑에 넣어 두거나 낫을 창문가에 놓아두면 보다 확실하게 효과를 볼 수 있다고 믿었다. 수소가 바위에서 떨어져 죽은 경우에는 그 사체에 못을 하나 박는다. 그러면 죽은 수소에게 정령들이 접근하지 못한다고 믿었다. 또한 유대인들은 하프의 음악이 사냥꾼들을 정령들에게서 지켜 준다고 생각했다. 이는 하프의 줄이 금속으로 되어 있기 때문이다. 모로코에서도 귀신을 막는 데에 반드시 철이 필요하다고 생각했다. 그래서 환자의 머리맡에 칼 따위를 놓아두는 것이다.

싱할리Singhalese족[12]은 틈만 있으면 자신들을 기습하려는 악령들에게 포위되어 살고 있다고 믿는다. 때문에 농민들은 과자나 고기 따위의 귀한 음식물을 운반할 때는 그 위에 쇠못을 얹어 놓는다. 이는 악령의 침투를 막고 질병으로부터 자신을 보호하기 위해서였다. 환자들은 남녀를 불문하고 외출할 때는 반드시 열쇠 뭉치나 칼 따위를 몸에 지니고 나간다. 만일 그런 부적을 몸에 지니지 않은 채 외출하면 허약한 몸을 빌미로 악마가 침입할 거라고 여겼다. 게다가 자기 몸에 큰 종기가 생기면 그 위에 쇠붙이를 올려놓는다.

아프리카 노예해안에서는 자식이 병들어 점점 야위어 가면 어머니는 귀신이 지폈다고 생각하여 필요한 조처를 취한다. 즉, 자식의 몸에서 귀신을 꾀어내기 위해 그녀는 우선 음식물을 제물로 바친다. 귀신이 그것을 먹고 있는 사이에, 이번에는 쇠사슬과 조그만 방울을 자식의 발목에 달아 주고 목에는 쇠사슬을 감아 준다. 철렁거리는 쇳소리와 방울소리에 기겁한 귀신이 자식의 몸뚱이에서 도망쳐 다시는 침입하지 못할 거라고 믿는다. 그래서 노예해안의 지방에는 무거운 쇠사슬을 두른 아이들이 눈에 많이 띄는 것이다.

3. 무기 터부

버마의 쳉위 북부에 한 사제왕이 살고 있는데, 소티Sotih족은 사제왕을 세속적으로 뿐만 아니라 영적으로도 최고의 권위를 가진 존재로서 존경한다. 그런데 사제왕의 거처에는 무기나 쇠붙이 따위를 가지고 들어갈 수 없다. 이 규칙은 수많은 원시민족들이 지켰던 사후死後 터부에 의해 설명될 수 있을 것 같다. 즉, 그들은 죽은 자의 영혼이 가까이 있다고 여겨지는 동안에는 그 영혼에게 상처를 입힐 수 있으므로 예리한 무기의 사용을 삼가는 것이다.

베링 해협의 에스키모인들은 마을에서 누가 죽은 날에는 일을 해서는 안 되며, 친족들은 사흘간 노동을 해서는 안 된다. 이 기간에는 칼이나 도끼 같은 도구를 사용할 수도 없다. 바늘이나 송곳 같은 예리한 도구도 사용해서는 안 된다. 이런 규칙은 언제 나타날지 모르는 망령에게 상처를 입히지 않기 위해서였다. 어쩌다 망령에게 상처를 입히게 되면 성난 망령이 사람들을 병에 걸리게 하거나 죽

---

12 스리랑카 인구의 70퍼센트 이상을 차지하는 최대 민족. 인도유럽어족을 쓰는 이들의 조상은 기원전 5세기경 북인도로부터 건너온 것으로 추정된다.

게 만든다고 믿었다. 또한 친족들은 고성이나 소음을 내서도 안 된다. 그러면 망령이 놀라 성을 낼 것이므로, 이 기간 중에는 매우 조심해야만 한다. 우리는 에스키모인들이 흰 고래를 잡은 뒤에 나흘 동안 고래의 영혼에게 상처를 입히지 않기 위해 날선 금속제 도구를 사용하지 않는다는 사실을 이미 살펴본 바 있다.[13] 그런 터부는 때로 마을에 환자가 생긴 경우에도 준수했다. 이는 환자의 몸 밖에서 배회하는 영혼에게 상처를 입히지 않기 위해서였을 것이다.

트란실바니아의 루마니아인들도 사람이 죽었을 때 그 유해가 집 안에 있는 동안에는 날을 위로 세운 칼이 아무데나 방치되지 않도록 조심한다. 그렇지 않으면 죽은 자의 영혼이 작두 타듯 칼날 위에 놓여 상처를 입게 될 것이라고 믿었기 때문이다. 중국인들은 7일장 동안에 칼이나 바늘의 사용을 삼가며, 심지어 젓가락도 써서는 안 되므로 손으로 식사를 한다. 고대 프로이센인과 리투아니아인은 장례식을 마친 후 3일째, 6일째, 9일째, 40일째 되는 날에 음식물을 준비한 다음, 대문 앞에서 서서 죽은 자의 영혼을 초대한다. 이때 사람들은 둥근 테이블에 말없이 둘러 앉아 식사를 하되 일절 칼을 사용하지 않으며, 여자들도 음식을 준비하면서 전혀 칼을 사용하지 않는다. 식사 도중 음식 부스러기가 식탁 아래로 떨어져도 그대로 둔다. 이는 친지나 친구들이 없어서 아무도 돌보지 않는 무연고 영혼들을 먹이기 위한 것이다. 식사가 끝나면 상주가 빗자루를 들고 와 "영혼들이여, 당신네들의 식사가 끝났으니, 이제 모두 돌아가 주시오"라고 말하면서 죽은 자의 영혼들을 집에서 쓸어 낸다.

이상의 사례를 통해 우리는 버마 사제왕의 집에 무기를 들고 들어가서는 안 된다는 터부의 의미를 짐작해 볼 수 있다. 즉, 다른 많은 사제들과 마찬가지로 버마의 사제왕도 신적인 존재로 간주되었는데, 그의 신성한 영혼이 몸에서 이탈하여 공중을 배회하거나 혹은 용무가 있어 멀리 외출할 때 그 영혼에게 상처를 입히지 않기 위해 무기 반입이 금지된 것이었다고 말할 수 있다.

---

13 본서 제20장 6절 참조

4. 피 터부

앞에서 플라멘디알리스가 짐승의 날고기를 만지지 못하며, 그 이름조차 입에 올리지 못한다는 터부에 대해 살펴본 바 있다.[14] 인도 브라만 계급의 사제는 특정한 때에는 날고기와 피, 손에 창상이 있는 자를 보지 못하도록 하는 규칙이 정해져 있었다. 우간다의 경우, 쌍둥이의 아버지는 아내의 해산 후 일정 기간 터부시되며, 무엇이건 죽이거나 피를 보아서는 안 된다.

팔라우 제도에서는 마을이 적의 기습을 받아 사람이 살해당한 경우 그렇게 죽은 자의 친족들은 터부시된다. 즉, 그들은 망령의 분노를 피하기 위해 터부들을 지켜야 한다. 그들은 집 안에만 꼼짝 말고 있어야 하며, 날고기에 손을 대서는 안 된다. 그러면서 퇴마사가 주문을 건 참마를 씹어 먹어야 한다. 그래야 망령이 이 마을에서 물러나 자기를 죽인 자를 쫓아 적의 마을로 간다는 것이다. 이 터부는 피 속에 동물의 영혼 혹은 정령이 깃들어 있다는 통속적 신앙에 입각한 것일지도 모른다. 이때 터부시된 인물은 위험한 상태(가령 살해당한 자의 친족들은 그의 성난 망령에게 공격을 받기 쉽다)에 있다고 간주되므로, 특히 그를 망령과 접촉하지 않도록 격리할 필요가 있었다. 바로 여기서 날고기를 만져서는 안 된다는 터부가 비롯된 것이다.

그러나 일반적으로 터부는 일상 규범이 특수하게 강화된 것에 다름없다. 다시 말해, 어떤 터부의 준수는 그것을 절실하게 요청하는 상황에서 특별히 강제되는 것인데, 특수 상황이 아닌 평상시에는 그렇게 엄격하지 않지만 일상생활 속에서 통상적 규칙으로 지켜야 한다. 에스토니아인들은 피 속에 동물의 영혼이 있다고 믿기 때문에 피를 먹지 않는다. 만일 피를 먹게 되면, 피 속에 있는 동물의 영혼이 자기 몸속으로 들어온다고 믿는다. 북아메리카의 여러 인디언 부족들도 강력한 종교적 교의에 따라 짐승의 피는 먹지 못하도록 일절 금하고 있다. 이는 그 피 속에 짐승의 생명과 영혼이 깃들어 있다고 믿기 때문이다. 유대인 사냥꾼들은 포획한 짐승의 피를 모두 빼내어 땅에 묻는다. 그 짐승의 생명과 영혼이 피 속에 살고 있거나 혹은 사실상 피 그 자체라고 믿기 때문에 그들은 짐승의 피를 먹지 않았다.

14　본서 제17장 1절 참조

왕의 피를 땅에 흘려서는 안 된다는 터부는 매우 일반적으로 지켜진 규칙이다. 때문에 왕이나 왕족을 처형할 때에는 그 피가 땅에 떨어지지 않도록 특별히 고안된 장치가 사용되곤 했다. 1688년경 시암의 왕이 육군대장의 모반으로 인해 사형에 처해졌는데, 이때 왕의 죄를 묻거나 혹은 왕자가 중대한 죄를 저질렀다고 판단되는 경우의 처형 방식이 취해졌다. 즉, 왕을 큰 가마솥에 넣고 나무로 만든 절굿공이로 짓찧어 죽였던 것이다. 이는 왕의 피를 한 방울도 땅에 흘리지 않기 위한 처형 방식이었다. 이 방식은 그들의 종교적 관념에 토대를 둔 것이며, 그들은 왕의 피가 땅에 흘러 흙과 섞이게 되면 그 신성한 피는 오염되는 것이며, 그것은 크나큰 불경不敬이라고 믿었다.

쿠빌라이 칸Kublai Khan(1215~1294)[15]은 그에게 반역한 숙부 나얀Nayan을 붙잡아 큰 거적에 둘둘 말아서 꽁꽁 묶은 다음 나얀의 목숨이 끊어질 때까지 사방팔방 굴리고 다녔다. 왜냐하면 쿠빌라이 칸은 왕족의 피가 땅에 흐르는 것을 원치 않았고, 또한 하늘과 태양 앞에 그런 모습을 드러내고 싶지 않았기 때문이다. 수도승 리콜드Ricold는 이런 타타르족의 관습에 대해 다음과 같이 언급하고 있다. "한 칸Khan이 다른 칸을 살해하고 그 지위를 탈취하고자 할 때, 그는 자신이 죽인 칸의 피가 땅에 흐르지 않도록 세심한 주의를 기울인다. 위대한 칸의 피를 지상에 흘리는 것은 아주 잘못된 일이라고 믿기 때문이다. 그래서 그는 복잡한 방식으로 희생자를 질식시켜 죽인다고 한다." 이런 관습이 버마의 왕궁에서도 행해졌다. 왕의 혈통을 죽일 때는 피가 땅에 흐르지 않도록 특별한 처형 방식이 채택되었다.

이처럼 왕의 피가 땅에 흐르지 못하도록 하는 터부는 피를 흘리는 것에 대한, 혹은 그것을 지상에 흘리는 것에 대한 일반적 혐오감의 특수한 경우에 불과하다고 보인다. 마르코 폴로Marco Polo(1254년경~1324)[16]의 기록에 의하면, 중국 베이징에서는 정해진 때 이외의 시간에 거리를 걸어다니는 자를 체포하였으며, 사소한 경범죄의 경우는 몽둥이로 두들겨 팼다고 한다. "이런 형벌을 받다가 죽는 자도

---

15 몽골의 군인·정치가. 칭기즈 칸의 손자로 묘호는 세조世祖. 중국을 정복하여 원조元朝를 창립하고 초대 황제가 되었다.

16 이탈리아 베네치아의 상인·탐험가·여행가. 1271~1295년에 유럽에서 아시아까지 여행했으며 17년 동안 중국에 머물렀다. 이 경험을 기록한 여행기 『밀리오네Il milione』는 지리학의 고전으로서 흔히 『마르코 폴로의 동방견문록Travels of Marco Polo』(1477)으로 알려져 있다.

마르코 폴로 초상, 그는 17년간 중국을 여행한 후 『동방견문록』(14//)을 펴냈다.

간혹 있었지만, 중국인들은 기본적으로 유혈을 피하기 위해 가급적 사형 대신 이런 형벌의 방식을 채택한 것이다. 왜냐하면 중국에서는 사람의 피를 흘리는 일이 터부시되었기 때문이다."[17]

웨스트서식스[18] 지방의 사람들은 인간의 피가 흐른 토지는 저주를 받아 영영 불모지가 된다고 믿는다. 어떤 원시민족들은 부족원이 피를 흘리는 경우 그것을 지상에 흘려서는 안 되며, 대신 같은 부족원의 몸뚱이로 피를 받아 내야 한다고 생각했다. 오스트레일리아 여러 부족들은 할례받는 소년을 같은 부족원의 몸뚱이 위에 앉혔으며, 입사식 때 소년의 이빨을 부러뜨리는 의식에서는 한 부족원의 가슴팍에 소년을 앉혀서 피가 부족원의 가슴으로 흐르게 했다. "또한 갈리아Gaul족은 살해한 적의 피를 마시거나 그것을 자기 몸에 바르는 관습이 있었다. 고대 아일랜드에서도 동일한 관습이 있었다. 나도 어떤 아일랜드인이 적의 피가 아닌 친지의 피를 마시는 걸 본 적이 있다. 그것은 리머릭[19]의 악명 높은 반역자 무로 오브리엔Murrogh O'Brien의 사형장에서 있었던 일이다. 반역자의 유모였던 한 노파가 막 떨어진 그의 모가지를 주워 들고는, 땅은 이 피를 마실 만한 가치가 없다면서 자기가 그것을 전부 마시고 얼굴과 앞가슴에 바르고는 머리카락을 쥐어뜯으며 통곡하는 것이었다."

중부아프리카의 라투카족은 해산 때 땅에 흘린 피를 삽으로 전부 모은 다음, 산모를 씻긴 물과 함께 항아리에 넣어 집 왼편에 묻는다. 서아프리카의 원주민들도 피가 지상에 떨어지면, 그것을 흙으로 덮어 보이지 않게 한다. 만일 카누나 나무 같은 데에 피가 흘러 묻은 경우는 그 부분을 잘라 내버려야 한다. 아프리카인들의 이 같은 관습이 생겨난 동기 중 하나는, 그 피가 주술사의 손에 들어가 악용되는 것을 막기 위해서였을 것이다. 때문에 땅에 떨어진 피가 보이지 않도록 흙으로 덮거나 피가 묻은 나무를 도려 내는 것이다. 뉴기니 원주민들은 마술사에 대한 공포 때문에 자기 피가 묻은 나뭇잎이나 걸레 따위를 전부 불태웠다. 땅 위에 자기 피가 떨어지면 그것을 밟아 문지르거나 그 위에 불을 질렀다.

마다가스카르의 베칠레오Betsileo족[20] 사이에서 '라망가ramanga', 즉 '파란 피'라

17 출처는 『마르코 폴로의 동방견문록』(1477)

18 영국 잉글랜드 남부의 주

19 아일랜드 남서부 먼스터주에 있는 군

20 마다가스카르 중남부 중앙 고원지대에 사는 부족

는 계급이 수행하는 기묘한 의무도 이런 공포에 의해 설명될 수 있다. 이 계급의 사람들이 하는 일은 귀족들이 자른 손톱들을 모아서 먹거나 그들이 흘린 피를 핥아 먹는 것이다. 그들은 귀족이 손톱을 자르다가 상처가 나서 피가 흐르면 그것을 빨아 먹었다. 그래서 귀족들은 어디를 가든 라망가를 데리고 다닌다. 그러나 사정이 있어 라망가를 동반하지 못했을 경우에는 자른 손톱이나 흘린 피를 조심히 모아 두었다가 그들에게 건네주어 먹도록 한다. 모든 귀족들은 이 관습을 엄격하게 지켰는데, 관습의 목적은 손톱 따위의 신체 일부분이 마술사의 손에 들어가 감염주술의 원리에 따라 본인에게 위해를 가하지 못하도록 방비하는 데에 있었다고 보인다.

누누이 말하거니와, 땅에 피를 흘리는 일에 대한 보편적인 혐오는 피 속에는 영혼이 살고 있다는 관념에서 비롯되었으며, 따라서 피가 흐른 땅은 모두 필연적으로 터부시되거나 혹은 신성시되었다. 뉴질랜드에서는 대추장의 피가 한 방울이라도 묻은 사물들은 모두 터부시되거나 혹은 신성한 대상이 되었다. 원주민 일행이 새로 만든 멋진 카누를 타고 한 추장을 방문했을 때, 추장이 그 카누를 타려고 건너뛰다가 발에 상처가 나 카누에 피가 묻었다. 그러자 이 배는 곧바로 신성시되어, 선주는 황급히 뛰어내려 카누를 추장 집의 반대편 해안으로 끌고 가 그곳에 놓고 돌아왔다.

한번은 한 추장이 선교사의 집에 들어가려다 이마에 상처를 입어 피가 났다. 원주민들의 말을 들어 보니, 예전 같으면 선교사의 집이 즉시 추장의 소유물로 되었을 거라고 한다. 이 경우 보편적인 터부들이 다 그렇듯이, 땅에 피를 흘려서는 안 된다는 부족원들의 터부가 추장이나 왕에게는 더욱 엄격한 형태로 적용된 경우라고 볼 수 있다. 추장이나 왕의 터부는 부족원들의 터부가 더 이상 지켜지지 않게 된 이후에도 오랫동안 계속 지켜졌다.

5. 머리 터부

많은 민족은 머리를 특별히 신성시한다. 왜 머리에 특별한 신성성을 부여했는가 하는 문제는 종종 머리가 어떤 영혼을 내포하고 있고, 그 영혼은 위해危害나 무례에 대해 매우 민감하다는 신앙으로 설명되어 왔다. 예컨대 요루바Yoruba족[21]에 따르면, 인간은 모두 세 개의 영적 동거인을 가지고 있는데, 첫 번째는 '올로리Olori' 라 하여 머리에 거하면서 그 사람의 보호자나 경호인, 안내자 역할을 한다. 올로리 영혼에게는 주로 닭을 제물로 바치며, 그때 야자기름과 섞은 약간의 닭 피를 이마에 바르기도 한다.

카렌족은 '트소tso'라는 존재가 머리의 가장 꼭대기 부분에 살고 있는데, 그것이 제자리에 있는 동안에는 일곱 개의 '켈라Kelah', 즉 격렬한 감정에서 비롯되는 피해를 전혀 입지 않는다고 생각한다. 만일 트소가 무분별해지거나 허약해지면 그 사람에게 흉사가 닥친다고 한다. 그래서 카렌족 사람들은 언제나 머리를 주의 깊게 간수하며, 트소가 좋아할 만한 옷이나 치장을 하기 위해 온갖 수고를 아끼지 않는다. 시암인들도 사람 머리에는 수호신 '쿠안khuan' 혹은 '쿤kwun'이라는 영혼이 살고 있으며, 모든 종류의 위해로부터 그 영혼을 조심스럽게 지켜야 한다고 여겼다. 그리하여 머리를 자르거나 삭발을 할 때에는 갖가지 의식을 치른다. 이 영혼은 명예에 지극히 예민하여, 자신이 살고 있는 머리를 낯선 사람이 만지기만 해도 큰 모욕감을 느낀다고 한다.

캄보디아인들은 다른 사람의 머리를 만지는 것에 대해 그것을 중대한 범죄 행위로 간주한다. 심지어 어떤 이들은 자기 머리 위에 어떤 물건이 걸려 있거나 매달려 있는 것조차 싫어서 그런 장소에는 들어가려 하지 않는다. 때문에 가난뱅이라 하더라도 아래층에 사는 법이 없다. 그래서 캄보디아의 집은 모두 단층으로 되어 있다. 공무원들까지도 이런 관습을 존중하여, 죄수를 수감할 때 설령 다층 건물이라 해도 절대 아래층에 감금하지 않는다. 이런 미신적 신앙은 말레이족 사이에서도 찾아볼 수 있다. 어떤 여행가의 보고에 의하면, 자바 사람들은 "머리에 모자나 터번 같은 것을 절대 쓰지 않는다. 그리고 누가 자기 머리 위에 손을 얹기만 해도 죽일 것처럼 달려든다. 또 그들은 남의 머리 위를 걷지 않기 위해 단층집만 짓는다."

머리에 관한 미신적 신앙은 폴리네시아에도 흔하다. 예컨대 어떤 보고는 마르키즈 제도의 한 추장인 가타네와Gattanewa에 대해 다음과 같이 적고 있다. "그의 머리 꼭대기 혹은 그의 머리에 얹힌 것을 만지는 일은 신성모독죄로 간주되었다.

---

21 요루바족은 서남부 나이지리아의 대부분 지역에 거주하는 다수 민족이며, 라고스 북쪽 약 130킬로미터 지점에 위치하는 소읍 아베오쿠타를 중심으로 거주하는 에그바족은 이 요루바족의 하위 부족이다.

또한 누가 그의 머리 위로 지나가는 것은 평생 잊을 수 없을 만큼 큰 모욕으로 여겼다." 한번은 마르키즈 제도의 대추장의 아들이 분노와 절망에 떨면서 자신을 죽여 달라고 길바닥에 뒹군 적이 있었다. 그 이유는 누군가가 그의 머리카락에 물 몇 방울을 떨어뜨려 머리의 신성성을 모독하고 그의 신성을 빼앗아 갔기 때문이라는 것이다. 이 같은 머리의 신성시는 단지 마르키즈 제도의 추장들에게만 해당된 것은 아니다. 모든 주민들의 머리 또한 터부시되었으며, 따라서 다른 사람의 머리를 만지거나 올라타는 일이 있어서는 절대 안 된다. 아버지라 해도 잠자고 있는 자녀의 머리 위로 넘어가서는 안 된다. 여자는 남편이나 아버지의 머리에 닿았거나 혹은 잠깐 머리에 꽂았던 일체의 사물을 만질 수 없었다. 또한 통가왕의 머리 위로는 그 누구도 지나갈 수 없었다.

타이티섬에서는 왕이나 왕비의 머리 위쪽에 서 있거나 혹은 손을 내민 자는 모두 사형에 처해졌다. 타이티의 어린애들은 정해진 의식을 거치기 전까지 특히 머리가 터부시되었다. 그래서 이 기간에 어린애의 머리에 닿은 것은 무엇이든 신성시하여, 아이의 집에 특별히 마련된 신성한 장소에 보관하였다. 나뭇가지가 어린애의 머리에 닿았을 때는 그 나무를 벌채한다. 그때 나무가 쓰러지면서 다른 나무의 껍질이 벗겨질 정도로 상처를 내면, 그 나무도 벌채하지 않으면 안 된다. 어쨌든 정해진 의식이 끝나면 이런 터부는 해제되지만 타이티섬 사람들의 머리는 평생 동안 신성시된다. 그래서 머리에 물건을 이고 간다든지, 머리를 만지는 것은 죄악으로 간주하였다.

뉴질랜드의 마오리족도 머리를 매우 신성시했다. 어쩌다 손으로 자기 머리를 만졌을 때는 즉시 그 손가락을 코에 대고, 머리와 접촉함으로써 손에 옮겨진 신성성을 코로 들이마셔 그것을 다시 머리로 돌려보내야 한다. 마오리족 추장의 머리는 특히 신성하기 때문에, 그는 입으로 불을 꺼서는 안 되었다. 신성한 그의 입김이 불에 전이되면 그것이 다시 불이 붙었던 나무로 옮겨진다고 믿기 때문이다. 만일 타고 남은 나무가 노예나 다른 부족의 손에 넘어가거나 혹은 그 나무로 불을 때서 요리 따위의 다른 목적에 사용한다면, 곧 추장은 죽게 된다는 것이다.

6. 머리카락 터부

인간의 머리가 신성하고 그것을 만지는 일을 중대한 죄악이라고 생각했다면, 머리카락을 자르는 일 또한 매우 주의를 요하는 중대사로 여겼을 법하다. 원시인은 머리카락을 자를 때 두 가지 난점 혹은 위험이 수반된다고 생각했다. 첫 번째는 머리에 살고 있는 영혼을 휘저어 혼란스럽게 만들 위험성이다. 즉, 머리카락을 자르는 과정에서 영혼에게 해를 입히면 성난 영혼이 훼방자에게 복수할지도 모르는 일이다. 두 번째 위험성은 잘라 낸 머리카락을 어떻게 처리하느냐는 곤란한 문제와 관계가 있다. 원시인은 자신과 자기 몸의 모든 부위 사이에 공감 연관성이 존재하며, 공감 관계는 물리적 연관성이나 실제적 접촉 관계가 사라진 이후에도 계속 존재한다고 믿었다. 때문에 머리카락이나 손톱 등 이미 떨어져나간 자기 신체의 일부에 대해 어떤 위해가 가해지면, 그것이 자신에게 직접 나쁜 영향을 끼칠 수 있다고 여겼다. 그러므로 행여 실수로라도 자기 신체의 일부를 위험한 장소, 예컨대 자신을 해치거나 죽이려는 사악한 마술사가 입수하기 쉬운 장소에 방치하지 않도록 조심해야 했다.

누구나 이런 위험에 노출되어 있지만, 특히 신성한 인물은 이런 실수를 저지르지 않도록 보통 사람들보다도 더욱 경계하지 않으면 안 되었다. 때문에 왕이나 추장 같은 인물들은 더욱 철저한 예방 조치를 강구해야 했다. 이 같은 위험을 피할 수 있는 가장 간단한 방법은 아예 머리카락을 자르지 않는 것이다. 이 방법은 특히 많은 위험이 예상되는 경우에 채택된다. 프랑크Frank족[22]의 왕들은 전혀 머리카락을 자르지 않았다. 어릴 때부터 한 번도 자르지 않고 계속 길렀다. 어깨 위로 치렁치렁 늘어뜨린 장발을 자른다는 것은 곧 왕권 포기를 의미했다. 사악한 클로테르Clotaire와 킬데베르Childebert 형제는 죽은 형 클로도미르Clodomir의 왕국을 찬탈하고자, 자신들의 권력을 가지고 어린 조카인 두 왕자를 속이고 농락했다. 그들은 파리에 있는 왕자의 할머니 클로틸드Clotilde(?~545년경)[23] 여왕에게

---

22 5세기경 서로마 제국을 침략한 게르만족의 일파. 지금의 북프랑스, 벨기에, 독일 서부지역에서 다수를 점했고, 중세 초 서유럽에서 가장 강력한 기독교 국가를 건립했다. 프랑스(프랑키아)라는 국명도 이 부족명에서 유래했다.

23 축일은 6월 3일. 프랑크 왕국 클로비스 1세의 왕비. 클로비스 왕이 가톨릭교로 개종하는 데 중요한 역할을 했다. 부르고뉴의 공주로 독실한 가톨릭교도였다. 잉고메르, 나중에 왕이 된 클로도미르, 힐데베르트 1세,

「메두사」, 카라바조, 1595~1597

사자를 파견하여 가위와 칼을 내보였다. 그러면서 사자는 두 왕자의 머리카락을 잘라 살리든가 아니면 모발을 그대로 둔 채 죽이든가, 가위와 칼 중에서 선택하라고 여왕에게 윽박질렀다. 자존심 강한 여왕은 어차피 손자가 왕위에 오르지 못할 거라면 머리카락을 자르느니 차라리 죽는 것을 보겠노라고 대답했다. 그리하여 불쌍한 두 왕자는 잔혹한 클로테르 숙부의 손에 의해 죽임당하고 말았다.

캐롤라인 제도의 포나페섬을 통치하는 왕과 그의 가신들 역시 머리를 길게 길러야만 했다. 서아프리카 호Ho[24] 지역의 흑인들 사이에는 평생 머리카락을 자르지 않은 사제가 있었다. 그의 머리 안에 살고 있는 신이 그렇게 하도록 시켰다고 한다. 만일 이를 어기고 머리카락을 자르는 날에는 그는 목숨을 내놓아야 한다는 것이다. 혹 머리카락이 너무 길어서 곤란한 경우에는 그 끝을 조금만 자르겠다고 신에게 허락을 받아야 했다. 사실 머리는 신이 거하는 곳이므로, 머리카락을 자르게 되면 신은 그 사제의 머리 안에 있는 자기 집을 잃게 되는 셈이다. 한편 비를 내리게 할 수 있다는 마사이족은 수염을 자르지 못하게 한다. 수염을 자르면 비를 내리게 하는 힘이 없어진다고 믿었다. 같은 이유로 그들의 대추장과 마술사들도 수염을 자르지 않는다. 수염이 없으면 그들의 초자연적인 위력도 사라져 버린다고 여겼다.

복수를 맹세한 자는 그 숙원을 이룰 때까지 머리카락을 잘라서는 안 된다. 예컨대 마르키즈 제도의 원주민들은 가끔 머리를 삭발하는데, 그럴 때도 머리 꼭대기 부분에 한 줌 정도 머리카락을 남겨 둔다. 이 관습은 특히 가까운 사람이 죽었을 때 복수를 위해 엄숙한 맹세를 한 경우에만 행해졌다. 복수의 맹세가 이루어질 때까지는 한 줌 정도 남겨 놓은 머리카락을 절대 잘라서는 안 된다. 고대 독일인에게서도 이와 유사한 관습을 찾아볼 수 있다. 카티Chatti족[25]의 젊은 전사는 적을 한 놈 죽일 때까지 머리카락이나 수염을 깎지 못하도록 되어 있다. 토라자족은 머릿니를 잡기 위해 어린애의 머리카락을 자를 때 머리 꼭대기 부분만은 영혼의 피난처로서 자르지 않은 채 남겨 둔다. 그렇게 하지 않으면 영혼의 안식처가 없어지므로 어린애가 병이 든다고 믿었다. 카로바탁족은 어린애의 영혼이 놀란

클로타르 1세 등 모두 네 명의 아들을 낳았다. 클로비스가 죽은(511) 뒤, 그녀는 투르로 은퇴해 고결한 삶과 교회에 대한 헌신, 자선사업으로 이름을 날렸다.

24 서아프리카 가나 남동부에 있는 도시

25 1세기에 로마의 가장 강력한 위협 세력이 된 게르만족의 한 일파

나머지 도망가 버리는 것을 가장 두려워한다. 그래서 어린애의 머리카락을 자를 때 머리카락 자르는 가위에 쫓긴 영혼이 피난할 수 있는 장소로서 반드시 한 줌 정도의 머리카락은 남겨 둔다. 이 한 줌의 머리카락은 보통 평생 동안 혹은 적어도 성인이 될 때까지는 그대로 길러야 한다.

7. 삭발 의식

그러나 어쩔 수 없이 머리카락을 잘라야 할 때는 그에 따른 위험을 줄이기 위한 방법이 강구되었다. 피지섬의 나모시Namosi족 추장은 머리카락을 자르기 전에 만일을 대비하여 반드시 사람 하나를 잡아먹었다고 한다. "머리카락을 자르기 전에 인신공희를 행하는 씨족들이 있었다. 그때 제물로 바칠 사람을 선발하기 위해 씨족원 일동이 엄숙한 회의를 열었다. 이는 추장에게 일어날지도 모를 재난을 막기 위한 희생의식이었다." 마오리족은 머리카락을 자를 때 갖가지 주문을 외었다. 그중 어떤 주문은 머리카락 자르는 데 쓰는 흑요석 칼을 성화하기 위한 것이었으며, 어떤 주문은 삭발이 초래한다고 여겨진 천둥과 번개를 피하기 위한 것이었다. 머리카락을 자른 자는 그 자리에서 아투아Atua(영혼)가 지핀다. 그는 가족이나 다른 부족 사람들을 접촉할 수 없으며, 음식물에 직접 손을 대도 안 된다. 식사할 때는 다른 사람이 그의 입에 음식물을 넣어 주어야 하며, 그는 일정 기간 노동을 하거나 친구들을 만나서도 안 된다.

이때 머리카락을 잘라낸 자도 터부시된다. 그의 손은 신성한 머리카락을 만졌기 때문에 그 손으로 음식물을 만져서도 안 되고, 다른 일을 해서도 안 된다. 그의 식사는 성스러운 불로 조리된 음식을 다른 사람이 먹여 주어야 한다. 이런 터부는 그가 이튿날 성스러운 불로 삶은 감자나 고사리 뿌리로 양손을 닦아 냄으로써 해제된다. 그리고 이 음식물을 모계 쪽 친족 가운데 가장 웃어른께 가지고 간다. 그 어른이 음식을 다 먹고 나면 비로소 그의 손이 터부에서 벗어나는 것이다. 뉴질랜드의 어떤 지방에서는 머리를 자르는 날이 1년 중 가장 신성한 날로 정해져 있었다. 그날은 인접한 모든 마을에서 모여든 사람들로 북적거렸다.

8. 머리카락과 손톱의 처리

머리카락과 손톱을 안전하게 깎았다 하더라도, 다음에는 그것을 어떻게 처리하느냐는 곤란한 문제가 남는다. 잘라 낸 머리카락이나 손톱에 누군가 위해를 가하면, 그것이 원래 소유자에게 악영향을 끼칠 수 있다고 믿었기 때문이다. 이처럼 자기 몸에서 떨어져 나간 머리카락이나 손톱 혹은 신체의 기타 부분을 통해 그 당사자가 주술에 걸릴 수 있다는 생각은 거의 전 세계에 걸쳐 발견된다. 이와 유사한 관념을 보여 주는 사례들은 너무 많고 또 진부하리만큼 잘 알려져 있으므로 여기서 새삼스레 자세히 분석할 필요는 없을 것 같다. 요컨대 이런 미신적 신앙이 입각하고 있는 근본 관념은 다음과 같다. 즉, 자기 신체의 일부분이나 혹은 어떤 형태로건 접촉이 있었던 모든 사물은 그것이 본체와 분리된 이후에도 여전히 당사자와 공감적 연관성을 가진다는 관념이 그것이다. 이에 대한 몇 가지 사례만 들어 보기로 하자. 그것은 공감주술의 일종으로서 이른바 감염주술이라고 부르는 주술적 관념에 속해 있다.

앞에서도 언급했듯이, 옛날 마르키즈 제도의 원주민들을 특징짓는 가장 현저한 관념은 바로 마술사에 대한 공포였다. 마술사는 위해를 가하고자 하는 사람의 머리카락이나 침, 그 밖의 신체 부위를 입수하여 그것을 나뭇잎에다 둘둘 만 다음, 복잡하게 매듭지은 실이나 섬유로 짠 자루 속에 집어넣는다. 그리고 특정한 의식을 행한 후 그 자루를 땅에다 묻는다. 그러면 희생자는 몸이 점점 허약해지는 병에 걸려 20일 동안이나 앓게 된다. 이때 땅에 묻혀 있는 머리카락이나 침 따위를 찾아내어 파내면 그 주술력이 소실되어 목숨만은 구할 수 있었다. 마오리족의 마술사도 주술을 걸고자 할 때, 희생자의 머리카락이나 손톱, 침, 옷 조각 따위를 입수한다. 그런 다음 거기에 주문을 외거나 저주를 걸어 땅속에 묻는다. 그것이 부패함에 따라 희생자도 점점 쇠약해진다고 한다.

오스트레일리아 원주민이 아내를 내쫓고자 할 때는, 아내가 잠든 사이에 그녀의 머리카락을 뽑아 창 던지는 발사기에 묶어 이웃 부족의 친구에게 건네준다. 그러면 친구는 매일 밤마다 그것을 모닥불 옆에 세워 두는데, 이때 창 발사기가 넘어지면 그의 아내가 죽을 거라는 신호로 여겼다. 이 주술의 영향력에 대해 한 원주민은 호윗 박사에게 이렇게 말했다. "원주민 주술사가 남의 물건을 입수하여 이것저것 다른 것과 섞어 함께 불에 볶으면서 노래를 부르면, 불이 그 물건 주인의 냄새를 추적하여 그 불쌍한 자를 해치워 버리는 거지요."

카르파티아 산지에 사는 후줄족은 머리카락 부스러기로 생쥐가 집을 짓게 되면, 그 머리카락의 주인은 두통 때문에 결국 백치가 된다고 믿었다. 마찬가지로 독일인들은 새가 사람 머리카락으로 둥지를 틀면 그 사람에게 두통이 생기거나 혹은 머리에 종기가 난다고 생각했다. 웨스트서식스 제도에도 이와 유사한 미신적 관념이 널리 퍼져 있었다.

그뿐만 아니라 잘라 낸 머리카락이나 빗질하다 빠진 모발이 비나 우박을 내리게 한다든지, 천둥과 번개를 쳐서 궂은 날씨를 만든다고 관념화되었다. 그래서 뉴질랜드에서는 머리카락을 자를 때 천둥이나 번개를 피하기 위해 주문을 외운다. 티롤[26]에서도 우박이나 천둥을 불러일으키기 위해 여자 마술사가 머리카락을 이용한다. 트린키트Thlinkeet족[27] 인디언들은 폭풍우가 불면 그 원인이 함부로 집 바깥에서 머리카락을 빗은 여자들의 경솔한 행동 때문이라고 믿었다. 로마인들도 이와 비슷한 생각을 한 듯싶다. 그들은 항해 중에 배 위에서는 절대 머리카락을 자르거나 손톱을 깎지 못하도록 금했다. 이는 폭풍 따위의 재난을 피하기 위한 터부였는데, 이미 폭풍우가 몰아치고 있거나 다른 재난 속에 빠졌을 때는 이런 터부를 지키지 않아도 되었다. 스코틀랜드 고지대에서도 항해 중인 형제가 있는 자매는 밤중에 머리를 풀면 안 되었다. 서아프리카에서는 치톰베의 마니Mani, 즉 줌바Jumba가 죽으면 사람들은 관례적으로 그 유해에서 머리카락과 이빨, 손톱, 발톱 등을 뜯어냈다. 그들은 비를 청하기 위한 주물로 쓰기 위해 보관해 두었다. 만일 그런 물건이 없으면 비를 내리게 할 방도가 없다고 믿었다. 마찬가지로 안지코Anziko족의 마코코Makoko는 선교사들에게 강우주술에 써야 한다며 수염을 반쯤 나누어 줄 수 없겠느냐고 부탁했다고 한다.

잘라 낸 머리카락이나 깎은 손톱이 본래 소유주와 공감 관계가 있다고 한다면, 그것을 손에 넣게 된 자가 그것을 볼모로 삼아 악용할 수도 있을 것이다. 누누이 지적했듯이, 감염주술의 원리에 따라 머리카락이나 손톱, 발톱 따위에 위해를 가함으로써 본래 소유자에게 해를 끼칠 수 있다고 믿었던 것이다. 그래서 난디족은 포로를 잡으면 그가 도망치지 못하도록 일종의 보증서로서 그의 머리카락을

---

26 오스트리아 서부의 주
27 알래스카 남부의 아메리카 인디언

잘라서 보관한다. 그렇게 보관한 두발은 포로를 보낼 때 함께 돌려주었다.

그런데 잘라 낸 머리카락과 손톱, 발톱을 마술사의 위험스러운 도용에서 지키고자 한다면 그것을 가장 안전한 곳에 보관해야만 했을 것이다. 그래서 마오리족 추장이 머리를 자르면 아주 조심스럽게 그 두발을 모았다가 가까운 묘지 안에 보관했다. 이에 비해 타이티섬의 원주민들은 잘라 낸 머리카락을 신전 안에다 묻었다. 근대의 한 여행가에 의하면, 소쿠Soku 거리의 큰 돌무덤 사이에 사람 머리카락 뭉치가 숨겨져 있는 것을 본 적이 있다고 한다. 그 이유를 원주민들에게 물으니, 빗질을 하다가 빠진 머리카락을 버리지 않고 주워 모아 돌무덤 사이에 묻어 놓았다는 것이다. 그 돌무덤들은 신성불가침의 장소로서 사악한 마술을 피하기 위한 목적으로 이용되었다. 즉, 머리카락을 버릴 때 조심하지 않으면, 그것이 적의 수중에 들어가 주술에 걸림으로써 머리카락의 원주인이 파멸할 수 있기 때문이다.

한편 시암의 어린애들은 상투꼭지를 트는데, 머리카락을 자를 때 성대한 의식이 거행된다. 이때 짧은 머리카락은 파초 잎으로 만든 작은 상자에 넣어 가까운 강물에다 띄워 보낸다. 그 상자가 떠내려가면서 어린애의 성격적 결함이나 나쁜 습관 등도 함께 흘려보낼 수 있다고 믿는다. 반면 긴 머리카락은 그 애가 훗날 프라바트Prabat의 신성한 동산 위에 있는 '붓다의 발자국'[28] 성지를 순례할 때까지 잘 보관해 둔다. 그날이 오면 긴 머리카락은 승려에게 헌상될 것이며, 그들은 그것을 가지고 '붓다의 발자국' 성지를 청소하는 빗자루를 만들 것이다. 그런데 실제로는 매년 엄청난 양의 머리카락이 성지에 헌상되었기 때문에 그것을 다 사용하지 못했다고 한다. 그래서 순례자들이 돌아가자마자 그것들은 몰래 소각되었다고 한다. 플라멘디알리스의 잘라 낸 머리카락과 손톱은 행운의 나무 밑에 묻었으며, 베스타 여사제의 머리카락은 망우수忘憂樹[29] 고목에 걸어 두었다고 한다.

이처럼 머리카락이나 손톱은 종종 신성한 장소에 바쳐졌다. 그 장소가 반드시 신전이나 묘지 혹은 성스러운 나무 따위에만 국한된 것은 아니었다. 스와비아에서는 머리카락을 보관할 때 땅속이나 돌 밑처럼 햇빛이나 달빛이 비치지 않는 곳

28　붓다가 입멸 전에 남겼다고 하는 발자국 흔적. 인도를 비롯하여 태국, 스리랑카, 중국, 한국 등 불교문화권 전역에 존재한다.

29　그리스 신화에 나오는 나무로, 그 열매를 먹으면 황홀경에 들어가 속세의 시름을 잊게 된다고 한다.

에 묻기도 했다. 단치히[30]에서는 머리카락을 자루에 넣어 대문 밑에 묻었다. 솔로 몬 제도[31]의 우기Ugi섬에서도 머리카락이 적의 손에 들어가 주술에 걸리면, 그 주 인에게 병이나 재난을 초래하게 되므로 그것을 땅속에 묻었다. 멜라네시아의 경 우도 이와 유사하다. 남아프리카의 여러 부족들 사이에서도 요술사가 머리카락 을 입수하여 위해를 가하지 못하도록 이와 유사한 관습이 널리 행해졌다. 가령 카프레족은 그들 신체의 어떤 부분이든 간에 조금이라도 적의 수중에 들어가는 것을 매우 두려워했다. 그들은 잘라 낸 머리카락이나 손톱을 은밀한 곳에 묻었 다. 심지어 남의 머리를 손질하거나 씻겨 준 자는 그때 잡은 머릿니를 소중하게 모셔 놓았다가 "나중에 주인에게 돌려주었다. 주인의 피를 빨아 먹고 살았기 때 문에, 만일 머릿니를 죽이면 그 피가 묻어 어떤 초자연적인 힘을 옮겨 준다고 믿 었기 때문이다."

어떤 부족은 주술사의 손에 들어가는 것을 막기 위해서가 아니라 자기 신체의 부활에 필요하다고 믿기 때문에 잘라 낸 머리카락이나 손톱을 보관하기도 한다. 페루의 잉카족은 손톱과 발톱, 빗질하다가 빠진 머리카락 등을 아주 조심스럽게 다룬다. 그들은 그것을 벽에 난 틈 같은 데에 보관한다. 혹 바닥에 떨어져 있는 것 을 발견한 자는 즉시 주워 다시 구멍에 밀어 넣는다. 왜 그것을 보존하느냐고 물 었더니, 많은 인디언들이 이구동성으로 이렇게 대답했다. "태어난 자는 모두 생 명으로 돌아가야 한다(그들에게는 부활을 표현하는 어휘가 없다). 그리고 영혼은 그 육신에 속한 모든 것을 가지고 묘지에서 일어나야 한다. 그렇게 바쁠 때 머리카 락이나 손톱, 발톱을 찾으러 다니는 수고를 덜고 보다 손쉽게 찾기 위해 한 장소 에 보관한다. 그러므로 가능하면 침 같은 것도 한 군데에 뱉어야 편리하다."

터키인들도 부활할 때 필요하다 하여 손톱을 버리지 않고 그것을 벽이나 마룻 바닥 틈 사이에 잘 보관해 둔다. 아르메니아인들 역시 손톱, 발톱, 머리카락, 이빨 따위를 내버리지 않고 교회 벽이나 집 안의 기둥 혹은 성스러운 나무의 갈라진 틈새에 숨겨 놓는다. 이는 신체에서 분리된 모든 부분들이 부활할 때 필요하므로 그것을 안전한 곳에 보관해 두지 않는 자는 마지막 날에 이리저리 찾아다니느라 고생하게 될 것이라고 믿었다. 고대 아일랜드의 어떤 마을에는 전능하신 신이 머

---

30 폴란드 중북부 그다인스크주의 주요 도시
31 태평양 남서부의 섬으로 된 독립국

리카락 수효까지 다 기억하고 있으니 그것을 함부로 다루어서는 안 되며, 심판 날에는 주님께서 일일이 숫자를 확인할 것이니 조심스럽게 보관해야 한다고 믿는 노인네들이 많았다. 그래서 그들은 주님께서 머리카락을 셈할 때 편리하도록, 빠진 머리카락도 빠짐없이 자기 집 처마 밑에 모아 두었다고 한다.

파타고니아[32] 사람들이나 오스트레일리아 빅토리아 지방의 몇몇 부족들은 자기 머리카락이 마술사의 수중에 들어가지 못하도록 그것을 불태워 버린다. 북부 보주 산지에서도 마술사의 악용을 방지하기 위해 머리카락이나 손톱 따위를 아무데나 버리지 않고 불태워 버린다. 같은 이유에서 이탈리아의 여자들도 그런 것을 불태우거나 남의 눈에 띄지 않는 곳에 버린다. 실로 마술에 대한 이런 유의 공포는 보편적으로 나타난다. 그런 공포 때문에 서아프리카의 원주민들, 남아프리카의 마콜롤로Makololo족과 타히티섬의 원주민들은 잘라 낸 머리카락을 불태우거나 땅속에 묻는다. 티롤에서도 많은 사람들이 머리카락을 불태워 버린다. 여자 마술사가 그것을 가지고 천둥치는 폭풍우를 일으키지 못하게 하기 위해서였다. 전술한 바와 같이 어떤 이들은 사람 머리카락으로 새가 둥지를 만들면 두통이 생긴다 하여 그것을 불태워 버리거나 땅에 묻어 버렸다.

머리카락과 손톱 따위의 파기 관습에는 분명 모순된 사고방식이 내포되어 있다. 즉, 머리카락이나 손톱 따위를 파기하는 목적은 두말할 나위 없이 신체에서 분리된 부분이 사악한 마술사에 의해 악용되는 것을 막는 데에 있었다. 그런데 이때 그렇게 악용될 가능성은 머리카락이나 손톱이 그 주인과의 사이에 존재한다고 여기는 어떤 공감적 연관성에 의존한다. 바로 이런 공감적 연관성이 여전히 존재한다면, 머리카락이나 손톱을 파기할 경우에도 필연적으로 그 주인에게 해가 돌아갈 수밖에 없을 터이다.[33]

32 아르헨티나 남부에 있는 반건조성 고원
33 여기서 프레이저는 공감적 연관성의 원리에 입각한 머리카락과 손톱 파기의 터부가 내포하는 모순을 동일한 공감적 연관성의 원리로써 설명하고 있다. 즉, 머리카락이나 손톱을 파기하면 반드시 그 주인도 피해를 입게 될 터인데, 실제로는 원시인들이 그런 위험성에 대해서는 전혀 고려하지 않았다는 것이다.

9. 침 터부

원시인들이 잘라 낸 머리카락과 손톱을 숨기거나 파기한 이유가 마술에 대한 공포 때문이었다는 점을 살펴보았다. 마찬가지로 침에 대한 원시인들의 조심성도 마술에 대한 공포 때문이었다. 공감주술의 원리에 의하면, 침은 인간의 일부분이며 따라서 침에 대해 가해진 행위는 당사자에게 조응하는 결과를 초래한다. 칠로테chilote족 인디언은 적의 침을 입수하면 그것을 감자 속에 넣어 불 연기에 그을면서 주문을 외운다. 그러면 감자가 불 연기에 마르면서 적도 쇠약해진다고 믿었다. 혹은 적의 침을 개구리에게 먹인 다음 그 개구리를 격류 속에 던지면 희생자가 학질에 걸려 오한으로 덜덜 떨게 된다고 여겼다.

뉴질랜드 우레웨라[34] 지역의 원주민들은 주술의 명수로서 이름이 자자하다. 이들은 사람을 마술에 걸 때 그의 침을 이용한다. 그래서 이 마을을 방문하는 사람들은 그런 마술사에게 이용당하여 해를 입지 않도록 조심스럽게 침을 감추었다고 한다. 마찬가지로 남아프리카의 어떤 부족은 가까이에 적이 있을 때는 절대 침을 뱉지 않는다. 적이 그 침을 입수하여 마술사에게 주면 다른 주약과 혼합하여 이편에 위해를 가하는 수가 있기 때문이다. 이들은 자기 집에 있을 때에도 동일한 이유로 침을 뱉은 흔적을 없애느라고 애쓴다.

일반 사람들이 이 정도라면, 하물며 왕이나 추장의 경우는 더욱 신중했을 것임에 틀림없다. 샌드위치 제도의 추장들에게는 항상 휴대용 침단지를 받들고 시중드는 몸종이 따라다녔는데, 침단지 속에 든 침이 마술사 손에 들어가지 못하도록 매일 아침마다 그것을 땅에 묻었다. 노예해안의 왕이나 추장이 뱉은 가래침을 정중하게 땅속에 묻는 것도 같은 이유에서였다. 나이지리아 남부에 있는 타발리Tabali 지방 추장의 침도 동일한 이유에서 동일한 방식으로 처리되었다.

피나 손톱 따위와 마찬가지로 침의 주술적 이용은, 특히 그 침이 계약에 적합한 물질적 교환의 기초가 될 때 두드러지게 나타난다. 왜냐하면 쌍방이 침을 교환함으로써 계약을 맺은 양자가 상호 우호적 신뢰의 보증을 주고받기 때문이다. 후에 어느 한쪽이 신뢰를 깨뜨릴 경우, 다른 쪽은 상대방에게 받아 놓은 침에 주술을 걸어 벌을 가할 수 있는 것이다. 예컨대 아프리카 동부의 와작가Wajagga족은

---

34 뉴질랜드 노스섬 북동쪽에 있는 국립공원

계약을 맺을 때 양자가 우유나 술이 든 그릇을 사이에 두고 앉아 주문을 외우면서 우유나 술 한 모금을 머금고 상대방의 입 속에다 그것을 토해 넣는다. 너무 긴급한 나머지 이런 의식을 행할 여유가 없을 때는 쌍방이 직접 상대방의 입 속에 침을 뱉어 넣기도 한다. 이 또한 계약을 공고히 하는 데에 효과를 발휘한다고 믿었다.

10. 음식물 터부

이상의 고찰에서 예상할 수 있듯이, 음식물에 대한 원시인들의 미신적 신앙은 더욱 복잡하게 펼쳐진다. 원시인은 실제로 영양가가 풍부한 많은 동식물들을 식용으로 먹지 않았다. 이는 그것들을 먹은 자가 여러 가지 이유로 말미암아 위험에 빠지거나 혹은 치명적인 악영향을 받을 거라고 믿었기 때문이다. 이런 종류의 음식물 터부 사례는 헤아릴 수 없을 만큼 많고 또 널리 알려져 있다. 일반인들도 미신적 신앙의 공포로 인해 갖가지 음식물을 삼가는 마당에, 하물며 왕이나 사제 같은 신성한 인물들이나 기타 터부시된 인물들이 지켜야 할 터부는 더욱 많고 엄격했을 것임에 틀림없다. 우리는 이미 로마의 플라멘디알리스가 특정한 동식물을 먹어서는 안 되며, 심지어 그 이름조차 입에 올려서는 안 된다는 터부에 대해 언급한 바 있다. 또한 이집트 왕이 먹을 수 있는 고기가 오직 송아지와 거위 고기에 국한되었다는 사실도 알고 있다.

고대 원시민족들의 사제나 왕은 많은 경우 육식을 전혀 하지 않았다. 로앙고 해안의 '강가Ganga'라 부르는 주술적 사제들은 갖가지 동물과 생선을 먹을 수 없었으며, 심지어 그것을 구경조차 해서도 안 되었다. 결과적으로 그들이 먹을 수 있는 고기의 종류는 극도로 제한되어 있었다. 물론 그들이 신선한 피를 마시는 것은 허락되었지만 대개는 채소만으로 연명했다. 로앙고 왕의 왕세자는 어릴 때부터 돼지고기를 먹을 수 없었고, 사람들 앞에서 '콜라cola'라는 과일을 먹어서도 안 되었다. 철들 무렵이면, 사제가 그에게 스스로 잡아서 요리한 닭고기 외에는 다른 어떤 고기도 먹어서는 안 된다고 가르쳤다. 왕세자는 성년에 가까워질수록 터부의 수효도 점점 증가하였다. 페르난도포섬의 경우 즉위식을 마친 왕은 일반인들이 평소에 먹는 코코cocco 고기, 사슴 고기, 고슴도치 고기 따위를 먹을 수 없게 된다. 또한 마사이족의 대추장은 젖과 꿀, 불에 그슬린 염소의 간 외에는 다른 어떤 것도 먹어서는 안 되었다. 이 터부를 어기면 그의 점치는 능력과 주술적 효험이 상실된다고 여겼다.

11. 매듭 및 반지 터부

로마의 플라멘디알리스가 지켜야 했던 수많은 터부 중에는 매듭이 전혀 없는 옷만 입어야 하는 터부와, 반지는 오직 망가진 것만 허락되고 온전한 반지를 끼워서는 안 된다는 터부가 포함되어 있었다. 마찬가지로 메카[35]를 순례하는 무슬림들도 신성한 상태 혹은 터부시된 상태에 있는 것으로 간주하여 매듭이 있는 옷을 입어서는 안 되며, 가락지를 끼어서도 안 되었다. 이런 규칙들도 위의 사례와 동일한 의미를 지니므로 편의상 함께 다루어도 무방할 것이다.

먼저 매듭의 의미에 대해 생각해 보자. 세계 곳곳의 많은 민족들은 어떤 중대한 시기, 특히 해산이나 결혼 혹은 임종 때에 몸에 매듭을 지니는 것에 대해 강한 거부감을 표출한다. 트란실바니아의 색슨Saxon족[36]은 산모의 해산이 가까워지면 의복에 있는 매듭을 모두 풀어 버리는데, 이는 해산을 용이하게 하기 위해서였다. 문에 달린 것이든 상자에 달린 것이든 집 안에 있는 자물쇠란 자물쇠는 모두 열어 두는 것도 이와 동일한 목적에서였다. 라프족도 매듭이 해산을 어렵게 하며 산모에게 고통을 가져다준다 하여 임산부의 옷에는 일절 매듭을 달지 않는다. 인도 동부에서는 임신 기간 내내 이런 터부를 지킨다. 즉, 임신한 여자가 옷에다 매듭을 만들거나 끈을 졸라매거나 혹은 어떤 것을 단단히 조이면, 해산에 임박하여 아기도 압박을 받으며 산모 자신도 '묶인다'고 믿었다. 어떤 경우는 산모뿐만 아니라 남편에 대해서도 동일한 터부가 강제된다. 예컨대 다약족 부부는 아내의 임신 기간에 내외 모두 끈으로 묶거나 매듭을 만들거나 혹은 무엇이든 꽉 조이는

---

35 사우디아라비아 서부에 이슬람교 제1의 성지로서, 이슬람교의 창시자인 예언자 마호메트가 태어난 곳이다. 이슬람교도들은 매일 다섯 번씩 메카를 향해 기도하고 일생에 한 번은 이곳을 순례한다.

36 고대에 지금의 슐레스비히 지역과 발트해 연안에 살던 게르만족의 일원. 서구의 로마 쇠퇴기에 이르러서는 북해에서 색슨족의 해적 행위가 극심했다. 5세기 초 이들은 북부 독일과 갈리아·브리튼 연안을 따라 급속히 퍼져 나갔다. 색슨족은 영토 확장 과정에서 프랑크족과 충돌했으나 결국 프랑크 제국에 병합되었다.

메카의 카바 신전을 순례하는 현대 무슬림들

것이 금지된다. 셀레베스 북부에 사는 툼불루Toumbuluh족은 여자가 임신 후 4~5개월째가 되면 의식을 집행한다. 그동안 남편은 매듭을 만들거나 다리를 꼬고 앉아서는 안 된다.

이상의 사례에서 매듭을 만들면, 인도 동부지방의 산모처럼 그 매듭에 의해 '묶인다'든가 또는 해산에 방해를 받거나 산후 조리가 어려워진다고 믿었던 것이다. 이는 동종주술 혹은 모방주술의 원리에 입각한 관념이라 할 수 있다. 즉, 매듭이란 끈을 묶어 만든 것인데, 무언가를 '묶는다'는 물리적 장애가 산모의 몸에 대해 동일한 장애를 일으킨다고 생각한 것이다. 서아프리카 호 지역의 흑인들이 난산의 경우에 행하는 관습은 이 점을 잘 설명해 준다. 산모가 난산으로 고생할 때 그들은 산모를 돕기 위해 주술사를 부른다. 주술사는 산모에게 "아이가 당신 배 속에 묶여 있기 때문에 나오질 못하는 거요"라고 말한다. 이 말을 들은 친척 여인네들이 어떻게든 도와 달라고 간청하면, 주술사는 그 매듭을 풀어 안산하도록 해 주겠노라고 약속한다. 이런 약속을 지키기 위해 주술사는 숲에서 튼튼한 덩굴나무를 가져오게 하여, 그것으로 산모의 사지에 대고 그녀의 잔등이나 허리께에서 묶는다. 그리고 칼을 들어 산모의 이름을 부른다. 이에 산모가 대답하면 그는 "지금 당신을 묶은 덩굴나무와 아이가 묶인 매듭을 자르겠다"고 말하면서 칼로 단번에 덩굴나무를 자른다. 그렇게 잘려 나간 덩굴나무를 다시 여러 토막으로 조각낸다. 다음으로 나뭇조각 일부를 물 쟁반 속에 넣었다가 그 물로 산모를 씻어 준다. 이때 우리는 산모의 수족을 결박했던 덩굴나무가 절단되는 장면에서 동종주술 혹은 모방주술의 원리를 볼 수 있다. 다시 말해 주술사는 산모의 사지를 그 결박에서 풀어 줌으로써 동시에 출생을 늦추는 속박에서 배 속의 아기를 해방시켜 줄 수 있다고 믿는 것이다.

해산이 임박했을 때 집안의 모든 자물쇠를 열어 두는 관습도 이와 동일한 관념이라고 할 수 있다. 앞에서 트란실바니아의 독일인들이 해산 때에 집안의 모든 자물쇠를 열어 두었다는 점을 언급한 바 있으며, 그밖에 보이그틀란트와 메클렌부르크에서도 동일한 관습이 행해졌다. 아가일셔[37] 북서부에서는 지금도 해산 때가 되면 노인네들이 자물쇠를 열어 둔다. 봄베이 근처의 살세트섬에서는 산모가 난산으로 신음할 때, 안산을 촉진하기 위해 모든 문과 서랍의 자물쇠를 열어

---

37 영국 스코틀랜드 서부의 옛 주

놓는다. 수마트라의 만델링족은 해산시 모든 상자와 냄비 따위의 뚜껑을 열어 놓는다. 만일 그래도 효험이 없을 경우, 초조한 남편은 집안 기둥의 모서리 부분을 두들겨 이완시킨다. 이는 원활한 해산을 위해서 모든 것이 넓혀지고 이완되어야 한다고 생각했기 때문이다.

치타공[38]에서는 산모가 난산을 겪고 있을 때, 산파의 지시로 모든 문과 병마개와 통마개 따위를 열어 놓고, 외양간의 소와 마구간의 말과 개 따위를 풀어놓으며, 양과 닭과 오리 따위도 자유롭게 돌아다니도록 한다. 짐승은 물론이고 무생물에게까지 주어지는 이런 전반적인 자유가 분만을 촉진하고 안산을 보증하는 확실한 방법이라고 믿었던 것이다. 사가리엔섬에서는 산모가 해산의 고통을 겪고 있을 때, 남편은 열거나 풀 수 있는 모든 것들을 열어 놓고 풀어놓는다. 이를테면 그는 머리댕기나 신발끈 따위를 풀어놓고, 집 안이나 집 주위를 돌아다니면서 묶여 있는 모든 것들을 풀어놓는다. 또 마당 한구석에 도끼가 찍힌 채로 통나무가 있으면 그것을 뽑아낸다. 나무에 묶어 놓은 카누 줄도 풀어놓으며, 총에서 탄창을 빼내고, 석궁石弓에 재 놓은 화살들을 빼놓는다.

툼불루족 남자는 아내의 임신 기간에는 매듭을 만들지 않으며, 다리를 꼬고 앉지도 않는다는 점을 언급한 바 있다. 이 두 가지 행위에 있는 사고방식은 동일한 원천을 가지고 있다. 동종주술의 원리가 그것이다. 즉, 누군가 매듭을 만들기 위해 끈을 교차하거나 편히 앉으려고 다리를 꼬면, 그는 동종주술의 원리에 의해 사물의 원활한 진행을 방해하거나 엇갈려 가로지르게 만들고, 그의 신변 가까이에서 일어날 모든 일이 그르치게 될 거라고 믿었다. 로마인들은 이 중요한 진리에 대해 충분히 잘 알고 있었다. 플리니우스의 진득한 말에 의하면, 임신 중인 여자라든가 치료를 받고 있는 환자 옆에서 주먹을 쥐고 앉는 것은 그 사람에게 해로운 주술을 거는 셈이며, 양손으로 발을 붙잡고 있거나 발을 꼬고 앉는 것은 더욱 나쁜 결과를 초래한다고 했다. 고대 로마인들은 그런 자세를 취하면 일의 원만한 진행을 방해하여 장애를 일으킨다고 믿었다. 그래서 전시 중의 작전회의나 장관들의 각료회의, 기도나 의식을 집행할 때는 어느 누구도 다리를 꼬고 앉거나 주먹을 쥐어서는 안 되었다.

이런 터부를 어김으로써 무서운 결과를 낳은 사례를 한 가지만 들어 보자. 알

---

38 인도양에 면한 방글라데시 제1의 항구도시

크메네Alcmene[39]의 경우가 그것인데, 그녀는 헤라클레스를 낳기 위해 일주일 동안이나 밤낮으로 진통을 겪어야 했다. 이는 그녀의 집 앞에서 여신 루키나Lucina[40]가 양손 모두 주먹을 쥔 채 다리를 꼬고 앉아 있었기 때문이다. 그래서 이 여신을 달래어 자세를 바꾸게 하고서야 비로소 아이를 출산할 수 있었다. 불가리아의 민간신앙에 의하면, 평소 다리를 꼬고 앉는 버릇이 있는 여자는 해산 때 고생깨나 할 거라고 한다. 바바리아 지방에서는 이야기를 나누다 대화가 끊기면 "누군가 다리를 꼬고 앉아 있음에 틀림없어!"라고 말한다.

인간의 행동을 속박하고 방해하는 매듭의 주술적 효과는 해산 때에 못지않게 결혼 때에도 나타난다. 중세부터 18세기에 이르기까지 유럽에서는 일반적으로 결혼식이 진행되는 동안 누군가가 자물쇠를 잠그거나 매듭을 만들어 물속에 던지면 결혼의 완성이 방해받는다고 여겼다. 때문에 그것을 찾아내어 자물쇠를 열거나 매듭을 풀지 않으면 결혼한 남녀의 참된 결합이 불가능하다고 믿었다. 그러므로 이런 주술을 거는 일 외에도 자물쇠든 매듭이든 실제로 그것을 훔치거나 몰래 가져가 버리는 것도 중대한 범죄로 간주하였다. 1718년에 보르도 의회는 매듭으로 주술을 걸어 일가족을 죽게 했다는 죄목으로 범인을 산 채로 화형한다는 판결을 내렸다. 1705년 스코틀랜드에서 두 사람이 사형선고를 받았는데, 이들의 죄목은 어떤 여자가 만든 주술적 매듭을 훔쳐서 그것으로 신혼의 행복을 깨뜨렸다는 것이다. 이런 주술의 효험에 대한 신앙이 18세기 말엽까지만 해도 퍼트셔 고지대에 남아 있었다. 그 당시 투멜강과 테이강 사이에 있던 아름다운 로지에라이트Logierait 교구에서는 결혼식을 올리기 전에 관습적으로 신랑신부의 의상에 붙어 있는 모든 매듭들을 떼어 냈다고 한다.

오늘날에도 이런 미신적 관습을 찾아볼 수 있다. 시리아에서는 신랑의 결혼 예복 입는 것을 도와주는 사람들이 그 의상에 매듭이 붙어 있는지 또는 단추가 달

---

39 그리스 신화에서 헤라클레스의 어머니. 암피트리온Amphitryon의 아내. 남편 및 남편으로 가장한 제우스와 차례로 동침한 후 쌍둥이, 즉 헤라클레스와 이피클레스Iphicles를 임신했다.

40 그리스의 분만 여신인 에일레이투이아Eileithuia에 해당하는 로마의 여신. 그리스에서 에일레이투이아를 헤라의 별명 가운데 하나로 보듯이, 로마에서도 루키나를 유노의 별명 가운데 하나로 여긴다. 원래 에일레이투이아는 이중적 성격을 가진 미노아의 여신이었다. 크노소스 부근의 신성한 동굴에 사는 이 여신은 평소에는 아주 부차적인 역할을 할 뿐이지만, 그녀가 부재중일 때에 비로소 그 중요성을 드러낸다. 가령 델로스 섬에서 레토가 출산하려 했을 때, 헤라는 에일레이투이아를 그곳에 가지 못하게 했다. 그 결과 아폴론의 출생이 9일이나 지연되었다.

헨리 푸셀리의 「아들 폴리니케스를 저주하는 오이디푸스」(1786)에 대한 그래픽 풍자화,
피오트르 피에란스키, 원작에는 둥그런 매듭 부분이 그려져 있지 않다.

려 있는지를 주의 깊게 살핀다. 왜냐하면 그들은 신랑 의상에 매듭이나 단추가 달려 있으면 신랑이 적대적 세력권 안에 놓임으로써 주술에 의해 신랑의 결혼 권리를 빼앗기게 된다고 믿기 때문이다. 이런 종류의 주술에 대한 공포는 오늘날까지도 북아프리카 전역에 널리 퍼져 있다. 예컨대 주술에 의해 신랑이 성적 불구자가 될 수 있다고 믿는다. 마법사는 신랑이 신부를 데려오려고 말에 올라탔을 때 매듭을 묶은 손수건을 신랑의 몸 어딘가에 슬그머니 감춰 놓기만 하면 된다. 손수건의 매듭이 묶여 있는 한 신랑은 성적으로 무기력해져서 온전한 결혼생활을 할 수 없게 된다는 것이다.

매듭이 가진 유해한 힘은 질병이라든가, 그 밖의 모든 재난을 불러일으키기도 한다. 서아프리카 호 지역의 흑인들 사이에서는 종종 사술사가 풀줄기로 매듭을 묶어 그것으로 적을 저주하면서 이런 주문을 외운다. "나는 그놈을 이 매듭으로 묶었노라. 모든 재난이 그놈에게 닥칠지어다! 그놈이 들판에 나가면 뱀에 물릴 것이요. 그놈이 사냥을 나가면 호시탐탐 먹잇감을 노리는 맹수의 공격을 받으리라! 그놈이 강에 들어가면 강물이 그놈을 삼켜 버릴 것이요. 비가 내리면 벼락을 맞으리라! 사악한 밤들은 모두 그놈의 것이 되리라!" 마술사는 매듭 안에 적의 목숨을 봉해 두었다고 믿는 것이다.

『코란』도 '매듭을 입으로 부는 자'의 해악에 대해 언급하고 있다. 이에 대해 아랍의 한 주석가는 이렇게 설명하고 있다. 즉, 『코란』 구절은 노끈으로 매듭을 만들어 그것을 입으로 불거나 혹은 거기에 침을 뱉거나 하여 주술을 행하는 여자들에 관한 이야기이다. 이 주석가의 말에 의하면, 옛날에 한 사악한 유대인이 노끈에 아홉 개의 매듭을 만들어 그것을 우물 안에 숨겨 놓음으로써 예언자 무하마드까지도 마술에 넘어가게 되었다. 그 결과 무하마드는 병이 들었는데, 다행스럽게도 대천사 가브리엘이 매듭이 숨겨진 장소를 계시해 주었기 때문에 가까스로 구제받을 수 있었다. 즉, 충성스러운 알리Ali[41]가 우물 속에서 매듭을 찾아 무하마드에게 갖다주었을 때, 무하마드는 그 매듭을 향해 계시받은 대로 주문을 외었다. 그러자 주문을 하나 외울 때마다 매듭이 하나씩 풀리면서 무함마드는 해방감을 느꼈고, 비로소 병에서 나았다고 한다.

이처럼 매듭은 사람을 죽이는 힘이 있다고 믿어진 반면에 병을 치료하는 주술

---

41 이슬람의 예언자 마호메트의 사위이자 네 번째 칼리프. 재위 656~661년

다르마의 매듭은 붓다의 영원한
지혜 혹은 인과성의 영원성을
나타낸다(왼쪽).

켈트 매듭은 사랑과 평화
혹은 생명력의 영원한 흐름을
표상한다(오른쪽).

한국의 금실 매듭은 혼인 혹은 부부
간의 영원한 결합을 뜻한다(아래).

적 힘이 있다고 여겼다. 이는 병을 초래한 매듭이 풀리게 되면, 그에 따라 치유가 된다는 신앙에서 생긴 관념이다. 하지만 그것은 어디까지나 유해한 매듭이 지닌 부정적이고 소극적인 효용성에 불과하다. 이에 비해 매듭이 가진 긍정적이고 적극인 치유력을 믿는 신앙도 있다. 그것을 유익한 매듭이라고 해 두자. 플리니우스에 의하면, 어떤 부족은 피륙에서 실 하나를 뽑아 일곱 개 내지 아홉 개의 매듭을 묶은 다음 그것을 환자의 사타구니에다 매어 놓음으로써 사타구니에 생긴 병을 치료했다고 한다. 이때 보다 효과적인 치료를 위해 매듭을 묶을 때마다 과부 이름을 하나씩 불러 댔다고 한다.

오도노번O'Donovan은 터키인들이 환자의 열을 내리게 하는 데에 사용했던 처방에 관해 다음과 같이 이야기하고 있다. 먼저 마술사가 낙타의 털을 뽑아 주문을 외우면서 튼튼한 노끈을 꼰다. 그런 다음 이 노끈에 일곱 개의 매듭을 만드는데, 이때 매듭을 단단히 묶기 전에 그 하나하나에 입김으로 혹 불어 댄다. 이렇게 매듭이 묶인 노끈을 팔찌로 만들어 환자의 손목에 끼워 준다. 그리고 매일 하나씩 매듭을 풀면서 거기다 대고 욕을 퍼붓는다. 일곱 개의 매듭이 다 풀리면 노끈 전체를 둘둘 말아 공처럼 만들어서 강물에 던져 버린다. 그러면 환자의 열이 싹 내린다고 믿었다.

또 여자 마술사가 좋아하는 남자를 연인으로 만들어 자기 곁에 붙잡아 두고자 할 때에도 매듭을 이용할 수 있다. 베르길리우스의 작품에 나오는 한 처녀는 다프니스Daphnis[42]에 대한 사랑 때문에 괴로워하다가 주술로써 그를 유혹하여 자기 사람으로 만들었다. 이때 그녀는 색깔이 각기 다른 세 개의 실 하나하나에 매듭을 만들어 그것을 주술에 사용했다. 마찬가지로 한 남자를 짝사랑한 어떤 아랍 처녀는 그의 사랑을 얻어 자기 사람으로 만들기 위해 그의 회초리에다 매듭을 묶었다. 그런데 질투심에 가득 찬 그녀의 경쟁자가 매듭을 풀어 버렸다고 한다. 이와 동일한 원리로 매듭은 도망자를 붙잡는 데에 이용되기도 했다. 스와질란드에

---

42 시칠리아 목동들의 전설적인 영웅이며, 목가시牧歌詩의 창시자. 전설에 따르면 다프니스는 헤르메스 신과 시칠리아 요정의 아들이었는데, 월계수(그리스어로 '다프네') 숲속에서 목동들에게 발견되었다. 청년 다프니스는 한 요정의 사랑을 얻었지만 그 요정에게 불성실했기 때문에 맹인이 되고 만다. 다프니스는 플루트를 불고 목동의 노래를 부르면서 자신을 달래려고 애썼지만 얼마 가지 않아 죽었다. 테오크리토스(기원전 3세기의 그리스 전원시인)에 따르면 다프니스는 에로스와 아프로디테의 비위를 건드린 벌로 이루어질 수 없는 짝사랑에 괴로워했다고 한다. 사랑에 괴로워하는 그를 측은히 여긴 아프로디테가 그를 살리려고 애썼지만 끝내 죽고 말았다.

서는 길가를 지나가다가 매듭이 묶인 풀들을 흔히 볼 수 있다. 그것들은 모두 가정 불화의 비극을 담고 있다. 예컨대 아내가 남편을 버리고 도망갔을 때, 남편과 그 친구들은 도망간 여자의 뒤를 쫓으면서 이른바 '그녀가 지나갈 만한 길들을 모두 묶어 버리는' 것이다. 이는 그녀를 붙잡았을 때 다시 도망치지 못하도록 하기 위한 것이다.

어망 또한 수많은 매듭에 의해 만들어진 것이므로 러시아의 마술사들은 주술을 걸 때 종종 어망을 사용한다. 그래서 러시아의 몇몇 지방에서는 신부를 재앙에서 지키기 위해 그녀가 신부 단장을 할 때 어망을 뒤집어씌운다. 마찬가지로 신랑과 그 친구들도 어망을 뒤집어쓰거나 혹은 허리띠를 단단히 졸라맨다. 이렇게 해 두면 마술사가 위해를 가하려 해도 어망의 매듭을 하나하나 풀거나 허리띠를 풀어야만 할 거라고 여겼다. 그런데 러시아인은 종종 어망 대신 단지 매듭을 묶은 실 하나로 부적을 삼기도 한다. 예컨대 학질이나 발열을 없애기 위해서 팔이나 발목에 붉은 털실 한 줄을 감는다. 또 성홍열을 예방하기 위해서는 어린애의 목둘레에 아홉 개의 매듭이 묶인 실을 감아 둔다. 트베르[43] 지방에서는 늑대들에게서 소를 보호하기 위해 무리의 선두에 선 송아지 목에 특별히 제작한 자루를 묶는다. 그 자루가 늑대의 내장을 졸라맬 것이라고 믿었다. 이와 동일한 원리에 입각하여, 봄이 되어 말 무리를 들판에 몰고 나갈 때는 먼저 자물통을 들고 말 떼 주위를 세 바퀴 돌면서 자물통을 잠갔다 열었다 한다. 그러면서 "이 철갑 자물통으로 회색 늑대들의 입을 잠가 버리겠어"라고 외친다.

매듭과 자물쇠는 마술사와 늑대뿐만 아니라 죽음까지도 피할 수 있게 해 준다고 믿었다. 1572년 세인트앤드루스[44]에서 사람들이 마녀로 지목된 어떤 여자를 산 채로 화형시키려고 말뚝에 잡아맸을 때, 여자의 몸에 옷깃처럼 생긴 흰 천과 수많은 매듭이 있는 노끈이 감겨 있는 것을 보았다. 이에 사람들이 그것을 떼어 내려 하자 여자는 완강히 거부했다. 여자는 그런 천과 매듭이 있는 노끈을 몸에 지니고 있으면 불에 타도 결코 죽지 않는다고 믿었던 듯싶다. 결국 그것들을 빼

---

43 러시아 연방 서부의 주

44 영국 스코틀랜드 파이프주의 도시. 이곳은 한때 스코틀랜드의 종교적 수도였다. 이 종교적인 전통은 성 케네스가 켈트족의 교회공동체를 만들었던 때인 6세기에 시작되었다. 8세기에 픽트족의 왕이 성 안드레아스(앤드루)에게 바치는 새 교회를 세웠으며, 이 성인은 나중에는 스코틀랜드인의 수호 성인이 되었다. 그 후 성 안드레아스의 유품이 이곳으로 옮겨지면서 세인트앤드루스라고 불리게 되었다.

앗기자 여자는 "이젠 살 가망이 없어"라고 말했다고 한다.

영국의 많은 지방에서는 집에 자물통이 채워져 있거나 빗장이 걸려 있는 한, 그 집에 사는 사람은 죽지 않는다고 여겼다. 그래서 죽을 날만 기다리는 환자가 있을 때 그의 고통을 덜어 주고자 사람들은 그 집의 모든 자물쇠와 빗장을 열어 놓는데, 이는 당시 매우 일반적인 관습이었다. 1863년 톤턴[45]에서는 한 어린애가 성홍열에 걸려 도저히 회복할 가능성이 없어 보였다. 그때 마을의 부인회가 소집되어 아이의 고통을 덜어 주기 위해 그 집의 창문과 서랍, 상자, 찬장, 자물쇠 등을 모두 활짝 열어 놓고, 아이가 쉽게 그리고 확실하게 영원한 천국으로 갈 수 있도록 그 몸뚱이를 처마 밑에 옮겨 놓았다. 그런데 이상하게도 아이는 경험 많고 현명하다는 영국 부인네들이 베풀어 준 친절하고도 간편한 천국행을 별로 좋아하지 않았던 모양이다. 그 아이는 아직 더 살고 싶어 했던 것이다.

어떤 주술 종교적 의식은 머리카락을 풀어헤치고 맨발로 집행하는데, 이런 규칙은 아마도 집행자의 머리끝에서 발끝까지 매듭처럼 묶인 곳이 있거나 속박된 곳이 있으면 의식의 집행이 방해를 받아 원활하게 진행될 수 없다는 관념에서 비롯된 듯싶다. 그런데 어떤 이들은 반지에도 영적 활동과 신체적 활동을 묶거나 방해하는 힘이 있다고 믿는다. 카르파투스섬 사람들은 죽은 자에게 수의를 입힐 때 절대 그 옷의 단추를 잠그지 않으며, 또한 죽은 자의 손가락에 껴 있는 반지는 반드시 조심스럽게 빼낸다. 그들의 말에 의하면, 죽은 자의 영혼이 조그마한 손가락에 억류되어 제대로 안식하지 못한다는 것이다. 그렇다고 죽은 자의 영혼이 손가락 끝을 통해 빠져나간다고 생각한 것은 분명 아니다. 하지만 이들은 영혼이 육신의 집에서 탈출하려고 애쓰고 있는데, 반지가 그것을 방해하여 불멸의 영혼을 가두어 두려는 일종의 압력으로 작용한다고 생각했다. 요컨대 반지는 매듭과 마찬가지로 하나의 영적 족쇄로 기능한다는 것이다.

피타고라스는 사람들에게 반지를 끼어서는 안 된다고 말했다는데, 그런 고대 그리스의 금언도 마찬가지 이유에서 생긴 것으로 여겨진다. 또 리코수라에 있는 고대 아르카디아 여왕의 성지에는 남녀를 막론하고 반지를 낀 자는 들어갈 수 없었다. 그뿐만 아니라 파우누스Faunus[46]의 신탁을 묻고자 하는 자들은 성적으로

---

45 미국 매사추세츠주 남동부 브리스틀군의 군청 소재지
46 고대 이탈리아의 전원의 신. 고대 로마 시대에 그가 지닌 특성들은 그리스의 신 판의 특성과 같았다. 원래는

정결해야 하고, 고기를 먹어서는 안 되며, 반지를 끼고 있어서도 안 되었다.

그런데 영혼의 비상을 방해하는 이 같은 압력이 다른 한편으로 악령의 침입을 방지하는 경우도 있다. 즉, 반지가 때로는 귀신과 마술사와 망령들에서 사람을 보호해 주는 부적으로 사용되었던 것이다. 티롤에서는 해산 중인 여자가 절대 결혼반지를 빼서는 안 된다. 그랬다가는 악령이나 마술사의 힘이 그녀에게 덮칠 거라고 믿기 때문이다. 라프족의 경우, 유해를 입관하려는 자는 죽은 사람의 남편이나 아내, 자식에게서 구리 반지를 받아 유해가 안전하게 묘 구덩이에 입관될 때까지 내내 오른손에 끼우고 있어야 했다. 그 반지가 망령들의 위해를 막아 주는 부적 역할을 한다고 믿었다. 반지가 몸 안의 영혼을 지켜 주고, 몸 바깥의 악령을 추방해 주는 부적으로서의 효험을 가지고 있다는 신앙이 반지를 끼는 관습에 어느 정도 영향을 끼쳤는지, 그리고 반지를 끼는 관습이 정말 그런 신앙에서 생겨난 것인지는 앞으로 좀 더 연구해 볼 만한 문제이다.

여기서 다만 로마의 플라멘디알리스가 망가진 반지 외에는 어떠한 반지도 끼울 수 없었다는 기이한 터부를 어떻게 해석하면 좋을지, 그런 문제와 관련하여 도움이 될 만한 신앙만을 다루는 데 그쳤다. 요컨대 플라멘디알리스가 매듭 있는 옷을 입을 수 없었다는 터부와 연관시켜 보면, 이는 플라멘디알리스 안에 구현된 신성하고 강력한 영혼이 반지나 매듭같이 물질적이면서 동시에 영적인 족쇄에 의해 그 자유로운 출입을 억압당하거나 방해받는 것에 대해 두려워했다는 점을 시사해 준다.

농경과 목축에 풍요를 가져다주는 존재로서 시골 전역에서 숭배되었으며, 나중에는 주로 삼림지의 신이 되었고, 숲에서 나는 소리는 그의 목소리로 간주되었다.

제22장
언어 터부

1. 인명 터부

말과 사물의 차이를 명확하게 구별하지 않았던 원시인은 명칭과 그것에 의해 명명된 인물 혹은 사물 사이의 관계에서, 일반적으로 이름을 통해 그 사람에게 쉽사리 주술을 걸 수 있을 만큼 양자를 밀접하게 연관지었으며, 바로 그것이 양자 간의 본질적인 관계라고 믿었다. 이는 단순히 피상적이고 관념적 연합이 아니라 현실적이고 실체적 결합으로서, 전술한 바와 같이 머리카락이나 손톱, 그 밖의 신체 부분을 통해 그 사람에게 주술을 걸었던 것과 마찬가지 원리에 입각한 것이었다.

사실상 원시인은 이름 자체를 자기 생명의 일부라고 여겼으며, 따라서 이름을 짓거나 부를 때 매우 조심스러운 태도를 취했다. 가령 북아메리카 인디언들은 자기 이름을 단순한 호칭이나 부호label가 아니라 자기 눈이나 이빨과 마찬가지로 신체의 특수한 일부로 간주했다. 때문에 그런 이름을 잘못 처리한다는 것은 곧 머리카락이나 손톱 따위의 신체 일부분을 잘못 처리한 것과 같아서 어떤 위해를 받을 수 있다고 믿었다.

이런 신앙은 태평양과 대서양 사이의 섬들에 사는 여러 부족에게서 찾아볼 수 있는데, 거기서는 이름의 은폐나 변경에 관련된 복잡하고도 기이한 터부들이 널리 분포되어 있다. 어떤 에스키모족은 나이가 들면 생명과 새로운 계약을 체결하고 싶은 마음에 이름을 새로 짓는다. 셀레베스의 톨람푸Tolampoo족은 어떤 사람의 이름을 적음으로써 그의 영혼을 떠나게 할 수 있다고 믿었다. 오늘날까지도 많은 원시부족은 이름을 자기 생명의 일부라고 여기고 있으며, 따라서 못된 자들이 자기 이름을 남용하여 해를 끼치지 못하도록 본명을 감추느라 노심초사한다.

우선 해당 사회에서 가장 낮은 신분 계층에 속한 원주민들의 경우부터 생각해 보자. 오스트레일리아 원주민 사회에는 일반적으로 자기 이름을 다른 사람들에게 알려주지 않는 비밀주의의 태도가 널리 퍼져 있다. 이는 자기 이름을 적이 알게 되면 그것을 주술적으로 이용하여 자기에게 위해를 가할 수 있다고 믿기 때문이다. 어떤 저술가에 의하면, "오스트레일리아 원주민들은 언제나 자기 본명을 대지 않으려 한다. 이런 태도는 말할 것도 없이 자기 이름이 마술사에게 이용되어 위해 받을지 모른다는 공포에서 비롯된 것이다."

중앙오스트레일리아의 여러 부족들은 남녀노소를 불문하고 모두 평소 쓰는 이름 외에 태어나자마자 장로들이 붙여준 이름을 갖고 있는데, 그것은 입사식을 거친 비밀결사의 정식 성원들 외에는 아무도 모르는 비밀스럽고 신성한 이름이다. 이 비밀스러운 이름은 가장 엄숙하고 경건한 자리 외에는 절대 거명할 수 없다. 그 이름을 다른 집단의 남자나 여자들 앞에서 말하는 일은 곧 부족의 전통적 관습에 어긋나는 가장 중대한 위반죄로서, 우리 식대로 말하면 가장 극악무도한 신성모독죄에 해당되는 죄악이다. 어쩔 수 없는 경우라면 속삭이듯 조그만 소리로 말해야 하며, 그것도 만약의 사태에 대비하여 할 수 있는 모든 조처를 취한 다음에 오직 비밀결사의 성원들 앞에서만 이름을 말해야 한다. "이 원주민들은 만일 비밀스러운 이름이 낯선 자에게 알려지게 되면, 그 자는 이름 주인에게 위해를 가할 수 있는 특별한 주술적 힘을 얻게 된다고 믿었던 것이다."

고대 이집트인들도 이와 동일한 공포 때문에 유사한 관습을 행한 것으로 보인다. 이집트의 경우는 비교적 높은 수준의 문명과 가장 저급한 원시시대의 유물이 기묘하게 뒤섞여 있는 셈이다. 그래서 이집트인들은 누구나 두 개의 이름을 가지고 있었는데, 그것은 '진짜 이름'과 '좋은 이름' 혹은 '큰 이름'과 '작은 이름' 등으로 부른다. 이때 '좋은 이름' 혹은 '작은 이름'이 평소에 사용하는 이름이라면, '진짜 이름' 혹은 '큰 이름'은 비밀스러운 이름을 가리킨다. 인도 브라만 계급의 어린애도 두 개의 이름을 가지고 있는데, 하나는 보통 때 쓰는 이름이고, 다른 하나는 부모 외에는 아무도 모르는 비밀스러운 이름이다. 후자는 결혼 같은 특별한 의식 때에만 사용한다. 이런 관습은 사람들을 주술의 위해로부터 지키기 위한 것이다. 왜냐하면 주술은 비밀스러운 진짜 이름에 대해서만 효력을 발휘할 수 있기 때문이다. 니아스섬의 원주민들에게도 이와 유사한 관습이 있다. 그들은 이름 부르는 소리를 악령이 듣게 되면 그 사람이 해를 받게 될 거라고 믿는다. 그래서 악령의 공격에 특히 취약한 어린아이들의 이름은 절대 부르지 않는다. 숲이나 강변 혹은 폭포수 옆에서 서로의 이름을 부르지 않는 것 또한 이와 동일한 이유에서였다.

칠로에섬[1]의 인디언들도 자신의 이름을 비밀로 하며, 누가 자기 이름을 큰 소리로 부르는 것을 아주 싫어한다. 그들 부족이 사는 본토와 인접한 섬에는 요정이나 작은 정령들이 있는데, 그것들이 사람 이름을 듣게 되면 위해를 가한다고 믿는다. 하지만 그 사악한 정령들은 사람 이름을 모르면 아무런 힘도 쓰지 못한다는 것이다. 아라우칸Araucan족[2]도 객지 사람에게는 절대 자기 이름을 알려주지 않는다. 만일 자기 이름을 말했다가는 상대편에서 초자연적인 힘을 가해 올까 봐 두려운 것이다. 때문에 이런 관습을 알지 못하는 이방인이 이름을 물어오면 그들은 "난 이름이 없소!"라고 대꾸한다. 한편 오지브와족 인디언들은 누가 이름을 물으면 곁에 있는 사람보고 대신 답변해 달라고 부탁한다. 자기 이름을 말하기 꺼리는 이 같은 관습은 어릴 때부터 몸에 붙은 관념 때문에 생긴 것이다. 즉, 그들은 자기 이름이 자꾸 반복적으로 거명되면 성장하는 데에 지장이 생겨 어른이 되어서도 키가 크지 않는다고 생각했다. 이런 관습으로 인해 객지인들은 종종 그들에게 이름이 없거나 혹은 잊어버린 거라고 오해하곤 한다.

방금 언급한 오지브와족 인디언의 사례에서는 객지인이 자기 이름을 알게 되는 것에 대해 별 구애를 받지 않으며, 그 결과에 대해서도 별로 두려워하지 않는 듯싶다. 오직 자기 입으로 자기 이름을 대는 경우에 한해서만 해를 입는다고 믿기 때문이다. 왜 그랬을까? 어째서 자기 이름을 스스로 말하면 성장에 방해를 받는다고 생각한 것일까? 아마도 이는 이름이 자신의 일부가 되는 것은 다만 자기 입으로 자기 이름을 말하는 경우에만 한정된다고 생각했기 때문인 것 같다. 그러니까 다른 사람에 의해 자기 이름이 말해지는 경우는, 그 이름과 본인 사이에는 어떤 생명적 연관성도 성립하지 않으며, 따라서 아무런 해악도 끼치지 못한다는 말이다. 원시 철학자들의 생각을 따라가 보면, 자기 입으로 자기 이름을 말한다는 것은 곧 자신의 살아 있는 한 조각을 가지고 자기 몸을 떠난다는 것을 의미한다. 그런데 이때 너무 무리하게 자주 자기 이름을 발설하면 에너지를 소진하고 몸을 망치게 되어 결국 죽음을 피할 수 없게 된다고 믿었다. 그래서 소박한 도덕주의자들은 만신창이가 된 난봉꾼들이나 잦은 병치레로 꼴이 말이 아닌 병자들

---

1 칠레 남부 로스라고스주 칠로에군에서 가장 큰 섬

2 북으로는 코킴보강 유역에서 남으로는 렐론카비만에 이르는 칠레 중부의 비옥한 계곡과 분지에 사는 인디언. 콜럼버스 시대 이전의 칠레 부족이다.

을 지목하여 무서운 운명의 사례로 들면서, 두려움에 떠는 젊고 순진한 부족원들에게 너희들도 자신의 이름을 발설하고 싶은 충동적 습관에 잘못 빠지면, 조만간 저런 탕아들처럼 될 것이니 조심 또 조심하라고 훈계했을 법하다.

어떻게 설명하든 간에 분명한 사실은 많은 원시인들이 자기 이름을 발설하는 것에 대해서는 극도의 강한 혐오감을 표출한 반면, 다른 사람이 자기 이름을 말하는 것에 대해서는 아무런 반감도 갖지 않았다는 점이다. 심지어 그들은 캐묻기 좋아하는 외국인 내방객들의 호기심을 충족시켜 주기 위해 자기 이름을 대신 말해 달라고 다른 사람들에게 부탁하기까지 했다. 마다가스카르의 어떤 지방에서는 직접 자기 이름을 말하는 것이 터부시되었으므로, 노예나 옆에 같이 있던 사람이 대신 그의 이름을 말해 준다. 이는 분명 일관성 없어 보인다. 우리는 그렇게 일관성이 없는 기이한 관습을 어떤 아메리카 인디언 부족에 관한 다음 기록에서도 확인해 볼 수 있다. "아메리카 인디언들은 이름을 신성시한다. 그래서 특별한 경우가 아닌 한 절대로 본인이 자기 이름을 직접 말해서는 안 된다. 때문에 어떤 부족의 전사에게 이름이 뭐냐고 물으면, 그는 딱 잘라 거절하거나 아니면 무얼 원하는지 이해할 수 없다는 식으로 보다 외교적이고 완곡하게 피하기 일쑤다. 그런데 때마침 전사의 한 친구가 다가오면, 처음엔 잡아떼던 전사가 친구에게 용건을 귀띔해 준다. 그러면 친구는 이름을 물은 손님에 대한 예의라며 비로소 전사의 이름을 가르쳐주는 것이다."

이런 관습은 브리티시컬럼비아의 인디언들에게서도 찾아볼 수 있다. 그들에 관한 보고에 의하면, 여러 부족들 사이에 퍼져 있다고 보이는 그들의 가장 기이한 선입관은 자기 이름을 말하는 일에 대한 혐오이다. 여러분은 그들의 본명을 본인한테 직접 들을 수 없다. 하지만 그들 사이에서는 거침없이 서로가 서로의 이름을 말한다. 동인도 제도의 모든 부족들도 마찬가지다. 그들도 원칙적으로는 누구도 자기 이름을 알려주지 않는다. 그러니까 "당신 이름이 뭐요?"라는 질문은 이 원주민 사회에서는 가장 실례가 된다. 행정적·법률적 문제 때문에 그들에게 이름을 물으면, 그들은 자기가 답변하는 대신 옆에 있는 동료에게 이름을 말하게 하거나, "저 사람에게 물어보쇼"라는 식으로 대꾸한다. 우리는 이런 관습을 동인도 제도의 모투Motu족, 모투모투Motumotu족, 북방 뉴기니 핀슈헤이번의 파푸아인, 네덜란드령 뉴기니의 누푸르Nufoor족, 비스마르크 제도[3]의 멜라네시아인 등에서 찾아볼 수 있다. 그밖에 남아프리카의 여러 부족들도 옆에 누군가 대신

자기 이름을 말해 줄 사람이 있을 경우에는 남자든 여자든 직접 자기 이름을 가르쳐주는 일은 결코 없다. 하지만 어쩔 수 없는 경우에는 무턱대고 이 관습을 고집하지는 않는다. 때로는 자기 입으로 제 이름을 말하는 경우도 없지는 않다는 말이다.

말하자면 이름 터부는 영구적인 것이 아니라 경우에 따라 가변적인 것이다. 즉, 상황에 따라 바뀔 수 있다. 다시 말해 상황이 달라지면 터부 자체가 더 이상 효력을 갖지 않을 수도 있다는 것이다. 난디족의 경우 남자가 출정했을 때, 집에 남은 사람들은 절대 그 전사의 이름을 입에 담아서는 안 된다. 이때 사람들은 전사를 새[鳥]로 생각해야만 한다. 어린애가 모르고 전사의 이름을 말하면, 그 어머니는 "하늘에 있는 새 이야기를 하면 못쓴다!"라고 나무란다. 한편 콩고강 상류에 사는 방갈라Bangala족의 경우, 어떤 자가 고기 잡으러 나가 있는 동안에는 누구도 그의 본명을 말해서는 안 된다. 어로 중에 있는 모든 사람들에 대해 본명과는 상관없이 무차별적으로 그냥 '음웰레mwele'라고 불러야만 한다. 왜냐하면 강이나 바다에는 정령들이 많이 살고 있는데, 그 정령들이 어부의 본명을 듣게 되면 좋은 생선을 잡을 수 없도록 방해하거나 전혀 잡히지 않도록 심통을 부린다고 믿었기 때문이다. 어로를 마치고 돌아온 다음에도 그들을 만난 사람들은 그의 본명을 불러서는 안 되며, 다만 '음웰레'라고만 말해야 한다. 정령이 그의 이름을 듣고 기억해 두었다가 나중에 방해를 하거나, 혹은 잡아 온 생선을 모두 상하게 만들어서 똥값에 팔리도록 할지도 모르기 때문이다. 그래서 어부는 자기 이름을 부른 자에게 손해배상을 요구하기도 하고, 바가지를 씌울 수도 있었다.

뉴브리튼섬의 술카Sulka족은 그들의 적인 각테이Gaktei족 영토에 접근할 경우, 이름이 불리는 일이 생기면 적의 습격을 받아 살해된다고 생각하여 서로 본명을 말하지 않는다. 그런 때 그들은 서로를 '오랍시엑o lapsiek', 즉 '썩은 나무둥치'라고 부른다. 그러면서 두려운 적의 다리몽둥이를 꼴사나운 나무둥치처럼 무겁고 불편하게 만들 수 있으리라고 믿었다. 이 사례는 원시인들이 말과 언어의 본질에 대해 품었던 극단적인 유물론적 관념을 잘 보여 준다. 즉, 그들은 '꼴사납다'는 말을 내뱉는 것만으로도 공감주술적 원리에 따라 멀리 떨어져 있는 적의 다리몽둥이를 꼴사납게 만들 수 있다고 여겼다. 이처럼 기이한 오류를 보여 주는 또 다

---

3 태평양 남서부의 비스마르크해에 있는 파푸아뉴기니의 일부를 이루는 제도. 뉴기니섬의 북동부에 있다.

른 예를 들어 보자. 카프레족은 도둑질한 젊은이의 이름을 부르면 도벽이 고쳐질 수 있다고 믿는다. 즉, 사람들은 펄펄 끓는 약탕 단지 앞에서 도둑의 이름을 외친 다음 얼른 단지뚜껑을 덮는다. 이렇게 약탕 단지 안에 며칠 동안 그의 이름을 가두어 놓으면 도벽이 고쳐진다는 것이다. 이때 도둑은 자기 등 뒤에서 제 이름이 도용되었다는 사실을 몰라도 그만이다. 알든 모르든 그의 도벽은 도덕적으로 개선될 수 있다고 여겼다.

앞서 들었던 많은 사례에서 알 수 있듯이, 누군가의 본명을 비밀로 해 둘 필요가 있을 경우에는 이명異名이나 별명으로 부르는 것이 통상적인 관습이다. 이런 제2의 이름은 제1의 이름인 본명과 구별된다. 즉, 제2의 이름은 당사자의 일부분이 아니며, 따라서 본인과는 전혀 상관없다고 여겼다. 때문에 자기 안전을 주술적으로 위협받을 염려가 없어서 누구든 자유롭게 사용할 수 있었다. 한편 자기 이름이 불리는 것을 피하기 위해 대신 자식의 이름을 쓰는 경우도 가끔 있다. 어떤 보고에 의하면, "깁슬랜드[4]의 원주민들은 같은 부족 이외의 다른 사람들에게 절대 자기 이름을 알려주지 않는다. 적이 자기 이름을 알게 되면 그것을 주술적으로 이용하여 목숨을 노릴지도 모른다고 생각하기 때문이다. 하지만 어린애한테는 적이 있을 턱이 없다고 보아 개똥이 애비, 말똥이 삼촌, 소똥이 조카라는 식으로 아이의 이름을 빌려 호칭하곤 한다. 어쨌든 절대 어른의 이름을 입 밖에 내서는 안 된다는 것이다.

셀레베스섬 포소Poso의 알푸르족도 자기 본명을 말하지 않는다. 그래서 누군가의 이름을 확인하고 싶을 때는 본인에게 묻지 않고 다른 사람에게 물어보아야 한다. 하지만 근처에 물어볼 사람이 아무도 없는 부득이한 경우는 먼저 그의 자식 이름을 물어본 다음 '아무개의 아버지'라고 말을 꺼내야 한다. 그런데 알푸르족은 종종 자기 자식의 이류를 말하는 것조차 꺼려한다. 그럴 때 만일 사식에게 조카가 있을 경우에는 '아무개의 삼촌'이나 '아무개의 외숙모' 따위로 부른다. 또한 전통적인 말레이족 사회에서도 자식의 이름을 빌려 그 양친을 호칭하는데, 이는 양친의 이름을 직접 불러서는 안 된다는 관습 때문이다. 이런 관습을 보고한 어떤 연구자는 자식이 없을 때는 동생 이름을 빌려 호칭하기도 한다는 점을 덧붙이고 있다. 랜드다약Land Dayak족의 자녀들은 성장하여 어른이 되면 성별에 따

---

4 오스트레일리아 빅토리아주의 남동부지역

라 각각 양친의 남동생이나 여동생, 즉 작은 아버지나 고모 혹은 삼촌이나 이모 자녀의 아버지 또는 어머니로 호칭된다. 말하자면 첫 번째 사촌 아이의 아버지나 어머니로 불리는 셈이다.

카프레족은 신부의 본명을 부르는 것이 실례가 된다 하여, 아직 어머니가 되지 않았는데도 '아무개의 엄마'라고 부른다. 아삼 지방의 쿠키Kuki족[5], 제미Zemi족, 카차나가Kacha Naga족도 결혼한 남녀가 아이를 낳으면 각자 자기 본명을 폐기하고 그냥 '아무개의 아빠'라든가 '아무개의 엄마'로 호칭된다. 자식이 없는 부부는 '애 없는 아빠'와 '애 없는 엄마'로 통한다. 여기서 특히 자식의 이름을 빌려 부친을 호칭하는 관습은 상당히 널리 퍼져 있는데, 이는 종종 고대 모계제에서 모친이 지배했던 자식에 대한 권리를 부친 쪽이 획득하려는 수단, 즉 부권을 주장하려는 부친 측의 열망에서 비롯된 것이라고 말해져 왔다. 그러나 통상 '아무개의 엄마'라고 부르는 관습과 '아무개의 아빠'라고 부르는 관습이 공존했다는 사실을 염두에 두면, 종래 행해져 왔던 위의 설명은 자식의 이름을 빌려 모친을 호칭하는 관습에 대해서는 아무런 설득력을 가지지 못한다고 보인다.

더구나 위의 설명은 자식이 없는 부부를 '애 없는 엄마', '애 없는 아빠'라고 부르는 관습이나 동생의 이름을 빌려 호칭하는 관습, 자식을 '아무개의 삼촌', '아무개의 외숙모'라고 부르는 관습, 자식을 '첫 번째 사촌 아이의 아빠', '첫 번째 사촌 아이의 엄마'라고 부르는 관습에 대해서도 잘 들어맞지 않는다. 그런데 이 모든 관습이 본인의 본명을 말하는 것에 대한 혐오감에서 비롯된 거라고 하면 아주 간결하고 자연스럽게 설명될 수 있다. 누누이 지적했듯이 그런 혐오감은 한편으로 악령의 주목을 끌지도 모른다는 공포감에, 다른 한편으로 자기 이름이 마술사들에게 알려짐으로써 위해를 받을지도 모른다는 두려움에 그 토대를 두고 있는 것 같다.

2. 친족명 터부

이처럼 널리 퍼진 본명을 숨기는 이름 터부가 친척이나 친구들 사이에서는 폐기

---

5 인도와 미얀마 국경의 미조(옛 이름은 루샤이) 구릉지대에 사는 몽골족

되었거나, 적어도 이완되지 않았을까 하고 생각하기 쉽다. 하지만 그렇지 않다. 정확히 말하면, 혈연이나 특히 결혼에 의해 맺어진 가장 가까운 사람들 사이에서는 그야말로 이름 터부가 가장 엄격하게 적용되었다. 그런 관계에 있는 사람들은 서로의 이름을 말하는 일뿐만 아니라 그 이름과 유사한 일반어라든가, 그 이름과 공통된 음운이 단 하나만 들어가 있어도 그런 말을 절대 입에 담아서는 안 된다. 남편과 아내 사이, 남편과 장인 장모 사이, 아내와 시부모 사이에는 특히 서로의 이름을 들먹여서는 안 된다. 카프레족의 여자는 남편이나 남편 형제의 본명을 말해서는 안 되며, 그 이름이 만일 일상적인 용어와 비슷한 경우에는 그런 일반어도 입에 담아서는 안 된다.

예컨대 남편 이름이 고양이과의 동물인 '임파카impaka'와 비슷하게 발음되는 '움파카u-Mpaka'라고 하자. 그러면 아내는 그 동물을 다른 이름으로 불러야 한다. 카프레족 여자는 시아버지를 비롯하여 남편의 남자 친족 연장자들의 이름은 일절 마음속으로라도 불러서는 안 된다. 게다가 그런 연장자들의 이름 가운데 들어 있는 어떤 강조 음절이 일반어에 끼어 있으면 그 일반어를 그대로 쓸 수 없고, 따라서 새로운 말을 사용하거나 최소한 해당 음절을 다른 음절로 바꾸어 말해야 한다. 이 관습은 카프레족이 '여자 용어'라고 부르는 별종의 어법을 낳았다. 물론 '여자 용어'들은 해석하기가 매우 곤란하다. 왜냐하면 이 대용어에는 어떤 규칙적인 구조도 존재하지 않을뿐더러, 그 숫자가 너무 많아서 사전 같은 것을 만드는 일은 아예 엄두조차 낼 수 없기 때문이다. 그러니까 같은 부족의 여자라 할지라도 다른 여자가 사용하는 대용어를 자유롭게 구사하지 못하는 경우가 비일비재했다. 이는 각 대용어의 원래 말을 구사할 수 없는 것과 전적으로 동일한 상황이었다.

반면 카프레족의 남자는 장모의 이름을 말해서는 안 되며, 장모 또한 사위의 이름을 말해서는 안 된다. 그러나 사위는 장모의 이름 속에 들어 있는 강조 음절의 부분만은 말해도 무방하다. 키르기스족의 여자도 남편 친족 연장자들의 이름을 말해서는 안 되며, 그것과 발음상 유사한 일반어도 말할 수 없다. 가령 남편 친족의 이름이 '양치기'라고 한다면, 아내는 양에 대해 양이라고 불러서는 안 되며 '매애매애 우는 것' 따위로 호칭해야 한다. 만일 그의 이름이 '어린 양'이라면, 그녀는 진짜 새끼 양들에 대해 '매애매애 우는 어린 것' 따위로 불러야만 한다. 마찬가지로 남부 인도의 여자들은 남편 이름을 말하거나 혹은 꿈속에서라도 그 이름을 입에 담으면 남편이 급사할 거라고 믿었다. 시다약족의 남자는 장인이나 장모의 이름을 말해서는 안 되며, 만일 이를 어기면 정령들의 노여움을 살 거라고 여겼다. 그런데 이때 아내의 양친뿐만 아니라 동생 부인의 양친, 누이 남편의 양친, 모든 조카들의 양친까지도 장인, 장모라고 생각한다. 따라서 터부시된 이름의 숫자는 실로 헤아릴 수 없을 지경이며, 그만큼 실수할 가능성도 많은 것이다. 게다가 사람 이름이 종종 달, 다리[橋], 보리, 코브라, 표범 등과 같이 흔하게 쓰이는 말이니, 혼란은 더욱 가중되었을 것이다. 그러니까 그 수많은 장인, 장모 가운데 이런 흔한 일반어와 동일한 이름을 가진 사람이 있으면, 그 일반어의 명칭을 말할 수 없다는 것이다.

셀레베스섬 미나하사 지방의 알푸르족은 사람 이름과 비슷하게 들리기만 해도 그런 말의 사용을 모조리 금지할 정도로 엄격한 관습을 지켰다. 특히 장인의 이름과 관련된 터부는 매우 엄격했다. 가령 장인의 이름이 '카랄라Kalala'라면, 사위는 말[馬]을 말이라고 불러서는 안 된다. 원주민어로 말[馬]은 '카왈로kawalo'라고 하는데 그것과 장인의 이름과 비슷하게 발음되기 때문이다. 이런 때 사위는 말[馬]을 '사사카잔sasakajan', 즉 '올라타는 짐승' 따위로 말해야 한다. 마찬가지로 부루섬에 사는 알푸르족도 친부모와 장인, 장모 및 시부모의 이름을 말할 수 없으며, 심지어 그 이름과 발음이 비슷한 일반어를 입에 담아서도 안 된다. 그래서 장모 이름이 참마를 뜻하는 '달루Dalu'이면, 사위는 참마를 달라고 할 때 '달루'라고 말해서는 안 되며 대신 '붉은 입'을 달라고 말해야 한다. 또는 참마 잎을 원할 때는 그 말에 해당하는 '달루문dalu mun' 대신 '카론펜나karon fenna'를 달라고 말해야 한다. 이 섬에서는 형 앞에서 그의 이름을 부르는 것도 터부시된다. 만일 이를 어기면 벌금을 내야 한다. 그 외 순다Sunda[6] 지방에서는 누군가 그 부모의 이름을 말하면 특정한 작물이 피해를 입는다고 믿었다.

네덜란드령 뉴기니의 누푸르족은 결혼에 의해 친척이 된 사람들끼리 서로 이름을 불러서는 안 된다고 믿는다. 예컨대 결혼한 남자는 그의 아내, 장인과 장모, 아내의 숙부와 숙모, 아내의 증숙부와 증숙모, 그리고 그와 동세대인 모든 친정 식구들의 이름을 말할 수 없다(아내도 그녀와 동세대인 모든 시댁 식구들의 이름을 말해서는 안 된다). 다만 처남들의 이름은 말해도 좋다. 하지만 여자는 시동생들

---

6 말레이 반도에서 아시아 대륙 남동쪽의 몰루카 제도까지 뻗어 있는 열도

의 이름을 입에 올려서는 안 된다. 이와 같은 터부는 아직 결혼식을 올리지 않았더라도 약혼이 이루어지면 그 즉시 발효된다. 이처럼 약혼에 의해 결합된 두 가족은 서로 이름을 불러서는 안 되며, 나아가 서로 얼굴을 바라보아서도 안 된다. 그래서 우연히 마주쳤을 때는 종종 아주 희극적인 장면이 연출되기도 한다. 단지 이름뿐만 아니라, 그 이름과 발음이 비슷한 일반어들을 입에 담는 일도 신중하게 피해야 한다. 그런 경우는 다른 말을 대신 사용하지 않으면 안 된다. 어쩌다 금지된 이름을 입에 담는 자가 있을 때, 그는 즉시 마룻바닥에 바짝 엎드려 이렇게 사죄해야만 한다. "제가 이름을 잘못 말해 버렸습니다. 그것을 마루 틈새로 던져 버릴 테니, 그저 먹고 살 수만 있도록 선처해 주시기 바랍니다."

토러스 해협의 서쪽 여러 섬에서도 남자는 절대 장인, 장모, 처남, 처제 등의 이름을 말하지 않는다. 여자도 이와 동일한 터부를 지켜야 했다. 하여간 남자가 처남을 부를 때는 이름을 말해도 좋다고 법적으로 허락한 '아무개의 남편 혹은 형제'라 하고, 처제의 이름을 부를 때는 '아무개의 아내'라 호칭해야 했다. 만일 실수로 처남의 이름을 불렀을 경우에는 고개 숙여 부끄러운 마음을 표해야 한다. 이런 수치는 처남에게 선물로 배상을 해야지만 비로소 해제될 수 있었다. 처제나 장인, 장모에 대해서도 실수로 이름을 부른 경우에는 똑같이 배상을 해야 한다. 뉴브리튼섬의 가젤Gazelle 반도[7] 해안가에 사는 원주민들이 처남의 이름을 말한다는 것은 그에 대한 최악의 모독이 된다. 그것은 죽음으로써 벌해야 하는 죄악으로 간주되었다.

멜라네시아의 뱅크스 제도에서도 결혼에 의해 결합된 양가 친척들의 이름에 관한 터부가 매우 엄격했다. 가령 남자는 장모, 장인, 처남들의 이름을 불러서는 안 된다. 하지만 아내의 여자 형제에 대해서는 이름을 불러도 된다. 처제나 처형은 그에게 보통 여자와 다를 것이 없다고 여겼기 때문이나. 한편 며느리는 시아버지의 이름을 부를 수 없었으며, 장모는 어떤 이유에서건 절대 사위의 이름을 불러서는 안 되었다. 다른 부족에 속한 두 남녀가 결혼했을 경우에도 양가 사람들은 서로의 이름을 부를 수 없었다. 심지어 그 이름과 같거나 혹은 공통된 음운이 들어가 있는 일반어를 말하는 것도 금지되었다. 뱅크스 제도의 한 원주민은 '돼지'라는 말과 '죽음의 신'이라는 말을 사용하지 않는다고 한다. 왜냐하면 그

---

7 남서 태평양 파푸아뉴기니령 비스마르크 제도의 뉴브리튼섬에서 북동쪽으로 뻗어 있는 반도

말들을 구성하는 음절이 그의 사위 이름에도 들어가 있기 때문이라고 했다. 또 어떤 이는 처남의 이름과 비슷하기 때문에 '손'이라는 말과 '뜨겁다'는 말을 쓰지 않았다고 한다. 게다가 아내 사촌의 이름에 그 단어가 들어가 있다는 이유로 '일'이라는 숫자를 말할 수 없는 자도 있었다.

혼인으로 관계를 맺게 된 사람들의 이름이나 혹은 그 안에 들어가 있는 음절조차 말하기 꺼려했던 이름 터부는, 자신의 이름이나 죽은 자의 이름 혹은 추장이나 왕의 이름을 입에 담지 않으려 했던 수많은 민족들의 관습과 결코 별개의 것이 아니다. 앞에서 후자의 경우에 이름 말하는 것을 기피하는 이유가 주로 미신적 신앙 때문이라고 언급한 바 있는데, 전자의 경우도 그 이상의 이유를 찾아보기란 힘들 것이다. 이미 살펴보았듯이, 원시인들이 자기 이름을 말하기 싫어했던 이유는 적어도 부분적으로는 미신적 공포 때문이었다고 말할 수 있다. 그것은 인간이든 정령이든 간에 적이 자기 이름을 이용하여 자신에게 위해를 가할지도 모른다는 공포 때문이었다. 다음에는 죽은 자의 이름과 왕의 이름에 관련된 이와 유사한 터부들에 대해 살펴보기로 하자.

3. 죽은 자의 이름에 관한 터부

죽은 자의 이름을 일절 말하지 않는 관습은 고대 코카서스의 알바니아인에 의해 준수된 이래 지금까지도 많은 원시민족들 사이에서 엄격하게 지켜지고 있다. 한 보고에 의하면, 오스트레일리아 원주민 사회에서는 남녀를 불문하고 죽은 자의 이름을 결코 말하지 않는데, 이는 해당 사회에서 가장 엄격하게 지켜지고 강제되는 관습 중 하나라고 한다. 이승을 떠난 자의 이름을 큰 소리로 부르는 것은 원주민들이 가장 신성시하는 터부에 대한 엄청난 위반으로 여겼으며, 그들은 이런 위반을 저지르지 않도록 대단히 조심한다. 이 같은 터부의 주요한 동기는 죽은 자의 이름을 부름으로써 망령을 불러내지는 않을까 하는 공포에 있는 것으로 보인다. 물론 지나간 슬픈 기억들을 되살리기 싫은 본능적인 혐오감이 죽은 자의 이름에 대한 망각의 장막을 치는 데에 한몫한 것도 틀림없는 사실이지만 말이다.

한번은 올드필드Oldfield가 죽은 자의 이름을 소리 질러 한 원주민을 대경실색케 만든 적이 있었다. 그때 원주민은 공포에 떨면서 줄행랑을 쳤고 수일간 자취를 감춘 채 만나주지 않았다. 그 후 다시 만났을 때 원주민은 난폭한 백인의 불경함을 신랄하게 책망했다고 한다. 이와 관련하여 올드필드는 다음과 같이 기록하고 있다. "그에게 죽은 자의 두렵기 짝이 없는 이름을 발음하게 한다는 것은 참으로 불가능한 일이었다. 그는 자신을 사악한 망령의 힘 아래에 두고 싶지 않았던 것이다."

오스트레일리아 빅토리아 지방의 원주민들은 죽은 자에 대해서는 거의 이야기를 나누는 법이 없고, 그 이름은 더더욱 입에 올리지도 않는다. 간혹 죽은 자에 대해 이야기할 때는 '잃어버린 자'라든가 '이승에 없는 불쌍한 사람'이라는 식으로 소리를 죽여 말한다. 죽은 자의 이름을 말하게 되면 망령 '쿠이트길Couitgil'의 노여움을 사게 된다고 믿었다. 그 망령은 영원한 석양의 나라로 가기 전까지 잠시 동안 이 지상을 배회한다고 믿었다. 머리강[8] 하류에 사는 여러 부족들도 누군가 사람이 죽으면 절대 그의 이름을 말하지 않는다. 그러나 부득이 말해야 할 경우에는 최대한 낮은 소리로 속삭여 망령이 그 소리를 듣지 못하도록 하지 않으면 안 되었다. 중앙오스트레일리아의 여러 부족들 또한 어쩔 수 없는 경우 외에는 상을 치르는 기간에 절대 죽은 자의 이름을 말하지 않는다. 꼭 필요한 때는 배회하고 있는 망령이 놀라지 않도록 낮은 소리로 말해야 한다. 망령이 자신의 이름을 듣게 되면, 유족들이 그를 위해 공손하게 복상服喪하지 않는다고 여길지도 모르기 때문이다. 그러니까 유족들이 진심으로 애도하는 마음이 있다면 감히 망령의 이름을 함부로 입에 담지 못하리라는 것이다. 망령은 유족들의 몰인정한 무관심을 매우 예민하게 알아채고는 격분한 나머지 그들을 꿈속에서 괴롭힌다고 한다.

죽은 자의 이름을 말해서는 안 된다는 터부는 허드슨만[9]에서 파타고니아에 이르는 지역의 모든 아메리카 인디언 부족들 사이에서 널리 퍼져 있다. 콜롬비아의 고아히로Goajiro족[10]은 유족들 앞에서 죽은 자에 대해 말하는 것을 큰 죄악으로 간주되었다. 그런 죄를 범한 자는 종종 죽음으로써 다루어지기도 했다. 왜냐하면

---

8 오스트레일리아 남동부에 있는 이 나라 제1의 강으로 총길이는 2,589킬로미터이며, 달링강을 합한 길이는 약 3,700킬로미터이다.

9 캐나다 중동부의 만입된 내륙해. 북쪽과 서쪽으로 캐나다의 노스웨스트 준주, 남쪽으로 매니토바주와 온타리오주, 동쪽으로 퀘벡주 등과 각각 접한다. 북동쪽의 허드슨 해협을 통해 대서양과 연결되며, 북쪽의 폭스 해협을 통해 북극해와 통한다.

10 콜롬비아 북부 및 이웃한 베네수엘라에 걸쳐 있는 과히라 반도에 사는 인디언

죽은 자의 조카나 삼촌 앞에 사자의 망령, 즉 '란초rancho'가 나타나는 수가 있는데, 그 망령은 틀림없이 그 자리에서 위반자를 죽일 거라고 믿었기 때문이다. 그런데 이 위반자가 요행히 죽음을 피했을 경우에는 보통 수소 두 마리 이상의 무거운 벌금을 내야 했다.

시베리아의 사모예드Samoyed족[11]과 인도 남부의 토다족처럼 서로 멀리 떨어져 있는 민족들도 공통적으로 죽은 자의 이름을 기피하는 유사한 터부를 가지고 있다. 타타르의 몽골족, 사하라의 투아레그Tuareg족[12], 일본의 아이누족[13], 동아프리카의 아캄바Akamba족과 난디족, 필리핀의 팅귀안Tinguian족, 니코바르 제도·보르네오·마다가스카르·태즈메이니아[14] 등지의 원주민들도 그렇다. 명확하게 그런 말을 않더라도, 이런 민족들에서 죽은 자의 이름을 기피하는 터부는 근본적으로 망령에 대한 공포에서 비롯된 것이라고 보인다. 특히 투아레그족이 이 점을 잘 보여 준다. 그들은 죽은 자가 돌아오는 것을 두려워하여 사람이 죽게 되면 천막을 옮기고 그 이름을 말하지 않을뿐더러 망령을 불러들일 만한 일들은 결코 하지 않는다. 그럼으로써 망령이 다시 돌아오지 못하게 할 수 있다고 믿었다. 때문에 그들은 아랍인들과 마찬가지로 조상의 이름을 빌려 자기 이름을 짓는 일은 하지 않는다.

이를테면 그들은 김 씨 가문의 아무개라든가, 박 아무개의 아들이라는 식으로 이름을 짓지 않는다. 그래서 모든 부족원은 그 사람과 함께 살다가 그 사람이 죽으면 같이 죽는 그런 이름을 부여받는다. 마찬가지로 오스트레일리아 빅토리아 지방의 여러 부족들도 성명이 대대로 이어지거나 하는 일은 없다. 왜냐하면 죽은 자의 이름을 그 일부만이라도 계승하게 되면 천명을 다하지 못할 거라고 믿었기

---

11 사모예드족 혹은 유라크Yurak족이라는 이름은 네네츠Nenets('사람'을 뜻하는 말)족의 옛 이름. 러시아 북부지방에 살고 있는 민족언어 집단. 서쪽으로는 백해에서 동쪽으로는 타이미르 반도까지, 남쪽으로 사얀 산맥에서 북쪽으로는 북극해까지 이르는 지역에서 살고 있다. 우랄어족에서 갈라져 나온 사모예드어를 쓰는 가장 큰 집단이다.

12 알제리의 투아트 및 리비아의 구다미스에서 나이지리아 북부까지와 리비아의 페잔에서 말리의 통북투에 이르는 지역에 거주하는 종족

13 일본 홋카이도에 사는 토착 원주민을 말한다. 피부는 누런빛이 적고 검은빛이 많은 편이며 눈은 쌍꺼풀에 우묵하고 광대뼈가 나왔으며 귀는 비교적 크다. 머리카락은 검고 파상波狀 또는 구상鉤狀이며, 남녀 모두 털이 많아 최다모最多毛 인종에 속한다. 또 남녀가 귀고리를 달고 있으며 특히 여자는 문신文身을 하고, 의복은 난티나무 껍질의 섬유로 짠 옷감을 사용한다. 일본인과의 혼혈, 메이지 이래의 동화정책에 의해 인종적 특징, 고유의 문화, 토착어 등이 사라져 가고 있다.

14 오스트레일리아 대륙 남동쪽에 있는 섬으로 이루어진 주

때문이다. 아마도 망령이 자기와 이름이 같은 자를 찾아와 그를 망령의 나라로 데려간다고 여겼던 듯싶다.

망령에 대한 공포가 사람들로 하여금 죽은 자의 이름을 기피하도록 만든 것이다. 당연한 결과로서, 그 이름을 입에 올림으로써 망령의 주의를 끌지 않도록 생전에 망령과 비슷한 이름을 가진 자들은 모두 다른 이름으로 바꾸지 않을 수 없었을 것이다. 그것이 망령의 이름이 아니라 다른 사람의 이름이라는 걸 알아 달라고 망령에 대해 상식적인 분별력을 기대할 수는 없는 노릇이기 때문이다. 오스트레일리아 남부의 애들레이드[15]와 엔카운터만 지역의 여러 부족들은 최근에 죽은 자들의 이름을 말하는 것을 꺼리기 때문에, 죽은 자와 이름이 비슷한 사람들은 자기 이름을 폐기하고 임시 이름을 쓰거나 그때그때 아무 이름이나 닥치는 대로 정해서 쓰기도 한다. 퀸즐랜드의 부족들 사이에서도 이와 유사한 관습이 있었다. 하지만 이들의 경우, 죽은 자의 이름을 사용해서는 안 된다는 터부가 영구적인 것은 아니다. 물론 그런 터부가 사람이 죽은 뒤 수년 정도는 지속되지만 말이다.

이에 비해 오스트레일리아의 어떤 부족들은 죽은 자의 이름과 비슷한 사람이 한 번 이름을 바꾸면 죽을 때까지 그 이름을 계속 쓴다. 그러니까 이전의 이름은 영구히 폐기되고, 나머지 생애 동안은 새로운 이름으로 사는 것이다. 물론 도중에 이와 비슷한 사유가 생기면 다시 이름을 바꿔야 한다. 북아메리카 인디언들도 최근에 죽은 사람과 이름이 같은 자는 남녀를 불문하고 새로운 이름을 지어야 한다. 이 작명은 죽은 자를 위한 첫 번째 장례의식에서 공식적으로 행해진다. 로키 산맥 동부에 사는 몇몇 부족들도 복상 기간에만 이름을 바꿀 수 있다. 하지만 북아메리카의 태평양 연안에 사는 다른 부족들은 꼭 상중이 아니더라도 아무 때나 이름을 바꿀 수 있었던 모양이다.

동일한 이유에서, 때로 죽은 자와 가까웠던 모든 친족들은 자기 이름이 죽은 자와 비슷하든 아니든 간에 무조건 이름을 바꾸기도 한다. 이는 말할 것도 없이 떠돌이가 된 망령이 친족들의 정다운 이름을 듣고 옛 집으로 다시 돌아올지도 모른다는 두려움 때문이었다. 그래서 오스트레일리아 빅토리아 지방의 여러 부족들은 복상 기간에는 죽은 자의 친족 이름을 절대 부르지 않으며, 대신 관습으로

---

15 오스트레일리아 사우스오스트레일리아주의 주요 도시

정해진 일반 용어를 썼다. 상을 당한 사람의 이름을 부르는 것은 죽은 자를 모욕하는 일로 간주하였기 때문이다. 이런 관습은 종종 싸움과 유혈 분쟁의 원인이 되기도 했다. 북서부 아메리카 인디언들도 죽은 자의 친족들은 이름을 바꾸는 일이 많았는데, 이는 친밀했던 사람의 이름을 자꾸 듣게 되면 죽은 자가 거기에 이끌려 지상으로 돌아오게 된다는 관념에서 비롯된 것이다.

카이오와Kiowa족[16] 인디언들도 친족이 있는 앞에서 죽은 자의 이름을 말해서는 안 되며, 가족 중에 누군가가 죽으면 유족들은 모두 개명해야 한다. 이런 관습은 3세기 전에 로어노크섬[17]의 라레이 지역을 개척한 식민지 이주자들에 의해 보고된 바 있다. 마찬가지로 렝과족 인디언들도 죽은 자의 이름을 절대 말하지 않으며, 산 자들은 모두 이름을 바꾼다. 그렇지 않으면 죽은 자의 망령이 산 자들의 명부를 가지고 갔다가 곧 저승사자가 되어 지상에 돌아와 많은 친족들을 죽음의 나라로 끌고 간다고 믿었다. 바로 이 같은 망령의 못된 짓을 막기 위해 모두 이름을 바꾸는 것이다. 그러니까 저승사자가 되어 돌아온 망령이 아무리 명부를 뒤져봐도 개명한 이름이 나오질 않으므로 할 수 없이 딴 곳을 찾으러 떠날 거라는 말이다. 니코바르 제도의 경우도, 상을 당한 자들은 망령의 달갑지 않은 방문을 피하기 위해 모두 새로운 이름으로 바꾼다. 혹은 이와 동일한 목적으로 삭발을 한다든가 변장을 하기도 하는데, 그렇게 하면 망령이 자기를 알아보지 못할 거라고 생각했기 때문이다.

나아가 죽은 자의 이름이 가령 동식물이나 물, 불 등과 같이 일상적인 사물의 명칭과 우연히 일치하는 경우에는 그 일상용어들을 쓰지 않고 다른 말로 대체하기도 한다. 아마도 이런 관습이 언어 변용의 큰 원인이 되었을 성싶다. 왜냐하면 그런 관습이 행해지는 곳에서는 수많은 말들이 사어死語가 되고 새로운 언어로 대체되기 때문이다. 오스트레일리아나 북아메리카 등지를 관찰한 많은 연구자들은 특히 이런 경향에 주목했다.[18] 예를 들어 오스트레일리아 원주민들에 관한

---

16 카이오와타노아어족에 속하는 언어를 사용하던 북아메리카 인디언. 미국에 마지막으로 항복한 평원 부족들 중 하나로 그레이트플레인스 남부에 살았다.

17 미국 노스캐롤라이나주 데어군 근해의 섬

18 이와 같은 프레이저의 주장은 1930년대에 콜럼버스 이전의 브라질 부족들에게서 그런 언어 변환을 조사한 레비스트로스에 의해 타당성을 입증받았다. 레비스트로스는 특히 1962년에 출간한 『야생의 사고*La Pensee Sauvage*』(안정남 옮김, 한길사, 1996 참조)에서 그런 언어 변형에 관한 구조주의적 분석을 가하면서 원시인들의 사유방식을 이른바 '구체의 철학'이라고 명명했다.

어떤 보고에 의하면, "각 부족에 따라 방언이 천차만별이다. 어떤 부족은 자연물의 명칭을 빌려 이름을 짓는다. 그리고 그렇게 이름 지어진 사람이 죽으면 그 자연물의 명칭은 더 이상 입에 담아서는 안 된다. 따라서 사람 이름의 모델이 되었던 그 자연물을 호칭하는 다른 말이 만들어져야만 했다." 보고서의 필자는 '칼라Karla', 즉 '불'이라는 이름을 가진 한 남자의 경우를 예로 들고 있다. 이 남자가 죽었을 때 불을 불이라고 말해야 함에도 말할 수 없게 되어서 새로운 명칭을 만들어야 했다는 것이다. 그러므로 언어는 자꾸 변할 수밖에 없었다. 또한 오스트레일리아 남부의 엔카운터만에 사는 한 부족은 '응케Ngnke', 즉 '물'이라는 이름을 가진 남자가 죽자, 그의 사망 후 일정 기간 동안은 물이라는 말을 사용할 수 없으므로 그 대신 다른 단어를 써야만 했다.

이에 대해 보고한 필자의 설명에 의하면, 바로 이 때문에 그 부족의 언어에는 수없이 많은 동의어가 있다고 한다. 이 점은 오스트레일리아 빅토리아 지방의 여러 부족에 대해 우리가 알고 있는 사실에 의해서도 확인할 수 있다. 즉, 그들의 언어에는 부족의 전체 구성원들이 복상 기간에 일상용어 대신 사용하는 정해진 동의어들이 다수 포함되어 있다. 가령 '까마귀'라는 이름의 '와아Waa'라는 자가 죽었을 때, 그의 복상 기간에는 누구도 까마귀를 '와아'라고 말해서는 안 되었다. 대신 그것을 '나라파르트narrapart'라고 불렀다. 또 '주머니쥐'라는 이름의 '웨아른weearn'이라는 자가 죽었을 때, 슬픔에 잠긴 친족들과 부족원들은 주머니쥐에 대해 일정 기간 번거롭더라도 '마눙쿠르트manuungkuurt'라고 불렀다. 마찬가지로 '칠면조'라는 명예로운 이름 '바림바림barrim barrim'으로 불리던 존경할 만한 여자가 죽었을 때, 사람들은 칠면조를 '틸리트틸리취tillit tilliitsh'라고 부르지 않으면 안 되었다. 그밖에 검은 앵무새, 회색 오리, 학, 캥거루, 독수리, 들개 따위의 이름에 대해서는 '무타티스무탄디스mutatis mutandis'라는 대용어를 써야 했다.

파라과이 아비폰Abipon족[19]의 언어가 부단히 변환된 것도 이와 동일한 관습 때문이었다. 이 원주민 사회에서는 일단 한 번 폐기된 언어는 다시 사용되지 않았다. 선교사 도브리조퍼Martin Dobrizhoffer(1717~1791)의 말에 의하면, 죽은 자의 이름과 비슷한 말은 모두 포고령에 의해 폐지되고 대신 새로운 언어가 만들어졌기 때문에, 매년 신조어가 우후죽순처럼 생겨났다. 이때 조어를 만드는 역할은 전적

---

19 파라과이와 아르헨티나 차코의 베르메호강 하류에 살던 남아메리카 인디언

으로 마을 노파들의 손에 달려 있었다. 이들에 의해 고안되거나 승인받은 신조어는 어떤 것이든 간에 곧바로 유통되었다. 신분이 높건 낮건 누구도 불평 한마디 없이 그것을 받아들였기에 신조어는 요원의 불길처럼 순식간에 마을의 가가호호로 퍼져나갔다. 부족 전체가 노파들의 결정에 무조건 맹종했으며, 또한 종래의 친숙한 언어는 즉각적으로 완전히 폐기되었다. 그리하여 습관의 힘으로든, 망각의 힘으로든 그렇게 폐기된 말을 다시 되돌릴 수 없었다. 도브리조퍼 선교사는 이런 현상을 보면 누구라도 놀랄 수밖에 없을 거라고 덧붙였다. 그가 7년 동안 원주민들과 같이 사는 동안 표범을 가리키는 어휘가 세 번이나 바뀌었고, 악어나 가시, 가축의 도살을 의미하는 어휘도 적지 않게 변천했다. 그로 인해 선교사들도 일상적으로 사용하는 원주민어가 끊임없이 변하는 통에 늘 쓸모없게 된 이전 용어를 버리고 새 용어를 익히느라 애를 먹었다고 한다.

영국령 뉴기니의 많은 부족들도 사람 이름이 동시에 다른 사물의 이름인 경우가 많았다. 그들은 죽은 사람의 이름을 말하면 그 망령이 돌아온다고 믿었다. 그렇게 망령이 그들 사이로 돌아오는 것을 원치 않았기 때문에 죽은 사람의 이름을 말하는 것이 터부시된 것이며, 따라서 그 이름이 다른 동물이나 사물의 이름과 같을 때는 그 동물이나 사물을 가리키는 새로운 단어를 만들어 내야 했다. 그 결과 끊임없이 수많은 어휘들이 폐기되고, 수정되거나 새로운 의미가 더해지면서 재생하기도 했다. 마찬가지로 니코바르 제도에서도 이와 비슷한 관습이 원주민들의 언어생활에 영향을 미쳤다.

이에 대해 드 룁스토르프Frederik Adolph de Roepstorff(1842~1883)는 다음과 같이 말한다. "이 원주민 사회에는 매우 기이한 관습이 행해지는데, 그것이 사실상 '역사의 형성' 혹은 역사 전달을 매우 효과적으로 방해하고 있다고 보인다. 니코바르 제도 사람들의 신앙을 엄격하게 통제하고 있는 규범에 의하면, 죽은 자의 이름은 그가 누구이건 간에 절대 말해서는 안 된다! 흔히 있는 일이지만, 가령 어떤 사람의 이름이 '닭', '모자', '불', '길' 따위였다고 하자. 그런데 그가 죽은 다음에는, 그 자의 이름으로서 그런 말을 쓰는 것은 물론이고 일반어의 의미로도 그런 말을 쓰지 못하도록 철저히 금지되었다. 때문에 그들의 어휘에서 많은 말이 사라졌고, 대신 새로운 말들이 만들어지거나 니코바르 제도의 사투리라든지 외국어 중에서 대용어들이 선택되어 쓰였다. 이 이상한 관습은 그들의 언어 자체를 불안정하게 만들었다. 그뿐만 아니라 정치적 생활의 연속성을 깨뜨리고, 나아가 과거 사건에 대한 기록을 (물론 남길 수는 있겠지만) 불확실하고 애매한 것으로 만들었다."

죽은 자의 이름을 쓰지 못하게 금하는 관습이 역사의 전승을 근본적으로 단절시켰다는 사실은, 특히 역사 연구자들에게 많은 주목을 받았다. 이와 관련하여 가체트A. S. Gatschet(1832~1907)의 말을 들어보자. "클래머스Klamath족[20]은 1세기 이상 거슬러 올라갈 수 있는 역사적 전승을 전혀 갖고 있지 않다. 그 이유는 매우 단순하다. 이들에게는 죽은 자의 이름을 내세워 그의 생애나 행위를 언급하는 것을 금지하는 엄격한 규범이 있었기 때문이다. 이 규범은 오리건의 인디언들 못지않게 캘리포니아의 인디언들 사이에서도 엄격하게 준수되었다. 만일 그것을 위반하면 죽음의 징벌이 뒤따른다. 이런 터부가 한 민족에 관한 모든 역사적 지식을 억압하고 부정하도록 만들었음에 틀림없다. 이름을 쓸 수가 없는데, 도대체 어떻게 역사 기술을 할 수 있단 말인가?"

그러나 많은 부족들에게서 과거의 기억을 지워 버리는 이런 신앙적 관습의 힘은 인간정신의 자연스러운 경향성에 의해 어느 정도 약화되고 감소하기 마련이다. 시간은 가장 깊게 각인된 관념까지도 점차 닳아 없어지게 만들기 때문이다. 그리하여 시간은 죽음에 대한 공포와 그 신비에 의해 원시인들의 마음속에 각인된 관념을 (설령 완전히 지우지는 못할지라도) 필연적으로 모호하게 만들어 버린다. 사랑하는 이들에 대한 기억이 조금씩 사라지면서, 조만간 그는 죽은 자에 대해 이것저것 말하고 싶어지게 될 것이다. 그러다가 그 기억들이 광대무변하고 미분화된 과거의 망각 속으로 마치 가을 낙엽이나 겨울눈처럼 사라져 버리기 전에, 가끔은 어떤 철학적 탐구자가 나와 죽은 자들의 조야한 이름들을 구제해 낼 법도 하다.

방금 살펴보았듯이, 빅토리아 지방이 여러 부족들에게서 죽은 자의 이름을 말해서는 안 된다는 규칙은 다만 복상 기간에 한해서만 적용되었다. 이에 비해 오스트레일리아 남부 포트링컨[21]의 부족들 사이에서는 그런 규칙이 수년간 지속되었다. 북아메리카 치누크Chinook족[22] 인디언들의 경우도 최소한 사후 수년 동안은 죽은 자의 이름을 말해서는 안 되었다. 푸얄룹Puyallup족 인디언들은 사후 몇

---

20 오리건주 중남부와 캘리포니아주 북부에서 살던 북아메리카 인디언
21 오스트레일리아 사우스오스트레일리아주 중남부에 있는 도시
22 북아메리카의 북서태평양 연안에 거주하던 인디언

년이 지나 유족들의 슬픔이 가라앉아 잊힐 무렵이 되면 터부 준수의 강도를 완화시킨다. 만일 고인이 유명한 전사였다면, 그 자손 중의 누군가(예컨대 증손자)가 고인의 이름을 쓸 수도 있다. 이 부족 사이에서는 죽은 자의 이름을 말해서는 안 된다는 터부가 친족들에 의해서만 지켜질 뿐 다른 사람들에게는 그다지 문제가 되지 않았다.

마찬가지로 예수회 선교사 라피토Joseph-François Lafitau(1681~1746)의 말에 의하면, 죽은 자의 이름 및 그것과 비슷한 산 자의 이름이 함께 무덤에 매장된다는 것이다. 이 상태는 유족들의 깊은 슬픔이 가라앉고 그들이 기꺼이 관 뚜껑을 열어 죽은 자를 일으켜 세우고자 할 때까지 계속된다.[23] 여기서 죽은 자를 일으켜 세운다는 것은 죽은 자의 이름을 누군가에게 부여한다는 것을 의미한다. 그때 죽은 자의 이름을 부여받은 사람은 모든 점에서 죽은 자가 재생하여 돌아온 것으로 간주한다. 왜냐하면 원시인들의 철학적 원리에서 이름이란 곧 당사자의 (영혼은 아니라 할지라도 살아 있는) 일부라고 믿었기 때문이다.

라프족에 의하면, 임신한 여자가 해산이 가까워지면 죽은 조상이나 친족이 자주 꿈에 나타나, 죽은 자가 곧 아기로 다시 태어날 것이니 죽은 자의 이름을 빌려 아이의 이름을 지어 주라고 말한다. 산부가 그런 꿈을 꾸지 않았을 때는 태어날 아이의 아버지나 친족들이 점쟁이나 무당에게 부탁하여 이름을 짓는다. 콘드 Khond족[24]은 아이가 태어난 지 이레가 되면 사제와 모든 부족원들을 초대하여 탄생을 축하한다. 이때 사제는 아이의 이름을 짓기 위해 죽은 조상들의 이름이 씌어진 쌀을 물 컵에 떨어뜨린다. 그런 다음 물속의 쌀이 어떻게 움직이는가를 살피고 아이의 얼굴 생김새를 보아 조상 가운데 누가 아이로 다시 태어난 것인지를 판단한다. 대체로 이렇게 조상의 이름을 따서 아이의 이름을 짓는 것이다.

요루바족은 아이가 태어나면 점복의 신령 '이파Ifa'의 사제가 찾아와 어느 조상의 영혼의 재생했는가를 확인한다. 그러면서 조상 아무개가 이 아이로 다시 태어난 것이니, 앞으로 아이는 모든 면에서 그 조상이 살았던 방식에 따라 살아야 할 거라고 말한다. 이에 대해 부모는 그 조상에 대해 잘 모른다고 대답하기 마련이다. 그러면 사제가 필요한 정보들을 알려준다. 이렇게 일반적으로 갓난아이의

---

23 이 대목은 복장複葬의 관습을 시사한다. 복장은 통상 시체의 오예가 깨끗이 정화되어 더 이상 산 자에게 끼칠 위험성이 없어졌다고 판단될 때 행해진다.
24 인도 오리사주의 구릉지대와 밀림에 사는 종족

이름은 그 아이의 몸을 빌려 다시 태어났다고 믿는 조상의 이름을 따오게 된다.

4. 왕과 신성한 인물의 이름에 관한 터부

원시사회에서는 산 자든, 죽은 자든 평범한 일반인들의 이름이 매우 조심스럽게 다루어졌다. 하물며 신성한 왕이나 사제의 이름을 온갖 위해로부터 지키기 위해 대단히 엄격한 조처가 취해졌다 해서 조금도 놀랄 일이 아닐 것이다. 예컨대 다호메이 왕의 이름은 언제나 극비에 부쳐졌다. 그게 알려지면 사악한 자가 왕에게 위해를 가할지도 모른다고 믿었기 때문이다. 그러니까 유럽인들이 알고 있는 다호메이 왕들의 이름은 그들의 본명이 아니라 그저 단순한 별칭에 불과한 것이다. 이를테면 원주민들은 그런 별칭을 '강한 이름'이라고 불렀다. 원주민들은 이 별칭을 다른 사람들이 안다 해도 왕에게 아무런 해를 끼칠 수 없다고 생각한 듯싶다. 왜냐하면 별칭은 탄생시에 지어진 본명과는 달리 본인과 아무런 생명적 연관성을 가지고 있지 않다고 믿었기 때문이다.

게라 지방의 갈라Galla 왕국에서는 왕의 본명을 말한 자는 사형에 처해졌으며, 왕의 이름과 비슷하게 발음되는 일반어들은 모두 다른 말로 대체되었다. 중앙아프리카의 바히마Bahima족은 왕이 죽으면 그의 이름을 그들의 어휘에서 아예 없애버린다. 만일 왕의 이름이 어떤 동물 이름에서 따온 것이라면, 그 동물에 대한 호칭을 즉시 다른 것으로 바꿔야 한다. 가령 왕의 이름이 '사자'였다고 하자. 그 왕이 죽으면 밀림의 사자들에 대해 다른 이름을 지어 주어야 한다. 또한 시암 왕의 진짜 이름을 알아맞히기란 거의 불가능에 가깝다. 왜냐하면 왕의 본명은 마술사가 그것으로 어떤 주술적 위해를 가할까 봐 항상 조심조심 극비에 부쳤다. 왕의 본명을 말하는 자는 누구든 즉각 감옥에 갇혔다. 왕은 다만 '존엄자', '완전한 자', '지고자', '위대한 제왕', '천사의 후손' 따위의 존칭으로만 부를 수 있을 뿐이었다. 버마에서도 왕의 이름을 말하는 것은 가장 큰 불경죄로 간주하였다. 그래서 버마인들은 외국에 나가 있을 때에도 왕의 이름을 함부로 말하지 않는다. 왕은 즉위하는 그 순간부터 오직 존칭으로만 불렸다.

줄루족은 그 누구도 자기 부족의 추장 이름과 기억 가능한 그 추장의 조상들 이름을 절대 말하지 않는다. 그뿐만 아니라 이렇게 터부시되는 이름과 똑같거나 혹은 그저 발음만 비슷한 일상어조차도 입에 담지 않는다. 예컨대 드완드웨 Dwandwe족의 경우, 태양을 뜻하는 '랑가Langa'라는 이름의 추장이 있었다. 이에 따라 실제 태양에 대한 호칭이 '랑가'에서 '갈라gala'로 바뀌었고, 랑가 추장이 죽은 지 100년이 훨씬 넘은 오늘날까지도 계속 그렇게 부르고 있다. 크스누마요 Xnumayo족의 추장 이름은 '우마유시u-Mayusi'였는데, 이것과 공통된 음절이 들어 있는 단어인 '알루사alusa' 또는 '아유사ayusa', 즉 '가축을 기른다'는 말이 '카게사 kagesa'로 대체되었다.

개개 부족들에 의해 독자적으로 지켜진 이런 터부 외에도, 공통적으로 모든 줄루족들은 왕국 전체를 통치하는 왕의 이름을 터부시했다. 그래서 판다Panda가 줄룰란드의 왕이 되었을 때, '나무뿌리'를 뜻하는 '임판도impando'라는 말이 '응크사보nxabo'로 바뀌었다. 그밖에 '거짓말' 또는 '모함'이라는 단어는 '아마케보 amacebo'에서 '아마크와타amakwata'로 대체되었다. 이는 유명한 케치와요Cetchwayo 왕 이름의 한 음절이 '아마케보'에 포함되어 있었기 때문이다.

그런데 이런 관습은 남자들보다 여자들의 경우가 더욱 철저하게 행해졌다. 여자들은 언어생활에서 터부시된 이름과 음이 조금만 비슷해도 그런 말을 모조리 생략했다. 특히 왕비와 후궁들은 왕과 수대에 걸친 그 조상들의 이름뿐만 아니라 그 형제들의 이름에 이르기까지 모두 터부시되었으므로, 사실상 왕궁에서 이 여자들이 말하는 이야기를 알아듣기란 대단히 곤란한 형편이었다. 이런 부족적 터부와 민족적 터부에 전술한 대로 결혼에 의해 비롯된 친족 이름에 관한 터부를 합친다고 하면, 줄룰란드 각 부족들의 독특한 어휘가 얼마나 많은지, 그리고 여자들만의 독특한 어휘가 얼마나 많은지를 가히 짐작하고도 남음이 있다. 게다가 한 집의 구성원들은 다른 집의 가족들이 쓰는 말을 사용할 수 없었다. 가령 어떤 집의 여자들이 일상대로 하이에나를 하이에나라고 말한다면, 그 이웃집 여자들은 그것을 다른 단어로 바꿔 써야 한다. 또 다른 집 여자들은 이런 대체어를 써서는 안 되기 때문에 새로운 용어를 찾아야만 한다. 그리하여 오늘날 줄루어는 거의 이중어의 형태를 띠게 되었다. 실로 수많은 사물들이 적어도 서너 개의 동의어를 가지고 있으며, 그것들이 부족 간의 혼인 교환을 통해 모든 줄룰란드에 전파되었다.

마다가스카르섬 전역에도 이와 유사한 관습이 널리 퍼져 있다. 그 결과 줄루족의 경우와 마찬가지로 여러 부족들의 언어생활에서 방언적인 차이가 초래되었다. 마다가스카르섬 원주민들에게는 가족명이 없다. 그리고 거의 모든 인명이 일상어에서 따온 것으로서, 이를테면 새, 동물, 나무, 식물, 색깔 따위의 일반 사물이나 행위 혹은 특성을 가리키는 말들이 대부분이다. 이런 일상어가 그대로 추장 이름이거나 혹은 그 이름의 일부를 포함하는 경우, 그 일상적 사물이나 동물은 신성시된다. 따라서 그런 것들은 더 이상 어떤 나무나 곤충 따위의 이름을 부르듯이 그렇게 일상적인 어법으로 부를 수 없게 된다. 때문에 이전의 일상적인 명칭은 폐기되고 그 대신 새로운 이름을 찾지 않으면 안 된다. 이때 지방의 수많은 소부족들을 다스리는 군소 추장들마다 각자 독자적인 신성한 이름을 가지고 있으므로, 이들의 터부 관습이 언어생활에 미치는 혼란과 불확실성이 얼마나 컸을지를 상상하기란 그리 어렵지 않다.

그런데도 이들은 태곳적부터 조상들이 항상 그랬듯이 언어의 폭압tyranny of words[25]을 추종해 왔다. 이 관습이 끼친 불합리한 결과는 특히 마다가스카르섬 서해안 지방에서 두드러지게 나타났다. 그곳에는 독립적인 군소 추장들이 부지기수로 많고, 그에 따라 어떤 사물이나 장소 또는 강들의 이름이 하도 많이 바뀌는 바람에 종종 혼란이 야기되곤 했다. 일단 추장이 어떤 일상어를 쓰지 못하도록 금지하면, 원주민들은 그 일상어의 종래 의미를 전혀 모르는 체하기 일쑤였다.

마다가스카르섬에서 터부시된 것은 단지 살아 있는 왕이나 추장들의 이름뿐만이 아니었다. 최소한 섬의 몇몇 지방에서는 죽은 왕의 이름들이 사용 금지되기도 했다. 사칼라바족 사이에서 왕이 죽으면 귀족과 백성들이 유해를 둘러싸고 회의를 열어, 죽은 왕을 이후 어떤 새 이름으로 불러야 좋을지를 정한다. 그렇게 새 이름이 정해지면 이제 왕의 생전 이름은 신성시되어 그것을 입에 담는 자는 죽음을 면치 못하게 된다. 그뿐만 아니라 그 이름과 조금이라도 비슷한 일상어들까지 모두 신성시됨으로써, 그런 일상어가 가리키는 본래의 사물은 다른 이름으로 바꾸어 호칭하지 않으면 안 되었다. 이와 같은 터부를 어긴 자는 극악무도한 패륜아이자 중죄인으로 간주하였다. 하지만 이때의 언어 개칭은 다만 죽은 왕이 통치했던 지역에만 국한되었으며, 그 밖의 인근 지역에서는 종래의 일상어들이 계속 그 본래적 의미로 사용되었다.

---

25 원시민족들의 언어 관습을 폭압적이라고 보는 것은 어디까지나 관찰자의 해석일 뿐이다. 원시인들 자신이 과연 그것을 폭압으로 느꼈는지는 의문이다.

폴리네시아 지방의 추장들에게 부여되었던 신성성이 그 이름에까지 확장 적용되었음은 두말할 나위 없다. 원시인들에게는 이름과 그 당사자가 분리되어 관념화되지 않았기 때문이다. 그리하여 방금 언급한 줄룰란드나 마다가스카르의 경우와 같이 폴리네시아에서도 추장의 이름 및 그 이름과 유사한 일상어를 말하는 것에 대한 조직적인 터부가 지켜졌다. 뉴질랜드에서 추장의 이름은 지극히 신성시되었으며, 만일 그것이 일상어와 일치하는 경우에는 그 일상어를 사용할 수 없으므로 다른 대용어가 만들어졌다. 예를 들어 이스트케이프 남부에 있는 어떤 부족의 추장은 이름이 '마리피Maripi'였는데, 이는 '손칼'을 뜻하는 말이었다. 때문에 실제 손칼에 대해서는 '마리피'라는 말이 폐기되고 '네크라nekra'라는 새로운 단어가 대체되었다. 다른 곳에서는 '웨이wai'라는 단어를 바꿔야만 했다. 왜냐하면 그것이 우연히도 추장 이름과 같았기 때문이다. 즉, 신성한 추장의 이름인 '물'이라는 용어를 아무것도 아닌 세속의 액체에 대해 쓴다는 것은 곧 신성을 모독하는 일이라고 여겼다.

이 터부는 당연히 뉴질랜드 원주민인 마오리족의 언어에 무수한 동의어들을 초래했다. 그래서 그곳을 처음 찾는 여행자들은 같은 물건이 이웃 부족에서는 전연 엉뚱한 명칭으로 불리기 때문에 당황할 수밖에 없다. 타이티섬에서도 왕이 즉위하면 그 왕의 이름과 비슷한 단어들은 모두 다른 말로 대체해야 했다. 예전에는 금지된 언어를 사용하는 무례한 자는 본인뿐만 아니라 친족까지도 모조리 그 자리에서 사형에 처해졌다고 한다. 하지만 이런 명칭의 변경은 다만 일시적인 것이었다. 즉, 왕이 사망하면 신조어가 폐지되고, 원래의 명칭이 다시 사용되었던 것이다.

고대 그리스의 엘레우시스 신비의식[26]을 관장하던 사제나 고관들의 이름은 그들 생전에는 누구도 말해서는 안 되었다. 이는 법률로 정해진 터부였다. 루키안에 살았던 한 교사가 목격한 바에 의하면, 한번은 존엄한 사제들이 감히 자기네 이름을 부른 어느 무뢰한을 심문소로 끌고 갔다고 한다. 물론 그 무뢰한도 사제들이 더할 나위 없이 신성하기 때문에 그들의 이름을 불러서는 안 된다는 사실을 너무도 잘 알고 있었다. 요컨대 이 사제들은 예전의 이름을 버리고 신성한 새 이름을 얻음으로써 익명의 존재가 되었다고 할 수 있다. 엘레우시스에서 발견된

---

26 본서 제12장 2절 참조

두 기의 비문에 의하면, 이 사제들의 낡은 이름은 바다 밑 깊은 곳에 가라앉혔다고 한다. 어쩌면 청동이나 구리판에 이름을 새겨 살라미스 해협[27]의 바닷속에 던져버렸을지도 모른다. 이것이 그들의 이름을 철저히 비밀로 하기 위한 것이었음은 두말할 나위 없다. 이를 위해 그것을 바다 속 깊이 던지는 것 이상으로 좋은 방법은 없었을 터이다. 문명국 그리스의 이런 관습처럼 형태 없는 것과 형태 있는 것, 즉 이름과 그 물질적인 형태 사이의 혼란을 잘 설명해 주는 예도 드물 것이다.

5. 신의 이름에 관한 터부

원시인은 자신의 형상대로 신을 만들었다. 벌써 오래전에 크세노파네스 Xenophanes(기원전 560년경~기원전 478년경)[28]는 흑인들의 신이 시커먼 얼굴과 납작한 코를 가지고 있으며, 트라키아Tracia[29]인들의 신은 불그스레한 얼굴에 푸른 눈을 하고 있을 거라고 말한 바 있다. 더 나아가 말이나 소, 혹은 사자 따위가 신을 믿고 손이 달려 있어서 그 손으로 신을 묘사한다면, 틀림없이 말이나 소, 사자 모양으로 그릴 거라고 지적하기도 했다. 앞서 살폈듯이 조심스럽기 짝이 없는 원시인은 마술사들이 자기 이름을 악용할까 봐 두려워서 본명을 숨겼다. 마찬가지로 그들은 자기네들이 믿는 신들 또한 자신의 이름을 비밀로 하고 있음에 틀림없다고 생각했다. 이는 다른 신들이나 인간들이 그 이름의 신비스러운 음을 알아내어 자기한테 위해를 가하지 못하게 하기 위해서라고 믿었다.

　고대 이집트만큼 신들의 이름에 내포된 비밀과 주술에 관한 소박한 관념을 굳게 간직하고, 또 충분히 발전시킨 곳도 다시없을 것이다. 실로 이집트에는 까마득한 태곳적 신앙이 사람들의 마음속에 미라처럼 남이 있다. 그것은 석굴 묘지에서 발견된 고양이나 악어, 여타 신성한 동물들의 화석 못지않게 매우 효과적으로 방부 처리되었던 것 같다. 이집트인들의 이 같은 관념은 교활한 이시스Isis[30] 신이

27　그리스 에게해의 살라미스섬과 아테네의 항구도시 피레에프스 사이에 있는 해협
28　그리스의 음유시인·종교사상가. 다양성보다 통일성을 강조하고, 물질적 사물들이 분리·존재하는 것은 실제의 모습이 아니라 겉모습일 뿐이라고 강조했던 엘레아 학파의 선구자로 알려져 있다.
29　트라케를 말한다. 발칸 반도 남동부의 고대 및 현대 지역
30　고대 이집트 종교에서 가장 중요한 여신 중의 하나. 이시스Isis라는 이름은 '왕좌'를 뜻하는 고대 이집트의 상형문자를 그리스어로 바꾼 것이다. 고대 이시스 숭배에 관해서는 거의 알려진 것이 없으며, 피라미드 원

이집트 최고의 태양신 라Ra의 비밀스러운 이름을 훔쳤다는 신화에서도 잘 엿볼 수 있다.

이시스는 주문에 능통한 여자였는데, 인간세계에 염증을 느낀 나머지 신들의 세계를 동경하였다. 그녀는 '위대한 라 신의 이름이 지닌 힘으로써 자기가 여신이 되어 라 신과 마찬가지로 하늘과 땅을 지배할 수 없을까'라는 생각을 늘 마음속 깊이 품고 있었다. 라 신에게는 많은 이름이 있었는데, 그중의 어떤 위대한 이름이 그에게 신들과 인간들을 지배하는 전능한 능력을 부여해 준 것이다. 그런데 그 이름은 라 신 이외에는 아무도 모르고 있었다. 하지만 라 신은 이미 늙어빠진 노인네가 되어 입에서 질질 흐르는 침을 땅에 떨어뜨리고 있었다. 이를 본 이시스는 이때다 싶어 그의 침이 섞인 흙을 싹싹 긁어모았다. 그리고 그것을 반죽하여 뱀을 만들어서 태양신이 매일 지나다니는 두 번째 왕국의 길목에 놓아두었다. 평소와 다름없이 신들을 거느리고 그 길목에 이르렀을 때, 태양신은 그만 뱀에게 물려 버렸다. 이에 견딜 재간이 없었던 태양신은 입을 쩍 벌리고 비명을 질러 댔고, 그 신음 소리가 하늘에까지 이를 정도였다.

그러자 태양신을 따라가던 신들이 왜 그러느냐고 외쳤다. 이게 도대체 어찌

문(기원전 2375?~기원전 2200?)에서도 이시스가 살해된 자기의 남편 오시리스 신을 애도했다는 언급을 제외하면 그녀에 관한 기록을 거의 찾아볼 수 없다. 신화에 의하면 오시리스의 아내로서 이시스가 주역을 맡지만 그것은 어디까지나 오시리스가 죽은 후이다. 이시스는 오시리스의 시신 조각을 발견하여 그것들을 재결합했으며, 그의 장례식에서 상주 역할을 했고, 자신의 권능으로 그를 소생시켰다. 이시스는 아들 호루스가 장성하여 아버지의 원수를 갚을 때까지 오시리스를 살해한 세트에게 접근하지 못하게 했다. 이시스가 아들을 보호한 것은 보호 여신의 성격을 잘 나타낸 것이지만, 이것보다 더 중요한 이시스의 특징은 그녀의 능력이 다른 모든 신들의 능력을 능가하는 위대한 마법사의 모습을 보여 주었다는 점에 있다. 사람들은 병자를 위해 기도할 때 이시스의 이름으로 기도했다. 왜냐하면 죽음의 신 아누비스조차도 이시스에게는 굴복했기 때문이다. 여신 네프티스·네이트·셀케트 등과 함께 이시스는 특별히 죽은 자를 보호하는 신이었다. 으뜸가는 어머니 여신인 이시스는 유사한 기능을 가진 다른 여러 여신과 관계를 가지면서 점점 다양한 속성을 지니게 되었다. 호루스와 여신 하토르('호루스의 집'이라는 뜻)의 밀접한 관계 때문에 하토르와 이시스는 여러 가지 점에서 유사해졌다. 신을 별과 관련지을 때 이시스는 천랑성天狼星(시리우스)과 동일시되었다. 이시스는 왕좌 위에 혼자서 아이 호루스를 데리고 앉아 있든가 아니면 관棺 앞에 무릎을 꿇고 있든가 하면서 머리에 왕위를 상징하는 상형문자를 달고 있는 여자의 모습으로 표현되었다. 이시스는 애도자로서 죽은 자와 관계된 모든 의식에서 주신主神 역할을 했고, 마법사로서 병자들을 치유하고 죽은 자들을 소생시켰으며, 어머니로서 생명의 원천이었다. 이집트 전역에 이시스를 숭배하는 중요한 신전들이 있었으며, 후에는 누비아까지 이시스 숭배가 퍼져나갔다. 알렉산드리아에는 이 여신에게 봉헌된 신전이 여러 개 있었으며, 이시스는 알렉산드리아에서 '항해자들의 수호 여신'이 되었다. 이시스 숭배는 알렉산드리아에서 그리스와 로마를 포함한 지중해 전 해안 지대로 퍼져나갔다. 헬레니즘 시대에 이르러 이시스와 오시리스의 신비의식이 발전했는데, 그 핵심은 유명한 그리스의 엘레우시스 신비의식과 유사하다.

된 영문이냐고 물었으나 태양신은 대꾸조차 할 수 없었다. 턱과 수족이 덜덜 떨려 왔으며, 나일강의 물이 지상에 넘쳐흐르듯 맹독이 온몸을 휘감고 돌았다. 겨우 숨을 돌린 태양신이 일행을 향해 다음과 같이 외쳤다. "이리 오라, 내 자식들이여, 내 몸의 후예들이여. 나는 왕이며, 왕의 아들로서 신의 거룩한 씨앗이다. 내 아버이께서 내 이름을 지어 주셨도다. 그리하여 어떤 마술사라도 내게 위해를 끼치지 못하도록 했다. 그것이 태어나면서부터 지녔던 내 몸의 천성이었다. 그런데 오늘 내가 창조한 세계를 돌아보기 위해 두 나라 사이를 지나고 있을 때 어떤 놈이 날 물어뜯었다. 근데 어떤 놈인지 정체를 알 길이 없구나. 불이냐, 물이냐? 내 심장이 타오르고 온몸에 오한이 들며 수족이 덜덜 떨리는구나. 치유하는 언어와 이해하는 입술을 가지고 그 힘이 하늘에까지 이르는 신들의 자녀들을 내게 보내다오." 그러자 슬픔에 찬 신들의 자녀들이 나타났고, 이어서 이시스도 모습을 드러냈다. 그녀의 입에는 생명의 입김이 있었고, 그녀의 주문은 고통을 없애며, 그녀의 언어는 죽은 자를 재생시키는 힘이 있었다. 이런 이시스가 말했다. "웬일이세요? 거룩한 아버지시여. 도대체 어찌된 일이신가요?"

거룩한 태양신이 대답했다. "나는 내 길을 순행하고 있었다. 나의 소망에 따라 창조한 이 우주만물을 돌아보기 위해 내가 지은 두 나라를 걷고 있었단다. 그런데 어찌된 영문인지 눈에 보이지도 않는 뱀이 날 물었구나. 아니면 불이었던가? 아니면 물이었던가? 지금 내 몸은 물보다도 차갑고 불보다도 뜨겁다. 내 수족은 떨리고 온몸이 전율하며 눈이 뒤집혀 하늘을 바라볼 수조차 없고, 내 얼굴은 한여름처럼 진땀에 젖어 있구나." 이에 이시스가 다시 말했다. "성스러운 이름을 제게 말씀해 주셔요, 거룩하신 아버지시여. 그 이름이 불리는 자는 죽지 않을 테니까요." 이 말에 라 신은 다음과 같이 답변했다. "나는 하늘과 땅을 창조했고, 산과 망망대해를 만들었으며, 장막을 치듯 두 지평선을 펼쳐놓았다. 니는 눈을 뜨게 하는 자이니, 곧 빛이로다. 나는 눈을 감게 하는 자이니, 곧 어둠이라. 나일강도 나의 명령으로 생긴 것이다. 그런데도 신들은 나의 이름을 모르고 있구나. 나의 이름은 아침에는 케페라Khepera요, 낮에는 라Ra이며, 저녁에는 툼Tum[31]이니라."

---

31 아툼Atum 혹은 템Tem이라고도 한다. 고대 이집트 종교에서 태양을 창조한 신의 현현顯現들 가운데 하나. 원래는 헬리오폴리스의 지역신이었다. 툼 신화는 태양신 '라Ra'(혹은 Re)의 신화와 합하여 '툼 라'(아툼 레)라는 신을 만들어 냈다. '라'와 구별된 신이었을 때 툼은 태양신의 최초 형태였으며, 그는 혼돈의 바다인 '누' 속에 살다가 자기 의지의 힘으로 '라'처럼 구체적인 모습으로 나타났다. 그러므로 태양에 관한 전설들에서

그러나 맹독은 사라지지 않고 더욱더 몸 깊이 침투하여 마침내 위대한 태양신도 걸음조차 걷지 못하게 되었다. 이를 본 이시스가 말했다. "제게 말씀해 주신 이름은 진짜가 아니에요. 제발 진짜 이름을 제게 가르쳐주세요. 그래야 몸에 퍼진 독이 빠진답니다. 그 이름이 불린 자는 죽지 않을 테니까요." 이제 몸에 퍼진 독이 불처럼 타올라 불꽃보다도 뜨거워지자, 마침내 태양신이 입을 열었다. "이시스여, 내 몸을 탐색하는 것을 허락하노라. 나의 이름을 내 가슴에 그대의 가슴으로 가지고 가거라." 그리하여 태양신은 여러 신들 앞에서 자취를 감추었고, 영원의 함선 안에 타고 있던 그의 자리는 텅 비게 되었다. 위대한 태양신의 이름이 그에게서 떠나 버렸기 때문이다. 그러자 여자 마술사 이시스가 주문을 외었다. "독이여, 없어져라. 라 신에게서 떠나라. 독을 다스리는 자도 나이고, 독을 지상에 보낸 자도 바로 나였노라. 저 위대한 신의 이름은 이제 그에게서 떠났다. 라 신을 소생시키고 독은 죽게 할지어다." 라 신과 그의 참된 이름을 알고 있는 위대한 신들의 여왕 이시스는 이렇게 말했다.

이 신화는 신의 참된 이름이 그 신의 권능과 떼려야 뗄 수 없을 만큼 밀접하게 결합되어 있으며, 거의 물리적인 의미에서 그의 심장 속 어딘가에 자리 잡고 있음을 시사한다. 이시스는 일종의 외과적 수술에 의해 그의 심장에서 비밀의 이름을 빼내어 초자연적인 권능과 함께 자신에게 이식시켰던 것이다. 이집트에서는 지고신의 이름을 소유함으로써 그 권능을 자기 것으로 삼으려 했던 이시스의 시도가 단지 신화 속에만 나오는 머나먼 과거의 이야기로만 끝나지 않는다. 다시 말해 이집트의 모든 주술사들도 이와 유사한 방식으로 그런 신적 권능을 획득하고자 열망했던 것이다. 신이나 인간의 참된 이름을 소유한 자는 그 신이나 인간의 존재 자체를 소유할 수 있으며, 그리하여 마치 노예가 주인에게 복종하듯이 신까지도 복종시킬 수 있다고 믿었다. 따라서 주술사의 비술祕術은 바로 신들에게서 그 성스러운 이름의 계시를 받는 데에 있었다. 이런 목적을 이루기 위해 주술사는 모든 수단, 방법을 가리지 않았다. 신이 허약해지거나 깜빡 방심한 순간에 신비스러운 비전祕傳을 마술사에게 넘겨줘 버리고 나면, 그 신은 이제 마술사에게 얌전히 복종하든가 아니면 항명죄의 대가를 지불하는 수밖에 없게 된다고

'라'는 중천에 떠 있는 태양으로 묘사되는 데 반해, '툼'은 지는 해나 새벽에 '다시 태어나기 위하여' 땅으로 되돌아온 뒤의 태양으로 묘사된다.

여겼다.

로마인들도 신의 이름이 주술적 효험을 발휘한다고 믿었다. 그래서 로마군이 어떤 도시를 포위하면, 로마의 사제들이 기도와 주문으로써 그 도시의 수호신 이름을 부르면서 포위된 도시를 버리고 로마 편으로 건너오라고, 그러면 그 도시 사람들에게 받았던 그 이상의 대우를 해 주겠다고 호소했다. 이런 로마인들이 자기네 수호신의 이름을 극비에 붙였음은 두말할 필요도 없다. 그것은 적들이 로마의 수호신을 꾀어내지 못하게 하기 위해서였다. 물론 그 순간에도 로마인들은 많은 이방신들을 유혹하여 한때 좋았던 시절에 자기를 비호해 주었던 도시의 몰락을 뒤로 한 채 생쥐처럼 그곳을 빠져나오도록 주술을 걸고 있었지만 말이다.

어쨌든 로마인들은 수호신의 진짜 이름뿐만 아니라 도시의 진짜 이름까지도 비밀의 장막 속에 감추었으며, 절대 입에 담지 못하게 했다. 심지어 신성한 의례를 집행할 때에도 그랬다. 이처럼 소중하기 짝이 없는 최대의 비밀을 함부로 누설한 발레리우스 소라누스Valerius Soranus란 자는 사형에 처해져 비명하고 말았다. 마찬가지로 고대 아시리아인도 여러 도시의 비밀스러운 이름을 절대 발설하지 못하게 했던 듯싶다. 코카서스 지방의 체레미스Cheremiss족[32]도 근래에 이르기까지 신앙상의 이유에서 여러 마을의 이름을 비밀로 해 두고 있다.

지금까지 이름과 관련된 터부 관습에 대해 살펴보았다. 이상의 고찰을 인내심을 갖고 다 읽은 독자라면, 아마도 왕의 이름을 둘러싼 신비가 결코 고립된 현상이 아니며, 더군다나 아부하는 비굴한 노예근성의 피상적인 표현도 아닌 단지 원시적 사유의 일반 법칙에 대한 특수한 적용 사례일 뿐이라는 사실을 인정할 수 있을 것이다.

---

32 볼가강 중류의 마리 자치공화국에 사는 유럽인종. 마리Mari족이라고도 한다.

제23장
우리가 원시인에게 빚진 것

왕과 사제에 관련된 터부의 사례는 얼마든지 더 들 수 있지만, 앞에서 든 대표적인 사례만으로도 충분하리라고 여겨진다. 다음 주제로 넘어가기 전에, 앞장에서 우리가 다룬 터부라는 주제에 대해 그 결론을 일반화하여 개괄적으로 정리해 보면 이렇다. 즉, 미신적 신앙에 입각한 원시사회에는 종종 자연의 일반적 운행에 영향을 미치고, 그것을 통어할 줄 아는 특별한 사람들이 있었다. 때문에 그들은 신으로 대접받거나 혹은 숭배받았다. 하지만 그런 인신人神이 숭배자들의 생명과 재산 등에 대해서도 일상적 권위를 가지고 있었는지, 아니면 그의 직능이 순수하게 영적이며 초자연적 문제에만 국한되어 있었는지, 다시 말해 그들이 신인 동시에 세속적 왕이기도 했는지, 아니면 그저 신의 자리에만 머물러 있었는지를 판단하고 규명하는 일은 우리의 주제를 벗어나는 문제이므로 여기서는 다루지 않기로 하겠다. 우리의 핵심적인 관심사는 원시인들이 그들에게 부여했던 신성성의 문제에 있기 때문이다.

바로 그 신성성으로 인해 인신은 인류가 생존을 위해 의존하지 않을 수 없었던 여러 자연현상의 질서 정연한 지속과 유지를 숭배자들에게 보증할 수 있었던 것이다. 따라서 자신의 안녕과 생존을 의존하려 했던 사람들에게, 그런 인신의 생명과 건강이 중요한 관심사가 되지 않을 수 없었을 것이다. 그리하여 숭배자들은 그에게 마지막 재앙인 죽음을 포함하여 인간에게 숙명적으로 주어지는 모든 재앙들을 피하기 위해 원시인들이 고안해 낸 갖가지 규칙들을 지키도록 제한을 가했다. 앞서 살펴보았듯이, 원시인들의 관념에 따르면 그런 규칙들은 지상에서 천수를 다하기 위해서는 누구나 준수해야만 할 규범에 다름없었다. 그러나 일반인의 경우 그런 규범의 준수가 개개인의 선택에 맡겨져 있었던 반면, 인신의 경우는 그것이 높은 사회적 지위에서의 추방이나 죽음의 형벌을 전제로 강요되었다. 이는 그가 규칙을 소홀히 하거나 태만했을 경우 숭배자들의 생존 자체가 위험해진다고 여겼기 때문이다.

그리하여 천재적인 원시 철학자들이 먼 옛날 옛적에 고안해 낸 모든 기묘한 신앙 관습과 고대적 규범과 소중한 속담들이 지금까지도 노파들에 의해 겨울밤의 오두막 화톳불 주변에 모여든 손자손녀들에게 귀중하기 짝이 없는 보물처럼 전승되고 있는 것이다. 그것들은 모두 고대적 환상들antique fancies의 다발과 지적 올가미cobwebs of the brain들이라 할 수 있다. 그런 것들이 고대의 왕들과 인신들의 길 주변 곳곳마다 촘촘히 깔려 있었던 것이다. 왕이나 인신은 그런 길 위에서 마치 거미줄에 걸려든 파리처럼 묶인 채 관습의 끈 때문에 손가락 하나 꼼짝할 수 없었다. '공기보다 가볍지만 철사처럼 강고한' 관습의 끈은 끝없는 미로 속에서 종횡으로 얽혀 있으면서 지켜야만 하는 터부의 그물망 안에 그를 꽉 붙들어 매고 있었다. 이런 상황에서 그를 구할 수 있는 것은 다만 죽음 아니면 추방뿐이었다.

그래서 과거를 연구하는 연구자들에게 고대 왕과 사제들의 생활은 흥미로울 수밖에 없다. 거기에는 세계가 아직 젊었을 무렵의 예지와 사유들이 종합적으로 압축되어 있기 때문이다. 또한 왕과 사제들의 삶은 개개인의 삶을 형성하는 데에 하나의 완벽한 모델이기도 했다. 그 모델은 원시 철학이 마련한 방침에 입각하여 철저하고도 정밀하게 만들어졌다. 물론 우리 눈에는 원시 철학이 너무 조야하고 허황된 것으로 보일지도 모른다. 그렇다고 거기에 내포된 논리적 정합성의 장점까지 통째로 부정하는 것은 옳지 못하다. 원시 철학은 살아 있는 인간과 구별되면서도 그 인간 안에 존재하는 어떤 조그만 존재 혹은 영혼을 긍정하는 생명 원리의 관념에서 출발하여, 현실생활의 영위에 실제적으로 도움이 될 만한 규범체계system of rules를 마련했다. 이 규범체계는 일반적으로 조리 있게 앞뒤가 잘 들어맞는 완벽한 조화의 총체를 보여 준다. 물론 거기에는 치명적인 약점이 있다. 하지만 원시 철학적 규범체계의 약점은 그 이론 자체에 있다기보다 오히려 그 전제에 있다. 즉, 그것이 삶의 본질에 대해 가지고 있는 어떤 전제 관념에 문제가 있을 뿐, 그런 관념에서 도출해 낸 결론 자체는 정합성을 보여 준다는 말이다. 따라서 우리가 그 전제에 내포된 오류를 쉽게 찾아낼 수 있다 해서 그런 전제 관념들을 허황되다고 비난한다면, 이는 교만하고 비철학적인 태도라 아니할 수 없다. 우리는 지금 먼 옛날의 인류 조상들이 구축해 놓은 토대 위에 서 있기 때문이다.

그런데도 우리는 (결코 우쭐해할 만한 정도는 못되지만) 현재의 도달점에 이르기까지 오랜 세월 동안 인류가 겪어 온 고통스러운 노력들에 대해서는 별로 반성적인 성찰을 하지 않고 있다. 사실 우리는 무명의 잊힌 원시인들의 노고에 대해 감사해야 한다. 그들의 인내심 깊은 사유와 능동적인 노력들 덕택에 오늘날의 우리가 있기 때문이다. 한 시대나 한 개인이 인류 공동의 저장고에 추가할 수 있는 새로운 지식의 양은 얼마 되지 않을 것이다. 그런데도 현대인들이 그 저장고에 약간의 특별한 지식을 보탰다 해서 원시시대부터 쌓여온 전체 집적물을 무시한다는 것은 은혜를 모르는 어리석음과 우매함을 범하는 일이다. 물론 현대와 고전시대가 인류의 일반적인 진보에 기여한 공헌을 과소평가한들 지금 우리에게는 그다지 위험 부담이 없는 것도 사실이다. 그러나 좀 더 깊이 생각해 보면 다른 측면이 보이기 시작할 것이다.

지금까지 우리는 너무도 자주 원시인들과 그 생활방식에 대해 경멸과 조소, 혐오와 비난 일색으로만 바라보았다. 하지만 우리가 감사하는 마음으로 기리고 찬미하지 않으면 안 될 은인들 가운데 대다수는 아마도 원시인이 아닌가 싶다. 왜냐하면 모든 것을 툭 터놓고 말하면, 우리와 원시인 사이에는 차이점보다는 유사한 공통점이 훨씬 더 많기 때문이다. 그런 공통점은 물론이고, 나아가 우리가 참되고 유익하다 하여 소중하게 간직하고 있는 많은 것들이 알고 보면 저 미개한 조상들에게서 비롯된 것이기 때문이다. 우리가 흔히 창조적이고 직관적이라고 간주하는 여러 기본 관념들도 원시인들이 경험을 통해 점차적으로 우리에게 계승해 준 것과 다름없다.

이런 의미에서 우리는 막대한 재산을 물려받은 상속인과 같다. 우리는 그 재산이 무수한 세월에 걸쳐 내려오는 동안, 최초에 그것을 만들어 낸 자가 누구인지도 기억할 수 없게 되었다. 그래서 그 재산의 소유자는 마치 그것이 태초부터 본래 자기 것이며, 누구도 건드릴 수 없는 불변적인 소유물인 양 착각하기 십상이다. 하지만 조금만 깊이 자신에 대해 성찰하고 탐구한다면, 우리는 바로 우리 자신의 것이라고 생각해 왔던 것들 가운데 많은 부분이 원시인에게서 비롯되었다는 사실을 확인할 수 있다. 더 나아가 원시인이 범한 오류는 방종하고, 광란적이며, 터무니없고, 황당무계한 것이라기보다는 그저 하나의 가설에 불과한 것이었다는 사실도 알 수 있다.

그런 오류적인 가설은 그것이 나타났던 당시에는 정당한 것으로 받아들여졌다. 그러나 원시인은 수많은 경험을 통해 그 가설이 부적절하다는 것을 자각하게 되었다. 어떤 진실의 최종적인 확인은 여러 가설들에 대한 끊임없는 검증과 시험을 거쳐 하나둘씩 오류를 제거해 나감으로써 비로소 가능한 것이다. 결국 우리가 진실 혹은 진리라고 부르는 것은 가장 적절하다고 확인된 하나의 가설에 지나지 않는다. 따라서 원시시대, 원시인의 사유와 관습을 검토함으로써 우리는 그들의 갖가지 오류에 대해 그것이 진리 탐구의 과정에서 빚어진 불가피한 실수였음을 관대하게 인정할 수가 있다. 원시인에게 베풀어 주고 있는 이 같은 관대함을 언젠가는 우리들 자신도 필요로 하게 될 것이다. "옛 사람들이 들어 마땅한 변호의 입장에서cum excusatione itaque veteres audiendi sunt."[1]

---

1 여기서 프레이저는 원시인들이 범한 오류도 하나의 가설이고, 그 오류적 가설에 대한 근대인의 평가 또한 하나의 가설일 뿐이라고 말한다. 이는 본서에서 프레이저가 줄기차게 지적한 원시인들의 오류를 근대인도 범할 수 있다는 자기성찰적 고백을 함축하는 한편, 프레이저의 정신성이 평형을 찾아가는 노정을 보여 주는 대목이라고 여겨진다. 프레이저는 위 본문 구절을 초판(1890) 그대로 옮기면서 마지막 인용구만 바꾸었다. 초판의 인용구는 다음과 같다. "그리고 이성으로써 옛 사람들의 소리에 귀 기울일 것Cum excusatione itaque veteres audiendi sunt." 사소하게 보이는 이런 변화에서 우리는 프레이저가 이성으로써 원시인들의 소리에 귀를 기울이려는 노력을 통해 변호의 입장으로 들어서게 된 정신적 여정을 읽어 낼 수도 있을 것이다.

제24장

신성왕의 살해

1. 신들의 죽음

인간은 자신의 형상에 따라 신들을 창조했다. 따라서 인간이 죽을 수밖에 없는 숙명을 짊어지고 있듯이, 인간이 만든 신들 또한 인간과 동일한 슬픈 궁지에 빠져 있을 거라고 상상한들 조금도 이상할 것이 없다. 그래서 그린란드Greenland인들은 그들이 믿는 가장 강한 신이라 할지라도 바람에 의해 살해당할 수 있으며, 혹은 개를 만지면 반드시 죽을 거라고 믿었다. 그런데 그들이 기독교의 신에 대해 들었을 때, 그 신이 죽은 적이 있느냐고 거듭 물었다. 그런 적이 없다고 하자, 그들은 깜짝 놀라면서 그 신은 정말 위대한 신임에 틀림없다고 말했다고 한다. 북아메리카의 한 인디언은 도지Dodge 대령의 물음에 대답하면서, '위대한 정령'에 의해 이 세계가 창조되었노라고 말했다. 그 위대한 정령이 누구며, 선신이냐 아니면 악신이냐고 되물으니까, 그는 이렇게 대답했다. "둘 다 아니오. 세계를 창조한 위대한 정령은 오래전에 죽었소. 그가 지금까지 살아 있을 턱이 없소이다."

필리핀 제도의 한 원주민은 스페인 정복자들에게 창조주의 무덤이 카부니안산 정상에 있다고 말했다. 호텐토트족의 신 혹은 신적 영웅인 '헤이치에이빕Heitsi-eibib'은 여러 차례 죽었다가 다시 살아났으며, 그의 무덤들이 산골짜기 사이의 좁은 협곡에 여기저기 산재해 있다고 한다. 호텐토트족은 이 무덤 옆을 지날 때마다 행운을 빌며, 무덤 위로 돌멩이를 던지면서 종종 "우리에게 많은 가축들을 주소서"라고 중얼거린다. 20세기 초반까지만 해도 크레타Crete인들은 그리스의 위대한 신 제우스가 묻힌 무덤이라며 방문객들을 데려가서 보여 주었다. 델피Delphi 신전[1]의 아폴론 황금신상 옆에는 디오니소스의 유해가 묻혀 있다고 하는

---

1 델포이Delphoe 신전이라고도 한다. 고대 그리스의 아폴론 신전과 신탁소가 있던 곳. 그리스 중부의 포키스 지방, 코린트만에서 약 9.65킬로미터쯤 떨어진 파르나소스산의 험준한 단애斷崖 중턱에 있다. 고대 그리스인

그리스의 델피 신전

데, 그 무덤가에 있는 묘비명에는 "세멜레Semele[2]의 아들 디오니소스, 이곳에 잠들다"라는 글귀가 새겨져 있다.[3] 어떤 전승에 의하면, 이 델피에 묻혀 있는 신은 아폴론이라고도 한다. 피타고라스가 이 무덤의 묘비명을 새겨, 이 신이 어떻게 피톤Python[4]에게 살해당한 후 청동제단 아래 매장되었는지 그 전말을 적어 놓았다는 것이다.[5]

이집트의 위대한 신들도 죽음이라는 인간적 숙명을 면할 수 없었다. 그 신들도 늙으면 죽어 갔다. 그런데 후대에 시체를 처리하는 방부 기술이 발명되어 유해가 부패하지 않도록 영구적으로 보존할 수 있게 됨으로써 따라 죽은 자의 영혼에 새로운 수명이 부여되었다. 그러자 인간뿐만 아니라 신들에 대해서도 불사의 희망을 가지는 것이 정합성을 띠게 되었다. 당시 이집트의 모든 지방에는 그 땅에서 죽은 신의 미라와 묘지가 있었다. 가령 멘데스에는 오시리스의 미라가 있었고, 티니스[6] 사람들은 안후리Anhouri의 미라를 자랑했으며, 헬리오폴리스[7] 시민

들은 델포이가 세계의 중심이라고 생각했는데, 신화에 따르면 제우스가 독수리 두 마리를 각각 동쪽과 서쪽에 놓아주면서 세계의 중심을 향해 날아가게 했더니, 두 마리의 독수리가 델포이에서 만났다고 한다. 그 지점은 돌멩이로 표시되어 있고 그리스인들은 그 돌을 옴팔로스(세계의 중앙)라 했으며, 그 주위에 신전을 지었다. 또한 전설에 따르면 델포이에 있는 신탁소는 원래 대지의 여신인 가이아의 것이었고, 거대한 뱀인 가이아의 아들 피톤이 이곳을 지켰으나 나중에 아폴론이 피톤을 죽이고 자신의 신탁소를 세웠다고 한다. 델포이 신전의 명성은 사사로운 문제뿐만 아니라 국가의 중대한 문제에 대해서도 신탁소의 조언을 청할 정도로 높아졌다. 그렇게 해서 받은 신탁이 국가 정책을 바꾼 경우도 많았다고 한다. 그러나 기독교가 퍼지면서 이 유서 깊은 이교의 성지 델포이는 쇠락했다.

2 티오네Thyone라고도 한다. 그리스 신화에서 테베에 살았던 카드모스와 하르모니아의 딸이며, 제우스와의 사이에서 디오니소스(바쿠스)를 낳았다. 세멜레와 제우스의 밀애에 격노한 제우스의 아내 헤라는 늙은 간호인으로 변장하여, 제우스에게 헤라 앞에 나타날 때와 똑같은 광채를 띠고 그녀를 찾아주도록 부탁하라고 세멜레를 부추겼다. 이미 세멜레에게 그녀의 모든 소원을 들어 주겠다고 약속한 제우스는 그녀를 죽이게 될 소원이지만 들어주지 않을 수 없었다. 그리하여 천둥의 신 제우스의 번쩍이는 번갯불에 세멜레는 죽고 말았다. 제우스는 아직 태어나지 않은 아들 디오니소스를 자궁에서 구해 냈다. 일설에 의하면, 불멸의 존재였던 디오니소스는 어른이 된 뒤 하데스에 내려가 세멜레를 데려왔으며, 그녀도 불멸의 존재 내지는 여신이 되었다고 한다.

3 출처는 플루타르코스의 『이시스와 오시리스』

4 그리스 신화에서 아폴론 신이 퇴치했다고 나오는 거대한 뱀

5 이 전승은 아폴론이 피톤을 살해했다는 일반적인 전승과는 반대이다. 출처는 Porphyry, *De vita Pythagorae*, ed. Ant. Westermann, Paris, 1878. 이와 마찬가지로 크로노스 신은 시칠리아에, 헤르메스는 에르무폴리스(키크라데스 제도의 실로스섬 동안에 있는 항구)에, 아프로디테는 키프로스에, 아레스는 트라키아에 묻혀 있다고도 한다. 『初版金枝篇上』, 앞의 책, 2003, 301쪽 참조

6 상上이집트의 아비도스 인근 지역

7 태양신 라(레)를 숭배한 가장 오래된 고대 이집트의 도시. 하下이집트의 열다섯 번째 수도로 정치적 중심지라기보다는 종교적으로 더 중요한 곳이었다. 라 신을 모시는 거대한 신전은 그 규모가 테베에 있는 아몬 신의 신

들은 투무Toumou의 미라를 가지고 있는 것을 기쁨으로 여겼다. 오직 꿈속이나 환상을 통해서만 숭배자들에게 모습을 드러냈다는 바빌로니아의 지고한 신들[8] 역시 인간처럼 몸뚱이와 희로애락의 정념과 죽을 수밖에 없는 운명을 가지고 있다고 관념화되었다. 말하자면 신들도 인간처럼 이 세상에 태어나 사랑하고 싸우다가 죽어 갔던 것이다.

2. 노쇠한 왕의 살해

지상적 삶의 열병 같은 번민에서 멀리 떨어진 곳에 거하는 위대한 신들이라 해도 결국 죽을 수밖에 없다고 믿었다면, 하물며 깨지기 쉬운 육신의 궁전에 사는 신이 죽음을 피할 수 있으리라고는 생각할 수 없는 일이다. 물론 주술로써 불사의 생명을 얻었다고 믿는 아프리카 왕들의 사례도 있기는 하지만 말이다. 어쨌든 전술한 바와 같이, 원시인은 종종 그들 자신 및 세계의 안전이 신적 인간 혹은 신의 화신으로 간주된 인물의 생명과 밀접한 연관성을 가진다고 믿었다. 따라서 그들은 자기 목숨이야 어찌됐건 간에 어떻게 해서든 그런 인물의 생명을 지키고자 최선을 다했다. 그러나 아무리 노력한다 한들, 그런 인신이 늙어 쇠약해져 마침내 죽어 가는 것을 막을 방도는 없었을 것이다. 그리하여 인신의 숭배자들은 이런 슬픈 필연성을 예견하면서 할 수 있는 모든 대처 방안을 강구하지 않으면 안 되었다. 인신의 노쇠와 죽음에 따르는 위험이 너무도 두려웠기 때문이다. 자연의 운행이 바로 이 신적 인간의 생명에 의존하고 있으므로, 그의 생명력이 서서히 쇠퇴하여 마침내 죽음으로써 소멸될 때 예상되는 파국은 바야흐로 명약관화한 일이었다.

그 같은 위험을 피하는 방법은 단 하나밖에 없었다. 곧 그의 생명력이 쇠약해질 징조가 나타나는 즉시 그 인신을 살해하는 것이다. 그리고 그의 영혼이 심각한 부패로 인해 결정적으로 못쓰게 되기 전에 활력에 넘치는 후계자에게 그 영혼

전에 이어 두 번째로 크며, 사제들은 특히 라 신에 대한 숭배가 국가적 의식이 되었던 제5왕조 때 막강한 영향력을 행사했으나 이 거대한 도시의 흔적은 오늘날 거의 남아 있지 않다.

8　가령 최고신 마르두크Marduk를 비롯하여 대기의 신 엔릴Enlil, 혼돈의 신 티아마트Tiamat, 풍요의 여신 이슈타르Ishtar, 이슈타르의 배우자인 전쟁의 신 아슈르Ashur 등

을 옮겨야만 하는 것이다. 원시인은 인신이 노쇠나 질병으로 죽어 가는 것을 방관하는 대신 살해하는 편이 훨씬 낫다고 확신했음에 틀림없다. 왜냐하면 원시인에게 인신의 자연사는 그의 영혼이 자발적으로 육신에서 떠나 다시 돌아오고 싶지 않는다는 것을 의미하거나, 아니면 일반적으로 그의 영혼이 악령 내지 마술사에 의해 끌려나오든지 혹은 떠돌아다니다가 그들의 손에 붙잡혀 억류당하는 것을 뜻하기 때문이다. 그렇게 되면 어떤 경우든 인신의 영혼은 숭배자들에게서 잊히며, 나아가 숭배자들의 번영도 끝날 뿐만 아니라 그들의 존재 자체도 위험에 빠지게 될 거라고 여겼다. 설령 죽어 가는 인신의 영혼이 입이나 콧구멍 따위에서 탈출하려는 것을 붙잡다가 그것을 후계자에게 옮겨 놓은들, 원하는 효과를 거두기란 어려울 것이다. 왜냐하면 질병 따위로 죽은 영혼은 필시 기력이 다 소진되어 가장 허약해진 마지막 단계에서 그의 신체를 떠날 것이므로, 그런 영혼을 다른 사람의 몸속에 전이한들 어차피 지지부진하고 무기력한 삶밖에는 보여 주지 못할 것이기 때문이다.

이에 반해 숭배자들이 인신을 살해함으로써 얻게 될 이익은 다음 두 가지로 말할 수 있다. 첫째, 살해함으로써 숭배자들은 인신의 영혼이 그의 몸을 탈출하려 할 때 보다 확실하게 그것을 붙잡을 수 있다. 둘째, 인신의 생명력이 아직 건재하는 동안 살해함으로써 그 인신의 쇠퇴와 더불어 세계도 함께 영락하는 것을 막을 수 있다. 이런 이유로 원시인은 인신이 쇠약해지기 전에 그를 살해한 다음 그 영혼을 젊고 강한 후계자에게 전이함으로써 원하는 목적을 다 이룰 수 있을 뿐만 아니라 모든 위험에서 안전하게 피할 수 있다고 믿었다.

캄보디아에는 신비스러운 불의 왕과 물의 왕이 있었는데, 그들은 자연사가 허락되지 않았다. 왕이 병들어 회복할 기미가 보이지 않을 때면 장로들이 그를 찔러 죽였다고 한다. 앞에서도 언급했듯이[9], 콩고인들은 그들의 사제왕 '치토메 Chitome'가 자연사하면 세계가 파멸할 뿐만 아니라, 오로지 그 사제왕의 힘과 덕망에 의해 지탱되어 온 대지마저 다 붕괴해 버린다고 믿었다. 때문에 사제왕이 병들어 죽을 날만 기다리고 있을 때에는 후계자로 정해진 남자가 새끼줄이나 몽둥이를 들고 사제왕의 집에 들어가 그를 목 졸라 죽이거나 때려죽였다. 메로에[10]의 에티오피아 왕들은 신으로 숭배받았지만, 사제들은 필요하다면 언제든지 사

---

9 본서 제17장 1절 참조

자를 보내 신들에게서 신탁을 받았다며 왕에게 죽음을 명할 수 있었다. 에티오피아에서는 이집트 왕 프톨레마이오스Ptolemaeos 2세[11]와 동시대의 에르가메네스 Ergamenes 왕 이전까지는 모든 왕들이 이런 방식으로 살해당했다. 하지만 그리스식 교육을 받은 에르가메네스 왕은 이런 백성들의 신앙에서 벗어나 스스로를 해방시켰다. 즉, 그는 죽음을 통보한 사제들의 명령을 감히 무시하고, 오히려 군대를 이끌고 황금신전에 침입하여 사제들을 베어 버렸던 것이다.

그러나 에티오피아의 인근 지역에서는 쇠약해진 왕을 살해하는 유사한 관습이 근대에 이르기까지 여전히 널리 행해졌다. 파조클Fazoql족의 왕은 날마다 어떤 나무 밑에서 재판을 해야 했는데, 만일 질병이나 기타 이유로 연달아 사흘간 그런 의무를 수행하지 못한 경우에는 왕을 그 나무에 새끼줄로 목매달아 죽여 버렸다. 이때 그 새끼줄에는 두 개의 칼날이 달려 있어서, 왕의 몸뚱이 무게로 새끼줄이 조이면 칼날이 그의 목을 베도록 장치되어 있었다.

백나일White Nile[12] 강변의 실루크Shilluk족[13] 사이에서 지금은 완전히 사라진 관습이지만, 질병이나 노쇠의 첫 징후가 나타날 때 그들의 신성한 왕을 살해하는 관습이 얼마 전까지만 해도 널리 행해지고 있었다. 이들의 관습에 대해서는 근래 셀리그먼C. G. Seligman(1873~1940)[14] 박사에 의해 세밀하게 조사된 바 있으므로 좀

---

10 고대 쿠시 왕국의 도시. 오늘날 수단의 카부시야에서 북쪽으로 약 6.4킬로미터 떨어진 나일강 동안東岸에 그 유적이 있다. 메로에는 이 도시 주변지역을 가리키는 이름이기도 하다. 고대 이집트의 제25대 왕조, 즉 '에티오피아' 왕조가 기원전 656년 이후 쿠시로 물러나 이곳에 자리잡은 것으로 보인다.

11 재위 기원전 285~기원전 246년. 이집트 프톨레마이오스 왕조의 두 번째 왕. 교묘한 외교로 세력을 확장하고 농업과 상업을 발전시켰으며, 알렉산드리아를 예술과 과학의 중심지로 만들었다.

12 수단의 말라칼과 하르툼 사이를 흐르는 나일강의 지류

13 노호No-湖와 수단 남부 북위 12도 사이의 나일강 서쪽 강변에 사는 종족. 목축을 주로 하면서도 유목생활은 하지 않고 마을에서 정착생활을 했다. 이 부족은 단일한 왕 레트ret의 통치를 받았는데, 이 왕을 극진히 공경한 신하들은 매우 세심하게 왕을 보살폈다. 옛날에는 왕의 말이 곧 법이었고, 왕이 전쟁터에 나가는 것을 허용하지 않았다. 프레이저 당대까지도 이 왕은 여전히 상당한 위엄을 지닌 채 많은 권한을 행사했다. 그에게 제출되는 모든 문제들에 대해 그가 내리는 결정은 신속하게 집행되었으며, 그가 움직일 때마다 경호원들이 12~20명가량 따라다녔다. 로버트 프레이저 편, 앞의 책, 303쪽 본문 참조

14 영국의 인류학 선구자. 멜라네시아, 실론(지금의 스리랑카), 수단의 나일강 유역 등에서 중요한 현지조사를 행했다. 셀리그먼은 의학을 공부했으나 1898년 케임브리지 대학교에서 착수한 토러스 해협(뉴기니와 오스트레일리아 사이의 지역) 탐험에 참가했다. 영국으로 돌아온 후 의학을 공부하기 시작했으나, 인류학으로 전공을 바꾸어 1904년 뉴기니로 다시 떠나 그 지역 종족들의 인종적·문화적·사회적 특질을 분류하기 위한 작업을 진행하면서 독특한 현지조사 방법을 정립했다. 그의 저서 『영국령 뉴기니의 멜라네시아인들The Melanesians of British New Guinea』(1910)은 아직도 인류학의 기본서로 읽히고 있다. 뉴기니 지역의 부족 생활의 주요 측면을 빠짐없이 다룬 이 저서는 후에 인류학자 말리노프스키가 행한 연구의 기초가 되기도

더 상세히 언급하고 넘어가기로 하자. 왕에 대한 실루크족의 숭배는 주로 그가 '냐캉Nyakang'의 화신이라는 신앙에서 비롯되었다. 여기서 냐캉이란 한 왕조를 창건하여 실루크족을 현재의 영토에 정착시킨 반신적 영웅을 가리킨다. 신적 혹은 반신적 존재인 냐캉의 영혼이 통치자 왕에게 화신한다는 신앙이야말로 실루크족 신조의 핵심을 이루는 근본 요소이다. 따라서 이들은 왕이 어느 정도 신적인 속성을 지닌 존재로 믿었다. 이들이 왕을 받들고 있는 동안 최고의 종교적 숭경심을 가지고 그가 뜻밖의 죽음을 당하지 않도록 모든 노력을 아끼지 않는다.

그럼에도 이들은 "왕이 병들거나 노쇠하도록 그냥 놓아두어서는 안 된다. 그랬다가는 가축들이 병들어 번식을 못하며, 농작물이 밭에서 말라 가고, 사람도 질병으로 집단 떼죽음을 당하게 될 것"이라고 믿었다. 그 같은 재앙을 막기 위해 왕의 건강에 적신호가 보이거나 혹은 힘이 약해지는 기미가 나타나면, 즉시로 왕을 살해하는 것이 실루크족의 정해진 관습이었다. 그런 쇠퇴의 징후 가운데 가장 결정적인 것은 왕의 부인들을 성적으로 만족시키지 못하는 정력의 감소 현상이었다. 보통 왕에게는 수많은 부인들이 있었고, 파쇼다Fashoda[15]의 하렘에는 그녀들을 위한 처소가 수없이 많이 세워져 있었다.

어쨌든 저 불길한 성적 쇠퇴의 징후가 나타나면, 왕의 부인들이 그 사실을 장로들에게 보고한다. 그러면 장로들은 보통 왕에게 그 운명을 알리기 위해, 무더운 오후에 낮잠을 자고 있는 그의 얼굴에 흰 천을 덮어 주고는 그 옆에 무릎을 꿇는다. 이렇게 왕의 죽음이 선고되면 바로 형 집행으로 이어졌다. 이를 위해 특별히 세운 오두막에 왕을 모시고 들어가면, 왕은 묘령의 한 처녀 무릎을 베고 눕는

했다. 1904년 셀리그먼은 브렌다 Z. 샐러먼과 결혼했으며, 이후의 탐험과 집필 활동은 모두 아내와 공동으로 이루어졌다. 이들은 실론 원주민 문화의 유물을 조사(1907~1908)한 것을 토대로 뛰어난 저서 『베다족 The Veddas』(1911)을 저술했고, 1909년에서 1912년 사이에 수단 지역을 탐험해 현지조사 연구에 새로운 전망을 제시했다. 이 기간 중 1911년에 그는 본서에 나오는 백나일강의 실루크족과 딩카족 사회에 거하면서 조사활동을 벌였다. 제1차 세계 대전 동안에 왕립 군의무대에서 복무하던 중 셀리그먼은 지크문트 프로이트 이론에 심취하게 되었다. 다양한 문화에서 발견되는 일정한 꿈의 보편성에 관해 연구한 결과, 그는 무의식에 관한 심리학이 인류학의 기본 문제들에 대한 접근법을 제공할 수 있다는 결론을 내렸다. 셀리그먼과 그의 아내는 1921~1922년에 다시 수단 현지조사를 실시하여 몇 년 동안의 연구 성과를 총괄한 저서 『나일강 유역에 사는 수단의 비기독교 부족들 Pagan Tribes of the Nilotic Sudan』(1932)을 출간했다. 그밖에 후기 저서로는 『아프리카의 인종들 Races of Africa』(1930)과 『이집트와 니그로 아프리카 Egypt and Negro Africa』(1934) 등이 있다. 그는 프레이저에게 「실루크족의 신성한 왕들」이라는 미발표 논문의 타자 원고를 보냈고, 프레이저는 사전 양해를 얻어 그 논문의 많은 부분을 자기 원고에 끼워 넣었다고 한다.

15 실루크족 왕국의 수도

다. 그런 다음 오두막 문이 굳게 닫히고 왕과 처녀는 완전히 밀폐된 공간 안에 죽을 때까지 유폐된다. 물론 이들에게는 일절 먹을 것과 마실 것이 제공되지 않으며 불도 때 주지 않는다. 이리하여 둘은 굶주림과 추위와 호흡 곤란으로 죽어 간다. 이 오래된 관습은 지금으로부터 약 5세대 전에 폐지되었다. 이유는 이런 식으로 죽어 간 왕의 고통이 너무도 극심했기 때문이다. 그 후에도 장로들은 왕에게 죽음의 운명을 고했으나 왕의 살해 방식은 달라졌다고 한다. 이제 왕은 그를 위해 특별히 지어진 오두막 안에서 교살당하게 된 것이다.

셀리그먼 박사의 조사에 따르면, 실루크족의 왕은 앞서 살펴보았듯이 쇠약의 첫 징후가 나타날 때 정해진 의식에 따라 살해되었을 뿐만 아니라, 건강하고 정력에 넘쳐 있을 때라도 언제 어느 때 경쟁자의 습격을 받을지 몰랐고, 그럴 때는 왕관을 지키기 위해 목숨을 걸고 격투하지 않으면 안 되었다고 한다. 실루크족의 전통에서는 왕의 자식들은 누구나 현재의 왕과 격투할 수 있는 자격이 있었으며, 왕을 살해하는 데에 성공한 자는 그 왕위에 오를 수 있었다. 모든 왕에게는 웅장한 하렘과 수많은 아들이 있었기 때문에 왕위를 계승할 수 있는 후보자의 숫자도 결코 적지 않았으며, 따라서 현재의 왕은 왕위와 자신의 목숨을 지키기 위해 전력투구하지 않으면 안 되었다. 하지만 왕에 대한 습격은 야밤을 이용하지 않으면 거의 성공하기 힘들었다. 왜냐하면 낮에는 왕이 친구들과 경호원들에 의해 둘러싸여 있으므로 그런 경비망을 뚫고 습격하기가 쉽지 않았기 때문이다. 그런데 밤에는 경비망이 해제되고 왕만 혼자 애처들과 함께 거실에 남는다. 근처에는 경호원들도 없고 소수의 시종들만이 동떨어진 오두막에 대기하고 있을 뿐이다. 때문에 왕에게 밤은 매우 위험한 시간이었다. 그리하여 왕은 밤이 되면 항상 완전 무장을 한 채 스스로 불침번을 서야 한다. 그러다가 마침내 경쟁자가 나타나면 말없이 격투가 시작된다. 오직 칼 부딪치는 소리만이 밤의 정적을 깨뜨릴 뿐이다. 이때 시종들의 도움을 청하지 않는 것이 왕으로서 지켜야 할 긍지로 여겼다고 한다.

실루크족의 왕들은 왕조의 창건자 냐캉과 마찬가지로 죽으면 신전에 모셔져 예배를 받았다. 이 신전은 왕의 묘지 위에 세워졌으며, 그 왕의 묘지는 언제나 그가 탄생한 마을에 마련되었다. 왕의 신전은 냐캉의 신전을 모방하여 지어졌으며, 담이 둘러진 몇 채의 오두막으로 되어 있다. 그 오두막 가운데 한 채는 왕의 묘지 위에 세워지며, 다른 오두막들은 신전 경비병들이 차지한다. 냐캉의 신전과 왕의 신전은 거의 구별이 안 되었고, 거기서 행해진 종교의례의 형식도 동일했다. 다만 세부적인 절차 등에서 차이가 있었는데, 그 차이는 냐캉 신전에 주어진 신성성이 훨씬 더 큰 데에서 비롯된 것이다. 왕의 묘지 위에 세워진 신전은 몇몇 노인들 혹은 노파들이 돌보았는데, 이들은 냐캉 신전을 수호하는 사제들에 비견될 만한 존재였다. 이 노인들은 보통 죽은 왕의 부인들이거나 혹은 늙은 몸종들이었다. 그들이 죽으면 그 후손들이 세습적으로 직무를 이어받는다. 또한 왕의 묘지 신전에는 가축들이 봉납되었으며, 냐캉 신전과 마찬가지로 희생제물을 바쳤다.

일반적으로 실루크족 종교의 중심적인 요소는 살아 있건, 죽었건 간에 그들이 신성한 왕에게 바쳤던 숭배에 있다고 보인다. 실루크족은 왕 안에 어떤 신성한 영혼이 살고 있다고 믿었다. 그 신성한 영혼은 절반은 신화적이고 절반은 역사적인 인물인 왕조의 창건자 냐캉에서부터 오늘날에 이르기까지 모든 왕들에게 대대로 계승되어 왔다고 여긴다. 즉, 왕은 냐캉의 화신이자 동시에 신 그 자체로 간주되는 셈이다. 이 인신은 모든 인간과 가축, 농작물의 번성과 안녕에 밀접하게 연관되어 있으므로 당연히 절대적 숭배의 대상이 된다. 그래서 실루크족은 왕에 대해 최상의 숭경심을 가지고 몸과 마음을 다하여 모신다. 우리의 눈에는 도무지 기이한 것으로만 비치는 관습, 즉 건강의 적신호나 쇠약의 징후가 나타나면 곧 신적인 왕을 살해하는 저들의 관습이 실은 왕에 대한 그들의 깊은 숭배에서 비롯된 것이라 할 수 있다. 바꾸어 말하면, 왕 혹은 그 왕 안에 살고 있는 신적 영혼을 지키고자 하는 뜨거운 마음에서 기이한 관습이 생겨난 것이다. 더 나아가 왕을 살해하는 이 관습이야말로 그들이 왕에 대해 품고 있는 깊은 숭배를 가장 잘 보여 주는 최상의 증거라고 말해도 좋을 것이다.

왜냐하면 이미 지적한 바와 같이, 실루크족은 왕의 생명 혹은 영혼이 왕국 전체의 번영과 너무도 공감적으로 밀접하게 연결되어 있어서, 만일 왕이 병들어 눕거나 쇠약해지면 가축도 병들어 번식을 멈출 것이며, 농작물은 밭에서 말라갈 것이고, 사람도 질병으로 절멸한다고 믿었다. 그런 재앙을 피할 수 있는 유일한 방법은 왕이 아직 건강하고 강할 때 살해하는 것이다. 이는 현재의 왕이 그 선임자에게서 이어 받은 신성한 영혼을 다시금 보다 활기차고 아직 질병이나 노쇠로 인한 쇠퇴를 알지 못하는 후계자에게 계승시키기 위한 것이다.

이 같은 왕위 계승방식에서 통상 '왕의 사형 집행장을 봉인한다'고 일컬어지는 특수한 현상에 특히 주목할 만하다. 왕이 수많은 아내들의 욕정을 만족시켜 줄 수 없을 때, 다시 말해 그가 부분적으로든 전면적으로든 종족 번식의 의무를 다하지 못할 때, 바로 그때가 왕이 살해당하고 대신 원기왕성한 후계자에게 그 지위를 넘겨주어야만 할 때인 것이다. 왕을 살해하지 않으면 안 될 여타의 이유 들과 비교해 보건대, 이는 인간이나 가축 혹은 농작물의 번식이 왕의 성적 생식 력에 공감적으로 의존한다는 사실을, 그래서 왕의 그와 같은 성적 생식력이 완 전히 쇠퇴하면 인간과 가축과 농작물의 번식력도 같이 쇠퇴해 버리고, 마침내 인간과 동식물을 비롯하여 모든 생명의 최종적인 절멸을 초래한다는 사실을 시 사한다.

이런 위험 앞에서 실루크족이 질병이나 노쇠로 인한 왕의 자연사를 막고자 노 심초사했다 한들 조금도 이상할 것이 없다. 왕의 죽음에 대한 그들의 태도를 특 징짓는 것은 바로 그것을 죽음이라고 보지 않는다는 점에 있다. 즉, 그들은 왕이 죽었다고 말하지 않고, 그 왕의 신적 조상인 냐캉이나 다그Dag와 마찬가지로 '떠 나셨다'고 말하는 것이다. 여기서 냐캉과 다그는 초창기 왕조의 두 왕으로서 실 루크족은 이들이 죽은 것이 아니라 어디론가 떠났다고 말한다. 다른 나라에서도 창건기 왕들의 신비로운 사라짐에 대해 전하는 이와 유사한 설화들을 종종 찾아 볼 수 있다. 로마나 우간다에도 그런 설화가 있는데, 거기서도 민중들의 생존을 유지하기 위해 왕을 살해하는 관습이 등장하고 있다.

이상에서 살펴본 실루크족의 신성왕 살해 관념과 관행은 '숲의 왕' 네미의 사 제를 둘러싼 관념이나 관행과 거의 상응하는 유사성을 보여 준다. 즉, 두 경우 모 두에서 우리는 인간과 가축 혹은 식물의 번성이 그 생명에 의존하는 신적 왕의 계통을 엿볼 수 있다. 그 왕들은 공통적으로 격투라든가 기타 여러 방식을 통해 살해당함으로써 그들의 신적 영혼이 질병이나 노쇠로 인한 쇠퇴에 아직 오염되 지 않은 원기왕성한 후계자에게 전이되었다. 숭배자들이 볼 때, 왕이 쇠약해지면 그에 따라 인간과 가축과 농작물도 쇠퇴해진다고 믿었기 때문이다. 신적 왕을 살 해하는 이런 관습과 특히 신적 영혼을 후계자에게 전이하는 방법에 대해서는 뒤 에서 다시 상세하게 설명할 것이므로, 여기서는 일반적 관습에 관한 다른 사례들 을 좀 더 언급하기로 하자.

딩카Dinka족[16]은 백나일강 계곡에 사는 독립적인 부족들의 집단이다. 이들은 본질적으로 유목민인데, 주로 수소의 대량 사육에 전념하면서 그밖에 양이나 염소 따위를 키우기도 한다. 여자들은 소량이기는 하지만 수수나 참깨 등을 경작한다. 그런데 농작물 경작이나 특히 목축을 위해서는 규칙적인 강우가 필요하며, 가뭄이 계속되면 이루 말할 수 없는 고통을 겪게 마련이다. 때문에 오늘날까지도 이들 사이에서는 강우사가 매우 중요한 인물로 간주된다. 여행자들이 통상 추장이나 족장이라고 부르는 권위 있는 인물들은 실지로 그 부족사회의 실제적 혹은 잠재적인 강우사들이다. 그들은 강우사 안에는 이른바 '대강우사great rain-maker'의 영혼이 살고 있다고 믿는다. 즉, 대강우사의 영혼이 역대 강우사들에게 대물림된다는 것이다. 그 영혼의 도움을 받아 비를 내리게 하는 데에 성공한 강우사는 엄청난 권력을 쥐게 되며, 마을의 모든 중요한 사건들에 대해 고문 역할을 맡게 된다. 그런데 그가 누리는 최고의 영예에도 불구하고, 아니 바로 그런 영예 때문에 딩카족의 강우사는 질병이나 노쇠로 인한 자연사가 허락되지 않는다. 만일 강우사의 자연사라는 그런 불운한 일이 벌어지기라도 하면, 부족 전체가 질병과 기근에 시달리고 가축들도 번식을 멈추게 될 거라고 믿었기 때문이다. 그래서 강우사 스스로 나이가 들어 쇠약해졌다고 느끼면, 자식들에게 죽고 싶노라고 말한다.

아가르딩카Agar Dinka족의 경우는 이럴 때 큼직한 무덤구덩이를 판다. 그러면 친구나 친족들에게 둘러싸인 채 강우사가 그 구덩이 속에 들어가 눕는다. 이때 강우사는 종종 사람들에게 부족의 역사를 상기시킨다든지, 그가 어떻게 사람들을 다스리고 충고를 했는지, 혹은 앞으로 어떻게 살아야만 하는지를 훈계하기도 한다. 그런 다음 그는 사람들에게 흙을 덮으라고 명한다. 구덩이에 누운 그의 몸뚱이 위로 흙이 쌓이면서 강우사는 질식사하게 된다. 각 부족에 따라 약간의 차이는 있지만, 이것이야말로 모든 딩카족 강우사들이 맞이하는 명예로운 죽음의 한 전형이라고 보인다.

코르아다르딩카Khor-Adar Dinka족 원주민들이 셀리그먼 박사에게 진술한 바에 의하면, 그들은 강우사를 위한 무덤구덩이를 파고는, 그를 집 안에서 목매달아 살해한 다음 그 유해를 구덩이에 묻는다고 한다. 셀리그먼 박사의 정보 제공자 중에는 부친과 그 부계쪽 삼촌이 모두 강우사였던 사람이 있었는데, 그 두 명 다 가장 전형적인 방식으로 살해당했다고 한다. 어쨌든 이들은 강우사가 질병에 걸

---

16 수단 남부, 나일강 유역의 중앙 습지 주변 사바나 지대에 사는 종족. 에반스 프리차드E. E. Evans-Pritchard 는 그의 저서 『딩카인The Dinka』(1940)에서 딩카족에 관해 셀리그먼이나 프레이저와는 전혀 다른 설명을 가하고 있다. 로버트 프레이저 편, 앞의 책, 306쪽 편주 참조

려 회복의 기미가 없을 때는 그가 아무리 젊다 하더라도 그냥 죽여 버린다. 그뿐만 아니라 이들은 강우사가 불의의 사고로 횡사하는 일이 없도록 최대한 주의를 기울인다. 비록 그것이 질병이나 노쇠로 인한 자연사만큼 그렇게 심각한 문제는 아니라 하더라도, 강우사의 우연한 사고사 또한 부족에게 질병을 초래할 것이라고 믿었다. 이리하여 강우사가 살해당하는 즉시로 그의 고귀한 영혼은 그의 아들이든 혹은 다른 혈족이든 간에 적절한 후계자에게 전이된다고 믿었다.

중앙아프리카의 부뇨로 왕국에서는 최근까지도 왕이 중병을 앓거나 노령 때문에 쇠약해지면 스스로 목숨을 끊는 관습이 있었다. 왕이 자연사를 할 경우 왕권이 다른 부족에게 넘어갈 거라는 예언이 오래전부터 전승되어 내려왔기 때문이다. 그래서 쇠약해진 왕은 스스로 독이 들어 있는 잔을 마시고 자살했다. 만일 그가 자살을 결행하지 못하거나 혹은 중병 때문에 독배조차 들 수 없을 때에는 그의 아내가 협력을 한다. 상上콩고의 키방가Kibanga 왕국에서는 왕이 다 죽게 생겼다고 여겨지면, 마술사들이 왕의 목을 끈으로 졸라 교살해 버린다. 또한 진지로Gingiro 왕국의 왕이 전쟁에서 부상을 입으면 전사들에 의해 살해당한다. 게다가 전쟁에서 패배한 경우라면, 왕이 살려 달라고 아무리 애걸복걸해도 친족들이 그를 죽여 버린다. 이는 왕이 적들의 손에 의해 죽는 것을 피하기 위한 것이라고 한다.

나이저강의 지류인 베누에[17] 강변에는 야만적인 주코Juko족이 살고 있는데, 그들에게는 다음과 같은 관습이 행해지고 있다. "가트리 마을은 장로들에 의해 선발된 왕이 통치하고 있다. 그 선발방식은 이렇다. 즉, 장로들이 보기에 왕이 너무 오래 통치했다고 생각되면, 그들은 '왕께서 편찮으시다'는 소문을 퍼뜨린다. 그러면 마을 사람들은 이제 장로들이 왕을 죽이겠다는 말로 이해한다. 물론 그들은 이런 의도를 절대 노골적으로 드러내지는 않는다. 어쨌든 이때 장로들은 회의를 열어 누구를 다음 왕으로 추대할 것인지를 결정한다. 동시에 그 새로운 왕의 통치 기간도 유력자들에 의해 정해진다. 이는 각자가 생각한 새 왕의 통치 기간을 작은 막대기에 적은 다음, 그것을 땅에 던지면서 토론을 주고받는 방식으로 정해진다. 그런 다음 마침내 현재의 왕에게 죽음이 선고되고, 이윽고 성대한 잔치가 베풀어진다. 거기서 장로들은 왕이 옥수수로 빚은 술에 만취하기를 기다렸

---

17 서아프리카에 있는 강. 나이저강의 가장 긴 지류로서 길이는 약 1,083킬로미터이다.

다가 창으로 찔러 죽이고, 미리 정해 놓은 후계자를 왕위에 오르게 하는 것이다. 그래서 주코족의 왕들은 모두 자신이 오래 살지 못할 것이며, 또한 선임자와 똑같은 운명을 겪으리라는 사실도 잘 알고 있다. 그러나 이를 두려워하는 후보자들은 없다. 왕을 살해하는 관습은 비단 가트리 마을뿐만 아니라 퀸데 마을, 우카리 마을에서도 널리 행해진다." 북부 나이지리아 하우사Hausa족[18]의 3대 왕국인 고비르, 카치나, 다우라 왕국에서도 왕의 건강에 적신호가 나타나거나 쇠약의 징조가 보이면 '코끼리 킬러'라는 관리가 즉각 왕을 교살했다.

앙골라의 내륙지방에는 '마티암보Matiamvo'라 칭해진 제왕이 있었다. 그 제왕에게 복속한 여러 군소 왕들 중 찰라Challa라는 이름의 왕이 포르투갈 탐험대에게 한번은 다음과 같이 말했다,

"마티암보는 싸움터에서 전사하거나 혹은 여타의 비정상적인 방식으로 죽어야만 하는 것이 우리들의 전통적인 관습이라오. 현재의 마티암보도 인민의 고혈을 수탈하면서 살 만큼 살아온 셈이니, 그런 비참한 최후를 맞이하지 않을 수 없을 겁니다. 마티암보를 살해해야겠다고 결정이 나면, 우리는 그들을 죽인 적들과 싸우도록 그와 그의 가족들을 전장에 내보냅니다. 만일 그가 하나도 안 다친 채 도망쳐 오면, 우리는 그를 다시 싸움터로 데려가서 3, 4일 정도 전투를 하지요. 그러다가 돌연 왕과 왕족들만 적진 한가운데 내버려 둔 채 빠져나옵니다. 그들의 운명을 적들의 손에 맡기는 거지요. 이렇게 버려졌다는 사실을 깨닫게 되면, 그는 옥좌를 설치하게 하여 거기에 좌정하고는 가족들을 주위에 불러 모으지요. 그리고 자기 모친에게 가까이 오라고 명합니다. 그녀가 무릎을 꿇고 앉으면 왕이 먼저 그녀의 목부터 치는 거죠. 이어서 여러 아들과 부인, 친족들을 차례차례 죽인 다음 마지막으로 그가 가장 사랑하는 애처 아나쿨로Anacullo의 목을 베어 버립니다. 이와 같은 살육이 끝나면 마티암보는 화려하게 정장을 차려입고 자기 죽음을 기다립니다. 이 왕의 시해는 강력한 적인 이웃 부족의 대추장 카니퀸하Caniquinha와 카니카Canica가 파견한 관리에 의해 즉각 시행됩니다. 그 관리는 먼저 왕의 양손과 두 다리의 관절 부분을 자른 다음, 마지막으로 목을 베어 냅니다. 그런 다음 이번에는 그 관리의 모가지도 베어지죠. 이때 그런 살해 장면을 목격하지 못하도록 모든 유력자들은 야영지에서 멀리 나가 있어야 합니다. 마티암보

---
18 주로 나이지리아 북서부와 인근 나이저 남부에 사는 부족

의 살해 현장에 증인으로 입회하여 그의 죽음을 확인하는 일, 그리고 마티암보의 강력한 적수인 저 두 명의 대추장이 그의 모가지와 사지를 건네주면 그것을 묻을 장소를 물색하는 일이 바로 나의 의무였소. 한편 두 대추장은 죽은 마티암보와 그 가족들에게 속한 전 재산을 몰수하여 자기네 집으로 가져갑니다. 나는 죽은 마티암보의 토막 난 유해들을 모아 장례를 치른 다음, 왕국의 수도로 돌아가 새로운 마티암보와 더불어 새로운 왕국이 시작되었음을 선포합니다. 이 일이 끝나는 대로 나는 다시 살해당한 왕의 모가지와 사지가 매장된 곳으로 가서 노예 마흔 명을 대가로 지불하고는 유해들을 되찾아옵니다. 이때 고인의 소유였던 물품들과 재산도 함께 되찾아 옵니다. 이렇게 되찾아 온 재산은 고스란히 새로운 마티암보에게 넘겨줍니다. 이것이 바로 모든 마티암보에게 일어난 일들의 전말이오. 물론 현재의 마티암보도 앞으로 이와 똑같은 일을 겪어야만 할 겁니다.”

줄루족에게는 왕의 얼굴에 주름살이 생기고 흰머리가 나기 시작하면 즉각 죽여 버리는 관습이 있었던 것 같다. 이와 관련하여 적어도 19세기 초엽에 폭군으로 악명 높은 줄루족 차카 왕의 궁정에 체류한 적이 있었던 어느 유럽인 내방객이 다음과 같은 기록을 남기고 있다.

“나에 대한 왕의 굉장한 분노는 주로 페어웰Farewell이 불로장생의 선약이라고 속인, 실은 머릿기름에 지나지 않은 엉터리 비약 때문에 생겼다. 그는 그런 선약에 대해 듣고 또 믿게 된 순간부터 그 약을 입수하고 싶어 몸이 달아 있었다. 그래서 기회가 있을 때마다 우리에게 그런 소망을 알려 왔다. 특히 우리가 다른 용무 때문에 잠시 궁정을 떠나려 할 때에도 그는 돌아올 때 저 엉터리 선약을 가져다 달라는 말을 절대 잊지 않았다. 줄루족 왕은 주름살이 있어서도 안 되고 흰머리가 있어서도 안 된다는 것이 왕을 선택하거나 추대할 때 그들이 지켰던 미개한 관습이다. 왜냐하면 그들은 주름살과 흰머리를 호전적인 줄루족 왕으로서의 자격에 미달되는 현저한 표징으로 간주했기 때문이다. 또한 그들의 왕은 통치자로서 부적당하거나 무능하다는 증거를 절대 보여 주어서는 안 되었다. 따라서 가능한 한 그런 징후들을 꼭꼭 감출 필요가 있었다. 이런 마당에 흰머리가 나기 시작한 차카 왕으로서는 여간 걱정되는 것이 아니었다. 그것은 이제 그가 이 세상에서 떠날 준비를 해야 한다는 신호였기 때문이다. 말하자면 그의 앞에는 죽음만이 기다리고 있을 따름이었다.”[19] 이 머릿기름 이야기를 우리에게 전해 준 필자는 흰머리와 주름살이 생긴 왕이 ‘이 세상에서 떠나는’ 방식에 대해 그 이상의 상세한 언급은 하지 않고 있다. 우리는 그저 그 왕이 살해당했으리라는 것만 추정할 수 있을 뿐이다.

지금으로부터 2세기 전에[20] 소팔라의 카프레족 왕국에서도 왕에게 신체적 쇠퇴의 징후가 나타나기 시작하면 그를 살해하는 관습이 있었다. 이미 언급했듯이, 소팔라의 왕들은 민중들에게 신으로 숭배되어, 강우이건 햇빛이건 민중들이 요구하는 것을 척척 들어준다고 믿었다. 그러나 아주 사소한 신체적 결함, 가령 이빨 하나만 빠져도 이 신적 인간을 살해하는 데에 충분한 이유가 될 수 있었다. 이는 고대 포르투갈의 어떤 역사가가 기록한 다음 서술에서도 엿볼 수 있다.

"예전에는 가령 성적 불능이라든가 전염병 혹은 앞니 따위가 빠져 체모를 손상시키는 일, 여타의 기형적 불구, 질병 등과 같은 자연적 재앙이나 신체적 결함이 왕에게 나타났을 때는 독을 마시고 자살하는 것이 이 지방의 관습이었다. 왕들은 그런 결함을 종식시키기 위해 스스로 목숨을 끊었다. 왕에게는 어떤 결함이 있어서도 안 되고, 만일 결함이 있을 때에는 차라리 죽는 편이 그의 명예를 위해 더 나을 것이며, 그렇게 죽은 왕은 모든 것이 완벽한 세계로 들어가 그야말로 완전무결한 존재가 될 거라고 믿었던 것이다. 그런데 내가 머물렀던 어떤 지방에서는 그곳을 통치하는 퀴테브Quiteve[21]가 너무 생각이 많고 두려웠던지라, 선임 왕들이 줄곧 지켜 왔던 이런 관습에 따르려 하지 않았다. 즉, 그는 앞니 하나가 빠지자 왕국 전체에 포고문을 발포하여, 자기가 이빨 하나를 잃었다는 것, 향후 앞니가 하나 빠진 자신을 보고 다른 사람으로 오인하지 말 것, 선임 왕들이 이런 일로 자살을 했다면 그건 매우 어리석은 짓이므로 자기는 그렇게 하지 않으리라는 것 등을 모든 사람에게 알렸다. 이 왕은 나이가 들어 이제 세상을 떠날 때가 되었을 때조차 자신의 죽음을 유감스럽게 생각했던 모양이다. 왜냐하면 자신의 생명은 왕국을 유지하고 적들에게서 왕국을 지키는 데에 없어서는 안 될 소중한 것이라고 여겼기 때문이다. 그리하여 이 왕은 후계자들에게 자기를 모방하라고 권고했던 것이다."

앞니를 하나 잃은 뒤에도 감히 살아갈 수 있었던 소팔라 왕은 분명 에티오피아의 에르가메네스 왕처럼 대담한 개혁자였음에 틀림없다. 어쨌든 줄루족 왕이

---

19 출처는 Nathaniel Isaacs, *Travels and Adventures in Eastern Africa*, London, 1836
20 17세기 말엽을 가리킨다.
21 소팔라강과 국경을 접한 나라의 왕을 지칭하던 말이다.

나 소팔라 왕의 경우와 마찬가지로, 에티오피아 왕들도 어떤 신체적 결함이 있거나 쇠약의 징후가 나타나면 즉각 살해당했으리라고 추정된다. 또한 사제들은 왕을 살해하면서 신탁의 권위를 내세웠는데, 그때의 신탁은 아마도 신체에 어떤 결함을 가진 왕이 나라를 통치하면 큰 재난이 닥칠 거라는 내용을 담고 있었으리라고 보인다. 스파르타 백성들에게 '절름발이 통치', 즉 절름발이 왕의 통치를 배제해야 한다고 경고한 신탁의 사례처럼 말이다. 에티오피아 왕들을 살해하는 관습이 폐지되기 훨씬 이전에는 신체의 크기나 강인성 혹은 아름다움의 기준에 따라 왕을 선발했다는 사실에서도 우리는 이런 추정의 타당성을 어느 정도 확인할 수 있다. 하여간 오늘날까지도 와다이의 술탄은 신체적인 결함이 있어서는 안 된다. 앙고이Angoi의 왕 또한 부러지거나 고친 적이 있는 이빨이 하나만 있어도, 혹은 몸에 다친 흔적이나 흠집이 조금만 있어도 왕관을 쓸 자격이 없다. 『아카일의 서Book of Acaill』를 비롯한 여러 권위 있는 전적에 의하면, 신체적 결함이 있는 왕은 아일랜드의 타라Tara 왕국을 통치할 수 없다고 한다. 때문에 코맥맥아트Cormac Mac Art 대왕이 사고로 눈 하나를 실명했을 때, 그는 즉시 왕위를 내놓지 않으면 안 되었던 것이다.

다호메이 왕국의 옛 수도인 아보메이에서 북동쪽으로 멀리 떨어진 곳에 에이에오Eyeo 왕국이 있는데, 이 왕국을 다스리는 왕은 다호메이 왕 못지않은 권세를 가지고 있지만, 굴욕적이고 지나칠 정도의 공적 규제에 얽매여 있었다. 백성들이 보기에 왕이 정치를 잘 못한다고 생각되면(이는 종종 교활하고 불평 많은 대신들의 선동에 의한 경우가 많다), 그들은 대표를 파견하여 신임의 표시로서 앵무새 알을 왕에게 선물한다. 이는 정치의 중책으로 지치셨으니, 이제 그만 편히 쉬실 때가 되지 않았느냐는 뜻을 전달한 것이다. 그러면 왕은 걱정해 주는 백성들에게 감사하면서, 마치 잠자러 들어가듯이 거실로 들어가 부인과 애첩들에게 자기를 목 졸라 죽여 달라고 명한다. 이 명령은 즉각 시행되며, 이윽고 그의 아들이 조용히 즉위하여 백성들이 승인하는 동안만 나라를 통치하게 된다.

1774년경 이런 관습에 따라 대신들이 한 왕을 추방하고자 기도한 적이 있었다. 그때 왕은 자기한테 보내온 앵무새 알을 단호히 거절하면서, 자기는 낮잠을 자고 싶은 생각이 추호도 없을뿐더러 오히려 백성들의 복지 증진을 위해 계속 일하고자 결심했노라고 말했다. 왕의 고집스러운 반항에 깜짝 놀란 대신들은 곧 격분하여 반란을 일으켰으나 싸움에서 패함으로써 모조리 살육당했다. 왕은 이런 과감한 행동을 통해 원로들의 전횡에서 스스로를 해방시켰으며, 동시에 후계자를 위한 새로운 전례를 확립했다. 그러나 저 오랜 관습은 그 후에 다시 부활하여 19세기 말엽까지 존속되었던 모양이다. 예컨대 어떤 가톨릭 선교사가 1884년에 남긴 기록을 통해서도 우리는 이 관습이 당시 여전히 행해지고 있었음을 알 수 있다.

한편 1881년에 어떤 선교사는 서아프리카의 에그바Egba족과 요루바족의 관습에 대해 다음과 같은 기록을 남긴 바 있다. "이곳의 관습 가운데 가장 기이한 것은 왕을 심판하고 징벌하는 관습이다. 왕이 직권을 남용하여 백성들의 원성을 샀을 때는, 중책을 맡은 대신 가운데 한 사람이 왕에게 이른바 '잠자리에 드실 것'을 요구한다. 이 말은 '독을 마시고 죽는' 것을 뜻한다. 만일 왕이 겁에 질려 이런 요구를 제대로 수행하지 못할 경우는 친구가 왕의 마지막 가는 길을 도와준다. 하지만 이런 사실을 전혀 누설하지 않은 채, 그들은 묵묵히 왕의 죽음을 백성들에게 보고하기 위한 준비를 한다. 요루바족의 경우는 이와 약간 다르다. 예컨대 오요Oyo의 왕에게 아들이 태어나면, 갓난애의 오른발 형태를 진흙으로 본떠서 그것을 '오그보니ogboni'라 일컬어지는 장로들의 집에 보존해 둔다. 만일 왕이 왕국의 전통적인 관습을 지키지 않으면, 한 사신이 말없이 왕에게 아들의 족형足形을 내보인다. 그러면 그 의미를 알고 있는 왕은 스스로 독약을 마시고 잠드는 것이다."

고대 프로이센인은 신들의 이름으로 그들을 다스리며 이른바 '신의 입'이라 부르는 어떤 왕을 그들의 최고 지배자로 인정하고 있었다. 이 왕은 자기 몸이 병에 걸려 쇠약해진 것을 느끼면, 죽은 뒤에 명예로운 이름을 남기기 위해 장작과 짚단 위에 올라서서 백성들에게 장황한 설교를 한다. 그러면서 백성들이 신에게 헌신할 것을 권장하고, 자기는 이제 신들 앞에 나아가 백성들을 위해 진언하겠노라고 약속한다. 그런 다음 왕은 신성한 떡갈나무 앞에서 꺼지지 않은 채 항상 타오르고 있는 불을 장작더미에 붙여 스스로 자기 몸을 불태운다.

3. 일정 기간 후에 살해된 왕

신적 왕이나 사제에게 어떤 신체적 결함, 예컨대 건강에 적신호가 보이거나 혹은 노쇠하여 쇠퇴의 명백한 징후가 나타남으로써 그가 신성한 의무를 수행하는 데에 부적당하다는 사실을 경고받기 전까지는 백성들의 지지를 받고 있었다. 하지만 그런 징조의 출현과 더불어 왕은 살해당할 수밖에 없었다. 물론 민족에 따라서는 조금이라도 그런 쇠퇴의 징조가 나타날 때까지 기다리기가 불안하다는 이유로, 왕이 아직 원기왕성한 때에 살해한 경우도 있었다. 어쨌든 원시인은 왕의 통치 기한을 정하여 그 기간이 만료되면 살해하는 관습을 만들어 냈다. 이때 왕의 통치 기간은 그가 행여 육체적으로 쇠약해질 가능성을 최대한 배제하기 위해 가급적 짧게 정해졌다. 남부 인도의 퀼라카레 지방에서는 그 기간을 12년으로 정하였다. 그곳을 방문했던 한 여행자는 이와 관련하여 다음과 같은 기록을 전하고 있다.

"거기에는 이교도들의 신전이 있었는데, 그 안에는 사람들이 끔찍이 숭배하는 한 우상이 안치되어 있었다. 그곳 사람들은 12년마다 큰 잔치를 베풀고, 그날을 축제일로 정하여 모든 이들이 신전을 참배한다. 그 신전은 광대한 영지를 가지고 있으며 막대한 수입을 올린다. 아무튼 이 축제는 굉장히 중요한 행사였다. 이곳을 다스리는 왕의 통치 기간이 바로 축제일과 축제일 사이의 12년이었기 때문이다. 이 왕의 생활양식은 이렇다. 즉, 12년의 세월이 지나 축제일이 되면 많은 이들이 모여 브라만에게 음식을 바치느라 엄청난 돈을 쓴다. 왕은 나무로 만든 교수대를 세우게 하고 거기에 비단 차양을 씌우도록 지시한다. 축제 당일에 왕은 장엄한 의식이 집행되고 음악이 연주되는 가운데 목욕재계한 다음, 우상에게 예배를 올린 뒤 교수대에 오른다. 그리고 모든 백성들이 지켜보는 앞에서 시퍼렇게 날선 단도를 잡고 자신의 코와 귀, 입술, 사지 등을 차례차례 도려냈다. 이때 그는 할 수 있는 만큼 최대한 많은 살점을 떼어내는데, 이윽고 다량의 출혈로 인해 실신할 때쯤 되면 마침내 자기 목을 벤다. 이런 식으로 그는 저 우상 앞에 자신의 몸을 제물로 바치는 것이다. 다음 12년간 왕이 되어 나라를 다스리다가 우상에 대한 사랑으로 이 같은 순교를 하고자 하는 후보자는 반드시 이 처참한 의식에 참여하여 그것을 끝까지 지켜보아야 한다. 모든 의식이 끝나면 사람들은 그 자리에서 그 후보자를 새로운 왕으로 추대한다."[22]

---

22 출처는 Duarte Barbosa, *A Description of the Coasts of East Africa and Malabar in the Beginning of the Sixteenth Century*, 1866

또한 인도 말라바르 해안[23]의 캘리컷Calicut 왕은 '사모린Samorin' 혹은 '사모리 Samory'라 일컫는데, 그는 "자칭 브라만 계급보다 지위가 높으며 다만 눈에 보이지 않는 신들보다 약간 지위가 낮을 뿐이라고 주장한다. 백성들은 이런 주장을 용인했지만, 브라만 계급은 이를 터무니없는 수작이라고 생각하여 왕을 한갓 수드라Sudra에 불과하다고 여겼다." 예전에는 '사모린'이 12년간의 통치 기간이 끝나면 백성들 앞에서 스스로 자기 목을 베어야만 했다. 하지만 17세기 말엽에 이르러 이 규정은 다음과 같이 수정되었다.

"옛날에 이 나라에는 이상한 관습들이 많이 행해졌는데, 그중 지극히 기이한 몇몇 관습들은 지금도 계속되고 있다. 사모린은 단 12년 동안만 통치해야 하고, 그 후에는 살해당하는 것이 과거의 관습이었다. 이 기간이 만료되기 전에 사망한 사모린은 그를 사형집행하기 위해 만들어진 교수대 위에서 스스로 제 모가지를 베어야 하는 번거로운 의식을 면제받을 수 있었다. 그렇지 않은 경우, 사모린은 먼저 수많은 귀족들이 마련한 향연에 참석한다. 마침내 향연이 끝나면 손님들과 인사를 나눈 다음 미리 마련된 교수대 위로 올라가 사람들이 지켜보는 앞에서 능숙한 솜씨로 자기 목을 잘라야 한다. 잠시 후 그의 시체는 성대한 의식을 거쳐 불살라졌으며, 그런 후 원로들은 새로운 사모린을 추대한다. 이런 관습이 종교적 의식이었는지 혹은 일상적 의식이었는지는 잘 모르겠으나, 어쨌든 현재는 폐지되어 더 이상 행해지지 않는다. 그 대신 근대의 사모린들은 다음과 같은 새로운 관습을 만들어 냈다. 즉, 12년간의 통치 기간이 만료되면 온 나라에 대축제가 선포된다. 이때 넓은 들판에 사모린을 위한 천막이 설치되며, 10일 혹은 12일에 걸쳐 성대한 잔치를 베풀면서 환희와 열락의 도가니 속에 밤낮을 가리지 않고 축포를 쏘아 댄다. 이 잔치가 끝날 무렵, 손님들 가운데 누구든 결사적인 격투를 통해 왕관을 획득하려는 지원자들이 네 명 정도 나온다. 그중 3, 4만 명이나 되는 근위병들의 방어벽을 뚫고 들어가 마침내 사모린의 천막에 침투하여 왕을 살해하는 데에 성공한 자가 왕관을 이어받는 것이다. 1659년에도 그런 대축제가 있었는데, 당시 사모린의 천막은 캘리컷에서 남쪽으로 약 72킬로미터 정도 떨어진 거리에 있는 페나니항[24] 근처에 세워졌다. 그때는 격투 지원자가 세 사람밖에 없

---

23 인도 서해안 남부지역을 일컬어 오랫동안 사용해 온 지명

24 이하에 나오는 포나니Ponnai강을 가리키는 듯하다.

었는데, 그들은 칼과 방패를 들고 겹겹이 에워싼 호위병들 속으로 뛰어들어 많은 병사들을 처치했으나 결국 세 사람 모두 살해되고 말았다. 그렇게 죽은 지원자 중 한 사람에게 조카가 있었는데, 불과 열대여섯 살에 지나지 않던 그 조카는 삼촌이 호위병들과 싸울 때 줄곧 가까이에서 지켜보다가 삼촌이 죽는 것을 목격하고는 그만 흥분한 나머지 다른 호위병들을 제치고 사모린의 천막 안으로 뛰어들었다. 거기서 그는 사모린의 이마에 일격을 가했으나, 그의 칼은 왕의 머리 위에 걸려 있던 놋쇠로 만든 램프를 내려치는 데에 그쳤다. 다시 칼을 내치려는 순간 그는 호위병들에 의해 살해당하고 말았다. 내 생각에는, 그때 피살을 모면했던 사모린이 지금까지도 통치를 계속하고 있을 것 같다. 마침 나는 그 해안가 근처에 머물면서 2, 3일 동안 밤낮없이 터지는 축포 소리를 들을 수 있었다."[25]

한 영국인 여행가[26]에 의해 기록된 이 이야기는 실제 목격한 것을 적은 것은 아니다. 물론 축포 소리를 멀리서 듣기는 했지만 말이다. 그러나 격투 과정에서 죽은 사람들의 숫자에 대한 정확한 기록이 다행히도 캘리컷에 있는 왕실 문서관에 보존되어 있었다. 그것이 19세기 후반에 당시의 사모린(왕)에게서 개인적으로 후원을 받고 있던 로건W. Logan[27]에 의해 조사 발굴되었다. 그의 조사연구를 통해 우리는 방금 인용한 비극의 장면은 물론 사모린 살해의 전통적 의식이 마지막으로 집행되었던 1743년까지 주기적으로 연출되었던 의식 장면들에 대해 올바른 지식을 얻을 수 있게 된 것이다.

캘리컷의 왕들이 그 왕관과 자신의 생명을 담보로 내걸고 격투하지 않으면 안 되었던 저 축제는 우리에게 '위대한 희생제의'라고 알려져 있다. 그것은 12년마다 목성Jupiter이 거해궁巨蟹宮, sign of the Crab[28] 자리에서 28일 동안 역행 운동을 계속하다가 마카람Makaram달 제8 대음성군大陰星群, lunar asterism에 이르러 최고조에 달했을 때 집행되었다. 즉, 이 축제일은 목성의 위치에 의해 정해진 셈이다. 그리고

---

25 출처는 Alexander Hamilton, "A New Account of the East Indies", in *Pinkerton's Voyages and Travels*, 1808~1814

26 알렉산더 해밀턴Alexander Hamilton이라는 스코틀랜드 출신 방문객을 가리킨다. 그는 몇 년 후 극동지방을 여행한 다음 돌아와서 『동인도 신新해설New Account of the East Indies』을 썼다. 프레이저는 핑커턴의 책에 나오는 말라바르의 왕권 경쟁에 관한 해밀턴의 해설을 읽고 위의 본문 내용 서술에 반영했다고 한다. 로버트 프레이저 편, 앞의 책, 316쪽 편주 참조

27 당시 말라바르의 지방행정관이었다.

28 서양 점성술에 나오는 12궁의 하나

서양 점성학에서 천구를 12등분하여 나타낸 별자리 12구도.
오른쪽 중앙(게 모양)이 거해궁이다.

축제일과 다음 축제일 사이의 기간은 12년이었는데, 이때의 12년이란 대체로 목성이 태양 주위를 한 바퀴 도는 공전주기에 해당한다. 여기서 우리는 저 빛나는 목성이야말로 캘리컷 왕 사모린의 별로서 특별한 의미를 지니고 있었음을 알 수 있다. 즉, 목성은 그 왕의 운명을 관장하는 별과 다름없으며, 따라서 지상에서 왕이 통치하는 기간을 하늘에서 목성이 공전하는 기간에 상응시킨 것이라고 볼 수 있다.

어쨌든 간에, 이 의식은 포나니강[29] 북쪽에 있는 티루나바이Tirunavayi 사원에서 비상한 열기로 집행되었다. 현재 그 장소는 철로변에 있다. 기차가 그곳을 통과할 때 보면 사원은 강기슭의 울창한 나무들에 가려 어느 순간 얼핏 보이는 듯하다가 이내 시야에서 사라져 버린다. 그 사원의 서쪽 문에서 일직선으로 뻗은 도로는 거의 주위의 논들과 동일한 평면 위에 있는데, 아름다운 가로수들이 늘어서 있는 길을 800미터쯤 달리다 보면 낭떠러지를 이룬 높은 산등성이에 이르게 된다. 이 산 위에서는 지금도 계단 모양의 언덕을 서너 개쯤 찾아볼 수 있다. 아마도 저 극적인 날에 왕은 바로 이 언덕 꼭대기에 서 있었으리라. 그곳에서 바라보는 경치는 참으로 장관이다. 널따란 강물이 광활하게 펼쳐진 전답 평야지대를 가로질러 굽이굽이 흐르고 있고, 동쪽으로는 고원지대를 따라 낮게 미끄러져 내려온 구릉들이 수풀에 덮여 있는 모습이 눈에 들어오며, 멀리 서쪽으로는 어렴풋이 산맥 줄기들이 그림자처럼 어른거리는데, 바로 그 끝자락에 보이는 것이 네일게리 산맥이다. 이 산맥은 구름 한 점 없는 담청색 하늘과 거의 구별이 안 될 정도로 푸르기 때문인지 블루마운틴이라 부르기도 한다.

그러나 운명의 기로에 놓인 왕에게는 그런 먼 곳의 기막힌 자연 경관이 눈에 들어올 리가 없었을 것이다. 그의 눈길은 아마도 더 가까이에 있는 현장에 쏠렸을 법하다. 바로 그의 눈 아래 평야는 군대가 쫙 깔려 있어 그 군기들이 태양 아래 무수히 나부꼈을 것이며, 진지의 하얀 천막들이 논밭의 초록빛과 선명한 대조를 이루고 있었을 것이다. 4만 명 혹은 그 이상의 전사들이 왕을 수호하기 위해 바로 그곳에 집결했을 것이다. 이렇게 평야는 군대로 덮여 있었지만, 그 평야를 가로질러 사원에서 왕이 서 있는 장소에 이르기까지 길은 쥐새끼 하나 얼씬하지 못하도록 철저히 차단되어 그야말로 적막강산이었음에 분명하다. 거기엔 누구도

---

29 인도 남서부 케랄라주 중부에 있는 강

접근하지 못하도록 길 양쪽으로 울타리 방벽이 세워졌을 것이며, 그 방벽을 따라 창을 든 전사들이 즐비하게 서 있었을 것이다. 이제 만반의 준비는 끝났다.

왕이 검을 휘두르자, 그 옆에 서 있는 코끼리 등에 화려하게 장식된 황금 사슬이 깔린다. 이를 신호로 하여 800미터 정도 떨어진 곳에 있는 사원 문 언저리가 갑자기 시끄러워진다. 꽃으로 단장한 일군의 검객들이 군중을 헤치며 늠름한 자태를 드러냈기 때문이다. 그들은 막 이 지상에서의 마지막 식사를 끝낸 다음 친구들에게서 이별의 축복을 받고 있는 것이다. 그것도 잠시일 뿐, 이제 그들은 좌우에 빈틈없이 늘어선 채 길을 막는 창기병들을 사정없이 베고 찌르면서 이쪽을 향해 한 발짝 한 발짝 다가오고 있는 중이다. 몸을 감고 돌리고 비틀며 창날들의 구름 사이를 헤치고 구불구불 나아가는 그들의 모습은 마치 뼈 없는 연체동물처럼 보인다. 하지만 이 모든 활약상은 허사로 끝날 뿐이었다. 머지않아 그들은 하나둘씩 쓰러져 갔다. 어떤 이는 왕에게 더 가까이 다가갔고 또 어떤 이는 그렇지 못했으나, 그들 모두는 만족스럽게 죽어 갔다. 그것은 결코 왕관의 그림자를 위한 죽음이 아니었다. 그것은 다만 그들의 굽힐 줄 모르는 용기와 검객으로서의 자부심을 세상에 입증하기 위한 행위와 다름없었기 때문이다. 어쨌든 이와 같은 장렬한 무용과 그 무익하기 짝이 없는 생명의 희생이 이 축제의 나머지 며칠 동안 몇 번이고 되풀이해서 연출되고 재현되었던 것이다. 그러나 목숨 대신 명예를 선택하려는 사람이 있다는 것을 증명해 보여 주는 저 희생이 전적으로 무익하다고만은 말할 수 없으리라.

옛날에 어떤 인도인 역사가는 다음과 같은 기록을 남겼다. "군주의 지위를 세습적으로 계승한 자가 거의 없었던 것은 벵골의 기이한 관습 때문이었다. (중략) 그 관습에 따르면, 누구나 왕을 죽이고 왕좌에 오른 자가 왕의 지위를 이어받을 수 있었다. 그러면 귀족과 고관과 군인과 농민들을 할 것 없이 모두가 그를 새로운 왕으로 받아들여 즉각 그에게 복종한다. 이전 왕에게 그랬듯이 똑같은 충성을 새로운 왕에게 아낌없이 바치는 것이다. 그리하여 벵골 사람들은 '우리는 왕에게 충성한다. 누가 왕위에 오르건 우리는 그에게 복종할 것이며, 충성을 다 바칠 것이다'라고 말한다." 수마트라 북쪽의 해안가에 있는 파시에르 소왕국에서도 예전에는 이와 같은 관습이 널리 행해졌다. 옛 포르투갈의 역사가 드 바로스 João de Barros(1496년경~1570)[30]는 파시에르 왕국의 경우, 백성들이 왕을 오래 살도록 내버려 두지 않기 때문에 현명한 자라면 누구도 왕이 되려 하지 않는다는 점을 지적하면서 놀라움을 표하고 있다. 그에 의하면, 백성들은 종종 폭력적이 되어 저마다 '왕을 죽여라!'는 가증스러운 말을 목청 높여 내뱉으며 거리를 누비고 돌아다녔다. 왕은 이런 죽음의 노래를 듣고 자기 운명이 다 되었음을 깨닫는다. 그럴 때 왕족 가운데 한 사람이 치명적인 일격을 가하여 왕을 살해한 다음 왕좌를 차지한다. 단 하루 동안만 그 자리를 유지하는 데에 성공한다면, 그는 합법적인 왕으로서 인정받게 될 것이다. 물론 그것이 항상 성공하라는 법은 없지만 말이다.

한번은 페르낭 페레스 드 안드라데Fernão Peres d'Andrade가 중국으로 항해하는 도중에 향료를 적재하려고 파시에르에 기항했을 때, 그곳에서 두 명의 왕이 살해당했다. 그러나 이는 가장 평화적이고 합법적인 방식으로 이루어졌으며, 그 도시에는 아무런 동요나 폭동의 징조도 보이지 않았다. 마치 왕의 살해나 처형 따위는 일상다반사라는 듯, 여느 때와 다름없이 만사가 평온하게 진행되었던 것이다. 어떤 때는 하루에 세 사람의 왕이 위험천만한 왕위에 올랐다가 차례로 저승길에 오른 적도 있었다고 한다. 이 나라 사람들은 이런 관습을 매우 바람직할 뿐만 아니라 심지어 신성하기까지 한 제도라고 높이 평가하고 옹호했다. 그들은 신이 고귀하고 위대한 존재인 왕을 자신의 대리자로서 지상을 통치하도록 보내 주셨으므로, 그런 왕이 명백히 죽을죄를 짓지 않는 한 평화로운 방식으로 끝장내야 하는 거 아니냐고 말했다.

수마트라에서 아주 멀리 떨어진 곳에 살던 고대 슬라브인도 이와 유사한 관습을 가지고 있었다. 그래서 포로였던 군Gunn과 자르메릭Jarmerik이 슬라브 왕과 왕비를 죽이고 도망쳤을 때, 그 뒤를 추적하던 원주민들은 만일 당신들이 돌아와 주기만 한다면 우리는 당신들을 새로운 왕으로 섬기겠노라고 외쳐댔다. 왕을 살해한 자가 그 뒤를 이어 왕위를 계승하는 것이 고대인들의 공식 법규였기 때문이다. 하지만 왕을 살해한 포로들은 그런 약속이 자기들을 속이기 위한 미끼에 불과하다고 생각하여 뒤도 돌아보지 않았다. 그들은 원주민들의 고함과 아우성 소리가 점점 더 멀어져 더 이상 들리지 않게 될 때까지 계속 줄행랑을 쳤다.

---

30 포르투갈의 위대한 식민사 연구가, 선구적인 동양학자. 으뜸가는 포르투갈 인문학자의 한 사람이며, 탁월한 문관文官으로서 '포르투갈의 리비우스'라고 불렸다. 대표적인 저술로 뛰어난 기사 모험담인 『크루니카 두 임페라두르 클라리문두Cronica do Imperador Clarimundo』(1520)와 아시아에서의 포르투갈인 역사를 다루는 기념비적인 서사시 『데카다스 다 아시아Decadas da Asia』(1552)가 있다.

이처럼 왕들이 일정한 통치 기간을 마친 후 스스로 혹은 타인에 의해 살해당하지 않을 수 없는 상황에서, 왕의 특권에 수반되는 그런 고통스러운 의무를 다른 대리자에게 위탁할 수 없을까라는 생각을 하는 것은 오히려 자연스러운 일일 것이다. 말라바르의 왕들이 이런 편법을 이용한 듯싶다. 그 나라의 어떤 권위자는 다음과 같이 말하고 있다. "어떤 지방에서는 왕이 모든 행정적, 입법적 권위를 일정 기간 백성들에게 위탁했다. 이 제도는 이른바 '탈라베티파로티암Thalavettiparothiam', 즉 '참수에 의해 획득된 권위'라고 부른다. (…) 이는 5년 동안 누릴 수 있는 직책인데, 그것을 맡은 자는 주어진 권한 내에서 절대적인 전제군주적 권력을 행사했다. 하지만 5년이라는 기한이 끝나면 그는 참수당해야만 한다. 그리하여 그의 모가지가 왁자지껄한 군중들이 보는 앞에서 공중으로 던져지는 것이다. 이때 군중들은 서로 먼저 그 모가지를 주우려고 난리법석이다. 그것을 제일 먼저 차지한 자가 다음 5년 동안 그 직책을 누릴 수 있게 되기 때문이다."

지금까지 정해진 통치 기간이 끝나면 비명의 죽음을 당할 수밖에 없었던 왕들은 자기 대신 다른 사람을 대리인으로 내세워 대신 죽게 하면 어떨까 하는 그럴듯한 아이디어가 떠올랐을 때, 당연히 그들은 이런 발상을 즉각 실행에 옮겼다. 따라서 우리가 많은 나라에서 이런 편법 혹은 그 흔적을 찾아볼 수 있다 해서 조금도 놀랄 것이 못 된다. 스칸디나비아의 전설에 보면, 고대 스웨덴의 왕들은 9년간 통치를 하고 그 다음에는 살해당하거나 아니면 자기 대신 죽어 줄 대리인을 물색했다고 한다. 그래서 스웨덴의 아운Aun(혹은 On) 왕은 여러 날에 걸쳐 정성껏 오딘Odin[31]께 제사지낸 덕택에, 그 신에게서 9년에 한 번씩 자식 가운데 한 명을 희생제물로 바치면 자신을 살려 주겠다는 신탁을 받을 수 있었다. 그리하여 그는 아홉이나 되는 아들을 차례차례 희생제물로 바쳤다. 마침내 열 번째 막둥이를 제물로 바치려 했지만, 스웨덴 민중들이 이를 허락하지 않았다. 결국 이 왕은

---

31 보단Wodan 혹은 보덴Woden이라고도 한다. 북유럽 신화에 나오는 주요한 신들 가운데 하나. 고고학과 문학의 자료들은 각기 다르게 그를 묘사하고 있기 때문에 그의 본성과 역할을 정확히 알기는 어렵다. 로마의 역사학자인 타키투스에 따르면, 튜턴족은 메르쿠리우스를 숭배했다고 하는데, 메르쿠리우스의 날dies Mercurii이 수요일Wednesday(Woden's day, 즉 '보덴의 날')과 동일시되었던 것으로 보아, 이는 보덴(오딘의 초기 형태) 신을 의미하는 것이었음이 분명하다. 그러나 보덴이 당시 널리 숭배되었다고는 해도 모든 튜턴족들이 그를 숭배했는지 여부에 대해서는 충분한 증거가 남아 있지 않으며, 그 신의 성격에 관한 결론을 내릴 만한 단서도 불충분하다. 이후의 문헌들에 따르면, 전前기독교 시대가 끝날 무렵 오딘은 스칸디나비아 반도의 주요한 신이었다고 한다. 오딘은 아주 옛날부터 전쟁의 신이었으며, 영웅문학에서는 영웅들을 수호하는 신으로 나온다.

백성들의 손에 의해 살해당하여 웁살라에 있는 묘지에 묻혔다고 한다.

오딘의 파면과 추방을 이야기하는 기이한 전설에서도 우리는 왕의 임기와 관련된 이와 유사한 사례를 찾아볼 수 있다. 즉, 다른 신들이 오딘의 비행에 분격한 나머지 그를 추방하였으며, 대신에 올레르Oller라는 교활한 마술사를 그 자리에 앉히고 그에게 왕의 상징뿐만 아니라 신의 상징까지도 수여해 주었다. 그런데 오딘의 이름을 참칭한 이 대리자가 약 10년 동안 다스리다가 왕위에서 추방되었고, 동시에 오딘이 다시 왕권을 되찾았다. 실의에 빠진 올레르는 스웨덴으로 도망쳤으나, 빼앗긴 행운을 회복하려다가 후에 살해당하고 만다. 이처럼 신들은 종종 전설의 안개 사이로 어렴풋이 그 모습이 확대되어 나타난 인간에 불과했다. 그리하여 이 스칸디나비아 전설에서 우리는 9년 혹은 10년간 통치한 후 나라를 위해 살해당하는 특권을 다른 대리인에게 위탁한 후 왕위에서 물러났던 고대 스웨덴 왕들에 대한 혼란스러운 기억의 편린들을 엿볼 수 있다. 아마도 웁살라에서 9년마다 열린 대제火祭는 왕이나 그 대리자가 살해당하는 자리였을 것이다. 이는 곧 인신공희가 의례의 일부를 구성했다는 사실을 시사한다.

많은 고대 그리스 왕들의 임기는 8년으로 한정되어 있었다. 혹은 그리스인들은 최소한 그 임기가 끝날 무렵에 기존의 왕이 공적 의무와 종교적 의무를 다할 수 있도록 재충전하기 위해, 새로운 성화聖化의례, 즉 충만한 신의 은총을 새롭게 수여하는 의식이 필요하다고 여긴 것 같다. 이렇게 볼 수 있는 근거는 충분하다. 가령 스파르타의 법률에 의하면, 8년마다 장관들이 달도 뜨지 않은 맑은 날 밤을 정하여 조용히 앉아 하늘을 바라보도록 되어 있었다. 그렇게 밤새우는 동안 만일 별똥별이 흐르거나 운석이 떨어지는 것을 보면, 그들은 왕이 신에 대해 죄를 범한 것이라고 단정했다. 그런 경우 이들은 델피의 신탁이나 올림피아의 신탁이 왕의 복위를 허락할 때까지 왕의 직능을 정지시켰다. 스파르타 군주정의 마지막 시기에 이르기까지 이런 관습은 전래의 형태를 보존하고 있었다. 예컨대 기원전 3세기에 혁신파로부터 미움을 받은 스파르타 왕이 고소를 당해 실제로 축출당한 일이 있었다. 이때 하늘에 불길한 징조가 보였다는 것이 그 고소의 주된 이유였다고 한다.

스파르타 왕국에서 이처럼 왕의 임기가 8년에 한정되어 있었다면, 하필이면 왜 8년이라는 시간 단위가 왕의 통치 기간으로 정해졌는지 의문이 들 법하다. 어쩌면 초기 그리스력을 산정한 천문학적 계산에 그 이유가 있을지도 모른다. 사실

스칸디나비아의 주신 오딘. 갈가마귀와 늑대는 오딘의 신성한 동물이다.

음력을 양력과 조화시키는 일은 원시 상태에서 벗어나려는 고대인들을 괴롭힌 매우 큰 수수께끼 중의 하나였다. 그런데 8년이라는 주기는 태양과 달이 겹쳐지는 주기 가운데 가장 짧은 기간이다. 말하자면 8년마다 한 번씩 태양과 달이 동시에 어떤 실제적인 시간의 매듭을 보여 주는 것이다. 가령 보름날이 낮에 해가 가장 긴 날 혹은 가장 짧은 날과 일치하는 것은 8년에 딱 한 번이다. 이렇게 태양과 달의 시간이 일치되는 현상은 해시계로 간단히 관찰할 수 있다. 따라서 완벽하게 정확한 것은 아니더라도, 이런 관측 결과는 음력과 양력을 적절하게 조화시키는 역법의 첫 번째 토대가 되었다.

그러나 원래 역법의 조절은 종교적인 문제에 속해 있었다. 왜냐하면 공동체의 안녕을 유지하는 데에는 신들의 은총이 필수불가결하다고 믿었는데, 그런 신들과 화해하기 위한 적시適時를 알려준 것이 바로 역법이기 때문이다. 이렇게 보건대, 한 나라의 대사제라든가 신적인 왕이 종종 하나의 천문학적 주기가 끝나는 시점에서 추방당하거나 살해당한 것은 조금도 이상한 일이 아니다. 위대한 발광체가 하늘의 광장을 완주한 다음 다시 천상의 경주를 새롭게 시작하려 할 즈음, 바로 그때에 왕도 신적 힘의 갱신을 도모해야 하며 혹은 자신의 정력이 건재하다는 사실을 증명해야 한다. 그렇지 않으면 더욱 강한 경쟁자에게 왕위를 넘겨주어야 한다고 믿었던 것은 지극히 당연한 귀결이었다. 앞서 살폈듯이, 남부 인도에서는 태양 주위를 도는 목성이 그 공전을 한 바퀴 마침과 동시에 왕의 통치와 생명도 끝이 났다. 한편 그리스에서는 왕들의 운명이 8년마다 저울질되었다. 그때 반대편 저울추에 달린 별의 무게가 가중됨에 따라 저울이 기울고 마침내 왕의 운명도 끝이 났던 것이다.

기원이야 어쨌든, 스파르타 이외의 그리스 여러 도시에서도 8년이라는 주기가 일반적인 왕의 통치 임기와 일치했던 듯싶다. 근래 크레타에서 크노소스[32] 왕 미노스Minos[33]의 웅장한 궁전이 발굴되었는데, 이 왕도 8년의 임기를 주기로 하

---

32 고대 크레타의 도시. 전설적인 미노스 왕의 수도였고, 가장 오래된 에게 문명인 미노아 문명의 중심지였다. 크노소스 유적은 두 강의 합류점 사이의 작은 언덕 위에 있으며, 크레타섬 북부 해안에서 내륙으로 8킬로미터쯤 떨어진 곳에 있다. 1900년 영국의 아서 에번스 경이 크노소스에서 발굴 작업을 시작하여 기원전 1600~기원전 1400년경 에게해를 지배한 세련된 청동기시대 문화의 중심지였던 궁전과 그 주변의 건축물들을 발굴했다.

33 크레타섬의 전설적인 지배자. 신들의 왕인 제우스와 유럽 대륙의 화신化身 에우로파 사이에 태어난 아들로 그리스 신 포세이돈의 도움으로 크레타섬의 왕좌를 얻었으며, 크노소스(또는 고르틴)에게 에게해 섬들

여 공식적인 직책을 수행했다고 한다. 즉, 그는 8년이라는 일차 임기가 끝나면 잠시 동안 이다Ida산[34]의 신성한 동굴에 은거하면서, 아버지 신 유피테르와 만나 과거에 자신이 왕국을 통치하면서 있었던 일들을 낱낱이 보고하고 앞으로의 지도편달을 간청하며 신탁을 받았다는 것이다. 이 전설은 8년을 주기로 하여 왕의 신성한 힘이 신과의 교류를 통해 갱신되어야만 하며, 그런 갱신 없이는 왕권을 유지할 수 없었다는 사실을 잘 보여 준다.

아테네가 8년마다 미노스에 보내야만 했던 공물, 즉 일곱 명씩의 청년과 아가씨들도 8년을 주기로 한 왕권의 갱신과 연관성이 있다고 보아도 무방할 것이다. 이 청년들과 아가씨들이 크레타섬에 도착했을 때, 그들을 기다리고 있던 운명에 대해서는 여러 가지 전설이 있다. 일반적으로 그들은 미궁에 유폐되어 인신우두人身牛頭의 괴물 미노타우로스Minotauros[35]에게 잡아먹히던지 아니면 평생을 포로로 살았다는 것이 통설이다. 하지만 어쩌면 그들은 수소 혹은 소의 머리를 가진 사람으로 표현된 청동상 속에 갇혀 산 채로 불에 타 죽었을지도 모른다. 왕과 그

에 대한 통치권을 얻어 많은 섬들을 식민지로 만들고 해적을 없애었다. 헬리오스의 딸인 파시파이와 결혼하여 안드로게오스, 아리아드네, 파이드라 등의 자식을 두었는데, 이 파시파이는 미노타우로스의 어머니이기도 하다. 미노스는 아들 안드로게오스가 아테네인들에게 죽음을 당하자 배상을 받기 위해 아테네와 메가라를 상대로 전쟁을 일으켜 승리했다. 아테네의 희곡과 전설에서 미노스 왕은 어린이들을 공물로 바치게 하여 미노타우로스에게 먹이는 포악한 인물로 나온다. 결국 시칠리아에서 목욕을 하던 미노스에게 코칼루스 왕의 딸이 끓는 물을 부어 죽게 한다. 사후에 미노스는 하데스(죽은 사람의 혼령이 산다는 지하세계)의 재판관이 되었다. 아테네인들은 전통적으로 미노스에 대해 적대적인 감정을 지니고 있었지만, 일반적으로 미노스를 강력하고 공정한 통치자이며 종교나 의식과 밀접히 관련된 존재로 보았다. 크레타섬의 유적 발굴에 비추어 많은 학자들은 미노스가 청동기시대 또는 미노스 문명기에 크노소스의 사제 통치자들을 지칭하는 왕 또는 왕가의 이름이었을 것으로 보고 있다. 즉, 미노스는 프레이저가 말하는 사제왕이었다는 말이다.

34 소아시아 북서부에 뻗어 있는 산맥. 근처에 고대 트로이의 유적지가 있다. 고대 그리스·로마 시대의 성소로서 트로이의 왕자 파리스가 아름다움을 자랑하는 세 여신 가운데 사과를 차지할 여신을 판정내린 곳이며, 제우스가 가니메데스를 강간한 곳으로도 알려져 있다. 이다(이데·이디·프실로리티라고도 함)는 또한 크레타에서 가장 높은 산(2,456미터)의 옛 이름이기도 하다. 이 산에는 고전시대에 속하는 또 다른 성소와 제우스가 자라났다는 동굴이 있다.

35 그리스어로 '미노스의 황소'라는 뜻. 그리스 신화에서 반은 사람이고 반은 소인 크레타의 전설적인 괴물. 바다의 신 포세이돈이 제물로 쓰라고 눈처럼 흰 황소를 보내왔으나 미노스 왕이 약속을 지키지 않고 황소를 살려두자, 포세이돈은 그 벌로 왕비 파시파이를 이 황소와 사랑에 빠지게 했고, 그 결과 괴물 미노타우로스가 태어났다. 미노스 왕은 미노타우로스를 가두기 위해 장인 다이달로스에게 라비린토스迷宮를 짓게 했다. 그 뒤 미노스의 아들 안드로게오스가 아테네인들에게 죽음을 당하자, 미노스는 그에 대한 복수로 9년마다(또는 다른 이야기에 따르면 해마다) 아테네의 소년 일곱 명과 소녀 일곱 명을 공물로 바치게 하여 미노타우로스가 잡아먹도록 했다. 세 번째 제물이 바쳐질 때 아테네의 영웅 테세우스가 미노스의 딸 아리아드네의 도움을 얻어 괴물을 죽이고 이른바 '아리아드네의 실'로 미로를 빠져나왔다. 현대 그리스의 탁월한 소설가 니코스 카잔차키스는 이 신화를 소재로 하여 『미노스의 궁전』이라는 작품을 썼다.

미노타우로스에게 인신제물로 바쳐진 아테네의 젊은이들

왕이 인격화된 태양의 힘을 갱신하기 위해서 말이다. 이런 추정은 청동 인간 탈로스Talos의 전설에서 이미 암시된 바 있다. 즉, 탈로스는 사람을 자기 가슴에 껴안고 불 속에 뛰어들어 산 채로 불타 죽었다고 한다.

원래는 제우스가 에우로페Europe[36]에게, 혹은 헤파이스토스Hephaestos[37]가 미노스에게 탈로스를 내려 보내 날마다 세 차례씩 크레타섬을 순찰하면서 수호하도록 했다는 말도 있다. 어떤 이들은 탈로스가 황소였다고 하고, 또 어떤 이들은 그가 태양이었을 거라고도 한다. 아무튼 탈로스는 미노타우로스와 동일시된 듯싶다. 이때 그 신화적 특성을 벗겨 내면, 탈로스는 황소 머리의 인간으로 표상되는 태양의 청동상과 다름없었다고 보인다. 태양의 불을 갱신하기 위해서는 인간 제물을 청동상 속에 집어넣고 불태우거나, 또 청동상의 손바닥 위에 인간제물을 올려놓은 채 불구덩이 속에다 굴렸던 모양이다.

카르타고Carthago[38]인이 자식을 몰록Moloch[39]에게 바칠 때에는 후자의 방식에

---

36 그리스 신화에서 포이닉스의 딸 혹은 페니키아 왕 아게노르의 딸, 미노스 왕의 어머니. 제우스는 에우로파의 아름다움에 반해 흰 소로 변해서 그녀에게 접근하여 포이닉스에서 크레타로 데려갔다. 거기에서 그녀는 크레타 왕 미노스와 키클라데스 제도의 왕 라다만투스를 낳았다. 후에 크레타 왕과 결혼했으며 왕은 그녀의 아들들을 양자로 삼았다. 크레타에서는 헬로티스라는 이름으로 숭배되었으며, 그녀를 기리는 헬로티아 축제가 열렸다.

37 그리스 종교에 나오는 불의 신. 절름발이로 태어났기 때문에 이에 혐오를 느낀 어머니 헤라가 하늘에서 내던졌으며, 아버지 제우스가 집안싸움을 한 뒤 다시 내던졌다. 그의 배우자는 아프로디테 또는 우아함의 화신 카리스였는데, 이들은 어울리지 않는 한 쌍이었다. 불의 신으로서 헤파이스토스는 신들의 대장장이이자 장인匠人들의 후원자가 되었다. 로마에서 그에 해당하는 신은 불카누스이다.

38 고대의 대도시. 기원전 814년 티레의 페니키아인들이 아프리카 북쪽 해안에 전통적인 양식으로 건설한 고대의 대도시. 지금은 튀니스시의 교외 거주 구역. 베르길리우스의 『아이네이스』에 의하면, 오빠 피그말리온(역사상의 티레의 왕 이름)을 피해 도망친 티레의 공주 디도가 카르타고를 건설했다. 카르타고의 주민들은 로마인들에게 포에니Poeni인으로 알려졌는데, 이 호칭은 페니케스(페니키아인)에서 유래한 것이다. 포에니인들의 주요 관심은 상업이었다. 로마 시대에 포에니의 침대·쿠션·방석들은 사치품으로 간주되었으며, 포에니의 소목 세공과 가구들은 다른 곳에서 모방의 대상이 되었다. 기원전 3세기 중반부터 기원전 2세기 중반까지 카르타고는 로마와 일련의 전쟁을 치르게 되었다. 포에니 전쟁으로 알려진 이 전쟁은 카르타고의 대패로 끝났다.

39 고대 중동 전역에서 유아 희생제물을 받은 신. 이 이름은 히브리어 '멜렉melech(왕)'의 자음과 '보셰트boshet(수치)'의 모음을 합한 데서 유래되었다. 여기서 '보셰트'는 구약성서에서 바알('주인'이라는 뜻)이라는 유명한 신을 가리키는 다른 이름으로 종종 사용된다. 구약성서에서 야훼가 모세에게 준 율법은 몰록에게 바쳤던 유아 희생제물의 관습을 금하고 있다. "네 자식을 몰록에게 넘겨주어 너희 하느님의 이름을 욕되게 해서는 안 된다."(『레위기』 18장 21절) 히브리인들이 실제로 자녀를 불에 태워 몰록에게 바쳤는지, 아니면 그들이 이 관습을 받아들일 가능성을 놓고서 율법으로 금지한 것인지는 오늘날 학자들 사이에 쟁점이 되고 있다. 실제로 구약성서에는 후대의 왕 아하즈(『열왕기 하』 16장)와 므나쎄(『열왕기 하』 21장)가 아시리아 사람들에게 영향을 받아 예루살렘 성 바깥에 있는 토벳 골짜기에서 몰록을 숭배했는데, 개혁자 요시아

따랐다고 한다. 즉, 자녀를 소머리를 한 청동상의 손바닥 위에 올려놓고 거기서 불 속에 떨어뜨렸는데, 이때 그 비명 소리가 들리지 않도록 하기 위해 사람들은 피리나 탬버린에 맞추어 광적으로 춤을 추었다. 카르타고인의 관습과 크레타섬의 관습이 보여 주는 유사성은 미노스, 미노타우로스의 이름과 관련된 의식들이 셈족의 바알Baal 신에 대한 의식에서 많은 영향을 받았다는 점을 시사해 준다. 우리는 아그리젠토[40]의 폭군 팔라리스Phalaris(?~기원전 554년경)[41]와 그의 청동 수소에 관한 전승에서도 카르타고의 세력이 깊이 뿌리내렸던 시실리섬의 의례가 반영되어 있음을 엿볼 수 있다.

라고스 지방의 요루바족에 속한 이제부Ijebu족은 이제부오데Ijebu Ode[42]파와 이제부레몬Ijebu Remon파로 나뉘어져 있다. 이중 이제부오데파는 '아우잘레Awujale'라 부르는 추장이 통치하고 있는데, 이 추장은 그야말로 신비의 베일에 싸인 존재이다. 그래서 최근까지도 측근들조차 그의 얼굴을 보아서는 안 되었으며, 불가피한 경우에도 그의 얼굴이 보이지 않도록 칸막이를 사이에 두고 이야기를 나누어야 했다. 한편 이제부레몬파를 통치하는 추장은 아우잘레보다 지위가 낮다. 존 파킨슨John Parkinson이 들은 이야기에 의하면, 예전에 이제부레몬파의 추장은 3년간 통치한 다음에 의식에 따라 살해당했다고 한다. 하지만 당시 이 나라는 영국의 보호 아래 있었기 때문에 3년간 통치한 다음에 추장을 살해하는 관습은 이미 오래전에 사라져 버린지라, 파킨슨은 그 이상의 세세한 내용을 확인할 수 없었다

왕이 그런 관습을 금지했다고 나온다. "왕은 벤힌놈 골짜기에 있는 도벳을 부정한 곳으로 만들어 아무도 자녀를 몰렉에게 불살라 바치지 못하도록 했다."(『열왕기 하』 23장 10절)

40 현 이탈리아섬 시칠리아섬 남해안 근처에 있는 아그리젠토 Agrigento주 주요 도시. 고대에 부유한 도시였던 아그리젠토는 젤라에서 온 그리스 식민지 개척자들에 의해 기원전 581년경에 세워졌다. 기원전 570~554년에 이곳을 다스렸던 참주 팔라리스는 놋쇠로 만든 황소 인형 안에 사람을 산 채로 넣어 구워 죽였던 것으로 악명이 높았다. 아그리젠토에는 헤라와 콘코르디아 여신의 신전, 제우스 신전, 데메테르와 페르세포네의 신전, 헤파이스토스와 아스클레피오스(아이스쿨라피우스)의 신전 등 고대 그리스의 유적과 유물들이 많이 남아 있다.

41 시칠리아섬 아크라가스(지금의 아그리젠토)의 참주. 팔라리스는 희생자들을 청동 황소 속에 산 채로 집어넣고 불에 구웠다고 한다. 청동 황소상이 존재한 것은 사실인 듯하지만, 그 황소상의 사용법을 둘러싼 사실들은 많이 윤색되었다고 보인다. 예를 들어 황소상을 고안했다는 페릴라우스(또는 페릴루스)는 황소상으로 처형된 최초의 희생자였을 것이다. 결국 팔라리스는 테론(기원전 488~기원전 472년의 참주)의 조상인 텔레마코스에게 쫓겨났다. 쫓겨난 팔라리스는 자신이 사용한 청동 황소상 속에서 타 죽었다고 한다. 팔라리스의 잔인성을 강조하는 전설과는 대조적으로 로마 제국의 소피스트들은 그를 자비롭고 교양 있는 인물로 묘사했다.

42 나이지리아 남서부 오군주의 도시

「몰록」존 싱어 사전트, 1894

고 한다.

역사시대의 바빌로니아에서 왕의 임기는 실제로 평생 동안 계속되었으나, 이론상으로는 단 1년으로 되어 있었던 것 같다. 왜냐하면 매년 열리는 자그무크Zagmuk 축제 때마다 왕은 바빌로니아의 거대한 에사길Esagil 신전에 안치되어 있던 마르두크Marduk[43] 신상의 손과 악수함으로써 자신의 힘을 갱신했기 때문이다. 바빌로니아가 아시리아의 지배 아래 들어갔을 때조차도, 그 나라의 군주들은 매년 바빌로니아를 예방하여 신년의례의 고대적 의식을 집행함으로써 왕권을 갱신해야 했다. 개중에는 이런 의무를 매우 부담스럽게 여긴 나머지, 차라리 왕위를 포기한 채 총독이라는 낮은 지위에 머무른 군주들도 있었다고 한다. 역사시대 이전의 먼 옛날에 바빌로니아 왕들과 그 선임자들은 1년이라는 통치 기간이 끝나면 왕관뿐만 아니라 목숨까지도 함께 내놓아야만 했던 모양이다.

최소한 이런 결론을 뒷받침할 만한 증거가 있다. 즉, 바빌로니아의 사제로서 풍부한 지식을 갖고 있던 역사가 베로수스Berosus[44]에 의하면, 바빌로니아에서는 매년 사카이아Sacaea[45]라 부르는 축제가 개최되었다고 한다. 이 축제는 로우스Lous의 달[46] 제16일에 시작하여 닷새 동안 계속되었는데, 그 기간에는 주종관계

---

43 메소포타미아 종교에서 바빌로니아의 수호신. 원래는 번개신이었던 것으로 보인다. 네부카드네자르(느부갓네살) 1세의 치세(기원전 1124~기원전 1103) 때 에누마 엘리시Enuma elish라고 알려진 서사시에는 마르두크가 신 또는 신의 속성을 뜻하는 50개의 이름을 가졌을 만큼 높은 지위를 가진 신으로 나온다. 그는 태곳적 혼돈의 괴물인 티아마트를 정복하고 '하늘과 땅의 신들의 주인'이 되었다. 인간을 포함한 모든 자연은 그의 덕택에 존재하며 왕국과 그 백성의 운명도 그의 손에 달려 있다. 바빌로니아에 있는 마르두크의 주요 신전은 에사길과 에테메난키이며, 지구라트(고대 바빌로니아의 피라미드형 신전) 꼭대기에 마르두크의 사당이 있다. 에사길에서는 「에누마 엘리시」라는 시를 매년 신년 축제에서 암송했다. 마르두크의 짝으로 자주 이름이 나오는 여신은 도시 자르판의 신인 자르파니트(또는 자루바니트)이다. 마르두크의 별은 목성(유피테르)이며, 그의 성스러운 동물은 말과 개, 특히 갈라진 혀를 가진 용이다. 가장 오래된 유적에서 마르두크는 삼각형의 삽이나 괭이를 들고 있는 것으로 표현되어 있는데, 이는 풍요와 농경의 상징으로 해석된다. 또한 그는 걷고 있거나 마차를 타고 있으며, 전형적으로 그의 옷에는 별이 장식되어 있고, 손에는 홀笏을 들고 화살·창·그물 또는 벼락을 가지고 다니는 신으로 묘사된다.
44 기원전 290년경에 활동한 바빌로니아 벨의 칼데아인 사제. 그리스어로 바빌로니아 역사와 문화에 대한 저서(전3권)를 썼다. 후대 그리스 편집자들이 이 책을 폭넓게 사용했고, 이들의 판본들은 다시 유세비우스와 요세푸스 같은 종교사가들이 인용했다. 현재 단편적인 인용문만 남아 있는 그의 저서는 고대 그리스인들에게 바빌로니아의 기원에 관한 여러 사실을 전달해 주었다.
45 태양의 재생을 기념하던 바빌로니아와 페르시아의 난장판 축제
46 함무라비 시대의 바빌로니아 음력 12달의 명칭은 니산Nisan(1월), 리아르Lyyar(2월), 시완Siwan(3월), 탐무즈Tammuz(4월), 아브Ab(5월), 엘룰Elul(6월), 티스리Tisri(7월), 마르케스반Marchesvan(8월), 키슬레브Kislev(9월), 테베트Tebet(10월), 세부트Sebut(11월), 아다르Adar(12월)이다. 마케도니아력의 명칭인 로우스의 달은 이중 탐무즈의 달(4월)에 해당된다.

가 전도되어 종이 명령을 내리면 주인이 거기에 복종해야 했다. 또한 사형수가 왕의 예복을 입고 옥좌에 앉아 제멋대로 명령을 내렸으며, 마음껏 먹고 마실 수 있을 뿐만 아니라 왕의 후궁들과 잠자리를 같이하는 것도 허용되었다. 그러나 닷새째 되는 날, 그는 왕의 예복이 벗겨지고 실컷 두들겨 맞은 다음 교살되거나 창에 찔려 십자가형을 당했다. 그는 이 짧은 재위 동안 '조가네스Zoganes'라는 호칭으로 불렸다. 이런 관습은 축제 기간에 불행한 죄수를 불쌍하게 여겨 베풀어진 광대놀음에 불과했을 것이라는 식으로도 설명할 수 있다. 하지만 이 가짜 왕에게 후궁들과의 잠자리까지 허용했다는 사실 하나만 보더라도 이런 설명은 설득력을 잃어버린다. 동양의 질투심 많은 전제 군주들이 자신의 후궁들을 다른 자가 건드리지 못하도록 하렘에 격리시켰다는 점을 염두에 두건대, 어떤 중차대한 이유 없이 하필이면 사형수 따위에게 후궁들을 내준다는 것은 있을 수 없는 일이기 때문이다.

그렇다면 참된 이유는 어디에 있을까? 아마도 이 사형수는 왕을 대신해서 살해당했을 것으로 보인다. 그리고 그것이 보다 완전한 대리 역할이 되도록 하기 위해, 사형수에게 짧은 재임 기간이나마 마음대로 왕권을 누리도록 할 필요가 있었을 것이다. 이 같은 대리 역할은 그리 놀랄 만한 것이 못된다. 육체적 쇠퇴의 징후가 나타나거나 혹은 정해진 임기가 끝난 후에 왕을 살해하는 관습은 어차피 후대의 왕들에 의해 조만간 폐지되거나 수정될 것이었기 때문이다. 우리는 이미 에티오피아, 소팔라, 에이에오 등의 계몽 군주들에 의해 이런 관습이 대담하게 폐지된 사례들을 살펴본 바 있다. 캘리컷의 경우에는 12년간의 임기가 끝난 다음 왕을 살해하던 관습이 바뀌어, 12년의 임기를 마친 왕에 대해 누구든지 그를 습격하여 살해한 다음 대신 왕이 될 수 있도록 허가받았다. 그런데 이때 왕은 호위병들에 의해 첩첩이 둘러싸여 있었으므로 사실상 이런 허가는 형식에 불과했다. 하지만 어쨌든 이는 저 엄격한 낡은 관습이 수정된 사례라 할 수 있다.

우리는 방금 언급한 바빌로니아의 관습에서도 수정의 사례를 확인할 수 있다. 즉, 왕이 살해당할 때(바빌로니아의 경우 이는 통상 1년간의 통치 기간이 끝난 다음이었다고 보인다)가 다가오면, 그는 며칠 동안 임시왕에게 왕권을 양위한다. 그동안 임시왕이 그를 대신하여 왕권을 행사한 다음 살해당하는 것이다. 애당초 임시왕은 아무런 죄가 없는 자로서 아마도 왕족 중의 일인이었을 것이다. 그러다가 문명이 발달하면서 무고한 자를 대신 희생시키는 관습이 일반인들의 정서에 맞지 않고, 그에 따라 사형수에게 일시적이자 치명적인 왕권을 부여하게 된 것이다. 우리는 뒤에서 죽어 가는 신의 대리자로서 죽어 가는 수인囚人의 다른 사례를 살펴볼 것이다. 실루크 왕들의 사례가 명확히 보여 주었듯이, 왕이 신 혹은 반신半神의 자격으로 살해당한 것이며, 그의 죽음과 부활이란 곧 신적 생명을 손상시키지 않은 채 영속시키는 유일한 방법으로서 백성들과 세계를 구제하는 데에 필수불가결한 것이었다는 사실을 잊어서는 안 된다.

1년간의 통치 후에 왕을 살해하는 이런 관습은 마카히티Macahity라 부르는 축제에서도 그 흔적을 찾아볼 수 있다. 하와이에서 한 해의 마지막 달에 거행되었던 이 축제에 관해, 지금으로부터 약 100여 년 전에 한 러시아인 여행가는 다음과 같이 기록하고 있다.

"터부시되는 마카히티 축제는 우리의 성탄절과 별반 다르지 않다. 그것은 한 달 내내 계속되는데, 이때 사람들은 온갖 춤과 놀이와 모의 시합 등을 즐긴다. 왕은 어디에 있든 간에 이 축제의 서막을 열어야만 한다. 그 서막에서 왕은 수많은 시종들을 수반한 채 가장 화려한 의관을 갖추어 카누를 타고 해안가를 돌아다닌다. 왕은 이 유람을 이른 새벽에 시작하여 해가 지면 마쳐야 한다. 사람들은 전사들 가운데 가장 강하고 싸움에 능숙한 자를 선발하여 왕의 상륙을 기다리게 한다. 이윽고 왕이 뭍에 올라와 성장을 벗어던지면, 선발된 전사는 약 30보의 거리에서 왕을 향해 힘껏 창을 던진다. 그러면 왕은 맨손으로 그것을 받아 내거나 아니면 창에 찔리거나 둘 중 하나이다. 이 장면은 절대 연기가 아니다. 용케 맨손으로 창을 받아 낸 왕은 창날이 아래로 향하도록 그것을 옆구리에 낀 채 '헤아보heavoo'라 부르는 신전으로 향한다. 왕이 신전에 들어서면 이를 신호로 군중들이 모의 전투를 시작하고, 허공에는 모의 전투를 위해 끝을 뭉툭하게 만든 창들이 무수하게 교차한다. '하마메아Hamamea'라는 왕은 매년 생명의 위협을 느껴야 하는 이 어처구니없는 의식을 중지하는 게 어떠냐는 권고를 종종 받았지만, 이에 아랑곳하지 않았다. 오히려 왕은 어떤 전사가 창을 던져도 자기는 그것을 맨손으로 받아 낼 수 있노라고 장담하며 그런 권고를 무시했다. 마카히티 축제 기간에는 전국적으로 모든 형벌들이 면제되었다. 그리고 서막 행사는 특히 중시되어, 왕이 축제의 시작을 알리는 그 장소를 그 누구도 함부로 이탈하거나 떠날 수 없었다."

1년간의 통치가 끝난 다음 왕이 살해당하는 관습은 얼마든지 있을 법한 일이다. 심지어 지금도 단 하루 동안만 왕위에 있다가 살해당하는 그런 왕국이 존재할 정도이니 말이다. 고대 콩고 왕국이 있던 자리인 응고이오 지방의 경우, 군주의 모자를 쓴 추장은 그 즉위식 날 밤에 반드시 살해당하는 관습이 행해지고 있다. 이때 왕위 계승권은 무수롱고Musurongo 추장에게 달려 있다. 물론 그는 이런 의무를 행사하지 않을 수도 있으며, 그럴 경우 왕위는 공석으로 남아 있게 된다. 그렇다 해도 우리는 이걸 이상하게 생각할 필요가 없다. 왜냐하면 단 몇 시간 동안 응고이오 왕위의 영광을 누리기 위해 자기 목숨을 내놓으려 하는 자는 아무도 없을 것이기 때문이다.

제25장
임시왕

바빌로니아에서는 왕을 살해하는 오래된 관습이 널리 행해지고 있었는데, 어떤 곳에서는 그런 관습이 보다 완화된 형태로 수정되어 나타나기도 했다. 그런 곳에서도 왕은 여전히 매년 일정 기간 왕위를 박탈당했고, 명목상의 대리왕이 그 지위를 대신했다. 그러나 짧은 통치 기간이 끝난 다음에도 그 대리왕이 살해당하거나 하는 일은 없었다. 물론 왕이 살해당했던 시대의 유물로서 지금까지도 모의 사형의 형태가 잔존하고 있기는 하지만 말이다.

예컨대 캄보디아의 왕은 매년 메아크Meac 달(2월)에 사흘 동안 왕위에서 물러났다. 그는 그동안 일체의 왕권을 행사하지 않으며 옥새를 손에 대지도 않고, 어떤 소득도 취하지 않았다. 이 사흘 동안 그를 대신하여 '스다크메아크Sdach Meac', 즉 '2월의 왕'이라 부르는 임시왕이 통치했다. 이런 임시왕의 직권은 왕가의 먼 친척에 해당하는 가문에서 세습적으로 물려받았다. 그러니까 가짜왕 또한 진짜왕의 경우와 마찬가지로 아들이 부친에게서 혹은 아우가 형에게서 대대로 계승되었던 것이다.

점술사가 지정해 준 길일을 택해 임시왕은 신하들의 수행을 받으면서 마치 개선장군 같은 행렬을 연출했다. 이때 그는 왕의 전용 코끼리 위에 올라가 왕의 전용 가마에 좌정하고는 시암과 안남과 라오스 등 인근 여러 나라를 대표하는 의장대들의 호위를 받았다. 하지만 그는 황금 왕관 대신에 끝이 뾰족한 흰 모자를 쓰고, 다이아몬드가 박힌 황금 왕홀 대신에 그냥 보통 막대기를 들었다. 그는 자신에게 사흘 동안 일체의 왕권과 모든 소득을 넘겨준(소득의 양도는 한때 생략되기도 했다) 진짜왕에게 경의를 표한 다음, 행렬을 지어 궁전을 돌아보거나 도성의 거리 곳곳을 행진하기도 했다. 이런 행진을 마친 뒤 사흘째 되는 날, 임시왕은 코끼리들에게 이른바 '벼의 산mountain of rice'을 밟도록 명한다. '벼의 산'이란 대나무 골격에 볏단들을 묶은 더미를 가리키는 것으로서, 사람들은 풍작을 기원하면서 흐트러진 볏단을 모았다가 각자 그것을 조금씩 집어 가지고 돌아간다. 물론 왕에게도 볏단 일부가 전달된다. 그러면 왕은 그것으로 밥을 지어 승려들에게 선심을 베풀도록 했다.

시암에서는 여섯 번째 달(4월 말)의 여섯 번째 날에 임시왕이 임명되었는데, 이임시왕도 사흘간만 왕권을 행사했다. 그동안 진짜왕은 궁전에 틀어박혀 두문불출했다. 이때 임시왕은 사방팔방으로 시종들을 보내 시장이나 상점 등에서 쓸 만한 물건들을 모두 징발했다. 심지어 그 기간에 항구에 도착한 배들까지 샅샅이 찾아내어 모두 몰수했다. 임시왕이 도성 중심부의 논밭에 나가면, 그가 가는 곳마다 아름답게 단장한 소를 데리고 황금 쟁기를 끄는 농민들이 나타나야 했다. 그러면 임시왕은 그 황금 쟁기에 기름을 바르고 소에게 향수를 뿌린 다음 그 쟁기로 아홉 이랑을 갈았고, 궁전의 늙은 시종들이 그 뒤를 따라가면서 계절의 첫번째 씨앗을 뿌렸다. 행사가 끝나면 농민들은 방금 뿌려진 씨앗을 주워 모으느라 정신이 없다. 그 씨앗을 볍씨와 합쳐 파종을 하면 풍작은 맡아놓은 당상이라고 믿었기 때문이다. 그리고 소들의 멍에를 벗겨 내고 그 앞에 쌀, 옥수수, 참깨, 야자열매, 바나나, 사탕수수, 멜론 따위를 차려 놓는다. 사람들은 이중 소들이 제일 먼저 먹은 작물이 이듬해 가장 값이 비싸진다고 여겼다. 혹은 그 반대로 해석되는 경우도 있다.

어쨌든 이때 임시왕은 왼쪽 무릎 위에 오른쪽 발을 얹어놓은 채 줄곧 나무에 기대 서 있어야 한다. 이처럼 다리 하나로 서 있다 하여 사람들은 그를 '외발뛰기왕'이라 부른다. 하지만 그의 공식적인 칭호는 '파야폴라텝Phaya Phollathep', 즉 '천군天軍의 왕'이었다. 하여간 그는 일종의 '농림장관'이었다. 그가 논과 벼와 기타 농사에 관련된 모든 분쟁을 다루었기 때문이다.

한편 그가 왕 노릇을 연출하는 또 다른 의식이 있다. 그 의식은 두 번째 달(가장 추운 계절에 해당하는)에 사흘 동안 거행되었다. 이때 그는 행렬을 지어 '브라만의 사원' 건너편에 있는 광장으로 간다. 그곳에는 '오월의 기둥'처럼 장식된 수많은 기둥들이 세워져 있고, 그 위에서 브라만들이 이리저리 그네타기를 하며 매달려 있다. 이렇게 그들이 흔들흔들 그네타는 동안, 천군의 왕은 모르타르를 칠한 벽돌에 흰 천을 덮고 색색실로 장식한 좌석 위에 외발로 서 있어야만 한다. 그를 지탱해 주는 황금빛 차양이 달린 나무틀 양옆에는 두 명의 브라만이 서 있다. 이윽고 춤추던 브라만들이 물소 뿔로 커다란 가마솥의 물을 퍼다가 구경꾼들에게 뿌린다. 그러면 사람들은 평화롭고 걱정도 없고 건강하고 집안도 번창하는 지극히 행복한 생활을 누릴 수 있게 될 거라고 믿는다. 이때 통상 '천군의 왕'은 세 시간 정도 외발로 서 있는데, 이는 데바타Devatta[1] 신들과 정령들의 뜻을 이루는 것이라고 믿었다. 즉, 그가 다른 발을 내리는 경우에는 그의 모든 재산을 몰수함과 동시에 그의 가족들은 모두 진짜왕의 노예가 되지 않으면 안 된다. 그것은 나라의 명예와 왕권의 동요를 예언하는 불길한 징조로 간주한다. 그러나 그가 끝까지 이를 견뎌 내면, 이는 악령들에 대한 승리로 여겼다. 그럴 경우 그에게는 적어도 명분상으로는 이 사흘 동안 항구에 들어오는 어떤 배라도 붙잡아 짐을 몰수하거나 시장의 어떤 상점에라도 들어가 원하는 물건을 마음대로 가지고 나올 수 있는 특권이 주어진다.

이것이 바로 19세기 중엽 혹은 그 후에 이르기까지 시암의 '외발뛰기 왕'이 지녔던 의무와 특권이었다. 하지만 후대의 계몽주의적 군주하에서는 이런 진귀한 인물이 다소간 그 영광의 빛이 바래졌고, 그 임무의 짐도 많이 경감되었다. 그런데도 그는 지금도 옛날과 마찬가지로 여전히 약 27미터나 되는 두 개의 높은 기둥 사이에 걸쳐 놓은 그네를 타고 허공을 가르는 브라만들을 바라보고 있다. 다만 그는 더 이상 외발로 서 있지 않아도 되기에, 앉아서 그 광경을 지켜본다. 물론 사람들은 의식이 진행되는 동안 그가 왼쪽 무릎 위에 오른발을 얹어 놓아야 한다고 요구한다. 하지만 그가 피로를 느낀 나머지 오른발을 땅에 내려놓아도 형벌을 받는다든지 하는 일은 없어졌다. 여타의 장면들 또한 서양 문명과 서양적 관념에 의한 동양의 침식을 말해 주고 있다. 예컨대 의식이 거행되는 장소까지의 통로는 자동차들로 메워져 있고, 열광적인 구경꾼들이 원숭이처럼 매달려 있는 신호등과 전신주들이 발 디딜 틈 없이 꽉 차 있는 군중들 사이로 높이 치솟아 있다. 그리고 한쪽에서는 촌스럽게 화려하기만 한 빨갛고 노란 제복의 빈약하기 짝이 없는 구식 악대가 북이나 나팔을 불며 뚱땅거리고, 다른 한쪽에서는 「조지아 행진곡」을 연주하는 근대적 군악대의 생음악에 맞추어 멋진 제복을 입은 맨발의 군인들이 활기차게 행진하는 것이다.

새해가 시작되는 여섯 번째 달의 첫째 날에, 사마르칸트Samarcand의 왕과 백성들은 새 옷을 입고 머리나 수염을 깎는 관습이 있었다. 그리고 마을 근처의 숲에 가서 이레 동안 말을 탄 채 활을 쏘았다. 이때 과녁은 금화 한 닢인데, 만일 그것

---

1 神神을 뜻하는 팔라어

을 맞히면 하루 동안만 왕이 될 수 있는 권리를 얻을 수 있었다. 상대 이집트에서는 콥트 계산법에 의한 양력의 첫째 날, 즉 9월 10일에 나일강이 최고 수위에 도달했을 때, 정부는 사흘간 모든 업무를 중지하며 마을마다 각자 왕을 선발한다. 이 임시왕들은 길쭉한 모자를 쓰고 아마로 만든 긴 수염을 붙인 채 기묘한 외투를 몸에 걸친다. 그리고 학자나 사형집행인 등으로 분장한 사람들을 거느린 채 지팡이를 짚고 총독 관저를 향해 행진한다. 이때 총독은 일시적으로 해임된다. 그 대신 임시왕이 왕좌에 앉아 심문을 시작하는데, 그의 결정에 대해서는 총독을 포함한 모든 고급 관리들이 절대 복종해야 한다. 이윽고 사흘이 지나면 그는 모의 사형선고를 받는다. 그리하여 그가 걸치고 있던 모자며 외투 따위가 불 속에 던져지는데, 이는 바로 그의 죽음을 표상한다. 그러면 그것들이 타고 남은 잿더미 속에서 '펠라Fellah'[2]가 기어나온다는 것이다. 이는 진짜왕을 불태워 죽였던 진지하고도 냉혹한 고대적 관습의 흔적일 것이다. 실제로 우간다에서는 왕의 형제들을 불에 태워 죽였는데, 이는 왕족의 피를 땅에 흘리게 하는 것은 불법이었기 때문이다.

모로코 페스[3]의 이슬람교 학자들은 그들 자신의 술탄을 지명한다. 이 술탄은 몇 주 동안만 통치하며 '술탄트툴바Sultan t-tulba', 즉 '학자들의 술탄'으로 알려져 있다. 이 일시적인 권위는 경매로 결정되며, 가장 비싼 값을 부른 자에게 낙찰된다. 그렇게 임시 술탄으로 지명된 자에게는 몇 가지 실질적인 특전이 부여된다. 이후 그에게는 세금이 면제된다. 또한 그에게는 진짜 술탄에게 은총을 청원할 수 있는 권리도 주어지는데, 그런 청원은 거절당하는 일이 거의 없다. 이때 통상 그는 한 사람의 죄수를 방면시켜 달라는 청원을 하게 된다. 나아가 그는 상점 주인이나 집주인에게 벌금을 징수하거나 이런저런 익살스러운 비용을 날조하여 청구하기도 한다. 임시 술탄은 위풍당당한 궁정 행렬에 둘러싸여 거리를 행진한다. 이때 그에게는 왕의 양산이 받쳐지며, 음악과 환호성이 울려퍼진다. 학자들은 이른바 벌금이나 혹은 각자 자유롭게 보내온 선물품과 진짜 술탄이 보내온 음식 따위로 이 임시 술탄을 위해 성대한 연회를 개최한다. 그리하여 모두가 함

---

2 펠라는 이집트나 시리아 등지에서 농부나 인부를 가리키는 말이다.

3 모로코 북부의 페스 강가에 있는 도시. 모로코에 있는 네 개의 황제 도시 가운데 가장 오래된 곳으로서 11세기 이래 이슬람 도시로 발전했다. 이 옛 도시에는 북아프리카에서 가장 오래된 모스크인 카라우인 사원이 있고, 유명한 이슬람 대학교(859년 건립)가 있다.

께 온갖 놀이와 향락을 즐기며 마음껏 탐닉한다. 모의 술탄은 처음 이레 동안은 학원에 묵는다. 그리고 학자들과 수많은 시민들이 뒤따르는 가운데, 마을에서 1.6킬로미터쯤 떨어진 강변으로 가서 야영을 한다. 야영한 지 이레째 되는 날에 진짜 술탄이 그를 내방한다. 이때 진짜 술탄은 가짜 술탄의 청원을 받아들여 다시 이레 동안 더 통치하도록 허락한다. 이렇게 해서 '학자들의 술탄'의 통치 임기는 보통 3주 정도 이어진다. 하지만 마지막 주의 엿새째 날이 지나면, 모의 술탄은 한밤중에 원래 마을로 되돌아간다.

임시 술탄직은 항상 4월경의 봄에 지정된다. 그 기원은 다음과 같다고 한다. 즉, 술탄 물라이 라키드Mulai Racheed 2세가 1664년 혹은 1665년에 왕위를 지키기 위해 싸우고 있을 때, 한 유대인이 타자[4] 지방을 점령하고는 스스로 술탄을 참칭했다. 그러나 이 반역은 학자들의 충성과 헌신에 의해 곧 진압되었다. 그때 학자들은 반란의 진압을 위해 교묘한 술책을 썼다. 그러니까 그들 가운데 마흔 명을 몇 개의 쌀뒤주 속에 숨겨서 반역자에게 선사품으로 보냈던 것이다. 이런 사정을 모르는 반역자가 한밤중에 뒤주에 둘러싸여 세상 모르고 잠들어 있는 동안, 학자들이 뒤주 뚜껑을 열고 나와 반역자를 죽이고 술탄의 이름으로 마을을 되찾았다고 한다. 술탄은 이 학자들의 충성을 높이 평가하여, 그들에게 매년 '학자들의 술탄'을 지명할 수 있는 권한을 부여했다. 하지만 이 이야기는 오래된 관습을 설명하기 위해 고안해 낸 픽션에 불과하다고 보인다. 말하자면 그 본래의 의미와 기원은 아무도 모르고 있는 셈이다.

콘월의 로스트위시얼Lostwithiel에서도 매년 단 하루 모의왕을 옹립하는 관습이 지켜졌다. '작은 부활절 일요일'이 되면 마을이나 장원 영지의 자유소유권자들이 함께 모인다. 이때 본인 대신 대리인을 보내는 경우도 있는데, 하여튼 순번제로 돌아가면서 이들 중 한 명이 왕관을 쓰고 손에는 왕홀을 든 채 화려한 옷차림으로 말 위에 오른다. 그리고 칼을 든 자를 앞세운 일행과 함께 교회를 향해 거리를 행진한다. 이윽고 일행이 교회에 도달하면 문 앞에서 기다리고 있던 예복 차림의 성직자가 모의왕을 맞이하여 안으로 데리고 들어가 신성한 의식에 참여한다. 그런 다음 모의왕은 교회를 떠나 다시 성대한 행렬을 지어 미리 마련되어 있는 환영식장으로 향한다. 그곳에는 그를 위한 향연이 준비되어 있는데, 그는 식탁의

---

4 모로코 중북부지방에 있는 주

상석에 앉아 왕 못지않은 시중을 받는다. 만찬을 마지막으로 이런 의식이 끝나면 각자 집으로 돌아간다.

때로 임시왕은 매년마다 왕위를 갱신하는 대신, 치세의 맨 처음에 부여되는 단 한 번만의 왕위 수임으로 끝나기도 한다. 가령 수마트라 잠비Jambi[5] 왕국의 관습에서는 새로운 왕의 통치가 시작될 때 백성 중 한 사람이 왕좌에 앉아 단 하루 동안 왕권을 행사하도록 되어 있었다. 다음의 전승은 이런 관습의 기원에 대해 말해 주고 있다. 즉, 옛날에 다섯 왕자가 있었는데, 형 넷이 육체적 결함이 있어 막내가 왕위를 계승했다고 한다. 이때 장남이 하루 동안만 왕좌를 차지하기로 했고, 그의 자손들 또한 새로운 왕이 들어설 때마다 동일한 권리를 행사할 수 있도록 정했다. 그 결과 임시왕의 직책이 왕족 가운데 세습적으로 전해져 내려오게 되었다는 것이다. 빌라스푸르[6]에서는 라자Rajah(왕)의 사후에 한 브라만이 죽은 라자의 손을 빌려 밥을 먹고 1년간 그 왕좌를 이어받는 것이 관습인 모양이다. 1년의 임기가 끝나면 브라만은 선사품을 받고 국외로 추방당했으며 다시 돌아올 수 없었다. 아마도 이들은 죽은 라자의 손을 빌려 '키르khir(쌀과 우유)'를 먹은 브라만 안에 그 라자의 영혼이 들어갔다고 생각한 듯싶다. 그래서 그들은 이 임시왕이 재직 중인 1년 내내 그를 감시하면서 조금도 바깥에 나가지 못하도록 했던 것이다.

캉그라[7] 근방의 산 속에 사는 여러 민족들에게서도 이와 동일하거나 유사한 관습을 찾아볼 수 있다. 어쨌든 왕의 표상으로서의 브라만을 추방하는 이런 관습은 임시왕을 살해했던 관습의 대체물이라고 보인다. 한편 카린티아 왕이 취임할 때는 먼저 그 직위를 세습적으로 계승하는 농가 가문의 한 농부가 어떤 대리석 위로 올라간다. 그 대리석은 널찍한 계곡에 있는 목장들로 둘러싸여 있고, 오른쪽으로는 검은 암소가 왼쪽으로는 마르고 볼품없는 암말이 서 있다. 농민 대중들이 이 농부의 주변에 모여들 즈음, 이윽고 목동의 지팡이를 손에 들고 농부 차림을 한 미래의 군주가 신하와 장관들을 거느리고 나타난다. 이를 본 대리석 위의 농부는 "이처럼 자랑스럽게 왕림하신 분은 뉘시오?"라고 외치자, 다른 농민 대중들이 "이 나라의 임금님이십니다"라고 응답한다. 그러면 농부는 약간의

---

5 인도네시아 수마트라섬 남동부에 위치한 주
6 인도 북서부 히마찰프라데시주 빌라스푸르 행정구 및 도시
7 인도 북서부 히마찰프라데시주에 있는 행정구 및 도시

푼돈과 암소, 암말을 받고 그 밖의 세금 면제를 조건으로 대리석의 좌석을 미래의 군주에게 양보하는 것이다. 하지만 자리를 양보하고 떠나기 전에 그는 군주의 뺨을 살짝 때린다.

다음 문제로 넘어가기에 앞서, 임시왕과 관련된 몇 가지 점에 특히 주목할 만하다. 먼저 캄보디아와 시암의 사례는 임시 대리인에게 왕의 신적 혹은 주술적 기능이 전이된다는 점을 잘 보여 준다. 이는 시암의 임시왕이 외발로 서 있으면 악령에 대한 승리를 획득하지만, 발을 내리면 나라의 존립이 위태로워진다는 신앙에서도 확인할 수 있다. 또한 '벼의 산'을 밟는 캄보디아의 의식이나 쟁기로 이랑을 갈고 파종하는 시암의 의식은 풍성한 수확을 얻으려는 주술이라 할 수 있다. 이 점은 밟혀진 벼나 뿌려진 씨앗을 가지고 간 자는 풍작이 확실해진다고 믿는 신앙을 통해 잘 알 수 있다. 한편 시암의 임시왕이 쟁기를 갈고 있을 때, 사람들은 그것을 걱정스러운 눈으로 쳐다본다. 이는 이랑이 고르게 갈아졌는지가 염려되기 때문이 아니다. 그보다 사람들은 임시왕이 입고 있는 옷자락이 발의 어느 부분까지 미치고 있는가에 신경을 곤두세웠다. 왜냐하면 다가올 해의 날씨나 농작물의 상태가 전적으로 그것에 달려 있다고 믿었기 때문이다. 만일 '천군의 왕'이 옷자락을 무릎 위까지 발로 차올리면 장마나 호우가 닥쳐 농작물을 망칠 것이요, 그것이 복사뼈까지 늘어지면 가뭄으로 고생할 것이다. 하지만 옷자락이 정강이에 멈춰 있으면 좋은 날씨와 풍작은 따놓은 당상이라고 믿었다.

이처럼 시암 사람들은 임시왕의 사소한 거동조차도 자연의 운행과 그에 따른 인간생활의 복지와 재난 등에 큰 영향을 미칠 수 있다고 생각했다. 그런데 임시왕에게 위임된 이 같은 농작물 생육의 임무는 바로 원시사회에서 왕들에게 부과된 주술적 기능 중 하나와 다름없었다. 그러니까 임시왕이 논밭 가운데서 외발로 서 있어야만 하는 규칙은 원래 벼를 높이 자라게 하기 위한 주술을 의미하는 것이리라.

예컨대 고대 프로이센인들에 의해 행해진 이와 유사한 의식도 바로 그런 주술적 목적을 지니고 있었다. 이들의 경우는 가장 키가 큰 처녀가 외발로 서서 앞치마에 과자를 듬뿍 싸들고 오른손에는 술잔을 왼손에는 느티나무 껍질이나 보리수 껍질을 든 채, 자신의 키만큼 아마가 성장하도록 와이스간토스Waizganthos 신에게 기도를 올렸다. 그런 다음 술잔을 들고 다시 술을 부어 신에게 바친다는 의미로 땅 위에 뿌리는 한편, 이 신을 시중드는 정령들에게는 과자를 던져 주었다. 이런 의식을 진행하는 동안 아가씨가 외발로 꿋꿋이 서 있으면 아마가 풍작이 될 거라는 징조였고, 그렇지 못하면 흉작이 될 징조라고 여겼다. 앞서 제시한 시암의 임시왕 사례, 즉 '천군의 왕'이 외발로 서서 브라만들의 그네타기를 쳐다봐야 했던 의식도 어쩌면 이와 동일한 의미를 지닌 것이 아닐까 싶다. 말하자면 동종주술 혹은 모방주술의 원리에 따라 브라만 사제들이 그네타기를 하면서 높이 흔들리면 흔들릴수록 벼도 그만큼 높이 성장할 거라고 여긴 것이리라. 사실 이 의식은 일종의 추수제로서 묘사되고 있으며, 그네타기는 러시아의 레트Lett족에게 명확히 농작물의 성장을 돕기 위해 행해진 것이었다. 그래서 부활절과 성 요한의 날(하지절) 사이의 봄과 초여름에 레트족 농부들은 모두 틈만 나면 열심히 그네타기를 했다. 그네가 하늘 높이 올라가면 올라갈수록 아마 또한 높이 성장할 거라고 믿었던 것이다.

이상의 사례에서 임시왕은 정해진 관습에 따라 매년 임명되었다. 하지만 다른 사례에서는 그 임명이 오직 어떤 특수한 위기 상황과 관련되어 행해졌음을 알 수 있다. 가령 진짜왕을 어떤 위협적인 악에서 구하기 위해, 짧은 기간에 임시왕에게 왕위를 넘겨주고 그에게 악을 전가시키는 관습이 그것이다. 페르시아의 역사는 샤Shah[8]를 대신했던 임시왕의 사례를 보여 준다. 예컨대 아바스Abbas 대왕[9]은 1591년에 점성술사에게서 위험이 임박했다는 경고를 받자, 아마도 기독교도였을 것으로 추정되는 인물인 유수피Yusoofee라는 자에게 임시로 왕위를 물려주어 자기 대신 통치하게 함으로써 그 흉조를 피하고자 했다. 이 대리왕은 사흘 동안 왕관을 쓰고 실제로 왕권을 행사했지만, 사흘 뒤에 피살되었다. 그의 희생으로 말미암아 이제 별자리의 예언이 성취된 셈이었다. 이리하여 가장 상서로운 시간을 택해 다시 왕좌에 오른 아바스 대왕은 점성술사에 의해 영광스러운 치세가 오래오래 계속될 것임을 약속받았다.

---

8 고대 페르시아 혹은 이란에서 왕을 칭하는 용어
9 페르시아의 왕 아바스 1세, 재위 1588~1692년

제26장
왕자의 희생

앞 장에서 서술한 임시왕에 관하여 특히 주목할 것은 두 지역(캄보디아와 잠비)에서 임시왕이 왕의 친족 가운데에서 선발했다는 점이다. 만일 임시왕의 기원에 대해 앞에서 밝힌 견해가 틀리지 않다면, 우리는 왕의 대리자가 종종 왕의 친족이지 않으면 안 되는 이유를 쉽사리 이해할 수 있을 것이다. 즉, 왕이 자기 대신 희생될 다른 사람의 목숨을 취하는 데에 처음으로 성공했을 때, 그는 다른 사람의 죽음이 자신의 죽음과 전적으로 동일한 목적에서 봉사한다는 점을 보여 주지 않으면 안 되었을 것이다. 그런데 왕의 죽음은 신 혹은 반신半神의 자격으로서 이루어졌다. 따라서 왕을 대신해서 죽는 자는 적어도 죽음에서만은 왕과 똑같은 신적인 속성을 부여받아야 했다. 방금 살펴본 시암과 캄보디아 임시왕들의 경우가 바로 그러했다.

다시 말해, 인류 사회의 초기 단계에서 왕들이 지녔던 초자연적 기능이 그들에게 부여되었던 것이다. 그런데 이처럼 신적 속성을 지녔다고 여기는 왕의 대리자로서 그 왕의 아들만큼 적격자는 없었을 것이다. 왜냐하면 아들은 부친의 신적 영감을 나누어 가진 존재로 여겼기 때문이다. 그러므로 왕자야말로 왕과 모든 인민을 위해 대신 죽어 줄 가장 적절한 인물이었다.

이미 살펴본 바와 같이, 전설에 의하면 스웨덴 왕 아운Aun은 자신의 생명을 연장하기 위해 웁살라에서 총 아홉 명의 왕자들을 오딘 신에게 제물로 바쳤다. 둘째 아들을 바쳤을 때, 왕은 신에게서 앞으로 9년마다 아들을 하나씩 바치면 오래 살게 해 주겠다는 신탁을 받았다. 이리하여 일곱째 아들을 제물로 바쳤을 무렵, 왕은 아직 살아 있기는 했지만 이미 노쇠하여 잘 걷지도 못하여 의자에 앉은 채 운반해야 할 지경이었다. 계속해서 여덟째 아들을 바치고 왕은 9년을 더 살 수 있었지만, 그때는 일어서지도 못하고 자리에 누워 있어야만 했다. 마지막으로 아홉째 아들을 바침으로써 수명을 9년 더 연장하기는 했지만, 그때는 이미 갓난애처럼 죽을 떠먹이는 형편이었다. 그런데도 왕은 이제 유일하게 남은 막내아들을 바칠 결심을 했다. 하지만 스웨덴 백성들이 이를 용납하지 않았다. 그리하여 마침 내 왕은 살해되어 웁살라 묘지에 묻혔다.

고대 그리스에 유서 깊은 한 왕족이 있었는데, 그 왕실의 장자는 반드시 왕 대 신 제물로 바쳐야 했다. 크세르크세스Xerxes 대왕[1]이 테르모필라이[2]의 스파르타 군을 공격하기 위해 대군을 이끌고 테살리아를 진군하던 중 알루스 마을에 이르 렀을 때였다. 거기서 라피스티아 제우스Laphystian Zeus의 성지를 보았을 때, 그는 안내인에게 기묘한 이야기를 들었다고 한다. 그 이야기는 다음과 같다.

옛날에 이 나라의 왕 아타마스Athamas[3]라는 자가 네펠레Nephele라는 여자와 결 혼하여 그 사이에서 아들 프릭소스Phrixus와 딸 헬레Helle를 얻었다. 그 후 그는 이 노Ino라는 두 번째 아내를 맞이했는데, 그녀도 레아르쿠스Learchus와 멜리케르테 스Melicertes라는 두 명의 아들을 낳았다. 그런데 두 번째 아내 이노는 질투가 심한 나머지 프릭소스와 헬레를 미워하여 없애버리려는 마음을 품게 되었다. 그녀는 이런 사악한 목적을 이루기 위해 교활한 모략을 꾸몄다. 먼저 그 나라의 여자들 을 꼬드겨 보리씨를 파종하기 전에 그것들을 모두 불에 볶아 씨앗이 나오지 못 하도록 했다. 당연히 그해에는 보리 농작이 전혀 되지 않아 많은 사람들이 굶어 죽게 생겼다. 상황이 이렇게 되자 왕은 신탁을 받기 위해 사신들을 델피 신전으 로 파견하여 기근의 원인을 묻게 했다. 그런데 요사스러운 이노가 사신들을 사주 하여, 아타마스 왕이 본처에게서 얻은 자식들을 제우스에게 제물로 바치지 않으 면 결코 흉년이 그치지 않을 거라는 신탁을 조작하도록 했다. 이런 가짜 신탁을

---

1 페르시아의 왕 크세르크세스 1세. 재위 기원전 486~기원전 465년. 페르시아 전쟁을 일으킨 다리우스 1세 의 아들이자 계승자로 테르모필라이·살라미스·플라타이아 전투 등을 통하여 대규모 그리스 침공으로 널리 알려져 있다. 스파르타와 아테네가 공동의 적에 대항하기 위해 동맹으로 가담한 이 전쟁에서 크세르크세스 대왕이 결정적으로 패배한 결과 아케메네스 왕조의 몰락이 시작되었다.

2 그리스 중부 칼리드로몬 산괴와 말리아코스만 사이의 동해안에 있는 좁은 고개. 아테네 북서쪽 약 136킬로 미터 지점이다.

3 그리스 신화에 나오는 인물. 보이오티아의 고대 도시 오르코메누스에 살았던 선사시대 미니아족의 왕으로서 영웅 이아손의 삼촌. 첫째 부인은 구름의 여신인 네펠레였으나, 뒤에 아타마스가 카드모스의 딸 이노를 사랑 하게 되어 네펠레를 무시하자 그녀는 화를 내면서 사라졌다. 아타마스와 이노는 헤라 여신의 분노를 샀는데, 이는 이노가 디오니소스의 유모였기 때문이었다. 아타마스는 미쳐서 자신의 아들 레아르쿠스를 죽였고, 이 노는 도망가다가 다른 아들 멜리케르테스와 함께 바다에 몸을 던졌다. 이들은 뒤에 해신海神으로 숭배를 받 게 되어 이노는 레우코테아, 멜리케르테스는 팔라이몬이 되었다. 아타마스는 보이오티아에서 도망가 테살리 아에 있는 프티오티스에 정착했다. 이 전설은 아마도 미니아족 사이에서 전해 오던 인신공희의 관습을 반영 한 것으로 보인다.

전해들은 아타마스 왕은 양을 치는 자식들을 불러오도록 했다. 이때 한 마리의 황금빛 숫양이 사람의 말을 하면서 프릭소스와 헬레에게 임박한 위험을 알려주었다. 그리하여 이 둘은 숫양에 올라타 산을 넘고 바다를 건너 멀리 도망쳤다.

그런데 바다 위를 날다가 그만 여동생 헬레는 불행히도 양의 등에서 떨어져 익사하고 만다.[4] 하지만 오빠 프릭소스는 태양의 아들이 통치하는 콜치스[5]의 나라에 무사히 도착했고, 그 나라의 공주와 결혼하여 키티소루스Cytisorus라는 아들을 낳았다. 그리고 자기가 타고 온 황금빛 숫양을 비상飛翔의 신 제우스에게 제물로 바쳤다. 혹자는 그가 이 숫양을 라피스티아의 제우스에게 바쳤을 것이라고 해석하기도 한다. 프릭소스는 이때 황금 양털[6]만은 따로 떼어 내어 그의 장인에게 보내 주었다. 장인은 이것을 어떤 떡갈나무에 걸어 놓았는데, 그 떡갈나무는 아레스Ares[7]의 신성한 숲에서 결코 잠들지 않는 용에 의해 수호되고 있었다.

한편 그의 고향에서는 나라를 구하기 위해서는 아타마스 왕 자신을 제물로 바쳐야만 한다는 신탁이 내려졌다. 그래서 백성들은 왕을 희생동물처럼 화환으로 단장한 후 제단에 올려놓고 이제 막 죽이려는 참이었다. 그 순간 콜치스에서 도착한 왕의 손자 키티소루스가 왕을 구제했다. 혹자에 의하면, 이때 왕을 구하고 그에게 아들 프릭소스가 아직 살아 있다는 말을 전해 준 자가 다름 아닌 헤라클레스였다고 한다. 아무튼 이렇게 아타마스 왕은 구제되었지만, 훗날 그는 광기에 사로잡힌 나머지 자기 아들 레아르쿠스를 사냥감으로 오인하여 쏘아 죽이고 만다. 계속해서 왕은 남은 아들 멜리케르테스까지도 죽이려 했지만, 그 아들은 어

---

4 헬레가 익사했다는 이 바다는 후에 헬레스폰트 해협이라는 이름이 붙여졌다.

5 그루지야 서부, 카프카스 산맥에서 남쪽으로 흑해 동쪽 끝에 걸쳐 거의 삼각형 모양을 이루고 있던 고대 지역. 그리스 신화에 따르면, 이곳은 메데이아의 고향이자 이아손과 아르고선船 대원들의 원정 목적지로서 전설적인 부富의 땅이자 마법의 영역이었다.

6 황금 양털을 찾아오라는 임무를 맡은 이아손은 원정에 참가할 그리스의 가장 뛰어난 영웅들을 불러모았다. 이것이 바로 유명한 아르고나우타이Argonaut(이아손과 함께 아르고선을 타고 황금 양털을 구하러 간 50명의 영웅) 원정대이다.

7 그리스 신화에 나오는 전쟁의 신 또는 전투의 정령精靈. 로마 신화에 나오는 전쟁의 신 마르스와는 달리 그는 그다지 대중적이지 않으며, 널리 숭배되지도 않았다. 그를 제우스와 그의 아내인 헤라의 아들로 묘사한 호메로스 시대 이후로 아레스는 올림포스의 신이 되었으나, 그의 동료 신들이나 심지어 그의 부모조차 그를 좋아하지 않았다. 하지만 전투에서는 그의 누이인 에리스(분쟁), 아프로디테가 낳은 아들들인 포보스(공포), 데이모스(참패) 등이 그를 따랐다. 아레스 숭배는 주로 그리스의 북부지역에서 이루어졌으며, 스파르타에서는 아레스에게 전쟁 포로들을 제물로 바치기도 했다. 라코니아의 게론트라이에서 열린 그의 축제 기간에는 여자들이 아레스의 신성한 숲에 들어가는 것이 허용되지 않았다. 아테네에서는 아레오파고스(아레스의 언덕) 기슭에 그를 모신 신전이 있었다.

황금 양털이 걸린 떡갈나무(상단 왼쪽)의 수호자 용과 싸우는 이아손이 담긴
그리스 도자기

머니 이노에 의해 구제되어 바다로 도망쳤다. 이때 모자는 바다의 신으로 변신했는데, 테네도스섬[8] 사람들은 멜리케르테스를 극진히 숭배하여 그에게 갓난애들을 제물로 바치곤 했다.

그리하여 처자식을 모두 잃어버린 불운한 아타마스 왕은 자신의 왕국을 떠나게 되었다. 그는 신에게 어디로 가야 좋을지를 물었다. 그러자 어디든 야수들에 의해 융숭한 대접을 받을 만한 곳으로 가서 살라는 신탁이 그에게 내려졌다. 과연 그는 양을 잡아먹고 있는 늑대떼를 만났다. 그러자 늑대들은 먹다 남은 양고기를 그대로 놓아둔 채 사라져 버렸다. 이로써 신탁이 성취된 셈이었다. 그러나 아타마스 왕이 나라를 위해 제물로 바쳐지는 것을 거부했기 때문에, 앞으로 아타마스 가문의 장자가 라피스티아의 제우스에게 제물을 바치는 신전에 발을 들여놓을 경우 반드시 희생제물이 되어야만 한다는 신탁이 내려져 있었다.

크세르크세스 대왕이 들은 바에 의하면, 아타마스 가문의 많은 왕족들이 그런 운명을 피하기 위해 국외로 도망쳤다고 한다. 오랜 시간이 흐른 뒤 다시 돌아온 자들도 있었지만, 그들은 신전에 들어가려 했을 때 현장에서 붙잡혀 화환으로 치장되어 행렬의 선두에서 행진한 다음 희생제물로 바쳐졌다. 이런 사례들은 자주 있는 것은 아니지만 꽤 널리 알려져 있다. 플라톤Platon의 대화편[9]에서도 카르타고인들에 의한 인신공희에 대해 언급하면서 더불어 그런 사례가 그리스에도 더러 있었다고 지적하면서, 나아가 리카이우스산에서 아타마스 왕의 후예가 거행한 의식에 관해서도 공포심을 가지고 서술하고 있다.

이 야만적인 관습은 후대에 이르기까지 결코 사라지지 않은 듯이 보인다. 플루타르코스 시대에 오르코메노스[10]에서 행해진 인신공희의 사례는 이런 가설에 큰 힘을 실어 준다. 오르코메노스는 보이오티아의 유서 깊은 도시로서, 역사가 플루타르코스가 태어난 출생지에서 평야를 사이에 두고 불과 몇 킬로미터밖에 떨어져 있지 않다. 그곳에 한 가문이 있었는데, 이 가문에 속한 남자들의 이름은 '거무튀튀한 자'를 뜻하는 프솔로에이스Psoloeis에서 따왔고, 여자들의 이름은 '파괴자'를 의미하는 올레아이Oleae에서 따왔다. 매년 아그리오니아Agrionia[11] 축제 때

---

8 아나톨리아 서쪽 해안에 있는 섬
9 대화 형식으로 씌어진 플라톤의 저작 30여 편을 총칭하는 말이다.
10 미케네의 최북단에 자리 잡은 고대 보이오티아 지방의 도시
11 그리스어로 '야생의' 또는 '미개한'이라는 뜻의 agrios에서 유래한 말이다. 보이오티아의 오르코메노스 등

가 되면, 디오니소스의 사제들에게는 이 가문의 여자들을 추적하여 아무나 잡히는 대로 죽일 수 있는 권리가 주어져 있었다. 플루타르코스가 살았던 시대에는 이런 권리가 사제 조일루스Zoilus에 의해 실제로 행해졌다. 그런데 적어도 매년 한 사람씩 인간제물을 제공해야 했던 이 가문은 실은 왕족의 혈통이었다. 즉, 그들의 혈통은 유명한 오르코메노스의 미니아스Minyas 왕에까지 거슬러 올라가기 때문이다.

전승에 의하면, 미니아스 왕은 엄청난 부의 소유자였다고 하는데, 오르코메노스의 긴 바위산들이 광대한 코파익 평야와 만나는 지점의 폐허 속에 지금까지도 그의 보물창고가 있다고 한다. 미니아스 왕에게는 세 명의 딸이 있었는데, 그녀들은 그 나라의 다른 여자들이 바쿠스 축제의 광란에 몸을 맡기는 동안에도 궁전에서 쌀쌀맞고 냉소적인 태도로 물레질과 베짜기에만 매달렸다. 그러는 사이에 다른 여자들은 화환으로 온몸을 장식한 채 풀어 헤친 머리카락을 바람에 휘날리면서 심벌즈와 탬버린의 거친 음악이 울려 퍼지는 오르코메노스의 바위산을 황홀경에 빠져 기어오르고 있었다. 하지만 이 신적 광란이 이윽고 조용한 왕궁의 여자들에게도 영향을 미치게 되었다. 그리하여 궁전의 여자들도 생인육을 먹고 싶은 강렬한 욕망에 사로잡혀, 인육의 잔치를 위해 누가 어린애를 제공할 것인지를 추첨하기에 이르렀다. 추첨 결과 레우키페Leucippe가 뽑혔고, 그녀는 아들 히파수스Hippasus를 내놓았다. 그러자 세 사람이 달려들어 이 아이의 사지를 갈기갈기 찢어 놓았다. 프솔로에이스 성姓의 남자들과 올레아에 성의 여자들은 바로 이 사악한 여자들의 후예였다. 이때 남자들이 애도의 표시로서 슬픈 색깔의 거무튀튀한 옷을 입었기 때문에 그렇게 불렀다고 한다.

그런데 왕족의 혈통 가문에서 인간제물을 취한 오르코메노스의 관습은 다음과 같은 이유 때문에 더더욱 의미심장하다. 첫째, 아타마스 왕은 미니아스 왕의 치세보다 앞서 오르코메노스 지방을 통치했다고 전해진다. 둘째, 이 도시의 뒤쪽에는 라피스티우스산이 있었고, 그 위에는 테살리아의 알루스 마을에서와 마

지에서 주신酒神 디오니소스에게 경의를 표하기 위해 해마다 거행하는 그리스의 종교 축제. 전승에 따르면, 오르코메노스 왕 미니아스의 딸들이 신에 대한 제의를 멸시했는데, 이에 디오니소스는 그녀들을 미치게 만들었다. 그 결과 미니아스의 딸들은 자신의 자녀 중 한 아이의 살을 먹었고, 그 벌로 박쥐나 새가 되었다고 한다. 이와 같은 전설을 배경으로 하여 이 축제 때는 사제가 밤에 미니아스 가문의 여자 한 사람을 뒤쫓아가 죽이는 관습이 있었다.

찬가지로 라피스티아의 제우스 성지가 있었다. 셋째, 전승에 의하면 그 성지에서 아타마스 왕이 두 자식인 프릭소스와 헬레를 제물로 바쳤다고 한다. 아타마스에 관한 전설과 역사시대 이후 그의 후예들과 관련하여 행해진 관습을 전체적으로 미루어 보면, 테살리아나 보이오티아에서는 원래 나라의 복지를 위해 라피스티아의 제우스라 부르는 신에게 왕을 인신공희로 바쳤던 왕조가 통치하고 있었던 것이 아닌가 싶다. 그런데 이들은 인신공희라는 치명적 관습의 책임을 점차 자신의 아들들에게만 전가하려 했으며, 일반적으로 장남이 제물로 바쳤으리라고 추정할 수 있다.

그러다가 시간이 지나면서 이 잔인한 관습이 왕 대신에 숫양을 희생제물로 바치는 관습으로 바뀔 만큼 상당히 완화된 것으로 보인다. 이때 왕자는 라피스티아의 제우스에게 왕족이 제물을 바치도록 되어 있던 신전에 출입해서는 안 되었다. 만일 왕자가 이를 어기고 운명의 신전에 발을 들여놓으면 숫양을 대리 희생제물로 바치는 것을 묵인하고 있던 신의 비위를 거슬리는 결과를 가져와, 어렵사리 중지된 옛 의무가 다시 복구되어 왕자 자신이 죽을 수밖에 없을 터였다. 심각한 기근이 든 때에 왕이나 왕자를 희생제물로 바쳤던 관습은 원시인들 사이에서 널리 퍼져 있던 관념, 즉 왕이 기후와 농작물의 성장에 대한 책임을 져야 한다는 신앙 혹은 기근이나 흉작에서 벗어나기 위해 당연히 왕의 목숨을 제물로 바쳐야 한다는 신앙을 잘 보여 준다.

요컨대 아타마스 왕과 그의 친족들에게는 신적·주술적 기능과 왕권적 기능이 상호 결합되어 있었던 것이다. 가령 아타마스의 형제 살모네우스는 스스로 신성을 지녔노라고 주장했다는데, 이는 위의 견해를 강력하게 뒷받침해 준다. 이미 앞에서 이 대담한 살모네우스가 스스로 제우스임을 공언하고 천둥과 번갯불을 관장할 수 있노라고 장담하면서 가마솥 뚜껑을 두들긴다든지 혹은 불을 지른다든지 했다는 사실을 지적한 바 있다. 다른 유사한 사례들에 비추어 판단해 보건대, 살모네우스가 시도한 가짜 천둥과 번갯불은 그저 구경꾼들을 기만하기 위해 조작했던 단순한 광대놀이가 아니었다. 그것은 어떤 모방을 통해 자연현상을 초래하려는 목적으로 왕족 출신의 주술사가 행한 일종의 주술이었던 것이다.

서아시아 셈족의 왕은 어떤 국가적 위기에 처했을 때 종종 백성들을 위해 자기 아들을 희생제물로 바치곤 했다.[12] 이와 관련하여 비블로스[13]의 필론Philon(기원전 15/10~기원후 45/50년경)[14]은 유대인에 관한 저서에서 다음과 같이 기록하고 있다. "고대의 관습에서는 심각한 위기에 처했을 때, 도시 혹은 나라의 통치자는 백성들을 구제하기 위해 사랑하는 아들을 죽여 희생제물로 바침으로써 성난 악령을 달래는 속죄물로 삼았다. 이때 아들은 비밀의식을 통해 살해당했다. 페니키아인들이 이스라엘인이라고 말했던 크로노스 왕에게는 제우드Jeoud라는 외아들이 있었다(페니키아어로 제우드는 '독자'를 뜻한다). 그런데 왕은 적국과의 전쟁에서 나라가 큰 위기에 봉착하자, 자기 외아들에게 왕의 의상을 입혀 전시의 와중에 그를 희생제물로 바쳤다."[15] 모압Moab족[16]의 왕도 이스라엘의 군대에 포위되어 절박한 위기에 빠졌을 때, 자신의 후계자가 될 장남을 체포하여 성벽 위에서 불에 태워 죽임으로써 번제물燔祭物로 바쳤다.[17]

---

12 서아시아 지역에서는 사카이아 축제가 행해졌고, 그 축제에서 왕의 목숨을 구하기 위해 다른 대리인을 인신제물로 바쳤다.

13 레바논 베이루트시에서 북쪽으로 약 32킬로미터 떨어진 지중해 연안의 도시 주바일Jubayl에 해당하는 고대 페니키아 도시. 아스타르테와 탐무즈에게 봉헌되었다.

14 그리스어를 사용한 알렉산드리아의 유대 철학자. 헬레니즘 유대주의를 대표하는 가장 중요한 인물이다. 그의 저작들은 디아스포라(기원후 70년 예루살렘 성전 파괴 이후 세계 각지로 흩어진 유대인 집단을 총칭하는 말)에서의 유대주의 발전에 관한 가장 명확한 견해를 제공해 준다. 계시신앙과 철학적 이성을 종합하려고 한 최초의 인물로서 철학사에서 독특한 위치를 차지하며, 기독교도들에게는 기독교 신학의 선구자로 여겨지기도 한다. 필론은 성서를 너무 축자적으로 받아들임으로써 특히 신인동형론(인간의 특성을 기초로 하여 신을 기술하는 입장)이라는 신학적 난관에 봉착하는 사람들과 율법을 지나치게 우의寓意적으로 해석함으로써 율법은 단지 우화일 뿐이므로 더 이상 지킬 필요가 없다고 결론짓는 사람들 모두를 비판한다. 중세 이전에 『탈무드』를 제외하고 유대 법률의 최대 보고라고 할 수 있는 필론의 저작은 팔레스타인과 디아스포라의 관계를 법률과 의식 준수의 영역에서 구별하고자 하는 사람들에게는 특히 중요하다.

15 출처는 유세비우스Eusebius의 『복음의 준비Praeparatio Evangelii』에 인용된 Philo of Byblus

16 서西셈족 계열의 한 종족. 팔레스타인의 트란스요르단 고원에 살았으며 기원전 9세기에 번영을 누렸다. 유대인 역사가 요세푸스(1세기에 활동)는 모압족이 기원전 582년에 바빌로니아 사람들에게 정복당했다고 기록하고 있다. 구약성서의 설명에 따르면(예를 들어 『창세기』 19장 30~38절) 모압족은 이스라엘 민족과 같은 혈통에서 갈라져 나왔다. 시조는 이스라엘 민족의 족장 아브라함의 조카이자 롯의 아들인 모압이었다.

17 "모압 왕은 세자인 맏아들을 죽여 성 위에서 번제를 드렸다. 그러자 무서운 신의 진노가 이스라엘군에 내려, 이스라엘군은 진을 거두고 본국으로 돌아갔다."(공동번역 성서, 『열왕기 하』 3장 27절)

제27장
영혼의 계승

아득한 원시시대의 미개한 여러 민족들 사이에서 종종 왕이 짧은 통치 기간 후에 살해당했다고 하는 견해에 대하여, 혹자는 만일 그랬다면 그 관습이 결국 왕족의 멸절을 초래하기 십상이었을 거라고 부정적인 입장을 제기할지도 모른다. 하지만 그런 부정적인 입장에 대해 우리는 다음 몇 가지 점을 들어 재고해 볼 필요가 있다.

첫째, 왕권은 많은 경우 하나의 왕족에만 한정되지 않았으며 여러 왕족에 의해 교체되었다. 둘째, 왕권이 반드시 세습적인 것은 아니었다. 공주와 결혼한 자 혹은 전쟁을 통해 적의 왕을 죽인 자는 그가 외국인이든 누구든 간에 왕이 될 수 있었다. 셋째, 이런 관습이 혹 왕조의 멸절을 초래하는 경우도 없지 않았을 것이다. 하지만 설령 그런 경우라 하더라도, 현대인들보다 미래나 인명人命에 대한 배려가 충분치 못했던 원시민족들에게는 그것이 왕을 살해하는 관습을 폐지하게 만들 정도로 큰 문젯거리가 되지 못했다.

사실상 수많은 미개인과 원시민족은 결국 스스로를 파멸시킬 그런 관습에 열중했다. 폴리네시아의 주민들은 자녀의 3분의 2정도를 정기적으로 죽여 버린 것 같다. 또한 아프리카 동부의 몇몇 지방에서도 출생과 동시에 살해당한 갓난애의 숫자가 마찬가지로 3분의 2정도였다고 한다. 어떤 특정한 기준에 맞게 태어난 아이만 살아남을 수 있었던 것이다. 앙골라의 정복민족인 자가Jaga족은 행군할 때에 여자들이 아이들로 인해 방해받는 일이 없도록 하기 위해 예외 없이 모든 아이들을 다 죽여 버렸다고 한다. 대신 그들은 자기네들이 죽여서 잡아먹은 적의 아이들인 열서너 살 정도의 소년, 소녀들을 양자로 받아들여 부족원의 숫자를 보충했다. 남미의 음바야Mbaya족[1] 인디언은 어머니가 막내를 제외한 모든 자식을 다 죽여 버리는 관습이 있었다. 혹 나중에 어린애를 다시 낳으면 그 아이도 죽여

---

[1] 그란차코에 살던 과이쿠르Guaicuru 부족들 중 하나

버렸다. 오랫동안 스페인 사람들의 가장 강한 적이었던 음바야 인디언의 한 부족은 바로 이런 관습 때문에 스스로 멸절하고 말았다. 사실이 그렇다 한들 전혀 이상할 것도 없다. 선교사들은 그란차코의 렝과족 인디언 사회에는 이른바 "낙태나, 그 밖의 방법으로 갓난애를 살해하기 위해 세심하게 계획된 인종적 집단자살 시스템"이 존재했다는 사실을 발견했다.

하지만 원시인들이 집단자살을 자행하는 방법은 이렇게 어린애를 죽이는 일만이 아니었다. 이른바 독약재판poison ordeal의 남용도 같은 효과가 있었다. 언젠가 우웨트라는 소부족이 산에서 내려와 서아프리카의 칼라바르강[2]의 왼쪽 지류에 정착한 적이 있었다. 선교사들이 처음 그곳을 방문했을 때만 해도 주민들이 상당히 되었고, 세 부락으로 분할되어 있었다. 그런데 그 후 독약재판의 남용으로 말미암아 이 부족은 거의 멸절하고 말았다. 어떤 때는 모든 부족원이 무죄를 증명하기 위해 독약을 먹은 적도 있었다. 이때 약 절반 정도는 그 자리에서 즉사했다고 한다. 나머지 살아남은 자들도 미신적인 관습을 여전히 고집하고 있었기 때문에, 이 부족은 머지않아 전멸할 거라는 말을 들은 적이 있다.

이런 사례를 통해서 우리는 원시인들이 자기 족속 전체를 멸절할 수도 있는 관습을 아무런 걱정이나 망설임 없이 행했다는 사실을 분명히 알 수 있다. 즉, 원시인들이 그런 관습에 대해 주저했으리라고 보는 우리의 사고방식은 그저 유럽 문명의 기준과 상식에만 짜맞추어 일률적으로 되풀이해 온, 원시인에 대한 판단 오류에 지나지 않는다는 말이다. 아마도 이 책을 읽는 독자들 중에는, 모든 민족이 교양 있는 영국인들과 동일한 사고방식을 가지고 있으리라고 믿는 사람이 있을지도 모른다. 만일 그렇다면 이 책에서 수집된 원시적 신앙과 관습의 사례들은 그런 독자들에게 잘못된 선입관을 재고하도록 도와줄 것이다.

신적 인물을 살해하는 관습에 대한 이상의 설명은 그렇게 살해당한 신적 인물의 영혼이 그의 계승자에게 전이된다는 관념을 잘 보여 주며, 혹은 최소한 자연스럽게 그런 관념과 결합되어 있다. 그런 전이에 관해 본서에서는 다만 실루크족의 사례 외에는 다른 직접적인 증거를 제시하지 못했다. 실루크족 사이에서는 신적 왕을 살해하는 관습이 전형적인 양식으로 널리 행해졌는데, 신성한 왕조 창건자의 영혼이 살해당한 모든 왕들 안에 내재해 있다는 것이 그들의 근본적인 믿음

---

2 나이지리아 남동부 크로스리버 지역의 강

이었다. 사실 이것이 영혼의 전이 관념을 보여 주는 유일한 사례이다. 하지만 설령 직접적인 증거가 없다 하더라도, 살해당한 신적 왕의 영혼이 그 계승자에게 전이된다고 하는 유사한 관념을 다른 사례에서 유추적으로 찾아볼 수 있다. 왜냐하면 많은 원시인들은 종종 화신化身한 신적 인물이 죽은 다음에 그 영혼이 다른 몸으로 화신하여 재생한다고 여겼기 때문이다. 이처럼 자연사를 통해 그런 영혼의 전생轉生이 일어날 수 있다면, 폭력적인 죽음에 의해 그런 일이 일어나지 말라는 법도 없을 것이다.

죽은 자의 영혼이 그의 계승자에게 전이된다는 관념은 원시인에게 지극히 친숙한 신앙이었음에 틀림없다. 니아스섬에서는 통상 장남이 추장인 부친을 계승하지만 그 장남이 육체적 혹은 정신적 결함으로 인해 통치자로서의 자격을 갖추지 못한 경우, 부친은 어떤 자식을 계승자로 할 것인지를 생전에 정해 둔다. 그런데 그런 계승권을 확보하기 위해서는, 부친에 의해 지명받은 아들이 죽어 가는 추장의 마지막 숨을 자기 입으로 들이마시거나 혹은 어떤 자루 속에 붙잡아 넣어둘 필요가 있었다. 이는 곧 추장의 영혼을 이어받는 것을 의미한다. 이런 계승은 반드시 지명자에게만 한정되지 않았다. 다시 말해 죽어 가는 추장의 마지막 숨을 자기 것으로 포착하는 자는 누구든지 추장의 지위를 획득할 수 있었다. 그래서 다른 형제들이나 때로는 형제가 아닌 다른 사람들까지도 죽어 가는 추장의 영혼을 붙잡으려고, 그의 머리맡에 모여 바글거리곤 했다.

니아스섬의 가옥은 땅에 말뚝을 박고 그 위에 높이 집을 짓는다. 때문에 죽어 가는 추장이 자리에 누워 있을 때, 후보자 중 한 사람이 마루 밑에 구멍을 뚫고 그 구멍 속에 대통을 들이밀어 추장의 마지막 숨을 빼돌리는 사건이 있었다. 한편 추장에게 아들이 없는 경우는, 그 영혼을 자루 속에 넣어 고인을 기념하는 조각상에 매달아 둔다. 그렇게 하면 고인의 영혼이 그 조각상에 전이된다고 믿었다.

때때로 원시인은 선왕의 신체 일부를 소유함으로써 왕과 그 전임자의 영혼 사이에 어떤 영적 연결고리가 형성된다고 믿기도 했다. 가령 남부 셀레베스에서는 종종 왕위를 표상하는 휘장이 죽은 라자Rajah, 즉 선왕의 신체 부위로 만들어진다. 그것은 왕권을 상징하는 성스러운 유물로서 보물시된다. 마찬가지로 남부 마다가스카르의 사칼라바족도 죽은 왕의 모가지나 뼈, 손톱, 발톱, 두발 따위를 악어 이빨 속에 넣어 그것을 선왕의 다른 유물들과 함께 특별히 설치된 집에 잘 보관한다. 그런 유물을 소유한 자가 왕권을 물려받게 되는 것이다. 때문에 아무리 정당한 후계자라 하더라도 그것을 탈취당한 경우에는 인민을 통치할 권위를 완전히 상실하게 되며, 반대로 그것을 탈취한 자는 이의가 없이 왕으로 승인받는다.

서아프리카 아베오쿠타[3]에서는 '알라케Alake'라 부르는 왕이 사망하면 장로들이 그의 유해를 토막 내어 자르고, 머리통을 큰 항아리 속에 넣어 새로운 왕에게 인도한다. 그러면 새로운 왕은 그것을 신성한 주물呪物로서 숭경해야 한다. 간혹 새로운 왕은 왕실에 전승되어 내려온 주술적 힘과 여타 덕목들을 계승하기 위해 죽은 선왕의 시체 일부를 먹는 수도 있다. 다시 말해 아베오쿠타에서는 선왕의 머리통을 새로운 왕에게 보냈을 뿐만 아니라, 그 선왕의 혀를 잘라 내어 새로운 왕에게 먹이기까지 했다. 그래서 원주민들은 왕의 통치를 표현할 때 "그가 왕을 잡수셨다"고 말한다. 이와 유사한 관습이 지금도 서아프리카 라고스[4] 내륙지방의 큰 마을인 이바단Ibadan에서는 행해지고 있다. 거기서는 왕이 죽으면 머리통을 잘라 내어 종주국인 요루바 지방의 대왕 '오요의 알라핀Alafin of Oyo'에게 보낸다. 하지만 죽은 왕의 심장은 후계자가 먹는다. 꽤 오래전 일이지만, 이바단의 새 왕이 즉위할 때 실제로 이런 의식을 행했다.

이상의 모든 사례에서 우리는 신적인 왕이나 사제가 죽은 다음에 그 영혼이 후계자에게 전이된다고 믿은 원시인의 신앙을 분명히 확인할 수 있다. 사실 정기적으로 신적 왕을 살해하는 백나일강 유역의 실루크족 사회에서, 새로운 왕은 즉위식에서 반드시 선왕의 영혼을 양도받는 의식을 거행해야 했다. 앞선 모든 선왕들도 그런 의식을 통해 차례차례 전임왕에게서 신성하고도 숭배할 만한 하나의 동일한 영혼을 이어받았던 것이다.

---

3 나이지리아 남서부 오군주의 도시
4 나이지리아 남서부의 주

제28장
나무정령의 살해

1. 성령강림절의 확대

이제 남은 문제는 신적 왕이나 사제를 살해하는 관습이 본서의 핵심 주제에 어떤 통찰력을 던져 주는가 하는 점이다. 본서의 서두에서 우리는 네미의 '숲의 왕'을 나무정령 혹은 식물정령이 화신한 것으로 볼 수 있는 이유에 대해 언급한 바 있다. 또한 숭배자들이 그와 같은 '숲의 왕'에게 나무가 열매를 맺게 하거나 혹은 농작물을 성장하게 하는 주술적 힘을 부여했다고 볼 만한 근거에 관해서도 살펴보았다. 따라서 그의 생명은 숭배자들에 의해 대단히 소중하게 지켜졌다. 사실 수많은 지방에서 인신들은 그의 생명을 악령이나 마술사의 사악한 힘에서 수호하기 위한 정교한 규칙과 터부 체계로 온통 에워싸여 있었다.

하지만 인신의 생명에 부여된 그 같은 가치는 다른 한편으로 폭력적이고 강제적인 죽음을 요청하기도 했다. 이때 그의 죽음은 나이가 들어 불가피하게 쇠퇴하는 것을 방지하는 유일한 수단으로 간주되었다. '숲의 왕'의 경우도 마찬가지다. 그도 자기 몸에 지핀 신적 영혼을 고스란히 계승자에게 전이하기 위해 살해당했다. 그는 보다 강한 자에 의해 살해당하기 전까지만 자기 직책을 유지할 수 있었다.

이런 규칙은 첫째, 그의 신성한 생명이 항상 최고의 활동적인 상태에 있어야한다는 점과, 둘째, 그 활력이 쇠약해지면 곧바로 적당한 후계자에게 자리를 내주어야 한다는 점을 보증하기 위한 것이었다. 그가 강력한 방어력으로써 자신의 자리를 지킬 수 있는 한, 그것은 그의 육체적 활력이 아직 쇠퇴하지 않았다는 사실을 의미했다. 이에 반해 그가 다른 자와의 격투에서 패하여 죽게 되면, 그것은 그의 신성한 생명이 보다 강한 육체 속으로 화신해야 할 때가 왔다는 것을 말해준다. 이런 설명은 '숲의 왕'이 그 후계자의 손에 의해 살해당해야만 한다는 규칙을 정확히 이해할 수 있게 해 준다.

실루크족의 신앙과 관습은 이런 해석을 강력하게 뒷받침해 준다. 실루크족은 신적 왕의 건강에 최초의 적신호가 나타나는 즉시 그를 살해했다. 이는 신적 왕의 쇠약에 상응하여 농작물과 가축, 인간의 생명력이 함께 쇠퇴하는 것을 막기 위해서였다. 콩고 왕국의 치토메 경우도 마찬가지였다. 왕의 생명력에 세계의 존재 여부가 달려 있다고 믿었으므로, 쇠퇴의 징후가 나타나자마자 그는 후계자의 손에 의해 살해당했다. 후대에 캘리컷 왕이 그 권력을 유지할 수 있는 조건은 '숲의 왕'의 그것과 한 가지 점만 빼고는 거의 일치한다. '숲의 왕'이 언제 어디에서 경쟁자의 습격을 받을지 알 수 없는 데에 비해, 캘리컷 왕은 12년마다 한 차례씩 습격을 받았다는 점이 다를 뿐이다. 여기서 캘리컷 왕은 모든 습격자에 대해 자신을 방어할 수 있는 한 통치를 계속할 수 있도록 허용받았다. 이는 왕의 목숨을 일정 기간으로 제한한 오래된 규칙이 수정된 것이다.

마찬가지로 우리는 '숲의 왕'에게 주어진 유사한 조건 또한 정해진 임기가 끝나면 왕을 살해했던 오래된 관습의 수정이라고 추정해 볼 수 있다. 두 경우 모두 새로운 규칙은 인신에게 최소한 자기 목숨을 지킬 기회를 부여하고 있다는 점이다. 하지만 이전 규칙에는 그런 기회가 주어져 있지 않았다. 어쨌든 이제 사람들은 인신이 모든 습격자에 맞서 검으로 스스로를 지킬 수 있는 한, 그가 치명적으로 쇠약해졌다고 볼 만한 이유가 없다고 생각함으로써 규칙의 변화에 적응해 나갔을 것이다.

'숲의 왕'이 이전에는 자기 목숨을 지킬 기회도 주어지지 않은 채 정해진 기간이 끝나는 대로 살해당했을 거라는 추측은, 다음과 같은 북유럽의 관습을 입증함으로써 확인 가능하다고 보인다. 즉, 주기적으로 왕 대신 나무정령을 표상하는 대리인을 살해하는 관습이 그것이다. 사실 이런 관습이 농민들의 농촌 축제 가운데 매우 뚜렷한 흔적을 남기고 있는데, 몇 가지 예를 들어 보자.

하下바바리아의 니데르푀링에서는 성령강림절 때 나무정령을 나타내는 소년을 '핑스틀Pfingstl'이라고 부르는데, 핑스틀은 머리끝에서 발끝까지 이파리와 꽃으로 단장했다. 그는 머리에 양어깨까지 내려오는 뾰족한 모자를 뒤집어썼는데, 그 모자에는 두 눈 자리에 구멍 두 개가 뻥 뚫려 있으며 온통 수생 꽃으로 덮여 있고, 꼭대기에는 모란 꽃다발이 얹혀 있다. 그가 입고 있는 외투의 소맷자락도 온통 수생식물로 뒤덮여 있으며, 그 밖의 신체 부위들은 화양목과 개암나무 잎 따위로 싸여 있다. 핑스틀의 양옆에는 그의 양팔을 붙들고 있는 두 소년이 같이 행진한다. 두 소년은 행렬에 참가한 다른 사람들과 마찬가지로 긴 칼을 차고 있다. 이 일행은 선물을 내놓을 만한 집들을 가가호호 방문한다. 그러면 집에 숨어 있던 사람들이 이파리에 쌓인 핑스틀에게 물을 끼얹는다. 그가 흠뻑 물에 젖는 것을 보면서 모두가 기뻐하는 것이다. 마지막으로 핑스틀은 허리께까지 물이 찰랑거리도록 냇가로 들어간다. 이때 한 소년이 다리 위에 서서 핑스틀의 목을 베는 시늉을 한다.

스와비아의 부름링겐에서는 성령강림절 이후 첫 번째 월요일에 스무 명쯤 되는 젊은이들이 흰 웃옷에 흰 바지를 입고 칼이 매달린 붉은 띠를 허리에 두른다. 이들은 말을 타고 두 명의 나팔수가 인도하는 대로 숲속에 들어간다. 거기서 떡갈나무 가지를 잘라 제일 늦게 마을에서 온 사람을 머리끝에서 발끝까지 칭칭 동여맨다. 그러나 말을 탈 수 있도록 다리는 그대로 남겨 둔다. 그런 다음 그에게 인공으로 만든 기다란 모가지와 머리통에 우스꽝스러운 가면을 씌운 것을 건네준다. 그리고 '오월의 나무'를 한 그루 자르는데, 이는 통상 3미터쯤 되는 사시나무나 너도밤나무인 경우가 많다. 그것을 갖가지 색실이나 헝겊으로 치장하여 '오월의 사자'에게 맡기는 것이다. 말을 탄 행렬은 음악을 연주하거나 노래를 부르면서 마을로 돌아온다. 행렬 중에는 얼굴에 검댕 칠을 바르고 왕관을 쓴 무어인 왕, 철제수염의 의사Dr. Iron-Beard, 선임하사관, 사형 집행인이 끼어 있다. 이들은 마을 광장에 멈춰 서서 각자 운율에 맞추어 재미있는 연설을 한다. 이윽고 나뭇잎에 싸인 사나이에게 사형선고가 내려지면, 그가 메고 온 인공 모가지가 사형집행인에 의해 잘린다. 이때 다른 기수들은 '오월의 나무'를 세워 놓은 데까지 경마시합을 벌인다. 말을 타고 빨리 달려 제일 먼저 땅에서 '오월의 나무'를 뽑는 자가 그 나무와 거기에 부착된 모든 장식물을 차지한다. 이 의식은 2년이나 3년에 한 번씩 행해진다.

색소니와 튀링겐에서는 '숲에서 야인을 사냥하기' 혹은 '숲에서 야인을 끌어오기'라고 부르는 성령강림절 의식을 행했다. 이 의식에서 한 젊은이가 나뭇잎이나 이끼에 싸인 '야인Wild Man'으로 분장한다. 그가 숲속에 숨으면 젊은이들이 수색을 시작하고, 이윽고 그가 발견되면 숲에서 끌고 나와 그를 향해 공포를 쏘아 댄다. 그러면 그는 죽는 시늉을 하는데, 이때 의사로 분장한 자가 그의 썩은 피를 짜내면 다시 소생하는 시늉을 한다. 이에 사람들은 환호성을 지르면서 그를 수레에 꽁꽁 묶어 마을까지 끌고 온다. 그들은 모든 마을 사람들에게 자기네들이 어떻게 야인을 잡았는지에 대해 말해 준다. 그러면 집집마다 그들에게 선물을 준다.

17세기 초엽의 에르츠게비르게 산지[1]에서는 매년 '재[灰]의 수요일Ash Wednesday' 전의 사흘 동안 행하는 참회절Shrovetide[2] 축제에 다음과 같은 관습이 있었다. 거기서는 두 사나이가 야인으로 분장하는데, 그중 한 사람은 나뭇잎과 이끼로 그리고 다른 한 사람은 짚으로 온몸을 뒤덮는다. 이들은 사냥꾼들에 의해 거리로 끌려다니다가 마지막으로 도달한 시장에서 이리저리 쫓겨다니면서 총을 맞고 온몸을 실컷 두들겨 맞는다. 그러면서 이들은 쓰러지기 전에 기묘한 몸짓으로 비틀거리면서 몸에 지니고 있던 방광 주머니를 쥐어짜면서 사람들에게 피를 뿌려 댄다. 두 사나이가 마침내 쓰러지고 나면 사냥꾼들은 그들을 널빤지에 얹어 술집으로 운반한다. 그 옆에서는 광부들이 줄을 지어 행진하면서 마치 대단한 사냥감의 모가지를 포획한 듯 신나게 채광 도구들을 두들겨 댄다.

보헤미아의 슐루케나우 인근에서는 지금까지도 이것과 유사한 관습이 행해지고 있다. 즉, 야인으로 분장한 사나이가 이 거리 저 거리를 쫓겨다니다가 새끼줄이 쳐진 좁은 골목길에서 걸려 넘어진다. 그렇게 해서 야인이 붙잡히면 사형집행인이 달려와 야인 몸에 지닌 피가 가득 찬 방광 주머니를 칼로 찌른다. 그러면 야인은 죽는 시늉을 하며, 방광에서 쏟아져나온 피들이 땅을 붉게 물들인다. 이튿날 야인 모양의 꼭두각시를 가마에 태운 군중들이 그것을 호수에 내던진다. 이 의식을 '사육제 인형의 매장'이라 부른다. 마찬가지로 보헤미아의 세믹에서는 성령강림절 이후의 첫 번째 월요일에 왕의 목을 자르는 관습이 행해진다. 거기서도 젊은 패거리가 분장을 하고 나타난다. 그들은 각기 나무껍질로 만든 허리띠를 두르고, 나무 칼을 찬 채 버들피리를 들고 있었다. 왕도 꽃으로 장식된 나무껍질 옷을 입고 있으며, 머리에는 꽃이나 나뭇가지로 뒤덮인 왕관을, 얼굴에는 가면을 쓴 채 두 다리에 풀잎을 칭칭 감고 손에는 왕홀 대신 산사나무 작대기를 든다. 한 젊은이가 왕의 한쪽 발을 새끼줄로 묶어 온 마을을 끌고 다니는 동안, 다른 사람들은 그 주위에서 춤추며 피리나 휘파람을 분다. 왕이 농가 안으로 들어가면 사람들이 방에서 방으로 그를 추적한다. 그러다가 난리법석을 피우는 군중 가운데

---

1 보헤미아 대산괴大山塊, Bohemian Massif와 접해 있는 산지
2 '재의 수요일Ash Wednesday' 바로 전의 사흘간을 가리키는 축제일로서 '참회의 일요일Shrove Sunday', '참회의 월요일Shrove Monday', '참회의 화요일Shrove Tuesday'을 말한다.

한 사람이 왕의 나무껍질 옷을 칼로(나무껍질이 다시 고리 모양으로 벗겨질 때까지) 내려치고는 사례금을 달라고 요구한다.

보헤미아의 다른 지방에서는 다소 엉성하기는 하지만 아주 사실적으로 목을 자르는 의식이 행해진다. 쾨니히그레츠의 몇몇 마을에서는 성령강림절 이후의 첫 번째 월요일이 되면, 처녀들과 청년들이 각각 다른 라임나무 아래에 모인다. 이들은 모두 성장盛裝에 리본을 달고 있다. 거기서 청년들은 왕비를 위해, 처녀들은 왕을 위해 각기 화관을 만든다. 이윽고 왕과 왕비가 선정되면 그들은 둘씩 짝을 지어 행진하여 모두 선술집으로 들어간다. 선술집 발코니에서 전령이 왕과 왕비의 이름을 공표한다. 이 둘에게는 음악이 연주되는 가운데 화관이 씌워지고 왕과 왕비를 나타내는 휘장이 수여된다. 그러면 누군가가 의자에서 일어나 가축들의 번식이 안 좋다느니, 어쩌느니 하면서 갖가지 죄상을 들어 왕을 비난한다. 이에 대해 왕이 증인을 요청함으로써 재판이 진행된다. 재판이 마무리될 무렵, 흰 지팡이를 직책의 표시로 들고 있는 재판관이 유죄 혹은 무죄를 선고한다. 이때 유죄 판결이 나면 재판관이 자기 지팡이를 부러뜨리고, 사람들은 왕을 흰 천 위에 꿇어앉게 한다. 그런 다음 사람들은 모두 모자를 벗고, 한 병사가 그중 서너 개의 모자를 취합하여 왕의 머리에 겹쳐 씌운다. 그러면 재판관이 큰 소리로 "유죄!"라는 말을 세 번 선포하고는 전령에게 왕의 목을 베라고 명령한다. 명령에 따라 전령은 목검으로 왕의 머리에 겹겹이 씌워진 모자들을 쳐서 떨어뜨린다.

그러나 본서의 목적에 가장 부합하는 모의 사형의 경우는 아무래도 보헤미아의 사례일 것이다. 보헤미아의 플젠에서는 성령강림절 이후의 첫 번째 월요일에 왕이 꽃과 리본 장식이 된 나무껍질 옷을 입고, 금박지 왕관을 쓴 채 꽃으로 단장한 말을 탄다. 그리고 재판관과 사형집행인, 그 밖의 식솔들과 기마병 부대를 수반하고 마을 광장으로 간다. 그곳에는 윗부분의 껍질을 다 벗겨 내고 깔끔하게 전시된 전나무들이 '오월의 나무'로서 꽃과 리본으로 장식되어 있고, 그 아래에는 초록색 나뭇가지로 만들어진 오두막 정자가 세워져 있다. 마을의 주부들과 하녀들에게 비난이 가해지고 개구리 한 마리를 잡아 모가지를 따내는 의식이 행해진 다음, 마침내 기마대 행렬이 쭉 뻗은 널찍한 도로를 통해 미리 정해진 장소로 들어선다. 이어서 기마대가 두 줄로 정렬하는가 싶더니 왕이 도망치기 시작한다. 약간 먼저 출발하여 전속력으로 달리는 왕의 뒤를 전체 기마대가 추격한다.

만일 왕이 이들의 추격을 따돌릴 수 있다면 그는 1년 동안 왕 노릇을 더 할 수 있으며, 동료들은 그날 저녁에 선술집에서 왕에게 술을 사야 한다. 그런데 만일 기마대에 의해 붙잡히면, 왕은 개암나무 회초리로 매를 맞거나 목검으로 두들겨 맞고 왕위에서 물러나야 한다. 이 경우 사형집행인은 사람들에게 "이 왕의 모가지를 벨까?"라고 묻는다. 물론 사람들의 대답은 "그의 모가지를 베라"이다. 그러면 사형집행인은 도끼를 휘두르며 "하나, 둘, 셋! 왕의 모가지가 날아간다!"라고 외치고는 왕관만 살짝 쳐서 떨어뜨린다. 소란스럽게 외쳐 대는 군중들의 함성 속에서 왕이 땅바닥에 쓰러지면, 그를 관 속에 넣어 가장 가까운 농가로 운반한다.

이처럼 모의 사형을 당하는 대부분의 인물들은 바로 봄에 나타난다고 여겨지는 나무정령이나 식물정령을 표상하는 대표자들과 다름없다. 그들의 옷을 단장하고 있는 나무껍질과 꽃들, 그들이 출현하는 계절 등은, 그들이 본서 앞부분에서 언급한 '풀의 왕'이나 '오월의 왕', '푸른 잎사귀 옷의 잭' 및 식물의 생육을 관장하는 봄의 정령의 대표자들과 동일한 범주에 속한다는 것을 시사한다. '오월의 왕'이나 '풀의 왕' 등이 '나무정령'을 표상하는 인격적 대표자들이듯이, 우리는 앞의 두 사례에서 모의 살해를 당하는 인물들이 비인격적인 '오월의 나무'와 직접 결부되어 있음을 알게 된다. 이로써 이 주제에 관련된 모든 의문점들이 깨끗하게 풀리는 듯싶다. 앞서 언급한 수많은 강우주술의 사례들과 마찬가지로, 핑스틀에게 물을 흠뻑 뿌린다든지 그를 냇물 속에 깊이 들어가게 한다든지 하는 것도 비를 청하는 강우주술이었음에 틀림없다.

이런 인물들이 봄의 식물정령을 표상하는 대표자들이었음은 분명하다. 그렇다면 그들을 왜 죽였을까 하는 의문이 생긴다. 특히 그 활동이 가장 요구되는 봄에 식물정령을 살해하는 목적은 무엇이었을까? 신적 왕이나 사제를 살해하는 관습과 관련하여 앞서 제시한 설명들 속에 이런 물음에 대한 단 하나의 가능한 대답이 내포되어 있다고 보인다. 인간의 몸은 물질적이고 죽을 수밖에 없다. 따라서 깨어지기 쉬운 그런 몸에 잠시 화신한 신적 생명 또한 육체의 쇠퇴에 따라 오염되고 더럽혀지기 쉽다. 다시 말해 노년에 따른 신체적 쇠약에 의해 그 안에 화신한 신적 생명도 점차 쇠약해질 수 있다는 것이다. 바로 이런 위험에서 신적 생명을 구제하기 위해서는 신체가 쇠퇴하기 전에, 혹은 신체의 쇠퇴가 나타나자마자 즉시 신적 생명을 그 신체와 분리시켜 보다 활력에 찬 후계자에게 전이해야 한다. 원시인은 바로 이런 관념에 입각하여, 신이 깃든 낡은 대표자를 살해하고 신적 영혼을 그에게서 분리시켜 새로운 대표자에게 옮겼던 것이다. 그러므로 신의 살해, 즉 그 신이 깃든 인간 화신의 살해는 다만 보다 바람직한 형태로 신적 생명을 재생시키는 데에 필요한 하나의 수단이었을 뿐이다. 신의 살해는 신적 영혼의 종착점이 아니라, 신적 영혼의 보다 순수하고 보다 강한 현현顯現을 위한 출발점일 따름이다. 이는 신적 왕이나 사제를 살해하는 관습의 일반적 의미를 잘 설명해 준다.

그것이 해마다 나무정령이나 봄의 식물정령을 표상하는 대표자들을 모의 살해하는 관습에 대해서도 매우 적절한 설명이 될 수 있다. 왜냐하면 원시인은 겨울에 식물들이 말라 버리는 현상을 식물정령이 쇠약해진 것으로 해석했기 때문이다. 즉, 원시인은 식물정령 또한 나이가 들고 쇠약해지므로, 주기적으로 죽었다가 젊고 활력 있는 형태로 다시 살아나야 한다고 생각했다. 따라서 봄에 나무정령을 표상하는 대표자들이 살해당하는 관습은 식물의 생장을 촉진하는 수단으로 간주하였던 것이다. 나무의 정령을 살해하는 일은 항상 함축적으로, 때로는 명백하게 보다 젊고 활력 있는 형태로의 재생과 연관되어 있기 때문이다. 색슨과 튀링겐의 관습에서 모의 살해된 야인이 의사에 의해 재생하는 장면이라든가, 부름링겐의 관습에서 '철제수염의 의사'가 등장하는 장면 등도 이와 동일한 의미를 내포한다. 죽은 자를 다시 살려내는 시늉을 하는 '철제수염의 의사'에 관해서는 그것과 유사한 관습을 다른 봄의 의식에서도 찾아볼 수 있는데, 이는 뒤에서 다시 다루기로 하겠다. 그리고 신의 재생과 부활에 관해서는 앞으로 더 자세하게 설명할 기회가 있을 것이다.

이러한 북유럽의 인물들과 우리의 연구 주제인 '숲의 왕' 혹은 네미의 사제 사이에는 놀랄 만한 유사점이 존재한다. 즉, 북유럽의 등장인물들을 보면, 거기에는 나무껍질과 이파리로 만든 옷을 걸친 왕들이 있는가 하면, 나뭇가지로 지은 오두막과 전나무들, 그 아래서 펼쳐지는 법정이 나온다. 거기서 그 왕들은 명백히 이탈리아판 '숲의 왕'으로 선포되고 있는 것이다. 즉, '숲의 왕'과 마찬가지로 북유럽의 모의 왕들도 폭력적인 죽음을 당한다. 또한 '숲의 왕'과 마찬가지로 그들도 자신의 체력과 민첩성으로 당분간 죽음을 모면한다. 이 북유럽 관습에서는 '왕의 도주'와 그 왕을 추적하는 의식이 중요한 부분을 차지하고 있기 때문이다. 심지어 어떤 경우에는 왕이 그 추적자들에게서 벗어나기만 하면 다시 1년 동안 왕 노릇을 계속할 수도 있었다. 이 경우는 왕권 유지의 조건이 사실상 1년에 한 번만 성공적으로 도주하여 자기 생명을 지키는 데에 있었다. 이는 후대에 캘리컷의 왕에게 왕권 유지의 조건이 12년마다 모든 습격자에게서 자기 생명을 지키는 데에 있었던 것과 크게 다르지 않다. 나아가 그것은 네미의 사제가 언제 있을지 모를 습격에서 자신을 방어해야만 왕권을 유지할 수 있다는 조건과 조금도 다를 바 없다. 어떤 경우든 신적 인간의 생명이 유지되는 조건은, 격투나 도주 따위의 극심한 육체적 경쟁을 통해 자신이 아직 쇠약하지 않았다는 것을 보여 주고, 그럼으로써 머지않아 찾아올 비극적 죽음이 당분간 연기되었음을 스스로 보여 주는 데에 있었다.

여기서 특히 왕의 도주에 주목할 필요가 있다. 왜냐하면 '숲의 왕'의 전설과 관습에서 그런 도주 이야기가 현저하게 나타나기 때문이다. '숲의 왕'은 오레스테스의 도주를 기념하기 위해 도망치고 또 도망치는 노예가 되지 않으면 안 되었다. 바로 이 오레스테스야말로 '숲의 왕' 숭배의 전설적인 창시자와 다름없었다. 그리하여 고대의 어떤 저술가는 '숲의 왕'을 "억센 손과 빠른 발을 가진 자"라고 기록한 것이다. 우리가 만일 아리키아 숲에서 거행된 의례에 대해 충분히 알 수만 있다면, 그곳의 '숲의 왕'에게도 보헤미아의 왕들과 마찬가지로 도주함으로써 자기 생명을 지킬 수 있는 기회가 주어졌으리라는 점이 확인될지도 모른다. 앞에서 우리는 로마의 사제왕이 레기푸기움regifugium이라는 매년 도망치는 의식을 거행한 것도 처음에는 이와 동일한 의미가 있었으리라고 추정한 바 있다. 바꾸어 말하면, 그 역시 원래는 일정한 기간 뒤에 살해당하거나, 아니면 스스로 "억센 손 또는 빠른 발을 가진 자"임을 입증함으로써 자신의 신성이 아직 활동적이며 쇠약하지 않았다는 사실을 입증할 수 있는 신적 왕들 중 한 사람이었을 거라는 말이다.

우리는 이밖에도 이탈리아의 '숲의 왕'과 북유럽의 그것 사이에 존재하는 또 다른 유사점을 말할 수 있다. 즉, 색소니와 튀링겐에서는 '나무정령'의 대표자가 살해된 다음 의사에 의해 재생된 것과 마찬가지로, 네미 최초의 '숲의 왕' 히폴리투스 또는 비르비우스도 그랬다. 히폴리투스 또는 비르비우스는 마상馬上에서 살해당한 다음 의사 아스클레피오스의 손에 의해 재생되었다. 이 전설은 '숲의 왕' 살해가 그 후계자로의 계승을 통한 재생 또는 부활에 이르는 첫걸음과 다름 없었다는 점을 잘 말해 준다.

그리스 도자기에 묘사된 오레스테스(가운데)의 도주

2. 사육제 인형의 매장

지금까지 우리는 네미의 사제가 그 후계자에 의해 살해되지 않으면 안 된다는 규정에 대해 설명해 온 셈이다. 이 설명은 그저 하나의 가능성을 제시한 것뿐이다. 이런 관습과 그 역사에 대해 우리가 가지고 있는 지식이 너무 빈곤하기 때문에 그 이상의 해석을 내리기는 어렵다. 하지만 거기에 나타난 동기나 사고방식이 실제로 원시사회에서 작동되었음을 입증하기만 하면 그에 따라 앞의 설명이 갖는 설득력도 높아질 것이다. 다시 말해, 지금까지 우리는 신의 죽음과 부활에 대해 살펴보았는데, 이때의 신은 주로 나무의 신이었다.

그런데 만일 그런 신을 살해하는 관습과 그 신의 부활에 대한 신앙이 수렵목축사회 단계에서 비롯되었거나 혹은 최소한 그 단계에서 존재했다는 점을 보여주고, 나아가 그것이 농경사회 단계에서도 여전히 잔존했다는 점을 제시할 수만 있다면, 앞의 설명이 갖는 타당성은 보다 높아질 거라는 말이다. 이때 살해당한 신이 수렵목축사회 단계에서는 주로 동물이었던 데에 비해, 농경사회 단계에서는 주로 곡식이나 곡식을 대표하는 인간이었다. 따라서 아래에서는 이런 문제를 다루고자 한다. 나는 논의 과정에서 여전히 남아 있는 불명료한 점들을 명확히 하는 한편, 독자들이 지닐 법한 의문이나 반론에 대해서도 대답을 시도해 보고자 한다.

먼저 우리 논의의 출발점이었던 유럽 농민들의 봄 축제에 대한 이야기부터 시작해 보자. 봄 축제의 유형에는 이미 소개한 의식 외에도, 신적 혹은 초자연적 존재의 모의 죽음을 현저한 특징으로 보여 주는 두 가지 관습이 있다. 하나는 사육제Carnival가 인격화된 인물 안에서, 그리고 다른 하나는 죽음의 신 그 자체가 인격화된 인물 안에서 그런 신적 존재의 죽음이 극적으로 표출된다. 전자의 의식은 필연적으로 사육제가 끝나는 시점에서 행해졌는데, 통상 그 축제의 마지막 날인 '참회의 화요일Shrove Tuesday'이나 혹은 사순절의 첫 번째 날인 '재[灰]의 수요일Ash Wednesday'에 이루어졌다.

이에 비해 일반적으로 '죽음의 운반' 혹은 '죽음의 추방'이라 부르는 후자의 의식이 거행된 날은 일정치 않다. 하지만 그것은 대개 사순절의 네 번째 일요일에 행해졌기 때문에 '죽음의 일요일Dead Sunday'로 통한다. 그러나 어떤 지방에서는 그 의식을 일주일 앞당겨 행하기도 하고, 보헤미아 체코Czech인의 경우는 일주일

늦게 행하기도 하며, 모라비아[3] 지방의 어떤 독일인 마을에서는 부활절 이후의 첫 번째 일요일에 행하기도 한다. 아마도 그것은 최초의 제비가 돌아온 날 혹은 그밖에 봄의 사자가 출현한 날에 따라 매우 다양했을 것으로 보인다. 혹자는 그 의식의 기원이 슬라브적 의식일 거라고 주장한다. 예컨대 그림Grimm 형제[4]는 후자의 의식이 3월을 새해의 시작으로 본 고대 슬라브인의 신년제였을 거라고 생각했다. 그러면 이중에서 달력상 늘 먼저 시행된 전자의 의식, 즉 사육제의 모의 죽음에 관한 사례부터 생각해 보자.

로마와 나폴리 사이에 있는 라티움 지방의 프로시노네[5]에서는 사육제의 마지막 날에 '라디카Radica'라 부르는 고대 축제가 시작됨으로써 단조로운 일상이 깨지고 활기에 넘쳤다. 오후 4시쯤 되면 수많은 군중에 의해 에워싸인 마을 악대가 신나게 연주를 하면서, 군청을 비롯한 관공서들이 즐비하게 서 있는 피아차델플레비시토 거리를 향해 행진한다. 그곳에 이르면 광장에 형형색색의 꽃들로 장식된 화려한 사두마차가 군중의 시선을 모은다. 사두마차에는 커다란 의자가 놓여

---

3 중부 유럽의 한 지역. 중세에는 대모라비아Great Moravia라는 왕국의 중심지였으나, 이 왕국은 11세기 보헤미아 왕국에 합병되었다. 20세기에 들어와 모라비아는 지금의 체코에 편입되었다. 서쪽과 북서쪽으로는 보헤미아, 북동쪽에 슐레지엔, 동쪽에 슬로바키아, 남쪽으로는 니더외스터라이히 지방과 맞닿아 있다.

4 야코프 루트비히 카를 그림Jacob Ludwig Carl Grimm(1785~1863), 빌헬름 카를 그림Wilhelm Carl Grimm(1786~1859). 독일의 형제 작가. 이들이 펴낸 민요와 민담집은 고전이 되었으며, 특히 『어린이와 가정을 위한 옛날이야기Kinder-und Hausmarchen』(1812~1822)가 유명하다. 이 책은 보통 『그림 동화집 Grimm's Fairy Tales』으로 알려져 있으며, 민속학의 연구를 탄생시킨 계기가 되었다. 여기에 실린 200편의 이야기는 독일을 비롯해 지구상의 모든 지역에서 널리 보급되어 지금은 70여 개국 언어로 번역되었다. 이 책은 모든 곳에서 민담 수집의 모범이 되었으며, 그림 형제가 각 이야기에 붙인 주석은 다른 연구논문들과 더불어 민속학 연구의 토대가 되었다. 그들은 먼 과거를 탐구하였고, 과거 속에서 당대의 모든 사회제도를 이루는 토대를 발견했다. 그러나 이러한 토대를 보존하고자 하는 노력은 과거로 돌아가자는 의미는 아니었다. 처음부터 그림 형제는 독일을 넘어선 자료들, 즉 스칸디나비아·스페인·네덜란드·아일랜드·스코틀랜드·영국·세르비아·핀란드 등의 문학 전통까지도 포용하고자 했다. 이밖에 그림 형제는 독일의 역사와 각 지방에 얽힌 전설을 모은 『독일의 전설Deutsche Sagen』(1816~1818) 및 1826년 토머스 크라프턴 크로커의 『아일랜드 남부의 요정 전설과 구전설화Fairy Legends and Traditions of the South of Ireland』 번역판을 내면서 요정 연구에 대한 긴 소개문을 직접 써 서문으로 내놓았다. 빌헬름 그림의 남다른 업적은 6~16세기의 문학과 미술에 언급된 영웅전설에 나오는 주제와 이름들을 모아, 사가Saga라는 문학 형식에 대한 평론을 덧붙여 『독일의 영웅담die Deutsche Heldensage』을 펴낸 데 있다. 한편 야코프 그림은 언어학 분야에서 여러 게르만제어의 역사적 발전 과정을 추적한 『독일어 문법Deutsche Grammatik』(1819~1837)이라는 방대한 문법서를 냈다. 이 책은 당시 게르만어·로망스어·슬라브어 등의 언어학 연구에 큰 영향을 미쳤고, 지금까지도 귀중한 자료로 평가받고 있다. 그 후 야코프는 고대의 법 관행과 신조에 대한 연구서 『독일 법제사 자료Deutsche Rechtsaltertumer』(1828)를 펴냈는데, 오늘날까지도 해당 주제와 관련하여 이 책을 능가할 만한 연구서가 없다고 평가받는다.

5 이탈리아 중부 라치오(라티움) 지방 프로시노네주의 도시

2004년 키프로스의 파포스에서 거행된 사육제 풍경

있는데, 그 의자에는 키가 2.7미터 정도 되며 불그스레한 얼굴에 활짝 웃고 있는 세공사 모양의 웅장한 사육제 조상造像이 앉아 있다. 거대한 구두, 이탈리아 해군 사관이 썼음직한 양철제의 투구, 기묘한 장식들이 달린 알록달록한 의상 따위가 위풍당당한 인물을 더욱 빛내 준다. 그는 오른손으로 군중에게 인사한다. 의자 밑에 숨은 사람들이 줄을 잡아당겨 그런 동작을 취하게 하는 것이다. 그러면 군중이 마차 주변에 몰려들어 환호성을 질러 대며, 온순하고 소박한 자들까지 합세하여 미친 듯이 살타렐로Saltarello 춤[6]을 춘다. 이때 누구나 '라디카(뿌리)'라 부르는 것을 손에 들고 있어야 한다는 점도 이 축제의 특이한 점이라 할 수 있다. 여기서 '라디카'란 알로에나 용설란龍舌蘭의 큰 이파리를 가리킨다. 이것이 없는 자들은 대용으로 막대기에 꽂은 큰 양배추 잎이나 혹은 기묘한 모양의 풀잎 다발을 들고 있어야 한다. 그렇지 않으면 쫓겨난다.

이제 군중은 천천히 마차를 군청 문 앞까지 호송한 다음 멈춰 선다. 그러면 마차는 울퉁불퉁한 노면을 따라 덜컹거리며 군청 마당 안으로 들어간다. 순간 군중은 물을 끼얹은 듯 조용해진다. 이 장면을 지켜본 목격자의 표현에 따르면, 군중의 숨죽인 소리만이 마치 먼 바다의 일렁이는 파도소리처럼 들릴 뿐이다. 그들의 모든 시선은 오로지 문 쪽으로 향하고 있다. 거기에서 군수와 그 밖의 고급 공무원들이 나타나 영웅에 대해 얼마만큼의 경의를 표할 것인지를 지켜보는 것이다. 이윽고 고관들이 모습을 나타내면 군중의 환호성과 박수갈채가 터진다. 고관들이 줄줄이 계단을 내려와 행진에 참여하면, 사육제의 찬가가 우렁차게 울려 퍼진다. 그러면 군중은 고막이 터질 정도의 함성을 지르면서 제각각 알로에 이파리나 양배추 이파리들을 공중에 던진다. 그것들이 잘난 이, 못난 이 할 것 없이 모두의 머리 위로 공평하게 떨어지면 서로 그것을 잡으려고 엎치락뒤치락하면서 축제의 신선한 열기가 한층 더 무르익는다.

관계자 일동이 만족스러워하는 가운데 예비 행사가 끝나면 행렬이 다시 움직인다. 행렬의 후미에는 몇 통의 포도주와 경찰 몇 명을 태운 마차가 뒤따른다. 이때 경찰은 술을 찾는 이들이 있으면 누구에게든 친절하게 술을 내주어야 한다. 그래서 행렬 뒤에는 으레 이 기회를 놓칠세라, 공공 예산으로 마음껏 취해 보겠

---

6 중세와 르네상스 시대의 궁정춤. 오늘날 로마의 민속춤. 경쾌하고 즐거운 이 춤은 4분의 3박자 또는 8분의 6 박자의 음악에 맞추어 남녀가 짝지어 춘다.

다고 법석거리는 패거리들이 있게 마련이다. 그들은 마구 고함을 지르고 욕지거리를 퍼부으며 주먹을 휘둘러 댄다. 서로 먼저 술을 마시겠다고 눈이 벌겋게 상기되어 기를 쓰고 덤벼든다. 어쨌든 이 장엄한 행렬이 시내 중심지를 누비고 행진한 다음에, 이윽고 사람들은 사육제 인형을 광장으로 운반한다. 거기서 사육제 인형은 의상이 다 벗겨진 채 장작더미 위로 올려져 군중의 함성 속에서 불태워진다. 이때 군중은 다시금 사육제의 찬가를 소리 높여 부르고, 장작불 위에 이른바 '라디카'를 던지면서 마음껏 광란의 춤을 추는 것이다.

아브루치[7]에서는 입에 담배 파이프를 물고 술병을 옆구리에 찬 네 명의 묘지 파는 일꾼들이 사육제의 종이인형을 운반한다. 그들 앞에는 상복을 입고 눈물 짜는 시늉을 하는 사육제의 아내가 걸어간다. 일행은 때로 멈추어 선 채 동정을 베푸는 군중을 향해 사육제의 아내가 자비심을 청하기도 한다. 그러는 동안 묘지 파는 일꾼들은 술을 마시며 원기를 돋운다. 광장에 도착하면 북치는 소리며 여자들의 날카로운 비명소리며 사나이들의 거친 고함소리 속에서, 모의 시체를 화장터에 올려놓고 불을 붙인다. 인형이 타기 시작하면 군중들 사이에 밤[栗]을 던진다. 때로 사육제의 인형은 막대기 끝에 매단 허수아비로 표상되기도 한다. 허수아비는 오후 내내 무언극을 연출하는 광대들에 의해 마을 곳곳을 돌아다닌다. 그러다가 저녁이 되면 네 사람의 광대들이 이불이나 담요의 네 귀퉁이를 잡고 그 속에 사육제의 허수아비를 던져 넣고는 다시 움직인다. 이때 광대들은 닭똥 같은 눈물을 흘리고 냄비 뚜껑을 두들긴다든지 종을 친다든지 하면서 슬픔의 극치를 표현한다. 또 어떤 경우 아브루치에서는 관 속에 누워 있는 한 사나이를 사육제의 시체로 표상한다. 그럴 때는 사제로 분장한 자가 목욕통 하나에 가득히 담긴 성수를 남김없이 사육제의 시체 위에 뿌린다.

1877년에 영국의 어느 여행가는 카탈루냐[8]의 레리다에서 행해진 사육제를 목격한 적이 있었다. 거기서는 사육제의 마지막 일요일에 보병과 기병, 기타 말이나 마차에 탄 채 온갖 종류의 가면을 쓴 광대들이 '파우피 전하His Grace Pau Pi'라 부르는 인형을 태운 큰 마차를 호위하며 의기양양하게 대로를 행진한다. 사육제는 사흘 동안 흥청망청한 난장판이 계속되며, 마지막 날 밤중에 행렬이 다시 대로를

---

7 이탈리아 중부에 있는 지방. 아드리아해에 면해 있으며 라퀼라·키에티·페스카라·테라모 주로 이루어져 있다.
8 스페인에서 가장 부유하고 공업이 발달한 지방이며 역사상의 지역. 스페인 북동부의 주들인 헤로나·바르셀로나·타라고나·레리다 등을 포함하며 중심 도시는 바르셀로나이다.

누빈다. 하지만 이번에는 그 모양새나 목적이 저번과는 달리, 개선마차 대신 그 안에 인형 시체를 태운 영구차가 등장한다. 또한 저번 행렬에서는 가면을 쓴 광대들이 유쾌한 재담과 익살을 떨면서 '바보 같은 학생들'을 연출했지만, 이번에는 그들이 사제나 주교의 예복을 입은 채 불을 켠 커다란 촛불을 높이 들고 장송가를 부르며 엄숙하게 걷는다. 나머지 광대들도 모두 상복을 입고 있으며, 말을 탄 자들은 저마다 타오르는 횃불을 들고 있다. 거리 전역에 걸쳐 그리고 다층 가옥들의 창문과 발코니, 옥상 할 것 없이 환상적이고 화려한 복장과 가면을 쓴 구경꾼들로 꽉 차 있는 가운데 애도의 행렬이 묵묵히 지나간다. 그때 저편 하늘이 번쩍거리며 이동식 횃불에서 십자형 불빛이 피어올랐다가 사라진다. 그리고 다시 빨강과 파랑 불꽃이 피어났다 사라진다. 이어서 말발굽 소리와 행진하는 군중의 발자국 소리 너머로 진혼곡을 부르는 사제들의 노래 소리가 들려오는가 싶더니, 곧 군악대의 장중한 북소리에 묻혀 버린다. 이윽고 행렬이 광장에 멈춰 서면 '파우피 전하'라 부르는 인형에 대한 추도사가 장난스럽게 말해지고 모든 불이 꺼진다. 그런 다음에 군중 속에서 악마와 그 부하들이 뛰쳐나와 모의 시체를 탈취하여 도망치면 온 군중이 그들을 추격한다. 당연히 그들은 악마 일당을 붙잡아 해산시킨다. 이렇게 되찾은 모의 시체는 미리 준비해 놓은 묘지에 매장한다. 1877년에 거행된 레리다의 사육제 인형은 이런 식으로 죽어 땅에 묻혔다.

프로방스 지방에서도 이와 유사한 의식이 '재의 수요일'에 집행한다. 거기서는 기묘하게 분장한 '카라망트란Caramantran'이라는 인형을 마차나 가마에 태우고, 기묘하게 단장한 군중들이 그 뒤를 따른다. 그들은 포도주가 가득 찬 표주박을 몸에 지닌 채 취하도록 연신 들이마시며, 취하지 않은 자까지도 모두 취한 척한다. 행렬의 선두에는 재판관과 변호사로 분장한 사나이들 몇 명과 사순절 복장을 한 삐쩍 마르고 키가 큰 자가 앞장서 간다. 그 뒤에는 상복 입은 젊은이들이 마치 카라망트란에게 당장이라도 비극적인 운명이 닥치기라도 할 듯한 슬픈 표정을 지으며 볼품없는 말을 타고 따라간다. 이윽고 일행이 광장에 이르자, 법정이 설치되고 카라망트란이 피고인석에 앉혀진다. 군중의 아우성 속에 재판이 진행되고 마침내 사형이 선고된다. 카라망트란의 변호를 맡은 변호사는 끝까지 무죄를 주장하지만, 재판관들은 정해진 자기 의무를 다할 뿐이다. 그리하여 사형수는 벽에 세워져 돌멩이 세례를 받아 죽고 만다. 그런 다음 만신창이가 된 카라망트란의 유해는 바다나 강에 던져진다.

2004년 베네치아 사육제

아르덴[9]의 거의 모든 지역에서는 '재의 수요일'에 사람들이 사육제 인형을 불태우면서 그 주변에서 사육제 노래를 부르는 관습이 지금까지도 남아 있다. 거기서는 종종 아내에게 불성실한 남편과 닮은 인형을 만드는 일도 있다. 쉽게 예상할 수 있듯이, 그렇게 인형으로 만들어지는 인물은 가정 파탄을 일으킬 위험이 있는 자이다. 그래서 사람들은 그런 바람둥이의 집 앞에서 그와 닮은 인형을 불태운다. 이때 그의 친구들과 이웃들은 성난 음성으로 그의 사생활에 대해 마치 합창이라도 하듯이 왁자지껄하게 떠들어 댄다. 아르덴 지방의 몇몇 마을에서는 살아 있는 한 젊은이를 건초와 지푸라기 따위로 치장하여 '참회의 화요일Shrove Tuesday'의 역할을 맡기기도 한다. 마찬가지로 프랑스에서도 사육제를 의인화한 인물에 대해 그것을 종종 축제 기간의 마지막 날을 가리키는 '참회의 화요일'이라고 부른다. 이 인물은 법정에 연행되어 사형을 선고받고 벽에 세워진 다음, 마치 군인이 사형 집행을 받듯이 공포탄의 일제 사격을 받는다. 이때 브리노-부아에서는 실수로 장전된 실탄이 발사되어 불쌍한 '참회의 화요일'이 실제로 죽은 적이 있었다. 그런데 이 모의 사형수는 군중들의 환호성 가운데 총에 맞아 쓰러지면서 너무나 자연스러운 연기를 보여 주었다. 하지만 그는 다시 일어나지 않았고, 사람들이 그에게 달려갔을 때 그는 이미 싸늘한 주검이 되어 있었다. 그 후 아르덴 지방에서는 이런 모의 사형 집행을 폐지했다고 한다.

노르망디의 관습에서는 '재의 수요일'의 전날 밤에 '참회의 화요일의 장례식'이라 부르는 축제를 행한다. 이 축제에 등장하는 누추한 인형은 빈약하고 남루한 옷에 너덜너덜한 낡은 모자를 지저분한 얼굴이 보이지 않을 정도로 푹 눌러쓰고 있으며, 개구리처럼 둥글고 불뚝 튀어나온 배에는 지푸라기가 가득 차 있다. 그것은 마치 오랜 방탕 끝에 이제는 그 죄 값을 받아야 마땅할 그런 질 나쁜 노인네의 분위기를 풍기고 있다. 사육제를 인격화한 이 통속적인 인형은 한 건장한 사나이의 어깨에 얹혀진 채 실의에 찬 모습으로 거리를 돌아다닌다. 그것을 멘 사나이는 무거워 견딜 수 없다는 듯 절뚝거리는 시늉을 하면서 말이다. 이때 북치는 사람이 앞에 서고 그 뒤로 마을의 똘마니와 하층민과 거지 등 온갖 어중이떠중이들이 엄청난 기세로 모여들어 야유를 퍼부으며 따라간다. 이들이 시끄

---

9 서부 유럽에 있는 숲으로 덮인 고원지대. 고대 아르덴 삼림의 일부를 포함하며, 벨기에의 뤽상부르·나무르·리에주 주의 대부분과 룩셈부르크의 일부, 프랑스의 아르덴주에 걸쳐 있다.

럽게 두들겨 대는 부삽과 부젓가락, 솥과 냄비, 나팔과 빈 병 따위의 소음들이 성난 외침이며 욕지거리며 울부짖음 따위와 뒤섞여 북새통을 이루는 가운데 명멸하는 햇불의 불빛을 따라 인형을 끌고 다니는 것이다. 이윽고 행렬이 멈춰 서면, 최고의 도덕군자연하는 자가 나와 늙은 죄수가 지금까지 범한 비행들을 폭로하고 비난하면서 그 죄의 대가로 이제 산 채로 불에 태워지는 거라며 일장 연설을 한다. 그러면 사람들은 자신을 변호할 수 없는 죄수를 짚 다발 위에 던지고 햇불로 불을 붙인다. 이에 조무래기들은 활활 타오르는 인형을 보고 즐거워 어쩔 줄 모르겠다는 듯이 그 주위를 펄쩍펄쩍 뛰어다니며 사육제의 죽음에 관한 통속적인 노래를 악쓰듯이 불러 댄다. 때로 이 인형은 불에 태워지기 전에 산 언덕배기에서 굴려지는 경우도 있다.

생로[10]에서는 누더기 옷을 입은 '참회의 화요일' 인형 뒤로 그의 미망인이 따라간다. 그녀는 몸집이 크고 건장한 어떤 촌뜨기가 상복용 베일을 쓴 여자로 분장한 것인데, 큰 소리로 애도와 고뇌를 외친다. 인형은 가마에 태워져 가면을 쓴 군중들과 함께 거리를 돌아다닌 후에 비르 강물 속에 던져진다. 60여 년 전, 어린 시절에 이 마지막 정경을 목격한 옥타브 푀이예Octave Feuillet 부인은 그때를 다음과 같이 매우 회화적으로 묘사하고 있다. "내 양친은 잔 쿼라르Jeanne Couillard 탑 꼭대기에서 장례 행렬이 지나가는 것을 보기 위해 친구들을 초대했다. 당시는 기근으로 인해 물이 부족했던 때인지라 목을 축일 수 있는 유일한 청량음료였던 레몬 주스를 들이키면서, 내 평생에 잊을 수 없는 생생한 장관을 탑 위에서 밤새 지켜보았다. 탑 아래로는 고색창연한 돌다리 밑으로 비르강이 흐르고 있었다. 다리 중간쯤에는 이파리로 치장된 가마에 '참회의 화요일' 인형이 안치되어 있었고, 그 주위에는 가면을 쓴 사람들이 햇불을 들고 춤추며 노래를 불러 댔다. 그들 중 알록달록한 의상을 입은 몇몇 사람은 마치 마귀처럼 난간을 따라 달리고 있었다. 또 한쪽에는 떠들다 지쳤는지 말뚝 위에 앉은 채 조는 사람들도 있었다. 이윽고 춤이 끝나자, 군중 가운데 누군가가 햇불을 잡아 인형에 불을 붙였다. 그런 다음 사람들은 한층 소란스럽게 외쳐 대면서 불붙은 인형을 강물 속으로 던져 버렸다. 송진을 칠해 놓은 밀짚인형이 계속 타오르면서 비르 강물을 따라 흘러 내려가는 동안, 그 불빛이 건너편 강둑의 숲과 루이 11세와 프랑수아 1세가 잠들어

---

10 프랑스 북서부 바스노르망디 지방 망슈주의 도시. 비르강 계곡이 내려다보이는 곳에 있다.

있는 옛 성벽을 훤히 비추었다. 유령같이 타오르는 마지막 불빛이 마치 흐르는 유성처럼 깜박거리며 계곡 끝으로 사라질 즈음, 가면 쓴 자들과 군중이 모두자리를 떠나자 우리도 손님들과 함께 탑에서 내려왔다."

튀빙겐 근방에서는 '참회의 화요일'에 '참회절의 곰Shrovetide Bear'이라 부르는 인형을 만든다. 그 인형에 낡은 바지를 입히고, 싱싱한 검정 소시지나 피가 가득 찬 물총 두 개를 목에 꽂아놓는다. 사람들은 이 인형에 상투적으로 사형을 선고하고, 모가지를 잘라 관 속에 넣어 '재의 수요일'에 교회 마당에서 불태운다. 이를 '사육제 인형의 매장'이라 부른다. 반면 트란실바니아의 몇몇 색슨족 사이에서는 사육제 인형이 교살형을 당한다. 가령 브랄러에서는 '재의 수요일' 혹은 '참회의 화요일'에 두 필의 흰 말과 두 필의 붉은 말이 끄는 썰매에 흰 옷을 입힌 밀짚인형을 실어 운반한다. 인형 옆에는 쉴 새 없이 회전하는 마차 바퀴가 하나 놓여 있다. 이때 노인으로 분장한 두 젊은이가 울부짖으며 썰매 뒤를 따라간다. 마을의 다른 젊은이들은 리본으로 단장한 말에 올라타고 행렬을 따른다. 그 선두에는 상록수 화관을 쓴 두 아가씨가 마차나 썰매를 타고 앞서 간다. 이윽고 한 나무 아래서 재판이 열린다. 거기서 군인으로 분장한 젊은이들이 사육제 인형에게 사형을 선고한다. 그러자 두 노인이 밀짚인형을 구조하여 도망치려 하지만 실패하고 만다. 즉, 인형은 두 아가씨에게 붙잡혀 다시 사형집행인에게 인도되어 나무에 매달린다. 노인들이 재차 나무에 올라가 인형을 끌어내리려 하지만 역시 실패로 끝난다. 나무에 기어 올라간 노인들은 번번이 굴러떨어진다. 이에 지치고 절망한 두 노인은 땅을 치며 사형수를 위해 통곡한다. 이때 한 관리가 나타나 일장 연설을 한다. 내용인즉, 사육제 인형이 노인네들의 신발을 닳게 했을 뿐만 아니라 그들을 지치고 졸리게 만들어 손해를 끼쳤기 때문에 사형선고를 내린다는 것이다.

레크라인에서는 '사육제 인형의 매장'을 행할 때, 검은 의상을 입은 여자로 분장한 사나이가 네 명의 남자들에 의해 가마나 상여에 태워져 끌려간다. 이때 역시 검은 의상의 여자로 분장한 남자들이 그를 위해 애도한다. 이어서 사람들은 그를 마을의 퇴비 더미 앞에 내동댕이치고 구정물을 끼얹은 다음 퇴비 속에 묻고 그 위에 밀짚을 덮어 버린다. 또한 에스토니아인들은 '참회의 화요일' 전야에 '메치크metsik', 즉 '나무의 정령'이라 부르는 밀짚인형을 만든다. 그리고 한 해는 이 인형에 남자 옷과 모자를 씌우고, 또 한 해는 여자 옷과 머릿수건을 씌운다. 사람들은 이 인형을 기다란 막대기 끝에 꽂아 기쁨의 환호성을 지르면서 마을 어귀를 지나 숲속의 어떤 나무 앞까지 운반한 다음, 나무 꼭대기에 묶어놓는다. 그들은 이 의식이 모든 재난에서 자신들을 보호해 준다고 믿었다.

때로 이 같은 참회절 혹은 사순절의 의식에서 의사자擬死者의 부활이 연출되기도 했다. 스와비아의 몇몇 지역에서는 '참회의 화요일'에 '철제수염의 의사'가 어떤 환자의 피를 빼내는 흉내를 낸다. 그러면 환자는 죽은 척 땅에 쓰러진다. 하지만 의사가 죽은 환자에게 대통을 통해 바람을 불어넣어 줌으로써 결국 그의 생명을 되살려 내는 연기를 한다. 하르츠 산지 근방에서는 사육제가 끝난 뒤에 한 남자를 빵 굽는 솥 안에 눕혀 묘지로 운반한다. 그러나 묘구덩이에 실제로 묻히는 것은 사람이 아니라 한 병의 술이다. 어쨌든 한 연설이 행해진 다음 사람들은 마을 광장으로 돌아가 장례식 때 배포된 기다란 진흙 파이프로 담배를 태운다. 다음해 '참회의 화요일' 아침이 되면 사람들은 묘지에 묻어 놓았던 술을 파내어, 재생한 영혼으로 간주하여 모두가 그 술을 돌려 마시면서 축제를 시작한다.

3. 죽음 인형의 추방

'죽음 인형의 추방'이라는 의식은 '사육제 인형의 매장' 의식과 거의 같은 양상을 보여 준다. 다만 '죽음 인형의 추방'은 일반적으로 여름과 봄과 생명 따위를 초대하는 의식 혹은 선언문이 수반된다는 점이 다를 뿐이다. 바바리아 지방의 중부 프랑켄[11]에서는 사순절의 네 번째 일요일에 마을의 장난꾸러기들이 '죽음의 밀짚인형'을 만들어 광대놀이를 하면서 거리 곳곳을 돌아다닌다. 그런 다음 인형을 마을에서 멀리 떨어진 곳에 가지고 가서 불살라 버린다. 16세기의 한 저술가는 이런 프랑켄의 관습에 관하여 다음과 같이 기록하고 있다. "교회가 우리에게 명하는 축제의 계절인 사순절의 중간 시기쯤에 내 고향 젊은이들은 '죽음의 신'을 표상하는 밀짚인형을 만들어 그것을 막대기 끝에 묶고 악을 쓰며 이웃 마을까지 돌아다닌다. 어떤 마을에서는 그들을 친절하게 맞이하여 우유와 콩 혹은 말린 배[梨] 따위의 계절 음식을 나눠 주기도 한다. 젊은이들은 그런 것들을 배불리 얻어먹고 집으로 돌아온다. 그러나 또 어떤 마을에서는 환대는커녕 오히려 그들을

---

11 라인란트팔츠·바덴뷔르템베르크·헤센 주 등에 있는 라인강 유역

불행의 전조, 죽음의 사자로 보아 욕을 하며 무기로 위협하여 쫓아내기도 했다."

에를랑겐 근방의 마을에서는 사순절의 네 번째 일요일이 되면 농가의 아가씨들이 곱게 단장하고 머리에는 꽃을 장식한다. 그리고 나뭇잎으로 치장한 것에 흰 보자기를 씌운 인형 몇 개를 들고 이웃 마을로 간다. 아가씨들은 둘씩 짝을 지어 집집마다 돌아다니다가 잘사는 집 앞에 멈춰서서, 사순절을 맞이하여 죽음을 물 속에 던져 버리려 한다는 내용의 짤막한 노래를 부른다. 이들은 약간의 소소한 답례품을 받은 다음, 레그니츠강[12]으로 가서 죽음을 표상하는 인형을 강물에 던진다. 이는 한 해의 풍작과 번영을 위한 것이다. 나아가 그것은 질병과 갑작스러운 죽음에서 사람들을 안전하게 지키기 위한 의식이었다. 누렘베르크[13]에서는 일곱 살에서 열여덟 살에 이르는 소녀들이 수의 속에 감춘 인형 하나를 뚜껑 없는 조그만 관에 넣고 거리를 행진한다. 다른 일행은 사과 한 알을 벚나무 가지 위에 매달고 그것을 뚜껑 없는 상자에 넣어 가지고 다닌다. 이들은 "우리는 죽음을 물 속에 버려요. 축복이 있을 거예요"라든가, "우리는 죽음을 물 속에 던져요. 우리는 죽음을 물 속에 넣었다 꺼냈다 해요"라고 노래한다. 바바리아의 몇몇 지역에서는 1780년경까지만 해도 이런 '죽음의 추방' 의식을 행하지 않으면 무서운 전염병이 돌게 될 거라고 믿었다.

튀링겐의 몇몇 마을에서는 사순절의 네 번째 일요일이 되면, 어린애들이 자작나무 가지로 만든 인형을 메고 마을을 돌아다니다가 연못 속에 버리면서 이렇게 노래한다. "우리는 목동의 옛 집 뒤편에 낡은 죽음의 신을 추방한다. 그럼으로써 우리는 여름을 얻었도다. 그럼으로써 크로덴Kroden의 힘이 파괴되었노라." 게라[14] 근방의 데브슈비츠 혹은 도브슈비츠에서는 '죽음의 추방' 의식이 매년 3월 1일에 행해졌다. 이때 젊은이들은 지푸라기 같은 것으로 인형을 만들어 여러 집에서 모아온 헌 옷을 입힌 다음, 그것을 강으로 메고 가서 강물에 던져 버린다. 그들은 마을로 돌아와 사람들에게 좋은 소식을 전해 주고, 그 보상으로 달걀이나 그 밖의 음식물을 받는다. 이런 의식은 마을을 정화하고, 여러 질병이나 재앙에서 주민들을 지켜 준다고 믿었다.

원래 슬라브족에 속했던 튀링겐의 다른 마을들에서는 죽음의 인형을 추방할

---

12 독일 남동부 바이에른 지역의 강

13 뉘른베르크Nürnberg를 말한다. 독일 바이에른주에서 뮌헨 다음가는 제2의 도시

14 독일 남부 튀링겐주의 도시

때 "이제 우리는 죽음의 신을 마을에서 추방하고 봄의 신을 맞이하노라"는 내용
으로 시작하는 노래를 부른다. 이런 관습은 17세기 말과 18세기 초에 튀링겐 지
역에서 다음과 같이 행해졌다. 우선 소년소녀들이 지푸라기 같은 걸로 인형을 하
나 만드는데, 그 인형의 형상은 해마다 달랐다. 어떤 해에는 할아버지 모양의 인
형을 만들었다가, 다음 해에는 할머니 모양으로, 그 다음 해에는 젊은 청년 모양,
그리고 그 다음 해에는 처녀 모양 등으로 매년 바뀌었다. 인형에게 입히는 옷도
매년 달랐다. 그런데 인형을 누구의 집에서 만들 것인가를 놓고 항상 심한 논쟁
이 벌어졌다. 왜냐하면 그 인형이 만들어진 집은 그 해에 절대 죽음이 없을 거라
고 믿었기 때문이다.

어쨌든 인형이 완성되면 그것을 막대기 끝에 묶어 짊어지고 행진한다. 이때 인
형이 할아버지 형상일 경우에는 처녀가 짊어지고, 할머니 형상일 경우는 젊은 청
년이 짊어진다. 그리하여 젊은이들이 각각 손에 몽둥이를 들고 "우린 죽음을 몰
아내고 있어요"라고 노래하면서 인형을 메고 행진하는 것이다. 마침내 강가에
도착하면 그들은 인형을 강물에 던지고는 곧바로 뒤도 돌아보지 않고 쏜살같이
되돌아온다. 이는 죽음이 그들의 어깨 위로 뛰어올라 목을 조일지도 모른다고 믿
었기 때문이다. 또한 이렇게 버린 인형에는 아무도 손을 대려 하지 않았다. 손을
대면 말라죽게 될 거라고 믿었다. 한편 집에 돌아오자마자 손에 지니고 있던 몽
둥이로 가볍게 소들을 때린다. 그러면 가축들이 살이 찌고 새끼를 많이 낳을 거
라고 여겼다. 그런 다음 젊은이들은 인형이 만들어진 집을 방문하여 반쯤 익힌
콩 요리를 얻어먹는다.

이러한 '죽음의 추방' 관습은 색소니 지방에서도 행해졌다. 라이프식에서는
매년 사순절 중간쯤에 사생아와 매춘부들이 짚으로 죽음의 인형을 만든다. 그들
은 인형을 메고 노래를 부르면서 거리 곳곳을 돌아다니다가, 특히 젊은 기혼 여
성들에게 그것을 보여 준다. 그리고 마지막으로 인형을 파르테강에 가지고 가서
던져 버린다. 그들은 이런 의식을 통해 젊은 부인들이 자식을 많이 낳고, 마을이
정화되며, 그 해에 모든 재앙과 역병으로부터 주민들이 보호받을 거라고 호언장
담했다.

이와 동일한 종류의 의식들이 폴란드의 슐레지엔 지방에서도 사순절 중간쯤
에 행해졌다. 슐레지엔의 여러 지역에서는 젊은 아가씨들이 청년들의 도움으로
밀짚인형에 여자 옷을 입히고는 그것을 마을 바깥의 해가 지는 방향으로 메고

나간다. 마을 어귀에서 그들은 인형의 옷을 벗겨 내고 그것을 갈기갈기 찢은 다음, 그 조각들을 논밭에 뿌렸다. 이걸 '죽음 인형의 매장'이라고 부른다. 이렇게 죽음의 인형을 추방할 때, 그들은 "우리는 이제 죽음을 떡갈나무 밑에 묻으려 해요. 그러면 죽음이 사람들에게서 떨어져 나갈 거예요"라고 노래한다. 때로는 죽음이 다시 돌아오지 못하도록 그것을 산 넘고 골짜기를 지나 먼 곳에 버렸다는 내용의 노래를 부르기도 한다.

그로스-슈트렐리츠 근방에 사는 폴란드인들은 이런 인형을 '고이크Goik'라고 부른다. 사람들은 그것을 말 잔등에 태워 가장 가까운 강에 가서 던져 버린다. 이런 의식을 통해 다가오는 해에 모든 질병으로부터 사람들을 지켜 줄 거라고 믿었다. 볼라우와 구라우 지방에서는 죽음의 인형을 이웃 마을의 접경지역에 갖다 버렸다. 그런데 이웃 마을 사람들은 그런 불길한 인형이 자기 마을 가까이에 버려지는 것을 두려워한 나머지 그것을 막으려고 경계를 섰다. 그래서 두 마을 사이에 종종 치열한 싸움이 벌어지곤 했다. 상上슐레지엔 지방에 사는 폴란드인들은 노파 모양의 인형을 '마르자나Marzana', 즉 '죽음의 여신'이라고 부른다. 이 인형은 최근 가족 중에 상을 당한 집에서 만들어지며, 막대기 끝에 묶어 마을 경계 근처의 연못에 던져 버리거나 불에 태운다. 폴크비츠에서는 한때 '죽음의 추방' 관습이 지켜지지 않은 적이 있었는데, 의식의 중지로 말미암아 무서운 역병이 돌았다 하여 다시 부활하였다.

보헤미아에서는 소년들이 죽음을 표상하는 밀짚인형을 메고, 마을 경계까지 가서 불태우면서 다음과 같은 노래를 부른다.

죽음을 마을에서 추방하고
새로운 여름을 마을에 맞이하리.
반가워요, 여름이시여
반가워요, 초록의 어린 곡초여!

보헤미아의 타보르에서는 죽음의 인형을 마을에서 끌어내어 강물에 던지면서 이런 노래를 부른다.

죽음이 강물에서 헤엄치고 있으니,

머잖아 여름이 찾아오리라.
우리는 그대를 위하여 죽음을 추방하고
여름을 맞이한다네.
오, 거룩한 마르케타Marketa여,
우리에게 풍년을 가져다주시어
밀과 호밀이 풍성하게 하소서!

보헤미아의 다른 몇몇 지방에서는 마을 경계까지 죽음의 인형을 운반하면서 다음과 같이 노래한다.

우리는 마을에서 죽음을 추방하고
새해를 마을에 맞이한다네.
그리운 봄이시여, 얼른 오소서,
초록의 들판이시여, 어서 오소서!

그리고 마을 뒤에 돌무지를 쌓고, 그 위에서 밀짚인형을 불사르며 마구 욕설을 퍼부어 댄다. 그런 다음 이런 노래를 부르면서 집으로 되돌아간다.

우리는 죽음을 추방하고
생명이 되돌아오게 했다네.
생명이 우리 마을에 거처를 정했다네.
그러니 즐거운 노래 부르세!

야스니츠라든가 자이텐도르프 같은 모라비아의 독일인 마을에서는 젊은이들이 사순절의 세번째 일요일에 함께 모여 밀짚인형을 하나 만든다. 구할 수만 있다면 보통 그 인형에 가죽 모자와 가죽 치마를 입힌 다음 그것을 막대기 끝에 매달아 아가씨들과 함께 들판으로 운반한다. 도중에 이들은 죽음을 추방하고 그리운 여름을 집에 맞이하여 그 여름과 함께 5월과 꽃을 맞이하리라는 내용의 노래를 부른다. 이윽고 정해진 자리에 도달하면 이들은 큰 소리를 지르면서 인형을 중심으로 둥글게 원을 지어 춤을 추다가, 갑자기 인형에게 돌진하여 갈기갈기 찢어 버린다. 그리고 마침내 그 쪼가리들을 주워 모아 쌓고 막대기를 분질러 함께 불에 태운다. 그들은 불타오르는 인형 쪼가리들을 중심으로 빙글빙글 돌면서 즐겁게 춤을 춘다. 이를테면 봄의 승리를 자축하는 것이다. 그러다가 불이 거의 다 꺼져 버리면 일행은 집집마다 돌아다니며 달걀 선물을 받아 그것으로 잔치를 벌인다. 요컨대 죽음을 멀찌감치 추방해 버렸으니, 당연히 선물을 받아야 할 게 아니냐는 것이다.

이상의 사례들은 죽음의 인형이 종종 두려움과 증오와 혐오의 대상으로 여겨지고, 그렇게 다루어졌음을 잘 보여 준다. 마을 사람들이 이 인형을 자기네 마을에서 추방하여 이웃 마을과의 접경지역에 내다버리려고 전전긍긍한다든지, 이웃 마을에서는 불길한 손님을 받아들이기를 꺼리는 현상은 죽음의 인형이 불러들이는 두려움을 보여 주기에 충분한 증거라고 할 수 있다. 나아가 루사티아[15]와 슐레지엔에서는 때로 인형이 남의 집 창문을 엿볼 수 있도록 조작하기도 한다. 그렇게 인형이 엿본 집은 그 가족 중 누군가가 1년 안에 죽을 거라고 믿었다. 하지만 돈을 지불하면 그 자의 목숨을 구할 수 있다고 한다. 또 인형을 버리고 난 후, 그 인형을 운반한 자들은 죽음의 신이 따라오지 못하도록 쏜살같이 되돌아온다. 만일 그들 중 누군가가 뛰다가 넘어지기라도 하면 그런 자는 그 해 안으로 죽을 거라고 믿었다.

보헤미아의 크루딤에서는 십자가 모양의 나무 막대기로 죽음의 인형을 만든다. 그러니까 십자가 꼭대기에 얼굴을 만들고 거기에 가면을 씌운 다음 웃옷을 걸쳐 주는 것이다. 소년들은 사순절의 다섯 번째 일요일에 이 인형을 가장 가까운 시냇가나 연못가로 가지고 가서 한 줄로 나란히 선 다음 그것을 물 속에 던진다. 그리고 모두가 그 인형을 좇아 물 속으로 뛰어든다. 누군가 인형을 먼저 잡으면, 그 즉시 모두 물에서 나와야 한다. 이때 물 속에 뛰어들지 않은 소년이나, 물 속에서 제일 늦게 나온 소년은 그 해 안으로 죽는다고 믿었다. 게다가 그런 소년은 죽음의 인형을 다시 마을까지 혼자 짊어지고 돌아와야 한다. 그런 다음 그 인형을 불태운다. 한편 인형을 만들어서 내온 집은 그 해에 아무도 죽지 않을 것이며, 또한 죽음의 인형을 추방한 마을은 종종 여러 가지 질병에서 보호를 받는다고 여겼다.

---

15 중부 유럽에서 소르브족이 사는 지역

오스트레일리아 슐레지엔의 여러 마을에서는 '죽음의 일요일' 전날에 헌 옷이나 건초, 밀짚 따위로 인형 하나를 만든다. 그 목적은 물론 마을에서 죽음을 몰아내기 위한 데에 있었다. 다음날이 되면, 마을 사람들은 몽둥이나 회초리 따위로 무장한 다음 인형이 있는 집 앞에 집합한다. 그리고 네 명의 젊은이들이 새끼줄로 인형을 꽁꽁 묶어 큰 소리를 질러 대며 온 마을을 끌고 다닌다. 그때 다른 사람들은 그 뒤를 따르면서 몽둥이와 회초리로 마구 인형을 때린다. 그러면서 이웃 마을의 영토에 속한 들판에 이르면, 사람들은 인형을 내려놓고 너덜너덜해질 때까지 마구 두들겨 팬다. 그런 다음 조각난 인형을 들판에 뿌린다. 이런 의식을 거행하면 마을은 그 해에 어떤 전염병에서도 안전하다고 여겼다.

4. 여름맞이

이상의 여러 의식에서 죽음의 추방에 뒤따르는 봄, 여름, 생명 등의 도래 혹은 회복은 다만 암시적으로 나타나 있을 뿐이다. 하지만 다음에 열거할 사례에서는 그런 회복이 매우 명확하게 연출되어 있다. 보헤미아의 몇몇 지역에서는 사람들이 죽음의 인형을 해가 질 무렵에 물 속에 던져 익사시킨다. 그런 다음 소녀들이 숲속에 들어가 푸른 나뭇잎이 달린 어린 나무를 베어다가 그 위에 여자 옷을 입은 인형 하나를 매단다. 그리고 거기에 초록색, 빨간색, 흰색 헝겊 따위로 장식하고는 행렬을 지어 '리토(여름)'와 함께 마을로 행진한다. 이들은 집집마다 돌아다니며 선물을 받고 다음과 같은 노래를 부른다.

죽음이 물에 빠지고,
봄이 우리를 찾아온다네,
빨간 달걀과
노란 팬케이크를 잔뜩 안고서.
우리는 죽음을 마을에서 추방하고,
여름을 마을에 불러들인다네.

슐레지엔의 많은 마을에서는 먼저 죽음의 인형을 공손하게 대접한 다음, 그 옷을 벗기고 저주의 말과 함께 물 속에 던져 버리거나 혹은 갈기갈기 찢어 들판에 뿌린다. 그리고 젊은이들이 숲속에 들어가 키 작은 왜전나무를 베어 나무껍질을 벗긴 후, 거기에 상록수 이파리들을 길게 늘여 만든 잎줄과 종이 장미와 알록달록하게 칠한 달걀 껍질과 갖가지 빛깔의 천 조각 따위로 장식한다. 이렇게 단장한 나무를 '여름' 혹은 '오월'이라 부른다. 소년들은 이것을 가지고 집집마다 다니면서 노래를 부르고 선물을 받는다. 그 노래 가운데에는 다음과 같은 구절이 나온다.

> 우리는 죽음을 추방하고,
> 그리운 여름을 다시 맞이한다네,
> 여름과 오월을
> 그리고 온갖 아름다운 꽃들을.

때로 이들은 앞의 장식 나무 대신 예쁘게 단장한 인형을 숲속에서 가지고 나오기도 한다. 그 인형은 '여름'이나 '오월' 혹은 '신부'로 통한다. 폴란드인 마을에서 그것은 '지반나Dziewanna', 즉 '봄의 여신'으로 부른다.

아이제나흐[16]에서는 사순절의 네 번째 일요일이 되면 젊은이들이 죽음을 표상하는 밀짚인형을 수레바퀴에 묶어 언덕 꼭대기까지 끌고 가는 관습이 있다. 그리고 인형에 불을 붙여 바퀴와 함께 꼭대기에서 굴린다. 이튿날 이들은 키 큰 왜전나무를 벌채하여 색 헝겊 따위로 장식한 다음 그것을 광장에 세운다. 이어서 남자들이 그 나무를 타고 올라가 색 헝겊들을 떼어 내어 가지고 내려온다. 상上루사티아에서는 밀짚과 넝마로 만든 죽음의 인형에다 가장 최근에 결혼한 신부가 걸쳤던 면사포와 가장 최근에 죽은 사람 집에서 얻어 온 웃옷을 입힌다. 그리고 기다란 막대기 끝에 묶은 인형을 가장 키 크고 힘이 센 처녀가 짊어지고 전속력으로 달린다. 이때 다른 사람들은 그 인형을 작대기로 때리거나 혹은 돌팔매질을 한다. 누구든 돌로 인형을 맞히는 자는 그 해에 결코 죽지 않는다고 여겼다. 이리하여 죽음의 인형은 마을에서 추방당해 물 속에 던져지거나 혹은 이웃 마을과의 접경지역에 버려진다. 집으로 돌아오는 길에는 각자 상록수 가지를 하나씩 꺾어

---

16 독일 중부 튀링겐주에 있는 도시

들고 오면서 흥겨워한다. 하지만 일단 마을에 들어서면 그 가지를 던져 버린다. 그런데 때로 이웃 마을의 젊은이들이 자기네 땅에 버려진 인형을 주워 되던지는 경우도 있다. 자기네 땅에 죽음의 인형이 있는 걸 원치 않기 때문이다. 그래서 두 마을 사이에 종종 싸움이 벌어지기도 한다.

어쨌든 이 의식에서 내던져 버린 인형은 죽음을 표상하며, 돌아오는 길에 손에 들고 오는 나뭇가지는 여름이나 혹은 생명을 상징한다. 하지만 때로는 죽음의 인형 자체에 어떤 새로운 생명력이 깃들어 있는 듯이 여겨지기도 한다. 그런 경우는 일종의 부활을 통해 죽음의 인형이 일반적인 재생의 도구가 되기도 한다. 루사티아의 어떤 지역에서는 오직 여자들만이 죽음의 인형을 운반할 수 있으며, 남자들은 거기에 관여할 수 없다. 그녀들은 하루 종일 상복 차림으로 밀짚 인형을 만들어 흰옷을 입히고, 한 손에는 빗자루를 다른 한 손에는 낫을 들게 한다. 동네 개구쟁이들이 돌을 던지며 뒤따라오는 동안 그녀들은 노래를 부르며 인형을 마을의 경계까지 운반하여 갈기갈기 찢어발긴다. 그런 다음 싱싱한 나무를 잘라 그 위에 겉옷을 입히고 이번에는 그 나무를 가지고 노래하며 집으로 돌아오는 것이다.

헤르만슈타트[17] 근방의 트란실바니아 마을인 브랄러의 색슨족들은 승천제 Feast of Ascension[18] 때 다음과 같은 방식으로 '죽음의 추방' 의식을 거행한다. 우선 아침 예배가 끝난 뒤, 모든 여학생들이 그들 중 한 학생 집으로 가서 죽음의 인형을 만든다. 통상 타작하고 남은 보릿대로 머리와 몸통의 얼개를 대충 짜고 양팔은 빗자루를 횡으로 꿰매어 붙인다. 거기다 농가 처녀들의 외출복을 입히고, 머리는 빨간 보자기를 씌워 주며, 팔과 앞가슴에는 은빛 브로치와 색 헝겊들로 치장을 해 준다. 소녀들은 이런 인형을 만들기에 무척 분주하다. 왜냐하면 곧 저녁기도의 종이 울릴 것이고, 정확히 그때에 맞추어 죽음의 인형을 열린 창가에 올려놓아야 하기 때문이다. 모든 사람들이 교회 가는 길에 그것을 볼 수 있도록 말이다. 저녁기도의 종소리가 울리고 나면 기다리고 기다리던 행렬의 순간이 온다.

---

17 시비우Sibiu라고도 한다. 루마니아 중부 시비우주의 도시

18 예수 그리스도가 부활한 지 40일 되는 날에 하늘로 승천한 것을 기념하는 기독교의 축제. 신약성서『사도행전』1장에는 예수가 부활한 뒤 40일간 여러 차례 제자들에게 나타났다가, 그들이 보는 가운데 구름에 싸여 하늘로 올려졌다고 기록되어 있다. 한편『요한의 복음서』에서는 예수의 승천이 부활 바로 뒤에 일어난 것으로 나와 있다.『루가의 복음서』에 나오는 승천 이야기는『사도행전』과 비슷하나 거기에는 40일이라는 언급이 없다.

그러면 이제 죽음의 인형을 앞세운 행진이 시작된다. 이 행진은 오직 여학생들에게만 허용된 특권이다. 두 명의 상급생 소녀가 인형 팔을 잡고 맨 앞에서 걸어가면 그 뒤를 다른 여학생들이 따른다. 남학생들은 이 행렬에 참가할 수 있는 자격이 없음에도 불구하고, 우르르 몰려들어 입을 쩍 벌린 채 선망의 눈초리로 '아름다운 죽음의 인형'을 쳐다본다. 이렇게 행렬이 마을의 거리거리를 지나가는 동안, 소녀들은 다음과 같이 시작되는 오래된 찬가를 특이한 음조로 노래 부른다.

우리의 아버지 하느님, 당신의 사랑은
하늘처럼 광대무변하여 끝이 없으십니다.

이리하여 마을을 죽 돌아온 다음 소녀들은 외딴 오두막집에 들어가 호기심 많은 소년들이 뒤따라 들어오지 못하도록 문을 걸어 잠근다. 그리고 죽음의 인형에게서 옷을 모두 벗겨 내고 투박한 밀짚 뭉치 그대로의 몸통만 창문을 통해 소년들에게 던진다. 그러면 소년들은 그것을 들고 노래고 뭐고 다 접어 둔 채 쏜살같이 마을을 벗어나 초라한 몰골의 인형을 근처 개울에 던져 버린다. 이로써 이제 이 조그만 연극의 제2막이 시작된다. 즉, 소년들이 죽음의 인형을 마을에서 추방하는 동안, 소녀들은 여전히 오두막 안에 남아 있다. 그러면서 그들 중 한 소녀가 인형에게서 벗겨 낸 화려한 옷과 장신구들을 그대로 다 자기 몸에 걸치는 것이다. 그렇게 치장한 소녀는 아까와 똑같은 찬가를 부르며 행렬에 끼어 거리 곳곳을 행진한다. 행진이 모두 끝나면 일행은 모두 주역을 맡았던 소녀의 집으로 간다. 그 집에는 소녀들을 위해 음식이 준비되어 있는데, 이 만찬에도 소년들은 배제된다. 어쨌든 이처럼 죽음이 추방된 날부터 어린애들은 구즈베리[19] 열매와 그밖의 과일들을 안심하고 먹을 수 있다고 한다.

왜냐하면 그때까지 특히 구즈베리 열매를 비롯한 모든 과일 속에 숨어 있던 죽음이 이제는 사라져 버렸기 때문이다. 또한 이제부터는 야외에서도 무사히 미역을 감을 수 있다. 모라비아 독일인 마을의 관습도 이와 매우 흡사하다. 거기서는 소년소녀들이 부활절 이후의 첫 번째 일요일 오후에 만나 함께 죽음을 표상

---

19 북반구가 원산지인 이 관목의 시큼한 열매는 익혀서 먹거나 종종 젤리·통조림·파이 등을 만든다든지 후식이나 술을 만드는 재료로 쓰인다.

하는 밀짚인형을 만들었다. 그들은 인형에 밝은 빛깔의 색실이나 헝겊 따위로 장식하여 기다란 막대 끝에 묶고 노래를 부르고 고함을 치면서 그것을 가장 가까운 언덕 위로 메고 올라간다. 그리고 화려한 의상들을 모두 벗겨 낸 인형을 언덕 아래로 던지거나 혹은 굴려 버린다. 그렇게 벗겨 낸 의상을 한 소녀에게 입혀 행렬의 선두에 세워서 마을로 돌아오는 것이다. 또 다른 마을의 관습에서는 그 지방에서 가장 음산하고 불길한 곳에 인형을 매장하기도 한다.

전술한 루사티아의 의식에서, 죽음의 인형을 부순 다음 집으로 가지고 온 나무는 앞에서 들은 사례, 즉 죽음의 인형을 던져 버리거나 발기발기 찢은 다음 여름 혹은 생명의 대체물로서 가지고 온 나무나 나뭇가지와 분명히 동일한 것임을 알 수 있다. 그러나 죽음의 인형이 입고 있던 옷을 나무에 걸친다고 할 때, 그 나무는 파괴된 인형이 새로운 형태로 나타난 일종의 부활임에 틀림없다. 이런 해석은 트란실바니아와 모라비아의 관습에도 그대로 해당된다. 즉, 거기서도 소녀가 죽음의 인형에서 벗겨 낸 의상을 입을 뿐만 아니라, 사람들이 그 소녀를 앞세우고 죽음의 인형을 운반할 때 불렀던 것과 똑같은 노래를 부르면서 마을을 돌아다니는데, 이때 소녀 또한 아까 파괴된 죽음의 인형이 부활한 존재로서 간주되는 것이다.

따라서 이런 사례들은 의례 속에서 파괴된 죽음의 인형이 단순히 우리가 상식적으로 죽음 하면 떠올리는 그런 파괴적인 존재를 가리키는 것이 아님을 시사해 준다. 그러니까 봄이 되면 겨우내 죽은 듯이 보이던 식물들이 다시 소생하는데, 앞의 관습에 등장하는 나무는 바로 그런 소생의 구현체로서 되돌아온 것이다. 말하자면 거기에 방금 파괴된 죽음의 인형에서 벗겨 낸 옷을 입힌다고 할 때, 그 목적이 식물의 소생을 저지하고 방해하려는 데에 있을 리 만무하다. 오히려 그 목적은 분명 식물의 소생을 돕고 촉진시키려는 데에 있는 것이다. 그러므로 앞서 파괴된 죽음의 인형에는 식물계뿐만 아니라 심지어 동물계까지 미치는 생육과 소생의 힘이 내재되어 있다고 보아야 마땅할 것이다.

죽음의 인형이 지니는 이런 생명력은 몇몇 지방에서 관찰된 관습을 보더라도 의심의 여지가 없다. 어떤 곳에서는 농작물의 생장을 위해 죽음의 밀짚인형 조각리를 들판에 뿌린다든지, 가축의 번식을 위해 그것을 여물통에 쑤셔 넣는다든지 하는 것이다. 오스트리아 슐레지엔의 한 마을인 슈파헨도르프에서는 밀짚이나 잔가지 혹은 헌 옷 따위로 만든 죽음의 인형을 메고, 고래고래 노래를 불러 대며 마을 외곽의 탁 트인 장소로 나가 불살라 버린다. 이때 그것이 타고 있는 동안 사람들은 너도나도 타다 남은 인형 쪼가리를 얻으려고 난리를 피우는 통에, 어떤 이는 그것을 맨손으로 불 속에서 끄집어내기까지 한다. 이렇게 해서 인형 쪼가리를 입수한 자는 자기 집 마당의 제일 큰 나무 가지에 매달거나 혹은 자기 논밭에 묻어 둔다. 그러면 농작물이 더 잘 될 거라고 믿기 때문이다.

마찬가지로 오스트리아 슐레지엔의 트로파우[20] 지방에서는 소년들이 사순절의 네 번째 일요일에 밀짚인형을 만들면, 소녀들은 거기에 여자 옷을 입히고 색 헝겊과 목걸이 혹은 화환 따위를 장식한다. 그런 다음 인형을 기다란 장대에 매달아 마을 바깥으로 가지고 나간다. 이때 젊은 남녀의 무리가 뒤를 따라가면서 장난치고 북적대는가 하면, 목 놓아 곡을 하거나 노래를 불러 대기도 한다. 목적지인 마을 외곽의 들판에 도착하면, 인형의 옷과 장식물을 전부 벗겨 내고는 군중들이 일제히 달려들어 밀짚인형을 갈기갈기 찢어발기고는 그 쪼가리를 조금이라도 손에 넣으려고 눈에 불을 켠다. 모두가 하다못해 지푸라기 한 줌이라도 가져가려고 하는 것이다. 그것을 여물통에 넣어 가축들에게 먹이면 새끼를 많이 낳게 될 거라고 믿기 때문이다. 마찬가지로 그것을 암탉 둥지에 넣어 두면 달걀을 많이 낳고 또 부화도 훨씬 더 잘한다는 것이다. 즉, 죽음의 인형에는 다산과 풍요의 힘이 깃들어 있다는 말이다. 이와 동일한 신앙은 인형을 장대에 꿰어 운반한 자가 인형을 내던져 버린 다음, 그 장대로 가축들을 때리면 가축들이 살찌고 새끼도 많이 낳게 될 거라는 관념에서도 엿볼 수 있다. 이전에는 장대나 몽둥이의 용도가 죽음의 인형을 패는 데에 있었던 듯싶다. 그럼으로써 인형이 지닌 풍요와 다산의 힘을 획득하고자 한 것이다. 전술했듯이, 라이프시크에서는 죽음의 밀짚인형을 젊은 아내들에게 보여 주면 자식을 많이 낳게 될 거라고 믿었다.

죽음의 인형을 파괴한 다음 마을로 돌아오는 길에 벌채하여 들고 온 나무 혹은 나뭇가지는 결코 '오월의 나무'와 별개의 것이 아니다. 예컨대 그런 나무나 나뭇가지를 메고 돌아온 자가 '여름'을 맞이한다고 말한 점에서 보건대, 그 나무는 여름을 표상하는 것임에 틀림없다. 슐레지엔에서는 그런 나무를 보통 '여름' 혹은 '오월'이라고 부른다. 때로 그런 '여름의 나무'에 인형을 매달기도 하는데, 그 때의 인형 역시 '여름'을 상징하는 동의어적 표현과 다름없는 것이다. 이는 '오

20 오파바Opava라고도 한다. 체코 세베로모라프스키주에 있는 도시

월the May'을 종종 '오월의 나무a May-tree'라 하기도 하고, 동시에 '오월의 숙녀a May Lady'라고 표현한 것과 마찬가지다. 나아가 '여름의 나무'도 '오월의 나무'처럼 색 헝겊 따위로 치장을 한다. 게다가 '여름의 나무'가 거목일 경우는 땅속에 박은 다음 사람이 올라타기도 하는데, '오월의 나무'의 경우도 그렇다. 그리고 '여름의 나무'가 키 작은 관목일 경우는 소년소녀들이 그것을 가지고 노래를 부르면서 집집마다 다니며 돈을 모으는데, '오월의 나무'도 그렇다. 이처럼 두 계통의 관습이 동일하다는 것을 선언하기라도 하는 것처럼, '여름의 나무'를 가지고 다니는 사람은 때로 '여름'과 '오월'을 맞이한다는 말을 한다.

요컨대 '오월'을 맞이하는 관습과 '여름'을 맞이하는 관습은 본래 동일한 것이었다고 볼 수 있다. '여름의 나무'는 다만 '오월의 나무'의 다른 형태에 불과한 것이며, 그저 명칭이 다르고 행하는 시기가 다르다는 차이만 있을 뿐이다. '오월의 나무'를 5월 1일 혹은 성령강림절 때에 맞이하는 데 비해, '여름의 나무'는 사순절의 네 번째 일요일에 맞이한다. 따라서 '오월의 나무'가 나무정령 혹은 식물정령이 구현된 것이라고 한다면, '여름의 나무' 또한 그런 거라고 말하지 않을 수 없다. 그런데 우리는 앞에서 '여름의 나무'가 어떤 경우에는 죽음의 부활을 의미한다고 언급한 적이 있다. 그렇다면 '죽음의 신'이라 부르는 인형도 나무정령 혹은 식물정령을 구현한 것이 되어야만 할 것이다. 이런 가정의 타당성은 무엇보다 먼저 죽음의 인형을 갈기갈기 찢어 낸 부스러기들이 식물과 동물의 생장이나 번식에 영향을 미친다는 신앙, 즉 거기에는 재생의 힘 혹은 풍요다산의 힘이 내재되어 있다고 하는 신앙에서 확인될 수 있다.

왜냐하면 본서의 앞부분에서 살펴본 바와 같이, 그런 힘이야말로 나무정령이 지닌 특별한 속성이기 때문이다. 나아가 이런 가정이 타당하다는 것을 보여주는 또 다른 근거가 있다. 즉, 죽음의 인형은 종종 나뭇잎으로 치장되며, 나뭇가지나 아마 혹은 타작하고 남은 보릿대나 밀짚 따위로 만들어진다는 점이 그것이다. 그뿐만 아니라 '오월의 나무'나 '오월의 숙녀'에서와 마찬가지로, '여름의 나무'라든가 그 나무에 매단 인형의 경우에도 종종 소녀들이 그것을 들고 돌아다니면서 돈을 모은다. 그러니까 죽음의 인형을 추방하고 '여름'을 맞이하는 관습은 적어도 몇몇 사례에서는 야인의 살해와 부활에서 연출된 행위, 즉 봄에 식물정령을 죽인 다음 다시 재생시키는 관습의 다른 형태라고 보지 않을 수 없는 것이다. 사육제 인형의 매장과 부활 또한 방식만 다를 뿐이지 이와 동일한 관념을 표현하는 관습이라 할 수 있다. 사육제 인형은 '죽음의 인형'이 지닌 것과 동일한 생육의 힘과 풍요 및 다산의 힘을 가지고 있다고 여겼다. 때문에 그런 사육제의 표상물을 퇴비 아래 묻는 관습은 매우 자연스러운 일이 아닐 수 없다.

실제로 에스토니아인들은 '참회의 화요일'에 통상적인 방식대로 밀짚인형을 마을에서 추방하는데, 그 인형을 '사육제'라 하지 않고 '메치크Metsik', 즉 '숲의 정령'이라 부른다. 그들은 숲속의 한 그루 나무에 그 인형을 묶어 두는데, 이는 인형과 '숲의 정령' 사이의 동일성을 분명하게 보여 주는 것이다. 그들은 이 인형을 1년 동안 나무에 묶어 둔 채 가축의 수호를 위해 매일 거기에 제물을 바치면서 기도를 한다. 말하자면 다른 '나무의 정령'과 마찬가지로 메치크 또한 가축의 수호신인 셈이다. 메치크도 종종 보릿대 따위로 만들어진다.

그리하여 '사육제'나 '죽음의 신' 혹은 '여름' 따위의 명칭이 지금까지 우리가 다루어 온 관습 안에서 인격화되거나 구현된 어떤 존재를 나타내는 데에 부적절한 표현이며, 비교적 후대에 등장한 명칭에 불과하다고 추정해 볼 만하다. 그런 명칭들이 보여 주는 추상성 자체가 그것들이 근대에 이르러 붙여진 이름임을 말해 주기 때문이다. 다시 말해 '사육제'나 '여름'처럼 어떤 시간이나 계절을 의인화한다든지 또는 '죽음의 신'과 같은 추상적인 개념을 인격화하는 현상은 원시인과는 거리가 멀다. 그러나 여러 가지 의식 자체는 머나먼 고대의 분위기를 흠씬 풍긴다. 따라서 그런 의식들에 내포된 관념은 기원에서 한층 단순하고 구상적인 것이라고 상상하지 않을 수 없다. 나무, 아니 특정한 어떤 나무 혹은 개체로서의 나무(원시인들에게는 나무 일반에 대한 보편적인 단어가 없으므로) 관념은 일반화를 위한 하나의 토대를 제공하기에 충분하다. 그런 토대 위에서 점진적인 일반화 과정을 통해 식물정령이라는 보다 확장된 관념에 이르는 것이다.

하지만 식물 혹은 식물 생장vegetation이라는 일반 개념은 그것이 드러내는 계절과 혼동되기 십상이었을 것이다. 바로 거기에서 자연스럽게 나무정령이나 식물정령이 '봄'이나 '여름' 혹은 '오월' 따위로 대체되었을 성싶다. 또한 이와 유사한 일반화 과정을 통해 죽어 가는 나무 혹은 죽어 가는 식물이라는 구체적인 관념이 죽음 일반의 관념 안으로 미끄러지듯이 용해되었을 것이다. 그리하여 봄에 그 재생의 전前 단계로서 죽어 가거나 혹은 죽은 식물을 끌어내어 행진하는 관습이 이윽고 죽음 일반을 마을에서 추방하려는 시도로 확대된 것이리라.

이에 대해 만하르트는 이런저런 봄의 제전에서 '죽음의 인형'이 본질적으로 겨울 동안 죽어 가거나 혹은 죽은 식물을 의미한다는 관점을 강력하게 지지한다. 그는 '죽음의 신'이라는 호칭이 다 익은 곡물ripe corn의 정령에 적용된 것이라고 유추하면서 이 점을 확인하고 있다. 만하르트에 의하면, 다 익은 곡물의 정령은 죽은 것이 아니라 다만 늙은 것일 뿐이라고 여겼기 때문에 통상 '노인' 혹은 '노파'라는 호칭으로 통했다는 것이다. 그러나 어떤 지방에서는 통상 추수할 때 마지막으로 잘라 낸 곡식 다발 안에 '죽은 자'라 불리는 곡물정령이 거한다고 믿었다. 그래서 이를테면 보리 안에 '죽음의 신'이 거하고 있기 때문에 어린애들은 보리밭에 들어가서는 안 된다고 주의를 받곤 했다. 마찬가지로 트란실바니아의 색슨족 어린애들이 옥수수 수확기에 하는 놀이에는, 옥수수 잎에 완전히 싸인 한 어린애가 '죽음의 신'으로 표상되기도 한다.

5. 여름과 겨울의 싸움

농민들의 일상적 관습에서는 종종 휴면 상태에 있는 겨울 식물들의 힘과 봄이 되어 깨어나는 생명력 사이의 대조가 각각 겨울과 여름의 역할을 담당한 광대들에 의해 극적 경쟁의 형식으로 재현되곤 한다. 가령 스웨덴 마을에서는 오월제 때에 말을 탄 두 패거리의 젊은이들이 사투라도 벌이겠다는 기세로 맞선다. 그중 한 패거리는 모피 옷을 입은 '겨울'을 대표하는데, 이들은 추운 날씨를 연장하기 위해 눈덩이와 얼음을 던진다. 이에 반해 다른 패거리는 신선한 이파리와 꽃들로 덮인 '여름'을 대표한다. 이윽고 전개되는 모의 전투는 여름 패거리의 승리로 끝나고 잔치판이 벌어짐으로써 의식이 막을 내린다. 또한 중부 라인 지방에서는 담쟁이덩굴 옷을 입은 '여름'의 대표자가 짚이나 이끼로 뒤덮인 '겨울'의 대표자와 싸워 승리한다. 여기서 패배한 상대는 땅 위에 내동댕이쳐지고 짚으로 된 옷은 홀랑 벗겨져 갈기갈기 찢겨진다.

한편 승리자의 젊은 동지들은 겨울에 대한 여름의 승리를 축하하는 노래를 부른다. 그런 다음 그들은 여름의 화관 혹은 나뭇가지를 들고 집집마다 돌아다니며 달걀이나 베이컨 따위의 답례품을 모은다. 때때로 여름 편을 연출한 승리자는 이파리와 꽃들로 만들어진 옷을 입고 머리에 화관을 쓰기도 한다.

신성 로마 제국[21]의 라인강 서부 선제후령選帝侯領에서는 이런 모의 격투가 사순절의 네 번째 일요일에 행해졌다. 또한 이와 유사한 의식이 같은 날에 바바리아 전 지역에 걸쳐 연출되었다. 19세기 중엽 혹은 그 후까지도 몇몇 지방에서는 이런 관습이 여전히 행해지고 있었다. 거기서 '여름'은 온통 푸른 나뭇잎에 싸여 알록달록한 헝겊들로 단장한 채 꽃이 핀 나뭇가지나 사과나 배가 달린 조그만 나무를 들고 나타났다. 이에 비해 '겨울'은 모피 모자와 외투를 입고 눈 치우는 도리깨를 들고 등장했다. 이들은 각자 역할에 상응하는 복장을 한 시종들을 거느리고 마을 곳곳을 돌아다녔다. 그러면서 각각의 집 앞에 멈춰 서서 전통적인 노래들을 한바탕 뽑고는 빵이나 달걀 혹은 과일 등의 선물을 받았다. 마지막으로 '여름'과 '겨울'의 짤막한 격투가 벌어지는데, 거기서 '겨울'은 '여름'에게 패하여 마을의 공동 우물에 처박히거나 혹은 마을에서 쫓겨나 온갖 조소와 고함소리를 뒤로 한 채 숲속으로 추방당한다.

하下오스트리아의 괴프리츠에서도 여름과 겨울을 나타내는 두 사나이가 '참회의 화요일'에 집집마다 돌아다니는데, 이들은 어디서나 어린애들에게 큰 환대를 받았다. '여름'의 대표자는 흰 옷을 입은 채 손에 낫을 들고 있다. 반면 '겨울'의 역할을 맡은 자는 모피 모자를 쓰고 팔다리에 밀짚이 둘둘 말려 있으며, 손에는 도리깨를 들고 있다. 이들은 함께 집집마다 찾아다니면서 교대로 노래를 부른다. 브룬스윅의 드룀링에서는 오늘날까지 매년 성령강림절 때마다 소년소녀의 패거리에 의해 '여름'과 '겨울'의 경합이 벌어진다. 먼저 소년들이 집집마다 달려들어 노래하고 소리지르고 종을 울리며 겨울을 추방한다. 그런 다음 소녀들이 '오월의 신부'의 인도하에 상냥하게 노래 부르며 나타난다. 이들은 모두 다정한 봄의 방문을 나타내기 위해 밝은 의상을 입고 꽃과 화관으로 치장하고 있다. 이전에는 밀짚인형으로써 '겨울'을 대표했고 그것을 소년들이 메고 다녔지만, 지금은 '겨울'로 분장한 사나이가 그 역할을 연출한다.

오늘날 유럽에서는 여름과 겨울의 대표자들 사이에 벌어지는 경합 의식이 그저 연극적인 퍼포먼스로 전락해 버린 지 오래다. 하지만 북아메리카의 중앙 에스키모족들은 아직도 그것을 주술의례로서 거행하고 있다. 그런 의례의 목적은 일반적으로 날씨에 영향을 끼치기 위한 데에 있다고 말한다. 가을이 되어 폭풍우가

---

21 샤를마뉴 대제 대관식(800) 때부터 1806년에 이르는 동안 처음에는 프랑크족 황제가, 나중에는 독일인 황제가 통치한 영토. 엄밀하게 말하면 '신성 로마 제국'이라는 이름은 1254년 이후부터 쓰이기 시작했다.

몰아치면서 암울한 북극 겨울의 도래가 임박했음을 말해 줄 무렵, 에스키모인들은 뇌조雷鳥와 오리라 부르는 두 패거리로 나눠진다. 이중 겨울에 태어난 자는 뇌조 패거리에, 그리고 여름에 태어난 자는 오리 패거리에 속하게 된다. 이 두 패거리가 해표 가죽으로 만든 긴 어망의 양 끝을 힘껏 잡아당기며 줄다리기를 하는 것이다. 이때 으레 뇌조 패거리가 패배하게 마련이고, 여름을 대표하는 오리 패거리들이 승리를 거두면 겨울 내내 좋은 날씨가 이어질 거라고 기대한다.

6. 코스트루본코의 죽음과 재생

러시아에서는 '사육제의 매장' 혹은 '죽음의 추방'과 같은 장례의식이 '죽음의 신'이나 '사육제'라는 이름이 아니라 코스트루본코Kostrubonko, 코스트로마 Kostroma, 쿠팔로Kupalo, 라다Lada, 야릴로Yarilo 등과 같은 신화적 인물의 이름을 빌려 나타난다. 이런 러시아의 의식들은 봄과 하지에 실시된다. 소小러시아에서는 부활절 때 봄의 신인 코스트루본코를 매장하는 관습이 있었다. 이때 한 패거리의 가수들이 마치 죽은 듯이 땅에 누워 있는 한 소녀의 주위를 조용히 돌면서 이런 노래를 불렀다.

죽었다네, 우리의 코스트루본코가 죽었다네!
죽었다네, 우리의 그리운 님이 죽었다네!
그러다가 소녀가 갑자기 벌떡 일어서면, 합창대가 다음과 같이 흥겹게 송영한다.

소생했다네, 우리의 코스트루본코가 소생했다네!
소생했다네, 우리의 그리운 님이 소생했다네![22]

한편 성 요한제 전야(하지절 전야) 때는 지푸라기로 쿠팔로 인형을 만들어 여자

---

22 이 장면은 스트라빈스키의 발레 「봄의 제전」(1913)에 나오는 의식 장면과 유사하다. 실제로 스트라빈스키는 이런 봄 축제를 염두에 두고 「봄의 제전」 시나리오를 쓴 것으로 보인다. 스트라빈스키의 친구이자 조력자인 니콜라스 뢰리치에 의하면, 그 시나리오는 야릴로에게 바치는 희생제의와 관련이 있었다고 한다. 로버트 프레이저 편, 앞의 책, 363쪽 편주 참조

러시아의 신화적 인물 야릴로(코스트루본코)

옷을 입히고 목걸이나 화관 따위로 치장한다. 그리고 나무 한 그루를 잘라 색 헝겊들로 장식한 다음 정해진 장소에 세운다. '마레나Marena(겨울 혹은 죽음)'라 부르는 나무 근처에 밀짚인형을 갖다 놓고, 그 옆에 술과 음식을 놓는 탁자를 마련한다. 그런 다음 모닥불을 피워 놓고 젊은 남녀들이 짝을 지어 인형을 안고 불을 뛰어넘는다. 다음날 이들은 옷과 장식물들을 전부 벗겨 낸 나무와 인형을 강물에 던져 버린다.

러시아에서는 성 베드로St. Peter 축일인 6월 29일 혹은 그 다음 일요일에 '코스트로마'나 '라다' 혹은 '야릴로'의 장례의식이 행해진다. 예컨대 펜자[23]나 심비르스크[24] 등지에서는 그런 장례의식이 다음과 같은 방식으로 재현된다. 즉, 6월 28일이 되면 모닥불이 지펴지고, 그 이튿날 아가씨들 가운데 코스트로마의 역할을 맡을 사람이 선정된다. 아가씨들은 코스트로마에게 공손히 인사하고, 그녀를 널빤지에 앉혀 메고는 강둑으로 데려간다. 거기서 그녀는 목욕재계하고, 일행 중 가장 연상의 아가씨가 라임나무 껍질로 바구니를 하나 만들어서 그것을 북을 치듯이 두드려 댄다. 그리고 모두 마을로 돌아와 행진과 놀이와 춤 따위로 하루를 보낸다.

무롬[25]에서도 코스트로마를 표상하는 밀짚인형을 만들어 여자 옷을 입히고 꽃으로 단장한다. 그것을 통 속에 넣고 노래를 부르며 강이나 호숫가로 메고 간다. 거기서 일행은 두 편으로 나뉘어 한쪽은 인형을 공격하고, 다른 쪽은 인형을 방어하는 모의 전투를 실시한다. 마침내 승리를 거둔 공격자들은 인형에게서 옷과 장식물들을 벗겨 낸다. 그리고 알몸이 된 밀짚인형을 갈기갈기 찢어 내고 발로 짓밟은 다음 그 지푸라기들을 모아 강물 속에 던져 버린다. 그동안 인형의 방어자 역할을 했던 무리들은 손으로 얼굴을 가린 채 코스트로마의 죽음을 슬퍼하는 시늉을 한다.

또한 코스트로마[26] 지방에서는 6월 29일이나 30일경에 야릴로의 매장의식을 거행한다. 이때 사람들은 노인 한 사람을 선발한 다음 그에게 조그만 관을 내어 준다. 관 안에는 야릴로를 나타내는 남근 모양의 인형이 들어 있다. 노인이 이 관

---

23 러시아 연방 서부의 주

24 러시아 연방 서부의 주 울리야노프스크Ulianovsk의 옛 이름

25 러시아 연방 서부 블라디미르주에 있는 도시

26 러시아 중부 볼가 강변의 도시. 코스트로마라는 신화적 인물의 이름에서 비롯된 지명인 듯하다.

성 베드로 성화

을 메고 마을 바깥으로 나가면, 여인들이 그 뒤를 따라가며 장송가를 부르고 슬픔과 절망의 몸짓을 표현한다. 이윽고 들판에 이르면 사람들은 거기에 묘구덩이를 파고 통곡하며 그 안에 인형이 든 관을 묻는다. 그런 다음 고대 슬라브인들의 이교도적 장례의식을 연상케 하는 춤과 놀이판이 벌어진다.

소小러시아에서도 일몰 후 야릴로 인형을 관에 넣어 거리 곳곳을 메고 돌아다닌다. 그 주위에는 술에 취한 여자들이 따라다니면서 계속 "그가 죽었어! 그가 죽었어!"라고 구슬픈 애도의 말을 되풀이한다. 그 후 남자들이 마치 죽은 자를 다시 살려 내겠다는 듯이 인형을 들어올려 흔들어 댄다. 그리고 여자들을 향해 "아주머니들, 울지 말아요. 나는 꿀보다 더 달콤한 것이 무언지를 알고 있으니까요"라고 말한다. 그러나 여자들은 여전히 초상 때처럼 슬피 곡을 하며 이렇게 애도한다. "그에게 무슨 죄가 있다는 건가요? 그는 정말 좋은 사람이었어요. 이제 그는 영영 다시 일어나지 못할 거예요. 오, 우리가 어떻게 그대와 작별을 할 수 있단 말인가요? 그대 없이 어떻게 살란 말인가요? 잠시만이라도 좋으니 제발 일어나세요. 하지만 그는 일어나지 못해요. 일어나지 못해요!" 이윽고 야릴로 인형이 무덤에 묻히고 만다.

7. 식물의 죽음과 재생

이러한 러시아의 관습들은 '죽음의 추방'이라 부르는 오스트리아와 독일의 그것과 전적으로 동일한 성격을 보여 준다. 따라서 '죽음의 추방'에 대해 우리가 내렸던 해석이 옳다면, 러시아의 코스트루본코나 야릴로 등의 의식 또한 본래 식물정령을 구현하는 것으로 보아야 마땅할 것이며, 나아가 그들의 죽음은 재생을 위해 필수불가결한 하나의 예비 조건으로 간주되어야 할 것이다. 전술한 코스트루본코의 죽음과 재생의식에서 우리는 죽음의 연속선상에서 재생이 연출되고 있음을 알 수 있다. 그렇다면 몇몇 러시아 관습에서 식물정령의 죽음의식이 하지에 행해지는 까닭은 무엇일까? 이는 하지에서 여름이 기울기 시작하기 때문이리라. 즉, 하지를 지나면서 낮의 길이가 짧아지고 태양의 여로가 내리막길을 걷기 시작하여 "겨울 서리가 내리는 을씨년스러운 골짜기로" 들어서는 것이다.

아직 여름의 쇠퇴가 느껴지지는 않는다 하더라도, 하지가 지나면 식물 또한 여름과 함께 그 내리막길을 걷기 시작한다고 여겼다. 원시인은 주술적 의례를 행하기에 적합한 때로서 당연히 하지라는 한 해의 전환점을 선택한 것이리라. 그럼으로써 원시인은 식물의 쇠퇴를 저지하거나 혹은 최소한 그 부활을 보증받고자 기원했던 것이다. 봄과 하지에 행해지는 모든 의식에서 우리는 식물의 죽음이 재현되어 나타나는 것을 볼 수 있다. 그리고 몇몇 의식들에서는 죽었다가 다시 소생하는 식물의 재생이 재현되기도 한다.

하지만 어떤 경우는 이런 가설만으로는 설명하기 어려운 점들이 있다. 물론 전술한 의식들의 특징을 이루는 엄숙한 장례식이나 애도 혹은 상복 등은 사실 은혜로운 식물정령의 죽음에 합당하다고 보인다. 그러나 인형을 운반할 때 종종 엿보이는 환희의 요소라든가, 혹은 인형을 습격할 때 사용하는 몽둥이와 돌멩이, 인형을 향한 욕설과 저주 등등의 요소에 대해서는 어떻게 해석해야 좋을 것인가? 그뿐만 아니라 인형을 짊어지고 가는 자가 그것을 던져 버리자마자 황급히 돌아서서 도망쳐 나올 때, 또는 인형이 엿본 집에서는 누군가가 곧 죽게 될 거라고 믿었을 때, 거기서 분명하게 드러나는 인형에 대한 공포를 어떻게 설명하면 좋겠는가? 이런 공포는 어쩌면 죽은 식물의 정령에는 일종의 전염성이 있어서 그것과의 접촉이 위험하기 때문이라고 해석될 수 있을지 모른다. 하지만 이런 해석은 좀 부자연스럽게 보이며, 죽음의 추방에 흔히 따르는 환희의 요소를 명확하게 설명해 내지 못한다.

따라서 우리는 이런 의식들 안에서 상이하면서도 일견 상반되는 두 가지 측면을 인정하지 않으면 안 될 것이다. 즉, 한편으로는 죽음에 대한 슬픔과 애도 혹은 존경의 측면이 나타나는 반면, 다른 한편으로는 사자死者에 대한 공포와 혐오 혹은 그런 사자의 죽음 앞에서 나타나는 환희의 측면이 드러나는 것이다. 이중 전자의 측면을 어떻게 해석하면 좋을지에 관해서는 이미 언급한 바 있다. 그러므로 아래에서는 후자의 측면이 전자의 측면과 얼마만큼 밀접하게 연관되어 있는가 하는 문제에 대해 답변을 내려 보고자 한다.

8. 유사한 인도의 의례

인도의 카나그라 지방에서도 봄이 되면 방금 언급한 유럽의 봄 축제와 매우 유사한 관습이 젊은 소녀들에 의해 행해진다. 그것은 '랄리카멜라Rali Ka mela', 즉 '랄리의 제식'이라 부른다. 여기서 랄리는 시바Siva 혹은 파르바티Parvati[27]의 조그만 신상으로서 채색한 흙으로 만들어졌다. 카나그라 지방 전역에 걸쳐 널리 행해지는 이 관습은 전적으로 소녀들만 참여하며, 체이트 달Chait(3~4월)에서 베사크 달Baisakh(4월~5월)의 황도대Sankranti,黃道帶에 걸쳐 계속된다.[28]

3월의 어느 날 아침, 마을의 모든 소녀들이 듀브dub풀과 꽃들이 담긴 조그만 바구니들을 들고 정해진 장소로 가서 바구니 안의 내용물을 한군데에 쌓아 올린다. 그리고 그 꽃과 풀 더미를 중심으로 둥글게 둘러선 채 노래를 부른다. 이 일이 열흘 동안 되풀이되는 사이에 풀과 꽃의 동산이 만들어지는 것이다. 그러면 밀림 속에 들어가 끝이 세 갈래로 갈라진 나뭇가지를 두 가닥 잘라다가 가지 끝이 아래로 가도록 하여 피라미드 모양으로 꽃동산 위에 세운다. 그런 다음 장인을 불러 진흙으로 시바와 파르바티 신상을 만들게 하여 그것을 각각 두 개의 나뭇가지 피라미드 꼭대기에 꽂는다. 그렇게 소녀들은 시바와 파르바티를 대표하는 두 패거리로 나뉘어 전통적인 결혼의식의 모든 절차들을 하나도 빠뜨림 없이 밟으면서 두 신상을 결혼시킨다. 식이 끝나면 소녀들은 잔치를 벌이는데, 그 비용은 부모들에게서 받은 용돈으로 충당한다. 그리고 나서 베사크 달의 다음 번 황도대 때에 소녀들은 모두 함께 강가로 나가 신상을 물에 던져 버리면서 마치 장례식을 치르고 있는 듯이 슬피 울어 댄다. 이때 근처에 따라온 장난꾸러기 소녀들이 종종 물 속에 뛰어들어 신상을 끌어내고는 울고 있는 소녀들 앞에서 그것을 빙빙 휘두르며 놀려 대는 일도 있다. 어쨌든 이 의식의 목적은 좋은 남편을 얻는 데에 있었다.

이 같은 인도의 축제에 등장하는 시바 신과 파르바티 신은 식물의 정령과 다

---

27 힌두 신 시바의 아내. 여신 샥티의 자비로운 측면이며, 우마 여신과 동일시되기도 한다. 그녀의 혼인에 관한 전설에 따르면, 그녀는 극도의 고행을 한 후 비로소 시바의 관심을 끌게 되었다고 한다. 이들 부부는 코끼리 머리를 한 가네샤와 여섯 개의 머리를 지닌 스칸다라는 두 아들을 두었다. 조각품에서 파르바티는 시바와 함께 등장하는데, 시바를 수행하는 인물로, 또는 그가 기적적인 위업을 행하는 것을 바라보거나 산에 있는 왕궁인 카이라사에서 시바와 놀이에 몰두해 있는 모습으로 나타난다. 그녀는 언제나 성숙하고 아름다운 여인으로 묘사된다. 시바 신을 숭배하는 종파의 경전 가운데는 파르바티와 시바 사이의 대화를 주된 내용으로 하는 탄트라 계통의 경전들이 다수 전해지고 있다.

28 인도의 힌두력은 첫 번째 달부터 순서대로 다음과 같다. Chait(그레고리우스력으로 3~4월), Baisakh(4~5월), Jeth(5~6월), Asarh(6~7월), Sawan(7~8월), Bhadon(8~9월), Asin(9~10월), Kartik(10~11월), Aghan(11~12월), Pus(12~1월), Magh(1~2월), Phagun(2~3월)

시바 신과 그의 배우자인 파르바티 여신

름없었다. 이 점은 그 신상들을 풀과 꽃의 동산에 꽂힌 나뭇가지 위에 올려놓는다는 사실에서도 잘 엿볼 수 있다. 유럽 민간의 관습에서도 종종 그렇듯이, 여기서도 식물신들은 이중적 형태, 즉 식물의 형태와 인형의 형태로서 표현된다. 나아가 이런 인도 신들을 결혼시키는 봄의 관습은 봄에 식물정령을 결혼시키는 유럽의 관습에 상응한다.

유럽의 경우 그것은 '오월의 왕'과 '오월의 여왕' 혹은 '오월의 신부'와 '오월의 신랑' 등의 결혼으로 표현되었다. 신상을 물 속에 던지면서 애도하는 장면 또한 유럽의 관습과 유사하다. 즉, 유럽인들도 '죽음의 신'이나 '야릴로', '코스트로마' 등으로 부르는 죽은 식물정령을 물 속에 던지면서 슬퍼했던 것이다. 그뿐만 아니라 방금 언급한 인도의 의식은 전적으로 여성들에 의해 행해졌는데, 이런 경향은 유럽에서도 종종 찾아볼 수 있다. 아무튼 소녀들에게 괜찮은 신랑을 얻는 데에 전술한 의식이 필요하다고 하는 관념은 식물정령이 가지는 풍요와 다산의 힘에 의해서도 설명될 수 있다. 즉, 식물정령은 단지 식물의 생명뿐만 아니라 인간의 생명에 대해서도 그런 풍요와 다산의 영향력을 행사한다고 믿었던 것이다.

9. 봄의 주술성

이 같은 의식이나 그것과 유사한 여타의 많은 의식들에 대해 우리가 적용시킨 일반적인 설명은 이렇다. 즉, 그것들은 봄에 자연의 소생을 보증하기 위한 의도로 행해진 주술적 의례에서 비롯된 것이다. 이때 그런 목적을 이루는 데에 모방과 공감의 원리가 효력을 미친다. 원시인은 사물의 참된 인과관계에 대해 무지함으로써 미몽을 헤맸다. 그래서 원시인은 자신의 생명이 의존하고 있는 자연의 위대한 현상들을 야기하기 위해, 다만 그것을 모방하는 것만으로 충분하다고 믿었다. 그들은 숲속의 공터나 골짜기, 황량한 사막, 폭풍이 이는 해안가에서 행한 짤막한 연극들이, 즉시 비밀스러운 공감이나 신비한 힘에 의해 보다 광대한 무대 위에서 보다 위대한 배우들을 통해 반복적으로 재현될 거라고 여겼다. 이를테면 그들은 이파리와 꽃으로 분장함으로써 발가벗은 대지에 초록색 옷을 입히는 데에 도움을 줄 수 있으리라고 믿었으며, 겨울의 죽음과 매장을 연출함으로써 음침한 계절을 쫓아내고 다가올 봄의 길을 더 잘 예비할 수 있으리라고 생각했다.

물론 우리가 그렇게 믿는 원시인의 심리 안으로 들어가 보기란 상상조차 힘든 일이리라. 하지만 원시인이 처음으로 단순한 동물적 욕망의 충족을 넘어서서 무언가를 사유하기 시작하고 나아가 사물의 인과관계를 사색하기 시작했을 때, 그들이 오늘날 자연법칙이라고 부르는 그런 끊임없는 우주의 운행에 대해 느꼈음 직한 불안을 지금 우리가 상상해 보는 일은 그리 어렵지 않을 것이다. 우리는 위대한 자연현상들이 어떤 통일성과 규칙성을 가지고 상호 계기繼起한다는 사실을 잘 알고 있다. 때문에 우리는 어떤 자연현상을 낳는 원인이 이를테면 가까운 장래에 더 이상 작동하지 않게 될 거라고는 생각하지 않는다. 자연의 안정적인 불변성에 대해 우리가 가지고 있는 이런 확신은 광범위한 관찰과 오랫동안 축적된 전통에 의해 경험적으로 획득된 것이다.

그러나 관찰 범위가 좁고 축적된 전통이 빈약한 원시인에게는 바로 이러한 경험적 요소가 결여되어 있었다. 사실 변화變化무쌍하고 종종 위협적인 자연현상에 직면했을 때, 그런 경험적 요소야말로 원시인의 마음을 안정시켜 줄 수 있을 터인데 말이다. 예컨대 원시인들이 일식이나 월식 같은 현상 앞에서 엄청난 공포에 빠진 것도 결코 무리가 아닐 것이다. 그들은 태양이나 달이 괴물에 의해 삼켜지는 거라고 생각했으므로, 그것을 막기 위해 하늘에 대고 악을 바락바락 쓰면서 하잘것없는 활을 쏘아 댔다. 그렇게 하지 않으면 태양이나 달이 정말로 사라져 버릴 거라고 믿었던 것이다. 또한 칠흑 같은 밤에 유성의 한줄기 섬광으로 인해 밤하늘이 갈라지며 갑자기 환해진다든지 혹은 북극광의 발작적인 사광射光과 함께 하늘 전체가 하얗게 작열하는 광경 앞에서 원시인들은 공포에 떨지 않을 수 없었으리라. 일정한 간격으로 되풀이하여 일어나는 현상에 대해서도 그런 현상의 질서가 정연하다는 사실을 인식하기 전까지 원시인은 그것을 그저 염려스러운 눈으로 바라보았을 법하다.

주기적이고 순환적인 자연 변화를 원시인이 빨리 인식하느냐 아니면 늦게 인식하느냐는 주로 특정한 순환 주기의 길이에 따라 달랐을 것이다. 가령 낮과 밤의 순환 주기는 극지방을 제외하고는 어디서나 매우 짧고 빈번히 낮과 밤이 교체하기 때문에, 혹 그런 순환이 멈추게 되면 어떡하나 하는 심각한 불안에 빠지는 일은 없었을 것이다. 물론 앞서 언급한 바 있는 고대 이집트인들처럼, 저녁에 붉게 물든 서쪽 하늘로 넘어간 둥근 불덩어리가 다음날 아침에 동쪽 하늘로 다시 돌아오도록 하기 위해 날마다 주술을 집행한 경우도 있었지만 말이다.

하지만 그 주기의 길이가 매년 한 차례씩 돌아오는 계절의 순환 주기 정도만 되어도 문제는 달라진다. 사실 인간의 수명이 얼마 되지 않는다는 점을 감안하건 대, 누구에게든 1년이라는 시간은 상당히 긴 기간이라 아니할 수 없다. 특히 시간 의 흐름을 인지할 만한 충분한 수단도 가지고 있지 못했고, 기억의 범위도 협소 했던 원시인들에게 1년은 그것을 하나의 순환 주기로 인식할 수 없을 만큼 긴 시 간이었을 것이 뻔하다. 때문에 그들은 땅과 하늘에서 일어나는 온갖 변화의 양상 들을 그저 언제까지라도 경이로운 눈초리로 바라볼 수밖에 없었을 것이다. 그뿐 만 아니라 빛과 열의 변화라든가 동식물이 태어나 쇠퇴하고 죽어 가는 생명의 부 침 앞에서, 혹은 환희하고 혹은 두려움에 떨며 혹은 한껏 고양되거나 혹은 의기 소침해지기를 반복하면서, 한없는 불안 속에서 나날의 생존을 위협받으며 살지 않을 수 없었을 것이다. 늦가을의 모진 바람에 낙엽이 숲속 여기저기 나뒹굴며 쌓여 갈 때, 그리하여 이윽고 온통 벌거벗은 초라한 나뭇가지들을 바라보았을 때, 과연 원시인의 생각에 그것들이 다시 초록색이 되리라는 확신이 있었을까? 날이면 날마다 태양이 더 낮은 하늘로 가라앉을 때, 그들 생각에 저 발광체가 다 시 하늘로 떠오를 거라는 확신이 얼마만큼 있었을까? 하물며 동쪽 지평선 가장 자리 위로 밤이면 밤마다 더 희미해지는 조각달을 바라보며, 원시인들의 마음에 는 그렇게 이지러지는 달이 완전히 사라져 버려 더 이상 달이 뜨지 않게 되면 어 쩌나 하는 두려움이 뭉글뭉글 피어났을지도 모른다.

이 같은 무수한 사고의 오류가 망상을 불러일으켜 원시인들의 마음을 산란케 했을 것이다. 그리하여 자기가 살고 있는 세계의 신비에 대해 최초의 사색을 펼 치기 시작한 원시인들, 내일보다 더 먼 미래에 대해 곰곰이 생각하기 시작한 원 시인들은 결코 마음의 평안을 찾을 수 없었으리라. 그런 사색과 공포로 말미암아 원시인들은 시든 나뭇가지에 다시금 꽃을 피우게 한다든지 쇠약해져 가는 겨울 태양을 여름 하늘의 본래 위치에 올려놓거나, 기울어 가는 밤하늘의 은빛 램프를 쟁반 같은 둥근 달로 회복하기 위해 온갖 노력을 기울였으리라고 우리는 충분히 예상할 수 있다. 물론 우리는 원시인들의 그런 노력들이 허망하고 황당하다 하여 얼마든지 비웃을 수 있다. 그러나 인간이 경험을 통해 어떤 시도가 유익하고 또 어떤 방법이 무익한지를 배워 깨닫게 된 것은, 거듭된 실패의 숙명에도 불구하고 오랜 시간에 걸쳐 끊임없이 시도된 일련의 실험들을 통해서만 비로소 가능할 수 있었다.

주술적 의식들도 알고 보면 실패한 실험들과 다름없었기 때문이다. 그 실험들은 앞에서 누누이 살펴본 여러 가지 이유로 주술사가 자신의 실패를 인식하지 못했기 때문에 반복적으로 되풀이되었다. 그런데 지식이 진보하면서 그런 주술적 의식들은 더 이상 행해지지 않게 되었으며, 혹은 본래의 목적을 망각해 버린 훨씬 후대에 이르기까지도 습관의 힘에 의해 지속적으로 행해지기도 했다. 과거에는 주술적 의식이 사회적으로 매우 높게 평가되었으며, 그것을 정확하게 지켜야만 공동체의 안녕과 생명이 보장될 수 있다고 믿어져 매우 엄숙하게 거행했다.

그러나 이제 주술적 의식은 그런 높은 지위에서 내려와야 했고, 아무도 그것을 심각하게 받아들이지 않게 되었다. 그리하여 주술적 의식은 점차 기껏해야 구경거리나 광대놀이 혹은 심심풀이 오락 정도로 전락함으로써 급기야 어른들은 그것을 아예 거들떠보지도 않게 되었다. 이렇게 주술적 의식은 예전에는 현자들의 가장 중요한 직책이었던 것이 이제는 아이들의 시시한 놀이가 되어 밑바닥까지 내려갈 대로 내려가고 말았다. 유럽인의 조상들이 행했던 오랜 주술적 의식들 가운데 오늘날까지 남아 있는 것이 있다면, 그 대부분은 바로 이런 마지막 쇠퇴의 단계에 속한 의식이라 할 수 있다. 게다가 그것들조차 인류를 전혀 새로운 미지의 세계로 이끄는 무수한 도덕적·지적·사회적 힘들의 봇물 같은 조수에 의해 쓸려 나가 흔적도 찾아볼 수 없을 지경이 되고 말았다.

기묘하면서도 아취 있는 관습과 마치 그림을 보는 듯한 의식들이 완전히 사라져 버린 것을 생각하면 무언가 쓸쓸한 금석지감을 금할 길이 없다. 그 주술적 의식들은 종종 무미건조하고 산문적인 이 시대에 무언가 옛 향취와 신선함을, 무언가 세계의 봄이 숨 쉬는 소리를 남겨 주었다고 여겨지기 때문이다. 하지만 요즘은 그저 이롭지도 해롭지도 않은 심심풀이 놀이로 전락해 버린 아름다운 구경거리의 기원이 실은 무지와 미망에서 비롯된 것임을 상기한다면 이런 쓸쓸한 심정이 조금은 줄어들지도 모른다. 물론 그것들이 인류가 걸어온 발자취의 기록임은 두말할 나위 없다. 이와 동시에 그것들은 열매 없는 창조이자 헛된 노력이요, 꺾인 희망의 기념비이기도 하다. 또한 꽃이며 색 헝겊이며 음악 따위의 화려한 장식들에도 불구하고, 주술적 의식들은 소극笑劇이라기보다는 차라리 비극에 훨씬 더 가깝다.

나는 앞에서 만하르트의 견해를 좇아 그런 의식들에 대한 해석을 시도한 바 있다. 하지만 거기에서는 본서의 초판이 나간 이후 입수된 새로운 정보가 반영되지 않았으므로 약간 부연할 필요가 있다. 예컨대 중앙오스트레일리아 원주민들은 이른바 '오스트레일리아의 봄'이라 부르는 계절이 가까워지면, 휴면 중에 있는 자연의 힘을 일깨우기 위해 정기적으로 주술적 의식을 행했다.[29] 중앙오스트레일리아의 사막만큼 계절의 변화가 돌발적이고 혹은 계절의 차이가 심한 곳은 드물 것이다. 그곳에서는 장기간의 건조기가 끝난 다음 불과 며칠 동안의 맹렬한 호우 끝에, 죽음과 같은 정적으로 뒤덮여 있던 모래와 돌투성이의 황야가 온통 초록으로 변모하며 곤충들과 도마뱀과 개구리와 새 따위가 번성한다. 자연의 얼굴을 통째로 바꿔 버리는 이런 경이로운 변화에 대해 심지어 유럽인 관찰자들조차 그것을 주술적 효과에 필적하는 것으로 비유하곤 했다. 하물며 원시인이 그런 계절의 변화를 주술의 효과로 간주했다 한들 조금도 이상한 일이 아니리라. 중앙오스트레일리아 원주민들은 특히 이런 은총의 계절이 도래할 징조가 나타날 무렵에, 음식물로 이용하는 동식물의 증식을 위해 주술적 의식을 거행했다.

그런 의식들은 집행 시기뿐만 아니라 그 목적에서도 유럽 농민들에 의해 행해진 봄의 관습과 상당한 유사성을 보여 준다. 즉, 원시인들이 식물의 생명력을 소생시키기 위한 의례를 거행할 때, 그 동기는 이른 봄의 제비꽃 향기를 맡는다든지 혹은 일찍 핀 꽃을 따거나 노란 수선화를 한없이 바라보는 등의 감상적인 원망願望에 있지 않았다. 오히려 그것은 인간의 생명이 식물의 그것과 떼려야 뗄 수 없는 관계로 연결되어 있기 때문에 식물이 시들어 죽으면 인간도 생존할 수 없다고 하는, 지극히 현실적이고 실제적인 사고에 입각한 것이었다. 그런 원시인들의 사유방식은 추상적인 관념과는 전혀 거리가 멀었다.

오스트레일리아 원주민들은 자신들이 행하는 주술적 의례의 효력을 믿었다. 그럴 수밖에 없는 것이, 그들이 의례를 행한 지 얼마 지나지 않아 기대한 의례 수행의 목적 그대로 동식물이 번창하는 것을 목격할 수 있었기 때문이다. 오랜 옛날 유럽 원시인들의 경우도 사정은 같았으리라고 생각한다. 덤불숲과 잡목숲이 신선한 초록으로 뒤덮이고 이끼 낀 강둑에 봄의 꽃들이 피어나며 남쪽에서 제비들이 돌아오고 날이 갈수록 하늘 높이 떠오르는 태양의 풍경을 바라볼 때마다,

---

29 이 주술적 의식은 '인티치우마intichiuma'라고 하며, 볼드윈 스펜서와 프랜시스 질렌에 의해 발견되었다. 이들의 저서 『중앙오스트레일리아의 토착 부족들The Native Tribes of Central Australia』(1899)에 나오는 인티치우마에 대한 묘사는 『황금가지』 제2판의 집필에서 프레이저의 사고에 생기를 불어넣어 주었다고 한다. 로버트 프레이저 편, 앞의 책, 368쪽 편주 참조

원시인들은 그런 수많은 가시적인 징후들이야말로 자기들이 행한 주술의 효과라고 여겨 환호했음 직하다. 그들은 자신들이 희망하고 기원하는 그런 세상을 만들 수 있을 거라는 확신으로 한껏 고양되었던 것이다. 그러나 이제 여름도 지나가고 서서히 가을이 오면, 그들의 확신은 다시금 회의와 의구심으로 인해 좌절할 수밖에 없었으리라. 가을이 보여 주는 뚜렷한 쇠퇴의 징후들은 겨울과 죽음의 도래를 영구히 멈춰 서게 하려던, 그들의 모든 노력이 얼마나 헛된 것이었는지를 말해 주었기 때문이다.

제29장
아도니스 신화

매년 대지의 표현에 일어나는 변화의 위대한 장관壯觀은 모든 시대의 사람들 마음에 강렬한 인상을 주었고, 그처럼 광대하고 경이로운 변화의 원인에 대해 사색하도록 부추겼을 것이다. 거기서 인간의 호기심은 온갖 자극을 받지 않을 수 없었으리라. 왜냐하면 원시인들이라 하더라도 자신의 생명이 자연의 생명과 너무도 밀접하게 연관되어 있으며, 강물을 얼게 하고 대지의 식물들을 시들게 하는 자연의 과정이 마찬가지로 자신을 사멸시킬 수도 있다는 사실을 잘 알고 있었기 때문이다. 인류는 그 발전의 어떤 단계에서 위협적인 재난을 피하는 수단이 바로 자기 손 안에 있으며, 주술을 통해 계절의 이행을 더 일찍 앞당기거나 혹은 늦출 수 있다고 여긴 듯싶다. 그리하여 그들은 비를 내리게 하고 태양을 빛나게 하며, 또는 가축을 증식하고 토지의 수확을 풍요롭게 하기 위한 의식을 거행하고 주문을 외웠던 것이다.

그러나 시간이 지나면서 점차 지식이 진보함에 따라 인류가 소중하게 간직해왔던 많은 환상들이 소멸되었다. 그럼으로써 사려 깊은 많은 사람들은 여름과 겨울의 교체 혹은 봄과 가을의 교체는 결코 주술적 의식의 효과가 아니며, 그런 자연 변화의 배후에는 보다 깊고 위대한 어떤 원인이나 힘이 존재한다는 사실을 확신하게 되었다. 다시 말해 그들은 이제 식물의 성장과 쇠퇴, 생물의 출생과 죽음을 남신이나 여신과 같은 어떤 신적 존재의 힘에 의한 결과로 이해하게 되었다. 이때의 신적 존재는 인간 삶의 양식 그대로 태어나고 결혼해서 아이도 낳고 그러다가 죽는 존재, 즉 영고성쇠榮枯盛衰하는 존재로 여겼다.

그리하여 계절과 관련된 종래의 주술 이론이 종교 이론으로 대체되었다. 아니 보완되었다고 말하는 편이 더 적절할지도 모른다. 왜냐하면 사람들이 이제 한 해의 변화 주기를 주로 그에 상응하는 신들의 성쇠에 기인한다고 보면서도, 여전히 어떤 주술적 의례를 거행함으로써 생명 원리로서의 신이 적대적인 죽음 원리와 투쟁하는 것을 도와줄 수 있다고 믿었기 때문이다. 나아가 쇠약해지는 신의 생명력을 보강하고 심지어 신을 죽음에서 소생시킬 수 있다고 믿었다. 그런데 이런 목적으로 그들이 행한 의식은 본질적으로 그들이 조작하고 조절하고자 했던 자연현상을 극적으로 재현한 것과 다름없었다. 즉, 단순한 모방만으로 자기가 원하는 어떤 결과를 낳게 할 수 있다고 믿은 셈인데, 이야말로 유명한 주술의 교의가 아니고 무엇이겠는가?

어쨌든 그들은 이제 성장과 쇠퇴, 생육과 사멸의 변화를 신들의 결혼과 죽음, 재생과 부활에 의해 설명함으로써, 그들의 종교주술적 연극 또한 대대적으로 그런 주제를 취하게 되었다. 예컨대 거기서 그들은 풍요다산적 힘의 생산적 결합이라든가, 신적 배우자 가운데 어느 한쪽의 비극적인 죽음 혹은 그 신의 환희에 찬 부활 따위를 연출했다. 그 결과 종교적 이론과 주술적 관행이 서로 뒤섞여 습합하게 되었다. 이 같은 습합의 사례는 역사 속에서 흔히 찾아볼 수 있다. 실제로 낡은 주술의 멍에에서 완전히 탈피하는 데에 성공한 종교는 거의 없다. 분명 종교와 주술이라는 두 가지의 상반된 원리의 결합은 어떤 모순을 내포하고 있다. 그런 모순은 종종 철학자들의 마음을 혼란스럽게 했다. 하지만 그것이 보통 사람들을 괴롭히는 일은 거의 없었다. 사실 일반인들은 그런 모순을 거의 느끼지 않는다. 그들의 관심은 다만 행동하는 데에 있으며, 그런 행위의 동기를 분석하는 데에 있지 않았기 때문이다. 만일 인류가 항상 논리적이며 현명했다면, 역사는 어리석은 짓과 범죄의 기나긴 반복에서 좀 더 자유로울 수 있었을지도 모른다.

온대 지방에서 계절이 초래하는 변화들 가운데 가장 놀라운 현상은 식물에 대해 끼치는 영향일 것이다. 반면 동물에게 끼치는 계절의 영향도 크기는 하지만 그렇게 명확하게 나타나지는 않는다. 따라서 겨울을 추방하고 여름을 맞이하기 위한 주술적 의식은 주로 식물을 중심으로 행해졌다. 거기서는 새나 여타 짐승들보다도 나무나 식물들이 더욱 현저하게 묘사되었던 것이다. 그러나 생명의 두 측면, 즉 식물적 생명과 동물적 생명이 그런 의식을 보고 있는 자의 마음속에서는 따로 분리되어 있지 않았다. 그들은 통상 동물계와 식물계 사이의 유대가 사실보다도 훨씬 더 밀접하게 연관되어 있다고 믿었다. 그래서 그들은 종종 식물 소생의 극적인 재현을 남녀의 실제적, 연극적 교접과 연관하곤 했다. 그런 의식의 목적은 단지 식물의 소생뿐만 아니라 동시에 과일과 동물과 인간의 증식을 동일한 행위에 의해 촉진하기 위한 데에 있었다. 그들에게 생명과 풍요의 원리는 동물이든 식물이든 간에 불가분의 동일한 하나였다.

과거의 원시인들에게 산다는 것과 살게 해 주는 것 혹은 먹는 일과 아이를 낳는 일 등이 기본적인 욕구였듯이, 이 세계가 존재하는 한 그런 것들은 앞으로도 계속 가장 기본적인 욕구로 남을 것이다. 그 밖의 다른 것들이 인간 삶을 더 풍요롭고 아름답게 만들기 위해 추가되어도 그만이지만, 우선 기본적인 욕구가 충족되지 않는다면 인간 그 자체가 존재할 수 없을 것이기 때문이다. 요컨대 이 두 가지, 즉 음식과 자식이야말로 계절을 통어하기 위한 주술의례를 거행함으로써 인간이 얻고자 했던 궁극적인 대상이었을 것이다.

지중해 동쪽에 인접한 여러 지역들만큼 이런 의식들이 광범위하고 장중하게 행해진 곳도 다시없을 것이다. 이집트와 서아시아의 여러 민족들은 매년 쇠퇴했다가 다시 소생하는 생명, 특히 식물의 생명을 매년 죽었다가 부활하는 신으로서 인격화했고, 그것들을 오시리스Osiris나 탐무즈Tammuz[1] 혹은 아도니스Adonis나 아티스Attis 등의 이름으로 불렀다. 이 신을 숭배하는 의식은 그 명칭과 세부 내용이 지역에 따라 매우 다양하지만 그 본질은 동일하다. 아래에서는 매우 다양한 호칭으로 불렸지만 본질은 하나인 이 동양적 신의 죽음과 부활에 대해 살펴보겠다. 그러면 탐무즈 혹은 아도니스부터 생각해 보자.

아도니스 숭배는 바빌로니아와 시리아의 셈족들에 의해 행해졌으며, 그리스인도 이미 기원전 7세기경부터 이들에게서 아도니스 숭배를 차용해 왔다. 아도

---

1 아카드어로는 두무치Dumuzi라고 한다. 메소포타미아 종교에 나오는 풍요의 신으로 봄이 되면 자연에 새 생명을 부여하는 힘을 갖고 있다. 탐무즈라는 이름은 초기 수메르의 Damu-zid('흠 없는 젊은이')에 근거한 아카드어 탐무치Tammuzi에서 유래한 것 같다. 탐무즈를 가리키는 가장 일반적인 통칭이 시파드('목자')라는 데서 알 수 있는 것처럼, 탐무즈는 본래 목초지의 신이었다. 그의 아버지 엔키는 거의 언급되지 않지만, 그의 어머니인 여신 두투르는 암양의 화신으로 등장한다. 기원전 2000~기원전 1000년에 탐무즈 제의가 아시리아로 전파되었을 때 그 성격이 유목신에서 농경신으로 변화된 듯하다. 탐무즈 제의는 매년 두 가지 축제를 중심으로 이루어졌다. 하나는 여신 이난나와 탐무즈의 결혼을 축하하는 축제이며, 다른 하나는 지하세계의 악마에 의해 그가 죽은 것을 애도하는 축제이다. 우르의 제3왕조 통치 기간(기원전 2112년경~기원전 2004년경) 동안 움마 시(지금의 텔 요카)에서 움마의 탐무즈 축제의 달인 2~3월에 탐무즈의 결혼이 극적으로 거행되었다. 문헌에 의하면, 이 결혼의식에서 왕은 실제로 탐무즈 신과 동일시되었고, 이난나 여신의 화신인 여사제와의 모의 결혼이 행해졌다. 탐무즈의 죽음을 표현하는 3~4월의 축제 역시 극적으로 상연된 듯하다. 이때에는 많은 애가哀歌가 살해당한 신의 거처를 향해 사막으로 나가는 행렬로 행해졌다. 그러나 기원전 7세기에 아시리아에서는 이 의식이 6~7월에 행해졌다. 그 지역의 주요 도시에서는 탐무즈 신을 누워 있는 상태로 두기 위해 침상을 설치했고, 그의 몸은 야채와 꿀, 여러 음식물로써 상징되었다. 수메르 신화의 후반부에 기록된 「이난나의 강림」이라는 신화에 따르면, 이난나(아카드어로 이슈타르)는 탐무즈를 자신의 대리로 지하세계에 보낸다. 그의 여동생인 게슈티난나는 결국 그를 발견하고 이난나는 탐무즈와 그의 여동생이 지하세계를 번갈아 오가면서 1년의 반은 살아 있는 세계에서 각각 보내도록 명령하는 것으로 이 신화는 끝난다. 원래는 독립적이었던 다양한 풍요의 신들이 탐무즈와 동일시된 것으로 보인다.

니스 신의 진짜 이름은 탐무즈였다. 아도니스라는 이름은 셈어의 '아돈Adon', 즉 '주님'이라는 말에서 온 것에 불과하다. 그것은 숭배자들이 탐무즈 신을 부르는 존칭어였던 것이다. 그런데 그리스인들은 이 존칭어를 본명으로 잘못 오해했다. 바빌로니아의 종교 문헌에서 탐무즈는 이슈타르Ishtar[2]의 젊은 배우자 혹은 연인으로 나온다. 여기서 이슈타르는 위대한 대모신으로서 자연의 생식력을 구현한 존재를 가리킨다. 신화와 의례 속에서 이 둘의 상호관계나 결합에 관한 언급은 단편적이고 애매하기 짝이 없지만, 우리는 거기서 다음과 같은 내용을 추려 낼 수 있다.

탐무즈는 매년 죽어 이 즐거운 현세에서 음산한 저승으로 내려간다. 그러면 그의 신적 연인인 이슈타르가 매년 그를 찾아 "돌아올 수 없는 나라로, 문과 빗장에 먼지가 쌓인 암흑의 집으로" 여행을 떠난다는 것이다. 그런데 이슈타르가 부재중인 지상에서는 사랑의 열정이 모두 잠들어 버리며, 사람이든 짐승이든 할 것 없이 모두가 애 낳는 일을 멈추고 만다. 그리하여 살아 있는 일체의 존재가 사멸 위협에 직면하게 된다. 동물계의 성적 기능은 이 여신과 대단히 밀접하게 결합되어 있어서, 그녀가 없어지면 더 이상 성적 기능을 발휘할 수 없기 때문이다. 그래서 위대한 신 에아Ea[3]의 전령이 이슈타르를 되찾아 오라는 명령을 받고 저승세

---

2 수메르어로는 이난나Inanna. 메소포타미아 종교에서 전쟁과 성애性愛의 여신. 이슈타르는 서西셈족의 여신 아스타르테에 해당하는 아카드족의 여신이다. 이슈타르와 동일시된 수메르의 여신 이난나는 다양한 이미지를 가지고 있다. 즉, 이난나는 하늘의 신 '안'의 딸로 등장하기도 하고 그의 아내로 등장하기도 한다. 다른 신화들에서는 달의 신 난나 혹은 바람의 신 엔릴의 딸로 나오기도 한다. 이난나는 처음에 창고와 연관되어 대추야자나무·양털·고기·곡식의 여신이었으며, 창고 문이 이난나의 상징이었다. 또한 이난나는 비와 뇌우의 여신이기도 했으며, 때로는 천둥처럼 울부짖는 사자의 모습을 하기도 했다. 이난나가 전쟁의 여신이 된 것은 폭풍우와 연관되었기 때문일 것이다. 이난나는 또한 다산의 여신이자 창고의 여신이며, 대추야자나무의 성장과 수확을 상징하는 신 두무지 아마우슘갈라나의 배우자로서 '대추야자 열매송이 아가씨'라고 부르기도 했다. 수메르인들의 전승에서 다산의 여신 이슈타르는 매우 복잡한 신으로 발전되었다. 가령 이슈타르는 방화와 진화, 기쁨과 눈물, 공정한 경쟁과 적의 등 서로 모순된 의미와 힘을 가진 여신이었다. 또한 아카드의 이슈타르는 금성과 연관된 신이자 태양신 '샤마시' 및 달신 '신'과 함께 제2의 3각항성三角恒星을 이룬다. 이슈타르의 상징은 하나의 원에 6개 내지 8개 또는 16개의 광선을 지닌 별이다. 이슈타르는 육체적 사랑을 즐기는 금성의 여신으로서 매춘부의 수호신이며 선술집의 후원자이기도 했다. 이슈타르 숭배의식에는 성전 매춘이 포함되어 있었으며, 이슈타르 숭배 중심지인 우르크는 창녀들로 가득한 도시였다. 고대 중동지역에서 폭넓은 인기를 누린 이슈타르는 후기의 신화에서 안·엔릴·엔키의 세력을 부리는 우주의 여신으로 등장한다.

3 수메르어로는 엔키Enki. 메소포타미아의 물水의 신. '아누'(수메르어로는 An), '벨'(수메르어로는 Enlil)과 함께 3대 신을 이룬다. 에리두 시에서 숭배되던 지역신 에아는 '압수'의 주主, 즉 지상 밑의 담수를 관장하는 주신으로 발전했다(엔키는 '지상의 주라는 뜻). 수메르 신화 『엔키와 세계 질서Enki and the World Order』에는 '엔키'가 국경선을 확정하고, 신들에게 역할을 할당했다고 기록되어 있으며, 다른 수메르 신화에 따르면 '엔

이집트의 오시리스(왼쪽)와 바빌로니아의 탐무즈(오른쪽). 오른쪽은 우룩에서 출토된 기원전 300년경의 도자기로, 도자기 속 오른편에 있는 인물은 탐무즈의 연인 이슈티르이다.

시리아 및 그리스·로마의 아도니스를 본뜬 오늘날 피렌체의 분수상(왼쪽)과
프리기아의 아티스(오른쪽)

계로 파견된다. 이때 저승세계의 엄격한 여왕 알라투Allatu 혹은 에레슈키갈Eresh-Kigal[4]이 하는 수 없이 이슈타르의 몸에 생명수를 뿌려 주어 연인 탐무즈와 함께 그곳을 떠나 이승으로 돌아가도록 허락한다. 이렇게 이슈타르가 지상에 돌아오자, 일체의 자연이 다시 소생했다는 이야기이다.

바빌로니아의 수많은 찬가 속에는 죽은 탐무즈를 위한 애가가 나오는데, 거기서 탐무즈는 흔히 일찍 시들어 버린 식물로 묘사되곤 한다.

（탐무즈는) 동산에 있으면서도 물을 빨아들이지 못하는 버드나무,
그 화관은 들판에 있으면서도 꽃을 피우지 못하네.
물의 환희를 알지 못하는 버드나무여,
동산에 있으면서도 물을 마시지 못하는 목초라네.

그의 이름을 빌려 지은 '탐무즈 달' 하지 무렵에 피리소리에 맞추어 매년 수많은 남녀들이 그의 죽음을 애도한 듯싶다. 사람들은 이 죽은 신의 인형을 향해 장송가를 부른 다음, 인형을 깨끗한 물에 씻어 기름을 바르고 빨간 옷을 입혔다. 그리고 마치 강렬한 향기로써 그를 영원한 수면에서 깨우기나 하려는 듯이 허공 가득 훈향을 피워 댔다. 그런 장송가 가운데 「탐무즈에게 보내는 피리의 애가Lament of the Flutes for Tammuz」라는 제목의 노래가 있다. 거기서 우리는 지금도 슬픈 가락을 송영하는 가수들의 음성이 들리는 듯싶어, 마치 머나먼 곳에서 전해져 오는 듯 희미하고도 애절한 피리 곡조에 귀를 기울이게 된다.

그가 사라져 버리자 그녀는 슬피 울부짖네.
'오, 내 아기여' 하면서 그의 죽음을 애도하네.
'나의 연인이여!' 하면서 그의 죽음을 애도하네.

키'는 신들의 노예인 인간을 창조한 자로 나타난다. 엔키의 원래 형태는 씨·양수羊水·풍요와 연관되었다. 그는 보통 반半염소·반半물고기로 묘사되는데, 여기서 오늘날 점성술의 염소자리가 유래했다. '엔키'와 동일한 아카드어 '에아'는 제의적 정화淨化의 신이자, 마법과 주문을 관장하는 신이다. '에아'는 아카드 신화에서 교활하고 명석한 매개자로 등장하며, 바빌로니아의 민족신 마르두크의 아버지로서 중요한 위치를 차지한다.
4 메소포타미아 종교에서 수메르-아카드 만신전의 여신. 위대한 장소(죽은 사람의 거처)의 여주인이며, 기원전 3000년경의 문서들에는 니나주 신의 아내(어떤 곳에서는 어머니로 기록됨)로, 후기의 문서들에는 네르갈의 아내로 나온다. 에레슈키갈과 동생 이난나(아카드어로 이슈타르)는 서로 크게 증오했다.

「비너스와 아도니스」 아브라함 얀센스, 1620년경

'나의 마술사여, 나의 사제여!' 하면서 그의 죽음을 애도하네.

넓은 공터에 뿌리 내린 빼어난 향나무 아래에서,

에안나Eanna 안에서, 그 위아래에서 그녀는 슬피 울부짖네.

마치 어떤 집이 그 집주인을 위해 애도하듯이, 그녀는 슬피 울부짖네.

마치 어떤 성읍이 그 성주를 위해 애도하듯이, 그녀는 슬피 울부짖네.

그녀의 애도는 꽃밭에서 자라지 못한 풀꽃들을 위한 것이요,

그녀의 슬픔은 결실을 맺지 못한 보리들을 위한 것이라네.

그녀의 잠자리는 아이를 낳지 못하는구나.

곤궁하고 지쳐 버린 여인이여, 씨가 말라 버린 아이로다.

그녀의 애도는 버드나무가 전혀 자라지 않는 큰 강을 위한 것이요,

그녀의 슬픔은 보리와 목초와 꽃들이 자라지 않는 들판을 위한 것이라네.

그녀의 애도는 물고기들이 노닐지 않는 연못을 위한 것이요,

그녀의 슬픔은 갈대가 자라지 못하는 갈대밭을 위한 것이라네.

그녀의 애도는 위성류渭城柳가 자라지 못하는 숲을 위한 것이요,

그녀의 슬픔은 삼나무가 자라지 못하는 황야를 위한 것이라네.

그녀의 애도는 꿀과 포도주를 낳지 못하는 과수원을 위한 것이요,

그녀의 슬픔은 목초가 자라지 못하는 목장을 위한 것이라네.

그녀의 애도는 사람이 오래 살지 못하는 그런 궁성을 위한 것이라네.

아도니스에 관한 비극적인 이야기와 감상적인 의례는 단편적인 바빌로니아 문헌이나 혹은 예루살렘 신전의 북문에서 탐무즈를 위해 슬퍼하는 여자들을 본 예언자 에제키엘Ezekiel[5]의 간략한 언급에서 찾아볼 수 있다.[6] 하지만 우리는 그것을 그리스 저자들의 서술에서 더 잘 알 수 있다. 그리스 신화의 거울에 비친 이 동

---

5 에스겔이라고도 한다. 예루살렘과 바빌로니아에서 활동한 고대 이스라엘의 예언자이자 제사장. 구약성서 『에제키엘』의 주인공이며, 이 책의 일부를 쓴 저자이다. 그는 하느님과 이스라엘 백성 사이에 궁극적으로 새 언약이 맺어질 것을 믿었는데, 이 믿음은 유대교와 기독교 신학에 깊은 영향을 주었다. 바빌로니아 왕 네부카드네자르(재위 기원전 605~기원전 562)에 의해 예루살렘 성전이 파괴되었을 때 수많은 유대인들이 바빌로니아로 끌려갔다. 당시 예루살렘 성전 제사장이었던 것으로 보이는 에제키엘도 기원전 597년에 동족들과 함께 바빌로니아로 끌려가서 그발 강가(니푸르 근처)에 있는 텔아비브에 자리 잡고 살면서 예언 활동을 했다. 이때 그는 유다와 이스라엘에서 포로로 잡혀갔던 사람들이 팔레스타인으로 돌아올 것이며, 예루살렘에 성전이 재건될 것이라고 예언했다.

6 "그리고 '이들이 하는 역겨운 짓을 또 보아라' 하시며 나를 야훼의 성전 북향 정문 문간으로 데리고 가셨다. 거기에서는 여인들이 앉아서 담무즈 신의 죽음을 곡하고 있었다." 공동번역 성서 『에제키엘』 8장 13, 14절 참조

양적 신은 아프로디테(비너스)에게 사랑을 받은 아름다운 젊은이로 나타난다. 거기서 아프로디테 여신은 소년 아도니스를 상자 속에 숨겨 저승의 여왕 페르세포네에게 맡긴다. 하지만 그 상자를 열어 보고 소년의 아름다움에 놀란 페르세포네는 그 후 아프로디테가 저승에 내려가 아도니스를 죽음의 힘에서 해방시키려 했을 때 그를 돌려주지 않았다. 사랑의 여신과 죽음의 여신 사이에 벌어진 이 싸움은 제우스에 의해 해결되었다. 즉, 제우스는 아도니스에게 1년의 절반은 저승에서 페르세포네와 함께 살고, 나머지 절반은 지상에서 아프로디테와 함께 살도록 판결을 내린 것이다. 그런데 나중에 이 청년은 사냥을 나갔다가 멧돼지 때문에 죽게 된다. 혹은 질투심이 강한 아레스가 경쟁자 아도니스를 죽이기 위해 멧돼지로 변신하여 그를 죽였다고도 한다. 그러자 아프로디테는 그리운 아도니스를 위해 슬피 울며 애도한다.

이 신화에서 아도니스를 둘러싼 아프로디테와 페르세포네의 경쟁은 분명 죽음의 나라에서 이슈타르와 알라투(에레슈키갈)의 싸움을 반영하고 있다. 나아가 아도니스가 1년의 절반은 저승에서, 나머지 절반은 이승에서 살아야 한다는 제우스의 판결은, 탐무즈가 매년 사라졌다가 다시 출현한다는 이야기의 그리스판과 다름없는 것이다.

제30장
시리아의 아도니스

아도니스의 신화가 여러 지방으로 퍼져나가면서 그 의례가, 특히 서아시아의 두 지방에서 매우 장엄하게 행해졌다. 한 곳은 시리아 해안의 비블로스[1]이고, 다른 한 곳은 키프로스의 파포스[2]였다. 그곳에서는 모두 아프로디테 혹은 그 여신의 셈족판이라 할 수 있는 아스타르테Astarte[3] 여신을 숭배했다. 전승에 의하면, 그곳의 왕은 아도니스의 부친인 키니라스Cinyras였다고 한다. 어쨌든 두 지역 중 비블로스 쪽이 더 유서 깊다.

비블로스는 페니키아에서 가장 오래된 도시로서 세계의 시초 때에 위대한 신 엘EI에 의해 건설되었다고 한다. 그리스인과 로마인은 엘 신을 각각 크로노스Cronos[4] 및 사투르누스Saturnus와 동일시했다. 하여간 비블로스는 역사시대 페니키

---

1 지중해 연안의 고대 항구도시. 사람이 지속적으로 거주해 온 도시로는 세계에서 가장 오래된 곳 가운데 하나이다. 비블로스라는 이름은 그리스어로서, 파피루스가 비블로스를 통해 에게해로 수출되었기 때문에 처음에는 파피루스를 '비블로스' 또는 '비블리노스'라는 그리스식 이름으로 부르기도 했다. '성서'를 뜻하는 영어 단어 '바이블'은 파피루스로 만든 책을 뜻하는 '비블로스'에서 유래한 말이다.

2 지금의 피르고스(쿠클리아) 자리에 있었던 키프로스의 고대 도시. 유명한 아프로디테 신전이 있었으며, 아프로디테가 이곳 바다의 파도 거품에서 태어났다고 하는 전설이 있다.

3 고대 근동지방의 대모신大母神. 지중해의 주요 항구들인 티루스·시돈·에일라트의 주신主神이다. 히브리 학자들은 성서에 자주 나오는 여신 아스도렛이 그리스 이름 아스타르테를 옮긴 것이며, 히브리어로 보(수치)는 히브리인들이 그녀에 대한 제사의식을 비난하는 의미라고 생각하고 있다. 아스도렛의 복수형 아스다롯은 이교도와 여신들을 가리키는 일반적 용어가 되었다. 이방 여자들과 결혼한 솔로몬 왕은 "시돈인들의 여신 아스도렛을 섬겼다"(「열왕기 상」 11장 5절)고 적고 있다. 가나안 사람들은 아스도렛을 하늘의 여왕으로 섬기며 분향하고 제주祭酒를 바쳤다. 사랑과 전쟁의 여신 아스타르테는 여동생 아나트와 여러 면에서 비슷하며, 본래는 동일한 여신이었을 수도 있다. 그 둘의 이름이 아랍족 여신 아타르가티스의 모체가 되었다. 그녀는 가나안뿐 아니라 이집트·우가리트 등지와 히타이트족 사이에서도 아스타르테라는 이름으로 숭배되었고, 아카드족에게서는 이슈타르라고 불렸다. 뒤에 그녀는 이집트 신 이시스와 하토르, 그리스·로마에서는 아프로디테·아르테미스·헤라(유노) 등 모든 종류의 대모신들 안에 흡수되었다.

4 그리스 종교의 신. 후에 로마의 사투르누스 신과 동일시되었다. 크로노스는 농업과 관계가 깊다. 아티카의 크로노스 축제인 크로니아는 수확을 기념하는 축제였는데, 그것은 로마에서 농사 신을 기리는 사투르날리아와 비슷했다. 신화에서 크로노스는 우라노스(하늘)와 가이아(땅)의 아들인데, 어머니 가이아의 지시로 낫을 가지고 아버지를 거세시킨다. 이렇게 해서 하늘과 땅이 갈라지게 되었다고 한다. 그 뒤 크로노스는 누이 레아를 배우자로 삼아 헤스티아·데메테르·헤라·하데스·포세이돈을 낳았는데, 이들을 모두 잡아먹었다. 그러나 제우

아의 메카 또는 예루살렘이라 할 만한 성지이자 종교적 수도로 간주된다. 해변에 우뚝 솟아 있는 이 도시에는 아스타르테 여신의 성소가 있었다. 그 성소 중앙의 광장은 회랑에 둘러싸여 있는데, 아래쪽에서 계단을 통해 올라가면 나타나는 넓은 안뜰에는 거대한 원추형 첨탑 모양의 아스타르테 여신상이 세워져 있었다. 바로 이 성소 안에서 아도니스 의례가 거행되었다. 때문에 이 도시 전체가 신성시되었고, 비블로스의 남쪽을 흐르는 나흐르이브라힘강은 그 옛날 아도니스강이라고 부르기도 했다. 이곳이 키니라스 왕국이었다. 이 도시는 고대에서 근대에 이르기까지 원로원 혹은 장로회의 고문을 받는 왕들이 통치한 모양이다.

비블로스 최후의 왕은 키니라스라는 이름을 갖고 있었는데, 그는 폭정으로 인해 폼페이우스Pompeius(기원전 106~기원전 48) 대왕[5]에 의해 목이 잘렸다. 원래 이름은 키니라스라는 전설상의 수도 이름에서 비롯된 것인데, 이 수도에서 하룻길 정도 떨어진 레바논 산상에는 아프로디테, 즉 아스타르테 여신의 성소가 있었다. 이 성소는 아마도 비블로스와 바알베크[6] 사이의 아도니스강 수원지에 해당하는 아파카였을 것으로 추정된다. 왜냐하면 아파카에는 유명한 아스타르테의 무덤과 성소가 있었기 때문이다. 그런데 아스타르테 숭배의 잔혹성으로 인해 이 성소는 콘스탄티누스 대제에 의해 파괴되었다고 한다. 그 성소의 폐허가 오늘날 아프카라 부르는 빈촌 근방의 아름다운 원시림으로 덮인 아도니스 산맥 기점에서 어떤 여행가들에 의해 발견되었다.

아파카 마을은 낭떠러지 위의 아름다운 호두나무 숲속에 있다. 거기서 약간 떨어진 곳에는 우뚝 솟은 기암절벽으로 둘러싸인 장대한 원형 극장이 있는데, 그 밑에 있는 동굴에서 샘물이 흘러나와 마침내 폭포수가 되어 심연으로 떨어진다. 그 물줄기를 따라 내려갈수록 식물들이 더욱 울창해진다. 바위틈 사이로 삐죽삐죽 튀어나온 나무들이 장대한 낭떠러지 사이사이로 천둥 같은 소리를 내거나 혹

스가 태어나자 레아는 제우스를 크레타에 숨기고, 남편을 속여 대신 돌을 먹게 한다. 제우스는 안전하게 성장해서 아버지가 삼켜 버렸던 형제자매들을 토해 내게 하고 아버지와 싸워 이긴다. 싸움에서 진 크로노스는 타르타로스에 있는 한 감옥에 갇히게 되었다고도 하고, 황금시대의 왕이 되었다고도 한다. 크로노스는 자기 아이들을 잡아먹었다는 점에서 이방신과 자주 동일시되는데, 그 대표적인 예가 셈족의 바알림(가령 카르타고에 있는 수많은 로마 비문에 언급되는 바알 사투르누스)과 인간 제물을 받았던 몰록 등이다.

5 로마 공화정 말기의 위대한 정치가·장군이며 삼두정의 한 사람. 율리우스 카이사르의 친구였으나 후에는 정적이 되었다. 처음에는 그의 아프리카 부대에 의해 마그누스(대왕)라는 칭호로 불렸다.

6 '태양의 도시'라는 뜻. 레바논 알비카주의 도시로 로마 시대의 도시 유적지

은 졸졸거리며 흘러나오는 물줄기 너머로 초록색 베일이 펼쳐져 있는 것이다. 솟구치며 흐르는 맑은 물이며 달콤하고도 상쾌한 산속의 공기, 그리고 나무들의 싱싱한 초록색에는 무언가 사람을 도취하게 만드는 매력이 있다.

수려한 장관이 내려다보이고 강물의 수원지를 마주보는 곳에는 신전 터가 하나 있다. 그 신전 터에는 지금도 거대하게 다듬어진 바위와 우뚝 솟은 칠흑색 섬장암閃長岩의 아름다운 기둥들이 남아 있다. 웅장한 소리를 내며 물보라를 피우는 폭포수 너머로 동굴이 보이고, 그 위에는 깎아지를 듯한 절벽이 꼭대기까지 이어져 있다. 그 절벽은 너무도 가파르고 높아서 밑에 있는 구경꾼의 눈에는 관목 숲의 어린 이파리들을 찾아 그 능선을 따라 기어오르는 염소들이 마치 개미떼처럼 보일 정도이다. 바닷가로 이어지는 풍경은 더더욱 인상적이다. 특히 황금빛 태양 광선이 골짜기 깊은 곳까지 가득 찰 때면, 산성 벽의 황홀하기 짝이 없는 부벽扶壁들과 둥근 탑들의 그림자가 빠짐없이 드러나면서 다채로운 초록색의 울창한 숲속으로 조용히 가라앉는다.

전승에 의하면, 아도니스가 최초 혹은 최후로 아프로디테와 상봉한 곳이 바로 이곳이며, 갈기갈기 찢겨진 아도니스의 시체가 매장된 곳도 바로 이곳이라고 한다. 비극적인 사랑과 죽음의 이야기를 위해 이보다 더 아름다운 장소를 상상할 수는 없으리라. 이 골짜기는 예부터 항상 세상과 격리되어 있었지만, 그렇다고 완전히 버려진 그런 땅은 아니었다. 삐죽삐죽하고 울퉁불퉁한 바위 꼭대기의 하늘 아래, 혹은 강물의 흰 파도 너머 거의 수직으로 깎아지를 듯한 절벽에 바짝 붙은 수도원이나 촌락들이 여기저기 세워져 있었을 것이다. 그리하여 밤이 되면 어둠 사이로 멀리 반짝이는 등불이 거의 인간의 접근을 허용할 것 같지 않아 보이는 경사지에도 사람 사는 집이 있다는 걸 알려주었을 성싶다.

고대에 이 아름다운 계곡은 전부 아도니스에게 바쳐졌으며, 오늘날까지도 그 기억이 여기저기 묻어나고 있다. 이 계곡을 둘러싸고 있는 높은 산봉우리들마다 아도니스를 숭배하던 유적지들이 폐허가 되어 남아 있다. 그 산봉우리들 가운데 어떤 것들은 무시무시한 심연처럼 아찔하게 솟아올라 있고, 저 멀리 까마득한 아래로는 둥지 주변을 선회하는 독수리들의 모습이 희미하게 보일 정도이다.

그런 기념물 중 하나가 기네Ghineh에 있다. 거기에는 거칠게 깎아 세운 거대한 암석 표면에 아도니스와 아프로디테의 형상이 새겨져 있다. 아도니스는 곰의 습격을 기다리면서 창을 든 채로 휴식을 취하는 듯이 보이고, 아프로디테는 슬픈 표정으로 앉아 있는 모습이다.[7] 슬픔에 지친 그녀의 형상은 마크로비우스 Macrobius[8]가 묘사한 레바논의 애도하는 아프로디테와 다름없는 것이다. 그리고 그녀가 앉아 있는 바위의 움푹 들어간 곳은 아마도 그녀가 사랑하는 연인 아도니스의 무덤일 것이다. 아도니스 숭배자들의 신앙에 의하면, 그는 매년 이 산에서 상처를 입고 죽었으며 그 때문에 이곳의 자연은 매년 신성한 피로 물들었다고 한다. 그리하여 매년 아도니스의 붉은 꽃 아네모네가 레바논의 향나무들 사이로 만발하고, 강물까지도 붉게 물든 채 바다로 흘러들어 푸른 지중해의 구불구불한 해안선을 따라 붉은 테두리를 이루며, 바람조차 물결 모양의 심홍색 띠로 해안 쪽으로 불어들 때면, 시리아의 아가씨들은 어김없이 아도니스의 때아닌 죽음을 애도했다는 것이다.

---

7 프레이저는 이 유적지에 직접 가 본 적이 없다. 그는 에르네스트 르낭의 『페니키아 전도 *Mission de Phenicie*』 (1864)에서 바위를 쪼아 만든 기네의 유적에 관한 부분을 차용한 것이다. 르낭은 1860년대에 레바논을 방문했다. 로버트 프레이저는 이 프랑스의 배교한 학자 르낭이 느꼈음 직한 종교적 향수 중 많은 부분이 프레이저의 시리아 묘사에 구석구석 배어 있다고 지적한다. 로버트 프레이저 편, 앞의 책, 381쪽 편주 참조

8 암브로시우스 테오도시우시 마크로비우스. 400년경에 활동한 로마의 라틴 문법학자, 철학자. 대표작 『사투르날리아 *Saturnalia*』는 축제의 전날과 3일 동안의 축제 기간에 몇몇 가정에서 벌어진 토론에 관해 쓰고 있다.

제31장
키프로스의 아도니스

키프로스섬은 시리아 해안에서 배로 불과 하루면 갈 수 있는 거리에 있으며, 맑게 갠 여름날 해질 무렵에는 석양의 붉은 노을에 물든 나지막한 산들이 거무스름하게 보인다. 풍부한 구리 광산과 왜전나무, 향나무 숲을 가지고 있는 이 섬은 페니키아인과 같은 상업 해양민족을 자연스럽게 끌어들였다. 산과 바다 사이에 끼인 조야한 페니키아 해안의 보잘것없는 자연환경에 비하면, 온갖 곡식과 포도주와 기름이 풍부한 키프로스섬은 페니키아인에게 그야말로 '약속의 땅'처럼 비쳐졌을 것임에 틀림없다. 그리하여 많은 페니키아인이 일찍부터 키프로스섬에 정착했으며, 그리스인들이 섬 연안지역에 이주한 이후에도 오랫동안 그곳에서 살아왔다.

우리는 비문과 화폐 등을 통해 알렉산드로스 대왕 시대까지도 키티움[1]이 페니키아인 왕들에 의해 통치되었다는 사실을 알고 있다. 여기서 키티움은 히브리인들이 키팀이라 부른 바로 그곳이다. 셈족 이주민들은 모국에서 그들의 신을 키프로스섬에 가지고 들어왔다. 그들이 숭배한 신은 레바논의 바알Baal 신이었는데, 바알 신은 곧 아도니스였음에 틀림없다. 예컨대 키프로스섬 남쪽 해안의 아마투스에서 이들은 아도니스와 아프로디테 혹은 아스타르데 의례를 거행했던 것이다. 그런데 비블로스에서와 마찬가지로 이곳의 아도니스와 아스타르테 의례 또한 이집트의 오시리스 숭배와 거의 다를 바 없었다. 그래서 혹자는 아마투스의 아도니스를 오시리스와 동일시할 정도였다.

하지만 키프로스에서 아프로디테와 아도니스 숭배의 중심지는 섬 서남부에 있는 파포스였다. 초창기부터 16세기 말엽에 이르기까지 키프로스섬은 여러 군

---

1 키프로스섬에 있던 페니키아의 주요 도시. 키프로스섬 남해안, 오늘날의 라르나카 근처에 자리 잡고 있었다. 키티움에 있는 가장 오래된 유적은 미케네 시대(기원전 1400~기원전 1100년경)의 에게해 식민지 유적이다. 성서에는 키티움이 '키팀'으로 기록되어 있다. 페니키아인이 '레바논의 바알' 신에게 바친 신전은 이 도시가 레바논의 고대 도시인 티레에 속해 있었을지도 모른다는 것을 암시한다.

소 왕국으로 분열되었는데, 그중에서도 파포스는 가장 상위권에 속한 왕국이었다. 이 지역은 작은 산들과 구불구불한 봉우리들에 여기저기 산재한 밭이나 포도원 등으로 다양한 지형적 특징을 지니고 있었다. 거기에 강들에 의해 지형이 분할되어 있었는데, 시간이 흐르면서 강바닥이 깊이 파이면서 내지로의 여행이 곤란해졌다. 또한 거의 1년 내내 눈 덮여 있는 험준한 올림포스 산맥[2], 즉 오늘날의 트루도스 산맥은 북풍과 동풍으로부터 파포스를 막아 주는 한편, 섬의 다른 지역과 차단하는 역할을 했다. 이 산맥의 경사면에는 키프로스의 마지막 소나무 숲이 아직까지도 남아 있으며, 아펜니노 산맥 못지않은 경관 속에 위치한 수도원들이 여기저기 눈에 띈다. 고대의 파포스는 바다에서 1.6킬로미터쯤 떨어진 산 아래에 있었지만, 신시가지는 바다에서 약 16킬로미터쯤 떨어진 항구 쪽에서 발전했다. 오늘날 쿠클리아Kuklia라 부르는 고대 파포스의 아프로디테 성소는 고대 세계에서 매우 유명한 신전 중 하나였다.

헤로도토스에 의하면, 그 신전은 아스칼론[3]에서 온 페니키아 이주민들에 의해 세워진 것이라고 한다. 그런데 페니키아인이 오기 전까지만 해도 그곳에는 토착적인 풍요의 여신이 숭배되었음 직하다. 어쩌면 페니키아인은 그 토착적 여신을 자신들이 가지고 들어온 바알라트Baalath[4] 혹은 아스타르테 여신과 동일시했을지도 모른다. 그만큼 두 여신은 비슷한 측면을 가지고 있었기 때문이다. 그래서 두 여신이 하나로 습합하였는데, 여기서 두 여신 모두 일찍부터 서아시아 전역에 걸쳐 숭배되었던 풍요·다산적 대모신의 변종이었을 거라고 추정할 만하다.

고대 파포스 여신상의 형태와 의례의 방종한 성격은 이러한 추론의 타당성을 확인시켜 준다. 다시 말해서 파포스 여신상의 형태와 의례는 아시아의 다른 신격들과 유사한 측면을 공유하고 있었다. 이 여신상은 흰색의 원추형 혹은 피라미드형 모습을 하고 있었다. 그런데 원추형은 비블로스의 아스타르테를 상징하는 표시이며, 또한 그리스인들이 아르테미스라 부른 팜필리아[5] 지방 페르가Perga

---

2 에게해의 테르마이코스만 근처에 있는 산맥. 그중 올림포스산은 그리스에서 가장 높은 산(2,917미터)으로 그리스 신화에서는 신들의 거처이자 제우스의 왕좌가 있던 곳으로 등장한다.

3 팔레스타인의 해안 평야에 있는 도시 아슈켈론 Ashkelon의 옛 이름

4 '비블로스의 부인'을 뜻한다. 이집트 제12왕조(기원전 1991~기원전 1786) 무렵에는 이집트의 여신 하토르 Hathor와 동일시되었고, 그리스인들은 여신 아스타르테 Astarte의 형상으로 바알라트를 묘사했다.

5 고대 아나톨리아 남부의 해안지역. 실리시아에서 리키아까지 지중해를 따라 활 모양으로 뻗어 있는 길고 좁다란 땅

의 토착 여신을 나타내는 표시이기도 했다. 그뿐만 아니라 그것은 시리아 에메 사[6]의 태양신 헬리오가발루스Heliogabalus[7]의 표시이기도 했다. 나아가 신상 역할을 했음에 틀림없는 몇몇 원추석들이 키프로스섬의 골지, 몰타섬[8]의 페니키아 신전에서도 발견되었으며, 시나이산[9]의 황량한 언덕과 험준한 낭떠러지에 있는 이른바 '토르코이즈의 귀부인Mistress of Torquoise' 신전에서도 사암 원추석이 발굴 된 바 있다.

고대 키프로스의 관습에서는 모든 여자들이 결혼에 앞서 먼저 여신의 성소에 서 이방인들에게 자기 몸을 내주도록 되어 있었다. 이때의 여신은 아프로디테든 아스타르테든 혹은 그 밖의 다른 이름이든 상관없었다. 그런데 이와 같은 관습 은 서아시아의 여러 지방에서도 널리 행해지고 있었다. 그 동기야 어쨌든 간에 이런 관습 자체는 결코 음탕한 방종이라기보다는 서아시아의 대모신 숭배의례 에서 행해진 경건한 종교적 의무로 간주하였음이 틀림없다. 다시 말해서 대모신 숭배의 본질은 하나인데, 지역에 따라 그 이름만 달랐을 뿐이라는 것이다. 바빌 로니아의 여자들은 부유하건 가난하건 간에 누구나 평생에 한 번은 반드시 밀리 타Mylitta 여신, 즉 이슈타르 혹은 아스타르테 여신의 신전에서 이방인에게 몸을 맡겨야만 했다. 그런 성스러운 매음을 통해 얻은 보수를 여신에게 바쳤던 것이 다. 때문에 여신의 신전은 항상 고객을 기다리는 여자들로 꽉 차 있었으며, 몇 년 이나 기다려야 했던 여자도 있었다고 한다. 또한 폐허가 된 신전 터의 웅장한 규 모로 유명한 시리아의 헬리오폴리스[10] 혹은 바알베크에도 아스타르테 신전에서

---

6 현 시리아 중부의 힘스에 있던 고대 도시. 에메사에는 태양신 엘게발(엘라가발루스 혹은 헬리오기발루스)을 숭배하는 거대한 사원이 있었다.

7 공공연하게 동성애 파티를 여는 등 괴팍한 행동을 많이 한 것으로 유명한 로마 황제 헬리오가발루스 혹은 엘 라가발루스(재위 218~222)는 이 태양신의 이름을 딴 것이다. 그의 어머니 율리아 소아이미아수는 에메사 에서 대대로 태양신 바알을 섬기던 엘라 가발(엘라가발루스란 이름은 여기서 유래함)이라는 제사장 가문 출 신이었다. 제사장 역할을 겸했던 그는 로마인들에게 바알 신을 믿으라고 강요하면서 이에 반대하는 많은 장 군들을 처형하고 비천한 이방인 출신들에게 높은 지위를 주었다.

8 지중해 한가운데 있는 작은 제도

9 이집트 시나이 반도 중남부의 시나이알자누비아주(남부 시나이)에 있는 화강암 봉우리. 시나이산은 유대인 역 사에서 신이 그 모습을 드러낸 중요한 장소로 알려져 있으며, 성서는 이 시나이산에서 야훼가 모세에게 십계 명을 내렸다고 적고 있다(『출애굽기』 20장, 『신명기』 5장). 물론 성서에 나오는 지명이 현재의 장소와 꼭 같다 고는 할 수 없기에, 성서에 나오는 시나이산의 정확한 위치를 확인할 수는 없다. 그러나 시나이산 자체는 오래 전부터 유대교·기독교·이슬람교의 전설적인 장소로 인정되고 있다.

10 이집트에 있는 같은 지명을 본뜬 바알베크의 별칭. 이 별칭은 기원전 323년 알렉산드로스 대왕이 죽고 난 후 바알베크가 이집트 프톨레마이오스 왕조의 지배를 받으면서 쓰이기 시작했다.

모든 처녀들이 이방인에게 몸을 맡기는 관습이 있었다. 심지어 모든 아내들까지도 마찬가지 방식으로 여신에 대한 신앙심을 보여 주어야 했다. 그러나 콘스탄티누스 황제는 이 관습을 폐지하고 신전을 파괴한 후 그 자리에 교회를 세웠다.

페니키아 신전의 종교의식에서도 여자들이 돈을 받고 정조를 팔았다. 그래야만 여신의 비위를 맞추어 그녀의 은총을 입을 수 있다고 믿었던 것이다. 아모리Amorite족[11]의 율법에서는 곧 결혼하게 될 여자가 신전 문 옆에서 이레 동안 간음하도록 정해져 있었다. 비블로스에서는 매년 모든 사람이 아도니스를 애도하면서 머리를 삭발했다. 이때 머리카락을 봉헌하지 않은 여자들은 축제 기간 중 어느 날 이방인에게 몸을 내주고, 그 대가로 받은 돈을 여신에게 바쳐야 했다. 리디아의 트랄레스에서 발굴된 그리스어 비문은 종교적 매음 관습이 기원후 2세기까지도 잔존했음을 말해 준다. 그 비문에는 '아우렐리아 아이밀리아Aurelia Aemilia'라는 여자가 신의 엄연한 명령에 따라 매춘으로 봉헌했으며, 그녀의 모친과 조상들도 그랬노라고 기록되어 있다. 봉헌물을 바치는 제단의 대리석 기둥에 새겨진 공적 기록들은 그런 성창聖娼들의 생애와 품행이 결코 더러운 것으로 간주되지 않았음을 보여 준다. 아르메니아[12]의 귀족 가문들도 딸들을 아킬리세나Acilisena 신전에 바쳐 아나이티스Anaitis 여신을 섬기도록 했다. 거기서 그녀들은 결혼 전까지 오랜 기간 신전 창녀로 헌신했으며, 그 기간이 만료된 후 시집가는 데에 별 어려움이 없었다. 여신 마Mâ 또한 폰투스의 코마나에서 수많은 성창들의 봉헌을 받았는데, 이웃 나라와 여러 도시에서 엄청난 인파가 2년에 한 차례씩 열리는 축제에 참가하여 마 여신에게 기원하고 서약을 바치고자 성소에 몰려들었다고 한다.

이 주제와 관련하여 몇 가지 사례만 더 들어 보자. 이에 앞서 우리의 주제를 전체적으로 개괄해 보면, 자연의 모든 생식력을 의인화한 대모신이 그 명칭은 다양하더라도 신화와 의례에서는 근본적인 일치를 보여 주면서, 서아시아의 많은 민족들에 의해 숭배받았다고 결론지을 수 있다. 이때 그녀에게는 신적이면서도 죽을 수밖에 없는 운명을 지닌 젊은 연인(들)이 있었다. 말하자면 그녀는 매년 시집

---

11 기원전 2000?~1600년경에 메소포타미아·시리아·팔레스타인을 지배했던 고대 셈계 유목민 부족. 바빌로니아의 왕들(가령 바빌로니아 제1왕조의 함무라비)은 거의 모두 아모리족에 속했다.

12 지금의 아르메니아(소련을 구성했던 공화국 가운데 하나로 자카프카지예 지역에 있는 국가)와 터키 북동부지방에 걸쳐 있었던 고대 왕국

을 가는 셈인데, 바로 이들의 교제와 성적 결합이 동식물의 증식을 위해 필수적이라고 믿었다. 나아가 이런 신적 연인들의 신화적 결합이 지상에 있는 여신의 성소에서 인간 남녀들의 실제적이고 임시적인 성적 결합을 통해 재현되고 보다 강화되었다. 그럼으로써 토지의 결실, 인간과 동물의 증식이 촉진될 수 있다고 믿었던 것이다.[13]

파포스에서는 이런 종교적 매음 관습이 키니라스 왕에 의해 제도화되었으며, 그 딸들에 의해 행해졌다고 한다. 아프로디테 여신의 분노를 사는가 하면, 이방인들과 교접을 하고 이집트에서 생애를 마친 아도니스의 누이들이 바로 이 왕의 딸들이었다. 신화에서 아프로디테가 분노했다는 이야기는 아마도 후대에 첨가된 내용일 것이다. 후대에 이르면, 사람들의 윤리관에 충격을 준 종교적 매음 행위가 아프로디테 여신이 내린 형벌이라고 간주하기에 이른다. 그러니까 후대인들은 성창 행위를 여신에게 자발적으로 바친 희생제의로 여기지 않았던 것이다. 어쨌든 이 신화는 파포스의 공주들까지도 낮은 신분의 여자들과 마찬가지로 신전 매음 관습에 따르고 있음을 말해 준다.[14]

---

13 『황금가지』 제3판에서 프레이저는 이 대목에 이어 다음과 같이 성창聖娼과 수녀의 생활을 같은 도마 위에 올려놓고 비교한다. "성전 매춘은 종교의식이었으므로 성창은 신성한 성격을 부여받았다. 일반인들은 성전 매춘이라는 직업을 불명예로 간주하기는커녕 아마도 공공도덕 이상 가는 미덕의 발휘로 간주했을 것이며, 따라서 성창들은 경탄과 존경과 연민이 뒤섞인 감사의 표현으로 보상받았을 것이다. 그것은 아직까지도 세계 일부 지역에서 자신들의 자연적인 성기능과 인간의 가장 정감 어린 성적 상호관계를 포기하고 다른 방식으로 창조주를 섬기고자 하는 여자들에게 주어지는 것과는 다른 보상이었다. 이처럼 인류의 어리석음은 똑같이 해롭고 개탄스러운 양극단에서 출로를 찾는 것이다." 로버트 프레이저는 본서(맥밀런판 축약본)에는 누락된 이 구절을 "프레이저가 보여 준 대담하기 이를 데 없는 일격 중 하나"라고 평가한다. 로버트 프레이저에 의하면, 이는 표출을 통해서든 억제를 통해서든 대중의 행복을 위해 지출할 수 있는 하나의 힘으로 성욕을 보는 프레이저의 초기 입장에서 자연스럽게 도출된 지극히 논리적인 견해라는 것이다. 로버트 프레이저 편, 앞의 책, 386쪽 본문 및 편주 참조

14 성창들에 의한 성전매춘hierodouleia, sacred prostitution은 서구에서 일반적으로 매춘의 기원으로 말해지지만, 그것은 오늘날의 매춘과는 전혀 다른 의미를 가지고 있었다. 즉, 성전매춘은 고대 근동에서 이슈타르, 아스타르테, 이시스, 미리타, 마Mâ, 아나히타Anāhitā, 아프로디테 여신 등의 신전에서 여자(대개 미혼 처녀)들이 이방인들과 행한 의례적인 성교를 뜻한다. 그것은 일종의 종교적인 의례였던 것이다. 성전매춘은 기원전 3000년경에 고대 수메르의 칼데아에서 시작되었다고 한다. 헤로도토스는 바빌로니아의 성전매춘에 대해 다음과 같이 적고 있다. "바빌로니아에서는 여성이면 누구나 미리타의 신전에서 외간 남자와 성교를 해야 하는 관습이 있었다. 유복한 부인은 마차를 타고 와서 신전의 한구석에 자리를 잡는다. 많은 시녀를 거느리고 오는 경우도 있다. 신전의 경내에는 직선으로 도로가 나 있어 여자들이 앉아 있는 곳으로 통하도록 되어 있다. 여자는 미지의 남자와 성교를 하지 못하면 절대로 돌아가지 못한다. 남자는 여자들 앞을 지나면서 마음에 드는 여자를 선택한다. 그리고 그 여자 앞에 얼마의 은화를 던지며 '미리타 여신의 이름으로 네게 축복이 있으라'라는 주문을 외운다. 여자는 맨 처음 은화를 던진 남자의 말을 들어야 한다. 어떠한 경우에도

파포스 사제왕의 선조로서 아도니스의 부친인 키니라스에 대한 신화에서 우리가 주목할 만한 점이 몇 가지 있다. 먼저 키니라스는 곡물의 여신에게 바치는 축제에서 자신의 딸 미르하Myrrha와의 근친상간을 통해 아들 아도니스를 낳았다고 한다. 이 축제 기간 중에는 흰옷을 입은 여자들이 첫 수확물로 만든 곡물의 화환을 제물로 바쳤으며, 아흐레 동안 엄격하게 정절을 지켜야 했다. 딸과 근친상간을 하는 이런 이야기는 고대의 많은 왕들에 대한 보고에서 흔히 찾아볼 수 있다. 이런 보고는 근거가 있다고 보이며, 그것이 단순히 부적절한 정욕의 우연한 결과에 불과한 것이라고 단정지을 수만도 없다. 그러니까 근친상간의 관습이 어떤 결정적인 이유에서 특수한 상황 아래 실제로 행해졌으리라고 말할 수 있는 것이다.

특히 왕족의 혈통이 여성을 통해서만 이어졌던 사회에서는 세습적인 공주야말로 진정한 통치자였으며, 따라서 왕이 그 직권을 유지하려면 공주와 결혼해야 했을 것이다. 그런 나라에서는 왕자가 자기 누이인 공주와 결혼하는 일이 종종 있었던 모양이다.[15] 그래야만 이방인에게 왕좌를 빼앗기는 일 없이 공주 덕택에 왕권을 장악할 수 있었기 때문이다. 그렇다면 딸과의 근친상간 또한 왕위 상속

거절은 있을 수 없다. 성교가 끝나면 여신에 대한 봉사를 마친 것이 되어 귀가의 허가를 받는다. 그 후에 성교한 남자가 막대한 재물을 가지고 와서 유혹해도 뜻을 이룰 수 없다. 용모가 예쁜 여자는 곧 상대를 만날 수가 있어 집으로 돌아올 수 있지만, 못생긴 여자는 기회를 얻지 못해 3년이나 4년이나 신전에서 기다려야 하는 경우도 있다." 구약성서 『에제키엘』의 다음 묘사에 의하면 예루살렘에서의 성전매춘도 상당했던 듯싶다. "그런데 너는 네 아름다움을 믿고 명성을 미끼로 삼아 몸을 팔았다. 지나가는 아무에게나 몸을 내맡겨 마구 놀아났다. (…) 어귀마다에 산디를 만들어 놓고는 지나가는 아무에게나 가랑이를 벌리고 수없이 몸을 팔아 네 아름다운 몸을 더럽혔다. 물건이 크다고 해서 이웃 나라 에집트 사람들에게도 몸을 팔았다. (…) 너는 아시리아 사람들에게 몸을 팔았다. 그들에게 몸을 팔아도 성이 차지 않자 너는 무역하는 나라 바빌론 사람들에게 수없이 몸을 팔았다. 그러고도 너는 만족을 몰랐다. 얼마나 환장했으면 매인 데 없는 창녀나 하는 그 따위 짓을 하느냐? 주 야훼가 하는 말이다. 너는 길 어귀마다에 단을 쌓고 장터마다에 산디를 만들고 몸을 팔았지만, 여느 창녀처럼 화대를 거두어 모으려는 것도 아니었다."(『에제키엘』 16장 15~31절) 한편 이집트에서도 이시스 여신의 신전은 공공연한 성전매춘의 중심지였다. 헤로도토스에 의하면, 역대 이집트 왕들은 그들의 딸을 신전에서 성창으로 봉사하도록 했다고 한다. 특히 후쿠 왕은 피라미드 건축 자금의 부족을 메우기 위해 일정 기간 자기 딸에게 성전매춘을 하게 했다는 이야기도 있다. F. A. Marglin, "Hierodouleia", in *The Encyclopedia of Religion*, vol.6, Macmillan, 1987; 이병주, 『이병주의 에로스 문화 탐사 1』, 생각의 나무, 2002, 25~33쪽 참조. 『황금가지』 제3판에 들어가 있는 성창에 관한 장절이 본서에는 누락되었는데, 로버트 프레이저는 옥스퍼드판 축약본(1994)에서 이 누락분을 포함시켰다. 성창과 성전매춘에 관한 보다 풍부한 사례를 보려면 로버트 프레이저 편, 앞의 책, 제7장 「신성한 결혼」, 392~403쪽 참조

15 이집트의 파라오도 종종 누이와 결혼했다. 왕실의 근친상간 관습을 모계적 왕위 상속과 연관시켜 해석하는 이런 입장은 프레이저에 앞서 믈레넌이 『가부장제론The Patriarchal Theory』(1885)에서 이미 취한 바 있다. 로버트 프레이저 편, 앞의 책, 387쪽 편주 참조

에 관한 이와 동일한 규칙에서 비롯된 것이 아닐까? 그러니까 왕은 자기 아내인 왕비가 죽으면 왕관을 내놓아야만 했을 터이다. 왜냐하면 왕이 왕권을 획득한 것은 오직 그녀와 결혼함으로써만 가능했던 일이기 때문이다. 이런 규칙하에서는 딸과의 근친상간이 어쩌면 자연스러운 귀결이었을지도 모른다. 즉, 왕비의 죽음으로 인해 왕과 왕비의 결혼이 종료되면 왕위에 대한 그의 권리도 함께 소멸되었고, 이제 왕위는 그 딸의 남편에게 양도되어야만 했을 것이다. 따라서 왕이 왕비의 사후에도 계속 왕위를 유지하기 위해 합법적으로 할 수 있는 유일한 방법은 곧 자기 딸과 결혼하는 길밖에 없었으리라. 그럼으로써 이전에는 아내를 통해 보증받았던 왕권을 이번에는 자신의 딸을 통해 연장할 수 있게 되는 것이다.

키니라스는 잘 생긴 미남으로 소문이 자자했으며, 그래서 아프로디테 여신이 구애할 정도였다고 한다. 많은 연구자들의 지적대로, 어떤 의미에서는 키니라스야말로 다정다감한 이 여신이 홀딱 반한 아도니스의 복사판이었다고 말할 수 있다. 그런데 파포스 왕가의 부자에 대한 아프로디테의 이 같은 사랑의 신화는 키프로스의 페니키아 왕 피그말리온Pygmalion 신화와 동전의 양면을 이룬다는 점에도 주목할 만하다. 여기서 피그말리온은 아프로디테 여신상과 사랑에 빠져 그것을 침실로 안고 들어갔다고 나온다.[16] 이 피그말리온이 곧 키니라스의 장인이었고, 키니라스의 아들이 아도니스였으며, 이 세 사람 모두 아프로디테와의 정사情事에 연루되어 있다는 점을 감안할 때, 우리는 파포스의 초기 페니키아 왕들과 그 왕자들이 다름 아닌 아프로디테 여신의 사제였으며, 동시에 그녀의 연인으로 규정되어 있었다고 결론짓지 않을 수 없다. 바꾸어 말하면, 이들의 직무를 인격화한 존재가 바로 아도니스였을 거라는 말이다.

어쨌든 아도니스는 키프로스를 통치했으며, 또 아도니스라는 호칭이 키프로스섬의 모든 페니키아 왕의 아들들에 의해 공식적으로 사용되었다고 보인다. 물론 엄격히 말해 아도니스라는 호칭은 그저 '군주'를 뜻하는 존칭에 불과하다. 하

---

16 피그말리온 설화의 판본 가운데 가장 오래된 알렉산드리아의 클레멘트Clement of Alexandria가 쓴 『이교도들에 대한 충고Protrepticus』에 의함. 오비디우스는 『변신 이야기Metamorphoses』에서 이 신화를 좀더 세련되게 만들었다. 즉, 파포스 출신의 조각가 피그말리온이 자기가 이상으로 여기는 여자를 상아로 조각하여 그 상을 사랑하게 되었는데, 베누스(아프로디테) 여신이 그의 기도에 응답하여 그 조각상에 생명을 불어넣어 주었다는 것이다. 피그말리온은 이 여인에게 갈라테이아Galatea라는 이름을 붙여 주었다. 오비디우스, 이윤기 옮김, 『변신 이야기 2』, 민음사, 1998, 80~82쪽 참조. 19세기 말 영국의 대표적인 화가 번 존스(Edward Burne-Jones, 1833~1898)도 이 설화를 소재로 하여 피그말리온 시리즈를 그렸다.

지만 여러 신화 속에서 키프로스의 왕자들을 사랑의 여신과 결부시키는 까닭은, 그들에게 인간 아도니스의 위엄과 더불어 신성을 부여하기 위해서였을 것이다. 마찬가지로 피그말리온 이야기는 왕이 아프로디테 혹은 아스타르테 여신상과 결혼한 신혼神婚의식을 시사해 준다. 그렇다면 이는 참된 의미에서 어떤 한 남자만의 이야기가 아니라 어떤 남성 일족 전체의 이야기였다고 말할 수 있다. 이런 추정은 피그말리온이라는 이름이 일반적으로 셈족 계통, 특히 키프로스 왕들의 보통 명칭이었다는 점에서 타당성을 가진다.

한편 피그말리온은 유명한 티레Tyre[17] 왕의 이름으로도 알려져 있다. 우리는 티레 왕 피그말리온의 누이 디도Dido[18]가 그에게서 도망쳤다고 하는 이야기를 잘 알고 있다. 또한 알렉산드로스 대왕 시대에 통치했던 키프로스의 키티움과 이달리움[19]의 왕도 피그말리온 혹은 푸미야톤Pumiyathon이라 불렸다. 여기서 푸미야톤은 페니키아식 이름인데 그리스인들이 이것을 피그말리온이라고 잘못 부른 것이다. 나아가 카르타고의 어떤 묘지에서 큰 황금 메달이 발굴되었는데, 거기에 조각된 옛 카르타고 명문銘文에 보면 피그말리온과 아스타르테의 이름이 함께 등장한다는 점에도 주목할 만하다. 명문의 문자는 가장 초기 형태의 것이었다. 파포스에서 종교적 매음 관습이 키니라스 왕에 의해 제도화되고 그 딸들에 의해 실행되었다고 앞서 언급한 바 있는데, 거기서 우리는 파포스 왕들이 여신상과의 결혼 형태에 비하면 다소 비도덕적인 의례를 통해 신성한 신랑의 역할을 연출했으리라고 추정할 수 있다. 이때 어떤 특정한 축제에서 왕들은 실제로 신성한 신전 창녀 한 명 혹은 그 이상과 교접해야만 했을 것이다. 이 신전 창녀들이 아도니스에 대한 아스타르테의 역할을 연출했음은 두말할 나위 없다.

일반적으로 기독교 교부들은 키니라스가 숭배한 아프로디테는 그저 보통 매

---

17 레바논 남부에 있는 해안 도시. 기원전 2000년경부터 로마 시대에 이르기까지 페니키아의 주요 항구도시였다.

18 그리스 신화에 나오는 인물. 티레의 왕 무토(또는 벨루스)의 딸이며 시카이우스(또는 아케르바스)의 아내로, 도시국가 카르타고를 세웠다고 한다. 오빠인 피그말리온이 남편을 살해하자 디도는 아프리카 해안으로 달아나, 그곳의 추장 이아르바스에게서 사들인 땅에 카르타고를 건설했다. 도시는 곧 번영했고, 이아르바스는 디도와 결혼하려 했다. 디도는 그에게서 벗어나기 위해 화장용 장작더미를 쌓고 그 위에서 군중들이 보는 가운데 칼로 자신을 찔러 자살했다. 이 디도는 비르고 카일레스티스(라틴어로 '하늘의 처녀'라는 뜻), 즉 카르타고의 수호신인 타니트와 동일시되었다.

19 키프로스 남부의 고대 도시. 지금의 달리 부근에 있었다. 페니키아 도시 키티움의 지배를 받았으며, 아프로디테와 페니키아 신 레셰프-아폴론 숭배의 중심지였다.

「피그말리온」, 에드워드 번존스, 1878

춘부에 지나지 않았다고 비난했다. 그러나 방금 언급한 시적을 감안하면, 성창 관습에는 그런 비난거리 이상의 어떤 진실이 내포되어 있다고 보인다. 왜냐하면 신전 창녀와의 사이에서 태어난 아이들은 신의 아들 혹은 신의 딸로 간주되었으며, 이윽고 이들은 이전에 그들의 부모가 그랬던 것처럼 남신들이나 여신들의 어버이로 여겨졌을 것이다. 이런 식으로 파포스를 비롯하여 성창 관습이 행해졌던 모든 동양적 여신들의 성소마다 수많은 인신들이 생겨났을 법하다. 곧 신적인 왕이 아나나 첩 혹은 신전 창녀들 사이에서 얻은 자식들이야말로 모두 이런 인신과 다름없었을 것이다. 그 가운데 어떤 자는 부친의 왕위를 계승하거나, 혹은 전쟁이나 그 밖의 중대한 위기에 봉착하여 왕의 죽음이 요청될 때마다 왕을 대신하여 희생제물로 바쳐졌을 것이다. 그런데도 왕의 자손들에게 나라의 안녕을 위해 종종 부과되는 이런 희생이 신성한 왕통의 멸절을 초래한 적도 없거니와, 부정父情을 매정하게 끊어 버린 부왕의 마음에 어떠한 고통도 주지 않았던 것 같다.

하여간 셈족 계열의 왕들은 종종 세습적인 신 그 자체로 간주되었다고 볼 만한 근거가 있는 셈이다. 그렇다면 셈족 계열의 인명人名이 흔히 어떤 신의 아들 딸이나 형제자매 혹은 부모를 의미한다 해서 전혀 이상할 것이 없다. 우리는 그런 이름의 단순하고도 명백한 의미를 교묘히 피하기 위해 몇몇 학자들이 둘러대는 임시변통적인 궤변에 굳이 귀 기울일 필요가 없다. 셈족 계열 왕들의 인명이 그대로 신격을 의미한다는 우리의 해석은 이집트의 유사한 관습에 의해서도 그 타당성을 확인할 수 있다. 즉, 왕들이 신으로서 예배받았던 이집트에서는 왕비를 '신의 아내' 혹은 '신의 모친'이라 불렀다. 한편 '신의 부친'이라는 칭호는 왕의 부친뿐만 아니라 장인에게도 사용되었다. 셈족의 경우도 마찬가지로 왕의 규방royal harem을 풍성하게 하기 위해 딸을 바친 자는 누구나 '신의 부친'이라고 자칭할 수 있었다.

이름으로 판단하건대, 키니라스라는 셈족 왕은 다윗David 왕과 마찬가지로 하프 연주자였던 것으로 보인다. 왜냐하면 키니라스라는 이름은 하프를 의미하는 그리스어 '키니라cinyra'에서 왔고, '키니라'도 하프를 뜻하는 셈어 '킨노르kinnor'에서 온 것이 분명하기 때문이다. 다윗이 사울Saul 왕[20] 앞에서 연주했다는 악기

---

20 기원전 11세기에 활동한 이스라엘 최초의 왕. 재위 기원전 1021년경~기원전 1000년. 구약성서『사무엘 상』에 의하면, 베냐민지파 출신의 사울은 이스라엘 12지파 동맹의 왕으로 선출되었고, 특히 필리스티아(불레

「사울과 다윗」 하르먼스 판 레인 렘브란트, 1655~1660

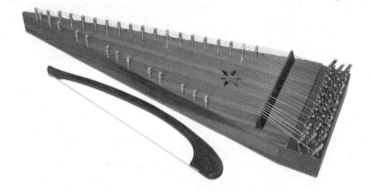

설터리

가 바로 '킨노르'였다. 예루살렘과 마찬가지로 파포스에서도 하프 음악은 단지 따분한 일상을 달래기 위해 고안된 오락이 아니라 종교의식의 일부로서 연주되었다. 그 음조의 감동적인 힘은 어쩌면 포도주의 효과와 마찬가지로 신의 직접적인 영감에서 생겨난다고 말해도 무방할 것이다. 실제로 예루살렘에서는 신전의 정규 성직자들이 하프나 설터리psalteriy와 같은 현악기라든가 심벌즈 같은 타악기 연주에 맞추어 예언을 하곤 했다. 예언자라고 부르는 비정규 성직자들도 신과의 직접적인 교통을 위한 엑스터시 상태에 들어가기 위해 그런 악기를 사용했으리라고 짐작된다. 가령 한 패의 예언자들이 북과 피리와 하프 따위를 선두에 세우고 예언을 하면서 성소에서 내려오는 장면 같은 것을 구약성서에서 익히 엿볼 수 있다.

또 성서에는 유다Judah지파[21]와 에브라임Ephraim지파[22]의 연합군이 적을 추격하여 모압 지방의 광야를 횡단할 때의 이야기가 나온다. 그때 사흘 동안이나 전혀 우물을 찾지 못하는 바람에 사람이며 짐을 실은 짐승들이 모두 갈증으로 죽을 지경에 이르렀다. 이런 위기 상황에서 군대에 종군했던 예언자 엘리사Elisha[23]가 음유시인을 불러 음악을 연주하게 했다. 그 음악이 불러일으킨 영감에 따라 엘리사는 바짝 말라붙은 모래밭에 참호를 파라고 군인들에게 명했다. 시키는 대로 하자, 다음날 아침에 사막의 황량하고 험악한 산골짜기 지하에서 사방팔방으로 물이 솟아올라 참호에 넘쳐났다고 한다. 방법이 좀 다르기는 하지만, 사막에서 물을 찾아낸 이 예언자의 성공은 오늘날 점술가들의 수맥 찾기와 흡사한 점이 있다. 어쨌든 엘리사의 성공은 우연히도 또 다른 측면에서 동족들에게 큰 도

셋) 사람들의 침략에서 이스라엘을 방어하는 데에 결정적인 공적을 올렸다.

21 이스라엘 12지파 중 하나. 야곱과 그의 아내인 레아 사이에서 넷째 아들로 태어난 유다의 후손들이다. 유다라는 이름이 원래 지파의 이름인지 아니면 그 지파가 살던 지명인지는 논란의 여지가 많다. 이스라엘 민족이 약속의 땅을 차지한 뒤, 각 지파는 모세 사후에 그를 계승하여 지도자가 된 여호수아에게서 그 땅의 일부를 할당받았다. 예루살렘의 남부지방에 정착한 유다지파는 차츰 가장 강력하고 중요한 부족이 되었다. 이 지파는 다윗과 솔로몬 등 위대한 왕들을 배출했고, 이 지파에서 메시아가 나온다는 예언도 있었다.

22 이스라엘의 12지파 가운데 하나. 이 지파의 이름은 야곱의 아들 요셉이 낳은 두 명의 아들 가운데 하나의 이름을 따서 지었다. 모세가 죽은 뒤 에브라임지파 출신인 여호수아는 이스라엘 민족을 이끌고 약속의 땅으로 들어가 12지파에게 각각 땅을 나누어 주었다.

23 구약성서에 나오는 이스라엘의 예언자. 엘리야의 제자로 그를 계승했으며, 예후가 오므리 가문에 대항해 피의 반란을 일으키도록 부추겼고, 또 그 반란을 주도했다(『열왕기 하』9~10장). 이 사건은 이즈르엘의 대학살로 기록되었으며 1세기 후 예언자 호세아에게 비난을 받았다(『호세아』 1장 4절 이하). 스승 엘리야처럼 엘리사도 고대 이스라엘의 종교·문화 전승에서 정열적인 인물의 전형이었다.

움을 주었다. 즉, 바위 사이의 소굴에 숨어 있던 모압족들이 슬그머니 기어나와 물에 반사된 사막의 붉은 태양을 보고는 그것이 적의 핏물이라고, 적어도 승리의 징조라고 착각한 나머지 용기백배하여 연합군 진지에 쳐들어갔다가 오히려 패하여 대부분 살육당하고 말았다.

그뿐만 아니라 때때로 심한 우울증에 시달리던 사울 왕은 그런 울적한 감정의 먹구름이 자기를 괴롭히기 위해 신이 파견한 악마 때문이라고 생각했다. 한편 이런 괴로운 심사를 달래 주는 하프의 경건한 음색은 악마에게 시달린 사울 왕에게 신의 음성이자 평화를 속삭이는 자애로운 천사의 목소리처럼 들려왔다고 한다. 오늘날에도 음악의 매력에 대해 깊이 감명받은 어떤 위대한 종교 저술가는, 피를 끓게도 하고 마음을 평안하게 가라앉히기도 하는 음악의 선율은 그저 헛되기만 한 그런 공허한 소리일 수가 없노라고 말한다. 아니, 그것은 저 높은 곳에서 새어나온 소리로서, 영원한 조화의 폭발이자 천사의 음성 혹은 성자의 송가라는 것이다. 예컨대 뉴먼J. H. Newman의 음악적 산문시도 그러하다. 거기서는 원시인들의 소박한 상상들이 놀라운 변형을 이루고, 그들의 빈약하고 어눌한 언어가 메아리쳐 울려 퍼진다.

사실 종교의 발전에 음악이 끼친 영향은 많은 공감을 자아낼 만한 연구 주제라 할 수 있다. 왜냐하면 음악은 모든 예술 가운데 가장 친숙하고 가장 사람을 감동시키는 예술로서, 종교적 정감을 불러일으키고 표현하는 데에 크게 공헌해 왔기 때문이다. 얼핏 보면 음악이란 것이 종교적 신앙에 대해 그저 단순한 도움을 주는 정도로만 보일지 모르지만, 실은 그 이상으로 상당히 심도 깊은 신앙적 변화를 가능케 해 주는 것이 바로 음악이라고 생각한다. 이런 점에서 음악가들은 종교의 형성에서 예언자 겸 사상가로서의 역할을 담지해 왔다고 말할 수 있다.

그리하여 모든 종교는 독자적인 종교음악을 가지게 되었으며, 각 종교 간의 신조 차이가 그런 종교음악의 악보 속에 표명되어 있다고 해도 과언이 아닐 것이다. 가령 키벨레 의례의 거칠고 소란스러운 음악과 가톨릭교회의 장중한 의례음악 사이에는 심벌즈나 탬버린의 때려 부수는 듯한 소음과 팔레스트리나Giovanni Palestrina(1525년경~1594)[24]라든가 헨델G. F. Händel(1685~1759)의 장엄한 선율을 구

---

24 이탈리아의 르네상스 시대 작곡가. 105곡 이상의 미사곡과 250여 곡 이상의 모테트(주로 라틴어 가사로 된 종교 합창곡)를 작곡한 대위법 음악의 대가로서, 가톨릭의 반종교개혁이 진행 중이던 시대에 살았으며, 16

분 짓는 거리만큼이나 먼 심연이 가로놓여 있다. 서로 다른 음악 안에는 서로 다른 정신 혹은 영혼이 숨 쉬고 있는 것이다.[25]

세기 교회음악의 보수적인 경향을 대표하는 작곡가였다.
25 여기서도 엿볼 수 있듯이 프레이저는 실제로 대단한 음악 애호가였다고 한다.

제31장 키프로스의 아도니스 729

제32장
아도니스 의례

서아시아와 그리스의 여러 지방에서 행해진 아도니스 축제에서는 매년 주로 여성들이 통곡을 하며 아도니스 신의 죽음을 애도했다. 사람들은 주검으로 분장시킨 아도니스 신상을 마치 장례 치르듯이 매장하는 시늉을 하고는 그것을 바다나 강물에 내던졌다. 다른 몇몇 지방에서는 그 이튿날 아도니스의 부활을 기념하기도 했다. 아도니스 의례는 장소에 따라 조금씩 방식이 달랐고, 축제 시기도 각각 상이했다.

알렉산드리아에서는 아프로디테와 아도니스의 신상을 두 개의 침상 위에 안치하고, 그 옆에 온갖 과일이나 과자와 화분에 심은 식물들, 아니스anise[1]덩굴이 감겨진 정자 따위를 차려 놓았다. 하루는 두 연인들의 결혼식을 연출하고는, 다음날이 되면 상복을 입고 머리를 풀어 앞가슴에까지 늘어뜨린 여자들이 죽은 아도니스의 신상을 해안가로 데려가서 바다에 던졌다. 하지만 그녀들은 슬퍼하면서도 희망을 저버리지는 않았다. 그녀들은 죽은 자가 다시 살아 돌아올 거라고 노래했던 것이다. 이런 알렉산드리아의 아도니스 의례가 언제 행해졌는지 그 시기는 확실치 않다. 그러나 잘 익은 과일에 대한 언급이 나오는 걸 보면 아마도 늦여름에 행해진 것으로 짐작된다.

비블로스에 있었던 거대한 아스타르테의 페니키아 성소에서도 사람들이 매년 슬픈 피리 곡조가 울려 퍼지는 가운데 가슴을 치고 통곡하면서 아도니스의 죽음을 애도했다. 하지만 다음날이 되면 죽은 아도니스가 다시 부활하여 숭배자들이 보는 앞에서 하늘로 승천할 거라고 믿었다. 그러면 지상에 남겨진 숭배자들은 쓸쓸한 심사를 달래며 모두 삭발을 했다. 신성한 황소 아피스Apis[2]의 죽

---

1 이집트와 지중해 동부지방이 원산지인 1년생 풀
2 고대 이집트 종교에 나오는 신성한 황소 신. 멤피스에서 숭배되었다. 본래 나일강의 신 하피와 같은 형상을 가졌던 아피스는 이집트의 다른 황소 신들과 같이 처음에는 가축이나 짐승의 번성과 관련된 다산의 신이었을 것이다. 그러나 이 신은 멤피스 지방의 최고신 프타, 죽음의 신 오시리스(우세르-하피), 지하세계의 신 소카리

음 앞에서 이집트인들이 그랬던 것처럼 말이다. 앞서 살펴보았듯이, 이때 자신의 탐스러운 머리카락을 헌상하지 않은 여자들은 축제 기간 중 정해진 날에 자기 몸을 이방인에게 맡기고 그렇게 몸을 팔아 얻은 보수를 아스타르테 여신에게 바쳐야 했다.

페니키아의 축제는 봄 축제였을 것으로 짐작된다. 왜냐하면 그 축제일은 아도니스 강물의 색깔이 변하는 시기에 맞추어 정해졌는데, 근대의 여행가들이 관찰한 결과 그런 현상이 봄에 일어난다고 하기 때문이다. 즉, 봄이 되면 비로 인하여 산에서 쓸려 내려온 붉은 흙탕물이 강을 물들여 멀리 바다까지 핏빛으로 보이게 했다. 그런데 사람들은 붉은 강물이 레바논 산상에서 멧돼지 때문에 매년 상처를 입고 죽은 아도니스의 피라고 믿었다. 또한 짙은 주홍색의 아네모네 꽃이 아도니스의 피에서 생겨났거나 물들여졌다는 이야기도 있다. 시리아에서 아네모네는 부활절 무렵에 피어나는데, 이 점 또한 아도니스 축제의 모든 일정이나 그 일부가 봄에 행해졌으리라는 추정을 뒷받침해 준다. 이 꽃 이름은 아도니스의 별칭인 '나아만Naaman(사랑하는 님)'이라는 말에서 비롯된 것으로 보인다. 그래서 아랍인들은 지금도 아네모네를 가리켜 '나아만의 상처'라고 부른다.

한편 붉은 장미도 아네모네와 비슷한 슬픈 사연을 담고 있다고 전해진다. 즉, 아프로디테가 상처 입은 애인에게 급히 달려가다가 잘못하여 흰 장미덩굴을 밟았다. 이때 비정한 가시가 그녀의 부드러운 살을 찢어 상처를 입히는 바람에 거기서 흘러나온 신성한 피가 흰 장미를 영원히 붉은 장미로 만들어 버렸다는 것이다. 그렇다면 꽃말 달력에 인용한 말들은 별로 신경 쓸 필요가 없어 보인다. 특히 장미꽃만큼이나 덧없이 사라져 버릴 그런 주장을 강요하는 것은 참으로 무익한 일이 아닐 수 없다. 하지만 굳이 무엇이 중요한지를 따진다면, 연분홍색 장미를 아도니스의 죽음과 연관시키는 모든 이야기들이 그 수난의 축제가 봄이 아닌 여름에 행해졌음을 지시하고 있다는 점이야말로 중요하다면 중요하다고 말할 수 있다.

분명히 아티카[3]에서는 이 축제가 한여름에 행해졌다. 왜냐하면 아테네인들이

스와 관련되었다. 이 신은 아피스-아툼으로서 태양숭배와도 관련되었다. 제사장들은 아피스의 행동을 보고 징조를 유추해 냈는데, 이런 아피스의 신탁은 널리 퍼졌다. 이 아피스 황소가 죽으면 깊은 애도를 표하며 지하 회랑回廊 사카라에 커다란 관과 함께 매장했다고 한다. 아피스는 그리스어명이며, 이집트어로는 에파포스Epaphus라고 불렀다. 헤로도토스, 박광순 옮김, 『역사』, 범우사, 1987, 139쪽 참조

시라쿠사[4]를 공략하고자 정렬시킨 함선들이 하지 때에 출항했는데, 어떤 불길한 징조를 보여 주기나 하듯 우연히도 바로 같은 시기에 아도니스 의례가 거행되고 있었기 때문이다. 어쨌든 이 함선들은 전멸했고, 그에 따라 나라의 세력도 영영 불안정한 신세가 되고 말았다. 그도 그럴 것이 출항한 군대가 항구 아래로 진군해가고 있을 때, 지나치는 거리마다 관이라든가, 주검으로 분장한 인형들이 즐비하게 늘어서 있었고, 그 일대에는 아도니스의 죽음을 애도하는 여자들의 구슬픈 통곡 소리가 요동치고 있었다. 이런 분위기가 일찍이 아테네인들이 바다에 내보냈던 그 어느 함대보다도 가장 웅대한 함대의 출진에 어두운 그림자를 던졌으리라는 점은 어렵지 않게 상상할 수 있다.

그로부터 훨씬 후대에 로마의 율리아누스Julianus 황제가 처음으로 안티오크[5]에 입성했을 때, 그 역시 이 동방의 화려하고도 활기찬 도시가 아도니스의 연례적 죽음에 대한 모의 애도로 온통 뒤덮여 있는 풍경을 볼 수 있었다. 이때 그가 만일 어떤 불길한 예감을 조금이라도 가지고 있었다면, 아마도 그에게는 귀청을 때리는 듯한 애도의 통곡 소리가 그를 장사지내기 위한 조종弔鐘 소리로 들렸을지도 모른다.

이 의식들과 앞서 언급한 인도와 유럽의 의식들 사이에는 명백한 유사성이 존재한다. 축제 기간이 약간 상이한 경우가 있다는 점을 제외한다면, 특히 알렉산드리아의 의식은 인도의 그것과 별반 다를 것이 없다.[6] 양자 모두 두 신적 존재의 결혼이 인형으로 표현되고 있다. 신적 존재들은 모두 싱싱한 초목들로 치장됨으로써 식물을 나타낸다는 점에서 유사성을 보여 준다. 게다가 의식 후반부에서 인형들에 대해 애도를 표시한 다음 그것을 강물에 던져 버린다는 점도 똑같다. 이런 관습들의 상호 유사성, 그것들이 근대 유럽의 봄 축제나 하지 축제가 갖는 유사성에서 공통된 설명을 이끌어 낼 수 있다. 즉, 앞에서 내가 근대 유럽의 봄 축제와 하지 축제에 대해 내린 해석이 옳다면, 아도니스의 죽음과 부활의식도 식물 생명의 쇠퇴와 부활에 대한 극적 표현이었음에 틀림없다.

---

3 오늘날의 아티케주. 그리스 중동부에 있던 고대 지방으로 아테네가 중심 도시였다.

4 이탈리아 시칠리섬 남동부의 항구도시

5 시리아의 도시. 현 오론테스강 하구에 위치하며 1939년 이래, 셀레우코스 왕국의 중심지로서 번영을 누리다 가 기원전 64년 로마에 넘어가 시리아 속주의 수도가 되었다. 가장 유서 깊은 기독교 신앙 전통을 지닌 곳으로 47~55년에는 사도 바울의 전도 근거지였다.

6 여기서 말하는 인도의 의식은 앞에서 언급된 시바와 파르바티의 결혼의식을 가리킨다. 본서 제28장 8절 참조

이런 관습들의 유사성에 기초한 가설은 아도니스 신화와 의례의 다른 여러 가지 점에서도 확인이 가능하다. 우선 아도니스와 식물의 유비는 그의 출생담에 그대로 나타나 있다. 즉, 아도니스 신화에 의하면, 10개월간의 임신 뒤에 수목에서 껍질이 벗겨지면서 예쁘장한 어린애가 태어났다고 한다. 또 다른 이야기에 따르면, 멧돼지가 그 이빨로 나무껍질을 찢어 어린애를 위해 길을 열어 주었다고도 한다. 이런 신화에는 모친의 이름이 '미르Myrrh'이며, 임신하자마자 곧 몰약沒藥, myrrh[7]나무로 변신했다고 하는 다소 합리적인 요소가 내포되어 있다. 그러니까 아도니스 의식에서 향료로 몰약을 사용했기 때문에 이런 신화가 생겨났을 것이다. 앞에서 우상숭배에 열중했던 히브리인들이 '하늘의 여왕' 아스타르테를 위해 몰약을 사용했다는 점을 언급한 바 있다. 마찬가지로 이에 상응하는 바빌로니아 의식에서도 몰약이 사용되었다.

한편 아도니스가 1년의 절반, 또는 다른 신화에 의하면 1년의 3분의 1을 저승에서 살고 나머지는 이승에서 살았다는 이야기가 있다. 이에 대해 다음과 같은 매우 단순하고 자연스러운 설명이 가능하다. 즉, 아도니스가 1년의 절반을 땅속에서 살고, 나머지 절반을 지상에서 보내는 식물 특히 곡물을 표현한 것이라고 상상할 수 있다. 해마다 변하는 자연현상 가운데 가을과 봄에 일어나는 식물의 쇠퇴와 재생만큼 죽음과 부활의 관념을 명확하게 보여 주는 사례는 다시없을 것이다.

또한 아도니스는 태양이라고 주장되기도 했지만 그런 주장은 받아들이기 어렵다.[8] 왜냐하면 온대와 열대 지방의 경우 한 해 동안 태양의 운행에서는, 아도니스가 1년의 절반 또는 3분의 1 동안 죽어 있다가 나머지 기간은 살아 있다는 것을 보여 주는 징후란 전혀 보이지 않기 때문이다. 사실 태양은 겨울에 약해지기는 하지만 그렇다고 아주 죽은 거라고 여겨지지는 않았다. 태양은 매일 떠오르기 때문이다. 따라서 이는 아도니스가 정기적으로 죽는다는 관념과는 상치된다. 물론 위도에 따라 24시간에서 6개월 정도까지 일정 기간 매년 태양이 사라지는

---

7 쓴맛이 나며 향기가 좋고 노란색을 띤 적갈색의 함유수지含油樹脂 고무. 몰약은 고대 근동지역이나 중동지역에서는 매우 귀하게 여겼다. 값비싼 향료·향수·화장품의 성분이었으며, 국소 도포제 및 미라를 만들 때 방부제로 사용했다.

8 이는 프레이저가 1870년대와 1880년대의 막스 뮐러F. Max Müller를 기축으로 하는 태양신화학파를 간접적으로 비판하는 대목이다. 태양신화학파는 모든 신화가 하루나 1년의 태양 운행을 기술하는 데 불과하다고 주장했다.

북극권 내에서라면, 아도니스의 연례적 죽음과 부활이라는 관념이 명백한 형태로 존재한다 해도 전혀 이상할 것이 없다. 그러나 불운한 천문학자 프랜시스 베일리Francis Baily(1774~1844)[9] 외에는 아무도 아도니스 숭배가 북극권에서 유래되었다고 망상하는 자는 없었다. 이에 반해 식물의 연례적 죽음과 부활은 원시 단계부터 문명 단계에 이르기까지 모든 사람이 쉽게 이해하는 자명한 사실로 관념화되었다.

그리하여 적어도 온대지방에서는 끊임없이 반복되는 식물의 쇠퇴와 재생이 방대한 규모로 이루어지며, 인간은 생존을 위해 그런 식물에 긴밀히 의존함으로써 양자 간의 유대가 이루어졌다. 식물의 쇠퇴와 재생은 자연계에서 가장 인상적인 연례적 현상이 된 것이다. 이처럼 중요하고 인상적이며 보편적인 현상이 많은 민족들에게 동일한 관념과 동일한 의식을 초래했다 해서 조금도 이상할 것이 없다. 따라서 우리는 아도니스 숭배가 자연계의 사실과 일치하며, 또한 다른 민족들에 의해 행해진 의식들과도 일치한다는 설명이 타당하다는 점을 인정할 수 있다. 나아가 죽었다가 다시 살아나는 신을 추수했다가 다시 싹을 틔우는 작물로 해석한 고대인들의 수많은 견해들도 이런 설명을 뒷받침해 준다.

곡물의 정령으로서 탐무즈 혹은 아도니스의 성격은 10세기 아랍의 한 저술가에 의해 제시된 아도니스 제의에 대한 서술에서 분명하게 확인할 수 있다. 그 저술가는 하란[10]의 이교도 시리아인들이 상이한 계절에 집행한 의례와 희생제의에 대해 다음과 같은 기록을 남기고 있다. "탐무즈(7월). 이 달 중순경에 엘부가트el-Bugat, 즉 곡하는 여자들의 축제가 행해진다. 이는 타우즈Ta-uz 신을 기리는 타우즈 축제이다. 여자들은 타우즈의 주님이 그를 참혹하게 죽여 그 뼈를 절구통에 부수어 바람에 날려 버렸기 때문에 슬피 우는 것이다. 그녀들은 의식을 집행하는 동안 절구질한 음식물을 일절 먹지 않으며, 물에 불린 보리나 강낭콩 혹은 대추야자 열매나 건포도 따위만 먹는다." 이때의 타우즈는 곧 탐무즈를 가리키며, 로버트 번스Robert Burns(1759~1796)[11]의 시 「존 발리콘John Barleycorn」에 등장하는 존 발

9 영국의 천문학자. 1836년 5월 15일 금환일식 동안 '베일리의 목걸이'라고 부르는 현상을 관측했다. 일식에 대한 그의 생생한 묘사는 일식 연구에 관한 새로운 흥미를 일으키는 계기가 되었다.

10 본서 제9장의 옮긴이 주 40번 참조

11 스코틀랜드의 민족시인. 정통 종교 및 도덕에 대한 반항과 연애로 유명하다. 어른이 된 뒤 인본주의적 이신론理神論을 계속 신봉했다고 보이는 그는 정통 종교에 반항한 위험 인물로 유명하다. 그는 당시 사회질서에 반항했으며, 비인간적 행위를 용서하고 유지시켜 주는 모든 형태의 종교적·정치적 사상을 신랄하게 풍자

리콘[12]과 유사한 면을 보여 준다.

> 타오르는 불꽃 위에,
> 그들은 그의 뼈를 태웠도다.
> 그러나 절구질하는 자는 그를 더 가혹하게 다루었으니,
> 두 개의 돌 사이에 그를 넣고 짓찧었도다.

요컨대 아도니스의 본성은 곡물적이다. 이처럼 곡물에 응축시킨 아도니스의 본성은 역사 속에서 숭배자들에 의해 도달된 문화 단계의 특성을 보여 준다. 아도니스의 숭배자들은 유랑 사냥꾼이나 방목자들의 유목적 생활양식을 멀찌감치 던져 버렸다. 그들은 이미 오랜 세월 동안 일정한 토지에 정주하면서 주로 경작에 의한 산출물에 생존을 의존해 왔기 때문이다. 그들에게는 자신의 야만적인 조상들이 목숨처럼 중시했던 것들, 이를테면 황야의 야생딸기나 구근류, 목초지의 풀들이 더 이상 의미가 없었다. 그들의 사고와 에너지는 더욱더 생활필수품으로서의 곡물에 집중되었다. 그에 따라 일반적인 풍요의 신들, 특히 곡물정령과의 화해가 갈수록 그들 종교의 중심적 특성이 되었다. 그들이 행한 의례 목적은 전적으로 실제적인 데에 있었다. 그들은 식물의 부활 앞에서 환희에 떨었고, 식물의 쇠퇴 앞에서 슬픔에 빠졌다. 하지만 그들을 이렇게 만든 것은 막연한 시적 정서가 아니었다. 코앞의 배고픔과 굶주림이야말로 아도니스 숭배의 주된 동력이었기 때문이다.

라그랑주M. J. Lagrange(1855~1938)[13] 신부는 아도니스에 대한 애도가 본질적으로 수확의례이며, 수확자의 낫에 의해 베였거나 방앗간에서 수소에 밟혀 죽은 곡물신을 위무하기 위한 것이라고 주장했다. 남자들은 곡물신을 살해했고, 여자들은 집에서 눈물을 펑펑 흘리며 곡물신의 죽음을 애도했다. 하지만 여자들의 애도

했다. 대표적인 시집으로는 큰 성공을 거둔 『스코틀랜드 방언으로 쓴 시집Poems, Chiefly in the Scottish Dialect』(1786)을 들 수 있다.

12 의인화된 맥주를 가리키는 말이다.

13 프랑스의 신학자, 뛰어난 로마 가톨릭 성서학자. 1879년 도미니쿠스 수도회 수사가 되었고, 1883년 사제 서품을 받았다. 주요 저서로는 『예수 그리스도 이전의 유대교Le Judaisme avant Jesus-Christ』(1931), 『신약성서 정경의 고대사Histoire·ancienne du canon du Nouveau Testament』(1933)가 있으며, 특히 『본문 비평-합리적 비평Critique textuelle-La Critique rationelle』(1935)은 그의 걸작으로 꼽힌다.

는 다만 식물신의 죽음에 대해 슬픈 시늉을 함으로써 그 곡물신의 어쩔 수 없는 분노를 달래 주기 위한 것에 불과했다. 이런 견해는 봄이나 여름에 거행된 아도니스 의례의 시기와 아귀가 잘 들어맞는다. 왜냐하면 아도니스를 숭배한 지역의 경우는 대체로 가을이 아니라 보리나 밀의 수확기인 봄과 여름이었기 때문이다. 우리는 햇곡식을 수확할 때 이시스 신의 이름을 외치며 슬퍼하는 이집트 농민들의 관습에서도 이런 견해의 타당성을 확인할 수 있다. 많은 수렵 부족이 행했던 유사한 관습들도 라그랑주 신부의 해석을 뒷받침해 준다. 즉, 수렵인들은 그들이 사냥한 식용동물들을 숭배했던 것이다.

그러므로 이런 해석에 비추어 보면, 아도니스의 죽음을 여름의 더위나 겨울의 추위에 의한 식물 일반의 자연적 쇠퇴라고 볼 수는 없게 된다. 그것은 곡물에 대한 인간의 폭력적인 파괴일 따름이다. 인간은 밭에서 곡물을 수확하여 방아를 찧고 돌절구로 부수어 가루로 만든다. 사실 이는 후대에 이르러 레반트 지역의 농경민들에게 아도니스가 자신을 드러내 보인 주요한 모습이었다. 하지만 처음부터 아도니스가 곡물로서만 여겨진 것은 아니었던 듯싶다. 즉, 먼 옛날에 그는 목동들에게 무엇보다도 먼저 목초였고, 메마른 가축들에게 풍부한 목초지를 베푸는 자였을 것이다. 더 거슬러 올라가면, 그는 가을 숲이 원시적 사냥꾼과 그 아내들에게 제공해 준 열매 따위의 정령이었을 수도 있다.

농민들이 곡물정령을 위무하듯이, 목동들은 가축들이 먹는 풀이나 이파리들의 정령을 위무했고, 사냥꾼들은 그들이 파낸 구근이나 나무에서 따낸 열매의 정령을 위무했음에 틀림없다. 이 모든 경우에서 상해를 입어 성을 낼 법한 정령들을 위무하는 데에는 세심한 변명이나 용서를 비는 말이 포함되지 않을 수 없었으리라. 그리고 우연적이든 필연적이든 그 정령들이 인간에 의해 강탈당하거나 살해당했을 때에는 반드시 그 정령들의 죽음에 대해 큰 소리로 애도를 표해야만 했을 것이다.

그런데 여기서 염두에 두어야만 할 점이 하나 있다. 즉, 원시시대의 사냥꾼이나 목동들은 아직 식물 일반에 대한 추상적 관념을 갖고 있지 않았다는 사실이다. 따라서 그들을 위해 아도니스가 존재한다고 했을 때, 아도니스는 식물 일반의 생명을 의인화한 신이라기보다는 어디까지나 개개 초목의 '아돈Adon', 즉 '주님'으로 간주됐을 것이다. 그러므로 수목의 숫자만큼이나 많은 아도니스들이 있으며, 그 각각의 몸체나 부속물에 대해 가해진 파괴를 배상해야 한다고 여겼을 성싶다. 그리고 매년 나무들이 낙엽을 떨어뜨릴 때마다 모든 아도니스들은 붉은 단풍이 되어 피를 흘리며 죽었다가 싱싱한 신록의 봄이 오면 다시 살아난다고 믿었다.

원시인들은 종종 아도니스를 살아 있는 신적 인간으로 의인화했으며, 그런 아도니스가 폭력적으로 살해당했다고 생각했을지도 모른다. 이런 추론에는 나름대로의 근거가 있다. 지중해 동부의 농경민들 사이에서는 어떤 이름으로 알려졌든 간에 곡물정령이 매년 추수를 앞둔 밭에서 살해당한 인신제물로서 표현되었음을 보여 주는 증거도 찾아볼 수 있다. 만일 그것이 사실이라면, 곡물정령에 대한 위무는 상당 부분 사자死者의례와 혼합되었을 가능성이 있다. 왜냐하면 희생당한 인신제물들은 그들이 흘린 피로 생육한 곡물이 되어 다시 소생할 것이며, 또한 곡물 수확에서 다시금 죽음을 맞이하게 될 것이라고 믿었을 성싶다. 물론 폭력적으로 살해당한 자의 영혼은 기회만 있으면 언제든지 가해자에게 복수하려는 경향이 있는 것도 사실이다.

그러므로 적어도 통속적인 관념에서는 살해당한 희생제물의 영혼을 달래려는 시도는 살해당한 곡물정령을 위무하려는 기도와 자연스럽게 혼합되었을 것이다. 즉, 수확 때에 베인 죽은 식물이 새싹의 곡물이 되어 되살아난다고 여겼듯이, 살해당한 희생제물 또한 상큼한 봄바람이 불 때면 오랜 수면에서 눈을 뜨고 봄의 꽃으로서 되돌아올 거라고 여겼음에 틀림없다. 그들은 다만 휴식을 위해 땅속에 누워 있었던 것이다. 검은 흙에서 피어난 제비꽃과 히야신스, 장미, 아네모네 등은 그들의 피로 보라색이나 주홍색으로 물들여진 것이며, 또한 그들의 영혼 일부를 나누어 갖고 있다고 상상해도 전혀 이상할 것이 없다.

가끔 이런 생각이 드노라.
카이사르가 흘린 피로 물든 땅에서 피어난 장미만큼
그렇게 붉은 것은 다시없으리라고.
들판에 가득 핀 히야신스는
지난날 사랑스러웠던 대지의 머리카락에서 흘러내려
그 들판의 무릎 위에 피어난 것이라고.

이렇게 되살아나는 목초들의 부드러운 초록이

강변에 돋아나면, 우린 그 위에 기대어 눕노라.

슬며시 기대어 누우면, 누가 알랴,

지난날 사랑스러웠던 강의 입술에서

보이지 않는 사이에 푸른 싹이 돋아났다는 것을.

17세기 유럽에서 일어난 가장 피비린내 나는 전투였던 란덴Landen 전쟁 후의 여름에, 2만 명이나 되는 전사자들의 피를 빨아들인 대지 끝까지 무수한 양귀비 꽃들이 피어났다. 광대한 주홍색 들판을 지나간 여행자가 그것을 바라보며 죽은 자들이 소생한 것이라고 상상하더라도 전혀 이상할 것이 없었으리라. 아테네에 서는 이른 봄, 꽃이 피어나는 3월 중순이 되면 사자를 추모하는 대규모 기념제가 열렸다. 이때 죽은 자들이 묘지에서 나와 거리를 배회하면서 새끼줄이나 노끈, 송진 따위로 죽은 자의 침입을 막고 있는 신전이나 민가에 들어가려고 헛된 수고 를 한다는 것이다. 가장 명쾌하고도 자연스러운 해석에 의하면, 이 축제의 명칭 은 '꽃의 제전'을 의미한다고 한다.[14] 만약 사람들이 정말로 이 계절에 가련한 망 령들이 피어나는 꽃들과 더불어 비좁은 무덤에서 기어나오는 것으로 믿었다면, 이런 명칭은 기념제의 본질과 잘 어울린다고 말하지 않을 수 없다.

그러니까 에르네스트 르낭Joseph Ernest Renan(1823~1892)[15]의 이론에는 일면 진 실한 척도가 내포되어 있었다고 생각한다. 그는 아도니스 숭배 안에서 몽롱하고 도 육감적인 죽음의례를 보았다. 이때 죽음은 공포의 왕이 아니라 산 제물을 꾀 어 영원한 수면으로 끌어들이는 음험한 마술사로서 상상되었다. 르낭이 보기에, 레바논의 자연이 지닌 무한한 매력은 고통과 쾌락 사이를, 또한 수면과 눈물 사 이를 표류하면서 육감적이고 환상적인 종교적 정서를 낳게 마련이었다. 그런데 시리아 농민들이 일반적 죽음의 관념처럼 순수하고도 추상적인 관념을 숭배했 다고 보는 것은 분명 오류이다. 하지만 그들의 단순한 마음 안에는 식물정령이 소생한다는 생각이 죽은 자의 망령에 관한 매우 구체적인 관념과 뒤섞여 있었다.

---

14 이런 해석은 제인 앨런 해리슨이 『그리스 종교연구 서설Prolegomena to the Study of Greek Religion』 (1903)에서 제기했다. 이 책에서는 '안테스테리아(본문에서 말하는 대기념제의 명칭)'가 한때 꽃과 관련된 기념제였다고 적고 있다. 로버트 프레이저 편, 앞의 책, 410쪽 편주 참조

15 프랑스의 철학자·역사가·종교학자. 프랑스 비판철학파의 대표적 인물. 역사적 예수를 조명한 『예수의 생애 Vie de Jesus』(1863)의 저자로도 널리 알려져 있다.

거기서 죽은 자들은 이른 봄의 꽃이나 곡물의 어린 싹 혹은 다채로운 꽃나무와 함께 봄에 다시 소생한다고 여겼다.

이처럼 자연의 죽음과 부활에 관한 그들의 견해는 인간의 죽음과 부활에 대한 그들의 생각과 그들의 인간적인 슬픔과 희망과 공포에 의해 채색되어 있었다. 마찬가지로 아도니스에 관한 르낭의 이론에는 다감하고도 뜨거웠던 추억들, 이를테면 레바논 산비탈에서 그의 눈을 감겨 준 죽음 같은 수면의 기억, 그리고 아네모네나 장미와 함께 다시 깨어나려 하지도 않은 채 아도니스의 땅에 잠들어 버린 누이에 대한 회상이 깊게 배어 있다.[16]

---

16 1861년에 에르네스트 르낭은 『예수의 생애』 집필을 위해 예비조사차 성지를 방문했다. 그때 누이 앙리에트가 동행했는데, 레바논산을 방문했을 때 두 사람 모두 말라리아에 걸리고 말았다. 9월 20일에 르낭이 혼수상태에서 깨어났을 때 누이 앙리에트는 이미 죽어 있었다. 본문에서 프레이저가 적고 있는 기억과 회상이란 바로 혼수상태의 잠에 빠졌던 르낭의 기억과 죽은 누이 앙리에트에 대한 회상을 가리킨다. 페니키아 유적지에 대한 르낭의 눈물 젖은 추억은 그의 『페니키아 전도 Mission de Phenicia』(1864)에 나온다. 로버트 프레이저 편, 앞의 책, 411쪽 편주 참조

제33장
아도니스의 정원

아도니스가 식물의 신, 특히 곡물의 신이었다고 하는 점을 가장 잘 보여 주는 증거는 이른바 '아도니스의 정원Gardens of Adonis'이라 할 수 있다. '아도니스의 정원'이란 흙을 넣은 광주리 혹은 항아리를 가리키는데, 그 안에 밀, 보리, 상추, 회향풀, 그 밖의 갖가지 꽃씨들을 파종한 다음 여드레 동안 주로 여자들이 재배한다. 이때 햇빛을 받아 빨리 새싹이 나오기는 하지만 아직 뿌리가 없기 때문에 이내 시들어 버린다. 그래서 여드레 후에 '아도니스의 정원'은 죽은 아도니스 신상과 함께 바다나 샘물 속에 던져진다.

'아도니스의 정원'은 보통 아도니스를 상징하거나 혹은 그 힘이 구현된 현현물로서 간주되기 일쑤다. 그것은 식물의 형태로서 아도니스 본래의 본질을 잘 드러내 보여 준다. 이런 '아도니스의 정원'과 함께 운반되어 물 속에 버려지는 아도니스 신상은 그런 본질을 인간의 모습으로 형상화한 것이다. 만일 나의 견해가 옳다면, 이런 모든 아도니스 의례들은 식물의 생육이나 부활을 촉진하기 위한 주술로서 행해진 것으로 보인다. 즉, 공감주술 혹은 모방주술의 원리가 그 의례들로 하여금 식물의 생육과 부활을 촉진하는 효과를 가져다준다고 믿었던 것이다. 무지한 사람들은 자기가 희망하는 결과를 모방함으로써 바라는 현상이 실제로 일어날 수 있다고 여겼다. 가령 물을 뿌림으로써 비를 내리게 할 수 있고, 불을 질러서 태양을 빛나게 할 수 있다는 식이다. 마찬가지로 농작물의 생육을 모방함으로써 풍작을 보장받을 수 있다고 믿었다. '아도니스의 정원'에 밀이나 보리 등을 파종하여 빨리 자라게 하는 목적은 곡물을 움트게 만들려는 데에 있었다. 그리고 '아도니스의 정원'과 아도니스 신상을 물 속에 던지는 행위는 풍성한 비가 제때에 내려 주기를 바라는 주술이었다.

전술한 근대 유럽의 의식, 즉 '죽음의 신' 인형이나 사육제 인형을 물 속에 던지는 목적도 이와 동일한 데에 있었다. 오늘날에도 유럽에서는 비를 청할 목적으로 나뭇잎 옷을 입은 인물에게 물을 뿌리는 관습이 행해지고 있다. 여기서 나뭇잎에 쌓인 인물이 식물을 의인화한 존재임은 두말할 나위 없다. 수확 때에 마지막으로 잘라 낸 작물을 집에까지 가지고 온 사람에게 물을 뿌리는 관습(독일과 프랑스에서, 최근까지도 영국과 스코틀랜드 등지에서 행해진 관습)도 지금까지 행해지고 있다. 그 관습의 목적은 명백히 다음 해 농작에 필요한 비를 청하기 위한 데에 있는 것이다.

왈라키아[1]와 트란실바니아의 루마니아인들은, 수확 때에 사른 마지막 이삭으로 만든 관을 처녀가 쓰고 돌아오면 그녀와 만난 사람들은 모두 서둘러 그녀에게 물을 뿌린다. 이를 위해 하인 둘을 문 입구에 세워 두는 농가도 있다. 그렇지 않으면 이듬해의 농작물이 가뭄 때문에 흉년이 든다고 믿었다. 프로이센에서도 봄에 밭 가는 자와 씨 뿌리는 자가 일을 마치고 돌아오면 가족들은 그들에게 물을 뿌렸고, 그들은 반격하여 가족들을 연못 속에 처박았다. 이때 돈을 지불하면 아내만은 물 속에 처박지 않아도 되었다. 하지만 다른 가족들은 모두 물 속에 던져졌다. 이런 관습을 지킴으로써 그들은 파종한 씨앗의 성장에 필요한 비를 확보할 수 있다고 믿었다.

'아도니스의 정원'은 본질적으로 식물, 특히 농작물의 생육을 촉진하기 위한 주술이었다. 그것은 앞서 설명한 근대 유럽의 봄, 하지 축제와 같은 종류의 관습에 속한다. 이런 설명을 입증할 만한 사례는 그밖에도 많이 있다. 다행히 우리는 '아도니스의 정원'이 (이런 용어를 일반적인 의미에서 사용할 수 있다면) 오늘날까지도 일부 원시민족들에 의해서 파종기에 만들어지며, 나아가 유럽 농민들도 여전히 하지 때에 가꾸고 있다는 사실을 확인할 수 있다.

벵골의 오라온Oraon족[2]과 문다Munda족[3]은 묘판에 기른 벼를 모내기할 때가 되면 젊은 남녀 패거리들이 숲에 들어가 어린 카르마Karma 나뭇가지를 자른다. 그들은 북치고 춤추고 노래 부르면서 마치 개선행진처럼 나뭇가지를 들고 마을로 돌아와 광장 중앙에 세우고 제물을 바친다. 하룻밤이 지난 후 젊은 남녀들은 팔을 마주잡고 카르마 나무를 중심으로 빙글빙글 돌며 춤춘다. 이때 그 나무는 여러 색깔의 천과 짚으로 만든 팔찌와 목걸이 같은 것들로 장식되었다. 이 축제의

---

1 도나우강 하류의 공국

2 인도 비하르주 초타나그푸르에 사는 원주민

3 인도 중부와 동부의 넓은 지역에 사는 100여 개 부족으로 문다어를 사용한다. 웨스트벵골주 및 마디아프라데시주의 인접 지역인 비하르주 남부에 있는 초타나그푸르 고원과 오리사주의 구릉지대에 밀집해 산다.

준비 기간에 마을 유지의 딸들은 특별한 방식으로 보리를 가꾼다. 즉, 심황 뿌리의 가루가 섞인 젖은 모래에 보리씨를 뿌려 놓으면 앵초색 혹은 연노랑색 새싹이 돋는데, 축제 당일이 되면 처녀들은 그 보리 이파리를 광주리에 담아 광장으로 가서 제단 앞에 공손히 엎드려 카르마 나무에 보리 새싹을 바치는 것이다. 그런 다음 카르마 나무는 저수지나 강물에 던져진다.

이처럼 보리 묘판을 가꾼 다음 그것을 카르마 나무에 바치는 이유는 분명하다. 나무에는 농작물의 생육을 돕는 힘이 있다고 믿었던 것이다. 그러니까 문다족은 숲의 신이 농작물의 성장에 관여한다고 생각했다. 따라서 그들은 모내기 때가 되면 나무를 베어 거기에 제물을 바치고 예배를 드리는데, 그 목적은 오직 이제부터 심으려는 농작물의 생육을 촉진하려는 데에 있었다. 보리를 빨리 움트게 하여 그것을 나무에 바치는 관습도 틀림없이 이와 동일한 목적을 가진다. 즉, 이런 관습의 목적은 수목정령에게 농작물 생육에 대한 의무를 상기하는 데에 있는 것이다. 바꿔 말하면 이는 조속한 식물 생장의 표본을 가시적으로 보여 줌으로써 나무정령의 활동을 자극할 거라고 여겼던 것이다. 한편 카르마 나무를 물 속에 던지는 것은 비를 청하는 일종의 주술로서 해석할 수 있다. 이때 보리 이파리도 물 속에 던지는지 아닌지는 알려져 있지 않다. 하지만 이런 관습에 대한 나의 해석이 타당하다면, 아마도 보리 새싹도 물 속에 던졌을 것으로 보인다.

그런데 벵골의 관습과 그리스의 아도니스 의식 사이에는 다음과 같은 차이가 존재한다. 벵골의 관습에서는 수목정령이 나무로서의 본래 모습 그대로 나타나는 데에 반해, 아도니스 의식에서는 그렇지 않다. 다시 말해 그리스의 경우는 수목정령이 가지는 식물적 성격이 '아도니스의 정원'에서 제시되기는 하지만, 그것은 어디까지나 수목정령이 가지는 본래적 힘의 이차적 구현일 뿐이며, 사실상 수목정령은 죽은 자로 표상되는 인간의 형태로 나타난다.

인도의 힌두인들도 '아도니스의 정원'을 토지와 인간의 풍요 및 다산을 확보하기 위한 목적으로 재배하였다. 오디푸르 지방에서는 풍요의 여신 고우리Gouri 혹은 이사니Isani를 기념하는 축제가 열린다. 이 의식은 태양이 람Ram, 즉 힌두력曆의 첫 번째 달로 들어갈 무렵에 시작된다. 이때 흙으로 빚은 고우리 여신상과 그녀의 배우자인 조그만 이스와라Iswara 신상이 제단 앞에 나란히 놓인다. 그런 다음 작은 이랑을 파고 보리씨를 뿌려 싹이 나올 때까지 따뜻하게 하여 잘 가꾼다. 보리 싹이 트면 여자들이 그 주위에서 춤을 추면서 남편들에게 고우리의 축복을 내려 달라고 소원한다. 그리고 보리 싹을 남자들에게 분배하면, 남자들은 그것을 두건 속에 잘 간직한다. 이 의식에서 보리 싹을 남자들에게 나누어 주는 행위와 아내들이 남편을 위해 축복을 기원하는 행위는 아이의 출산을 위한 것으로서, 이런 관습을 준수하는 하나의 동기임에 분명하다.

마드라스 관구⁴의 브라만들이 결혼할 때에도 이것과 동일한 동기에서 '아도니스의 정원'을 사용한다. 이때 다섯 종류 혹은 아홉 종류의 씨앗들을 섞어 이 목적을 위해 특별히 제작한 흙단지에 파종한다. 그리고 신랑신부가 나흘 동안 아침저녁으로 씨앗에 물을 주다가 닷새째 되는 날에 흙단지를 저수지나 강물 속에 던져 버리는 것이다.

사르⁵에서는 지금도 성 요한St. John the Baptist의 이름을 딴 하지 축제와 관련하여 '아도니스의 정원'이 가꾸어진다. 즉, 3월 말이나 4월 초에 마을의 한 젊은이가 처녀에게 가서 그녀의 '콩파레compare(남자 친구 혹은 애인)'가 되어 줄 테니까, '코마레comare(여자 친구 혹은 애인)'가 되어 달라고 부탁한다. 처녀의 가족들은 이런 요청을 명예롭게 받아들인다. 5월 말이 되면 처녀가 코르크 나무껍질로 항아리를 만들고 그 안에 흙을 채운 다음 그 위에 한 줌의 보리와 밀을 뿌린다. 그것을 볕이 잘 드는 곳에 두고 자주 물을 주면, 하지절 전야(성 요한제 전야인 6월 23일)까지는 새싹이 튼다. 이 흙단지를 '에르메Erme' 혹은 '넨네리Nenneri'라 부른다. 하지 다음날인 성 요한제에 두 젊은 남녀가 가장 좋은 예복을 입고 깡충깡충 뛰는 어린애들을 앞세운 채 긴 행렬을 지어 마을 바깥의 교회로 간다. 거기서 이들은 교회 문을 향해 흙단지를 던져 깨뜨린다. 그런 다음 일행은 풀밭에 원을 지어 앉아 피리 연주를 들으면서 달걀과 약초를 먹고, 포도주잔을 돌려 마신다. 그리고 모두 손에 손을 잡고 피리 곡조에 맞추어 「성 요한의 연인」이라는 노래를 수없이 되풀이하여 부른다. 이윽고 노래 부르는 데에 지치면 그들은 자리에서 일어서서 저녁때까지 원을 지어 즐겁게 춤을 춘다. 이것이 통상적인 사르데냐 관습이다.

그런데 오지에리⁶ 지방의 관습은 이것과 약간 다른 특징을 보여 준다. 5월에 코르크 나무껍질로 항아리를 만들어 파종을 하는 것까지는 사르데냐의 관습과 동일하다. 그러나 성 요한제 전야가 되면 이들은 창문마다 화려한 빛깔의 천을

---

4 옛 인도의 행정구역. 3대 관구(봄베이, 벵골, 마드라스) 중 하나
5 지중해 서부에 있는 섬들 가운데 시칠리아 다음으로 큰 이탈리아의 섬
6 이탈리아의 사르데냐섬에 있는 마을

내걸고, 그 옆에 짙은 홍색과 파란색 비단 리본으로 단장한 항아리를 놓는다. 이 전에는 항아리 위에 인형을 걸어 놓았지만, 교회에서 금지함에 따라 지금은 그렇게 하지 않는다. 어쨌든 이날 마을의 젊은이들은 항아리와 그 장식을 구경하기 위해 몰려드는데, 실은 축제를 보러 광장에 모이는 처녀들을 기다리기 위해서였다. 이윽고 거대한 모닥불이 지펴지면 그것을 중심으로 모두가 흥겹게 춤을 춘다.

여기서 '성 요한의 연인'이 되고자 하는 자는 다음과 같이 해야만 한다. 즉, 젊은이가 모닥불의 이편에 서 있으면 처녀는 반대편에 서서 둘이 작대기의 끝을 마주잡고 그것을 세 차례 불 속에 넣은 다음 다시 손을 세 차례 재빨리 불 속에 넣는다. 그럼으로써 둘 사이의 관계가 공고해지는 것이다. 이렇게 그들은 밤새껏 춤추고 노래 부른다. 하여튼 사르데냐의 곡물 단지는 정확히 '아도니스의 정원'에 상응한다. 또한 오지에리 지방에서 이전에 내걸었던 인형은 '아도니스의 정원'에 놓인 아도니스 신상과 대응된다.

동일한 관습이 시칠리아에서도 같은 계절에 행해진다. 거기서 성 요한제를 맞은 소년과 소녀들은 짝을 지어 서로의 머리카락을 뽑으면서 여러 가지 의식을 행함으로써 서로 성 요한의 친구가 된다. 그들은 이렇게 뽑아 낸 머리카락을 함께 묶어 공중에 던지거나 그릇에 넣어 교환한다. 그리고 나중에 이 그릇을 둘로 쪼개어 서로 소중하게 보관하는 것이다. 이런 친구의 인연은 평생 계속된다고 믿었다. 시칠리아의 어떤 지방에서는 성 요한의 친구들이 축제날의 40일 전에 파종하여 키운 보리와 콩 혹은 카나리아 풀이 담긴 접시를 교환한다. 이 접시를 받은 자는 어린 줄기를 하나만 뽑은 다음 되돌려 준다. 그리고 그 줄기에 리본을 묶이 다시없는 보물처럼 소중히 보관한다. 카타니아에서는 성 요한의 친구들이 박하 풀이 담긴 항아리와 큰 참외를 서로 교환한다. 소녀들은 박하 풀을 가꾸는데, 그것이 잘 클수록 칭찬받는다.

분수R. Wunsch의 지적대로, 사르데냐와 시칠리아의 하지 관습에서는 아도니스 대신 성 요한이 등장한다. 우리는 앞에서 탐무즈 혹은 아도니스 의례가 보통 하지 때에 행해진다는 사실을 살펴보았다. 제롬Jerome of Prague에 의하면, 그 축제는 6월에 열렸다.

시칠리아에서는 지금도 '아도니스의 정원'이 여름뿐만 아니라 봄에도 만들어진다. 여기서 시리아의 경우와 마찬가지로 시칠리아에서도 죽었다가 다시 소생하는 신에 대한 봄 축제가 기념되었으리라는 사실을 짐작할 수 있다. 부활절이 가까워지면 시칠리아의 여자들은 접시 속에 보리나 콩, 카나리아 풀 따위를 파종하여 그것을 어두운 데 두고 이틀에 한 번씩만 물을 준다. 그러면 곧 싹이 튼다. 사람들은 그 줄기에 빨간색 리본을 묶은 다음 그것을 담은 접시를 죽은 그리스도의 모습을 한 인형과 함께 '수난의 금요일'에 가톨릭교회나 그리스 정교회 경내의 무덤에 안치한다. 이는 '아도니스의 정원'이 죽은 아도니스의 묘지 위에 안치되는 것과 조금도 다를 바 없다. 이런 관습은 시칠리아에만 국한되어 있지 않다. 그것은 칼라브리아의 코센차[7]나 기타 지역에서도 행해지고 있다. 어쨌든 무덤이나 발아한 곡물이 담긴 접시 등의 요소를 포함하는 관습들은 모두가 이름만 다를 뿐이지 실은 아도니스 의례의 연장선상에 있다고 말할 수 있다.

시칠리아와 칼라브리아의 관습만이 유일하게 아도니스 의식과 유사한 부활절은 아니다. '수난의 금요일'에는 죽은 그리스도의 밀랍인형이 하루 종일 그리스 정교회 안의 중앙에 안치되며, 모여든 군중들은 거기에 경건하게 입을 맞추고, 교회 안에는 감상적이며 단조로운 만가가 가득 흘러넘친다. 어둠이 깔릴 무렵, 밀랍인형은 레몬이나 장미, 재스민, 그 밖의 꽃들로 단장한 운구에 놓여 사제들에 의해 거리로 운반된다. 거기서 군중들의 장대한 행렬이 시작되는 것이다. 그들은 대열을 지어 천천히 그리고 엄숙하게 온 마을을 행진한다. 사람들은 각자 손에 촛불을 들고 구슬픈 애도의 소리를 외쳐 댄다. 집집마다 대문 앞에는 향로를 든 여자들이 앉아 있다가 행렬이 지나가면 인형에 향을 피운다.

이렇게 마치 방금 죽은 사람을 대하는 것처럼 엄숙하게 그리스도의 장례식을 치르는 것이다. 그런 후 밀랍인형은 다시 교회에 안치되고 슬픈 애도의 노래를 되풀이한다. 거기에는 엄격한 단식이 수반되는데, 이는 토요일 한밤중까지 계속된다. 마침내 시계가 자정을 알리면 사제가 나타나 "그리스도께서 부활하셨다"고 말한다. 그러면 군중들이 "마침내 그리스도께서 부활하셨다네"라고 화답한다. 이때 온 마을에는 환희가 폭발하듯이 넘쳐나고 사람들이 외치는 환호성과 함께 줄곧 쏘아 대는 축포와 폭죽의 아름다운 불꽃이 밤하늘을 수놓는다. 더불어 사람들은 엄격한 단식에서 벗어나, 부활절의 어린 양고기와 맛있는 포도주의 잔치로 뛰어든다.[8]

---

7 이탈리아 남부 칼라브리아 지방의 주. 고대에는 코센티아라고 불렸다.

가톨릭교회는 신자들에게 구세주의 죽음과 부활을 이 같은 가시적인 형태로 표현했다. 이 거룩한 드라마는 예민한 남부 유럽인들의 생생한 상상력과 다정다감한 정서를 자극하기에 매우 적합했다. 가톨릭의 화려한 장관은 냉정한 기질의 튜턴족보다도 남부 유럽인들에게 보다 잘 들어맞았던 것이다.

실로 가톨릭교회는 이교도의 낡은 나무에 새로운 신앙을 접목하고자 세심한 노력을 기울였다. 이 점을 감안하건대, 우리는 죽었다가 다시 살아났다는 그리스도의 부활절이 마찬가지로 죽었다가 다시 소생했다는 아도니스의 숭배의식과 접목되었음을 추정할 수 있다. 앞서 살펴보았듯이, 이 점은 아도니스 의식이 시리아에서 부활절과 동일한 계절에 행해졌다는 사실을 통해서도 그 근거가 확인될 수 있다. 그리스 예술가들이 창안해 낸 형상, 즉 죽어 가는 애인을 팔에 안은 슬픈 여신의 형상은 피에타Pieta[9]라 부르는 기독교 예술과 흡사하며, 어쩌면 그 피에타의 모델이었을지도 모른다. 여기서 피에타란 자기 무릎에 거룩한 독생자 예수의 시신을 안고 있는 성모 마리아 상을 가리킨다. 그중 가장 유명한 사례로서 성 베드로 성당에 있는 미켈란젤로의 피에타 상을 들 수 있다. 어머니의 깊은 슬픔과 아들에게 나타난 죽음의 음침함이 놀라울 만큼 좋은 대조를 이루는 고귀한 피에타 상은 대리석으로 표현된 예술 가운데 가장 탁월한 작품이라 할 수 있다. 고대 그리스 예술은 그렇게 아름답고 애절한 작품을 별로 남기지 않았다.

이런 맥락에서 제롬의 잘 알려진 언급이 의미심장하게 다가온다. 그의 말에 의하면, 일반적으로 주님 예수의 탄생지라고 알려진 베들레헴은 예수보다 더 전 시대의 시리아적 주님 아도니스의 숲으로 덮여 있었으며, 아기 예수가 첫 울음을 터뜨렸다는 마구간 자리는 사람들이 비너스의 애인 아도니스를 애도하던 곳이었다는 것이다. 비록 명시적으로 밝히지는 않았지만, 제롬은 아도니스의 숲이 그

---

8 그리스의 부활절 축제에 대한 프레이저의 이런 묘사는 독일 민속학자 바흐스무드의 해설에 근거한 것이다. 프레이저는 그리스의 부활절 축제가 에게 지역에 깊이 뿌리내린 아도니스 숭배를 바탕으로 형성되었으며, 로마의 부활절 축제는 아티스 숭배를 반영한 것일 가능성이 크다고 보았다. 로버트 프레이저 편, 앞의 책, 417쪽 편주 참조

9 죽은 예수의 몸을 떠받치고 비탄에 잠긴 성모 마리아의 모습을 묘사한 기독교 미술양식 혹은 그런 주제를 가리키는 말이다. 성모 마리아의 양편에 사도 요한과 막달라 마리아를 비롯한 다른 인물들이 묘사되는 경우도 있지만 대부분 성모 마리아와 예수만으로 이루어져 있다. 이 주제는 문학적인 근원에서 생겨난 것이 아니라, 14세기 초 독일 미술에서 처음 등장한 그리스도의 죽음을 비탄하는 주제에서 발전한 것이다. 그 후 빠른 속도로 프랑스로 퍼져 나갔으며, 14~15세기 북유럽에서 대단한 인기를 끌었다. 피에타의 절정은 이탈리아의 미켈란젤로 작품에서 이루어졌다(1499년 성베드로 대성당).

「피에타」 부오나로티 미켈란젤로, 1498~1500

리스도의 탄생 이후 베들레헴이라는 성소를 모독하고자 이교도들에 의해 조성된 것이라고 생각한 모양이다. 하지만 이 점에서 제롬은 오류를 범했다. 내가 앞서 주장했듯이 아도니스가 참으로 곡물의 정령이라면, '빵의 집'을 뜻하는 베들레헴이야말로 그의 서식처의 이름으로서 가장 적합했을 것이기 때문이다. "나는 생명의 빵이로다"라고 말한 그리스도가 탄생하기 훨씬 전부터 아도니스는 그런 '빵의 집', 즉 베들레헴에서 숭배받고 있었던 것이다.

기실 예수의 죽음과 부활을 기리는 의례는 아도니스의 그것과 매우 유사하다. 이런 유사성을 염두에 두건대, 설령 베들레헴에서 그리스도가 아도니스보다 먼저 등장했다 치더라도, 주님 아도니스에서 예수에게로 기독교도들의 충성을 전환하기 위해 기독교가 아도니스의 애절한 형상을 채용한 것은 지극히 적절한 것이었다고 말하지 않을 수 없다. 안티오크는 예수라는 이 새로운 신을 예배했던 가장 오래된 도시 중 하나였다. 앞서 살펴보았듯이, 안티오크에서는 매년 옛 신 아도니스의 죽음을 기리는 의식이 매우 장엄하게 거행되고 있었다.

아도니스 축제 기간에 율리아누스 황제가 안티오크에 입성할 때의 정황을 따져 보면, 그 축제 일시가 언제였는지를 아는 데에 다소 도움이 될 성싶다. 황제가 도시에 가까이 오자 그는 마치 신이기나 한 것처럼 공공연히 환영받았으며, 동쪽 하늘에 '구제의 별'이 떠올랐다는 군중들의 환호성 소리에 놀랐다고 한다. 이는 물론 아첨하기 좋아하는 동양인 군중의 로마 황제에 대한 찬사에 불과한 것이었으리라. 그러나 빛나는 별의 규칙적인 출현이 아도니스 축제의 시작을 알리는 신호였을 수도 있고, 혹은 황제가 도착한 바로 그때 마침 별이 동쪽 지평선상에 나타났을지도 모른다. 만일 실제로 그랬다면, 이런 우연의 일치가 신앙심 깊고 흥분하기 쉬운 군중의 상상력을 자극하지 않을 수 없었으리라. 그리하여 그들은 하늘이 로마 황제가 올 것을 미리 알려주었다고 믿어 그를 신처럼 환영하기에 이르렀다. 혹은 그 별을 향한 군중의 환호 소리를 황제가 자기에 대한 인사로 오해했을지도 모른다.

어쨌든 바빌로니아의 점성술사들은 아도니스의 신적 배우자인 아스타르테를 금성 베누스Venus와 동일시했으며, 새벽별에서 저녁별까지의 금성의 변화를 주의 깊게 관찰함으로써 금성의 교차적인 출현과 사라짐에서 어떤 징조를 찾아내고자 했다. 따라서 우리는 아도니스 축제가 새벽별 혹은 저녁별로서의 금성이 출현하는 시기에 맞추어 규칙적으로 행해졌다고 추정할 수 있다. 안티오크 시민들이 축제 때에 환호성을 질렀던 별은 동쪽 하늘에 떠 있었다. 그러니까 만일 그것이 정말 금성이었다면 그건 샛별이었을 것이다. 유명한 아스타르테 신전이 있던 시리아의 아파카에서는 유성의 섬광을 신호로 하여 의식의 집행이 시작되었다. 이때의 유성은 일정한 날에 레바논산 위에서 아도니스강 속으로 떨어지던 유성이었다. 사람들은 그 유성을 아스타르테 자신이라고 믿었다. 그리고 유성이 하늘에서 흐른다는 것은 곧 이 사랑의 여신이 애인의 품에 안기고자 내려오고 있는 것이라고 여겼다.

안티오크와 그 밖의 지방에서도 제삿날에 샛별이 나타나면, 사랑의 여신 아스타르테가 죽은 애인 아도니스를 땅속에서 불러내기 위해 온 것이라 하여 환영받았을 법하다. 이런 추정이 옳다면, 동방박사들을 베들레헴으로 인도해 준 것도 바로 같은 샛별이었으리라. 제롬의 말마따나 아기 예수의 우는 소리와 아도니스에 대한 슬픈 애도가 울려 퍼졌던 축복의 땅 베들레헴에서 말이다.

제34장
아티스의 신화와 의례

서아시아의 신앙과 의례에서 죽었다가 다시 부활한다고 믿는 또 다른 신으로 아티스를 들 수 있다. 시리아에 아도니스가 있다면, 프리기아에는 아티스가 있다. 아도니스와 마찬가지로 아티스도 식물신이었다고 보이며, 매년 봄 축제 때에 그의 죽음을 애도하고 그의 부활을 기뻐하는 의례가 행해졌다. 그런데 아도니스와 아티스에 관한 전설과 의례가 너무 비슷한 나머지, 고대인들은 종종 이 두 신을 동일시할 정도였다. 아티스는 키벨레Cybele가 사랑했던 젊고 잘생긴 목동이었다. 여기서 키벨레는 신들의 어머니로서 주로 프리기아에 거했던 아시아의 풍요 여신을 말한다.

혹자는 아티스가 키벨레의 아들이었다고 말하기도 한다. 아티스의 출생은 다른 영웅들의 출생담이 그렇듯이 기적으로 가득 차 있다. 그의 모친 나나Nana는 처녀의 몸으로 잘 익은 편도복숭아 혹은 석류를 가슴에 품었을 때 임신을 했다고 한다. 사실 프리기아의 우주창생론에는 편도복숭아가 모든 만물의 어버이로 나온다. 아마도 이는 편도복숭아 나무의 가련한 꽃이 아직 잎도 나오기 전인 벌거벗은 가지에서 피어나 최초의 봄소식을 전해 주기 때문일 것이다. 이런 동정녀 출생담은 남녀의 성교가 임신의 참된 원인이라는 사실을 아직 알지 못했던 무지한 유아적 시절의 유물이라 할 수 있다.

아티스의 죽음에 대해서는 서로 상이한 두 이야기가 있다. 한 이야기에 의하면 아티스는 아도니스와 마찬가지로 멧돼지로 인해 죽임을 당했다고 한다. 다른 이야기에 따르면, 소나무 밑에서 스스로 상처를 내어 그 출혈로 인해 죽었다고도 한다. 후자는 키벨레 의례의 중심지인 페시누스 사람들에 의해 전해지는 지방의 이야기로서, 이 이야기를 포함한 전체 설화가 매우 소박하고 야만적이라는 점에서 보건대 이것이 전자보다 더 오래된 이야기임을 짐작할 수 있다.

두 이야기는 모두 관습에 의해 지지받았으며, 아마도 숭배자들에 의해 준수된 어떤 관습을 설명하기 위해 창안된 것으로 보인다. 아티스의 자해 이야기는 아티스 사제의 자해를 설명하기 위해 만들어졌음에 분명하다. 그 사제들은 여신을 위한 의식의 집행에서 주기적으로 스스로를 거세했던 것이다. 또한 멧돼지에 의한 아티스의 죽음 이야기는 그의 숭배자들, 특히 페시누스인들의 돼지고기 터부를 설명하기 위해 만들어진 것 같다. 이와 마찬가지로 아도니스 숭배자들도 멧돼지가 그들의 신을 죽였기 때문에 돼지고기를 먹지 않는다. 어쨌든 아티스는 죽은 후 소나무로 변신했다고 한다.

프리기아의 '신들의 어머니'에 대한 숭배는 한니발Hannibal(기원전 247~기원전 183)[1]과의 장기간에 걸친 전쟁이 끝나갈 무렵인 기원전 204년에 로마인들에 의해 채용되었다. 그 무렵 점점 쇠퇴하던 로마인들의 기세가 시의 적절한 어떤 예언에 의해 다시금 되살아났다. 그 예언은 말도 안 되는 이현령비현령耳懸鈴鼻懸鈴식의 잡동사니 이야기들을 모아 놓은 『시빌의 예언서Sibylline Books』[2]에 나온다. 만일 위대한 동양의 여신을 로마로 맞아들인다면 로마를 침입한 외적들을 모두 쫓아낼 수 있으리라는 것이었다. 그리하여 여신의 신성한 도시인 프리기아의 페시누스로 사신을 급파하게 되었다. 사신은 여신의 강력한 신성이 구현된 작고 검은 돌멩이를 로마로 가져갔다. 그 돌은 대단한 숭배를 받아 팔라티누스 동산 위에 있는 승리의 신전에 안치되었다. 그 돌로 표상되는 여신이 도착한 것은 4월 중순경이었으며, 곧바로 활동에 들어갔다. 그 해의 수확은 지난 몇 년과 비교할 수 없을 만큼 풍작이었고, 이듬해에는 한니발과 그 맹장들이 모두 아프리카로 퇴각했기 때문이다. 멀리 황혼이 지는 이탈리아 해안가를 마지막으로 지켜 보던 한니발로서는 외국 군대를 격퇴한 유럽이 이미 동양의 신들에게 무릎을 꿇었다는 것까지는 알 수 없었으리라. 패퇴한 한니발 군대가 침울한 분위기에서 해안가를 떠나 퇴각하기 이전부터 이미 정복자의 선봉대는 이탈리아의 중심부에 포진하고 있었던 것이다.[3]

여기서 신들의 어머니 키벨레 의례와 더불어 그녀의 젊은 애인 혹은 아들인 아티스 의례가 함께 로마로 들어갔으리라고 추정된다. 사실 로마인들은 공화정이 끝나기 이전부터 이미 갈리Galli, 즉 아티스의 거세된 사제들에 대해 잘 알고 있었다. 동양의 의상을 입고 앞가슴에 조그만 인형을 매단 이 중성적 존재는 로마의

---

1 아프리카 북부의 고대 도시국가 카르타고의 장군
2 본서 제1장 1절 본문과 옮긴이 주 12번 참조
3 여기서 정복자의 선봉대는 동양의 신들을 가리킨다.

프리기아의 대모신 키벨레. 파리 노트르담 성당 서편 건물 외벽 부조

거리에서 흔히 찾아볼 수 있었다. 그들이 행렬을 지어 여신상을 받든 채 심벌즈나 탬버린 혹은 피리 곡조에 맞추어 찬미가를 부르면서 거리를 걷고 있으면, 군중은 이 환상적인 드라마에 감동하고 소박한 노래에 매료되어 듬뿍 돈을 희사했으며, 신상과 그 숭배자들을 장미꽃으로 덮어 주었을 것이다. 클라우디우스 Claudius 황제는 보다 적극적인 조처를 취했다. 그는 거룩한 나무에 대한 프리기아적 의례뿐만 아니라 난장판적 아티스 의례를 로마의 기성 종교와 통합시켰다. 키벨레와 아티스의 장엄한 봄 축제는 로마에서 거행된 형태가 우리에게 가장 많이 알려져 있다. 그러니까 대체로 로마적 의식은 동시에 프리기아적 의식이라고 알려져 있다. 하지만 그것은 아시아적 원형과도 별반 다를 것이 없었으리라고 짐작된다. 축제의 절차는 아마도 다음과 같았을 것이다.

먼저 3월 22일에 숲에서 소나무를 잘라 키벨레의 성소에 옮겨 위대한 신으로 모신다. 이때 성스러운 나무를 운반하는 의무는 수목 운송조합에 위탁하였다. 그 나무줄기는 시체처럼 양털 노끈으로 칭칭 감았으며 제비꽃 화환으로 장식했다. 장미와 아네모네가 아도니스의 피에서 피어났듯이, 제비꽃은 아티스의 피에서 피어났다고 여겼기 때문이다. 그런 다음 말할 것도 없이 아티스를 나타내는 청년 모습의 인형을 나무줄기 중간쯤에 묶는다. 축제 이튿날인 3월 23일에는 나팔을 부는 일이 주된 의식이다. 사흘째인 3월 24일은 '피의 날'이라고 부른다. 이 날은 대사제가 자기 팔에서 피를 뽑아 공물로 바치는 날이다. 물론 피는 대사제만이 아니라 그 밑의 사제들도 바친다. 즉, 하급 사제들은 심벌즈가 부딪치는 소리며 두들겨 대는 북소리와 개 짖는 소리처럼 찢어지는 피리의 거칠고 조야한 음악에 흥분하여 머리채를 나부끼며 춤을 추다가 마침내 광란 상태에 빠지면 깨진 질그릇 조각이나 손칼 따위로 자기 몸뚱이를 마구 찌르고 상처를 낸다. 거기서 뿜어 나오는 선지피를 신상이나 거룩한 나무에 뿌리는 것이다.

이 참혹한 의식은 어쩌면 아티스에 대한 애도의 일부로서, 아티스에게 에너지를 공급함으로써 그를 부활시키려는 목적에서 행해진 것일지도 모른다. 오스트레일리아 원주민들도 죽은 친구를 다시 살려 내려는 목적으로 친구의 묘지 위에서 제 몸뚱이에 상처를 냈다. 확실치는 않지만 '피의 날'에는 아티스를 부활시키려는 목적에서 남성 신참자들이 생식기를 잘라 제물로 바쳤을 가능성도 있다. 즉, 그들은 종교적 흥분이 최고조에 달했을 때 자기 몸에서 잘라 낸 생식기를 잔인한 여신상 앞에 내던졌을 것이다. 이렇게 잘려진 생식기는 나중에 땅속이나 혹은 키벨레에게 바친 지하실에 잘 보관되었다. 이것들은 제물로 바친 피와 마찬가지로 아티스를 소생시키고, 또 봄의 햇빛을 받아 잎과 꽃이 피어나는 자연의 부활을 촉진시켜 주는 도구라고 믿었다. 아그데스티스Agdestis에 관한 조야한 설화는 이런 가설을 어느 정도 확인시켜 준다. 아그데스티스라는 이름의 괴물 남자는 일면 아티스의 분신이라고도 할 수 있는데, 그의 잘려진 생식기에서 석류가 생겨났다고 한다. 아티스의 모친이 이 석류를 앞가슴에 대자 아티스를 임신했다는 것이다.

이와 같은 가설적 설명에 조금이라도 타당성이 있다면, 왜 아시아의 다른 풍요의 여신들이 거세된 사제들에 의해 모셔졌는지 그 이유를 이해할 수 있게 된다. 그 여신들은 신적 연인을 표상하는 남성 사제들에게 그들의 자애로운 기능을 이행하는 수단, 즉 생식기를 요구했던 것이다. 여신들은 생명을 부여하는 에너지를 세상에 전해 주기에 앞서 먼저 자신이 그런 정력에 의해 스스로를 임신시켜야 했다. 이렇게 거세된 사제들이 섬긴 여신은 에페소스[4]의 위대한 아르테미스 여신과 히에라폴리스[5]의 위대한 시리아적 아스타르테[6]였다. 이 여신들의 성소는 항상 순례자들로 넘쳐 났으며 아시리아, 바빌로니아, 아라비아, 페니키아 등지에서 쇄도한 공물들로 부를 축적하여 전성기에는 동방에서 인기 최고였다. 어쨌든 시리아 여신의 거세된 사제들은 키벨레 여신의 사제와 너무도 비슷해서 사람들은

4　소아시아 이오니아 지방에 있던 그리스 도시들 가운데 가장 중요했던 곳. 도시 유적지는 현 터키 이즈미르주의 셀주크 마을 부근에 있다. 에페소스를 유명한 곳으로 만들었으며, 고전적인 그리스 도시로 부상하게 한 것은 기원전 600년경에 세워진 아르테미스(디아나) 신전이었다. 유명한 에페소스인으로는 그리스 최초의 비가悲歌 시인이었던 칼리노스(기원전 7세기 중엽), 풍자가 히포낙스, 바실리드파의 한 사람이자 유명한 철학자였던 헤라클레이토스 등을 꼽을 수 있다. 아우구스투스 통치하에서 에페소스는 로마령 아시아 속주의 제1의 도시가 되었다. 지리학자 스트라보는 이 시기(기원전 1세기)의 에페소스가 중요한 상업 중심지였다고 기록했다. 기원전 3세기의 개선문과 4~14년의 송수로 건설을 시작으로 오랜 기간에 걸쳐 화려하면서도 실용적인 공공건물들이 세워졌는데, 이 건물들로 인해 에페소스는 그리스 영토에서 가장 대표적인 제국시대의 도시로 꼽히게 되었다. 그러는 동안 기독교가 전파되기 시작했다. 57년 사도 바울로의 가르침에 반대하여 이곳 극장에서 일어난 소란이 『사도행전』 19장에 기록되어 있으며, 지역의 민간신앙에 의하면 성모 마리아가 요한의 권고로 이 부근에서 살다가 에페소스에서 죽었다고도 한다. 에페소스는 『요한의 묵시록』에 기록된 아시아의 7개 교회 중 하나이다.

5　고대 시리아의 도시. 지금은 만비즈(멤비즈)가 일부 차지하고 있으며 알레포 북동쪽으로 약 80킬로미터 떨어진 유프라테스 강독 부근에 있었다. 시리아의 자연의 여신 아타르가티스Atargatis를 모시는 중심지였으므로, 그리스인들에게 '신성한 도시'를 뜻하는 히에라폴리스Hierapolis로 알려지게 되었다.

6　고대 시리아의 풍요의 여신이자 물고기의 여신. 아타르가티스를 가리킨다. 이 여신은 때로 절반은 물고기, 절반은 여성의 형상으로 묘사되기도 한다. 히에라폴리스에 이 여신을 모시는 신전이 있었다. 본서 제30장의 옮긴이 주 3번 참조

양자를 같은 인물로 생각할 정도였다. 그들이 봉헌한 종교생활도 흡사했다.

히에라폴리스에서 한 해에 가장 큰 축제는 이른 봄에 열렸는데, 그때는 사람들이 시리아와 그 인접 지역에서 성소를 향해 구름처럼 몰려들었다. 피리와 북소리가 울려 퍼지는 가운데 거세된 사제들이 손칼로 자기 몸에 마구 상처를 낼 즈음이면 군중들의 종교적 흥분이 파도처럼 점점 더 고조되었으며, 이제 단지 축제 구경만 하러 왔던 많은 사람들도 스스로 전혀 예상하지 못했던 행동을 하게 된다. 즉, 음악에 도취하고 튀어 오르는 선혈에 눈이 뒤집힌 사람들이 하나둘씩 옷을 전부 벗어던지고 악을 쓰며 춤을 추다가 축제 장소에 미리 마련되어 있던 칼을 들어 단번에 자기 생식기를 자른다. 그리고 피가 줄줄 흐르는 생식기를 손에 든 채 온 마을을 미친 사람처럼 뛰어다니다가 아무 집에나 그것을 내던져 버린다. 그러면 이를 명예롭게 여긴 그 집의 가장은 생식기를 여자 옷과 장식물로 단장하여 평생 몸에 지녀야만 한다. 하여튼 고조된 감정 폭발이 진정되고 나면, 자기 생식기를 잘라 버린 자들은 돌이킬 수 없는 슬픔과 후회로 평생 동안 자신을 책망했을 것이다. 시인 카툴루스Catullus(기원전 84년경~기원전 54년경)[7]의 유명한 시는 광신적 종교의 광란 후에 찾아왔음 직한 이런 자연스러운 인간적 감정의 격변을 매우 잘 묘사하고 있다.[8]

우리는 시리아 축제와 유사한 키벨레 의례에서도 여신의 봄 축제에서 '피의 날'에 남성 생식기를 제물로 바치는 장면을 찾아볼 수 있다. 거기서는 피 흘리는 연인의 붉은 핏방울에서 피어났다는 제비꽃이 소나무 사이에 만발했다. 사실 사제들이 의례를 집행하면서 제비꽃 화환으로 장식된 나무 옆에서 자행한 거세 행위는 바로 아티스가 소나무 밑에서 스스로를 거세했다는 이야기에 의해 그 이유가 설명될 만하다. 어쨌든 '피의 날'에 사람들이 아티스를 위해 애도했으리라는 사실은 의심할 여지가 없다. 그때 사람들은 아티스를 표상하는 인형에 대해 애도한 다음 그것을 땅에 파묻었다. 묘지 속에 들어간 아티스 신상은 어쩌면 앞서 언급한 바 있는 나무에 매달린 인형과 동일한 것이었을지도 모른다. 하여튼 애도 기간에 숭배자들은 빵을 삼갔는데, 이는 키벨레가 아티스의 죽음을 슬퍼할 때에

---

7 로마의 시인. 사랑과 증오를 읊은 그의 시는 일반적으로 고대 로마에서 가장 뛰어난 서정시로 간주된다. 25편의 시에서 '레스비아'라는 여인에 대한 사랑을 노래했는데, 이 여인이 누구인지는 확실하지 않다. 그 밖의 시에서는 율리우스 카이사르 등에 대한 경멸과 증오를 독설적으로 표현하고 있다.

8 카툴루스의 『아티스』에 나오는 시를 가리킨다. 로버트 프레이저 편, 앞의 책, 424쪽 편주 참조

'신성한 도시'를 뜻하는 시리아의 히에라폴리스 유적

인도 종교에서 샥티(여성 에너지)의 활동을 표현한 친나마스타 여신.
친나마스타 밑에서 시바 신과 마하비디야가 교합하여 오르가슴에 이르면
세계 창조가 일어난다. 친나마스타 여신은 이렇게 해서 창조된 세계를
자신의 피로써 키운다.

도 그렇게 했기 때문이라고 한다. 하지만 실제로는 하란의 여자들이 탐무즈를 애도하는 동안 절구로 부순 것을 일절 먹지 않았던 이유와 같다고 보인다. 즉, 빵이나 밀가루 음식을 먹는 행위는 부수어져 가루가 된 탐무즈 신에 대한 모독이라고 믿었기 때문일 것이다. 또는 이런 단식은 성찬에 대한 준비였을 수도 있다.

그러나 어둠이 깔리기 시작하면 숭배자들의 슬픔은 환희로 변한다. 그때 갑자기 어둠 속에 한 줄기 빛이 비추고 무덤이 열리면서 죽은 자들 사이에서 신이 소생하기 때문이다. 이때 사제가 슬피 우는 애도자들의 입술에 향유를 발라 주면서 그 귀에 구제의 즐거운 소식을 속삭인다. 이런 신의 부활은 숭배자들에게 자신들도 묘지에서 썩지 않고 승리할 수 있다는 확신을 갖게 해 준다. 이튿날인 3월 25일은 춘분으로서, 사람들은 기쁨의 환호성을 지르며 신의 부활을 축하한다. 로마나 그밖에 다른 지역에서도 이날은 카니발의 형태로 잔치가 벌어졌는데, 이는 '힐라리아Hilaria'[9], 즉 '환희의 축제'라 불렸으며, 이때는 일반적으로 문란한 난장판이 횡행하여 누구든 제멋대로 지껄이고 하고 싶은 대로 날뛰었다. 사람들은 변장하고 거리를 돌아다녔으며, 가장 비천한 계급의 사람들일지라도 안하무인이 되어 계급이나 신성 따위를 가리지 않았다. 그런데도 아무런 처벌을 받지 않았던 것이다. 콤모두스Commodus 황제[10]가 다스리던 시대에는, 반역자 일당이 친위대 복장을 하고 떠들썩한 군중들 사이에 섞여 황제를 암살할 수 있는 가까운 거리까지 접근한 적도 있었다고 한다. 하지만 이 음모는 실패로 돌아갔다. 심지어 엄격한 세베루스 알렉산데르Severus Alexander[11]조차 이 즐거운 날에는 평소의 검소한 식탁에 꿩고기를 허락할 만큼 기분을 낼 정도였다.

다음날 3월 26일에는 모두가 휴식을 취했다. 당연히 며칠 동안의 갖가지 흥분

---

9 키벨레를 기념하는 축제. 대지의 생명이 재생하는 것을 축하한다.

10 로마의 황제. 재위 177~192년. 마르쿠스 아우렐리우스 황제(재위 161~180)의 계승자. 그의 잔혹한 실정 失政이 야기한 내분으로 인해 84년간 로마 제국이 누려온 안전과 번영의 시대가 끝났다. 182년 누이 루킬라가 일단의 원로원 의원들과 공모해 그를 암살하려다가 실패했으며, 콤모두스는 그 복수로 상당수의 지도급 원로원 의원들을 처형했다. 이런 일이 있은 뒤 그는 차츰 자의적이고 잔인한 통치를 펴기 시작했다. 정치적 실권은 황제의 첩과 두 명의 고문관에게 넘어갔으며, 콤모두스는 정신이 이상해지기 시작했다. 그는 로마의 이름을 새롭게 콜로니아콤모디아나(콤모두스의 땅)로 바꾸었다. 또 자신이 헤라클레스 신이라는 망상에 빠져 원형 경기장으로 들어가 검투사처럼 싸우거나 활과 화살로 사자를 죽이기도 했다. 마침내 콤모두스가 검투사 복장을 한 채 콘술(집정관)직을 받아들이겠다고 선언하자 로마 시민들은 분노했다. 192년 12월 31일 고문관들은 최우수 레슬링 선수를 시켜 그를 목 졸라 죽이게 했다. 원로원은 홀가분한 마음으로 로마 시장 市長인 푸블리우스 헬비우스 페르티낙스를 황제로 선포했으나 로마는 곧 내란 상태에 빠졌다.

11 로마 황제. 재위 222~235년

이나 피로 때문에 쉴 필요가 있었을 것이다. 이리하여 로마의 축제는 3월 27일에 알모강을 향한 행진으로 막을 내렸다. 그때 사람들은 얼굴이 울퉁불퉁한 검은 돌로 되어 있고, 몸통은 은으로 만든 여신상을 수소들이 끄는 마차에 싣는다. 수레 앞에는 귀족들이 피리와 탬버린 소리에 맞추어 천천히 걸어갔으며, 포르타카페나를 지나 로마 성벽 아래의 티베르강과 합류하는 알모 강가까지 이르렀다. 거기서 자주색 예복을 입은 대사제가 마차와 신상, 기타 신성한 물건들을 흐르는 물로 씻었다. 돌아오는 길에 마차와 수소들은 신선한 봄꽃들로 단장하였다. 모든 것이 흥겹고 신났다. 바로 며칠 전에 행해졌던 피비린내 나는 의식에 대해 생각하는 자는 아무도 없었다. 심지어 거세된 사제들조차 그 상처의 아픔을 잊고 있었다.

봄이 되어 아티스의 죽음과 부활을 기념하는 연례 축제는 이런 절차로 행해진 듯싶다. 하지만 거기에는 이 같은 공적 의식 외에도 특히 입문자들이 아티스 신과 보다 긴밀한 교제를 하기 위한 비밀스럽고 신비한 의식이 포함되어 있었다. 그런 비밀의례의 성격과 집행 시기에 관해 우리가 알고 있는 지식은 불행히도 지극히 빈약하다. 그러나 거기에는 분명 성찬과 피의 세례가 내포되어 있었던 것 같다.

입문자는 성찬 때에 북을 치면서 성례전 음식을 먹고 심벌즈를 치면서 성례전 음료를 마시는 비밀의례에 참가한다. 이때의 북과 심벌즈는 아티스의 감동적인 오케스트라를 특징짓는 악기였다. 죽은 신에 대한 애도에 수반되는 단식은 접촉에 의해 신성한 성찬을 더럽힐 염려가 있는 모든 것들을 참가자들의 신체에서 제거하기 위한 예비의식으로서 행해진 듯싶다. 세례를 받을 때는 황금의 관을 쓴 채 창살로 덮인 웅덩이 속에 들어갔다. 그런 다음 화환으로 단장된 수소를 창살 위로 내몰아 그 성스러운 창에 찔려 죽게 한다. 그러면 뜨끈뜨끈한 선혈이 소나기처럼 창살 사이로 쏟아져 내려온다. 그 밑에 있는 사람들은 경건하고 열렬한 신앙심으로 머리에서 발끝까지 시뻘건 선혈을 뒤집어쓴 채 웅덩이에서 나온다. 그들은 이제 영원한 생명의 소생을 부여해 주는 수소의 피에 의해 모든 죄가 씻긴 자로 여겨져 다른 신자들에서 거의 숭배에 가까운 존경을 받게 된다. 그 후 일정 기간 이들은 방금 태어난 어린애처럼 우유를 마심으로써 재생의 드라마를 연출한다.

세례자의 재생의식은 아티스 신의 재생의식과 마찬가지로 춘분 때에 행해졌

바티칸 성 베드로 대성당과 그 주변 풍경. 고대에는 이곳이 아티스 숭배의 중심지였다.

다. 로마에서는 수소의 피를 흘림으로써 획득하는 이런 새로운 탄생과 속죄의식이, 특히 바티칸 동산에 있는 프리기아 여신[12]의 성소 또는 현재 성 베드로 대성당이 세워져 있는 장소 근처에서 행해졌다고 보인다. 실제로 1608년 혹은 1609년에 이 대성당의 보수 확장공사 때에 아티스 의식에 관한 비문들이 많이 발굴되기도 했다. 그러니까 바티칸 동산은 야만적인 신앙과 의례의 중심지였으며, 거기에서 로마 제국의 다른 여러 지방으로 확산되었을 것이다. 갈리아나 게르마니아에서 출토된 비문들은 지방적인 여러 성소의 의례들이 바티칸 동산의 그것에 따랐다는 사실을 잘 보여 준다. 거기서 수소의 피라든가 남자의 생식기가 의례에서 중요한 역할을 했음을 알 수 있다. 아마도 그 의례들은 풍요 및 다산과 재생을 촉진하기 위한 강력한 주술로 간주되었을 것이다.

---

12 키벨레를 가리킨다.

제35장
식물신으로서의 아티스

나무정령으로서의 아티스가 지닌 본래적 성격은 그의 신화와 의례, 비문에서 소나무가 맡은 역할을 통해 명확히 제시되고 있다. 즉, 아티스가 소나무로 변신한 인간이었다는 이야기는 신화 속에 종종 등장하는 오래된 신앙의 합리화를 목적으로 만들어진 것임에 틀림없다. 이때 소나무를 제비꽃이나 양털 리본으로 장식하여 숲에서 운반해 오는 관습은 근대의 민속에서 '오월의 나무' 혹은 '여름의 나무'를 맞이하는 관습과 동일하다. 여기서 소나무에 매다는 인형은 나무의 정령 아티스의 분신을 표상한다. 이 인형은 나무에 매단 채 1년 동안 두었다가 불태웠는데, '오월의 나무'에 대해서도 이와 동일한 관습이 행해진 것 같다. 수확철에 만드는 곡물정령의 인형도 이듬해에 새로운 인형으로 대체될 때까지 그대로 보관되었다.

이런 관습의 본래적 목적은 말할 것도 없이 1년 동안 식물정령의 생명을 온전하게 보존하려는 데에 있었다. 그런데 프리기아인들이 여러 나무 가운데 특별히 소나무를 숭배한 이유에 대해서는 다만 추측할 수 있을 뿐이다. 어쩌면 이는 계곡의 가을 나무들이 퇴색해 가는 것과는 아랑곳없이 높은 산봉우리에 군생하는 소나무의 소박하고도 변함없는 녹색이 그들에게 깊은 인상을 주었기 때문일지도 모른다. 그들은 계절의 슬픈 변화에 상관없이 하늘처럼 영원불변하는 존재의 신성한 생명이 바로 소나무에 지펴 있다고 생각했을 성싶다. 이와 동일한 이유로 담쟁이덩굴 또한 아티스와 관련하여 신성시되었다. 그래서 아티스의 거세된 사제들은 담쟁이덩굴 모양의 문신을 했다고 기록되어 있다.

어쨌든 소나무를 신성시한 또 다른 이유로, 우리는 소나무가 지닌 유용성을 생각해 볼 수도 있다. 가령 남유럽의 돌소나무stone-pine[1] 솔방울은 호두처럼 생긴 식용 씨앗을 함유하고 있어서 예부터 음식물로 이용되었으며, 지금도 로마의 빈

---

1 지중해 연안이 원산인 소나무의 일종

민계층은 이 씨앗을 먹는다. 그뿐만 아니라 이 씨앗은 술을 담그는 데 쓰이기도 했다. 이는 키벨레 의례에 내포된 난장판적 성격의 일면을 설명해 준다. 그래서 고대인들은 키벨레 의례를 디오니소스 의례에 비견하기도 했던 것이다. 나아가 돌소나무의 솔방울은 풍요와 다산의 상징 혹은 도구로서 간주되었다. 그래서 테스모포리아Thesmophoria 축제[2]에서 이 솔방울은 토지와 여자 자궁의 다산성을 증진시킬 목적으로 돼지나 여타 동물의 생식력을 나타내는 상징물과 함께 데메테르의 신성한 구덩이 안에 던져진다.

일반적인 나무의 정령과 마찬가지로 아티스는 토지의 결실에 대해 영향력을 미칠 수 있다고 여겼으며, 나아가 곡물 그 자체와 동일시되었다. 그래서 아티스를 나타내는 형용사 중에는 '잘 열매 맺는'이라는 표현도 있었으며, 또한 아티스를 '잘 익은 곡식의 푸른(누런) 이삭'이라 부르기도 했다. 그리고 농경민들은 아티스의 수난과 죽음, 부활에 관한 이야기를 상처입고 창고에 들어갔다가 다시 땅에 뿌려질 때 부활하는 성숙한 알곡으로 설명하곤 했다. 로마의 라테란Lateran 박물관에 있는 아티스 신상은 그가 대지의 결실, 특히 곡물에 대해 지니는 밀접한 관련성을 분명하게 보여 주고 있다. 즉, 그 신상에서 아티스는 손에 한 다발의 이삭과 과일을 들고 솔방울이나 석류 혹은 그 밖의 열매로 만들어진 화관을 쓰고 있으며, 프리기아식 모자 꼭대기는 곡물의 이삭이 돋아나는 모양을 하고 있다. 아티스를 섬기는 대사제의 유골이 담긴 항아리에도 방식이 좀 다르긴 하지만 동

---

2 그리스 종교에서 '데메테르 테스모포로스'를 기념하는 고대 축제. 그리스 세계의 많은 지역에서 자유인 기혼 여성들이 집행했다. 이들은 축제가 있기 전 여러 날 동안 성생활을 중단하고, 특정 음식들을 먹지 않았다. 축제는 3일 동안 지속되었고, 아티카에서는 5일로 늘어났다. 테스모포리아 축제의 대부분 순서는 횃불을 들고 거행하며, 여인들은 의식이 거행되는 동안 다산을 증진하기 위한 수단으로 음란한 말을 했다. 첫째 날은 '상승anodos'과 '하강kathodos'이라고 불렀던 것으로 추정된다. 축제가 시작되면 돼지들을 '메가론'이라 부르는 지하실에 던져 넣었으며, 수호자 뱀들이 먹고 난 부분이 다 썩을 때까지 그곳에 그대로 두었다. 이 썩은 부분들은 3일 동안 금욕한 여인들이 밖으로 끄집어냈다. 여인들은 솔방울과 밀가루 반죽으로 뱀과 남자의 형상을 만들어, 그것을 다산의 상징물로 가지고 나왔다. 돼지들의 남은 부분은 제단에 올렸고, 이것과 씨앗을 섞어 놓으면 풍작이 보증된다고 믿었다. 다산의 상징물들도 돼지들과 마찬가지로 지하실에 미리 던져두었던 것이 분명하다. 이 대상들은 모두 다산과 연관되는 것들로, 이것을 온갖 주술적인 방법으로 씨앗과 뒤섞어 놓음으로써 풍년을 기원하던 관습이 널리 퍼져 있었다. 고대 저술가들은 이런 관습을 데메테르의 딸 코레(페르세포네)가 유괴된 사건에 대한 기념으로 설명하려고 했지만, 실은 코레의 유괴가 이 의식에서 생긴 전설이라고 보아야 옳다. 둘째 날인 네스테이아는 여인들이 땅에 앉아 금식하는 날이었고, 셋째 날인 칼리게네이아는 '깨끗한 출산'이라는 뜻으로 모든 주술적인 힘이 땅·사람·가축 모두의 다산에 부어지는 행복한 날을 가리킨 듯싶다. 헤로도토스는 이집트에서 이 테스모포리아 축제가 행해졌음을 언급하고 있다. 헤로도토스, 박광순 옮김, 『역사』, 범우사, 1987, 197쪽 참조

일한 관념이 표출되어 있다. 즉, 꼭대기에 이삭 모양의 무늬가 조각되어 있는 이 항아리는 수탉 모양의 형상 위에 얹혀 있는데, 그 수탉의 꼬리 또한 곡물 이삭 모양으로 되어 있다.

아티스와 마찬가지로 키벨레도 대지를 결실 맺게도 하고 동시에 흉작을 가져다줄 수도 있는 풍요의 여신으로 간주되었다. 갈리아 지방의 아우구스토두눔[3]에 사는 주민들은 종종 밭이나 과수원의 풍작을 위해 키벨레 여신상을 마차에 태워 끌고 다니면서 춤추며 노래하곤 했다. 또한 이탈리아에서도 유례없는 풍작이 들면 당시 그 지방에 도착한 대모신의 효험 때문이라는 식으로 믿곤 했다. 마찬가지로 키벨레 여신상을 강물에 목욕시키는 관습은 농작물에 필요한 비를 충분히 내리도록 하기 위한 강우주술이었다고 보인다.

---

3 프랑스 중부 부르고뉴 지방 손에루아르주에 있는 도시

제36장
아티스를 표상하는 인간

페시누스나 로마에서도 키벨레의 대사제가 통상 아티스의 이름을 차용했다는 것이 몇몇 비문에 의해 확인되었다. 그러므로 이 대사제가 연례적 축제 때에 신화적인 아티스 역할을 연출했으리라는 우리의 추정은 어느 정도 타당성이 있다고 생각한다. 우리는 앞에서 '피의 날'에 아티스의 대사제가 팔을 자해하여 피를 흘렸으며, 이는 소나무 아래서 스스로를 자해하여 죽은 아티스의 모방이라는 점을 살펴본 바 있다. 그리고 이 의식에서 아티스가 인형 모양으로 표상되었다는 사실은 위의 가설과 모순되지 않는다. 왜냐하면 원래는 살아 있는 인간이 신격화되었다가 후대에 불태워지거나 버려지는 인형으로 표현된 사례가 적지 않기 때문이다. 우리는 여기서 한 걸음 더 나아갈 수도 있다. 즉, 실제로 많은 피를 흘리는 사제의 모의 살해가 다른 지방에서와 마찬가지로 고대 프리기아에서 실제 제물로 바친 인신공회였으리라고 추정할 수 있다.

유명한 마르시아스Marsyas[1]의 이야기에서 우리는 신을 표상하는 인간이 어떻게 살해당했는지 그 흔적을 엿볼 수 있다. 마르시아스는 흔히 프리기아의 사티로스Satyros[2] 혹은 실레노스Silenos[3]라고 말해지며, 혹자에 의하면 피리를 썩 잘 부는 목동이었다고도 한다. 키벨레의 친구였던 그는 즐거움을 잊어버린 여신과 함께 들판을 배회하면서 아티스의 죽음으로 슬픔에 빠진 여신을 위로하고자 했다. 프리기아의 켈라이나이[4] 지방 사람들은 「어머니의 노래」를 마르시아스가 대모신 키

---

1 아나톨리아 태생. 그리스의 전설적 인물. 그리스 문헌에 따르면, 마르시아스는 아테나 여신이 만든 오보에를 발견해 연주하는 데 익숙해지자 아폴론에게 그의 리라 연주와 시합을 하자고 도전했다. 심판관으로 뽑힌 프리기아의 미다스 왕이 마르시아스에게 유리한 판정을 하자, 아폴론은 미다스의 귀를 당나귀 귀로 변하게 하는 벌을 주었다. 다른 전설에 따르면, 뮤즈 여신들이 심판관이 되어 아폴론이 이겼다고 판정하자, 아폴론은 마르시아스를 나무에 묶고 살가죽을 벗겼다고 한다. 로마의 광장에 서 있던 마르시아스 상像은 널리 애호되는 미술의 주제가 되었고, 로마의 식민지들은 이 상을 모방하여 나름대로의 마르시아스 상을 만들고 자치의 상징으로 여겼다.

2 그리스 신화에 나오는 반인반수의 숲의 신. 말의 귀와 꼬리를 가졌고 술과 여자를 좋아했다고 한다.

3 그리스 신화에 나오는 주신酒神 디오니소스의 양부養父

벨레를 위해 피리로 연주한 곡이라고 생각했다. 자신의 실력을 자만한 그는 아폴론 신과의 음악 시합에 도전했다. 이 시합에서 마르시아스는 피리를 불고 아폴론은 하프를 연주했다. 하지만 결국 패하고 만 마르시아스는 아폴론에 의해서인지 아니면 스키타이인 노예에 의해서인지 분명치 않지만, 어쨌든 소나무에 묶여 몸뚱이 가죽이 홀랑 벗겨지고 말았다. 혹은 수족이 잘렸다고도 한다.

그의 몸뚱이 가죽은 역사시대에 들어와 켈라이나이에서 발견되었다. 그것은 마르시아스강이 거센 물소리를 내며 마이안더강과 합류하는 지점에 위치한 성채 밑의 한 동굴 안에 매달려 있었다. 그 물소리는 마치 아도니스강이 레바논산의 절벽 위에서 떨어지는 듯한 굉음이었다. 그것은 검푸른 이브리즈강의 물줄기가 타우루스의 붉은 바위산에서 투명한 물방울을 튕기며 분출하는 듯한 장관이었다. 그렇게 장엄한 마르시아스강의 물줄기는 지금도 지하 깊은 곳에서 콸콸 쏟아져 나오고 있는데, 당시에는 온통 암흑으로 뒤덮인 코리카아 동굴 속을 가로지르면서 순간순간 희미한 물빛만을 반사할 뿐이었다. 환희에 넘치는 다산성과 생명의 약속을 간직한 그런 풍요로운 강물에서 고대인들은 신의 흔적을 보았고, 그 장엄한 물소리를 마치 음악처럼 들으면서 도도하게 흐르는 강가에서 신에게 예배드렸던 것이다.

우리가 만일 그에 관한 전설적인 이야기를 믿는다면, 켈라이나이의 동굴 속에 매달린 피리의 명인 마르시아스는 죽은 후에도 여전히 음악적인 영혼을 잃어버리지 않았던 것 같다. 왜냐하면 전설에 의하면, 악사가 마르시아스의 고향인 프리기아의 곡을 연주하면 그의 가죽이 감동에 떨렸지만, 아폴론을 찬양하는 곡이 연주되면 들은 척도 꿈쩍도 하지 않았다고 한다.

프리기아의 사티로스이자 목동이었던 마르시아스는 과연 키벨레와의 우정을 향유했으며, 그 여신의 의례를 특징짓는 음악의 연주자로서 그녀의 성스러운 나무인 소나무 위에서 비극적인 죽음을 맞이했다. 이런 마르시아스의 모습은 아티스와 너무도 흡사하다. 아티스 역시 피리의 명인이자 목동으로 묘사되었으며 소나무 밑에서 죽었고, 또한 매년 인형으로 표상되어 마르시아스와 마찬가지로 소나무 위에 매달렸기 때문이다. 고대에는 키벨레를 기념하는 봄 축제 때에 아티스의 이름으로 그 신의 역할을 한 사제가 반드시 성스러운 나무 위에 매달리거

---

4 지금의 터키에 자리 잡고 있었던 프리기아의 요새 도시

「아폴론과 마르시아스」 팔마 일 조반네, 16세기 후반

나 혹은 그 나무 밑에서 살해당했으리라고 추정된다. 이런 야만적인 관습이 후대에 이르러서는 보다 완화된 형태, 즉 단순히 사제에게 나무 밑에서 피를 흘리게 하거나 혹은 사제 대신 인형을 나무에 매다는 형태로 바뀌었으리라고 짐작할수 있다.

웁살라의 성스러운 숲에서도 사람이나 동물을 성스러운 나무 위에 목매달아제물로 바쳤다. 또한 오딘Odin에게 바친 인신제물 역시 반드시 목을 매달거나 혹은 나무나 교수대에 매단 다음 창으로 찔러 죽였다. 때문에 오딘은 '교수대의 왕'혹은 '목 매달린 자들의 신'이라 불렸으며, 교수대 나무 밑에 앉아 있는 형상으로묘사되곤 했다. 사실 오딘은 통상적인 방법으로 스스로를 희생제물로 바쳤다. 예컨대 「하바말Hávamál」의 기묘한 시구절을 보면, 오딘이 어떻게 해서 마술적인 룬runes 문자[5]를 익힘으로써 신적 힘을 획득했는지를 엿볼 수 있다.

바람 거센 나무 위에
아흐레 밤 동안 매달린 채,
오딘에게 바친 창에 찔려
나를 위해 스스로 상처 입었노라.

이와 비슷한 방식으로 필리핀 제도 민다나오섬의 바고보Bagobo족은 매년 풍작을 위해 인신제물을 바치곤 했다. 12월 초에 오리온성좌가 저녁 7시경 하늘에 나타나면 사람들은 이제 파종을 위해 밭을 경작할 때가 가까워졌고, 노예 하나를희생제물로 바칠 때가 왔음을 안다. 이 인신제물은 지난해에 자신들이 은혜 입은풍작에 대한 보답으로서 유력한 정령들에게 바쳐졌다. 그럼으로써 다가오는 계절을 위해 정령들의 호의를 얻고자 했던 것이다. 이때 사람들은 제물로 바칠 노예를 숲속으로 끌고 가, 고대 예술가들이 운명의 나무에 매달린 마르시아스를묘사한 것과 같이 노예의 양팔을 높이 치켜올린 채로 나무에 묶었다. 그리고 겨드랑이 밑에서부터 몸뚱이 전체가 관통되도록 창으로 찔러 죽였다. 그런 다음 시체를 허리께에서 두 동강 내 버리면, 상체는 그대로 나무에 매달린 채 하체만피를 쏟아 내며 땅에 떨어졌다. 하지만 결국에는 두 동체 모두 나무 옆에 미리 파

---

5   고대 북유럽 민족들이 사용한 신비로운 기호문자

고대 북유럽인들이 사용했던 룬 문자

놓은 구덩이 속에 던져진다. 그러기 전에 원하는 자는 누구든 시체에서 살덩이나 머리카락을 잘라 내어 식인귀에게 먹혀 죽은 자의 무덤에 가지고 갈 수 있었다. 그러면 식인귀가 이 새로운 고깃덩이에 혹하여 무덤 속의 썩은 살덩이를 버린다고 믿었다. 민다나오섬에서는 지금도 이런 인신제물을 바친다고 한다.

한편 그리스에서는 위대한 아르테미스 여신 스스로가 아르카디아Arcadia[6] 언덕에 있는 그녀의 성스러운 콘딜리아 숲에서 매년 인형의 모습으로 목매달았다고 보인다. 때문에 그녀는 흔히 '교살당한 자'라는 이름으로 통하고 있었다. 사실 가장 유명한 아르테미스 성소인 에페소스에서도 이와 유사한 의례의 흔적을 찾아볼 수 있다. 즉, 에페소스에 전해져 내려오는 한 여자에 관한 이야기에 의하면, 그녀는 스스로 목매달았는데, 이를 가엾게 여긴 아르테미스 여신이 그녀에게 자신의 신성한 옷을 입혀 주었다고 한다. 그래서 그녀는 헤카테Hecate라는 이름으로 불리게 되었다는 것이다.

프티아의 멜리트에도 이와 비슷한 이야기가 있다. 아스팔리스Aspalis라는 이름의 소녀가 스스로 목매달았다고 하는데, 그녀는 실은 아르테미스의 한 형태였다고 보인다. 그 소녀가 죽은 후에 그녀의 시체가 어디론가 사라져 버렸는데, 나중에 사람들은 그녀의 조상彫像이 아르테미스 신상 옆에 서 있는 것을 발견했다고 한다. 그래서 사람들은 그녀에게 헤카이르게Hecaerge, 즉 '멀리 쏘는 자'라는 이름을 붙여 주었는데, 이는 곧 아르테미스 여신을 형용하는 명칭 중 하나였다. 그리하여 매년 처녀들은 이 아스팔리스 조각상 앞에 새끼 염소를 목매달아 제물로 바쳤다. 이는 아스팔리스가 스스로 목매달았기 때문이다. 이때 새끼 염소는 아르테미스 인형이나 혹은 여신을 표상하는 인간 대신에 바친 제물이라 말할 수 있다.

또한 로데스섬에서는 미녀 헬렌Helen[7]을 '성목聖木의 헬렌'이라는 이름으로 숭배하면서 의례를 행했다. 이 의례에서 로데스섬의 여왕은 시녀들을 푸리에스Furies[8]로 변장시켜 헬렌을 나무에 목매달아 죽이도록 연출했다. 동방적 그리스인

---

6 옛 그리스 산속에 있다고 믿는 신화적 이상향
7 그리스 신화에 나오는 스파르타 왕 메넬라우스Menelaus의 왕비. 파리스Paris에게 납치되어 트로이 전쟁의 발단이 된 절세미인
8 그리스·로마 신화에 나오는 복수의 세 여신, 즉 알렉토 Alecto, 메가에라Megaera, 티시포네Tisiphone를 가리킨다.

들 역시 이런 방법으로 동물을 희생제물로 바쳤다는 사실이 일리움Ilium[9]의 동전에 의해 확인되었다. 그 동전에는 나무에 매달린 수소 혹은 암소를 나뭇가지 사이나 소잔등 위에 앉은 한 남자가 칼로 찌르는 장면이 묘사되어 있다. 히에라폴리스에서도 제물을 불태우기에 앞서 그것을 나무 위에 매달았다. 그리스나 스칸디나비아의 유사한 사례들을 통해서 유추해 보면, 프리기아의 인신이 매년 신성하고도 운명적인 나무에 매달렸으리라는 가설의 신빙성을 전혀 무시할 수는 없다고 여겨진다.

---

9 아나톨리아 북서부에 있던 고대 도시 트로이의 별칭

제37장
서양 속의 동양종교

신들의 대모신(키벨레)과 그 애인 혹은 아들(아티스)에 대한 숭배는 로마 제국에서 매우 일반적이었다. 여러 비문의 기록에 의하면, 두 신은 단독 혹은 한 쌍을 이루어 이탈리아 전역에서, 특히 로마뿐만 아니라 그 밖의 아프리카, 스페인, 포르투갈, 프랑스, 독일, 불가리아 등지에서도 널리 숭배받았다. 그 의례는 콘스탄티누스 황제에 의한 기독교 공인 이후까지도 존속했다.

심마쿠스Symmachus[1]의 기록에 따르면 대모신 축제가 주기적으로 행해졌으며, 아우구스티누스 시대까지만 해도 여장한 대모신 사제들이 얼굴에 분칠을 하고 머리에 향수를 뿌린 채 새침데기처럼 카르타고의 거리와 광장을 돌아다니면서 중세의 탁발승들처럼 지나가는 행인들에게 동냥을 하곤 했다. 한편 그리스에서는 이 아시아의 여신과 배우자에 대한 피비린내 나는 축제가 별로 환영받지 못한 것 같다. 광란이 넘치는 야만적이고 잔인한 의례는 그리스인들의 세련된 도덕적 취향과는 잘 맞지 않았기 때문이다. 그래서 온화한 아도니스 의례를 더 좋아했던 그리스인에게 키벨레 의례는 충격적이고 거부 반응을 불러일으켰던 것이다.

반면 그리스인들에 비해 덜 세련된 로마인들이나 서양의 야만인들은 키벨레 의례에 강한 매력을 느꼈을 성싶다. 가령 신적 영감이라고 잘못 인식된 황홀경의 광란, 난도질당한 몸뚱이, 피 흘림을 통한 속죄와 재생의 교의 등은 모두 야만적 원시시대에 그 기원을 두고 있는 것들이다. 따라서 원시적 충동이 강렬했던 민족들이 키벨레 의례에 이끌렸다 해도 하등 이상할 것이 없다. 물론 원시적 의례의 본질적인 특성들은 종종 점잖은 비유적·철학적 해석의 탈을 쓴 채 위장되곤 했다. 그런 해석들이 황홀경에 빠진 열광적인 숭배자들을 기만하기란 그리 어렵지 않았을 것이다. 심지어 그들 가운데 비교적 교양 있는 자들조차도 평상시라면 심한 공포와 혐오를 느꼈을 법한 그런 행위들을 관대하게 받아들였던 모양이다.

---

1 교황 성 심마쿠스(재위 498~514)를 가리킨 듯하다.

조야한 야만성과 정신적 영감이 기묘하게 섞여 있던 대모신의 종교는 실은 후대의 이교도 시대에 로마 제국 전역으로 번져 나가 유럽 민족들에게 이방적인 삶의 이상에 물들게 함으로써 점진적으로 고대문명의 전체 틀을 붕괴시켰던 유사한 동양종교들 중 하나에 불과한 것이었다. 그리스와 로마 사회는 공동사회에 대한 개인의 복종, 국가에 대한 시민의 복종이라는 관념을 토대로 하여 형성되었다. 그 사회는 현세에서든 내세에서든 개인의 안녕보다는 공동사회의 안녕을 행위의 궁극적인 목적으로서 추구했다. 그리하여 어릴 때부터 이런 몰아적 이상에 따라 살도록 훈련받은 시민들은 공공에 대한 봉사를 위해 자기를 헌신하고 공동선을 위해 자기를 희생할 준비가 되어 있었다. 만일 이 같은 지고한 희생을 회피한다면, 그것은 곧 나라의 이익보다 개인의 삶을 더 우선시하는 비열한 행위로 간주될 수밖에 없었다.

　그러나 이 모든 것들이 동양종교의 전파로 바뀌었다. 동양종교들은 신과의 영적 교제와 영혼의 영원한 구원이야말로 유일하게 가치 있는 삶의 목표라고 가르쳤으며, 그 목표에 비하면 국가의 번영과 존속은 하찮은 것이라고 설교했다. 이처럼 이기적이고 부도덕한 교의는 불가피하게 그 신봉자들에게 갈수록 공적 임무를 소홀히 하도록 부추겼다. 그 결과 이제 그들은 자기만의 영적 감동에 빠져들어 현세의 삶을 경멸하게 되었다. 왜냐하면 그들은 현세의 삶이란 보다 가치 있는 삶과 영원한 생명을 위한 하나의 실습에 불과한 것이라고 여겼기 때문이다. 또한 대중들은 천국에 대한 황홀한 명상에 넋을 빼앗긴 채 세상을 경멸하는 성자와 은둔자야말로 인류의 최고 이상이라고 생각하게 되었다.

　그 결과 그런 성자와 은둔자의 이상이 자기를 희생하고 국가의 이익을 위해 살다 죽고자 한 과거의 애국자와 영웅의 이상을 대체하기에 이른 것이다. 천국의 구름 속에서 다가올 신국을 바라보는 사람들의 눈에 지상의 나라는 시시하고 하찮은 것일 뿐이었다. 이를테면 무게중심이 현세에서 내세로 옮겨 갔다고 말할 수 있다. 이런 변화에 의해 내세가 많은 것을 얻으면 얻을수록 그만큼 현세의 손실이 심각하리라는 것은 두말할 나위도 없다. 이와 더불어 국가 정체政體가 전반적으로 해체되기 시작했다. 즉, 국가와 가족 간의 유대가 이완되는 한편, 사회구조가 개별적인 요소들로 분해됨으로써 야만 상태로 돌아가는 경향을 보였다. 왜냐하면 문명이란 시민들이 능동적으로 협력하고 나아가 공동선을 위해 개인의 사적 이익을 희생시키는 자발성에 의해서만 가능한 것이기 때문이다.

심지어 사람들은 조국의 방위라든지 종種의 번식과 유지까지도 부정하려 했다. 자신과 다른 사람들의 영혼을 구원하고자 노심초사한 나머지, 그들은 스스로 악의 원리와 동일시한 주변의 물질세계가 멸망해 가도록 기꺼이 방관할 뿐이었다. 이런 망상이 1000여 년 동안이나 계속된 것이다. 중세 말기에 로마법과 아리스토텔레스 철학, 고대 문예의 부흥은 유럽이 삶과 행동의 본래적 이상으로 보다 건전하고 남성적인 세계관으로 복귀한 것을 의미했다. 이로써 문명의 행진을 가로막았던 오랜 정체가 끝난 셈이다. 동양적인 것들의 침투가 마침내 일변하여 퇴조하기 시작했고, 지금도 그것은 썰물처럼 빠져나가고 있는 중이다.

고대 세계의 쇠퇴기에 서양의 충성을 얻기 위해 서로 경쟁했던 동방 기원의 신들 중에 고대 페르시아의 신 미트라Mithra[2]가 있다. 미트라 숭배의 엄청난 인기는 로마 제국 전역에 걸쳐 그것을 입증해 보여 주는 기념비들이 도처에 수없이 산재한다는 사실에서도 잘 알 수 있다. 교리와 제의의 양 측면에서 미트라 숭배는 '신들의 어머니'를 숭배하는 종교뿐만 아니라 기독교와도 많은 유사성을 지니고 있다. 이런 유사성은 기독교 교사들에게도 큰 충격이었던 모양이다. 그래서 그들은 미트라 숭배가 인간의 영혼을 유혹하여 참된 신앙 대신 사악하고 거짓된 가짜 모조 신앙에 빠지도록 사주하는 악마의 작품이라고 주장했다.

마찬가지로 멕시코와 페루의 스페인 정복자들 역시 원주민들의 이교도적 의

---

2 조로아스터교 이전 이란 및 인도 종교에 나오는 빛, 태양, 정의, 계약, 전쟁의 신. 조로아스터 이전(기원전 6세기나 그 이전)에 이란인은 다신교를 믿었으며, 미트라는 신 중에서 가장 중요한 신이었다. 무엇보다도 그는 계약과 상호 간의 의무의 신이다. 가령 히타이트인과 미탄니인 사이의 조약을 담고 있는 설형문자판에서 미트라는 서약의 신으로 나타난다. 한편 인도의 『베다』에 미트라가 처음 언급된 때는 기원전 1400년경으로 거슬러 올라간다. 몇몇 『베다』 문서에는 미트라가 '친구'와 '계약'으로 묘사된다. 즉, 미트라라는 단어는 계약과 상호 간의 의무가 친구를 만들기 때문에 양자 모두를 의미하는 뜻으로 번역되었고, 거기서 미트라는 중재자로 불렸다. 신화에 따르면, 미트라는 성스러운 강변의 성스러운 나무 아래에서 횃불과 칼을 지니고 대지의 자녀로 태어났다고 한다. 태어난 지 얼마 안 되어 말을 타기 시작했고, 후에는 생명을 주는 우주의 황소를 죽여 그 피로 모든 채소가 풍작을 이루게 했다. 미트라가 이 황소를 죽이는 장면은 헬레니즘 예술에서 인기 있는 주제였고, 미트라 종교에서 황소를 죽임으로써 다산을 비는 의식의 원형이 되었다. 사실 황소를 희생제물로 바치는 것은 가장 중요한 미트라 의식이었다. 이는 조로아스터 이전부터 행해졌던 고대 이란의 신앙적 관습이었던 것 같다. 조로아스터는 이런 황소의 희생제물을 비난했다. 다리우스(기원전 522~기원전 486)에서 시작되는 아케메네스 왕조의 페르시아 왕들은 조로아스터교도였다. 그러나 다리우스와 그의 후계자들은 다수의 귀족들이 존중하는 옛 신앙을 근절시킴으로써 정치적인 문제가 야기되는 것을 원치 않았기 때문에, 일신교적인 조로아스터교는 점차 오래된 다신론적인 신앙 관습에 물들었다. 그리하여 조로아스터교의 경전 『아베스타Avesta』에 나오는 찬송가Yasht에는 만물을 주의 깊게 보는 천상의 빛의 신, 서약을 보호하는 자, 이승과 저승에서 의로움을 수호하는 자, 무엇보다도 악과 어둠의 세력에 대항하는 자이며, 전쟁과 승리의 신으로서 미트라를 찬송하는 내용이 포함되어 있다.

「황소를 제물로 바치는 페르시아의 태양신 미트라」 2~3세기경

식을 대부분 기독교적 성례전의 악마적인 모조품이라고 보았다. 이에 비해 근대의 비교종교학 연구자들은 보다 개연성 있는 설명을 제시했다. 즉, 그들은 그런 유사성을 공통되면서도 독립적인 인간정신의 작용에서 비롯된 것으로 보았다. 예컨대 우주의 비의를 이해함으로써 자신의 보잘것없는 생명을 경이로운 우주의 신비에 적응시키고자 미숙하지만 진지하고 성실한 노력을 기울인다는 점에서 모든 인류는 다 통한다는 것이다. 어쨌든 미트라교가 기독교의 강력한 경쟁자로 판명되었다는 점은 의문의 여지가 없다.[3] 미트라교도 기독교와 마찬가지로 도덕적 순결성에 대한 열망과 영생의 소망을 엄숙한 의식과 결합시켰기 때문이다.

하지만 두 종교 간의 싸움은 한동안 균형을 유지한 듯싶다. 우리는 그 오랜 싸움이 남긴 교훈적인 흔적을 성탄절에서 찾아볼 수 있다. 사실 성탄절은 기독교 교회가 경쟁자인 이교도들에게서 직접 차용해 온 것으로 보인다. 예컨대 12월 25일은 율리우스력[4]으로 동지에 해당하며, '태양의 탄생일'로 여겨지고 있다. 왜

---

3 2세기가 시작되기 전까지 로마 세계는 페르시아의 신 미트라에 대한 관심이 없었으나 136년 이후로는 미트라에게 바친 수백 개의 비문이 나타났다. 이란의 미트라교와 같이 로마의 미트라교도 왕에게 충성하는 종교였고 콤모두스(재위 180~192), 셉티미우스 세베루스(재위 193~211), 카라칼라(재위 211~217), 율리아누스(재위 361~363) 같은 황제들에 의해서 권장되었다. 비문을 통해 알려진 미트라 신봉자들은 주로 신이 자신들을 승진시켜 주리라 믿었던 하급 및 고급 군인, 황제에게 봉사하는 공직자, 제국의 노예와 자유인(강한 영향력을 지닌 사람들이 많았다)들이었다. 로마 세계는 몇 세대 안 가서 페르시아의 이 신에게 완전히 동화되었다. 디오클레티아누스가 로마의 도시와 종교를 부활시키고자 했을 때도 미트라를 잊지 않았다. 307년 카르눈툼(빈 근처의 도나우 강변에 위치)의 봉헌식에서 디오클레티아누스와 그의 동료들은 제국의 보호자 fautori imperii sui인 미트라에게 신전을 봉헌했다. 확실히 3세기에서 4세기 초에 걸쳐 로마제국 군인들과 황제들이 행한 미트라 숭배는 새로 성장하고 있던 기독교의 주요 경쟁 상대였다. 그러나 313년에 황제 콘스탄티누스가 기독교를 받아들인 뒤 미트라교는 급속히 쇠퇴하기 시작했다. 콘스탄티누스는 미트라 의식을 즉각 공식적으로 금지하지 않았으나 제국이 미트라교도에 대해 호의적이지 않았기 때문에 사람들은 곧 미트라에 대한 헌신을 그만두었다. 미트라에 대한 헌신이 357년과 387년 사이에 다시 나타난 것은 사실이나 단지 로마에서뿐이다. 로마 시의 오래된 이방인 귀족 출신의 미트라 숭배자들이 콘스탄티노플의 기독교 황제를 공공연히 반대했지만, 미트라는 여러 이방신 중 하나로 격하되었고, 그 신비의식은 점차로 사라지고 말았다.

4 구력舊曆이라고도 한다. 율리우스 카이사르(기원전 100~기원전 44)가 로마 공화력을 개정한 역법. 알렉산드리아의 천문학자인 소시게네스의 조언에 따라 카이사르는 태음력이 아닌 새로운 태양력을 만들어 1태양년의 길이를 365.25일로 했다. 1년은 2월을 제외하고 모두 30일 혹은 31일씩 12개월로 나누었다. 2월은 평년(365일)에는 28일, 4년(366일의 윤년)마다 29일로 잡았다. 이 달력은 의견의 불일치로 인해 8세기까지 순조롭게 운영되지 않았다. 소시게네스가 1년의 길이를 11분 14초 길게 계산했기 때문에 1500년대 중반에 이르러서 이 오차가 축적되어 카이사르 시대에 비해 약 10일 정도 차이가 나고 말았다. 그래서 1582년 교황 그레고리우스 13세는 개정력(그레고리력)을 선포하고, 10일을 조절하여 325년까지 복원시켰다. 이리하여 1582년 이후 그레고리력이 사용되면서 율리우스력은 점차 사용되지 않게 되었다. 하지만 동방정교회를 믿

냐하면 이날을 분기점으로 낮이 길어지고 태양의 힘이 점점 더 커지기 때문이다. 여기서 시리아와 이집트에서 거행된 성탄의식에 주목할 만하다. 이날 하객들은 한 신전의 내실에 들어가 있다가 자정이 되면 큰 소리로 이렇게 외쳤다. "동정녀가 빛을 낳았도다! 빛이 차고 있도다!" 이집트인들은 아예 갓 태어난 태양을 표상하는 아기 인형을 만들어 놓았다가 태양의 탄생일인 동지가 되면 숭배자들에게 내보여 주었다. 한편 아들을 수태하여 12월 25일에 낳은 성모 마리아는 본래 셈족이 '천상의 동정녀' 혹은 '하늘의 여신'이라 불렀던 위대한 동양의 여신이었음에 틀림없다.

셈족 지역에서 그녀는 아스타르테의 한 형태였다. 그리하여 미트라는 그 숭배자들에 의해 흔히 태양과 동일시되어 '정복되지 않는 태양'이라 부르게 되었다. 따라서 그의 탄생일도 12월 25일이었던 것이다. 하지만 신약성서의 복음서들은 그리스도의 탄생 날짜에 대해 아무런 언급도 없으며, 따라서 초대 교회는 그날을 기념하지 않았다. 그런데 머지않아 이집트의 기독교인들이 1월 6일을 성탄일로 간주하면서 구세주의 탄생을 기념하는 풍습이 점차 확산되다가, 4세기에 이르러 동방에서 일반적인 풍습으로 자리 잡게 되었다. 하지만 종래 1월 6일을 성탄일로 인정하지 않던 서방교회는 3세기 말이나 4세기 초에 이르러 12월 25일을 진정한 성탄일로 채택했는데, 곧이어 동방교회도 이런 결정을 받아들였다. 안티오크에는 375년경에 이르러서야 12월 25일을 성탄일로 기념하는 풍습이 알려졌다.

그렇다면 교회 당국은 어떤 생각에서 12월 25일을 성탄제로 제정한 것일까? 기독교인이던 한 시리아 작가는 그런 새로운 혁신의 동기를 다음과 같이 매우 솔직하게 진술하고 있다. "교부들이 1월 6일의 축일을 12월 25일로 바꾼 이유는 이렇다. 즉, 원래 12월 25일에 태양의 탄생을 기념하고 축하하기 위해 등불을 밝히는 관습은 이교도들의 것이었다. 그런데 그 의식과 축제에는 기독교인도 함께 참여했다. 그래서 기독교인이 이 축제를 마음에 들어 한다는 것을 알아챈 교회 박사[5]들이 회의를 열어 12월 25일을 진정한 성탄일로 기념하고 1월 6일은 공현절公顯節, festival of the Epiphany[6]로 삼자고 결정했다. 따라서 이런 관습과 함께 12월 25일

는 여러 나라에서는 아직도 부분적으로 이 율리우스력을 쓰기도 한다.
5 기독교 초기에 학덕이 높은 성직자를 가리키던 호칭

「에피파니」 조토 디본도네, 1320년경

에서 1월 6일까지 등불을 밝히는 관행이 널리 퍼지게 된 것이다."

이와 같은 성탄절의 이교도적 유래는 아우구스티누스Aurelius Augustinus (354~430)[7]가 기독교 형제들에게 그 엄숙한 날을 태양을 섬기는 이교도들처럼 축하하지 말고 태양을 창조하신 분을 위해 기념하라고 권고한 대목에서도 분명히 드러난다. 물론 그렇다고 그가 성탄절의 이교도적 기원을 명시적으로 내놓고 인정한 적은 없지만 말이다. 교황 레오 1세Leo the Great[8]도 성탄절의 의미가 그리스도의 탄생 때문이 아니라 이른바 새로운 태양의 탄생을 축하하는 데에 있다고 믿는 해로운 신앙에 대해서는 비난을 가했다.

이로 보건대, 기독교 교회는 이교도의 신앙을 '태양'에서 '의로움의 태양Sun of Righteousness'이라 일컫는 예수에게로 돌리기 위해 기독교 창시자의 탄생일을 12월 25일로 기념할 것을 결정했다고 보인다. 만약 그렇다면, 교회 당국이 이와 동일한 동기에서 주님의 죽음과 부활을 기념하는 부활절을 같은 계절에 열렸던 다른 동방신의 죽음과 부활을 기리는 축제와 동화시켰으리라는 추론도 상당한 타당성을 가질 법하다. 그런데 그리스와 시칠리아, 이탈리아 남부 등지에서 지금까지 지켜온 부활절 의식은 몇 가지 점에서 아도니스 의식과 너무도 비슷하다. 앞

---

6 이방인인 세 동방박사들에 의해 메시아로서의 예수가 세상에 드러난 것을 기념하는 축일

7 로마령 아프리카에 있던 도시 히포의 주교(396~430). 당시 서방교회의 지도자이자 고대 기독교 세계에서 신약성서적 종교와 그리스 철학의 플라톤 전통을 융합시킨 가장 위대한 사상가로 일컬어진다. 그러한 그의 사상은 중세 로마 가톨릭 세계로 이어졌고 르네상스 시대의 프로테스탄트를 낳았다. 유명한 『고백록 Confessions』이 없었더라도 그의 중요성은 인정되었을 것이다. 젊은 시절 마니교를 알게 되었을 때 그는 권위보다 이성에 호소하는 마니교에 쉽게 심취했다. 서로마 제국에 퍼져 있던 마니교는 유물론적 이원론이었다. 세상을 빛과 어둠의 투쟁의 산물로 보고 인간의 영을 어둠 속에 있는 빛의 요소로 보았다. 마니교는 스스로 참된 기독교라고 주장하며, 그리스도를 옥에 갇힌 자녀들을 탈출시켜 본향으로 되돌아가게 하는 해방자로 보았다. 마니교회에서 '선택된' 고위 성직자들은 철저히 금욕적이고 독신이었다. 육적인 것은 모두 어둠의 세력에 봉사한다고 생각했기 때문이다. 아우구스티누스는 마니교에 9년간 몸담고 있으면서 천한 집안 출신의 여자와 교제하여 아들을 얻었고 그 아들을 몹시 아꼈다. 그러는 동안 '청자聽者'라는 낮은 직책을 마니교에서 얻었는데, 그 직책에는 육신의 약함이 인정되어 결혼이 허용되었다. 그러나 이 '계몽의 종교'에 대한 아우구스티누스의 열정은 오래가지 못했다. 마니교 지도자들의 지적 수준이 낮아 아우구스티누스의 물음에 대해 제대로 답변하지 못했기 때문이다. 점차 환멸을 느낀 그는 결국 밀라노의 주교 암브로시우스를 만난 이후 기독교에 입신하게 되었다.

8 서방교회 축일은 4월 11일, 동방교회 축일은 2월 18일. 로마의 교황(재위 440~461), 대표적인 교황 수위권 首位權 옹호자. 그가 교황직에 있을 때 서방에서는 로마 제국이 붕괴되었고, 동방에서는 신학적 견해가 달라 그리스도교 세계가 분열되어 있었다. 이런 상황에서 레오는 정통 교리를 지키고 서방교회를 교황 지상권 아래 통일시키는 데 전력을 다했다. 440년 교황에 임명되자마자, 그는 이단을 부패와 분열의 원인으로 보고 탄압하는 한편 정통 교리를 확립시켰다.

「성 아우구스티누스」 요스 판 바선호베, 1474년경

서 시사했듯이, 기독교 교회는 이교도들의 영혼을 그리스도에게 인도하기 위해 의도적으로 기존의 이교도 의식에 맞추어 새로운 축일을 도입했다. 그러나 이런 도입은 아마도 고대세계에서 라틴어권보다는 그리스어권 지역에서 이루어진 듯하다. 왜냐하면 아도니스 숭배는 그리스인들 사이에서는 널리 성행했지만, 로마와 서방에서는 그다지 인기가 없었기 때문이다. 확실히 아도니스 숭배는 공식적인 로마 종교의 일부로 편입된 적이 한 번도 없었다. 로마의 대중들 사이에서는 아도니스 숭배와 비슷하면서도 보다 야만적인 아티스 의례가 널리 사랑을 받았으며, 대모신에 대한 숭배가 일찍부터 자리 잡고 있었던 것이다.

그런 로마에서는 아티스의 죽음과 부활을 기념하는 공식적인 축일이 3월 24일과 25일이었다. 이중 3월 25일은 바로 춘분에 해당하므로, 겨울 내내 죽어 있거나 잠들어 있던 식물신이 부활하기에 가장 적합한 날로 간주되었을 것이다. 그런데 잘 알려진 고대 전승에 의하면, 그리스도가 3월 25일에 십자가에 매달려 수난을 당했다 하여 일부 기독교인들은 달[月]의 상태와는 전혀 상관없이 그 날짜에 정기적으로 십자가에 못 박힌 그리스도를 기렸다. 이 같은 관습은 프리기아와 카파도키아[9], 갈리아 등지에서 지켜졌음이 분명하며, 한때 로마에서도 행해졌다고 볼 만한 근거도 있다. 이처럼 그리스도가 죽은 날을 3월 25일로 보는 전승은 매우 뿌리 깊다. 이때 천문학적 관찰에 의하면, 그런 전승에는 아무런 역사적 근거도 없다는 점이 더욱 우리의 관심을 끈다. 그러니까 그리스도의 수난일은 원래 춘분을 기념하는 축제일에 맞추기 위해 임의로 그날로 정한 것임에 틀림없다는 추론이 불가피해 보인다. 이는 박식한 교회사가 뒤센Duchesne(1843~1922)[10]의 견해인데, 그는 세간에 널리 퍼진 신앙에 의거하여 구세주의 죽음이 세계가 창조된 바로 그날에 이루어졌다고 말한다. 그런데 같은 날인 3월 25일에 로마에서는 성부와 성자의 성격을 한몸에 지닌 아티스의 부활을 공식적으로 기념했다.

---

9 아나톨리아 중동부를 일컫는 고대 지명

10 프랑스의 교회사가. 19세기와 20세기 초에 로마 가톨릭교에서 일어난 학문부흥운동의 중심인물로서 교회사 연구에 고고학·지형학·전례학禮學·신학·사회학 등을 적용한 선구자였다. 1895년 로마 프랑스어학교의 총장이 되어 죽을 때까지 그곳에서 일했다. 1910년에 프랑스 학술원의 회원으로 뽑혔고, 교황 레오 13세는 그를 교황의 최고기록관으로 임명했다. 뒤센은 권위 있는 『주교 전례서Liber Pontificalis』 2권을 편집했고(1886~1892), 그리스 정교회와 영국 성공회의 기원을 다룬 『교회 자치: 독립된 교회Autonomies ecclesiastiques: eglises separees』(1896)를 저술했다. 또한 『기독교 교회 고대사Histoire ancienne de l'eglise chretienne』를 저술했는데, 그중 처음 3권(1905~1908)은 금서목록에 올랐으며, 제4권(1925)은 그가 죽은 후 출판되었다.

「성모승천」 티치아노 베첼리오, 1516~1518

여기서 잠시 4월의 성 제오르지오st. George[11] 축일이 고대의 이교적 파릴리아 축제[12]를 대체한 것이라는 점, 6월의 세례자 성 요한 축제festival of St. John the Baptist가 이교도들에 의해 하지에 거행되었던 물의 축제를 계승했다는 점, 8월의 성모승천제聖母昇天祭, Assumption of the Virgin[13]가 디아나 축제 대신 그 자리를 차지했다는 점, 11월의 만령절萬靈節, feast of All Souls[14]이 죽은 자를 기리던 고대 이교적 축제의 연장이라는 점, 그리스도의 탄생일을 12월의 동지로 정한 이유가 그날이 바로 태양의 탄생일로 관념화되었기 때문이라는 점 등을 상기해 보자. 이를 염두에 두고 생각해 보면, 기독교 교회의 다른 중요한 축일, 즉 부활절 역시 이와 유사한 방식, 유사한 교화의 동기에서 종래 춘분에 행해져 왔던 프리기아의 신 아티스 의례를 채용한 것이라고 추론한다 해도 결코 무리가 아닐 것이다.

신의 죽음과 부활을 기리는 기독교와 이교도의 축제가 같은 계절에 같은 곳에서 거행되었다고 하는 사실은 비록 그 이상의 의미는 없다 할지라도 최소한 놀랄 만한 일치라고 생각한다. 사실 프리기아와 갈리아를 비롯하여 확실히 로마에서도 춘분 때에 그리스도의 죽음을 기념했다. 이중 로마는 아티스 숭배가 일찍부터 깊이 뿌리를 내린 곳이었다. 이 같은 일치를 단순히 우연한 것이라고 보기는 어렵다. 온대지방에서 춘분이란 모든 자연계에서 신선한 생명력의 폭발을 보여 주는 계절에 속한다. 그리고 고대 이래로 사람들은 이런 춘분 때에 신의 부활을 통해 세계가 매해 새롭게 창조된다고 여겼다. 그러니까 한 해 가운데 이처럼 중요한 시기를 신이 새롭게 부활한 축일로 정한 것은 지극히 자연스러운 일이다.

여기서 한 가지 주의할 점이 있다. 즉, 만일 그리스도의 죽음이 3월 25일에 있었다고 한다면, 그의 부활은 기독교 전통에 따르면 3월 27일이 되어야 마땅할 것이다. 이 날짜는 율리우스력의 춘분이나 아티스가 부활한 날보다 이틀 늦은 것이 된다. 기독교 축제와 이교도 축제를 조화시켰을 때 발생한 '이틀'이라는 시간차는 성 제오르지오 축일과 성모승천제에서도 확인할 수 있다. 그러나 락탄티우스Lactantius(240년경~320년경)[15]나 교회 관행에 의거한 다른 기독교 전승에서는 그

---

11 잉글랜드의 수호성인. 본서 제9장 옮긴이 주 58번 참조

12 본서 제14장 옮긴이 주 5번 참조

13 예수의 어머니 동정녀 마리아의 몸과 영혼이 세상의 삶을 다 마친 후 승천했음을 기념하는 로마 가톨릭과 동방정교회의 축제. 매년 8월 15일에 열린다.

14 로마 가톨릭교회에서 연옥에 있다고 간주되는 죽은 신자 모두를 기념하는 날. 만성절 다음날인 11월 2일 또는 이날이 주일인 경우에는 11월 3일에 검은 예복을 입고 행한다.

리스도의 죽음을 3월 23일로 정하고, 그의 부활을 3월 25일로 잡고 있다. 이 경우는 그리스도의 부활이 아티스의 부활과 정확히 일치한다.

4세기에 한 익명의 기독교인이 증언한 바에 따르면, 기독교인들과 이교도들 모두 두 신의 죽음과 부활 사이에 이처럼 놀랄 만한 일치성이 존재한다는 사실을 알고 똑같이 충격을 받았으며, 그 일치성은 경쟁적인 두 종교의 신자들 사이에서 격렬한 논쟁의 주제가 되었다고 한다. 이때 이교도들은 그리스도의 부활이 아티스의 부활 이야기를 모방한 가짜라고 주장했고, 이에 격앙한 기독교인들도 아티스의 부활이 그리스도의 부활을 흉내 낸 악마적인 모조품이라고 맞받아쳤다. 이런 보기 민망한 논쟁에서 이교도들은 피상적인 관찰자라면 그럴듯한 근거로 받아들일 만한 주장을 내세웠다. 즉, 자기네가 믿는 아티스 신이 그리스도보다 더 오래되었으니, 모조품이 아니라 원본이라는 주장이 그것이다. 일반적으로 원본이 복사본보다 더 오래된 것이기 때문이라는 것이다. 한편 기독교인들은 이런 빈약한 논증을 손쉽게 반박했다. 즉, 시간적인 선후관계에서는 그리스도가 아티스보다 더 후대에 나타난 어린 신이라는 점은 인정하면서도, 기독교인들은 그것이 사탄의 교활한 흉계 때문이라면서 그리스도야말로 참된 어른이라는 점을 득의양양하게 주장했다. 즉, 사탄이 음흉하게도 정상적인 자연의 질서를 전도시켜 절호의 기회를 엿보아 결정적인 시점에 그리스도를 앞질러 등장했다는 것이다.

이 모든 점들을 고려해 볼 때, 기독교 축일과 이교도 축일의 일치는 너무도 긴밀하고 너무도 많아서 우연이라고 보기 어렵다. 이는 승리를 쟁취한 기독교 교회

---

15 고대 로마의 기독교 변증가. 그의 주저 『신의 교훈*Divinae institu-tiones*』은 4세기 초 반反기독교적인 글들에 대한 고전적인 철학적 반론으로, 로마 가톨릭교회 최초로 기독교인의 생활태도를 체계적으로 설명한 글이었다. 거기서 락탄티우스는 이교 제의의 기만적 미신을 거부하고, 유신론有神論으로서의 기독교 또는 만물창조의 근원인 유일한 최고 존재에 대한 합리적인 믿음으로서의 기독교를 제시했다. 르네상스 인문주의자들은 그를 '기독교의 키케로'라고 불렀는데, 이는 그가 학자들에게 기독교 신앙을 권유했기 때문이다. 로마 황제 디오클레티아누스가 니코메디아(지금의 터키 이즈미트)의 수사학 교사로 임명했지만, 황제가 기독교인들을 박해하기 시작하자 305년경 교사직을 사임하고 서방으로 돌아갔다. 그 뒤 317년경 은둔 생활을 끝내고 트리어에서 콘스탄티누스 황제의 아들 크리스푸스를 가르쳤다. 그의 저서 가운데 현재까지 남아 있는 것은 기독교를 다룬 것들뿐이다. 『신의 교훈』의 후속편이라 할 수 있는 『박해자들의 죽음에 관하여』에서 락탄티우스는 사람과 멀리 떨어져 있고 무관심한 스토아학파의 이신론적理神論的 신과는 달리 기독교의 하느님은 인간의 불의를 바로 잡는 데 개입할 수 있다고 주장했다. 더욱이 로마의 정의正義는 '평등平等, aequitas'이라는 라틴어 개념에 기초를 둘 때보다, 그리스도의 중재를 통한 보편적 형제애 안에서 인류를 하나 되게 하는 하느님 아버지에 대한 기독교 가르침에 기초를 둘 때 더 완전해질 수 있다고 보았다. 요컨대 그는 기독교의 가르침을 확립한 사상가라기보다는 이교도의 다신론多神論이 지닌 모순을 공박한 변증가였다.

가 패배하기는 했어도 아직 경계를 늦출 수 없던 이교도 경쟁자들과 어쩔 수 없이 타협했다는 사실을 시사한다. 그리하여 이단과 우상숭배를 단호히 배척했던 원시 기독교 선교사들의 강고한 프로테스탄트주의 대신 보다 영리한 교회 성직자들의 유연한 정책과 느긋한 관용, 포용력 있는 자비로의 방향 전환이 이루어진 것이다. 이들은 기독교가 세계를 정복하려면 창시자에 의해 제시된 지나치게 엄격한 교의들을 완화함으로써 '구원에 이르는 좁은 문'[16]을 약간 넓힐 필요가 있다는 점을 분명하게 인식하고 있었다.

이 점에서 기독교의 역사와 불교의 역사는 교훈적인 유사성을 보여 준다. 두 종교 모두 원래는 본질적으로 도덕적 개혁운동이었다. 그런 도덕적 개혁운동은 고귀한 창시자들의 드높은 열정과 고결한 소망, 온유한 동정심에서 비롯되었다. 그 창시자들은 오류를 범하기 쉬운 인간의 나약한 본성을 일깨우고 인도해 주기 위해 보다 완벽한 세계에서 이 세상에 내려온 존재인 양 좀처럼 찾아보기 힘든 아름다운 정신의 소유자들이었다. 붓다와 예수는 모두 자신들이 생각하는 인생의 최고 목표, 즉 개개 영혼의 영원한 구원을 달성하기 위한 수단으로서 도덕적 덕목들을 설교했다. 물론 둘 사이에는 미묘한 차이점이 있다. 즉, 예수가 그런 구원을 지복의 영원한 생명에서 찾은 반면, 붓다는 그것을 고통에서의 궁극적인 해탈 곧 무화無化에서 찾았던 것이다.

그러나 이들이 가르친 엄격하고 고귀한 이상은 인간의 나약함뿐만 아니라 인간의 자연적 본능과도 너무나 심각하게 대립했다. 때문에 그것은 고적한 수도원에 칩거한 채 자기구원을 얻기 위해 가족이나 국가와의 인연을 끊고 줄기차게 수행 정진하는 소수의 제자들 외에는 실천에 옮기기 어려운 이상이었다. 따라서 만일 그런 이상과 신앙을 나라 전체, 온 세상에 전파하여 사람들이 명목상이라도 그것을 받아들이도록 하기 위해서는 어느 정도 대중의 편견과 감정, 미신에 맞게 수정하거나 변형할 필요가 있었다. 이러한 적응 과정은 후대에 자기네 스승들보다 자질은 좀 못하지만 바로 그 때문에 오히려 중재자의 자리에서 대중들과 더 잘 어울릴 수 있었던 추종자들에 의해 이루어졌다. 그리하여 시간이 지나면서 두 종교는 점점 더 널리 퍼져 나가게 되었고, 그에 정비례하여 자신들이 부정했던 비속한 요소들을 갈수록 더 많이 흡수했다. 하지만 이 같은 정신적 퇴보는 불가

---

16 『마태복음』7장 13, 14절

「십자가에 못박힌 예수」 치마부에, 1268~1271

고통의 무화를 위하여 열반에 든 붓다. 그러나 세계는 여전히 고통스러워하고 있다.

피한 것이었다. 세상은 성자들의 눈높이에 맞추어서는 살아갈 수 없기 때문이다.

그렇다고 불교와 기독교가 그 본래적 형태에서 점차 이탈해 나간 이유를 전적으로 불교도와 기독교도의 지적, 도덕적 취약성 때문이라고 단정짓는다면, 그것은 대다수 인류에 대해 타당하지 못한 설명일 것이다. 왜냐하면 이 종교들은 가난과 금욕을 미화함으로써 시민사회뿐만 아니라 인간존재를 뿌리째 뒤흔들어버렸기 때문이다. 이 점이 간과되어서는 안 될 것이다. 하지만 인류의 절대 다수는 인류의 멸절을 초래할 것이 분명한 불교와 기독교의 금욕주의를 거절했으며, 이와 동시에 자신들의 영혼을 구원할 기회의 구매 또한 거절했다. 그것은 지혜로운 행위였을 수도 있고, 어리석은 행위였을 수도 있으리라. 어쨌든 이 같은 거절은 결과적으로 불교와 기독교의 충격을 완화시켜 주었다.

제임스 조지 프레이저 연보

1854   영국 글래스고주 브랜던 플레이스에서 약사이자 '프레이저 앤 그린' 상
         사의 임원인 부친 대니얼 프레이저Daniel Frazer와 보글 가문 출신의 모친
         캐서린 프레이저Katherine Frazer 사이에서 출생

1860   소년 프레이저는 게얼록 호반 근처 헬렌스버그의 래치필드 아카데미에
         서 교장 알렉산더 매켄지Alexander Mackenzie 밑에서 라틴어와 그리스어의
         기초를 습득한다. 일요일마다 그는 호수 건너에서 들려오는 교회 종소
         리를 들었다고 하는데, 이 기억은 그에게서 훗날 '네미의 종소리'로 연상
         되어 나타난다.

1869   글래스고대학 입학. 이곳에서 조지 길버트 램지George Gilbert Ramsay 밑에서
         라틴어를 배우는 한편 존 베이치John Veitch에게 수사학을, 그리고 열역학
         제2법칙의 창시자인 윌리엄 톰슨William Thomson에게 물리학을 배운다.

1874   케임브리지의 트리니티 칼리지 입학. 1878년에 고전 영역 우등시험에서
         수석의 영예를 차지하며 졸업

1878   미들 템플 입학. 거기서 1882년에 변호사 자격을 취득하지만 개업은 하
         지 않았다.

1879   트리니티에서 플라톤에 관한 학위논문으로 알파급 특별연구원이 됨. 그
         의 특별연구원직은 1885년, 1890년, 1895년 세 차례에 걸쳐 갱신

1884   『미개인 혹은 반미개인들의 행동양식, 관습, 종교, 미신에 관한 물음들
         Questions on the Manners, Customs, Religions, Superstitions, etc., of Uncivilized or Semi-Civilized

1908	미신의 사회적 유용성을 옹호한 『사회인류학의 영역*The Scope of Social Anthropology*』 출간. 이는 1909년에 『영혼의 과제*Psyche's Task*』로 재출간
1910	리버풀대학 사회인류학과 학과장에 취임. 적은 보수에 대한 불만과 대공업 도시에 대한 실망으로 케임브리지에 돌아감. 세계 각지의 왕권제도를 일람표로 정리한 『토테미즘과 족외혼*Totemism and Exogamy*』을 전4권으로 출간
1912	『윌리엄 쿠퍼의 서간*Letters of William Cowper*』을 전2권으로 출간
1913	오스트레일리아, 토레스스트레이트섬, 뉴기니, 멜라네시아 원주민의 신앙을 다룬 『불멸성의 신앙*The Belief in Immortality*』 출간
1914	훈작위를 수여받음
1914~1918	런던의 미들 템플에 있는 작은 아파트에서 제1차 세계 대전 시기를 보냄
1917	『그리스의 풍경, 설화, 역사에 대한 연구*Studies in Greek Scenery, Legend and History*』 출간
1918	『구약성서 속의 민속학: 비교종교학, 설화, 법률에 관한 연구*Folk-Lore in the Old Testament: Studies in Comparative Religion, Legend and Law*』를 전3권으로 출간
1921	로엡 도서관을 위해 『아폴로도루스: 도서관*Apollodorus: The Library*』을 전2권으로 출간
1922	『불멸성의 신앙과 죽은 자의 숭배*The Belief in Immortality and the Worship of the Dead*』 제2권 출간. 프레이저 자신이 제3판 전12권을 한 권으로 요약한 『황금가지』 축약본을 맥밀런 출판사에서 출간
1924	『불멸성의 신앙과 죽은 자의 숭배』 제3권 출간. 프레이저 부인이 편집한 『황금가지 발췌본*Leaves from The Golden Bough*』 출간
1926	『자연 숭배*The Worship of Nature*』 출간
1927	『고르곤의 머리와 그 밖의 문학적 소품: 인간, 신, 그리고 불멸성*The Gorgon's Head and other Literary Pieces*』 출간. 『인간, 신, 불멸성: 인간 진보에 관한 사유*Man, God, and Immortality: Thoughts on Human Progress*』 출간
1928	『영혼의 과제』의 수정증보판인 『악마의 대변인*The Devil's Advocate*』 출간
1929	오비디우스*Ovidius*의 『로마의 축제들*Fasti*』 편역 작업 시작(전6권)
1930	『불의 기원에 관한 신화*Myths of the Origin of Fire*』 출간. 트리니티 특별연구원직 논문을 『플라톤 이데아론의 전개*The Growth of Plato's Ideal Theory*』로 발표. 왕립문학기금의 연례 만찬회 강연 도중 두 눈에 피가 가득 고여 실명 위기. 이때부터 여러 비서들, 특히 글래스고대학 동기생인 로버트 앵거스

다우니Robert Angus Downie의 도움에 의지한다.

1931	『논문 모음집Garnered Sheaves』 발간
1933	『인간정신의 진보에 관한 콩도르세Condorcet on the Progress of the Human Mind』, 『원시종교에서 사자에 대한 공포The Fear of The Dead in Primitive Religion』 제1권 출간
1934	『원시종교에서 사자에 대한 공포』 제2권 출간
1935	『원시적 우주기원론에서 창조와 진화 및 그 밖의 소품들Creation and Evolution in Primitive Cosmogonies, and other Pieces』 출간
1936	『원시종교에서 사자에 대한 공포』 제3권 출간. 『그루갈이: 황금가지 보완편Aftermath: A Supplement to The Golden Bough』 출간
1937	『토테미카: 토테미즘과 족외혼 보완편Totemica: A Supplement to Totemism and Exogamy』 출간
1938~1939	『인류학 논총Anthologia Anthropologica』 출간
1941	5월 7일 폭격으로 부부 사망. 둘은 케임브리지의 세인트 질스 공동묘지에 합장되었다.

*프레이저, 이용대 옮김, 옥스퍼드판 『황금가지』, 한겨레출판, 2003, 53~56쪽; R. Angus Downie, *Frazer and The Golden Bough*, Gollancz, 1970, pp.129~135; Robert Ackerman, *J. G. Frazer: His Life and Work*, Cambridge University Press, 1987 참조

찾아보기